マイクロソフト公式解説書

Windows Internals, Seventh Edition, Part 1:
System architecture, processes, threads, memory management, and more

インサイド Windows 第7版 上

システムアーキテクチャ、プロセス、スレッド、メモリ管理、他

Pavel Yosifovich、Alex Ionescu、
Mark E. Russinovich、David A. Solomon 著

山内 和朗 訳

日経BP社

Microsoft

Authorized translation from the English language edition, entitled WINDOWS INTERNALS, PART 1: SYSTEM ARCHITECTURE, PROCESSES, THREADS, MEMORY MANAGEMENT, AND MORE, 7th Edition, by YOSIFOVICH, PAVEL; IONESCU, ALEX; RUSSINOVICH, MARK E.; SOLOMON, DAVID A.; published by Pearson Education, Inc, publishing as Microsoft Press, Copyright © 2017.

All rights reserved. No part of this book may be reproduced or transmitted in any form or by any means, electronic or mechanical, including photocopying, recording or by any information storage retrieval system, without permission from Pearson Education, Inc.

JAPANESE language edition published by NIKKEI BUSINESS PUBLICATIONS, INC., Copyright © 2018.

JAPANESE translation rights arranged with PEARSON EDUCATION, INC. through JAPAN UNI AGENCY, INC., Tokyo JAPAN.

Microsoft、および、https://www.microsoft.com/en-us/legal/intellectualproperty/trademarks/en-us. aspx に記載されている名称およびロゴは、米国 Microsoft Corporation の米国およびその他の国における登録商標または商標です。その他の社名および製品名は、それぞれの会社の商標です。なお、本文中には™、®マークは明記しておりません。

本書の例題または画面で使用している会社名、氏名ほかのデータは、すべて架空のものです。

Windows Internals
Seventh Edition
Part 1

System architecture, processes, threads, memory management, and more

Pavel Yosifovich, Alex Ionescu,
Mark E. Russinovich, and David A. Solomon

私の家族—私の妻のIditと私たちの子供たち
Danielle、Amit、Yoav—へ。この厳しい仕事の間、
あなたたちの忍耐と励ましに感謝します。
Pavel Yosifovich

夢を追い求めるように私を導き、応援してくれた、
私の両親に。そして、数えきれない数の日々、私の
そばにいつもいてくれた私の家族に。
Alex Ionescu

夢に従うように私たちを導き、応援してくれた私た
ちの両親に。
Mark E. Russinovich、David A. Solomon

はじめに

『インサイド Windows 第7版』（原題：Windows Internals, Seventh Edition）は、Windows 10 および Windows Server 2016 オペレーティングシステムのコアコンポーネントが内部的にどのように動いているのかを理解したいと考えている、専門的な IT 技術者（アプリケーション開発者、セキュリティ研究者、およびシステム管理者）を対象としています。アプリケーション開発者は本書で得られる知識によって、Windows プラットフォーム用のアプリケーションを開発する際に、設計上の選択肢の背後にある根拠をより深く理解することができます。こうした知識は、アプリケーション開発者が複雑な問題をデバッグするのにも役立ちます。システム管理者もまた、本書から得られる知識から恩恵を得ることができます。オペレーティングシステムがどのように動作するのかを知ることは、システムのパフォーマンスの挙動を理解するのに役立ち、システムに問題が発生したときのトラブルシューティングを容易にします。セキュリティ研究者は、ソフトウェアアプリケーションやオペレーティングシステムの誤動作や誤使用が、どのように望ましくない挙動につながるのかを知ることができます。また、最新の Windows がそのようなシナリオに対抗するために提供する、脆弱性軽減策やセキュリティ機能を理解することができます。本書を読み終えたときには、Windows の仕組みと、Windows がそのように動作する理由について、さらに理解を深めることができるはずです。

本書の歴史

本書は、Windows NT 3.1 の初期リリース以前に書かれた『Inside Windows NT』（Microsoft Press、1992年、Helen Custer 著）（邦訳『INSIDE WINDOWS NT』アスキー、1993年）の第7版です。初版の『Inside Windows NT』は、Windows NT について発行された初めての書籍であり、システムのアーキテクチャと設計についての主要な見識を提供しました。『Inside Windows NT, Second Edition』（Microsoft Press、1998年）（邦訳『インサイド Windows NT 第2版』日経BP、1998年）は、David Solomon によって書かれました。第2版は、Windows NT 4.0 向けに初版の内容をアップデートし、技術的にさらに深く掘り下げたものでした。

『Inside Windows 2000, Third Edition』（Microsoft Press、2000年）（邦訳『アーキテクチャ徹底解説 Microsoft Windows 2000』上・下、日経BP、1998年）は、David Solomon と Mark Russinovich の共著でした。第3版には、スタートアップとシャットダウン、サービスの内部構造、レジストリの内部構造、ファイルシステムドライバー、ネットワークなど、新しいトピックが数多く追加されました。また、第3版では、Windows Driver Model（WDM）、プラグアンドプレイ（PnP）、電源管理、Windows Management Instrumentation（WMI）、暗号化、ジョブオブジェクト、ターミナルサービスなど、Windows 2000 で行われたカーネルの変更点について取り上げました。『Windows Internals, Fourth Edition』（Microsoft Press、2004年）（邦訳『インサイド Microsoft Windows 第4版』上・下、日経BP、2005年）は、Windows XP および Windows Server 2003 についてアップデートが行われ、IT プロフェッショナルが Windows の内部構造の知識を深めることを手助けするために、さらに多くのコンテンツが追加されました。例えば、Windows Sysinternals の主要なツールを使用したり、クラッシュダンプを解析したりといった内容です。

『Windows Internals, Fifth Edition』（Microsoft Press、2009年）（未訳）は、Windows Vista および Windows Server 2008 について内容がアップデートされました。Mark Russinovich がマイクロソフト

の社員になり時間がとれなくなったので（彼は現在、Microsoft Azureの最高技術責任者（CTO）です）、新しい共著者としてAlex Ionescuが加わりました。第5版では、イメージローダー、ユーザーモードデバッグ機能、Advanced Local Procedure Call（ALPC）、およびHyper-Vに関する新しい内容が追加されました。次の『Windows Internals, Sixth Edition』（Microsoft Press、2012年）（邦訳『インサイドWindows 第6版』上・下、日経BP、上2012年、下2013年）では、Windows 7およびWindows Server 2008 R2における数多くのカーネルの変更点について大幅にアップデートされました。また、「実習」形式で、ツールを用いてカーネルの変更点を復習できるようにしました。

第7版の変更点

　本書の前回のアップデート以降、Windowsはいくつかのリリースを経て、Windows 10およびWindows Server 2016へと到達しました。Windows 10は、今後のWindowsの最新バージョンの名称であり、初期リリースがRTM（Release To Manufacturing：製造工程向けリリース）となって以降、既にいくつかのリリースが出ています。各リリースは、リリースされた年と月を示す4桁のバージョン番号で識別されます。例えば、2017年3月に完成したWindows 10（Creators Update）は、バージョン1703です（4月に提供開始）。Windows 7以降、これまでに少なくとも6つのバージョンを経ていることを意味します（本書の執筆時点で）。

　マイクロソフトはWindows 8から、OS統合のプロセスを開始しました。これは、アプリケーションやドライバーの開発の観点からも、Windowsエンジニアリングチームにとっても、有益なことです。Windows 8とWindows Phone 8は、1つに収束されたカーネルを持ちます。Windows 8.1とWindows Phone 8.1では、モダンアプリの収束が行われました。この統合プロセスは、Windows 10で完了しました。Windows 10は、デスクトップ、ラップトップ、サーバー、Xbox One、スマートフォン（Windows 10 Mobile）、HoloLens、およびさまざまなIoT（Internet of Things：モノのインターネット）デバイス上で動作します。

　この壮大なOS統合が完了したときが、本書の新版が出るのに良いタイミングでした。Windows 10はこれまでの約5年に及ぶ変化を経て、今後の最も安定したカーネルアーキテクチャになるでしょう。したがって、本書の最新版である第7版は、Windows 8からWindows 10バージョン1703までのWindowsの内容を扱っています。[1] また第7版では、Pavel Yosifovichを新しい共著者として迎えました。

「実習」について

　Windowsのソースコードにアクセスできなくても、カーネルデバッガー、Windows Sysinternalsのツール、および本書のために特別に作られたツールを使用して、Windowsの内部構造について詳しく知ることができます。ツールを使用して読者自身でWindowsの挙動のある側面を明らかにしたり、デモンストレーションしたりできるように、特別な「実習」セクションにその手順を示します。数多くの「実習」セクションが本書を通して用意されているので、読み進めながら実際に試してみることをお勧めします。Windowsの内部的な動作を実際に目にすることで、単に本書を読むだけよりも、理解を深める手助けになるでしょう。

---

[1]　訳注：本書（日本語翻訳版）では、2017年10月にリリースされたWindows 10バージョン1709（Fall Creators Update）についても、できるだけ訳注で補足しています。最新のWindows 10バージョンの仕様や挙動が、本書の内容と一致しない場合があることをご了承ください。

本書が扱わない内容

Windowsは、大規模で複雑なオペレーティングシステムです。本書は、Windowsの内部構造に関係するすべてを扱うのではなく、ベースとなるシステムコンポーネントに焦点を当てています。例えば、本書はWindowsの分散型オブジェクト指向のプログラミング基盤であるCOM+や、マネージコードのアプリケーションフレームワークである.NET Frameworkについては説明していません。本書はWindowsの内部構造を解説するものであり、エンドユーザーやプログラミング、システム管理向けの書籍ではないため、Windowsの使用方法や構成方法、プログラミングについては説明しません。

注意と警告

本書は、ドキュメント化されていない内部アーキテクチャの挙動や、Windowsオペレーティングシステムの操作（カーネルの構造や関数など）について説明しているため、Windowsのリリース間で内容が変更される可能性があります。

"変更される可能性"とは、本書で説明されている詳細がリリース間で必ず変更されるということではありませんが、変更されていないと当て込むことはできません。ドキュメント化（公開）されていないインターフェイスやオペレーティングシステムに関する内部情報を使用するソフトウェアは、Windowsの将来のリリースで動かなくなる可能性があります。最悪の場合、カーネルモードで動作するソフトウェア（デバイスドライバーなど）で、これらのドキュメント化されていないインターフェイスを使用しているソフトウェアは、Windowsの新しいリリースで実行したときにシステムをクラッシュさせ、そのようなソフトウェアのユーザーデータが失われる可能性があります。

要するに、内部的なWindowsの機能、レジストリキー、動作、アプリケーションプログラミングインターフェイス（API）、本書で触れているその他のドキュメント化されていない方法を、エンドユーザーシステム向けのソフトウェアの開発や、調査研究以外のいかなる目的にも使用するべきではありません。常にMSDN（Microsoft Software Development Network）[*2]を確認して、特定のトピックに関する公式ドキュメントが存在しないかどうかを最初に探してください。

本書の対象読者

本書は、読者がパワーユーザーのレベルでWindowsでの作業に慣れていいて、CPUレジスタ、メモリ、プロセス、スレッドといった、オペレーティングシステムとハードウェアの概念に関する基礎知識を持っていることを想定しています。関数、ポインター、その他類似のCプログラミング言語の構成要素の基礎知識があると、いくつかのセクションで役立ちます。

[*2] 訳注：開発者向け公式ドキュメント（ドキュメント、API、コードサンプル）は以前、MSDN（Microsoft Software Development Network）ライブラリとしてhttps://msdn.microsoft.comで公開されていましたが、現在は（2017年中頃から）、エンドユーザー、開発者、ITプロフェッショナル向けの公式ドキュメントがすべてdocs.microsoft.comに統合されています。本書第2刷以降では、原書の「MSDN documentation」を「開発者向け公式ドキュメント」と表現しています。

本書の構成

本書『インサイドWindows 第7版』は第6版と同じく、上・下2巻に分かれています。本書はその上巻です。[3]

- **第1章：概念とツール** —— Windowsの内部構造の概念の一般的な説明と、本書を通して使用する主要なツールを紹介します。第2章以降で必要な背景情報を提供するため、この章を最初に読んでおくことは重要です。
- **第2章：システムアーキテクチャ** —— Windowsを構成するアーキテクチャと主要なコンポーネントを説明します。この章で説明する概念のいくつかは、後続の章でさらに詳しく説明します。
- **第3章：プロセスとジョブ** —— Windowsにプロセスがどのように実装されているか、およびプロセスを扱うさまざまな方法について詳しく説明します。一連のプロセスを制御するための方法としてのジョブについて説明しますが、Windowsコンテナーをサポートするための手段としてのジョブについても説明します。
- **第4章：スレッド** —— スレッドがWindows上でどのように管理され、スケジューリングされ、処理されるのかについて詳しく説明します。
- **第5章：メモリ管理** —— メモリマネージャーが物理および仮想メモリを使用する方法と、同様にプロセスやドライバーがメモリを操作して使用するさまざまな方法について説明します。
- **第6章：I/Oシステム** —— WindowsのI/Oシステムがどのように動作し、どのようにデバイスドライバーと統合され、周辺機器を動かすメカニズムを提供しているのかについて説明します。
- **第7章：セキュリティ** —— Windowsに組み込まれている、さまざまなセキュリティのメカニズムについて詳しく説明します。脆弱性の悪用を防止するために、今やシステムの一部となっている軽減策についても説明します。

本書の表記規則

本書では、次の規則に従って表記しています。

- **太字** —— 入力する文字、キーボードのキー名、新しい用語または強調したい語句を示します。
- **斜体または<>（山かっこ）** —— 値を指定しなければならない変数を示します。例えば*Filename*または<ファイル名>は、その状況で有効なファイル名を示します。
- **等倍フォント** —— プログラムコード、コマンドラインおよびその出力結果を示します。➌は、1行のコマンドラインが、次の行に続くことを示しています。
- **[]（角かっこ）** —— ダイアログボックス名やボタン名など、GUI（グラフィカルユーザーインターフェイス）に表示される要素を示します（例：[名前を付けて保存] ダイアログボックス）。
- **＋（プラス記号）** —— 複数のキーを組み合わせたキーボードショートカットの区切り文字として使用します。例えば、**Ctrl + Alt + Delete**は、**Ctrl**キー、**Alt**キー、**Delete**キーを同時に押すことを意味します。

---

[3] 訳注：本書下巻の原書『Windows Internals, Seventh Edition, Part 2』は2021年10月に発行されました（https://www.microsoftpressstore.com/store/windows-internals-part-2-9780135462409）。下巻の訳書『インサイドWindows 第7版 下』は、2022年9月に発行されています（https://bookplus.nikkei.com/atcl/catalog/22/08/05/00304/）。

本書に付随するコンテンツ

読者の学習体験をより豊かにするため、本書に付随するコンテンツ（本書のために作成したツールを含む）を提供しています。本書に付随するコンテンツ（WindowsInternals7Ed.zip）は、次のURLからダウンロードすることができます。[*4]

➥ https://aka.ms/winint7ed/downloads

また、本書のために作成されたツールを、ソースコードとともにGitHubでも公開しています。GitHubで公開されているZipファイル（Tools.zip）は、上記のダウンロードサイトよりも新しいものに更新されています。

➥ https://github.com/zodiacon/windowsinternals

謝辞

はじめに、本書のプロジェクトに参加してくれたPavel Yosifovichに感謝します。彼の本書への関与は、本書の発行に不可欠でした。彼は何夜もかけてWindowsの詳細について学び、約6リリース分の変更点について書きました。これがなければ、本書は存在しなかったでしょう。

本書は、マイクロソフトのWindows開発チームの主要メンバーやマイクロソフトの他のエキスパートたちによるレビュー、情報提供、およびサポートなしでは、技術的な詳細の深さや精度のレベルを上げることはできなかったでしょう。本書の技術的なレビューや情報提供、著者に対するサポートや支援をしてくれた次の方々に感謝します。

Akila Srinivasan、Alessandro Pilotti、Andrea Allievi、Andy Luhrs、Arun Kishan、Ben Hillis、Bill Messmer、Chris Kleynhans、Deepu Thomas、Eugene Bak、Jason Shirk、Jeremiah Cox、Joe Bialek、John Lambert、John Lento、Jon Berry、Kai Hsu、Ken Johnson、Landy Wang、Logan Gabriel、Luke Kim、Matt Miller、Matthew Woolman、Mehmet Iyigun、Michelle Bergeron、Minsang Kim、Mohamed Mansour、Nate Warfield、Neeraj Singh、Nick Judge、Pavel Lebedynskiy、Rich Turner、Saruhan Karademir、Simon Pope、Stephen Finnigan、Stephen Hufnagel

10年以上も前にAlex Ionescuに許可されたIDA Pro AdvancedとHex-Raysのライセンスのために、Hex-Rays（https://www.hex-rays.com）のIlfak Guilfanovに改めて感謝します。これらのソフトウェアの逆コンパイラ機能が継続的にサポート、開発されたことで、Windowsカーネルのリバースエンジニアリングをスピードアップし、ソースコードにアクセスすることなくこのような本を書くことができました。

---

*4 訳注：Zipファイルをダウンロードしたら、ファイルのプロパティを開いて、［ブロックの解除］（Windows 10 Fall Creators Update以降の場合は［許可する］）を実行してください。そうしない場合、展開後にツールを実行しようとしたときに、WindowsのSmartScreen機能により実行がブロックされることがあります。また、ツールの実行時にMSVCP140.dllやVCRUNTIME140.dllがないというエラーが表示される場合は、次のURLからVisual Studio 2015のVisual C++再頒布可能パッケージをダウンロードしてインストールしてください。
https://www.microsoft.com/ja-jp/download/details.aspx?id=48145

最後に、著者一同は、本書を現実のものにしたMicrosoft Pressのすばらしいスタッフに感謝します。Devon Musgraveが私たちのAcquisitions Editorとして最後の務めを果たしてくれ、Kate ShoupがProject Editorとして本書の全体的な制作管理をしてくれました。Shawn MorningstarとKelly TalbotとCorina Lebegioaraもまた、本書の品質に貢献してくれました。

本書のサポート

本書の内容については最新の注意を払っておりますが、発行後に判明した訂正情報については日経BPのWebサイトに掲載いたします。URLについては、本書巻末の奥付をご覧ください。

原書の正誤表は、次のURLに掲載されています。

⊖https://aka.ms/winint7ed/errata

本書に記載の情報は、本書制作時のものであり、将来予告なしに変更されることがあります。本書の記述が実際のソフトウェアと異なる場合は、ソフトウェアのほうが優先されます。また、いかなる場合であっても、原著者、訳者、日経BPのいずれも、本書に起因する直接的および間接的な損害に対して、一切の責任を負いません。

本書初版第2刷以降の変更点

本書初版第2刷は、本書初版第1刷から主に以下の点について変更を加えています。そのため、本書初版第1刷や原書とは表現が異なる部分があります。

- 原書の公開済みErrata情報（https://www.microsoftpressstore.com/content/images/9780735684188/Errata/9780735684188_errata_01162018_.doc）の内容をすべて反映しました。なお、このErrata情報の大部分は、本書初版第1刷の時点で反映済みです。
- マイクロソフトのサイト構成変更に対する参照先URLを確認、修正しました。例えば、MSDNドキュメント／ライブラリとして知られる開発者向け公式ドキュメント、API、サンプルコードを提供していたmsdn.microsoft.comは、現在、エンドユーザー、ITプロフェッショナル向けの公式ドキュメントとともにdocs.microsoft.comに統合されました。本書初版第1刷での「MSDNドキュメント」（原書では「MSDN Document」）という表現は、本書初版第2刷では「開発者向け公式ドキュメント」に修正しています。
- 下巻の原書（Part 2）の発行が大幅に遅れており、当初予定されていなかった新しい章の追加などにより、下巻の原書の章立てが大きく変更される可能性があります。そのため、原書および本書初版第1刷における本書下巻の特定の章に対する言及は、本書初版第2刷では章を含めず「本書下巻」だけに修正しています。
- 本書は原書制作当時のWindows 10およびWindows Serverバージョンを対象に書かれています。本書第2刷では、その後のバージョンでの名称変更や仕様変更についても追加しています。
- 上記と同じ理由により、現在のWindows 10やWindows Serverバージョンで本書の「実習」を実施した場合、本書の内容とは異なる結果となる可能性があります。

目　次

はじめに .... (5)

第1章　概念とツール 1

1.1　Windowsオペレーティングシステムのバージョン 1
1.1.1　Windows 10および将来のWindowsバージョン 3
1.1.2　Windows 10とOneCore 4
1.2　基礎的な概念と用語 4
1.2.1　Windows API 4
1.2.2　サービス、関数、ルーチン 8
1.2.3　プロセス 9
1.2.4　スレッド 19
1.2.5　ジョブ 22
1.2.6　仮想メモリ 22
1.2.7　カーネルモード vs. ユーザーモード 25
1.2.8　ハイパーバイザー 30
1.2.9　ファームウェア 31
1.2.10　リモートデスクトップサービスとマルチユーザーセッション 32
1.2.11　オブジェクトとハンドル 33
1.2.12　セキュリティ 34
1.2.13　レジストリ 35
1.2.14　Unicode 36
1.3　Windowsの内部を掘り下げる 38
1.3.1　パフォーマンスモニターとリソースモニター 39
1.3.2　カーネルデバッグ 41
1.3.3　Windowsソフトウェア開発キット（SDK） 47
1.3.4　Windows Driver Kit（WDK） 47
1.3.5　Windows Sysinternals 48
1.4　まとめ 48

第2章 システムアーキテクチャ ———————————— 49

2.1	**システム要件と設計上の目標**	**49**
2.2	**オペレーティングシステムのモデル**	**50**
2.3	**アーキテクチャの概要**	**51**
	2.3.1　ポータビリティ	54
	2.3.2　対称型マルチプロセッシング（SMP）	55
	2.3.3　スケーラビリティ	58
	2.3.4　クライアントバージョンとサーバーバージョンの違い	59
	2.3.5　チェックビルド（Checked Build）	63
2.4	**仮想化ベースのセキュリティ（VBS）のアーキテクチャ概要**	**65**
2.5	**主要なシステムコンポーネント**	**67**
	2.5.1　環境サブシステムとサブシステムDLL	68
	2.5.2　その他のサブシステム	75
	2.5.3　エグゼクティブ	80
	2.5.4　カーネル	83
	2.5.5　ハードウェア抽象化レイヤー（HAL）	87
	2.5.6　デバイスドライバー	90
	2.5.7　システムプロセス	97
2.6	**まとめ**	**110**

第3章 プロセスとジョブ ———————————— 111

3.1	**プロセスの作成**	**111**
	3.1.1　CreateProcess*関数の引数	112
	3.1.2　Windowsモダンプロセスの作成	113
	3.1.3　その他の種類のプロセスの作成	114
3.2	**プロセスの内部**	**115**
3.3	**保護されたプロセス（Protected Process）**	**124**
	3.3.1　保護されたプロセスの簡易版（Protected Process Light）	126
	3.3.2　サードパーティPPLのサポート	130
3.4	**最小（Minimal）プロセスおよびPicoプロセス**	**131**
	3.4.1　最小（Minimal）プロセス	131
	3.4.2　Picoプロセス	132
3.5	**Trustlet（セキュアプロセス）**	**134**
	3.5.1　Trustletの構造	134
	3.5.2　Trustletのポリシーメタデータ	136
	3.5.3　Trustletの属性	137
	3.5.4　システム組み込みのTrustlet	137

| | | 目 次 | (13) |

3.5.5	Trustlet の識別子	138
3.5.6	分離ユーザーモード (IUM) のサービス	138
3.5.7	Trustlet がアクセス可能なシステムコール	139

3.6 CreateProcess のフロー **141**

3.6.1	ステージ1：パラメーターとフラグの変換と検証	143
3.6.2	ステージ2：実行するイメージのオープン	147
3.6.3	ステージ3：Windows エグゼクティブプロセス (EPROCESS) オブジェクトの作成	150
3.6.4	ステージ4：初期スレッドとそのスタックおよびコンテキストの作成	156
3.6.5	ステージ5：Windows サブシステム固有のプロセスの初期化	159
3.6.6	ステージ6：初期スレッドの実行開始	161
3.6.7	ステージ7：新しいプロセスのコンテキスト内での プロセス初期化の実行	161

3.7 プロセスの終了 **167**

3.8 イメージローダー **168**

3.8.1	早期プロセスの初期化	171
3.8.2	DLL の名前解決とリダイレクト	174
3.8.3	ロードモジュールデータベース	179
3.8.4	インポートの解析	184
3.8.5	インポート後のプロセスの初期化	185
3.8.6	SwitchBack	186
3.8.7	API セット	189

3.9 ジョブ **191**

3.9.1	ジョブの制限	192
3.9.2	ジョブを扱う	194
3.9.3	入れ子になったジョブ (Nested Job)	194
3.9.4	Windows コンテナー (サーバーサイロ)	198

3.10 まとめ **208**

第4章 スレッド 209

4.1 スレッドの作成 **209**

4.2 スレッドの内部 **210**

| 4.2.1 | データ構造体 | 210 |
| 4.2.2 | スレッドの誕生 | 224 |

4.3 スレッドのアクティビティの調査 **225**

| 4.3.1 | 保護されたプロセスのスレッドの制限 | 231 |

4.4 スレッドスケジューリング **232**

| 4.4.1 | Windows におけるスケジューリングの概要 | 232 |
| 4.4.2 | 優先度レベル | 234 |

4.4.3	スレッドの状態	241
4.4.4	ディスパッチャーデータベース	247
4.4.5	クォンタム (Quantum)	250
4.4.6	優先度ブースト (優先度の引き上げ)	258
4.4.7	コンテキストスイッチ	276
4.4.8	スケジューリングシナリオ	278
4.4.9	アイドルスレッド	282
4.4.10	スレッドの中断	286
4.4.11	(ディープ) フリーズ	286
4.4.12	スレッドの選定	290
4.4.13	マルチプロセッサシステム	291
4.4.14	マルチプロセッサシステム上でのスレッドの選定	309
4.4.15	プロセッサの選定	310
4.4.16	ヘテロジニアスのスケジューリング (big.LITTLE)	312

4.5 グループベースのスケジューリング ……………………………… 314

4.5.1	ダイナミックフェアシェアスケジューリング	316
4.5.2	CPUレート制限	320
4.5.3	プロセッサの動的な追加と交換	323

4.6 ワーカーファクトリ (スレッドプール) ………………………… 325

4.6.1	ワーカーファクトリの作成	326

4.7 まとめ ………………………………………………………………… 328

第5章 メモリ管理 …………………………………………………… 329

5.1 メモリマネージャーの概論 ………………………………………… 329

5.1.1	メモリマネージャーのコンポーネント	330
5.1.2	ラージページとスモールページ	331
5.1.3	メモリ使用量を調べる	333
5.1.4	内部の同期	337

5.2 メモリマネージャーが提供するサービス …………………………… 338

5.2.1	ページの状態とメモリの割り当て	339
5.2.2	コミットチャージとコミットリミット	343
5.2.3	メモリのロック	344
5.2.4	割り当ての細かさ (粒度)	344
5.2.5	共有メモリとマップファイル	345
5.2.6	メモリの保護	347
5.2.7	データ実行防止 (DEP)	349
5.2.8	コピーオンライト	353
5.2.9	アドレスウィンドウ化拡張 (AWE)	355

5.3 カーネルモードヒープ (システムメモリプール) ……………… 357

5.3.1	プールサイズ	357

	5.3.2	プール使用状況の監視	360
	5.3.3	ルックアサイドリスト	364
5.4	**ヒープマネージャー**		**366**
	5.4.1	プロセスヒープ	366
	5.4.2	ヒープの種類	367
	5.4.3	NTヒープ	368
	5.4.4	ヒープの同期	368
	5.4.5	低断片化ヒープ（LFH）	369
	5.4.6	セグメントヒープ	370
	5.4.7	ヒープのセキュリティ機能	376
	5.4.8	ヒープのデバッグ機能	377
	5.4.9	ページヒープ	378
	5.4.10	フォールトトレラントヒープ	381
5.5	**仮想アドレス空間レイアウト**		**383**
	5.5.1	x86アドレス空間レイアウト	385
	5.5.2	x86システムアドレス空間レイアウト	388
	5.5.3	x86セッション領域	388
	5.5.4	システムページテーブルエントリ（システムPTE）	391
	5.5.5	ARMアドレス空間レイアウト	392
	5.5.6	64ビットアドレス空間レイアウト	393
	5.5.7	x64仮想アドレス指定の制限	394
	5.5.8	動的なシステム仮想アドレス領域の管理	395
	5.5.9	システム仮想アドレス領域のクォータ制限	401
	5.5.10	ユーザーアドレス空間レイアウト	401
5.6	**アドレス変換**		**408**
	5.6.1	x86仮想アドレス変換	408
	5.6.2	変換ルックアサイドバッファー（TLB）	414
	5.6.3	x64仮想アドレス変換	418
	5.6.4	ARM仮想アドレス変換	419
5.7	**ページフォールトの処理**		**421**
	5.7.1	無効なPTE	422
	5.7.2	プロトタイプPTE	423
	5.7.3	インページI/O	425
	5.7.4	衝突したページフォールト	426
	5.7.5	クラスター化されたページフォールト	426
	5.7.6	ページファイル	427
	5.7.7	コミットチャージとシステムコミットリミット	433
	5.7.8	コミットチャージとページファイルのサイズ	437
5.8	**スタック**		**438**
	5.8.1	ユーザースタック	438
	5.8.2	カーネルスタック	439
	5.8.3	DPCスタック	442

5.9	仮想アドレス記述子（VAD）	442
	5.9.1 プロセスVAD	443
	5.9.2 ローテートVAD	445
5.10	NUMA	445
5.11	セクションオブジェクト	446
5.12	ワーキングセット	456
	5.12.1 デマンドページング	457
	5.12.2 論理プリフェッチャーとReadyBoot	457
	5.12.3 配置ポリシー	461
	5.12.4 ワーキングセットの管理	461
	5.12.5 バランスセットマネージャーとスワッパー	466
	5.12.6 システムワーキングセット	467
	5.12.7 メモリ通知イベント	468
5.13	ページフレーム番号（PFN）データベース	471
	5.13.1 ページリストの動き	474
	5.13.2 ページ優先度	483
	5.13.3 変更ページライターとマップページライター	485
	5.13.4 PFNデータ構造体	487
	5.13.5 ページファイル予約	491
5.14	物理メモリの制限	494
	5.14.1 Windowsクライアントのメモリ制限	495
5.15	メモリの圧縮	498
	5.15.1 イラストで見るメモリの圧縮	499
	5.15.2 メモリの圧縮のアーキテクチャ	503
5.16	メモリパーティション	506
5.17	メモリ統合	509
	5.17.1 検索フェーズ	511
	5.17.2 分類フェーズ	511
	5.17.3 ページ統合フェーズ	512
	5.17.4 プライベートから共有PTEへの変換	513
	5.17.5 統合ページの解放	515
5.18	メモリエンクレーブ	519
	5.18.1 プログラムインターフェイス	520
	5.18.2 メモリエンクレーブの初期化	521
	5.18.3 エンクレーブの作成	521
	5.18.4 エンクレーブに対するデータの読み込み	523
	5.18.5 エンクレーブの開始	524
5.19	プロアクティブメモリ管理（スーパーフェッチ）	524
	5.19.1 スーパーフェッチのコンポーネント	525
	5.19.2 トレースの取得とログの記録	527
	5.19.3 シナリオ	528

	5.19.4	ページ優先度とリバランス	529
	5.19.5	堅牢なパフォーマンス	531
	5.19.6	ReadyBoost	532
	5.19.7	ReadyDrive	533
	5.19.8	プロセスリフレクション	534
5.20	**まとめ**		**536**

第6章 I/Oシステム   537

6.1	**I/Oシステムのコンポーネント**		**537**
	6.1.1	I/Oマネージャー	539
	6.1.2	標準的なI/O処理	540
6.2	**割り込み要求レベル (IRQL) と遅延プロシージャコール (DPC)**		**542**
	6.2.1	割り込み要求レベル (IRQL)	543
	6.2.2	遅延プロシージャコール (DPC)	545
6.3	**デバイスドライバー**		**547**
	6.3.1	デバイスドライバーの種類	547
	6.3.2	ドライバーの構造	554
	6.3.3	ドライバーオブジェクトとデバイスオブジェクト	556
	6.3.4	デバイスを開く	564
6.4	**I/O処理**		**569**
	6.4.1	I/Oの種類	569
	6.4.2	I/O要求パケット (IRP)	572
	6.4.3	ハードウェアベースの単層ドライバーに対するI/O要求	586
	6.4.4	複数層ドライバーに対するI/O要求	597
	6.4.5	スレッド非依存I/O	600
	6.4.6	I/Oのキャンセル	601
	6.4.7	I/O完了ポート	606
	6.4.8	I/O優先度の設定	611
	6.4.9	コンテナー通知	618
6.5	**ドライバーの検証ツール (Driver Verifier)**		**618**
	6.5.1	I/O関連の検証オプション	621
	6.5.2	メモリ関連の検証オプション	621
6.6	**プラグアンドプレイ (PnP) マネージャー**		**626**
	6.6.1	プラグアンドプレイ (PnP) のサポートレベル	627
	6.6.2	デバイスの列挙	628
	6.6.3	デバイススタック	631
	6.6.4	プラグアンドプレイ (PnP) のドライバーサポート	636
	6.6.5	プラグアンドプレイ (PnP) ドライバーのインストール	638

6.7	一般的なドライバーの読み込みとインストール	**643**
	6.7.1　ドライバーの読み込み	643
	6.7.2　ドライバーのインストール	645
6.8	Windows Driver Foundation (WDF)	**646**
	6.8.1　カーネルモードドライバーフレームワーク (KMDF)	648
	6.8.2　ユーザーモードドライバーフレームワーク (UMDF)	657
6.9	電源マネージャー	**661**
	6.9.1　コネクテッドスタンバイとモダンスタンバイ	665
	6.9.2　電源マネージャーの動作	666
	6.9.3　ドライバーの電源操作	667
	6.9.4　ドライバーとアプリケーションによるデバイスの電源制御	671
	6.9.5　電源管理フレームワーク	672
	6.9.6　電源可用性 (パワーアベイラビリティ) 要求	674
6.10	まとめ	**676**

第7章　セキュリティ　677

7.1	セキュリティ評価	**677**
	7.1.1　トラステッドコンピューターシステム評価基準 (TCSEC)	677
	7.1.2　コモンクライテリア (CC)	679
7.2	セキュリティシステムコンポーネント	**680**
7.3	仮想化ベースのセキュリティ (VBS)	**684**
	7.3.1　資格情報ガード (Credential Guard)	685
	7.3.2　デバイスガード (Device Guard)	691
7.4	オブジェクトの保護	**693**
	7.4.1　アクセスチェック	695
	7.4.2　セキュリティ識別子 (SID)	699
	7.4.3　仮想サービスアカウント	723
	7.4.4　セキュリティ記述子とアクセス制御	727
	7.4.5　ダイナミックアクセス制御 (DAC)	745
7.5	AuthZ API	**746**
	7.5.1　条件付き ACE	747
7.6	アカウントの権利と特権	**748**
	7.6.1　アカウントの権利	750
	7.6.2　特権	750
	7.6.3　強力な特権	756
7.7	プロセスとスレッドのアクセストークン	**758**
7.8	セキュリティ監査	**758**
	7.8.1　オブジェクトアクセスの監査	760
	7.8.2　グローバル監査ポリシー	763

	7.8.3	監査ポリシーの詳細な構成	765
7.9	**アプリコンテナー (AppContainer)**		**766**
	7.9.1	UWPアプリの概要	767
	7.9.2	アプリコンテナーとは	770
7.10	**ログオン**		**796**
	7.10.1	Winlogonの初期化	798
	7.10.2	ユーザーログオンのステップ	800
	7.10.3	アシュアランス認証 (Assured Authentication)	806
	7.10.4	Windows生体認証フレームワーク	807
	7.10.5	Windows Hello	809
7.11	**ユーザーアカウント制御 (UAC) とUACの仮想化**		**810**
	7.11.1	ファイルシステムとレジストリの仮想化	811
	7.11.2	権限の昇格	818
7.12	**エクスプロイト (悪用) の軽減策**		**825**
	7.12.1	プロセス軽減策ポリシー	826
	7.12.2	制御フローの整合性 (CFI)	832
	7.12.3	セキュリティアサーション	845
7.13	**アプリケーションID (AppID)**		**850**
	7.13.1	AppLocker	851
	7.13.2	ソフトウェアの制限のポリシー	856
7.14	**カーネルパッチ保護 (KPP)**		**859**
	7.14.1	PatchGuard	860
	7.14.2	HyperGuard	863
7.15	**まとめ**		**865**

索引	**866**
訳者あとがき	**881**
著者紹介	**882**
訳者紹介	**883**

第 **1** 章

概念とツール

この章では、Windowsオペレーティングシステム（OS）の主要な概念と、Windows API、プロセス、スレッド、仮想メモリ、カーネルモードとユーザーモード、オブジェクト、ハンドル、セキュリティ、レジストリといった、本書を通じて使用する用語について説明します。この章ではまた、カーネルデバッガー、パフォーマンスモニター、Windows Sysinternals（https://docs.microsoft.com/sysinternals/）の主要なツールなど、Windowsの内部構造を探るのに使用するツールについても説明します。さらに、Windowsの詳細な内部構造を調査するリソースとして、Windows Driver Kit（WDK）およびWindowsソフトウェア開発キット（Software Development Kit：SDK）の使用方法についても説明します。

まず、この章で説明していることすべてを理解するようにしてください。本書の第2章以降は、この章で説明していることを理解していることを前提に記述しています。

1.1 Windowsオペレーティングシステムのバージョン

本書は、執筆時点で最新バージョンのWindowsクライアントおよびサーバーオペレーティングシステムであるWindows 10（x86システムおよびARMシステムの32ビット版、およびx64システムの64ビット版）およびWindows Server 2016（64ビット版のみ提供）を対象としています。特に記載がない限り、本文の内容はすべてのバージョンのWindowsに適用されます。表1-1に、Windowsの製品名、内部バージョン番号、およびリリース日を示します。

表1-1　Windowsオペレーティングシステムのリリース

製品名	内部バージョン番号	リリース日
Windows NT 3.1	3.1	1993年7月（日本語版は1994年1月）
Windows NT 3.5	3.5	1994年9月（日本語版は1994年12月）
Windows NT 3.51	3.51	1995年5月（日本語版は1996年1月）
Windows NT 4.0	4.0	1996年7月（日本語版は1996年12月）
Windows 2000	5.0	1999年12月
Windows XP	5.1	2001年8月
Windows Server 2003	5.2	2003年3月
Windows Server 2003 R2	5.2	2005年12月
Windows Vista	6.0	2007年1月
Windows Server 2008	6.0（Service Pack 1）	2008年3月

製品名	内部バージョン番号	リリース日
Windows 7	6.1	2009年10月
Windows Server 2008 R2	6.1	2009年10月
Windows 8	6.2	2012年10月
Windows Server 2012	6.2	2012年10月
Windows 8.1	6.3	2013年10月
Windows Server 2012 R2	6.3	2013年10月
Windows 10	10.0（ビルド10240）	2015年7月
Windows 10 バージョン1511	10.0（ビルド10586）	2015年11月
Windows 10 バージョン1607（Anniversary Update）	10.0（ビルド14393）	2016年7月
Windows Server 2016	10.0（ビルド14393）	2016年10月
Windows 10 バージョン1703（Creators Update）	10.0（ビルド15063）	2017年4月

　バージョン番号は、Windows 7以降、明確に定義された決まりがないように見えます。その内部バージョン番号は6.1であり、7ではありません。Windows XPは人気があったため、Windows Vistaでバージョン番号が6.0になったときに、いくつかのアプリケーションは正しいOSバージョンの検出に失敗することがありました。その理由は、アプリケーション開発者がメジャーバージョン番号の5以上とマイナーバージョン番号の1以上をチェックしたからでした。この条件では、Windows Vistaが新バージョンとして検出されませんでした。これを教訓として、マイクロソフトは非互換性を最小限に抑えるため、内部的なメジャーバージョン番号を6、マイナーバージョン番号を2（1より大きい値）のまま維持することを選択しました（次の「メモ」を参照）。一方で、Windows 10は、更新されたバージョン番号10.0（10.0.ビルド番号）も持ちます。

メモ
　Windows 8以降、Windows APIのGetVersionEx関数は、実際のOSとは関係なく、既定でWindows 8を示す6.2（6.2.0.0）を返すようになりました。（また、この関数の使用は非推奨とされています）。この動作は、互換性問題を最小限に抑えるだけでなく、OSバージョンのチェックはほとんどの場合、アプリケーションの互換性にとって最良の方法ではないことを示すものでもあります。なぜなら、コンポーネントによっては、Windowsの正式リリースとは一致することなく、別の方法でインストールされることがあるからです。それでもなお、実際のOSバージョンのチェックが必要な場合は、VerifyVersionInfo関数、またはより新しいバージョンヘルパーAPIであるIsWindows8OrGreater、IsWindows8Point1OrGreater、IsWindows10OrGreater、IsWindowsServerなどを使用して間接的に取得することが可能です。また、OSの互換性は、実行可能ファイル（アプリケーション）のマニフェストで明示することで、GetVersionEx関数の結果を変更することが可能です（詳細については、本書の「第3章　プロセスとジョブ」の「3.8　イメージローダー」で説明します）。

　Windowsのバージョン情報は**ver**コマンドを使用してコマンドラインで確認するか、**winver**の実行でグラフィカルに確認することができます。次に示すのは、Windows 10 Enterpriseバージョン1607の**winver**のスクリーンショットです。

　このスクリーンショットには、Windowsのビルド番号（この例では14393.1480）も示されています。Windowsのビルド番号は、Windows Insiders（Windowsの早期プレビュー版を取得するために登録したユーザー）にとって有益です。Windowsのビルド番号はインストールされているパッチレベルを示しているため、セキュリティ更新を管理する上でも役立ちます。

1.1.1　Windows 10および将来のWindowsバージョン

　マイクロソフトはWindows 10に関して、以前よりも短いサイクルでWindowsを更新することを宣言しました。公式な"Windows 11"というバージョンは予定されていません。その代わりに、Windows Update（または企業向けの別のサービスモデル）によって、現在のWindows 10が新しいバージョンに更新されます。本書の執筆中にも、そのような更新が2015年11月（リリースされた年月を示す、バージョン1511として知られています）と2016年7月（バージョン1607、マーケティング上の名前ではAnniversary Updateと呼ばれています）の2回行われました。[*1]

メモ
　内部的には、マイクロソフトは従来と同様に、WindowsバージョンをWave（ウェーブ、波）という世代の概念に基づいて開発しています。例えば、Windows 10の初期リリースはThreshold 1という開発コード名で開発され、2015年11月の機能更新リリースはThreshold 2と呼ばれていました。これらのリリースはThreshold Waveと呼ばれます。次の3つの機能更新リリースは、Redstone 1（バージョン1607）と呼ばれ、Redstone 2（バージョン1703）、Redstone 3（バージョン1709）と続きます。これらのリリースはRedstone Waveと呼ばれます。

[*1]　訳注：Windows 10はその後、2021年11月のWindows 10バージョン21H2（November 2021 Update）まで半期チャネル（Semi-Annual Channel、SAC）のリリースサイクルで提供され、2021年10月には本書執筆時点では予定されていなかったWindows 11が正式にリリースされました。Windows 11とWindows 10は一般提供チャネル（General Availability Channel）のもとで1年に1回のリリースとなり、Windows 10のサービスは2025年10月14日で終了することが決まっています。

1.1.2 | Windows 10とOneCore

長年にわたって、Windowsは複数のプラットフォームで進化してきました。PC上で動作するメインストリームのWindowsとは別に、Windows 2000から枝分かれしたXbox 360ゲームコンソール用のWindowsバージョンが存在します。Windows Phone 7は、Windows CE（マイクロソフトのリアルタイムOS）をベースとした、また別のWindowsバージョンです。これらのコードベースのすべてをメンテナンスし、拡張していくことは、明らかに困難です。そこでマイクロソフトは、カーネルとベースプラットフォームのサポートバイナリを1つに統合することを決断しました。この統合は、まずWindows 8とWindows Phone 8で行われ、これらは同じカーネルを共有します（Windows 8.1とWindows Phone 8.1では、WindowsランタイムAPIの統合が行われました）。Windows 10においてOSの統合は完了しました。この共通のプラットフォームはOneCoreと呼ばれ、PC、Phone、Xbox Oneゲームコンソール、HoloLens、およびRaspberry Pi 2といったIoT（Internet of Things：モノのインターネット）デバイスのすべてを対象とします。

これらのすべてのデバイスのフォームファクターは、デバイス間で明らかに異なります。一部の機能は、一部のデバイスには単純に存在しません。例えば、HoloLensデバイスがマウスと物理キーボードをサポートすることは意味がありません。そのため、そのようなデバイス向けのWindows 10バージョンにマウスや物理キーボードをサポートする部分が存在することは期待しないでしょう。しかしながら、カーネル、ドライバーおよびベースプラットフォームバイナリは、基本的に共通です（レジストリベースの設定やポリシーベースの設定が共通であることは、パフォーマンスやその他の理由から意味のあることです）。そのような方針の一例を、「第3章　プロセスとジョブ」の「3.8.7　APIセット」の項で目にすることができます。

本書は、どのデバイス上で実行されているかに関係なく、OneCoreカーネルの内部構造について掘り下げています。しかし、本書の実習は便宜上、マウスとキーボードを備えたデスクトップPCを対象としています。実習をスマートフォンやXbox Oneのような他のデバイスで実行するのは、容易ではありません（正式に不可能な場合もあります）。

1.2 | 基礎的な概念と用語

ここでは、本書の第2章以降で取り上げるトピックの理解に不可欠な、Windowsの最も基礎的な概念を説明します。プロセス、スレッド、仮想メモリなどの概念については、第2章以降で詳しく説明します。

1.2.1 | Windows API

Windowsアプリケーションプログラミングインターフェイス（API）は、Windows OSファミリのユーザーモードシステムのプログラミングインターフェイスです。64ビットバージョンのWindowsが登場する以前、Windows APIは32ビットバージョンのWindows OSのプログラミングインターフェイスであり、Win32 APIと呼ばれ、もともとあった16ビットバージョンのWindowsのプログラミングインターフェイスと区別されていました。本書では、Windows APIという用語は、Windowsの32ビットと64ビットの両方のプログラミングインターフェイスを指します。

メモ
　本書では、Windows APIではなく、慣用的にWin32 APIという用語を使用することがあります。その場合でも、32ビットと64ビットの両方のプログラミングインターフェイスを指しています。

メモ
　Windows APIについては、Windows SDKドキュメントで説明されています（この章の「1.3.3 Windowsソフトウェア開発キット（SDK）」の項を参照してください）。Windows SDKドキュメントは、https://docs.microsoft.com/ja-jp/windows/にてオンラインで参照できます。また、Windows SDKドキュメントは、開発者向けのマイクロソフトサポートプログラムであるVisual Studioサブスクリプション（旧、Microsoft Developer Network：MSDN）のすべてのサブスクリプションレベルにも含まれています。Windowsの基本的なAPIを使用してプログラミングするのに優れた解説書に、『Windows via C/C++, Fifth Edition』（Jeffrey Richter、Christophe Nasarre 著、Microsoft Press、2007年）（邦訳『Advanced Windows 第5版』上・下、日経BP、2008年）があります。

■ Windows APIの種類

　Windows APIはもともと、C言語スタイルの関数のみで構成されていました。現在、開発者が使用可能なそのような関数は、数千に及びます。C言語は、Windowsの開発時点では自然な選択でした。なぜなら、C言語は最小公分母であり（つまり、他の言語からもアクセス可能である）、OSサービスを公開するのに十分に下位レベルであったからです。欠点は、関数が多いのに対して、名前の一貫性と論理的なグループ化（例えば、C++の名前空間のような）が欠如していたことです。その欠点を補うための苦難の結果の1つが、異なるAPIメカニズムであるコンポーネントオブジェクトモデル（Component Object Model：COM）を使用した、いくつかの新しいAPIでした。

　COMはもともと、Officeアプリケーションでドキュメント間の通信やデータ交換（例：Excelの表をWord文書やPowerPointプレゼンテーションに組み込む）を可能にするために作成されました。この機能は、OLE（Object Linking and Embedding）と呼ばれます。そのOLE自体はもともと、Windowsの古いメッセージング機構である動的データ変換（Dynamic Data Exchange：DDE）を使用して実装されました。DDEは本質的に制限が多かったため、COMという新しい通信手段が開発されたのです。実際、COMは1993年に正式にリリースされた当初、OLE 2と呼ばれていました。

　COMは、2つの基本原則に基づいています。第1の原則は、クライアントはインターフェイスを介してオブジェクト（COMサーバーオブジェクトと呼ばれることがあります）を使って通信します。このインターフェイスは、仮想テーブルディスパッチメカニズムの下、グループ化された、論理的に関連する一連のメソッドとともに、明確に定義されたコントラクトであり、C++コンパイラが仮想関数ディスパッチを実装するための一般的な方法でもあります。これにより、バイナリ互換性が得られ、コンパイラ名の名前修飾（マングリング）の問題が排除されます。その結果、C、C++、Visual Basic、.NET言語、Delphiやその他の多くの言語（およびコンパイラ）から、COMのメソッドを呼び出すことが可能になります。第2の原則は、COMがクライアントに静的にリンクされるのではなく、コンポーネントの実装が動的に読み込まれることです。

　COMサーバーという用語は、通常、COMクラスが実装されている1つのダイナミックリンクライブラリ（Dynamic Link Library：DLL）または1つの実行可能ファイル（EXE）を指しています。COMは、他にもセキュリティやプロセス間マーシャリング、スレッドモデルなどに関連する重要な機能を持ちます。COMの包括的な扱いは本書の範囲を超えています。COMの優れた解説本としては、『Essential COM』（Don Box著、Addison-Wesley、1998年、邦訳『Essentials COM』アスキー、1999年）があります。

メモ
　COMを通してアクセスされるAPIの例として、DirectShow、Windows Media Foundation (WMF)、DirectX、DirectComposition、Windows Imaging Component (WIC)、およびバックグラウンドインテリジェント転送サービス (BITS) 機能などがあります。

■ Windowsランタイム

　Windows 8では、新しいAPIが搭載され、**Windowsランタイム**（Windows Runtime）と呼ばれる実行環境がサポートされました（WindowsランタイムはWinRTと略されることがありますが、このWinRTと、開発が中止されたARMベースのWindows OSバージョンであるWindows RTを混同しないでください）。Windowsランタイムは、いわゆるWindowsアプリ（以前はメトロアプリ、モダンアプリ、Immersiveアプリ、Windowsストアアプリと呼ばれていました。現在はユニバーサルWindowsプラットフォーム（UWP）アプリとも呼ばれます）の開発者を対象としたプラットフォームサービスから構成されます。Windowsアプリは、小さなIoTデバイスからスマートフォン、タブレット、ラップトップ、デスクトップ、およびXbox OneやHoloLensのようなデバイスまで、複数のデバイスのフォームファクターを対象としています。

　APIの観点から言えば、WinRTはコンポーネントオブジェクトモデル（COM）の上位に構築されており、基本的なCOMのインフラストラクチャにさまざまな拡張機能を追加します。例えば、WinRT内では完全な型のメタデータ（WINMDファイルに格納され、.NETメタデータ形式に基づいています）が利用可能であり、タイプライブラリとして知られるCOMの概念に似た拡張を提供します。API設計の観点から言えば、名前空間階層、一貫した名前付け、プログラミングパターンなど、クラシックなWindows API関数よりもはるかに密着性の高いものになっています。

　Windowsアプリは、通常のWindowsアプリケーション（Windowsアプリが登場してからは、Windowsデスクトップアプリケーションやクラシックwindowsアプリケーションと呼ばれます）とは異なり、新しいルールに従います。新しいルールについては、本書下巻で説明します。

　さまざまなAPIとアプリケーション間の関係は、単純ではありません。デスクトップアプリケーションは、WinRT APIのサブセットを使用することができます。反対に、Windowsアプリは、Win32およびCOM APIを使用することができます。それぞれのアプリケーションプラットフォームから利用可能なAPIの詳細については、開発者向け公式ドキュメントで確認してください。ただし、ある特定のAPIが利用可能であるかについて記述されていない、またはサポートされていない場合であっても、ベースのバイナリレベルでは、WinRT APIはレガシなWindowsバイナリとAPIの最上位に位置しています。WinRTは、システムの新しい"ネイティブな"APIではなく、.NETがそうであるように、従来のWindows APIを呼び出しているのです。

　C++やC#（またはその他の.NET言語）、JavaScriptで記述されたアプリケーションは、これらのプラットフォーム向けに開発された言語プロジェクション（Language projection：言語投影）があるので、WinRTを簡単に使用できます。C++向けには、マイクロソフトはC++/CXという非標準のコンポーネント拡張機能を提供し、WinRTの型の使用を簡素化しています。（ランタイム拡張をサポートする）.NET向けの通常のCOM相互運用レイヤーは、どの.NET言語からでも、純粋な.NETと同じように、自然にかつ簡潔にWinRT APIを使用できるようにします。JavaScriptの開発者向けには、WinRTへのアクセスを提供するために開発されたWinJSと呼ばれる拡張機能が提供され、JavaScriptの開発者はHTMLを使用してアプリのユーザーインターフェイスにWinRTの機能を組み込むことができます。

メモ
WindowsアプリにHTMLを使用することはできますが、これはローカルクライアントアプリであり、Webサーバーから取得したWebアプリケーションとは異なります。

■ .NET Framework

.NET FrameworkはWindowsの一部です。表1-2に、各Windowsバージョンの一部として既定でインストールされている.NET Frameworkのバージョンを示します。なお、古いOSバージョンには、後継バージョンの.NET Frameworkをインストールすることが可能です。

表1-2 Windowsに既定でインストールされている.NET Frameworkのバージョン

Windowsのバージョン	.NET Frameworkのバージョン
Windows 8	4.5[*2]
Windows 8.1	4.5.1[*2]
Windows 10	4.6
Windows 10 バージョン 1511	4.6.1
Windows 10 バージョン 1607	4.6.2
Windows 10 バージョン 1703	4.7

.NET Frameworkは、次の2つの主要なコンポーネントで構成されます。

- **共通言語ランタイム（Common Language Runtime：CLR）** —— .NETのためのランタイムエンジンであり、ジャストインタイム（Just-In-Time：JIT）コンパイラを含みます。JITコンパイラは、共通中間言語（Common Intermediate Language：CIL）の命令をハードウェアCPU機械語（Machine Language）、ガベージコレクター、型の検証、コードアクセスセキュリティなどに変換します。CLRは、コンポーネントオブジェクトモデル（COM）インプロセスサーバー（DLL）として実装され、Windows APIによって提供されるさまざまな機能を使用します。
- **.NET Frameworkクラスライブラリ（FCL）** —— 一般的にクライアントおよびサーバーアプリケーションが必要とする機能を実装した、型の大規模なコレクションです。ユーザーインターフェイスサービスやネットワーク機能、データベースアクセスなどを提供します。

.NET Frameworkが、これらの機能や、新しい高水準のプログラム言語（C#、Visual Basic、F#）を含むその他の機能、ツールのサポートを提供することによって、開発者の生産性が改善され、アプリケーションを対象とした安全性と信頼性が向上されます。図1-1に、.NET FrameworkとOS間の関係について示します。

[*2] 訳注：.NET Framework 4、4.5、および4.5.1のサポートは2016年1月に終了しました。.NET Frameworkのサポートを引き続き受けるには、.NET Framework 4.5.2以降（4.7を推奨）に更新する必要があります。

ライフサイクルに関するFAQ-.NET Framework
https://support.microsoft.com/ja-jp/help/17455/

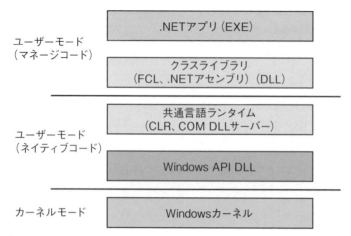

図1-1 .NET FrameworkとWindowsオペレーティングシステムとの関係

1.2.2 サービス、関数、ルーチン

　Windowsのユーザー向けおよびプログラミング向けのドキュメントにおいて、いくつかの用語は文脈により異なる意味を持ちます。例えば、サービスという単語は、OSの呼び出し可能なルーチンを意味することもありますし、デバイスドライバーやサーバープロセスを指すこともあります。以下のリストは、本書における特定の用語の意味を示しています。

- **Windows API関数** —— ドキュメント化されている（公開されている）、Windows APIの呼び出し可能なサブルーチンを示します（例：CreateProcess、CreateFile、GetMessage）。
- **ネイティブなシステムサービス（またはシステムコール）** —— ドキュメント化されていない（公開されていない）、ユーザーモードから呼び出し可能なOSの基本サービスを示します。例えば、NtCreateUserProcessは、Windows APIのCreateProcess関数が新しいプロセスを作成するときに呼び出す、内部のシステムサービスです。
- **カーネルをサポートする関数（またはルーチン）** —— カーネルモード（この章で後述します）からのみ呼び出し可能な、Windows OSの内部にあるサブルーチンを示します。例えば、ExAllocatePoolWithTagは、Windowsシステムヒープ（プール）からメモリを割り当てるために、デバイスドライバーが呼び出すルーチンです。
- **Windowsサービス** —— Windowsのサービスコントロールマネージャー（Service Control Manager）によって開始されるプロセスを示します。例えば、Task Scheduler（Schedule）サービスは、Schtasksコマンド（UNIXコマンドのatやcronに似ています）でサポートされるユーザーモードプロセスを実行します（注：レジストリでは、Windowsのデバイスドライバーが"サービス"として定義されていますが、本書ではデバイスドライバーをWindowsサービスとしては扱いません）。
- **ダイナミックリックライブラリ（DLL）** —— バイナリファイルとして相互にリンクされた呼び出し可能なサブルーチンであり、サブルーチンを使用するアプリケーションによって動的に読み込まれます。例えば、Msvcrt.dll（Cランタイムライブラリ）とKernel32.dll（Windows APIのサブシステムライブラリの1つ）があります。Windowsのユーザーモードコンポーネントとアプリケーションは、DLLを広範囲に使用します。静的なライブラリに対するDLLの利点は、複数のア

第1章 概念とツール **9**

プリケーションが複数のDLLを共有することができることです。Windowsは、DLLを参照する複数のアプリケーションに対して、インメモリに1つだけのDLLのコードのコピーだけを持つことを可能にします。なお、.NETアセンブリのライブラリは、DLLとしてコンパイルされ、エクスポートされたアンマネージサブルーチンは含みません。代わりに、共通言語ランタイム（CLR）がコンパイルされたメタデータを解析して、対応する型とメンバーにアクセスします。

1.2.3 プロセス

プログラムとプロセスは表面上、類似しているように見えますが、これらは根本的に異なります。プログラムは複数の命令の静的なシーケンスであり、プロセスはプログラムのインスタンスを実行するときに必要になる一揃いのリソースのためのコンテナー（器）です。最上位の抽象化レベルでは、Windowsのプロセスは以下の要素から構成されます。

- **プライベート仮想アドレス領域** —— プロセスが使用できる、一揃いの仮想メモリアドレス。
- **実行可能プログラム** —— 初期化コードとデータを定義し、プロセスの仮想アドレス領域にマップされます。
- **開かれたハンドルのリスト** —— セマフォ、同期オブジェクト、ファイルなど、さまざまなシステムリソースにマップされ、プロセス内のすべてのスレッドからアクセス可能です。
- **セキュリティコンテキスト** —— ユーザー、セキュリティグループ、特権、属性、クレーム、ケーパビリティ、ユーザーアカウント制御（UAC）の仮想化状態、セッション、プロセスに関連付けられた制限されたユーザーアカウントの状態などを識別するアクセストークンです。アプリコンテナー（AppContainer）の識別子とそれに関連するサンドボックス情報も含まれます。
- **1つのプロセスID** —— プロセスを識別する一意の識別子であり、クライアントIDと呼ばれる内部的な識別子の一部でもあります。
- **1つ以上の実行スレッド** —— "空"のプロセスも可能ですが、（ほとんどの場合）有用ではありません。

システム上のプロセスとプロセスの情報を参照（および変更）するためのツールが数多くあります。次に示す実習では、いくつかのツールのいくつかで取得できる、プロセス情報のさまざまなビューを示しています。これらのツールの多くは、Windows自身、Debugging Tools for Windows、Windowsソフトウェア開発キット（SDK）に含まれます。また、いくつかのツールは、Windows Sysinternalsのスタンドアロンツールです。これらのツールの多くは、プロセス本体と、スレッド情報の重複したサブセットを示します。スレッド情報は、プロセスとは異なる名前で識別されることがあります。

おそらく、プロセスのアクティビティの調査に最も広く使用されてきたツールは、タスクマネージャーでしょう（Windowsカーネルには"タスク"というものはないので、このツールの名前がタスクマネージャーなのは、少し奇妙です）。次の実習では、タスクマネージャーの基本機能のいくつかを示します。

実習 タスクマネージャーを使用してプロセス情報を参照する

Windows標準のタスクマネージャーは、システム上のプロセスをすばやく一覧表示します。タスクマネージャーは、次の4つの方法のいずれかで開始できます。

- Ctrl + Shift + Esc キーを押す。
- タスクバーを右クリックし、（コンテキストメニューの）［タスクマネージャー］をクリックする。
- Ctrl + Alt + Delete キーを押し、（Windowsセキュリティの画面で）［タスクマネージャー］をクリックする。
- 実行可能ファイルである **Taskmgr.exe** を開始する。

タスクマネージャーを初めて起動した場合、"簡易表示"モードとなり、次のスクリーンショットのように、トップレベル可視ウィンドウを持つプロセスのみが一覧表示されます。

簡易表示モードのタスクマネージャーでできることはほとんどありません。ウィンドウ下部にある［詳細］をクリックすると、タスクマネージャーの完全なビューに切り替えることができます。既定では、次のように［プロセス］タブが選択されます。

［プロセス］タブは、プロセスの一覧を［CPU］［メモリ］［ディスク］［ネットワーク］の4つの列付きで表示します。ヘッダー行を右クリックすると、表示させる列を増やすことが可能です。追加表示できる列としては、［プロセス名（イメージ名）］［PID（プロセスID）］［種類］［状態］[発行元］［コマンドライン］があります。プロセスの中には、さらに展開して、そのプロセスによって作成されたトップレベル可視ウィンドウを確認することができます。

　プロセスのさらに詳細な情報を取得するには、［詳細］タブをクリックします。または、特定のプロセスを右クリックして［詳細の表示］をクリックし、選択したプロセスの情報を［詳細］タブに切り替えて確認します。

メモ
　Windows 7のタスクマネージャーの［プロセス］タブは、Windows 8以降のタスクマネージャーの［プロセス］タブとほぼ同等です。Windows 7のタスクマネージャーの［アプリケーション］タブは、トップレベル可視ウィンドウの一覧を表示するもので、プロセスの一覧を示すものではありません。Windows 7の［アプリケーション］タブの情報は、Windows 8以降の新しいタスクマネージャーの［プロセス］タブの中に包含されています。

　［詳細］タブはプロセスの一覧を表示しますが、よりコンパクトに表示します。［詳細］タブは、プロセスによって作成された可視ウィンドウは示しませんが、さらに多くの情報を表示するための列が提供されます。

　［詳細］タブでは、1つのインスタンスであるイメージの名前によってプロセスが識別されることに注目してください。Windowsのいくつかのオブジェクトとは異なり、プロセスはグローバルな名前を持ちません。追加的な詳細情報を表示するには、ヘッダー行を右クリックして［列の選択］をクリックします。次ページのスクリーンショットのように、［列の選択］ダイアログボックスに、表示可能な列の一覧が表示されます。

いくつかの主な列について説明します。

- **スレッド** ―― ［スレッド］列は、各プロセスに含まれるスレッド数を示します。スレッドの存在しないプロセス（そのようなプロセスが役に立つことはありません）を直接作成する方法は存在しないため、通常、スレッド数は1以上の数を示します。あるプロセスがスレッド数0を示す場合、通常、プロセスが何らかの理由（おそらく、ドライバーコードのバグが原因）で削除できないことを示しています。

- **ハンドル** ―― ［ハンドル］列は、プロセス内で実行中のスレッドによって開かれたカーネルオブジェクトのハンドル数を示しています（ハンドルについては、この章の後で、および本書下巻で詳しく説明します）。

- **状態** ―― ［状態］列は、少々トリッキーです。ユーザーインターフェイスを持たないプロセスの場合、通常は"実行中"を示します。スレッドがカーネルオブジェクトのシグナルや、何らかのI/O操作が完了するのを待っている状態であっても、"実行中"を示します。そのようなプロセスの場合でも、プロセス内のすべてのスレッドが中断状態にある場合は、"中断"を示します。プロセス自身によって"中断"の状態に移行することはありませんが、ドキュメント化されていないネイティブAPIであるNtSuspendProcessを呼び出すことでプログラム的に移行させることは可能です。通常、これはツール（後述するProcess Explorerなど）によって行われます。ユーザーインターフェイスを作成するプロセスの場合、"実行中"の状態はUIに応答性があることを示しています。別の言い方をすれば、ウィンドウを作成したスレッドがUIへの入力（通常、スレッドに関連付けられたメッセージキュー）を待機している状態です。UIのないケースと同じように"中断"の状態もあり得ますが、（Windowsランタイムでホストされる）Windowsアプリの場合、ユーザーによって最小化されることでアプリがフォアグラウンドでなくなると中断状態になるのは通常の動作です。このようなWindowsアプリのプロセスは5秒後に中断状態になり、CPUリソースやネットワークリソースを消費しなくなるため、新しいフォアグラウンドアプリがすべてのマシンリソースを取得できるようになります。この動作は、タブレットやスマートフォンなど、バッテリー駆動のデバイスで特に重要です。このメカニズムおよび関連するその他のメカニズムについては、本書下巻で詳しく説明します。［状態］列に表示される可能性があるもう1つの状態に"応答なし"があります。"応答なし"の状態は、ユーザーインターフェイスを作成したプロセス内のスレッドが、メッセージキューでUI関連のアクティビティを5秒以上確認できない場合に発生します。そのプロセス（実際にはウィンドウを所有するスレッド）は、何かしらCPU負荷の高い処理でビジー状態にあるか、まったく別のこと（例えば、I/O操作の完了）を待っているのかもしれません。いずれにせよ、UIがフリーズし、Windowsは問題のウィンドウをフェードアウトさせ、タイトルに"（応答なし）"という文字列を追加してそれを示します。

各プロセスは、親プロセス（必ずしもそうではありませんが、おそらく作成者プロセスです）の情報

を持っています。親プロセスが既に存在しなくなったとしても、この情報は更新されません。そのため、あるプロセスが、存在しない親プロセスを参照している（情報を持っている）こともあり得ます。これは問題ではありません。なぜなら、この情報が最新状態に維持されていることに依存しているものは何もないからです。Process Explorerでは、子プロセスの既に存在しない親プロセスのプロセスIDが、その後の再利用によって誤った親子関係で関連付けられることを回避するために、プロセスの開始時刻が考慮されます。次の実習は、この動作を説明するものです。

メモ

なぜ、親プロセスと作成者プロセスは同じではないのでしょうか。あるケースでは、特定のユーザーアプリケーションによって作成されたように見えるプロセスが、プロセス作成APIの呼び出しを担当するブローカーやヘルパーと呼ばれるプロセスの助けを必要する場合があります。そのようなケースにおいて、ブローカーのプロセスを作成者として表示し、再親子化が行われると、紛らわしい場合があります（ハンドルまたはアドレス領域の継承を必要する場合、紛らわしいだけではなく、正確でない場合もあります）。このようなケースの例は、「第7章　セキュリティ」で知ることができます。

実習 プロセスツリーを参照する

　親プロセスまたは作成者プロセスのプロセスIDは、ほとんどのツールが表示しないプロセスに関する固有の属性の1つです。この属性の値は、パフォーマンスモニターを使用して（またはプログラム的に）Process￥Creating Process IDカウンターを参照することで取得できます。Debugging Tools for Windowsに付属するTlist.exeを使用すると、/tスイッチを利用することでプロセスツリーを参照することができます。次の出力例は、tlist /tの実行結果です。

```
System Process (0)
System (4)
  smss.exe (360)
csrss.exe (460)
wininit.exe (524)
  services.exe (648)
    svchost.exe (736)
      unsecapp.exe (2516)
      WmiPrvSE.exe (2860)
      WmiPrvSE.exe (2512)
      RuntimeBroker.exe (3104)
      SkypeHost.exe (2776)
      ShellExperienceHost.exe (3760) Windows シェル エクスペリエンス ホスト
      ApplicationFrameHost.exe (2848) OleMainThreadWndName
      SearchUI.exe (3504) Cortana
      WmiPrvSE.exe (1576)
      TiWorker.exe (6032)
      wuapihost.exe (5088)
    svchost.exe (788)
    svchost.exe (932)
    svchost.exe (960)
    svchost.exe (976)
    svchost.exe (68)
```

```
      svchost.exe (380)
      VSSVC.exe (1124)
      svchost.exe (1176)
        sihost.exe (3664)
        taskhostw.exe (3032) Task Host Window
      svchost.exe (1212)
      svchost.exe (1636)
      spoolsv.exe (1644)
      svchost.exe (1936)
      OfficeClickToRun.exe (1324)
      MSOIDSVC.EXE (1256)
        MSOIDSVCM.EXE (2264)
      MBAMAgent.exe (2072)
      MsMpEng.exe (2116)
      SearchIndexer.exe (1000)
        SearchProtocolHost.exe (824)
      svchost.exe (3328)
      svchost.exe (3428)
      svchost.exe (4400)
      svchost.exe (4360)
      svchost.exe (3720)
      TrustedInstaller.exe (6052)
    lsass.exe (664)
  csrss.exe (536)
  winlogon.exe (600)
    dwm.exe (1100) DWM Notification Window
  explorer.exe (3148) Program Manager
    OneDrive.exe (4448)
    cmd.exe (5992) C:¥windows¥system32¥cmd.exe - tlist /t
      conhost.exe (3120) CicMarshalWnd
      tlist.exe (5888)
  SystemSettingsAdminFlows.exe (4608)
```

　リストのインデントレベルは、各プロセスの親子関係を示しています。親プロセスが既に存在しない場合、そのプロセスは左寄せになります（上の例のexplorer.exe (3148)）。親プロセスのさらに親プロセスが存在している場合でも、そのプロセスと孫プロセスの関係を見つける方法がないため、左寄せになります。Windowsは、各プロセスについて、作成者のプロセスIDのみを保持しており、作成者プロセスの作成者へのリンクなどは保持していません。

　かっこ内の数字はプロセスIDであり、いくつかのプロセスについては、そのプロセスによって作成されたウィンドウのタイトルのテキストが続きます。

　Windowsが親プロセスのプロセスID以上のものを追跡していないことは、次の手順で実証できます。

1. Windows＋Rキーを押し、［ファイル名を指定して実行］ダイアログボックスに**cmd**と入力して、**Enter**キーを押します。

2. **Title Parent**と入力し、コマンドプロンプトウィンドウのウィンドウタイトルをParentに変

更します。

3. コマンドプロンプトウィンドウ（ウィンドウタイトルParent）で**start cmd**と入力し、2つ目のコマンドプロンプトを開始します。

4. 2つ目のコマンドプロンプトウィンドウで**Title Child**と入力し、ウィンドウタイトルをChildに変更します。

5. 2つ目のコマンドプロンプトウィンドウ（ウィンドウタイトルChild）で**mspaint**と入力し、ペイントを開始します。

6. 2つ目のコマンドプロンプトウィンドウ（ウィンドウタイトルChild）に戻り、**exit**と入力してウィンドウを閉じます。このとき、ペイントは閉じることなく残ることに注目してください。

7. **Ctrl** + **Shift** + **Esc**キーを押し、タスクマネージャーを開きます。

8. タスクマネージャーが簡易表示モードの場合は［詳細］をクリックして、完全なビューに切り替えます。

9. タスクマネージャーの［プロセス］タブをクリックします。

10. 「Windowsコマンドプロセッサ」という名前のアプリを見つけ、さらに展開します。展開すると、次のスクリーンショットのようにウィンドウタイトルParentのプロセスが見えるはずです。

11. 「Windowsコマンドプロセッサ」のプロセスを右クリックし、［詳細の表示］を選択します。

12. ［詳細］タブに切り替わるので、選択中のcmd.exeプロセスを右クリックし、［プロセスツリーの終了］を選択します。

13. ［cmd.exeのプロセスツリーを終了しますか？］と確認を求めるダイアログボックスが表示されるので、［プロセスツリーの終了］をクリックします。

　この時点で最初のコマンドプロンプトウィンドウ（ウィンドウタイトルParent）は消え去りますが、強制終了したコマンドプロンプトのプロセスの孫プロセスであるペイントのウィンドウは依然として存在したままです。なぜなら、中間プロセス（ペイントの親プロセス）は既に終了しており、ウィンドウタイトルParentのプロセスと孫プロセスとの間には何のリンクも存在しないからです。

　Windows SysinternalsのProcess Explorerは、他の利用可能なツールよりもプロセスとスレッドに関するさらに詳細な情報を提供します。そのため、本書の中の多くの実習で、Process Explorerを使用することになります。Process Explorerが表示する、あるいは使用可能なユニークな機能の一部を紹介します。

- グループや特権、仮想化状態といった、プロセスのセキュリティトークン
- プロセス、スレッド、DLL、ハンドル一覧の変化の強調表示
- サービスホストプロセス（例：Svchost.exe）内でホストされているサービスの表示名や説明を含む一覧
- 軽減策ポリシーやプロセスの保護レベルといった、追加的なプロセスの属性情報
- ジョブの一部であるプロセスとジョブの詳細情報
- アプリケーションドメイン（AppDomain）や読み込まれたアセンブリ、共通言語ランタイム（CLR）のパフォーマンスカウンターといった、.NETアプリケーションをホストするプロセスと.NET固有の詳細情報
- Windowsランタイム（Immersiveプロセス）をホストするプロセス
- プロセスやスレッドの開始時刻
- （DLLだけでなく）メモリマップ（マップ済み）ファイルの完全な一覧
- プロセスまたはスレッドの実行を中断（Suspend）する機能
- 個別のスレッドを強制終了（Kill）する機能
- ある期間にわたって最もCPU時間を消費していたプロセスを簡単に識別する機能

メモ
　パフォーマンスモニターを使用すると、指定した一連のプロセスのプロセスCPU使用率を表示することができますが、パフォーマンスモニターのセッションが開始した後に作成されたプロセスについては自動的に追跡することはできません。バイナリ出力形式の手動によるイベントトレースだけが、それを行えます。

　また、Process Explorerでは、1か所で次のような情報に簡単にアクセスできます。

- 一部を折りたたむことができるプロセスツリー
- 名前のないハンドルを含む、プロセス内でオープン中のハンドル
- プロセス内のDLL（およびメモリマップファイル）の一覧
- プロセス内でのスレッドのアクティビティ
- ユーザーモードおよびカーネルモードのスレッドスタック。これには、Debugging Tools for Windowsに同梱されているDbghelp.dllを使用したアドレスと名前のマッピングが含まれます

- CPUアクティビティをより高い精度で追跡できるスレッドサイクルのカウントを使用した、CPU使用率のより正確なパーセンテージ（「第4章　スレッド」で説明します）
- 整合性レベル（Integrity Level：IL）
■ コミットチャージのピークやカーネルメモリのページプール/非ページプールの制限など、メモリマネージャーの詳細情報（他のツールは現在のサイズのみを表示します）

Process Explorerを使用した入門的な実習を、次に示します。

> **実習 Process Explorerを使用したプロセスの詳細情報の参照**
>
> 　最新バージョンのProcess ExplorerをWindows Sysinternalsのサイトからダウンロードし、実行します。Process Explorerは、標準ユーザーの権限で実行することができます。あるいは、実行可能ファイルを右クリックして［管理者として実行］を選択し、管理者権限で実行します。Process Explorerを管理者権限で実行すると、Process Explorerの追加的な機能を提供するドライバーがインストールされます。以下の説明は、Process Explorerの起動方法（標準ユーザーであるか管理者権限であるか）に関係なく同じです。
>
> 　Process Explorerを初めて実行した際には、必ずシンボルの設定を行ってください。シンボルを構成しない場合、プロセスをダブルクリックし、［Threads］タブをクリックしたときに、"Symbols are not currently configured."というメッセージが表示されます。シンボルが正しく構成されている場合、Process Explorerはスレッドが開始した関数だけでなく、スレッドのコールスタック上の関数についても、シンボル情報にアクセスし、シンボル名を表示することができます。この機能は、プロセス内でスレッドが何を実行中であるかを識別するのに有益です。シンボル情報にアクセスするには、Debugging Tools for Windowsがインストールされている必要があります（この章で後ほど説明します）。Process Explorerの［Options］メニューから［Configure Symbols］を選択し、Debugging Tools for Windowsのインストール先のディレクトリにあるDbghelp.dllのパスを入力し、有効なシンボルパスを設定します。例えば、64ビットシステムでWindows Drivers Kit（WDK）を既定の場所にインストールした場合は、次のスクリーンショットのシンボルの構成が正しい設定になります。
>
>
>
> 　このスクリーンショットの構成例では、シンボルにアクセスするために、オンデマンドでシンボルサーバーが使用され、シンボルファイルのコピーがローカルコンピューターのC:¥Symbolsディレクトリに保存されます（ディスクの空き領域の問題がある場合は、C:¥Symbolsディレクトリを別のドライブ上のパスなど、別のパスに変更できます）。シンボルサーバーの使用の構成について詳しくは、開発者向け公式ドキュメントの「Debugging with Symbols」（https://docs.microsoft.com/ja-jp/windows/win32/dxtecharts/debugging-with-symbols）を参照してください。

> **ヒント**
> 前出のProcess ExplorerのUIで設定したマイクロソフトシンボルサーバーの構成は、_NT_SYMBOL_PATHという名前の環境変数で設定することも可能です。Process Explorer、Debugging Tools for Windowsに同梱されるデバッガー、Visual Studioなど数多くのツールが、この環境変数を自動的に探します。環境変数を使用してシンボルパスを構成すると、ツールごとに個別に構成する必要がありません。

　Process Explorerを開始すると、既定でプロセスツリービューが表示されます。下部ペインを展開すると、オープン中のハンドルまたはマップされたDLLとメモリマップファイルを表示させることができます。(「第5章　メモリ管理」および本書下巻で詳しく解説します)。Process Explorerでプロセス名の上にマウスオーバーすると、コマンドラインやパスを含むツールチップが出現します。プロセスの種類によっては、ツールチップ内に次のような追加的な情報がさらに表示されます。

- **Services** —— サービスホストプロセス（例：Svchost.exe）がホストしているサービスの一覧
- **Tasks** —— タスクホストプロセス（例：TaskHostW.exe）がホストしているタスクの一覧
- **Rundll Target** —— コントロールパネルの項目やその他の機能で使用される、Rundll32.exeプロセスのターゲット
- **COM Class** —— Dllhost.exeプロセス内でホストされている場合のコンポーネントオブジェクトモデル（COM）クラスの情報（既定のCOM+サロゲートとも呼ばれます）
- **WMI Providers** —— WMIPrvSE.exeのようなWindows Management Instrumentation（WMI）ホストプロセスのためのWMIプロバイダー情報（WMIについては本書下巻で詳しく説明します）
- **Package** —— Windowsアプリプロセスのためのパッケージ情報（Windowsランタイムをホストするプロセスについては、この章の「1.2.1 Windows API」の「Windowsランタイム」の項で説明しました

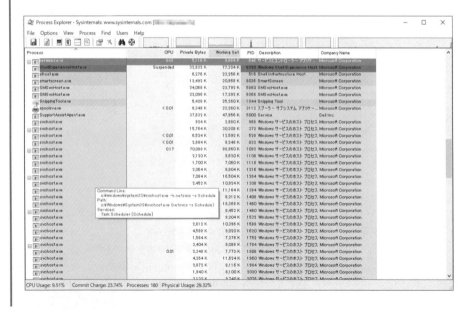

第1章 概念とツール　**19**

Process Explorerの基本的な機能をいくつか試してみましょう。

1. サービスをホストしているプロセスは、既定でピンク色で強調表示されます。ログオン中の ユーザーが所有するプロセスは薄青色で強調表示されます。これらの色分けは、[Options] メニューから [Configure Colors] を選択し、[Color Selection] ダイアログボックスで変更で きます。

2. プロセスのイメージ名の上にマウスポインターを近付けてみてください。ツールチップ内に イメージのフルパス（Path）を表示できます。前述したように、プロセスの種類によっては 追加的な情報がツールチップ内に表示されます。

3. ヘッダー行で右クリックし、[Select Columns] を選択してください。[Select Columns] ダ イアログボックスの [Process Image] タブで、[Image Path] チェックボックスをオンにし て列を有効化します。

4. [Process] 列のヘッダーをクリックすると、プロセスを昇順（A〜Z）に並べ替えることがで きます。なお、並べ替えを行うと、ツリービューではなくなります（ツリービューによる表 示と、表示されている列による並べ替え表示のいずれかで表示できます）。[Process] 列をも う一度クリックすると、降順（Z〜A）の並べ替えに切り替わります。もう一度クリックす ると、ツリービュー表示に戻ります。

5. [View] メニューを開き、[Show Processes from All Users] の選択を解除すると、ログオン 中のユーザーが所有するプロセスのみを表示させることができます。

6. [Options] メニューを開き、[Difference Highlight Duration] を選択して、値を3秒に変更 します。その後、新しいプロセスを開始します(何でも構いません)。すると、新しいプロセ スは3秒間緑色で強調表示されます。また、この新しいプロセスを終了すると、3秒間、赤色 で強調表示されたあとに、表示から消え去ります。このテクニックは、システム上で作成お よび終了するプロセスをリアルタイムに追跡するのに便利です。

7. プロセスをダブルクリックし、表示されたプロセスプロパティダイアログボックスでさまざ まなタブを切り替えてみてください（これらのタブは、本書の中で説明されている場所にあ る実証で使用することになります）。

1.2.4 | スレッド

スレッドとは、Windowsが実行をスケジュールするプロセス内のエンティティです。スレッドがな ければ、プロセスに対応するプログラムは実行できません。1つのスレッドには、次に示すコンポーネ ントが不可欠です。

- プロセッサの状態に対応した一揃いのCPUレジスタの内容
- 2つのスタック：1つはカーネルモードでの実行時に使用され、もう1つはユーザーモードでの実 行に使用されます
- サブシステム、ランタイムライブラリ、およびDLLによって使用される、**スレッドローカルスト レージ**（Thread-Local Storage：TLS）と呼ばれるプライベート記憶域
- **スレッドID**と呼ばれる一意の識別子（**クライアントID**と呼ばれる内部構造体の部分。プロセスID

とスレッドIDは、同じ名前空間から生成されるため、重複することはありません）

さらに、スレッドは、そのスレッド専用のセキュリティコンテキストやセキュリティトークンを持つことがあり、マルチスレッドサーバーアプリケーションによってたびたび使用され、アプリケーションがサービスする対象のクライアントのセキュリティコンテキストを偽装します。

プライベート記憶域だけでなく、揮発性レジスタや不揮発性レジスタもまた、**スレッドコンテキスト**と呼ばれます。スレッドコンテキストの情報は、Windowsが稼働するマシンアーキテクチャごとに異なるため、その構造は必要に応じてアーキテクチャ固有になります。Windows APIのGetThreadContext関数は、このアーキテクチャ固有の情報（CONTEXTブロックと呼ばれます）へのアクセスを提供します。さらに各スレッドは、独自のスタック（スレッドのコンテキストのスタックレジスターによってポイントされます）も持ちます。

あるスレッドから別のスレッドへの実行の切り替えには、カーネルスケジューラがかかわるため、特に、2つのスレッド間で頻繁な切り替えが行われる場合は、コストのかかる処理になります。Windowsは、このコストを抑制するために2つのメカニズムを備えています。**ファイバー（Fiber）** と **ユーザーモードスケジューリング（UMS）** です。

メモ
64ビットバージョンのWindows上で実行中の32ビットアプリケーションのスレッドは、32ビットと64ビットの両方のコンテキストを持ちます。WOW64 (Windows 32-bit on Windows 64-bit) はこの2つのコンテキストを使用して、必要時に32ビットモードでの実行から64ビットモードでの実行にアプリケーションを切り替えます。そのようなスレッドは、2つのユーザースタックと2つのCONTEXTブロックを持ち、通常のWindows API関数は64ビットコンテキストの方を返します。一方、Wow64GetThreadContextは、32ビットコンテキストを返します。WOW64については、本書下巻で詳しく説明します。

■ ファイバー（Fiber）

ファイバー（Fiber）を使用すると、アプリケーションはWindowsに組み込まれている優先度に基づいたスケジューリングメカニズムを利用するのではなく、自身で実行スレッドをスケジューリングできます。ファイバーは、一般に**軽量スレッド**と呼ばれます。このスケジューリングに関しては、Kernel32.dllのユーザーモードに実装されているため、カーネルには見えません。ファイバーを使用するには、初めにWindows APIのConvertThreadToFiber関数を呼び出します。この関数は、スレッドを実行ファイバーに変換します。その後、新たに変換されたファイバーがCreateFiber関数を使用して追加的なファイバーを作成できます（各ファイバーは、専用のファイバーセットを持つことができます）。しかし、スレッドとは異なり、ファイバーはSwitchToFiber関数の呼び出しを通してマニュアルで選択されるまで、実行を開始することはありません。新しいファイバーの実行は、ファイバーが終了するか、SwitchToFiberが呼び出されて別のファイバーの実行のために再び選択されるまで続きます。詳しくは、ファイバー関数に関するWindows SDKドキュメントを参照してください。

メモ
ファイバーを使用することは、通常、良いアイデアではありません。その理由は、ファイバーがカーネルから見えないからです。複数のファイバーが同じスレッドで実行することが可能であるため、ファイバーには、スレッドローカルストレージ（TLS）の共有といった問題もあります。ファイバーローカルストレージ（FLS）もありますが、これは共有の問題のすべてを解決してくれるものではなく、I/Oバウンドな（I/O負荷の高い）ファイバーはとにかく性能を低下させます。さらに、ファイバーは複数のプロセッサで並列に実行することができず、協調マルチタスキングのみに制限されます。ほとんどのシナリオでは、適切なスレッドを使用して、タスクをWindowsカーネルにスケジューリングさせることが、最善の方法です。

■ ユーザーモードスケジューリング（UMS）スレッド

　ユーザーモードスケジューリング（UMS）スレッドは、64ビットバージョンのWindowsでのみ利用可能なメカニズムです。ファイバーと同様の基本的な利点がありますが、短所はごくわずかです。UMSスレッドは、専用のカーネルスレッドの状態を持つため、UMSスレッドはカーネルから見えます。これにより、複数のUMSスレッドがブロックシステムコールを発行し、リソースの共有と競合が可能です。あるいは、2つ以上のUMSスレッドがユーザーモードで処理される必要があるとき、スケジューラが関わることなく、ユーザーモード内で（あるスレッドから別のスレッドに譲ることで）UMSスレッドの実行コンテキストを一時的に切り替えることができます。カーネルの側からは、同じカーネルスレッドが実行中のままで、何も変化がないように見えます。1つのUMSスレッドがカーネル全体を必要とする1つの操作（システムコールなど）を処理する際は、そのUMSスレッドが独自のカーネルモードスレッド（指示された（Directed）コンテキストスイッチと呼ばれます）に切り替わります。UMSスレッドもまた複数のプロセッサで並列実行することはできませんが、UMSスレッドは非協調的なプリエンプティブモデルに従います。

　スレッドは、独自の実行コンテキストを持ちますが、1つのプロセス内のすべてのスレッドは、そのプロセスの仮想アドレス領域（とプロセスに属する残りのリソース）を共有します。つまり、あるプロセス内のすべてのスレッドは、プロセスの仮想アドレス領域に対する完全な読み取りおよび書き込みアクセス権を持ちます。スレッドは、意図せず偶発的に、別のプロセスのアドレス領域を参照することはあり得ません。できるとすれば、そのプロセスのプライベートアドレス領域の一部が共有メモリセクション（Windows APIにおけるファイルマッピングオブジェクト）として利用可能な場合、あるいはそのプロセスがプロセス間メモリ関数を使用して別のプロセスを開く権利を持っている場合です。プロセス間メモリ関数としては、ReadProcessMemoryおよびWriteProcessMemoryがあります（同じユーザーアカウントで実行中のプロセスであり、アプリコンテナーやその他のサンドボックス環境の内部でなく、対象のプロセスに特定の保護がない限り、既定で取得できます）。

　1つのプライベートアドレス領域と、1つ以上のスレッドに加え、各プロセスは1つのセキュリティコンテキストとオープン中のハンドルのリストを持ちます。オープン中のハンドルリストは、ファイルや共有メモリセクション、ミューテックス、イベント、セマフォなどの同期オブジェクトが含まれます（図1-2を参照）。

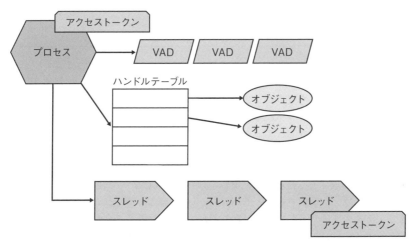

図1-2　1つのプロセスとそのプロセスに関連するリソース

各プロセスのセキュリティコンテキストは、**アクセストークン**と呼ばれる1つのオブジェクト内に格納されます。プロセスのアクセストークンは、セキュリティIDと資格情報を含みます。既定では、スレッドはスレッド独自のアクセストークンを持ちませんが、持つことも可能です。スレッド独自のアクセストークンは、個別のスレッドが、プロセス内の他のスレッドに影響することなしに、別のプロセス（リモートのWindowsシステムのプロセスを含む）のセキュリティコンテキストを偽装することを可能にします（プロセスとスレッドのセキュリティに関する詳細は、第7章で説明します）。

仮想アドレス記述子（Virtual Address Descriptor：VAD）は、メモリマネージャーがプロセスが使用する仮想アドレスを追跡し続けるのに使用するデータ構造体です。このデータ構造体については、第5章で詳しく説明します。

1.2.5 ジョブ

Windowsは、プロセスモデルに**ジョブ**と呼ばれる拡張機能を提供します。ジョブオブジェクトの主な機能は、プロセスのグループを1つの単位として、その管理と操作を可能にすることです。1つのジョブオブジェクトは、そのジョブに関連付けられた1つのプロセスまたは複数のプロセスに対して、特定の属性と制限を制御できるようにします。ジョブはまた、ジョブに関連付けられたすべてのプロセス、およびジョブに関連付けられていながら既に終了したすべてのプロセスの、基本的なアカウンティング情報を記録します。いくつかの点で、ジョブオブジェクトは、Windowsにおけるプロセスツリーの構造の不足を補います。これは、多くの点で、UNIX形式のプロセスツリーよりも強力です。

メモ
　Process Explorerは、既定では茶色に強調表示することで、ジョブにより管理されているプロセスを示すことができますが、ジョブの強調表示は既定では有効になっていません（有効にするには、Process Explorerの［Options］メニューから［Configure Colors］を選択します）。ジョブで管理されるプロセスのプロパティページの［Job］タブに、ジョブオブジェクトの情報を表示します。

プロセスとジョブの内部構造については、第3章でさらに詳しく説明します。スレッドおよびスレッドスケジューリングのアルゴリズムについては、第4章で説明します。

1.2.6 仮想メモリ

Windowsは、フラット（直線的）なアドレス領域からなる仮想メモリシステムを実装しています。各プロセスからは、独自の大きなプライベートアドレス領域を持っているかのように見えます。仮想メモリは、メモリの論理的なビューを提供します。そのレイアウトは、必ずしも物理的なレイアウトとは一致していません。メモリマネージャーは、実行時に、ハードウェアによる支援を使いながら、仮想メモリを物理メモリに変換、マップし、データを実際に格納します。メモリの保護とマップを制御することにより、OSは個々のプロセスが互いに衝突したり、OSデータを上書きしたりしないようにしています。

ほとんどのシステムの物理メモリ搭載量は、実行中のプロセスによって使用される仮想メモリの合計よりもずっと少ないため、メモリマネージャーはメモリの内容の一部を、ディスクに転送、すなわち**ページング**します。ディスクにデータをページングすることで、物理メモリが解放され、解放された物理メモリは別のプロセスやOS自身が使用できるようになります。スレッドがディスクにページされた仮想アドレスにアクセスすると、仮想メモリマネージャーはディスクからメモリ内に情報を読み戻し

ます。
　ページングを利用するためにアプリケーション側に変更は必要ありません。なぜなら、ハードウェアサポートにより、メモリマネージャーは、プロセスやスレッド側の認識や助けを借りずに、ページングできるからです。図1-3では、仮想メモリを使用する2つのプロセスがあり、仮想メモリの一部は物理メモリ（RAM）にマップされ、別の部分ディスクにページされている様子を示しています。仮想メモリの連続したチャンク（塊）が、物理メモリ内の連続していないチャンクにマップされているところに注目してください。これらのチャンクはページと呼ばれ、既定のサイズは4KBになります。

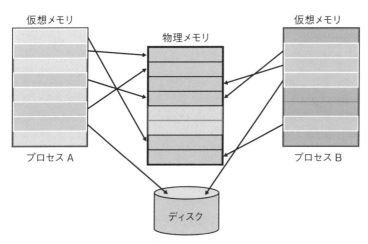

図1-3　物理メモリおよびページにマッピングされる仮想メモリ

　仮想アドレス領域のサイズは、ハードウェアプラットフォームごとに異なります。32ビットのx86システムでは、仮想アドレス領域の合計は理論上、最大4GBです。既定では、Windowsはこのアドレス領域の下半分（0x00000000 〜 0x7FFFFFFF）を独自のプライベートな記憶域のためにプロセスに割り当て、上半分（0x80000000 〜 0xFFFFFFFF）を保護されたOSメモリ利用のために割り当てます。下半分の仮想アドレス領域は、現在、実行中のプロセスを反映して変化しますが、上半分のマッピングの大部分は常にOSの仮想メモリで構成されます。
　Windowsは、ブート構成データ（BCD）のIncreaseUserVaオプションといった、起動時オプションをサポートしています。この起動時オプションを使用すると、最大3GBのプライベートアドレス領域を使用できるように特別にマークされたプログラムの実行を可能にし、残りの1GBをOSに確保します（"特別にマークされた"とは、実行可能イメージのヘッダーにLARGEADDRESSAWAREフラグが設定されていることを指します）。このオプションにより、データベースサーバーのようなアプリケーションは、データベースの大きな部分をプロセスアドレス領域内に保持することができ、データベースのサブセットビューをディスクにマップする必要がなくなるため、全体のパフォーマンスが向上します（特定のケースでは、システム側の1GBの減少が、システム全体のパフォーマンスを低下させる可能性もあります）。図1-4は、32ビットWindowsにおける、仮想アドレス領域のレイアウトの2つのパターンです（IncreaseUserVaオプションにより、LARGEADDRESSAWAREフラグの付いた実行可能イメージが利用できる仮想アドレス領域が2GBから3GBに拡大します）。

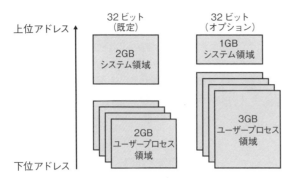

図1-4　32ビットWindowsにおける仮想アドレス領域レイアウトの2つのパターン

　仮想アドレス領域が、2GBよりも3GBのほうが良いのは間違いありませんが、非常に大きな（マルチギガバイトの）データベースをマップするのにはまだ十分ではありません。32ビットシステムにおけるそのようなニーズに応えるため、Windowsは**アドレスウィンドウ化拡張**（Address Windowing Extensions：AWE）と呼ばれるメカニズムを提供しています。AWEにより、32ビットアプリケーションには最大64GBの物理メモリを割り当て、ビュー、すなわちウィンドウを2GBの仮想アドレス領域にマップできます。AWEの使用は、開発者にとって、仮想メモリの物理メモリへのマップを管理するという負担がありますが、32ビットプロセスのアドレス空間内で、一度により多くの物理メモリを直接割り当てることができるようになります。

　64ビットWindowsは、プロセスのためにより大きなアドレス領域を提供します。Windows 8.1、Windows Server 2012 R2、およびそれ以降のシステムは、128TBのアドレス空間を提供します。図1-5は、64ビットシステムにおけるアドレス領域のレイアウトを単純化したビューです（詳細については第5章で説明します）。なお、これらのサイズは、プラットフォームのアーキテクチャ上の制限を表すものではありません。64ビットのアドレス空間は2の64乗の16EB（エクサバイト）です。1EBは、1,024PB（ペタバイト）であり、1,048,576TB（テラバイト）です。しかし、現在の64ビットハードウェアは、これより小さなサイズに制限されています。図1-5内で「非マップ」となっている領域は、マップ済みの領域よりもはるかに大きい可能性があります（Windows 8では約100万倍大きくなります）。つまり、図1-5内の2つのイメージのスケールは一致していません（両者ははるかに違います）。

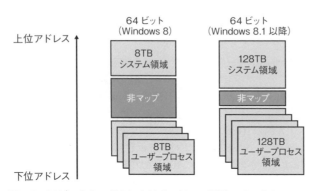

図1-5　64ビットシステムにおけるアドレス領域レイアウト

　アドレス変換の方法とWindowsが物理メモリを管理する方法を含む、メモリマネージャーの実装の

詳細については、第5章で説明します。

1.2.7 カーネルモード vs. ユーザーモード

　ユーザーアプリケーションが重要なOSデータにアクセスしたり、変更したりするのを防止するため、Windowsは、**ユーザーモード**と**カーネルモード**という2つのプロセッサアクセスモードを使用します（Windowsが、2つ以上のプロセッサでの稼働をサポートしているのとは別の意味です）。ユーザーアプリケーションのコードはユーザーモードで実行され、一方、OSのコード（システムサービスやデバイスドライバーなど）はカーネルモードで実行されます。カーネルモードは、すべてのシステムメモリとすべてのCPU命令へのアクセスが許可されているプロセッサ内での実行モードを指します。プロセッサの中には、**コード特権レベル**（Code Privilege Level）または**リングレベル**（Ring Level）という用語を用いたり、**スーパーバイザーモード**（Supervisor Mode）と**アプリケーションモード**（Application Mode）という用語を用いて、これらのモードを区別する場合があります。どのような呼び方をするかには関係なく、オペレーティングシステムのカーネルに、ユーザーモードアプリケーションが持つよりも高い特権レベルを与えることにより、プロセッサは、誤動作しているアプリケーションがシステム全体の安定性を損なわないように、OS設計者に必要な基盤を提供します。

メモ
　x86およびx64プロセッサのアーキテクチャでは、4つの特権レベル（リング）が定義されており、システムのコードとデータが、不注意あるいは悪意のあるコードによって、より低い特権で上書きされるのを防ぎます。Windowsはカーネルモードに特権レベル0（リング0）を使用し、ユーザーモードに特権レベル3（リング3）を使用します。Windowsが2つの特権レベルしか使用しない理由は、最近ではARM、過去にはMIPS/Alphaなど、いくつかのハードウェアアーキテクチャでは2つの特権レベルしか実装していないからです。より効率的で移植性の高いアーキテクチャのために、とりわけx86とx64の他のリングレベルがリング0とリング3の分割と同じ保証を提供しないことから、最も低い敷居に合わせているのです。

　Windowsのプロセスは、それぞれ独自のプライベートアドレス領域を持ちますが、カーネルモードのOSとデバイスドライバーのコードは、1つの仮想アドレス領域を共有しています。仮想メモリ内の各ページには、プロセッサがページを読み書きするために必要なアクセスモードの種類を示すタグが付けられます。システム領域のページには、カーネルモードからのみアクセスすることができ、ユーザーアドレス領域のページには、ユーザーモードとカーネルモードの両方からアクセスできます。読み取り専用ページ（特定の静的データを含むページなど）は、いずれのモードからも書き込みできません。さらに、No-Execute（NX）メモリ保護をサポートするプロセッサ上では、Windowsはデータを含むページをNon-Executable（非実行可能）とマークして、不注意なコードや悪意のあるコードの実行を防止します（データ実行防止（Data Execution Prevention：DEP）が有効になっている場合）。

　Windowsは、カーネルモード内で実行されるコンポーネントによって使用されるシステムメモリのプライベートな読み書きに対して、保護を提供しません。別の言い方をすると、いったんカーネルモードに入ると、OSとデバイスドライバーのコードは、システム領域のメモリに対して完全にアクセスでき、オブジェクトへのアクセスを管理するWindowsのセキュリティ機能をバイパスできるということです。WindowsのOSコードの大部分はカーネルモードで実行されるため、カーネルモード内で実行されるコンポーネントは、システムセキュリティの侵害やシステムの安定性を損なわないように、注意深く設計され、テストされることが重要になります。

　このようにカーネルモードの保護の制約は、サードパーティのデバイスドライバー、特に署名のないドライバーが読み込まれる際に警戒する必要性を高めます。カーネルモード内にデバイスドライ

バーがいったん読み込まれると、そのドライバーはすべてのOSデータに完全にアクセスできることになるため、特に、署名されていないデバイスドライバーには警戒が必要です。Windows 2000からドライバー署名メカニズムが搭載された理由の背景には、このようなリスクの存在がありました。署名されていないプラグアンドプレイ（PnP）ドライバーをユーザーが追加しようとすると、Windows 2000のドライバー署名メカニズムがそれを警告（構成によってはブロック）します。ただし、他の種類のドライバーには影響しません（ドライバーの署名については、「第6章 I/Oシステム」で詳しく説明します）。また、ドライバーの検証ツール（Driver Verifier）と呼ばれるメカニズムにより、デバイスドライバーの開発者は、バッファーオーバーランやメモリリークなど、セキュリティや信頼性問題を引き起こす可能性のあるバグを発見することができます（ドライバーの検証ツールについても、第6章で説明します）。

64ビットおよびARMバージョンのWindows 8.1では、カーネルモードのコード署名（Kernel Mode Code Signing：KMCS）ポリシーにより、すべてのデバイスドライバー（PnPドライバーだけでなく）が主要なコード署名機関から割り当てられた暗号化キーを使用して、署名されていることが要求されます。ユーザーは、たとえ管理者（Administrator）であっても、署名されていないドライバーを明示的にインストールを強行することはできません。しかし、1回限りの例外として、この制限を手動で無効化することができます。制限を無効にすると、"テスト モード"と壁紙に透かしが表示され、特定のデジタル著作権管理（Digital Rights Management：DRM）機能が無効になり、自己署名証明書で署名されたドライバーのテストを実施できます。

Windows 10において、マイクロソフトは実装にさらに大きな変更を行いました。この変更は、Windows 10の初期リリースから1年後にリリースされたWindows 10 Anniversary Update（バージョン1607）の一部として強制されました。この変更にともない、Windows 10のすべての新しいドライバーは、通常のファイルベースのSHA-1証明書とそれを発行した20の証明機関（CA）ではなく、2つの証明機関（CA）だけから発行された、SHA-2 Extended Validation（EV）ハードウェア証明書による署名が要求されるようになりました。デバイスドライバーの開発者は、EVコード署名証明書により署名した上で、SysDev（System Device）ポータルを通して、そのハードウェアドライバーをマイクロソフトに提出し、マイクロソフトの署名を得なければなりません。このように変更されたため、前述のテストモードを除き、カーネルはマイクロソフトにより署名されたWindows 10ドライバーのみを受け付けます。Windows 10初期リリース（バージョン1507）のリリース以前に署名されたドライバーについては、当面は従来の署名であっても継続して使用できます。

Windows Server 2016では、今のところオペレーティングシステムとして最も強力なスタンスを採っています。前述のEV要件では、構成証明署名が十分ではありません。Windows 10ドライバーをサーバーシステムに読み込もうとする場合、ハードウェア互換性キット（Hardware Compatibility Kit：HCK）の一部として、厳格なWindows Hardware Quality Labs（WHQL）認証をパスし、正式な評価のために提出する必要があります。システム管理者に対して一定の互換性、セキュリティ、性能、および安定性を保証するWHQLで署名されたドライバーのみが、Windows Server 2016システムへの読み込みが許可されます。概して、カーネルモードメモリに読み込まれることが許可されたサードパーティのドライバーを抑制することにより、十分な安定性とセキュリティの改善につながります。

特定のベンダー、プラットフォーム、さらにはエンタープライズ構成のWindowsは、さまざまな方法で署名ポリシーをカスタマイズできます。例えば、この章の「1.2.8 ハイパーバイザー」の項や第7章で説明する、デバイスガード（Device Guard）テクノロジなどです。つまり、企業ではWindows 10のクライアントシステムにおいてもWHQL署名を要求することもできるし、Windows Server 2016システムでこの要件の省略を要求することもできます。

「第2章 システムアーキテクチャ」で説明しますが、ユーザーアプリケーションはシステムサービ

スコールを使用して、ユーザーモードからカーネルモードに切り替えます。例えば、Windows APIの ReadFile関数は、特定のファイルからデータを実際に読み取るという、Windowsの内部的なルーチン処理を呼び出す必要があります。そのルーチンは、内部的なシステムデータ構造体にアクセスする必要があるため、カーネルモードで実行される必要があります。特別なプロセッサ命令の使用により、ユーザーモードからカーネルモードへの遷移がトリガーされ、プロセッサはカーネル内のシステムサービスディスパッチコードに入ります。これにより、Ntoskrnl.exe またはWin32k.sysの適切な内部関数が呼び出されます。ユーザーのスレッドに制御が返される前に、プロセッサモードはユーザーモードに再び切り替わります。このようにして、OSは、自身とOSデータをユーザープロセスによる参照と変更から保護します。

メモ
ユーザーモードからカーネルモードへの遷移（および逆方向の移行）は、スレッドのスケジュール自体には影響しません。モードの遷移は、コンテキストスイッチではありません。システムサービスディスパッチについては、第2章で詳しく説明します。

つまり、ユーザースレッドにユーザーモードで実行される時間の部分と、カーネルモードで実行される時間の部分があるのは通常のことです。実際、グラフィックスとウィンドウシステムの大部分はカーネルモードで実行され、グラフィックス指向のアプリケーションはユーザーモードよりも多くの時間をカーネルモードで費やします。このことをテストする簡単な方法は、ペイント（Mspaint.exe）のようなグラフィックス指向のアプリケーションを実行し、表1-3に示したパフォーマンスカウンターのいずれかを使用して、ユーザーモードとカーネルモードの時間を分けます。より高度なアプリケーションでは、Direct2DやDirectCompositionなどの新しいテクノロジを使用して、ユーザーモードで大量の計算を実行し、表示用の生データのみをカーネルに送信するものもあります。このようなアプリケーションでは、ユーザーモードとカーネルモード間の遷移に費やされる時間が削減されます。

表1-3　ユーザーモード/カーネルモードに関連するパフォーマンスカウンター

オブジェクト: カウンター	説明
Processor: % Privileged Time	特定のCPU（またはすべてのCPU）が指定した間隔内にカーネルモードで実行に費やした時間の割合をパーセントで表示します
Processor: % User Time	特定のCPU（またはすべてのCPU）が指定した間隔内にユーザーモードで実行に費やした時間の割合をパーセントで表示します
Process: % Privileged Time	特定のプロセス内のスレッドが指定した間隔内にカーネルモードで実行に費やした時間の割合をパーセントで表示します
Process: % User Time	特定のプロセス内のスレッドが指定した間隔内にユーザーモードで実行に費やした時間の割合をパーセントで表示します
Thread: % Privileged Time	特定のスレッドが指定した間隔内にカーネルモードで実行に費やした時間の割合をパーセントで表示します
Thread: % User Time	特定のスレッドが指定した間隔内にユーザーモードで実行に費やした時間の割合をパーセントで表示します

実習 カーネルモード vs. ユーザーモード

パフォーマンスモニターを使用すると、システムがカーネルモードとユーザーモードにどれくらいの時間を費やしているのかを確認できます。それには、次の手順に従って操作します。

1. パフォーマンスモニターを実行します。Windows 10の場合は、[スタート]メニューを開き、**パフォーマンス モニター**または**perfmon**と入力すると、入力完了を待たずに検索結果にパフォーマンスモニターが候補として表示されるはずなので、それをクリックします。

2. 左側のツリーから［パフォーマンス￥モニター ツール］の下の［パフォーマンス モニター］を選択します。

3. ツールバー上の［削除］ボタン（［×］アイコン）をクリックするか、キーボードの**Delete**キーを押して、既定で表示されるカウンターである％Processor Timeを削除します。

4. ツールバー上の［追加］ボタン（［＋］アイコン）をクリックします。

5. **Processor**カウンターの項目を展開し、％Privileged Timeカウンターをクリックして選択します。また、**Ctrl**キーを押した状態で％User Timeカウンターも同時に選択します。

6. ［追加］ボタンをクリックした後、［OK］ボタンをクリックします。

7. コマンドプロンプトを開き、次のコマンドラインを入力して、C:ドライブのディレクトリスキャンを開始します。

```
C:\Users\<ユーザー名>> DIR \\%COMPUTERNAME%\C$ /S
```

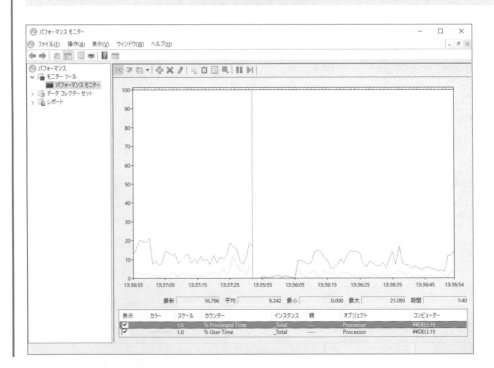

8. カーネルモード（% Privileged Time）とユーザーモード（% User Time）のカウンター値の変化の状況を確認したら、パフォーマンスモニターを終了します（ディレクトリスキャン中のコマンドプロンプトを途中で閉じ、スキャンを中止しても構いません）。

　同様のことは、タスクマネージャーですばやく確認することもできます。それには、タスクマネージャーで［パフォーマンス］タブをクリックし、CPUグラフを右クリックして、［カーネル時間を表示する］を選択します。CPU使用率のグラフが、カーネルモードのCPU時間の使用率を暗いシェードのかかった薄い青色で表示します。

　パフォーマンスモニター自身がどれくらいのカーネルモード時間とユーザーモード時間を使用しているかを見るには、パフォーマンスモニターをもう一度実行し、システム上のすべてのプロセスの中から、個別のプロセスのProcess¥% User TimeとProcess¥%Privileged Timeを追加します。

1. パフォーマンスモニターを既に終了した場合は、もう一度実行します（既に実行中の場合は、グラフ領域を右クリックして［すべてのカウンターを削除］を選択し、グラフを空にします）。

2. ツールバー上の［追加］ボタン（［＋］アイコン）をクリックします。

3. ［使用可能なカウンター］の一覧からProcessの項目を展開します。

4. **Ctrl**キーを押しながら、% Privileged Timeと% User Timeカウンターを選択します。

5. ［選択したオブジェクトのインスタンス］から、mmcを含むいくつかのプロセス（mmc、csrss、およびIdleなど）を選択します。

6. ［追加］ボタンをクリックした後、［OK］ボタンをクリックします。

7. マウスをすばやく前後に動かします。

8. **Ctrl ＋ H**キーを押し、ハイライトモードをオンにします。ハイライトモードでは、現在、選択中のカウンターが黒色で表示されます。

9. すべてのカウンターを下まで順番に選択していき、マウスをすばやく動かしたときのスレッドのプロセスを特定します。また、そのプロセスがユーザーモードであるか、カーネルモードであるかを確認します。

　マウスを動かすと、パフォーマンスモニターの中でインスタンス列にmmcと表示されるプロセスで、カーネルモードとユーザーモードの両方の時間が増加することを確認できるはずです。プロセスがユーザーモード内でアプリケーションコードを実行すると、呼び出されたWindowsの関数がカーネルモードで実行されるからです。マウスを動かしたときの、csrssという名前のプロセス内のカーネルモードのスレッドアクティビティにも注目するはずです。このアクティビティは、キーボードおよびマウスの入力を処理するWindowsサブシステムのカーネルモードの生の入力スレッドが、このプロセスに接続されるからです（システムスレッドおよびサブシステムについては、第2章で詳しく説明します）。最後に、Idleプロセスがカーネルモードの時間を100%近く費やしているのを見るはずです。しかし、これは実際のプロセスではありません。Idleプロセスは、アイドル状態のCPUサイクルを計測するのに使用される偽のプロセスです。Idleプロセスが実行されるスレッドのモードからわかることは、このとき（Idleが100%のとき）、Windowsがカーネルモードで何もしていないということです。

1.2.8 | ハイパーバイザー

　クラウドベースのサービスの登場やIoTデバイスの普及など、アプリケーションおよびソフトウェアモデルの最近の変化は、オペレーティングシステムとハードウェアベンダーに対して、ホストマシンのハードウェア上で他のOSゲストを仮想化する、より効率的な方法を見つけ出す必要性を迫りました。それにより、1つのサーバーファーム上で複数のテナントをホストしたり、1台のサーバー上で100の独立したWebサイトを実行したり、あるいは開発者に専用のハードウェアを購入させることなしに、数十種類の異なるOS環境をテストできるようにするのです。高速で、効率的で、安全性の高い仮想化の必要性は、ソフトウェアに関するコンピューティングと理論の新しいモデルをもたらしました。実際、今日では、Docker（Windows 10バージョン1607以降およびWindows Server 2016はDockerをサポートしています）のような特定のソフトウェアは、コンテナー内で実行されます。コンテナーは、単一のアプリケーションスタックまたはフレームワークを実行するためだけに設計され、ゲストとホストの境界さえ超える、完全に分離された仮想マシンを提供します。

　そのような仮想化サービスを提供するために、ほとんどすべての最新ソリューションは、ハイパーバイザーを使用します。ハイパーバイザーは、仮想化とマシン上のすべてのリソース（仮想メモリから物理メモリ、デバイスの割り込み、PCIやUSBデバイスでさえ）の分離を可能にするために特化された、高い権限のあるコンポーネントです。Hyper-Vは、そのようなハイパーバイザーの一例であり、Windows 8.1以降ではHyper-Vクライアント機能が備わっています。XenやKVM、VMware、VirtualBoxといった競合製品は、それぞれ独自のハイパーバイザーを実装しており、それぞれ長所と短所があります。

　高い権限を持つという性質と、カーネル自身よりも高い権限でアクセスできるという理由から、ハイパーバイザーの利点は、他のオペレーティングシステムの複数のゲストインスタンスを実行するだけではないことは歴然です。ハイパーバイザーは、単一のホストインスタンスを保護および監視して、カーネルが提供する以上の信頼性と保証を提供することができます。Windows 10において、マイクロソフトはHyper-Vハイパーバイザーを活用し、**仮想化ベースのセキュリティ**（Virtualization-Based Security：VBS）として知られる新しいセキュリティサービスを提供し、次に示す機能を実現します。

- **デバイスガード（Device Guard）**[3] —— デバイスガードは、ハイパーバイザーのコードの整合性（Hypervisor Code Integrity：HVCI）を提供し、ユーザーモードとカーネルモードの両方のコードのための、Windows OSの署名ポリシーのカスタマイズを可能にします。HVCIは、カーネルモードのコード署名（KMCS）を単独で使用した場合のコード署名の保証よりも強力です。
- **HyperGuard** —— HyperGuardは、カーネル関連およびハイパーバイザー関連の主要なデータ構造体とコードを保護します。[4]
- **資格情報ガード（Credential Guard）** —— 資格情報ガードは、ドメインアカウントの資格情報およびシークレットへの承認されていないアクセスを、セキュアな生体認証との組み合わせで防止します。
- **Windows Defender Application Guard** —— Windows Defender Application Guard（WDAG）

---

[3] 訳注：Device Guardは、Windows 10 Fall Creators Update（バージョン1709、ビルド16299）で「Windows Defender Application Control（WDAC、Windows Defenderアプリケーション制御）」と表現されます。

Windows Defender Application Controlの紹介
https://msrc-blog.microsoft.com/2018/02/05/introducing-windows-defender-application-control

[4] 訳注：HyperGuardは、Windows 10 Anniversary Update（バージョン1607）で初めて提供されました。

は、Microsoft Edge ブラウザーのためのより強力なサンドボックス環境を提供します。[5]

- Host Guardian サービス（HGS）およびシールドされた（Shielded）ファブリック —— 仮想TPM（vTPM）を使用して、仮想マシンを仮想マシンが実行されるインフラストラクチャから保護します。

さらに、Hyper-Vハイパーバイザーは、脆弱性の悪用やその他の攻撃に対する、カーネルの主要な軽減策を利用可能にします。これらすべてのテクノロジの主要な利点は、従来からのカーネルベースのセキュリティの強化とは異なり、それが署名されているかどうかにかかわらず、悪意のある、またはバグのあるドライバーに対して脆弱ではないという点です。これにより、今日の、より高度になった攻撃に対する対抗力が高まります。これは、ハイパーバイザーにおける、仮想信頼レベル（Virtual Trust Level：VTL）の実装により実現されています。通常、オペレーティングシステムとそのコンポーネントは、権限の低いモード（VTL 0）で動作しますが、VBSテクノロジはより特権レベルの高いVTL 1で動作します。VTL 1は、カーネルモードのコードにも影響されません。そのため、コードはVTL 0の特権空間の領域内に残ります。この方法により、VTLはプロセッサの特権レベルとは独立していると考えることができます。各VTL内には、それぞれカーネルモードとユーザーモードが存在し、ハイパーバイザーがVTL全体の特権を管理します。第2章では、ハイパーバイザー支援アーキテクチャについてさらに詳細に説明します。また、第7章では、VBSセキュリティメカニズムの詳細について説明します。

1.2.9 | ファームウェア

Windowsのコンポーネントは、オペレーティングシステムとそのカーネルのセキュリティへの依存度が増大し、現在、カーネルのセキュリティについてはハイパーバイザーの保護に依存するようになりました。ここで、どのようにして、これらのコンポーネントがセキュアに読み込まれ、その内容を検証できるのかという疑問が生じます。これは通常、ブートローダーの仕事ですが、同じレベルの信頼性チェックも必要となり、信頼の階層の複雑さが増します。

次に、妨げられることなくブートプロセスを保証することができる、信頼のルートチェーンを提供するのは何かという疑問が生じます。Windows 8以降の最新のシステムでは、これはシステムファームウェアの対象になります。システムファームウェアは、UEFIベースの認証されたシステムでなければなりません。Windowsが要求するUEFI標準（UEFI 2.3.1b、詳しくは https://uefi.org/ を参照）の一部として、ブート関連のソフトウェアの署名品質の強力な保証と要件を備えた、セキュアブートの実装が存在する必要があります。この検証プロセスを経ることにより、Windowsコンポーネントはブートプロセスの非常に早い段階からセキュアに読み込まれることが保証されます。さらに、トラステッドプラットフォームモジュール（Trusted Platform Module：TPM）のようなテクノロジは、構成証明を提供する手続きを計測することができます（ローカルとリモートの両方で）。業界とのパートナーシップを通じて、マイクロソフトはブートソフトウェアのエラーや危害に備え、UEFIセキュアブートコンポーネントのホワイトリストとブラックリストを管理し、Windows Updateを通じてファームウェアのアップデートを配布しています。ファームウェアに関しては、本書下巻まで再び取り上げることはありませんが、最新のWindowsアーキテクチャにおいて、ファームウェアが提供する保証について、ここでその重要性に言及することには意義があります。

---

[5] 訳注：Windows Defender Application Guard（WDAG）は、Windows 10 Fall Creators Update（バージョン1709）のEnterpriseエディションで初めて提供されました。Windows 10の最新バージョン（バージョン1903以降）では、EnterpriseとEducationでフル機能が、Pro、Pro for Workstations、Pro for Educationで一部の機能がサポートされています。

1.2.10 | リモートデスクトップサービスとマルチユーザーセッション

リモートデスクトップサービス（Remote Desktop Services：RDS）は、単一のシステムにおける複数の対話的なユーザーセッションのためのWindowsのサポートのことです（以前はターミナルサービス（Terminal Services：TS）と呼ばれていました）。Windowsのリモートデスクトップサービスにより、リモートユーザーは別のマシンにセッションを確立し、ログオンして、サーバー上でアプリケーションを実行できます。サーバーは、グラフィカルユーザーインターフェイス（GUI）をクライアントに送信し、クライアントはユーザーの入力（オーディオやクリップボードなど構成可能なその他のリソースも送受信できます）をサーバーに戻します（UNIX/Linuxで一般的なX Window Systemと同様に、Windowsは単一のサーバーシステム上で個別のアプリケーションを実行して、デスクトップ全体の代わりにアプリケーションのウィンドウ表示だけをクライアントに送信することもできます）。

1番目のセッションは、サービスセッションまたはセッション0と見なされ、システムサービスをホストするプロセスが動作します（本書下巻で詳しく説明します）。マシンの物理的なローカルコンソールにおける最初のログオンセッションはセッション1であり、さらに追加的なセッションを［リモートデスクトップ接続］プログラム（Mstsc.exe）を使用して、または「ユーザーの簡易切り替え」により作成することができます。

Windowsのクライアントエディションは、マシンに対して単一ユーザーからのリモート接続を許可します。ただし、ローカルコンソールにログオン中の別のユーザーがいる場合、そのワークステーションはロックされます。つまり、誰か1人のユーザーがシステムをローカルまたはリモートで使用できますが、複数のユーザーが同時に使用することはできません。Windows Media Center機能を含むWindowsエディション（Windows 10ではWindows Media Centerは廃止されました）の場合は、同時に1つの対話的なセッションと最大4つのWindows Media Extenderセッションが許可されます。

Windows Serverシステムは、既定で同時に2つのリモート接続をサポートしています。これは、リモート管理を容易にするための仕様です。例えば、管理ツールを使用するために、管理対象のマシンにログオンすることが必要である場合に役に立ちます。適切なライセンスに基づいて、リモートデスクトップセッションホスト（以前のターミナルサーバー）として構成した場合は、2つ以上のリモートセッションをサポートすることも可能です。

すべてのWindowsクライアントエディションは、一度に1つずつ利用できる、複数のセッションをサポートしています。複数のセッションは、「ユーザーの簡易切り替え」と呼ばれる機能を通してローカルで作成されます。ユーザーがセッションから「ログオフ」ではなく「切断」を選択した場合（例えば、［スタート］メニューを開き、現在のユーザーのアイコンをクリックして、表示されるサブメニューから切り替えるユーザーアカウントを選択します。または、**Windows**キーを押しながら、**L**キーを押し、ロック画面の左端にある別のユーザーをクリックします）、現在のセッション（そのセッションで実行中のプロセスとそのセッションを表すセッション全体のデータ構造体）はシステム内にアクティブな状態で残り、システムはメインのログオン画面に戻ります（まだログオン画面になっていない場合）。新しいユーザーがログオンすると、新しいセッションが作成されます。

リモートデスクトップサービスのセッション内で実行中であることをアプリケーションで認識したい場合のために、リモートデスクトップサービスのさまざまな側面をプログラムで検出、制御するための一連のWindows APIが用意されています（詳しくは、Windowsソフトウェア開発キット（SDK）ドキュメントのRemote Desktop Services APIの項目を参照のこと）。

第2章では、セッションがどのように作成されるのかについて簡単に説明し、カーネルデバッガーを含むさまざまなツールを使用したセッション情報の参照の方法について、いくつかの実習を提供します。本書下巻で、オブジェクトのための名前空間が、どのようにセッションごとにインスタンス化さ

れるかについて基本的なことを説明し、同じシステム上で他のインスタンスを認識する必要があるアプリケーションが、どのようにしてそれを成し遂げることができるかについて説明します。最後に、第5章で、メモリマネージャーが設定される方法と、セッション全体データの管理方法について説明します。

1.2.11　オブジェクトとハンドル

　Windowsオペレーティングシステム内では、**カーネルオブジェクト**は1つの、オブジェクトの型が静的に定義された実行時インスタンスです。1つのオブジェクトの型は、システム定義のデータ型の1つと、データ型のインスタンスを操作する複数の関数、および一連のオブジェクト属性から成ります。Windowsアプリケーションを開発するときは、プロセス、スレッド、ファイル、およびイベントオブジェクトなどに向き合うことになります。これらのオブジェクトは、Windowsが作成および管理する下位レベルのオブジェクトに基づいています。Windowsでは、1つの**プロセス**は「プロセス（Process）」というオブジェクト型の1つのインスタンスであり、1つの**ファイル**は「ファイル（File）」というオブジェクト型の1つのインスタンスです。

　オブジェクト属性は、オブジェクトの状態を部分的に決定する、オブジェクト内のデータフィールドです。例えば、種類がプロセスであるオブジェクトは、プロセスID、スケジューリングの基本優先度、アクセストークンオブジェクトへのポインターを含む属性を持つでしょう。**オブジェクトメソッド**は、オブジェクトを操作するための手段であり、通常は、オブジェクト属性の読み取りまたは変更を行います。例えば、プロセスのためのOpenメソッドは、入力としてプロセスの識別子を受け入れ、出力としてオブジェクトへのポインターを返します。

メモ

　カーネルオブジェクトマネージャーのAPIを使用してオブジェクトを作成する際に、読み出し元が提供するObjectAttributesという名前のパラメーターがあります。このObjectAttributesパラメーターと、本書で使用するオブジェクト属性（Object Attributes）という、より一般的な意味を持つ表現を混同しないようにしてください。

　オブジェクトと通常のデータ構造体との間の最も根本的な違いは、オブジェクトの内部構造が不透明であることです。オブジェクトからデータを取得する、あるいはデータをオブジェクトに送り込むには、オブジェクトサービスを呼び出す必要があります。オブジェクトの内部のデータを直接に読み取ったり、変更したりはできません。この違いは、オブジェクトの基本的な実装と、単にそれを使用するだけのコードを分離して、オブジェクトの実装を将来、容易に変更できるようにするテクニックです。

　オブジェクトは、**オブジェクトマネージャー**と呼ばれるカーネルコンポーネントの助けを得て、次に示す4つの重要なOSタスクを成し遂げる便利な手段を提供します。

- システムリソースのための、人間が読める（可読性の高い）名前を提供
- プロセス間でのリソースとデータの共有
- 承認されていないアクセスからのリソースの保護
- 参照のトラッキング（これにより、システムは使用中のオブジェクトが既に存在しないことを認識でき、自動的に割り当て解除させることができる）

　Windowsオペレーティングシステムのすべてのデータ構造体がオブジェクトというわけではありま

34 インサイドWindows　第7版　上

せん。共有、保護、名前付け、またはユーザーモードプログラムから（システムサービスを通して）見えるようにする必要があるデータについてのみ、オブジェクト内に置かれます。内部的な関数を実装するために、単一のOSコンポーネントによってのみ使用されるデータ構造体は、オブジェクトではありません。オブジェクトとハンドル（複数のオブジェクトに対する参照）については、本書下巻で詳しく説明します。

1.2.12 │ **セキュリティ**

　Windowsは起動時からセキュアであり、「情報技術セキュリティ評価に関する共通基準（Common Criteria for Information Technology Security Evaluation：CCITSE）」仕様のような、多数の公的な政府および業界のセキュリティ評価基準を満たすように設計されています。政府が認可したセキュリティ評価基準を達成することで、そのオペレーティングシステムは政府の競争入札に参加できるようになります。もちろん、これらのセキュリティ機能の多くは、いかなるマルチユーザーシステムにとっても有利な機能です。

　Windowsは、次に示すコアセキュリティ機能を備えます。

- ■ファイル、ディレクトリ、プロセス、スレッドなど、共有可能なシステムオブジェクトのための随意（必要最小限の人だけに知らせるという意味）および必須の保護
- ■サブジェクトまたはユーザー、およびそのサブジェクトまたはユーザーによって開始されたアクションを追跡するためのセキュリティ監査
- ■ログオン時のユーザー認証
- ■あるユーザーが割り当てを解除した（以前に使用していた）メモリやディスクの空き領域などの初期化されていないリソースに、別のユーザーがアクセスすることを防止する機能

　Windowsには、オブジェクトに対する3種類のアクセス制御機能があります。

- ■**随意アクセス制御** —— 随意アクセス制御（Discretionary Access Control）は、大部分の人々がOSのセキュリティであると考えている保護メカニズムです。これは、オブジェクト（ファイルやプリンターなど）の所有者が、他のユーザーに対してオブジェクトへのアクセスを許可または禁止する方法です。ユーザーがログオンしたときに、ユーザーには一連のセキュリティ資格情報またはセキュリティコンテキストが与えられます。ユーザーがオブジェクトにアクセスしようとすると、ユーザーのセキュリティコンテキストが、ユーザーがアクセスしようとしているオブジェクトに設定されたアクセス制御リスト（Access Control List：ACL）と比較され、要求した操作を実行する権限があるかどうか決定されます。Windows Server 2012およびWindows 8では、属性ベースのアクセス制御（Attribute-Based Access Control：ABAC）の機能（ダイナミックアクセス制御とも呼ばれます）が実装され、随意アクセス制御の方法はさらに向上しています。ただし、リソース側のアクセス制御リスト（ACL）は、必ずしも個々のユーザーやグループを識別するとは限りません。その代わりに、例えば、「機密度：最高機密」や「勤続年数：10年」のように、リソースへのアクセスを許可する要求された属性、つまりクレームを識別します。SQLデータベースやActive Directoryスキーマの解析により、そのような属性を自動的に設定することで、組織はやっかいな手作業によるグループ管理やグループ階層化から解放され、はるかに洗練され、柔軟なセキュリティモデルを導入することができます。
- ■**特権アクセス制御** —— 特権アクセス制御（Privileged Access Control）は、随意アクセス制御では不十分なときに必要になります。これは、所有者が利用可能でない場合に、保護されたオブジェ

第1章　概念とツール　　**35**

クトへのアクセスを可能にする方法です。例えば、従業員が会社を退職したとき、管理者は、その従業員だけがアクセス可能であったファイルへのアクセスを取得する方法を必要とします。このケースの場合、ファイルの所有権を取得し、必要に応じてアクセス権を管理できます。

■ **必須整合性コントロール**── 必須整合性コントロール（Mandatory Integrity Control：MIC）は、同じユーザーアカウントからアクセスされるオブジェクトを保護するために、追加的なレベルのセキュリティ制御を必要とする場合に要求されます。これは、Windowsアプリ（Windowsアプリについては後述します）向けのサンドボックステクノロジの一部を提供することから、Internet Explorerの保護モードをユーザーの構成から分離すること、および管理者特権を持つ管理者アカウントによって作成されたオブジェクトを、特権を昇格していない管理者アカウントによるアクセスから保護することまで、すべてに使用されています（ユーザーアカウント制御（User Account Control：UAC）については、第7章で詳しく説明します）。

　Windows 8からは、**アプリコンテナー**（AppContainer）というサンドボックス環境が、Windowsアプリをホストするために使用されています。これにより、1つのアプリコンテナーは、他のアプリコンテナーや非Windowsアプリのプロセスとの関係から分離されます。アプリコンテナー内のコードは、ブローカー（ユーザーの資格情報の下で実行される非分離プロセス）とやり取りできます。また、Windowsランタイムによって明確に定義されたコントラクトを介して、他のアプリコンテナーや他のプロセスと通信できる場合もあります。標準的な例としては、アプリコンテナー内で実行されるMicrosoft Edge（EdgeHTMLベース）ブラウザーがあります。Microsoft Edgeは、アプリコンテナーの境界内で実行される、悪意のあるコードに対して、より優れた保護を提供します。さらに、サードパーティの開発者は、アプリコンテナーを利用して、Windowsアプリと同様の方法で、非Windowsアプリを分離することができます。このアプリコンテナーのモデルは、従来型プログラミングに大きなパラダイムシフトをもたらし、従来型のマルチスレッド、シングルプロセスのアプリケーション実装を、マルチプロセスのアプリケーション実装に移行します。

　セキュリティは、Windows APIのインターフェイスにも導入されています。Windowsサブシステムは、OSと同じ方法でオブジェクトベースのセキュリティを実装しています。例えば、Windowsのセキュリティ記述子を配置することで、共有されたWindowsオブジェクトを承認されていないアクセスから保護します。あるアプリケーションが初めて共有されたオブジェクトにアクセスしようとすると、Windowsサブシステムはそれが可能であるかどうかアプリケーションの権利を検証します。セキュリティチェックが成功すると、Windowsサブシステムはアプリケーションの続行を許可します。

　Windowsセキュリティの包括的な説明については、第7章を参照してください。

1.2.13 ｜ レジストリ

　Windowsオペレーティングシステムを使用して作業をしたことがあるのなら、おそらく、レジストリについて聞いたり、見たりした経験があるでしょう。レジストリに言及せずに、Windowsの内部構造について詳しく説明することなんてできません。レジストリはシステムデータベースであり、システムの起動と構成に必要になる情報や、Windowsの動作を制御するシステム全体のソフトウェア設定、セキュリティデータベース、および使用するスクリーンセーバーといったユーザーごとの構成設定を含んでいるからです。さらに、レジストリは、インメモリの揮発性データへの窓口を提供し、システムの現在のハードウェアの状態やWindowsのパフォーマンスカウンターを格納します。パフォーマンスカウンターは、実際にはレジストリ内には存在しませんが、レジストリ関数を介してアクセスできます（ただし、パフォーマンスカウンターにアクセスするための、新しい、優れたAPIが存在し

ます)。本書下巻では、パフォーマンスカウンターの情報がレジストリからどのようにアクセスされるのかについて詳しく説明します。

大多数のWindowsユーザーや管理者はレジストリの中を直接見る必要などありませんが (ほとんどの構成設定の参照と変更は、標準的な管理ユーティリティで行えます)、レジストリはWindowsの内部情報の有益なソースになります。レジストリには、システムのパフォーマンスや動作に影響する数多くの設定が存在するからです。本書では、本書の各所で説明されているコンポーネントに関連する、対応する個別のレジストリキーについて紹介しています。本書で最も言及されているレジストリキーは、システム全体の構成ハイブの下にあるHKEY_LOCAL_MACHINEです (HKEY_LOCAL_MACHINEはHKLMと略す場合があります。同様に、HKEY_CURRENT_USERはHKCU、HKEY_CLASSES_ROOTはHKCRと略す場合があります。本書ではこれらの短縮形で表記します)。

注意

もし、レジストリ設定を直接変更する必要がある場合は、細心の注意を払ってください。レジストリの変更が逆に、システムのパフォーマンスに影響し、悪化させたり、場合によってはシステムの正常起動を妨げることになる可能性があります。

レジストリとその内部構造については、本書下巻で詳しく説明します。

1.2.14 Unicode

Windowsは、多くの他のオペレーティングシステムとは異なり、内部的にテキスト文字列を16ビット幅のUnicode文字 (技術的に正確にはUTF-16LE、本書でUnicodeについて言及されている場合、特に明記しない限り、UTF-16LEを指します) として格納し、処理します。Unicodeは、国際的な文字セットの標準であり、世界的に知られている文字セットの大部分を一意の値として定義し、各文字のために8ビット、16ビット、および32ビットのエンコーディングを提供します。

多くのアプリケーションが8ビット (シングルバイト) ANSI文字列を扱うため、文字列パラメーターを受け入れる多くのWindows関数は、Unicode (ワイド、16ビット) バージョンとANSI (ナロー、8ビット) バージョンの2つのエントリポイントを持ちます。Windows関数のナロー (8ビット) バージョンを呼び出す場合、入力された文字列パラメーターはシステムによって処理される前にUnicodeに変換され、出力パラメーターはアプリケーションに返される前にUnicodeからANSIに変換されるため、わずかながらパフォーマンスに影響します。したがって、Windows上で実行する必要がある古いサービスや古いコードをANSI文字列のテキストで記述した場合、Windowsはそれを使用するためにANSI文字をUnicodeに変換することになります。しかし、Windowsは、ファイル内のデータを変換することはしません。データをUnicodeとして保存するか、ANSIとして保存するかを決めるのは、アプリケーション次第です。

言語に関係なく、すべてのバージョンのWindowsは、同じ関数を提供します。別の言語バージョンを使用する代わりに、1回のインストールで複数の言語をサポートできるように (さまざまな言語パックの追加により)、Windowsは世界共通の単一のバイナリを持ちます。アプリケーションもまた、Windows関数を利用して、複数言語をサポートする世界共通の単一のアプリケーションバイナリにできます。

メモ

古いWindows 9xオペレーティングシステムは、Unicodeをネイティブにサポートしていませんでした。

これが、ANSIとUnicodeの2つのバージョンの関数を作成したもう1つの理由でした。例えば、CreateFile というWindows API関数は、実は、関数ではありません。関数ではなく、CreateFileA（ANSI）または CreateFileW（Unicode、Wはワイドを表す）の2つの関数のうち、1つを使用するマクロです。どちらが 展開されるかは、UNICODEという名前のコンパイル定数に基づいて決まります。UNICODE定数は、Visual StudioのC++プロジェクトに既定で定義されています。なぜなら、関数を使用するほうが、利点が多いから です。ただし、適切なマクロの代わりに、明示的な関数名を使用することができます。次の実習では、これら の関数のペアを示します。

実習 エクスポートされた関数を参照する

　この実習では、WindowsサブシステムのDLLからエクスポートされた関数を参照するため に、Dependency Walkerツールを使用します。

1. Dependency Walkerをhttp://www.dependencywalker.comからダウンロードします。32 ビットシステムの場合は、32ビットバージョンの（for x86）Dependency Walkerをダウン ロードします。64ビットシステムの場合は、64ビットバージョン（for x64）をダウンロード します。ZIP形式のファイルをダウンロードし、任意のディレクトリに展開してください。

2. ツール（Depends.exe）を実行します。ツールが起動したら［File］メニューを開き、［Open］ を選択して、C:¥Windows¥System32ディレクトリに移動します。Kernel32.dllファイルを 選択し、［開く］をクリックします。

3. Dependency Walkerが警告のメッセージボックス（Errors were detected then processing …）を表示する場合がありますが、この警告は無視して、［OK］をクリックし、メッセージ ボックスを閉じます。

4. 縦横の境界線で区切られたいくつかのビューが表示されるでしょう。左上のツリー内に選択 されている項目がkernel32.dllであることを確認してください。

5. 右側にある上から2つ目のビューを参照してください。このビューは、Kernel32.dll内で利用 可能なエクスポートされた関数の一覧です。Function列のヘッダーをクリックして、関数の 一覧を関数名で並べ替えます。次に、CreateFileA関数を見つけます。次に示すように、そ れほど離れていない下の方に、CreateFileW関数が見つかるはずです。

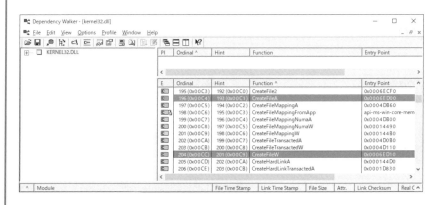

6. ご覧のとおり、少なくとも1つの文字列型引数を持つ関数のほとんどは、実際には関数のペアを持ちます。前出の画面内には、CreateFileMappingAとCreateFileMappingW、CreateFileTransactionAとCreateFileTransactionW、CreateFileMappingNumaAとCreateFileMappingNumaWのペアも確認できます。

7. 一覧の場所をスクロールして、他の関数についても確認してみてください。User32.dllやAdvapi32.dllのような、他のシステムファイルを開いて確認しても同じように関数のペアを確認できるでしょう。

メモ
Windowsのコンポーネントオブジェクトモデル（COM）ベースのAPIは通常、Unicode文字を使用しますが、BSTRとして型指定される場合もあります。これは本来、メモリ内の文字配列の手前に文字列の長さが格納される4バイトと、Unicode文字配列のNULL終端を持ちます。Windowsランタイム（WinRT）APIは、HSTRINGが型指定されたUnicode文字列のみを使用します。こちらは、Unicode文字列の固定長配列です。

Unicodeについてさらに詳しい情報は、https://home.unicode.org/およびMSDNライブラリのプログラミング向けドキュメントを参照してください。

1.3 Windowsの内部を掘り下げる

本書の情報の多くは、Windowsのソースコードを読んだり、開発者とやり取りしたことに基づいていますが、これらすべてをうのみにする必要はありません。Windowsの内部についての詳細の大部分は、Windowsにビルトインされているツールや Windows 向けのデバッグツールなど、利用可能なさまざまなツールを使用して、明らかにしたり、実際に行ってみたりできます。これらのツールの入手方法については、この項で後ほど簡単に説明します。

Windowsの内部の探求を手助けするために、本書全体で「実習」が用意されており、Windowsの内部動作の特定の側面を自分で調査できるように、具体的な手順を示しています（この章でも既にいくつかの実習を目にしたでしょう）。これらの実習は、ぜひ試してみることをお勧めします。本書で説明しているWindows内部のトピックの多くを、実際にその目で確かめることができます。

表1-4 本書で使用する主要なツールと入手元の一覧

ツール名（または機能）	イメージ名	入手元
スタートアッププログラムのビューアー	Autoruns.exe	Windows Sysinternals
アクセス権のチェック	AccessChk.exe	Windows Sysinternals
Dependency Walker	Depends.exe	www.dependencywalker.com
Global Flags	Gflags.exe	Debugging Tools for Windows
ハンドルビューアー	Handle.exe	Windows Sysinternals

ツール名（または機能）	イメージ名	入手元
カーネルデバッガー	WinDbg.exe、Kd.exe	Windows Driver Kit（WDK）、Windowsソフトウェア開発キット（SDK）（これらはDebugging Tools for Windowsを含みます）
オブジェクトビューアー	WinObj.exe	Windows Sysinternals
パフォーマンスモニター	Perfmon.msc	Windowsビルトインツール
Memory Pool Monitor	Poolmon.exe	Windows Driver Kit（WDK）
Process Monitor	Procmon.exe	Windows Sysinternals
タスク（プロセス）一覧	Tlist.exe	Debugging Tools for Windows
タスクマネージャー	Taskmgr.exe	Windowsビルトインツール

1.3.1　パフォーマンスモニターとリソースモニター

　パフォーマンスモニターについては、本書全体で言及しています。パフォーマンスモニターは、コントロールパネルの［管理ツール］フォルダーから起動するか、［ファイル名を指定して実行］ダイアログボックスでperfmonと入力して起動できます。

メモ　パフォーマンスモニターには次の3つの機能があります。システムの監視（モニターツール）、カウンターログの参照、および警告の設定です（警告の設定には、データコレクターセットを使用します。データコレクターセットには、警告の他に、パフォーマンスカウンターログ、トレース、構成データの種類があります）。混乱を避けるため、本書でパフォーマンスカウンターについて言及する場合、このツールのうちモニターツール機能のことを指します。

　パフォーマンスモニターは、稼働中のシステムに関して、他の単一のユーティリティが提供するよりも多くの情報を提供します。これには、さまざまなオブジェクトに関する数百の基本的および拡張的なカウンターが含まれます。本書の主要なトピックごとに、関連するWindowsのパフォーマンスカウンターの一覧があります。パフォーマンスモニターでは、各カウンターについての簡単な説明を確認できます。その説明を参照するには、［カウンターの追加］ウィンドウでカウンターを選択し、［説明を表示する］チェックボックスをオンにします。

　本書で行う下位レベルのシステム監視のすべては、パフォーマンスモニターを使用して行えますが、Windowsはリソースモニターというユーティリティも提供しています。リソースモニターは、主要なシステムリソースであるCPU、ディスク、ネットワーク、メモリの使用状況を示すもので、このユーティリティには［スタート］メニューの［Windows管理ツール］またはタスクマネージャーの［パフォーマンス］タブからアクセスできます。基本的な状態のリソースモニターは、これらのリソースの使用状況を、タスクマネージャーが提供するのと同じレベルの情報で表示します。しかし、リソースモニターはさらに、より多くの情報を展開できるセクションを持ちます。次ページのスクリーンショットは、リソースモニターの典型的な表示です。

　［CPU］タブを展開すると、タスクマネージャーのように、プロセスごとのCPU使用率についての情報が表示されます。ただし、どのプロセスが最もアクティブであるかの判断材料になる［平均CPU］列が追加されています。［CPU］タブはまた、サービスとサービスに関連するCPU使用率と平均CPU使用率が、別のセクションに分けて表示します。各サービスホストプロセスは、サービスがホストされているサービスグループによって識別されます。Process Explorerのように、1つのプロセスを選択す

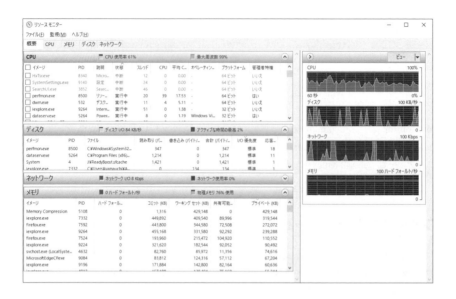

　ると（対応するチェックボックスをオンにすることによって）、そのプロセスによって開かれている名前付きハンドルが［関連付けられたハンドル］セクションに、そのプロセスのアドレス領域に読み込まれているモジュール（DLLなど）の一覧が［関連付けられたモジュール］セクションに、それぞれ表示されます。［関連付けられたハンドル］セクションにある［ハンドルの検索］ボックスを使用すると、リソースの名前を条件に、プロセスによって開かれているハンドルを検索することができます。

　［メモリ］タブの［プロセス］セクションは、タスクマネージャー（の［詳細］タブ）で取得できるのとほとんど同じ情報が表示されますが、［物理メモリ］セクションにはシステム全体の使用状況が示されます。物理メモリの棒グラフには、物理メモリの現在の使用状況が、ハードウェア予約済み、使用中、変更済み、スタンバイ、または空きの種類に分けて表示されます。これらのメモリの種類の意味については、第5章で詳しく説明します。

　一方、［ディスク］タブは、システム上の最もアクセスされているファイル、最も書き込まれているファイル、または最も読み取られているファイルを簡単に識別できるように、ファイルごとのI/O情報を表示します。I/O情報は、プロセスによってさらに絞り込むことが可能です。

　［ネットワーク］タブは、アクティブなネットワーク接続、そのネットワーク接続を持つプロセス、およびそのネットワーク接続を通してやり取りされるデータ量を表示します。この情報は、他の方法では知ることが困難な、バックグラウンドのネットワークアクティビティを見ることを可能にします。さらに、［ネットワーク］タブの［TCP接続］セクションは、システム上でアクティブなTCP接続を、プロセスごとに、リモートポート、ローカルポート、パケット損失などのデータとともに示します。また、［リッスンポート］セクションは、プロセスによってリッスン（LISTEN）状態のポートの一覧を表示します。管理者は、この一覧を使用して、どのサービスやアプリケーションが現在、それらのポートで接続待ち状態になっているかを確認することができます。この一覧には、プロセスやポートのプロトコルの種類とファイアウォールポリシーについても示します。

 メモ
　すべてのWindowsパフォーマンスカウンターはプログラム的にアクセス可能です。詳しくは開発者向け公式ドキュメントで「performance counters」や「パフォーマンス カウンター」を検索してください。

第1章 概念とツール **41**

1.3.2 | カーネルデバッグ

カーネルデバッグとは、カーネル内部のデータ構造体を調べたり、カーネル内の関数をステップ実行したりすることです。カーネルのデバッグにより、他のツールではできない、内部的なシステム情報を表示することができ、カーネル内でのコードのフローに関して明確に理解することができるため、これはWindowsの内部を調査するのに有効な方法です。カーネルをデバッグするさまざまな方法を説明する前に、あらゆるタイプのカーネルデバッグを実行するのに必要となる、一連のファイルについて説明します。

■| カーネルデバッグのためのシンボル

シンボルファイルには、関数と変数の名前、およびデータ構造体のレイアウトと形式が含まれています。シンボルファイルは、リンカーにより生成され、デバッグセッション中にこれらの名前の参照と表示のためにデバッガーによって使用されます。シンボルファイルの情報は、コードの実行には必要がないため、通常、バイナリイメージ内には格納されていません。そのため、バイナリはより小さく、より高速になります。一方、デバッグする際には、デバッグセッション中に参照中のバイナリイメージに関連付けられているシンボルファイルに対して、デバッガーがアクセスできるようにする必要があります。

プロセス一覧、スレッドブロック、読み込まれたドライバーの一覧、メモリ使用の情報など、Windowsカーネル内部のデータ構造を調べるためにカーネルデバッグツールを使用するには、少なくともカーネルイメージであるNtoskrnl.exeの正しいシンボルファイルが必要です(第2章の「2.3 アーキテクチャの概要」の節で詳しく説明します)。シンボルのテーブルファイルは、シンボルが作成されたイメージのバージョンと一致している必要があります。例えば、カーネルを更新するWindowsのサービスパックやホットフィックス(更新プログラム)をインストールしている場合は、一致する更新されたシンボルファイルを取得する必要があります。

Windowsのさまざまなバージョンのシンボルをダウンロードしてインストールすることができますが、修正プログラムにより更新されたシンボルは常に利用可能なわけではありません。デバッグ用に正しいバージョンのシンボルを取得する最も簡単な方法は、マイクロソフトのシンボルサーバーをオンデマンドで利用することです。それには、デバッガーに指定するシンボルパスとして、特別な構文を使用します。例えば、次に示すシンボルパスを使用すると、デバッグツールはインターネット上のシンボルサーバーから必要なシンボルを読み込み、C:¥Symbolsディレクトリにそのローカルコピーを保持します。

```
srv*c:¥symbols*https://msdl.microsoft.com/download/symbols
```

■| Debugging Tools for Windows

Debugging Tools for Windowsは、本書でWindowsの内部を探検するのに使用する、高度なデバッグツールを提供するパッケージです。最新バージョンは、Windowsソフトウェア開発キット(SDK)やWindows Driver Kit(WDK)の一部として含まれています(その他のインストール方法について詳しくは、https://docs.microsoft.com/en-us/windows-hardware/drivers/debugger/を参照してください)。Debugging Tools for Windowsが提供するデバッガーは、カーネルおよびユーザーモードのプロセスをデバッグするために使用できます。

Debugging Tools for Windowsには、**cdb**、**ntsd**、**kd**、およびWinDbgの4つのデバッガーがありま

す。これらのデバッガーはすべて、DbgEng.dllに実装された単一のデバッグエンジンに基づいており、ツールのヘルプに詳しい説明があります。これらのデバッガーの概要を簡単に説明します。

- **cdb**と**ntsd**は、コンソールユーザーインターフェイスで動作するユーザーモードデバッガーです。これらのデバッガーの唯一の違いは、既存のコンソールウィンドウから実行したときに、**ntsd**が新しいコンソールウィンドウを開いてアクティブになるのに対して、**cdb**は現在のコンソール内でアクティブになる点です。
- **kd**は、コンソールユーザーインターフェイスで動作するカーネルモードデバッガーです。
- **WinDbg**は、ユーザーモードまたはカーネルモードのデバッガーとして使用できますが、同時に両方のデバッガーとしては使用できません。WinDbgは、ユーザーにGUIを提供します。
- ユーザーモードのデバッガー（**cdb**、**ntsd**、およびユーザーモードデバッガーとしてのWinDbg）は、実質的に同等です。どのデバッガーを使用するかは、好みの問題です。
- カーネルモードのデバッガー（**kd**、カーネルモードデバッガーとしてのWinDbg）もまた、同じように同等です。

■| ユーザーモードのデバッグ

デバッグツールは、ユーザーモードのプロセスにアタッチして、プロセスのメモリを調べたり、変更したりするのに使用できます。プロセスにアタッチする方法として、2つのオプションがあります。

- **Invasive** —— 他にオプションを指定しない場合、実行中のプロセスにアタッチしたときに、DebugActiveProcessというWindows API関数を使用して、デバッガーとデバッグ対象のプロセス（Debuggee）間に接続を確立します。Invasiveモードでは、プロセスメモリの調査と変更、ブレークポイントの設定、およびその他のデバッグ機能を実行することができます。Windowsは、デバッガーをデタッチ（終了ではなく）することで、デバッグ対象のプロセスを終了することなしに、デバッグを停止します。
- **Noninvasive** —— このオプションを使用すると、デバッガーは単純にOpenProcess関数を使用してプロセスを開きます。デバッガーは、プロセスにデバッガーとしてアタッチされません。Noninvasiveモードでもデバッグ対象のプロセスの調査やメモリの変更は可能ですが、ブレークポイントの設定はできません。これは、別のデバッガーがInvasiveモードでアタッチされている場合でも、Noninvasiveモードでアタッチできることを意味しています。

デバッグツールを使用して、ユーザーモードプロセスのダンプファイルを開くこともできます。ユーザーモードのダンプファイルについては、本書下巻で説明します。

■| カーネルモードのデバッグ

前述のように、カーネルのデバッグに使用できるデバッガーには、コマンドラインバージョン（kd.exe）とGUIバージョン（WinDbg.exe）の2つがあります。これらのデバッガーでは、次の3種類の方法でカーネルデバッグを実行できます。

- Windowsのシステムクラッシュの結果として作成されたクラッシュダンプファイルを開きます（カーネルクラッシュダンプについて詳しくは、本書下巻で説明します）。
- 実行中のシステムにライブ接続し、システムの状態を調査します（または、デバイスドライバーのコードをデバッグしている場合はブレークポイントを設定します）。このデバッグ操作には、ターゲット（デバッグ対象のシステムを実行するコンピューター）とホスト（デバッガーを実行す

るシステム）の2台のコンピューターが必要です。ターゲットシステムは、ホストとヌルモデムケーブル、IEEE 1394ケーブル、USB 2.0/3.0デバッグケーブル、またはローカルネットワーク経由で接続できます。ターゲットシステムは、デバッグモードで起動されている必要があります。Bcdedit.exeまたはMsconfig.exeを使用すると、システムをデバッグモードで起動するように構成できます（注意：UEFI BIOS設定でセキュアブートを無効化する必要があるかもしれません）。ターゲットのオペレーティングシステムのシリアル（COM）ポートを名前付きパイプとして公開することで、ホストからターゲットシステムに対して、名前付きパイプで接続することもできます。この方法は、Windows 7以前のバージョンのWindowsをデバッグする場合に、Hyper-VやVirtualBox、VMware Workstationなどの仮想マシンでターゲットシステムを実行してホストからデバッグするのに便利です。ゲストオペレーティングシステムがWindows 8以降の場合は、名前付きパイプではなく、仮想マシンに割り当てた仮想ネットワークアダプターを使用して、ホストとゲスト間だけで有効なネットワークを構成し、ローカルネットワーク経由でデバッグすることをお勧めします。そのほうが、デバッグのパフォーマンスが1000倍以上速くなります。

- Windowsでは、ローカルシステムに接続して、システムの状態を調査することもできます。この方法は、**ローカルカーネルデバッグ**と呼ばれます。WinDbgでローカルカーネルデバッグを開始するには、まず初めに、システムをデバッグモードに設定します（例えば、Msconfig.exeを実行して、［ブート］タブをクリックし、［詳細オプション］ボタンをクリックして、［デバッグ］チェックボックスをオンにし、Windowsを再起動します。またはBcdedit.exeを使用します）。WinDbgを管理者特権で開始（管理者として実行）したら、［File］メニューを開き、［Kernel Debug］を選択し、［Local］タブに切り替え、［OK］ボタンをクリックします。図1-6は、64ビットWindows 10マシンのローカルカーネルデバッグの出力例です。なお、ローカルカーネルデバッグモードでは、ブレークポイントの設定や.dumpコマンドによるメモリダンプの作成など、一部のカーネルデバッガーコマンドは動作しません。ただし、この後に説明するLiveKdでは、それが可能です。

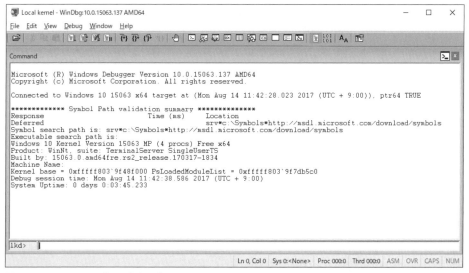

図1-6 ローカルカーネルデバッグ

カーネルデバッグモードに接続した後は、多くのデバッガーエクステンションコマンド（!（感嘆符）で始まることから、Bang（バン）コマンドとも呼ばれます）の1つを使用して、スレッドやプロセス、

I/O要求パケット、メモリ管理情報といった内部のデータ構造体の内容を表示できます。本書では、関連するカーネルデバッガーコマンドとその出力を、説明中のトピックごとに紹介しています。WinDbgと同じディレクトリにあるDebugger.chmヘルプファイルは、優れたリファレンスとして役立ちます。このヘルプファイルには、カーネルデバッガーのすべての機能とエクステンションについて書かれています。さらに、dt（Display Typeに由来）コマンドを使用すると、デバッガーがデータ構造体のフォーマットに使用する、Windowsのカーネルシンボルファイルに含まれる型情報から1,000以上のカーネル構造体を出力できます。

実習 カーネル構造体の型情報の表示

型情報がカーネルシンボルに含まれるカーネル構造体の一覧を表示するには、カーネルデバッガーでdt nt!_*と入力します。以下に出力結果の例の一部分を示します（ntkrnlmpは64ビットカーネルの内部的なファイル名です。詳しくは、第2章で説明します）。

```
lkd> dt nt!_*
        ntkrnlmp!_KSYSTEM_TIME
        ntkrnlmp!_NT_PRODUCT_TYPE
        ntkrnlmp!_ALTERNATIVE_ARCHITECTURE_TYPE
        ntkrnlmp!_KUSER_SHARED_DATA
        ntkrnlmp!_ULARGE_INTEGER
        ntkrnlmp!_TP_POOL
        ntkrnlmp!_TP_CLEANUP_GROUP
        ntkrnlmp!_ACTIVATION_CONTEXT
        ntkrnlmp!_TP_CALLBACK_INSTANCE
        ntkrnlmp!_TP_CALLBACK_PRIORITY
        ntkrnlmp!_TP_CALLBACK_ENVIRON_V3
        ntkrnlmp!_TEB
        ...
```

ワイルドカード（*）による検索機能を利用すれば、dtコマンドを使用して特定の構造体を検索することもできます。例えば、interrupt（割り込み）オブジェクトの構造体の名前を検索するには、dt nt!_*interrupt*と入力します。

```
lkd> dt nt!_*interrupt*
        ntkrnlmp!_KINTERRUPT_MODE
        ntkrnlmp!_KINTERRUPT_POLARITY
        ntkrnlmp!_PEP_ACPI_INTERRUPT_RESOURCE
        ntkrnlmp!_KINTERRUPT
        ntkrnlmp!_UNEXPECTED_INTERRUPT
        ntkrnlmp!_INTERRUPT_CONNECTION_DATA
        ntkrnlmp!_INTERRUPT_VECTOR_DATA
        ntkrnlmp!_INTERRUPT_HT_INTR_INFO
        ntkrnlmp!_INTERRUPT_REMAPPING_INFO
```

dtコマンドを使用して、特定の構造体について出力するには、次のように実行します（デバッガーは、構造体の名前の大文字と小文字を区別しません）。

```
lkd> dt nt!_KINTERRUPT
   +0x000 Type               : Int2B
   +0x002 Size               : Int2B
   +0x008 InterruptListEntry : _LIST_ENTRY
   +0x018 ServiceRoutine     : Ptr64 unsigned char
   +0x020 MessageServiceRoutine : Ptr64 unsigned char
   +0x028 MessageIndex       : Uint4B
   +0x030 ServiceContext     : Ptr64 Void
   +0x038 SpinLock           : Uint8B
   +0x040 TickCount          : Uint4B
   +0x048 ActualLock         : Ptr64 Uint8B
   +0x050 DispatchAddress    : Ptr64 void
   +0x058 Vector             : Uint4B
   +0x05c Irql               : UChar
   +0x05d SynchronizeIrql    : UChar
   +0x05e FloatingSave       : UChar
   +0x05f Connected          : UChar
   +0x060 Number             : Uint4B
   +0x064 ShareVector        : UChar
   +0x065 EmulateActiveBoth  : UChar
   +0x066 ActiveCount        : Uint2B
   +0x068 InternalState      : Int4B
   +0x06c Mode               : _KINTERRUPT_MODE
   +0x070 Polarity           : _KINTERRUPT_POLARITY
   +0x074 ServiceCount       : Uint4B
   +0x078 DispatchCount      : Uint4B
   +0x080 PassiveEvent       : Ptr64 _KEVENT
   +0x088 TrapFrame          : Ptr64 _KTRAP_FRAME
   +0x090 DisconnectData     : Ptr64 Void
   +0x098 ServiceThread      : Ptr64 _KTHREAD
   +0x0a0 ConnectionData     : Ptr64 _INTERRUPT_CONNECTION_DATA
   +0x0a8 IntTrackEntry      : Ptr64 Void
   +0x0b0 IsrDpcStats        : _ISRDPCSTATS
   +0x0f0 RedirectObject     : Ptr64 Void
   +0x0f8 Padding            : [8] UChar
```

なお、dtコマンドは、既定ではサブ構造体（構造体の中の構造体）を表示しません。サブ構造体を表示するには、-rまたは-bスイッチを使用します。例えば、カーネル割り込み（_KINTERRUPT）オブジェクトを出力する際に、いずれかのスイッチを使用すると、InterruptListEntryフィールドに格納されている_LIST_ENTRY構造体が出力されます（-rと-bスイッチの正確な違いについては、リファレンスドキュメントを参照してください）。

```
lkd> dt nt!_KINTERRUPT -r
   +0x000 Type             : Int2B
   +0x002 Size             : Int2B
   +0x008 InterruptListEntry : _LIST_ENTRY
      +0x000 Flink            : Ptr64 _LIST_ENTRY
         +0x000 Flink            : Ptr64 _LIST_ENTRY
         +0x008 Blink            : Ptr64 _LIST_ENTRY
      +0x008 Blink            : Ptr64 _LIST_ENTRY
         +0x000 Flink            : Ptr64 _LIST_ENTRY
         +0x008 Blink            : Ptr64 _LIST_ENTRY
   +0x018 ServiceRoutine   : Ptr64     unsigned char
   ...
```

　dtコマンドの**-r**スイッチに番号を追加すると、構造体の再帰のレベルを指定することができます。次の例は、1段階下のレベルまで再帰的に出力します。

```
lkd> dt nt!_KINTERRUPT -r1
```

　Debugging Tools for Windowsのヘルプファイルには、カーネルデバッガーのセットアップ方法と使用方法について説明されています。主にデバイスドライバー開発者向けの、カーネルデバッガーのさらに詳細な使用方法については、Windows Driver Kit（WDK）のドキュメントを参照してください。

■|**LiveKdツール**

　LiveKdは、Windows Sysinternalsが提供する無料のツールです。LiveKdを使用すると、先ほど説明したマイクロソフトの標準的なカーネルデバッガーを使用して、デバッグモードで起動することなく、稼働中のシステムを調査することができます。この方法は、デバッグモードで起動していないコンピューターで、カーネルレベルのトラブルシューティングを行う必要がある場合に便利です。特定の問題は、確実に再現することが難しい場合があり、デバッグモードのオプションを有効化して再起動すると、エラーが再現しなくなる可能性があります。

　LiveKdは、WinDbgまたは**kd**と同じように実行できます。LiveKdは、デバッガーのコマンドラインオプションを、選択したデバッガーにそのまま引き渡します。既定では、LiveKdは、コマンドラインのカーネルデバッガー（**kd**）を実行します。WinDbgを実行する必要がある場合は、LiveKdの**-w**スイッチを使用します。LiveKdのスイッチに関するヘルプを参照するには、LiveKdの**-?**スイッチを使用してください。

　LiveKdは、疑似クラッシュダンプファイルをデバッガーに提供します。そのため、クラッシュダンプのカーネルデバッグでサポートされる、すべての操作をLiveKd内で実行できます。LiveKdは、物理メモリの内容を疑似ダンプファイルに格納するため、カーネルデバッガーは、システムによって変更され、現在の状況一貫性がなくなったデータ構造体の状況に接続することになります。デバッガーが起動されるごとに、システムの状態の最新のビューからデバッグが開始します。スナップショットをリフレッシュしたい場合は、**q**コマンドを入力してデバッガーを終了します。すると、LiveKdがもう一度デバッガーを実行するかどうかを尋ねてきます。もし、デバッガーが出力を表示するのにループ状態になってしまったら、**Ctrl + C**キーを押して出力に割り込み、デバッガーを終了します。もし、LiveKdがハングアップした場合は、**Ctrl + Break**キーを押し、デバッガーのプロセスを強制終了します。LiveKdはその際にも、デバッガーを再び実行するかどうかを尋ねてきます。

1.3.3 | Windowsソフトウェア開発キット（SDK）

Windowsソフトウェア開発キット（Software Development Kit：SDK）は、MSDNサブスクリプションプログラムの一部として利用可能です。Windows SDKは、https://developer.microsoft.com/ja-jp/windows/downloads/windows-10-sdkから無料でダウンロードすることもできます。開発ツールのVisual Studioもまた、インストールの一部として、Windows SDKをインストールするオプションを用意しています。Windows SDKに含まれるバージョンは、常に最新バージョンのWindowsオペレーティングシステムと一致していますが、Visual Studioとともにインストールされる Windows SDKバージョンは、Visual Studioのそのバージョンがリリースされた時点で最新であった、古いバージョンである可能性があります。さらに、Debugging Tools for Windowsには、Windowsアプリケーションのコンパイルとリンクに必要なCヘッダーファイルとライブラリが含まれます。Windowsの内部という側面では、Windows APIヘッダーファイル（C:¥Program Files (x86)¥Windows Kits¥10¥Includeディレクトリにあります）とSDKツール（C:¥Program Files (x86)¥Windows Kits¥10¥Tools¥Binディレクトリにあります）を含むWindows SDKのアイテムは興味深いものです。また、Windows SDKのドキュメントも興味深いものです。Windows SDKのドキュメントはオンラインで参照できるほか、オフラインアクセス用にダウンロードすることもできます。これらのツールのいくつかは、Windows SDKやMSDNライブラリの両方で、サンプルのソースコードとしても提供されています。

1.3.4 | Windows Driver Kit（WDK）

Windows Driver Kit（WDK）もまた、MSDNサブスクリプションプログラムを通して利用可能です。Windowsソフトウェア開発キット（SDK）と同様に、無料でダウンロードすることもできます。WDKのドキュメントは、MSDNライブラリに含まれています。

WDKはデバイスドライバーの開発者を対象とするものですが、Windowsの内部に関する膨大な情報源でもあります。例えば、第6章ではI/Oシステムのアーキテクチャ、ドライバーモデル、デバイスドライバーの基本的なデータ構造体について説明していますが、個々のカーネルサポート関数については詳細に説明していません。WDKのドキュメントは、デバイスドライバーによって使用される、すべてのWindowsカーネルサポート関数とメカニズムを、チュートリアルとリファレンス形式の両方を用いて、包括的に説明しています。

さらに、ドキュメントでの説明に加え、WDKは主要な内部データ構造体と定数だけでなく、システムの内部ルーチンの多数のインターフェイスを定義するヘッダーファイル（特に、Ntddk.h、Ntifs.h、およびWdm.h）を提供します。これらのファイルは、カーネルデバッガーを用いて、Windowsの内部のデータ構造体をエクスポートする際に有効です。なぜなら、本書ではこれらの構造体の一般的なレイアウトと内容について説明しますが、詳細なフィールドレベルの説明（サイズやデータ型など）までは示していないからです。しかし、オブジェクトディスパッチャーヘッダー、待機ブロック、イベント、ミュータント、セマフォなど、これらの多くのデータ構造体については、WDKに詳細に説明されています。

I/Oシステムやドライバーモデルについて、本書で説明している以上に詳細に掘り下げたいなら、WDKドキュメント、特にKernel-Mode Driver Architecture Design GuideとWindows Driver Kit

48 インサイドWindows 第7版 上

（WDK）のリファレンスを参照してください。[*6]『Programming the Microsoft Windows Driver Model, Second Edition』（Walter Oney 著、Microsoft Press、2002年）および『Developing Drivers with the Windows Driver Foundation』（Penny Orwick、Guy Smith 著、Microsoft Press、2007年）もお勧めです。

1.3.5 | Windows Sysinternals

　本書の多くの実習では、Windows Sysinternalsのサイト（https://docs.microsoft.com/sysinternals/）からダウンロードできるフリーウェアツールを使用しています。本書の共著者の1人であるMark Russinovichが、これらのツールの大部分を作成しました。最も人気のあるツールとして、Process Explorer（Procexp.exe）と Process Monitor（Procmon.exe）があります。Windows Sysinternalsのユーティリティの多くは、カーネルモードのデバイスドライバーのインストールと実行を必要とするため、管理者または管理者特権が必要です。いくつかのツールについては、標準ユーザーや管理者特権を持たない（権限を昇格していない）アカウントの場合でも、制限された機能と出力で実行できる場合があります。

　Windows Sysinternalsツールは頻繁に更新されるため、最新バージョンを使用するようにしてください。ツールの更新情報を取得するには、Sysinternals Blog（https://techcommunity.microsoft.com/t5/Sysinternals-Blog/bg-p/Sysinternals-Blog）のRSSフィードが便利です。すべてのツールの使用方法についての説明や、トラブル解決のケーススタディについては、『Troubleshooting with the Windows Sysinternals Tools』（Mark Russinovich、Aron Margosis 著、Microsoft Press、2016年、邦訳『Windows Sysinternals徹底解説 改訂新版』日経BP、2017年）をお勧めします。ツールに関する質問やディスカッションには、Sysinternals community support（https://docs.microsoft.com/en-us/answers/products/sysinternals）を活用してください。

1.4 | まとめ

　この章では、本書を通して使用される、Windowsの主要な技術的な概念と用語について説明しました。また、Windowsの内部を掘り下げるために利用可能な数多くの便利なツールについてもひととおり紹介しました。これでシステムの内部設計の探検を開始する準備ができました。では、システムアーキテクチャの全体像と主要なコンポーネントから始めましょう。

[*6] 訳注：Kernel-Mode Driver Architecture Design Guide
https://docs.microsoft.com/en-us/windows-hardware/drivers/kernel/

Kernel-Mode Driver Reference
https://docs.microsoft.com/en-us/windows-hardware/drivers/ddi/content/index

第2章
システムアーキテクチャ

　本書を読み進める上で知っておくべき用語、概念、およびツールについて学んだ今、Windowsオペレーティングシステム（OS）の内部の設計上の目標と構造について、探検する準備が整いました。この章では、主要なコンポーネントと、コンポーネント間で相互にやり取りする仕組み、および実行中のコンポーネントのコンテキストといった、システムの全体的なアーキテクチャについて説明します。Windowsの内部を理解するための枠組みを提供するために、まず初めにWindowsシステムのオリジナルの設計と仕様を形作ってきた、要件と目標について確認しておきましょう。

2.1 システム要件と設計上の目標

　次に示す要件は、さかのぼること1989年における、Windows NTの仕様です。

- 真の32ビットの、プリエンプティブ（先取り）で、リエントラント（再入可能）な、仮想メモリOSであること。
- 複数のハードウェアアーキテクチャとプラットフォームで稼働すること。
- 対称型マルチプロセッシング（Symmetric Multiprocessing：SMP）システム上での稼働とスケールを備えること。
- ネットワーククライアントおよびサーバーとしての、優れた分散コンピューティングプラットフォームになること。
- MS-DOSおよびWindows 3.1向け16ビットアプリケーションの大部分を実行できること。
- （米国）政府調達要件であるPOSIX 1003.1準拠であること。
- （米国）政府調達要件および業界要件のOSセキュリティを備えること。
- Unicodeのサポートにより、グローバル市場に容易に適応できること。

　これらの要件を満たすシステムを開発するのに必要な数千の決定を導くため、Windows NTの設計チームは次に示す設計目標をプロジェクトの開始時に採用しました。

- **拡張性（Extensibility）** —— コードは、市場の要求の変化にあわせて、柔軟に追加でき、変更できるように書かれる必要がある。
- **ポータビリティ（Portability、移植可能性）** —— システムは、複数のハードウェアアーキテクチャで稼働できなければならず、市場の要求に応じて、新しいハードウェアアーキテクチャに比較的容易に移行できる必要がある。
- **信頼性（Reliability）と堅牢性（Robustness）** —— システムは、内部的な誤動作と外部からの変更（改ざん）の両方から、自律的に保護される必要がある。アプリケーションは、OSや他のアプ

リケーションに害を与えることができてはならない。

- **互換性（Compatibility）** —— Windows NTは既存のテクノロジを拡張する必要があるが、そのユーザーインターフェイスとAPIは古いバージョンのWindowsやMS-DOSと互換性を持たなければならない。また、UNIXやIBM OS/2、Novell NetWareなど、他のシステムとの相互運用性を持つ必要もある。
- **パフォーマンス（Performance）** —— 他の設計目標の制約がある中で、システムは各ハードウェアプラットフォーム上で、可能な限り高速であり、応答性が良くなければならない。

Windowsの内部構造と動作の詳細を探るにつれ、これらのオリジナルの設計目標と市場の要求がシステムの構築にどのようにうまく取り入れられてきたのかがわかるでしょう。しかし、探検を開始する前に、Windowsの全体の設計モデルを調べ、他の最新のオペレーティングシステムと比較してみましょう。

2.2 | オペレーティングシステムのモデル

ほとんどのマルチユーザー型オペレーティングシステム（OS）では、アプリケーションはOS自体から分離されています。OSカーネルコードは、特権的なプロセッサモードで実行され（本書では**カーネルモード**と表現しています）、システムデータとハードウェアにアクセスします。アプリケーションコードは、非特権的なプロセッサモードで実行され（本書では**ユーザーモード**と表現しています）、制限された一連のインターフェイスが利用可能であり、システムデータへのアクセスは制限され、ハードウェアへの直接的なアクセスは許可されません。ユーザーモードのプログラムがシステムサービスを呼び出したとき、プロセッサは呼び出しスレッドをカーネルモードに切り替える、特別な命令を実行します。システムサービスが実行を完了すると、OSはスレッドのコンテキストをユーザーモードに切り替えて戻し、呼び出し元は実行を継続します。

Windowsは、モノリシック（Monolithic）OSという意味で、ほとんどのUNIXシステムと似ています。モノリシックOSでは、OSとデバイスドライバーの大部分のコードが、カーネルモードの保護されたメモリ空間を共有します。これは、OSコンポーネントまたはデバイスドライバーが、OSの他のシステムコンポーネントによって使用されるデータを破損する可能性が潜在的にあることを意味します。しかし、「第1章　概念とツール」で言及したように、Windowsは品質の強化、Windows Hardware Quality Labs（WHQL）のような認証プログラムによるデバイスドライバーの出所の制限、カーネルモードのコード署名（KMCS）の強制などの試みで、この問題に対処しています。これには、仮想化ベースのセキュリティ（Virtualization-Based Security：VBS）、デバイスガード、HyperGuard機能といった、追加的なカーネル保護テクノロジと組み合わせることも可能です。この章では、これらの要素がどのように適合するか見ていきますが、詳細については「第7章　セキュリティ」および本書下巻で説明します。

当然のことながら、これらのOSコンポーネントのすべては、不適切なアプリケーションから完全に保護されます。なぜなら、OSの特権が関連する部分のコードとデータには、アプリケーションは直接的にアクセスできないからです（アプリケーションは、他のカーネルサービスをすばやく呼び出すことはできます）。この保護は、アプリケーションのサーバーとワークステーションのプラットフォームとして、Windowsが堅牢性と安定性を兼ね備えていると評価される理由の1つです。一方で、仮想メモリ管理、ファイルI/O、ネットワーク、ファイルとプリンターの共有といった、OSのコアサービスの側面からも高速で軽快であると評価されています。

Windowsのカーネルモードコンポーネントには、基本的なオブジェクト指向の設計原則も具現化されています。例えば、一般的に、個々のコンポーネントによって維持されている情報にアクセスするのに、別のコンポーネントのデータ構造体に手を出すことはありません。代わりに、正式なインターフェイスを使用してパラメーターを渡し、データ構造体にアクセスしたり変更したりします。

共有されたシステムリソースを表すオブジェクトの使用が一般的になっているのにもかかわらず、Windowsは厳密にはオブジェクト指向のシステムではありません。カーネルモードのOSコードの大部分は、ポータビリティのためにCで書かれています。Cプログラミング言語は、ポリモーフィック関数やクラスの継承といった、オブジェクト指向のコンストラクトを直接的にサポートしていません。そのため、WindowsにおけるオブジェクトのCベースの実装は、特定のオブジェクト指向言語の機能から借用したものですが、その言語に依存はしていません。

2.3 アーキテクチャの概要

Windowsの設計目標とその実装の概要を見ながら、Windowsのアーキテクチャを形成している主要なシステムコンポーネントについて見ていきましょう。図2-1は、Windowsのアーキテクチャを簡略化したものです。この図は、基本的な部分だけを表しており、すべてを表現しているわけではありません。例えば、ネットワークコンポーネントやさまざまな種類のデバイスドライバーレイヤーは、この図に示していません。

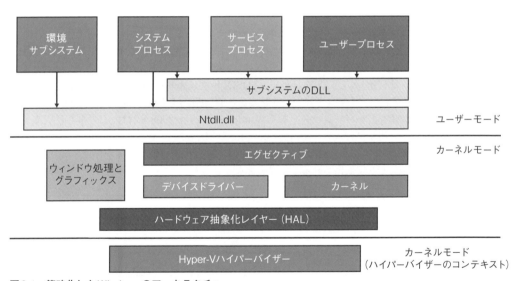

図2-1 簡略化したWindowsのアーキテクチャ

図2-1では、まず初めに、Windows OSのユーザーモードとカーネルモードを分けている区切り線に注目してください。線より上にあるボックスはユーザーモードのプロセスを表しており、線より下のコンポーネントはカーネルモードのOSサービスです。第1章で説明したように、ユーザーモードのスレッドは、プライベートプロセスアドレス領域内で実行されます(ただし、スレッドがカーネルモード内で実行される場合は、システムのアドレス領域にアクセスします)。つまり、システムプロセス、サービスプロセス、ユーザープロセス、および環境サブシステムは、それぞれが独自のプライベートプロ

セスアドレス領域を持ちます。カーネルモードの部分には、Windowsとハイパーバイザーを分けている2つ目の区切り線もあります。厳密に言えば、ハイパーバイザーはカーネルと同じCPU特権レベル（リング0）で実行されますが、自身は特別なCPU命令（Intel VT-x、AMD SVM）を使用するため、ハイパーバイザーはカーネル（およびアプリケーション）を監視しながら、自身をカーネルから分離できます。このような理由から、「リング-1」（リングマイナス1）という用語が使われるのを耳にすることがあるかもしれません（これは正確ではありません）。

ユーザーモードプロセスは、次に示す基本の4つの種類から成ります。

- **ユーザープロセス** —— ユーザープロセスは、さらに次の種類に分けられます。Windows 32ビットまたは64ビット（Windows 8以降のWindowsランタイムの最上位で動作するWindowsアプリは、このカテゴリに含まれます）、Windows 3.1 16ビット、MS-DOS 16ビット、POSIX 32ビット、またはPOSIX 64ビットです。16ビットアプリケーションは、32ビットWindows上でのみ実行可能です。POSIXアプリケーションは、Windows 8においてサポートされなくなりました。

- **サービスプロセス** —— サービスプロセスは、Task SchedulerサービスやPrint Spoolerサービスといった、Windowsサービスをホストするプロセスです。サービスは通常、ユーザーのログオンとは独立して実行されるという要件があります。SQL ServerやExchange Serverといった、多くのWindowsサーバーアプリケーションもまた、サービスとして実行されるコンポーネントを持ちます。詳しくは、本書下巻で説明します。

- **システムプロセス** —— システムプロセスは、ログオンプロセスやセッションマネージャーのように、固定化された、またはOSに組み込まれたプロセスです。そのため、システムプロセスはサービスコントロールマネージャーによっては開始されません。

- **環境サブシステムサーバープロセス** —— 環境サブシステムは、ユーザーやプログラム開発者に提供される、OS環境または個人の環境のサポートを実装する部分です。Windows NTにはもともと、Windows、POSIX、およびOS/2の3つの環境サブシステムがありました。しかし、OS/2サブシステムはWindows 2000を最後に、POSIXサブシステムはWindows XPを最後に提供されなくなりました。クライアントバージョンであるWindows 7 UltimateおよびEnterpriseエディション、およびサーバーバージョンであるWindows Server 2008 R2は、どちらもUNIXベースアプリケーション用サブシステム（Subsystem for UNIX-based Applications：SUA）と呼ばれる拡張されたPOSIXサブシステムをサポートしています。SUAは既に開発が停止され、Windowsのオプション機能として提供されることはなくなりました（クライアントとサーバーのいずれも）。

メモ
　Windows 10バージョン1607および1703では、アプリケーション開発者向けにベータ版のWindows Subsystem for Linux（WSL）が提供されています。[*1] しかし、WSLは、この項で説明しているような真のサブシステムではありません。この章では、WSLに関連するPicoプロバイダーについて詳しく説明します。Picoプロセスについては、「第3章　プロセスとジョブ」でさらに詳しく説明します。

図2-1の、サービスプロセスとユーザープロセスのボックスの下にあるサブシステムDLLのボックスに注目してください。Windowsでは、ユーザーアプリケーションは、ネイティブなWindows OSのサービスを直接的に呼び出すことはしません。その代わりに、ユーザーアプリケーションは、1つ以上のサブシステムのダイナミックリンクライブラリ（DLL）を呼び出します。サブシステムDLLの役割

[*1]　訳注：2017年10月にリリースされたWindows 10 Fall Creator Update（バージョン1709）において、Windows Subsystem for Linux（WSL）は正式版になりました。

は、ドキュメント化された関数を、それに対応する内部の（通常、ドキュメント化されていません）ネイティブなシステムサービスコール（大部分はNtdll.dllに実装されています）に翻訳することです。この翻訳により、ユーザープロセスでサービスされる環境サブシステムプロセスにメッセージが送信される、または送信されないこともあります。

Windowsのカーネルモードコンポーネントは、次の要素で構成されます。

- **エグゼクティブ（Executive）** —— Windowsエグゼクティブは、メモリ管理、プロセスとスレッド管理、セキュリティ、I/O、ネットワーク、プロセス間通信といった、OSの基本サービスを提供します。
- **Windowsカーネル** —— Windowsカーネルは、スレッドスケジューリング、割り込みと例外のディスパッチ、マルチプロセッサの同期など、下位レベルのOS機能を提供します。また、エグゼクティブの一部がより上位レベルの構造を実装するために使用する、一連のルーチンと基本オブジェクトも提供します。
- **デバイスドライバー** —— デバイスドライバーには、ハードウェアデバイスドライバーと非ハードウェアデバイスドライバーがあります。ハードウェアデバイスドライバーは、ユーザーモードI/O関数の呼び出しを特定のハードウェアデバイスI/O要求に翻訳します。非ハードウェアデバイスドライバーには、ファイルシステムドライバーやネットワークドライバーがあります。
- **ハードウェア抽象化レイヤー（HAL）** —— HALは、カーネル、デバイスドライバー、およびWindowsエグゼクティブの一部を、プラットフォーム固有のハードウェアの違い（マザーボードの違いなど）から分離するコードのレイヤーです。
- **ウィンドウ処理とグラフィックス** —— このコンポーネントには、ウィンドウやユーザーインターフェイスのコントロール、描画を扱う、グラフィカルユーザーインターフェイス（GUI）関数（WindowsサブシステムのUSER関数やGDI関数としてよく知られています）が実装されています。
- **ハイパーバイザーレイヤー** —— ハイパーバイザーレイヤーは、ハイパーバイザー自身である単一のコンポーネントで構成されます。この環境内には、ドライバーや他のモジュールは存在しません。つまり、ハイパーバイザーはそれ自身に、専用のメモリマネージャー、仮想プロセッサスケジューラ、割り込みとタイマー管理、同期ルーチン、パーティション（仮想マシンインスタンス）管理、およびパーティション間通信（Inter-Partition Communication：IPC）など、複数の内部レイヤーとサービスを持ちます。

表2-1に、WindowsのコアとなるOSコンポーネントのファイル名を示します（本書では、いくつかのシステムファイルをファイル名で表現することがあるため、これらのファイル名は覚えておいてください）。これらのコンポーネントはそれぞれ、この章の以降で、および次章以降でさらに詳細に説明します。

表2-1　コアとなるWindowsシステムファイル
（パスが指定されていないファイルは、%SystemRoot%¥System32ディレクトリに存在します）

ファイル名	コンポーネント
Ntoskrnl.exe	エグゼクティブおよびカーネル
Hal.dll	ハードウェア抽象化レイヤー（HAL）
Win32k.sys	Windowsサブシステム（GUI）のカーネルモード部分
Hvix64.exe（Intel）、Hvax64.exe（AMD）	ハイパーバイザー

ファイル名	コンポーネント
%SystemRoot%¥System32¥Drivers ディレクトリ内の.sys ファイル	DirectX、ボリュームマネージャー、TCP/IP、トラステッドプラットフォームモジュール（TPM）、ACPIサポートなど、コアとなるドライバーファイル
Ntdll.dll	エグゼクティブ機能に内部関数のサポートとシステムサービスディスパッチスタブを提供
Kernel32.dll、Advapi32.dll、User32.dll、Gdi32.dll	コアWindowsサブシステムのDLL群

これらのシステムコンポーネントの詳細について掘り下げる前に、Windowsのカーネル設計について、いくつか基本を学びましょう。まずは、Windowsが複数のハードウェアアーキテクチャで動作する、そのポータビリティの仕組みから始めます。

2.3.1 | ポータビリティ

Windowsは、さまざまなハードウェアアーキテクチャ上で動作するように設計されました。Windows NTの初期のリリースでは、x86およびMIPSアーキテクチャがサポートされていました。Digital Equipment Corporation（DEC、後にコンパックにより買収され、そのコンパックは後にヒューレット・パッカードに買収されました）のAlpha AXPのサポートは、そのすぐ後に追加されました（DEC Alpha AXPは64ビットプロセッサでしたが、Windows NTは32ビットモードで動作しました。Windows 2000の開発中に、Alpha AXP上で動作するネイティブな64ビットバージョンが作られましたが、これがリリースされることはありませんでした）。4つ目のプロセッサアーキテクチャとして、Windows NT 3.51でモトローラのPowerPCのサポートが追加されました。しかしながら、市場の要求の変化により、MIPSおよびPowerPCアーキテクチャのサポートは、Windows 2000の開発が始まる前に終了しました。その後、コンパックがAlpha AXPアーキテクチャのサポートから撤退し、結果としてWindows 2000はx86アーキテクチャのみをサポートすることになりました。Windows XPおよびWindows Server 2003では、2つの64ビットプロセッサファミリのサポートが追加されました。Intel Itanium IA-64ファミリとAMD64ファミリです。AMD64ファミリには、同等のIntel EM64T（Intel Extended Memory 64 Technology）も含まれます。AMD64およびIntel EM64Tの実装は、64ビット拡張システムとも呼ばれ、本書ではx64と表現しています（Windowsが32ビットアプリケーションを64ビットWindows上で実行する方法については、本書下巻で説明します）。なお、IA-64アーキテクチャは、Windows Server 2008 R2でのサポートを最後に、Windowsでサポートされなくなりました。

Windowsの新しいエディションでは、ARMプロセッサアーキテクチャがサポートされています。例えば、Windows RTは、ARMアーキテクチャ上で動作するWindows 8のバージョンの1つです（ただし、このエディションは開発が終了しました）。Windows 10 Mobile（Windows Phone 8.x オペレーティングシステムの後継）は、Qualcomm SnapdragonモデルのようなARMベースのプロセッサで動作します。Windows 10 IoTは、x86プロセッサと、Raspberry Pi2（ARM Cortex-A7プロセッサを搭載）やRaspberry Pi3（ARM Cortex-A53プロセッサを搭載）などのARMデバイスの両方で動作します。ARMハードウェアの64ビットへの拡張が進むと、AArch64やARM64と呼ばれる新しいプロセッサファミリのサポートが将来追加され、Windowsが動作するデバイスの数は増える可能性があります。

Windowsは、次の2つの主要な方法を用いて、ハードウェアアーキテクチャとプラットフォームをまたぐポータビリティを実現しています。

■ **複数層設計の採用** —— Windowsは**複数層（レイヤー化）**設計を持ち、システムの下位レベルの部分はプロセッサアーキテクチャ固有またはプラットフォーム固有の個別モジュールに分離されており、システムの上位レイヤーはアーキテクチャやハードウェアプラットフォーム間の違いから隠蔽されています。OSのポータビリティを提供する2つの主要なコンポーネントはカーネル（Ntoskrnl.exeが提供）とHAL（Hal.dllが提供）です。これらのコンポーネントについては、この章の後で詳しく説明します。スレッドコンテキストスイッチやトラップディスパッチなど、アーキテクチャ固有の関数は、カーネル内に実装されています。同じアーキテクチャの中で、システム間で異なる機能（例えば、異なるマザーボード）は、HALに実装されています。この他に、アーキテクチャ固有のコードが大量にあるコンポーネントはメモリマネージャーだけですが、システム全体に比べればわずかなものです。ハイパーバイザーもまた、これと似た設計に従っています。大部分はAMD（SVM）とIntel（VT-x）の実装間で共通していますが、いくつかの部分は各プロセッサ固有です。そのため、表2-1に示したように、ディスク上には2つの別のファイル名になっています。

■ **C言語の使用** —— Windowsの大半はC言語で書かれており、一部はC++で書かれています。アセンブリ言語は、システムハードウェアと直接通信する必要があるOSの部分（割り込みトラップハンドラーなど）、または特にパフォーマンスが要求される部分（コンテキストスイッチなど）でのみ使用されています。アセンブリ言語のコードは、カーネルやHALの中には存在しませんが、コアOS内の少数の別の場所（インターロック命令が実装されているルーチンやローカルプロシージャコール機能内の1つのモジュールなど）、Windowsサブシステムのカーネルモード部分、Ntdll.dll（この章で後述するシステムライブラリ）内のプロセス開始コードなどのいくつかのユーザーモードライブラリに存在します。

2.3.2 | 対称型マルチプロセッシング（SMP）

マルチタスクは、単一のプロセッサを共有して、複数のスレッドを実行するOSの技術です。しかし、プロセッサが複数のプロセッサを持つ場合、そのコンピューターは複数のスレッドを同時に実行できます。したがって、マルチタスクOSは、複数のスレッドを同時に実行するように見せますが、マルチプロセッシングOSはプロセッサごとに1つのスレッドを実行することで、実際に同時に実行します。

この章の初めに指摘したように、Windowsの主要な設計目標の1つは、マルチプロセッサのコンピューターシステム上でうまく動作しなければならないということです。Windowsは**対称型マルチプロセッシング**（Symmetric Multiprocessing：SMP）のOSです。マスタープロセッサというものは存在せず、OSはユーザースレッドをどのプロセッサにでもスケジュールできます。また、すべてのプロセッサは、1つだけのメモリ空間を共有します。このモデルは、**非対称型マルチプロセッシング**（Asymmetric Multiprocessing：ASMP）とは対照的です。非対称型マルチプロセッシングのモデルでは、OSは通常、OSのカーネルコードを実行するために1つのプロセッサを選択し、他のプロセッサはユーザーコードだけを実行します。この2つのマルチプロセッシングモデルの違いを、図2-2に示します。

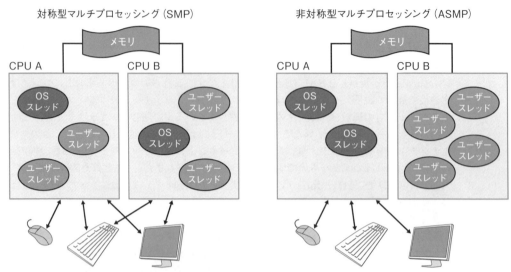

図2-2　対称型マルチプロセッシングと非対称型マルチプロセッシングの違い

　Windowsは、最新の4種類のマルチプロセッサシステムをサポートしています。マルチコア（Multicore）、同時マルチスレッディング（Simultaneous Multithreading：SMT）、ヘテロジニアス（Heterogeneous、異種）、およびNon-Uniform Memory Access（NUMA）です。これらの概要については、この後の項で説明します（これらのシステムにおけるスケジューリングサポートの完全で詳細な説明については、「第4章　スレッド」の「4.4　スレッドスケジューリング」の節を参照してください）。

　SMTは、Intelがハイパースレッディング・テクノロジーのサポートを追加したことにより、Windowsシステムに初めて導入されました。SMTは、物理コアごとに2つの論理プロセッサを提供します。ZenマイクロアーキテクチャーにCPU対応した新しいAMDプロセッサには、SMTと似たテクノロジが実装されており、論理プロセッサ数も物理コアの2倍です。各論理プロセッサは、専用のCPUステートを持ちますが、実行エンジンとオンボードキャッシュは共有されます。これにより、一方の論理CPUが実行中の間、他方の論理プロセッサは（キャッシュミスまたは誤った分岐予測の後などに）停止します。紛らわしいことに、IntelとAMDの両社のマーケティング資料では、これらの追加的なコアのことを「スレッド」と表現しており、「4コア、8スレッド」のようなうたい文句を目にすることがあります（本書で取り上げるプロセスのスレッドと混同しないでください）。この表現は、最大8スレッドをスケジューリングできるようにも読めますが、そうではなく、8つの論理プロセッサが存在することを示しています。スケジューリングアルゴリズムは、SMTが有効なマシンを最適に使用できるように強化されています。例えば、1つの論理プロセッサがビジー状態にある物理プロセッサ上のアイドル状態の論理プロセッサを選択するのではなく、アイドル状態にある物理プロセッサ上にスレッドをスケジューリングします。スレッドスケジューリングについては、第4章で詳しく説明します。

　NUMAシステムでは、プロセッサはノードと呼ばれる小さな単位でグループ化されます。各ノードは専用の（1つ以上の）プロセッサとメモリを持ち、キャッシュコヒーレントインターコネクトバスを介して、より大きなシステムに接続されます。NUMAシステム上でWindowsはSMPシステムとして動作し、すべてのプロセッサはすべてのメモリにアクセス可能です。単に、ノードローカルメモリは、別のノードに接続されたメモリよりも高速に参照できるというだけです。システムは、使用されるメモリと同じノード内にあるプロセッサにスレッドをスケジューリングすることで、パフォーマンスを改善しようとします。ノード内で利用可能なメモリからメモリ割り当て要求を満たそうと試みますが、

必要に応じて他のノードからもメモリを割り当てます。

　当然のことながら、Windowsはマルチコアシステムもネイティブにサポートしています。マルチコアシステムは、実際の物理コア（単純に同じプロセッサモデル）を持っているため、Windowsにもともとある SMP コードは、物理コアを別々のプロセッサとして扱います。ただし、特定のアカウンティングタスクや認証タスク（後述するライセンス関連など）は例外です。これらのタスクは、同じプロセッサ上のコアや異なるソケット上のコアを区別します。これは、データ共有を最適化するキャッシュテクノロジを扱う上で特に重要です。

　最後に、ARM バージョンの Windows は、**ヘテロジニアスマルチスレッディング**として知られているテクノロジもサポートしています。ヘテロジニアスマルチスレッディングは、big.LITTLE と呼ばれるプロセッサなどに実装されています。この種の SMP ベースの設計は、従来のものとは異なり、すべてのプロセッサコアの能力が同一ではありません。ただし、真のヘテロジニアスマルチスレッディングとは異なり、すべてのプロセッサは、同じ命令を実行することができます。プロセッサコアの違いは、クロック速度の違い、フル／アイドル時の消費電力の違いであり、低速なコアと高速なコアとの組み合わせが可能です。

　現在のインターネット環境に接続された、デュアルコア 1GHz の古いシステムで、電子メールを送信することを想像してみてください。同じことを 8 コア 3.6GHz のマシンで実行した場合よりも遅くなる可能性は低いでしょう。なぜなら、ボトルネックの大部分は人間による入力のタイピング速度やネットワークの帯域幅からくるもので、プロセッシング能力ではないからです。また、最も省電力なモードであっても、このような最新システムは、レガシシステムよりも大幅に多くの電力を使用する可能性があります。クロック数が 1GHz まで抑制されているとしても、レガシシステムなら 200MHz まで抑制されているかもしれません。

　そのようなレガシモバイルプロセッサと最上級のプロセッサを組み合わせることが可能になることによって、ARM ベースのプラットフォームと互換性のある OS カーネルスケジューラの組み合わせは、必要時にプロセッシング能力を最大化できたり（すべてのコアをオンにすることで）、バランスを取ったり（大きなコアをオンラインにし、他の小さなコアは別のタスク用の備えとして）、あるいは極めて消費電力の小さい省電力モードで実行したり（SMS や電子メールの送信に十分な、1 つの小さなコアだけをオンラインにすることで）できます。Windows 10 は、**ヘテロジニアススケジューリングポリシー**と呼ばれる機能をサポートしており、スレッドが自身のニーズを満たすポリシーを選択できるようにし、スケジューラと電源マネージャーとやり取りして最適なサポートを行います。これらのポリシーについては、第 4 章で詳しく説明します。

　Windows のもともとの設計では、Windows のさまざまなエディションを区別するライセンスポリシー以外に、特にプロセッサ数の制限を考慮した設計はされていませんでした。しかし、利便性と効率性のため、Windows はビットマスク（**アフィニティマスク**と呼ばれることもあります）を用いてプロセッサ（合計数、アイドル状態、ビジー状態、およびその他の詳細情報）を追跡します。このビットマスクは、マシンのネイティブなデータ型と同じビット数（32 ビットまたは 64 ビット）です。これにより、プロセッサはレジスタ内でビットを直接操作できます。このため、Windows のアフィニティマスクを任意に増やすことができなかったため、Windows システムはもともと、CPU 数の上限がネイティブな WORD 型ビット数に制限されていました。互換性を維持しながら、より大規模なプロセッサシステムをサポートするため、Windows は**プロセッサグループ**（Processor Group）と呼ばれるさらに上位の構造を導入しました。プロセッサグループは、単一のアフィニティビットマスクですべてを定義できるプロセッサのセットであり、カーネルとアプリケーションは、アフィニティの更新中に参照するグループを選択できます。対応するアプリケーションは、サポートされるグループ数を照会することができ（現状、グループ数は 20 に、最大の論理プロセッサ数は 640 に制限されています）、各グ

58 | インサイド Windows 第7版 上

ループのビットマスクを列挙できます。一方、レガシアプリケーションは、現在のグループのみを参照することによって、引き続き機能します。Windows がプロセッサをグループに割り当てる実際の方法（NUMA にも関連します）、およびレガシプロセスをグループに割り当てる実際の方法については、第4章で詳しく説明します）。

前述したように、ライセンスされるプロセッサの実際の数は、使用中の Windows のエディションに依存します（この後の表2-2を参照）。この数は、システムライセンスポリシーファイル（基本的に名前と値のペアのセット）である %SystemRoot%¥ServiceProfiles¥LocalService¥AppData¥Local¥Microsoft¥WSLicense¥tokens.dat[*2] に、Kernel-RegisteredProcessors 変数として格納されています。

2.3.3 | スケーラビリティ

マルチプロセッサシステムの重要な課題の1つに、**スケーラビリティ**があります。対称型マルチプロセッシング（SMP）システムで正常に稼働するためには、OS コードは厳格なガイドラインと規則に従わなければなりません。リソースの競合とその他のパフォーマンスの問題は、ユニプロセッサシステムよりもマルチプロセッサシステムのほうが複雑であり、システムの設計段階で考慮される必要があります。Windows には、マルチプロセッシング OS としての成功に不可欠な、次のような重要な機能が組み込まれています。

- 利用可能なすべてのプロセッサモデル上で、およびマルチプロセッサ上で同時に、OS コードを実行する能力
- 単一のプロセス内で複数スレッドを実行し、各スレッドを異なるプロセッサで同時に実行できること
- カーネル内（スピンロック、キューに登録済みのスピンロック、プッシュロックなど、本書下巻で説明します）、デバイスドライバー内、サーバープロセス内でのきめの細かい同期により、より多くのコンポーネントを複数のプロセッサ上で同時に実行できること
- マルチプロセッサシステム上で拡張可能なマルチスレッドサーバープロセスの効率的な実装を容易にする、I/O 完了ポート（「第6章 I/O システム」で説明します）などのプログラミングメカニズム

Windows カーネルのスケーラビリティは、時間とともに進化してきました。例えば、Windows Server 2003 では、CPU ごとのスケジューリングキューにきめの細かいロックが導入され、複数のプロセッサ上で並列的にスレッドスケジューリングの決定を行うことができます。Windows 7 および Windows Server 2008 R2 では、ディスパッチ待機操作中にグローバルなスケジューラのロックが省略されました。このロックの粒度（細分化）の段階的な改善は、メモリマネージャー、キャッシュマネージャー、オブジェクトマネージャーなどの、他の領域でも行われています。

[*2] 訳注：システムライセンスポリシーファイル（tokens.dat）の格納先パスは、Windows のバージョンにより異なります。最新の Windows 10 および Windows Server 2016 の場合は、%SystemRoot%¥System32¥spp¥store¥2.0¥tokens.dat にあります。それ以前のバージョンの Windows におけるパスについては、サポート技術情報 KB2736303「Windows のライセンス認証の問題をトラブルシューティングするときに、Tokens.dat ファイルを再構築する方法」（https://support.microsoft.com/ja-jp/help/2736303/）で確認できます。

2.3.4 クライアントバージョンとサーバーバージョンの違い

Windowsは、クライアントとサーバーの両方の製品パッケージで出荷されています。Windows 10には、Windows 10 Home、Windows 10 Pro、Windows 10 Education、Windows 10 Pro Education、Windows 10 Enterprise、Windows 10 Enterprise LTSB（Long Term Servicing Branch）の6つのデスクトップクライアントエディションが存在します。[3] この他に、非デスクトップエディションとして、Windows 10 Mobile、Windows 10 Mobile Enterprise、Windows 10 IoT Core、Windows 10 IoT Core Enterprise、Windows 10 IoT Mobile Enterpriseが提供されています。さらに、Nシリーズのように、特定のニーズを持つ地域を対象としたエディションが存在します。

Windows Server 2016には、Windows Server 2016 Datacenter、Windows Server 2016 Standard、Windows Server 2016 Essentials、Windows Server 2016 MultiPoint Premium Server、Windows Storage Server 2016 Standard、Windows Storage Server 2016 Workgroupの6つのエディションと、無料のスタンドアロンハイパーバイザー製品であるMicrosoft Hyper-V Server 2016が存在します。[4][5] これらのエディションの違いは、次のとおりです。

- Windows Server 2016のDatacenterエディションとStandardエディションは、コアベース（ソケットベースではなく）のサーバーライセンスで提供されます。
- ライセンスされるコア数（論理プロセッサの合計数でカウントします）。
- サーバーシステムにおける、実行が許可されるHyper-Vコンテナーの数（クライアントシステムでは、アプリケーションの開発やイメージの準備などの目的で、Hyper-Vコンテナーを使用できます）。
- サポートされている物理メモリの量（実際には、RAMに使用可能な最大の物理アドレス。物理メモリの上限について詳しくは、「第5章　メモリ管理」を参照してください）。
- サポートされるネットワークの同時接続数（例えば、クライアントバージョンのファイルとプリンターの共有サービスでは、最大10の同時接続がサポートされます）。
- マルチタッチおよびデスクトップコンポジションのサポート。
- BitLocker、VHD/VHDXからのネイティブブート、AppLocker、Hyper-Vなどの機能のサポートと、その他の100以上の構成可能なライセンスポリシーの値。
- クライアントバージョンには付属していない、Windows Serverバージョンに付属する複数層サービス（例えば、Active Directoryディレクトリサービス、Host Guardianサービス、記憶域スペースダイレクト、シールドされた仮想マシン、フェールオーバークラスタリングなど）。

---

[3]　訳注：Windows 10 Pro Educationは、Windows 10バージョン1607からラインアップに追加されました。バージョン1703では、主に教育分野向けのWindows 10 Sが追加されました（バージョン1803以降は個別のエディション/SKUではなく、すべてのエディションが対応する「Sモード」に置き換えられました）。バージョン1709では、ハイエンドなハードウェア向けのWindows 10 Pro for Workstationが追加されました。Windows 10 Enterprise LTSBは、今後のリリースではWindows 10 Enterprise LTSC（Long Term Servicing Channel）という名称に変更されます。

[4]　訳注：以前のバージョンには、主に教育機関向けのWindows MultiPoint Server StandardおよびWindows MultiPoint Server Premiumというエディションが存在しました。Windows Server 2016 DatacenterおよびStandardには、Windows MultiPoint Server Premium相当の機能がMultiPoint Servicesの役割として統合されています。Windows Server 2019ではMultiPoint Servicesの役割は廃止されました。

[5]　訳注：2017年10月より、ソフトウェアアシュアランス向けにWindows Server Semi-Annual Channel（SAC）の提供が始まりましたが、2022年8月で廃止されました（バージョン1709〜20H2）。Windows Server 2016は、Long Term Servicing Channel（LTSC）として提供される長期サポート製品であり、その後、2018年11月にWindows Server 2019、2021年9月にWindows Server 2022がリリースされています。

表2-2に、Windows 10、Windows Server 2012 R2、およびWindows Server 2016の一部のエディションについて、サポートされているメモリ量とプロセッサ数の違いを一覧にしました。Windows Server 2012 R2のエディション間の違いの詳細な比較表は、「Windows Server 2012 R2 Products and Editions Comparison」(https://www.microsoft.com/en-us/download/details.aspx?id=41703) からダウンロードできます。また、Windows 10、Windows Server 2016、および以前のバージョンのWindowsのメモリの上限については、「Memory Limits for Windows and Windows Server Releases」(https://docs.microsoft.com/ja-jp/windows/win32/memory/memory-limits-for-windows-releases) を参照してください。

表2-2　主要なWindowsエディションのプロセッサとメモリの制限

	サポートされるソケット数(32ビット版)	サポートされる物理メモリ(32ビット版)	サポートされるソケット数または論理プロセッサ数(64ビット版)	サポートされる物理メモリ(64ビット版)
Windows 10 Home	1	4GB	1ソケット	128GB
Windows 10 Pro	2	4GB	2ソケット	2TB
Windows 10 Enterprise[*6]	2	4GB	2ソケット	2TB
Windows Server 2012 R2 Essentials	存在しません	存在しません	2ソケット	64GB
Windows Server 2016 Standard	存在しません	存在しません	512論理プロセッサ	24TB
Windows Server 2016 Datacenter	存在しません	存在しません	512論理プロセッサ	24TB

Windows OSには、クライアントとサーバーのそれぞれに、複数の製品パッケージが存在しますが、カーネルイメージであるNtoskrnl.exe (PAEバージョンはNtkrnlpa.exe[*7])、HALライブラリ、デバイスドライバー、基本的なシステムユーティリティ、およびDLLといった、コアのシステムファイルは共通のセットを使用しています。

Windowsの多数の異なるエディションが、同じカーネルイメージを持っているのに、どのエディションを起動しているのかをシステムはどうやって知るのでしょうか。それは、HKLM¥SYSTEM¥CurrentControlSet¥Control¥ProductOptionsキーの下にあるProductTypeおよびProductSuiteのレジストリ値を照会することによって行われます。ProductTypeは、システムがクライアントシステムであるかサーバーシステムであるかを識別するのに使用されます (エディションは識別しません)。これらの値は、前述のライセンスポリシーファイル (tokens.dat) に基づいてレジストリ内に読み込まれます。ProductTypeの有効な値を表2-3に示します。この値は、ユーザーモードではVerifyVersionInfo関数から、またはカーネルモードがサポートするRtlGetVersion関数およびRtlVerifyVersionInfo関数 (どちらもWindows Driver Kit (WDK) で説明されています) を使用するデバイスドライバーから取得できます。

[*6]　訳注：Windows 10 Fall Creators Update (バージョン1709) では、最大4ソケット (32ビット/64ビット)、最大6TB (64ビットのみ) まで拡張されています。また、Enterpriseエディションと同じスケーラビリティをサポートするPro for Workstations エディションが追加されました。

[*7]　訳注：物理アドレス拡張 (PAE) 対応のカーネルイメージは、32ビットWindows 7以前および32ビットWindows Server 2008以前に存在します。Windows 8以降はPAEは必須要件で、Ntoskrnl.exeにそのサポートが含まれます。

表2-3　ProductTypeレジストリ値

Windowsエディション	ProductType値
Windowsクライアント	WinNT
Windows Server（ドメインコントローラー）	LanmanNT
Windows Server（サーバー）	ServerNT

　同じキー内の別のレジストリ値ProductPolicyは、tokens.datファイル内のデータのキャッシュされたコピー（バイナリ値）を含みます。ProductPolicyは、Windowsのエディションの違いと、エディションで利用可能なWindowsの役割と機能を含みます。

　クライアントバージョンとサーバーバージョンでコアのファイルが基本的に同じということは、どのようにしてシステムは動作を区別しているのでしょうか。簡単に言うと、サーバーシステムは既定で、ハイパフォーマンスアプリケーションサーバーとしてシステムのスループットを提供するように最適化されています。一方、クライアントバージョンは（サーバーと同じ機能を持っていますが）対話型デスクトップ使用の応答性を優先するように最適化されています。例えば、ProductTypeの値に基づいて、システムのブート時にいくつかの異なるリソース割り当ての決定が行われます。例えば、OSヒープ（またはプール）のサイズと数、内部的なシステムワーカースレッドの数、システムデータキャッシュのサイズなどです。また、実行時ポリシーの決定にも関係してきます。例えば、メモリマネージャーがシステムとプロセスのメモリ要求のトレードオフを行うポリシーが、サーバーとクライアントのエディションでは異なります。いくつかのスレッドスケジューリングの詳細設定についても、クライアントとサーバーでは既定の動作が異なります（タイムスライスやスレッドクォーラムの既定の長さについては、第4章で詳しく説明します）。

　クライアントとサーバーで顕著な動作上の違いがある場合は、本書の関連する章で明記します。特に明記していない限り、本書の内容は、すべてクライアントとサーバーの両方のバージョンに適用されます。

実習　ライセンスポリシーによって有効化される機能を調査する

　前述したように、Windowsは100以上の異なる機能をソフトウェアライセンスメカニズムを通して有効化できることをサポートしています。これらのポリシー設定は、クライアントとサーバーのインストール間はもちろん、BitLockerのサポートなど、OSのエディション（またはSKU）によってもさまざまな違いを決定します（Windows Serverで利用可能なものは、WindowsクライアントのProやEnterpriseエディションでも利用可能です）。本書のために作成された利用可能なツールのダウンロードに含まれるSlpolicy（Software License Policy Viewer）ツールを使用すると、これらのポリシーの値の多くを表示することができます。

　ポリシー設定は、ポリシーの対象のモジュールの所有者を表す**ファシリティ**（Facility）によって分類されています。Slpolicy.exeを**-f**スイッチ付きで実行すると、Slpolicyツールが認識できるファシリティのすべての一覧を表示できます。

```
C:\>SlPolicy.exe -f
Software License Policy Viewer Version 1.0 (C)2016 by Pavel Yosifovich

Desktop Windows Manager (DWM)
Explorer
```

```
Fax
IIS
Kernel
...
```

　ファシリティを確認したら、次にポリシー値を表示したいファシリティの名前を-fスイッチの後ろに追加して実行します。例えば、CPUと利用可能なメモリの制限を参照するには、ファシリティの名前としてKernelを指定します。次の出力結果の例は、Windows 10 Pro上で実行したときのものです。

```
C:¥>SlPolicy.exe -f Kernel
Software License Policy Viewer Version 1.0 (C)2016 by Pavel Yosifovich

Kernel
------
Maximum allowed processor sockets: 2
Maximum memory allowed in MB (x86): 4096
Maximum memory allowed in MB (x64): 2097152
Maximum memory allowed in MB (ARM): 4096
Maximum memory allowed in MB (ARM64): 2097152
Maximum physical page in bytes: 4096
Device Family ID: 3
Native VHD boot: Yes
Dynamic Partitioning supported: No
Virtual Dynamic Partitioning supported: No
Memory Mirroring supported: No
Persist defective memory list: No
Product info: 48*8
```

　次の出力結果の例は、Windows Server 2012 R2 DatacenterエディションのKernelファシリティのものです。

```
Kernel
------
Maximum allowed processor sockets: 64
Maximum memory allowed in MB (x86): 4096
Maximum memory allowed in MB (x64): 4194304
Maximum memory allowed in MB (ARM): 4096
Add physical memory allowed: Yes
Add VM physical memory allowed: Yes
Maximum physical page in bytes: 0
```

---

*8　訳注：Product infoは、WindowsのSKU番号を表示します。例えば、Windows 10の場合、Enterpriseエディションは4、Proエディションは48、Homeエディションは101、Educationエディションは121、LTSBエディションは125です。Windows Serverの場合、Datacenterエディションは8、Standardエディションは7です（GUIオプションの場合）。Windows Serverの場合は、インストールオプションによってSKU番号が異なる場合もあります（Server Core、Nano Serverなど）。

```
Native VHD boot: Yes
Dynamic Partitioning supported: Yes
Virtual Dynamic Partitioning supported: Yes
Memory Mirroring supported: Yes
Persist defective memory list: Yes
Product info: 8*8
```

2.3.5 | チェックビルド（Checked Build）

Windowsには、**チェックビルド**（Checked Build）や**デバッグビルド**（Debug Build）と呼ばれる、内部向けの特殊なデバッグバージョンが存在します（Windows 8.1以前のチェックビルドは、MSDN Operating Systemsサブスクリプションでのみ外部から利用可能です）。チェックビルドは、コンパイルする際に、**DBG**と呼ばれるコンパイル時フラグの指定付きでWindowsのソースコードを再コンパイルしたものであり、条件付きデバッグやトレース用のコードを含みます。また、チェックビルドでは、マシンコードの理解を容易にするために、実行高速化のためのWindowsバイナリ実行後のコードレイアウトの最適化処理が行われません（詳しくは、Debugging Tools for Windowsのヘルプファイルの「Debugging Performance-Optimized Code」の項を参照してください）。

チェックビルドは、主にデバイスドライバーの開発者を支援するために提供されました。なぜなら、デバイスドライバーやその他のシステムコードによって呼び出されたカーネルモードの関数において、より厳密なエラーチェックが実行されるからです。例えば、ドライバー（またはカーネルモードコードのその他の部分）が、パラメーターをチェックしているシステム関数に対して無効な呼び出しを行った場合（不正な割り込み要求レベルでスピンロックを取得するなど）、問題を検出するとシステムは実行を停止し、データ構造体を破損したり、システムがその後クラッシュするのを回避します。フルチェックビルドは、安定していない場合があり、大部分の環境では実行することもできないため、マイクロソフトはWindows 10以降、カーネルおよびハードウェア抽象化レイヤー（HAL）のチェックビルドだけを提供しています。これにより、開発者はフルチェックビルドを使用した場合に発生する可能性のある問題に対処することなしに、カーネルとHALのコードから同じレベルの有用性を得ることができます。このカーネルとHALのペアのチェックビルドは、Windows Driver Kit（WDK）を通じて無料提供され、WDKのインストール先パスの¥Debugディレクトリに存在します。カーネルとHALのチェックビルドを利用する手順について詳しくは、WDKドキュメントの「Installing Just the Checked Operating System and HAL」の項を参照してください。

> **実習 チェックビルドを実行しているかどうかを判断する**
>
> 現在、コンピューターがチェックビルドを実行しているのか、製品ビルド（チェックビルドとの対で**フリービルド**（Free Build）とも呼ばれます）を実行しているのかを表示するようなビルトインツールは存在しません。しかし、この情報は、Windows Management Instrumentation（WMI）のWin32_OperationgSystemクラスにあるDebugプロパティを調べることで、確認できます。
>
> 次に示すPowerShellスクリプトは、このプロパティを表示するものです（Windows PowerShellのウィンドウを開いて試してみてください）。

```
PS C:\> Get-WmiObject win32_operatingsystem | select debug

debug
-----
False
```

　DebugプロパティがFalseになっていることから、このシステムはチェックビルドを実行していないことがわかります。

　チェックビルドのバイナリにある膨大な追加コードは、ASSERTマクロやNT_ASSERTマクロを使用した結果です。これらのマクロは、WDKヘッダーファイルであるWdm.hに定義されており、WDKドキュメントで説明されています。これらのマクロは、データ構造体やパラメーターの有効性などの条件をテストします。例えば、条件式の評価がFalseの場合、マクロはカーネルモード関数のRtlAssertも呼び出します。この関数は、DbgPrintEx関数を呼び出して、デバッグメッセージのテキストをデバッグメッセージバッファーに送信するか、またはアサーション割り込み（x64とx86システム上では0x2Bの割り込み）を発生させます。カーネルデバッガーがアタッチされ、適切なシンボルが読み込まれている場合、このメッセージはアサーションエラー（Assertion failure）として自動的に表示され、アサーションエラーに対してどのように対処するか問い合わせるプロンプト（ブレークポイント、無視、プロセスまたはスレッドの終了）が表示されます。システムがデバッグモードで起動していなかった場合（ブート構成データ（BCD）のDebugオプションを使用して）や現在アタッチされているカーネルデバッガーが存在しない場合、アサーションテストのエラーは、システムのバグチェック（クラッシュ）を発生させます。いくつかのカーネルサポートルーチンで実施されるアサーションチェックの小さな一覧については、WDKドキュメントの「Checked Build ASSERTs」を参照してください（ただし、この一覧は更新されておらず、古くなっている可能性があります）。

　チェックビルドは、システム管理者にとっても有益です。なぜなら、特定のコンポーネントのために有効化できるトレース機能を使用して、追加的な詳細情報を得ることができるからです（詳しい手順については、マイクロソフトサポート技術情報の文書番号31473「HOWTO: Enable Verbose Debug Tracing in Various Drivers and Subsystems」で説明されています[*9]）。この情報の出力は、前述のDbgPrintEx関数を使用して内部のデバッグメッセージバッファーに送信されます。デバッグメッセージを参照するには、対象のシステム（デバッグモードを有効にして起動する必要があります）にカーネルデバッガーをアタッチする必要があります。その上で、ローカルカーネルデバッグの実行中にカーネルデバッガーで!dbgprintエクステンションコマンドを使用するか、Windows SysinternalsのDbgView.exeを使用します。ただし、最新バージョンのWindowsでは、このタイプのデバッグ出力を採用しなくなりました。最新バージョンのWindowsでは、Windowsプリプロセッサ（WPP）トレーシング、またはTraceLoggingテクノロジ、またはその組み合わせを使用します。どちらも、Windowsイベントトレーシング（Event Tracing for Windows：ETW）の上に構築されたログ記録機能です。これらの新しいログ記録メカニズムの利点は、コンポーネントのチェックビルドバージョンだけに利用が限定されているわけではないということがあります（フルチェックビルドが利用できなくなった現

[*9] 訳注：サポート技術情報の文書番号314743は古いコンテンツであり、既に削除されました。Wayback（https://we.archive.org/）などのWebアーカイブサイトで「http://support.microsoft.com/kb/314743」（古いサポート技術情報のURL）を検索することで見つかる可能性があります。

在は、この点が特に有効です）。また、XPerfやWindows Performance Toolkit（WPT）とも呼ばれていたWindows Performance Analyzer（WPA）、TraceView（WDKに含まれる）のようなツールや、カーネルデバッガーの!wmiprintエクステンションコマンドを使用して参照できるという利点もあります。

最後に、チェックビルドは、システムのタイミングが異なるため、ユーザーモードコードだけをテストする場合にも有効です（追加的なチェックがカーネル内で行われますが、コンポーネントは最適化なしでコンパイルされているため、実際に、タイミングが異なるのです）。特定のタイミング条件に関係した、マルチスレッドの同期バグというものがよくあります。チェックビルド（または、少なくともカーネルとHALの最新のチェックビルド）を実行するシステムでテストを実施することにより、システム全体のタイミングが異なるという事実が、通常の製品バージョンを実行するシステムでは発生しないような、潜在的なタイミングのバグを顕在化することがあります。

2.4 仮想化ベースのセキュリティ（VBS）のアーキテクチャ概要

第1章、そしてこの章でもまた見てきたように、ユーザーモードとカーネルモードの分離は、悪意のあるなしに関係なく、ユーザーモードのコードからのOSの保護を提供します。しかし、望ましくないカーネルモードコードがシステムに入り込むと（カーネルやドライバーの未パッチの脆弱性が原因で、あるいはユーザーが悪意のあるドライバーや脆弱性なドライバーをインストールするように騙されたことによって）、そのシステムは実質的な損害を受けることになります。なぜなら、すべてのカーネルモードコードはシステム全体に完全にアクセスできるからです。ハイパーバイザーが攻撃に対抗する追加的な保証についてのテクノロジの概要は第1章で説明しました。仮想化ベースのセキュリティ（VBS）の機能セットは、プロセッサが通常提供する特権ベースの分離機能を、仮想信頼レベル（Virtual Trust Level：VTL）による分離機能に拡張します。メモリ、ハードウェア、およびプロセッサリソースへのアクセスを分離する、新たな独立した方法を導入するだけでなく、VTLはより高度なレベルの信頼を管理する、新たなコードとコンポーネントを必要とします。通常のカーネルとドライバーは、VTL 0で動作し、VTL 1のリソースの制御や定義は許可されません。これにより、悪意のあるコードの目的は打ち負かされます。

図2-3は、VBSをアクティブにした、Windows 10 EnterpriseおよびWindows Server 2016のアーキテクチャを示したものです（VTL 1の領域はVirtual Secure Mode：VSMと表現されることもあります）。Windows 10バージョン1607以降およびWindows Server 2016のリリースでは、ハードウェアがサポートしていれば（そしてHyper-Vが有効になっていれば）、既定で常にVBSがアクティブになります。Windows 10バージョン1511以前の場合は、ポリシーを使用するか、［Windowsの機能の有効化または無効化］ダイアログボックスを使用して、VBSをアクティブ化できます（［分離ユーザーモード］を有効にします）。

図2-3に示すように、ユーザーモードとカーネルモードのコードは、図2-1と同じように、Hyper-Vハイパーバイザーの上で動作します。VBSが有効になっているときの違いは、VTL 1が存在することです。VTL 1では、専用

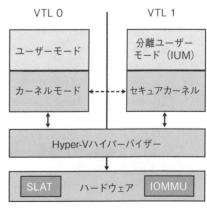

図2-3　Windows 10およびWindows Server 2016のVBSのアーキテクチャ

のセキュアカーネルが特権的なプロセッサモード（つまり、x86/x64のリング0）で動作します。同様に、VTL 1では、分離ユーザーモード（Isolated User Mode：IUM）と呼ばれる、ユーザーモードのランタイム環境が存在します。分離ユーザーモードは、非特権的なプロセッサモード（リング3）で動作します。

このアーキテクチャでは、セキュアカーネルは専用の別バイナリであり、ディスク上にはSecurekernel.exe（%SystemRoot%¥System32¥securekernel.exe）として存在します。分離ユーザーモードに関しては、通常のユーザーモードDLLには許可されているシステムコールが制限された環境（そのようなシステムコールを使用するDLLは読み込みが制限されます）と、VTL 1の下でのみ実行できる特別なセキュアシステムコールが追加されたフレームワークの両方が提供されます。この追加的なシステムコールは、通常のシステムコールと似通った方法で公開されています。具体的には、Iumdll.dll（IUM Layer DLL）という名前の内部的なシステムライブラリ（Ntdll.dllのVTL 1バージョン）と、Imubase.dll（IUM Layer Secure Win32 DLL）という名前のWindowsサブシステムと対話するライブラリ（Kernelbase.dllのVTL 1バージョン）を介して公開されます。分離ユーザーモードのこの実装は、同じ標準的なWin32 APIライブラリの大部分を共有しています。VTL 0にあるのと同じユーザーモードコードを利用できるため、VTL 1ユーザーモードアプリケーションのメモリオーバーヘッドが抑制されます。重要な注意点として、コピーオンライトメカニズム（第5章で詳しく説明します）では、VTL 1で使用されるバイナリに対する、VTL 0アプリケーションによる変更はブロックされます。

VBSでは、通常のユーザー対カーネルの規則の適用に加え、VTLを考慮した規則が増えます。言い方を替えると、VTL 1のほうが特権レベルが高いため、VTL 0で動作するカーネルモードコードは、VTL 1で実行されるユーザーモードに触れることはできません。一方、VTL 1で実行されるユーザーモードコードは、VTL 0で動作するカーネルモードには触れることができません。ユーザーモード（リング3）は、カーネルモード（リング0）に触れることができないからです。同様に、VTL 1のユーザーモードアプリケーションは、リソースへのアクセスが必要な場合、通常のWindowsシステムコールを介して、対応するアクセスチェックを受ける必要があります。

単純に考えると、次のように言うことができます。特権レベル（ユーザー対カーネル）が**能力**を強制し、一方でVTLは**分離**を強制します。VTL 1のユーザーモードアプリケーションは、VTL 0のアプリケーションやドライバーよりも能力はありませんが、それは分離されているからです。実際、VTL 1のアプリケーションは、それほど能力はありません。多くのケースにおいて、その能力はかなり低くなります。セキュアカーネルはシステム機能のすべての範囲を実装していないため、システムコールを選択的にVTL 0カーネルに転送します（そのため、セキュアカーネルは別名、**プロキシカーネル**と呼ばれます）。ファイル、ネットワーク、レジストリといった、あらゆる種類のI/Oは、完全に禁止されています。もう1つのI/Oであるグラフィックスは、問題になりません。グラフィックスデバイスと通信することが許可されたドライバーは1つもないからです。

しかし、セキュアカーネルはVTL 1とカーネルモードの両方で動作することにより、VTL 0のメモリとリソースへの完全なアクセスを持ちます。ハイパーバイザーは、第2レベルアドレス変換拡張（Second Level Address Translation：SLAT）として知られるCPUのハードウェア支援機能を使用して、VTL 0のOSが特定のメモリの場所にアクセスするのを制限することができます。SLATは、資格情報ガード（Credential Guard）テクノロジのベースにもなっており、VTL 0のOSからのアクセスが制限される領域に資格情報シークレットを格納することができます。同様に、セキュアカーネルはSLATテクノロジを使用して、メモリ領域の実行の禁止と制御を行うことができます。これは、デバイスガード（Device Guard）の主要な拘束の1つです。

通常のデバイスドライバーによって、ハードウェアデバイスがメモリに直接的にアクセスするのを防止するために、システムは、I/O Memory Management Unit（IOMMU）として知られる、別のハー

ドウェア機能を使用します。IOMMUは、デバイス向けのメモリアクセスを効率的に仮想化します。これは、デバイスドライバーがダイレクトメモリアクセス（DMA）を使用して、ハイパーバイザーやセキュアカーネルの物理的なメモリ領域に直接的にアクセスするのを禁止するために使用できます。関係する仮想メモリがないため、そのような直接的なアクセスはSLATをバイパスすることになります。

ハイパーバイザーは、ブートローダーによって開始される最初のシステムコンポーネントであるため、SLATとIOMMUを適切にプログラムして、VTL 0およびVTL 1の実行環境を定義できます。次に、VTL 1内において、ブートローダーが再び実行され、セキュアカーネルが読み込まれて、システムを要件に従ってさらに構成できます。その後、VTLは背後に回るため、通常のカーネルが実行されているように見えますが、通常のカーネルはVTL 0の牢獄の中にあり、そこから脱獄することはできません。

VTL 1内で実行されるユーザーモードプロセスは分離されているため、潜在的に悪質なコードが秘密裏に実行され（システム全体に対して大きな影響を与えることはできませんが）、セキュアシステムコールを試み（独自のシークレットを隠したり、登録したりするために）、そして潜在的に悪い影響をVTL 1プロセスやセキュアカーネルに与える可能性はあります。そのため、**Trustlet**と呼ばれる特殊な署名付きバイナリの、特別なクラスだけが、VTL 1での実行を許可されています。各Trustlet署名は固有の識別子と署名を持ち、セキュアカーネルにはこれまでに作成されたTrustletの情報がハードコードされています。そのため、セキュアカーネルに手を出すことなく（マイクロソフトだけが触れることができます）、新しいTrustletを作成することは不可能であり、既存のTrustletはいかなる方法でも書き換えることはできません（マイクロソフトの特別な署名が無効になります）。Trustletについては、第3章で詳しく説明します。

セキュアカーネルとVBSの追加は、最新のOSアーキテクチャにおいて革新的なことです。PCIやUSBといったさまざまなバスに対するハードウェアの変更が追加されることで、間もなく、セキュアデバイスの種類全体をサポートできるようになるでしょう。最小限のセキュアハードウェア抽象化レイヤー（HAL）やセキュアプラグアンドプレイ（PnP）マネージャー、セキュアユーザーモードデバイスフレームワークなどと組み合わせることで、特定のVTL 1アプリケーションが、生体認証（バイオメトリクス）やスマートカードなど、特別に設計されたデバイスに直接的かつ分離されたアクセスをできるようになる可能性があります。Windows 10の新しいバージョンは、こうした進歩をもたらすでしょう。

2.5 | 主要なシステムコンポーネント

Windowsの詳細レベルのアーキテクチャを見ながら、内部構造と主要なOSコンポーネントの役割について深く掘り下げていきましょう。図2-4は、図2-1で示したWindowsシステムアーキテクチャのコアおよびコンポーネントに関する、より詳細で完全なものです。ただし、まだすべてのコンポーネントを示しているわけではありません（特に、ネットワーク部分については、第6版上巻で説明しています）。

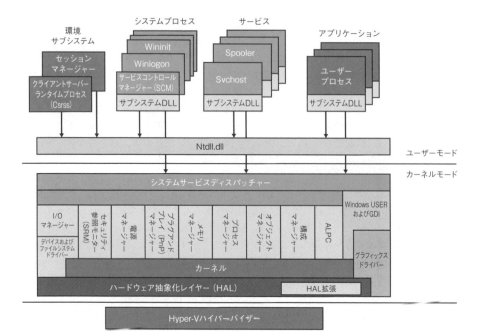

図2-4　Windowsアーキテクチャ

　ここでは、図2-4の主要な要素について詳しく説明します。本書下巻では、システムが使用する主要な制御メカニズム（オブジェクトマネージャーや割り込みなど）について説明します。また本書下巻では、Windowsの起動とシャットダウンのプロセス、レジストリ、サービスのプロセス、WMIなどの管理メカニズムについて説明します。本書および本書下巻のその他の章では、プロセスやスレッド、メモリ管理、セキュリティ、I/Oマネージャー、記憶域管理、キャッシュマネージャー、NTファイルシステム（NTFS）、およびネットワークといった主要な部分の、内部構造と動作について、さらに詳しく調べていきます。

2.5.1　環境サブシステムとサブシステムDLL

　環境サブシステムの役割は、ベースとなるWindowsエグゼクティブシステムサービスの一部のサブセットをアプリケーションプログラムに公開することです。各サブシステムは、Windowsのネイティブなサービスの異なるサブセットへのアクセスを提供することができます。これは、あるサブシステム上に構築されたアプリケーションができることが、別のサブシステム上に構築されたアプリケーションではできないことを意味しています。例えば、Windowsアプリケーションは、UNIXベースアプリケーション用サブシステム（SUA）のfork()関数を使用することはできません。

　各実行可能イメージ（.exe）は、それぞれ1つのサブシステムにバインドされます。バインドされるのは、1つのサブシステムだけです。あるイメージが実行されると、プロセス作成コードがそのイメージのヘッダー内のサブシステム種類コードを調べ、新しいプロセスに適切なサブシステムに対して通知します。種類コードは、Visual Studioのリンカー（Link.exe）の**/SUBSYSTEM**リンカーオプションで指定されます（または、プロジェクトのプロパティページで［構成プロパティ］－［リンカー］－［システム］の［サブシステム］エントリに設定します）。

前述したように、ユーザーアプリケーションはWindowsシステムサービスを直接的に呼び出すことはありません。その代わりに、ユーザーアプリケーションは、1つまたは複数のサブシステムDLLを通して呼び出します。これらのライブラリはドキュメント化されたインターフェイスを公開しており、プログラムはサブシステムが呼び出すことができるインターフェイスにリンクされます。例えば、WindowsサブシステムDLL（Kernel32.dll、Advapi32.dll、User32.dll、Gdi32.dllなど）は、Windows API関数を実装しています。サブシステムDLL（Psxdll.dll）は、（POSIXをサポートするWindowsバージョンにおいて）SUA API関数を実装するために使用されます。

実習 イメージのサブシステムの種類を参照する

Dependency Walkerツール（Depends.exe）を使用すると、実行可能イメージのサブシステムの種類を参照することができます。例えば、メモ帳（Notepad.exe）とコマンドプロンプト（Cmd.exe）の、2つの異なるWindowsイメージのサブシステムの種類に注目してみましょう。

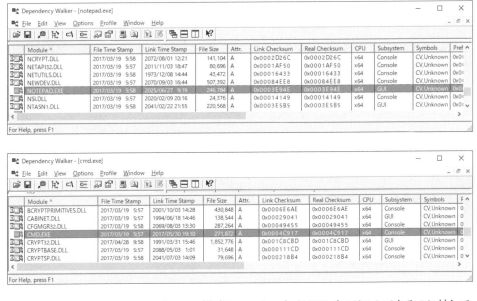

Dependency Walkerツールは、メモ帳（Notepad.exe）がGUIプログラムであるのに対して、コマンドプロンプト（Cmd.exe）はConsole、つまりキャラクターベースのプログラムであることを示しています。これは、GUIとキャラクターベースのプログラム向けに2つの異なるサブシステムがあることを示唆していますが、実は1つのWindowsサブシステムしかありません。GUIプログラムはコンソールを持つことができますし（AllocConsole関数を呼び出すことで）、コンソールプログラムもまたGUIを表示することができます。

アプリケーションがサブシステムDLLの関数を呼び出すと、次の3つのいずれかが発生します。

- 呼び出された関数は、サブシステムDLL内のユーザーモード内に完全に実装されています。言い換えると、環境サブシステムのプロセスにはメッセージは送信されず、Windowsエグゼクティブ

システムサービスが呼び出されることはありません。その関数はユーザーモード内で実行され、呼び出し元に結果が返されます。このような関数の例としては、GetCurrentProcess関数（GetCurrentProcessは、常に-1を返します。この値は、すべてのプロセス関連の関数において、現在のプロセスを参照するように定義されたものです）やGetCurrentProcessId関数（実行中のプロセスのプロセスIDが変化することはないため、カーネルが呼び出されることなく、プロセスIDはキャッシュされた場所から取り出されます）があります。

- 呼び出された関数は、1つ以上のWindowsエグゼクティブの呼び出しを必要とします。例えば、Windows APIのReadFile関数やWriteFile関数は、Windows I/Oシステムサービスの対応するNtReadFileおよびNtWriteFileを内部ルーチン（ユーザーモード使用向けにドキュメント化されていません）を呼び出します。

- 呼び出された関数は、環境サブシステムプロセス内で、ある処理が完了するのを必要とします（環境サブシステムプロセスはユーザーモードで動作し、その制御下で実行中のクライアントアプリケーションの状態を維持する責任があります）。このケースの場合、クライアント/サーバー要求によって、ある操作を実行させるためのAdvanced Local Procedure Call（ALPC、本書下巻で説明します）メッセージが環境サブシステムに送信されます。サブシステムDLLは処理が完了するまで応答を待ち、呼び出し元に戻します。

Windows APIのCreateProcess関数やExitWindowsEx関数など、いくつかの関数は、上記の2番目と3番目の組み合わせになっています。

■ サブシステムのスタートアップ

サブシステムは、Windowsセッションマネージャー（Smss.exe）プロセスによって開始されます。サブシステムのスタートアップ情報は、レジストリのHKLM¥SYSTEM¥CurrentControlSet¥Control¥Session Manager¥SubSystemsキーの下に格納されています。図2-5は、このキーの下にある値を示しています（画面はWindows 10 Pro）。

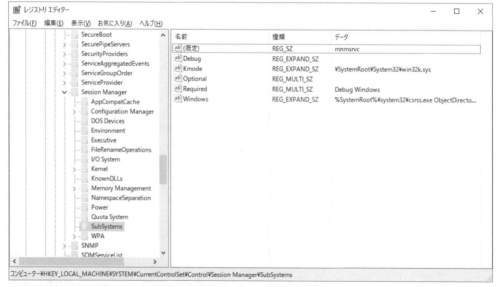

図2-5　Windowsサブシステムの情報を表示するレジストリエディター

Required値は、システムのブート時に読み込まれるサブシステムの一覧です。この値には、WindowsとDebugの2つの文字列が構成されています。Windows値は、Windowsサブシステムである Csrss.exeのファイル指定を含みます。Csrssは、クライアントサーバーランタイムサブシステム（Client/Server Runtime Subsystem）を表しています。Debug値は空であり、対応するサブシステムは存在しません（Windows XP以降、このレジストリ値は必要ではなくなりましたが、このレジストリ値は互換性のために維持されています）。Optional値は、オプションのサブシステムを示していて、図2-5では空になっています。その理由は、Windows 10ではUNIXベースアプリケーション用サブシステム（SUA）は利用可能でなくなったからです。Optional値のデータとしてPosixが構成されている場合、Psxss.exe（POSIXサブシステムプロセス）のパスが構成された別のレジストリ値（Posix値）が存在するはずです。Optional値の「Optional」は、「オンデマンドで読み込まれる」という意味であり、POSIXイメージが初めて検出された時を意味します。Kmode値は、Windowsサブシステムのカーネルモード部分であるWin32k.sys（この章で後ほど説明します）のファイル名を含みます。

では、個々のWindows環境サブシステムについて、さらに詳しく見ていきましょう。

■ Windowsサブシステム

Windowsは、複数の独立した環境サブシステムをサポートするように設計されました。しかし、実用的な観点から見ると、各サブシステムがウィンドウ処理とディスプレイI/Oを受け持つすべてのコードを実行すると、多くの部分でシステム機能の重複が発生し、結果として、システムのサイズとパフォーマンスの両方に悪い影響を与えてしまいます。Windowsサブシステムは、プライマリサブシステムであり、Windowsの設計者はこれらの基本機能をここに配置することに決めました。他のサブシステムは、Windowsサブシステムを呼び出して、ディスプレイI/Oを処理します。例えば、UNIXベースアプリケーション用サブシステム（SUA）サブシステムは、Windowsサブシステム内のサービスを呼び出して、ディスプレイI/Oを行います。

この設計上の決断の結果として、WindowsサブシステムはすべてのWindowsシステムが必要とするコンポーネントになりました。これには、対話的にログオンしているユーザーがいないサーバーシステムも含みます。この理由により、Windowsサブシステムのプロセスは、重大（Critical）なプロセスとしてマークされています（これは、いかなる理由であれ、Windowsサブシステムのプロセスが終了すると、システムがクラッシュするということを意味しています）。

Windowsサブシステムは、次に示す主要なコンポーネントから構成されています。

- ■ 環境サブシステムプロセス（Csrss.exe）のインスタンス —— インスタンスの各セッションごとに、4つのDLL（Basesrv.dll、Winsrv.dll、Sxssrv.dll、Csrsrv.dll）が読み込まれます。これらのDLLは、次のことをサポートしています。
  - プロセスやスレッドの作成と削除に関連する、さまざまなハウスキープ処理タスク
  - Windowsアプリケーションのシャットダウン（ExitWindowsEx APIを使用）
  - 後方互換性のための、INI（.ini）ファイルのレジストリの場所へのマッピング
  - 特定のカーネル通知メッセージ（プラグアンドプレイ（PnP）マネージャーからの通知メッセージなど）を、Windowsメッセージ（WM_DEVICECHANGE）としてWindowsアプリケーションに送信
  - 16ビット仮想DOSマシン（Virtual DOS Machine：VDM）プロセスをサポートする部分（32ビットWindowsのみ）
  - サイドバイサイド（SxS）/フュージョン（Fusion、SxSローダーのこと）とマニフェストキャッシュのサポート

- いくつかの自然言語をサポートする、キャッシング機能を提供する関数

メモ
おそらく、大部分の重要な、未加工の入力スレッドとデスクトップスレッド（マウスカーソルとキーボード入力への対応とデスクトップウィンドウ処理）を処理するカーネルモードコードは、Winsrv.dll内で実行されるスレッドでホストされます。また、対話型のユーザーセッションに関連するCsrss.exeインスタンスには、Canonical Display Driver（Cdd.dll）という名前の5番目のDLLが読み込まれます。Cdd.dllは、ディスプレイの垂直方向のリフレッシュ（Vertical Refresh：VSync）ごとにカーネル内のDirectXサポートと通信を行い、従来のハードウェアアクセラレーターによるGDIサポートを使用することなく、デスクトップ表示の状態を描画します。

- カーネルモードデバイスドライバー（Win32k.sys）── 次が含まれています。
  - ウィンドウマネージャー … ウィンドウ表示の制御、画面出力の管理、キーボード、マウス、その他のデバイスからの入力情報の収集、ユーザーメッセージのアプリケーションへの受け渡しを行います。
  - グラフィックスデバイスインターフェイス（GDI）… グラフィックス出力デバイスのための関数ライブラリ。これには、ライン、テキスト、図の描画と、グラフィックス計算のための関数が含まれます。
  - DirectXサポートのためのラッパー … 別のカーネルドライバー（Dxgkrnl.sys）内に実装されています。
- コンソールホストプロセス（Conhost.exe）── コンソール（文字セル）アプリケーションのためのサポートを提供します。
- デスクトップウィンドウマネージャー（Dwm.exe）── Cdd.dllおよびDirectXを介して、可視ウィンドウのレンダリングを単一の画面に合成します。
- サブシステムDLL（Kernel32.dll、Advapi32.dll、User32.dll、Gdi32.dllなど）── ドキュメント化されているWindows API関数を、Ntoskrnl.exeおよびWin32k.sys内にある、対応する非公開のカーネルモードシステムサービスコールに翻訳します。
- ハードウェア依存のグラフィックスディスプレイドライバー、プリンタードライバー、およびビデオミニポートドライバーのためのグラフィックスデバイスドライバー

メモ
MinWinと呼ばれるWindowsアーキテクチャのリファクタリング努力の一環として、現在では、サブシステムDLLがAPIセットを実装した、特定のライブラリを作成するのが一般的になりました。複数のライブラリが一緒にサブシステムDLLの中にリンクされ、特別なリダイレクト方式を使用して解決されます。このリファクタリングに詳しくは、第3章の「3.8 イメージローダー」の節で説明します。

■ Windows 10とWin32k.sys

　Windows 10ベースのデバイスのための基本的なウィンドウ管理の要件は、対象のデバイスに大きく依存します。例えば、Windowsを実行するフルデスクトップは、ウィンドウのリサイズ、ウィンドウの所有、子ウィンドウといった、ウィンドウマネージャーの全機能を必要とします。スマートフォンや小さなタブレットデバイスで動作するWindows 10 Mobileの場合、これらの機能の多くを必要としません。なぜなら、これらのデバイスでは、1つのウィンドウだけが最前面にあり、そのウィンドウを最小化したり、リサイズしたりできないからです。IoTデバイスについても同様です。IoTデバイスの場合、ディスプレイ装置をまったく持たないことさえあります。

第**2**章 システムアーキテクチャ　**73**

このような理由から、Win32k.sysの機能はいくつかのカーネルモジュールに分けられました。ある特定のシステムでは、これらのすべてのモジュールが必要でないかもしれません。これにより、コードの複雑さが軽減され、多くのレガシコードが削除されるため、ウィンドウマネージャーの攻撃にさらされる面が大幅に削減されます。ここでは、いくつかの例を示します。

- スマートフォン（Windows 10 Mobile）では、Win32k.sysはWin32kmin.sysとWin32kbase.sysを読み込みます。
- フルデスクトップシステムでは、Win32k.sysはWin32kbase.sysとWin32kfull.sysを読み込みます。
- 特定のIoTシステムでは、Win32k.sysはWin32kbase.sysだけで十分です。

アプリケーションは、標準のUSER関数を呼び出して、ウィンドウやボタンなどのユーザーインターフェイスのコントロールをディスプレイ上に作成します。ウィンドウマネージャーは、これらの要求をグラフィックスデバイスインターフェイス（GDI）に送信し、GDIはそれをグラフィックスデバイスドライバーに渡します。そして、グラフィックスデバイスドライバーが、ディスプレイデバイスのために出力をフォーマットします。ディスプレイドライバーは、ビデオディスプレイを完全にサポートするために、ビデオミニポートドライバーとペアになっています。

GDIは、標準2次元関数のセットを提供します。これにより、アプリケーションはそのデバイスについて何も知らなくても、グラフィックスデバイスと通信することが可能です。GDI関数は、アプリケーションとディスプレイドライバーやプリンタードライバーなどのグラフィックスデバイスの間を仲介します。GDIはアプリケーションの要求をグラフィックス出力に変換し、要求をグラフィックスデバイスドライバーに送信します。GDIは、アプリケーションがさまざまなグラフィックス出力デバイスを使用するための、標準インターフェイスも提供します。このインターフェイスにより、ハードウェアデバイスやそのドライバーから独立したアプリケーションコードを書くことができます。GDIは、メッセージをデバイスの機能に対して調整し、多くの場合、要求を管理可能な部分に分割します。例えば、いくつかのデバイスは楕円形を描画する方向を理解することができますが、他のデバイスではGDIが特定の座標に配置された一連のピクセルとしてコマンドに変換してあげる必要があります。グラフィックスとビデオドライバーのアーキテクチャについて詳しくは、WDKドキュメントの「Display（Adapters and Monitors）」の章にある「Design Guide」の項を参照してください。

サブシステムの多くは（特にディスプレイI/O機能に関しては）カーネルモードで動作するため、サブシステムからは、プロセスとスレッドの作成と終了、DOSデバイスドライブ文字のマッピング（Subst.exeコマンドを使用してなど）など、ごく少数のWindows関数だけがWindowsサブシステムプロセスにメッセージを送信することになります。一般的に、Windowsアプリケーションは、それほど多く、コンテキストスイッチをWindowsサブシステムプロセスには切り替えません。例外は、マウスカーソルの新しい位置の描画や、キーボード入力の処理、Canonical Display Driver（Cdd.dll）を介した画面のレンダリングです。

コンソールウィンドウホスト

　Windowsサブシステムのもともとの設計では、サブシステムプロセス（Csrss.exe）が、コンソールウィンドウの管理、およびCsrss.exeと通信する各コンソールアプリケーション（コマンドプロンプトのCmd.exeなど）の管理を担当していました。Windows 7以降、システム上の各コンソールウィンドウのためのプロセスは、コンソールウィンドウホスト（Conhost.exe）に分割されました（1つのコンソールウィンドウは、複数のコンソールアプリケーションで共有されることが可能です。例えば、コマンドプロンプトの中でコマンドプロンプト（Cmd.exe）を実行した場合などです。既定では、2つ目のコマンドプロンプトは、最初のコンソールウィンドウを共有し、新しいウィンドウは作成されません）。Windows 7のコンソールホストの詳細については、本書の第6版（邦訳『インサイドWindows 第6版・上』）の第2章で詳しく説明しました。

　Windows 8以降では、コンソールのアーキテクチャに再び変更が加えられました。Conhost.exeプロセスは残りますが、コンソールドライバー（%SystemRoot%¥System32¥Drivers¥ConDrv.sys）によってコンソールベースのプロセス（Windows 7のようにCsrss.exeからではなく）から起動されるようになりました。このコンソールベースのプロセスは、コンソールドライバー（ConDrv.sys）を使用して、読み取り、書き込み、I/O制御、その他の種類のI/O要求を送信し、Conhost.exeと通信します。Conhost.exeはサーバーとして設計され、コンソールを使用するプロセスはそのクライアントになります。この変更により、Csrss.exeがキーボード入力を（未加工入力スレッドの一部として）受信する必要がなくなります。これまでは、キーボード入力はWin32k.sysを介してConhost.exeに送信され、Advanced Local Procedure Call（ALPC）を使用してCmd.exeに送信されていました。その代わりに、コマンドラインアプリケーションは、読み取り/書き込みI/Oを介してコンソールドライバーから入力を直接受信することができ、不要なコンテキストスイッチの切り替えを避けることができます。

　次のProcess Explorerの画面は、ConDrv.sysによって公開された¥Device¥ConDrvという名前のデバイスオブジェクトを開いている、Conhost.exeのハンドルを示しています（デバイスの名前やI/Oについては、第6章で詳しく説明します）。

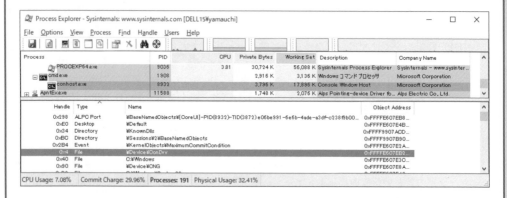

　上記の画面において、Conhost.exeがコンソールプロセス（この場合はCmd.exe）の子プロセスである点に注目してください。Conhostプロセスの作成は、Consoleサブシステムイメージのためのイメージローダーによって、またはGUIサブシステムイメージによるオンデマンドのWindows APIのAllocConsole関数の呼び出しによって、開始されます（当然のことながら、GUIサブシステムとConsoleサブシステムは実質的に同じ意味であり、両方ともWindowsサブシステムの種類のバリエーションです）。Conhost.exeの本当の働き者は、それを呼び出すDLL（%SystemRoot%¥System32¥ConHostV2.dll）です。このDLLには、コンソールドライバーと通信する一連のコードが含まれています。

2.5.2 その他のサブシステム

前述したように、Windowsはもともと、POSIXとOS/2サブシステムをサポートしていました。これらのサブシステムは現在のWindowsには提供されていないため、本書では扱いません。しかし、サブシステムの一般的な概念は、将来そのような必要が生じた場合にシステムを新しいサブシステムで拡張できるようにしています。

■ Picoプロバイダーと Windows Subsystem for Linux (WSL)

従来のサブシステムモデルは、POSIXとOS/2を10年間サポート（Windowsの製品ライフサイクルに基づいて）するためには十分に拡張性があり、明らかに強力なものでした。しかし、従来のサブシステムモデルには、次のように2つの重要な技術的な欠点があり、いくつかの特別な用途を除き、Windows以外のバイナリを幅広く使用することに対応するのは困難でした。

- 前述したように、サブシステムの情報はポータブル実行可能（Portable Executable：PE）ヘッダーから取り出されるため、オリジナルのバイナリのソースコードをWindowsのPE実行可能ファイル（.exe）として再ビルドする必要があります。そのため、すべてのPOSIXスタイルの依存関係とシステムコールをWindowsスタイルのPsxdll.dllライブラリにインポートする変更も行われました。
- Win32サブシステム（時にはそのサブシステムの上に乗るもの）またはNTカーネルによって提供されるものは、機能的に制限されます。そのため、サブシステムはPOSIXアプリケーションが必要とする振る舞いを、エミュレートするのではなくラップします。これは、時には互換性の問題を引き起こすことがあります。

最後に、もう1つ重要な指摘をしておかなければなりません。POSIXサブシステムとUNIXベースアプリケーション用サブシステム（SUA）は、現在の一般的な、純粋なLinuxアプリケーションではなく、その名前が示すように、数十年前にサーバー市場で支配的だったPOSIX/UNIXアプリケーションを念頭に設計されたものだということです。

従来のサブシステムモデルが抱える課題を解決するには、異なるアプローチでサブシステムを構築する必要がありました。そのアプローチは、これまでのような、他の環境システムコールのユーザーモードラッピングや、従来のPEイメージの実行を必要としません。幸運なことに、Microsoft ResearchのDrawbridgeプロジェクトが、新たなサブシステムを引き受ける、絶好の乗り物を作り出してくれました。それが、Picoモデルの実装につながったのです。

Picoモデルでは、**Picoプロバイダー**という考え方が定義されています。Picoプロバイダーは、PsRegisterPicoProvider APIを介して、特別なカーネルインターフェイスへのアクセスを受け取るカスタムカーネルドライバーです。

この特別なインターフェイスには、次の2つの利点があります。

- Picoプロバイダーは、実行コンテキスト、セグメント、およびEPROCESS構造体とETHREAD構造体（これらの構造体の詳細については、第3章および第4章を参照）のそれぞれの格納データをカスタマイズしながら、Picoプロセスとスレッドを作成できます。
- プロバイダーは、システムコール、例外、非同期プロシージャコール（Asynchronous Procedure Call：APC）、ページフォールト、終了、コンテキスト変更、中断／再開など、特定のシステム動作を伴うプロセスやスレッドがある場合に、リッチな通知を受け取ることができます。

Windows 10バージョン1607では、そのようなPicoプロバイダーの1つが存在します。Lxss.sysとそのパートナーであるLxcore.sysです。この名前が示すように、これらのドライバーはWindows Subsystem for Linux（WSL）コンポーネントに関係するものであり、WSLのためのPicoプロバイダーインターフェイスを提供します。

　Picoプロバイダーはユーザーモードとカーネルモード間で可能な遷移（システムコールや例外など）のほとんどすべてを受け取るため、Picoプロバイダーの下で実行されるPicoプロセス（または複数のプロセス）が認識可能なアドレス領域を持つ限り、そしてPicoプロバイダー内でネイティブに実行可能なコードを持つ限り、その遷移は完全に透過的な方法で処理されます。"真の"カーネルが、その下に存在することは実のところ重要ではありません。そのため、第3章で見ることになるように、WSLのPicoプロバイダーの下で実行されるPicoプロセスは、通常のWindowsプロセスは大きく異なります。例えば、通常のプロセスに必ず読み込まれるNtdll.dllは、Picoプロセスには読み込まれません。代わりに、Picoプロセスのメモリには、vDSO（virtual Dynamic Shared Object、仮想動的共有オブジェクト）のような構造体が含まれます。これは、Linux/BSDシステム上にのみ存在する特殊なイメージです。

　さらに、Linuxのプロセスを透過的に実行できるようにするには、WindowsのPE実行可能イメージとして再コンパイルする必要なしで、実行できなければなりません。Windowsカーネルは、Linuxのプロセスイメージの種類がどうマップされるのか知らないため、そのようなイメージを、WindowsプロセスがCreateProcess APIを使って開始することも、Linuxのプロセスイメージ自身がそのようなAPIを呼び出すこともできません（なぜなら、Linuxのプロセスイメージは、Windows上で実行されていることを知りません）。このような相互運用性のサポートは、いずれもユーザーモードサービスであるPicoプロバイダーとLXSS管理サービス（内部サービス名はLxssManager）が提供します。前者のPicoプロバイダーは、LXSS管理サービスと通信するために使用されるプライベートインターフェイスを実装しています。後者のLXSS管理サービスは、特殊なランチャープロセスと通信するために使用されるコンポーネントオブジェクトモデル（COM）ベースのインターフェイスを実装しています。現在の実装では、ランチャープロセスはBash.exe（Microsoft Bashランチャー）であり、その管理プロセスとしてLxrun.exe（Microsoft Lxssサブシステムツール）が存在します。[*10]次の図は、WSLを構成するコンポーネントの概要を図解したものです。

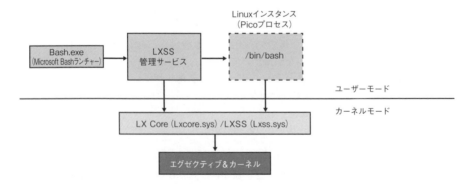

---

*10　訳注：Windows 10 Fall Creator Update（バージョン1709）において、WSL（WSL1）は正式版になりました。正式版のWSLでは、Bash.exe（WSL Betaのときの唯一のランチャー）だけでなく、Wsl.exe（%SystemRoot%¥System32¥Wsl.exe）もランチャーとして使用されます。このランチャーはWSLが提供するもので、ストアから入手できるUbuntuやopenSUSE、SUSE Linux Enterprise Serverのアプリ（例えば、Ubuntuアプリの場合はUbuntu.exe）から呼び出されます。なお、本書で説明しているWSLのアーキテクチャは、本物のLinuxカーネルで動作するWSL2（Windows 10バージョン1903以降でサポート）のものとは異なります。

多種多様なLinuxアプリケーションのサポートを提供することは、大規模なプロジェクトです。Linuxには、Windowsカーネルが持つのと同じくらいの、数百のシステムコールが存在します。Picoプロバイダーは既存のWindowsの機能を利用できますが、それらの多くは、fork()関数のような、従来のPOSIXサブシステムをサポートするために作られたものであり、場合によっては、それぞれの機能を再実装する必要があります。例えば、実際のファイルシステムの格納に使用されるのはNTFSですが(LinuxのExtFsではありません)、PicoプロバイダーにはLinuxのVFS(Virtual File System)が完全に実装されています。これには、inodeデータ構造やinotify()関数のサポート、/sys、/dev、およびその他のLinuxスタイルのファイルシステムベースの名前空間とそれに対応する動作が含まれます。同様に、Picoプロバイダーはネットワーク機能にWindowsソケット(Windows Sockets for Kernel、Winsock Kernel、WSKとも呼ばれます)を利用できますが、UNIXドメインソケット、Linux NetLinkソケット、および標準インターネットソケットをサポートできるように、実際のソケット動作まわりを複雑にラッピングしています。

他のケースでは、既存のWindowsの機能が単に適切な互換性を持たず、場合によっては互換性が微妙な場合があります。例えば、Windowsが持つ名前付きパイプドライバー(Npfs.sys)です。これは、従来からのパイプを使用したプロセス間通信(IPC)のメカニズムです。しかし、Linuxパイプとは微妙に異なり、使用するとアプリケーションが壊れる可能性があります。そのため、WindowsカーネルのNpfs.sysドライバーは使用せずに、Linuxアプリケーションのためのパイプの実装をゼロから作る必要がありました。

本書の執筆時点では、WSLの機能はまだベータ段階であり、今後、重要な変更が行われる可能性があるため、本書ではそのサブシステムの実際の内部については扱いません。しかし、Picoプロセスについては第3章で別の視点から説明します。このサブシステムがベータを終え完成した後には、MSDNの公式ドキュメントが公開されるでしょうし、WindowsからLinuxプロセスにやり取りするための安定版APIが公開されるでしょう。

■ Ntdll.dll

Ntdll.dll(NT Layer DLL)は、主にサブシステムDLLとネイティブアプリケーションが使用する、特別なシステムサポートライブラリです(ここで言う「ネイティブ」とは、特定のサブシステムに依存しないイメージのことです)。Ntdll.dllは、次の2種類の関数を提供します。

- Windowsエグゼクティブシステムサービスに対するシステムサービスディスパッチスタブ
- サブシステム、サブシステムDLL、およびその他のネイティブイメージによって使用される内部サポート関数

最初のグループの関数は、ユーザーモードから呼び出すことができる、Windowsエグゼクティブシステムサービスに対するインターフェイスを提供します。そのような関数は、NtCreateFileやNtSetEventなど、450以上存在します。前述したように、これらの関数の大部分機能は、Windows APIを介してアクセスすることが可能です(ただし、いくつかの関数の機能は、特定のOS内部コンポーネントによってのみ使用されます)。

これらの関数のそれぞれについて、Ntdll.dllは、同じ名前のエントリポイントを提供します。関数の内部のコードは、システムサービスディスパッチャーを呼び出してカーネルモードへの遷移を行う、アーキテクチャ固有の命令を含みます(これについては、本書下巻で詳しく説明します)。いくつかのパラメーターの検証の後、システムサービスディスパッチャーは、Ntoskrnl.exe内に実在するコードであるカーネルモードシステムサービスを実際に呼び出します。次の実習は、これらの関数がどのようなものであるのかを示します。

78 インサイド Windows 第7版 上

実習 システムサービスディスパッチャーコードを参照する

　あなたのシステムのアーキテクチャに対応したバージョンの WinDbg を開きます（例えば、64ビット Windows 上では WinDbg（x64）です）。[File] メニューから [Open Executable] を選択し、[Open Executable] ダイアログボックスで %SystemRoot%￥System32 を開き、Notepad.exe を選択して [開く] をクリックします。

　メモ帳（Notepad.exe）が開始され、デバッガーが最初のブレークポイントで中断します。これが起こるのは、k（コールスタックの表示）コマンドが利用可能になる、プロセスの生存期間の非常に早い時点です。k コマンドを入力すると、Ldr から始まる名前の少数の関数が表示されるでしょう。これらの関数は、イメージローダーを示しています。Notepad.exe の Main 関数はまだ実行されていないため、この時点ではメモ帳のウィンドウは表示されません。

　次のコマンドを実行して、Ntdll.dll 内の NtCreateFile にブレークポイントを設定します（デバッガーは大文字と小文字を区別しません）。

```
0:000> bp ntdll!ntcreatefile
```

　g（go に由来、続行の意）コマンドを入力するか、F5 キーを押して、Notepad.exe のプロセスの実行を続行します。デバッガーは一瞬で中断し、次のように表示します（x64 の場合）。

```
Breakpoint 0 hit
ntdll!NtCreateFile:
00007ffa`9f4e5b10 4c8bd1          mov     r10,rcx
```

　上記とは異なり ZwCreateFile という名前の関数が表示されるかもしれません。ZwCreateFile と NtCreateFile は、ユーザーモード内の同じシンボルを参照します。u（unassembled に由来、逆アセンブルの意）コマンドを入力して、次に続くいくつかの命令を確認してみてください。

```
00007ffa`9f4e5b10 4c8bd1          mov     r10,rcx
00007ffa`9f4e5b13 b855000000      mov     eax,55h
00007ffa`9f4e5b18 f604250803fe7f01 test    byte ptr
[SharedUserData+0x308
(00000000`7ffe0308)],1
00007ffa`9f4e5b20 7503            jne     ntdll!NtCreateFile+0x15
(00007ffa`9f4e5b25)
00007ffa`9f4e5b22 0f05            syscall
00007ffa`9f4e5b24 c3              ret
00007ffa`9f4e5b25 cd2e            int     2Eh
00007ffa`9f4e5b27 c3              ret
```

　EAX レジスタには、システムサービス番号がセットされます（この例では16進数の 55h）。この番号は、この OS（この例では Windows 10 Pro x64）上のシステムサービス番号です。次に、syscall 命令に注目してください。これは、NtCreateFile エグゼクティブサービスを選択するために、EAX が使用されたことで、プロセッサがカーネルモードに遷移され、システムサービスディスパッチャーにジャンプしたことを示しています。共有ユーザーデータ（SharedUserData、このデータ構造体については第4章で詳しく説明します）内のオフセット値 0x308 において、フ

ラグ（1）のチェックが行われていることにも注目してください。このフラグがセットされていると、代わりにint 2Ehの命令が使用されることで、実行は別のパスに移ります。第7章で説明する仮想化ベースのセキュリティ（VBS）の資格情報ガードの指定が有効になっている場合、そのマシンではこのフラグがセットされます。ハイパーバイザーは、syscall命令よりも効率的な方法でint命令を処理することができるため、この動作は資格情報ガードにとって有効です。

　前述したように、このメカニズム（およびsyscallとintの動作）について詳しくは、本書下巻で説明します。今の時点では、NtReadFile、NtWriteFile、NtCloseといった、その他のネイティブサービスを見つけることを試せるでしょう。

　この章の「2.4　仮想化ベースのセキュリティ（VBS）のアーキテクチャ概要」の節で説明したように、分離ユーザーモードのアプリケーションは、Iumdll.dllという名前の、Ntdll.dllに似た別のバイナリを使用できます。このライブラリもまたシステムコールを提供しますが、そのインデックスは異なります。資格情報ガードが有効なシステムを持っているのであれば、WinDbgの［File］メニューを開いて、［Open Executable］を選択し、ファイルとして「Iumdll.dll」を開いて、先ほどの実習と同じことを繰り返してみてください。次の出力例のように、システムコールのインデックスには上位ビット（この例では8000002h）がセットされており、共有ユーザーデータ（SharedUserData）のチェックは行われていません。syscallは、常に、**セキュアシステムコール**と呼ばれる、このタイプのシステムコールを使用した命令になります。

```
0:000> u iumdll!IumCrypto
iumdll!IumCrypto:
00000001`80001130 4c8bd1          mov     10,rcx
00000001`80001133 b802000008      mov     eax,8000002h
00000001`80001138 0f05            syscall
00000001`8000113a c3              ret
```

　Ntdll.dllはまた、多くのサポート関数を提供します。イメージローダー（Ldrから始まる名前の関数）、ヒープマネージャー、Windowsサブシステムプロセス通信関数（Csrから始まる名前の関数）などです。Ntdll.dllはさらに、一般的なランタイムライブラリルーチン（Rtlから始まる名前の関数）、ユーザーモードデバッグのためのサポート（DbgUiから始まる名前の関数）、Windowsイベントトレーシング（Etwから始まる名前の関数）、およびユーザーモード非同期プロシージャコール（APC）ディスパッチャーと例外ディスパッチャーを含みます（APCについては第6章で概要を説明し、本書下巻で例外とあわせて詳しく説明します）。

　最後に、Ntdll.dllの中には、文字列と標準ライブラリの一部のルーチン（memcpy、strcpy、sprintfなど）に限定された、Cランタイム（CRT）ルーチンの小さなサブセットも含まれます。これらのルーチンは、次に説明するネイティブアプリケーションに役立ちます。

■｜ネイティブイメージ

　イメージ（実行可能イメージ）の中には、どのサブシステムにも属さないものがあります。別の言い方をすると、そのようなイメージは、Windowsサブシステムのための Kernel32.dll などの、一連のサブシステムDLLに対してリンクされていないということです。代わりに、そのようなイメージは、Ntdll.dll にだけリンクします。Ntdll.dll は、サブシステムにまたがる最小公約数のようなものです。

Ntdll.dllによって公開されるネイティブAPIは、ほとんど非公開であるため、この種のイメージは通常、マイクロソフトによってのみ作成されます。その一例が、Windowsセッションマネージャーのプロセス（Smss.exe、詳細についてはこの章で後ほど説明します）です。Smss.exeは、最初に作成される（カーネルによって直接作成される）ユーザーモードプロセスです。Csrss.exe（Windowsサブシステムプロセス）はまだ開始されていないため、Smss.exeがWindowsサブシステムに依存することは不可能なのです。実際、Smss.exeには、Csrss.exeを開始する役割があります。別の例としては、Autochkユーティリティがあります。このユーティリティは、システムのスタートアップ時にディスクをチェックするために実行されるときがあります。Autochkユーティリティは、ブートプロセスの比較的早い時点で実行されるため（実は、Smss.exeによって開始されます）、どのサブシステムに依存することも不可能なのです。

次の画面は、Dependency Walkerで開いたSmss.exeのスクリーンショットです。Smss.exeは、Ntdll.dllにのみ依存していることがわかります。サブシステムの種類がNativeとなっている点にも注目してください。

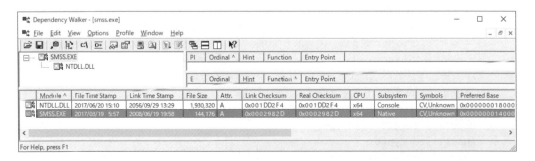

2.5.3 エグゼクティブ

Windowsエグゼクティブは、Ntoskrnl.exe（下位レイヤーのカーネル）の上位にあるレイヤーです。エグゼクティブは、次に示す種類の関数を提供します。

- **ユーザーモードから呼び出し可能な、公開された関数** ── この種類の関数は、**システムサービス**と呼ばれ、Ntdll.dllにより公開されています（例えば、先ほどの実習のNtCreateFileなど）。ほとんどのサービスは、Windows APIまたは他の環境サブシステムのAPIを介してアクセスすることができます。しかし、いくつかのサービスは、ドキュメント化されたサブシステム関数を介しては利用可能ではありません（例えば、ALPC、NtQueryInformationProcessのようなさまざまなクエリ関数、NtCreatePagingFileのような特殊な関数など）。

- **DeviceIoControl関数により呼び出されるデバイスドライバー関数** ── この種類の関数は、読み取りや書き込みに関連しないデバイスドライバー内の関数の呼び出しのために、ユーザーモードからカーネルモードへの一般的なインターフェイスを提供します。Windows SysinternalsのProcess ExplorerやProcess Monitorで使用されるドライバーは、前述のコンソールドライバー（ConDrv.sys）と同じように、この種類の関数の良い例です。

- **カーネルモードからのみ呼び出し可能な、公開された関数（Windows Driver Kit（WDK）でドキュメント化されているもの）** ── この種類の関数は、デバイスドライバーの開発者が必要とする、さまざまなサポートルーチンを提供します。I/Oマネージャー（Ioから始まる名前の関数）、一般的なエグゼクティブ関数（Exから始まる名前の関数）などがあります。

■ **カーネルモードからのみ呼び出し可能な、公開された関数（WDKでドキュメント化されていない
もの）**―― この種類の関数は、ブートビデオドライバーから呼び出される、Inbvから始まる名前
の関数を提供します。
■ **グローバルシンボルとして定義されている、公開されていない関数**―― この種類の関数は、
Ntoskrnl.exe内で呼び出される内部のサポート関数を提供します。Iop（内部のI/Oマネージャー
サポート関数）やMi（内部のメモリ管理サポート関数）で始まる名前の関数などがあります。
■ **グローバルシンボルとして定義されていない、モジュール用の内部的な関数**―― この種類の関数
は、エグゼクティブとカーネルによってのみ使用されます。

エグゼクティブは、次に示す主要なコンポーネントを提供します。これらのコンポーネントについ
ては、本書の第3章以降で詳細に説明します。

■ **構成マネージャー（Configuration Manager）**―― 構成マネージャーは、システムレジストリの
実装と管理を担当します。詳しくは、本書下巻で説明します。
■ **プロセスマネージャー**―― プロセスマネージャーは、プロセスとスレッドの作成と終了を担当し
ます。詳しくは、第3章と第4章で説明します。プロセスとスレッドのサポートは、Windowsカー
ネルに依存しています。エグゼクティブは、これらの下位レベルオブジェクトに対する追加的な
セマンティクスと関数を提供します。
■ **セキュリティ参照モニター（Security Reference Monitor：SRM）**―― SRMは、ローカルコン
ピューター上でセキュリティポリシーの実施を担当します。詳しくは、第7章で説明します。SRM
はOSリソースを監視し、ランタイムオブジェクトの保護と監査を実行します。
■ **I/Oマネージャー**―― I/Oマネージャーは、デバイスに依存しないI/Oを実装し、さらに処理す
るために適切なデバイスドライバーをディスパッチする役割があります。詳しくは、第6章で説明
します。
■ **プラグアンドプレイ（PnP）マネージャー**―― PnPマネージャーは、デバイスを識別し、そのド
ライバーの読み込みをサポートするのに必要なドライバーを決定します。詳しくは、第6章で説明
します。PnPマネージャーは、デバイスを列挙する間にハードウェアリソースの要件を取得し、各
デバイスのリソース要件に基づき、I/OポートやIRQ、DMAチャネル、メモリ配置など、適切な
ハードウェアリソースを割り当てます。PnPマネージャーはまた、システムのデバイスの変更（デ
バイスの追加や削除）に対して、適切なイベント通知を送信する役割を持ちます。
■ **電源マネージャー**―― 電源マネージャー（第6章で説明します）は、プロセッサ電源管理
（Processor Power Management：PPM）を担当し、電源管理フレームワーク（Power Management
Framework：PoFx）は、電源イベントを調整し、デバイスドライバーへの電源管理I/O通知を生
成します。システムがアイドル状態になった場合に、CPUをスリープ状態に移行して電力消費を
削減するようにPPMを構成できます。個々のデバイスの電力消費の変更は、デバイスドライバー
が受け持ちますが、電源マネージャーとPoFxによって調整されます。特定のデバイスクラスで
は、ターミナルタイムアウトマネージャーもまた、デバイスの使用状況や近接に基づいて、物理
的なディスプレイのタイムアウトを管理します。
■ **Windows Driver Model（WDM）Windows Management Instrumentation（WMI）ルーチン**――
WDM WMIルーチンは、デバイスドライバーがパフォーマンスおよび構成情報の公開と、ユー
ザーモードのWMIサービスからのコマンドの受信を可能にします。詳しくは、本書下巻で説明し
ます。WMIコンシューマーの情報は、ローカルコンピューター上またはネットワーク上のリモー
トコンピューターに存在します。
■ **メモリマネージャー**―― メモリマネージャーは、**仮想メモリ**（プロセスごとに物理メモリを超え

る大きなプライベートアドレス領域を提供するメモリ管理スキーマ）を実装しています。詳しくは、第5章で説明します。メモリマネージャーはまた、キャッシュマネージャーの基本的なサポートも提供します。これは、第5章で説明するプリフェッチャーとストアマネージャーの支援も行います。

- **キャッシュマネージャー** —— キャッシュマネージャーは、最近参照されたディスク上のデータをメインメモリに保持することで、すばやいアクセスを可能にし、ファイルベースのI/Oのパフォーマンスを向上します。詳しくは、本書下巻で説明します。キャッシュマネージャーはまた、更新された内容をディスクに送信する前にメモリ内に短時間保持することにより、ディスクの遅延書き込みを行って、同様にパフォーマンスを向上します。前述したように、これにはメモリマネージャーのマップファイルのサポートが使用されています。

さらに、エグゼクティブは、上記のエグゼクティブコンポーネントが使用するサポート関数の4つの主要なグループを提供します。これらのサポート関数の3番目は、デバイスドライバーもまたこれを使用するため、WDK ドキュメントに説明されています。サポート関数は、次の4つに分類されます。

- **オブジェクトマネージャー** —— オブジェクトマネージャーは、Windowsエグゼクティブオブジェクトの作成、管理、削除を行います。また、プロセス、スレッド、およびさまざまな同期オブジェクトなど、OSリソースを表すのに使用される抽象データ型の作成、管理、削除を行います。オブジェクトマネージャーについては、本書下巻で詳しく説明します。
- **Advanced Local Procedure Call（ALPC）機能** —— ALPC機能は、同じコンピューター上のクライアントプロセスとサーバープロセス間でメッセージを受け渡します。特に、ALPCは、リモートプロシージャコール（Remote Procedure Call：RPC）のためのローカルトランスポートとして使用されます。RPCは、クライアントプロセスとサーバープロセス間通信の業界標準の、Windowsにおける実装です。ALPCについては、本書下巻で説明します。
- **ランタイムライブラリ関数** —— これには、文字列の処理、算術演算、データ型の変換、およびセキュリティ構造体の処理が含まれます。
- **エグゼクティブサポートルーチン** —— これには、メモリ割り当て（ページプールと非ページプール）、インターロック操作のメモリアクセスと、エグゼクティブリソースやファストミューテックス（Fast Mutex）、プッシュロック（Push Lock）といった、特別な種類の同期メカニズムが含まれます。

また、エグゼクティブは、その他のさまざまなインフラストラクチャルーチンを提供します。そのいくつかについては、本書では概要についてのみ言及します。

- **カーネルデバッガーライブラリ** —— カーネルデバッガー（KD）をサポートするデバッガーからのカーネルデバッグを可能にします。KDは、USB、イーサネット、IEEE 1394など、さまざまなトランスポート経由のデバッグをサポートするポータブルなプロトコルであり、WinDbgやKd.exeデバッガーに実装されています。
- **ユーザーモードデバッグフレームワーク** —— ユーザーモードデバッグAPIへのイベントの送信を担当し、コード実行時のブレークポイントやステップ実行や、実行スレッドのコンテキストの変更を可能にします。
- **ハイパーバイザーライブラリおよび仮想化ベースのセキュリティ（VBS）ライブラリ** —— セキュアな仮想マシン環境のカーネルサポートを提供します。また、コードがクライアントパーティション（仮想環境）で実行されているときに、コードの一部を最適化します。

- **エラー（Errata）マネージャー** —— 非標準または非準拠のハードウェアデバイスに対する回避策を提供します。
- **ドライバーの検証ツール（Driver Verifier）** —— カーネルモードドライバーとコードの、任意の整合性チェックを行います（第6章で説明します）。
- **Windowsイベントトレーシング（Event Tracing for Windows：ETW）** —— システム全体のカーネルモードおよびユーザーモードコンポーネントのイベントのトレースのための、ヘルパールーチンを提供します。
- **Windows診断インフラストラクチャ（Windows Diagnostic Infrastructure：WDI）** —— 複数の診断シナリオに基づいた、システムアクティビティのインテリジェントなトレースを可能にします。
- **Windowsハードウェアエラーアーキテクチャ（Windows Hardware Error Architecture：WHEA）サポートルーチン** —— ハードウェアエラーをレポートするための共通のフレームワークを提供します。
- **ファイルシステムランタイムライブラリ（File System Runtime Library：FSRTL）** —— ファイルシステムドライバーの共通サポートルーチンを提供します。
- **カーネルShimエンジン（Kernel Shim Engine：KSE）** —— ドライバー互換性Shimと、追加的なデバイスエラーのサポートを提供します。KSEは、Shimインフラストラクチャとデータベースを使用します。詳しくは、本書下巻で説明します。

2.5.4 | カーネル

カーネルは、基礎となるメカニズムを提供する、Ntoskrnl.exeの一連の関数から構成されます。これには、エグゼクティブコンポーネントが使用するスレッドスケジューリングと同期サービス、割り込みや例外ディスパッチなど、プロセッサアーキテクチャごとに異なるハードウェア固有の下位レベルのサポートが含まれます。カーネルコードは、主にC言語で書かれていますが、C言語からは簡単に利用できない特殊なプロセッサ命令やレジスタへのアクセスが必要なタスクのためにアセンブリ言語が使用されています。

前述した、さまざまなエグゼクティブのサポート関数と同じように、デバイスドライバーを実装するために必要な、カーネル内の多数の関数については、Windows Driver Kit（WDK）ドキュメントで説明されています（Keで始まる名前の関数を検索すると見つかるでしょう）。

■| カーネルオブジェクト

カーネルは、明確に定義された下位レベルのベースと予測可能なOSプリミティブとメカニズムを提供し、エグゼクティブの上位レベルのコンポーネントは、必要に応じてそれらを使用できます。カーネルは、OSメカニズムを実装し、ポリシーの作成を行わないことで、カーネル自身をエグゼクティブから分離しています。カーネルに実装されたスレッドスケジューリングとディスパッチを除いて、ほとんどすべてのポリシーの決定はエグゼクティブが担います。

エグゼクティブはカーネルの外部に対して、スレッドとその他の共有可能なリソースをオブジェクトとして提供します。これらのオブジェクトは、オブジェクトを操作するためのオブジェクトハンドル、オブジェクトを保護するためのセキュリティチェック、オブジェクト作成時のリソースクォータ（制限）の計算など、ある程度のポリシーオーバーヘッドを必要とします。このオーバーヘッドは、**カーネルオブジェクト**と呼ばれる、一連のより簡素なオブジェクトの実装により、カーネル内で取り除かれます。カーネルオブジェクトは、カーネルによる中央処理の制御とエグゼクティブオブジェクトの作成のサポートを支援します。エグゼクティブレベルのオブジェクトの大部分は、カーネル定義の属

性が組み込まれ、1つ以上のカーネルオブジェクトにカプセル化されます。

コントロールオブジェクトと呼ばれるカーネルオブジェクトの1つのセットは、さまざまなOS関数を制御するためのセマンティクスを形成します。このセットには、非同期プロシージャコール（Asynchronous Procedure Call：APC）オブジェクト、遅延プロシージャコール（Deferred Procedure Call：DPC）オブジェクト、および割り込みオブジェクトなど、I/Oマネージャーが使用するいくつかのオブジェクトが含まれます。

ディスパッチャーオブジェクトと呼ばれるカーネルオブジェクトの別のセットには、同期機能が組み込まれており、スレッドスケジュールの変更や指示を行います。ディスパッチャーオブジェクトには、カーネルスレッド、ミューテックス（Mutex、カーネル用語ではMutantと呼ばれます）、イベント、カーネルイベントのペア、セマフォ（Semaphore）、待機可能タイマーが含まれます。エグゼクティブは、カーネル関数を使用してカーネルオブジェクトを作成、操作し、ユーザーモードに提供するより複雑なオブジェクトを作成します。オブジェクトについては、本書下巻で詳しく説明します。プロセスとスレッドについては、第3章と第4章でそれぞれ説明します。

■ カーネルプロセッサ制御領域（KPCR）とカーネルプロセッサ制御ブロック（KPRCB）

カーネルは、**カーネルプロセッサ制御領域**（Kernel Processor Control Region：KPCR）と呼ばれるデータ構造体を使用して、プロセッサ固有のデータを格納します。KPCRは、プロセッサの割り込みディスパッチテーブル（Interrupt Dispatch Table：IDT）、タスク状態セグメント（Task State Segment：TSS）、グローバル記述子テーブル（Global Descriptor Table：GDT）といった基本的な情報を提供します。KPCRは、割り込みコントローラー状態も提供し、ACPIドライバーやHALなどの他のモジュールと共有します。KPCRへの容易なアクセスを提供するために、カーネルはKPCRへのポインターを、32ビットWindowsシステム上ではFSレジスタに、64ビットWindowsシステム上ではGSレジスタに格納します。

また、KPCRは、**カーネルプロセッサ制御ブロック**（Kernel Processor Control Block：KPRCB）と呼ばれる、組み込みのデータ構造体を提供します。KPRCBはNtoskrnl.exe内のカーネルコードによってのみ使用されるプライベートな構造体ですが、KPCRとは異なり、サードパーティドライバーやその他の内部のWindowsカーネルコンポーネント向けにドキュメント化されています。KPRCBには、次が含まれています。

- スケジュールされたスレッドのスケジュール情報。プロセッサで現在実行、次回実行、アイドル状態など。
- プロセッサのディスパッチャーデータベース。これには、優先度レベルごとの準備完了キューが含まれます。
- 遅延プロシージャコール（DPC）キュー。
- CPUのベンダーおよび識別子の情報。モデル、ステッピング、速度、機能ビットなど。
- CPUおよびNUMAトポロジ。ノード情報、パッケージごとのコア数、コアごとの論理プロセッサ数など。
- キャッシュサイズ。
- 時間計測情報。DPCや割り込み時間など。

KPRCBは、次のようなプロセッサのすべての統計情報も提供します。

- I/Oの統計。
- キャッシュマネージャーの統計（これらについては、本書下巻で説明します）。

第2章 システムアーキテクチャ **85**

- DPCの統計。
- メモリマネージャーの統計（第5章で詳しく説明します）。

　最後に、KPRCBは、キャッシュに揃えられた、プロセッサごとの構造体を格納するために使用されることもあります。これは、特にNUMAシステム上でメモリアクセスを最適化するために使用されます。例えば、非ページプールとページプールのシステムルックアサイドリストは、KPRCBに格納されます。

実習 KPCRとKPRCBを参照する

　カーネルデバッガーの!pcrおよび!prcbエクステンションコマンドを使用すると、カーネルプロセッサ制御領域（KPCR）とカーネルプロセッサ制御ブロック（KPRCB）の内容を参照することができます。後者の!prcbコマンドにフラグを指定しない場合、デバッガーは、既定でCPU 0の情報を表示します。このコマンドの後ろに番号を追加することで、特定のCPUを指定することができます（例：!prcb 2）。一方、前者の!pcrコマンドは、リモートデバッグセッション内で変更可能な、現在のプロセッサ上の情報を常に表示します。ローカルデバッグを実行している場合は、!pcrコマンドに続けてCPU番号を指定すると、KCPRのアドレスを取得できます。また、@$pcrはKCPRのアドレスに置き換えられます。!pcrコマンドが示すその他の出力は、決して使用しないでください。このエクステンションの使用は推奨されておらず、間違ったデータを表示します。次に示すのは、dt nt!_KPCR @$pcrおよび!prcbコマンドの出力結果の例です（Windows 10 x64の場合）。

```
lkd> dt nt!_KPCR @$pcr
   +0x000 NtTib            : _NT_TIB
   +0x000 GdtBase          : 0xfffff802`a5f4bfb0 _KGDTENTRY64
   +0x008 TssBase          : 0xfffff802`a5f4a000 _KTSS64
   +0x010 UserRsp          : 0x0000009b`1a47b2b8
   +0x018 Self             : 0xfffff802`a280a000 _KPCR
   +0x020 CurrentPrcb      : 0xfffff802`a280a180 _KPRCB
   +0x028 LockArray        : 0xfffff802`a280a7f0 _KSPIN_LOCK_QUEUE
   +0x030 Used_Self        : 0x0000009b`1a200000 Void
   +0x038 IdtBase          : 0xfffff802`a5f49000 _KIDTENTRY64
   +0x040 Unused           : [2] 0
   +0x050 Irql             : 0 ''
   +0x051 SecondLevelCacheAssociativity : 0x10 ''
   +0x052 ObsoleteNumber   : 0 ''
   +0x053 Fill0            : 0 ''
   +0x054 Unused0          : [3] 0
   +0x060 MajorVersion     : 1
   +0x062 MinorVersion     : 1
   +0x064 StallScaleFactor : 0x8a0
   +0x068 Unused1          : [3] (null)
   +0x080 KernelReserved   : [15] 0
   +0x0bc SecondLevelCacheSize : 0x400000
   +0x0c0 HalReserved      : [16] 0x839b6800
   +0x100 Unused2          : 0
```

```
        +0x108 KdVersionBlock    : (null)
        +0x110 Unused3           : (null)
        +0x118 PcrAlign1         : [24] 0
        +0x180 Prcb              : _KPRCB
lkd> !prcb
PRCB for Processor 0 at fffff803c3b23180:
Current IRQL -- 0
Threads-- Current ffffe0020535a800 Next 0000000000000000 Idle
fffff803c3b99740
Processor Index 0 Number (0, 0) GroupSetMember 1
Interrupt Count -- 0010d637
Times -- Dpc 000000f4 Interrupt 00000119
        Kernel 0000d952 User 0000425d
```

　デバッガーコマンドはデータ構造体のアドレス（上記の出力結果の下線付き太字の部分）を提供するため、dtコマンドを使用して_KPRCBデータ構造を直接ダンプすることもできます。例えば、ブート時に検出されたプロセッサ速度を調べたければ、次のコマンドを使用してMHzフィールドを参照します。

```
lkd> dt nt!_KPRCB fffff803c3b23180 MHz
    +0x5f4 MHz                : 0x893
lkd> ? 0x893
Evaluate expression: 2195 = 00000000`00000893
```

　このマシンでは、プロセッサはブート時に約2.2GHzで動作していました。

■| ハードウェアサポート

　カーネルの他の主要な仕事は、エグゼクティブとデバイスドライバーを、Windowsがサポートする多様なハードウェアアーキテクチャから抽象化または分離することです。この仕事には、割り込み処理、例外ディスパッチ、マルチプロセッサの同期といった、関数のさまざまな処理が含まれます。

　これらのハードウェア関連の関数でさえ、共通コードを最大化しようというカーネル設計が行われています。カーネルは、多様なアーキテクチャで横断的に、かつ同じ意味で使用できる一連のインターフェイスをサポートします。このようなポータブルインターフェイスが実装されたコードのほとんどもまた、アーキテクチャをまたいで同一です。

　これらのインターフェイスの中には、異なるアーキテクチャで別の方法で実装されていたり、アーキテクチャ固有のコードが部分的に実装されているものがあります。このようなアーキテクチャ依存のインターフェイスは、どのマシンからも呼び出すことができ、アーキテクチャによってコードが異なるかどうかに関係なく、その意味は同一です。カーネルインターフェイスの中には、spinlockルーチン（本書下巻で説明します）のように、実際にはハードウェア抽象化レイヤー（HAL、この次の項で説明します）に実装されているものもあります。なぜなら、その実装は、同じアーキテクチャファミリに属するシステムであっても、異なる可能性があるからです。

　カーネルにはまた、古い16ビットMS-DOSプログラムをサポートする必要があるx86固有のインターフェイスのコードもわずかながら含まれています（32ビットシステムでのみ）。そのようなx86インターフェイスは、意味的にはポータブルではなく、他のアーキテクチャに基づいたマシンでは、イ

ンターフェイス自身が存在しないため、呼び出すことはできません。x86固有コードの例としては、仮想8086モードの使用の呼び出しサポートがあります。これは、古いビデオカード上で特定のリアルモードコードのエミュレーションを必要とします。

カーネル内のアーキテクチャ固有コードのその他の例としては、変換バッファーやCPUキャッシュサポートを提供するインターフェイスがあります。このサポートには、キャッシュが実装されている方法の関係で、異なるアーキテクチャで異なるコードを必要とします。

他の例としては、コンテキストスイッチがあります。俯瞰的に見て同じアルゴリズムが、スレッドの選定とコンテキストスイッチ（保存された以前のスレッドのコンテキスト、読み込まれた新しいスレッドのコンテキスト、および開始された新しいスレッドのコンテキスト）に使用されていても、プロセッサが異なればアーキテクチャ上の実装も異なります。コンテキストはプロセッサの状態（レジスタなど）を表すものなので、保存されているものや、読み込まれているものは、アーキテクチャによって異なります。

2.5.5 ハードウェア抽象化レイヤー（HAL）

この章の最初に言及したように、Windowsの設計にとって重要な要素の1つは、さまざまなハードウェアプラットフォームをカバーするポータビリティです。OneCoreと無数のフォームファクタデバイスが利用可能になったことで、それはこれまで以上に重要になりました。ハードウェア抽象化レイヤー（Hardware Abstraction Layer：HAL）は、このポータビリティの実現を可能にする中核部分です。HALは、読み込み可能なカーネルモードモジュール（Hal.dll）であり、Windowsの稼働中にハードウェアプラットフォームへの下位レベルインターフェイスを提供します。HALは、I/Oインターフェイスや割り込みコントローラー、マルチプロセッサ通信メカニズムといったハードウェア依存の詳細や、アーキテクチャ固有およびマシン依存の両方の機能を隠します。

そのため、Windowsの内部コンポーネントとユーザー作成のデバイスドライバーには、プラットフォーム依存の情報を必要とするときにハードウェアへの直接的なアクセスを提供するのではなく、HALルーチンの呼び出しによるポータビリティが提供されます。このような理由から、多くのHALルーチンがWindows Driver Kit（WDK）ドキュメントで説明されています。HALに関する詳細およびデバイスドライバーからの使用に関する詳細については、WDKドキュメントを参照してください。

標準的なデスクトップ版Windowsのインストールには2つのx86 HAL（表2-4）が含まれますが、Windowsはブート時にどちらのHALを使用するべきか検出する能力を持ちます。これにより、異なる種類のシステムにインストールされたWindowsがブートできずに終了してしまうという、以前のバージョンのWindowsに存在していた問題が解消されました。

表2-4　x86 HALの一覧

HALのファイル名	サポートされるシステム
Halacpi.dll	Advanced Configuration and Power Interface（ACPI）PC。APICサポートのない、ユニプロセッサのみのマシンであることを示します。複数のプロセッサが存在する場合、システムは、代わりにもう1つのHAL（Halmacpi.dll）を使用します。
Halmacpi.dll	ACPI対応のAdvanced Programmable Interrupt Controller（APIC）PC。APICの存在は、対称型マルチプロセッシング（SMP）のサポートを示しています。

x64およびARMマシンでは、Hal.dllという名前の1つのHALイメージのみが存在します。すべてのx64マシンは、プロセッサがACPIとAPICのサポートが必要であるため、結果として同じマザーボード構成を持ちます。そのため、ACPIなしのマシンやStandard PICのマシンをサポートする必要はあ

りません。同様に、すべてのARMシステムは、標準的なAPICマシンと同じように、ACPIを持ち、割り込みコントローラーを使用します。もう一度言いますが、単一のHALでこれをサポートできます。

一方で、その割り込みコントローラーは類似していますが、同一のものではありません。さらに、いくつかのARMシステムでは、実タイマーとメモリ/DMAコントローラーが他のARMシステムとは異なります。

最後に、IoTの分野では、PCベースのシステムであっても、Intel DMAコントローラーといった、特定の標準的なPCハードウェアが存在しない可能性があり、異なるコントローラーのサポートを必要とする場合があります。古いバージョンのWindowsは、各ベンダーに可能性のあるプラットフォームの組み合わせごとにカスタムHALを提供させることで、ハードウェアの違いに対応していました。しかし、この方法だと重複したコードが相当量発生するため、もはや現実的ではありません。その代わりに、現在のWindowsは、**HAL拡張**（HAL Extension）として知られるモジュールをサポートしています。HAL拡張は、ディスク上の追加的なDLLであり、特定のハードウェアがそれを必要とする場合に、ブートローダーによって読み込まれます（通常、ACPIとレジストリベースの構成を使用します）。例えば、あなたのWindows 10のデスクトップシステムには、HalExtPL080.dllおよびHalExtIntcLpioDMA.dllがインストールされている可能性があります。後者はIntelの特定の低電力プラットフォームに使用されています。

HAL拡張の作成にはマイクロソフトとの協業が必要であり、HAL拡張のファイルは、ハードウェアベンダーのみが利用可能な、特別なHAL拡張証明書を用いてカスタム署名されている必要があります。また、HAL拡張で使用可能なAPIは厳しく制限され、従来のポータブル実行可能（PE）イメージのメカニズムは使用せず、制限されたインポート/エクスポートテーブルメカニズムを介して対話します。例えば、次の実習は、HAL拡張の上で、使用可能な関数が1つも存在しないことを示します。

実習 Ntoskrnl.exeおよびHALイメージの依存関係を参照する

Dependency Walkerツール（Depends.exe）を使用すると、カーネル（Ntoskrnl.exe）とハードウェア抽象化レイヤー（HAL）イメージのエクスポート/インポートテーブルを調べて、両者の関係を確認することができます。Dependency Walkerを使用して特定のイメージを調べるには、［File］メニューを開いて［Open］を選択し、目的のイメージファイルを選択して［開く］をクリックします。

右の例は、このツールを使用してNtoskrnl.exeの依存関係を表示したときの出力結果です（今のところは、Dependency Walkerが表示する、APIセットの解釈ができないというエラーメッセージ"Errors were detected when processing..."は無視してください）。

Ntoskrnl.exeがHAL（Hal.dll）に対してリンクされている点、そしてそのHALがNtoskrnl.exeに再びリンクされて戻っている点に注目してください（これらはお互いの関数を使用し合っています）。Ntoskrnl.exeは、次に示すバイナリにもリンクされています。

- **Pshed.dll** —— プラットフォーム固有のハードウェアエラードライバー（Platform-Specific Hardware Error Driver：PSHED）は、基盤となるプラットフォームのハードウェアエラーレポート機能を抽象化します。これは、プラットフォームのエラー処理メカニズムの詳細をOSから隠し、Windows OSの一貫性のあるインターフェイスとして公開することで実現されています。
- **Bootvid.dll** —— x86システム上のブートビデオドライバー（Bootvid、VGA Boot Driver）は、スタートアップ時にブートテキストとブートロゴを表示するのに必要なVGAコマンドのサポートを提供します。
- **Kdcom.dll** —— これは、カーネルデバッガー（KD）プロトコルの通信ライブラリです。
- **Ci.dll** —— これは、コードの整合性（Code Integrity）ライブラリです（コードの整合性について詳しくは、本書下巻で説明します）。
- **Msrpc.sys** —— カーネルモード用のMicrosoftリモートプロシージャコール（RPC）クライアントドライバーは、カーネル（およびその他のドライバー）がRPCやMES（Media Encoder Standard）エンコードアセットのマーシャリングを介してユーザーモードサービスと通信することを可能にします。例えば、カーネルは、ユーザーモードのPlug and Play（PlugPlay）サービスとの間でマーシャルデータをやり取りするのにこれを使用します。

このツールによって表示される情報の詳しい説明については、Dependency Walkerヘルプファイル（Depends.chm）を参照してください。

先ほど、Dependency WalkerのAPIセットの解釈エラーは無視するように言いました。その理由は、Dependency Walkerの作成者が、解釈のメカニズムを正しく扱うようにツールをアップデートしていないからです。APIセットの実装については第3章の「3.8　イメージローダー」の節で説明しますが、カーネルが持つ可能性がある、SKUに依存する依存関係を調べ、APIセットが使用する実際のモジュールを見てみましょう。なお、ここではAPIセットを扱う際に、DLLやライブラリではなく、コントラクトの意味で説明している点に注意してください。また、これらのコントラクトのいくつか（またはすべて）が、あなたのコンピューターには存在しない可能性があることを知っておくことは重要なことです。以下のAPIセットの存在は、SKU、プラットフォーム、ベンダーの要素の組み合わせに依存します。

- **Werkernel コントラクト** —— ライブカーネルダンプの作成など、カーネル内でWindowsエラー報告（Windows Error Reporting：WER）のサポートを提供します。
- **Tm コントラクト** —— これは、カーネルトランザクションマネージャー（Kernel Transaction Manager：KTM）です。詳しくは、本書下巻で説明します。
- **Kcminitcfg コントラクト** —— 特定のプラットフォーム上で必要になる可能性がある、カスタム初期レジストリ構成を表しています。
- **Ksr コントラクト** —— カーネルのソフトリブート（ソフトウェアによる再起動）を処理します。このサポートには、特に、特定のモバイルやIoTプラットフォームにおいて、特定のメモリ範囲の永続的な割り当てを必要とします。
- **Ksecurity コントラクト** —— これには、特定のデバイスとSKUにおいて、ユーザーモードで実行されるアプリコンテナー（AppContainer）プロセス（つまり、Windowsアプリのこと）のための追加的なポリシーが含まれます。

- **Ksigningpolicyコントラクト** —— これには、ユーザーモードのコードの整合性（User Mode Code Integrity：UMCI）用の追加的なポリシーが含まれます。特定のSKUにおいて、非アプリコンテナープロセスをサポートしたり、特定のプラットフォームとSKUにおいて、デバイスガード（Device Guard）やApp Lockerのセキュリティ機能をさらに構成するために使用されます。
- **Ucodeコントラクト** —— これは、IntelやAMDといった、プロセッサのマイクロコードの更新をサポートできるプラットフォームのための、マイクロコードの更新ライブラリです。
- **Clfsコントラクト** —— これは、共通ログファイルシステム（Common Log File System：CLFS）ドライバーであり、（特に）トランザクショナルレジストリ（Transactional Registry：TxR）によって使用されます。TxRについて詳しくは、本書下巻で説明します。
- **Iumコントラクト** —— これは、システム上で動作する分離ユーザーモード（Isolated User Mode：IUM）のTrustletの追加的なポリシーです。これは、Windows Server 2016 Datacenter上でシールドされた仮想マシン（Shielded VM）を提供するなど、特定のSKUで必要とされる場合があります。IUM Trustletについて詳しくは、第3章で説明します。

2.5.6 | デバイスドライバー

　デバイスドライバーについては第6章で説明しますが、ここではドライバーの概要を提供し、システムにインストールされているドライバーの一覧を取得する方法、およびシステムにドライバーが読み込まれる方法について説明します。

　Windowsは、カーネルモードドライバーとユーザーモードドライバーをサポートしていますが、ここではカーネルモードドライバーについてのみ説明します。「デバイスドライバー」という用語は、ハードウェアデバイスを意味するものですが、ハードウェアとは直接的に関係しない、他の種類のデバイスドライバーも存在します（後で一覧にします）。この項では、特定のハードウェアデバイスの制御に関係するデバイスドライバーに焦点を当てます。

　デバイスドライバーは、読み込み可能なカーネルモードモジュール（通常、ファイル名の拡張子は.sysです）であり、I/Oマネージャーと、対応するハードウェア間のインターフェイスを提供します。デバイスドライバーは、カーネルモード内で次の3つのコンテキストのいずれかで実行されます。

- I/O関数（読み取り操作など）を開始したユーザースレッドのコンテキスト。
- カーネルモードシステムスレッドのコンテキスト（プラグアンドプレイ（PnP）マネージャーからの要求など）。
- 割り込みの結果として、つまり、特定のスレッドのコンテキストではなく、割り込みが発生したときの現在のスレッドのコンテキスト。

　前の項の初めに指摘したように、Windows内でデバイスドライバーは、ハードウェアを直接操作することはしません。その代わりデバイスドライバーは、ハードウェア抽象化レイヤー（HAL）内の関数を呼び出して、ハードウェアと間接的に接続します。ドライバーは通常、CやC++で書かれています。そのため、HALルーチンを適切に使用して、WindowsでサポートされているCPUアーキテクチャを横断して、ソースコードレベルでポータブルであり、同じアーキテクチャファミリ内では、バイナリレベルでポータブルです。

デバイスドライバーには、次に示すようにいくつかの種類が存在します。

- **ハードウェアデバイスドライバー** —— ハードウェアデバイスドライバーは、HALを使用してハードウェアを操作し、出力を書き込んだり、物理デバイスやネットワークから入力を取り出したりします。ハードウェアデバイスドライバーには、バスドライバー、ヒューマンインターフェイスドライバー、大容量記憶装置ドライバーなど、たくさんの種類が存在します。
- **ファイルシステムドライバー** —— ファイルシステムドライバーは、ファイル指向のI/O要求を受信し、特定のデバイスにバインドされたI/O要求に変換するWindowsのドライバーです。
- **ファイルシステムフィルタードライバー** —— ファイルシステムフィルタードライバーには、ディスクのミラーリングや、暗号化またはウイルス感染のスキャン機能を提供するもの、I/O要求をインターセプトして要求を次のレイヤーに渡す前に（あるいは操作を拒否する前に）、何かしらの追加の処理を行うものなどがあります。
- **ネットワークリダイレクターおよびサーバー** —— これらはそれぞれ、ファイルシステムのI/O要求をネットワーク上の別のマシンに転送する、およびそのような要求を受信する、ファイルシステムドライバーです。
- **プロトコルドライバー** —— プロトコルドライバーは、TCP/IP、NetBEUI、IPX/SPXなどのネットワークプロトコルを実装しています。[*11]
- **カーネルストリーミングフィルタードライバー** —— これらのドライバーは互いに連携して、音声とビデオのレコーディングや表示など、データストリームの信号処理を実行します。
- **ソフトウェアドライバー** —— 一部のユーザーモードプロセスに代わって、カーネルモードでのみ行える操作を実行するカーネルモジュールです。Process ExplorerやProcess MonitorといったWindows Sysinternalsの多くのユーティリティは、情報の取得やユーザーモードAPIからは不可能な操作を実行するために、この種類のドライバーを使用します。

■| Windows Driver Model（WDM）

　最初のWindows NTバージョン（3.1）のときに作成された初期のドライバーモデルでは、プラグアンドプレイ（PnP）の概念はサポートされていませんでした。なぜなら、PnPはまだ利用可能ではなかった技術だからです。この状況は、Windows 2000（およびコンシューマー版のWindows 95/98）が登場するまで続きました。

　Windows 2000には、PnPのサポート、電源オプション、およびWindows Driver Model（WDM）と呼ばれるWindows NTドライバーモデルの拡張機能が追加されました。Windows 2000および以降のバージョンは、レガシなWindows NT 4ドライバーでも動作します。しかし、レガシドライバーはPnPや電源オプションをサポートしていないため、レガシドライバーを実行しているシステムでは、この2つの領域において、機能が制限されました。

　初期のWDMは、Windows 2000/XPとWindows 98/Millennium Edition（ME）間でソースレベルで（ほとんど）互換性がある、共通のドライバーモデルを提供しました。そのため、必要となるコードベースは、2つではなく単一でよいため、ハードウェアデバイスのためのドライバーの開発が簡素化されました。WDMは、Windows 98/ME上にもシミュレートされました。これらのオペレーティングシステムが使用されなくなってからは、WDMには、Windows 2000以降のバージョンのためのハードウェアデバイス用のドライバーを書くための、基本的なモデルだけが残りました。

[*11] 訳注：NetBEUIのサポートはWindows XPおよびWindows Server 2003で、IPX/SPXのサポートはWindows VistaおよびWindows Server 2008で削除されました。

WDMの視点から見ると、デバイスドライバーには次に示す3種類のドライバーが存在します。

- **バスドライバー** —— バスドライバーは、バスコントローラー、アダプター、ブリッジ、または子デバイスを持つ任意のデバイスをサービスします。バスドライバーは必須のドライバーであり、通常、マイクロソフトが提供します。システム上のバスの種類（PCI、PCMCIA、USBなど）ごとに、1つのバスドライバーを持ちます。サードパーティは、VMEbus、MultiBus、FutureBusといった、新しいバスのサポートを提供するために、バスドライバーを開発できます。
- **ファンクションドライバー** —— ファンクションドライバーはメインのデバイスドライバーであり、そのデバイスを操作するインターフェイスを提供します。未加工（Raw）I/Oを扱うデバイスでない限り、ファンクションドライバーは必須のドライバーです。未加工I/Oの実装は、SCSI PassThruといった、バスドライバーやバスフィルタードライバーによって行われます。ファンクションドライバーは、特定のデバイスについて最もよく知っているドライバーであり、通常は、デバイス固有のレジスタにアクセスする唯一のドライバーです。
- **フィルタードライバー** —— フィルタードライバーは、デバイスや既存のドライバーに対して機能を追加するために使用されます。あるいは、I/O要求や他のドライバーからの応答を変更したりするのに使用されます。フィルタードライバーは、ハードウェアのリソース要求に関する誤った情報を修正するために使用されることもあります。フィルタードライバーは任意であり、存在できる数に制限はなく、ファンクションドライバーやバスドライバーの上位または下位に配置されます。通常、OEM（相手先ブランド供給）やIHV（独立系ハードウェアベンダー）が、フィルタードライバーを提供します。

WDMドライバー環境において、単一のドライバーで1つのデバイスのすべての側面を制御できるものはありません。バスドライバーはバス上のデバイスをPnPマネージャーに報告することに関係していますが、ファンクションドライバーはデバイスの操作に関係しています。

ほとんどの場合、下位レベルのフィルタードライバーは、デバイスのハードウェアの挙動を変更します。例えば、デバイスがバスドライバーに対して、実際には16のI/Oポートが必要であるのに、4つのI/Oポートが必要であると報告した場合、下位レベルのデバイス固有機能を持つフィルタードライバーが、バスドライバーに報告されたハードウェアリソースのリストをインターセプトし、PnPマネージャーに対して更新されたI/Oポート数を報告します。

上位レベルのフィルタードライバーは、通常、デバイスに対して付加価値となる機能を提供します。例えば、ディスク用の上位レベルのデバイスのフィルタードライバーは、追加的なセキュリティチェックを強制できます。割り込み処理に関しては本書下巻で説明しますが、デバイスドライバーについては第6章で簡単に説明します。I/Oマネージャー、WDM、PnP、および電源管理についても、第6章で詳しく説明します。

■| Windows Driver Foundation（WDF）

Windows Driver Foundation（WDF）は、カーネルモードドライバーフレームワーク（Kernel-Mode Driver Framework：KMDF）とユーザーモードドライバーフレームワーク（User-Mode Driver Framework：UMDF）という、2つのフレームワークを提供することで、Windowsドライバー開発を簡素化します。ドライバーの開発者は、KMDFを使用して、Windows 2000 Service Pack（SP）4以降向けのドライバーを開発することができます。UMDFは、Windows XP以降をサポートしています。

KMDFは、Windows Driver Model（WDM）に対する簡易インターフェイスを提供し、下層の基本的なバス／ファンクション／フィルターモデルを変更することなく、その複雑さをドライバー開発者から隠します。KMDFドライバーは、登録可能なイベントに応答し、KMDFライブラリを呼び出して、

汎用的な電源管理や同期など、管理しているハードウェアに固有ではない作業を実行します（以前は、各ドライバーがこれを独自に実装する必要がありました）。場合によっては、200行以上のWDMコードを、1つのKMDF関数の呼び出しに置き換えることができます。

UMDFは、特定のドライバークラスを、ユーザーモードドライバーとして実装できるようにします。そのほとんどは、USBベース、またはその他の遅延の大きいプロトコルバスのドライバーであり、ビデオカメラ、MP3プレイヤー、携帯電話、プリンターなどがあります。UMDFは、各ユーザーモードドライバーを、基本的にユーザーモードサービス内で実行し、Advanced Local Procedure Call（ALPC）を使用してカーネルモードラッパードライバーと通信します。カーネルモードラッパードライバーは、ハードウェアへの実際のアクセスを提供します。UMDFドライバーがクラッシュした場合、そのプロセスは停止し、通常は再開します。このような方法では、システムが不安定になることはありません。ドライバーをホストするサービスが再開している間、そのデバイスは単に利用できなくなります。

UMDFには、2つのメジャーバージョンがあります。UMDFバージョン1.xは、UMDFがサポートするすべてのOSバージョンで利用可能であり、最新で最後のバージョンであるバージョン1.11はWindows 10で利用可能です。このバージョンは、ドライバーを書くためにC++とコンポーネントオブジェクトモデル（COM）を使用します。これは、ユーザーモードのプログラム開発者にとっては便利ですが、UMDFモデルをKMDFと異質なものにしています。もう1つのメジャーバージョンであるUMDFバージョン2.0は、Windows 8.1で導入されました。このバージョンは、KMDFと同じオブジェクトモデルに基づいており、2つのプログラミングモデルを非常に似たものにしています。最後に、WDFは、マイクロソフトによってオープンソース化されています。本書の制作時点では、GitHubのhttps://github.com/Microsoft/Windows-Driver-Frameworksにて公開されています。

■ | ユニバーサルWindowsドライバー

Windows 10からは、「ユニバーサルWindowsドライバー」あるいは単に「ユニバーサルドライバー」という用語が、単一のコードでデバイスドライバーを書く機能を指すようになりました。ユニバーサルドライバーは、Windows 10の共通コアが提供する、APIとデバイスドライバーインターフェイス（Device Driver Interface：DDI）を共有します。この種のドライバーは、特定のCPUアーキテクチャ（x86、x64、ARM）においてバイナリレベルで互換性があり、IoTデバイスからスマートフォン、HoloLens、Xbox One、ラップトップやデスクトップに至るまで、さまざまなフォームファクター上で使用できます。ユニバーサルドライバーは、KMDF、UMDFバージョン2.x、またはWDMをドライバーモデルとして使用できます。

実習 インストールされているデバイスドライバーを参照する

システムにインストールされているドライバーの一覧を取得するには、［システム情報］ツール（Msinfo32.exe）を実行します。ツールを起動するには、［スタート］メニューを開き、直接 **msinfo32** と入力します。すると、検索結果の画面に［システム情報（デスクトップアプリ）］と表示されるので、これをクリックして起動します。［システムの要約］の下にある［ソフトウェア環境］を展開し、［システムドライバー］を開きます。次のスクリーンショットは、インストールされているドライバーの一覧の出力例です。

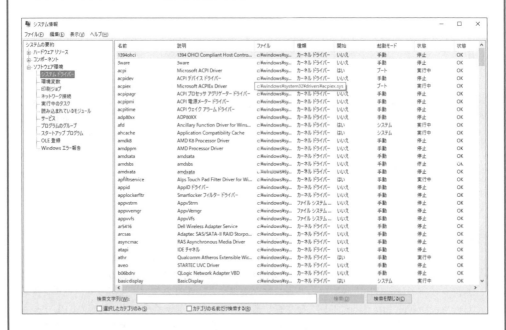

このウィンドウは、レジストリ内に定義されているデバイスドライバーの一覧とその状態（実行中または停止）を表示します。デバイスドライバーとWindowsサービスのプロセスはどちらも、レジストリ内の同じ場所のHKLM￥SYSTEM￥CurrentControlSet￥Servicesキーに定義されています。しかし、デバイスドライバーとサービスは、Type値に設定されている種類コードで区別されます。例えば、Type値が1の場合はカーネルモードデバイスドライバーであることを示しています。デバイスドライバーに関して、レジストリ内に格納されている情報の完全な一覧については、本書下巻で説明します。

別の方法として、Process ExplorerでSystemプロセスを選択し、DLLビューを開くことで、現在、システムに読み込まれているデバイスドライバーの一覧を参照することができます。次のスクリーンショットは、その出力例です（追加の列を表示させるには、列ヘッダーを右クリックして、［Select Columns］をクリックし、［DLL］タブのモジュールで利用可能な列から選択します）。

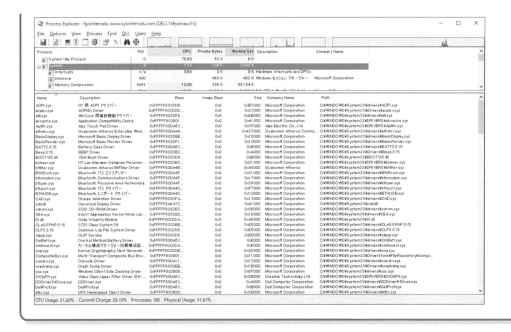

ドキュメント化されていないインターフェイスを参照するには

　主要なシステムイメージ（Ntoskrnl.exe、Hal.dll、Ntdll.dllなど）について、エクスポートされたシンボルまたはグローバルシンボルの名前を調べることは、勉強になるでしょう。これにより、Windowsが実際にできることと、現在、ドキュメント化されサポートされていることの違いを知ることができます。もちろん、これらの関数の名前を知ることは、それを呼び出すことができる、あるいは呼び出すべきであるということを意味しているわけではありません。そのインターフェイスは、ドキュメント化（公開）されておらず、変更される可能性もあるからです。これらの関数を調べる方法を提供することは、サポートされているインターフェイスをバイパスすることが目的ではありません。これらの関数を見ることで、Windowsが実行する内部関数の種類について、純粋により深く理解してください。

　例えば、Ntdll.dllの関数の一覧を見ることで、Windowsがユーザーモードのサブシステム DLL に提供するすべてのシステムサービスと、各サブシステムが公開しているサブセットの一覧を取得できます。これらの関数の多くは、明確にドキュメント化されており、サポートされている Windows 関数ですが、いくつかは Windows API を介して公開されていません。

　逆に、Windows サブシステム DLL（Kernel32.dll や Advapi32.dll など）にインポートされ、どの関数が Ntdll.dll を呼び出しているのかを調べることも、興味深いことです。

　Ntoskrnl.exe は、調べることが興味深いもう1つのイメージです。カーネルモードデバイスドライバーが使用する、エクスポートされたルーチンの多くは、Windows Driver Kit（WDK）ドキュメントで説明されていますが、まったく説明されていないものもあります。Ntoskrnl.exe とハードウェア抽象化レイヤー（HAL）のインポートテーブルを参照しても、興味深いことを発見するでしょう。HAL のテーブルは、HAL 内の関数の一覧を示し、Ntoskrnl.exe がその関数を使用します。逆もまた同様です。

　表2-5は、エグゼクティブコンポーネントの、最もよく使用される関数の名前のプレフィックス（接頭語）の一覧です。これらの主要なエグゼクティブコンポーネントは、それぞれプレフィックスのバリエーションを使用して内部関数を示します。バリエーションには、プレフィックスの最初の1文字の次にi（internalのi）が続くものや、フルプレフィックスの後ろにp（privateのp）が続くものがあります。例えば、Kiは内部カーネル関数を表しており、Pspは内部プロセスサポート関数を表しています。

表2-5 よく使われるプレフィックス

プレフィックス	コンポーネント
Alpc	Advanced Local Procedure Call（ALPC）
Cc	共通キャッシュ（Common Cache）
Cm	構成マネージャー（Configuration manager）
Dbg	カーネルデバッグサポート
Dbgk	ユーザーモード用デバッグフレームワーク
Em	エラーマネージャー
Etw	Windowsイベントトレーシング（Event Tracing for Windows：ETW）
Ex	エグゼクティブ（Executive）サポートルーチン
FsRtl	ファイルシステムランタイムライブラリ（File System Runtime Library：FSRTL）
Hv	ハイブ（Hive）ライブラリ
Hvl	ハイパーバイザーライブラリ
Io	I/Oマネージャー
Kd	カーネルデバッガー
Ke	カーネル
Kse	カーネルShimエンジン
Lsa	ローカルセキュリティ機関（Local Security Authority：LSA）
Mm	メモリマネージャー
Nt	NTシステムサービス（ユーザーモードからはシステムコールを介してアクセス可能）
Ob	オブジェクトマネージャー
Pf	プリフェッチャー
Po	電源マネージャー
PoFx	電源管理フレームワーク（Power Management Framework：PoFx）
Pp	プラグアンドプレイ（PnP）マネージャー
Ppm	プロセッサ電源マネージャー（Processor Power Manageer：PPM）
Ps	プロセスサポート
Rtl	ランタイムライブラリ
Se	セキュリティ参照モニター（Security Reference Monitor：SRM）
Sm	ストアマネージャー
Tm	トランザクションマネージャー
Ttm	ターミナルタイムアウトマネージャー
Vf	ドライバーの検証ツール（Driver Verifier）
Vsl	仮想保護モード（Virtual Secure Mode）ライブラリ
Wdi	Windows診断インフラストラクチャ（Windows Diagnostic Infrastructure：WDI）
Wfp	Windows指紋認証（Windows FingerPrint）
Whea	Windowsハードウェアエラーアーキテクチャ（Windows Hardware Error Architecture：WHEA）
Wmi	Windows Management Instrumentation（WMI）
Zw	システムサービス（プレフィックスNt）のミラーエントリポイント。NTシステムサービスは、以前のアクセスモードであるユーザーモードのみをパラメーターとして検証するため、このエントリポイントを使用して、カーネルに対する以前のアクセスモードをセットし、パラメーターの検証を評価します。

第**2**章 システムアーキテクチャ | **97**

Windowsシステムルーチンの命名規則を理解すると、これらのエクスポートされた関数の名前をより簡単に判読できます。一般的な形式は次のようになります。

＜プレフィックス＞＜操作＞＜オブジェクト＞

この形式で、＜プレフィックス＞はルーチンをエクスポートした内部コンポーネントを示し、＜操作＞はオブジェクトやリソースに対して何をしようとしているのかを示します。また、＜オブジェクト＞は操作の対象を識別します。例えば、ExAllocatePoolWithTagは、ページプールまたは非ページプールから割り当てを行うエグゼクティブサポートルーチンです。KeInitializeThreadは、カーネルスレッドオブジェクトの割り当てと初期化を行うルーチンです。

2.5.7 | システムプロセス

すべてのWindows 10システムでは、次に示すシステムプロセスが存在します。実は、これらのシステムプロセスの1つ（アイドルプロセス）はまったくプロセスではありません。3つ（システム、セキュアシステム、メモリの圧縮）は、ユーザーモード実行可能ファイルを実行していないため、完全なプロセスではありません。これらの種類のプロセスは、**最小プロセス**（Minimal Process）とも呼ばれます。詳しくは、第3章で説明します。

- **アイドル（System Idle Process）プロセス** —— CPUごとに1つのスレッドを持ち、CPUのアイドル時間を計測するのに使用されます。
- **システム（System）プロセス** —— カーネルモードのシステムスレッドとハンドルの大部分を含みます。
- **セキュアシステム（Secure System）プロセス** —— VTL 1内のセキュアカーネルのアドレス領域を含みます（仮想化ベースのセキュリティ：VBSが有効な場合）。
- **メモリの圧縮（Memory Compression）プロセス** —— ユーザーモードプロセスの、圧縮されたワーキングセットを含みます。詳しくは、第5章で説明します。
- **セッションマネージャー（Smss.exe、日本語版でのプロセスの説明はWindowsセッションマネージャー）**
- **Windowsサブシステム（Csrss.exe、日本語版でのプロセスの説明はクライアントサーバーランタイムプロセス）**
- **セッション0の初期化（Wininit.exe、日本語版でのプロセスの説明はWindowsスタートアップアプリケーション）**
- **ログオンプロセス（Winlogon.exe、日本語版でのプロセスの説明は、Windowsログオンアプリケーション）**
- **サービスコントロールマネージャー（Services.exe、日本語版でのプロセスの説明は、サービスとコントローラーアプリケーション）** —— システムが提供する汎用サービスホストプロセス（Svchost.exe、日本語版でのプロセスの説明は、Windowsサービスのホストプロセス）などが作成する子サービスプロセスを持ちます。
- **ローカルセキュリティ機関（LSA）サブシステムサービス（Lsass.exe、日本語版でのプロセスの説明は、Local Security Authority Process）** —— 資格情報ガード（Credential Guard）がアクティブな場合、分離されたローカルセキュリティ機関（Isolated LSA）サブシステムサービス（LsaIso.exe、日本語版でのプロセスの説明は、Credential Guard & Key Guard）になります。

これらのプロセスがどのように関係しているのかを理解するのに、プロセス間の親子関係を示すプロセスツリーを参照することが手助けになります。それぞれのプロセスがどのプロセスによって作成されたのかを見ると、それぞれのプロセスの由来を理解することができます。図2-6は、Process Monitor（Procmon.exe）のブートトレースが示したプロセスツリーです。Process Monitorでブートトレースを実行するには、Proces Monitorの［Options］メニューを開き、［Enable Boot Logging］を選択します。次に、システムを再起動します。Process Monitorを再実行し、［Tools］メニューを開いて、［Choose Process Tree］を選択します。[*12] または、**Ctrl**+**T** ショートカットキーを押して、プロセスツリーをすばやく開きます。Process Monitorのブートトレースを使用すると、既に終了してしまったプロセスについても、退色したアイコンで参照することができます。

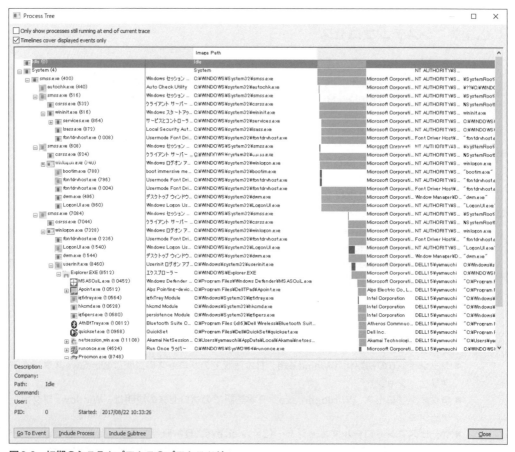

図2-6　初期のシステムプロセスのプロセスツリー

[*12] 訳注：ブートトレース後のProcess Monitorの実行時、「A log of boot-time activity was created by a previous instance of Process Monitor. Do you wish to save the collected data now?」と表示されるので、［はい］をクリックし、トレースログ（既定のファイル名はBootlog.pml）としてディスクに保存してください。その後、Process Monitorにトレースログの内容が表示されます。保存前のブートトレースには、大量のログがバイナリ形式で保持されています。トレースログの保存時に、変換のための時間を要します。保存されたトレースログは、後でProcess Monitorの［File］メニューの［Open］から開くことができます。

次の項では、図2-6に表示されている主要なシステムプロセスについて説明します。ここでは、プロセスのスタートアップの順番を簡単に説明するだけですが、本書下巻ではWindowsがブートして開始する間のステップの詳細について説明します。

■ アイドル（System Idle Process）プロセス

図2-6の一覧の1番上にあるプロセスは、アイドル（System Idle Process）プロセスです。第3章で説明するように、プロセスは、そのイメージ（実行可能ファイル）の名前で識別されます。しかし、このプロセスは、本当のユーザーモードイメージを実行していません。システム、セキュアシステム、メモリの圧縮プロセスも同様です。つまり、"System Idle Process.exe" というイメージは、Windowsディレクトリ内に存在しないのです。また、それぞれのユーティリティにおける実装の関係で、このプロセスの表示名は、ユーティリティ間で異なります。アイドルプロセスは、アイドル時間を計測するためのものです。このプロセス内に存在するスレッドの数が、システムにある論理プロセッサの数と同じ理由はそこにあります。表2-6に、アイドルプロセス（プロセスID 0）に与えられるいくつかの名前の一覧を示します。アイドルプロセスについては、第3章で詳しく説明します。

表2-6　さまざまなユーティリティにおけるプロセスID 0のプロセス名

ユーティリティ	プロセスID 0のプロセス名
タスクマネージャー	System Idle process
Pstat.exe（Windows 2000リソースキットツール、Windows XP Service Pack 2サポートツールなど）[*13]	Idle Process
Process Explorer（Windows Sysinternals）	System Idle process
Tasklist.exe（Windowsビルトイン）	System Idle process
Tlist.exe（Debugging Tools for Windowsに付属）	System process

それでは、システムプロセスの本物のイメージを実行しているシステムスレッドと、各システムスレッドの役割について見ていきましょう。

■ システム（System）プロセスおよびシステムスレッド

システムプロセス（プロセスID 4）は、カーネルモードシステムスレッドと呼ばれる特別な種類のスレッドのためのホーム（開始地点）であり、カーネルモード内でのみ実行されます。システムスレッドは、ハードウェアコンテキスト、優先度など、通常のユーザーモードスレッドのすべての属性とコンテキストを持ちますが、Ntoskrnl.exeまたは読み込まれたデバイスドライバーにある、システム領域内に読み込まれるカーネルモードコードのみを実行する点が異なります。さらに、システムスレッドは、ユーザープロセスアドレス領域を持たないため、OSメモリヒープから、ページプールまたは非ページプールといった動的記憶域を割り当てる必要があります。

メモ
　　Windows 10バージョン1511のタスクマネージャーは、システムプロセスを「システムと圧縮メモリ」（英語版システムの場合はSystem and Compressed Memory）と表示します。その理由は、メモリ内のプ

[*13] 訳注：Windows 2000リソースキットツールのダウンロード提供は、既に終了しました。Windows XP Service Pack 2サポートツールは、本書の執筆時点でhttps://www.microsoft.com/ja-jp/download/details.aspx?id=18546 よりダウンロード可能です。

ロセス情報を保存するために、ディスクにページアウトするのではなくメモリを圧縮するという、Windows 10の新機能が追加されたからです。このメカニズムについては、第5章で詳しく説明します。Windows 10 バージョン1511では、タスクマネージャーやその他のツールが実際に表示する名前に関係なく、このプロセスが「システムプロセス」であることに注意してください。Windows 10バージョン1607および Windows Server 2016では、「システムプロセス」という用語は、従来のシステムプロセスの意味に戻されました。その理由は、「Memory Compression」という名前の新しいプロセスが、メモリの圧縮のために使用されるようになったからです。このプロセスについては、第5章で詳しく説明します。

システムスレッドは、PsCreateSystemThreadまたはIoCreateSystemThread関数によって作成されます。どちらも、Windows Driver Kit（WDK）ドキュメントで説明されています。これらのスレッドは、カーネルモードからのみ呼び出されることができます。Windowsおよびさまざまなデバイスドライバーは、I/Oの発行と待機、その他のオブジェクト、またはデバイスのポーリングなど、スレッドコンテキストを必要とする操作を実行するために、システムの初期化段階でシステムスレッドを作成します。例えば、メモリマネージャーは、ページファイルやマップファイルへのダーティページの書き込み、プロセスのメモリのスワップインやスワップアウトといった機能を実装するために、システムスレッドを使用します。カーネルは、システムスレッドを作成し、スケジューリングやメモリ管理に関連するさまざまなイベントを開始するために、1秒間に1回、**バランスセットマネージャー**を呼び出します。キャッシュマネージャーもまた、先読みI/Oおよび書き込み遅延I/Oの両方を実装するために、システムスレッドを使用します。ファイルサーバーサービスドライバー（Srv2.sys、SMB 2.0 Serverドライバー）は、ディスクパーティション上のファイルデータをネットワークに共有する、ネットワークI/O要求に応答するために、システムスレッドを使用します。フロッピードライバー（flpydisk.sys）でさえ、フロッピーデバイスをポーリングするためにシステムスレッドを使用してきました（割り込み駆動型のフロッピードライバーは大量のシステムリソースを消費するため、この場合、ポーリングはより効率的です）。特定のシステムスレッドについての、さらに詳しい情報は、この章の対応するコンポーネントのところで説明しています。

既定では、システムスレッドの所有者はシステムプロセスですが、デバイスドライバーは任意のプロセス内にシステムスレッドを作成できます。例えば、Windowsサブシステムデバイスドライバー（Win32k.sys）は、Windowsサブシステムプロセス（Csrss.exe）のCanonical Display Driver（Cdd.dll）の部分の内部にシステムスレッドを作成し、そのプロセスのユーザーモードアドレス領域内にあるデータへのアクセスを容易にしています。

トラブルシューティングやシステムの分析を行う際には、個々のシステムスレッドの実行をドライバーに戻したり、コードを含むサブルーチンに戻したりできると便利です。例えば、非常に高い負荷のファイルサーバーでは、システムプロセスが想定外にCPU時間を消費しているように見えることがあります。しかし、システムプロセスの実行中は、いくつかのシステムスレッドが実行中であることはわかっていても、それだけではどのデバイスドライバーまたはOSコンポーネントが実行中であるかを特定するのには十分ではありません。

そのため、システムプロセス内でスレッドが実行中の場合は、まず、どのスレッドが実行中であるのかを特定します（例えば、パフォーマンスモニターやProcess Explorerなどのツールを使用して）。1つまたは複数のスレッドの実行を特定したら、システムスレッドがどのドライバーの実行を開始しようとしているのかを調べます。これで、少なくとも、スレッドがどのドライバーを作成したのかがわかります。例えば、Process Explorerで調べる場合は、Systemプロセスを右クリックし、[Properties]を選択します。次に、[Threads]タブに切り替え、CPU列のヘッダーをクリックして、最上位に表示される最もアクティブなスレッドを確認します。このスレッドを選択し、[Module]ボタンをクリックし、スタックの上位でどのコードが実行されているのか、そのコードが由来するファイルを確認しま

第**2**章　システムアーキテクチャ　**101**

す。最近のバージョンのWindowsでは、システムプロセスは保護されているので、Process Explorerではコールスタックを参照することはできません（[Stack]ボタンをクリックすると、"Unable to access thread"と表示され、アクセスが拒否されます）。

■| セキュアシステム (Secure System) プロセス

　セキュアシステム（Secure System）プロセス（プロセスIDは可変）は、技術的には仮想信頼レベル（VTL）1セキュアカーネルアドレス領域、ハンドル、およびシステムスレッドのホームになります。つまり、スケジューリング、オブジェクト管理、メモリ管理の所有者はVTL 0のカーネルですが、このプロセスに関連付けられた、それらの実際のエントリは存在しません。このシステムプロセスは、仮想化ベースのセキュリティ（VBS）が現在アクティブであることをユーザーに視覚的に知らせることが（例えば、タスクマネージャーやProcess Explorerなどのツール内で）、実際の唯一の役割です（少なくとも、VBSを使用できることを示すという機能を提供します）。

■| メモリの圧縮 (Memory Compression) プロセス

　メモリの圧縮（Memory Compression）プロセスは、そのユーザーモードアドレス領域を使用して、特定のプロセスのワーキングセットから退避された、スタンバイメモリに対応するメモリのページを圧縮して格納します（詳しくは、第5章で説明します）。セキュアシステム（Secure System）プロセスとは異なり、メモリの圧縮プロセスは、多数のシステムスレッドを実際にホストします。通常、SmKmStoreHelperWorkerおよびSmStReadThreadとして確認できます。これらのスレッドはどちらも、メモリの圧縮を管理するストアマネージャーに属します。

　さらに、他の種類のシステムプロセスとは異なり、このプロセスは、ユーザーモードアドレス領域内に、自身のメモリを実際に格納します。そのため、システム監視ツール内では、ワーキングセットの取り扱い方によって、潜在的にメモリ使用量が大きく見える可能性があります。実際、（Windows 10バージョン1607以降で）タスクマネージャーの［パフォーマンス］タブを参照すると、使用中のメモリと圧縮されたメモリの両方を確認できます。他のツール（Process ExplorerやTasklist.exe）で確認できるメモリの圧縮（Memory Compression）プロセスのワーキングセットのサイズが、タスクマネージャーに表示される圧縮されたメモリのサイズと同一であることを確認できるはずです。[14]

■| セッションマネージャー (Smss.exe)

　セッションマネージャー（%SystemRoot%¥System32¥Smss.exe）は、システムで最初に作成されるユーザーモードプロセスです。エグゼクティブとカーネルの初期化フェーズの最終段階で実行されるカーネルモードシステムスレッドが、このプロセスを作成します。それは、第3章で説明する、保護されたプロセスの簡易版（Protected Process Light：PPL）として作成されます。

　Smss.exeが開始すると、それが最初のインスタンスであるか（Smss.exeのマスターであるかどうか）、あるいはマスターであるSmss.exeがセッションを作成するために起動したインスタンスであるかどうかがチェックされます。コマンドライン引数が存在する場合は、後者です。Smss.exeのブートアップの間、およびリモートデスクトップサービス（以前のターミナルサービス）セッションの作成によって、Smss.exeは同時に複数のセッションを作成できます。作成されるセッション数は、4つの同時セッションに、1つのCPUにつき1セッションを加えた数になります。この機能により、同時に複数

---

[14] 訳注：Windows 10 Anniversary Update（バージョン1607）以降では、メモリの圧縮（Memory Compression）プロセスは、タスクマネージャーの［プロセス］タブや［詳細］タブには表示されません。Process ExplorerやTasklist.exeでは、プロセス名Memory Compressionとして一覧に表示されます。

102 インサイドWindows 第7版 上

のユーザーが接続するリモートデスクトップセッションホスト（以前のターミナルサーバー）では、ロ
グオンパフォーマンスが強化されます。1つのセッションの初期化が完了すると、Smss.exeのコピー
（そのセッションを作成したSmss.exeのプロセス）は終了します。最終的に、最初のSmss.exeプロセ
スだけがアクティブのまま残ります（リモートデスクトップサービスについて詳しくは、第1章の
「1.2.10　リモートデスクトップサービスとマルチユーザーセッション」の項を参照してください）。
　マスターのSmss.exeは、次に示す1回限りの初期化ステップを実行します。

1. そのプロセスと初期スレッドを重大（Critical）としてマークします。重大としてマークされたプロ
   セスまたはスレッドが何らかの理由で終了した場合、Windowsはクラッシュします。詳しくは、第
   3章で説明します。

2. 無効なハンドルの使用やヒープの破損など、そのプロセスから発生する特定のエラーは重大
   （Critical）として扱われるようになり、動的コードの実行を無効化するプロセス軽減策が有効にな
   ります。

3. そのプロセスの基本優先度を11（通常以上）に引き上げます。

4. システムがプロセッサのホットアド（稼働中の追加）をサポートしている場合、プロセッサアフィ
   ニティ（関係）の自動更新機能を有効化します。これにより、新しいプロセッサが追加されると、
   新しいセッションは新しいプロセッサの恩恵を受けることになります。プロセッサの動的追加につ
   いては、第4章で詳しく説明します。

5. Advanced Local Procedure Call（ALPC）コマンドやその他の作業アイテムを扱うためのスレッド
   プールを初期化します。

6. ALPCコマンドを受信するための、¥SmApiPortという名前の付いた1つのALPCポートを作成し
   ます。

7. システムのNUMAトポロジのローカルコピーを初期化します。

8. ファイル名の変更操作を同期するための、PendingRenameMutexという名前の付いた1つの
   ミューテックス（Mutex）を作成します。

9. 最初のプロセス環境ブロック（Process Environment Block：PEB）を作成し、必要に応じてSafe
   Mode変数を更新します。

10. HKLM¥SYSTEM¥CurrentControlSet¥Control¥Session Managerキー内のProtectionMode値に
    基づいて、セキュリティ記述子を作成します。このセキュリティ記述子は、さまざまなシステムリ
    ソースのために使用されます。

11. HKLM¥SYSTEM¥CurrentControlSet¥Control¥Session Managerキー内のObjectDirectories値
    に基づいて、¥RPC Controlと¥Windowsで表現される、オブジェクトマネージャーの名前空間の
    ディレクトリを作成します。また、BootExecute値、BootExecuteNoPnpSync値、SETUP
    EXECUTE値に設定されているプログラムパスの一覧を保存します。

12. HKLM¥SYSTEM¥CurrentControlSet¥Control¥Session Managerキー内のS0InitialCommand値
    に設定されているプログラムパスの一覧を保存します。

13. HKLM¥SYSTEM¥CurrentControlSet¥Control¥Session Managerキー内のNumberOfInitial

Sessions値を読み取ります。ただし、システムが製造モードの場合、この値は無視します。[*15]

14. HKLM¥SYSTEM¥CurrentControlSet¥Control¥Session Managerキー内のPendingFileRename Operations値およびPendingFileRenameOperations2値に設定されている、ファイル名変更操作を読み取ります。

15. HKLM¥SYSTEM¥CurrentControlSet¥Control¥Session Managerキー内のAllowProtected Renames値、ClearTempFiles値、TempFileDirectory値、およびDisableWpbtExecution値を読み取ります。

16. HKLM¥SYSTEM¥CurrentControlSet¥Control¥Session Managerキー内のExcludeFromKnown Dlls値に設定されたDLLの一覧を読み取ります。

17. HKLM¥SYSTEM¥CurrentControlSet¥Control¥Session Manager¥Memory Managementキー内に格納されている、PagingFile値、ExistingPageFiles値、PagefileOnOsVolume値、WaitFor PagingFiles値など、ページファイルのリストと構成の情報を読み取ります。

18. HKLM¥SYSTEM¥CurrentControlSet¥Control¥Session Manager¥DOS Devicesキー内に格納されている値を読み取り、保存します。

19. HKLM¥SYSTEM¥CurrentControlSet¥Control¥Session Manager¥KnownDLLsキー内に格納されている値を読み取り、保存します。

20. HKLM¥SYSTEM¥CurrentControlSet¥Control¥Session Manager¥Environmentキー内に定義されているシステム環境変数を作成します。

21. オブジェクトマネージャーの名前空間に¥KnownDllsディレクトリを作成します。WOW64を備える64ビットシステムでは、さらに¥KnownDlls32ディレクトリを作成します。

22. HKLM¥SYSTEM¥CurrentControlSet¥Control¥Session Manager¥DOS Devicesキー内に定義されたデバイスのシンボリックリンクを、オブジェクトマネージャーの名前空間の¥GLOBAL??ディレクトリに作成します。

23. オブジェクトマネージャーの名前空間に¥Sessionsルートディレクトリを作成します。

24. 保護されたメールスロットおよび名前付きパイプのプレフィックスを作成します。これにより、サービスより前に実行される可能性がある悪質なユーザーモードアプリケーションによるスプーフィング（なりすまし）攻撃から、サービスアプリケーションを保護します。

25. ステップ11でBootExecute値およびBootExecuteNoPnpSync値から保存したプログラムの一覧を実行します（既定では、BootExecute値にautochkが設定されており、これがシステムブート時のディスクチェックを行います）。

26. レジストリの残りの部分（HKLMのSOFTWARE、SAM、SECURITYハイブ）を初期化します。

27. レジストリによって無効化されていない場合は、それぞれのACPIテーブル内の、Windowsプラットフォームバイナリテーブル（Windows Platform Binary Table：WPBT）に登録されたバイナリ

[*15] 訳注：製造モード（Manufacturing Mode）は、Windows 10 Mobileから導入された、製造工程向けの完全なオペレーティングシステム環境のモードです。製造モードは、Windows 10 Mobileを実行するデバイスのHKLM¥SYSTEM¥CurrentControlSet¥Control¥ManufacturingModeキーで構成されます。

を実行します。WPBTは、アンチセフト（盗難防止）ベンダーによって使用されることがあります。WPBTを利用して、ネイティブなWindowsバイナリを非常に早い段階で確実に実行することで、新規にインストールされたシステムであっても、家の電話に通報したり、他のサービスのセットアップを実行したりできます。このようなプロセスは、Ntdll.dll（つまり、ネイティブなサブシステム）だけにリンクされている必要があります。

28. 保留されているファイル名の変更操作がステップ14のレジストリキーに指定されている場合、それを処理します。ただし、Windows回復環境（Windows Recovery Environment：WinRE）でのブート時には実行されません。

29. HKLM¥SYSTEM¥CurrentControlSet¥Control¥Session Manager¥Memory Management キーおよびHKLM¥SYSTEM¥CurrentControlSet¥Control¥CrashControl キーに基づいてページファイルと専用のダンプファイルの情報を初期化します。

30. NUMA システムで使用されているメモリ冷却技術とシステムの互換性をチェックします。

31. 以前のクラッシュ情報に基づき、必要に応じて、古いページファイルを保存し、専用のクラッシュダンプファイルを作成して、新しいページファイルを作成します。

32. 追加的な動的環境変数を作成します。これには、カーネルから照会したレジストリ設定やシステム情報に基づいて作成される、PROCESSOR_ARCHITECTURE、PROCESSOR_LEVEL、PROCESSOR_IDENTIFIER、PROCESSOR_REVISIONなどがあります。

33. ステップ11でSETUPEXECUTE値から保存したプログラムの一覧を実行します。実行可能ファイルのルールは、ステップ25のBootExecute値のプログラムと同じです。

34. 名前なしセクションオブジェクトを作成します。このセクションオブジェクトは、子プロセス（例えば、Csrss.exe）によって共有され、Smss.exeと情報を交換するために使用されます。このセクションオブジェクトへのハンドルは、子プロセスにハンドル継承を使用して渡されます。ハンドル継承について詳しくは、本書下巻で説明します。

35. ¥KnownDllsディレクトリにあるDLLを開き、永続的なセクション（マップファイル）としてマップします。ただし、ステップ16のレジストリチェックで除外されたもの（既定は空）は除きます。

36. セッション作成要求に応答するための1つのスレッドを作成します。

37. セッション0（非対話型セッション）を初期化するために、別のSmss.exeインスタンスを作成します。

38. セッション1（対話型セッション）を初期化するために、別のSmss.exeインスタンスを作成します。また、レジストリで構成されている場合は、将来のユーザーログオンの可能性に備えた追加の対話型セッションのために、さらに別のSmss.exeインスタンスを作成します。Smss.exeがこれらのインスタンスを作成する際、作成ごとにNtCreateUserProcess内のPROCESS_CREATE_NEW_SESSIONフラグを使用して、新しいセッションIDの作成を明示的に要求します。これにより、内部メモリマネージャー関数であるMiSessionCreateが呼び出され、要求されたカーネルモードセッションのデータ構造体（セッションオブジェクトなど）が作成されます。また、Windowsサブシステム（Win32k.sys）のカーネルモード部分で使用されるセッション領域の仮想アドレス範囲と、その他のデバイスドライバーのセッション領域がセットアップされます。詳しくは、第5章で説明します。

これらのステップが完了すると、（マスターの）Smss.exe は Csrss.exe のセッション 0 インスタンスへのハンドル上で、いつまでも待機します。なぜなら、Csrss.exe は重大としてマークされたプロセスだからです（保護されたプロセスとしてもマークされます。詳しくは第 3 章で説明します）。Csrss.exe が終了するとシステムがクラッシュするため、Smss.exe は待機状態を完了することは決してありません。

Smss.exe のセッションスタートアップインスタンスは、次を実行します。

- そのセッション用に、1 つまたは複数のサブシステムプロセスを作成します（既定では、Windows サブシステムである Csrss.exe）。
- Winlogon（対話型セッション）のインスタンス、またはセッション 0 初期化コマンドを作成します。セッション 0 初期化コマンドは、前述の手順に示した S0InitialCommand 値が変更されていない限り、既定では Wininit（セッション 0 用）です。これらの 2 つのプロセスの詳細については、次の項で説明します。

最後に、（マスターではない）中間の Smss.exe プロセスは、サブシステムプロセスと Winlogon または Wininit プロセスを残して終了します。そのため、残ったプロセスは、親のないプロセスとして見えます。

■ Wininit プロセス

Wininit.exe プロセスは、次のステップに従ってシステムの初期化関数を実行します。

1. Wininit.exe プロセス自身およびメインのスレッドを重大（Critical）としてマークします。システムがデバッグモードでブートしている場合は、このプロセスが途中で終了すると、デバッガーで中断されます（デバッグモードでブートしていない場合、システムはクラッシュします）。

2. 無効なハンドルの使用やヒープの破損など、そのプロセスから発生する特定のエラーを重大（Critical）として扱うようにします。

3. SKU が仮想化ベースのセキュリティ（VBS）をサポートしている場合、ステート分離のサポートを初期化します。

4. Global¥FirstWinlogonCheck という名前の付いたイベントオブジェクトを作成します（このオブジェクトは、Process Explorer、または WinObj の ¥BaseNamedObjects ディレクトリの下で確認できます）。このオブジェクトは、最初に開始された Winlogon プロセスを識別するために、Winlogon プロセスによって使用されます。

5. オブジェクトマネージャーの ¥BaseNamedObjects ディレクトリ内に、WinlogonLogoff イベントオブジェクトが作成されます。このイベントオブジェクトは、Winlogon インスタンスによって使用され、ログオフ操作が開始されたときを知らせます（セットされます）。

6. 自身のプロセスの基本優先度を 13（高）に引き上げます。また、メインスレッドの優先度を 15 に引き上げます。

7. HKLM¥SOFTWARE¥Microsoft¥Windows NT¥CurrentVersion¥Winlogon キー 内 に NoDebugThread 値が構成されていない限り、定期タイマーキューを作成し、カーネルデバッガーで指定されたユーザーモードプロセスの実行に入ります。これにより、リモートのカーネルデバッガーは、Winlogon プロセスを他のユーザーモードアプリケーションにアタッチして、入り込むことができます。

8. COMPUTERNAME環境変数にマシンのコンピューター名を設定し、ドメイン名やホスト名など、TCP/IP関連の情報の更新と構成を行います。

9. 既定のプロファイル環境変数であるUSERPROFILE、ALLUSERSPROFILE、PUBLIC、Program Dataを設定します。

10. %SystemRoot%¥Tempを実際のパスに解釈して（例：C:¥Windows¥Temp）、一時ディレクトリを作成します。

11. セッション0が対話型セッションの場合は（Windows XP以前）、フォントの読み込みとデスクトップウィンドウマネージャー（DWM）をセットアップします。セッション0が対話型セッションであるかは、SKUに依存します。

12. ウィンドウステーション（常にWinsta0という名前）を構成する初期ターミナルを作成します。また、セッション0内でプロセスを実行するための、2つのデスクトップ（WinlogonとDefault）を作成します。

13. ローカルセキュリティ機関（LSA）マシン暗号化キーを初期化します。これは、ローカルに保存されているか、対話的に入力しなければならないかによって異なります。ローカル認証キーが保存される方法については、第7章で詳しく格納します。

14. サービスコントロールマネージャー（SCM、Services.exe）のプロセスを作成します。サービスコントロールマネージャーについては、次の項で説明します。また、本書下巻でも詳しく説明します。

15. LSAサブシステムサービス（Lsass.exe）を開始します。資格情報ガード（Credential Guard）が有効になっている場合は、さらに、分離LSA（Isolated LSA）のTrustlet（LsaIso.exe）を開始します。さらに、VBSプロビジョニングキーをUEFIに問い合わせる必要もあります。Lsass.exeおよびLsaIso.exeについては、第7章で詳しく説明します。

16. 現在、セットアップが保留中の場合（新規インストールの初回ブート中である場合、またはOSの新しいメジャービルドやInsider Previewビルドへの機能更新中である場合）、セットアッププログラムを開始します。

17. システムシャットダウン要求があるまで、または前述のシステムプロセスのいずれかが何らかの理由で終了するまで、Wininit.exeプロセスはいつまでも待機します（ステップ7で説明したWinlogonキーにDontWatchSysProcs値が設定されている場合は除きます）。どちらの場合も、Wininit.exeプロセスはシステムをシャットダウンします。

■ サービスコントロールマネージャー（SCM）

　Windowsでは、「サービス」はサーバープロセスまたはデバイスドライバーのいずれかを指すことを思い出してください。ここでは、ユーザーモードプロセスのほうのサービスについて扱います。サービスは、Linuxにおけるデーモン（daemon）プロセスのようなものであり、対話型ログオンを必要とせず、システムブート時に自動的に開始するように構成できます。サービスは、サービス管理ツール（Services.msc）やSc.exeツールを使用して手動で開始することもできますし、Windows APIのStartService関数を呼び出して開始することもできます。通常、サービスはログオンユーザーと対話することはありません。ただし、特別な条件下では、ログオンユーザーとの対話が可能です。また、ほとんどのサービスが特別なサービスアカウント（SYSTEMやLOCAL SERVICEなど）で実行されますが、ログオンユーザーアカウントと同じセキュリティコンテキストで実行できるものもあります（本書

下巻で詳しく説明します)。

　サービスコントロールマネージャー(SCM)は、%SystemRoot%¥System32¥Services.exeイメージを実行する特別なシステムプロセスであり、サービスプロセスの開始や停止、デスクトップとの対話を担当します。SCMは保護されたプロセスであり、改ざんすることは困難です。サービスのプログラムは、実質的なWindowsイメージであり、特別なWindows関数を呼び出してSCMとやり取りし、サービスの正常なスタートアップの登録、サービスの状態の問い合わせへの応答、サービスの一時停止や停止といった処理を実行します。サービスは、レジストリのHKLM¥SYSTEM¥CurrentControlSet¥Servicesキー内に定義されています。

　サービスは、3つの名前を持つことを覚えておいてください。システム上で実行中として見えるプロセス名、レジストリ内の内部名、およびサービス管理ツールに表示される表示名の3つです(すべてのサービスが表示名を持つわけではありません。サービスが表示名を持たない場合、内部名が表示されます)。サービスはまた、説明フィールドを持ち、何をするサービスであるのかの詳細を示します。

　あるサービスプロセスが、プロセス一覧内のサービスに含まれているのか、その対応を調べるには、**tlist /s**(Tlist.exeはDebugging Tools for Windowsに付属)または**tasklist /svc**(Tasklist.exeはWindowsビルトインツール)コマンドを使用します。ただし、いくつかのサービスは1つのプロセスを他のサービスと共有するため、サービスプロセスと実行中のサービスは常に1対1で対応するとは限らないことに注意してください。レジストリ内では、サービスのキーのType値によって、そのサービスが専用のプロセスで動作するのか、イメージ内の他のサービスと1つのプロセスを共有するのかがわかります。

　多くのWindowsコンポーネントが、サービスとして実装されています。例えば、Print Spooler、Windows Event Log、Task Scheduler(いずれもサービスの表示名)、およびさまざまなネットワークコンポーネントです。サービスについては、本書下巻で詳しく説明します。

実習 インストールされているサービスの一覧

　システムにインストールされているサービスの一覧を取得するには、コントロールパネルを開き、[管理ツール]を選択して、[サービス]を選択します。あるいは、[スタート]メニューから**Services.msc**を検索して実行します。すると、次のような画面が表示されます。

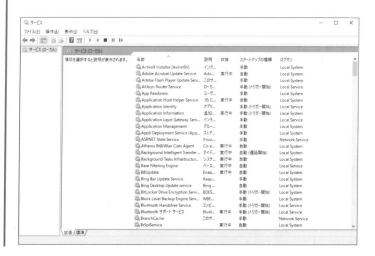

特定のサービスの詳細なプロパティを参照するには、そのサービスを右クリックして、［プロパティ］を選択します。例えば、Windows Updateサービスのプロパティは、右のスクリーンショットのようになっています。

　［実行ファイルのパス］フィールドで、このサービスを含むプログラムとそのコマンドラインを識別できることに注目してください。サービスの中には、他のサービスと1つのプロセスを共有するものがあると指摘したことを思い出してください。サービスとサービスのプロセスの対応は、1対1とは限らないのです。

実習　サービスプロセス内部でサービスの詳細を参照する

　Process Explorerは、1つ以上のサービスをホストしているプロセスを強調表示します（既定では、これらのプロセスは淡いピンク色で表示されますが、［Options］メニューを開いて［Configure Colors］を選択すると表示色を変更できます）。サービスホストプロセスをダブルクリックすると、プロセスのプロパティが開くので、［Services］タブを表示します。ここで、このプロセスがホストするサービスの一覧を確認できます。一覧では、サービスを定義しているレジストリの名前（内部名）、サービス管理ツールなどに表示される表示名、およびサービスの説明テキスト（存在する場合）、およびSvchost.exeサービスのための、サービスが実装されているDLLのパスを確認できます。例えば、右のスクリーンショットはSYSTEMアカウントのセキュリティコンテキストで実行中のSvchost.exeプロセスの1つに含まれる、サービスの一覧です。

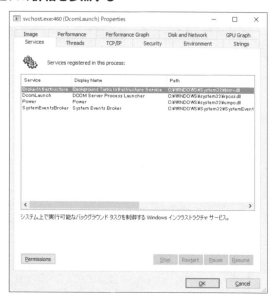

■|Winlogon、LogonUI、Userinitプロセス

Windowsログオンプロセス（%SystemRoot%¥System32¥Winlogon.exe）は、対話型のユーザーログオンとログオフを扱います。Winlogon.exeは、ユーザーがSecure Attention Sequence（SAS）と呼ばれるキーボード操作の組み合わせを入力したときに、ユーザーログオン要求の通知を受け取ります。Windowsにおける既定のSASは、**Ctrl** + **Alt** + **Delete** キーです。SASが使用される理由は、ログオンプロセスをシミュレートするパスワードキャプチャプログラムからユーザーを保護することにあります。なぜなら、このキーボード操作の組み合わせは、ユーザーモードアプリケーションによってインターセプトできないようになっているからです。

ログオンプロセスにおけるIDの識別と認証の部分は、**資格情報プロバイダー**と呼ばれるDLLによって実装されます。標準のWindows資格情報プロバイダーには、Windowsの既定の認証インターフェイスであるパスワード認証とスマートカード認証が実装されています。Windows 10は、顔認識をサポートする生体認証の資格情報プロバイダーを提供します。顔認識による認証は、Windows Helloとして知られています。[16] 一方、開発者は、独自の資格情報プロバイダーを提供して、Windowsユーザー名とパスワードの標準の方法の代わりになる、他のID確認および認証メカニズムを実装することができます。例えば、声紋に基づいた認証メカニズムや、指紋認証リーダーなどの生体認証デバイスを使用した認証メカニズムなどです。Winlogon.exeは、システムが依存する重大（Critical）なシステムプロセスであるため、資格情報プロバイダーとログオンダイアログボックスを表示するUIは、LogonUI.exeという名前の、Winlogon.exeの子プロセスの内部で実行されます。Winlogon.exeがSASを検出すると、Winlogon.exeプロセスはLogonUI.exeプロセスを開始し、LogonUI.exeプロセスが資格情報プロバイダーを初期化します。ユーザーが自分の資格情報を入力すると（資格情報プロバイダーが要求する方法で）、またはログオンインターフェイスを無視（キャンセル）すると、LogonUI.exeプロセスは終了します。Winlogon.exeは、追加的なネットワークプロバイダー DLLを読み込むことも可能です。ネットワークプロバイダーは、セカンダリ認証を処理するのに必要となります。この機能は、1回の通常のログオン時に、複数のネットワークプロバイダーが、IDの確認と認証の情報を一度に集めることを可能にします。

ユーザー名とパスワード（または資格情報プロバイダーの要求によりバンドルされる別の情報）が取得された後、それらはローカルセキュリティ機関（LSA）サービスプロセス（Lsass.exe、第7章で詳しく説明します）に送信され、認証されます。Lsass.exeは、DLLとして実装されている適切な認証パッケージを呼び出し、パスワードがActive DirectoryまたはSAM（ローカルユーザーとグループの定義を含むレジストリの部分）に保存されているものと一致するかどうかのチェックなど、実際の検証処理を行います。資格情報ガード（Credential Guard）が有効になっていて、かつドメインログオンの場合、Lsass.exeは分離LSA（Isolated LSA）Trustlet（LsaIso.exe、第7章で詳しく説明します）とやり取りして、認証要求の正当性の検証に必要なマシンキーを取得します。

認証に成功すると、Lsass.exeはセキュリティ参照モニター（SRM）内の関数（例えば、NtCreateToken）を呼び出し、そのユーザーのセキュリティプロファイルを含むアクセストークンオブジェクトを生成します。ユーザーアカウント制御（UAC）が使用され、かつユーザーがAdministratorsグループのメンバーとしてログオンしている場合または管理者特権を持つ場合、

---

[16] 訳注：Windows Helloはもともと、SMS（ショートメールメッセージ）や電話、モバイルアプリによる本人確認と、デバイス登録に基づいた、Windows 10から導入された2要素認証技術であるMicrosoft Passportにおいて、顔認証をサポートする機能として登場しました。技術的には現在も変わりませんが、Windows Helloという用語は、顔認証、眼球の虹彩、指紋などの生体認証オプションという意味や、Microsoft Passport全体を指す用語としても使用されるようになりました。例えば、企業向けのMicrosoft Passport for Workは、その後、Windows Hello for Businessに名前が変更されましたが、Windows Hello for BusinessはPIN入力による認証（生体認証なし）でも利用できます。

Lsass.exeは、2つ目の、制限されたバージョンのトークンを作成します。このアクセストークンは、ユーザーのセッション内で初期プロセス（1つまたは複数）を作成するために、Winlogonによって使用されます。作成される初期プロセスは、レジストリのHKLM¥SOFTWARE¥Microsoft¥Windows NT¥CurrentVersion¥Winlogonキー内のUserinit値に格納されています。Userinit値の既定はUserinit.exeですが、Userinit値には1つ以上のイメージを設定することが可能です。

Userinit.exeは、いくつかのユーザー環境の初期化を行います。例えば、ログオンスクリプトの実行や、ネットワーク接続の再接続などです。次に、Userinit.exeはShell値（前述のWinlogonキーの同じ場所にあります）を参照し、システム定義のシェル（既定は、Explorer.exe）を実行するために1つのプロセスを作成します。その後、Userinit.exeは終了します。これが、親プロセスを持たないExplorerプロセスが存在する理由です。Explorerプロセスの親プロセスは既に終了しました。第1章で説明したように、tlist -tやProcess Explorerのプロセスツリーは、親プロセスが実行されていないプロセスを左揃えにします。別の見方をすると、ExplorerはWinlogon.exeの孫プロセスです。

Winlogon.exeがアクティブなのは、ユーザーのログオンおよびログオフの間だけでなく、いつでもキーボードからのSASの入力をインターセプトします。例えば、ログオン中にCtrl + Alt + Deleteキーを押すと、Windowsセキュリティの画面（セキュリティで保護されたデスクトップ）が出現し、ログオフ（サインアウト）、タスクマネージャーの起動、コンピューターのロック、システムのシャットダウンなどのオプションを提供します。Winlogon.exeとLogonUI.exeの両方のプロセスが、この対話操作を処理します。

ログオンプロセスで発生する手順の完全な説明については、本書下巻を参照してください。セキュリティ認証に関しては、第7章で詳しく説明します。また、Lsass.exeと接続する、呼び出し可能な関数（Lsaから始まる名前の関数）については、Windowsソフトウェア開発キット（SDK）のドキュメントを参照してください。

2.6 まとめ

この章では、Windowsのシステムアーキテクチャの全体像を幅広く見てきました。Windowsの主要なコンポーネントを調べ、それらがどのように相互に関係しているのかを示しました。次の章では、プロセスについてさらに詳細を見ていきます。プロセスは、Windowsの最も基本的な要素の1つです。

第3章
プロセスとジョブ

　この章では、Windows内でプロセスとジョブを扱う、データ構造体とアルゴリズムについて説明します。最初に、プロセスの作成を概観します。次に、1つのプロセスを構成する内部構造を調べます。次に、保護されたプロセスと、保護されていないプロセスの違いを見ていきます。その後、プロセス（およびそのプロセスの初期スレッド）の作成で発生する手順のアウトラインを示します。最後に、この章ではジョブについて説明します。

　プロセスはWindows内の非常に多くのコンポーネントと関わるため、この章では多くの用語とデータ構造体（例えば、ワーキングセット、スレッド、オブジェクト、ハンドル、システムメモリヒープなど）が登場しますが、それらの詳細については本書の他の章で説明しています。この章を完全に理解するためには、「第1章　概念とツール」と「第2章　システムアーキテクチャ」で説明した用語と概念に精通している必要があります。例えば、プロセスとスレッドの違いや、Windowsの仮想アドレス領域レイアウト、ユーザーモードとカーネルモードの違いなどです。

3.1 | プロセスの作成

　Windows APIは、プロセスを作成するためのいくつかの関数を提供しています。最もシンプルなCreateProcess関数は、プロセスを作成したのと同じアクセストークンを使用して新しいプロセスを作成します。異なるトークンを必要とする場合は、CreateProcessAsUser関数が使用され、追加の引数を受け取ります。その1番目の引数は、既に何かしらの方法で取得（例えば、LogonUser関数の呼び出しによって取得）したトークンオブジェクトのハンドルになります。

　その他のプロセス作成関数としては、CreateProcessWithTokenWとCreateProcessWithLogonWがあります（いずれもAdvapi32.dllが提供します）。CreateProcessWithTokenWはCreateProcessAsUserに似ていますが、この2つは呼び出し元に必要な特権が異なります（詳細は、Windowsソフトウェア開発キット（SDK）ドキュメントで確認してください）。CreateProcessWithLogonWは、1回の操作の中で、指定したユーザーの資格情報を使用してログオンし、取得したトークンを使用してプロセスを作成することができる、便利なショートカットです。どちらも、リモートプロシージャコール（RPC）を使ってSecondary Logonサービス（Svchost.exeによってホストされるSeclogon.dll）を呼び出し、実際のプロセス作成を行います。Secondary Logonサービスは、自身の内部のSlrCreateProcessWithLogon関数の呼び出しを実行し、すべてがうまくいけば、最終的にCreateProcessAsUserを呼び出します。Secondary Logonサービスのスタートアップの種類は既定で「手動」に構成されており、CreateProcessWithTokenWまたはCreateProcessWithLogonWが呼び出されたときに、初めてサービスが開始します。サービスの開始に失敗した場合（例えば、管理者によってこのサービスのスタートアップの種類が「無効」に構成されている場合）、これらの関数は失敗します。あなたが慣れ親しんで

いるRunasコマンドラインユーティリティは、これらの関数を使用しています。

図3-1は、上記で説明した呼び出し先の関係を示したものです。

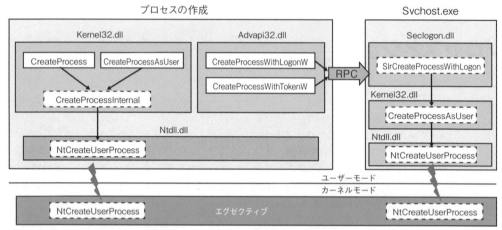

図3-1 プロセス作成の関数。点線のボックスで示された関数は、内部関数

　上記の関数はすべてドキュメント化されており、適切なポータブル実行可能（PE）ファイル（.exe拡張子は、厳密には必須ではありません）、バッチファイル、または16ビットCOMアプリケーションからの要求を待っています。その上、特定の拡張子（例えば、.txt）を持つファイルを、特定の実行可能ファイル（例えば、メモ帳のNotepad.exe）に接続する方法について知っているわけではありません。これは、Windowsシェルが提供する、ShellExecuteやShellExecuteExのような関数の役割です。これらの関数は、任意のファイル（実行可能ファイルだけでなく）を受け取ることができ、ファイルの拡張子とHKEY_CLASSES_ROOT（HKCR）のレジストリ設定に基づいて、実行する実行可能ファイルを特定しようと試みます（本書下巻で詳しく説明します）。最終的に、ShellExecute（Ex）は、CreateProcessを呼び出し、適切な実行可能ファイルと適切な追加のコマンドライン引数を渡して、ユーザーの目的を成し遂げます（例えば、Notepad.exeにファイル名を追加して、テキストファイルを編集するなど）。

　最終的に、これらの実行経路のすべてによって、共通の内部関数であるCreateProcessInternalが呼び出され、ユーザーモードのWindowsプロセスを作成する実際の処理を開始します。最後に（すべてがうまくいったとして）、CreateProcessInternalはNtdll.dll内のNtCreateUserProcessを呼び出し、カーネルモードに遷移して、エグゼクティブにある同じ名前（NtCreateUserProcess）の関数内のプロセス作成のカーネルモードの部分の処理を続行します。

3.1.1 CreateProcess*関数の引数

　CreateProcess*関数ファミリの引数について論じることは、価値のあることです。引数のいくつかは、CreateProcessのフローの項で説明します。ユーザーモードで作成された1つのプロセスは、常にプロセス内に1つのスレッドを作成します。このスレッドは、最終的に実行可能ファイルのメイン（main）関数を実行することになります。CreateProcess*関数の重要な引数を次に示します。

- CreateProcessAsUserおよびCreateProcessWithTokenWの引数には、新しいプロセスを実行するトークンハンドルが必要です。同様に、CreateProcessWithLogonWでは、ユーザー名、ドメイ

第3章 プロセスとジョブ | **113**

ン名、パスワードが必要です。
- 実行可能ファイルのパスとコマンドライン引数。
- 作成されようとしている新しいプロセスとスレッドのオブジェクトに適用される、セキュリティ属性オプション。
- 現在の（作成中の）プロセス内にあるすべてのハンドルについて、新しいプロセスに継承（コピー）可能であるかどうか示すBOOL値のフラグ（ハンドルとハンドルの継承については、本書下巻で詳しく説明します）。
- プロセス作成に関係するさまざまなフラグ。以下にいくつかの例を示します（リストの完全な一覧については、Windowsソフトウェア開発キット（SDK）ドキュメントで確認できます）。
  - CREATE_SUSPENDED—新しいプロセスの初期スレッドを中断の状態で作成します。後でResumeThreadが呼び出されると、スレッドの実行が開始します。
  - DEBUG_PROCESS—作成したプロセス自身をデバッガーとして宣言し、新しいプロセスをその制御下に作成します。
  - EXTENDED_STARTUPINFO_PRESENT—STARTUPINFO構造体（後述します）の代わりに提供された、拡張STARTUPINFOEX構造体があることを示します。
- 新しいプロセスのための、環境ブロック（環境変数の指定）オプション。指定されない場合、プロセスの作成元から継承されます。
- 新しいプロセスのための、現在のディレクトリ（カレントディレクトリ）オプション（指定されない場合、作成元のプロセスの現在のディレクトリを使用します）。作成されたプロセスが、後でSetCurrentDirectoryを呼び出して別のディレクトリを指定することもできます。プロセスの現在のディレクトリは、完全なパスではないさまざまなパスの検索に使用されます（例えば、ファイル名だけでDLLを読み込む際など）。
- プロセス作成の詳細な構成を提供するSTARTUPINFOまたはSTARTUPINFOEX構造体。STARTUPINFOEX構造体は、基本的にキーと値のペアの配列である、プロセスとスレッドの一揃いの属性を表す、追加の外側からは見えないフィールドを1つ含みます。これらの属性は、必要に応じて、属性ごとにUpdateProcThreadAttribute関数の1回の呼び出しで埋められます。これらの属性のいくつかは、ドキュメント化されておらず、内部的に使用されるものがあります。例えば、次の項で説明する、ストアアプリを作成するときなどです。
- 成功したプロセス作成の出力先となるPROCESS_INFORMATION構造体。この構造体は、固有の新しいプロセスID、固有の新しいスレッドID、新しいプロセスのハンドル、および新しいスレッドのハンドルを保持しています。この2つのハンドルは、作成後に何らかの方法で新しいプロセスやスレッドを操作したい場合に、プロセスの作成に役立ちます。

3.1.2 | **Windowsモダンプロセスの作成**

第1章では、Windows 8およびWindows Server 2012から利用可能になった新しいタイプのWindowsアプリについて説明しました。Windowsアプリの名称は、時間とともに変化してきましたが、本書ではモダンアプリ、ユニバーサルWindowsプラットフォーム（UWP）アプリ、またはイマーシブ（Immersive）プロセスと表現し、クラシックあるいはデスクトップアプリケーション（アプリ）とも呼ばれるものと区別しています。

モダンアプリのプロセスの作成には、正しい実行可能ファイルのパス指定によるCreateProcessの呼び出し以上のことが必要です。いくつかの、必須のコマンドライン引数があります。また、ドキュメント化されていないプロセス属性を追加するという（UpdateProcThreadAttributeを使用して）、別の

要件もあります。このプロセス属性には、ストアアプリのフルパッケージ名を値に設定したPROC_THREAD_ATTRIBUTE_PACKAGE_FULL_NAMEという名前のキーを指定します。この属性はドキュメント化されていませんが、（APIの視点から）ストアアプリを実行する別の方法があります。例えば、WindowsのIApplicationActivationManagerという名前のコンポーネントオブジェクトモデル（COM）インターフェイスは、CLSID_ApplicationActivationManagerという名前のCLSID（クラスID）を使用するCOMクラスとして実装されています。このインターフェイスのメソッドの1つであるActivateApplicationを使用すると、GetPackageApplicationIdsを呼び出してストアアプリのフルパッケージ名からAppUserModelIdと呼ばれるIDを取得した後に、ストアアプリを起動できます（これらのAPIについて詳しくは、Windowsソフトウェア開発キット（SDK）ドキュメントを参照してください）。

　ストアアプリのパッケージ名、およびユーザーがモダンアプリのタイルをタップしてから、最終的にCreateProcessへと至り、ストアアプリが作成される典型的な方法については、本書下巻で説明します。

3.1.3 | その他の種類のプロセスの作成

　Windowsアプリケーションは、クラシックアプリケーションまたはモダンアプリのいずれかを起動しますが、エグゼクティブは、ネイティブプロセス、最小（Minimal）プロセス、またはPicoプロセスなど、Windows APIをバイパスして開始されなければならない種類の追加的なプロセスのサポートを提供します。例えば、第2章で説明したセッションマネージャー（Smss）が存在しますが、これはネイティブイメージの一例です。Smssはカーネルによって直接的に作成されるため、CreateProcess APIを使用しないのは明らかであり、代わりにNtCreateUserProcessを直接呼び出します。同様に、SmssがAutochk（チェックディスクユーティリティ）やCsrss（Windowsサブシステムプロセス）を作成するとき、Windows APIはまだ利用可能になっていません。そのため、NtCreateUserProcessが使用される必要があります。また、CreateProcessInternal関数はネイティブサブシステムイメージタイプのイメージを拒否するため、Windowsアプリケーションからネイティブプロセスを作成することはできません。この複合的な問題を軽減するために、ネイティブライブラリであるNtdll.dllは、RtlCreateUserProcessと呼ばれるヘルパー関数をエクスポートしており、NtCreateUserProcessの簡易的なラッパーを提供します。

　その名前が示しているように、NtCreateUserProcessは、ユーザーモードプロセスの作成のために使用されます。しかし、第2章で説明したように、Windowsは多くのカーネルモードプロセスを持ちます。カーネルモードプロセスとしては、システム（System）プロセスやメモリの圧縮（Memory Compression）プロセス（これらは最小プロセスです）に加えて、Windows Subsystem for Linux（WSL）のようなPicoプロバイダーによって管理されるPicoプロセスが存在する可能性があります。そのようなプロセスの作成は、代わりに、カーネルモードの呼び出し元（最小プロセスの作成など）専用の特定の機能を持つNtCreateProcessExシステムコールが提供します。

　最後に、Picoプロバイダーは、ヘルパー関数であるPspCreatePicoProcessを呼び出します。このヘルパー関数は、最小プロセスの作成とPicoプロバイダーコンテキストの初期化の両方を受け持ちます。また、このヘルパー関数はエクスポートされておらず、Picoプロバイダーのみが特別なインターフェイスを介して利用可能です。

　この章の後の項で説明するように、NtCreateProcessExおよびNtCreateUserProcessは異なるシステムコールですが、PspAllocateProcessおよびPspInsertProcessの処理を実行する同じ内部ルーチンを使用します。Windows Management Instrumentation（WMI）用のPowerShellコマンドレットから

カーネルドライバーまで、プロセスを作成するどのような手段であっても、これまでの列挙した、いずれかの方法が当てはまります。

3.2 | プロセスの内部

この節では、システムのさまざまな部分によって維持される、コアとなるWindowsプロセスのデータ構造体について説明します。また、このデータを調べる複数の方法とツールについて説明します。

各Windowsプロセスは、エグゼクティブプロセス（Executive Process：EPROCESS）構造体によって表現されます。EPROCESS構造体には、プロセスに関する多くの属性が含まれているほか、複数の関連するデータ構造体へのポインターが含まれます。例えば、1つ以上のスレッドを持つプロセスにおいて、各スレッドはエグゼクティブスレッド（Executive Thread：ETHREAD）構造体によって表現されます（プロセスアドレス領域について詳しくは、「第4章　スレッド」で説明します）。

EPROCESS構造体および関連するデータ構造体の大部分は、システムのアドレス領域内に存在します。1つの例外は、プロセス環境ブロック（Process Environment Block：PEB）です。PEBは、プロセス（ユーザーモード）のアドレス領域内に存在します（その理由は、ユーザーモードコードによってアクセスされる情報を含んでいるため）。また、ワーキングセットリストなど、メモリ管理に使用されるプロセスのデータ構造体の部分は、プロセス専用のシステム領域内に格納されるため、現在のプロセスのコンテキスト内でのみ有効です（プロセスのアドレス領域に関しては、「第5章　メモリ管理」で詳しく説明します）。

1つのWindowsプログラムを実行する各プロセスのために、Windowsサブシステムプロセス（Csrss）は、CSR_PROCESSという名前の1つの並列構造体を維持します。また、Windowsサブシステムのカーネルモードの部分（Win32k.sys）は、W32PROCESSという名前のプロセスごとのデータ構造体を維持します。W32PROCESS構造体は、カーネルモードに実装されているWindows USERまたはグラフィックスデバイスインターフェイス（GDI）関数をスレッドが初めて呼び出したときに作成されます。これは、User32.dllライブラリが読み込まれた直後に発生します。このライブラリを読み込む一般的な関数としては、CreateWindow（Ex）およびGetMessageがあります。

カーネルモードのWindowsサブシステムは、DirectXベースのハードウェアアクセラレータによるグラフィックスを極力利用するため、GDIコンポーネントのインフラストラクチャは、DirectXグラフィックスカーネル（Dxgkrnl.sys）によって、専用のDXGPROCESS構造体を初期化します。この構造体は、DirectXオブジェクト（サーフェス、シェーダーなど）の情報、および演算処理とメモリ管理の両方に関連するスケジューリングのためのGPGPU（General-Purpose computing on GPU、GPU汎用計算）関連のカウンターとポリシー設定を含んでいます。

アイドルプロセスを除き、すべてのEPROCESS構造体は、エグゼクティブオブジェクトマネージャー（本書下巻で説明します）によって、1つのプロセスオブジェクトとしてカプセル化されます。プロセスは名前付きオブジェクトではないため、WinObjツール（Windows Sysinternalsのツール）には表示されません。しかし、（WinObjツールの）¥ObjectTypesディレクトリ内に、Processという名前のオブジェクトの種類を実際に確認することはできます。プロセスのハンドルは、プロセス関連のAPIを介して、EPROCESS構造体のいくつかのデータ、および関連するデータ構造体へのアクセスを提供します。

その他の多くのドライバーとシステムコンポーネントは、プロセス作成の通知を登録することによって、それらに専用のデータ構造体を作成し、プロセスごとの情報を格納して追跡することを選択できます（これを可能にするのは、エグゼクティブ関数であるPsSetCreateProcessNotifyRoutine（Ex、

Ex2）であり、Windows Driver Kit（WDK）ドキュメントに説明されています）。プロセスのオーバーヘッドを論じるとき、そのようなデータ構造体のサイズを考慮しなければならないとされることがありますが、正確な数を取得するのはほとんど不可能です。また、これらの関数のいくつかは、あるコンポーネントによるプロセスの作成を拒否したり、ブロックしたりできます。これは、マルウェア対策ベンダーに対して、ハッシュベースのブラックリストやその他のテクニックを使用した、オペレーティングシステムのセキュリティを強化する技術的な方法を提供します。

まず、プロセスオブジェクトに焦点を当てましょう。図3-2は、EPROCESS構造体の重要なフィールドを示しています。

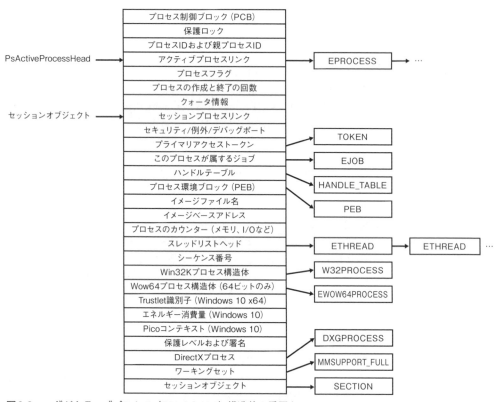

図3-2　エグゼクティブプロセス（EPROCESS）構造体の重要なフィールド

カーネルのAPIとコンポーネントがそれぞれ独自の命名規則で分離モジュールと複数層モジュールに分割されるのと同じように、プロセスのデータ構造体も同様の設計に従います。図3-2に示したように、EPROCESS構造体の最初のフィールドは、**プロセス制御ブロック**（Process Control Block：PCB）と呼ばれます。これは、**カーネルプロセス**のための、KPROCESS型のデータ構造体です。エグゼクティブ内のルーチンはEPROCESS構造体に情報を格納しますが、ディスパッチャー、スケジューラ、および割り込み/時間アカウンティングコードは、オペレーティングシステムカーネルの部分に存在し、代わりにKPROCESSが使用されます。これにより、エグゼクティブの上位レベルの関数と、それらが依存する特定の関数の下位レベルの実装の間に位置する抽象化レイヤーは、レイヤー間の不適切な依存関係を防止するのに役立ちます。図3-3は、カーネルプロセス（KPROCESS）構造体内の重要なフィールドを示しています。

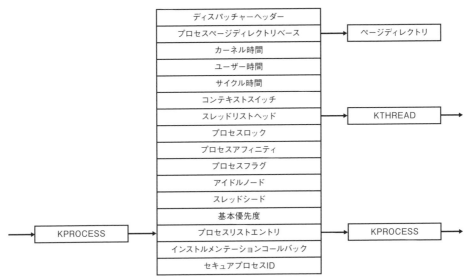

図3-3 カーネルプロセス（KPROCESS）構造体の重要なフィールド

> **実習** EPROCESS構造体のフォーマットを表示する
>
> エグゼクティブプロセス（EPROCESS）構造体を構成するフィールドとその16進数のオフセットの一覧を取得するには、カーネルデバッガーで**dt nt!_eprocess**と入力します（カーネルデバッガーに関する情報と、ローカルシステム上でカーネルデバッグを実行する方法については、第1章を参照してください）。64ビットWindows 10システムにおける出力結果は次のようになります（紙面の節約のため一部を省略しています）。
>
> ```
> lkd> dt nt!_eprocess
>    +0x000 Pcb              : _KPROCESS
>    +0x2d8 ProcessLock      : _EX_PUSH_LOCK
>    +0x2e0 RundownProtect   : _EX_RUNDOWN_REF
>    +0x2e8 UniqueProcessId  : Ptr64 Void
>    +0x2f0 ActiveProcessLinks : _LIST_ENTRY
>    ...
>    +0x3a8 Win32Process     : Ptr64 Void
>    +0x3b0 Job              : Ptr64 _EJOB
>    ...
>    +0x418 ObjectTable      : Ptr64 _HANDLE_TABLE
>    +0x420 DebugPort        : Ptr64 Void
>    +0x428 WoW64Process     : Ptr64 _EWOW64PROCESS
>    ...
>    +0x758 SharedCommitCharge : Uint8B
>    +0x760 SharedCommitLock : _EX_PUSH_LOCK
>    +0x768 SharedCommitLinks : _LIST_ENTRY
>    +0x778 AllowedCpuSets   : Uint8B
>    +0x780 DefaultCpuSets   : Uint8B
> ```

```
+0x778 AllowedCpuSetsIndirect : Ptr64 Uint8B
+0x780 DefaultCpuSetsIndirect : Ptr64 Uint8B
```

　この構造体の最初のフィールド（Pcb）は、KPROCESS型のデータ構造体に埋め込まれています。ここには、スケジューリングと時間アカウンティングデータが格納されています。カーネルプロセス（KPROCESS）構造体のフォーマットは、EPROCESSと同様の方法で表示することができます。

```
lkd> dt nt!_kprocess
    +0x000 Header             : _DISPATCHER_HEADER
    +0x018 ProfileListHead    : _LIST_ENTRY
    +0x028 DirectoryTableBase : Uint8B
    +0x030 ThreadListHead     : _LIST_ENTRY
    +0x040 ProcessLock        : Uint4B
    ...
    +0x26c KernelTime         : Uint4B
    +0x270 UserTime           : Uint4B
    +0x274 LdtFreeSelectorHint : Uint2B
    +0x276 LdtTableLength     : Uint2B
    +0x278 LdtSystemDescriptor : _KGDTENTRY64
    +0x288 LdtBaseAddress     : Ptr64 Void
    +0x290 LdtProcessLock     : _FAST_MUTEX
    +0x2c8 InstrumentationCallback : Ptr64 Void
    +0x2d0 SecurePid          : Uint8B
```

　dtコマンドの構造体の名前に続けて、フィールドの名前を入力することで、指定した1つまたは複数のフィールドの内容を参照することもできます。例えば、dt nt!_eprocess UniqueProcessIdと入力すると、プロセスIDのフィールドを表示できます。例えばEPROCESSのPcbフィールドのように、そのフィールドが構造体である場合は、フィールド名の後ろにピリオド（.）を追加すると、デバッガーはサブ構造体を表示してくれます。例えば、KPROCESSを参照する別の方法として、dt nt!_eprocess Pcb.と入力します。さらにフィールド名（KPROCESS内の）を追加することで、この方法で再帰的に処理を続けることができます。また、dtコマンドの-rスイッチを使用すると、すべてのサブ構造体について再帰的に表示させることができます。-rスイッチに続けて数字を追加すると（例えば、-r3）、コマンドが再帰的に処理する深さを指定できます。

　ここまでに使用したdtコマンドは、選択した構造体のフォーマットを表示するのであって、その構造体の種類の特定インスタンスの内容を表示するものではありません。実際のプロセスのインスタンスについて表示するには、dtコマンドの引数として、EPROCESS構造体のアドレスを指定します。!process 0 0コマンドを使用すると、システム内のEPROCESS構造体のほとんどすべてのアドレスを取得することができます（システムアイドルプロセスは例外です）。KPROCESSはEPROCESS構造体の最初のフィールドであるため、EPROCESSのアドレスはdt _kprocessを使用したKPROCESSのアドレスとしても機能します。

第**3**章　プロセスとジョブ　**119**

実習 カーネルデバッガーの!processコマンドを使用する

　カーネルデバッガーの!processエクステンションコマンドは、特定のプロセスとそのプロセスに関連する構造体に関する情報のサブセットを表示します。この出力は、プロセスごとに2つの部分に分かれています。最初に、以下に示すように、プロセスに関する情報が表示されます。プロセスのアドレスまたはプロセスID（いずれも16進数で）を指定しない場合、!processは現在CPU 0上で実行中のスレッドを所有するプロセスの情報を表示します。シングルプロセッサシステムでカーネルデバッガーとしてWinDbgを使用している場合、そのプロセスはWinDbg自身です（WinDbgの代わりにLiveKdを使用している場合はLiveKd）。

```
lkd> !process
PROCESS ffffe0011c3243c0
    SessionId: 2  Cid: 0e38     Peb: 5f2f1de000 ParentCid: 0f08
    DirBase: 38b3e000  ObjectTable: ffffc000a2b22200 HandleCount: <Data
Not Accessible>
    Image: windbg.exe
    VadRoot ffffe0011badae60 Vads 117 Clone 0 Private 3563. Modified
228. Locked 1.
    DeviceMap ffffc000984e4330
    Token                           ffffc000a13f39a0
    ElapsedTime                     00:00:20.772
    UserTime                        00:00:00.000
    KernelTime                      00:00:00.015
    QuotaPoolUsage[PagedPool]       299512
    QuotaPoolUsage[NonPagedPool]    16240
    Working Set Sizes (now,min,max) (9719, 50, 345) (38876KB, 200KB,
1380KB)
    PeakWorkingSetSize              9947
    VirtualSize                     2097319 Mb
    PeakVirtualSize                 2097321 Mb
    PageFaultCount                  13603
    MemoryPriority                  FOREGROUND
    BasePriority                    8
    CommitCharge                    3994
    Job                             ffffe0011b853690
```

　プロセスの基本情報の出力の後に、そのプロセス内のスレッドのリストが続きます。その出力については、第4章の「4.2.1　データ構造体」の「実習：カーネルデバッガーの!threadコマンドを使用する」で説明します。

　この他に、プロセスの情報を表示するコマンドとして!handleエクステンションコマンドがあります。このコマンドは、そのプロセスのハンドルテーブルを出力します（本書下巻で詳しく説明します）。プロセスとスレッドのセキュリティ構造体については、「第7章　セキュリティ」で説明します。

出力結果は、プロセス環境ブロック（PEB）のアドレスを提供します。このPEBのアドレスは、次の実習の!pebエクステンションコマンドで、任意のプロセスのPEBのフレンドリなビューを表示するのに使用できます。または、いつものdtコマンドの_PEB構造体に使用できます。しかし、PEBはユーザーモードのアドレス領域であるため、プロセスが所有するコンテキスト内でのみ有効です。別のプロセスのPEBを参照するには、まず、WinDbgをそのプロセスに切り替える必要があります。それには、.process /Pコマンドに続けて、エグゼクティブプロセス（EPROCESS）構造体ポインターのアドレスを指定します。

最新のWindows 10 SDKを使用している場合、更新されたバージョンのWinDbgには、PEBアドレスの下に直接的なハイパーリンクが表示されます。このハイパーリンクをクリックすると、.processコマンドと!pebコマンドの両方を自動的に実行できます。

PEBは、プロセスを説明するプロセスのユーザーモードアドレス領域内に存在します。PEBには、ユーザーモードからアクセスする必要がある、イメージローダー、ヒープマネージャー、およびその他のWindowsコンポーネントにとって必要な情報が含まれます。システムコールを介してそれらすべての情報を公開するのは、コストがかかり過ぎます。EPROCESSおよびKPROCESS構造体は、カーネルモードからのみアクセス可能です。PEBの重要なフィールドを図3-4に示します。各フィールドについて詳しくは、この章の後で説明します。

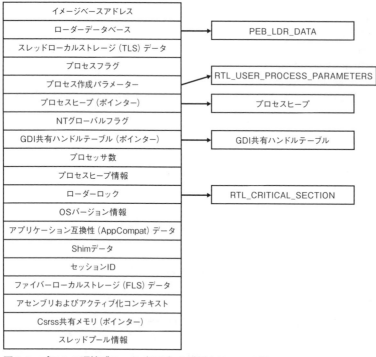

図3-4　プロセス環境ブロック（PEB）の重要なフィールド

第3章 プロセスとジョブ **121**

> **実 習** **プロセス環境ブロック (PEB) を調べる**
>
> カーネルデバッガーで!pebエクステンションコマンドを使用すると、プロセス環境ブロック (PEB) 構造体を出力することができます。何も指定せずに実行すると、CPU 0上で実行中の現在のスレッドが所有するプロセスのPEBが表示されます。1つ前の実習で説明した方法を使用して、PEBポインターをコマンドの引数として指定することもできます。
>
> ```
> lkd> .process /P ffffe0011c3243c0 ; !peb 5f2f1de000
> PEB at 0000003561545000
>     InheritedAddressSpace: No
>     ReadImageFileExecOptions: No
>     BeingDebugged: No
>     ImageBaseAddress: 00007ff64fa70000
>     Ldr 00007ffdf52f5200
>     Ldr.Initialized: Yes
>     Ldr.InInitializationOrderModuleList: 000001d3d22b3630 .
> 000001d3d6cddb60
>     Ldr.InLoadOrderModuleList: 000001d3d22b3790 . 000001d3d6cddb40
>     Ldr.InMemoryOrderModuleList: 000001d3d22b37a0 . 000001d3d6cddb50
>                     Base TimeStamp Module
>             7ff64fa70000 56ccafdd Feb 23 21:15:41 2016 C:\dbg\x64\
> windbg.exe
>             7ffdf51b0000 56cbf9dd Feb 23 08:19:09 2016 C:\WINDOWS\
> SYSTEM32\ntdll.dll
>             7ffdf2c10000 5632d5aa Oct 30 04:27:54 2015 C:\WINDOWS\
> system32\KERNEL32.DLL
>             ...
> ```

CSR_PROCESS構造体は、Windowsサブシステム (Csrss) に固有のプロセスに関する情報を含みます。Windowsアプリケーションだけが、関連付けられたCSR_PROCESS構造体を持ちます (例えば、Smssにはありません)。また、各セッションはWindowsサブシステムの独自のインスタンスを持つため、CSR_PROCESS構造体は個々のセッション内のCsrssプロセスによってセッションごとに維持されます。CSR_PROCESS構造体の基本的な構造を図3-5に示します。詳細については、この章で後ほど説明します。

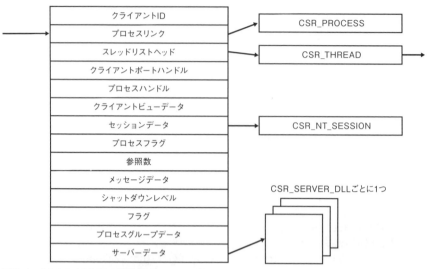

図3-5 CSR_PROCESS構造体のフィールド

> **実習** CSR_PROCESS構造体を調べる
>
> Csrssプロセスは保護されています（保護されたプロセスについては、この章の後で詳しく説明します）。そのため、ユーザーモードデバッガーをCsrssプロセスにアタッチすることはできません（管理者特権があっても、非侵襲型デバッグであっても）。その代わりに、カーネルデバッガーを使用します。
>
> 最初に、存在するCsrssプロセスの一覧を取得します。
>
> ```
> lkd> !process 0 0 csrss.exe
> PROCESS ffffe00077ddf080
>     SessionId: 0 Cid: 02c0 Peb: c4e3fc0000 ParentCid: 026c
>     DirBase: ObjectTable: ffffc0004d15d040 HandleCount: 543.
>     Image: csrss.exe
>
> PROCESS ffffe00078796080
>     SessionId: 1 Cid: 0338 Peb: d4b4db4000 ParentCid: 0330
>     DirBase: ObjectTable: ffffc0004ddff040 HandleCount: 514.
>     Image: csrss.exe
> ```
>
> 次に、Csrssプロセスの任意の1つを選び、デバッガーのコンテキストをその特定のプロセスに切り替えます。これで、ユーザーモードモジュールを参照できるようになります。
>
> ```
> lkd> .process /r /P ffffe00078796080
> Implicit process is now ffffe000'78796080
> Loading User Symbols
> ```

/Pスイッチは、デバッガーのプロセスコンテキストを、指定したプロセスオブジェクト（エグゼクティブプロセス（EPROCESS）構造体、ほとんどの場合、ライブデバッグで必要となります）に変更します。また、/rスイッチはユーザーモードシンボルの読み込みを要求します。これで、lmコマンドを使用してモジュールを参照したり、CSR_PROCESS構造体を参照したりできます。

```
lkd> dt csrss!_csr_process
   +0x000 ClientId : _CLIENT_ID
   +0x010 ListLink : _LIST_ENTRY
   +0x020 ThreadList : _LIST_ENTRY
   +0x030 NtSession : Ptr64 _CSR_NT_SESSION
   +0x038 ClientPort : Ptr64 Void
   +0x040 ClientViewBase : Ptr64 Char
   +0x048 ClientViewBounds : Ptr64 Char
   +0x050 ProcessHandle : Ptr64 Void
   +0x058 SequenceNumber : Uint4B
   +0x05c Flags : Uint4B
   +0x060 DebugFlags : Uint4B
   +0x064 ReferenceCount : Int4B
   +0x068 ProcessGroupId : Uint4B
   +0x06c ProcessGroupSequence : Uint4B
   +0x070 LastMessageSequence : Uint4B
   +0x074 NumOutstandingMessages : Uint4B
   +0x078 ShutdownLevel : Uint4B
   +0x07c ShutdownFlags : Uint4B
   +0x080 Luid : _LUID
   +0x088 ServerDllPerProcessData : [1] Ptr64 Void
```

W32PROCESS構造体は、本書で説明する、プロセスに関連するシステムデータ構造体の最後のものです。W32PROCESS構造体は、カーネル（Win32k）内のWindowsのグラフィックスとウィンドウ管理のコードが、GUIプロセス（これは、もっと前に、少なくとも1つのUSER/GDIシステムコールによってプロセスとして定義されていました）に関するステータス情報を維持するのに必要とする、すべての情報を含みます。W32PROCESS構造体の基本構造を図3-6に示します。残念ながら、Win32kの構造体に関する型情報は、パブリックシンボルとして利用可能になっていないため、この情報を表示する実習を簡単には示すことができません。いずれにしても、グラフィックス関連のデータ構造体と概念に関しては、本書の範囲を超えています。

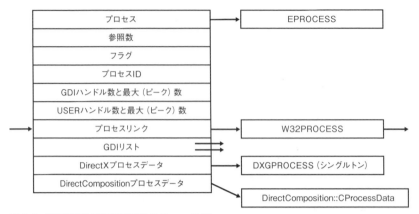

図3-6　W32PROCESS構造体のフィールド

3.3 保護されたプロセス（Protected Process）

　Windowsのセキュリティモデルでは、デバッグ特権（管理者アカウントの特権）を含むトークンで実行されるプロセスはすべて、マシン上で実行中の他の任意のプロセスが必要とする、任意のアクセス権を要求できます。例えば、任意のプロセスのメモリに対する読み書き、コードの挿入、スレッドの中断と再開、他のプロセスの情報の照会が可能です。Process Explorerやタスクマネージャーのようなツールは、ツールの機能をユーザーに提供するために、これらのアクセス権を必要とし、そして要求します。

　この論理的な動作（管理者がシステム上の実行コードのフルコントロール権を常に持つことを可能にする動作）は、ブルーレイメディアのような、先進の、高品質なデジタルコンテンツの再生をサポートする必要があるコンピューターオペレーティングシステム上で、メディア業界によって課せられたデジタル著作権管理の要件のためのシステムの振る舞いによって破綻します。そのようなコンテンツの信頼性と再生の保護をサポートするため、Windows VistaおよびWindows Server 2008から、「保護されたプロセス（Protected Process）」という概念が導入されました。これらのプロセスは、通常のWindowsプロセスと一緒に存在しますが、システム上の他のプロセス（管理者権限で実行中のプロセスでさえ）が要求できるアクセス権に大きな制約が課せられます。

　保護されたプロセスは、任意のアプリケーションによって作成できます。ただし、イメージファイルが特別なWindows Media証明書によってデジタル署名されている場合に限り、オペレーティングシステムによってプロセスが保護されます。Windows内の保護されたメディアパス（Protected Media Path：PMP）は、保護されたプロセスによって使用され、高価なメディアのための保護を提供します。また、DVDプレイヤーなどのアプリケーションの開発者は、メディアファウンデーション（MF）APIを使用して保護されたプロセスを使用することができます。

　Windowsオーディオデバイスグラフアイソレーションのプロセス（Audiodg.exe）は、保護されたプロセスです。なぜなら、保護されたミュージックコンテンツは、このプロセスを介してデコードできるからです。これに関連するものとして、メディアファウンデーション保護パイプラインEXE（Mfpmp.exe）があります。このプロセスは、同じ理由により、保護されたプロセスです（既定では実行されません）。同様に、Windowsエラー報告（WER、本書下巻で説明します）のクライアントプロセス（Werfaultsecure.exe）もまた、保護されたプロセスとして実行される可能性があります。なぜな

ら、保護されたプロセスの1つがクラッシュした場合、そのプロセスにアクセスする必要があるからです。最後に、システムプロセスもそれ自身、保護されたプロセスです。システムプロセスは、Ksecdd.sys（Kernel Security Support Provider Interface）ドライバーによって生成された情報の暗号化を解除し、それをユーザーモードメモリ内に格納する必要があるからです。システムプロセスは、すべてのカーネルハンドルの整合性を保護するためにも、保護されます（システムプロセスのハンドルテーブルは、システム上のすべてのカーネルハンドルを含んでいることがその理由です）。その他のドライバーがシステムプロセスのユーザーモードアドレス領域内にメモリをマップすることがあることも（コードの整合性証明書やカタログデータなど）、プロセスを保護しておく、また別の理由です。

カーネルのレベルでは、保護されたプロセスのサポートは2つあります。1つ目は、インジェクション（注入）攻撃を回避するために、カーネルモード内でたくさんのプロセスが作成されます（保護されたプロセスと標準的なプロセスの作成フローについては、次の項で詳しく説明します）。2つ目は、保護されたプロセス（およびその拡張である保護されたプロセスの簡易版（Protected Process Light：PPL）、PPLについては次の項で説明します）は、エグゼクティブプロセス（EPROCESS）構造体内にセットされた特別なビット列を持ちます。このビット列は、プロセスマネージャー内のセキュリティ関連のルーチンの動作を変更し、管理者に通常付与される特定のアクセス権を拒否します。実際、保護されたプロセスに付与されるアクセス権は、PROCESS_QUERY、SET_LIMITED_INFORMATION、PROCESS_TERMINATE、およびPROCESS_SUSPEND_RESUMEに限定されます。保護されたプロセス内で実行されるスレッドについても、特定のアクセス権が無効化されます。これらのアクセス権については、第4章の「スレッドの内部」で説明します。

Process Explorerは標準的なユーザーモードのWindows APIを使用してプロセス内部の情報を照会しているため、保護されたプロセスに対して特定の操作を実行することができません。これに対して、WinDbgのようなツールはカーネルデバッグモードにおいて、この情報を取得するためにカーネルモードのインフラストラクチャを使用し、完全な情報を表示することができます。第4章の「4.2　スレッドの内部」の実習では、Audiodg.exeなどの保護されたプロセスに直面したときの、Process Explorerの動作について扱っています。

メモ
第1章で指摘したように、ローカルカーネルデバッグを実行するには、マシンをデバッグモードでブートする必要があります（**bcdedit /debug on**を使用して有効化するか、システム構成（Msconfig.exe）ユーティリティの［ブート］タブにある［詳細オプション］で有効化します）。これにより、保護されたプロセスと保護されたメディアパス（PMP）に対するデバッガーベースの攻撃の軽減策が緩和されます。デバッグモードでブートしたときは、高解像度コンテンツの再生は機能しません。

これらのアクセス権の制限により、カーネルは確実に、ユーザーモードアクセスから保護されたプロセスをサンドボックス化できます。一方、保護されたプロセスであることは、EPROCESS構造体内のフラグで示されるため、管理者はこのフラグを変更するカーネルモードドライバーを読み込むことができます。しかし、これは保護されたメディアパス（PMP）のモデルに違反するため、悪意のある行為であるとみなされ、そのようなドライバーは最終的に、64ビットシステムへの読み込み時にブロックされます。なぜなら、カーネルモードのコード署名ポリシーが、悪意のあるコードのデジタル署名を禁止するからです。また、PatchGuard（第7章で説明します）として知られるカーネルパッチ保護（Kernel Patch Protection：KPP）機能と、保護された環境の認証および承認のためのドライバー（Protected Environment Authentication and Authorization Export Driver、Peauth.sys）は、そのような試みを認識し、レポートします。32ビットシステムであっても、ドライバーは保護されたメディアパス（PMP）ポリシーによって認識されなければならず、そうでなければ再生は停止します。この

ポリシーは、マイクロソフトにより実装されており、カーネルの機能によって検出されるものではありません。このブロックは、悪意のあるものとして署名を特定し、カーネルを更新するために、マイクロソフトによるマニュアル対応が必要になる部分です。

3.3.1 保護されたプロセスの簡易版（Protected Process Light）

ここまで見てきたように、保護されたプロセスの初期のモデルは、Windows Mediaデジタル著作権保護（DRM）ベースのコンテンツにフォーカスしたものでした。Windows 8.1およびWindows Server 2012 R2からは、「保護されたプロセスの簡易版（Protected Process Light：PPL）」[1]と呼ばれる、保護されたプロセスのモデルを拡張したものが導入されました。

PPLは、従来の保護されたプロセスと同じ意味で保護されています。すなわち、ユーザーモードコード（管理者権限で実行されていても）は、スレッドを挿入したり、読み込まれたDLLに関する詳細情報を取得したりして、これらのプロセスに侵入することはできません。ただし、PPLモデルでは、属性値として、保護のレベルにさらなる次元を追加します。署名者の違いによって、異なる信用レベルを持つことで、あるPPLが他のPPLよりも高いレベル、あるいは低いレベルで保護されます。

DRMは、単なるマルチメディアDRMから、WindowsライセンスDRMおよびWindowsストアDRMへと進化したため、標準の保護されたプロセスもまた、署名者の値に基づいて差別化されます。最後に、さまざまな署名者が認識され、低いレベルで保護されたプロセスに対して拒否されるアクセス権も定義されます。例えば、通常は、アクセス権の許可マスクは、PROCESS_QUERY、SET_LIMITED_INFORMATION、およびPROCESS_SUSPEND_RESUMEに限定されます。PROCESS_TERMINATEは、特定のPPL署名者に対しては許可されていません。

表3-1に、エグゼクティブプロセス（EPROCESS）構造体に格納される保護フラグの、正式な値を示します。

表3-1　プロセスの保護のタイプの有効値

内部的な保護プロセスレベルのシンボル	保護のタイプ	署名者
PS_PROTECTED_SYSTEM (0x72)	保護されたプロセス	WinSystem
PS_PROTECTED_WINTCB (0x62)	保護されたプロセス	WinTcb
PS_PROTECTED_WINTCB_LIGHT (0x61)	PPL	WinTcb
PS_PROTECTED_WINDOWS (0x52)	保護されたプロセス	Windows
PS_PROTECTED_WINDOWS_LIGHT (0x51)	PPL	Windows
PS_PROTECTED_LSA_LIGHT (0x41)	PPL	Lsa
PS_PROTECTED_ANTIMALWARE_LIGHT (0x31)	PPL	Anti-malware
PS_PROTECTED_AUTHENTICODE (0x21)	保護されたプロセス	Authenticode
PS_PROTECTED_AUTHENTICODE_LIGHT (0x11)	PPL	Authenticode
PS_PROTECTED_NONE (0x00)	保護なし	なし

表3-1が示すように、複数の署名者が存在し、上位から下位の能力が定義されています。WinSystemは、最上位の優先度の署名者であり、システム（System）プロセスおよびメモリの圧縮（Memory

---

[1]　訳注：「Protected Process Light」のマイクロソフトによる公式の日本語訳は現状存在しません。本書では、「保護されたプロセスの簡易版（PPL）」と表現していますが、これは本書独自の日本語訳であることに注意してください。本書第1刷では「ライトな保護されたプロセス（PPL）」と表現していました。

Compression）プロセスのような最小（Minimal）プロセスのために使用されます。ユーザーモードプロセス向けには、WinTCB（Windows Trusted Computer Base[2]）が最上位の優先度の署名者であり、カーネルが認識する重大なプロセスの保護に使用され、セキュリティ境界を縮小します。あるプロセスの能力を解釈する際に、まず知っておかなければならないことは、保護されたプロセスは、PPLよりも常に優先されるということです。次に、より上位の署名者のプロセスは、低い署名者のプロセスにアクセスできます。その逆はできません。表3-2に、署名者のレベル（レベル値の高い署名者は、より能力が高いことを示します）といくつかの使用例を示します。これらの情報は、デバッガーで_PS_PROTECTED_SIGNER型を使用して出力することもできます。

表3-2　署名者とレベル

署名者名（PS_PROTECTED_SIGNER）	レベル	使用例
PsProtectedSignerWinSystem	7	システムおよび最小プロセス（Picoプロセスを含む）
PsProtectedSignerWinTcb	6	重大（Critical）なWindowsコンポーネント。PROCESS_TERMINATEは拒否される
PsProtectedSignerWindows	5	センシティブなデータを扱う重要（Important）なWindowsコンポーネント
PsProtectedSignerLsa	4	lsass.exe（保護されたプロセスとして実行するように構成された場合）
PsProtectedSignerAntimalware	3	サードパーティを含むマルウェア対策サービスとプロセス。PROCESS_TERMINATEは拒否される
PsProtectedSignerCodeGen	2	NGEN（.NETネイティブコード生成）
PsProtectedSignerAuthenticode	1	DRMコンテンツのホスティングまたはユーザーモードフォントの読み込み
PsProtectedSignerNone	0	無効（保護されない）

　この時点であなたは疑問に思うかもしれません。悪意のあるプロセスが保護されたプロセスであると主張し、そしてマルウェア対策アプリケーションから自身をかくまうことを禁止しているのは何なのかという疑問です。Windows Media DRM証明書は、保護されたプロセスの実行にはもはや必要ではありません。そのため、マイクロソフトはコードの整合性モジュールを拡張し、2つの拡張キー使用法（Enhanced Key Usage：EKU）のオブジェクト識別子（OID）を理解するようにしました。これらのOIDは、デジタルコード署名証明書に埋め込まれた1.3.6.1.4.1.311.10.3.22と1.3.6.1.4.1.311.10.3.20です。これらのEKUのいずれか1つが存在している場合、証明書内にハードコードされた署名者と発行者の文字列が、追加の利用可能なEKUと組み合わされ、さまざまな保護された署名者の値に関連付けられます。例えば、「Microsoft Windows」という発行者にはPsProtectedSignerWindowsという保護された署名者の値が与えられますが、それは「Windowsシステムコンポーネントの確認」（1.3.6.1.4.1.311.10.3.6）のEKUも存在する場合にのみ与えられます。一例として、図3-7にSmss.exeの証明書を示します。Smss.exeは、WinTcb-Liteとしての実行が許可されています。

　最後に指摘したいのは、プロセスの保護レベルが、読み込みを許可されるDLLにも影響するということです。そうでない場合、ロジックのバグや単純なファイルの置換、あるいはプレーティング（植え付け）攻撃によって、そのプロセスと同じ保護レベルで実行される、第三者または悪意のあるライブラ

---

[2] 訳注：「Trusted Computer Base（TCB）」は、Windowsの用語ではなく、セキュリティを強化したオペレーティングシステムの概念「セキュアOS（Secure OS）」のための「信頼できる基盤」を指す一般用語です。

リの読み込みを強制される可能性があります。このチェックは、各プロセスに「署名レベル」を付与することによって実装されています。署名レベルは、各プロセスのEPROCESS構造体のSignatureLevelフィールドに格納され、EPROCESS構造体のSectionSignatureLevelとして格納されている、対応する「DLL Signature Level」を見つけるために内部ルックアップテーブルで使用されます。プロセスに読み込まれるすべてのDLLは、コードの整合性コンポーネントにより、同様の方法でチェックされ、メインの実行可能イメージが検証されます。例えば、実行可能ファイルの署名者としてWinTcbを持つプロセスは、「Windows」またはより上位の署名者により署名されたDLLのみを読み込むことが可能です。

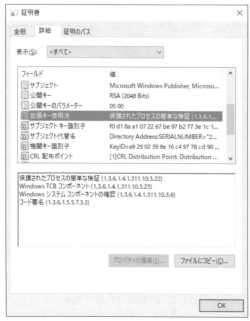

図3-7　Smss.exeの証明書[*3]

　Windows 10およびWindows Server 2016では、Smss.exe、Csrss.exe、Services.exe、およびWininit.exeのプロセスがWinTcb-Lite（PsProtectedSignerWinTcb-Light）でPPL署名されています。Lsass.exeは、ARMベースのWindows（Windows 10 Mobileなど）においてPPLとして実行され、レジストリ設定またはポリシー（第7章で詳しく説明します）などで構成されている場合、x86/x64システム上でもPPLとして実行されます。また、Sppsvc.exe（Software Protection Platformサービス）など、特定のサービスは、PPLまたは保護されたプロセス（Protected Process）として構成されています。AppX Deployment Service（AppXSVC）やWindows Subsystem for Linux（WSL）など多くのサービスもまた保護された状態で実行されるため、特定のサービスホストプロセス（Svchost.exe）もまたこの保護レベルで実行されていることに気付くでしょう。そのような保護されたサービスについて詳しくは、本書下巻で説明します。

　これらのコアシステムバイナリがTCBとして動作するという事実は、システムのセキュリティに

[*3] 訳注：日本語環境では、「Protected Process Light Verification」が「保護されたプロセスの簡単な検証」と訳されていますが、「保護されたプロセスの簡易版（PPL）の検証」が適訳です。

とって重大なことです。例えば、Csrss.exeはウィンドウマネージャー（Win32k.sys）によって実装される特定のプライベートAPIへのアクセスを持ちますが、これは、カーネルの重要な部分への管理者の権利でのアクセスを攻撃者に与えてしまう可能性があります。同様に、Smss.exeおよびWininit.exeには、システムのスタートアップと管理ロジックが実装されていますが、管理者の干渉なしで実行できることは重大なことです。Windowsは、これらのバイナリが常にWinTcb-Liteとして動作することを保証します。例えば、何者かがCreateProcessを呼び出して、プロセス属性内の正しいプロセスの保護レベルを指定することなく、これらのバイナリを起動することは不可能です。この保証は、**最小TCBリスト**（Minimum TCB List）として知られ、表3-3に名前のある、システムパス内のすべてのプロセスには、最小保護レベルや署名レベルを持つように強制されます。

表3-3　最小TCBリスト

プロセス名	最小の署名レベル	最小の保護レベル
Smss.exe	保護レベルから推測	WinTcb-Lite
Csrss.exe	保護レベルから推測	WinTcb-Lite
Wininit.exe	保護レベルから推測	WinTcb-Lite
Services.exe	保護レベルから推測	WinTcb-Lite
Werfaultsecure.exe	保護レベルから推測	WinTcb-Full
Sppsvc.exe	保護レベルから推測	Windows-Full
Genvalobj.exe	保護レベルから推測	Windows-Full
Lsass.exe	SE_SIGNING_LEVEL_WINDOWS	0
Userinit.exe	SE_SIGNING_LEVEL_WINDOWS	0
Winlogon.exe	SE_SIGNING_LEVEL_WINDOWS	0
Autochk.exe	SE_SIGNING_LEVEL_WINDOWS*	0

*UEFIファームウェアシステムのみ

実習 Process Explorerで保護されたプロセスを参照する

この実習では、Process Explorerで保護されたプロセス（保護されたプロセスと保護されたプロセスの簡易版（PPL）の両方のタイプ）を参照する方法について見ていきます。Process Explorerを起動したら、［Select Columns］ダイアログボックスの［Process Image］タブで［Protection］チェックボックスをオンにし、Protection列を表示させます。[*4]

[*4] 訳注：保護されたプロセスの情報を参照するには、Process Explorerを管理者として実行する必要があります。一般ユーザーの権限で開始した場合は、［File］メニューから［Show Details for All Processes］を選択し、管理者特権での実行に切り替えてください。［Protection］の項目が見つからない場合は、Process Explorerのバージョンが古い可能性があります。最新のProcess Explorerをダウンロードして使用してください。

次に、Protection列で表示を降順にソートし、最上位にスクロールします。これで、すべての保護されたプロセスとその保護タイプを参照できます。次のスクリーンショットは、Windows 10 x64マシンでの例です。

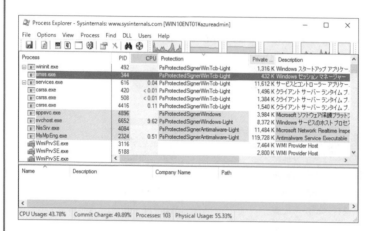

保護されたプロセスの1つを選択し、下位ペインにDLLビューを表示してみてください。何も見えないはずです。その理由は、Process Explorerがユーザーモード APIを使用して読み込まれたモジュールを照会していることにあります。この照会に必要なアクセスは、保護されたプロセスへのアクセスに対しては許可されていません。特記するべき例外は、システム (System) プロセスです。システムプロセスは保護されていますが、システムプロセスはDLLがないため、Process Explorerはシステムに読み込まれたカーネルモジュール（大部分はドライバー）の一覧を表示します。これは、プロセスハンドルを必要としないシステムAPIであるEnumDeviceDrivers APIを使用して実現されています。

保護されたプロセスの1つを選択した状態でハンドルビューに切り替えると、完全なハンドルの情報を参照できます。この理由はシステムプロセスのDLLビューの場合と同様です。Process Explorerは、特定のプロセスハンドルを必要とせず、システム上のすべてのハンドルを返す、ドキュメント化されていないAPIを使用しています。APIから返ってくるハンドルの情報には、各ハンドルに関連付けられたプロセスIDがあるので、Process Explorerは簡単にプロセスを識別できます。

3.3.2 サードパーティ PPLのサポート

保護されたプロセスの簡易版 (PPL) のメカニズムは、プロセスの保護の可能性を、マイクロソフトが独自に作成した実行可能ファイル以外にも拡張します。一般的な例は、マルウェア対策ソフトウェアです。一般的なマルウェア対策製品は、次の3つの主要なコンポーネントで構成されます。

- **カーネルドライバー** —— ファイルシステムやネットワークに対するI/O要求をインターセプトし、オブジェクト、プロセス、スレッドのコールバックをブロックする機能を実装。
- **ユーザーモードサービス** —— ドライバーのポリシーの構成、"関心を引く"イベント（例えば、感染したファイル）に関するドライバーからの通知の受信、およびローカルサーバーやインターネッ

トと通信を行うサービス（一般的に特権アカウントで実行される）。

- **ユーザーモードのGUIプロセス** —— ユーザーと対話して情報を提供し、適用可能な場合にユーザーに意思決定を求めるオプションを提示する。

マルウェアがシステムに攻撃できる可能性のある方法の1つは、昇格した特権で実行中のプロセスの内部にコードを挿入することです。あるいは、できれば特にマルウェア対策サービスの内部にコードを挿入し、それを改ざんしたり、動作を無効化したりします。しかし、マルウェア対策サービスがPPLとして実行される場合、コードの挿入は不可能ですし、マルウェア対策サービスのプロセスを終了することは許可されません。つまり、マルウェア対策ソフトウェアは、カーネルレベルのエクスプロイトを使用しないマルウェアから、さらに保護されます。

この使用方法を有効にするためには、上記のマルウェア対策のカーネルドライバーが、早期起動マルウェア対策（Early-Launch Anti Malware：ELAM）ドライバーに対応している必要があります。ELAMの重要な特徴は、そのようなドライバーがマイクロソフトによって提供される特別なマルウェア対策ソフトウェア用の証明書を必要とすることです（ソフトウェアの発行者の適切な検証の後に）。そのようなドライバーがインストールされると、メインの実行可能ファイル（PEヘッダー）に、ELAMCERTIFICATEINFOと呼ばれるカスタムリソースセクションを含むことができます。このセクションには、3つの追加の署名者（署名者の公開キーによって識別されます）を記述することができ、それぞれ最大3つの追加のEKU（OIDにより識別されます）を持つことができます。コードの整合性システムが、3つの署名者のうちの1つで署名され、3つのEKUのうちの1つを含むファイルを認識すると、プロセスにPS_PROTECTED_ANTIMALWARE_LIGHT（0x31）のPPLを要求することを許可します。この標準的な例として、Windows Defenderとして知られるマイクロソフト自身のマルウェア対策ソフトウェアがあります。これは、Windows 10のWindows Defenderサービス（MsMpEng.exe、内部名WinDefend）であり、マルウェア対策ソフトウェア用の証明書で署名され、マルウェア対策サービス自身に対するマルウェアの攻撃からさらに保護されます。Windows Defenderに含まれるネットワーク検査システム（NisSrv.exe、Network Realtime Inspection Service）も同様です。

3.4 | 最小（Minimal）プロセスおよびPicoプロセス

ここまでに見てきたプロセスの種類とそのデータ構造体は、それらの用途がユーザーモードコードの実行であることを示しているように見えます。そのためには、関連する多くのデータ構造体が、メモリ内に存在することが必要です。しかし、すべてのプロセスが、この目的のために使用されるわけではありません。例えば、これまで見てきたように、システムプロセスは大部分のシステムスレッドのコンテナー（器）としてのみ使用されます。そのようなシステムスレッドの実行時間が任意のユーザープロセスを阻害することはありません。また、システムプロセスはドライバーのハンドルのコンテナーとして使用されますが、任意のアプリケーションによってハンドルの所有権を奪われることもありません。

3.4.1 | 最小（Minimal）プロセス

NtCreateProcessEx関数に特定のフラグが与えられ、呼び出し元がカーネルモードの場合、その関数は少し異なる動作をし、PsCreateMinimalProcess APIを呼び出します。その結果、これまで見てきた多くの構造体を持たないプロセスが作成されます。そのプロセスとは、次のものです。

- ユーザーモードアドレス領域がセットアップされず、プロセス環境ブロック（PEB）や関連する構造体は存在しません。
- Ntdll.dllはプロセスにマップされず、ローダーやAPIセットの情報もマップされません。
- プロセスに結び付けれるセクションオブジェクトはありません。つまり、実行可能イメージファイルは、その実行やその名前（空または任意の文字列）に関連付けられません。
- EPROCESSフラグに最小（Minimal）フラグがセットされ、その結果、すべてのスレッドは最小（Minimal）スレッドになります。また、スレッド環境ブロック（TEB）やユーザーモードスタックといった、いかなるユーザーモード割り当ても行われなくなります（TEBについて詳しくは、第4章で説明します）。

第2章で見たように、Windows 10は、システム（System）プロセスとメモリの圧縮（Memory Compression）プロセスの、少なくとも2つの最小（Minimal）プロセスを持ちます。仮想化ベースのセキュリティ（VBS）が有効な場合、さらに3つ目の最小プロセスとして、Secure Systemプロセスを持ちます。VBSについては、第2章および第7章で詳しく説明しています。

最後に、Windows 10システムが最小プロセスを持つ他の方法として、Windows Subsystem for Linux（WSL）のオプション機能の有効化があります。WSLについても、第2章で詳しく説明しました。WSLを有効化すると、Lxss.sysとLxcore.sysで構成される、インボックス（Windowsに同梱されている）のPicoプロバイダーがインストールされます。

3.4.2 | Picoプロセス

最小（Minimal）プロセスは、カーネルコンポーネントからのユーザーモード仮想アドレス領域へのアクセスを許可し、保護するという点で、用途が制限されています。これに対して、Picoプロセスは、オペレーティングシステムの観点から、**Picoプロバイダー**と呼ばれる特殊なコンポーネントにその実行の大部分を制御することを許可するという、より重要な役割を担います。これは、実質的にMicrosoft ResearchのDrawbridgeプロジェクトのWindowsへの実装になります。Drawbridgeプロジェクトの実装は、これと似た方法のSQL Server for Linuxのサポートにも使用されています（こちらは、Linuxカーネルの上にWindowsベースのライブラリOSが乗る形になります）。

システム上にPicoプロセスが存在することをサポートするため、プロバイダーが先に存在している必要があります。そのようなプロバイダーは、PsRegisterPicoProvider APIを使用して登録されますが、非常に特殊なルールが適用されます。それは、Picoプロバイダーは、他のサードパーティドライバー（ブートドライバーを含む）が読み込まれる前に、読み込まれている必要があるということです。実際には、限られた数のコアドライバーの1つだけが、そのドライバーの機能が無効になる前に、このAPIを呼び出すことが許可されています。そして、これらのコアドライバーは、Microsoft署名者の証明書およびWindowsシステムコンポーネントの確認（1.3.6.1.4.1.311.10.3.6）の拡張キー使用法（EKU）で署名されている必要があります。オプションのWSLコンポーネントが有効化されているWindowsシステムでは、このコアドライバーはLxss.sys（LXSS）と呼ばれ、その少し後に読み込まれる別のドライバーのLxcore.sys（LX Core）が読み込まれ、Picoプロバイダーが役割を引き継ぐまでの間、スタブドライバーとしてさまざまなディスパッチテーブルを転送する役割を担います。さらに注記するなら、本書の執筆時点では、そのようなコアドライバーの1つだけをPicoプロバイダーとして登録することができます。

Picoプロバイダーが登録APIを呼び出すと、Picoプロバイダーは、次のような1セットの関数のポインターを受け取ります。これらは、Picoプロバイダーに対して、Picoプロセスの作成と管理を可能

にします。

- Picoプロセスを作成する1つの関数、およびPicoスレッドを作成する1つの関数。
- Picoプロセスのコンテキスト（プロバイダーが特定のデータを格納するのに使用できる任意のポインター）を取得するための1つの関数、データをセットするための1つの関数、およびPicoスレッド用に同様の関数のペア。これにより、エグゼクティブスレッド（ETHREAD）構造体やエグゼクティブプロセス（EPROCESS）構造体のPicoContextフィールドが設定されます。
- PicoスレッドのCPUコンテキスト（CONTEXT）構造体を取得するための1つの関数、およびそれにセットするための1つの関数。
- PicoスレッドのFSやGSセグメントを変更するための1つの関数。これらのセグメントは、通常、いくつかのスレッドローカル構造体（例えば、WindowsにおけるTEBのようなもの）をポイントするために、ユーザーモードコードによって使用されます。
- Picoスレッドを終了するための1つの関数、およびPicoプロセスを終了するための1つの関数。
- Picoスレッドを中断するための1つの関数、および再開するための1つの関数。

これらの関数からわかるように、Picoプロバイダーはこれらの関数を介して、フルカスタムでプロセスとスレッドを作成でき、初期の開始状態から、セグメントレジスタ、関連データを制御できます。しかし、これだけでは、他のオペレーティングシステムをエミュレートすることはかないません。そこで、今度はプロバイダーからカーネルに対して、もう1セットの関数のポインターが転送されます。こちらのセットは、PicoスレッドまたはPicoプロセスによって実行される、関心のある特定のアクティビティが実行されるたびに、コールバックとして機能します。

- Picoスレッドがsyscall命令を使用してシステムコールを行った時のコールバック。
- Picoスレッドから例外が発生したときのコールバック。
- Picoスレッド内部で発生した、メモリ記述子リスト（Memory Descriptor List：MDL）におけるプローブおよびロック操作中のフォールト時のコールバック。
- Picoプロセスの名前を呼び出し元が要求したときのコールバック。
- Windowsイベントトレーシング（Event Tracing for Windows：ETW）がPicoプロセスのユーザーモードスタックトレースを要求したときのコールバック。
- アプリケーションが、PicoプロセスまたはPicoプロセスのハンドルを開こうと試みたときのコールバック。
- 何かがPicoプロセスの終了を要求したときのコールバック。
- PicoスレッドまたはPicoプロセスが予期せず終了したときのコールバック。

さらに、Picoプロバイダーは、第7章で説明するカーネルパッチ保護（Kernel Patch Protection：KPP）も利用して、コールバックとシステムコールの両方を保護するとともに、不正または悪意のあるPicoプロバイダーが正規のPicoプロバイダーとして登録されることを回避します。

これで、次のことが明らかになりました。Picoプロセス／スレッドとそれ以外との間における、任意の可能なユーザーモードとカーネルモードの遷移、または目に見えるカーネルとユーザーとの対話への、これまでにないアプローチにより、それはPicoプロバイダー（および関連するユーザーモードライブラリ）によって完全にカプセル化され、Windowsとは完全に異なるカーネルの実装をラップできるようになりました（もちろん、スレッドスケジューリングのルール、コミットなどメモリ管理のルールは依然として適用されるという、いくつかの例外があります）。正しく書かれたアプリケーションは、このような内部のアルゴリズムに敏感ではないと考えられます。そのアプリケーションがオペレー

ティングシステムの内部で正常に実行されているとしても、変化する可能性があるからです。

したがって、Picoプロバイダーは、Picoプロセスが発生させる可能性のあるイベント（前述）のリストに応答するために必要なコールバックを実装した、実質的にカスタムで書かれたカーネルモジュールになっています。これは、変更されていないLinux ELFバイナリをWSLがユーザーモードで実行する方法であり、システムコールのエミュレーションと関連機能の完全性によってのみ制限されます。

図3-8は、通常のNTプロセスと、最小プロセス、Picoプロセスを図で比較したものです。それぞれ異なる構造になっています。

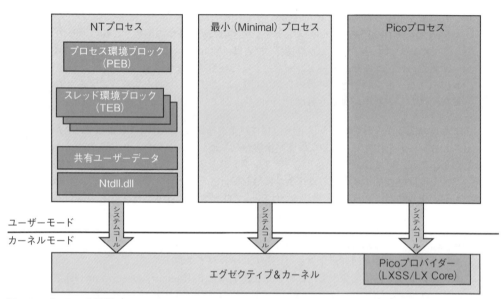

図3-8　プロセスの種類

3.5 Trustlet（セキュアプロセス）

第2章で説明したように、Windowsには新たに仮想化ベースのセキュリティ（Virtualization-Based Security：VBS）機能が搭載されました。VBSはハイパーバイザーを活用して、デバイスガード（Device Guard）や資格情報ガード（Credential Guard）などで、オペレーティングシステムとユーザーデータの安全性を強化します。そのような機能の1つ、資格情報ガード（第7章で詳しく説明します）は、依然として特権を持たない（リング3）、仮想信頼レベル1（VTL 1）である、新しい分離ユーザーモード（Isolated User Mode：IUM）環境で実行され、実行中のNTカーネル（リング0）やアプリケーション（リング3）の両方がいる、通常のVTL 0の世界からの保護を可能にします。それでは、カーネルがそのようなプロセスをセットアップする方法と、そのようなプロセスが使用するさまざまなデータ構造体について調べましょう。

3.5.1 Trustletの構造

まず、Trustletは通常のWindowsポータブル実行可能（PE）ファイルでありながら、分離ユーザーモード（IUM）固有の属性がいくつか含まれています。

- Trustletでは利用可能なシステムコールが制限されているため、WindowsシステムDLLの限定されたセット（C/C++ランタイム、KernelBase、Advapi、RPCランタイム、CNG CryptBase、Ntdll）からしかインポートできません。データ構造体でのみ動作する数式のDLL（NTLMやASN.1など）は使用可能であることにも留意してください。なぜなら、それらはシステムコールを実行しないからです。
- Trustletは、IumBase（IumBase.dll、IUM Layer Secure Win32 DLL）と呼ばれる、IUMのために作られたIUM固有のシステムDLLからインポートできます。IumBaseは、メールスロット、ストレージボックス、暗号化などのサポートを含む、IUMの基本システムAPIを提供します。このライブラリは、Iumdll.dll（IUM Layer DLL）を呼び出して終了します。Iumdll.dllは、Ntdll.dll（NT Layer DLL）の仮想信頼レベル1（VTL 1）バージョンであり、セキュアシステムコール（セキュアカーネルに実装されたシステムコールであり、通常のVTL 0カーネルには渡されないシステムコール）を含みます。
- Trustletは、.tPolicyという名前のPEセクションを持ち、ここにs_IumPolicyMetadataという名前のグローバル変数がエクスポートされます。これは、セキュアカーネルのためのメタデータとして機能し、TrustletへのVTL 0アクセス（デバッグの許可やクラッシュダンプのサポートなど）を許可するのに関連するポリシー設定が実装されます。
- Trustletは、「Isolated User Mode（IUM）」（1.3.6.1.4.1.311.10.3.37）の拡張キー使用法（EKU）を含む証明書で署名されます。図3-9は、LsaIso.exeの証明書データを表示したものですが、IUMのEKUが存在します。

図3-9　証明書に含まれるTrustlet EKU（1.3.6.1.4.1.311.10.3.37）

さらに、Trustletは、CreateProcessが使用されるとき、特定のプロセス属性を使用して開始されなければなりません。それには、IUM内での実行要求と、起動プロパティの指定が含まれます。ポリシーメタデータとプロセス属性については、次の項で説明します。

3.5.2 | Trustletのポリシーメタデータ

ポリシーメタデータは、Trustletが仮想信頼レベル0（VTL 0）からどのようにアクセスされることが可能であるかを構成するための、さまざまなオプションを含みます。これは、前述のs_IumPolicyMetadataエクスポートに存在する構造体によって説明されます。メタデータにはバージョン番号（現在、1にセットされている）とTrustlet IDが含まれます。Trustlet IDは、一意の番号であり、特定のTrustletを存在することがわかっている他のTrustletと識別します（例えば、BioIso.exeはTrustlet ID 4）。最後に、メタデータは、ポリシーオプションの1つの配列を持ちます。現状では、表3-4に示すオプションがサポートされています。これらのポリシーは署名された実行可能データの一部であるため、変更しようと試みると分離ユーザーモード（IUM）署名が無効になり、実行が禁止されることになるのは明らかです。

表3-4　Trustletポリシーオプション

ポリシー	意味	詳細
ETW	Windowsイベントトレーシング（ETW）の有効化または無効化	–
Debug（デバッグ）	デバッグの構成	デバッグは、セキュアブートが無効になっているとき、またはオンデマンドのチャレンジ/レスポンスメカニズムを使用しているときに限り、いつでも有効化できます。
Crash Dump（クラッシュダンプ）	クラッシュダンプの有効化または無効化	–
Crash Dump Key（クラッシュダンプキー）	クラッシュダンプの暗号化用の公開キーの指定	クラッシュダンプはマイクロソフト製品チームに提出できます。製品チームは、暗号化解除のための秘密キーを持ちます。
Crash Dump GUID（クラッシュダンプGUID）	クラッシュダンプキーの識別子の指定	製品チームは、複数のキーを使用または識別できます。
Parent Security Descriptor（親セキュリティ記述子）	セキュリティ記述子定義言語（SDDL）形式	予期される所有者/親プロセスを検証するために使用されます。
Parent Security Descriptor Revision（親セキュリティ記述子リビジョン）	SDDL形式のリビジョンID	予期される所有者/親プロセスを検証するために使用されます。
SVN	セキュリティバージョン	AES256/GCMメッセージを暗号化する際に、Trustletによって使用される（Trustletを識別する）一意の番号です。
Device ID（デバイスID）	セキュアデバイスのPCI ID	Trustletは、PCI IDが一致するセキュアデバイスとの間でのみ通信できます。
Capability（ケーパビリティ、機能）	強力なVTL 1機能の有効化	セキュアセクション作成APIへのアクセス、セキュアデバイスへのDMAおよびユーザーモードMMIOアクセス、およびセキュアストレージAPIへのアクセスを有効化します。
Scenario ID（シナリオID）	このバイナリ用のシナリオIDの指定	GUIDとしてエンコードされるIDで、既知のシナリオ用にセキュアイメージセクションを作成するときに、Trustletにより指定される必要があります。

3.5.3 | Trustletの属性

　Trustletを起動するには、PS_CP_SECURE_PROCESS属性を正しく使用する必要があります。この属性は、まず、呼び出し元が本当にTrustletの作成を望んでいるのかを確認するのに使用されます。また、呼び出し元のTrustletが、実際に実行されているTrustletであることを検証するためにも使用されます。これは、属性の中にTrustletの識別子を埋め込むことによって実現されます。属性にセットされた識別子は、ポリシーメタデータに含まれるTrustlet IDに一致していなければなりません。続いて、表3-5に示す、1つ以上の属性を指定することができます。

表3-5　Trustlet属性

属性	意味	詳細
Mailbox Key	メールボックスデータの受信に使用されます。	メールボックスは、Trustletキーがわかっている場合に限り、Trustletが仮想信頼レベル0（VTL 0）の世界とデータを共有できるようにします。
Collaboration ID	セキュアストレージ分離ユーザーモード（IUM）APIを使用するときに用いるコラボレーションIDをセットします。	セキュアストレージは、Trustletが同じコラボレーションIDを持つTrustletとの間でデータを共有できるようにします。コラボレーションIDが存在しない場合、代わりにTrustletのインスタンスIDを使用できます。
TK Session ID	暗号化中に使用されるセッションIDを識別します。	－

3.5.4 | システム組み込みのTrustlet

　本書の執筆時点では、Windows 10は5つの異なるTrustletを含んでいます。これらのTrustletは、Trustlet IDの番号で識別されます。表3-6は、その一覧です。なお、Trustlet ID 0は、セキュアカーネル自身を表しています。

表3-6　組み込みのTrustlet

バイナリ名（Trustlet ID）	説明（"" 内はファイルの説明）	ポリシーオプション
LsaIso.exe（1）	"Credential Guard & Key Guard"（資格情報ガードとキーガード）Trustlet	Windowsイベントトレーシング（ETW）有効、デバッグ無効、暗号化クラッシュダンプ有効
Vmsp.exe（2）	"Virtual Machine Security Process"（仮想マシンセキュリティプロセス）Trustlet（vTPM Trustlet）	ETW許可、デバッグ無効、クラッシュダンプ無効、セキュアストレージ機能有効、親セキュリティ記述子がS-1-5-83-0（NT VIRTUAL MACHINE\Virtual Machines）であることの検証
不明（3）	"vTPM Key Enrollment"（仮想TPMの登録）Trustlet	不明
BioIso.exe（4）	"Secure Biometrics"（セキュア生体認証）Trustlet	ETW許可、デバッグ無効、暗号化クラッシュダンプ許可
FsIso.exe（5）	"Secure Frame Server Helper"（セキュアフレームサーバーヘルパー）Trustlet	ETW無効、デバッグ許可、シナリオID|AE53FC6E-8D89-4488-9D2E-4D008731C5FD|を使用したセキュアセクション機能の作成許可

3.5.5 | Trustletの識別子

Trustletには、次に示すような、システム上で使用可能な複数形式の識別子があります。

- **Trustlet識別子またはTrustlet ID** —— これは、Trustletのポリシーメタデータ内にハードコードされた整数値であり、Trustletプロセス作成属性として使用される必要もあります。システムには少数のTrustletしか存在しないため、呼び出し元は目的のTrustletを確実に起動できます。
- **Trustletインスタンス** —— これは、セキュアカーネルによって生成される、暗号化されたセキュアの16バイトのランダムな数字です。コラボレーションIDを使用しない場合、Trustletインスタンスは、セキュアストレージAPIがTrustletの1つのインスタンスにだけ、ストレージブロブ (Blob) のデータを取得／格納できるようにすることを保証するために使用されます。
- **コラボレーションID (Collaboration ID)** —— これは、あるTrustletに対して、同じコラボレーションIDを持つ他のTrustlet、または同じTrustletの他のインスタンスとの間で、同じセキュアストレージブロブへのアクセスを共有することを可能にするために使用されます。コラボレーションIDが存在する場合、GetまたはPut APIを呼び出しでTrustletインスタンスのIDは無視されます。
- **セキュリティバージョン (SVN)** —— これは、署名または暗号化されたデータの来歴の強力な暗号化証明を必要とするTrustletのために使用されます。これは、資格情報ガードとキーガードによってAES256/GCMデータを暗号化するときに使用されます。また、Cryptographic Services サービスによっても使用されます。
- **シナリオID** —— これは、セキュアセクションなど、名前 (IDベースの名前) 付きセキュアカーネルオブジェクトを作成するTrustletのために使用されます。このGUIDは、あらかじめ設定されたシナリオの一部としてそのようなオブジェクトを作成するTrustletを、このGUIDの名前空間にタグ付けすることによって検証します。そのため、同じ名前付きオブジェクトを開くことを希望する他のTrustletは、同じシナリオIDを持っている必要があります。なお、実際には1つ以上のシナリオIDが存在する可能性がありますが、現状では、Trustletは複数のシナリオIDを使用することはできません。

3.5.6 | 分離ユーザーモード (IUM) のサービス

Trustletとして実行することの利点は、仮想信頼レベル0 (VTL 0) の通常の世界からの攻撃から保護するだけでなく、セキュアカーネルによってTrustletにだけ提供される、特権的な保護されたシステムコールにアクセスすることにもあります。これには、次のサービスが含まれます。

- **セキュアデバイス (IumCreateSecureDevice、IumDmaMapMemory、IumGetDmaEnabler、IumMapSecureIo、IumProtectedSecureIo、IumQuerySecureDeviceInformation、IopUnmapSecureIo、IumUpdateSecureDeviceState)** —— これらは、セキュアACPIやセキュアPCIデバイスへのアクセスを提供します。これらのデバイスには、VTL 0からアクセスすることはできず、排他的にセキュアカーネル (および付随するセキュアハードウェア抽象化レイヤー (HAL) およびセキュアPCIサービス) によって所有されます。関連する機能を持つTrustlet (この章の「3.5.2 Trustletのポリシーメタデータ」の項を参照) は、VTL1の分離ユーザーモード (IUM) にそのようなデバイスのレジスタをマップすることができ、ダイレクトメモリアクセス (DMA) 転送を実行する可能性もあります。また、Trustletは、SDFHost.dll内にあるセキュアデバイスフレーム

ワーク（Secure Device Framework：SDF）を使用したハードウェアのための、ユーザーモードデバイスドライバーとして機能することができます。この機能は、セキュアUSBスマートカード（PCIデバイス）やWebカメラ/指紋センサー（ACPIデバイス）といった、Windows Helloのためのセキュア生体認証に利用されます。

■ **セキュアセクション（IumCreateSecureSection、IumFlushSecureSectionBuffers、IumGetExposedSecureSection、IumOpenSecureSection）** —— これらは、公開されたセキュアセクションを介してVTL 0ドライバーと物理ページを共有したり（VslCreateSecureSectionを使用）、名前付きセキュアセクション（「3.5.5 Trustletの識別子」の項で説明したIDベースのメカニズムを使用）としてVTL 1内にだけにあるデータを、他のTrustletとの間、または同じTrustletの他のインスタンスとの間で、共有したりすることを可能にします。「3.5.2 Trustletのポリシーメタデータ」の項で説明したセキュアセクション機能を必要とするTrustletは、これらの機能を使用します。

■ **メールボックス（IumPostMailbox）** —— メールボックスは、Trustletが通常（VTL 0）のカーネル内のコンポーネントとの間で、最大約4KBのデータの最大8スロットを共有できるようにします。VTL 0内のコンポーネントは、VslRetrieveMailboxを呼び出して、スロット識別子とメールボックスの秘密キーを渡すことができます。例えば、VTL 0内のVid.sys（Microsoft Hyper-V Virtualization Infrastructure Driver）はこの機能を利用して、仮想TPM（vTPM）機能で使用されるさまざまなシークレットをVmsp.exe Trustletから取り出します。

■ **IDキー（IumGetIdk）** —— IDキーは、Trustletが一意に識別される復号化キーまたは署名キーを取得できるようにします。このキーマテリアルは、マシン固有のものであり、Trustletからのみ取得できます。これは、マシンを一意に認証し、IUMから資格情報を取り出せるという、資格情報ガード（Credential Guard）機能に不可欠な部分です。

■ **Cryptographic Services（IumCrypto）** —— このサービスは、Trustletが、IUMのみで利用可能なセキュアカーネルが生成したローカルのセッションキーやブートごとのセッションキーを使用して、データを暗号化および復号し、TPMバインドハンドル、セキュアカーネルのFIPSモード、およびIUMのセキュアカーネルによってのみ生成される乱数生成（Random Number Generator：RNG）シードを取得できるようにします。また、このサービスはTrustletに対し、TrustletのIDとSVNを識別する、IDK-signed、SHA-2ハッシュ、タイムスタンプレポートの生成、ポリシーメタデータの出力、デバッガーがアタッチされているかどうか、およびTrustletで制御されるその他の任意のデータ要求を可能にします。これは、Trustletが改ざんされていないことを証明する、TPMのようなTrustletの計測の1つとして使用できます。

■ **セキュアストレージ（IumSecureStorageGet、IumSecureStoragePut）** —— これは、セキュアストレージ機能（「3.5.2 Trustletのポリシーメタデータ」の項で説明しました）を持つTrustletを許可します。セキュアストレージ機能とは、任意のサイズのストレージブロブを格納する機能と、一意のTrustletインスタンスまたは同じコラボレーションIDを持つ他のTrustletとの共有のいずれかの方法で、後でそれらを取得する機能です。

3.5.7 | Trustletがアクセス可能なシステムコール

セキュアカーネルは攻撃にさらされる面を最小化するために、仮想信頼レベル0（VTL 0）の通常のアプリケーションが使用する数百に及ぶすべてのシステムコールの、サブセット（50未満）しか提供しません。これらのシステムコールは、Trustletが使用できるシステムDLLとの互換性（「3.5.1 Trustletの構造」の項を参照）、リモートプロシージャコール（RPC）ランタイム（Rpcrt4.dll）のサポー

トが必要な特定のサービス、およびWindowsイベントトレーシング（ETW）のために必要な最小限のものです。

- **ワーカーファクトリおよびスレッドAPI** ―― スレッドプールAPI（RPCによって使用される）およびローダーによって使用されるスレッドローカルストレージ（TLS）スロットをサポートします。
- **プロセス情報API** ―― TLSスロットおよびスレッドスタック割り当てをサポートします。
- **イベント、セマフォ、待機、および完了API** ―― スレッドプールおよび同期をサポートします。
- **Advanced Local Procedure Call（ALPC）API** ―― ncalrpcトランスポート上でのローカルRPCをサポートします。
- **システム情報API** ―― セキュアブート情報、Kernel32.dllのための基本およびNUMAシステム情報、スレッドプールの大きさ、パフォーマンス、および時刻情報のサブセットの読み取りをサポートします。
- **トークンAPI** ―― RPC偽装の最小限のサポートを提供します。
- **仮想メモリ割り当てAPI** ―― ユーザーモードヒープマネージャーによる割り当てをサポートします。
- **セクションAPI** ―― ローダー（DLLイメージ用）とセキュアセクション機能（セキュアシステムコールを介して作成され、公開される前述の機能）をサポートします。
- **トレース制御API** ―― Windowsイベントトレーシング（ETW）をサポートします。
- **例外と継続API** ―― 構造化例外処理（Structured Exception Handling：SEH）をサポートします。

この一覧から明らかなように、デバイスI/Oのような操作のサポートは、ファイルに対してであれ、実際の物理デバイスに対してであれ、可能ではありません（そもそも、CreateFile APIは存在しません）。レジストリI/Oの場合も同様です。その他のプロセスの作成や、いかなる種類のグラフィックスAPI使用もありません（VTL 1内にはWin32k.sysドライバーは存在しません）。そのため、Trustletは、複雑なフロントエンド（VTL 0内）の分離されたバックエンド（VTL 1内）として働くものであり、通信メカニズムとしてALPCまたは公開されたセキュアセクションだけを持ちます（セキュアセクションのハンドルは、ALPCを介して伝達される必要があります）。「第7章　セキュリティ」では、特定のTrustlet（資格情報とキーの保護を提供するLsaIso.exe）の実装について、さらに詳細に見ていきます。

実習 セキュアプロセスを識別する

　セキュアプロセスは、その名前で識別する以外に、カーネルデバッガーで2つの方法で識別することができます。1つ目の方法は、各セキュアプロセスはそれぞれ、セキュアカーネルのハンドルテーブル内でそのハンドルを表す、1つのセキュアプロセスIDを持ちます。これは、セキュアプロセス内にスレッドを作成するときや、終了を指示するときに、通常（VTL 0）のカーネルによって使用されます。2つ目の方法は、スレッド自身が持つ、そのスレッドに関連付けられたスレッドクッキー（Cookie）です。これは、セキュアカーネルのスレッドテーブルのインデックスを表しています。

　カーネルデバッガーで次のコマンドを試してみましょう（注：!for_each_process ～ @#Process }まで、1行のコマンドラインとして入力します）。

第3章 プロセスとジョブ | 141

```
lkd> !for_each_process .if @@(((nt!_EPROCESS*)${@#Process})->↺
Pcb.SecurePid) {.printf "Trustlet: %ma (%p)¥n", ↺
@@(((nt!_EPROCESS*)${@#Process})->ImageFileName), @#Process }
Trustlet: Secure System (ffff9b09d8c79080)
Trustlet: LsaIso.exe (ffff9b09e2ba9640)
Trustlet: BioIso.exe (ffff9b09e61c4640)
lkd> dt nt!_EPROCESS ffff9b09d8c79080 Pcb.SecurePid
   +0x000 Pcb :
      +0x2d0 SecurePid : 0x00000001'40000004
lkd> dt nt!_EPROCESS ffff9b09e2ba9640 Pcb.SecurePid
   +0x000 Pcb :
      +0x2d0 SecurePid : 0x00000001'40000030
lkd> dt nt!_EPROCESS ffff9b09e61c4640 Pcb.SecurePid
   +0x000 Pcb :
      +0x2d0 SecurePid : 0x00000001'40000080
lkd> !process ffff9b09e2ba9640 4
PROCESS ffff9b09e2ba9640
   SessionId: 0 Cid: 0388 Peb: 6cdc62b000 ParentCid: 0328
   DirBase: 2f254000 ObjectTable: ffffc607b59b1040 HandleCount: 44.
   Image: LsaIso.exe

       THREAD ffff9b09e2ba2080 Cid 0388.038c Teb: 0000006cdc62c000
Win32Thread:
0000000000000000 WAIT

lkd> dt nt!_ETHREAD ffff9b09e2ba2080 Tcb.SecureThreadCookie
   +0x000 Tcb :
      +0x31c SecureThreadCookie : 9
```

3.6 | CreateProcessのフロー

　これまで、プロセス状態の動作や管理に関係する、さまざまなデータ構造体について見てきました。また、さまざまなツールやデバッガーコマンドを使用してこの情報を調べる方法についても見てきました。ここでは、これらのデータ構造体が、どのように、そしていつ作成され、値が設定されるのかについて見ていきます。また、プロセスの作成と終了の動作の全体についても見ていきます。これまで見てきたように、ドキュメント化されているプロセス作成関数のすべては、最終的にCreateProcessInternalWを呼び出すことになります。そこで、ここから始めることにしましょう。

　Windowsプロセスの作成は、いくつかのステージで構成され、それはオペレーティングシステムの次の3つの部分で実行されます。すなわち、Windowsのクライアント側のライブラリであるKernel32.dll（CreateProcessInternalWによって開始する実際の処理）、Windowsエグゼクティブ、そしてWindowsサブシステムプロセス（Csrss）です。複数の環境サブシステムというWindowsのアーキテクチャのため、エグゼクティブプロセスオブジェクト（他のサブシステムはこれを使用できます）の作成は、Windowsサブシステムプロセスの作成に関連する処理と分かれています。そのため、これから説明するWindows APIのCreateProcess関数のフローは複雑ですが、処理の一部は、エグゼクティブ

オブジェクトを作成するために必要な中核の処理ではなく、Windowsサブシステムによって追加される部分に固有の処理であることを覚えておいてください。

次のリストは、Windows APIのCreateProcess*関数による、プロセス作成の主要なステージの概要です。各ステージで処理される操作については、この後、ステージごとに詳しく説明します。

メモ
CreateProcess関数の多くのステップは、プロセスの仮想アドレス領域のセットアップに関連するものです。そのため、メモリ管理の多くの用語と構造体については第5章の定義を参照してください。

1. パラメーターの検証、Windowsサブシステムフラグとオプションのネイティブな形式への変換、そのネイティブな形式のフラグとオプションの解析、検証、変換。
2. プロセスの内部で実行されるイメージファイル（.exe）のオープン。
3. Windowsエグゼクティブプロセス（EPROCESS）オブジェクトの作成。
4. 初期スレッド（スタック、コンテキスト、およびWindowsエグゼクティブスレッド（ETHREAD）オブジェクト）の作成。
5. 作成後の処理、Windowsサブシステム固有プロセスの初期化。
6. 初期スレッドの実行開始（CREATE_SUSPENDEDフラグが指定されていない場合）。
7. 新しいプロセスとスレッドのコンテキスト内でのアドレス領域の初期化の完了（必要なDLLの読み込みなど）、およびプログラムのエントリポイントの実行開始。

図3-10に、Windowsがプロセスを作成するために処理するステージの概要を示します。

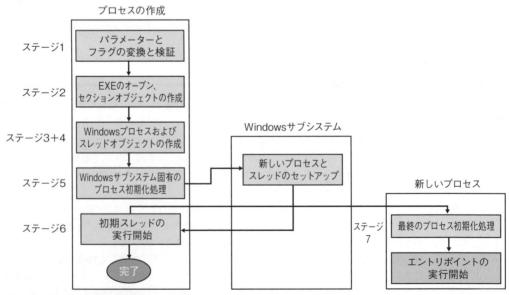

図3-10 プロセス作成の主要なステージ

3.6.1 ステージ1：パラメーターとフラグの変換と検証

実行することになる実行可能イメージを開く前に、CreateProcessInternalWは、次のステップを実行します。

1. 新しいプロセスの優先度（Priority）クラスが、作成フラグパラメーター内の独立したビット列として、CreateProcess*関数に指定されます。1つのCreateProcess*の呼び出しに、1つ以上の優先度クラスを指定することができます。Windowsは、最低優先度クラスセットを選択することで、どの優先度クラスをそのプロセスに割り当てるかを解決します。プロセスの優先度クラスとしては次の6つが定義されており、各クラスの値には番号が対応します。

   - アイドルまたは低（タスクマネージャーの基本優先度の表示は低）(4)
   - 通常以下 (6)
   - 通常 (8)
   - 通常以上 (10)
   - 高 (13)
   - リアルタイム (24)

   優先度クラスは、プロセス内に作成されるスレッドの基本優先度として使用されます。この値は、プロセス自身には直接的に影響せず、プロセス内のスレッドにのみ影響します。プロセスの優先度クラスとそのスレッドスケジューリングへの影響については、第4章で説明します。

2. 新しいプロセスに優先度クラスが指定されていない場合、優先度クラスは既定の「通常」になります。新しいプロセスに優先度クラス「リアルタイム」が指定され、プロセスの呼び出し元が「スケジューリング優先順位の繰り上げ」特権（SeIncreaseBasePriorityPrivilege、SE_INC_BASE_PRIORITY_NAME）を持たない場合、代わりに優先度クラス「高」が使用されます。言い換えると、呼び出し元が優先度クラス「リアルタイム」でプロセスを作成するのに十分な特権を持たなくても、プロセスの作成に失敗することはありません。また、新しいプロセスは、「リアルタイム」よりも高い優先度を持つことはありません。

3. プロセスに指定された作成フラグが「デバッグ」の場合、Kernel32.dllはDbgUiConnectToDbgを呼び出してNtdll.dll内のネイティブなデバッグコードとの接続を初期化し、現在のスレッド環境ブロック（TEB）からデバッグオブジェクトに対するハンドルを取得します。

4. Kernel32.dllは、作成フラグの指定が1つの場合、既定のハードエラー（Hard Error）モードをセットします。

5. ユーザー指定の属性リストがWindowsサブシステムの形式からネイティブの形式に変換され、それに内部属性が追加されます。ユーザー指定属性リストに追加される可能性のある内部属性を表3-7に示します。ドキュメント化されているWindows APIに対応するものがある場合は、表3-7に含めています。

> **メモ**
> CreateProcess*呼び出しで渡される属性リストは、初期スレッドのTEBアドレスやイメージセクションの情報など、シンプルなステータスコード以上の情報を含め、呼び出し元に戻すことができます。これは、保護されたプロセスのために必要です。なぜなら、親プロセスは子プロセスが作成された後、この情報を照会することができないからです。

表3-7 プロセスの属性

ネイティブ属性	対応するWin32属性	種類	説明
PS_CP_PARENT_PROCESS	PROC_THREAD_ATTRIBUTE_PARENT_PROCESS。権限昇格時にも使用される。	入力	親プロセスに対するハンドル。
PS_CP_DEBUG_OBJECT	なし。DEBUG_PROCESSフラグが指定されたときに使用される。	入力	デバッグ対象としてプロセスが開始されたときのデバッグオブジェクト。
PS_CP_PRIMARY_TOKEN	なし。CreateProcessAsUser / WithTokenWの使用時に使用される。	入力	CreateProcessAsUser使用時はプロセストークン。
PS_CP_CLIENT_ID	なし。パラメーター（PROCESS_INFORMATION）としてWin32 APIによって返される。	出力	初期スレッドプロセスのスレッドID（TID）とプロセスID（PID）を返す。
PS_CP_TEB_ADDRESS	なし。内部的に使用され、公開されていない。	出力	初期スレッドのTEBのアドレスを返す。
PS_CP_FILENAME	なし。CreateProcess APIのパラメーターとして使用される。	入力	作成されるプロセスの名前になる。
PS_CP_IMAGE_INFO	なし。内部的に使用され、公開されていない。	出力	SECTION_IMAGE_INFORMATIONを返す。SECTION_IMAGE_INFORMATIONは、実行可能ファイルのバージョン、フラグ、およびサブシステムの情報に加えて、スタックサイズとエントリポイントを含む。
PS_CP_MEM_RESERVE	なし。SmssおよびCsrssによって内部的に使用される。	入力	仮想メモリ予約の配列。初期プロセスのアドレス領域作成中に準備され、他の割り当てがまだ行われていないため、利用可能であることが保証される。
PS_CP_PRIORITY_CLASS	なし。パラメーターとしてCreateProcess APIに渡される。	入力	プロセスに与えられた優先度クラス。
PS_CP_ERROR_MODE	なし。CREATE_DEFAULT_ERROR_MODE フラグを介して渡される。	入力	プロセスのハードエラー処理モード。
PS_CP_STD_HANDLE_INFO	なし。内部的に使用される。	入力	標準ハンドルを複製するか、新しいハンドルを作成するかの指定。
PS_CP_HANDLE_LIST	PROC_THREAD_ATTRIBUTE_HANDLE_LIST	入力	新しいプロセスに継承される、親プロセスに属するハンドルのリスト。
PS_CP_GROUP_AFFINITY	PROC_THREAD_ATTRIBUTE_GROUP_AFFINITY	入力	スレッドが実行を許可されたプロセッサグループ（1つまたは複数）。
PS_CP_PREFERRED_NODE	PROC_THREAD_ATTRIBUTE_PRFERRED_NODE	入力	プロセスに関連付けられ、優先される（理想の）NUMAノード。初期プロセスヒープとスレッドスタックの作成に使用されるノードに影響する（第5章を参照）。
PS_CP_IDEAL_PROCESSOR	PROC_THREAD_ATTTRIBUTE_IDEAL_PROCESSOR	入力	スレッドをスケジューリングするのに優先される（理想の）プロセッサ。
PS_CP_UMS_THREAD	PROC_THREAD_ATTRIBUTE_UMS_THREAD	入力	ユーザーモードスケジューリング(UMS)属性、完了リスト、およびコンテキストを含む。

ネイティブ属性	対応するWin32属性	種類	説明
PS_CP_MITIGATION_OPTIONS	PROC_THREAD_ATTRIBUTE_MITIGATION_POLICY	入力	プロセスで有効化／無効化する軽減策（SEHOP、ALTエミュレーション、NX）の情報を含む。
PS_CP_PROTECTION_LEVEL	PROC_THREAD_ATTRIBUTE_PROTECTION_LEVEL	入力	表3-1に示した保護されたプロセスの有効値の1つ、または親プロセスと同じ保護レベルを示すPROTECT_LEVEL_SAME値を指している必要がある。
PS_CP_SECURE_PROCESS	なし。内部的に使用される。	入力	プロセスを分離ユーザーモード（IUM）で実行することを示す。詳しくは、本書下巻を参照。
PS_CP_JOB_LIST	なし。内部的に使用される。	入力	そのプロセスをジョブのリストに割り当てる。
PS_CP_CHILD_PROCESS_POLICY	PROC_THREAD_ATTRIBUTE_CHILD_PROCESS_POLICY	入力	直接的または間接的のどちらかで、子プロセスの作成が許可されていることを示す（WMIを使用してなど）。
PS_CP_ALL_APPLICATION_PACKAGES_POLICY	PROC_THREAD_ATTRIBUTE_ALL_APPLICATION_PACKAGES_POLICY	入力	ALL APPLICATION PACKAGEグループを含むACLチェックから、アプリコンテナー（AppContainer）トークンを除外するかどうかを指定する。代わりに、ALL RESTRICTED APPLICATION PACKAGES（日本語版では「制限されたすべてのアプリケーション パッケージ」）グループが使用される場合がある。
PS_CP_WIN32K_FILTER	PROC_THREAD_ATTRIBUTE_WIN32K_FILTER	入力	プロセスが持つWin32k.sysへの多くのUSER/GDIシステムコールがフィルターで除外（ブロック）されている場合、または許可されているが、監査されている場合に指定される。Edgeブラウザーの攻撃面を縮小するために使用される。
PS_CP_SAFE_OPEN_PROMPT_ORIGIN_CLAIM	なし。内部的に使用される。	入力	信頼されていないソースから取得されたファイルであることを示す、Webのマーク付け機能によって使用される。
PS_CP_BNO_ISOLATION	PROC_THREAD_ATTRIBUTE_BNO_ISOLATION	入力	これにより、プロセスのプライマリトークンが分離されたBaseNameObjectsディレクトリに関連付けられる（名前付きオブジェクトについて詳しくは、本書下巻を参照）。
PS_CP_DESKTOP_APP_POLICY	PROC_THREAD_ATTRIBUTE_DESKTOP_APP_POLICY	入力	モダンアプリケーションがレガシデスクトップアプリケーションの起動を許可されていることを示す。また、許可されている場合、その方法を示す。
None（内部で使用される）	PROC_THREAD_ATTRIBUTE_SECURITY_CAPABILITIES	入力	NtCreateUserProcessを呼び出す前にアプリコンテナー（AppContainer）トークンの作成に使用される、SECURITY_CAPABILITIES構造体へのポインターを指定する。

6. そのプロセスがジョブオブジェクトの一部であり、作成フラグが別の仮想DOSコンピューター（VDM）を要求している場合、そのフラグは無視されます。

7. CreateProcess関数に提供されたプロセスと初期スレッドのセキュリティ属性が、内部表現に変換されます（Windows Driver Kit（WDK）ドキュメントで説明されているOBJECT_ATTRIBUTES構造体）。

8. CreateProcessInternalWが、そのプロセスがモダンプロセスとして作成される必要があるかどうかをチェックします。もし、フルパッケージ名を持つ属性（PROC_THREAD_ATTRIBUTE_PACKAGE_FULL_NAME）の指定またはプロセス作成元自身がモダンプロセスである場合（および親プロセスがPROC_THREAD_ATTRIBUTE_PARENT_PROCESS属性によって明示的に指定されていない場合）、そのプロセスはモダンプロセスとして作成されます。その場合、APPX_PROCESS_CONTEXTと呼ばれる構造体によって説明されるモダンアプリのパラメーターのコンテキスト情報を収集するために、内部のBasepAppXExtensionが呼び出されます。この構造体は、パッケージ名（内部的には**パッケージモニカー**と呼ばれます）、アプリに関連づいたケーパビリティ、プロセスの現在のディレクトリ、アプリが完全な信頼を持っているかどうかといった情報を保持しています。完全信頼モダンアプリの作成オプションは、公式には公開されておらず、モダンな外観を持ちながらシステムレベルの操作を行うアプリのめに予約されています。標準的な例として、Windows 10の「設定」アプリ（SystemSettings.exe）があります。

9. そのプロセスがモダンプロセスとして作成される場合、セキュリティケーパビリティ（PROC_THREAD_ATTRIBUTE_SECURITY_CAPABILITIESによって提供される場合）が、内部のBasepCreateLowBox関数の呼び出しによる初期トークンの作成のために記録されます。「LowBox」という用語は、そのプロセスを配下で実行することになるサンドボックス（アプリコンテナー）のことを指します。なお、CreateProcessを直接呼び出してモダンプロセスを作成することはサポートされていませんが（前述したコンポーネントオブジェクトモデル（COM）インターフェイスが代わりに使用されます）、Windows SDKおよびMSDNには、この属性を渡してアプリコンテナーのレガシデスクトップアプリケーションを作成する機能についてドキュメント化されています。

10. モダンプロセスが作成されると、次に、埋め込まれたマニフェストの検出をカーネルが省略するように、1つのフラグがセットされます。モダンプロセスは、単に必要ではないため、埋め込まれたマニフェストを持つことはありません（1つのモダンアプリは、ここで言及しているマニフェストとは無関係の、専用のマニフェストを1つ持ちます）。

11. デバッグフラグ（DEBUG_PROCESS）が指定されている場合、Image File Execution Options（IFEO）レジストリキー（次の項で説明します）にある、その実行可能イメージのDebugger値の指定はスキップされるとマークされます。そうしない場合、デバッガーはデバッグ対象のプロセスを決して作成することはできません。なぜなら、プロセスの作成が無限ループ（デバッグプロセスを繰り返し作成しようとして）に陥ってしまうからです。

12. すべてのウィンドウ（ウィンドウステーションオブジェクト）はデスクトップ（デスクトップオブジェクト）に関連付けられ、グラフィカルな部分を表現する作業領域になります。STARTUPINFO構造体にデスクトップが指定されていない場合、そのプロセスは呼び出し元の現在のデスクトップに関連付けられます。

メモ
　Windows 10の仮想デスクトップ機能（タスクビューから［新しいデスクトップ］をクリックまたはタップして作成する仮想的な追加のデスクトップ）は、複数のデスクトップオブジェクト（カーネルオブジェクトの意味において）を使用しません。仮想デスクトップ機能で複数のデスクトップを作成していても、依然として1つのデスクトップオブジェクトが存在し、ウィンドウは必要に応じて表示または非表示になります。この動作は、実際に最大4つのデスクトップオブジェクトを作成するWindows SysinternalsのDesktops.exeユーティリティとは対照的です。両者の違いは、あるデスクトップから別のデスクトップにウィンドウを移動しようとするときに体験することができます。Desktops.exeの場合、ウィンドウ間の移動操作はWindowsでサポートされていないため、実行できません。一方、Windows 10の仮想デスクトップでは、実際に移動しているわけではないため、このような動作が可能です。

13. CreateProcessInternalWに渡されたアプリケーションのパスとコマンドライン引数が解析されます。実行可能ファイルのパス名は、内部的なNTデバイス名に変換されます（例えば、C:¥temp¥a.exeは¥device¥HarddiskVolume1¥temp¥a.exeのように変換されます）。これは、いくつかの関数がこの形式を要求するからです。

14. 収集された情報のほとんどが、RTL_USER_PROCESS_PARAMETERSという型の単一の大きな構造体に変換されます。

　これらのステップが完了すると、CreateProcessInternalWはプロセスの作成を試みるために、NtCreateUserProcessの初回呼び出しを実行します。Kernel32.dllはこの時点で、アプリケーションのイメージ名が本物のWindowsアプリケーションであるか、バッチファイル（.batまたは.cmd）であるか、16ビットやDOSアプリケーションであるかを判断できないため、その呼び出しは失敗する可能性があります。呼び出しに失敗した時点で、CreateProcessInternalWはエラーの理由を調べ、エラー状況の正常化を試みます。

3.6.2 ステージ2：実行するイメージのオープン

　この時点で、スレッドの作成がカーネルモードに切り替わり、NtCreateUserProcessシステムコールの実装の中で処理が継続されます。

1. NtCreateUserProcessはまず、引数を検証し、すべての作成情報を格納するための内部的な構造体を準備します。引数の検証をもう一度行う理由は、そのエグゼクティブの呼び出しが、Ntdll.dllの偽の悪意のある引数でカーネルに遷移する方法をシミュレートすることで行われたハッキングに由来するものでないことを確認するためです。

2. NtCreateUserProcessの次のステージは、図3-11に示すように、呼び出し元により指定された実行可能ファイルを実行することになる、適切なWindowsイメージを見つけることです。また、新しいプロセスのアドレス領域内に後でマップすることになる、セクションオブジェクトを作成します。何らかの理由でこの呼び出しが失敗した場合、CreateProcessInternalWにエラー状態（後述する表3-8を参照）が返され、CreateProcessInternalWは再実行の試行に移ります。

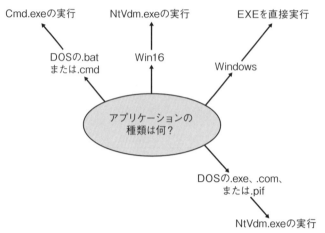

図3-11 Windowsイメージのアクティブ化の選択

3. そのプロセスが保護されたプロセスとして作成される必要がある場合は、署名ポリシーのチェックも行われます。

4. そのプロセスがモダンプロセスとして作成される場合は、アプリがライセンスされていて、実行が許可されていることを確認するために、ライセンスチェックが行われます。インボックスアプリ（Windowsにプリインストールされているアプリ）の場合、ライセンスに関係なく実行が許可されています。アプリのサイドローディングが許可されている場合（［設定］アプリの［更新とセキュリティ］-［開発者向け］で構成します）、ストアからのアプリだけでなく、任意の署名済みアプリを実行できます。

5. そのプロセスがTrustletである場合は、セキュアカーネルによる使用を可能にする特別なフラグ付きでセクションオブジェクトが作成される必要があります。

6. 指定された実行可能ファイルがWindowsのEXEファイルの場合、NtCreateUserProcessはそのファイルを開き、EXEファイル用のセクションオブジェクトを作成しようとします。オブジェクトは開かれるだけで、まだメモリにマップされません。その理由は、セクションオブジェクトの作成に成功しても、そのファイルが有効なWindowsイメージであることが検証されたわけではないからです。そのファイルは、DLLやPOSIX実行可能イメージである可能性があります。そのファイルがPOSIX実行可能イメージの場合、POSIXはもはやサポートされていないため（第2章の「2.3 アーキテクチャの概要」の節を参照）、呼び出しは失敗します。そのファイルがDLLの場合、CreateProcessInternalWは同様に失敗します。

7. NtCreateUserProcessは、次の項で説明するプロセス作成コードの部分により、有効なWindows実行可能イメージであると判断すると、HKLM¥SOFTWARE¥Microsoft¥Windows NT¥CurrentVersion¥Image File Execution Optionsの下にあるレジストリを参照し、ファイル名と実行可能イメージの拡張子を持つ同名のサブキー（ディレクトリやパス情報は含みません。例、Notepad.exe）が存在するかどうかを調べます。サブキーが存在する場合、PspAllocateProcessがそのキーの中にDebuggerという名前の値が存在するかどうかを調べます。値が存在する場合、実行するイメージはその値に設定された文字列に置き換えられ、CreateProcessInternalWはステージ1に戻って再実行します。

ヒント
このプロセス作成の動作とデバッグスタートアップコードは、Windowsサービスプロセスのデバッグに利用できます。デバッグのスタートアップコードを許可していないサービスの開始後にデバッガーをアタッチするのではなく、この方法を用いてデバッガーのコマンドライン引数としてサービスを開始するのです。

8. 一方、そのイメージがWindowsのEXEファイルでない場合（例えば、MS-DOSやWin16アプリケーションのEXEファイルの場合）、CreateProcessInternalWはそのイメージを実行するWindowsサポートイメージを見つけるための一連のステップに移ります。このステップは、直接実行することができない非Windowsアプリケーションのために必要です。Windowsは、実際に非Windowsプログラムの実行を担当する、いくつかの特別なサポートイメージの1つを代わりに使用します。例えば、MS-DOSまたはWin16実行可能ファイル（32ビットWindowsのみで実行可能）を実行しようとする場合、そのサポートイメージはWindows実行可能イメージのNtvdm.exeになります。つまり、Windowsプロセスではないプロセスを、直接的に作成することはできないのです。Windowsプロセスとしてそのイメージをアクティブ化する解決方法をWindowsが見つけられなかった場合（表3-8に示します）、CreateProcessInternalWは失敗します。

表3-8 CreateProcessのステージ2のディシジョンツリー（決定木）

もし、そのイメージが…の場合	CreateProcessの状態コード	このイメージを…で実行	…その結果、次のことが発生
.exe、.com、または.pif拡張子を持つMS-DOSアプリケーション	PsCreateFailOnSectionCreate	Ntvdm.exe	CreateProcessInternalWはステージ1から再開
Win16アプリケーション	PsCreateFailOnSectionCreate	Ntvdm.exe	CreateProcessInternalWはステージ1から再開
32ビットシステム上のWin64アプリケーション（またはPPC、MIPS、Alphaバイナリ）	PsCreateFailMachineMismatch	なし	CreateProcessInternalWは失敗
別のイメージ名が設定されたDebugger値を持つイメージ	PsCreateFailExeName	Debugger値に指定された名前のイメージ	CreateProcessInternalWはステージ1から再開
無効または破損したWindows EXE	PsCreateFailExeFormat	なし	CreateProcessInternalWは失敗
開くことができないイメージ	PsCreateFailOnFileOpen	なし	CreateProcessInternalWは失敗
コマンドプロシージャ（.batまたは.cmd拡張子を持つアプリケーション）	PsCreateFailOnSectionCreate	Cmd.exe	CreateProcessInternalWはステージ1から再開

CreateProcessInternalWがイメージを実行するためのサポートイメージを見つける具体的なディシジョンツリーは、次のとおりです。

- 32ビットx86 Windowsにおいて、そのイメージが.exe、.com、または.pif拡張子を持つMS-DOSアプリケーションの場合、Windowsサブシステムにメッセージが送信され、このセッションのた

めにMS-DOSサポートプロセス (Ntvdm.exe[5]) が既に作成されているかどうかがチェックされます。サポートイメージのプロセスが作成されると、MS-DOSアプリケーションを実行するためにそれが使用されます（Windowsサブシステムが仮想DOSコンピューター（VDM）プロセスにメッセージを表示し、新しいイメージを実行します）。次に、CreateProcessInternalWに戻ります。サポートプロセスが作成されなかった場合、そのイメージはNtvdm.exeに置き換えられ、CreateProcessInternalWのステージ1に戻って再実行します。

- 実行するファイルが.batまたは.cmdの拡張子を持つ場合、そのイメージはWindowsコマンドプロンプトであるCmd.exeに置き換えられ、CreateProcessInternalWのステージ1に戻って再実行します（バッチファイルのファイル名は、Cmd.exeの/cスイッチの後ろに2つ目のパラメーターとして渡されます）。

- そのイメージがWin16（Windows 3.1）実行可能イメージである場合、x86 Windowsシステムのために、そのイメージを実行するために新しいVDMプロセスを作成しなければならないか、既定のセッション全体で共有されるVDMプロセス（まだ作成されていない場合もあります）を使用するべきか、CreateProcessInternalWが決定する必要があります。CreateProcessのCREATE_SEPARATE_WOW_VDMフラグおよびCREATE_SHARED_WOW_VDMフラグがこの決定を左右します。これらのフラグが指定されていない場合、HKLM¥SYSTEM¥CurrentControlSet¥Control¥WOW¥DefaultSeparateVDMレジストリ値が既定の動作を指定します。アプリケーションが別のVDM内で実行される場合、そのイメージの実行はNtvdm.exeにいくつかの構成パラメーターと16ビットプロセス名を追加したものに置き換えられ、CreateProcessInternalWはステージ1に戻って再実行します。共有されるVDMプロセス内で実行される場合、Windowsサブシステムはメッセージを送信し、共有されたVDMプロセスが存在するかどうか、および使用できるかどうかを調べます（もし、VDMプロセスが別のデスクトップで実行中であるか、呼び出し元と同じセキュリティコンテキストで実行されていない場合、そのVDMプロセスは使用できません。新しいVDMプロセスが作成される必要があります）。共有されたVDMプロセスが使用された場合、WindowsサブシステムはそのVDMプロセスにメッセージを送信し、新しいイメージの実行して、CreateProcessInternalWに戻ります。VDMプロセスが未作成の場合（または存在しているが、利用可能でない場合）、そのイメージの実行はVDMサポートイメージに置き換えられ、CreateProcessInternalWはステージ1に戻って再実行します。

3.6.3 ステージ3：Windowsエグゼクティブプロセス（EPROCESS）オブジェクトの作成

　ここまでの時点で、NtCreateUserProcessは有効なWindows実行可能ファイルを開き、それをマップするためのセクションオブジェクトを新しいプロセスのアドレス領域に作成しました。次に、内部システム関数であるPspAllocateProcessを呼び出して、そのイメージを実行するためのWindowsエグゼクティブプロセス（EPROCESS）オブジェクトを作成します。EPROCESSオブジェクトの作成（こ

---

[5] 訳注：32ビットWindows XPおよび32ビットWindows Server 2003 R2以前は、レジストリのHKLM¥SYSTEM¥CurrentControlSet¥Control¥WOWキーにあるCmdLine値にNtvdm.exeのコマンドラインが指定されていました。以降のバージョンのWindowsはCmdLine値を使用しません。また、32ビットWindows 8から16ビットアプリケーションサポートはオプションとなり、既定でコンポーネントが削除されています。32ビットWindows 8以降で16ビットアプリケーションを実行しようとすると、HKLM¥SYSTEM¥CurrentControlSet¥Control¥WOWキーにあるNTVDMInstalled値を参照し、機能がインストールされていない場合（この値が0）の場合、[NTVDM]機能を有効化するかどうかをユーザーに提示します。

れはスレッドの作成によって完了します）には、以下のサブステージが必要です。

- 3A. Windowsエグゼクティブプロセス（EPROCESS）オブジェクトのセットアップ
- 3B. 初期のプロセスアドレス領域の作成
- 3C. カーネルプロセス（KPROCESS）構造体の初期化
- 3D. プロセスアドレス領域のセットアップの完了
- 3E. プロセス環境ブロック（PEB）のセットアップ
- 3F. エグゼクティブプロセス（EPROCESS）オブジェクトのセットアップの完了

メモ
親プロセスが存在しない唯一の時間は、システムの初期化中（システムプロセスの作成時）だけです。その後は、新しいプロセスのためのセキュリティコンテキストを提供するために、親プロセスは常に必要です。

■│ステージ3A：Windowsエグゼクティブプロセス（EPROCESS）オブジェクトのセットアップ

このサブステージは、以下のステップで行われます。

1. プロセス作成時に（属性リストを介して）明示的に指定されなかった場合、親プロセスの優先度を継承します。

2. 属性リスト内に指定されている場合、理想のNUMAノードを選択します。

3. 親プロセスからI/Oおよびページ優先度を継承します。親プロセスが存在しない場合、既定のページ優先度（5）およびI/O優先度（通常）が使用されます。

4. 新しいプロセスの終了状態（Exit Status）をSTATUS_PENDINGにセットします。

5. 属性リストで選択されたハードエラー処理モードを選択します。処理モードが指定されなかった場合、親プロセスのモードを継承します。親プロセスが存在しない場合は、すべてのエラーを表示する、既定の処理モードが選択されます。

6. 親プロセスのプロセスIDを新しいプロセスオブジェクトのInheritedFromUniqueProcessIdフィールドに格納します。

7. そのプロセスがWow64上で実行されない場合、そのプロセスをラージページにマップするべきかどうか、Image File Execution Options（IFEO）キーを照会します（IFEOキー内のUseLargePages値）。Wow64で実行される場合、ラージページが使用されることはありません。また、そのキーを照会して、このプロセス内のラージページにマップするべきDLLとしてNtdll.dllがリストに存在するかどうかをチェックします。

8. IFEOキー内のパフォーマンスオプション（存在する場合、PerfOptions）キーを照会します。このキーは、いくつかの値で構成されます。設定可能な値には、IoPriority（I/O優先度）、PagePriority（ページ優先度）、CpuPriorityClass（CPU優先度クラス）、およびWorkingSetLimitInKB（ワーキングセットの制限）があります。

9. そのプロセスがWow64上で実行される場合、次にWow64補助構造体（EWOW64PROCESS）を割り当て、その構造体をEPROCESS構造体のWoW64Processメンバー内にセットします。

10. そのプロセスがアプリコンテナー（AppContainer）の内部に作成されたものである場合（ほとんどの場合モダンアプリのプロセス）、LowBoxで作成されたトークンが検証されます（アプリコンテナーについて詳しくは、第7章を参照）。

11. プロセスの作成のために必要なすべての特権を取得しようと試みます。プロセスの優先度クラス「リアルタイム」の選択、新しいプロセスへのトークンの割り当て、プロセスのラージページへのマップ、新しいセッション内へのプロセスの作成、これらすべての操作には、対応する特権が必要です。

12. プロセスのプライマリアクセストークン（親プロセスのアクセストークンの複製）を作成します。新しいプロセスは、親プロセスのセキュリティプロファイルを継承します。CreateProcessAsUser 関数が使用され、新しいプロセスのための別のアクセストークンが指定された場合は、そのトークンは適切に変更されます。この変更は、親プロセスのトークンの整合性レベル（Integrity Level：IL）がアクセストークンの整合性レベルより上位の場合、およびアクセストークンが親プロセスのトークンの本当の子または兄弟である場合だけに行われます。なお、親プロセスが「プロセスレベルトークンの置き換え」特権（SeAssignPrimaryTokenPrivilege）を持つ場合、このチェックはバイパスされます。

13. ここで新しいプロセストークンのセッションIDがチェックされ、セッションIDがセッションをまたいで作成されたものであるかどうかが確認されます。もしそうである場合は、クォータとアドレス領域を正しく処理するために、親プロセスが一時的にターゲットセッションに接続します。

14. 新しいプロセスのクォータブロックが親プロセスのクォータブロックのアドレスにセットされ、親プロセスのクォータブロックの参照数（Reference Count）をインクリメントします。そのプロセスがCreateProcessAsUserを使用して作成されたものである場合、このステップは発生しません。その代わりに、既定のクォータが作成されるか、選択されたユーザープロファイルに一致するクォータに一致させます。

15. そのプロセスのワーキングセットの最小および最大サイズが、対応するPspMinimumWorkingSetおよびPspMaximumWorkingSetの値にセットされます。これらの値は、IFEOのPerfOptionsキーに指定されたパフォーマンスオプションがある場合は、無視される可能性があります。その場合、最大ワーキングセットはパフォーマンスオプションから取得されます。なお、既定のワーキングセットの制限はソフト制限であり、実質的には参考値です。一方、PerfOptionsキーの最大ワーキングセット（WorkingSetLimitInKB）は、ハード制限になります（つまり、ワーキングセットはこの最大値を超えて増やすことは許可されません）。

16. プロセスのアドレス領域が初期化されます（ステージ3Bを参照）。次に、セッションが異なる場合は、ターゲットセッションから切断します。

17. グループアフィニティの継承が使用されなかった場合、ここでプロセスのグループアフィニティが選択されます。事前にNUMAノードの伝達がセットされていた場合（NUMAノードが所有するグループが使用されます）またはラウンドロビンで割り当てられた場合、いずれの場合も既定のグループアフィニティは親プロセスから継承されます。システムにグループ認識モードが強制されていて、選択アルゴリズムによってグループ0が選択された場合、既にグループ0が存在する場合に限り、代わりにグループ1が選択されます。

18. プロセスオブジェクトのカーネルプロセス（KPROCESS）の部分が初期化されます（ステージ3Cを参照）。

第3章　プロセスとジョブ　**153**

19. ここでプロセスのためのトークンが設定されます。

20. 親プロセスの優先度クラスが「アイドル」または「通常以下」を使用していない場合、プロセスの優先度クラスは「通常」にセットされます。それ以外の場合は、親プロセスの優先度クラスが継承されます。

21. プロセスハンドルテーブルが初期化されます。親プロセスでハンドル継承フラグがセットされている場合、すべての継承可能なハンドルが親プロセスのオブジェクトハンドルテーブルから新しいプロセスにコピーされます（オブジェクトハンドルテーブルについて詳しくは、本書下巻で説明します）。また、プロセス属性を使用してハンドルのサブセットだけを指定することもできます。これは、CreateProcessAsUserを使用して、子プロセスに継承するオブジェクトを制限するのに便利です。

22. パフォーマンスオプションがPerfOptionsキーで指定された場合、それらのオプションはこの時点で適用されます。PerfOptionsキーは、プロセスのワーキングセットの制限（WorkingSetLimitInKB）、I/O優先度（IoPriority）、ページ優先度（PagePriority）、CPU優先度クラス（CpuPriorityClass）を上書きします。

23. 最終的なプロセス優先度クラスとスレッドの既定のクォンタムが計算され、セットされます。

24. そのプロセス用のIFEOキー内に構成されたさまざまな軽減策オプション（MitigationOptionsという名前の1つのQWORD（64ビット）値に構成）が読み取られ、セットされます。そのプロセスがアプリコンテナーの内部にある場合は、TreatAsAppContainer軽減策フラグが追加されます。

25. すべてのその他の軽減策フラグがこの時点で適用されます。

■ ステージ3B：初期のプロセスアドレス領域の作成

初期のプロセスアドレス領域は、以下のメモリページで構成されます。

- ページディレクトリ（PAEモードのx86システムや64ビットシステムなど、2レベル（L1、L2）より多くのページテーブルを持つシステムでは、1つ以上のページディレクトリが存在する可能性があります）
- ハイパースペース（Hyperspace）ページ
- 仮想アドレス記述子（Virtual Address Descriptor：VAD）ビットマップページ
- ワーキングセットリスト

これらのページを作成するために、以下のステップが行われます。

1. ページテーブルエントリが適切なページテーブル内に作成され、初期ページがマップされます。

2. ページの数がカーネル変数MmTotalCommittedPagesから差し引かれ、カーネル変数MmProcessCommitに加算されます。

3. システム全体の既定のプロセス最小ワーキングセットのサイズ（PsMinimumWorkingSet）がカーネル変数MmResidentAvailablePagesから差し引かれます。

4. グローバルシステム領域のためのページテーブル（つまり、前述のプロセス固有のページ以外、セッション固有のメモリを除く）が作成されます。

■ ステージ3C：カーネルプロセス（KPROCESS）構造体の初期化

　PspAllocateProcessの次のステージは、カーネルプロセス（KPROCESS）構造体（EPROCESS構造体のプロセス制御ブロック（Pcb）のメンバー）の初期化です。この処理は、KeInitializeProcessによって実行され、以下のステップで行われます。

1. プロセスのすべてのスレッド（初期状態は空）を接続する、二重リンクリストが初期化されます。

2. プロセスの既定のクォンタムの初期値（またはリセット値）は、後で初期化（PspComputerQuantumAndPriorityによって）されるまで6にハードコードされています。

メモ
　既定の初期クォンタムは、Windowsのクライアントとサーバーシステムで異なります。スレッドのクォンタムに関する詳細については、第4章の「4.4　スレッドスケジューリング」の節を参照してください。

3. ステージ3Aで計算された結果に基づいて、プロセスの基本優先度がセットされます。

4. プロセス内のスレッドのための既定のプロセッサアフィニティと、プロセスのグループアフィニティがセットされます。グループアフィニティは、ステージ3Aで計算されたものか、親プロセスから継承されたものです。

5. プロセスのスワップ状態が「常駐（Resident）」にセットされます。

6. スレッドのシード値（Seed）は、カーネルがこのプロセスのために選択した、理想のプロセッサに基づきます（これは、以前に作成されたプロセスの理想のプロセッサに基づいており、ラウンドロビン方式で効果的にランダム化されます）。新しいプロセスが作成されると、KeNodeBlock（初期NUMAノードブロック）内のシード値が更新されるため、次の新しいプロセスは別の理想のプロセッサシードを取得することになります。

7. そのプロセスがセキュアプロセスの場合（Windows 10およびWindows Server 2016のみ）、ここでHvlCreateSecureProcessを呼び出すことでセキュアIDが作成されます。

■ ステージ3D：プロセスアドレス領域のセットアップの完了

　新しいプロセスのためのアドレス領域のセットアップは、やや複雑であるため、1つのステップずつ何が行われているのか見ていきましょう。この項をより深く理解するためには、第5章で説明しているWindowsメモリマネージャーの内部について精通している必要があります。

　アドレス領域の設定の処理の大部分を実行するルーチンは、MmInitializeProcessAddressSpaceになります。このルーチンは、別のプロセスからのアドレス領域の複製もサポートしています。この機能は、POSIXのfork()システムコールを実装した当時に有用なものでした。将来、他のUNIXスタイルのfork()をサポートするために活用されることにもなるでしょう（これは、Redstone 1（RS1）とも呼ばれるWindows 10バージョン1607のWindows Subsystem for Linux Betaにおけるfork()の実装方法です）。以下のステップは、アドレス領域の複製機能については説明していません。通常のプロセスアドレス領域の初期化に焦点を絞っています。

1. 仮想メモリマネージャーは、プロセスの最終トリム操作時刻の値を現在の時刻にセットします。ワーキングセットマネージャー（バランスセットマネージャーシステムスレッドのコンテキスト内で実行される）はこの値を使用して、ワーキングセットのトリミング操作が開始された時刻を判断します。

第**3**章 プロセスとジョブ **155**

2. メモリマネージャーは、プロセスのワーキングセットリストを初期化します。これで、ページフォールトができるようになりました。

3. この時点で、セクション（イメージファイルが開かれたときに作成されます）が新しいプロセスのアドレス領域にマップされ、プロセスセクションのベースアドレスがイメージのベースアドレスにセットされます。

4. プロセス環境ブロック（PEB）が作成され、初期化されます（ステージ3Eを参照）。

5. Ntdll.dllがそのプロセスの中にマップされます。プロセスがWow64プロセスの場合は、32ビット版のNtdll.dllもマップされます。

6. 要求された場合、プロセス用の新しいセクションがこの時点で作成されます。この特別なステップは、セッションマネージャー（Smss）が新しいセッションを初期化するときのために有用な実装です。

7. 標準のハンドルが複製され、プロセスパラメーターの構造体の中に新しい値が書き込まれます。

8. 属性リストにリストされているメモリの予約のすべてが、この時点で処理されるようになります。また、2つのフラグにより、最初の1MBまたは16MBのアドレス領域を一括で予約することもできます。これらのフラグ、例えばリアルモードベクターとROMコード（これは通常、ヒープまたは他のプロセスの構造体に配置できる、仮想アドレス領域の下の範囲に存在しなければなりません）は、マッピングのために内部で使用されます。

9. ユーザープロセスパラメーターがプロセスの中に書き込まれ、コピーされ、修正されます（つまり、絶対形式から相対形式に変換されるため、単一のメモリブロックが必要になります）。

10. アフィニティ情報がPEBに書き込まれます。

11. MinWin APIリダイレクトセットがプロセスにマップされ、そのポインターがPEBに格納されます。

12. この時点でプロセスの一意のIDが決定され、格納されます。カーネルは、一意のプロセスIDとスレッドIDとハンドルを区別しません。プロセスIDとスレッドID（ハンドル）は、どのプロセスとも関連付けられていない、グローバルハンドルテーブル（PspCidTable）に格納されます。

13. そのプロセスがセキュアプロセスの場合（つまり、分離ユーザーモード（IUM）内で実行されるプロセスの場合）、セキュアプロセスが初期化され、カーネルプロセスオブジェクトに関連付けられます。

■ ステージ3E：プロセス環境ブロック（PEB）のセットアップ

　NtCreateUserProcessは、最初にMmCreatePebを呼び出し、システム全体の各国語サポート（National Language Support：NLS）テーブルをプロセスのアドレス領域にマップします。次に、MiCreatePebOrTebを呼び出し、プロセス環境ブロック（PEB）用のページを割り当て、多数のフィールドを初期化します。これらのフィールドのほとんどは、レジストリで構成されている内部変数に基づいたもので、例えばMmHeap*という名前の複数フィールド、MmCriticalSectionTimeout、MmMinimumStackCommitInBytesなどがあります。これらのフィールドのいくつかは、リンクされた実行可能イメージ内の設定によって上書きされることがあります。例えば、ポータブル実行可能（PE）ヘッダー内のWindowsバージョンや、PEヘッダーのロード構成ディレクトリ（IMAGE_DIRECTORY_ENTRY_LOAD_CONFIG）内のアフィニティマスクなどにより上書きされます。

イメージヘッダー特有のIMAGE_FILE_UP_SYSTEM_ONLYフラグがセットされている場合(その
イメージはユニプロセッサシステム上でのみ実行できることを示します)、新しいプロセス内のすべて
のスレッドを実行するための、単一のCPU(MmRotatingUniprocessorNumber)が選択されます。こ
の選択の過程は、単純に利用可能なプロセッサを循環的に行われます。このタイプのイメージが実行
されるたびに、次のプロセッサが使用されます。このような方法で、このタイプのイメージは複数の
プロセッサ間で均等に分散されます。

■ ステージ3F：エグゼクティブプロセス(EPROCESS)オブジェクトのセットアップの完了

新しいプロセスにハンドルが戻される前に、いくつかの最後のセットアップステップが完了しなけ
ればなりません。そのステップは、PspInsertProcessおよびそのヘルパー関数によって実行されます。

1. システム全体のプロセスの監査が有効化されている場合(ローカルポリシー設定またはドメインコ
   ントローラーからのグループポリシー設定のいずれかによって)、そのプロセスの作成イベントが
   「セキュリティ」イベントログに書き込まれます。

2. 親プロセスがジョブに含まれていた場合、そのジョブは親プロセスのジョブレベルセットから復元
   され、新たに作成されたプロセスのセッションにバインドされます。最終的に、新しいプロセスが
   そのジョブに追加されます。

3. 新しいプロセスオブジェクトが、Windowsのアクティブプロセスリスト(PsActiveProcessHead)
   の最後に挿入されます。この時点で、そのプロセスはEnumProcessesおよびOpenProcess関数を
   介してアクセス可能になります。

4. NoDebugInheritフラグ(このフラグでプロセスの作成時に要求できます)が設定されていない場合
   に限り、そのプロセスの親プロセスのデバッグポートが新しい子プロセスにコピーされます。デ
   バッグポートが指定された場合、そのデバッグポートが新しいプロセスにアタッチされます。

5. ジョブオブジェクトは、ジョブの一部であるプロセス内のスレッドを実行することができるグルー
   プ(1つまたは複数)の制限を指定できます。そのため、PspInsertProcessは、プロセスに関連付
   けられたグループアフィニティが、ジョブに関連付けられたアフィニティグループに違反しないこ
   とを確認する必要があります。アクティブプロセスリストへの挿入における、考慮しなければなら
   ないもう1つの問題は、プロセスのアフィニティの許可を変更するためのアクセス許可を、ジョブ
   に付与するかどうかです。許可した場合、下位の権限のジョブオブジェクトは、上位の権限のプロ
   セスのアフィニティ要求を妨げる可能性があります。

6. 最後に、PspInsertProcessはObOpenObjectByPointerを呼び出して新しいプロセスのためのハン
   ドルを1つ作成し、このハンドルを呼び出し元に返します。なお、プロセス作成コールバックは、
   プロセス内の最初のスレッドが作成されるまで、送られることはありません。また、そのコードは
   必ず、オブジェクト管理ベースのコールバックを送信する前に、プロセスのコールバックを送信し
   ます。

3.6.4 ステージ4：初期スレッドとそのスタックおよびコンテキストの作成

この時点で、Windowsエグゼクティブプロセス(EPROCESS)オブジェクトは完全にセットアップ
されました。しかし、まだスレッドが存在しません。そのため、まだ何も行うことはできません。今
まさに、その仕事が始まります。通常、スレッド作成のすべての側面について、PspCreateThreadルー
チンが担当します。このルーチンは、新しいスレッドを作成しようとするときに、NtCreateThreadに

よって呼び出されます。しかし、初期スレッドはユーザーモードの入力なしでカーネルによって内部的に作成されるため、PspCreateThreadが依存する2つのヘルパールーチン、PspAllocateThreadおよびPspInsertThreadが代わりに使用されます。PspAllocateThreadはそれ自身で、エグゼクティブスレッドオブジェクトの実際の作成と初期化を担当します。一方、PspInsertThreadが担当するのは、スレッドハンドルの作成、セキュリティ属性の作成、そしてKeStartThreadを呼び出して、そのエグゼクティブオブジェクトをスケジュール可能なシステム上のオブジェクトに変換することです。しかし、スレッドはまだ何も行いません。スレッドは中断された状態で作成され、プロセスが完全に初期化される（ステージ5で説明します）までは再開されません。

メモ
スレッドパラメーター（CreateProcess内で指定することはできませんが、CreateThread内で指定することができます）は、プロセス環境ブロック（PEB）のアドレスになります。このパラメーターは、この新しいスレッドのコンテキスト内で実行される初期化コードによって使用されることになります（ステージ6で説明します）。

PspAllocateThreadは、次のステップを実行します。

1. Wow64プロセスでは、ユーザーモードスケジューリング（UMS）スレッドの作成が禁止されます。同様に、ユーザーモードの呼び出し元によるシステムプロセス内でのスレッドの作成が禁止されます。

2. 1つのエグゼクティブスレッド（ETHREAD）オブジェクトが作成され、初期化されます。

3. エネルギー推定が有効化されているシステム（Xboxでは常に無効化）では、次に、ETHREADオブジェクトによってポイントされるTHREAD_ENERGY_VALUES構造体の割り当てと初期化が行われます。

4. ローカルプロシージャコール（LPC）、I/Oマネージャー、およびエグゼクティブによって使用されるさまざまなリストが初期化されます。

5. そのスレッドのスレッド作成時刻がセットされ、そのスレッドのスレッドID（TID）が作成されます。

6. スレッドが実行できる前に、スレッドを実行するためのスタックとコンテキストが必要になるため、これらがセットアップされます。初期スレッドのためのスタックサイズは、イメージから取得されます。別のサイズを指定する方法は存在しません。Wow64プロセスのスレッドの場合は、さらにWow64スレッドコンテキストも初期化されます。

7. スレッド環境ブロック（TEB）が新しいスレッドのために割り当てられます。

8. ユーザーモードスレッドの開始アドレスがETHREAD（StartAddressフィールド内）に格納されます。これは、Ntdll.dll内のシステムが提供するスレッド開始関数（RtlUserThreadStart）です。ユーザーが指定したメモリウィンドウの開始アドレスは、ETHREADの別の場所（Win32StartAddressフィールド）に格納されます。そのため、Process Explorerのようなデバッグツールは、この情報を表示できます。

9. カーネルスレッド（KTHREAD）構造体をセットアップするために、KeInitThreadが呼び出されます。スレッドの初期および現在の基本優先度は、プロセスの基本優先度にセットされ、アフィニティとクォンタムにはプロセスのそれぞれの値にセットされます。KeInitThreadは次に、スレッ

ド用のカーネルスタックを割り当て、スレッド用のマシン依存のハードウェアコンテキストを初期化します。これには、コンテキスト、トラップ、および例外フレームが含まれます。スレッドのコンテキストがセットアップされ、KiThreadStartupのカーネルモード内でスレッドが開始します。最後に、KeInitThreadはスレッドの状態を「初期化済み（Initialized）」にセットし、PspAllocateThreadに戻ります。

10. UMSスレッドの場合は、PspUmsInitThreadが呼び出され、UMS状態が初期化されます。

ここまでの作業が終了した段階で、NtCreateUserProcessはPspInsertThreadを呼び出し、次のステップを実行します。

1. プロセスの属性を使用して指定されている場合、そのスレッドの理想のプロセッサが初期化されます。

2. プロセスの属性を使用して指定されている場合、そのスレッドのグループアフィニティが初期化されます。

3. プロセスがジョブの一部である場合、スレッドのグループアフィニティがジョブの制限に違反（前述）していないことを確実するためのチェックが行われます。

4. プロセスがまだ終了していないこと、スレッドがまだ終了していないこと、またはスレッドが実行を開始することさえできなかったことを確認するためのチェックが行われます。これらの条件のうち1つでも当てはまれば、スレッドの作成は失敗します。

5. そのスレッドがセキュアプロセス（分離ユーザーモード（IUM））の一部である場合、セキュアスレッドオブジェクトが作成され、初期化されます。

6. KeStartThreadが呼び出されることにより、スレッドオブジェクトのカーネルスレッド（KTHREAD）構造体の部分が初期化されます。これには、所有者プロセスからのスケジュール設定の継承、理想のNUMAノードとプロセッサの設定、グループアフィニティの更新、基本および動的な優先度の設定（プロセスからコピーされます）、スレッドクォンタムの設定、カーネルプロセス（KPROCESS）構造体が維持するプロセスリスト（EPROCESS内のリストとは別のリスト）内へのスレッドの挿入が含まれます。

7. プロセスがディープフリーズ状態にある場合（新しいスレッドを含む、スレッドの実行が許可されていないという意味）、このスレッドも同様に停止されます。

8. 非x86システム上では、そのスレッドがプロセスの最初のスレッドである場合（およびそのプロセスがアイドル状態のプロセスでない場合）、グローバル変数KiProcessListHeadによって維持されるシステム全体の別のプロセスリストにそのプロセスが挿入されます。

9. プロセスオブジェクト内のスレッドカウント数がインクリメントされ、所有者プロセスのI/O優先度とページ優先度が継承されます。これが、これまでに持っていたスレッドの中で最も高い数になる場合、スレッドカウント高基準値も同様に更新されます。これがプロセス内の2番目のスレッドだった場合は、プライマリトークンが固定されます（つまり、変更不可になります）。

10. スレッドがプロセスのスレッドリスト内に挿入されます。また、スレッドを作成したプロセスが要求した場合、そのスレッドは中断されます。

11. スレッドオブジェクトがプロセスハンドルテーブル内に挿入されます。

第3章 プロセスとジョブ **159**

12. そのスレッドがプロセス内の最初のスレッドの場合（つまり、CreateProcess* 呼び出しの一部として発生した操作の場合）、プロセス作成のためのすべての登録済みコールバックが呼び出されます。次に、すべての登録済みスレッドコールバックが呼び出されます。コールバックが作成を拒否した場合、スレッドの作成は失敗し、呼び出し元に対応する状態が返されます。

13. ジョブリストが提供され（属性を使用して）、このスレッドがプロセス内の最初のスレッドである場合、そのプロセスはジョブリスト内のすべてのジョブに割り当てられます。

14. KeReadyThread が呼び出され、スレッドの実行の準備が整います。そのスレッドは、「遅延準備完了（Deferred Ready）」の状態に入ります（スレッドの状態について詳しくは、第4章を参照してください）。

3.6.5 ┃ ステージ5：Windowsサブシステム固有のプロセスの初期化

　NtCreateUserProcess が「成功（Success）」コードの戻り値で終わると、必要とされるエグゼクティブプロセスおよびスレッドオブジェクトの作成が完了したことになります。CreateProcessInternalW は次に、Windowsサブシステム固有の操作に関連するさまざまな処理を実行し、プロセスの初期化を完了します。

1. Windowsがその実行可能イメージの実行を許可するべきかどうか、さまざまなチェックが行われます。これらのチェックには、ヘッダー内のイメージのバージョンの検証、Windowsアプリケーションの証明書がプロセスによってブロックされていないかどうか（グループポリシーを通して拒否されていないかどうか）のチェックが含まれます。Windows Server 2012 R2 や Windows Server 2016 の特殊なエディション、例えば Windows Storage Server などでは、許可されていない API をアプリケーションがインポートしていないかどうかを確認するための追加的なチェックが行われます。

2. ソフトウェアの制限のポリシー（Software Restriction Policy：SRP）が指示されている場合、新しいプロセス用の制限されたトークンが作成されます。その後、アプリケーション互換性データベースを照会して、レジストリやシステムアプリケーションデータベースのいずれかにそのプロセス用のエントリが存在しないかどうかが確認されます。この時点では、互換性Shimは適用されず、初期スレッドが実行を開始したときに、その情報がプロセス環境ブロック（PEB）に格納されます（ステージ6）。

3. CreateProcessInternalW はいくつかの内部関数を呼び出し、SxS情報（SxS、つまりサイドバイサイドについて詳しくは、この章の後で説明する「3.8.2　DLLの名前解決とリダイレクト」の項を参照してください）を取得します。SxS情報には、マニフェストファイルやDLLリダイレクトパスといった情報と、EXEファイルが存在するメディアがリムーバブルメディアであるかどうかやインストーラー検出フラグといった、その他の情報が含まれます。イマーシブ（Immersive）プロセスのためには、パッケージマニフェストからバージョン情報とターゲットプラットフォームも返します。

4. Csrssに送信するために収集された情報に基づいて、Windowsサブシステムに対するメッセージが作成されます。このメッセージには、次の情報が含まれます。

　・パス名およびSxSパス名
　・プロセスおよびスレッドハンドル

- セクションハンドル
- アクセストークンハンドル
- メディア情報
- AppCompat および Shim データ
- イマーシブ（Immersive）プロセス情報
- プロセス環境テーブル（PEB）アドレス
- 保護されたプロセスであるか否か、管理者特権での実行が必要であるか否かといった、さまざまなフラグ
- 特定のWindowsアプリケーションに属するプロセスであるか否かを示すフラグ（これにより、Csrssはスタートアップカーソルを表示するかどうかを決定します）
- UI言語情報
- DLLリダイレクトおよび.localフラグ（この章の「3.8　イメージローダー」の節で説明します）
- マニフェストファイル情報

Windowsサブシステムはこのメッセージを受信すると、以下のステップを実行します。

1. CsrCreateProcessはプロセスとスレッドのハンドルを複製します。このステップでは、プロセスとスレッドの使用数（Usage Count）が1（作成時にセットされたもの）から2にインクリメントされます。

2. Csrssプロセス（CSR_PROCESS）構造体が割り当てられます。

3. 新しいプロセスの例外ポートが、Windowsサブシステムのために汎用関数ポートにセットされます。これにより、Windowsサブシステムはプロセス内でセカンドチャンス例外が発生したときに、メッセージを受信するようになります（例外の処理については、本書下巻で詳しく説明します）。

4. 新しいプロセスがルートプロセスとして担う、新しいプロセスグループが作成された場合（CreateProcess内のCREATE_NEW_PROCESS_GROUPフラグ）、そのプロセスグループがCSR_PROCESS構造体にセットされます。プロセスグループは、1つのコンソールを共有する複数のプロセスに対して、制御イベントを一括で送信するのに便利です。詳しくは、Windowsソフトウェア開発キット（SDK）ドキュメントのCreateProcessおよびGenerateConsoleCtrlEventの説明を参照してください。

5. Csrssスレッド（CSR_THREAD）構造体が割り当てられ、初期化されます。

6. CsrCreateThreadは、そのスレッドをプロセスのスレッドリストに挿入します。

7. このセッションのプロセスのカウント数がインクリメントされます。

8. プロセスのシャットダウンレベルが、プロセスの既定のシャットダウンレベルである0x280にセットされます（詳しくは、Windows SDK ドキュメントのSetProcessShutdownParametersの説明を参照してください）。

9. 新しいCSR_PROCESS構造体が、Windowsサブシステム全体のプロセスリストに挿入されます。

　Csrssがこれらのステップの実行を完了した後、CreateProcessInternalWはプロセスが管理者権限で実行されたのかどうかをチェックします（ShellExecuteを使用して実行され、同意を要求するダイアログボックスがユーザーに表示された後、Application Information（AppInfo）サービスによって特権の昇格が行われたことを意味します）。このチェックには、そのプロセスがセットアッププログラムであるかどうかのチェックが含まれます。もし、セットアッププログラムであった場合、プロセスの

第3章 プロセスとジョブ　161

トークンが開かれ、仮想化（Virtualization）フラグがオンにされて、そのアプリケーションは仮想化（ファイルとレジストリの仮想化のこと）されます（UACおよび仮想化については、第7章を参照してください）。そのアプリケーションが特権昇格Shimを含む、またはアプリケーションのマニフェストで管理者特権レベルが要求されている場合、そのプロセスは破棄され、昇格要求がApplication Information（AppInfo）サービスに送信されます。

　なお、これらのチェックのほとんどは、保護されたプロセスでは実行されません。保護されたプロセスは、Windows Vista以降向けに設計されている必要があるため、特権の昇格、ファイルとレジストリの仮想化、またはアプリケーションの互換性チェックの処理を必要とする理由がないからです。また、仮に、Shimエンジンのようなメカニズムが、通常のフックとメモリパッチの技術を保護されたプロセスに対して許可されると、何者かが保護されたプロセスの動作を変更する任意のShimを挿入する手段を見つけ出したとき、それは結果としてセキュリティホールになってしまいます。さらに言えば、Shimエンジンは親プロセスによってインストールされるため、親プロセスは保護された子プロセスにアクセスすることはできません。そのため、正規のShimの使用法は機能さえしないのです。

3.6.6 ステージ6：初期スレッドの実行開始

　この時点で、プロセス環境が決定され、そのスレッドが使用するリソースが割り当てられ、そのプロセスはスレッドを持ち、そしてWindowsサブシステムはその新しいプロセスについて知っています。呼び出し元がCREATE_SUSPENDEDフラグを指定していない限り、初期スレッドはこの時点で再開されます。そして、その初期スレッドは実行を開始することができ、新しいプロセスのコンテキストで発生するプロセス初期化作業の残りを実行することになります（ステージ7）。

3.6.7 ステージ7：新しいプロセスのコンテキスト内でのプロセス初期化の実行

　新しいスレッドの生涯のうち、カーネルモードスレッドのスタートアップルーチンであるKiStartUserThreadを実行する部分が始まります。KiStartUserThreadは、スレッドの割り込み要求レベル（IRQL）を、遅延プロシージャコール（DPC）のレベル（DISPATCH_LEVEL、2）から非同期プロシージャコール（APC）のレベル（APC_LEVEL、1）に下げ、システム初期スレッドルーチンであるPspUserThreadStartupを呼び出します。ユーザー指定のスレッド開始アドレスが、このルーチンにパラメーターとして渡されます。PspUserThreadStartupは、次の処理を実行します。

1. x86システムにおいて、1つの例外チェーンをインストールします（この部分に関して、他のアーキテクチャは異なった動きをします。詳しくは、本書下巻を参照してください）。

2. IRQLをパッシブレベル（PASSIVE_LEVEL、0）に下げます（IRQLのこのレベルだけが、ユーザーモードコードが実行を許可されています）。

3. 実行時のプライマリプロセストークンのスワップ機能を無効化します。

4. スレッドがスタートアップ中に強制終了された場合（何らかの理由で）、PspUserThreadStartupは終了され、これ以上の他の処理は行われません。

5. カーネルモードのデータ構造体が提供する情報に基づいて、スレッド環境ブロック（TEB）にロケールIDと理想のプロセッサをセットします。そして、スレッド作成が実際に失敗してはいないかどうかをチェックします。

6. DbgkCreateThreadを呼び出し、新しいプロセスのためにイメージ通知が送信されているかどうかをチェックします。通知が送信されておらず、通知が有効になっている場合、プロセスの最初のイメージ通知が送信され、次にNtdll.dllのイメージ読み込みの通知が送信されます。

メモ
これは、イメージが最初にマップされたときではなく、このステージで行われます。なぜなら、この時点ではプロセスID（カーネルのコールアウト（スケジュールされたルーチン）に必要）がまだ割り当てられていないからです。

7. これらのチェックが完了すると、そのプロセスがデバッグ対象のプロセス（Debuggee）であるかどうかを確認する、別のチェックが実行されます。もしそうであり、デバッガーの通知がまだ送信されていなかった場合、デバッグオブジェクト（存在する場合）を介して送信されるプロセスメッセージが作成され、適切なデバッガープロセスに対してプロセススタートアップデバッグイベント（CREATE_PROCESS_DEBUG_INFO）を送信できるようになります。これに続いて、同様のスレッドスタートアップデバッグイベント、およびNtdll.dllのイメージ読み込みに対する別のデバッグイベントの送信が続きます。そして、DbgkCreateThreadはデバッガーからの応答を待機します（ContinueDebugEvent関数を介して）。

8. システムでアプリケーションのプリフェッチが有効化されているかどうかがチェックされます。もしそうなら、プリフェッチャー（およびスーパーフェッチ）が呼び出され、プリフェッチ指示ファイル（存在する場合）と、そのプロセスが最後に実行されたときの最初の10秒間に参照されたプリフェッチページが処理されます（プリフェッチャーおよびスーパーフェッチの詳細については、第5章を参照してください）。

9. 共有ユーザーデータ（SharedUserData）構造体にシステム全体のクッキー（Cookie）がセットアップ済みであるかどうかをチェックします。セットアップされていない場合、処理された割り込みの数、DPC配信、ページフォールト、割り込み時間、および乱数など、システム情報のハッシュに基づいてクッキーを生成します。このシステム全体のクッキーは、ヒープマネージャーが特定のクラスのエクスプロイト（悪用）から保護するためなど、内部的なポインターのデコードおよびエンコードで使用されます（ヒープマネージャーのセキュリティについては、第5章で詳しく説明します）。

10. そのプロセスがセキュアプロセス（分離ユーザーモード（IUM）プロセス）である場合は、HvlStartSecureThreadが呼び出されます。これは、スレッドの実行を開始するために、制御をセキュアカーネルに転送します。この機能は、スレッドが終了したときにだけ戻り値を返します。

11. イメージローダーの初期化ルーチンを実行するために、初期サンクコンテキストをセットアップします（Ntdll.dll内のLdrInitializeThunk）。また、システム全体のスレッドスタートアップスタブをセットアップします（Ntdll.dll内のRtlUserThreadStart）。これらのステップは、スレッドのコンテキストをインプレースで編集し、特別に細工されたユーザーコンテキストを読み込む、システムサービスの処理の終了を発行することによって完了します。LdrInitializeThunkルーチンは、ローダー、ヒープマネージャー、各国語サポート（NLS）テーブル、スレッドローカルストレージ（TLS）、ファイバーローカルストレージ（FLS）、およびクリティカルセクション構造体を初期化します。そして、必要なDLLをすべて読み込み、DLL_PROCESS_ATTACH関数コード付きでDLLエントリポイントを呼び出します。

関数が終了して戻ると、NtContinue が新しいユーザーコンテキストを復元し、ユーザーモードに戻ります。ここからが、スレッドの実行の本当の始まりになります。

RtlUserThreadStart は、実際のイメージのエントリポイントのアドレスと開始パラメーターを使用し、アプリケーションのエントリポイントを呼び出します。これらの 2 つのパラメーターは、カーネルによって既にスタック上にもプッシュ済みになっています。この複雑な一連のイベントには、2 つの目的があります。

- Ntdll.dll 内のイメージローダーが、プロセスを内部的に、バックグラウンドでセットアップすることを可能にし、他のユーザーモードコードが適切に実行できるようにします（そうでなければ、ユーザーモードコードは、ヒープやスレッドローカルストレージ（TLS）を持てません）。
- すべてのスレッドが共通のルーチン内で開始することで、例外処理をラップすることができます。これにより、スレッドがクラッシュしたとしても、Ntdll.dll はそれを認識し、Kernel32.dll 内のハンドルされていない例外フィルターを呼び出すことができます。また、スレッドの開始ルーチンからの戻り値によってスレッドの終了を調整したり、さまざまなクリーンアップ処理を実行したりできます。アプリケーション開発者は、さらに SetUnhandledExceptionFilter を呼び出して、ハンドルされていない例外に対する独自の処理コードを追加することもできます。

実習 プロセスのスタートアップのトレース

プロセスのスタートアップの仕組みや、アプリケーションの実行を開始するために必要な処理の違いの詳細について見てきました。ここで、Process Monitor を使用して、この処理の間にアクセスされるファイル I/O およびレジストリキーのいくつかを見てみましょう。

この実習は本書で説明している内部のステップのすべてを完全に視覚化するものではありませんが、実行中のシステムのいくつかの部分を見ることができます。特に、プリフェッチとスーパーフェッチ、イメージファイルの実行オプションとその他の互換性チェック、イメージローダーの DLL マッピングなどです。

実習では、非常にシンプルな実行可能イメージである Notepad.exe（メモ帳）を、コマンドプロンプトウィンドウ（Cmd.exe）から開始して、その動作を見ていきます。重要な点は、Cmd.exe の内部の処理と、Notepad.exe の内部の処理の両方に注目することです。ユーザーモード処理の多くは、CreateProcessInternalW によって実行されることを思い出してください。CreateProcessInternalW は、カーネルが新しいプロセスオブジェクトを作成する前に、親プロセスによって呼び出されます。

正しく設定するために、次のステップを実行します。

1. Process Monitor に次の 2 つのフィルターを追加します。1 つは Cmd.exe、もう 1 つは Notepad.exe の Include フィルターです。Include フィルターに含める必要があるのは、これら 2 つのプロセスだけです。現在、これらの 2 つのプロセスのインスタンスが実行中でないことを確認してください。そうすることで、確実に、目的のイベントだけを見ることができます。設定後の［Process Monitor Filter］ウィンドウは、右のような状態になります。

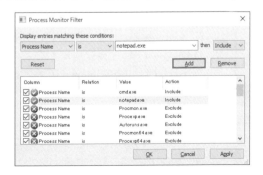

2. 現在、イベントのキャプチャが無効になっていることを確認したら（[File] メニューを開いて [Capture Events] の選択を解除します[*6]）、コマンドプロンプトを開始します。

3. イベントのキャプチャを有効化します（[File] メニューを開き [Capture Events] を選択するか、**Ctrl+E** キーを押します。または、ツールバー上の [Capture] ボタン（拡大鏡アイコン）をクリックします）。次に、コマンドプロンプトウィンドウに **notepad.exe** と入力して、**Enter** キーを押します。一般的な Windows システムでは、キャプチャされたイベントのうち、フィルターによって 500 から 3,500 のイベントが表示されるはずです。

4. キャプチャを停止し、Sequence (Sequence Number) および Time of Day 列を非表示にします（これらが表示されている場合）。これにより、関心のある列に、注意を向けることができます。Process Monitor の表示は、次のスクリーンショットのようになるはずです。

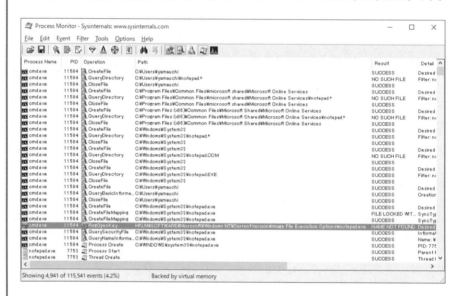

　CreateProcess のフローのステージ 1 で説明したように、最初に注目すべきところは、プロセスが開始され、最初のスレッドが作成される直前です。Cmd.exe は、レジストリの HKLM¥SOFTWARE¥Microsoft¥Windows NT¥CurrentVersion¥Image File Execution Options¥Notepad.exe を読み取っています。Notepad.exe に関連付けられた IFEO キーとイメージ実行オプションは存在しないため、Notepad.exe のプロセスはそのまま作成されました。

　このイベントおよび Process Monitor のログの他のイベントと同様に、イベントのスタックを参照することで、ユーザーモードまたはカーネルモード内で実行されたプロセス作成フローの各パートがどのルーチンで処理されたのかを確認できます。それには、IFEO キーに対する RegOpenKey イベントをダブルクリックし、[Stack] タブに切り替えます。次のスクリーンショットは、64 ビット Windows 10 マシンの標準的なスタックを表示しています。

[*6] 訳注：キャプチャ済みのイベントがある場合は、[Edit] メニューの [Clear Display] またはツールバー上の [Clear] ボタン（消しゴムアイコン）をクリックして、クリアしてください。ステータスバーに「No events (capture disabled)」と表示されていれば、ここまでの準備はできています。

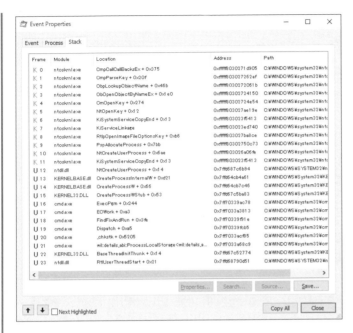

このスタックは、(NtCreateUserProcessの)カーネルモード([Frame]列の「K」が示します)で実行されたプロセス作成の部分に到達しており、ヘルパールーチンであるPspAllocateProcessがIFEOキーのチェックを担当していることがわかります。スレッドとプロセスの作成後のイベントリストをスクロールダウンしていくと、次の3つのイベントのグループを目にするでしょう。

- アプリケーション互換性フラグの単純なチェック。これはShimエンジンを介してアプリケーション互換性データベースをチェックする必要があるかどうかを、ユーザーモードプロセス作成コードに知らせます。
- SxS(サイドバイサイド検索)、マニフェスト、MUL/言語キーの複数の読み取り。これは、前述したアセンブリフレームワークが処理する部分です。
- 1つ以上の.sdbファイルに対するファイルI/O。.sdbファイルは、そのシステムのアプリケーション互換性データベースです。このI/Oは、このアプリケーションのためにShimエンジンを呼び出す必要があるかどうかを確認する、追加的なチェックのために行われています。Notepad.exeは適切に動作するマイクロソフト純正プログラムであるため、Shimは必要ありません。

次のスクリーンショットは、Notepad.exeプロセス自身の内部で発生する、一連のイベントを示しています。これらの動作は、カーネルモード内のユーザーモードスレッドのスタートアップラッパーによって開始されたものであり、前述した処理を実行します。最初の2つは、Notepad.exeとNtdll.dllのイメージ読み込みデバッグ通知メッセージです。これらのメッセージは、この時点からNotepad.exeプロセスのコンテキストの内部で実行されるコードでのみ生成されることができます。コマンドプロンプトのコンテキストではありません。

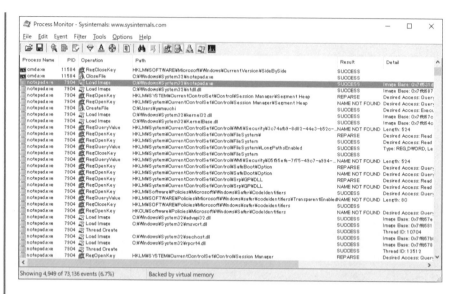

次に、プリフェッチャーが起動し、既にメモ帳用に生成されたプリフェッチデータベースファイルを検索します（プリフェッチャーの詳細については第5章を参照してください）。Notepad.exeを少なくとも1度は実行したことのあるシステムでは、このデータベースが存在し、プリフェッチャーはその中に指定されたコマンドの実行を開始します。この例の場合、スクロールダウンしていくと、複数のDLLの読み取りと照会が行われていることが確認できます。通常のDLLの読み込みとは異なり、それはインポートテーブルを参照するか、アプリケーションがマニュアルでDLLを読み込んだ時に、ユーザーモードイメージローダーによって行われます。これらのイベントは、Notepad.exeが必要とするライブラリを既に認識しているプリフェッチャーにより生成されます。続いて、典型的な、必要なDLLのイメージ読み込みが発生します。次のスクリーンショットに示すようなイベントです。

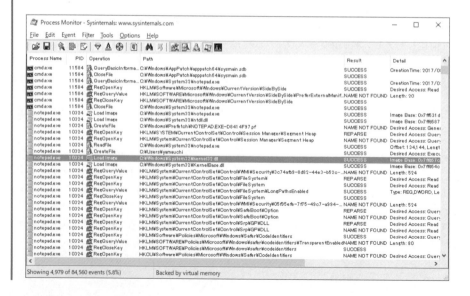

これらのLoadImageイベントは、今度は、ユーザーモードの内部で実行されるコードから生成されています。それは、カーネルモードのラッパー関数の実行が終わったあとに呼び出されました。そのため、これらの最初のイベントは、プロセス内の最初のスレッドのLdrInitializeThunkによって呼び出される、LdrpInitializeProcessに由来します。このことを確認するには、これらのイベントのスタックを参照します。例えば、Kernel32.dllイメージ読み込みイベントのスタックは、次のスクリーンショットのようになります。

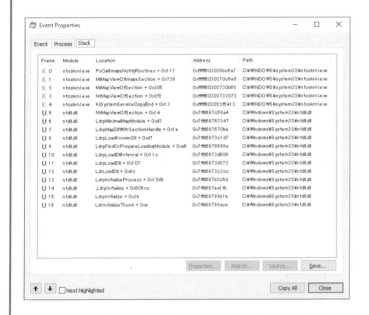

このルーチンとそれに関連するヘルパー関数によってさらにイベントが生成され、最終的にNotepad.exeの内部のWinMain関数によって生成されるイベントに到達します。ここで、開発者の制御下にあるコードが実行されます。プロセスの実行中に発生するすべてのイベントとユーザーモードコンポーネントについて詳細に説明すると、この章の全体が埋まってしまいます。そのため、以降のイベントの探求については、読者のための自習教材として残しておきましょう。

3.7 プロセスの終了

1つのプロセスは1つのコンテナ（器）であり、1つの境界です。これは、1つのプロセスによって使用されるリソースが、他のプロセスでも自動的に見えるようにはならないということを意味しています。つまり、プロセス間で情報を渡すためには、何かしらのプロセス間通信メカニズムが使用される必要があります。そのため、あるプロセスが誤って、他のプロセスのメモリに任意のバイトを書き込むということはできません。それには、WriteProcessMemoryのような関数を呼び出す必要があることは明白です。しかし、それが機能するには、許可されるのか許可されないのか、適切なアクセスマスク（PROCESS_VM_WRITE）付きのハンドルが明示的に開かれなければなりません。このプロセ

ス間にもともとある分離は、あるプロセスで何らかの例外が発生した場合に、他のプロセスに影響を及ぼさないということも意味します。最悪な場合でも、同じプロセスはクラッシュする可能性はありますが、システムの残りは損傷を受けません。

プロセスは、ExitProcess関数を呼び出すことで、正常に終了することができます。多くのプロセスでは、リンカーの設定によって、最初のスレッドのためのプロセススタートアップコードが、そのスレッドがメイン関数から戻ったときに、プロセスに代わってExitProcessを呼び出します。ここで言う「正常」とは、プロセスに読み込まれたDLLが、DLL_PROCESS_DETACHを使用したDllMain関数の呼び出しでプロセス終了の通知を受け取り、何かしらの作業を行う機会を得たことを意味します。

ExitProcessは、終了を要求するプロセス自身によってのみ呼び出すことが可能です。プロセスの不健全な終了は、TerminateProcess関数を使用することで可能です。この関数は、プロセスの外部からの呼び出しが可能です（例えば、Process Explorerやタスクマネージャーは、要求されたプロセスの終了にこの関数を使用します）。TerminateProcessは、許可または禁止のPROCESS_TERMINATEアクセスマスクを指定して開かれた、プロセスに対するハンドルを必要とします。そのため、終了を要求するユーザーが、必要なアクセスマスクを持つハンドルを取得できないいくつかのプロセス（例えば、Csrss）については、それを終了するのは容易なことではありません（または不可能です）。ここで言う「不健全」とは、DLLがコードを実行する機会を得られず（DLL_PROCESS_DETACHが送信されない）、すべてのスレッドが突然終了させられるということを意味しています。これは、場合によっては、データ損失の可能性につながります。例えば、ファイルキャッシュが、対象のファイルに対して変更データをディスクにフラッシュする機会を持っていなければ、そのデータは失われます。

どのような方法でプロセスが存在しなくなっても、漏洩は起こりません。つまり、すべてのプロセスのプライベートメモリは、カーネルによって自動的に解放され、そのアドレス領域は破棄され、カーネルオブジェクトに対するすべてのハンドルは閉じられます。もし、プロセスに対して開かれているハンドルがまだ存在する場合（EPROCESS構造体がまだ存在する場合）、他のプロセスは依然としていくつかのプロセス管理情報へのアクセスを取得できます。例えば、そのプロセスの終了コード（GetExitCodeProcess）などです。これらのハンドルが閉じられると、エグゼクティブプロセス（EPROCESS）構造体は適切に破棄され、本当にそのプロセスの何も残りません。

とはいえ、サードパーティのドライバーがIOCTLまたは単にプロセス通知によって、カーネルメモリ内にプロセスの代わりに割り当てを行うとしたら、プールメモリなどを解放する責任はそのドライバー自身にあります。Windowsは、プロセスに所有されるカーネルメモリを追跡したり、クリーンアップしたりしません（プロセスが作成したハンドルのためにオブジェクトが占有していたメモリは例外です）。これは通常、デバイスオブジェクトに対するハンドルが閉じられたことをドライバーに教えるIRP_MJ_CLOSEまたはIRP_MJ_CLEANUP通知を介して、またはプロセス終了通知を介して行われます（IOCTLについて詳しくは、「第6章　I/Oシステム」で説明します）。

3.8 | イメージローダー

これまで見てきたように、システム上で1つのプロセスが開始されると、カーネルはプロセスを表すプロセスオブジェクトを作成し、カーネルに関連するさまざまな初期化タスクを実行します。しかし、これらのタスクはアプリケーションの実行までに至らず、プロセスのコンテキストと環境の準備だけを行います。実際、カーネルモードコードであるドライバーとは異なり、アプリケーションはユーザーモードで実行されます。そのため、実際の初期化作業のほとんどは、カーネルの外部で行われます。この作業は、**イメージローダー**（Image Loader）によって実行されます。イメージローダーは、内部的

にはLdrとも呼ばれます。

イメージローダーは、カーネルライブラリの中ではなく、ユーザーモードのシステムDLLである Ntdll.dll内に存在します。そのため、イメージローダーはDLLの一部である標準コードのように振る舞い、メモリアクセスやセキュリティ権限に関して同じ制限が適用されます。このコードを特別なものにしているのは、実行中のプロセス内に常に存在し（Ntdll.dllは必ず読み込まれます）、新しいプロセスの一部として、ユーザーモードで最初に実行されるコードの部分であるという保証です。

イメージローダーは、実際のアプリケーションコードの前に実行されるため、通常、ユーザーや開発者には見えません。また、プログラムは通常、プログラムの実行中にプログラムのインターフェイスを使って表に出てきますが、イメージローダーの初期化タスクは隠されています。例えば、DLLの読み込みやアンロード、DLLのベースアドレスの照会などです。イメージローダーが担当する主要なタスクには、次のようなものがあります。

- アプリケーション用のユーザーモード状態を初期化します。初期ヒープの作成、スレッドローカルストレージ（TLS）やファイバーローカルストレージ（FLS）のスロットのセットアップなどです。
- アプリケーションのインポートテーブル（Import Address Table：IAT）を解析し、アプリケーションが必要とするすべてのDLLを検索（さらにDLLごとにIATを再帰的に解析）した後、続いて、DLLのエクスポートテーブルを解析して、関数が実際に存在することを確認します（特別なフォワーダーエントリにより、エクスポートをさらに別のDLLにリダイレクトすることもできます）。
- 実行時およびオンデマンドでDLLの読み込みとアンロードを行い、すべての読み込み済みのモジュールのリスト（モジュールデータベース）を維持します。
- Windowsサイドバイサイド（Side By Side：SxS）のサポート、および複数言語ユーザーインターフェイス（Multi-Lingual User Interface：MUI）ファイルとリソースに必要となるマニフェストファイルを処理します。
- アプリケーション互換性データベースを読み取り、必要な場合はいずれかのShimとShimエンジンDLLの読み込みを行います。
- OneCore機能のコア部分となる、APIセットとAPIリダイレクトのためのサポートを有効化します。これにより、ユニバーサルWindowsプラットフォーム（UWP）アプリの作成が可能になります。
- SwitchBackメカニズムおよびShimエンジンとアプリケーション検証メカニズムを使用した互換性問題軽減策の動的ランタイムを有効化します。

ご覧のように、これらのタスクのほとんどは、アプリケーションが自身のコードを実際に実行できるようにするために重要です。これらのタスクなしでは、外部の関数の呼び出しからヒープの使用まで、何もかもが失敗するでしょう。プロセスの作成が完了した後は、イメージローダーはNtContinueという特別なネイティブAPIを呼び出し、例外ハンドラーが行うのと同じように、スタック上にある例外フレームに基づいて実行を継続します。この例外フレームは、前のセクションで見たようにカーネルによって作成され、アプリケーションの実際のエントリポイントを含みます。したがって、イメージローダーは標準的な呼び出しを使用したり、実行中のアプリケーションにジャンプしたりすることはないため、スレッドのスタックトレース内の呼び出しツリー（コールツリー）の一部としては、イメージローダーの初期化関数を目にすることは決してありません。

170 インサイド Windows 第7版 上

実習 **イメージローダーの動きを見る**

この実習では、Show Loader Snapsと呼ばれるデバッグ機能を有効化するグローバルフラグ
を使用します。このフラグにより、デバッグ対象のアプリケーションのスタートアップ時におけ
る、イメージローダーからのデバッグ出力を参照できます。

1. WinDbgをインストールしたディレクトリからGflags.exeアプリケーションを開始し、
   [Global Flags] ウィンドウを開き、[Image File] タブをクリックします。[7]

2. [Image] フィールド内に**Notepad.exe**と入力し、**Tab**キーを押します。これにより、さまざ
   まなオプションを有効化できるようになります。ここで、[Show loader snaps] にチェック
   を入れ、[OK] または [適用] をクリックします。

3. 次に、WinDbgを開始し、[File] メニューを開いて、[Open Executable] を選択します。
   [Open Executable] ダイアログボックスで%SystemRoot%¥System32¥notepad.exeを選択
   し、[開く] をクリックします。次に示すような数画面に及ぶデバッグ情報が表示されるで
   しょう。

```
0f64:2090 @ 02405218 - LdrpInitializeProcess - INFO: Beginning
execution of notepad.exe (C:¥WINDOWS¥notepad.exe)
    Current directory: C:¥Program Files (x86)¥Windows Kits¥10¥
Debuggers¥
    Package directories: (null)
0f64:2090 @ 02405218 - LdrLoadDll - ENTER: DLL name: KERNEL32.DLL
0f64:2090 @ 02405218 - LdrpLoadDllInternal - ENTER: DLL name: KERNEL32.
DLL
0f64:2090 @ 02405218 - LdrpFindKnownDll - ENTER: DLL name: KERNEL32.DLL
0f64:2090 @ 02405218 - LdrpFindKnownDll - RETURN: Status: 0x00000000
0f64:2090 @ 02405218 - LdrpMinimalMapModule - ENTER: DLL name: C:¥
WINDOWS¥System32¥KERNEL32.DLL
ModLoad: 00007fff' 5b4b0000 00007fff' 5b55d000 C:¥WINDOWS¥System32¥
KERNEL32.DLL
0f64:2090 @ 02405218 - LdrpMinimalMapModule - RETURN: Status:
0x00000000
0f64:2090 @ 02405218 - LdrpPreprocessDllName - INFO: DLL api-ms-win-
corertlsupport-l1-2-0.dll was redirected to C:¥WINDOWS¥SYSTEM32¥ntdll.
dll by API set
```

---

[7] 訳注：Gflags.exeをオプションなしで実行すると、GUIのダイアログボックスが表示されます。ただし、このGUIは
Gflags.exeと同じディレクトリにGflagsUI.dllが存在しない場合、表示されません。Debugging Tools for Windowsの
インストールに使用したパッケージやバージョンによっては、GflagsUI.dllが同梱されていない場合があります。例え
ば、Windows 10バージョン1607用のWindows Driver Kit（WDK）やWindowsソフトウェア開発キット（SDK）に
は含まれませんが、Windows 10バージョン1703用やバージョン1709用のものには含まれます。GflagsUI.dllが見つか
らない場合は、新しいバージョンのWDKやWindows SDKに入れ替えてください。あるいは、WDKやWindows SDK
を新しいバージョンに入れ替えなくても、別のコンピューターにインストールされているDLLをコピーして使用する
ことで代替できます。

第3章 プロセスとジョブ **171**

```
0f64:2090 @ 02405218 - LdrpFindKnownDll - ENTER: DLL name: KERNELBASE.
dll
0f64:2090 @ 02405218 - LdrpFindKnownDll - RETURN: Status: 0x00000000
0f64:2090 @ 02405218 - LdrpMinimalMapModule - ENTER: DLL name: C:¥
WINDOWS¥System32¥KERNELBASE.dll
ModLoad: 00007fff' 58b90000 00007fff' 58dc6000 C:¥WINDOWS¥System32¥
KERNELBASE.dll
0f64:2090 @ 02405218 - LdrpMinimalMapModule - RETURN: Status:
0x00000000
0f64:2090 @ 02405218 - LdrpPreprocessDllName - INFO: DLL api-ms-
wineventing-provider-l1-1-0.dll was redirected to C:¥WINDOWS¥SYSTEM32¥
kernelbase.dll by API set
0f64:2090 @ 02405218 - LdrpPreprocessDllName - INFO: DLL api-ms-win-
core-apiquery-l1-1-0.dll was redirected to C:¥WINDOWS¥SYSTEM32¥ntdll.
dll by API set
```

4. 突然、デバッガーはイメージローダーのコードの内部のどこかで中断します。その場所は、イメージローダーがデバッガーのアタッチをチェックし、ブレークポイントが発生したところです。実行を継続するには、**g**と入力します。すると、イメージローダーからのメッセージがさらに表示され、メモ帳（Notepad.exe）のウィンドウが出現します。

5. ここで、メモ帳に対して何か操作を実行し、特定の操作がどのようにイメージローダーを呼び出すのかを確認してみてください。［開く］や［名前を付けて保存］ダイアログボックスを開く操作が良い例です。これにより、イメージローダーがプロセスのスタートアップ時だけでなく、他のモジュールを後で読み込む（使用後にアンロードする）ようなスレッド要求にも引き続き応答することがわかります。

3.8.1 | 早期プロセスの初期化

　イメージローダーはNtdll.dllの中に存在し、Ntdll.dllは特定のサブシステムに関連付けられていないネイティブなDLLであるため、すべてのプロセスにおいてイメージローダーは同じ振る舞いをします（若干の違いはあります）。ここまでに、カーネルモード内でプロセスを作成するまでのステップと、Windows APIのCreateProcess関数によって実行される作業の一部について、詳しく見てきました。ここからは、特定のサブシステムとは関係なく、最初のユーザーモード命令が実行を開始した後にユーザーモードで実行されるその他の作業のすべてを見ていきます。

　プロセスが開始したとき、イメージローダーは次のステップを実行します。

1. LdrpProcessInitializedが既に1にセットされているかどうか、またはSkipLoaderInitフラグがスレッド環境ブロック（TEB）にセットされているかどうかをチェックします。その場合、すべての初期化処理はスキップされ、誰かがLdrpProcessInitializationCompleteを呼び出すのを3秒間待機します。これは、プロセスリフレクションがWindowsエラー報告（WER）によって使用される場合、またはローダーの初期化が不要なその他のプロセス分岐の試行に使用されます。

2. LdrInitStateを0にセットします。これは、ローダーが初期化されていないことを意味しています。また、プロセス環境ブロック（PEB）のProcessInitializingフラグを1に、TEBのRanProcessInit

を1にセットします。

3. PEB内のローダーロック（LorderLock）を初期化します。

4. 動的関数テーブルを初期化します。これは、JITコードのアンワインドと例外のサポートのために使用されます。

5. 変更可能な読み取り専用ヒープセクション（MRDATA）を初期化します。これは、悪用（エクスプロイト）によって変更されてはならない、セキュリティに関連するグローバル変数に使用されます（第7章で詳しく説明します）。

6. PEB内のローダーデータベースを初期化します。

7. プロセス用の各国語サポート（国際化対応のためのNational Language Support：NLS）テーブルを初期化します。

8. アプリケーション用のイメージのパス名を作成します。

9. .pdataセクションから構造化例外ハンドラー（Structured Exception Handler：SEH）をキャプチャし、内部例外テーブルを作成します。

10. 5つの重要なローダー関数のためにシステムコールサンクをキャプチャします。5つの関数とは、NtCreateSection、NtOpenFile、NtQueryAttributesFile、NtOpenSection、およびNtMapViewOfSectionです。

11. このアプリケーション用の軽減策オプション（LdrSystemDllInitBlockエクスポート変数を介してカーネルによって渡されます）を読み取ります。詳しくは、第7章で説明します。

12. このアプリケーション用のImage File Execution Options（IFEO）レジストリキーを照会します。これは、グローバルフラグ（GlobalFlags内に格納）、ヒープデバッグオプション（DisableHeap Lookaside、ShutdownFlags、FrontEndHeapDebugOptions）、ローダー設定（UnloadEventTrace Depth、MaxLoaderThreads、UseImpersonatedDeviceMap）、Windowsイベントトレーシング（ETW）設定（TracingFlags）などが含まれます。その他のオプションとしては、MinimumStackCommitInBytesとMaxDeadActivationContextsがあります。この作業の一部として、アプリケーション検証パッケージと関連する検証DLLが初期化され、制御フローガード（Control Flow Guard：CFG）オプションがCFGOptionsから読み取られます。

13. 実行可能イメージのヘッダーを参照し、.NETアプリケーションであるか（.NET固有のイメージディレクトリの存在によって特定）、32ビットイメージであるかを確認します。また、Wow64プロセスであるかどうかを検証するために、カーネルを照会します。必要があれば、Wow64を必要としない、32ビットIL Only[8]のイメージを処理します。

14. 実行可能イメージのロード構成ディレクトリ（PEヘッダー内のIMAGE_DIRECTORY_ENTRY_LOAD_CONFIG）に指定されている、すべての構成オプションを読み込みます。これらのオプションは、アプリケーションをコンパイルするときに開発者が定義することができ、コンパイラとリンカーがCFGのような特定のセキュリティおよび軽減策機能を実装して、実行可能イメージの動作を制御するために使用することもできます。

---

[8] 訳注：IL OnlyのILは、.NET FrameworkにおけるIntermediate Language（中間言語）の略。

第**3**章 プロセスとジョブ | **173**

15. ファイバーローカルストレージ（FLS）とスレッドローカルストレージ（TLS）の最小限の初期化を行います。

16. 適正なグローバルフラグが有効化されている場合、クリティカルセクションのためのデバッグオプションをセットアップし、ユーザーモードスタックトレースデータベースを作成します。また、IFEOキーのStackTraceDatabaseSizeInMbを照会します。

17. このプロセス用のヒープマネージャーを初期化し、最初のプロセスヒープを作成します。これには、必要なパラメーターをセットアップするために、ロード構成ディレクトリの構成オプション、IFEOキーのオプション、グローバルフラグ、および実行可能イメージヘッダーのオプションが使用されます。

18. ヒープ破損時のプロセス終了軽減策がオンになっている場合、これを有効にします。

19. 適正なグローバルフラグで例外ディスパッチログが有効になっている場合、これを初期化します。

20. スレッドプールAPIをサポートするスレッドプールパッケージを初期化します。これは、NUMAの測定情報を照会して考慮します。

21. 特にWow64プロセスをサポートするために、必要に応じて、環境ブロックとパラメーターブロックを初期化して変換します。

22. ¥KnownDllsオブジェクトディレクトリを開き、既知のDLLのパスを作成します。Wow64プロセス用には、代わりに¥KnownDlls32ディレクトリが使用されます。

23. ストアアプリ用に、アプリケーションモデルポリシーオプションを読み取ります。このオプションは、トークンのWIN://PKGおよびWP://SKUIDクレーム内に埋め込まれています（詳しくは、第7章の「7.9 アプリコンテナー（AppContainer）」の節を参照してください）。

24. プロセスの現在のディレクトリ、システムパス、既定の読み込みパス（イメージの読み込みやファイルを開くときに使用されます）、および既定のDLL検索順序に関する規則を決定します。これには、ユニバーサル（UWP）対デスクトップブリッジ（Centennial）対Silverlight（Windows Phone 8）のパッケージアプリ（またはサービス）のための現在のポリシー設定の読み取りも含まれます。

25. Ntdll.dll用の最初のローダーデータテーブルのエントリを作成し、これをモジュールデータベースに挿入します。

26. アンワインド履歴テーブルを作成します。

27. パラレルローダーを初期化します。これは、スレッドプールと同時（並行）スレッドを使用してすべての依存関係（相互依存関係を持たない依存関係）を読み込むために使用されます。

28. メインの実行可能イメージ用の次のローダーデータテーブルエントリを作成し、これをモジュールデータベースに挿入します。

29. 必要に応じて、メインの実行可能イメージを再配置します。

30. アプリケーション検証が有効化されている場合、これを初期化します。

31. これがWow64プロセスの場合は、Wow64エンジンを初期化します。この場合、64ビットのローダーは初期化を終了し、32ビットのローダーが制御を取得し、この時点までに説明した作業のほとんどを最初から始めます。

174 インサイドWindows 第7版 上

32. これが.NETイメージの場合は、それを検証し、Mscoree.dll（.NETランタイムShim）を読み込んで、メインの実行可能イメージのエントリポイント（_CorExeMain）を取得します。また、例外レコードを上書きして、通常のメイン関数ではなく、エントリポイントとしてこれをセットします。

33. プロセスのTLSスロットを初期化します。

34. Windowsサブシステムアプリケーション向けには、プロセスの実際のインポートには関係なく、Kernel32.dllとKernelbase.dllをマニュアルで読み込みます。必要に応じて、これらのライブラリを使用してソフトウェアの制限のポリシー（SRPやSaferとも呼ばれます）メカニズムを初期化し、Windowsサブシステムのスレッド初期化サンク関数をキャプチャします。最後に、これら2つのライブラリ間にだけ存在する、すべてのAPIセットの依存関係を解決します。

35. Shimエンジンを初期化し、Shimデータベースを解析します。

36. 事前にスキャンしておいたコアローダー関数がシステムコールフックや迂回路（detours）を持たない場合、ポリシーやIFEOキーで構成されたローダースレッドの数に基づいて、パラレルローダーを有効化します。

37. LdrInitStateを1にセットします。これは、"インポート読み込み中（import loading in progress）"を意味しています。

　この時点で、イメージローダーはアプリケーションに属する実行可能イメージのインポートテーブルの解析を始める準備が整い、アプリケーションのコンパイル時に動的にリンクされていたすべてのDLLの読み込みを開始します。これは、.NETイメージと通常のイメージの両方で起こります。.NETイメージの場合は、.NETランタイムへの呼び出しによって処理されるインポートを持ちます。インポートされたDLLもまた、それぞれ専用のインポートテーブルを持つことができます。この処理は、以前に、すべてのDLLが満たされ、インポートされるすべての関数が見つかるまで、再帰的に行われました。各DLLが読み込まれると、ローダーはその状態情報を維持し、モジュールデータベースを作成します。

　新しいバージョンのWindowsでは、イメージローダーは代わりに、早い時点で依存関係マップを作成します。この依存関係マップは、単一のDLLを説明する特定のノードと、並行して読み込むことが可能な別のノードからなる依存関係グラフを持ちます。シリアル化を必要とするさまざまな時点において、スレッドプールワーカーキューは"空（ドレイン）"にされ、同期ポイントとして機能します。そのような時点の1つは、すべての静的なインポートの、すべてのDLL初期化ルーチンを呼び出す前であり、それはローダーの最終ステージの1つです。これが完了すると、すべての静的なTLS初期化子（イニシャライザー）が呼び出されます。さらに、Windowsアプリケーション向けには、これらの2つのステップの間の、初めの時点でKernel32スレッド初期化サンク関数（BaseThreadInitThunk）が呼び出され、終わりの時点でKernel32ポストプロセス（後処理）初期化ルーチンが呼び出されます。

3.8.2 | DLLの名前解決とリダイレクト

　名前解決とは、呼び出し元によって指定されなかったか、一意のファイル識別子を指定できなかった状況において、システムがポータブル実行可能（PE）形式のバイナリの名前を物理ファイルの名前に変換する手続きです。リンク時にハードコードできなかったさまざまなディレクトリの場所があるため、この名前解決には、呼び出し元がフルパスを指定しなかったときのLoadLibraryの動作だけでなく、すべてのバイナリの依存関係の解決も含まれます。

第**3**章　プロセスとジョブ　**175**

　バイナリの依存関係を解決する際、ベーシックなWindowsアプリケーションモデルでは検索パス内からファイルを見つけます。検索パスとは、ファイルのベース名に一致するファイルを順番に検索する場所のリストです。ただし、さまざまなシステムコンポーネントが、この既定のアプリケーションモデルを拡張するために、検索パスのメカニズムを上書きします。検索パスの概念は、アプリケーションの現在のディレクトリ（カレントディレクトリ）が重要な意味を持つ概念であった、コマンドラインの時代から引き継がれてきたものです。これは、現在のGUIアプリケーションにとっては時代遅れのものです。

　しかし、この検索パスの順序における現在のディレクトリの場所の位置付けは、アプリケーションの現在のディレクトリ内に同じベース名の悪意のあるバイナリを配置することによって、システムの読み込み動作を覆すという、「バイナリの植え付け（Binary Planting）」として知られる攻撃テクニックを可能にしてしまいます。

　この挙動に関連するセキュリティリスクを回避するために、パス検索の評価に対して「DLLの安全な検索モード（SafeDLLSearchMode）」として知られる機能が追加され、すべてのプロセスについて既定で有効化されました。[9]安全な検索モードの下で、現在のディレクトリの検索順は3つのシステムディレクトリの後に移動されます。その結果、パスの検索順は次のようになります。

1. アプリケーションが開始された（読み込まれた）ディレクトリ、アプリケーションディレクトリ

2. 標準のWindowsシステムディレクトリ（例：C:¥Windows¥System32）

3. 16ビットWindowsシステムディレクトリ（例：C:¥Windows¥System）

4. Windowsディレクトリ（C:¥Windows）

5. アプリケーションが開始したときの現在のディレクトリ

6. %PATH%環境によって指定されたすべてのディレクトリ

　DLLの検索パスは、後に続くDLL読み込み動作ごとに再評価されます。検索パスの評価に使用されるアルゴリズムは、既定の検索パスの評価に使用されるものと共通です。しかし、アプリケーションはSetEnvironmentVariable APIを使用して%PATH%環境変数を編集して特定のパス要素に変更することができます。また、現在のディレクトリはSetCurrentDirectory APIを使用して変更したり、SetDllDirectory APIを使用して、そのプロセス用の特定のDLLのディレクトリを指定したりできます。DLLのディレクトリが指定された場合、検索パスの現在のディレクトリはそのディレクトリに置き換わり、イメージローダーはそのプロセスについてDLLの安全な検索モードの設定を無視します。

　呼び出し元は、LoadLibraryEx APIにLOAD_WITH_ALTERED_SEARCH_PATHフラグを指定することで、特定の読み込み動作のためのDLLの検索パスを変更することもできます。このフラグが指定され、DLL名がAPIにフルパスの文字列で指定された場合、操作対象の検索パスを評価する際に、アプリケーションディレクトリの代わりにDLLファイルを含むそのパスが使用されます。そのパスが相対パスの場合、この動作はどのような結果になるかわからず、潜在的に危険であることに注意してください。デスクトップブリッジ（開発コード名：Centennial）のアプリケーションが読み込まれる際には、このフラグは無視されます。

---

[9] 訳注：Windows XP Service Pack（SP）2から既定で有効になっています。詳しくは開発者向け公式ドキュメント「Dynamic-Link Library Security」（https://docs.microsoft.com/ja-jp/windows/win32/dlls/dynamic-link-library-security）を参照してください。また、DLLの検索場所から現在のディレクトリを削除するオプションも用意されています。詳しくはサポート技術情報KB2264107「DLL検索パスアルゴリズムを制御する新しいCWDIllegalInDllSearchレジストリエントリについて」（https://support.microsoft.com/ja-jp/help/2264107/）を参照してください。

LOAD_WITH_ALTERED_SEARCH_PATHフラグの代わりに、LoadLibraryExにアプリケーションが指定可能なその他のフラグには、LOAD_LIBRARY_SEARCH_DLL_LOAD_DIR、LOAD_LIBRARY_SEARCH_APPLICATION_DIR、LOAD_LIBRARY_SEARCH_SYSTEM32、およびLOAD_LIBRARY_SEARCH_USER_DIRSがあります。これらのフラグによる検索順の変更はそれぞれ、フラグが指定する特定のディレクトリ（1つまたは複数）を検索させるためのものです。また、複数の場所を検索させたい場合は、複数のフラグを組み合わせることが可能です。例えば、LOAD_LIBRARY_SEARCH_APPLICATION_DIR、LOAD_LIBRARY_SEARCH_SYSTEM32、LOAD_LIBRARY_SEARCH_USER_DIRSの値の組み合わせは、LOAD_LIBRARY_SEARCH_DEFAULT_DIRSになります。さらに、これらのフラグはSetDefaultDllDirectories APIを使用してグローバルに設定することができ、その場合、その時点からすべてのライブラリの読み込みに影響します。

検索パスの順序に影響を与える別の方法として、アプリケーションがパッケージアプリであるかどうか、あるいはパッケージ化されていないサービスまたはレガシなWindows Phone 8.0 Silverlightアプリであるかどうかがあります。これらの条件下では、DLLの検索順には従来のメカニズムやAPIは使用されず、パッケージベースのグラフ検索に制限されます。これは、標準的なLoadLibraryEx関数の代わりにLoadPackagedLibrary APIが使用されたときのケースにも当てはまります。パッケージベースのグラフ検索は、ユニバーサルWindowsプラットフォーム（UWP）アプリのマニフェストファイルのDependenciesセクションにあるPackageDependencyエントリに基づいて評価され、任意のDLLが誤ってパッケージに読み込まれることがないことを保証します。

また、パッケージアプリが読み込まれると、それがデスクトップブリッジ（Centennial）のアプリケーションでない限り、前述したような、アプリケーションで構成可能なすべてのDLL検索パス順序APIは無効化され、（上記のようにほとんどのUWPアプリのパッケージの依存関係を調べるだけで）既定のシステム動作のみが使用されます。

残念ながら、安全な検索モードやレガシアプリケーションのための既定のパス検索アルゴリズムでさえ、検索パスの最初は常にアプリケーションディレクトリであり、特定のバイナリが、通常の場所からユーザーがアクセス可能な場所にコピーされる可能性があります（例えば、%SystemRoot%¥System32¥Notepad.exeからC:¥Temp¥Notepad.exeへのコピーは、管理者権限を必要としない操作です）。このような状況では、攻撃者は特別に細工したDLLを（ユーザーがアクセス可能な場所にコピーした）アプリケーションと同じディレクトリに配置することで、上記の検索順に従ってシステムDLLよりも優先させることが可能です。これは、永続的な特権を得るために使用されたり、あるいはそのアプリケーションに影響を及ぼす特権を得るために使用されたりします（特に、ユーザーはその変更に気が付かずに、ユーザーアクセス制御（UAC）を介して特権を昇格した場合）。これに対して防御するために、プロセスや管理者は「Prefer System32 Images（System32イメージを優先する）」[10]と呼ばれるプロセス軽減策ポリシー（第7章で詳しく説明します）を使用することができます。これは、その名前が示すように、前述の検索パスの順序の1と2を逆転させます。

■| DLL名のリダイレクト

DLL名の文字列をファイルに解決するのを試みる前に、イメージローダーはDLL名のリダイレクト規則の適用を試みます。このリダイレクト規則は、Windowsアプリケーションモデルを拡張するために、DLL名前空間を拡張または部分的に上書きするために使用されます。DLL名前空間は、通常、Win32ファイルシステム名前空間に対応します。アプリケーションは次の順番に従います。

---

[10] 訳注：「Prefer System32 Images（System32イメージを優先する）」を含む、プロセス軽減策オプションのポリシーは、Windows 10（バージョン1511以降）およびWindows Server 2016から利用可能です。

- **MinWin APIセットリダイレクト** —— このAPIセットメカニズムは、コントラクトという概念を導入することで、異なるバージョンや異なるエディションのWindowsがバイナリを変更できるように設計されています。これにより、与えられたシステムAPIをエクスポートするバイナリを、アプリケーションに透過的な方法に変更できます。このメカニズムについては、第2章で簡単に触れましたが、この章の後でさらに詳しく説明します。

- **.LOCALリダイレクト** —— .LOCALリダイレクトメカニズムは、指定されたDLLのベース名のすべての読み込みを、フルパスが指定されているかどうかに関係なく、アプリケーションディレクトリ内のDLLのローカルコピーにリダイレクトします。DLLのローカルコピーは、同じベース名に.localを付加した名前のDLLのコピー（例：MyLibrary.dll.local）を作成するか、アプリケーションディレクトリの下に.localという名前で終わるファイルフォルダーを作成し、そこにローカルDLLのコピーを配置するか（例：C:¥MyApp¥.LOCAL¥MyLibrary.dll）のいずれかになります。.LOCALリダイレクトメカニズムによってリダイレクトされたDLLは、SxSによってリダイレクトされるDLLと同じように扱われます（次の箇条書きの項目を参照）。イメージローダーは、実行可能イメージが埋め込みまたは外部に対応するマニフェストを持たない場合にのみ、.LOCALリダイレクトを受け入れます。この機能は、既定では有効になっていません。この機能をグローバルで有効化するには、IFEOキー（HKLM¥SOFTWARE¥Microsoft¥Windows NT¥CurrentVersion¥Image File Execution Options）の直下にDevOverrideEnableという名前のDWORD値を追加し、値を1にセットします。

- **Fusion（SxS）リダイレクト** —— Fusion（Side By Side、サイドバイサイド、SxSとも呼ばれます）は、Windowsアプリケーションモデルを拡張し、マニフェストとして知られるバイナリリソースを埋め込むことにより、コンポーネントがより詳細なバイナリ依存関係情報を表現できるようにします。Fusionメカニズムは最初、アプリケーションが正しいバージョンのWindowsコモンコントロールパッケージ（Comctl32.dll）を読み込むことができるように使用されました。これにより、バイナリが別々のバージョンに分割された後も、別バージョンのものと一緒にインストールできます。他のバイナリもまた、同様の方法でバージョン管理されます。Visual Studio 2005のリンカー（Link.exe）で作成されたアプリケーションは、適切なバージョンのCランタイムライブラリを見つけるためにFusionを使用します。一方、Visual Studio 2015以降では、APIセットリダイレクトを使用した、ユニバーサルCRT（Cランタイムライブラリ）という概念が実装されています。Fusionランタイムツールは、Windowsリソースローダーを使用して、埋め込まれた依存関係情報をバイナリのリソースセクションから読み取り、アクティベーションコンテキストとして知られるルックアップ構造体にその依存関係情報をまとめます。システムは、ブート時およびプロセスの開始時にシステムおよびプロセスのレベルで既定のアクティベーションコンテキストを作成します。さらに、スレッドもまた、スレッドごとに関連するアクティベーションコンテキストスタックを持ち、スタックの最上位にあるアクティベーションコンテキスト構造体がアクティブであるとみなされます。スレッドごとのアクティベーションコンテキストスタックは、ActivateActCtxおよびDeactivateActCtx APIを使用して明示的に管理されます。また、依存関係情報が埋め込まれたバイナリのDLLのメインルーチンが呼び出されたときなど、システムによって任意の時点で暗黙的にも管理されます。FusionのDLL名リダイレクトの参照が発生したとき、システムはスレッドのアクティベーションコンテキストスタックの先頭にあるアクティベーションコンテキスト内のリダイレクト情報を検索し、続いてプロセスおよびシステムのアクティベーションコンテキストを検索します。もし、リダイレクト情報が存在する場合は、読み込み操作には、アクティベーションコンテキストによって指定されたファイルの識別子が使用されます。

- **既知のDLLのリダイレクト** —— KnownDLLsは、特定のDLLのベース名をシステムディレクト

リ内のファイルに対応付け（HKLM¥SYSTEM¥CurrentControlSet¥Control¥Session Manager ¥KnownDLLsレジストリキー内に登録されています）、DLLが別の場所にある別バージョンのもので置き換えられないようにするメカニズムです。

DLLパス検索アルゴリズムにおけるまれなケースは、64ビットとWow64アプリケーションで行われるDLLのバージョン管理チェックです。一致するベース名を持つDLLが見つかったとしても、その後、誤ったマシンアーキテクチャ用にコンパイルされたものであることが判明した場合、例えば32ビットアプリケーション内の64ビットイメージであった場合、イメージローダーはエラーを無視し、誤ったファイルを見つけた時に使用したパス要素の次の要素から、パスの検索処理を再開します。この挙動は、アプリケーションがグローバルな%PATH%環境変数に64ビットと32ビットの両方のエントリを指定できるように設計されたものです。

実習 DLL読み込み検索順序の観察

Windows SysinternalsのProcess Monitorを使用すると、イメージローダーがDLLをどのように検索しているのかを観察することができます。イメージローダーがDLLの依存関係を解決しようとしたとき、指定されたDLLが見つかるか、読み込みが失敗するまで、CreateFile呼び出しを実行して検索パスの各場所を調べる様子を確認できるでしょう。では、実行可能イメージOneDrive.exeに対して、イメージローダーが検索する様子をキャプチャしてみましょう。この実習を再現するには、次の手順を実行します。

1. OneDrive[11]が実行中の場合は、タスクバーの通知領域に表示されているアイコンから終了します。OneDriveのコンテンツを参照しているエクスプローラーのウィンドウがすべて閉じられていることを確認してください。

2. Process Monitorを開き、OneDrive.exeプロセスだけを表示するフィルター（Process Name is OneDrive.exe then Include）を追加します。オプションで、CreateFile操作だけを表示するフィルター（Operations is CreateFile then Include）を追加します。

3. %LocalAppData%¥Microsoft¥OneDriveを開き、OneDrive.exeまたはOneDrivePersonal. cmd（このバッチはビジネス用ではなく個人用のOneDrive.exeを開始します）を開始します。次のスクリーンショットのようなものが見えるはずです（OneDriveは32ビットプロセスであり、この例では64ビットシステム上で実行しています）。

---

[11] 訳注：企業向けのOneDrive for Business（Groove.exe）ではなく、個人向けのOneDrive.exe（デスクトップアプリ）のほうです。

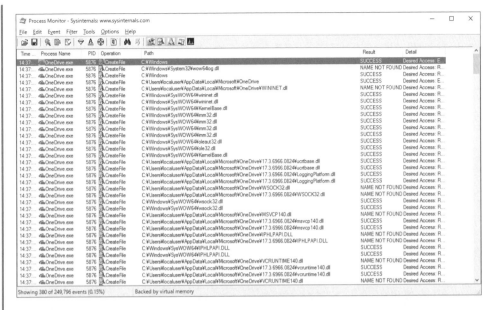

このスクリーンショットでは、前述した検索順に関連するいくつかの呼び出しを確認できます。

- システムの場所から呼び出されたKnownDLLsのDLL（スクリーンショットのole32.dll）。
- バージョン番号を示すサブディレクトリから呼び出されたLoggingPlatform.dll。OneDriveはおそらく、最新バージョン（スクリーンショットでは17.3.6966.0824）に検索をリダイレクトするために、SetDllDirectoryを呼び出しているからです。
- wsock32.dll（WinSock）が実行可能イメージのパス（アプリケーションディレクトリ）内で検索され、次にバージョン番号のサブディレクトリ内で検索され、最終的にシステムディレクトリ（SysWOW64）内に見つかりました。つまり、これはKnownDLLsのDLLではありません。
- MSVCP140.dll（Microsoft Cランタイムライブラリ、バージョン14）がアプリケーションディレクトリ内で検索されますが、見つかりませんでした。次にバージョン番号のサブディレクトリ内が検索され、見つかりました。

3.8.3 ロードモジュールデータベース

イメージローダーは、プロセスに読み込まれたすべてのモジュール（DLLとプライマリ実行可能イメージ）のリストを維持しています。この情報は、プロセス環境ブロック（PEB）内に格納されます。すなわち、Ldrにより識別され、PEB_LDR_DATAと呼ばれる部分構造体です。この構造体の中で、イメージローダーは3つの二重リンクリストを保持しています。それらのすべてが同じ情報を含みますが、順番は異なります（読み込み順序、メモリ割り当て、初期化順のいずれか）。これらのリストは、**ローダーデータテーブルエントリ**（LDR_DATA_TABLE_ENTRY）と呼ばれる構造体を含み、各モジュールに関する情報を格納しています。

また、リンクリストの参照はアルゴリズム的にコストが高いため（線形時間で実行されます）、イメージローダーは2つのレッドブラックツリー（赤黒木）を持ち、バイナリツリーの参照を効率化します。1つ目のツリーはベースアドレスでソートされ、2つ目のツリーはモジュール名のハッシュ値でソートされます。これらのツリーを使用することで、検索アルゴリズムは対数時間で実行することができるようになり、Windows 8以降では処理効率の著しい向上とプロセス作成性能の大幅な高速化が図られています。さらに、セキュリティ上の予防措置として、リンクリストとは異なり、これらの2つのツリーのルートはPEB内でアクセス不可になっています。これにより、アドレス空間レイアウトのランダム化（Address Space Layout Randomization：ASLR）が有効になっている環境では、動作中のシェルコードによる検索が困難になります（ASLRについて詳しくは、第5章を参照してください）。

表3-9は、イメージローダーがエントリ内で管理するさまざまな情報をまとめたものです。

表3-9　ローダーデータテーブルエントリ（LDR_DATA_TABLE_ENTRY）のフィールド

フィールド	説明
BaseAddressIndexNode	このエントリをベースアドレスでソートされたレッドブラックツリー（赤黒木）のノードとしてリンクします。
BaseDllName/ BaseNameHashValue	フルパスを含まない、モジュール自身の名前。2つ目のフィールドは、RtlHashUnicodeStringを使用したハッシュを格納。
DdagNode/NodeModuleLink	分散依存関係グラフ（DDAG）を追跡するデータ構造体へのポインターであり、ワーカースレッドプールを介して読み込まれる依存関係を並列化します。2番目のフィールドは、その構造体を、それ（同じグラフの一部）に関連付けられたLDR_DATA_TABLE_ENTRYとリンクします。
DllBase	そのモジュールが読み込まれたベースアドレスを保持します。
EntryPoint	そのモジュールの初期ルーチン（DllMainなど）を含みます。
EntryPointActivationContext	初期化子（イニシャライザー）を呼び出すときにSxS/Fusionアクティベーションコンテキストを含みます。
Flags	このモジュール用のローダーの状態フラグ（このフラグについては表3-10の説明を参照）。
ForwarderLinks	モジュールから転送（フォワーダー）されたエクスポートテーブルの結果として読み込まれたモジュールのリンクリスト。
FullDllName	そのモジュールの完全修飾パス名。
HashLinks	素早い参照のために、プロセスの開始と終了の間に使用されるリンクリスト。
ImplicitPathOptions	LdrSetImplicitPathOptions APIを使用して設定されるか、DLLパスに基づいて継承される、パスルックアップフラグの格納に使用されます。
List Entry Links	このエントリをそれぞれローダーデータベースの3つの順番リストの部分にリンクします。
LoadContext	DLLの現在の読み込み情報へのポインター。アクティブに読み込まれていない限り、通常はNULL。
ObsoleteLoadCount	モジュールの参照数（そのモジュールが読み込まれた回数）。このフィールドは既に正確ではありません。代わりに、DDAGノード構造体に移動されました。
LoadReason	このDLLが読み込まれた理由を説明する列挙値を含みます（動的、静的、フォワーダーとして、依存関係の遅延読み込みとして、など）。
LoadTime	このモジュールが読み込まれたときのシステム時刻の値を格納します。
MappingInfoIndexNode	このエントリを、名前のハッシュでソートされたレッドブラックツリー（赤黒木）内のノードとしてリンクします。

フィールド	説明
OriginalBase	ASLRまたは再配置の前に、このモジュールのオリジナルのベースアドレス（リンカーによってセットされたベースアドレス）を格納し、インポートエントリの再配置の高速な処理を有効にします。
ParentDllBase	静的な（またはフォワーダーまたは遅延読み込みの）依存関係の場合、このDLLに依存関係を持つDLLのアドレスを格納します。
SigningLevel	このイメージの署名レベルを格納します（コードの整合性インフラストラクチャについて詳しくは、本書下巻を参照）。
SizeOfImage	モジュールのメモリ内におけるサイズ。
SwitchBackContext	SwitchBack（後述）によって使用され、このモジュールやその他のデータに関連付けられた、現在のWindowsコンテキストのGUIDを格納します。
TimeDateStamp	モジュールがリンクされたときに、リンカーによって書き込まれたタイムスタンプ値。イメージローダーは、モジュールのイメージのポータブル実行可能（PE）ヘッダーから取得します。
TlsIndex	このモジュールに関連付けられたスレッドローカルストレージ（TLS）スロット。

　プロセスのローダーデータベースを参照する1つの方法は、WinDbgを使用して、PEBのフォーマットされた出力を参照することです。次の実習では、これを行う方法、および自分でLDR_DATA_TABLE_ENTRY構造体を参照する方法を示しています。

実習 ロードモジュールデータベースをダンプする

　この実習を始める前に、デバッガーとしてWinDbgを使用してNotepad.exeを開始した、2つ前の実習（イメージローダーの動きを見る）と同じ手順を実行してください。最初のブレークポイントまで到達したら（**g**と入力するように指示されたところまで）、次の手順を実行します。

1. **!peb**エクステンションコマンドを使用すると、現在のプロセスのプロセス環境ブロック（PEB）を参照することができます。この時点では、表示されるLdrデータについてのみ関心を持ってください。

```
0:000> !peb
PEB at 000000dd4c901000
    InheritedAddressSpace:    No
    ReadImageFileExecOptions: No
    BeingDebugged:            Yes
    ImageBaseAddress:         00007ff720b60000
    Ldr                       00007ffe855d23a0
    Ldr.Initialized:          Yes
    Ldr.InInitializationOrderModuleList: 0000022815d23d30 .
0000022815d24430
    Ldr.InLoadOrderModuleList:            0000022815d23ee0 .
0000022815d31240
    Ldr.InMemoryOrderModuleList:          0000022815d23ef0 .
0000022815d31250
                    Base TimeStamp                     Module
```

```
        7ff720b60000 5789986a Jul 16 05:14:02 2016 C:¥Windows¥
System32¥notepad.exe
        7ffe85480000 5825887f Nov 11 10:59:43 2016 C:¥WINDOWS¥
SYSTEM32¥ntdll.dll
        7ffe84bd0000 57899a29 Jul 16 05:21:29 2016 C:¥WINDOWS¥
System32¥KERNEL32.DLL
        7ffe823c0000 582588e6 Nov 11 11:01:26 2016 C:¥WINDOWS¥
System32¥KERNELBASE.dll
...
```

2. Ldrの行に示されるアドレスは、前述したPEB_LDR_DATA構造体へのポインターです。WinDbgは3つのリストのアドレスを示し、モジュールごとのフルパス、タイムスタンプ、ベースアドレスからなる、初期化された順番のリストをダンプします。

3. また、モジュールリストを通して、各アドレスをLDR_DATA_TABLE_ENTRY構造体のフォーマットでダンプし、モジュールエントリごとに独自に解析することもできます。しかし、この操作を各エントリについて行う代わりに、WinDbgの!listエクステンションコマンドを次の構文で使用することで、ほとんどの処理を実行できます。

```
0:000> !list -x "dt ntdll!_LDR_DATA_TABLE_ENTRY" @@C++(&@$peb->Ldr->◌
InLoadOrderModuleList)
```

4. !listコマンドの実行により、各モジュールのエントリが次のように表示されます。

```
   +0x000 InLoadOrderLinks : _LIST_ENTRY [ 0x00000228' 15d23d10
-0x00007ffe' 855d23b0 ]
   +0x010 InMemoryOrderLinks : _LIST_ENTRY [ 0x00000228' 15d23d20
-0x00007ffe' 855d23c0 ]
   +0x020 InInitializationOrderLinks : _LIST_ENTRY [ 0x00000000'
00000000 -0x00000000' 00000000 ]
   +0x030 DllBase          : 0x00007ff7' 20b60000 Void
   +0x038 EntryPoint       : 0x00007ff7' 20b787d0 Void
   +0x040 SizeOfImage      : 0x41000
   +0x048 FullDllName      : _UNICODE_STRING "C:¥Windows¥System32¥
notepad.exe"
   +0x058 BaseDllName      : _UNICODE_STRING "notepad.exe"
   +0x068 FlagGroup        : [4] "???"
   +0x068 Flags            : 0xa2cc
```

　この項では、Ntdll.dll内のユーザーモードのイメージローダーを扱っていますが、カーネルはドライバーと依存DLLの読み込み専用ローダーも採用していることに留意してください。このカーネルモードローダーは、KLDR_DATA_TABLE_ENTRYと呼ばれる、類似のローダーエントリ構造体を持ちます。同様に、カーネルモードローダーは、PsLoadedModuleList グローバルデータ変数を介して直接的にアクセス可能なエントリからなる、独自のデータベースを持ちます。カーネルのロードモジュールデータベースをダンプするには、先ほどの実習内で示したのと同様の!listエクステンションコマン

ドを使用します。次のように、!listコマンドの最後のポインターをnt!PsLoadedModuleListに置き換え、新しい構造体とモジュール名を使用します。

```
0:000> !list -x "dt nt!_KLDR_DATA_TABLE_ENTRY" nt!PsLoadedModuleList
```

　未加工のリストを参照すると、ローダーの内部についてさらに深い洞察が得られるでしょう。例えば、!pebエクステンションコマンドでは得られない状態情報を含むフラグ（Flags）フィールドなどです。表3-10に、フラグの意味を示します。カーネルモードとユーザーモードのローダーはどちらもこの構造体を使用するため、フラグの意味は必ずしも同じではありません。この表では、ユーザーモードのローダーにおけるフラグの意味についてのみ扱っています（いくつかはカーネル構造体にも同様に存在します）。

表3-10　ローダーデータテーブルエントリ（LDR_DATA_TABLE_ENTRY）のフラグ

フラグ	説明
パッケージバイナリ（0x1）	このモジュールは、パッケージアプリケーションの一部です（AppXパッケージのメインモジュールでのみセットできます）。
削除対象としてマーク（0x2）	このモジュールは、すべての参照（実行中のワーカースレッドからなど）がなくなるとすぐにアンロードされます。
イメージDLL（0x4）	このモジュールは、単一のイメージDLLです（データDLLや実行可能ファイルではありません）。
読み込み通知を送信済み（0x8）	このイメージの、登録されたDLL通知コールアウトが既に通知されました。
テレメトリエントリが処理された（0x10）	このイメージのために製品利用統計情報データが既に処理されました。
静的インポート処理（0x20）	このモジュールは、メインのアプリケーションライブラリの静的インポートです。
レガシーリスト内（0x40）	このイメージは、ローダーの二重リンクリストに含まれます。
受信ボックス内（0x80）	このイメージのエントリは、ローダーのレッドブラックツリー（赤黒木）内にあります。
Shim DLL（0x100）	このイメージのエントリは、Shimエンジン／アプリケーション互換性データベースの一部であるDLLを表しています。
例外テーブル内（0x200）	このモジュールの.pdata例外ハンドラーは、ローダーのリバース関数テーブル内にキャプチャが完了しています。
読み込み中（0x800）	このモジュールは現在読み込み中です。
ロード構成ディレクトリが処理された（0x100）	このモジュールのロード構成ディレクトリが見つかり、処理されました。
エントリが処理された（0x2000）	ローダーはこのモジュールの処理を完全に終了しました。
遅延読み込みの保護（0x4000）	このバイナリ用の制御フローガード（CFG）機能が、遅延読み込みIAT（インポートアドレステーブル）の保護を要求しました。詳しくは、第7章を参照してください。
プロセスのアタッチが呼び出された（0x20000）	DLL_PROCESS_ATTACH 通知が既にDLLに対して送信されました。
プロセスのアタッチが失敗した（0x40000）	DLLのDllMainルーチンがDLL_PROCESS_ATTACH通知に失敗しました。

フラグ	説明
スレッドを呼び出さない (0x80000)	このDLLにはDLL_THREAD_ATTACH/DETACH通知を送信しません。これは、DisableThreadLibraryCallsを使用してセットできます。
COR遅延検証 (0x100000)	共通オブジェクトランタイム (COR) が、この.NETイメージを後で検証します。
CORイメージ (0x200000)	このモジュールは、.NETアプリケーションです。
再配置しない (0x400000)	このイメージは、再配置やランダム化をするべきではありません。
COR IL Only (0x800000)	.NET中間言語 (Intermediate Language：IL) のみのライブラリであり、ネイティブなアセンブリコードを含みません。
互換性データベースが処理された (0x40000000)	ShimエンジンがこのDLLを処理しました。

3.8.4 インポートの解析

　ここまで、プロセスのために読み込まれたすべてのモジュールをイメージローダーが追跡し続ける方法について説明しました。次は、ローダーによって実行されるスタートアップ初期化タスクについて分析を続けましょう。このステップの間に、ローダーは次のことを行います。

1. プロセスの実行可能イメージのインポートテーブル内で参照されている各DLLを読み込みます。

2. モジュールデータベースを確認して、そのDLLが既に読み込み済みになっていないかどうかをチェックします。リスト内にDLLが見つからなければ、ローダーはDLLを開き、それをメモリにマップします。

3. マップ操作中、ローダーは最初にこのDLLの検索を試みるべきさまざまなパスと、このDLLがKnownDLLsであるかどうかを確認します。KnownDLLsのDLLは、システムのスタートアップ時に既に読み込まれており、それにアクセスするためのグローバルメモリマップ（マップ済み）ファイルが提供されていることを意味します。.localファイル（ローカルパス内のDLLを使用するようにローダーに強制するファイル）の使用、または特定バージョンの使用を保証するリダイレクトDLLが指定されたマニフェストファイルのいずれかを使用により、標準の参照（ルックアップ）アルゴリズムからある程度の偏りが発生する可能性もあります。

4. DLLがディスク上に見つかり、メモリにマップされた後、ローダーはカーネルがそれを別の場所に読み込んだかどうかをチェックします。これは、「再配置（リロケーション）」と呼ばれます。ローダーは再配置を検出すると、再配置情報を解析して、必要な処理を実行します。再配置情報が存在しない場合、DLLの読み込みは失敗します。

5. ローダーはこのDLL用のローダーデータテーブルエントリ（LDR_DATA_TABLE_ENTRY）を作成し、それをデータベースに挿入します。

6. DLLのマップが完了した後、インポートテーブルとすべての依存関係を解析するために、このDLLのための処理が繰り返されます。

7. 各DLLが読み込まれた後、ローダーはIAT（インポートアドレステーブル）を解析して、インポートされている特定の関数を探します。通常、これは名前を用いて行われますが、序数（インデックス番号）が用いられることもあります。各名前について、ローダーはインポートされたDLLのエクスポートテーブルを解析し、一致するものを見つけようと試みます。一致するものが見つからな

かった場合、処理は中止されます。

8. イメージのインポートテーブルは、バインドすることも可能です。これは、リンク時に開発者が外部のDLL内にインポートされた関数をポイントする静的アドレスを既に割り当てていることを意味しています。これにより、各名前について探す処理を行う必要はなくなりますが、アプリケーションが使用するDLLが常に同じアドレスに配置されることが前提になります。Windowsはアドレス空間レイアウトのランダム化（ASLR、詳細については第5章を参照してください）を使用するため、これは通常、システムアプリケーションやライブラリには当てはまりません。

9. インポートされたDLLのエクスポートテーブルは、フォワーダーエントリを使用することができます。これは、実際の関数が別のDLLに実装されていることを意味します。これは実質的にインポートまたは依存関係のように扱われなければならないため、エクスポートテーブルの解析の後に、フォワーダーにより参照される各DLLもまた読み込まれ、ローダーはステップ1に戻ります。

インポートされたDLL（およびその依存関係やインポート）のすべてが読み込まれ、必要とされるインポート済み関数のすべてが検索、発見され、そしてすべてのフォワーダーもまた読み込まれ、処理されると、このステップは完了します。アプリケーションおよびさまざまなDLLによってコンパイル時に定義されたすべての依存関係が、これで完全に満たされました。実行中に、依存関係の遅延（Delay Load、遅延読み込みと呼ばれます）や実行時の操作（LoadLibraryの呼び出しなど）が、ローダーを呼び出して実質的に同じ作業を繰り返すことができます。ただし、これらのステップでエラーが発生すると、それがプロセスのスタートアップ中の場合、アプリケーションの開始がエラーになります。例えば、現在のバージョンのオペレーティングシステムに存在しない関数を要求するアプリケーションを実行しようとした場合、図3-12のようなメッセージが表示され、起動に失敗します。

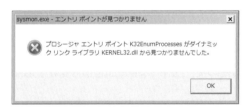

図3-12　必要な（インポートされた）関数がDLL内に存在しないときに表示されるダイアログボックス

3.8.5 | インポート後のプロセスの初期化

必要とされる依存関係が読み込まれた後は、アプリケーションの起動を完全に完了するために、いくつかの初期化タスクが実行される必要があります。このフェーズでは、イメージローダーは次のステップを実行します。

1. これからのステップを開始するにあたり、LdrInitState変数を2にセットします。これは、インポートが読み込み済みであることを意味します。

2. WinDbgのようなデバッガーを使用している場合、デバッガーの最初のブレークポイントがヒットします。これは、3つ前の実習（イメージローダーの動きを見る）で、実行を継続するために **g** と入力したところです。

3. これがWindowsサブシステムアプリケーションであるかどうかをチェックします。そうである場

合、「3.8.1　早期プロセスの初期化」の項のステップでBaseThreadInitThunk関数が取得済みである必要があります。この時点でこの関数が呼び出され、成功であることがチェックされます。同様に、事前に取得済みであるはず（リモートデスクトップサービス、旧称ターミナルサービスをサポートするシステムの場合）のTermsrvGetWindowsDirectoryW関数がこの時点で呼び出され、システムディレクトリとWindowsディレクトリのパスが再セットされます。

4. イメージの静的インポートのすべてについて、分散依存関係グラフを使用して、すべての依存関係が再帰し、初期化子（イニシャライザー）が実行されます。これは、各DLLのDllMainルーチンを呼び出し（各DLLが自身の初期化処理を実行することを可能にします。これには、新しいDLLの実行時読み込み処理も含まれます）、各DLLのスレッドローカルストレージ（TLS）初期化子を処理するステップです。これは、アプリケーションが読み込みに失敗する可能性がある最後のステップの1つです。もし、読み込まれたDLLのすべてが、DllMainルーチンの終了後に成功の戻り値を返さなかった場合、ローダーはアプリケーションの開始を中止します。

5. そのイメージが1つでもTLSスロットを使用している場合、そのTLS初期化子が呼び出されます。

6. アプリケーション互換性のためにそのモジュールにShimが適用されている場合、初期化後のShimエンジンコールバックを実行します。

7. プロセス環境テーブル（PEB）に登録された、関連するサブシステムDLLのポストプロセス（後処理）初期化ルーチンを実行します。例えば、Windowsアプリケーションの場合、リモートデスクトップサービス固有のチェックが実行されます。

8. この時点で、プロセスの読み込みが成功したことを示すWindowsイベントトレーシング（ETW）イベントを書き込みます。

9. 最小スタックコミットが存在する場合は、スレッドスタックに関与し、コミット済みページのインページを強制します。

10. LdrInitState変数を3にセットします。これは、初期化が完了したことを意味します。また、PEBのProcessInitializingフィールドを0に戻します。その後、LdrpProcessInitialized変数を更新します。

3.8.6 | **SwitchBack**

　新しいバージョンのWindowsで競合状態や既存のAPI関数の誤ったパラメーターの妥当性チェックといったバグが修正されるたびに、どんなに些細なことであったとしても、アプリケーション互換性リスクが作り出されます。Windowsはローダーに実装されている「SwitchBack（スイッチバック）」と呼ばれるテクノロジを使用して、ソフトウェア開発者が、実行可能イメージに関連付けられるマニフェストの中に、そのイメージが対象にしているWindowsバージョンに固有のグローバル一意識別子（GUID）を埋め込むことを可能にしています。

　例えば、開発者がWindows 10に追加され改善点を特定のAPIに利用したい場合、開発するアプリケーションのマニフェストの中にWindows 10のGUIDを含めます。一方、Windows 7に固有の動作に依存するレガシアプリケーションの開発者は、代わりにWindows 7のGUIDを組み込みます。

　ローダーのSwitchBackは、この情報を解析し、SwitchBack互換性DLL（.sb_dataイメージセクション内の）に埋め込まれた情報と関連付け、モジュールによって呼び出される影響を受けるAPIのバージョンを判断します。SwitchBackは、読み込み済みモジュールのレベルで機能するため、プロセスは同じAPIを呼び出すものの、結果が異なることが明らかな、レガシなDLLと現在のDLLの両方を同時

に持つことができます。

SwitchBackのGUID

Windowsは現在、Windows Vista以降の各バージョンの互換性設定を表すグローバル一意識別子（GUID）を定義しています。

- {e2011457-1546-43c5-a5fe-008deee3d3f0} —— Windows Vista
- {35138b9a-5d96-4fbd-8e2d-a2440225f93a} —— Windows 7
- {4a2f28e3-53b9-4441-ba9c-d69d4a4a6e38} —— Windows 8
- {1f676c76-80e1-4239-95bb-83d0f6d0da78} —— Windows 8.1
- {8e0f7a12-bfb3-4fe8-b9a5-48fd50a15a9a} —— Windows 10

これらのGUIDは、アプリケーションのマニフェストファイルの、compatibility属性エントリ内のsupportedOS要素のId属性に存在する必要があります（アプリケーションマニフェストがGUIDを含まない場合、既定の互換性モードとしてWindows Vistaが選択されます）。タスクマネージャーの［詳細］タブで［オペレーティングシステムのコンテキスト］列の表示を有効化すると、特定のOSコンテキストで実行中のアプリケーションを確認することができます（Windows 10のタスクマネージャーでこの列が空の場合、Windows 10モードで動作していることを意味します）。図3-13は、そのようなアプリケーションの例を示しています。この例では、Windows 10システム上で、Windows VistaおよびWindows 7モードで動作するアプリケーションを確認することができます。

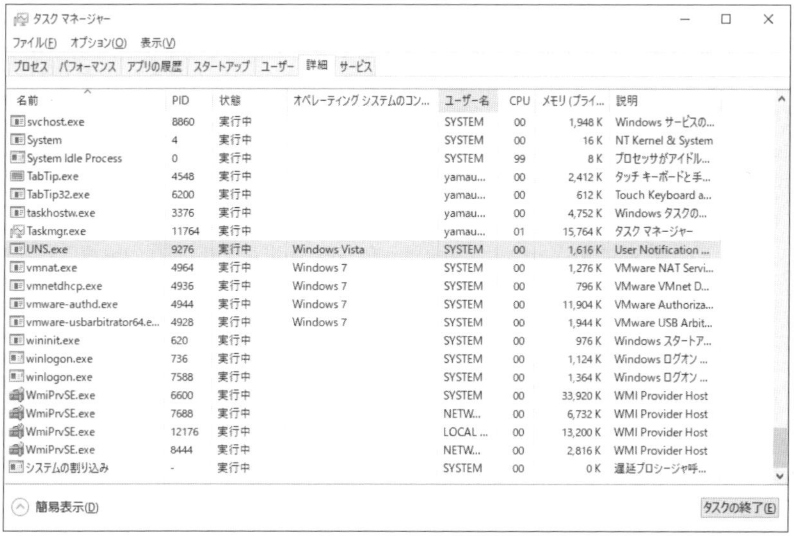

名前	PID	状態	オペレーティング システムのコン...	ユーザー名	CPU	メモリ (プライ...	説明
svchost.exe	8860	実行中		SYSTEM	00	1,948 K	Windows サービスの...
System	4	実行中		SYSTEM	00	16 K	NT Kernel & System
System Idle Process	0	実行中		SYSTEM	99	8 K	プロセッサがアイドル...
TabTip.exe	4548	実行中		yamau...	00	2,412 K	タッチ キーボードと手...
TabTip32.exe	6200	実行中		yamau...	00	612 K	Touch Keyboard a...
taskhostw.exe	3376	実行中		yamau...	00	4,752 K	Windows タスクの...
Taskmgr.exe	11764	実行中		yamau...	01	15,764 K	タスク マネージャー
UNS.exe	9276	実行中	Windows Vista	SYSTEM	00	1,616 K	User Notification ...
vmnat.exe	4964	実行中	Windows 7	SYSTEM	00	1,276 K	VMware NAT Servi...
vmnetdhcp.exe	4936	実行中	Windows 7	SYSTEM	00	796 K	VMware VMnet D...
vmware-authd.exe	4944	実行中	Windows 7	SYSTEM	00	11,904 K	VMware Authoriza...
vmware-usbarbitrator64.e...	4928	実行中	Windows 7	SYSTEM	00	1,944 K	VMware USB Arbit...
wininit.exe	620	実行中		SYSTEM	00	976 K	Windows スタートア...
winlogon.exe	736	実行中		SYSTEM	00	1,124 K	Windows ログオン ...
winlogon.exe	7588	実行中		SYSTEM	00	1,364 K	Windows ログオン ...
WmiPrvSE.exe	6600	実行中		SYSTEM	00	33,920 K	WMI Provider Host
WmiPrvSE.exe	7688	実行中		NETW...	00	6,732 K	WMI Provider Host
WmiPrvSE.exe	12176	実行中		LOCAL ...	00	13,200 K	WMI Provider Host
WmiPrvSE.exe	8444	実行中		NETW...	00	2,816 K	WMI Provider Host
システムの割り込み	-	実行中		SYSTEM	00	0 K	遅延プロシージャ呼...

図3-13　いくつかのプロセスが互換性モードで実行されている

次のXMLは、Windows 10用の互換性を設定する、マニフェストのエントリの一例です。

```
<compatibility xmlns="urn:schemas-microsoft-com:compatibility.v1">
    <application>
        <!-- Windows 10 -->
        <supportedOS Id="{8e0f7a12-bfb3-4fe8-b9a5-48fd50a15a9a}" />
```

```
      </application>
</compatibility>
```

■ SwitchBackの互換性モード

SwitchBackができることのいくつかの例として、Windows 7モードのコンテキストで実行される場合の影響を以下に示します。

- リモートプロシージャコール（RPC）は、プライベートな実装の代わりに、Windowsスレッドプールを使用します。
- DirectDrawロックをプライベートバッファー上で取得することはできません。
- クリッピングウィンドウなしでの、デスクトップ上でのビットブロック転送は許可されません。
- GetOverlappedResult内での競合状態が修正されます。
- CreateFileの呼び出しでは、呼び出し元が書き込み権限を持たない場合でもファイルを排他的に開くために「ダウングレード（downgrade）」フラグを渡すことが許可されます。これにより、NtCreateFileは、FILE_DISALLOW_EXCLUSIVEフラグを受け取らなくなります。

一方、Windows 10モードでの実行は、低断片化ヒープ（Low Fragmentation Heap：LFH）の動作に微妙に影響があります。Windows 10のGUIDが存在する場合を除き、LFHサブセグメントは強制的に完全にコミットされ、すべての割り当てがヘッダーブロックで埋められます。また、Windows 10モードでは、「Raise Exception on Invalid Handle Close（無効なハンドルのクローズに対して例外を生成する）」プロセス軽減策を使用すると、CloseHandleおよびRegCloseKeyの動作が優先されます。これに対して、以前のオペレーティングシステムのモードでは、デバッガーがアタッチされていなければ、この動作はNtCloseを呼び出す前に無効になり、呼び出し後に再び有効化されます。

別の例として、スペルチェッカーを持たない言語のために、スペルチェック機能がNULLを返しますが、Windows 8.1モードでは"empty"というスペルチェッカーを返します。同様に、IShellLink::Resolve機能の実装は、相対パスが指定された場合、Windows 8モードで動作するときE_INVALIDARGを返しますが、Windows 7モードではこのチェックを行いません。

さらに、GetVersionEx、またはRtlVerifyVersionInfoなどのNtdll.dll内の同等の関数の呼び出しは、指定されたSwitchBackコンテキストのGUIDに対応する、最大のバージョン番号を返します。

メモ
WindowsのバージョンSを返すこれらのAPIは、使用が推奨されなくなりました。GetVersionExを呼び出すと、より上位バージョンのSwitchBackコンテキストGUIDがマニフェストで指定されていない限り、Windows 8以降のすべてのバージョンで6.2が返されます。

■ SwitchBackの動作

Windows APIが互換性を損なう可能性のある変更の影響を受けるたびに、関数のエントリコードはSbSwitchProcedureを呼び出して、SwitchBackロジックを発動します。そして、そのモジュール内で使用されているSwitchBackメカニズムに関する情報を含む、SwitchBackモジュールテーブルにポインターを渡します。このテーブルは、各SwitchBackポイント用のエントリの配列も含んでいます。このテーブルは、それを識別する各分岐ポイントの説明とともに、シンボリック名と包括的な説明、関連する軽減策タグを含みます。通常、モジュールにはいくつかの分岐ポイントが存在し、各分岐ポイントはそれぞれがWindows Vistaの動作向け、Windows 7の動作向け、などとなっています。

各分岐ポイントについて、必要とされるSwitchBackコンテキストが与えられます。このコンテキストが、実行時に2つ（またはそれ以上）の分岐のうちどれを取るのかを決定します。最終的に、これらの記述子のそれぞれが、各ブランチが実行することになる実際のコードへの関数ポインターを含みます。アプリケーションがWindows 10のグローバル一意識別子（GUID）で実行中の場合、これはSwitchBackコンテキストの一部となり、SbSelectProcedure APIはモジュールテーブルを解析して、一致する操作を実行します。コンテキスト用のモジュールエントリ記述子が見つかると、記述子の中に含まれる関数ポインターを呼び出します。

SwitchBackは、Windowsイベントトレーシング（ETW）を使用して、指定されたSwitchBackコンテキストと分岐ポイントの選択を追跡し、アプリケーション影響度遠隔測定（Application Impact Telemetry：AIT）ロガーにデータをフィードします。このデータは、マイクロソフトにより定期的に収集されます。マイクロソフトは、各互換性エントリが使用された範囲とそれをアプリケーション（ログに記録された完全なスタックトレース）を調査し、サードパーティベンダーに通知します。

前述したように、アプリケーションの互換性レベルは、アプリケーションのマニフェスト内に格納されています。読み込み時、イメージローダーはそのマニフェストファイルを解析し、コンテキストデータ構造を作成して、プロセス環境ブロック（PEB）のpShimDataメンバーの中からその互換性レベルを取得します。このコンテキストデータは、プロセスの実行に関連する互換性GUIDを含んでおり、SwitchBackを使用するAPIを呼び出す際に、分岐ポイントのどのバージョンを実行するかを決定します。

3.8.7 | APIセット

SwitchBackは、特定のアプリケーション互換性シナリオのためにAPIリダイレクトを使用しますが、WindowsにはAPIセットと呼ばれる、はるかに広く使われている、すべてのアプリケーション向けのリダイレクトメカニズムが存在します。APIセットの目的は、Windows APIを複数のサブDLLに細分化することを可能にすることにあります。これにより、今日および将来のすべての種類のWindowsシステムでは必要のない可能性がある数千のAPIにまたがる巨大な汎用目的のDLLを持つ必要がなくなります。このテクノロジは、主にWindowsアーキテクチャの下位層の大部分をリファクタリングして、上位層から分離することを支援するために開発されました。そして、Kernel32.dllとAdvapi32.dll（とりわけ）が連携して、複数の仮想DLL（Virtual DLL）ファイルに細分化されました。

例えば、次ページの図3-14のDependency Walker（Depends.exe）のスクリーンショットは、WindowsのコアライブラリであるKernel32.dllが、多数の他のDLLからインポートする、API-MS-WINから始まるAPIセットを示しています。これらのDLLはそれぞれ、Kernel32.dllが標準で提供するAPIの小さなサブセットを含みますが、これらが一緒になって、Kernel32.dllによって公開される全体のAPIの概観を作り上げています。例えば、API-MS-WIN-CORE-STRINGライブラリは、Windowsの基本的な文字列関数だけを提供します。

別々のファイルに関数を分割することで、2つの目的が達成されます。1つ目は、これにより、これからのアプリケーションには、アプリケーションが必要とする機能を提供するAPIライブラリだけをリンクすることが可能になることです。2つ目は、マイクロソフトがローカライズなどをサポートしないバージョンのWindowsを作成したとき（例えば、ユーザーが対面することがない、英語のみの組み込みシステムなど）、サブDLLを単純に削除して、APIセットスキーマを変更するだけでよくなります。結果として、Kernel32.dllのバイナリのサイズは小さくなり、ローカライズを必要としない任意のアプリケーションは引き続き実行可能です。

このテクノロジでは、MinWinと呼ばれる、"ベース"となるWindowsサブシステムが定義されます（そしてソースレベルでも作成されます）。MinWinは、カーネルとコアドライバーを含むサービスの最

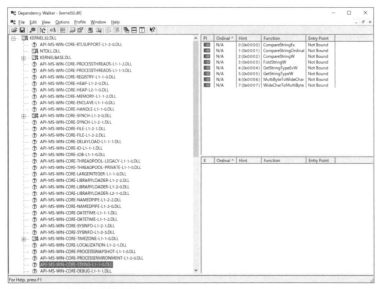

図3-14　Kernel32.dllのAPIセット

小セットで構成されます（これにはファイルシステム、Csrssやサービスコントロールマネージャーなどの基本的なシステムプロセス、および少数のWindowsサービスが含まれます）。Windows Embeddedは、そのPlatform Builderとともに、これに似たように見えるテクノロジを提供します。Platform Builderでは、シェルやネットワークスタックなどのWindowsコンポーネントを選択的に削除することが可能です。しかし、Windowsからコンポーネントを削除すると、依存関係のぶら下がりが残されてしまいます。依存するコンポーネントが削除されているため、失われた依存関係のコードパスが実行されるとエラーで失敗します。

　プロセスマネージャーが初期化されるとき、PspInitializeApiSetMap関数が呼び出されます。この関数は、APIセットのリダイレクトテーブルのセクションオブジェクトの作成を担当し、%SystemRoot%¥System32¥ApiSetSchema.dll内に格納されます。このDLLは実行可能コードを含みませんが、.apisetという名前のセクションを持ちます。.apisetは、APIセットの仮想DLLをそのAPIを実装している論理DLLにマップする、APIセットのマッピングデータを含みます。新しいプロセスが開始するたびに、プロセスマネージャーはそのセクションオブジェクトをプロセスのアドレス領域にマップし、プロセスのプロセス環境ブロック（PEB）内のApiSetMapフィールドにセットして、セクションオブジェクトがマップされた場所のベースアドレスをポイントします。

　また、イメージローダーのLdrpApplyFileNameRedirect関数は、通常、前述した.localリダイレクトおよびサイドバイサイド（SxS/Fusion）マニフェストリダイレクトを担当しますが、「API-」で始まる新しいインポートライブラリ（動的、静的の両方）の読み込みがあるたびに、APIセットのリダイレクトデータのチェックも行います。APIセットテーブルは、ライブラリごとに整理され、各エントリは関数が見つかった論理DLLと、DLLが読み込まれたことを記述しています。スキーマデータはバイナリ形式ですが、Windows SysinternalsのStringsツールを使用すると、文字列をダンプして、現在、定義されているDLLを確認することができます。

```
C:¥Windows¥System32>strings apisetschema.dll
...
```

```
api-ms-onecoreuap-print-render-l1-1-0
printrenderapihost.dllapi-ms-onecoreuap-settingsync-status-l1-1-0
settingsynccore.dll
api-ms-win-appmodel-identity-l1-2-0
kernel.appcore.dllapi-ms-win-appmodel-runtime-internal-l1-1-3
api-ms-win-appmodel-runtime-l1-1-2
api-ms-win-appmodel-state-l1-1-2
api-ms-win-appmodel-state-l1-2-0
api-ms-win-appmodel-unlock-l1-1-0
api-ms-win-base-bootconfig-l1-1-0
advapi32.dllapi-ms-win-base-util-l1-1-0
api-ms-win-composition-redirection-l1-1-0
...
api-ms-win-core-com-midlproxystub-l1-1-0
api-ms-win-core-com-private-l1-1-1
api-ms-win-core-comm-l1-1-0
api-ms-win-core-console-ansi-l2-1-0
api-ms-win-core-console-l1-1-0
api-ms-win-core-console-l2-1-0
api-ms-win-core-crt-l1-1-0
api-ms-win-core-crt-l2-1-0
api-ms-win-core-datetime-l1-1-2
api-ms-win-core-debug-l1-1-2
api-ms-win-core-debug-minidump-l1-1-0
...
api-ms-win-core-firmware-l1-1-0
api-ms-win-core-guard-l1-1-0
api-ms-win-core-handle-l1-1-0
api-ms-win-core-heap-l1-1-0
api-ms-win-core-heap-l1-2-0
api-ms-win-core-heap-l2-1-0
api-ms-win-core-heap-obsolete-l1-1-0
api-ms-win-core-interlocked-l1-1-1
api-ms-win-core-interlocked-l1-2-0
api-ms-win-core-io-l1-1-1
api-ms-win-core-job-l1-1-0
...
```

3.9 ジョブ

　ジョブ（Job）は名前付け可能で、セキュリティ設定が可能で、共有可能なカーネルオブジェクトであり、1つまたは複数のプロセスを1つのグループとして制御することを可能にします。ジョブオブジェクトの基本的な機能は、1つの単位として管理および操作するために、プロセスのグループ化を可能にすることです。1つのプロセスは、任意の数のジョブのメンバーになることができますが、通常は1つのグループだけのメンバーになります。ジョブオブジェクトに対するプロセスの関連付けは削除することができず、そのプロセスによって作成されたすべての子オブジェクトと孫オブジェクトは同じ

ジョブオブジェクトに関連付けられます（ただし、子プロセスがCREATE_BREAKAWAY_FROM_JOBフラグを使用して作成され、ジョブ自身がそれを排除しなかった場合を除きます）。

ジョブオブジェクトは、ジョブに関連付けられたすべてのプロセスについて、およびジョブに関連付けられていたものの、既に終了したすべてのプロセスについて、基本的なアカウンティング情報の記録も行います。

ジョブは、Windows APIのGetQueuedCompletionStatus関数またはスレッドプールAPI（ネイティブ関数であるTpAllocJobNotification）を使用して他のスレッドが待機している、I/O完了ポートオブジェクトに関連付けることもできます。これにより、関係するものすべてが（通常はジョブ作成者）、ジョブのセキュリティに影響する制限違反やイベントを監視できます。例えば、新しいプロセスが作成されたことや、異常終了したプロセスの監視などです。

ジョブは、以下に示す多くのシステムメカニズムにおいて、重要な役割を果たします。

- ジョブは、モダンアプリ（UWPプロセス）を管理します。詳しくは、本書下巻で説明します。実際、すべてのモダンアプリは、それぞれ1つのジョブの配下で実行されます。そのことは、この節の「3.9.3　入れ子になったジョブ（Nested Job）」の項で行う「実習：ジョブオブジェクトを参照する」で説明するように、Process Explorerを使用して確認できます。
- ジョブは、Windowsコンテナーのサポートを実装するために使用されます。これは、**サーバーサイロ**（Server Silo）と呼ばれるメカニズムにより実現されます。Windowsコンテナーの実装については、この節で後ほど説明します。
- ジョブは、Desktop Activity Moderator（DAM）がWin32アプリケーションおよびサービスのために、タイマーによる仮想化、タイマーによる一時停止、およびその他のアイドル状態に誘導する動作の調整を管理する、主要な方法です。DAMについては、本書下巻で説明します。
- ジョブは、動的フェアシェアスケジューリング（Dynamic Fair-Share Scheduling：DFSS）のための、スケジュールされたグループの設定と管理を可能にします。DFSSについては、第4章で説明します。
- ジョブは、カスタムメモリパーティションの指定を許可します。これは、第5章で説明するメモリパーティション分割APIの使用を可能にします。
- ジョブは、Runas（Secondary Logonサービス）やアプリケーションのボックス化、プログラム互換性アシスタントといった機能の主要なイネーブラーとしての役割を果たします。
- ジョブは、アプリケーションのためのセキュリティサンドボックスの一部を提供します。そのようなアプリケーションとしては、Google ChromeやMicrosoft Officeドキュメントコンバーターなどのアプリケーションだけでなく、Windows Management Instrumentation（WMI）要求を介したサービス拒否（Denial of Service：DoS）攻撃からの軽減策もあります。

3.9.1 ｜ ジョブの制限

ジョブに指定可能なCPU、メモリ、およびI/Oに関連する制限の一部を以下に示します。

- **アクティブプロセスの最大数** —— これは、ジョブ内に同時に存在する数を制限します。この制限に達すると、新しいプロセスをジョブに割り当てようとしても、プロセスの作成がブロックされます。
- **ジョブ全体のユーザーモードCPU時間制限** —— これは、ジョブ内のプロセス（過去に実行して終了したプロセスを含みます）が消費できるユーザーモードCPU時間の最大を制限します。この制限に達すると、既定ではジョブ内のすべてのプロセスはエラーコードを出して終了され、ジョ

ブ内に新しいプロセスを作成することができなくなります（制限がリセットされない限り）。ジョブオブジェクトがシグナルを受けると、そのジョブを待機していたすべてのスレッドが解放されます。この既定の動作は、SetInformationJobObjectを呼び出して変更することができます。SetInformationJobObjectでは、JobObjectEndOfJobTimeInformation情報クラスとともに渡されたJOBOBJECT_END_OF_JOB_TIME_INFORMATION構造体のEndObJobTimeActionメンバーをセットし、代わりにジョブの完了ポートを介して通知を要求します。

- **プロセスごとのユーザーモードCPU時間制限** —— これは、ジョブ内の各プロセスに、ユーザーモードCPUの累積時間の固定の最大時間を許可します。最大時間に達すると、そのプロセスは終了します（クリーンアップの機会は与えられません）。

- **ジョブプロセッサアフィニティ** —— これは、ジョブ内の各プロセスについて、プロセッサのアフィニティマスクをセットします（個々のスレッドは、ジョブのアフィニティのサブセットに対して異なるアフィニティに変更できますが、プロセスのアフィニティ設定は変更できません）。

- **ジョブグループアフィニティ** —— これは、ジョブ内のプロセスを割り当て可能なグループのリストを設定します。アフィニティの変更はすべて、ジョブの制限によって課せられるグループ選択の対象になります。これは、グループを認識するバージョンのジョブアフィニティ制限（レガシ）として扱われ、制限が使用されないようにします。

- **ジョブプロセス優先度クラス** —— これは、ジョブ内の各プロセスについて、優先度クラスを設定します。スレッドは、このクラスよりも優先度を増やすことができません（通常は可能です）。スレッド優先度を増やす試みは、無視されます（SetThreadPriorityの呼び出しはエラーを返しませんが、優先度の増加は行われません）。

- **既定の最小/最大ワーキングセット** —— これは、ジョブ内の各プロセスについて、指定されたワーキングセットの最小および最大サイズを定義します（この設定はジョブ全体のものではありません。各プロセスは同じ最小値/最大値の専用のワーキングセットを持ちます）。

- **プロセスおよびスレッドのコミット済み仮想メモリ制限** —— これは、単一のスレッドまたはジョブ全体でコミット可能な、仮想アドレス領域の最大サイズを定義します。

- **CPUレート制御** —— これは、強制的な調整を受ける前の、ジョブが使用を許可されたCPU時間の最大時間を定義します。グループのスケジューリングのサポートの一部として使用されます。詳しくは、第4章で説明します。

- **ネットワーク帯域幅レート制御** —— これは、調整の影響を受ける前に、ジョブ全体に適用される出力方向の最大の帯域幅を定義します。これはまた、ジョブによって送信されるネットワークパケットのサービス品質（Quality of Service：QoS）を目的とする、Differentiated Services Code Point（DSCP）タグの設定を可能にします。これはジョブ階層の中で1つのジョブにのみ設定することができ、そのジョブおよびすべての子ジョブに影響します。

- **ディスクI/O帯域幅レート制御** —— これは、ネットワーク帯域幅レート制御と同様ですが、ネットワークではなくディスクI/Oに対して適用されます。また、帯域幅または1秒あたりのI/O操作（IOPS）の数値のいずれかで制御することができます。制限は、システム上の特定のボリュームまたはすべてのボリュームに対して設定することが可能です。

　これらの制限の多くでは、ジョブの所有者は、通知を送信する（または通知を登録せずに、そのジョブを単に強制終了する）トリガーとなる、特定のしきい値を設定することができます。また、レート制御では、許容範囲と許容間隔を設定することが可能です。例えば、5分ごとに、最大10秒間までは、プロセスにネットワーク帯域幅の制限の20%を超えることを許可できます。これらの通知は、ジョブのI/O完了ポートに対して、適切なメッセージを照会することによって行われます（詳細については、Windowsソフトウェア開発キット（SDK）ドキュメントを参照してください）。

最後に、ジョブ内のプロセスには、ユーザーインターフェイスの制限を設けることが可能です。そのような制限には、ジョブの外部のスレッドによって所有されるウィンドウのハンドルをプロセスが開くこと、クリップボードの読み取りや書き込み、Windows APIのSystemParameterInfo関数の多くのユーザーインターフェイスシステムパラメーターの変更を、プロセスに制限することが含まれます。これらのユーザーインターフェイスの制限は、WindowsサブシステムのGDI/USERドライバーであるWin32k.sysによって管理され、プロセスマネージャーに登録された特別なコールアウトの1つであるジョブコールアウトによって強制されます。UserHandleGrantAccess関数を呼び出せば、ジョブ内のすべてのプロセスに、特定のユーザーハンドル（例えば、ウィンドウハンドル）に対するアクセスを許可することもできます。これは、当然のことながら、問題になっているジョブの一部ではないプロセスによってのみ、呼び出し可能です。

3.9.2 | ジョブを扱う

ジョブオブジェクトは、CreateJobObject APIを使用して作成されます。作成されたばかりのジョブは、1つのプロセスもない空の状態です。ジョブにプロセスを追加するには、AssignProcessToJobObjectを呼び出します。これは、ジョブにプロセスを追加するために複数回呼び出すことができ、同じジョブを複数のジョブに追加することさえ可能です。最後のオプションは、入れ子になったジョブ（Nested Job）の作成です。これについては、次の項で説明します。プロセスをジョブに追加する別の方法として、この章で前述したプロセス作成属性に含まれるPS_CP_JOB_LISTを使用して、ジョブオブジェクトにハンドルをマニュアルで指定する方法があります。1つまたはそれ以上のハンドルをジョブオブジェクトに指定することができ、すべてがジョブに関連付けられます。

ジョブに関して最も興味深いAPIに、SetInformationJobObjectがあります。このAPIは、前の項で説明した、さまざまな制限および設定の指定を可能にします。また、このAPIは、コンテナー（Silo）、Desktop Activity Moderator（DAM）、あるいはユニバーサルWindowsプラットフォーム（UWP）アプリなどのメカニズムで使用される内部情報クラスを提供します。これらの値はQueryInformationJobObjectを使用して取得することができ、ジョブに設定された制限をまとめて提供します。また、呼び出し元がどの制限が違反されたかを正確に知るために、（この章で前述した）制限通知が設定されている場合はこのAPIを呼び出す必要もあります。もう1つの、時には便利な関数に、ジョブ内のすべてのプロセスを終了するTerminateJobObjectがあります。これは、各プロセスでTerminateProcessが呼び出されたかのように機能します。

3.9.3 | 入れ子になったジョブ（Nested Job）

Windows 7およびWindows Server 2008 R2までは、1つのプロセスは1つのジョブだけに関連付けることができました。そのため、ジョブは本来の機能よりも役に立たないものでした。例えば、アプリケーションによっては、管理を必要としてるプロセスがジョブ内にあるのか否かといったことについて、詳しく知ることができませんでした。Windows 8およびWindows Server 2012からは、1つのプロセスを複数のジョブに関連付けることができるようになり、効果的にジョブの階層を作成できるようになりました。

子ジョブは親ジョブのプロセスのサブセットを保持しています。プロセスが1つ以上のジョブに追加されると、システムは可能であれば階層を形成しようとします。現状では、ジョブに何らかのユーザーインターフェイス制限が設定されている場合（JobObjectBasicUIRestrictions付きのSetInformationJobObject）、ジョブは階層を形成できないという制約があります。

子ジョブに対するジョブの制限は、親プロセスよりも許容性がありませんが、親よりも制限される可能性があります。例えば、親ジョブがジョブに100MBのメモリ制限を設定すると、すべての子ジョブはより大きなメモリ制限を設定できません（そのような要求は単に失敗します）。しかし、子ジョブはプロセス（子ジョブが持つ任意のプロセス）に対して、例えば、80MBのメモリ制限といった、さらに制約のある制限を設定することが可能です。ジョブのI/O完了ポートに対するすべての通知は、ジョブおよびそのすべての先祖に送信されます（ジョブ自身は先祖のジョブに通知を送信するためのI/O完了ポートを持つ必要はありません）。

親ジョブのためのリソースのアカウンティングは、直接的に管理するプロセスと子ジョブのすべてのプロセスで使用される集約されたリソースを含みます。ジョブが終了（TerminateJobObject）すると、階層の底にある子ジョブから始まり、ジョブおよび子ジョブ内のすべてのプロセスが終了されます。図3-15は、1つのジョブ階層によって管理される4つのプロセスを示しています。

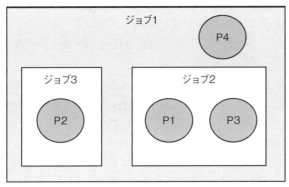

図3-15　ジョブの階層（Pはプロセスを示す）

ジョブ階層を作成するには、プロセスはルートのジョブからジョブに追加される必要があります。次の一連のステップは、図3-15の階層を作成するものです。

1. プロセスP1をジョブ1に追加します。
2. プロセスP1をジョブ2に追加します。これは、1つ目の入れ子を作成します。
3. プロセスP2をジョブ1に追加します。
4. プロセスP2をジョブ3に追加します。これは、2つ目の入れ子を作成します。
5. プロセスP3をジョブ2に追加します。
6. プロセスP4をジョブ1に追加します。

> **実習　ジョブオブジェクトを参照する**
>
> パフォーマンスモニターを使用すると、名前付きジョブオブジェクトを参照することができます（使用可能なカウンターの分類からJob ObjectおよびJob Object Detailsを探します）。名前なしジョブを参照するには、カーネルデバッガーの!jobエクステンションまたはdt nt!_ejobコマンドを使用します。
>
> プロセスが特定のプロセスに関連付けられているかどうかを確認するには、カーネルデバッ

ガーの!processエクステンションコマンド、またはProcess Explorerを使用します。以下のステップでは、名前なしジョブオブジェクトを作成して、その情報を参照します。

1. コマンドプロンプトから、Runasコマンドを使用して、コマンドプロンプト（Cmd.exe）を実行する1つのプロセスを作成します。例えば、**runas /user:＜ドメイン名＞¥＜ユーザー名＞ cmd**と入力します。

2. ユーザーのパスワードを要求するプロンプト表示されます。パスワードを入力すると、コマンドプロンプトウィンドウが開きます。Runasコマンドを実行するWindowsサービス（Secondary Logonサービス）は、すべてのプロセスを含む名前なしジョブを作成します（つまり、これらのプロセスは、ログオフ時に終了されます）。

3. Process Explorerを開始し、［Open］メニューを開いて［Configure Colors］を選択したら、［Jobs］にチェックを入れます。cmd.exeおよびその子プロセスのconhost.exeプロセスがジョブとして強調表示（茶色）されることを確認してください。

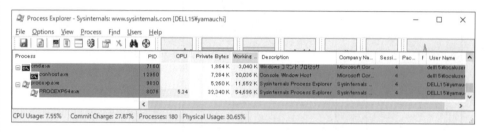

4. Process Explorerでcmd.exeまたはconhost.exeプロセスをダブルクリックして、プロパティダイアログボックスを開きます。次に、［Job］タブをクリックして、このプロセスがジョブの一部であることを示す情報を確認します。

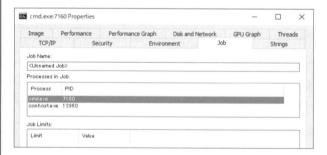

5. Runasコマンドで実行したコマンドプロンプトから、メモ帳（notepad.exe）を実行します。

6. Process Explorerでnotepad.exeプロセスを開き、［Job］タブを参照します。notepad.exeプロセスは、同じジョブの配下で実行されています。これは、cmd.exeがCREATE_BREAKAWAY_FROM_JOB作成フラグを使用していないからです。入れ子になったジョブの場合、［Job］タブには、このプロセスが直接的に属するジョブと、子ジョブ内のすべてのジョブが表示されます。

7. ローカル（ライブ）デバッグのためのカーネルデバッガーを実行し、!processコマンドを入力して、notepad.exeプロセスを探し、その基本情報を確認します。

```
lkd> !process 0 1 notepad.exe
PROCESS ffffe001eacf2080
    SessionId: 1  Cid: 3078    Peb: 7f4113b000 ParentCid: 05dc
    DirBase: 4878b3000 ObjectTable: ffffc0015b89fd80  HandleCount: 188.
    Image: notepad.exe
    ...
    BasePriority                    8
    CommitCharge                    671
    Job                             ffffe00189aec460
```

8. ジョブポインターは、ゼロではないことに注意してください。そのジョブの概要を取得するには、デバッガーの!jobコマンドを入力します。

```
lkd> !job ffffe00189aec460
Job at ffffe00189aec460
  Basic Accounting Information
    TotalUserTime:              0x0
    TotalKernelTime:            0x0
    TotalCycleTime:             0x0
    ThisPeriodTotalUserTime:    0x0
    ThisPeriodTotalKernelTime:  0x0
    TotalPageFaultCount:        0x0
    TotalProcesses:             0x3
    ActiveProcesses:            0x3
    FreezeCount:                0
    BackgroundCount:            0
    TotalTerminatedProcesses:   0x0
    PeakJobMemoryUsed:          0x10db
    PeakProcessMemoryUsed:      0xa56
  Job Flags
  Limit Information (LimitFlags: 0x0)
  Limit Information (EffectiveLimitFlags: 0x0)
```

9. ActiveProcessesメンバーが3（cmd.exe、conhost.exe、およびnotepad.exe）にセットされていることに注目してください。!jobコマンドに続けてフラグ2を指定すると、このジョブに含まれるプロセスの一覧を参照することができます。

```
lkd> !job ffffe00189aec460 2
...
  Processes assigned to this job:
    PROCESS ffff8188d84dd780
        SessionId: 1  Cid: 5720    Peb: 43bedb6000  ParentCid: 13cc
        DirBase: 707466000  ObjectTable: ffffbe0dc4e3a040 HandleCount:
<Data Not Accessible>
        Image: cmd.exe

    PROCESS ffff8188ea077540
```

```
        SessionId: 1 Cid: 30ec      Peb: dd7f17c000  ParentCid: 5720
        DirBase: 75a183000 ObjectTable: ffffbe0dafb79040  HandleCount:
<Data Not Accessible>
        Image: conhost.exe

    PROCESS ffffe001eacf2080
        SessionId: 1 Cid: 3078      Peb: 7f4113b000  ParentCid: 05dc
        DirBase: 4878b3000  ObjectTable: ffffc0015b89fd80 HandleCount:
188.
        Image: notepad.exe
```

10. dtコマンドを使用して、ジョブオブジェクトを表示し、ジョブに関する追加的なフィールド
    を参照することもできます。例えば、入れ子になった場合は、ジョブのメンバーレベル（深
    さ）や他のジョブとの関係（親ジョブ：ParentJob、兄弟：SiblingJobLinks、ルートジョブ：
    RootJob）などです。

```
lkd> dt nt!_ejob ffffe00189aec460
   +0x100 LimitFlags        : 0
   +0x000 Event             : _KEVENT
   +0x018 JobLinks          : _LIST_ENTRY [ 0xffffe001' 8d93e548 -
0xffffe001' df30f8d8 ]
   +0x028 ProcessListHead   : _LIST_ENTRY [ 0xffffe001' 8c4924f0 -
0xffffe001' eacf24f0 ]
   +0x038 JobLock           : _ERESOURCE
   +0x0a0 TotalUserTime     : _LARGE_INTEGER 0x0
   +0x0a8 TotalKernelTime   : _LARGE_INTEGER 0x2625a
   +0x0b0 TotalCycleTime    : _LARGE_INTEGER 0xc9e03d
   ...
   +0x0d4 TotalProcesses    : 4
   +0x0d8 ActiveProcesses   : 3
   +0x0dc TotalTerminatedProcesses : 0
   ...
   +0x428 ParentJob         : (null)
   +0x430 RootJob           : 0xffffe001' 89aec460 _EJOB
   ...
   +0x518 EnergyValues      : 0xffffe001' 89aec988 _PROCESS_ENERGY_VALUES
   +0x520 SharedCommitCharge : 0x5e8
```

3.9.4 | Windowsコンテナー（サーバーサイロ）

安価でユビキタスなクラウドコンピューティングの登場は、インターネットにもう1つの革新をも
たらしました。モバイルアプリケーション向けのオンラインサービスやバックエンドサーバーの構築
が、数あるクラウドプロバイダーの1つのボタンをクリックするだけで簡単に行えるようになったの
です。しかし、クラウドプロバイダー間の競争が激しくなり、あるクラウドプロバイダーから別のプ

ロバイダーへ、あるいはクラウドプロバイダーから自社のデータセンターへ、あるいはデータセンターからハイエンドの個人所有サーバーへと移行するニーズが増えると、それらを仮想マシン内で実行するのにかかるコストなしで、必要に応じてデプロイ（デプロイメント、展開）され、移動できるポータブルなバックエンドの重要性が高まりました。

　Dockerのようなコンテナー技術[12]が生まれたのは、このようなニーズを満たすためです。この種の技術は、本来、アプリケーションを1つの箱に入れ、あるLinuxディストリビューションから別のLinuxディストリビューションへのデプロイを可能にするものです。そのために、仮想マシンの複雑なローカルインストール作業や余計なリソース消費について心配する必要はありません。もともとはLinuxだけの技術でしたが、マイクロソフトはDockerと協力して、Windows 10 Anniversary Updateおよび Windows Server 2016（バージョン1607）の一部としてWindowsでもDockerを利用可能にしました。Windows版のDockerは次の2つのモードで動作することができます。[13]

- 軽量ではないものの、完全に分離されたHyper-Vコンテナーに、アプリケーションをデプロイするモード。Hyper-Vコンテナーは、クライアントとサーバーの両方でサポートされるシナリオです。
- 軽量な分離されたOS環境であるサーバーサイロコンテナーに、アプリケーションをデプロイするモード。現状では、ライセンス上の理由により、サーバーでのみサポートされるシナリオです。

　この項では後者の技術（サーバーサイロコンテナー）について掘り下げますが、この機能をサポートするために、オペレーティングシステムには大きな変更が行われました。サーバーサイロコンテナーを作成する能力はクライアントシステムにも存在しますが、前述したように、現状では無効化されています。真の仮想化環境を活用するHyper-Vコンテナーとは異なり、サーバーサイロコンテナーは、同じカーネルとドライバーの上で動作する、すべてのユーザーモードコンポーネントの2番目のインスタンスを提供します。セキュリティを犠牲にする部分はありますが、Hyper-Vコンテナーよりも、はるかに軽量なコンテナー環境を提供します。

■ | ジョブオブジェクトとサイロ

　サイロを作成する能力は、SetJobObjectInformation APIの一部である非公開のサブクラスに関連しています。別の言い方をすれば、サイロは本質的にスーパージョブ（super-job）であり、これまでに見てきたものを超える、追加的な規則と機能を持ちます。実際、ジョブオブジェクトは、これまで見てきたように隔離とリソース管理の機能に使用することができ、これはサイロの作成にも同じように使用されます。このようなジョブは、システムから見れば**ハイブリッドジョブ**と呼ばれます。

　実際には、ジョブオブジェクトは2種類のサイロをホストすることができます。アプリケーションサイロとサーバーサイロです。アプリケーションサイロは現在、この項では扱っていないデスクトップブリッジ（開発コード名：Centennial、本書下巻で説明します）の実装に使用されています。そして、サーバーサイロは、Dockerコンテナーのサポートに使用されています。

---

[12]　訳注：本書では「器」という意味でプロセスがコンテナーであると表現していますが、この項でのコンテナー（Dockerコンテナー、Hyper-Vコンテナー、サーバーサイロコンテナー）を混同しないでください。

[13]　訳注：Windows Server 2016およびWindows 10バージョン1809以降のDockerサポートは、両方のモードをサポートしています。前者をHyper-Vコンテナー（またはHyper-V分離モード）、後者をWindows Serverコンテナー（またはプロセス分離モード）と呼び、Server CoreやNano ServerのベースOSイメージを使用したWindowsコンテナーの作成が可能です。64ビットWindows 10 Anniversary Update以降のDockerサポートは、前者のHyper-Vコンテナーのみをサポートします。なお、当初、Hyper-Vコンテナーの技術を応用してLinuxコンテナーを動かす「LCOW（Linux Containers on Windows）」の実装が予定されていましたが、この機能は正式にリリースされることなく開発終了となりました。本書では、プロセス分離モードを実現している、いくつかのコアテクノロジについて説明しています。

サイロの分離

サーバーサイロを定義する1つ目の要素は、カスタムオブジェクトマネージャーのルートディレクトリオブジェクト（¥）の存在です（オブジェクトマネージャーについては、本書下巻で説明します）。このメカニズムについてまだ何も理解していなくても、アプリケーションで認識できるすべての名前付きオブジェクト（ファイル、レジストリキー、イベント、ミューテックス、リモートプロシージャコール（RPC）ポートなど）が、1つのルート名前空間の中にホストされていることを知っていれば十分です。1つのルート名前空間により、アプリケーションはこれらのオブジェクトを作成、配置、共有することが可能です。

サーバーサイロがそれぞれ独自のルート名前空間を持つということは、すべての名前付きオブジェクトへのすべてのアクセスを制御できるということを意味しています。アクセスの制御は、次の3つのいずれかの方法で行えます。

- 既存のオブジェクトの新しいコピーを作成して、サイロ内からオブジェクトへの代替アクセスを提供する。
- 既存のオブジェクトのシンボリックリンクを作成してすることで、オブジェクトへの直接アクセスを提供する。
- コンテナー化されたアプリケーションが使用するような、サイロ内だけに存在するまったく新しいオブジェクトを作成する。

このジョブの基本的な機能は、Dockerが使用するHyper-Vホストコンピューティングサービス（Vmcompute）に組み合わされ、次に示す追加のコンポーネントとやり取りし、完全な分離レイヤーを提供します。

- **ベースOSと呼ばれるベースのWindowsイメージ（WIM）ファイル** —— ベースOSイメージは、オペレーティングシステムの別のコピーを提供します。現状では、マイクロソフトはServer Coreイメージ（microsoft/windowsservercore）とNano Serverイメージ（microsoft/nanoserver）を提供しています。[14]
- **ホストOSのNtdll.dll** —— ホストOSのNtdll.dllは、ベースOSイメージのNtdll.dllを上書きします。前述のように、サーバーサイロは同じホストのカーネルとドライバーを呼び出し、ホストのNtdll.dllがシステムコールを処理します。Ntdll.dllは、ホストOSから再利用しなければならない、ユーザーモードコンポーネントの1つです。
- **Wcifs.sys（Windows Container Isolation FS Filter Driver）フィルタードライバーが提供するサンドボックスの仮想ファイルシステム** —— これにより、実際のNTFSドライブに影響を与えることなく、コンテナーによるファイルシステムの一時的な変更を可能にします。コンテナーによる変更は、コンテナーのシャットダウン後に消去可能です。
- **VRegカーネルコンポーネントが提供するサンドボックスの仮想レジストリ** —— これは、レジストリハイブの一時的なセットを準備します（仮想レジストリは、名前空間の分離のもう1つのレイヤーです。オブジェクトマネージャーのルート名前空間はレジストリのルートを分離しますが、レジストリハイブ自体は分離しません）。
- **セッションマネージャー（Smss.exe）** —— Smssは、従来からの機能に加えて、追加のサービスセッションまたはコンソールセッションを作成するためにも使用されます。これは、コンテナー

---

[14] 訳注：Windows ServerのベースOSイメージは当初、Docker Hub（https://hub.docker.com/）を通じて提供されていましたが、最新のベースOSイメージはmicrosoft-windows-servercore、最新のベースOSイメージは、Microsoft Container Registry（MCR）から提供されています（mcr.microsoft.com/windows/servercore:ltsc2019やmcr. microsoft.com/windows/nanoserver:1903など）。

のサポートに必要な新しい機能です。追加のユーザーセッションだけでなく、各コンテナーの起動に必要なセッションも処理できるように、Smssが拡張されました。

今説明したコンポーネントを含む、コンテナーのアーキテクチャを図3-16に示します。

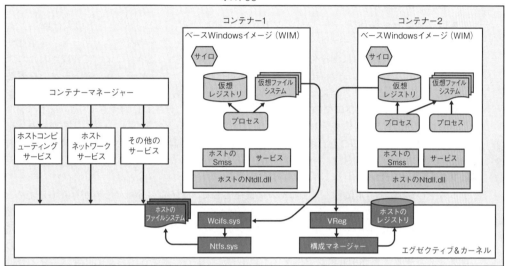

図3-16　コンテナーのアーキテクチャ

■ **サイロの分離の境界**

前述のコンポーネントは、ユーザーモードの分離環境を提供します。ただし、ホストのカーネルとドライバーとやり取りするために、ホストのNtdll.dllコンポーネントが使用されているため、カーネルがあるサイロを別のサイロと区別するために、さらに追加の分離境界を作成することが重要です。各サーバーサイロは、次に示す、自分だけの分離環境を持ちます。

- **マイクロ共有ユーザーデータ（シンボル内のSILO_USER_SHARED_DATA）** —— サイロの共有ユーザーデータは、カスタムシステムパス、セッションID、フォアグラウンドプロセスID（PID）、および製品の種類（ProductType）/スイート（OsProductSuite）を含みます。これらはオリジナルのKUSER_SHARED_DATAの要素ですが、KUSER_SHARED_DATAはホストから伝達されません。ベースOSイメージではなく、ホストOSイメージに関連する情報を参照するために、マイクロ共有ユーザーデータを代わりに使用する必要があります。さまざまなコンポーネントとAPIが、このようなデータを読み取るときに、ユーザーの共有データではなく、サイロの共有データを読み取るように変更されています。オリジナルのKUSER_SHARED_DATAは、通常のアドレスに残り、ホストの詳細のオリジナルのビューを提供します。これは、ホストの状態がコンテナーの状態内に"リーク"される経路の1つです。
- **オブジェクトディレクトリのルート名前空間** —— 各コンテナーは専用の¥SystemRootシンボリックリンク、¥Deviceディレクトリ（ユーザーモードコンポーネントがデバイスドライバーに間接的にアクセスする方法を提供）、デバイスのマッピング、DOSデバイスのマッピング（例えば、ユーザーモードアプリケーションがネットワークにマップされたドライブにアクセスする方法を提供するためのマッピング）、¥Sessionsディレクトリなどを持ちます。

- **API セットのマッピング** —— API セットのマッピングは、ベース OS イメージの API セットスキーマに基づいており、ホスト OS のファイルシステム上に保存されている API セットではありません。これまで見てきたように、ローダーは API セットマッピングを使用して、ある特定の関数が実装されている DLL があるかどうかを判断します。これは Windows の SKU ごとに異なる可能性があるため、アプリケーションはホストの SKU ではなく、ベース OS イメージの SKU を参照する必要があります。
- **ログオンセッション** —— ログオンセッションは、SYSTEM アカウントおよび匿名アカウント（Anonymous）のローカル一意識別子（LUID）に加え、サイロ内のユーザーを表す仮想サービスアカウントの LUID に関連付けられます。これは実質的に、Smss によって作成されたコンテナーのサービスセッションの内部で実行されるサービスとアプリケーションのトークンを表しています。LUID およびログオンセッションについて詳しくは、第 7 章で説明します。
- **ETW トレースおよびログのコンテキスト** —— これは、サイロに対する Windows イベントトレーシング（ETW）の操作を分離します。別のコンテナーやホスト OS に対して、公開したり、状態がリークされたりすることはありません（ETW について詳しくは、本書下巻で説明します）。

■| サイロコンテキスト

　ホスト OS のカーネルに組み込まれたコア機能として、サイロの分離の境界が存在するため、ドライバー（サードパーティドライバーを含む）といったカーネル内の他のコンポーネントもまた、PsCreateSiloContext API やサイロの既存のオブジェクトを使用して、サイロに対してサイトに関係するコンテキストデータを追加でき、カスタムデータを設定できます。このようなサイロごとのコンテキストは、サイロスロットインデックスを利用して、実行中あるいは将来のサーバーサイロに挿入され、コンテキストにはポインターが格納されます。システムはシステム全体の記憶域として 32 個のビルトインスロットインデックスを提供します。また、さらに 256 個の拡張スロットという、十分な拡張性オプションを提供します。

　サーバーサイロが作成されると、スレッドがスレッドローカルストレージ（Thread Local Storage：TLS）を持つのと同じように、各サイロには専用のサイロローカルストレージ（Silo Local Storage：SLS）配列が与えられます。各サイロは、同じスロットインデックスに異なるポインターを持ちますが、そのインデックスには常に同じコンテキストが格納されます（例えば、"Foo" ドライバーのインデックスは、すべてのサイロ内で 5 になり、各サイロ内で異なるポインター / コンテキストを格納するのに使用できます）。オブジェクトマネージャーやセキュリティ参照モニター（SRM）、構成マネージャーといったビルトインのカーネルコンポーネントが、これらのスロットのいくつかを使用し、組み込みのドライバー（例えば、Ancillary Function Driver for Winsock である Afd.sys など）によって他のスロットが使用されることがあります。

　サーバーサイロが共有ユーザーデータを扱う場合と同じように、グローバルカーネル変数ではなく、関連するサイロコンテキストからデータを取得するように、さまざまなコンポーネントと API に変更が加えられました。例えば、各コンテナーは専用の Lsass.exe プロセスを持つ必要があるため、カーネルのセキュリティ参照モニター（SRM）は Lsass.exe プロセス（Lsass および SRM の詳細については第 7 章で説明します）への専用のハンドルを所有することが必要になります。Lsass.exe プロセスへのハンドルはもはや、グローバル変数に格納されたシングルトン（唯一のもの）ではありません。ハンドルは、アクティブなサーバーサイロのサイロコンテキストを照会し、返されたデータ構造体から変数を取得することによって、アクセスされます。

　このことは、次のような興味深い質問を想起させます。「ホスト OS 自身で実行中の Lsass.exe はどうなるのか？」「ホスト OS の Lsass.exe の一連のプロセスとセッション（つまり、セッション 0）にサーバーサイロは存在しないのに、SRM はハンドルにどのようにアクセスするのか？」この問題を解決す

るために、カーネルにルートホストサイロが実装されました。別の言い方をすれば、ホストもそれ自身がサイロの一部であるとみなすことができます。これは、本当の意味でのサイロではありませんが、現在のサイロが存在しない場合でも、現在のサイロのサイロコンテキストを照会できるようにするための巧妙なトリックです。これは、PspHostSiloGlobalsというグローバルカーネル変数への格納によって実装されており、SLS配列の専用スロットを持つだけでなく、組み込みのカーネルコンポーネントによって使用されるその他のサイロコンテキストも持ちます。さまざまなサイロAPIがNULLポインターで呼びされた場合、この"NULL"は、NULLではなく"サイロなし（つまりホストサイロを使用）"として扱われます。

実験 ホストサイロのSRMサイロコンテキストをダンプする

ここで示すように、サーバーサイロをホストしていないあなたのWindows 10システムでさえ、それがクライアントシステムであったとしても、ホストサイロは存在し、カーネルによって使用される、サイロを認識する分離されたコンテキストを含んでいます。Debugging Tools for Windowsのカーネルデバッガーは、!siloエクステンションコマンドを提供します。この!siloコマンドに、!silo -g Hostのように-g Hostパラメーターを指定して実行します。これにより、次のような出力を見ることができるはずです。

```
lkd> !silo -g Host
Server silo globals fffff801b73bc580:
         Default Error Port: ffffb30f25b48080
         ServiceSessionId  : 0
         Root Directory    : 00007fff00000000 ' '
         State             : Running
```

出力結果の中で、Server silo globalsへのポインターがハイパーリンクになっている場合は、それをクリックすることで次のコマンドが実行され、出力結果が表示されます（ハイパーリンクでない場合は、コマンドを手動実行します）。

```
lkd> dx -r1 (*((nt!_ESERVERSILO_GLOBALS *)0xfffff801b73bc580))
(*((nt!_ESERVERSILO_GLOBALS *)0xfffff801b73bc580))          [Type: _
ESERVERSILO_GLOBALS]
    [+0x000] ObSiloState      [Type: _OBP_SILODRIVERSTATE]
    [+0x2e0] SeSiloState      [Type: _SEP_SILOSTATE]
    [+0x310] SeRmSiloState    [Type: _SEP_RM_LSA_CONNECTION_STATE]
    [+0x360] CmSiloState      : 0xffffc308870931b0 [Type: _CMP_SILO_
CONTEXT *]
    [+0x368] EtwSiloState     : 0xffffb30f236c4000 [Type: _ETW_
SILODRIVERSTATE *]
...
```

次に、SeRmSiloStateフィールドのリンクをクリックするか、次のコマンドを実行します。すると、さらに展開され、他の項目とともにLsass.exeプロセスへのポインターが表示されます。

```
lkd> dx -r1 ((ntkrnlmp!_SEP_RM_LSA_CONNECTION_STATE *)↩
0xfffff801b73bc890)
```

```
((ntkrnlmp!_SEP_RM_LSA_CONNECTION_STATE *)0xfffff801b73bc890)
        : 0xfffff801b73bc890 [Type: _SEP_RM_LSA_CONNECTION_STATE *]
    [+0x000] LsaProcessHandle  : 0xffffffff80000870 [Type: void *]
    [+0x008] LsaCommandPortHandle : 0xffffffff8000087c [Type: void *]
    [+0x010] SepRmThreadHandle : 0x0 [Type: void *]
    [+0x018] RmCommandPortHandle : 0xffffffff80000874 [Type: void *]
```

■ サイロモニター

　カーネルドライバーが専用のサイロコンテキストを追加する機能を持つ場合、現在どのサイロが実行中であるか、コンテナーの起動時にどのような新しいサイロが作成されるのかを、どのようにして知るのでしょうか。その答えは、サイロモニター機能にあります。サイロモニターは、サーバーサイロの作成や終了時（PsRegisterSiloMonitor、PsStartSiloMonitor、PsUnregisterSiloMonitor）の通知、および既に存在するサイロに関する通知を受け取るための一連のAPIを提供します。各サイロモニターは、PsGetSiloMonitorContextSlotを呼び出すことによって専用のスロットインデックスを取得して、必要に応じてPsInsertSiloContext、PsReplaceSiloContext、およびPsRemoveSiloContext関数で使用できます。PsAllocSiloContextSlotを使用すると追加的なスロットを割り当てることができますが、それが必要になるのはコンポーネントが2つのコンテキストを格納したい理由がある場合に限られます。さらに、ドライバーは、永続的なサイロコンテキストを使用するために、PsInsertPermanentSiloContextまたはPsMakeSiloContextPermanent APIを使用することもできます。永続的なサイロコンテキストの参照はカウントされず、サーバーサイロの生存期間やサイロコンテキストの要求者の数に縛れません。そのようなサイロコンテキストが挿入されると、そのサイロコンテキストはPsGetSiloContextやPsGetPermanentSiloContextで取り出すことができます。

実験 サイロモニターとコンテキスト

　サイロモニターがどのように使用され、サイロコンテキストがどのように格納されるのかを理解するために、Afd.sys（Ancillary Function Driver for Winsock）ドライバーとそのモニターに注目してみましょう。まず初めに、モニターを表しているデータ構造体をダンプしてみます。残念ながらAfd.sysのシンボルファイルが存在しないため、生のデータで見る必要があります。

```
lkd> dps poi(afd!AfdPodMonitor)
ffffe387`a79fc120  ffffe387`a7d760c0
ffffe387`a79fc128  ffffe387`a7b54b60
ffffe387`a79fc130  00000009`00000101
ffffe387`a79fc138  fffff807`be4b5b10 afd!AfdPodSiloCreateCallback
ffffe387`a79fc140  fffff807`be4bee40 afd!AfdPodSiloTerminateCallback
```

　これで、ホストサイロからスロットを取得しました（この例ではスロットインデックス9）。サイロは、ストレージ（Storage）と呼ばれるフィールドに自身のサイロローカルストレージ（SLS）を格納します。このストレージは、データ構造体配列（スロットエントリ）を含んでおり、各エントリには1つのポインターといくつかのフラグが格納されます。右隣りのスロットエントリのオフセットを取得するためにインデックスに2を掛けた後、コンテキストポインターのポイン

ターを取得するために2番目のフィールド（+1）にアクセスします。

```
lkd> r? @$t0 = (nt!_ESERVERSILO_GLOBALS*)@@masm(nt!PspHostSiloGlobals)
lkd> ?? ((void***)@$t0->Storage)[9 * 2 + 1]
void ** 0xffff988f`ab815941
```

　永続的なフラグ（0x2）でポインターの論理和をとり、マスクした後、!objectエクステンションコマンドでそれが実際のサイロコンテキストであることを確認します。

```
lkd> !object (0xffff988f`ab815941 & -2)
Object: ffff988fab815940  Type: (ffff988faaac9f20)
PsSiloContextNonPaged
```

■| サーバーサイロの作成

　サーバーサイロが作成されるとき、最初に1つのジョブオブジェクトが使用されます。既に指摘したように、サイロはジョブオブジェクトの機能だからです。これは、標準的なCreateJobObject APIで行われます。CreateJobObject APIはWindows 10 Anniversary Updateで変更が加えられ、ジョブはサイロに関連付けられたジョブID（JID）を持つようになりました。JIDの番号は、クライアントID（CID）テーブルである、プロセスID（PID）とスレッドID（TID）と同じ番号プールから取得されます。このように、JIDは他のジョブから一意に識別されるだけでなく、他のプロセスやスレッドを含めても一意になります。さらに、1つのコンテナーグローバル一意識別子（GUID）が自動的に作成されます。

　次に、SetInformationJobObject APIが使用され、サイロ情報クラスが作成されます。その結果、ジョブを表すEJOBエグゼクティブオブジェクトの内部にサイロフラグが設定され、EJOBのストレージメンバーの中に、前述したサイロローカルストレージ（SLS）スロット配列の割り当てが行われます。ここまでの時点で、**アプリケーションサイロ**が出来上がります。

　その後、他の情報クラスを使用してルートオブジェクトディレクトリの名前空間が作成され、SetInformationJobObjectが呼び出されます。この新しいクラスは、「オペレーティングシステムの一部として機能」特権（SeTcbPrivilege）を必要とします。サイロは通常、Hyper-Vホストコンピューティングサービス（Vmcompute）によってのみ作成されるため、仮想オブジェクトの名前空間が悪用されて、アプリケーションを混乱させ、破壊される可能性を回避する必要があるからです。名前空間が作成されるとき、オブジェクトマネージャーは実ホストのルート（¥）の下に新たにSilosディレクトリを作成して開き、サイロのJIDを追加して、新しい仮想ルート（例：¥Silos¥148¥）を作成します。そして、仮想ルートの配下にKernelObjects、ObjectTypes、GLOBALROOT、およびDosDevicesオブジェクトを作成します。このルートは、ブート時にオブジェクトマネージャーによって割り当てられた、PsObjectDirectorySiloContextSlot内にあるスロットインデックスと同じサイロコンテキストとして格納されます。

　次のステップは、このサイロをサーバーサイロに変換することです。これは、SetInformationJobObjectの別の呼び出しと別の情報クラスによって行われます。カーネル内のPspConvertSiloToServerSilo関数が実行されると、ESERVERSILO_GLOBALS構造体が初期化されます。これは、先ほどの!siloエクステンションコマンドを使用したPspHostSiloGlobalsのダンプの実験で目にしたものです。これにより、サイロの共有ユーザーデータ、APIセットマッピング、システムルート、およびさ

まざまなサイロコンテキストが初期化されます。これらは、Lsass.exeプロセスを識別するために、セキュリティ参照モニター（SRM）によって使用されます。サーバーサイロへの変換中、コールバックを登録して開始したサイロモニターは、通知を受け取るようになり、自身のサイロコンテキストデータを追加できるようになります。

　最後のステップは、サーバーサイロのための新しいサービスセッションを初期化して、サーバーサイロを"起動"することです。サーバーサイロでなければ、これはセッション0の仕事であると考えることができます。これは、Advanced Local Procedure Call（ALPC）がセッションマネージャー（Smss）のSmApiPortポートにメッセージを送信することで行われます。このメッセージには、Hyper-Vホストコンピューティングサービス（Vmcompute）によって作成されたジョブオブジェクトへのハンドルが含まれており、ジョブオブジェクトはサーバーサイロジョブオブジェクトになります。ちょうど、通常のユーザーセッションが作成されるときと同じように、Smssは自身のコピーのクローンを作成します。ただし今回は、そのクローンは作成時のジョブオブジェクトに関連付けられます。これで、Smssの新しいコピーは、サーバーサイロのコンテナー化されたすべての要素にアタッチされます。Smssは、これがセッション0であると思い込み、Csrss.exe、Wininit.exe、Lsass.exeなどを起動するなど、通常の役割を遂行します。この"起動"プロセスは通常どおり進みます。Wininit.exeがサービスコントロールマネージャー（Services.exe）を起動すると、自動開始が構成されているサービスが開始されます。これで、サーバーサイロ内での新しいアプリケーションの実行が可能になりました。新しいアプリケーションは、前述した仮想サービスアカウントのローカル一意識別子（LUID）に関連付けられたログオンセッションで実行されることになります。

■｜補助機能

　実は、これまで見てきた簡単な説明だけでは、先ほどの"起動"プロセスが実際に成功する結果にはならないことに気付いたかもしれません。例えば、初期化処理の部分では、ntsvcsと呼ばれる名前付きパイプを作成しようとしますが、それには¥Device¥NamedPipeと通信するか、Services.exeとして¥Silos¥＜ジョブID（JID）＞¥Device¥NamedPipeを参照できる必要があります。しかし、そのようなデバイスオブジェクトは存在しません。

　そのため、デバイスドライバーが機能にアクセスするためには、ドライバーがそれに対応しており、自身のサイロモニターを登録し、サイロごとに専用のデバイスオブジェクトを作成する必要があります。カーネルは、PsAttachSiloToCurrentThread（および対応するPsDetachSiloFromCurrentThread）というAPIを提供し、渡されたジョブオブジェクトに対して、サイロのエグゼクティブスレッド（ETHREAD）構造体オブジェクトのフィールドを一時的に設定します。これにより、オブジェクトマネージャーのように、すべてのアクセスがサイロからきているかのように扱われます。例えば、名前付きパイプのドライバーは、この機能を使用してNamedPipeオブジェクトを¥Device名前空間の配下に作成します。この¥Device名前空間は、¥Silos¥JID¥の配下にあります。

　ここで別の疑問が出てきます。それは、「アプリケーションがもともと"サービス"セッションから起動した場合、入出力と対話し、処理することができるのでしょうか？」という疑問です。第一に、Windowsコンテナーの配下で起動された場合、利用可能なGUIは存在せず、許可されてもいないということを知ることが重要です。コンテナーに対するリモートデスクトップ（RDP）接続を使用したアクセスも不可能です。そのため、コマンドラインアプリケーションだけを実行できます。そのようなアプリケーションでも、対話セッションを必要とするのは通常のことです。では、どのようにして対話機能は実現されるのでしょうか。その秘密は、コンテナー実行サービスを実装する特別なホストプロセス「CExecSvc.exe（Container Execution Agent）」にあります。このサービス（CExecSvc.exe）は、ホスト上のDockerサービスやHyper-Vホストコンピューティングサービス（Vmcompute）とやり取

りするのに名前付きパイプを使用します。また、セッション内でコンテナー化されたアプリケーションを実際に起動するのに使用されます。このサービス（CExecSvc.exe）は、通常はConhost.exeが提供するコンソール機能をエミュレートするためにも使用され、入出力を名前付きパイプを通して実際のコマンドプロンプト（またはWindows PowerShell）ウィンドウにパイプします。このウィンドウには、ホスト上でdockerコマンドを実行した最初の場所が使用されます。また、このサービス（CExecSvc.exe）は、コンテナー間でファイルを転送する**docker cp**のようなコマンド利用時にも使用されます。

■| コンテナーのテンプレート

サイロの作成時にドライバーによって作成されたすべてのデバイスオブジェクトを考慮しても、カーネルやその他のコンポーネントが作成した多数のオブジェクトが存在し、セッション0で実行されるサービスとやり取りできる、あるいはできないことが期待されています。ユーザーモードでは、サイロモニターシステムは存在せず、このニーズをサポートするコンポーネントは許可されていません。また、すべてのドライバーに対して、各サイロに対応した特殊なデバイスオブジェクトを作成させることは理にかなっていません。

あるサイロがサウンドカードで音楽を再生したいという場合、別のすべてのサイロやホストがアクセスするのとまったく同じサウンドカードを表す、別々のデバイスオブジェクトを使用するべきではありません。別々のデバイスオブジェクトが必要になるのは、サイロごとのオブジェクトの分離が必要な場合だけです。別の例として、Afd.sys（Ancillary Function Driver for Winsock）があります。Afd.sysはサイロモニターを使用しますが、これはサイロごとに異なるカーネルモードのDNS要求を処理するために、DNSクライアントをホストするユーザーモードサービスを識別するために必要になります。ホストシステムの単一のネットワーク/WinSockスタックがあるので、サイロごとの¥Silos¥<ジョブID（JID）>¥Device¥Afdオブジェクトを作成して分離することはしません。

ドライバーとオブジェクト以外にも、レジストリはすべてのサイロで参照可能で、すべてのサイロに存在する必要があるさまざまなグローバル情報があります。カーネルのVRegコンポーネントは、レジストリのサンドボックスを提供します。

これらすべてのニーズをサポートするために、サイロの名前空間、レジストリ、ファイルシステムは特別なコンテナーテンプレートファイルに定義されています。コンテナーテンプレートファイルは、Windows 10（x64のみ）の［Windowsの機能の有効化または無効化］で［コンテナー］の機能を有効化すると、既定で%SystemRoot%¥System32¥Containers¥wsc.defに配置されます。このファイルには、オブジェクトマネージャーとレジストリの名前空間、および関連する規則が記述されており、必要があればホスト上の実オブジェクトへのシンボリックリンクを定義することができます。また、このファイルは、どのジョブオブジェクト、ボリュームマウントポイント、およびネットワーク分離ポリシーを使用するべきかも定義します。理論上、Windowsオペレーティングシステムにおけるサイロオブジェクトの将来の使用のために、他の種類のコンテナー環境を提供するのに使用される、さまざまなテンプレートファイルの使用が可能になっています。以下は、コンテナーが有効になっているシステム上のwsc.defから抜粋したものです。

```
<!-- This is a silo definition file for cmdserver.exe -->
<container>
  <namespace>
    <ob shadow="false">
      <symlink name="FileSystem" path="¥FileSystem" scope="Global" />
      <symlink name="PdcPort" path="¥PdcPort" scope="Global" />
      <symlink name="SeRmCommandPort" path="¥SeRmCommandPort" scope="Global"
```

```
          />
      <symlink name="Registry" path="¥Registry" scope="Global" />
      <symlink name="Driver" path="¥Driver" scope="Global" />
<objdir name="BaseNamedObjects" clonesd="¥BaseNamedObjects" shadow="false"/>
      <objdir name="GLOBAL??" clonesd="¥GLOBAL??" shadow="false">
        <!-- Needed to map directories from the host -->
        <symlink name="ContainerMappedDirectories" path="¥
ContainerMappedDirectories" scope="Local" />
        <!-- Valid links to ¥Device -->
        <symlink name="WMIDataDevice" path="¥Device¥WMIDataDevice"
scope="Local" />
        <symlink name="UNC" path="¥Device¥Mup" scope="Local" />
...
      </objdir>
      <objdir name="Device" clonesd="¥Device" shadow="false">
        <symlink name="Afd" path="¥Device¥Afd" scope="Global" />
        <symlink name="ahcache" path="¥Device¥ahcache" scope="Global" />
        <symlink name="CNG" path="¥Device¥CNG" scope="Global" />
        <symlink name="ConDrv" path="¥Device¥ConDrv" scope="Global" />
...
    <registry>
      <load
        key="$SiloHivesRoot$¥Silo$TopLayerName$Software_Base"
        path="$TopLayerPath$¥Hives¥Software_Base"
        ReadOnly="true"
      />
...
      <mkkey
        name="ControlSet001"
        clonesd="¥REGISTRY¥Machine¥SYSTEM¥ControlSet001"
      />
      <mkkey
        name="ControlSet001¥Control"
        clonesd="¥REGISTRY¥Machine¥SYSTEM¥ControlSet001¥Control"
      />
```

3.10 | まとめ

　この章では、プロセスの作成と破棄の方法を含む、プロセスの構造について調べてきました。また、1つの単位としてプロセスのグループを管理するのにジョブがどのように使用されるのか、Windows Serverバージョンに対するコンテナーサポートの新しい時代を導くために、サーバーサイロがどのように使用されるのか、これらについて見てきました。次の章では、スレッドの詳細を掘り下げていきます。スレッドの構造と動作、スレッドが実行のためにスケジューリングされる方法、およびスレッドが操作、使用されるさまざまな方法について見ていきます。

第4章

スレッド

この章では、スレッドを扱うデータ構造体とアルゴリズム、およびWindowsにおけるスレッドスケジューリングについて説明します。最初に、スレッドを作成する方法について示します。次に、スレッドとスレッドスケジューリングの内部について説明します。最後に、スレッドプールについて説明します。

4.1 | スレッドの作成

スレッドを管理するために使用される内部の構造体について説明する前に、APIの視点からスレッドの作成を眺めて、関連するステップや引数を押さえておきましょう。

ユーザーモードにおける最も簡単なスレッド作成関数は、CreateThreadです。この関数は、次の引数を受け付け、現在のプロセス内にスレッドを作成します。

- **オプションのセキュリティ属性構造体** —— これは、新たに作成されたスレッドに接続するためのセキュリティ記述子を指定します。また、スレッドハンドルを継承可能として作成するかどうかについても指定します（ハンドルの継承については、本書下巻で説明します）。
- **オプションのスタックサイズ** —— ゼロが指定された場合、実行可能イメージのヘッダーから既定値が取得されます。これは常に、ユーザーモードプロセス内の最初のスレッドに適用されます（スレッドのスタックについては、「第5章　メモリ管理」で詳しく説明します）。
- **関数のポインター** —— 新しいスレッドの実行のためのエントリポイントとして機能します。
- **オプションの引数** —— スレッド関数に渡す引数を指定します。
- **オプションのフラグ** —— 1つのフラグ（CREATE_SUSPENDED）は、スレッドを中断状態で開始するかどうかを制御します。もう1つのフラグは、スタックサイズ引数の解釈を制御します（初期コミットサイズまたは最大予約サイズ）。

正常に完了すると、新しいスレッド用のゼロではないハンドルが返され、呼び出し元が要求した場合は一意のスレッドIDが返されます。

CreateRemoteThreadは、拡張されたスレッド作成関数です。この関数は、スレッドが作成される対象のプロセスのハンドルを示す、追加の引数（第一引数として）を受け付けます。この関数は、スレッドを別のプロセスに挿入するために使用できます。このテクニックの一般的な使用例の1つは、デバッガーがデバッグ対象のプロセスで中断（ブレーク）を強制するための使用です。デバッガーは、DebugBreak関数を呼び出すことでブレークポイントを直ちに発生させるスレッドを挿入します。このテクニックの他の一般的な使用例として、あるプロセスが他のプロセスに関する内部情報（例えば、

参照可能なアドレス領域全体) を取得するために使われます。これは、対象プロセスのコンテキスト内で実行すると、より簡単です。このテクニックは、正当な目的で使用される場合もありますが、悪意のある目的のために使用される可能性もあります。

CreateRemoteThreadが機能するためには、そのような操作が許可される十分なアクセス権を持つプロセスハンドルを取得済みである必要があります。極端な例として、保護されたプロセス (Protected Process、第3章を参照) には、この方法でスレッドを挿入することはできません。なぜなら、保護されたプロセスの取得可能なハンドルのアクセス権は、極めて制限されているからです。

ここで言及する価値のある最後の関数は、CreateRemoteThreadExです。この関数は、CreateThreadとCreateRemoteThreadのスーパーセットです。実は、CreateThreadとCreateRemoteThreadは、CreateRemoteThreadExを適切な既定値を用いて、単に呼び出す実装になっています。CreateRemoteThreadExには、属性リストを指定する機能が追加されています (属性リストは、プロセス作成のときの、STARTUPINFO構造体よりも多くのメンバーを持つSTARTUPINFOEX構造体の役割と似ています)。属性の例としては、理想のプロセッサの設定やグループアフィニティがあります (どちらも、この章の後で説明します)。

すべてがうまくいくと、CreateRemoteThreadExは最終的にNtdll.dll内のNtCreateThreadExを呼び出します。これにより、通常のカーネルモードへの移行が行われ、エグゼクティブ関数のNtCreateThreadEx内で実行が継続されます。そこで、スレッド作成のカーネルモード部分が行われます (詳しくは、この章の「4.2.2　スレッドの誕生」の項で後ほど説明します)。

カーネルモード内でのスレッドの作成は、PsCreateSystemThread関数 (Windows Driver Kit (WDK) ドキュメントに説明されています) によって行われます。これは、システムプロセス (つまり、特定のプロセスに関連付けられません) 内で実行される、独立した処理を必要とするドライバーに有益です。技術的には、任意のプロセスのスレッドを作成するために使用される関数は、ドライバー向きではありません。

カーネルスレッドの関数の終了は、スレッドオブジェクトを自動破棄することはありません。ドライバーは代わりに、スレッド関数の中からPsTerminateSystemThread関数を呼び出して、スレッドを正しく終了する必要があります。その結果として、この関数 (PsTerminateSystemThread) が値を返すことは決してありません。

4.2 | スレッドの内部

この節では、スレッドの管理のためにカーネル内 (および一部はユーザーモード内) で使用される内部の構造体について説明します。なお、特に明記しない限り、この節の内容は、ユーザーモードスレッドとカーネルモードのシステムスレッドの両方に適用されます。

4.2.1 | データ構造体

オペレーティングシステム (OS) レベルでは、Windowsのスレッドはエグゼクティブスレッドオブジェクトによって表されます。エグゼクティブスレッドオブジェクトはETHREAD構造体をカプセル化し、この構造体に、KTHREAD構造体が最初のメンバーとして含まれています。これらの構造体を図4-1 (ETHREAD) と図4-2 (KTHREAD) に示します。ETHREAD構造体と、この構造体がポイントする他の構造体は、システムアドレス領域内に存在します。唯一の例外はスレッド環境ブロック (Thread Environment Block : TEB) で、これはプロセスアドレス領域内に存在します (プロセス環

境ブロック（PEB）と同様、ユーザーモードのコンポーネントはTEBにアクセスする必要があるからです）。

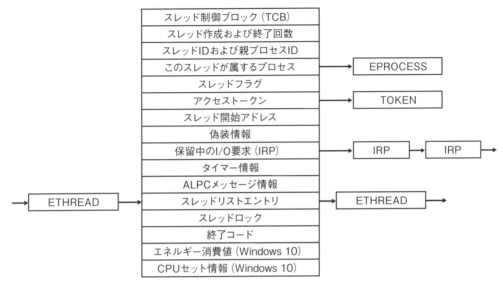

図4-1 エグゼクティブスレッド（ETHREAD）構造体の重要なフィールド

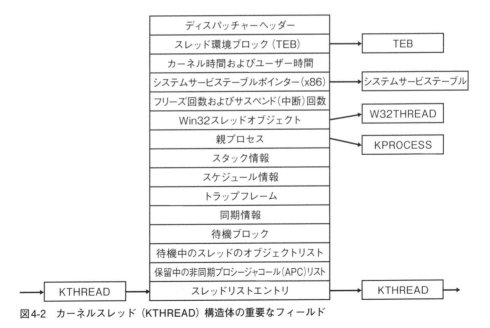

図4-2 カーネルスレッド（KTHREAD）構造体の重要なフィールド

Windowsサブシステムプロセス（Csrss）は、Windowsサブシステムアプリケーション内で作成されるスレッドごとに、CSR_THREADと呼ばれる並列構造体を保持します。WindowsサブシステムのUSERまたはグラフィックスデバイスインターフェイス（GDI）関数を呼び出したスレッドのために、

Windowsサブシステム（Win32k.sys）のカーネルモードの部分は、スレッドごとのデータ構造体（W32THREAD）を維持し、KTHREAD構造体はこのデータ構造体にポイントします。

メモ
　実際、エグゼクティブの上位にあるグラフィックス関連のWin32kスレッド（W32THREAD）構造体が、ETHREADではなくKTHREADにポイントすることは、標準的なカーネル抽象化アーキテクチャではレイヤー違反または間違っているように見えます。スケジューラおよび他の下位レベルコンポーネントは、このフィールドを使用しません。

　図4-1に示したフィールドのほとんどは、フィールドの名前自身がその説明になっています。スレッド制御ブロック（TCB）は、簡潔に言うと、KTHREAD型の構造体です。続いて、スレッドを識別する情報、プロセスを識別する情報（その環境情報へのアクセスを可能にするための、所有プロセスへのポインターを含みます）、アクセストークンへのポインター形式および偽装情報のセキュリティ情報、Advanced Local Procedure Call（ALPC）メッセージに関連するフィールド、保留中のI/O要求（I/O要求パケット：IRP）、および電源管理（「第6章　I/Oシステム」で説明します）とCPUセット（CPU Set、この章で後ほど説明します）に関連するWindows 10に固有のフィールドがあります。これらの主要なフィールドの一部は、本書の別の場所でさらに詳細に説明します。ETHREAD構造体の内部構造についての詳細については、カーネルデバッガーの dt コマンドを使用して、そのフォーマットを表示することができます。

　では、ここまでに示した2つの主要なスレッドデータ構造体、ETHREADおよびKTHREADについて、さらに詳細に見ていきましょう。KTHREAD構造体（ETHREAD構造体のTCBメンバー）は、Windowsカーネルがスレッドスケジューリング、同期、およびタイマー管理の関数を実行するために必要になる情報を含みます。

> **実習** ETHREADおよびKTHREAD構造体を表示する
>
> 　カーネルデバッガーで dt コマンドを使用すると、エグゼクティブスレッド（ETHREAD）およびカーネルスレッド（KTHREAD）構造体を参照することができます。次の出力は、64ビットWindows 10システムにおけるETHREADのフォーマットの一部です。
>
> ```
> lkd> dt nt!_ethread
>    +0x000 Tcb                : _KTHREAD
>    +0x5d8 CreateTime         : _LARGE_INTEGER
>    +0x5e0 ExitTime           : _LARGE_INTEGER
> ...
>    +0x7a0 EnergyValues       : Ptr64 _THREAD_ENERGY_VALUES
>    +0x7a8 CmCellReferences   : Uint4B
>    +0x7b0 SelectedCpuSets    : Uint8B
>    +0x7b0 SelectedCpuSetsIndirect : Ptr64 Uint8B
>    +0x7b8 Silo               : Ptr64 _EJOB
> ```
>
> 　KTHREAD構造体を参照するには、同じように dt コマンドを使用します（**dt nt!_kthread**）。または、「第3章　プロセスとジョブ」の「3.2　プロセスの内部」の「実習：EPROCESS構造体のフォーマットを表示する」で示したように、**nt!_ethread tcb.**（フィールド名の後ろにピリオドを続ける）と入力します。

第**4**章 スレッド **213**

```
lkd> dt nt!_kthread
   +0x000 Header            : _DISPATCHER_HEADER
   +0x018 SListFaultAddress : Ptr64 Void
   +0x020 QuantumTarget     : Uint8B
   +0x028 InitialStack      : Ptr64 Void
   +0x030 StackLimit        : Ptr64 Void
   +0x038 StackBase         : Ptr64 Void
   +0x040 ThreadLock        : Uint8B
   +0x048 CycleTime         : Uint8B
   +0x050 CurrentRunTime    : Uint4B
...
   +0x5a0 ReadOperationCount  : Int8B
   +0x5a8 WriteOperationCount : Int8B
   +0x5b0 OtherOperationCount : Int8B
   +0x5b8 ReadTransferCount   : Int8B
   +0x5c0 WriteTransferCount  : Int8B
   +0x5c8 OtherTransferCount  : Int8B
   +0x5d0 QueuedScb : Ptr64 _KSCB
```

実習 カーネルデバッガーの!threadコマンドを使用する

カーネルデバッガーの!threadエクステンションコマンドを使用すると、スレッドデータ構造体の中の情報のサブセットをダンプすることができます。次に示す、カーネルデバッガーが表示する主要な要素の一部は、他のどのユーティリティでも表示できません。

- 内部構造体のアドレス
- 優先度の詳細
- スタック情報
- 保留中のI/O要求リスト
- 待機状態のスレッドについて、スレッドが待機しているオブジェクトのリスト

スレッド情報を表示するには、!processエクステンションコマンド(プロセスの情報を表示した後に、プロセスのすべてのスレッドの情報を表示します)、または特定のスレッドを表示するためにスレッドオブジェクトのアドレスを指定した!threadコマンドのいずれかを使用します。

次のコマンドラインを実行して、システム上のexplorer.exeのすべてのインスタンスを探してみましょう。

```
lkd> !process 0 0 explorer.exe
PROCESS ffffe00017f3e7c0
    SessionId: 1  Cid: 0b7c    Peb: 00291000    ParentCid: 0c34
    DirBase: 19b264000  ObjectTable: ffffc00007268cc0  HandleCount:
2248.
    Image: explorer.exe

PROCESS ffffe00018c817c0
```

```
    SessionId: 1  Cid: 23b0    Peb: 00256000    ParentCid: 03f0
    DirBase: 2d4010000  ObjectTable: ffffc0001aef0480  HandleCount:
2208.
    Image: explorer.exe
```

インスタンスの1つを選択し、そのスレッドを表示します。

```
lkd> !process ffffe00018c817c0 2
PROCESS ffffe00018c817c0
    SessionId: 1  Cid: 23b0 Peb: 00256000 ParentCid: 03f0
    DirBase: 2d4010000 ObjectTable: ffffc0001aef0480 HandleCount: 2232.
    Image: explorer.exe
        THREAD ffffe0001ac3c080  Cid 23b0.2b88  Teb: 0000000000257000
Win32Thread: ffffe0001570ca20 WAIT: (UserRequest) UserMode Non-
Alertable
            ffffe0001b6eb470  SynchronizationEvent
        THREAD ffffe0001af10800  Cid 23b0.2f40  Teb: 0000000000265000
Win32Thread: ffffe000156688a0 WAIT: (UserRequest) UserMode Non-
Alertable
            ffffe000172ad4f0  SynchronizationEvent
            ffffe0001ac26420  SynchronizationEvent
        THREAD ffffe0001b69a080  Cid 23b0.2f4c  Teb: 0000000000267000
Win32Thread: ffffe000192c5350 WAIT: (UserRequest) UserMode Non-
Alertable
            ffffe00018d83c00  SynchronizationEvent
            ffffe0001552ff40  SynchronizationEvent
...
        THREAD ffffe00023422080  Cid 23b0.3d8c  Teb: 00000000003cf000
Win32Thread: ffffe0001eccd790 WAIT: (WrQueue) UserMode Alertable
            ffffe0001aec9080  QueueObject
        THREAD ffffe00023f23080  Cid 23b0.3af8  Teb: 00000000003d1000
Win32Thread: 0000000000000000 WAIT: (WrQueue) UserMode Alertable
            ffffe0001aec9080  QueueObject
        THREAD ffffe000230bf800  Cid 23b0.2d6c  Teb: 00000000003d3000
Win32Thread: 0000000000000000 WAIT: (WrQueue) UserMode Alertable
            ffffe0001aec9080  QueueObject
        THREAD ffffe0001f0b5800  Cid 23b0.3398  Teb: 00000000003e3000
Win32Thread: 0000000000000000 WAIT: (UserRequest) UserMode Alertable
            ffffe0001d19d790  SynchronizationEvent
            ffffe00022b42660  SynchronizationTimer
```

　ここでは紙面を節約するために、スレッドのリストの一部のみを掲載しています。スレッドごとに、!threadコマンドに渡すことができるETHREADのアドレス（THREAD）、プロセスIDとスレッドID（＜プロセスID＞.＜スレッドID＞）を示すクライアントID（Cid）（各スレッドのCidの最初のプロセスIDは、同じexplorer.exeプロセスの一部であるため共通になります）、スレッド環境ブロック（Teb、後述します）、スレッド状態（ほとんどの場合、WAIT:の待機状態を示し、かっこ内に待機している理由が示されます）。次の行には、そのスレッドが待機している同

期オブジェクトのリストが表示されます。

特定のスレッドのさらに詳細な情報を取得するには、スレッドのアドレスを!threadコマンドに渡して実行します。

```
lkd> !thread ffffe0001d45d800
THREAD ffffe0001d45d800  Cid 23b0.452c  Teb: 000000000026d000
Win32Thread: ffffe0001aace630 WAIT: (UserRequest) UserMode Non-
Alertable
    ffffe00023678350    NotificationEvent
    ffffe00022aeb370    Semaphore Limit 0xffff
    ffffe000225645b0    SynchronizationEvent
Not impersonating
DeviceMap            ffffc00004f7ddb0
Owning Process       ffffe00018c817c0        Image:
explorer.exe
Attached Process     N/A                Image:        N/A
Wait Start TickCount 7233205            Ticks: 270 (0:00:00:04.218)
Context Switch Count 6570               IdealProcessor: 7
UserTime             00:00:00.078
KernelTime           00:00:00.046
Win32 Start Address 0c
Stack Init ffffd000271d4c90 Current ffffd000271d3f80
Base ffffd000271d5000 Limit ffffd000271cf000 Call 0000000000000000
Priority 9 BasePriority 8 PriorityDecrement 0 IoPriority 2 PagePriority
5
GetContextState failed, 0x80004001
Unable to get current machine context, HRESULT 0x80004001
Child-SP          RetAddr           : Args to Child
: Call Site
ffffd000`271d3fc0 fffff803`bef086ca : 00000000`00000000
00000000`00000001 00000000`00000000 00000000`00000000 :
nt!KiSwapContext+0x76
ffffd000`271d4100 fffff803`bef08159 : ffffe000`1d45d800
fffff803`00000000 ffffe000`1aec9080 00000000`0000000f :
nt!KiSwapThread+0x15a
ffffd000`271d41b0 fffff803`bef09cfe : 00000000`00000000
00000000`00000000 ffffe000`0000000f 00000000`00000003 :
nt!KiCommitThreadWait+0x149
ffffd000`271d4240 fffff803`bf2a445d : ffffd000`00000003
ffffd000`271d43c0 00000000`00000000 fffff960`00000006 : nt!KeWaitForMul
tipleObjects+0x24e
ffffd000`271d4300 fffff803`bf2fa246 : fffff803`bf1a6b40
ffffd000`271d4810 ffffd000`271d4858 ffffe000`20aeca60 : nt!ObWaitForMul
tipleObjects+0x2bd
ffffd000`271d4810 fffff803`befdefa3 : 00000000`00000fa0
fffff803`bef02aad ffffe000`1d45d800 00000000`1e22f198 : nt!NtWaitForMul
tipleObjects+0xf6
```

```
ffffd000`271d4a90 00007ffe`f42b5c24 : 00000000`00000000
00000000`00000000 00000000`00000000 00000000`00000000 :
nt!KiSystemServiceCopyEnd+0x13 (TrapFrame @ fffd000`271d4b00)
00000000`1e22f178 00000000`00000000 : 00000000`00000000
00000000`00000000 00000000`00000000 00000000`00000000 :
0x00007ffe`f42b5c24
```

スレッドの優先度やスタックの詳細、ユーザーおよびカーネル時間など、スレッドに関するた
くさんの情報が存在します。これらの詳細については、この章だけでなく、「第5章　メモリ管
理」および「第6章　I/Oシステム」でも見ることになります。

実習 tlistを使用してスレッド情報を参照する

以下の出力は、Debugging Tools for Windowsの**tlist**を使用してプロセスの詳細を表示したも
のです（必ず対象のプロセスと同じビット（x86またはx64）の**tlist**を使用してください）。スレッ
ドリストにWin32StartAddrが表示されている点に注目してください。このアドレスは、アプリ
ケーションによってCreateThread関数に渡されたものです。他のユーティリティ（Process
Explorerを除く）が表示するスレッド開始アドレスは、実際の開始アドレス（Ntdll.dll内の関数
の開始アドレス）であり、アプリケーションが指定した開始アドレスではありません。

以下は、Word 2016（Winword.exe）のプロセスに関する**tlist**の出力結果の一部です。

```
C:¥Dbg¥x86>tlist winword
120 WINWORD.EXE Chapter04.docm - Word
   CmdLine: "C:¥Program Files (x86)¥Microsoft Office¥Root¥Office16¥
WINWORD.EXE" /n "D:¥OneDrive¥WindowsInternalsBook¥7thEdition¥Chapter04¥
Chapter04.docm
   VirtualSize: 778012 KB PeakVirtualSize: 832680 KB
   WorkingSetSize:185336 KB PeakWorkingSetSize:227144 KB
   NumberOfThreads: 45
   12132 Win32StartAddr:0x00921000 LastErr:0x00000000 State:Waiting
   15540 Win32StartAddr:0x6cc2fdd8 LastErr:0x00000000 State:Waiting
   7096 Win32StartAddr:0x6cc3c6b2 LastErr:0x00000006 State:Waiting
   17696 Win32StartAddr:0x77c1c6d0 LastErr:0x00000000 State:Waiting
   17492 Win32StartAddr:0x77c1c6d0 LastErr:0x00000000 State:Waiting
   4052 Win32StartAddr:0x70aa5cf7 LastErr:0x00000000 State:Waiting
   14096 Win32StartAddr:0x70aa41d4 LastErr:0x00000000 State:Waiting
   6220 Win32StartAddr:0x70aa41d4 LastErr:0x00000000 State:Waiting
   7204 Win32StartAddr:0x77c1c6d0 LastErr:0x00000000 State:Waiting
   1196 Win32StartAddr:0x6ea016c0 LastErr:0x00000057 State:Waiting
   8848 Win32StartAddr:0x70aa41d4 LastErr:0x00000000 State:Waiting
   3352 Win32StartAddr:0x77c1c6d0 LastErr:0x00000000 State:Waiting
   11612 Win32StartAddr:0x77c1c6d0 LastErr:0x00000000 State:Waiting
   17420 Win32StartAddr:0x77c1c6d0 LastErr:0x00000000 State:Waiting
   13612 Win32StartAddr:0x77c1c6d0 LastErr:0x00000000 State:Waiting
   15052 Win32StartAddr:0x77c1c6d0 LastErr:0x00000000 State:Waiting
```

```
  ...
  12080 Win32StartAddr:0x77c1c6d0 LastErr:0x00000000 State:Waiting
   9456 Win32StartAddr:0x77c1c6d0 LastErr:0x00002f94 State:Waiting
   9808 Win32StartAddr:0x77c1c6d0 LastErr:0x00000000 State:Waiting
  16208 Win32StartAddr:0x77c1c6d0 LastErr:0x00000000 State:Waiting
   9396 Win32StartAddr:0x77c1c6d0 LastErr:0x00000000 State:Waiting
   2688 Win32StartAddr:0x70aa41d4 LastErr:0x00000000 State:Waiting
   9100 Win32StartAddr:0x70aa41d4 LastErr:0x00000000 State:Waiting
  18364 Win32StartAddr:0x70aa41d4 LastErr:0x00000000 State:Waiting
  11180 Win32StartAddr:0x70aa41d4 LastErr:0x00000000 State:Waiting
  16.0.6741.2037 shp  0x00920000  C:\Program Files (x86)\Microsoft
Office\Root\Office16\WINWORD.EXE
  10.0.10586.122 shp  0x77BF0000  C:\windows\SYSTEM32\ntdll.dll
  10.0.10586.0 shp    0x75540000  C:\windows\SYSTEM32\KERNEL32.DLL
  10.0.10586.162 shp  0x77850000  C:\windows\SYSTEM32\KERNELBASE.dll
  10.0.10586.63 shp   0x75AF0000  C:\windows\SYSTEM32\ADVAPI32.dll
  ...
  10.0.10586.0 shp    0x68540000  C:\Windows\SYSTEM32\VssTrace.DLL
  10.0.10586.0 shp    0x5C390000  C:\Windows\SYSTEM32\adsldpc.dll
  10.0.10586.122 shp  0x5DE60000  C:\Windows\SYSTEM32\taskschd.dll
  10.0.10586.0 shp    0x5E3F0000  C:\Windows\SYSTEM32\srmstormod.dll
  10.0.10586.0 shp    0x5DCA0000  C:\Windows\SYSTEM32\srmscan.dll
  10.0.10586.0 shp    0x5D2E0000  C:\Windows\SYSTEM32\msdrm.dll
  10.0.10586.0 shp    0x711E0000  C:\Windows\SYSTEM32\srm_ps.dll
  10.0.10586.0 shp    0x56680000  C:\windows\System32\OpcServices.dll
                      0x5D240000  C:\Program Files (x86)\Common Files\
Microsoft Shared\Office16\WXPNSE.DLL
  16.0.6701.1023 shp  0x77E80000  C:\Program Files (x86)\Microsoft
Office\Root\Office16\GROOVEEX.DLL
  10.0.10586.0 shp    0x693F0000  C:\windows\system32\dataexchange.dll
```

　図4-3に示すスレッド環境ブロック（TEB）は、この項で説明したデータ構造体の1つであり、（システム領域とは異なり）プロセスのアドレス領域内に存在します。内部的には、**スレッド情報ブロック**（Thread Information Block：TIB）と呼ばれるヘッダーを持ちます。TIBは、主にOS/2やWindows 9xアプリケーションとの互換性のために存在します。また、初期のTIBを使用して新しいスレッドを作成するときに、例外およびスタック情報をより小さな構造体に保持することを可能にします。

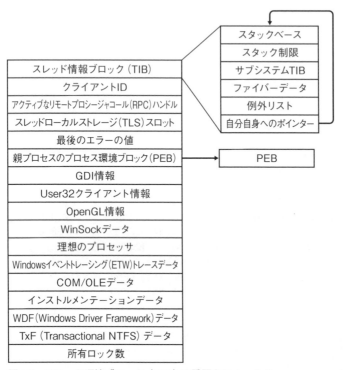

図4-3 スレッド環境ブロック (TEB) の重要なフィールド

　TEBは、イメージローダーおよびWindowsのさまざまなDLLのためのコンテキスト情報を格納します。これらのコンポーネントはユーザーモードで実行されるため、ユーザーモードから書き込み可能なデータ構造体が必要です。これが、この構造体が、システム領域内ではなく、プロセスのアドレス領域内に存在する理由です。システム領域は、カーネルモードからのみ書き込み可能です。カーネルデバッガーの!threadエクステンションコマンドを使用すると、TEBのアドレスを調べることができます。

実習 スレッド環境ブロック (TEB) を調査する

　スレッド環境ブロック (TEB) 構造体をダンプするには、カーネルモードまたはユーザーモードのデバッガーで!tebエクステンションコマンドを実行します。このコマンドは、デバッガーの現在のスレッドのTEBをダンプするのに使用することもできますし、TEBのアドレスを指定して任意のスレッドのTEBをダンプするために使用することもできます。カーネルデバッガーの場合、正しいプロセスのコンテキストが使用されるように、TEBのアドレス上でコマンドを実行する前に、現在のプロセスをセットしておく必要があります。

　ユーザーモードデバッガーでTEBを参照するには、以下のステップに従って操作します（カーネルデバッガーを使用してTEBを参照する方法については、次の実習で学びます）。

1. WinDbgを開きます。

2. [File] メニューを開き、[Open Executable] を選択します。

3. %SystemRoot%¥System32¥Notepad.exeを選択し、[開く] をクリックします。するとデバッガーは、最初のブレークポイントで中断します。

4. !teb コマンドを実行して、この瞬間に存在するスレッドだけのTEBを参照します（以下の例は、64ビットWindowsのものです）。

```
0:000> !teb
TEB at 000000ef125c1000
    ExceptionList:         0000000000000000
    StackBase:             000000ef12290000
    StackLimit:            000000ef1227f000
    SubSystemTib:          0000000000000000
    FiberData:             0000000000001e00
    ArbitraryUserPointer:  0000000000000000
    Self:                  000000ef125c1000
    EnvironmentPointer:    0000000000000000
    ClientId:              00000000000021bc . 0000000000001b74
    RpcHandle:             0000000000000000
    Tls Storage:           00000266e572b600
    PEB Address:           000000ef125c0000
    LastErrorValue:        0
    LastStatusValue:       0
    Count Owned Locks:     0
    HardErrorMode:         0
    ExceptionList:         0000000000000000
```

5. g コマンドを入力するか、F5 キーを押してメモ帳（notepad.exe）の実行を続行します。

6. メモ帳が起動したら、[ファイル] メニューを開き、[開く] を選択します。続いて、[キャンセル] をクリックして、[開く] ダイアログボックスを閉じます。

7. Ctrl + Break キーを押すか、[Debug] メニューを開いて [Break] を選択し、強制的にプロセスを中断して入ります。

8. ~（チルダ）を入力し、プロセス内のすべてのスレッドを表示させます。次のような出力を確認できるでしょう。

```
0:005> ~
   0  Id: 21bc.1b74 Suspend: 1 Teb: 000000ef`125c1000 Unfrozen
   1  Id: 21bc.640 Suspend: 1 Teb: 000000ef`125e3000 Unfrozen
   2  Id: 21bc.1a98 Suspend: 1 Teb: 000000ef`125e5000 Unfrozen
   3  Id: 21bc.860 Suspend: 1 Teb: 000000ef`125e7000 Unfrozen
   4  Id: 21bc.28e0 Suspend: 1 Teb: 000000ef`125c9000 Unfrozen
.  5  Id: 21bc.23e0 Suspend: 1 Teb: 000000ef`12400000 Unfrozen
   6  Id: 21bc.244c Suspend: 1 Teb: 000000ef`125eb000 Unfrozen
```

```
  7  Id: 21bc.168c Suspend: 1 Teb: 000000ef`125ed000 Unfrozen
  8  Id: 21bc.1c90 Suspend: 1 Teb: 000000ef`125ef000 Unfrozen
  9  Id: 21bc.1558 Suspend: 1 Teb: 000000ef`125f1000 Unfrozen
 10  Id: 21bc.a64 Suspend: 1 Teb: 000000ef`125f3000 Unfrozen
 11  Id: 21bc.20c4 Suspend: 1 Teb: 000000ef`125f5000 Unfrozen
 12  Id: 21bc.1524 Suspend: 1 Teb: 000000ef`125f7000 Unfrozen
 13  Id: 21bc.1738 Suspend: 1 Teb: 000000ef`125f9000 Unfrozen
 14  Id: 21bc.f48 Suspend: 1 Teb: 000000ef`125fb000 Unfrozen
 15  Id: 21bc.17bc Suspend: 1 Teb: 000000ef`125fd000 Unfrozen
```

9. 各スレッドは、そのスレッドのTEBアドレスを表示します。TEBアドレスを!tebコマンドに指定することで、特定のスレッドを調べることができます。以下は、上記の出力結果のスレッド9を調べたところです。

```
0:005> !teb 000000ef`125f1000
TEB at 000000ef125f1000
    ExceptionList:         0000000000000000
    StackBase:             000000ef13400000
    StackLimit:            000000ef133ef000
    SubSystemTib:          0000000000000000
    FiberData:             0000000000001e00
    ArbitraryUserPointer:  0000000000000000
    Self:                  000000ef125f1000
    EnvironmentPointer:    0000000000000000
    ClientId:              00000000000021bc . 0000000000001558
    RpcHandle:             0000000000000000
    Tls Storage:           00000266ea1af280
    PEB Address:           000000ef125c0000
    LastErrorValue:        0
    LastStatusValue:       c0000034
    Count Owned Locks:     0
    HardErrorMode:         0
```

10. 当然のことですが、TEBアドレスを使用して、実際の構造体を参照することも可能です（以下は、紙面の都合上、一部の抜粋です）。

```
0:005> dt ntdll!_teb 000000ef`125f1000
    +0x000 NtTib            : _NT_TIB
    +0x038 EnvironmentPointer : (null)
    +0x040 ClientId         : _CLIENT_ID
    +0x050 ActiveRpcHandle  : (null)
    +0x058 ThreadLocalStoragePointer : 0x00000266` ea1af280 Void
    +0x060 ProcessEnvironmentBlock : 0x000000ef` 125c0000 _PEB
    +0x068 LastErrorValue   : 0
    +0x06c CountOfOwnedCriticalSections : 0
    ...
    +0x1808 LockCount       : 0
```

```
    +0x180c WowTebOffset    : 0n0
    +0x1810 ResourceRetValue : 0x00000266` ea2a5e50 Void
    +0x1818 ReservedForWdf  : (null)
    +0x1820 ReservedForCrt  : 0
    +0x1828 EffectiveContainerId : _GUID {00000000-0000-0000-0000-
000000000000}
```

実習 カーネルデバッガーでスレッド環境ブロック（TEB）を調査する

カーネルデバッガーでスレッド環境ブロック（TEB）を参照するには、次のステップに従って操作します。

1. 対象となるスレッドのTEBのプロセスを探します。例えば、次の例ではexplorer.exeプロセスを探し、そのスレッドの基本情報を含むリストを表示させます（以下は抜粋です）

```
lkd> !process 0 2 explorer.exe
    PROCESS ffffe0012bea7840
    SessionId: 2  Cid: 10d8    Peb: 00251000    ParentCid: 10bc
    DirBase: 76e12000 ObjectTable: ffffc000e1ca0c80 HandleCount: <Data
Not Accessible>
    Image: explorer.exe
        THREAD ffffe0012bf53080  Cid 10d8.10dc   Teb: 0000000000252000
Win32Thread: ffffe0012c1532f0 WAIT: (WrUserRequest) UserMode Non-
Alertable
        ffffe0012c257fe0 SynchronizationEvent
        THREAD ffffe0012a30f080  Cid 10d8.114c   Teb: 0000000000266000
Win32Thread: ffffe0012c2e9a20 WAIT: (UserRequest) UserMode Alertable
        ffffe0012bab85d0 SynchronizationEvent
        THREAD ffffe0012c8bd080  Cid 10d8.1178   Teb: 000000000026c000
Win32Thread: ffffe0012a801310 WAIT: (UserRequest) UserMode Alertable
        ffffe0012bfd9250 NotificationEvent
        ffffe0012c9512f0 NotificationEvent
        ffffe0012c876b80 NotificationEvent
        ffffe0012c010fe0 NotificationEvent
        ffffe0012d0ba7e0 NotificationEvent
        ffffe0012cf9d1e0 NotificationEvent
    ...
        THREAD ffffe0012c8be080  Cid 10d8.1180   Teb: 0000000000270000
Win32Thread: 0000000000000000 WAIT: (UserRequest) UserMode Alertable
        fffff80156946440 NotificationEvent
        THREAD ffffe0012afd4040  Cid 10d8.1184   Teb: 0000000000272000
Win32Thread: ffffe0012c7c53a0 WAIT: (UserRequest) UserMode Non-
Alertable
        ffffe0012a3dafe0 NotificationEvent
        ffffe0012c21ee70 Semaphore Limit 0xffff
        ffffe0012c8db6f0 SynchronizationEvent
```

```
        THREAD ffffe0012c88a080  Cid 10d8.1188   Teb: 0000000000274000
Win32Thread: 0000000000000000 WAIT: (UserRequest) UserMode Alertable
        ffffe0012afd4920  NotificationEvent
        ffffe0012c87b480  SynchronizationEvent
        ffffe0012c87b400  SynchronizationEvent
    ...
```

2. 複数のexplorer.exeプロセスが存在する場合は、任意の1つを選択して、以降のステップを
   実行してください。

3. 各スレッドは、そのスレッドのTEBのアドレスを表示します。TEBはユーザーモードのア
   ドレス領域内に存在するため、そのアドレスは関連するプロセスのコンテキスト内のみで有
   効です。デバッガーが参照できるように、そのプロセス/スレッドに切り替える必要があり
   ます。それには、explorer.exeプロセスの1番目のスレッドを選択します。その理由は、カー
   ネルスタックはおそらく、物理メモリ内に存在するからです。物理メモリ内に存在しないも
   のを選択した場合、エラーになります。

```
lkd> .thread /p ffffe0012bf53080
Implicit thread is now ffffe001' 2bf53080
Implicit process is now ffffe001' 2bea7840
```

4. 上記のコマンドにより、指定したスレッドにコンテキストが切り替わります（これはプロセ
   スも切り替えます）。これで、このスレッドのTEBアドレスを指定して、!tebエクステンショ
   ンコマンドを実行できるようになります。

```
lkd> !teb 0000000000252000
TEB at 0000000000252000
    ExceptionList:         0000000000000000
    StackBase:             00000000000d0000
    StackLimit:            00000000000c2000
    SubSystemTib:          0000000000000000
    FiberData:             0000000000001e00
    ArbitraryUserPointer:  0000000000000000
    Self:                  0000000000252000
    EnvironmentPointer:    0000000000000000
    ClientId:              00000000000010d8 . 00000000000010dc
    RpcHandle:             0000000000000000
    Tls Storage:           0000000009f73f30
    PEB Address:           0000000000251000
    LastErrorValue:        0
    LastStatusValue:       c0150008
    Count Owned Locks:     0
    HardErrorMode:         0
```

　図4-4に示すCSR_THREAD構造体は、CSR_PROCESSのデータ構造体に類似していますが、こち
らはスレッドに適用されます。覚えているかもしれませんが、これはセッション内の各Csrssプロセス

によって維持され、そのセッション内で実行中のWindowsサブシステムのスレッドを識別します。CSR_THREAD構造体は、Csrssがスレッドを維持するためのハンドル、さまざまなフラグ、クライアントID（スレッドIDとプロセスID）、およびスレッド作成時刻のコピーを格納します。スレッドは、Csrssに最初のメッセージが送信されたときにCsrssに登録されます。これは、通常、いくつかのAPIが、Csrssに何かしらの操作や状態を通知する必要があるからです。

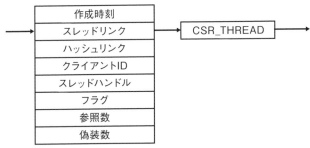

図4-4　CSRスレッド（CSR_THREAD）構造体のフィールド

> **実習　CSR_THREAD構造体を調査する**
>
> 　カーネルデバッガーでCsrssプロセスのコンテキストに切り替えると、dtコマンドを使用してCSR_THREAD構造体をダンプすることができます。それには、第3章の「3.2　プロセスの内部」の「実習：CSR_PROCESS構造体を調べる」のステップを実行した後、次のコマンドを実行します。次の出力は、Windows 10 x64システムの場合の例です。
>
> ```
> lkd> dt csrss!_csr_thread
>    +0x000 CreateTime       : _LARGE_INTEGER
>    +0x008 Link             : _LIST_ENTRY
>    +0x018 HashLinks        : _LIST_ENTRY
>    +0x028 ClientId         : _CLIENT_ID
>    +0x038 Process          : Ptr64 _CSR_PROCESS
>    +0x040 ThreadHandle     : Ptr64 Void
>    +0x048 Flags            : Uint4B
>    +0x04c ReferenceCount   : Int4B
>    +0x050 ImpersonateCount : Uint4B
> ```

　この項の最後に説明するのは、図4-5に示すWin32kスレッド（W32THREAD）構造体です。この構造体は、W32PROCESSのデータ構造体に似ていますが、こちらはスレッドに適用されます。この構造体は、主にGDIサブシステム（ブラシやデバイスコンテキスト属性）やDirectXに役立つ情報、およびベンダーがユーザーモードプリンタードライバーを開発するためのUser Mode Print Driver（UMPD）フレームワークのための情報を含みます。また、デスクトップコンポジションおよびアンチエイリアシング（AA）のためのレンダリング状態を含みます。

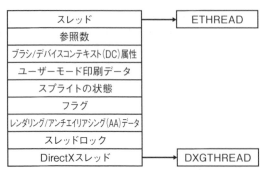

図4-5 Win32kスレッド（W32THREAD）構造体のフィールド

4.2.2 スレッドの誕生

スレッドのライフサイクルは、プロセスが新しいスレッドを作成することで始まります（メイン関数を実行するスレッドなど、あるスレッドのコンテキスト内で）。スレッド作成要求がWindowsエグゼクティブに流れてくると、プロセスマネージャーがスレッドオブジェクト用の領域を割り当て、カーネルを呼び出してスレッド制御ブロック（KTHREADのTCB）を初期化します。前述したように、さまざまなスレッド作成関数は、最終的にCreateRemoteThreadExにたどり着きます。次のステップは、1つのWindowsスレッドを作成するために、Kernel32.dll内のこの関数の内部で行われることを示しています。

1. CreateRemoteThreadEx関数は、Windows APIパラメーターをネイティブなフラグに変換し、オブジェクトパラメーター（OBJECT_ATTRIBUTES、本書下巻で説明します）を表すネイティブな構造体を構築します。

2. クライアントID（CID）とスレッド環境ブロック（TEB）アドレスの2つのエントリを持つ、属性リストを作成します（属性リストについては、第3章の「3.6 CreateProcessのフロー」の節を参照してください）。

3. 呼び出し元のプロセス内にスレッドを作成するか、渡されたハンドルが示す別のプロセス内にスレッドを作成するかを決定します。そのハンドルが、GetCurrentProcessから返された疑似ハンドルと一致する場合(-1の値)、同じプロセス内にスレッドを作成します。プロセスのハンドルが異なる場合でも、同じプロセスに対する有効なハンドルである可能性は残っています。そのため、NtQueryInformationProcess（Ntdll.dll内）を呼び出して、それが本当にそうであるかどうかを確認します。

4. NtCreateThreadEx（Ntdll.dll内）を呼び出して、エグゼクティブをカーネルモードに移行し、同じ名前と引数で関数の実行を継続します。

5. NtCreateThreadEx（エグゼクティブ内）は、ユーザーモードスレッドコンテキスト（その構造体はアーキテクチャ固有です）を作成して初期化し、PspCreateThreadを呼び出して、中断状態のエグゼクティブスレッドオブジェクトを作成します（この関数が実行するステップの説明については、第3章の「3.6 CreateProcessのフロー」のステージ3とステージ5の説明を参照してください）。関数が終了して返されると、最終的にCreateRemoteThreadExのユーザーモードの最後に戻ります。

第4章 スレッド **225**

6. CreateRemoteThreadExは、スレッドがサイドバイサイドアセンブリをサポートするのに使用するための、アクティブ化コンテキストを割り当てます。次に、アクティブ化スタックを照会し、アクティブ化が必要かどうかを参照し、必要であればアクティブ化します。このアクティブ化スタックのポインターは、新しいスレッドのTEB内に格納されます。

7. 呼び出し元がCREATE_SUSPENDEDフラグをセットしてスレッドを作成したのでない限り、作成されたスレッドはこの時点で再開され、実行のスケジュールが可能になります。スレッドが実行を開始すると、ユーザーの指定した実際の開始アドレスを呼び出す前に、第3章の「3.6.7 ステージ7：新しいプロセスのコンテキスト内でのプロセス初期化の実行」の項で説明したステップを実行します。

8. スレッドハンドルおよびスレッドIDが呼び出し元に返されます。

4.3 | スレッドのアクティビティの調査

複数のサービスをホストしているプロセス（Svchost.exeやDllhost.exe、Lsass.exeなど）が実行中である理由を特定しようという場合、あるいはプロセスが応答を停止した理由を特定しようという場合、スレッドのアクティビティを調査することが、とりわけ重要です。

Windowsのスレッドの状態に関する、さまざまな要素を明らかにするツールがいくつかあります。WinDbg（ユーザープロセスへのアタッチおよびカーネルデバッグモード）、パフォーマンスモニター、Process Explorerなどです（スレッドスケジューリング情報を表示するツールについては、この章の「4.4 スレッドスケジューリング」の節で後述します）。

Process Explorerでプロセス内のスレッドを参照するには、1つのプロセスを選択し、ダブルクリックして、そのプロセスのプロパティダイアログボックスを開きます。または、プロセスを右クリックして［Properties］メニューを選択します。プロパティダイアログボックスを開いたら、［Threads］タブをクリックします。［Threads］タブは、プロセス内にあるスレッドの一覧を示し、各スレッドの情報を4つの列で示します。TID列はスレッドID、CPU列はそのスレッドが消費したCPU時間のパーセンテージ（構成されている表示の更新間隔に基づきます）、Cycles Data列はそのスレッドのために使われたCPUサイクル数、Start Address列はスレッドの開始アドレスを示します。これらの4つの列のいずれも、列ヘッダーをクリックすることでその列でソートすることができます。

新しいスレッドが作成されると、緑色で強調表示されます。また、スレッドが終了すると赤色で強調表示されます（強調表示の存続期間を構成するには、［Options］メニューを開き、［Difference Highlight Duration］を選択します）。この強調表示機能は、プロセス内で発生する不必要なスレッドの作成を発見するのに役立ちます（一般的に、スレッドはプロセスのスタートアップ時に作成されるべきであり、プロセスの内部で要求が処理されるたびに作成されるべきではありません）。

スレッドの一覧から1つのスレッドを選択すると、Process ExplorerはそのスレッドのスレッドID（Thread ID）、開始日時（Start Time）、状態（State）、CPU時間のカウンター（Kernel Time/User Time）、サイクル数（Cycles）、コンテキストスイッチ数（Context Switches）、理想のプロセッサとそのグループ（Ideal Processor）、I/O優先度（I/O Priority）、メモリ優先度（Memory Priority）、基本優先度（Base Priority）および現在の（動的）優先度（Dynamic Priority）を表示します。［Kill］ボタンは、個別のスレッドを強制終了するものですが、十分に注意して使用するようにしてください。他のオプションとして［Suspend］ボタンがあります。これは、スレッドが実行し続けるのを中断して、暴走スレッドがCPU時間を消費し続けるのを回避します。しかし、この方法はデッドロックが発生す

る可能性があるため、[Kill] ボタンと同様に、使用には注意が必要です。最後に、[Permissions] ボタンについて触れておきます。このボタンを使用すると、スレッドのセキュリティ記述子を参照できます（セキュリティ記述子について詳しくは、「第7章　セキュリティ」を参照してください）。

　タスクマネージャーやその他のすべてのプロセス/プロセッサモニタリングツールとは異なり、Process Explorer はクロックインターバルタイマーではなく、スレッドの実行時間の計測のために設計されたクロックサイクルカウンター（この章で後ほど説明します）を使用します。そのため、Process Explorer を使用すると、CPU 消費量に関して他のツールとは大きく異なるビューを見ることになります。クロックサイクルカウンターを使用する理由は、クロックインターバルタイマーの割り込みが発生するとき、短時間で実行される、めったに実行されることがない多くの実行スレッドが数多く存在するからです。結果として、クロックインターバルベースのツールでは CPU 時間の大半が計測されず、CPU 使用率 0% を示すことになります。一方、クロックサイクルの総数は、プロセス内の各スレッドに使用された、プロセッササイクルの実際の数を表しています。カウント数は、プロセッサによってサイクルごとに内部的に維持され各割り込みエントリごとに Windows によって更新されるため、クロックインターバルタイマーの精度とは関係ありません（コンテキストスイッチの前に、最終的な集計が行われます）。

　スレッドの開始アドレスは、<モジュール名>!<関数名> の形式で表示されます。<モジュール名> の部分は .exe または .dll の名前になります。関数名は、そのモジュール用のシンボルファイルにアクセス可能であるかどうかに依存します（「第1章　概念とツール」の「1.2.3　プロセス」の「実習：Process Explorer を使用したプロセスの詳細情報の参照」を参照してください）。そのモジュールが何であるかわからない場合は、[Module] ボタンをクリックしてエクスプローラー標準のファイルのプロパティダイアログボックスを開き、スレッドの開始アドレスを含むモジュール（.exe または .dll）の情報を確認します。

メモ
　Windows API の CreateThread 関数によって作成されたスレッドについて、Process Explorer は CreateThread に渡された関数を表示し、スレッドが実際に開始した関数を表示しません。これは、Windows のすべてのスレッドが、共通のスレッドスタートアップラッパー関数（Ntdll.dll 内の RtlUserThreadStart）で開始するからです。仮に、Process Explorer が実際の開始アドレスを表示した場合、プロセス内のほとんどのスレッドは同じアドレスから開始したように見えることになります。それでは、スレッドが実行しているコードが何なのかを理解する手助けにならないでしょう。しかし、Process Explorer がユーザー定義の開始アドレス（保護されたプロセスの場合など）を照会できない場合、Process Explorer はラッパー関数を表示します。そのため、そのようなスレッドはすべて、RtlUserThreadStart で開始したように見えます。

　スレッドの開始アドレスは、そのスレッドが何をしていたのか、プロセス内のどのコンポーネントがスレッドによって CPU を消費したのかをピンポイントで示す、十分な情報は提供しません。そのスレッドの開始アドレスが一般的なスタートアップ関数である場合、例えばその関数名が、スレッドが実際に行っていることを何も示していない場合は、特にそうです。この場合、スレッドスタックを調べることで、問いの答えを得ることができます。あるスレッドのスタックを参照するには、関心のあるスレッドをダブルクリックします（またはスレッドを選択して [Stack] ボタンをクリックします）。これにより、Process Explorer は、スレッドのスタック（そのスレッドがカーネルモード内で実行されている場合、ユーザーモードとカーネルモードの両方）を表示します。

メモ　ユーザーモードデバッガー（WinDbg、ntsd、およびcdb）では、プロセスにアタッチして、スレッドのユーザースタックを表示することができますが、Process Explorerではユーザーモードとカーネルモードの両方のスタックを、ボタンをワンクリックするだけで簡単に表示できます。次の2つの実習で示すように、ローカルカーネルデバッグモードのWinDbgを使用して、ユーザーモードとカーネルモードのスレッドのスタックの両方を調べることもできます。

　64ビットシステム上でWow64プロセスとして実行されている32ビットプロセスを参照している場合、Process Explorerはそのスレッドの32ビットと64ビットの両方のスタックを表示します。実際の（64ビット）システムコールの時点で、そのスレッドは64ビットのスタックとコンテキストに切り替わるため、単にスレッドの64ビットのスタックの世界を見るだけでは、アクティビティの半分しか、つまりWow64のサンクコード（32ビットアドレスから64ビットアドレスへの変換コード）であるスレッドの64ビットの部分しか明らかになりません。そのため、Wow64プロセスを調べるときは、32ビットと64ビットの両方のスタックを必ず考慮に入れてください。

実習　ユーザーモードデバッガーでスレッドスタックを参照する

　プロセスにWinDbgをアタッチし、スレッド情報とそのスタックを参照するには、次のステップで操作します。

1. メモ帳（notepad.exe）とWinDbg.exeを実行します。
2. WinDbgの［File］メニューを開き、［Attach to a Process］を選択します。
3. ［Attach to Process］ダイアログボックスでnotepad.exeのインスタンスを探し、［OK］をクリックしてアタッチします。デバッガーは、メモ帳のプロセス（Notepad.exe）を中断（ブレーク）してプロセス内に入ります。
4. プロセス内に存在するスレッドのリストを取得するには、~（チルダ）コマンドを実行します。リストの各スレッドは、デバッガーID（先頭のスレッド番号）、クライアントID (Id、<プロセスID>.<スレッドID>の形式）、スレッドの中断数（Suspend、ブレークポイントのために中断されているため、この値はほとんどの場合1になります）、スレッド環境ブロック（TEB）アドレス（Teb）、およびデバッガーコマンドを使用してフリーズされたかどうかを示します。

```
0:005> ~
   0  Id: 612c.5f68 Suspend: 1 Teb: 00000022`41da2000 Unfrozen
   1  Id: 612c.5564 Suspend: 1 Teb: 00000022`41da4000 Unfrozen
   2  Id: 612c.4f88 Suspend: 1 Teb: 00000022`41da6000 Unfrozen
   3  Id: 612c.5608 Suspend: 1 Teb: 00000022`41da8000 Unfrozen
   4  Id: 612c.cf4 Suspend: 1 Teb: 00000022`41daa000 Unfrozen
.  5  Id: 612c.9f8 Suspend: 1 Teb: 00000022`41db0000 Unfrozen
```

5. 上記の出力のスレッド5の先頭にあるドット（.）に注目してください。このスレッドは、現在のデバッガースレッドを示しています。そのコールスタックを参照するには、kコマンドを実行します。

```
0:005> k
 # Child-SP          RetAddr           Call Site
00 00000022`421ff7e8 00007ff8`504d9031 ntdll!DbgBreakPoint
01 00000022`421ff7f0 00007ff8`501b8102 ntdll!DbgUiRemoteBreakin+0x51
02 00000022`421ff820 00007ff8`5046c5b4 KERNEL32!BaseThreadInitThunk+
0x22
03 00000022`421ff850 00000000`00000000 ntdll!RtlUserThreadStart+0x34
```

6. デバッガーは、1つのスレッドをメモ帳（Notepad.exe）のプロセスに挿入し、ブレークポイント命令（DbgBreakPoint）を発行します。別のスレッドのコールスタックを参照するには、~*n*kコマンドを使用します。*n*の部分は、WinDbgが示したスレッド番号に置き換えてください（~*n*kコマンドにより、現在のデバッガースレッドが変更されることはありません）。以下は、スレッド2のコールスタックを表示する例です。

```
0:005> ~2k
 # Child-SP          RetAddr           Call Site
00 00000022`41f7f9e8 00007ff8`5043b5e8 ntdll!ZwWaitForWorkViaWorkerFact
ory+0x14
01 00000022`41f7f9f0 00007ff8`501b8102 ntdll!TppWorkerThread+0x298
02 00000022`41f7fe00 00007ff8`5046c5b4 KERNEL32!BaseThreadInitThunk+
0x22
03 00000022`41f7fe30 00000000`00000000 ntdll!RtlUserThreadStart+0x34
```

7. デバッガーを他のスレッドに切り替えるには、~*n*sコマンドを使用します（先ほどと同じように、*n*はスレッド番号です）。現在のスレッドをスレッド0に切り替えて、そのスタックを表示してみましょう。

```
0:005> ~0s
USER32!ZwUserGetMessage+0x14:
00007ff8`502e21d4 c3 ret
0:000> k
 # Child-SP          RetAddr           Call Site
00 00000022`41e7f048 00007ff8`502d3075 USER32!ZwUserGetMessage+0x14
01 00000022`41e7f050 00007ff6`88273bb3 USER32!GetMessageW+0x25
02 00000022`41e7f080 00007ff6`882890b5 notepad!WinMain+0x27b
03 00000022`41e7f180 00007ff8`341229b8 notepad!__mainCRTStartup+0x1ad
04 00000022`41e7f9f0 00007ff8`5046c5b4 KERNEL32!BaseThreadInitThunk+
0x22
05 00000022`41e7fa20 00000000`00000000 ntdll!RtlUserThreadStart+0x34
```

8. なお、この時点でスレッドはカーネルモード内にありますが、ユーザーデバッガーはまだユーザーモード内にある最後の関数を表示しています（上記の出力のZwUserGetMessage）。

第4章 スレッド 229

実習 ローカルカーネルモードデバッガーでスレッドスタックを参照する

　この実習では、スレッドのスタック（ユーザーモードとカーネルモードの両方）を参照するために、ローカルカーネルデバッガーを使用します（デバッグ対象をデバッグモードで再起動してカーネルデバッガーを接続するか、LiveKdを利用してオンラインのシステムにカーネルデバッガーを接続します）。実習ではエクスプローラー（Explorer.exe）のスレッドの1つを使用しますが、別のプロセスやスレッドで試してみることもできます。

1. explorer.exeイメージを実行しているすべてのプロセスを表示させます（エクスプローラーの表示オプション（詳細設定）で［別のプロセスでフォルダーウィンドウを開く］が選択されている場合、複数のエクスプローラーのインスタンスが見つかることがあります。そのプロセスの1つはデスクトップとタスクバーを管理するもので、他のプロセスはエクスプローラーのウィンドウを管理するものです）。

```
lkd> !process 0 0 explorer.exe
PROCESS ffffe00197398080
    SessionId: 1  Cid: 18a0   Peb: 00320000   ParentCid: 1840
    DirBase: 17c028000  ObjectTable: ffffc000bd4aa880  HandleCount:
<Data Not Accessible>
    Image: explorer.exe
PROCESS ffffe00196039080
    SessionId: 1  Cid: 1f30   Peb: 00290000   ParentCid: 0238
    DirBase: 24cc7b000  ObjectTable: ffffc000bbbef740  HandleCount:
<Data Not Accessible>
    Image: explorer.exe
```

2. 1つのインスタンスを選択し、そのスレッドの概要を表示します。

```
lkd> !process ffffe00196039080 2
PROCESS ffffe00196039080
    SessionId: 1 Cid: 1f30 Peb: 00290000 ParentCid: 0238
    DirBase: 24cc7b000 ObjectTable: ffffc000bbbef740 HandleCount: <Data
Not Accessible>
    Image: explorer.exe

        THREAD ffffe0019758f080 Cid 1f30.0718 Teb: 0000000000291000
Win32Thread: ffffe001972e3220 WAIT: (UserRequest) UserMode Non-
Alertable
        ffffe00192c08150 SynchronizationEvent

        THREAD ffffe00198911080 Cid 1f30.1aac Teb: 00000000002a1000
Win32Thread: ffffe001926147e0 WAIT: (UserRequest) UserMode Non-
Alertable
        ffffe00197d6e150 SynchronizationEvent
        ffffe001987bf9e0 SynchronizationEvent

        THREAD ffffe00199553080 Cid 1f30.1ad4 Teb: 00000000002b1000
```

```
Win32Thread: ffffe0019263c740 WAIT: (UserRequest) UserMode Non-
Alertable
        ffffe0019ac6b150 NotificationEvent
        ffffe0019a7da5e0 SynchronizationEvent


    THREAD ffffe0019b6b2800 Cid 1f30.1758 Teb: 00000000002bd000
Win32Thread: 0000000000000000 WAIT: (Suspended) KernelMode Non-
Alertable
SuspendCount 1
        ffffe0019b6b2ae0 NotificationEvent
...
```

3. そのプロセスの最初のスレッドのコンテキストに切り替えます（別のスレッドを選択しても
   構いません）。

```
lkd> .thread /p /r ffffe0019758f080
Implicit thread is now ffffe001' 9758f080
Implicit process is now ffffe001' 96039080
Loading User Symbols
.........................................
```

4. これで、そのスレッドの詳細とコールスタックを参照できます（以下の出力例では、アドレ
   ス部分を省略しています）。

```
lkd> !thread ffffe0019758f080
THREAD ffffe0019758f080  Cid 1f30.0718  Teb: 0000000000291000
Win32Thread: ffffe001972e3220 WAIT: (UserRequest) UserMode Non-
Alertable
    ffffe00192c08150  SynchronizationEvent
Not impersonating
DeviceMap            ffffc000b77f1f30
Owning Process       ffffe00196039080      Image:
explorer.exe
Attached Process     N/A           Image:        N/A
Wait Start TickCount 17415276      Ticks: 146 (0:00:00:02.281)
Context Switch Count 2788          IdealProcessor: 4
UserTime             00:00:00.031
KernelTime           00:00:00.000

*** WARNING : Unable to verify checksum for C : ¥windows¥explorer.exe
Win32 Start Address explorer!wWinMainCRTStartup(0x00007ff7b80de4a0)
Stack Init ffffd0002727cc90 Current ffffd0002727bf80
Base ffffd0002727d000 Limit ffffd00027277000 Call 0000000000000000
Priority 8 BasePriority 8 PriorityDecrement 0 IoPriority 2 PagePriority
5
... : Call Site
... : nt!KiSwapContext + 0x76
... : nt!KiSwapThread + 0x15a
```

```
... : nt!KiCommitThreadWait + 0x149
... : nt!KeWaitForSingleObject + 0x375
... : nt!ObWaitForMultipleObjects + 0x2bd
... : nt!NtWaitForMultipleObjects + 0xf6
... : nt!KiSystemServiceCopyEnd + 0x13 (TrapFrame @ ffffd000`2727cb00)
... : ntdll!ZwWaitForMultipleObjects + 0x14
... : KERNELBASE!WaitForMultipleObjectsEx + 0xef
... : USER32!RealMsgWaitForMultipleObjectsEx + 0xdb
... : USER32!MsgWaitForMultipleObjectsEx + 0x152
... : explorerframe!SHProcessMessagesUntilEventsEx + 0x8a
... : explorerframe!SHProcessMessagesUntilEventEx + 0x22
... : explorerframe!CExplorerHostCreator::RunHost + 0x6d
... : explorer!wWinMain + 0xa04fd
... : explorer!__wmainCRTStartup + 0x1d6
```

4.3.1 保護されたプロセスのスレッドの制限

第3章で説明したように、保護されたプロセス（クラシックな保護されたプロセスであるProtected Process、または保護されたプロセスの簡易版であるProtected Process Light：PPL）は、システムにおける最上位の特権を持つユーザーに対してさえも、許可されるアクセス権の面でいくつかの制限があります。これらの制限は、保護されたプロセスの中のスレッドにも適用されます。これにより、保護されたプロセスの内部で実行される実際のコードは、保護されたプロセスのスレッドに対して許可されていないアクセス権を必要とする標準的なWindows関数を通してハイジャックされたり、または別の影響を受けたりすることはありません。実際、保護されたプロセスのスレッドに対しては、THREAD_SUSPEND_RESUME、THREAD_SET_INFORMATION、およびTHREAD_QUERY_LIMITED_INFORMATIONのアクセス許可だけが付与されます。

実習 Process Explorerを使用して保護されたプロセスのスレッドの情報を参照する

この実習では、保護されたプロセスのスレッド情報を参照します。それには、次のステップに従って操作します。

1. Process Explorerを使用して、プロセスの一覧からAudiodg.exeやCsrss.exeプロセスのような保護されたプロセスまたは保護されたプロセスの簡易版（PPL）を見つけます。

2. そのプロセスのプロパティダイアログボックスを開き、［Threads］タブをクリックします。

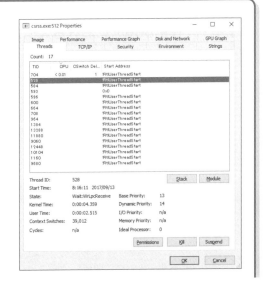

232 インサイド Windows　第7版　上

3. Process Explorer は、Win32 スレッドの開始アドレスを表示しません。代わりに、Ntdll.dll 内の標準スレッド開始ラッパー関数を表示します。[Stack] ボタンをクリックすると、"Unable to access thread" というエラーメッセージが表示されます。なぜなら、Process Explorer は保護されたプロセスの内部の仮想メモリを読み取る必要がありますが、それができないからです。

4. 基本優先度（Base Priority）および動的優先度（Dynamic Priority）は表示されますが、I/O 優先度（I/O Priority）、メモリ優先度（Memory Priority）は表示されないことに注目してください。サイクル数（Cycles）も同様に表示されません。これは、制限されたアクセス権である THREAD_QUERY_LIMITED_INFORMATION と、情報の完全な照会のアクセス権（THREAD_QUERY_INFORMATION）との違いを示す例です。

5. [Kill] ボタンをクリックして、保護されたプロセス内のスレッドの強制終了を試みてください。これにより、"Unable to access thread" という、また別のアクセス拒否エラーを見ることになります。保護されたプロセスに THREAD_TERMINATE アクセス権が許可されていないことを思い出してください。

4.4 | スレッドスケジューリング

　ここでは、Windows におけるスレッドスケジューリングの方針とアルゴリズムについて説明します。最初の項では、Windows のスレッドスケジューリングの仕組みの要約の説明と、主要な用語の定義を行います。次に、Windows の優先度レベルについて、Windows API および Windows カーネルの両方の視点から説明します。スケジューリングに関係する Windows のユーティリティとツールに関してレビューした後、Windows のスケジューリングシステムが提供するデータ構造体とアルゴリズムの詳細について説明します。これには、スケジューリングの一般的なシナリオの説明、およびスレッドやプロセッサの選定がどのように行われるのかを含みます。

4.4.1 | Windows におけるスケジューリングの概要

　Windows は、優先度に基づいた、プリエンプティブ（先取り）スケジューリングシステムを実装しています。最も優先度の高い実行可能（Runnable）な準備完了（Ready）状態のスレッドの少なくとも 1 つが常に実行されますが、それには**プロセッサアフィニティ**（プロセッサの関係）と呼ばれる事象の注意事項が伴います。これは、実行の準備が完了した特定の優先度の高いスレッドが、プロセッサで実行が許可されているか、実行が優先されているかによって、制限される可能性があるということです。プロセッサアフィニティは、最大 64 のプロセッサを集めた特定のプロセッサグループの指定に基づいて決定されます。既定では、スレッドはプロセスに関連付けられたプロセッサグループ内で利用可能なプロセッサ上でのみ実行できます（これは、64 のプロセッサまでしかサポートしていない、古いバージョンの Windows との互換性を維持するためです）。アプリケーション開発者は、適切な API を使用するか、イメージヘッダー内にアフィニティマスクを設定することで、プロセッサアフィニティを変更することが可能です。また、ユーザーはさまざまなツールを使用して、実行中またはプロセス作成時のアフィニティを変更することができます。しかし、1 つのプロセス内の複数のスレッドを異なるプロセッサグループに関連付けることができますが、個別のスレッド自体は、割り当てられたグルー

プ内で利用可能なプロセッサ上でのみ実行できます。また、アプリケーション開発者は、拡張された
スケジューリングAPIを使用して、プロセッサグループを認識するアプリケーションを作成すること
を選択し、異なるグループの論理プロセッサをスレッドのアフィニティに関連付けることができます。
そうすることにより、そのプロセスを複数グループのプロセスに変換して、理論上、コンピューター
で使用可能な任意のプロセッサ上でそのスレッドを実行することができます。

　実行する1つのスレッドが選択された後は、そのスレッドは、**クォンタム**（Quantum）[*1]と呼ばれる
一定量の時間の間で実行されます。クォンタムは、同じ優先度レベルの別のスレッドが実行される前
に、そのスレッドが実行を許可された時間の長さです。クォンタム値は、次の3つの理由の中のいずれ
かによって、システム間およびプロセス間で異なる可能性があります。

- システム構成の設定（長いまたは短いクォンタム、可変または固定のクォンタム、優先度による
  区別）
- プロセスの状態がフォアグラウンドであるかバックグラウンドであるか
- クォンタムを変更するためのジョブオブジェクトの使用

　これらの詳細については、この章の「4.4.5　クォンタム（Quantum）」の項で説明します。

　しかしながら、Windowsはプリエンプティブ（先取り）スケジューラを実装しているため、1つのス
レッドがそのクォンタムで完了しない可能性があります。つまり、より優先度の高い別のスレッドの
実行の準備が整うと、現在実行中のスレッドはそのタイムスライスを完了する前に先取り（プリエンプ
ト）される可能性があります。実際には、スレッドは次回に実行されるように選択され、そのクォンタ
ムが始まる前であっても、先取りされる可能性があります。

　Windowsのスケジューリングのコードは、カーネル内に実装されています。個別の"スケジューラ"
モジュールやルーチンは存在しません。そのコードは、スケジューリング関連のイベントが発生するカー
ネル全体に広がっています。これらの役割を実行するルーチンは、ひとまとめでカーネルの**ディスパッ
チャー**（Dispatcher）と呼ばれます。以下に示すイベントは、スレッドのディスパッチを必要とします。

- 実行の準備が整ったスレッド。例えば、新たに作成されたスレッドや、待機状態から解放された
  ばかりのスレッドなど。
- クォンタムの時間が終了したため、実行の状態から離れたスレッド。そのスレッドは終了するか、
  実行を別のスレッドに譲るか、待機状態になります。
- スレッドの優先度の変更。システムサービス呼び出しのために変更される場合と、Windows自身
  が優先度の値を変更する場合があります。
- スレッドのプロセッサアフィニティの変更。プロセッサアフィニティが変更されると、スレッド
  が実行されていたプロセッサでは、これ以上実行されなくなります。

　これらの各分岐点でWindowsは、スレッドを実行していた論理プロセッサ（該当する場合）上で、
またはスレッドを今実行する必要があるプロセッサ上で、次にどのスレッドを実行するべきかを決め
なければなりません。論理プロセッサが実行対象の新しいスレッドを選択すると、最終的にそのため
のコンテキストスイッチが行われます。コンテキストスイッチは、スレッドの実行、別のスレッドの
揮発性の状態の読み込み、および新しいスレッドの実行の開始に関連する、プロセッサの揮発性の状
態を保存する手続きのことです。

[*1]　訳注：コンピューター科学の分野であり、最近話題にもなっている「量子コンピューティング」（Quantum Computing）
の概念とは関係ありません。混同しないようにしてください。

前述したように、Windowsはスレッドを細かいレベルでスケジュールします。このアプローチは、プロセスは実行されるものではなく、プロセス内のスレッドを実行するリソースとコンテキストだけを提供するもの（コンテナー、器）であると考えると、理にかなっています。スケジュールの決定はスレッドに基づいて厳密に行われるため、スレッドがどのプロセスに属しているかは考慮されません。例えば、プロセスAが10個の実行可能なスレッドを持ち、プロセスBが2個の実行可能なスレッドを持ち、合計12個のスレッドが同じ優先度である場合、各スレッドは、理論上はCPU時間の12分の1を受け取ります。つまり、WindowsはCPU時間の50%をプロセスAに、50%をプロセスBに与えるということはしません。

4.4.2　優先度レベル

スレッドスケジューリングのアルゴリズムを理解するためには、何よりもまず先に、Windowsが使用する優先度レベルを理解する必要があります。図4-6に示すように、Windowsは内部的に0から31（31が最高レベル）の32の優先度レベルを使用します。これらのレベルは、次のように分類されます。

- 16のリアルタイム優先度レベル（16～32）。
- 16の可変優先度レベル（0～15）。レベル0は、ゼロページスレッドのために予約されています（第5章で説明します）。

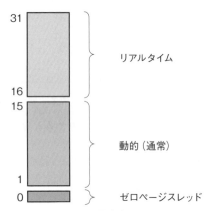

図4-6　スレッドの優先度レベル

スレッドの優先度レベルは、2つの異なる観点から割り当てられます。1つはWindows APIの観点、もう1つはWindowsカーネルの観点からです。Windows APIはまず、作成時に割り当てられた優先度クラスによってプロセスを編成します（以下のかっこ内の数字は、カーネルが認識する、内部のPROCESS_PRIORITY_CLASSのインデックス番号です）。

- リアルタイム（4）
- 高（3）
- 通常以上（6）
- 通常（2）
- 通常以下（5）
- アイドル（1）

Windows APIのSetPriorityClass関数は、プロセスの優先度クラスをこれらのレベルの1つに変更することを可能にします。この関数は次に、そのプロセス内の個別のスレッドの相対優先度を割り当てます。以下の数字は、プロセスの基本優先度に適用される、優先度のデルタ値を表します。

- タイムクリティカル（15）
- 最高（2）
- 通常以上（1）
- 通常（0）
- 通常以下（-1）
- 最低（-2）
- アイドル（-15）

タイムクリティカル（+15）およびアイドル（-15）レベルは、**サチュレーション値**と呼ばれ、真のオフセット値ではなく、適用される特定のレベルを表します。これらの値は、Windows APIのSetThreadPriority関数に渡され、スレッドの相対優先度を変更します。

したがって、Windows APIでは、各スレッドはプロセス関数のプロセス優先度クラスである基本優先度と、そのスレッドの相対優先度を持ちます。カーネルでは、プロセス優先度クラスは、PspPriorityTableグローバル配列と前述のPROCESS_PRIORITY_CLASSを使用して基本優先度に変換され、4（アイドル）、8（通常）、13（高）、24（リアルタイム）、6（通常以下）、および10（通常以上）の優先度にセットされます（これは変更できない固定マッピングです）。次に、スレッドの相対優先度がこの基本優先度との差分として適用されます。例えば、最高レベルの優先度のスレッドは、プロセスの基本優先度より2レベル高いスレッドの基本優先度を受け取ります。

Windowsの優先度からWindows内部の数字の優先度へのマッピングを、図4-7にグラフィカルな表現で、表4-1にテキスト表現で示します。

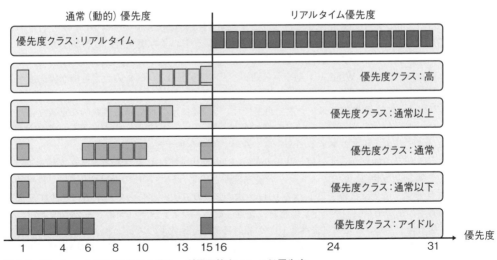

図4-7　Windows APIの観点から見た、利用可能なスレッド優先度

表4-1　Windowsカーネルの優先度とWindows APIの対応

相対優先度＼優先度クラス	リアルタイム	高	通常以上	通常	通常以下	アイドル
タイムクリティカル（＋サチュレーション）	31	15	15	15	15	15
最高（＋2）	26	15	12	10	8	6
通常以上（＋1）	25	14	11	9	7	5
通常（0）	24	13	10	8	6	4
通常以下（−1）	23	12	9	7	5	3
最低（−2）	22	11	8	6	4	2
アイドル（−サチュレーション）	16	1	1	1	1	1

　タイムクリティカルおよびアイドルスレッドの相対優先度は、プロセス優先度クラスに関係なく、それぞれの値を保持することに注意してください（リアルタイムは除く）。その理由は、要求された相対優先度として+16または-16を渡すことによって、Windows APIがカーネルから優先度のサチュレーションを要求するからです。これらの値を取得する式は、次のようになります（HIGHT_PRIORITY=31）。

```
タイムクリティカルの場合：((HIGH_PRIORITY + 1) / 2)
アイドルの場合：- ((HIGH_PRIORITY + 1) / 2)
```

　これらの値はサチュレーションの要求としてカーネルによって認識され、カーネルスレッド（KTHREAD）構造体のSaturationフィールドにセットされます。正のサチュレーションでは、その優先度クラス内で可能な最大の優先度を受け取ります（動的15またはリアルタイム31）。負のサチュレーションでは、最小の優先度を受け取ります（動的1またはリアルタイム16）。また、プロセスの基本優先度を変更する今後の要求は、もうこれらのスレッドの基本優先度には影響しなくなります。なぜなら、サチュレーションされたスレッドは、処理コード内でスキップされるからです。

　表4-1に示すように、Windows APIから見ると、スレッドは7レベルの設定可能な優先度を持ちます（優先度クラス「高」では6レベル）。リアルタイムの優先度クラスは、実際には16から31の間（図4-7を参照）のすべての優先度レベルを設定可能です。表4-1に示されている標準的な定数ではカバーされていない、-7、-6、-5、-4、-3、3、4、5、6の値は、SetThreadPriorityの引数として指定可能です（詳しくは、この後の「リアルタイムの優先度」の項で説明します）。

　スケジューラの観点からすれば、Windows APIの使用（プロセスの優先度クラスとスレッドの相対優先度の組み合わせ）によってスレッドの優先度がどのようになったのかは関係なく、最終的な結果のみが重要です。例えば、優先度レベル10は、次の2つの方法のどちらでも取得できます。優先度クラス「通常」のプロセス（レベル8）の相対優先度「最高」のスレッド（デルタ＋2）。または、優先度クラス「通常以上」のプロセス（レベル10）の相対優先度「通常」のスレッド（デルタ0）。スケジューラの観点からは、これらの設定は結果として同じ値（レベル10）になり、どちらのスレッドも優先度の面では同じです。

　プロセスは1つの基本優先度の値しか持ちませんが、各スレッドは現在（動的）と基本の2つの優先度の値を持ちます。スケジュールの決定は、現在の優先度に基づいて行われます。この後の「4.4.6　優先度ブースト（優先度の引き上げ）」の項で説明するように、特定の状況下において、システムは短期

間に動的範囲（1から15）内でスレッドの優先度を上げます。Windowsは、リアルタイムの範囲（16から31）内でスレッドの優先度を調整することはしません。そのため、リアルタイムの優先度レベルのスレッドは、常に同じ基本および現在の優先度を持ちます。

スレッドの初期の基本優先度は、プロセスの基本優先度から継承されます。既定では、プロセスは自身の基本優先度を、そのプロセスを作成したプロセスから継承します。この既定の動作は、CreateProcess関数、またはSTARTコマンド（Windowsの標準コマンド）のコマンドラインオプションを使用することで上書きすることができます。プロセスが作成された後でも、SetPriorityClass関数を使用して、プロセスの優先度を変更することができます。タスクマネージャーやProcess Explorerのような、優先度を変更する機能を備えた、さまざまなツールを使用して変更することもできます（タスクマネージャーやProcess Explorerでは、プロセスを右クリックして新しい優先度クラスを選択します）。例えば、CPUを大量に使用するプロセスの優先度を低くすることで、通常のシステム動作を妨げないようにすることができます。プロセスの優先度の変更は、スレッドの優先度を上下に変更しますが、スレッドの相対優先度の設定は同じままです。

通常、ユーザーアプリケーションとサービスは基本優先度「通常」で開始されるため、これらの初期スレッドは一般に、優先度レベル8で実行されます。しかし、いくつかのWindowsシステムプロセス（セッションマネージャー、サービスコントロールマネージャー、ローカルセキュリティ機関のプロセスなど）は、暗黙的に既定の「通常」クラス（8）よりも高いプロセスの基本優先度を持ちます。[*2] この、より高い既定値は、これらのプロセス内のすべてのスレッドが、通常の既定値の8よりも高い優先度で開始されることを保証します。

■| リアルタイムの優先度

任意のアプリケーションのスレッドの優先度は、動的範囲の中で上げ下げできます。しかし、リアルタイムの範囲に入るためには、「スケジューリング優先順位の繰り上げ」特権（SeIncreaseBasePriorityPrivilege）を持っている必要があります。Windowsの多くの重要なカーネルモードシステムスレッドは、リアルタイム優先度の範囲内で実行されていることに注意してください。他のスレッドがこの範囲で過度の時間を費やすと、重要なシステム機能（メモリマネージャーやキャッシュマネージャー、いくつかのデバイスドライバーの機能）を阻害してしまう可能性があります。

標準的なWindows APIを使用してプロセスがいったんリアルタイムの範囲に入ると、そのプロセスのすべてのスレッド（アイドルなスレッドを含めて）はリアルタイムの優先度レベルの1つで実行されなければなりません。つまり、標準のインターフェイスを介して、同じプロセス内でリアルタイムのスレッドと動的なスレッドを混在させることは不可能です。これは、SetThreadPriority APIがネイティブなNtSetInformationThread APIをThreadBasePriority情報クラス付きで呼び出すからです。この情報クラスは、優先度を同じ範囲内に留めます。さらに、この情報クラスは、要求がCsrssまたは他のリアルタイムプロセスからのものでない限り、Windows APIが認識した-2から2のデルタ値（またはタイムクリティカル／アイドル）の範囲内でのみ優先度の変更を許可します。言い換えると、これはリアルタイムプロセスがスレッドの優先度を16から31の間から選択できることを意味します。標準のWindows APIのスレッド相対優先度によって、表4-1に基づいて選択肢を制限しているように見える場合でも、優先度は16から31の間から選択されます。

既に述べたように、特別な値の1つを指定したSetThreadPriorityの呼び出しは、ThreadActualBasePriority情報クラスを伴うNtSetInformationThreadの呼び出しにつながり、リアルタイムプロセスのための動的範囲を含む、スレッド用のカーネル基本優先度が直接的に設定されます。

---

*2　訳注：タスクマネージャーなどのツールでは、区別できない場合があります（優先度9で「通常」など）。

メモ
"リアルタイム（Real-time）"という名前は、その用語の共通の定義として、Windowsがリアルタイム OSであるということを言っているのではありません。なぜなら、Windowsは、保証された割り込み遅延や、スレッドのために保証された実行時間を取得する方法など、真のリアルタイム OSの機能を提供しないからです。ここでの"リアルタイム"という用語は、本当の意味で単に「他のすべてよりも優先度が高い」ということです。

■│ツールを使用して優先度に関与する

　タスクマネージャーやProcess Explorerを使用すると、プロセスの基本優先度を変更（および参照）できます。Process Explorerでは、プロセス内の個別のスレッドを強制終了することもできます（もちろん、それを行う場合は十分に注意する必要があります）。

　パフォーマンスモニター、Process Explorer、またはWinDbgを使用すると、個別のスレッドの優先度を参照できます。これは、プロセスの優先度を上げたり、下げたりするのには便利ですが、通常、プロセス内の個別のスレッドの優先度を調整することには意味がありません。なぜなら、そのプログラムを完全に理解している人だけが（言い換えれば開発者だけが）、プロセス内でのスレッドの相対的な重要性を本当に理解できるからです。

　特定のプロセスの開始時の優先度クラスを指定する唯一の方法は、Windowsのコマンドプロンプト内で**START**コマンドを使用する方法です。特定のプログラムを毎回、指定した優先度で開始したい場合は、**cmd /c**から始まる**START**コマンドを使用したショートカットを作成できます。このショートカットはコマンドプロンプトを開始し、コマンドラインに指定したコマンドを実行して、コマンドプロンプトを終了します。例えば、メモ帳（Notepad.exe）をプロセスの優先度「低」で実行するには、コマンドラインは**cmd /c start /low notepad.exe**になります。

実習 プロセスとスレッドの優先度の調査と指定

　プロセスとスレッドの優先度の調査と指定を行うには、次のステップで操作します。

1. メモ帳（Notepad.exe）を通常の方法で実行します。例えば、コマンドプロンプトのウィンドウで**notepad**と入力します。

2. タスクマネージャーを開き、［詳細］タブをクリックします。

3. ［基本優先度］という名前の列を追加します。これは、タスクマネージャーが優先度クラスに使用する名前です。

4. プロセスの一覧からnotepad.exeを探します。notepad.exeプロセスは、右のスクリーンショットのように見えるはずです。

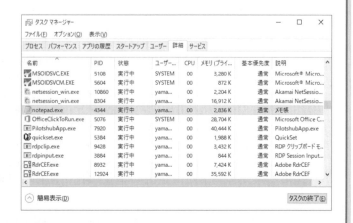

5. notepad.exeプロセスは、優先度クラス「通常」(8) で実行中であることに注目してください。また、タスクマネージャーでは優先度クラス「アイドル」を「低」と表示することにも注意してください。

6. ここで、Process Explorerを開きます。

7. notepad.exeプロセスをダブルクリックして、このプロセスのプロパティダイアログボックスを開き、[Threads]タブをクリックします。

8. 1番目のスレッドを選択します（複数のスレッドが存在する場合）。すると、右のように見えるはずです。

9. スレッドの優先度に注目します。スレッドの基本優先度（Base Priority）は8ですが、現在（動的）優先度（Dynamic Priority）は10になっています（この優先度の増加の理由については、この後の「4.4.6　優先度ブースト（優先度の引き上げ）」の項で説明します）。

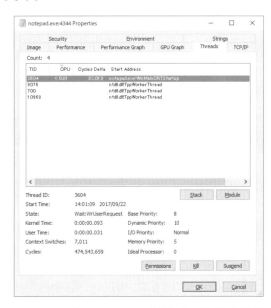

10. もし望むなら、このスレッドを中断（Suspend）または強制終了（Kill）することができます（当然のことながら、どちらの操作も注意して行う必要があります）。

11. タスクマネージャーに戻り、notepad.exeプロセスを右クリックして［優先度の設定］を選択し、次に示すように［高］に設定します。

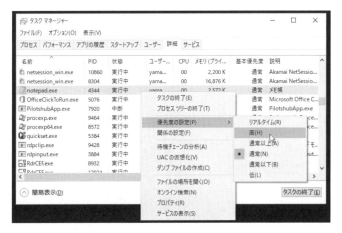

12. 確認のダイアログボックスで［優先度の変更］をクリックしたら、Process Explorerに戻ります。スレッドの優先度が新しい基本優先度「高」(13) にジャンプしたことに注目してください。動的優先度は、相対的に同じ分だけジャンプします。

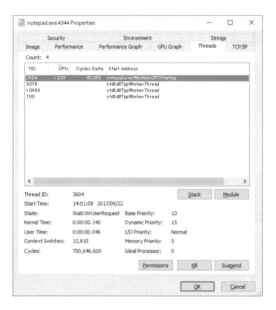

13. タスクマネージャーに戻り、優先度クラスを「リアルタイム」に変更します（これが成功するためには、コンピューター上で管理者の権限を持っている必要があります。また、優先度の変更は、Process Explorerからも実行できます）。

14. Process Explorerに戻り、スレッドの基本および動的優先度が24になったことを確認します。カーネルがスレッドのためにリアルタイムの優先度範囲内で優先度ブーストを決して行わないことを思い出してください。

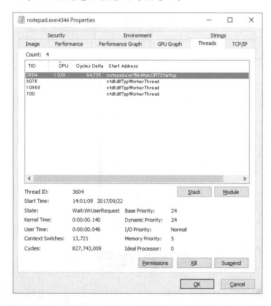

Windows システムリソースマネージャー

　Windows Server 2012以前[*3]のStandard Edition以上のSKU（エディション）には、オプションでインストール可能なコンポーネントとして**Windowsシステムリソースマネージャー（WSRM）**があります。管理者はWSRMを使用して、プロセスに対してCPU使用率、アフィニティ設定、メモリ制限を指定するポリシーを構成することが可能です。また、WSRMは、リソース使用状況のレポートを生成することができ、アカウンティングやユーザーに提供するサービスレベル保証（SLA）のために使用することができます。

　ポリシーは、指定したアプリケーション（コマンドライン引数を含むまたは含まないイメージの名前の一致によって）、ユーザー、またはグループに適用することができます。ポリシーは、指定した期間だけに影響するようにスケジュールしたり、全期間で有効化したりできます。

　特定のプロセスを管理するためのリソース割り当てのポリシーを設定すると、WSRMのサービスは管理対象のプロセスのCPU消費量を監視して、そのプロセスが対象CPUの割り当てに一致しないとき、プロセスの基本優先度を調整します。

　物理メモリ制限にはSetProcessWorkingSetSizeEx関数が使用され、固定のワーキングセットを最大に設定します。仮想メモリ制限は、プロセスによって消費されるプライベート仮想メモリをサービスがチェックすることにより実装されています（これらのメモリ制限については、第5章で説明します）。この制限に達した場合にそのプロセスを強制終了するか、イベントログにエントリを書き込むかのどちらかを行うように、WSRMを構成することができます。この動作は、プロセスがシステム上で利用可能なコミット済みメモリのすべてを消費してしまう前に、メモリリークを引き起こしているプロセスを検出するために使用できます。なお、WSRMのメモリ制限は、AWE（Address Windowing Extensions）メモリ、ラージページメモリ、カーネルメモリ（非ページプール、ページプール）には適用されません（これらの用語の詳細情報については、第5章を参照してください）。

4.4.3　スレッドの状態

　スレッドスケジューリングのアルゴリズムを見る前に、スレッドが入る可能性がある、さまざまな実行状態について理解しておく必要があります。以下に、スレッドの状態を示します。

- **準備完了（Ready）**——準備完了状態にあるスレッドは、実行されるのを待機しているか、待機が完了したあと入れ替えられます。実行するスレッドを検索する際、ディスパッチャーはそのスレッドが準備完了状態であるかどうかを考慮します。

- **遅延準備完了（Deferred Ready）**——この状態は、特定のプロセッサ上で実行するように選択されたものの、実際にその場所で実行を開始していないスレッドのために使用されます。この状態が存在するため、カーネルはスケジューリングデータベース上でプロセッサごとのロックの保持時間を最小化することができます。

- **スタンバイ（Standby）**——この状態にあるスレッドは、特定のプロセッサ上で次に実行されるよう選択済みです。正しい条件が存在するとき、ディスパッチャーはこのスレッドに対してコンテキストスイッチを行います。なお、そのスレッドが実行される前に、別のスレッドがスタンバイの状態を先取り（プリエンプト）する可能性があります（例えば、スタンバイ状態のスレッドが実行を開始する前に、より高い優先度のスレッドが実行可能になった場合など）。

[*3]　訳注：Windowsシステムリソースマネージャーは、Windows Server 2012で使用が推奨されなくなり、Windows Server 2012 R2からは削除されました。代替として、Hyper-Vが提供するリソース制御機能を利用できます（仮想マシンの仮想CPU数／予約／限度／重み、メモリ割り当て／重み、NUMAトポロジ対応など）。

- **実行（Running）** ―― ディスパッチャーがスレッドに対してコンテキストスイッチを行った後、そのスレッドは実行の状態に入り、実行されます。そのスレッドの実行は、そのスレッドのクォンタムが終了するまで（そして同じ優先度にある別のスレッドの実行準備ができるまで）、より高い優先度の別のスレッドによって先取りされるまで、そのスレッドが終了するまで、そのスレッドが実行を一時停止する（別のスレッドに実行の機会を譲る）まで、あるいは自発的に待機の状態に入るまで続きます。
- **待機（Waiting）** ―― スレッドはいくつかの方法で待機の状態に入ることができます。例えば、スレッドは自発的に、実行を同期するためのオブジェクトを待つことができ、OSはそのスレッドの代わりにそれを待機します（ページングI/Oを解決するためなど）。または、環境サブシステムがそのスレッドに自体を中断するように指示できます。スレッドの待機が終了すると、そのスレッドの優先度に基づいて、そのスレッドはすぐに実行を開始するか、準備完了の状態に戻されます。
- **トランジション（Transition）** ―― 実行の準備は整ったものの、カーネルスタックがメモリからページアウトされている場合、スレッドはトランジションの状態に入ります。そのカーネルスタックがメモリ内に戻されると、スレッドは準備完了の状態に入ります（スレッドスタックについては、第5章で説明します）。
- **終了（済み）（Terminated）** ―― スレッドが実行を終了すると、この状態に入ります。スレッドが終了したあと、エグゼクティブスレッド（ETHREAD）オブジェクト（そのスレッドを説明するシステムメモリ内のデータ構造体）は割り当てが解除される場合と解除されない場合があります。オブジェクトマネージャーは、オブジェクトを削除するタイミングに関するポリシーを設定します。例えば、スレッドに対するハンドルが1つでも開かれている場合、そのオブジェクトは残されます。他のスレッドによって明示的に強制終了された場合、例えば、Windows APIのTerminatedThread関数の呼び出しによって、スレッドが他の状態から終了の状態に入る場合もあります。
- **初期化（済み）（Initialized）** ―― この状態は、スレッドの作成中に内部的に使用されます。

図4-8は、スレッドの状態の主な遷移を示したものです。図中にある数値は、各状態の内部的な値を表しており、パフォーマンスモニターのようなツールを使用して参照することができます。準備完了および遅延準備完了の2つの状態は、1つで表現しています。これは、遅延準備完了の状態がスケジューリングルーチン用の一時的なプレースホルダーとして振る舞うという事実を反映したものです。これは、スタンバイの状態にも当てはまります。これらの状態は、ほとんど常に、非常に短命です。これらの状態にあるスレッドは、必ずすぐに、準備完了、実行、または待機の状態に遷移します。

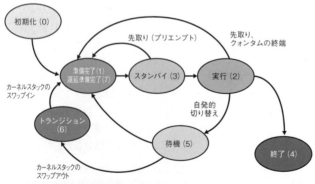

図4-8　スレッドの状態とその遷移

実習 スレッドスケジューリングの状態の変化

スレッドスケジューリングの状態の変化は、Windowsのパフォーマンスモニターを使用して見ることができます。このユーティリティは、マルチスレッドアプリケーションをデバッグするときや、プロセス内で実行中のスレッドの状態が不明なときに役立ちます。パフォーマンスモニターを使用してスレッドスケジューリングの状態の変化を見るには、以下のステップを実行します。

1. 本書のダウンロード可能なリソースのサイトから、CPU Stressツール（CPUSTRES.exe）を含むZipファイルをダウンロードして展開します。[*4]

2. CPUSTRES.exeを実行します。スレッド1がアクティブ（Active）になっているはずです。

3. スレッド2を選択して［Activate Threads］ボタンをクリックするか、スレッド2を右クリックして［Activate］を選択し、スレッド2をアクティブ化します。ツールは、次のような状態になるはずです。

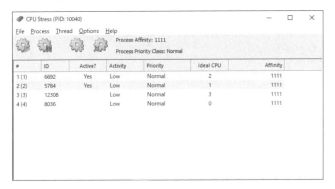

4. ［スタート］メニューをクリックしてperfmonまたはパフォーマンスと入力し、パフォーマンスモニター（デスクトップアプリ）をクリックして開始します。

5. 必要に応じて［折れ線グラフ］ビュー（既定）を選択し、既定で存在するCPUのカウンター（% Processor Time）を削除します。

6. グラフ上で右クリックして［プロパティ］を選択します。

7. ［グラフ］タブをクリックし、［垂直スケール］の［最大］を7に設定します（図4-8で見たように、スレッドのさまざまな状態は0から7の数に関連付けられています）。設定が完了したら［OK］をクリックします。

8. ツールバー上の［追加］ボタン（［+］アイコン）をクリックして、［カウンターの追加］ダイアログボックスを開きます。

[*4] 訳注：CPUSTRES.exeは、本書の制作時点ではhttps://aka.ms/winint7ed/downloadsからダウンロード可能なWindowsInternals7Ed.zipには含まれず、ソースコードとともにhttps://github.com/zodiacon/windowsinternalsで公開されているTools.zipに含まれます。

9. パフォーマンスオブジェクトThreadを展開し、Thread Stateカウンターを選択します。
10. [説明を表示する]を選択すると、Thread Stateカウンターが示す値の定義を確認できます。

11. [選択したオブジェクトのインスタンス]ボックスの下の検索ボックスに**cpustres**と入力して、[検索]ボタンをクリックします。
12. cpustresの最初の3つのスレッド（CPUSTRES/0、CPUSTRES/1、CPUSTRES/2）を選択し、[追加]ボタンをクリックします。[OK]ボタンをクリックして、ダイアログボックスを閉じます。スレッド0は、状態5（待機）にあるはずです。その理由は、これがcpustresのGUIスレッドであり、ユーザーの入力を待機している状態だからです。スレッド1とスレッド2は、状態2（実行）と状態5（待機）の間で交互になるはずです（スレッド1とスレッド2は、同じアクティビティと同じ優先度で実行されているため、スレッド2がスレッド1のグラフに隠れてしまうかもしれません）。

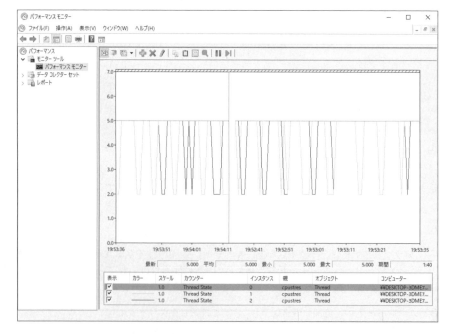

13. CPU Stressツールに戻り、スレッド2を右クリックしてコンテキストメニューの［Activity Level］から［Busy (75%)］を選択します。これにより、パフォーマンスモニターでは、スレッド2がスレッド1よりも多くの間、状態2（実行）にあるのを目にするはずです。

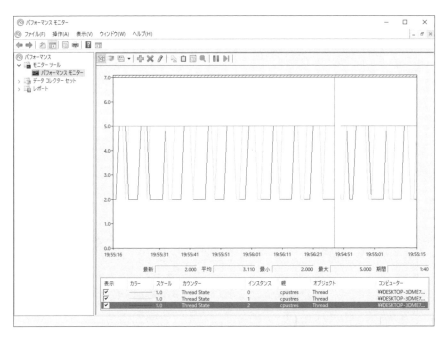

14. スレッド1を右クリックしてコンテキストメニューの［Activity Level］から［Maximum (100%)］を選択します。スレッド2に対しても同じ操作を行います。今度は、両方のスレッドが絶えず状態2にあるはずです。これは、これらのスレッドが実質的に無限ループ状態になっているからです。

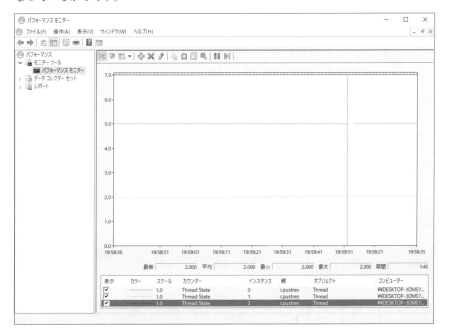

この実習をシングルプロセッサシステムで試した場合は、少し状況が異なります。プロセッサが1つしか存在しないため、一度に実行できるのは1つのスレッドだけになります。そのため、2つのスレッドが状態1（準備完了）と状態2（実行）の間で交差するように見えるはずです。

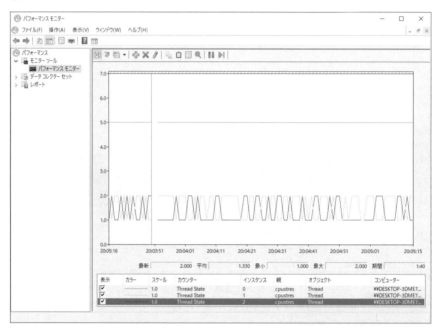

15. この実習をマルチプロセッサシステムで行っている場合（その可能性が高いでしょう）、単一プロセッサシステムと同じ挙動を再現することができます。それには、タスクマネージャーの［詳細］タブでcpustres.exeプロセスを右クリックし、［関係の設定］を選択して、以下に示すように［プロセッサの関係］ダイアログボックスでプロセッサを1つだけ選択します。どの1つを選択するかは重要ではありません（CPU Stressツールの［Process］メニューを開いて、［Affinity］を選択することでも、同じようにプロセッサの選択が可能です）。

16. この実習で試すことができることが、もう1つあります。これまでの設定はそのままで（マルチプロセッサシステムの場合は、プロセッサを1つに限定することを含めて）、CPU Stressツールに戻ります。スレッド1を右クリックして、コンテキストメニューの［Priority］から［Above Normal（+1）］を選択します。すると、スレッド1が連続的に実行中（状態2）になり、スレッド2が常に準備完了状態（状態1）になるのを確認できるでしょう。これは、1つのプロセッサしか存在しないからであり、一般的に、より高い優先度のスレッドが優先されるからです。しかし、ときどき、スレッド1の状態が準備完了に変化するのを目にすることもあるでしょう。これは、4秒ごとに、なかなか実行されないスレッドが、それを有効化するブーストを得て、瞬間的に実行されたからです（パフォーマンスモニターの精度が1秒間隔に制限されているため、この状態の変化はグラフに反映されないことがあります。1秒間隔はスレッドにとって、あまりにも粗すぎます）。このことについては、この章の「4.4.6 優先度ブースト（優先度の引き上げ）」の項でさらに詳細に説明します。

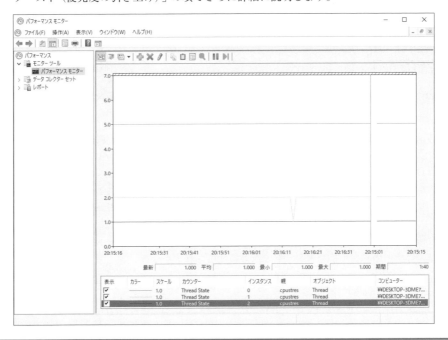

4.4.4 ディスパッチャーデータベース

　カーネルは、スレッドスケジュールの決定のために、ひとまとめで**ディスパッチャーデータベース**として知られる、一連のデータ構造体を保持しています。ディスパッチャーデータベースは、どのスレッドが実行を待機しているのか、どのプロセッサがどのスレッドを実行中であるのかを追跡します。
　スレッドディスパッチの同時実行を含め、スケーラビリティを向上するため、マルチプロセッサシステムのWindowsは、図4-9に示すように、プロセッサごとのディスパッチャー準備完了キュー（Ready Queue、実行待ちスレッドの待ち行列）を持ち、プロセッサグループキューを共有しています。これにより、システム全体の準備環境キューをロックする必要なしに、各CPUは自身の共有された準備完了キューで次に実行するスレッドをチェックできます。

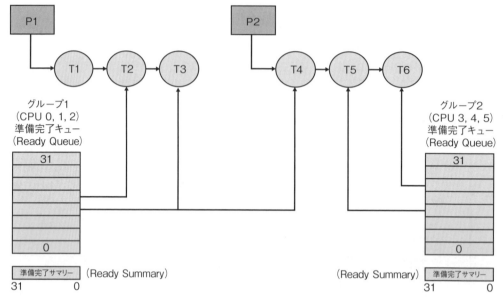

図4-9　Windowsのマルチプロセッサシステム対応ディスパッチャーデータベース（この例は、6プロセッサの場合。Pはプロセス、Tはスレッドを表す）

　Windows 8およびWindows Server 2012より前のバージョンのWindowsは、プロセッサ制御ブロック（Processor Control Block：PRCB）の一部として格納される、プロセッサごとの準備完了キューとプロセッサごとの準備完了サマリーのフィールドを使用します（PRCBのフィールドを参照するには、カーネルデバッガーで **dt nt!_kprcb** と入力します）。Windows 8およびWindows Server 2012からは、プロセッサグループ用の共有された準備完了キューとそのサマリーが使用されるようになりました。これにより、システムはそのプロセッサのグループにおいて、次に使用するプロセッサについて、より適切に判断できるようになりました（CPUごとの準備完了キューは引き続き存在し、プロセッサアフィニティの制約を持つスレッドのために使用されます）。

 メモ
　共有されたデータ構造体は（スピンロックによって）保護されなければならないため、グループはあまり大きくするべきではありません。そうすれば、キューの競合は重要ではありません。現在の実装では、最大のグループサイズは4つの論理プロセッサです。論理プロセッサ数が4つを超える場合は、複数のグループが作成され、利用可能なプロセッサが均等に分散されます。例えば、6プロセッサシステムでは、3つずつのプロセッサからなる、2つのグループが作成されます。

　準備完了キュー（Ready Queue）と準備完了サマリー（Ready Summary、次に説明します）は、その他のいくつかの情報とともに、PRCBが格納されているKSHARED_READY_QUEUEという名前のカーネル構造体に格納されます。この構造体はすべてのプロセッサに存在しますが、各プロセッサグループの1番目のプロセッサのものだけが使用され、グループ内の残りのプロセッサとこれを共有します。
　ディスパッチャー準備完了キュー（KSHARED_READY_QUEUE内のReadListHeadフィールド）は、実行がスケジュールされるのを待っている、準備完了状態のスレッドを含みます。32の優先度レベルごとに1つのキューが存在します。実行または先取りされるスレッドの選択を高速化するため、Windowsは**準備完了サマリー**（ReadySummaryフィールド）と呼ばれる32ビットのビットマスクを保

持します。各ビットは、その優先度レベル（ビット0は優先度0、ビット1は優先度1など）の準備完了キューに1つ以上のスレッドが存在することを示しています。

各準備完了リストをスキャンして空かそうでないかを確認する代わりに、セットされている中で最も上位のビット（最も高い優先度）を見つけるために、ネイティブなプロセッサコマンドとして1回のビットのスキャンが実行されます。準備完了キュー内のスレッド数に関係なく、この操作には一定の時間がかかります。

ディスパッチャーデータベースは、割り込み要求レベル（IRQL）をディスパッチレベル（DISPATCH_LEVEL、2）に引き上げることによって同期されます（IRQLについては、第6章を参照してください）。このようにしてIRQLが増えると、他のスレッドはそのプロセッサ上で割り込みのためにスレッドディスパッチされなくなります。なぜなら、スレッドは通常、IRQL 0または1で実行されるからです。しかし、単にIRQLを増やす以外にも必要なことがあります。他のプロセッサは、そのプロセッサのディスパッチャーデータベースにおいて、同時に同じようにIRQLを引き上げることができ、操作しようと試みるからです。Windowsがディスパッチャーデータベースへのアクセスを同期する方法については、この章の「4.4.13　マルチプロセッサシステム」の項で説明します。

実習 準備完了スレッドを参照する

カーネルデバッガーの!readyエクステンションコマンドを使用すると、準備完了スレッドのリストを参照することができます。このコマンドは、優先度レベルごとに実行の準備が完了したスレッドまたはスレッドのリストを表示します。以下の例は、4つのプロセッサを持つ32ビットコンピューター上で生成された出力です。

```
0: kd> !ready
KSHARED_READY_QUEUE 8147e800: (00) ****---------------------------
SharedReadyQueue 8147e800: Ready Threads at priority 8
    THREAD 80af8bc0         Cid 1300.15c4  Teb: 7ffdb000
Win32Thread: 00000000 READY on processor 80000002
    THREAD 80b58bc0 Cid 0454.0fc0 Teb: 7f82e000 Win32Thread: 00000000
READY on processor 80000003
SharedReadyQueue 8147e800: Ready Threads at priority 7
    THREAD a24b4700         Cid 0004.11dc  Teb: 00000000
Win32Thread: 00000000 READY on processor 80000001
    THREAD a1bad040         Cid 0004.096c  Teb: 00000000
Win32Thread: 00000000 READY on processor 80000001
SharedReadyQueue 8147e800: Ready Threads at priority 6
    THREAD a1bad4c0         Cid 0004.0950  Teb: 00000000
Win32Thread: 00000000 READY on processor 80000002
    THREAD 80b5e040         Cid 0574.12a4  Teb: 7fc33000
Win32Thread: 00000000 READY on processor 80000000
SharedReadyQueue 8147e800: Ready Threads at priority 4
    THREAD 80b09bc0         Cid 0004.12dc  Teb: 00000000
Win32Thread: 00000000 READY on processor 80000003
SharedReadyQueue 8147e800: Ready Threads at priority 0
    THREAD 82889bc0         Cid 0004.0008  Teb: 00000000
Win32Thread: 00000000 READY on processor 80000000
Processor 0: No threads in READY state
```

```
Processor 1: No threads in READY state
Processor 2: No threads in READY state
Processor 3: No threads in READY state
```

　プロセッサ番号には0x80000000が付いていますが、実際のプロセッサ番号は簡単に区別でき
ます。最初の行にはKSHARED_READY_QUEUEのアドレスがかっこ内のグループ番号（00）
付きで表示され、それに続く32個の記号はこのグループ内のプロセッサ（4つのアスタリスク
(*)）を表しています。

　最後の4行は、準備完了スレッドが存在しないようなことを示唆しているため、直前の出力と
矛盾しており、奇妙に見えます。これらの行は、プロセッサ制御ブロック（PRCB）の以前の情
報を含むDispatcherReadyListHeadメンバーから取得された準備完了スレッドを示しています。
これは、プロセッサごとの準備完了キューが、プロセッサアフィニティの制限（そのプロセッサ
グループ内のプロセッサのサブセットで実行するように設定）を持つスレッドのために使用さ
れるためです。

　!readyコマンドで得られたアドレスを使用して、KSHARED_READY_QUEUEのフォーマッ
トをダンプすることもできます。

```
0: kd> dt nt!_KSHARED_READY_QUEUE 8147e800
   +0x000 Lock : 0
   +0x004 ReadySummary    : 0x1d1
   +0x008 ReadyListHead   : [32] _LIST_ENTRY [ 0x82889c5c - 0x82889c5c
]
   +0x108 RunningSummary  : [32] "???"
   +0x128 Span            : 4
   +0x12c LowProcIndex    : 0
   +0x130 QueueIndex      : 1
   +0x134 ProcCount       : 4
   +0x138 Affinity        : 0xf
```

　ProcCountメンバーは、共有されたグループ内のプロセッサ数を示しています（この例では
4）。ReadySummary（準備完了サマリー）の値、0x1d1にも注目してください。これをバイナリ
値（2進数）に変換すると、000111010001になります。バイナリ値は右から左に読みます。この
値の場合、優先度0、4、6、7、8にスレッドが存在することを示しています。これは、先ほどの
出力結果と一致します。

4.4.5 | クォンタム（Quantum）

　この章で前述したように、**クォンタム**（Quantum）は、同じ優先度の別のスレッドが実行を待機し
ているかどうかをWindowsが確認するまでに、スレッドが実行を許可された一定量の時間です。ス
レッドがクォンタムを完了し、同じ優先度に別のスレッドが存在しない場合、Windowsはそのスレッ
ドに次のクォンタムの間、実行を許可します。

　クライアント版のWindowsでは、スレッドは既定で2クロック間隔で実行されます。サーバーシス
テムでは、スレッドは既定で12クロック間隔で実行されます（これらの値を変更する方法については、
「クォンタムの制御」の項で後ほど説明します。サーバーシステムにおいて既定値がより長くなってい

る理由は、コンテキストスイッチを最小化するためです。より長いクォンタムを持つことにより、ク
ライアント要求のためにウェイクアップするサーバーアプリケーションは、クォンタムが終了する前
に、要求が完了し、待機状態に戻る可能性が高くなります。

クロック間隔の長さは、ハードウェアプラットフォームによって異なります。クロック割り込みの
頻度を決めるのは、カーネルではなく、ハードウェア抽象化レイヤー（HAL）です。例えば、ほとん
どのx86ユニプロセッサのクロック間隔は10ミリ秒です（x86ユニプロセッサアーキテクチャは、現在
のWindowsでは既にサポートされていません。ここでは例を示す目的でのみ使用しています）。また、
ほとんどのx86およびx64マルチプロセッサのクロック間隔は約15ミリ秒です。クロック間隔は、カー
ネル変数KeMaximumIncrementに100ナノ秒の単位で格納されています。

スレッドはクロック間隔の複数単位で実行されますが、システムはスレッドが実行された長さやス
レッドのクォンタムが使い果たされたかどうかの計測に、クロックティック（Tick）の数を使用しませ
ん。これは、スレッドの実行時間のアカウンティングが、プロセッササイクル数に基づいているから
です。システムが開始したとき、システムはプロセッサのヘルツ（Hz）速度（CPUクロックサイクル
／秒）を1クロックティックにかかる秒数（前述のKeMaximumIncrement値に基づきます）で乗算し、
クォンタムに等しいクロックサイクル数を計算します。この値は、カーネル変数KiCyclesPerClock
Quantumに格納されます。

このアカウンティング方法の結果として、スレッドは実際、クロックティックに基づいたクォンタ
ムの数では実行されないことになります。その代わりに、スレッドは「クォンタムターゲット
（Quantum Target）」の間実行されます。このターゲットは、スレッドがクロックサイクルを断念する
までに消費できるCPUクロックサイクル数の推定値を表します。このターゲットは、同等のクロック
間隔タイマーティックの数と等しくなければなりません。今述べたように、これはクォンタムごとの
クロックサイクル数の計算がクロック間隔タイマーの頻度に基づいているからであり、次の実習を使
用して確認することができます。ただし、割り込みサイクルはスレッドに投入されないため、実際の
クロックタイムは長くなる可能性があることに注意してください。

実習 クロック間隔の頻度を調査する

Windows APIのGetSystemTimeAdjustment関数は、戻り値としてクロック間隔を返します。
もっと簡単にクロック間隔を調べるには、Windows SysinternalsのClockresツールを実行して
最大（既定）のクロック間隔を取得します。次の例は、クアッドコアの64ビットWindows 10シ
ステムの出力結果です。

```
C:¥>clockres

ClockRes v2.0 - View the system clock resolution
Copyright (C) 2009 Mark Russinovich
SysInternals - www.sysinternals.com

Maximum timer interval: 15.600 ms
Minimum timer interval: 0.500 ms
Current timer interval: 1.000 ms
```

現在（Current）のクロック間隔は、既定の最大（Maximum）クロック間隔よりも小さくなる可
能性があります。その理由は、マルチメディアタイマーの存在です。マルチメディアタイマーは、

timeBeginPeriodおよびtimeSetEventのような関数で使用されるタイマーであり、最短1ミリ秒間隔でコールバックを受信するために使用されます。これにより、カーネルインターバルタイマーの全体的な再プログラミングが行われ、スケジューラがより頻繁な間隔でウェイクアップするようになり、システムのパフォーマンスを低下させる可能性があります。いずれにしても、次の項で説明するように、これはクォンタムには影響しません。

　以下に示すように、カーネルグローバル変数KeMaximumIncrementを使用して値を読み取ることも可能です（以下の例は、先ほどのClockresのシステムとは別のシステムのものです）。

```
0: kd> dd nt!KeMaximumIncrement L1
814973b4 0002625a
0: kd> ? 0002625a
Evaluate expression: 156250 = 0002625a
```

　この結果は、既定の15.6ミリ秒に対応しています。

■｜クォンタムのアカウンティング

　各プロセスは、プロセス制御ブロック（KPROCESS内のPCB）にクォンタムリセット（Quantum Reset）値を持ちます。この値は、プロセスの中に新しいスレッドを作成したときに使用され、スレッド制御ブロック（KTHREAD内のTCB）に複製されます。その後、スレッドに新しいクォンタムターゲットを与えるときに使用されます。クォンタムリセット値は、実際のクォンタム単位（その意味についてはこの後すぐに説明します）として格納され、クォンタムごとのクロックサイクル数で乗算され、クォンタムターゲットになります。

　スレッドが実行されると、CPUクロックサイクルはコンテキストスイッチ、割り込み、特定のスケジュール決定など、異なるイベントに使用されます。もし、クロック間隔タイマー割り込みの時点で、使用されたCPUクロックサイクル数がクォンタムターゲットに達すると（または過ぎると）、クォンタムの終端処理がトリガーされます。同じ優先度で実行されるのを待機している別のスレッドが存在する場合は、準備完了キュー内の次のスレッドへのコンテキストスイッチが発生します。

　内部的には、クォンタムの1単位は、クロックティックの1/3で表されます。つまり、1クロックティックは、3クォンタムと等しくなります。これは、クライアントWindowsシステム上でスレッドはクォンタムリセット値6（2×3）を、サーバーシステム上でスレッドはクォンタムリセット値36（12×3）を、それぞれ既定で持つことを意味しています。そのため、前述の計算の最後に、KiCyclesPerClockQuantumの値は3で除算されます。これは、元の値が1クロック間隔タイマーティックあたりのCPUクロックサイクル数を表しているからです。

　クォンタムが、クロックティック全体としてではなく、クロックティックの分数として内部的に格納された理由は、Windows Vistaより前のバージョンのWindowsにおいて、部分的なクォンタムの待機時減退（Decay-on-wait）完了を可能にするためでした。Windows Vistaより前のバージョンは、クォンタム切れにクロック間隔タイマーを使用していました。この調整が行われていないと、スレッドがクォンタムを減らすことは不可能でした。例えば、スレッドが実行され、待機状態に入り、再度実行され、また別の待機状態に入ったものの、クロック間隔タイマーの発生時に現在実行中のスレッドがなかった場合、スレッドはスレッドを実行する時間のためにクォンタムを使用することはないでしょう。現在のWindowsでは、スレッドはクォンタムの代わりにCPUクロックサイクルをチャージします。これはクロック間隔タイマーに依存しないため、このような調整を必要としません。

第**4**章 スレッド **253**

> **実習** **クォンタムごとのクロックサイクル数を調査する**
>
> 　Windowsは、いかなる関数を介しても、クォンタムごとのクロックサイクル数を公開していません。ただし、これまで示してきた計算方法と説明を基に、次に示すステップとローカルデバッグモードのWinDbgなどのカーネルデバッガーを使用して、自分で調べてみることは可能です。
>
> 1. Windowsが検出したプロセッサの周波数を取得します。それには、!cpuinfoエクステンションコマンドで表示できるプロセッサ制御ブロック（PRCB）のMHzフィールドに格納された値を使用できます。次は、2794MHzで動作する4プロセッサシステムの出力結果の例です。
>
> ```
> lkd> !cpuinfo
> CP  F/M/S Manufacturer  MHz PRCB Signature    MSR 8B Signature Features
>  0  6,60,3 GenuineIntel 2794 ffffffff00000000
> >ffffffff00000000<a3cd3fff
>  1  6,60,3 GenuineIntel 2794 ffffffff00000000
> a3cd3fff
>  2  6,60,3 GenuineIntel 2794 ffffffff00000000
> a3cd3fff
>  3  6,60,3 GenuineIntel 2794 ffffffff00000000
> a3cd3fff
> ```
>
> 2. メガヘルツ（MHz）の数値をヘルツ（Hz）に変換します。この数が、システム上で1秒ごとに発生するCPUクロックサイクル数になります（上の例の場合、2,794,000,000サイクル/秒）。
>
> 3. Windows SysinternalsのClockresツールを使用して、システムのクロック間隔を取得します。これにより、クロックが発生するまでにかかる時間の長さを計測します。この実習の例のシステムでは、クロック間隔は15.625ミリ秒です。
>
> 4. クロック間隔の数値を、1秒ごとに発生するクロック間隔タイマーの時間の数値に変換します。1秒は1,000ミリ秒なので、ステップ3の数値を1,000で除算します。この実習の例の場合、タイマーは0.015625秒ごとに発生します。
>
> 5. この数値を、ステップ2で取得したサイクル/秒で乗算します。この実習の例の場合、各クロック間隔の後に43,656,250サイクルが経過します。
>
> 6. クォンタムの1単位は、クロック間隔の1/3であることを思い出してください。ここで、ステップ5のサイクル数を3で除算します。これにより、14,552,083が得られます。16進数では0xDE0C13です。この数値が、2794MHz、約15.6ミリ秒のクロック間隔で稼働するシステム上で、各クォンタム単位が取得できるクロックサイクル数になります。
>
> 7. この計算が正しいかどうかを検証するために、そのシステム上でKiCyclesPerClockQuantumの値をダンプしてみましょう。計算結果（16進数）と一致するはずです（または丸め誤差のため近似値を示すかもしれません）。
>
> ```
> lkd> dd nt!KiCyclesPerClockQuantum L1
> 8149755c 00de0c10
> ```

■ **クォンタムの制御**

すべてのプロセスのためのスレッドクォンタムは変更することが可能ですが、選択肢は2つしかありません。短い（2クロックティック、Windowsクライアントの既定）または長い（12クロックティック、サーバーシステムの既定）のいずれかです。

 メモ
長いクォンタムで実行中のシステム上でジョブオブジェクトを使用することにより、ジョブ内のプロセス用に他のクォンタム値を選択することが可能です。

この設定を変更するには、デスクトップ上の［PC］アイコン（デスクトップアイコンの表示設定で［コンピューター］を表示するように構成されている場合）を右クリックして［プロパティ］を選択します。または、Windowsのエクスプローラーでフォルダー階層の最上位（デスクトップ）を開き、［PC］を右クリックしてプロパティを選択します。コントロールパネルの［システム］が開くので、［システムの詳細設定］をクリックし、［システムのプロパティ］ダイアログボックスの［詳細設定］タブを開きます。さらに、［詳細設定］タブの［パフォーマンス］セクションにある［設定］ボタンをクリックし、［パフォーマンスオプション］ダイアログボックスの［詳細設定］タブをクリックします。図4-10が、目的のダイアログボックスです。

図4-10　［パフォーマンスオプション］ダイアログボックス内のクォンタムの構成

このダイアログボックスには、2つの重要なオプションがあります。

- **プログラム**　——　この設定は、短いほうの、可変クォンタムの使用を指定します。これは、クライアントバージョンのWindows（およびWindows Mobile、Xbox、HoloLensなどのようなクライアント相当バージョン）の既定です。サーバーシステムにリモートデスクトップサービス（旧称、

ターミナルサービス）をインストールし、サーバーをアプリケーションサーバー（つまり、リモートデスクトップセッションホスト、旧称、ターミナルサーバー）として構成した場合、この設定が選択されます。これにより、リモートデスクトップセッションホスト上のユーザーは、デスクトップまたはクライアントシステムに通常設定されるのと同じクォンタム設定を持ちます。もし、Windows ServerをデスクトップOSとして利用する場合は、このダイアログボックスで手動で選択することもできます。

- **バックグラウンドサービス** —— この設定は、長いほうの、固定クォンタムの使用を指定します。これは、サーバーシステムの既定です。ワークステーションのシステムでこのオプションを選択する唯一の理由は、ワークステーションをサーバーシステムとして使用する場合です。ただし、このオプションの変更はすぐに適用されるため、コンピューターがバックグラウンドまたはサーバー型のワークロードを実行しようという場合に使用することは意味があることです。例えば、一晩かけて実行する必要がある、長時間の計算、エンコーディング、モデリングシミュレーションの場合、夜に［バックグラウンドサービス］オプションを選択し、朝になったら［プログラム］オプションにシステムを戻すということができます。

■ 可変クォンタム

可変クォンタムが有効にされたとき、6つのクォンタムインデックスからなる1つの配列を保持する可変クォンタムテーブル（PspVariableQuantums）が、PspComputeQuantum関数によって使用されるPspForegroundQuantumテーブル（3要素の配列）に読み込まれます。PspComputeQuantum関数のアルゴリズムは、プロセスがフォアグラウンドプロセスであるかどうか、つまり、デスクトップ上のフォアグラウンドのウィンドウを所有するスレッドを含むかどうかに基づいて、適切なクォンタムインデックスを選択します。フォアグラウンドプロセスでない場合、インデックス0が選択されます。これは、前述した、スレッドの既定のクォンタムに対応します。フォアグラウンドプロセスの場合は、クォンタムインデックスは優先度分離（Priority Separation）に対応します。

この優先度分離の値は、スケジューラがフォアグラウンドスレッドに適用する優先度ブースト（「4.4.6 優先度ブースト（優先度の引き上げ）」の項で後ほど説明します）を決定するもので、クォンタムの拡張の対応するペアになるものです。追加の優先度レベル（最大2）ごとに、さらに別のクォンタムがスレッドに与えられます。例えば、スレッドが優先度レベル1のブーストを受け取った場合、スレッドは追加で1つのクォンタムを受け取ります。既定では、Windowsはフォアグラウンドのスレッドに対して設定可能な最大の優先度ブースト（優先度の引き上げ）を設定します。つまり、既定の優先度分離の値は2であり、可変クォンタムテーブル内のクォンタムインデックス2が選択されます。これにより、そのスレッドは追加で2つのクォンタムを受け取り、クォンタムは合計3つになります。

表4-2は、クォンタムインデックスに基づいて選択される正確なクォンタムの値を説明したものであり、使用中のクォンタム構成を示します（クォンタムの1単位はクロックティックの1/3を表していることを思い出してください）。

表4-2 クォンタム値を示すクォンタムテーブル

	短いクォンタムインデックス			長いクォンタムインデックス		
可変	6	12	18	12	24	36
固定	18	18	18	36	36	36

こうして、クライアントシステム上で1つのウィンドウがフォアグラウンドになると、フォアグラウンドのウィンドウを所有するスレッドを含む、そのプロセス内のすべてのスレッドは、3倍のクォンタ

ムを持つようになります。フォアグラウンドプロセスのスレッドは、6クロックティックのクォンタムで実行されます。一方、その他のプロセスはクライアントの既定のクォンタムである2クロックティックを持ちます。この方式では、CPUを大量に使用するプロセスから別のプロセスに切り替わると、新しいフォアグラウンドプロセスはそれに応じてより多くのCPU時間を取得できます。このため、フォアグラウンドプロセスがスレッドを実行すると、バックグラウンドスレッドよりも長い時間、CPUを回すことができます（フォアグラウンドプロセスとバックグラウンドプロセスの両方で、スレッドの優先度は同じであると仮定します）。

■│クォンタム設定のレジストリ値

先ほど説明したクォンタム設定を制御するユーザーインターフェイスは、HKLM¥SYSTEM¥CurrentControlSet¥Control¥PriorityControlキー内のレジストリ値Win32PrioritySeparationを変更します。このレジストリ値は、スレッドクォンタムの相対的な長さ（短いまたは長い）を指定することに加えて、可変クォンタムを使用するかどうか、および優先度分離（これまで見てきたように、可変クォンタム有効時に使用されるクォンタムインデックスを決定します）も定義します。この値は、図4-11に示すように、3つの2ビットずつのフィールドに分けられる6ビット値で構成されます。

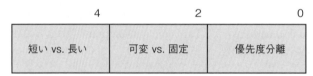

図4-11　Win32PrioritySeparationレジストリ値の3つのフィールド

図4-11内の3つに分けられるフィールドは、それぞれ次のように定義されています。

- **短い（Short）vs. 長い（Long）**──値1（2進数で01）は長いクォンタムの指定であり、値2（2進数で10）は短いクォンタムの指定です。値0（2進数で00）または3（2進数で11）の設定は、そのシステムでの使用に適した既定の設定です（クライアントシステムは短い、サーバーシステムは長い）。
- **可変（Variable）vs. 固定（Fixed）**──値1（2進数で01）は、「可変クォンタム」の項で説明したアルゴリズムに基づく、可変クォンタムテーブルの有効化を意味します。値0（2進数で00）または3（2進数で11）の設定は、そのシステムでの使用に適した既定の設定です（クライアントシステムは可変、サーバーシステムは固定）。
- **優先度分離（Priority Separation）**──このフィールド（カーネル変数PsPrioritySeparationに格納されます）は、「可変クォンタム」の項で説明したように、優先度分離（最大2、2進数で10）を定義します。

［パフォーマンスオプション］ダイアログボックス（図4-10を参照）を使用する場合は、次の2つの組み合わせからのみ選択できます。フォアグラウンドクォンタムが3倍の短いクォンタム、またはフォアグラウンドスレッドのためにクォンタムの変更を行わない長いクォンタムの2つです。一方、Win32PrioritySeparationレジストリ値を直接変更すれば、その他の組み合わせを選択することが可能です。

アイドル優先度クラスで実行中のプロセスの一部であるスレッドは、常に単一のスレッドクォンタムを受け取り、既定またはレジストリ設定のいずれの場合でも短いクォンタムの構成設定は無視されます。

アプリケーションサーバー（リモートデスクトップセッションホスト）として構成されたWindows

Serverシステムでは、レジストリ値Win32PrioritySeparationの初期値は16進数で26（2進数で10 01 10）になります。これは、［パフォーマンスオプション］ダイアログボックスの最適なパフォーマンスの調整オプションである［プログラム］によって設定される値と同じになります。このクォンタムおよび優先度ブーストの選択の動作は、Windowsクライアントシステムの動作と同じようになり、ユーザーのアプリケーションをホストするために主に使用されるサーバーにとって適切な動作モードです。

　Windowsクライアントシステム、およびアプリケーションサーバー（リモートデスクトップセッションホスト）として構成されていないサーバーシステムでは、レジストリ値Win32PrioritySeparationの初期値は2に設定されています。これは、「短い vs. 長い」と「可変 vs. 固定」の値が両方とも0（2進数で00 00）であることを示しており、その意味は、そのシステムの既定の動作モードに依存します（クライアントシステムかサーバーシステムかに依存します）。ただし、優先度分離フィールドの値は2（2進数で10）になります。このレジストリ値が［Performanceオプション］ダイアログボックスを通して変更された後は、レジストリを直接的に変更しない限り、もともとの値（2進数で00 00 10）に復元されることはありません。

実習 クォンタム構成変更の効果

　ローカルカーネルデバッガーを使用すると、2つのクォンタム構成設定、［プログラム］と［バックグラウンドサービス］が、PsPrioritySeparationとPspForegroundQuantumテーブルにどう影響するのか、システム上のスレッドのQuantumReset値をどう変更するするのかを確認することができます。次のステップに従って操作してください。

1. コントロールパネルの［システム］を開くか、デスクトップ上の［PC］アイコンを右クリックして［プロパティ］を開きます（アイコンが非表示の場合はエクスプローラーでフォルダー階層最上位の［PC］アイコンから操作します）。

2. ［システムの詳細設定］をクリックし、［システムのプロパティ］ダイアログボックスの［詳細設定］タブを開きます。さらに、［詳細設定］タブの［パフォーマンス］領域にある［設定］ボタンをクリックし、［パフォーマンスオプション］ダイアログボックスの［詳細設定］タブをクリックします。

3. 最適なパフォーマンスの調整オプションとして［プログラム］オプションを選択して［適用］ボタンをクリックします（既に［プログラム］オプションが選択されている場合は、この操作は省略してください）。このダイアログボックスは、この実習内でまた使用するので、開いたままにしておいてください。

4. カーネルデバッガーを使用して、次のようにPsPrioritySeparationとPspForegroundQuantumの値をダンプします。表示される値は、ステップ1～3で変更を加えた後のWindowsシステムのものです。短い、可変のクォンタムテーブルがどのように使用され、優先度ブーストの値2がフォアグラウンドアプリケーションに適用される点に注目してください。

```
lkd> dd nt!PsPrioritySeparation L1
fffff803`75e0e388   00000002
lkd> db nt!PspForegroundQuantum L3
fffff803`76189d28   06 0c 12
```

5. システム上の任意のプロセスのQuantumReset値を調べます。既に説明したように、これは
   システム上の各スレッドに与えられる、既定のフルのクォンタムになります。この値は、プ
   ロセスの各スレッド内にキャッシュされますが、カーネルプロセス（KPROCESS）構造体を
   調べるのが簡単です。以下の例の場合、QuantumReset値は6になっています。これは、他
   のほとんどのアプリケーションと同様に、現在のプロセスであるWinDbgは、PspFore
   groundQuantumテーブルの1番最初のエントリ内のクォンタム設定を取得するからです。

```
lkd> .process
Implicit process is now ffffe001`4f51f080
lkd> dt nt!_KPROCESS ffffe001`4f51f080 QuantumReset
   +0x1bd QuantumReset : 6 ''
```

6. ステップ1とステップ2で開いた［パフォーマンスオプション］ダイアログボックスに戻り、
   最適なパフォーマンスの調整オプションを［バックグラウンドサービス］に変更します。

7. ステップ4およびステップ5で示したコマンドを再実行します。この項で説明したのと一貫
   性のある値の変化を見ることができるでしょう。

```
lkd> dd nt!PsPrioritySeparation L1
fffff803`75e0e388  00000000
lkd> db nt!PspForegroundQuantum L3
fffff803`76189d28  24 24 24
lkd> dt nt!_KPROCESS ffffe001' 4f51f080 QuantumReset
   +0x1bd QuantumReset : 36 '$'
```

4.4.6 | 優先度ブースト（優先度の引き上げ）

　Windowsのスケジューラは、内部的な優先度ブースト（優先度の引き上げ）メカニズムを通して、ス
レッドの現在の（動的）優先度を定期的に調整します。多くの場合、それはさまざまな遅延を低減し
（つまり、イベントを待機しているスレッドに対してそのスレッドがより高速に応答するようにし）、応
答性を高めるために行われます。その他に、優先度の逆転（Inversion）や不足（Starvation）のシナリ
オを防止するために、優先度ブーストが適用されます。

　以下に、いくつかの優先度ブーストのシナリオを示します。各シナリオ（およびその目的）について
は、この項で説明します。

- スケジューラ/ディスパッチャーのイベントのためのブースト（遅延の低減）
- I/O完了のためのブースト（遅延の低減）
- ユーザーインターフェイス（UI）入力のためのブースト（遅延の低減/応答性向上）
- エグゼクティブリソース（ERESOURCE）の待機が長すぎるスレッドのためのブースト（不足の
  回避）
- 実行準備が完了しているスレッドがしばらく実行されないときのブースト（優先度の逆転と不足
  の回避）

　しかし、あらゆるスケジューリングアルゴリズムと同じように、これらの調整は完全ではなく、す
べてのアプリケーションに有効なわけではありません。

メモ
　Windowsは、リアルタイム範囲（16から31）にあるスレッドの優先度をブーストすることはありません。そのため、リアルタイム優先度のスレッドのスケジューリングは、この範囲にある他のスレッドに対して常に予測可能です。リアルタイムのスレッド優先度が使用されている場合、Windowsはそれが理解した上で意図的にされているものであると見なします。

　クライアントバージョンのWindowsは、疑似（Pseudo）ブーストメカニズムも備えています。疑似ブーストは、マルチメディアの再生中に発生します。他の優先度ブーストとは異なり、マルチメディア再生時のブーストは、Multimedia Class Scheduler Service（MMCSS、Mmcss.sys）と呼ばれるカーネルモードドライバーによって管理されます。しかしながら、これは本物のブーストではありません。このドライバーは単に、必要に応じてスレッドのために新しい優先度を設定します。そのため、ブーストに関する規則は適用されません。ここでは、最初にカーネルによって管理される典型的な優先度ブーストについて説明し、次にMMCSSドライバーおよびそれが実行する"ブーストのようなもの"について説明します。

■ スケジューラ/ディスパッチャーのイベントのためのブースト

　ディスパッチイベントが発生すると、そのたびにKiExitDispatcherルーチンが呼び出されます。このルーチンの仕事は、KiProcessThreadWaitListを呼び出すことで遅延準備完了（Deferred Ready）リストを処理し、次にKiCheckForThreadDispatchを呼び出して現在のプロセッサ上のスレッドがスケジュールされるべきでないかどうかをチェックすることです。このようなイベントが発生するたびに、呼び出し元ではそのスレッドにどの種類のブーストを適用するか、そしてブーストに関連付ける優先度のインクリメント（増分）を指定することもできます。以下に示すシナリオは、AdjustUnwaitディスパッチイベントと見なされます。その理由は、いずれもシグナル（通知）された状態に入ったディスパッチャー（同期）オブジェクトを扱い、1つ以上のスレッドをウェイクアップさせるからです。

- 1つの非同期プロシージャコール（APC）がスレッドのキューに登録された（APCについては第6章で説明します。また、本書下巻でさらに詳しく説明します）。
- 1つのイベントがセットまたはパルスされた。
- 1つのタイマーがセットされたか、システム時刻が変更され、タイマーがリセットされた。
- 1つのミューテックスが解放または放棄された。
- 1つのプロセスが終了した。
- 1つのエントリがキュー（KQUEUE）内に挿入されたか、キューがフラッシュされた。
- 1つのセマフォが解放された。
- 1つのスレッドにアラート、中断、再開、フリーズ、または解放（解凍）が行われた。
- 1つのプライマリユーザーモードスケジューリング（UMS）スレッドが、スケジュールされたUMSスレッドへの切り替えを待機している。

　公開API（SetEventなど）に関連付けられたイベントをスケジューリングする場合、適用される優先度ブーストのインクリメントは、呼び出し元によって指定されます。Windowsでは、開発者が使用する値として、特定の値を推奨しています（後述します）。アラートの場合、アラートAPIは呼び出し元がカスタムインクリメントをセットすることを可能にするパラメーターを持たないため、2のブーストが適用されます（スレッドがKeAlertThreadByThreadIdの呼び出しによってアラート待機になっている場合を除きます。その場合、適用されるブーストは1です）。
　スケジューラは、所有権のロックの優先度メカニズムの一部として、2つの特別なAdjustBoostディ

スパッチイベントも持ちます。これらの優先度ブーストは、優先度xでロックを所有する呼び出し元が、x以下（<=x）の優先度で待機しているスレッドに対してロックを解放するという状況を修復しようと試みます。この状況下では、新たな所有者スレッドは自分の実行順を待機する必要がありますが（=x、優先度xで実行している場合）、悪いことに、xより低い優先度の場合（<x）はまったく実行されないことさえあります。これは、新しい所有者スレッドがウェイクアップして、プロセッサの制御を取得するはずであったのにも関わらず、解放スレッドが実行を継続することを意味します。以下の2つのディスパッチャーイベントは、AdjustBoostディスパッチャー終了を行います。

- KeSetEventBoostPriorityインターフェイスを介して、1つのイベントがセットされる。このイベントは、エグゼクティブリソース（ERESOURCE）の読み取り/書き込みカーネルロックによって使用されます。
- KeSignalGateインターフェイスを介して、1つのゲートがセットされる。このゲートは、ゲートロックをリリースするときに、さまざまな内部的なメカニズムによって使用されます。

■ 待機終了 (Unwait) ブースト

待機終了（Unwait）ブーストは、オブジェクトがシグナル（通知）を受けることでウェイクアップするスレッド（つまり、準備完了（Ready）状態に入るスレッド）と、待機終了を処理するために実際に実行を開始するスレッド（つまり、実行（Running）状態に入るスレッド）との間の遅延を低減しようと試みます。一般に、待機状態からウェイクアップするスレッドは、できるだけ早く実行可能であることが望ましいと言われます。

さまざまなWindowsヘッダーファイルが、KeReleaseMutex、KeReleaseSemaphore、およびKeSetEventなど、カーネルモードの呼び出し元のAPIで使用するべき推奨値を指定しています。例に挙げたAPIであれば、それぞれMUTANT_INCREMENT、SEMAPHORE_INCREMENT、EVENT_INCREMENTの定義です。これらの3つの定義は、ヘッダー内で常に1に設定されています。そのため、これらのオブジェクトの待機終了が1のブーストになることを想定することは安全な考えです。ユーザーモードAPIではブーストのインクリメントを指定することができませんが、NtSetEventなどのネイティブなシステムコールはそのようなブーストを指定するためのパラメーターを持ちます。その代わりに、ユーザーモードAPIはKeから始まる名前のインターフェイスを呼び出し、自動的に既定の_INCREMENT定義を使用します。これは、ミューテックスが放棄されたとき、またはシステム時刻の変更のためにタイマーがリセットされたときにも該当します。システムは、ミューテックスが通常の方法でリリースされたときに適用されるのと同じ、既定のブーストを使用します。最後に、非同期プロシージャコール（APC）ブーストは、完全に呼び出し元に任されます。この後すぐ、I/O完了に関連するAPCブーストの具体的な使用方法がわかるでしょう。

メモ
ディスパッチャーオブジェクトの一部は、オブジェクトに関連付けられたブーストを持ちません。例えば、タイマーがセットまたは切れたとき、またはプロセスがシグナル（通知）を受けたとき、ブーストは適用されません。

これらのブースト1回の試行のすべては、解放と待機の両方のスレッドが同じ優先度で実行されているという前提で、初期の問題を解決しようと試みます。待機スレッドの優先度レベルを1つ上げてブーストすることにより、解放スレッドが処理を完了すると直ちに、待機スレッドが先取りされます。残念ながら、ユニプロセッサシステムでは、この前提が成立しなければ、ブーストの効果はさほどないでしょう。例えば、優先度4の待機スレッドと優先度8の解放スレッドの場合、待機スレッドの優先

度が5にブーストされたとしても、遅延を低減し、先取りを強制するのには足りません。しかし、マルチプロセッサシステムでは、横取り（スティール）と分散化（バランシング）のアルゴリズムにより、より高い優先度のスレッドは、別の論理プロセッサを選択する格好の機会を得ることになります。これは、初期のWindows NTアーキテクチャで選択された設計であるため、ロックの所有権は（少数のロックを除いて）追跡されません。つまり、スケジューラは、イベントの本当の所有者スレッドが誰なのか、そして本当にロックとして使用されているのかどうかを知ることができないということを意味しています。所有権のロックの追跡がある場合でも、この後の項で説明しているように、エグゼクティブリソースの場合を除いて、所有権は通常、渡されません（これは、ロックコンボイの問題[*5]を回避するためです）。

イベントまたはゲートを基になる同期オブジェクトとして使用する特定の種類のロックオブジェクトでは、所有権のロックブーストがこのジレンマを解決します。また、マルチプロセッサシステムでは、準備完了スレッドは別のプロセッサで選択される可能性があり（後述するようにプロセッサの配分と負荷分散のスキーマによって）、スレッドの高い優先度は、2番目のプロセッサで代わりに実行される可能性を増やします。

■ 所有権のロック（Lock Ownership）ブースト

エグゼクティブリソース（ERESOURCE）およびクリティカルセクションのロックは、基になるディスパッチャーオブジェクトを使用するため、これらのロックの解放は、前述の待機終了（Unwait）ブーストにつながります。一方、これらのオブジェクトの上位レベルの実装はロック所有者スレッドを追跡するため、AdjustBoostの理由（AdjustReason）を使用してどの種類のブーストが適用されるべきかについて、カーネルは十分な情報を得たうえでの決定ができます。これらの種類のブーストでは、解放（または設定）スレッドの現在の優先度にAdjustIncrementがセットされ、すべてのグラフィカルユーザーインターフェイス（GUI）のフォアグラウンド分離ブーストはマイナスされます。また、KiExitDispatcher関数が呼び出される前に、イベントとゲートのコードによってKiRemoveBoostThread関数が呼び出され、解放スレッドは通常の優先度に戻されます。このステップは、ロックコンボイの状況を回避するために必要です。ロックコンボイの状況では、相互にロックを繰り返し渡し合う2つのスレッドで、ブーストが増加し続けてしまいます。

メモ　プッシュロックは、競合する取得パス内のロックの所有権は予測できないため（むしろ、スピンロックのようにランダムです）、不公平なロックであり、所有権のロックのための優先度ブーストを適用しません。このようになっている理由は、先取りと優先度の増加にのみ寄与するからです。ロックは解放されると即座に解放されるため（通常の待機/待機終了の経路をバイパスします）、所有権のロックブーストは必要ないのです。

所有権のロックブーストと待機終了ブーストのその他の違いは、スケジューラが実際にブーストを適用する方法に現れます。これについては、次の項で説明します。

■ I/O完了後の優先度ブースト

Windowsは、特定のI/O操作の完了時に、スレッドに一時的な優先度ブーストを与えます。これに

[*5] 訳注：ロックコンボイの問題に関しては、次のドキュメントを参照してください。

適切に動作しないマルチスレッドアプリケーションの一般的なパターン
https://docs.microsoft.com/ja-jp/visualstudio/profiling/common-patterns-for-poorly-behaved-multithreaded-applications?view=vs-2015

より、I/Oを待機していたスレッドは直ちに実行を開始し、待機していたものを処理する機会が増えます。Windows Driver Kit（WDK）のヘッダーファイル内には、推奨されるブースト値を見つけることができます（Wdm.hまたはNtddk.h内の「#define IO_」を検索すると見つかります）。しかし、ブーストのための実際の値は、デバイスドライバーに依存します（これらの値は、表4-3にまとめられています）。デバイスドライバーがカーネル関数CompleteRequestに対する呼び出しでI/O要求を完了したとき、ブーストを指定するのはデバイスドライバー自身です。表4-3において、より良い応答性を保証するデバイスに対するI/O要求が、より高いブースト値を持つことに注目してください。

表4-3　推奨されるブースト値

デバイスの種類	ブースト値
ディスク、CD-ROM、パラレルポート、ビデオ	1
ネットワーク、メールスロット、名前付きパイプ、シリアルポート	2
キーボード、マウス	6
サウンド	8

メモ
　ビデオカードやディスクからは、1を上回るブーストの応答性を直感的に期待するかもしれません。しかし、実際にはカーネルは、他のデバイスよりも感度が高い一部のデバイス（人間が知覚する入力だけでなく）に対して、遅延を最適化しようと試みます。参考までに言うと、知覚可能なグリッチ（ノイズ）なしで音楽を再生するために、1ミリ秒ごとのデータを必要とします。一方、ビデオカードは毎秒24フレーム、または40ミリ秒ごとに1回しか出力する必要はありませんが、それでも人間の目がグリッチに気付くことはありません。

　先に示唆したように、I/O完了ブーストは、これまでの項で見てきた待機終了（Unwait）ブーストに依存します。第6章では、I/O完了のメカニズムについて、さらに深く掘り下げます。この時点で押さえておくべきことは、カーネルが非同期プロシージャコール（APC、非同期I/O用）またはイベント（同期I/O用）のいずれかを使用して、IoCompleteRequest API内のシグナリング（通知を行う）コードを実装していることです。ドライバーが渡すと、例えば、ディスクの非同期読み取りのためにIO_DISK_INCREMENTをIoCompleteRequestに渡すと、カーネルはブーストパラメーターにIO_DISK_INCREMENTをセットしてKeInsertQueueApcを呼び出します。つまり、スレッドの待機がAPCによって終了されたとき、スレッドはブースト1を受け取ります。

　表4-3に示したブースト値は、単にマイクロソフトによる推奨値にすぎないということに留意してください。ドライバーの開発者は、これらの推奨値を無視するのは自由ですし、特定の特殊なドライバーでは独自の値を使用できます。医療機器からの超音波を処理するドライバーが、ユーザーモードの視覚化アプリケーションに新しいデータを通知する必要がある場合、サウンドカードと同じ遅延要件を満たすため、おそらく同じブースト値8を使用するでしょう。しかし、ほとんどの場合、Windowsのドライバースタックの構築される方式の関係で（詳しくは第6章を参照）、ドライバー開発者はミニドライバーを作成することがあります。そのようなミニドライバーは、マイクロソフトが提供するドライバーを呼び出して、マイクロソフトのドライバーが備えるブースト値をIoCompleteRequestに与えます。例えば、RAIDまたはSATAコントローラーカードの開発者は、一般的にStorPortCompleteRequestを呼び出して、I/O要求の処理を完了します。この呼び出しは、ブースト値用のパラメーターを持ちません。なぜなら、Storport.sysドライバーがカーネルを呼び出す際に、正しい値を埋めるからです。また、ファイルシステムドライバー（デバイスの種類がFILE_DEVICE_DISK_FILE_SYSTEM

またはFILE_DEVICE_NETWORK_FILE_SYSTEMの設定によって識別されます）がI/O要求を完了するときには、ドライバーがIO_NO_INCREMENT（0）を渡されると、代わりにIO_DISK_INCREMENTのブーストが常に適用されます。そのため、このブースト値は推奨値ではなくなり、いっそうの要求がカーネルによって強制されます。

■ エグゼクティブリソースの待機中ブースト

あるスレッドが既に別のスレッドによって排他的に所有されているエグゼクティブリソース（ERESOURCE、カーネル同期オブジェクトの詳細については本書下巻を参照してください）を獲得しようと試みたとき、そのスレッドは他のスレッドが目的のリソースを解放するまで待機状態に入らなければなりません。デッドロックのリスクを限定するためには、エグゼクティブは、リソースに対して無限に待機するのではなく、500ミリ秒の間隔でこの待機を処理します。各500ミリ秒の最後の時点で、リソースがまだ所有されている場合、エグゼクティブはディスパッチャーロックを利用してCPU不足の回避を試みます。ディスパッチャーロックは、所有者スレッド（1つまたは複数）をブーストして優先度15にし（もともとの所有者スレッドの優先度が待機スレッドより小さく、まだ15になっていない場合）、スレッドのクォンタムをリセットして、別の待機を処理します。

エグゼクティブリソースは共有または排他的であるため、カーネルはまず、排他的な所有者スレッドをブーストし、次に共有している所有者スレッドを調べ、そのすべてのスレッドをブーストします。待機スレッドが待機状態に再び入ると、スケジューラが所有者スレッドの1つをスケジュールして、所有者スレッドが処理を完了し、リソースを解放するのに十分な時間を得ることが期待されます。このブーストメカニズムは、リソースがブースト無効（Disable Boost）フラグの設定を持たない場合にのみ使用されます。このフラグは、そのリソースの使用法において、後述する優先度逆転メカニズムがうまく機能する場合に、開発者が設定することを選択できます。

さらに付け加えると、このメカニズムは完全ではありません。例えば、リソースが複数の所有者スレッドに共有されている場合、エグゼクティブはこれらのスレッドすべてを優先度15までブーストします。その結果、システム上で優先度の高いスレッドが突然急増し、それらのスレッドすべてはフルのクォンタムを持つことになります。先の所有者スレッドが最初に実行されますが（そのスレッドは最初にブーストされ、準備完了リストの最初に存在するため）、待機スレッドの優先度はブーストされていないため、リソースを共有している他の所有者スレッドがその次に実行されます。リソースを共有しているすべての所有者スレッドが実行の機会を得て、それらのスレッドの優先度が待機スレッドよりも低くなった後でのみ、待機スレッドは最終的にリソースを獲得する機会を得ます。排他的な所有者スレッドがそのリソースを解放するとすぐに、そのリソースを共有している所有者スレッドたちは、自身の所有権を共有から排他的に引き上げる、または変換することができます。そのため、このメカニズムは意図したとおりに機能しない可能性があります。

■ 待機後のフォアグラウンドスレッドのための優先度ブースト

この後すぐ説明するように、フォアグラウンドプロセス内の1つのスレッドがカーネルオブジェクトの待機操作を完了すると、そのたびにカーネルはスレッドの現在の優先度（基本優先度ではなく）を優先度分離（PsPrioritySeparation）の現在の値でブーストします（ウィンドウシステムは、どのプロセスがフォアグラウンドにあると見なされるかを決定する役割を担います）。この章の「4.4.5　クォンタム（Quantum）」の「クォンタムの制御」の項で前述したように、PsPrioritySeparationには、フォアグラウンドアプリケーションのスレッド用のクォンタム値の選択に使用されるクォンタムテーブルインデックス（前出の表4-2）が反映されます。しかし、このケースの場合、優先度ブーストの値として使用されています。

このブーストを行う理由は、対話的なアプリケーションの応答性を向上するためです。スレッドがカーネルオブジェクトの待機を完了したときに、フォアグラウンドアプリケーションに小さなブーストを与えることにより、それはすぐに実行される機会を得ます。特に、同じ基本優先度の他のプロセスがバックグラウンドで実行されている可能性がある場合に、フォアグラウンドの方が直ちに実行される機会が増えます。

実習　フォアグラウンドの優先度ブースト（引き上げ）と引き下げの様子を見る

この章の「4.4.3　スレッドの状態」の実習で使用したCPU Stressツールにより、実際に優先度ブーストの様子を見ることができます。それには、次のステップに従って操作します。

1. コントロールパネルの［システム］を開くか、デスクトップ上の［PC］アイコンを右クリックして［プロパティ］を開きます（アイコンが非表示の場合はエクスプローラーでフォルダー階層最上位の［PC］アイコンから操作します）。

2. ［システムの詳細設定］をクリックし、［システムのプロパティ］ダイアログボックスの［詳細設定］タブを開きます。さらに、［詳細設定］タブの［パフォーマンス］領域にある［設定］ボタンをクリックし、［パフォーマンスオプション］ダイアログボックスの［詳細設定］タブをクリックします。

3. 最適なパフォーマンスの調整オプションとして［プログラム］オプションを選択して［適用］ボタンをクリックします（既に［プログラム］オプションが選択されている場合は、この操作は省略してください）。これにより、PsPrioritySeparationの値は2になります。

4. CPU Stressツール（CPUSTRES.exe）を実行し、スレッド1を右クリックして、コンテキストメニューの［Activity Level］から［Busy (75%)］を選択します。

5. パフォーマンスモニターを開始し、［折れ線グラフ］ビュー（既定）を表示します。既定で存在するCPUのカウンター（% Processor Time）を削除します。

6. ツールバー上の［追加］ボタン（［+］アイコン）をクリックするか、**Ctrl**+**I**キーを押して、［カウンターの追加］ダイアログボックスを開きます。

7. パフォーマンスオブジェクトThreadを展開し、Priority Currentカウンターを選択します。

8. ［選択したオブジェクトのインスタンス］ボックスの下の検索ボックスに**cpustres**と入力して、［検索］ボタンをクリッ

クします。

9. 検索結果の中からCPUSTRESプロセスの2番目のスレッド（CPUSTRES/1、1番目のCPUSTRES/0はCPU StressツールのGUIスレッド）を選択し、［追加］ボタンをクリックします。この時点で、前ページのスクリーンショットのようになるはずです。

10. ［OK］ボタンをクリックして、［カウンターの追加］ダイアログボックスを閉じます。

11. 先ほど追加したカウンターを右クリックして、［プロパティ］を選択します。

12. ［パフォーマンスモニターのプロパティ］ダイアログボックスが開くので、［グラフ］タブをクリックし、［垂直スケール］の［最大］を16に設定します。［OK］ボタンをクリックしてダイアログボックスを閉じます。

13. CPU Stressツールのウィンドウを最前面に表示させます。つまり、CPUSTRESプロセスをフォアグラウンドにします。CPUSTRES/1スレッドが2だけブーストされ、その後、引き下げられ基本優先度に戻ることを確認できるでしょう。CPUSTRESプロセスの監視対象のスレッドは、約25％の時間スリープしてから、ウェイクアップして2のブーストを受け取ります（これが、［Busy（75％）］のアクティビティレベルです）。ブーストは、スレッドがウェイクアップしたときに適用されます。アクテビティレベルを［Maximum（100％）］に設定した場合、ブーストの動作を確認できなくなることがあります。なぜなら、CPUSTRESプロセスにおける［Maximum（100％）］は、そのスレッドを無限ループにするからです。そのため、そのスレッドは、いかなる待機関数も発生させず、ブーストも受け取らなくなるのです。

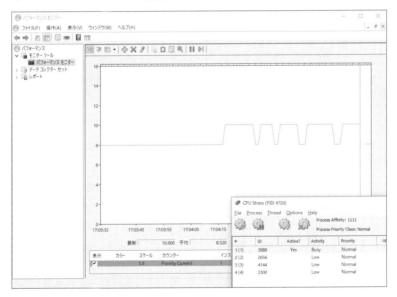

14. 実習が終了したら、パフォーマンスモニターとCPU Stressツールを終了します。

■ GUIスレッドのウェイクアップ後の優先度ブースト

ウィンドウを所有するスレッドは、ウィンドウメッセージに到着など、ウィンドウのアクティビティ

のためにウェイクアップしたとき、追加のブースト2を受け取ります。ウィンドウシステム（Win32k. sys）は、GUIスレッドをウェイクアップするために使用するイベントを設定するためにKeSetEventを呼び出し、そのときこのブーストを適用します。このブーストの理由は、先ほどのものと似ており、インタラクティブなアプリケーションを優先させることです。

実習 GUIスレッドにおける優先度ブーストの様子を見る

　GUIアプリケーションの現在の優先度とウィンドウ間のマウスの移動を監視することで、ウィンドウメッセージを処理するためにウェイクアップしたGUIスレッドに対して、ウィンドウシステムがブースト2を適用する様子を見ることができます。それには、次のステップに従って操作します。

1. コントロールパネルの［システム］を開きます。

2. ［システムの詳細設定］をクリックし、［システムのプロパティ］ダイアログボックスの［詳細設定］タブを開きます。さらに、［詳細設定］タブの［パフォーマンス］領域にある［設定］ボタンをクリックし、［パフォーマンスオプション］ダイアログボックスの［詳細設定］タブをクリックします。

3. 最適なパフォーマンスの調整オプションとして［プログラム］オプションを選択して［適用］ボタンをクリックします（既に［プログラム］オプションが選択されている場合は、この操作は省略してください）。これにより、PsPrioritySeparationの値は2になります。

4. メモ帳（Notepad.exe）を実行します。

5. パフォーマンスモニターを開始し、［折れ線グラフ］ビュー（既定）を表示します。既定で存在するCPUのカウンター（% Processor Time）を削除します。

6. ツールバー上の［追加］ボタン（［+］アイコン）をクリックするか、Ctrl + Iキーを押して、［カウンターの追加］ダイアログボックスを開きます。

7. パフォーマンスオブジェクトThreadを展開し、Priority Currentカウンターを選択します。

8. ［選択したオブジェクトのインスタンス］ボックスの下の検索ボックスにnotepadと入力して、［検索］ボタンをクリックします。

9. 検索結果の中からnotepad/0のスレッドを選択し、［追加］ボタンをクリックして、［OK］ボタンをクリックします。

10. 前回の実習と同じように、［パフォーマンスモニターのプロパティ］ダイアログボックスの［グラフ］タブで、［垂直スケール］の［最大］を16に設定します。Notepadプロセスのスレッド0の優先度が8または10であることを確認できるはずです（Notepadはフォアグラウンドプロセスプロセスのスレッドが受け取る2のブーストを受け取った直後に待機状態に入るため、10から8への引き下げがまだ行われていないかもしれません。8への引き下げを捉えられないこともあります。この後のメモを参照してください）。

11. パフォーマンスモニターを最前面（フォアグラウンド）にしてから、マウスをメモ帳のウィンドウに移動します（デスクトップ上に両方のウィンドウが見えるようにします）。現在の優先度が、時には10、時には9に留まることに注目してください。その理由は、先ほど説明したばかりです。

> **メモ**
> Notepadのスレッドの現在の優先度が基本優先度と同じ8になるのを、パフォーマンスモニターで捉えることはできないかもしれません。これは、GUIスレッドが2のブーストを受け取った直後に実行され、再びスレッドがウェイクアップする以前に1つ以上の優先度レベルの引き下げが行われることがなかったからです（これは、追加的なウィンドウアクティビティのために、実際に2のブーストを再度受け取っているからです）。

12. Notepadプロセスをフォアグラウンドにします。優先度が12になり、そこで留まるのを確認できるはずです。これは、スレッドが2つのブーストを受け取るからです。2のブーストはウィンドウ入力の処理のためにGUIスレッドがウェイクアップしたときに適用されます。さらに追加的な2のブーストは、Notepadプロセスがフォアグラウンドにあることが理由です（または、優先度が11に引き下がるのを目にするかもしれません。これは、ブーストされたスレッドがクォンタムの終端で発生する、通常の優先度の引き下げです）。

13. Notepadをフォアグラウンドのままで、Notepadのウィンドウをマウスオーバーして移動します。すると、優先度が11（または10）に引き下がるのを目にするかもしれません。これは、ブーストされたスレッドが実行を完了したときに、通常発生する優先度の引き下げを見ているのです。ただし、メモ帳が最前面に表示されている限り、フォアグラウンドプロセスのままなので、ブースト2が適用されます。

14. 実習が終了したら、パフォーマンスモニターとメモ帳を終了します。

■ CPU不足のための優先度ブースト

次のような状況を考えてみてください。優先度7のスレッドが実行中であり、優先度4のスレッドがCPU時間を受け取るのを阻害しています。一方、優先度11のスレッドは、優先度4のスレッドによってロックされている何かしらのリソースを待機しています。しかし、優先度7のスレッドはすべてのCPU時間の半分を食い尽くしているため、優先度4のスレッドはスレッド11のスレッドをブロックしているリソースを処理し、解放するのを完了するだけの十分に長い時間実行されることが決してありません。このシナリオは、**優先度の逆転**（Priority Inversion）として知られています。

この状況に対して、Windowsは何を行うでしょうか。理想的な解決策（少なくとも理論的に）は、ロックと所有者のスレッドを追跡し、適切なスレッドの優先度をブーストして、状況を前に進展させることです。このアイデアは、この章の「自動ブースト（Autoboost）」の項で後ほど説明する**自動ブースト**（Autoboost）と呼ばれる機能で実装されています。しかし、一般的なCPU不足シナリオでは、次に示す軽減策が使用されます。

先ほどまで、エグゼクティブリソースを担当するコードが、このシナリオでどのように管理するのかを見てきました。つまり、所有者スレッドをブーストすることによって、ブーストされた所有者スレッドは実行とリソース解放の機会を得ます。しかし、エグゼクティブリソースは、開発者が利用可能な、多数の同期コンストラクトの中の1つにすぎず、ブーストのテクニックは他のプリミティブには適用されません。そのため、Windowsは、**バランスセットマネージャー**と呼ばれるスレッドの一部として、汎用的なCPU不足救済メカニズムも備えています（このシステムスレッドは主にメモリ管理関数を実行するために存在します。詳しくは、第5章で説明します）。このスレッドは、1秒間に1回、準備完了キューをスキャンして、それまで約4秒の間、準備完了状態にあるスレッド（つまり、実行していないスレッド）を調べます。そのようなスレッドが見つかった場合、バランスセットマネージャーは

そのスレッドの優先度を15までブーストし、クォンタムターゲットをCPUクロックサイクル数と同等の3クォンタム単位にセットします。クォンタムが切れたあと、そのスレッドの優先度は、すぐにもともとの基本優先度に引き下げられます。スレッドが終了せず、より高い優先度のスレッドの実行準備が既に整っている場合、優先度が引き下げられたスレッドは、準備完了キューに戻されます。準備完了キューに戻されたスレッドは、さらに次の4秒間残っている場合、もう一度、ブーストの対象になります。

バランスセットマネージャーは、その実行時に毎回、準備完了スレッドのすべてを実際にスキャンしているわけではありません。バランスセットマネージャーが使用するCPU時間を最小化するために、16の準備完了スレッドだけをスキャンします。その優先度レベルの16より多いスレッドが存在する場合、バランスセットマネージャーは中断した場所を覚えておき、次のスキャンで再びピックアップします。また、バランスセットマネージャーは、実行ごとに10のスレッドしかブーストしません。この特定のブーストに値する10より多いスレッドが見つかった場合（これは、異常にビジーなシステムを示しています）、スキャンを終了し、次回のスキャンで再びピックアップします。

メモ　前述したように、Windowsにおけるスケジュールの決定は、スレッドの数には影響されず、一定の時間内に行われます。バランスセットマネージャーは準備完了キューをマニュアルでスキャンする必要があるため、この操作はシステム上のスレッドの数に依存します。スレッドが多ければ多いほど、スキャンには多くの時間がかかります。しかし、バランスセットマネージャーは、スケジューラまたはそのアルゴリズムの一部としては見なされません。バランスセットマネージャーは、単純に、信頼性を高めるために拡張されたメカニズムです。また、スキャンするスレッドとキューに上限があるため、最悪のシナリオにおいても、パフォーマンスへの影響は最小化され、予測可能です。

実習　CPU不足のための優先度ブーストの様子を見る

この章の「4.4.3　スレッドの状態」の実習で使用したCPU Stressツールにより、優先度ブーストの様子を実際に見ることができます。この実習では、スレッドの優先度がブーストされたときのCPU使用率の変化を見ます。次のステップに従って操作してください。

1. CPU Stressツール（CPUSTRES.exe）を実行します。

2. スレッド1のアクティビティレベル（Activity）はLowです。コンテキストメニューを開いて、このアクティビティレベルをMaximumに変更します。

3. スレッド1の優先度（Priority）はNormalです。コンテキストメニューを開いて、優先度をLowestに変更します。

4. スレッド2をクリックし、［Active Threads］ボタンをクリックしてアクティブ化します。スレッド2のアクティビティレベルはLowです。コンテキストメニューを開いて、このアクティビティレベルをMaximumに変更します。

5. プロセスのアフィニティマスクを単一の論理プロセッサに変更します。それには、［Process］メニューを開き、［Affinity］を選択し、1つのプロセッサだけを選択します（どのプロセッサを選択しても問題ありません）。代わりに、タスクマネージャーを使用して、アフィニティを変更することもできます（CPUSTRES.exeのコンテキストメニューから［関係の設定］を選択します）。ここまでのステップで、次のような画面になるはずです。

6. パフォーマンスモニターを開始し、[折れ線グラフ] ビュー (既定) を表示します。既定で存在するCPUのカウンター (% Processor Time) を削除します。

7. ツールバー上の [追加] ボタン ([+] アイコン) をクリックするか、**Ctrl** + **I** キーを押して、[カウンターの追加] ダイアログボックスを開きます。

8. パフォーマンスオブジェクトThreadを展開し、Priority Currentカウンターを選択します。

9. [選択したオブジェクトのインスタンス] ボックスの下の検索ボックスに**CPUSTRES**と入力して、[検索] ボタンをクリックします。

10. スレッド1 (CPUSTRES/1) とスレッド2 (CPUSTRES/2) を選択し (スレッド0、CPUSTRES/0は、CPUSTRES.exeプロセスのGUIスレッド)、[追加] ボタンをクリックして、[OK] ボタンをクリックします。

11. 前回の実習と同じように、[パフォーマンスモニターのプロパティ] ダイアログボックスの [グラフ] タブで、[垂直スケール] の [最大] を16に設定します。

12. パフォーマンスモニターは1秒ごとに表示をリフレッシュするため、優先度ブーストを捉えることができないかもしれません。手助けになる方法があります。まず、**Ctrl** + **F** キー (画面の固定) を押して、表示の更新を止めます。次に、**Ctrl** + **U** キー (データの更新) を押し続けます。これで、さらに短い間隔で強制的に表示をリフレッシュすることができます。運が良ければ、以下のように、優先度が低いほうのスレッド1 (CPUSTRES/1) に対して優先度ブーストが行われ、現在の優先度が15まで引き上げられるのを目にするでしょう。

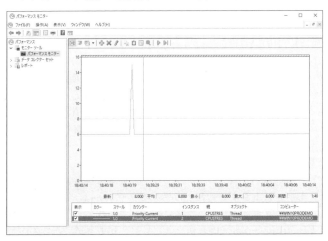

13. 実習が終了したら、パフォーマンスモニターとCPU Stressツールを終了します。

■┃ブーストの適用

　話をKiExitDispatcherルーチンに戻します。既に見てきたように、このルーチンでは、遅延準備完了（Deferred Ready）リスト内のスレッドを処理するためにKiProcessThreadWaitListが呼び出されます。ここで、呼び出し元によって渡されたブースト情報が処理されます。これは、各遅延準備完了スレッドをループして行われ、カーネルスレッド（KTHREAD）構造体の待機ブロック（Wait Block）のリンクを解除し、スレッド制御ブロック（TCB）のAdjustReasonおよびAdjustIncrementの2つのキー値を設定します。AdjustReasonは前述の2つの調整可能性（AdjustUnwait、AdjustBoost）のうちの1つ、AdjustIncrementはブースト値に対応します。続いて、KiDeferredReadyThreadが呼び出されます。これは、クォンタムと優先度の選択アルゴリズム（これは2つに見えますが1つのアルゴリズムです）と、プロセッサ選択アルゴリズム（この章の「4.4.15　プロセッサの選定」の項で説明します）の2つのアルゴリズムによって、スレッドを実行のために準備完了状態にします。

　初めに、そのアルゴリズムがブーストを適用するタイミングを見てみましょう。これは、スレッドがリアルタイム優先度範囲にない場合にのみ発生します。AdjustUnwaitブーストの場合、そのスレッドがまだ通常とは異なるブーストを経験しておらず、そのスレッドのブーストが無効化されていない（ブーストの無効化は、KTHREADにDisableBoostフラグをセットするSetThreadPriorityBoostの呼び出しにより行われます）場合にのみ、ブーストが適用されます。このケースでブーストが無効になる可能性のあるもう1つの状況は、スレッドが実際にクォンタムを使い果たしてしまっていて（しかし、クロック割り込みはそれを消費するために発動しません）、かつ2クロックティック未満の待機から出てきたことをカーネルが認識した場合です。

　これらの状況が現在真ではない場合、スレッドの現在の基本優先度にAdjustIncrementの値が追加され、スレッドの新しい優先度が計算されます。また、スレッドがフォアグラウンドプロセスの一部であるとわかっている場合は（メモリ優先度がMEMORY_PRIORITY_FOREGROUNDにセットされていることを意味しています。これは、フォーカスが変わったときにWin32k.sysによって構成されます）、ここで新しい優先度の上に、さらに優先度分離ブースト（PsPrioritySeparation）の値が追加適用されます。これは、「待機後のフォアグラウンドスレッドのための優先度ブースト」の項で説明した、**フォアグラウンド優先度ブースト**としても知られています。

　最後に、カーネルは、この計算された新たな優先度がスレッドの現在の優先度よりも高いかどうかをチェックし、この値を15の上限に制限して、リアルタイム優先度範囲に入らないようにします。そして、この値をスレッドの現在の優先度としてセットします。フォアグラウンドの分離ブーストが適用されている場合、この値はKTHREAD構造体のForegroundBoostフィールド内にセットされ、その結果、PriorityDecrementフィールドの値は分離ブーストの値と等しくなります。

　AdjustBoostブーストの場合、カーネルは、そのスレッドの現在の優先度がAdjustIncrement（これは設定スレッドの優先度であることを思い出してください）よりも低いかどうか、およびスレッドの現在の優先度が13未満であるかどうかをチェックします。KTHREAD構造体のUnusualBoostフィールドはブースト値を含んでおり、その結果、PriorityDecrementの値は所有権のロックブーストの値と等しくなります。

　PriorityDecrementが存在するすべてのケースにおいて、スレッドのクォンタムもまた、KiLockQuantumTargetの値に基づいて、1クロックティックと同等になるように再計算されます。これにより、フォアグラウンドブーストおよび通常とは異なるブーストは、通常の2クロックティック（または他の構成値）ではなく、1クロックティック後に確実に失われます。この点については、次の項で説明します。これはAdjustBoostが要求されたときにも起こりますが、そのスレッドは優先度13または14またはブーストが無効化されて実行されます。

　この処理が完了した後、AdjustReasonは今度はAdjustNoneにセットされます。

第4章　スレッド　**271**

■ ブーストの削除

ブーストの削除は、KiDeferredReadyThread内でブーストとして行われ、再計算されたクォンタムが適用されます（前の項で説明しました）。アルゴリズムはまず、行われている調整の種類をチェックすることから始まります。

AdjustNoneのシナリオは、先取りのためにスレッドが準備完了状態になったことを意味します。その場合、そのスレッドが動的優先度レベルで実行中である限り、既にターゲットに到達したものの、クロック割り込みがまだ通知されていない場合は、スレッドのクォンタムが再計算されます。また、スレッドの優先度も再計算されます。非リアルタイムスレッドのAdjustUnwaitまたはAdjustBoostのシナリオの場合、カーネルはそのスレッドが通知なしにクォンタムを使い果たしてしまっていないかどうかをチェックします（前の項で説明したように）。もしそうであれば、またはスレッドが基本優先度14以上で実行中の場合、またはPriorityDecrementが存在せず、そのスレッドが2クロックティックより長く続く待機を完了した場合、そのスレッドのクォンタムと優先度は再計算されます。

優先度の再計算は、非リアルタイムスレッドでのみ発生します。再計算は、スレッドの現在の優先度を取得し、フォアグラウンドブーストを減算し、通常とは異なるブーストを減算して（これら最後の2つの項目の組み合わせがPriorityDecrementです）、最後に1を減算することで行われます。この新しい優先度は、スレッドの基本優先度を下限として制限され、既存のPriorityDecrementはゼロにされます（通常とは異なるブーストとフォアグラウンドブーストがクリアされます）。つまり、所有権のロックブーストまたは説明したその他の種類の通常とは異なるブーストのケースでは、ブースト値はここで完全に失われます。一方、通常のAdjustUnwaitブーストの場合、優先度は1で減算されるため、事前に1つずつ小さくなります。基本優先度が下限チェックにヒットすると、この優先度の引き下げは最終的に停止します。

別の場合として、KiRemoveBoostThread関数を介してブーストを取り除かなければならないことがあります。これは、特別なケースのブースト削除であり、所有権のロックブーストの規則のために発生します。この規則は、設定スレッドが持つ現在の優先度をウェイクアップするスレッドに寄付したとき（ロックコンボイを回避するために）、設定スレッドはそのブーストを失わなければならないと指示します。これは、対象が限定された遅延プロシージャコール（DPC）のためのブーストや、エグゼクティブリソース（ERESOURCE）ロックの不足ブーストに対するブーストを元に戻すためにも使用されます。このルーチンに関する唯一の特別な詳細は、新しい優先度を計算するときに、スレッドが累積したGUIフォアグラウンドの分離ブーストを維持するため、PriorityDecrementのフォアグラウンドブーストおよび通常とは異なるブーストのコンポーネントを区別する特別な注意が必要なことです。Windows 7から始まったこの挙動は、所有権のロックブーストに依存するスレッドが、フォアグラウンドまたはバックグラウンドで実行するときに、不当に扱われることがないようにします。

図4-12は、クォンタムが終了したとき、通常のブーストがスレッドからどのように削除されるのか、その一例を示しています。

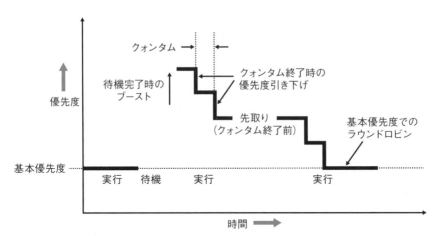

図4-12 優先度ブーストと引き下げ

■｜マルチメディアアプリケーションとゲームのための優先度ブースト

　WindowsのCPU不足優先度ブーストは、スレッドの異常に長い待機状態や潜在的なデッドロックを取り除くのに十分かもしれませんが、Windows Media Playerや3Dコンピューターゲームのような、CPUを大量に使用するアプリケーションが課すリソース要件に対処できません。

　音飛びやその他のオーディオグリッチは、Windowsユーザーを長い間いらだたせてきた共通の源でした。Windowsのユーザーモードオーディオスタックは、より多くの先取りの機会を提供するため、この状況を悪化させます。これに対処するため、クライアントバージョンのWindowsは、前述したMultimedia Class Scheduler Service（MMCSS）ドライバーを使用します。このドライバーは、%SystemRoot%¥System32¥Drivers¥MMCSS.sysに実装されています。このドライバーの目的は、このドライバーに登録されたアプリケーションのために、グリッチなしのマルチメディア再生を保証することにあります。

メモ　Windows 7は、MMCSSをサービス（表示名：Multimedia Class Scheduler、内部名：MMCSS）として実装しています（ドライバーとしてではなく）。しかし、これは潜在的なリスクをもたらしました。MMCSSが管理しているスレッドが何らかの理由でブロックされた場合、そのスレッドはリアルタイムの優先度のままで管理され続けられ、システム全体の不足状況を引き起こす可能性があります。解決策は、管理しているスレッド（およびMMCSSによって使用されている他のリソース）が触れることのできないカーネルにそのコードを移動することでした。カーネルドライバーにすることで、他の利点もあります。例えば、プロセスIDやハンドルではなく、プロセスとスレッドオブジェクトに対する直接のポインターを保持することができることです。これにより、IDやハンドルに基づいた検索をバイパスし、スケジューラや電源マネージャーと高速にやり取りすることが可能になります。

　クライアントアプリケーションは、AvSetMmThreadCharacteristics関数にタスク名を指定して呼び出すことで、MMCSSに登録することができます。指定するタスク名は、レジストリのHKLM¥SOFTWARE¥Microsoft¥Windows NT¥CurrentVersion¥Multimedia¥SystemProfile¥Tasksキーのサブキーの1つに一致している必要があります（OEMは、このリストに他の特定のタスクを含めるよ

うに、変更することが可能です)。Windows標準では、次に示すタスクが存在します。[6]

- Audio
- Capture
- Distribution
- Games
- Low Latency
- Playback
- Pro Audio
- Window Manager

これらのタスクは、それぞれを区別するさまざまな属性についての情報を含みます。スケジューリングに関して最も重要な属性は、Scheduling Categoryという名前の文字列型（REG_SZ）のレジストリ値です。これは、MMCSSに登録されたスレッドの優先度を判断する主要な要素です。表4-4に、さまざまなScheduling Category値と対応する優先度を示します。

表4-4 スケジューリングの分類

分類	優先度	説明
High	23〜26	重要なシステムスレッドを除いて、他のどのスレッドよりも高い優先度で実行されるプロオーディオ(Pro Audio)スレッド
Medium	16〜22	Windows Media Playerのような、フォアグラウンドアプリケーションの一部であるスレッド
Low	8〜15	上記の分類に含まれないその他のすべてのスレッド
Exhausted	4〜6	共有するCPUを使い果たしたスレッドで、実行の準備完了状態の、より高い優先度のスレッドが他に存在しない場合にのみ実行が継続される

　MMCSSの背後にある主要なメカニズムは、登録されたプロセス内スレッドの優先度を、登録先のタスク内の分類と相対優先度に一致するレベルに、保証期間の間、ブーストします。その後、それらのスレッドをExhaustedの分類のレベルよりも引き下げます。これにより、システム上の他の非マルチメディアスレッドもまた、実行される機会を得ることができます。

　既定では、他のスレッドが利用可能なCPU時間の20％を取得するのに対して、マルチメディアスレッドは80％を取得します（％は10ミリ秒のサンプル間隔に基づきます）。このパーセンテージは、HKLM¥SOFTWARE¥Microsoft¥Windows NT¥CurrentVersion¥Multimedia¥SystemProfileキーの下のレジストリ値SystemResponsivenessを編集することで、変更できます。このレジストリ値は、10から100（％）の範囲で設定可能であり（既定は20、10未満の設定値は10と評価されます）、システム（登録されたオーディオアプリではありません）に保証されているCPUパーセンテージを示します。MMCSSドライバーは、優先度27で実行するようにスレッドをスケジューリングします。これは、プロオーディオ（Pro Audio）スレッドを優先するためであり、またその優先度をExchaustedの分類まで引き下げるためです。

　既に説明したように、プロセス内でのスレッドの相対優先度の変更は、通常は意味がないことであり、それを可能にするツールも存在しません。なぜなら、プログラム内のさまざまなスレッドの重要

---

[6] 訳注：Low Latencyタスクは、Windows 10バージョン1607以降には存在しません。また、Windows 10バージョン1703および1709には、DisplayPostProcessingという名前のタスクが追加されています。

性を理解しているのは、開発者だけだからです。一方、アプリケーションはマニュアルでMMCSSド
ライバーに登録する必要があり、スレッドの種類に関する情報を提供する必要があるため、MMCSSド
ライバーはこれらのスレッドの相対優先度を変更するために必要なデータを持ちます。そして、開発
者は、プロセス内でのスレッドの相対優先度の変更が起こることを十分に認識しています。

実習 MMCSSドライバーの優先度ブースト

この実習では、Multimedia Class Scheduler Service（MMCSS）ドライバーの優先度ブースト
の効果を確認します。

1. Windows Media Player（wmplayer.exe）を実行します（他の再生プログラムは、MMCSSド
ライバーに登録するのに必要なAPI呼び出しを利用しないことがあります）。

2. 何かオーディオコンテンツを再生します。

3. タスクマネージャーまたはProcess Explorerを使用して、Wmplayer.exeプロセスのアフィ
ニティ（関係の設定）を1つのCPUのみで実行するように設定します。

4. パフォーマンスモニターを開始し、［折れ線グラフ］ビュー（既定）を表示します。既定で存
在するCPUのカウンター（% Processor Time）を削除します。

5. タスクマネージャーを使用して、パフォーマンスモニター（mmc.exe）の優先度クラスを［リ
アルタイム］に変更します。これにより、この実習のパフォーマンスカウンターを記録する
アクティビティが確認しやすくなります。

6. パフォーマンスモニターでツールバー上の［追加］ボタン（［+］アイコン）をクリックする
か、Ctrl + Iキーを押して、［カウンターの追加］ダイアログボックスを開きます。

7. パフォーマンスオブジェクトThreadを選択、展開し、Priority Currentカウンターを選択し
ます。

8. ［選択したオブジェクトのインスタンス］ボックスの下の検索ボックスにwmplayerと入力し
て、［検索］ボタンをクリックします。次に、検索されたすべてのスレッド（または<検索さ
れたすべてのインスタンス>の項目）を選択します。

9. ［追加］ボタンをクリックし、［OK］ボタンをクリックします。

10.［操作］メニューから［プロパティ］を選択します。

11.［パフォーマンスモニターのプロパティ］ダイアログボックスの［グラフ］タブで、［垂直ス
ケール］の［最大］を32に設定します。wmplayerプロセスの中には優先度16のスレッドが
1つまたは複数確認できるはずです。そのスレッドは、Exhaustedの分類まで優先度が引き下
げられた後、CPUを要求しているより高い優先度のスレッドが存在しない限り、常に優先度
16で実行し続けます。

12.CPU Stressツール（CPUSTRES.exe）を実行します。

13.スレッド1のアクティビティレベル（Activity）はLowです。コンテキストメニューを開い
て、このアクティビティレベルをMaximumに変更します。

14. スレッド1の優先度（Priority）はNormalです。コンテキストメニューを開いて、優先度を Time Criticalに変更します。

15. [Process]メニューを開き、[Property Class]から[High]を選択して、CPUSTRESプロセスの優先度クラスを高（High）に変更します。

16. [Process]メニューを開き、[Affinity]を選択して、CPUSTRESプロセスのアフィニティを、Wmplayerプロセスで使用しているのと同じCPUを使用するように設定します。システムの応答性は著しく低下しますが、音楽の再生は継続するはずです。たまに、システムの残りの部分からある程度の応答性を取り戻すことができます。

17. 次のスクリーンショットに示すように、パフォーマンスモニター内で、Wmplayerの優先度16のスレッドが、時々、ドロップすることに注目してください。

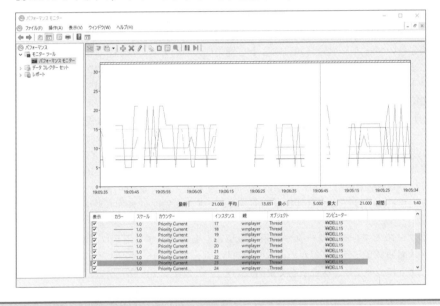

　MMCSSドライバーの機能は、単なる優先度ブーストでは止まりません。Windowsのネットワークドライバーと NDIS（Network Driver Interface Specification）スタックの性質上、遅延プロシージャコール（DPC）は、ネットワークカードが割り込みを受け取ったあと動作を遅延させる非常に一般的なメカニズムです。DPCはユーザーモードコードよりも高いレベルの割り込み要求レベル（IRQL）で実行されるため（DPCとIRQLの詳細については第6章で説明します）、長時間実行されるネットワークカードドライバーのコードは、例えば、ネットワーク転送中、あるいはゲームをプレイしているときなど、メディア再生に割り込みすることができます。

　MMCSSドライバーは特別なコマンドをネットワークスタックに送信し、メディア再生中にネットワークパケットを調整するように指示します。この調整は、ネットワークスループットのわずかな損失を犠牲にして、再生のパフォーマンスを最大化するように設計されています（わずかな損失があっても、オンラインゲームのプレイ中など、再生中に通常処理されるネットワーク操作では目立たないでしょう）。その背後にある正確なメカニズムは、スケジューラのどの部分にも関係していないので、説明は省略します。

MMCSSドライバーは、**デッドラインスケジューリング**と呼ばれる機能もサポートしています。このアイデアは、オーディオ再生プログラムがその分類で常に最高の優先度レベルを必要とするとは限らないということに基づいています。そのようなプログラムがバッファー処理（ディスクまたはネットワークからのオーディオデータを取得する）を利用し、次のバッファーを構築しながらバッファーを再生する場合、デッドラインスケジューリングにより、クライアントスレッドはグリッチを避けるために高い優先度レベルを取得する必要がある時間を示すことができますが、それまでの間はより低い優先度（その分類内で）にそのまま留まります。スレッドは、AvTaskIndexYield関数を使用することにより、その分類内で最高の優先度を取得する必要がある時間を指定して、次に実行が許可されなければならない時間を示すことができます。その時間が来るまでは、その分類内で最低の優先度を取得し、システムにより多くのCPU時間を解放する可能性があります。

■ 自動ブースト（Autoboost）

自動ブースト（Autoboost）は、前の項で説明した優先度逆転の問題を対象としたフレームワークです。このアイデアは、ロック所有者スレッドとロック待機スレッドを追跡することで、適切なスレッドの優先度のブースト（必要に応じて、I/O優先度についても）を可能にし、スレッドが前進できるようにします。ロックの情報は、カーネルスレッド（KTHREAD）構造体の中のKLOCK_ENTRYオブジェクトの静的配列内に格納されています。現在の実装では、最大6つのエントリを使用します。各KLOCK_ENTRYは、2つの二分木を保持しています。1つはスレッドによって所有されているロック用、もう1つはスレッドが待機しているロック用です。これらの二分木は優先度によってキーが付けられ、ブーストが適用されるべき最も高い優先度を決定するのには、一定の時間が必要になります。ブーストが要求されると、ロック所有者スレッドの優先度には、待機スレッドの優先度がセットされます。低い優先度で発行されたI/Oがある場合は、I/O優先度もまたブーストされます（I/O優先度について詳しくは、第6章で説明します）。他のすべての優先度ブーストと同様に、自動ブーストが行える最大の優先度ブーストは15です（リアルタイムスレッドの優先度がブーストされることは決してありません）。

自動ブーストフレームワークが使用する現在の実装は、プッシュロックおよび保護されたミューテックス同期プリミティブのためのものであり、カーネルコードのみに公開されています（これらのオブジェクトについては、本書下巻で説明します）。このフレームワークは、特殊なケースのために、一部のエグゼクティブコンポーネントによっても使用されます。Windowsの将来のバージョンでは、クリティカルセクションなど、所有権の概念を持つユーザーモードがアクセス可能なオブジェクト用の自動ブーストが実装される可能性はあります。

4.4.7 コンテキストスイッチ

スレッドのコンテキストおよびコンテキストスイッチの手続きは、プロセッサのアーキテクチャに依存して異なります。一般的なコンテキストスイッチは、以下に示すデータの保存と再読み込みを必要とします。

- 命令ポインター
- カーネルスタックポインター
- スレッドが実行するアドレス領域に対するポインター（プロセスのページテーブルディレクトリ）

カーネルは、現在の（古いスレッド）のカーネルモードスタックをプッシュすることにより、古いスレッドのこの情報を保存し、スタックポインターを更新して、スタックポインターを古いスレッドの

カーネルスレッド（KTHREAD）構造体の中に保存します。次に、カーネルスタックポインタを新しいスレッドのカーネルスタックにセットし、新しいスレッドのコンテキストが読み込まれます。新しいスレッドが異なるプロセス内のものである場合、カーネルはそのプロセスのページテーブルディレクトリのアドレスを特別なプロセッサのレジスタに読み込み、これにより、そのアドレス領域が利用可能になります（アドレス変換については、第5章で説明します）。カーネルの非同期プロシージャコール（APC）の配信が必要で、それが保留中の場合、割り込み要求レベル（IRQL）1の割り込みが要求されます（APCについて詳しくは、本書下巻で説明します）。それ以外の場合、制御は新しいスレッドの復元された命令ポインタに渡され、新しいスレッドが実行を再開します。

■| ダイレクトスイッチ

　Windows 8およびWindows Server 2012から、ダイレクトスイッチ（Direct Switch）と呼ばれる最適化機能が導入されました。ダイレクトスイッチにより、スレッドは自身のクォンタムとブーストを別のスレッドに寄付して、同じプロセッサ上にそのスレッドがすぐにスケジュールされるようにできます。同期型のクライアント/サーバーシナリオにおいては、ダイレクトスイッチによりスループットが大幅に向上する可能性があります。なぜなら、クライアント/サーバースレッドは、アイドルまたは保留状態の他のプロセッサに移行されないからです。別の言い方をすると、任意の時点においてクライアントまたはサーバースレッドだけが実行されているので、スレッドスケジューラはこれらを論理的に単一のスレッドとして扱うべきです。図4-13は、ダイレクトスイッチの使用効果を示しています。

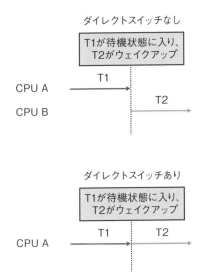

図4-13　ダイレクトスイッチ（T1、T2はスレッド1、スレッド2を示す）

　スケジューラは、2番目のスレッド（図4-13のT2）が待機している何かしらの同期オブジェクトのシグナル（通知）の後に、待機状態に入ろうとしている最初のスレッド（図4-13のT1）を知る方法を持ちません。そのため、スケジューラに対して、その状況（アトミックシグナルと待機）であることを知らせるために、特別な関数が呼び出される必要があります。

　可能であれば、KiDirectSwitchThread関数が実際にスイッチを実施します。この関数は、可能であればダイレクトスイッチを使用するように指示するフラグを渡された場合に、KiExitDispatcherにより呼び出されます。優先度の寄付は、最初のスレッドの優先度が2番目のスレッドに"寄付された

(Donated)"ことであり（後のスレッドの優先度が前のスレッドより低い場合に）、KiExitDispatcher に別のビットフラグがまだ指定されていない場合に適用されます。現在の実装においては、これらの2つのフラグは常に一緒に指定されます（またはまったく指定されません）。つまり、ダイレクトスイッチの試行では、優先度の寄付もまた試行されるということです。ダイレクトスイッチは失敗することがあり得ます。例えば、対象のスレッドのアフィニティが、現在のプロセッサでの実行を排除する場合です。一方、ダイレクトスイッチが成功した場合、最初のスレッドのクォンタムは対象のスレッドに転送され、最初のスレッドは残りのクォンタムを失います。

ダイレクトスイッチは現在、次のシナリオで使用されています。

- スレッドがWindows APIのSignalObjectAndWait関数（またはカーネルの同等のNtSignalAndWaitForSingleObject）を呼び出した場合
- Advanced Local Procedure Call（ALPC）（本書下巻で説明します）
- 同期型のリモートプロシージャコール（RPC）の呼び出し
- コンポーネントオブジェクトモデル（COM）のリモート呼び出し（現状はMTA（マルチスレッドアパートメント）からMTAのみ）

4.4.8 スケジューリングシナリオ

Windowsは"誰がCPUを取得するのか？"という質問に対しスレッド優先度に基づいて回答しますが、このアプローチは実際にどのようにうまく機能するのでしょうか。ここでは、優先度駆動型のプリエンプティブ（先取り）マルチタスクが、スレッドのレベルでどのように機能するのかを図を用いて説明します。

■ 自発的な切り替え

スレッドは、WaitForSingleObjectやWaitForMultipleObjectsなどのWindowsの待機関数の1つを呼び出すことにより、何かしらのオブジェクト（イベント、ミューテックス、セマフォ、I/O完了ポート、プロセス、スレッドなど）を待機する状態に入ると、プロセッサの使用を自発的に放棄します（オブジェクトの待機については、本書下巻で詳しく説明します）。図4-14は、スレッドが待機状態に入り、Windowsが新しいスレッドを実行のために選択する様子を示しています。図4-14において、最上位のブロック（スレッド）は、自発的にプロセッサを放棄することで、準備完了キュー内の次のスレッドが実行可能になります（スレッドが「実行」の列内にいるときを、ボックス上の光の環で示しています）。この図からは、プロセッサを放棄したスレッドの優先度が低下しているように見えるかもしれませんが、そうではありません。プロセッサを放棄したスレッドは、スレッドが待機しているオブジェクトの待機キューに単に移動するだけです。

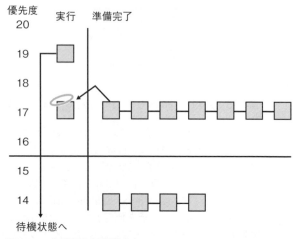

図4-14 自発的な切り替え

■ 先取り（プリエンプト）

このスケジューリングシナリオにおいて、より低い優先度のスレッドは、より高い優先度のスレッドの実行の準備が完了したとき、優先度の高いスレッドに先取りされます。この状況は、2つの理由で発生する可能性があります。

- より高い優先度のスレッドの待機が完了した（他のスレッドが待機していたイベントが発生した）。
- スレッドの優先度が引き上げられた、または引き下げられた。

これらのケースはどちらにおいても、Windowsは現在実行中のスレッドを実行し続けるか、より高い優先度のスレッドを実行するために先取りするかを決定しなければなりません。

メモ ユーザーモードで実行中のスレッドは、カーネルモードで実行中のスレッドを先取りできます。そのスレッドがどちらのモードで実行中であるかは問題ではありません。スレッド優先度が、決定要素になります。

スレッドが先取りされたとき、そのスレッドはそのスレッドが実行されていた優先度用の準備完了キューの先頭に置かれます（図4-15）。

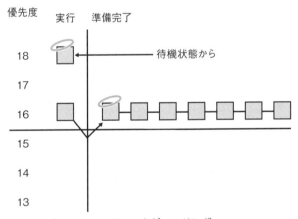

図4-15　先取りスレッドのスケジューリング

図4-15において、優先度18のスレッドは待機状態から出現し、そのCPUを取り戻します。すると、（優先度16で）実行中であったスレッドは、準備完了キューの先頭に押し出されます。押し出されたスレッドが、キューの最後に行かないことに注目してください。そうではなく、そのスレッドは先頭に行きます。先取りしたスレッドが実行を終了すると、次に、押し出されていたスレッドはそのクォンタムを完了することができます。

■ クォンタムの終端

実行中のスレッドがそのCPUクォンタムを使い果たしたとき、Windowsはそのスレッドの優先度を引き下げて、別のスレッドをプロセッサ上にスケジュールするべきかどうかを決定しなければなりません。

スレッドの優先度が低下した場合（例えば、以前に何かしらのブーストを受け取ったため）、現在実

行中のスレッドの新しい優先度よりも、高い優先度の準備完了キュー内のスレッドなど、Windowsはスケジュールするのにより適切なスレッドを探します。スレッドの優先度が低下しておらず、同じ優先度レベルの準備完了キュー内に他のスレッドが存在する場合、Windowsは同じ優先度レベルの準備完了キューにある次のスレッドを選択します。そして、それまで実行していたスレッドを、そのキューの最後に移動して、新しいクォンタム値を与え、スレッドの状態を「実行」から「準備完了」に変更します。これを図示すると図4-16のようになります。実行の準備が完了した同じ優先度のスレッドが他に存在しない場合、そのスレッドは次のクォンタムの間の実行を取得します。

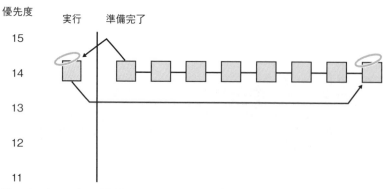

図4-16　クォンタムが終了したスレッドのスケジューリング

これまで見てきたように、Windowsはスレッドをスケジューリングするために、クロック間隔タイマーに基づいたクォンタムに単純に依存するのではなく、正確なCPUクロックサイクル数を使用してクォンタムターゲットを維持します。Windowsはこのクロックサイクル数を、クォンタムの終端が現在、そのスレッドに適切かどうかを判断するためにも使用します。これは、既に発生した可能性があることであり、議論することは重要です。

仮に、クロック間隔タイマーのみに依存するスケジューリングモデルを使用した場合、次のような状況が発生する可能性があります。

- クロック間隔の中ほどでスレッドAおよびスレッドBの実行の準備が完了します（スケジューリングのコードは各クロック間隔のちょうどそのときに実行されないため、このケースはたびたび発生します）。
- スレッドAが実行を開始しますが、しばらくの間、割り込みが発生します。割り込みを処理するのに費やされた時間は、そのスレッドに課せられます。
- 割り込みの処理が終了し、スレッドAが実行を開始しますが、すぐに次のクロック間隔に当たります。スケジューラは、この時間すべてでスレッドAが実行中であったと想定することができ、今度はスレッドBに切り替えます。
- スレッドBが実行を開始し、クロック間隔をフルに実行する機会を持ちます（先取りまたは割り込み処理は締め出されます）。

このシナリオにおいて、スレッドAは2つの異なる方法で、不公平（アンフェア）なペナルティを受けました。第一に、デバイスの割り込みを処理するのに費やされた時間は、スレッドAがおそらく割り込みに対して何も関係がなくても、スレッドAのCPU時間に対して課せられました（第6章で説明するように、割り込みは、その時点で実行中のスレッドが何であれ、そのスレッドのコンテキスト内で処理されます）。スレッドAは、スケジュールされる前の、クロック間隔内でアイドル状態であった

システムの時間についても、不公平なペナルティを受けました。図4-17は、このシナリオを示したものです。

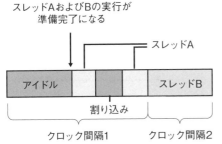

図4-17　Windows Vistaより前のWindowsにおける不公平（アンフェア）なタイムスライス

　Windowsは、スケジュールされたスレッドが作業を行うのに費やす（割り込みは除外されます）、CPUクロックサイクルの正確な数を正確にカウントします。Windowsは、そのクォンタムの最後の時点でスレッドによって費やされることになる、クロックサイクル数のクォンタムターゲットも維持します。そのため、先ほど説明したスレッドAに対して行われる不公平な決定はどちらも、現在のWindowsでは発生することはありません。その代わりに、次の状況が発生します。

- クロック間隔の中ほどでスレッドAおよびスレッドBの実行の準備が完了します。
- スレッドAが実行を開始しますが、しばらくの間割り込みが発生します。割り込みの処理のために費やされるCPUクロックサイクル数は、スレッドAには課せられません。
- 割り込み処理が終了し、スレッドAが再び実行を開始します。しかし、すぐに次のクロック間隔に当たります。スケジューラは、そのスレッドに与えられたCPUクロックサイクルの数を参照し、それをクォンタムの終端時点で与えられたはずのCPUクロックサイクルの数と比較します。
- 前者の数は与えられたはずの数よりもはるかに小さいため、スケジューラはスレッドAがクロック間隔の間に実行を開始し、さらに割り込まれた可能性があるものとして扱います。
- スレッドAは、次のクロック間隔によって増加したクォンタムを得て、クォンタムターゲットは再計算されます。これでスレッドAは、クロック間隔のフルの間、実行する機会を得ます。
- 次のクロック間隔において、スレッドAはそのクォンタムを終了し、今度はスレッドBが実行の機会を得ます。

　図4-18は、このシナリオを示したものです。

図14-18　現在のWindowsバージョンにおける公平（フェア）なタイムスライス

■ スレッドの終了

スレッドが実行を終了すると（メインルーチンから返ってきたため、ExitThreadが呼ばれたため、またはTerminateThreadにより強制終了されたため）、スレッドは「実行」状態から「終了」状態に移動します。スレッドオブジェクトが開いているハンドルが存在しない場合、そのスレッドはプロセススレッドリストから削除され、関連するデータ構造体は割り当てが解除され、解放されます。

4.4.9 | アイドルスレッド

CPU上に実行可能なスレッドが存在しないとき、WindowsはCPUのアイドルスレッドをディスパッチします。各CPUは、それぞれ専用のアイドルスレッドを持ちます。これは、マルチプロセッサシステムにおいては、他のCPUが実行するスレッドを持たないときにも、1つのCPUがスレッドを実行することができるからです。各CPUのアイドルスレッドは、プロセッサ制御ブロック（PRCB）内のポインターを介して見つかります。

すべてのアイドルスレッドは、アイドルプロセスに属します。アイドルプロセスとアイドルスレッドは、多くの点で特殊なケースです。これらは、当然のことながら、エグゼクティブプロセス（EPROCESS）/カーネルプロセス（KPROCESS）およびエグゼクティブスレッド（ETHREAD）/カーネルスレッド（KTHREAD）構造体によって表されますが、エグゼクティブのマネージャープロセスおよびスレッドオブジェクトではありません。アイドルプロセスは、システムプロセスリスト上にも存在しません（これが、カーネルデバッガーの!process 0 0コマンドの出力に出てこない理由です）。しかし、アイドルスレッド（1つまたは複数）とそのプロセスは、他の方法で見つけることができます。

実習 アイドルスレッドとアイドルプロセスの構造体を表示する

カーネルデバッガーで!pcrエクステンションコマンドを使用すると、アイドルスレッドとアイドルプロセスの構造体を見つけることができます（PCRは、Processor Control Region、プロセス制御領域の略です）。このコマンドは、プロセス制御領域（PCR）および関連するプロセッサ制御ブロック（PRCB）から、情報のサブセットを表示します。!pcrコマンドは、1つの数字の引数として、PCRを表示するCPUの番号を受け取ります。起動プロセッサはプロセッサ0です。これは常に存在するため、!pcr 0は必ず機能します。次の出力例は、64ビット、8プロセッサシステムのローカルカーネルデバッグセッションで、このコマンドを実行した結果です（引数を省略した場合、現在のプロセッサであるプロセッサ0の情報を表示します）。

```
lkd> !pcr
KPCR for Processor 0 at fffff80174bd0000:
    Major 1 Minor 1
      NtTib.ExceptionList: fffff80176b4a000
           NtTib.StackBase: fffff80176b4b070
          NtTib.StackLimit: 000000000108e3f8
        NtTib.SubSystemTib: fffff80174bd0000
           NtTib.Version: 0000000074bd0180
        NtTib.UserPointer: fffff80174bd07f0
           NtTib.SelfTib: 00000098af072000
```

```
              SelfPcr: 0000000000000000
                 Prcb: fffff80174bd0180
                 Irql: 0000000000000000
                  IRR: 0000000000000000
                  IDR: 0000000000000000
        InterruptMode: 0000000000000000
                  IDT: 0000000000000000
                  GDT: 0000000000000000
                  TSS: 0000000000000000

        CurrentThread: ffffb882fa27c080
           NextThread: 0000000000000000
           IdleThread: fffff80174c4c940

           DpcQueue:
```

　この出力結果は、CurrentThreadとIdleThreadが異なることから、メモリダンプが取得された時点でCPU 0がアイドルスレッド以外のスレッドを実行中であったことを示しています（マルチプロセッサのシステムの場合は、!pcr 1、!pcr 2などのように、プロセッサ番号が尽きるまで試してみてください。そして、すべてのIdleThreadポインターが異なることを確認してください）。

　次に、!pcrコマンドで示されたアイドルスレッドのアドレスを指定して、!threadエクステンションコマンドを使用します。

```
lkd> !thread fffff80174c4c940
THREAD fffff80174c4c940 Cid 0000.0000 Teb: 0000000000000000
Win32Thread: 0000000000000000 RUNNING on processor 0
Not impersonating
DeviceMap                ffff800a52e17ce0
Owning Process           fffff80174c4b940       Image:         Idle
Attached Process         ffffb882e7ec7640       Image:         System
Wait Start TickCount     1637993            Ticks: 30 (0:00:00:00.468)
Context Switch Count     25908837           IdealProcessor: 0
UserTime                 00:00:00.000
KernelTime               05:51:23.796
Win32 Start Address nt!KiIdleLoop (0xfffff801749e0770)
Stack Init fffff80176b52c90 Current fffff80176b52c20
Base fffff80176b53000 Limit fffff80176b4d000 Call 0000000000000000
Priority 0 BasePriority 0 PriorityDecrement 0 IoPriority 0 PagePriority
5
```

　最後に、!threadコマンドの出力結果に示された所有しているプロセス（Owning Process）のアドレスを指定して、!processエクステンションコマンドを使用します。出力結果を簡潔にするために、2番目のパラメーター値として3を追加します。これにより、!processコマンドは各スレッドに関して最小限の情報だけを出力します。

```
lkd> !process fffff80174c4b940 3
PROCESS fffff80174c4b940
    SessionId: none  Cid: 0000    Peb: 00000000  ParentCid: 0000
    DirBase: 001aa000  ObjectTable: ffff800a52e14040  HandleCount:
2011.
    Image: Idle
    VadRoot ffffb882e7e1ae70 Vads 1 Clone 0 Private 7. Modified 1627.
Locked 0.
    DeviceMap 0000000000000000
    Token                              ffffc1826e016990
    Token                              ffff800a52e17040
    ElapsedTime                        07:07:04.015
    UserTime                           00:00:00.000
    KernelTime                         00:00:00.000
    QuotaPoolUsage[PagedPool]          0
    QuotaPoolUsage[NonPagedPool]       0
    Working Set Sizes (now,min,max)  (7, 50, 450) (28KB, 200KB, 1800KB)
    PeakWorkingSetSize                 1
    VirtualSize                        0 Mb
    PeakVirtualSize                    0 Mb
    PageFaultCount                     2
    MemoryPriority                     BACKGROUND
    BasePriority                       0
    CommitCharge                       0


        THREAD fffff80174c4c940  Cid 0000.0000  Teb: 0000000000000000
Win32Thread: 0000000000000000 RUNNING on processor 0
        THREAD ffff9d81e230ccc0  Cid 0000.0000  Teb: 0000000000000000
Win32Thread: 0000000000000000 RUNNING on processor 1
        THREAD ffff9d81e1bd9cc0  Cid 0000.0000  Teb: 0000000000000000
Win32Thread: 0000000000000000 RUNNING on processor 2
        THREAD ffff9d81e2062cc0  Cid 0000.0000  Teb: 0000000000000000
Win32Thread: 0000000000000000 RUNNING on processor 3
        THREAD ffff9d81e21a7cc0  Cid 0000.0000  Teb: 0000000000000000
Win32Thread: 0000000000000000 RUNNING on processor 4
        THREAD ffff9d81e22ebcc0  Cid 0000.0000  Teb: 0000000000000000
Win32Thread: 0000000000000000 RUNNING on processor 5
        THREAD ffff9d81e2428cc0  Cid 0000.0000  Teb: 0000000000000000
Win32Thread: 0000000000000000 RUNNING on processor 6
        THREAD ffff9d81e256bcc0  Cid 0000.0000  Teb: 0000000000000000
Win32Thread: 0000000000000000 RUNNING on processor 7
```

　これらのプロセスとスレッドのアドレスは、dt nt!_EPROCESS、dt nt!_KTHREADのような
コマンドで使用することもできます。

　先ほどの実習は、アイドルプロセスとそのスレッドに関連する変則的なことをいくつか示していま
す。デバッガーは、Idleというイメージ名を示しています（この情報はEPROCESS構造体の

ImageFileNameメンバーからきています）。しかし、さまざまなWindowsユーティリティが、アイドルプロセスが異なる名前を使用していることを報告します。タスクマネージャーおよびProcess Explorerは、それをSystem Idle Processと表現しています。一方、Tlist.exeはSystem Processと表現しています。プロセスIDとスレッドID（クライアントID、デバッガーの出力のCid）は0であり、プロセス環境ブロック（PEB）とスレッド環境ブロック（TEB）のポインターも同様に0です。また、アイドルプロセスやそのスレッドの他の多くのフィールドも0の可能性があります。アイドルプロセスは、ユーザーモードアドレス領域を持たず、そのスレッドはユーザーモードコードを実行しないため、ユーザーモード環境を管理するのに必要なさまざまなデータは必要ありません。また、アイドルプロセスはオブジェクトマネージャーのプロセスオブジェクトではなく、そのアイドルスレッドはオブジェクトマネージャーのスレッドオブジェクトではありません。その代わりに、初期のアイドルスレッドとアイドルプロセスの構造体は、プロセスマネージャーとオブジェクトマネージャーが初期化される前に、静的に割り当てられ、システムのブートストラップのために使用されます。後続のアイドルスレッドの構造体は、追加のプロセッサがオンラインになると動的に割り当てられます（非ページプールから単純に割り当てられ、オブジェクトマネージャーはバイパスします）。プロセス管理が初期化されると、アイドルプロセスを参照するために、PsIdleProcessという特別な変数を使用します。

　おそらく、アイドルプロセスに関して最も興味深い変則は、Windowsがアイドルスレッドの優先度を0として報告することです。しかしながら、実際には、アイドルスレッドの優先度メンバーの値は役に立ちません。なぜなら、これらのスレッドは、実行するスレッドが他に存在しないときにだけディスパッチのために選択されるものだからです。アイドルスレッドの優先度は、他のどのスレッドとも比較されることは決してありません。アイドルスレッドは、どの準備完了キューの一部にも決してならないので、その優先度が準備完了キュー上にアイドルスレッドが置かれるために使用されることもありません（Windowsシステムごとに1つのスレッドだけが、実際に優先度0で実行されます。それは、第5章で説明する、ゼロページスレッドです）。

　アイドルスレッドは実行の選択のための特殊なケースであるのとちょうど同じように、先取りの特殊なケースでもあります。アイドルスレッドのルーチンであるKiIdleLoopは、通常の方法で他のスレッドによって先取りされるのを排除する、多数の操作を実行します。プロセッサ上に実行に利用可能な非アイドルスレッドがないとき、そのプロセッサはプロセッサ制御ブロック（PRCB）内でIdleとしてマークされます。その後、アイドルプロセッサ上で実行用にスレッドが選択された場合、そのスレッドのアドレスがアイドルプロセッサのPRCBのNextThreadポインターに格納されます。アイドルスレッドは、ループの各パスでこのポインターをチェックします。

　フローの詳細はアーキテクチャによって異なりますが（この部分はC言語ではなくアセンブリ言語で書かれた数少ないルーチンの1つ）、アイドルスレッドの基本的な操作のシーケンスは次のようになります。

1. アイドルスレッドは一時的に割り込みを可能にし、保留中の割り込みの引き渡しを許可したあと、割り込みを無効化します（x86およびx64プロセッサのSTI命令およびCLI命令を使用します）。これは、アイドルスレッドの重要な部分が割り込みを無効にして実行されるので、望ましいことです。

2. 一部のアーキテクチャのデバッグビルド上では、アイドルスレッドはシステムを中断して入り込もうとしているカーネルデバッガーが存在しないかどうかをチェックします。その場合、アイドルスレッドはカーネルデバッガーにアクセスを与えます。

3. アイドルスレッドは、そのプロセッサ上で保留されている遅延プロシージャコール（DPC、第6章で説明します）がないかどうかをチェックします。DPCは、キューに入れられたときに、DPC割り込みが生成されていない場合、保留されることがあります。DPCが保留されている場合、アイドル

ループはKiRetireDpcListを呼び出して、それらを配送します。このとき、タイマーの有効期限や遅延された準備完了の処理もまた実行されます。後者については、「4.4.13　マルチプロセッサシステム」の項で説明します。KiRetireDpcListは、割り込みを無効にして入る必要があります。ステップ1の終了時に割り込みが無効にされたのはこのためです。KiRetireDpcListは、終了時にも割り込みが無効になっている必要があります。

4. アイドルスレッドは、クォンタムの終端処理が要求されていないかどうかをチェックします。要求されている場合、KiQuantumEndが呼び出され、要求が処理されます。

5. アイドルスレッドは、プロセッサ上で次に実行するように選択されたスレッドがないかどうかをチェックします。スレッドがある場合、そのスレッドをディスパッチします。これは、例えば、ステップ3でDPCまたはタイマーの有効期限が待機スレッドの待機を解決する場合、またはプロセッサが既にアイドルループに入っている間にこのプロセッサ用のスレッドが別のプロセッサに選択された場合のケースに当たります。

6. 要求されている場合、アイドルスレッドは他のプロセッサ上で実行するために準備完了になっているスレッドをチェックし、可能な場合、その1つをローカルにスケジュールします（この操作については、「4.4.12　スレッドの選定」の「アイドルスケジューラ」の項で説明します）。

7. アイドルスレッドは、登録された電源管理プロセッサアイドルルーチンを呼び出します。このルーチンは、プロセッサの電源ドライバー（intelppm.sysなど）内、またはそのようなドライバーが利用可能でない場合はハードウェア抽象化レイヤー（HAL）内のいずれかに存在します。

4.4.10 | スレッドの中断

スレッドは、SuspendedThreadおよびResumeThread API関数を使用して明示的に中断および再開されることが可能です。すべてのスレッドは、中断によりインクリメントされ、再開によりデクリメントされる中断カウント（SuspendCount）を持ちます。このカウントが0の場合、スレッドは自由に実行できます。0でない場合、スレッドは実行されません。

スレッドの中断は、スレッドに対して、カーネルの非同期プロシージャコール（APC）をキューに入れることによって機能します。スレッドが実行に切り替わったとき、APCが最初に実行されます。APCは、そのスレッドをイベントの待機状態に置き、そのスレッドが最終的に再開されるときに通知されます。

この中断メカニズムには、顕著な欠点があります。中断要求がきたときにスレッドが待機状態にある場合、そのスレッドはただ中断するためだけに、ウェイクアップする必要があるからです。その結果、カーネルスタックのスワップインが発生します（スレッドのカーネルスタックがスワップアウトされている場合）。Windows 8.1およびWindows Server 2012 R2は、**ライトウェイト中断**（Lightweight Suspend）と呼ばれるメカニズムを追加し、メモリ内のスレッドのオブジェクトを直接的に操作してスレッドを中断することにより、APCメカニズムを使用することなく、待機状態にあるスレッドの中断を可能にしています。

4.4.11 | （ディープ）フリーズ

フリーズ（Freeze）は、プロセスのスレッド上でResumeThreadを呼び出すことでは変更できない、プロセスの中断状態に入るメカニズムです。これは、システムがユニバーサルWindowsプラット

フォーム（UWP）アプリを中断する必要があるときに便利です。これは、例えば、タブレットモードにおいてフォアグラウンドに別のアプリが来たために、あるいはデスクトップモードでアプリが最小化されたために、Windowsアプリがバックグラウンドに移行するときに発生します。このケースにおいて、システムはそのアプリが処理を行うために、およそ5秒の猶予を与えます。通常、アプリはこの間にアプリの状態を保存します。Windowsアプリは、メモリリソースが低下した場合に、通知されることなく終了されることがあるため、状態を保存することは重要です。アプリが終了されると、その状態は次回起動時に再読み込みされるため、ユーザーに対して、そのアプリが本当に消えたのではないと認識させることができます。プロセスのフリーズは、このような方法ですべてのスレッドを中断することを意味しており、ResumeThreadでウェイクアップすることはできません。カーネルスレッド（KTHREAD）構造体の中の1つのフラグが、そのスレッドがフリーズしているかどうかを示しています。スレッドを実行可能にするためには、中断カウント（SuspendCount）を0にして、フリーズ（Frozen）フラグをクリアする必要があります。

　ディープフリーズ（Deep Freeze）は、プロセス内に新たに作成されたスレッドも開始できないという、もう1つの制約を追加します。例えば、CreateRemoteThreadExを呼び出してディープフリーズ状態のプロセス内に新しいスレッドを作成した場合、そのスレッドは実際に開始する前にフリーズされます。これは、フリーズの機能の典型的な使用法です。

　プロセスフリーズおよびスレッドフリーズ機能は、ユーザーモードに対して直接的に公開されていません。これらの機能は、ディープフリーズと解凍（アンフリーズ）のためにカーネルに要求を発行する役割を持つ、プロセス状態マネージャー（Process State Manager：PSM）サービスによって内部的に使用されます。

　プロセスのフリーズにジョブを使用することもできます。ジョブのフリーズと解凍（アンフリーズ）の機能は、公式にはドキュメント化されていませんが、標準のNtSetInformationJobObjectシステムコールを使用して行うことが可能です。すべてのWindowsアプリのプロセスがジョブに含まれているため、これは通常、Windowsアプリで使用されます。そのようなジョブは、1つのプロセス（Windowsアプリ自身）を含む場合もありますが、同じWindowsアプリに関係するバックグラウンドタスクをホストするプロセスを含むこともできます。そのため、ジョブの配下にあるすべてのプロセスのフリーズまたは解凍（アンフリーズ）は、一度に行えます（Windowsアプリについて詳しくは、本書下巻で説明します）。

実習 ディープフリーズの発生を参照する

この実習では、仮想マシンのデバッグによって、ディープフリーズの発生を見ることができます。

1. WinDbgを管理者権限で開き、Windows 10を実行する仮想マシンにアタッチします。[7]

2. デバッガーで**Ctrl** + **Break**キーを押し、仮想マシンを中断して入ります。

3. ディープフリーズの開始時にブレークポイントをセットし、フリーズしたプロセスを表示するコマンドを実行するように設定します。

```
1: kd> bp nt!PsFreezeProcess "!process -1 0; g"
```

4. **g**（goに由来）コマンドを入力するか、**F5**キーを押します。すると、たくさんのディープフリーズの発生を見ることができるはずです。

5. タスクバーからCortanaのUIを開き、そのUIを閉じます。約5秒後に、次のような出力を確認できるはずです。

```
PROCESS 8f518500
    SessionId: 2  Cid: 12c8    Peb: 03945000    ParentCid: 02ac
    DirBase: 054007e0  ObjectTable: b0a8a040  HandleCount: 988.
    Image: SearchUI.exe
```

6. デバッガーで**Ctrl** + **Break**キーを押してターゲットを中断して入り、**!process**コマンドを使用してSearchUI.exeプロセスの詳細情報を参照します。

```
1: kd> !process 8f518500 1
PROCESS 8f518500
    SessionId: 2  Cid: 12c8    Peb: 03945000    ParentCid: 02ac
DeepFreeze
    DirBase: 054007e0 ObjectTable: b0a8a040 HandleCount: 988.
    Image: SearchUI.exe
    VadRoot 95c1ffd8 Vads 405 Clone 0 Private 7682. Modified 201241.
Locked 0.
    DeviceMap a12509c0
    Token                              b0a65bd0
    ElapsedTime                        04:02:33.518
    UserTime                           00:00:06.937
    KernelTime                         00:00:00.703
    QuotaPoolUsage[PagedPool]          562688
    QuotaPoolUsage[NonPagedPool]       34392
    Working Set Sizes (now,min,max)    (20470, 50, 345) (81880KB, 200KB,
1380KB)
    PeakWorkingSetSize                 25878
    VirtualSize                        367 Mb
```

```
PeakVirtualSize                400 Mb
PageFaultCount                 307764
MemoryPriority                 BACKGROUND
BasePriority                   8
CommitCharge                   8908
Job                            8f575030
```

7. デバッガーがDeepFreezeの属性を出力していることに注目してください。また、このプロ
セスがジョブの一部であることにも注目してください。**!job**エクステンションコマンドを使
用して、ジョブの詳細情報を参照します。

```
1: kd> !job 8f575030
Job at 8f575030
  Basic Accounting Information
    TotalUserTime:              0x0
    TotalKernelTime:            0x0
    TotalCycleTime:             0x0
    ThisPeriodTotalUserTime:    0x0
    ThisPeriodTotalKernelTime:  0x0
    TotalPageFaultCount:        0x0
    TotalProcesses:             0x1
    ActiveProcesses:            0x1
    FreezeCount:                1
    BackgroundCount:            0
    TotalTerminatedProcesses:   0x0
    PeakJobMemoryUsed:          0x38e2
    PeakProcessMemoryUsed:      0x38e2
  Job Flags
    [cpu rate control]
    [frozen]
    [wake notification allocated]
    [wake notification enabled]
    [timers virtualized]
    [job swapped]
  Limit Information (LimitFlags: 0x0)
  Limit Information (EffectiveLimitFlags: 0x3000)
  CPU Rate Control
    Rate = 100.00%
    Scheduling Group: a469f330
```

8. このジョブは、CPUレート制御（CPU Rate Control）下にあり、フリーズ（frozen）されて
います（CPUレート制御について詳しくは、この章の「4.5.2　CPUレート制限」の項を参照
してください）。仮想マシンからデタッチし、デバッガーを終了します。

---

*7　訳注：仮想マシンにカーネルデバッガーをアタッチする方法については、https://docs.microsoft.com/en-us/windows-
hardware/drivers/debugger/attaching-to-a-virtual-machine--kernel-mode- を参照してください。

4.4.12 | スレッドの選定

　論理プロセッサは次に実行するスレッドを選ぶ必要があるとき必ず、KiSelectNextThreadスケジューラ関数を呼び出します。これは、さまざまなシナリオで発生します。

- ハードアフィニティ（プロセッサの固定的な割り当て）の変更が発生し、現在実行またはスタンバイ状態にあるスレッドは、選択された論理プロセッサ上での実行は不適当になった。この場合、別の選択が行われる必要があります。
- 現在、実行状態にあるスレッドが、そのスレッドのクォンタムの終端に達し、それを実行していた**同時マルチスレッディング**（Simultaneous Multithreading：SMT）セットが理想とするノードの、SMTセットが完全にアイドル状態である間にビジー状態になった（SMTは、第2章で説明したハイパースレッディングの技術的な名称）。この場合、スケジューラは現在のスレッドのクォンタムの終端の移行を処理するため、別の選択が行われる必要があります。
- 待機操作が終了し、待機状態レジスタ内に保留中のスケジューリング操作が存在していた（別の言い方をすると、優先度やアフィニティのビットがセットされた）。

　これらのシナリオにおいて、スケジューラの挙動は次のようになります。

- スケジューラは、KiSelectNextThreadExを呼び出し、そのプロセッサが実行するべき次の準備完了スレッドを検索して、スレッドが見つかったかどうかをチェックします。
- 準備完了スレッドが見つからなかった場合、アイドルスケジューラが有効化され、アイドルスレッドが実行用に選択されます。準備完了スレッドが見つかった場合、必要に応じてローカルまたは共有された準備完了キュー内で準備完了状態にします。

　KiSelectNextThread操作は、論理プロセッサが次にスケジュール可能なスレッドを選ぶ（ただし、まだ実行しない）必要があるときにのみ行われます（これが、スレッドが準備完了状態に入る理由です）。一方、それ以外のときは、論理プロセッサは次の準備完了スレッドをすぐに実行するか、スレッドが利用可能でない場合は別のアクションを行う（アイドル状態になるのではなく）ことに関心があります。それは、次のようなときに発生します。

- 現在スタンバイまたは実行状態のスレッドの優先度の変更により、そのスレッドは選択された論理プロセッサ上で最も高い優先度の準備完了スレッドではなくなる。つまり、直ちに、より高い優先度の準備完了スレッドを実行する必要があります。
- YieldProcessorまたはNtYieldExceptionを使用してスレッドが明示的に一時停止され、別のスレッドが実行のために準備完了になっている可能性がある。
- 現在のスレッドのクォンタムが切れ、同じ優先度レベルにある他のスレッドが、実行する機会を必要としている。
- スレッドが優先度ブーストを失い、1つ目のシナリオで説明したのと似た優先度の変更が行われる。
- スケジューラが実行中であり、アイドルスケジューリングが要求されたときと、アイドルスケジューラが実行されたときの間に、準備完了スレッドが現れていないかどうかをチェックする必要がある。

　どのルーチンを実行するのか、その違いを覚えておく簡単な方法は、論理プロセッサが別のスレッドを実行しなければならないか（この場合、KiSelectNextThreadExが呼び出されます）、それとも可

能であれば別のスレッドを実行する必要があるのか（この場合、KiSelectReadyThreadExが呼び出されます）をチェックすることです。いずれの場合においても、各プロセッサは共有された準備完了キュー（カーネルプロセッサ制御ブロック（KPRCB）によってポイントされています）に属しているため、KiSelectReadyThreadExは現在の論理プロセッサ（LP）のキューを単純にチェックすることができ、その優先度が現在実行状態のスレッドよりも低い優先度でない限り、最初の最も高い優先度のスレッドを削除できます（現在のスレッドがまだ実行可能かどうかに依存しますが、KiSelectNextThreadシナリオには該当しません）。より高い優先度のスレッドが存在しない場合（または準備完了スレッドがまったく存在しない場合）、スレッドは返されません。

■| アイドルスケジューラ

アイドルスレッドが実行されると必ず、アイドルスケジューリングが有効化されているかどうかがチェックされます。有効化されている場合、KiSearchForNewThreadを呼び出して実行できるように、アイドルスレッドは他のプロセッサの準備完了キューの検索を開始します。この操作に関連する実行時間のコストは、アイドルスレッドの時間としては課せられませんが、代わりに割り込みおよび遅延プロシージャコール（DPC）時間として（プロセッサに）課せられます。つまり、アイドルスケジューリング時間は、システム時間と見なされます。KiSearchForNewThreadのアルゴリズムは、この項の最初のほうで説明した関数に基づいており、後ほど説明します。

4.4.13 | マルチプロセッサシステム

ユニプロセッサシステムでは、スケジューリングは比較的シンプルです。実行を望んでいる最も高い優先度のスレッドは、必ず実行中になります。マルチプロセッサシステムでは、もっと複雑です。なぜなら、Windowsは、そのスレッドに最も最適なプロセッサ上にスレッドをスケジュールしようとするため、スレッドの優先プロセッサと以前に使用されたプロセッサ、およびマルチプロセッサシステムの構成を考慮するからです。そのため、Windowsは、最も高い優先度の実行可能スレッドを利用可能なすべてのプロセッサ上にスケジュールしようとしますが、最も高い優先度のスレッドの1つがいずれかのプロセッサで実行中になることだけが保証されます。共有された準備完了キュー（アフィニティ制限のないスレッドのためのキュー）では、その保証はさらに強くなります。プロセッサの共有グループごとに、最も高い優先度のスレッドの少なくとも1つが実行中になります。

どのスレッドをどこで、いつ実行するかの選択に使用される特定のアルゴリズムについて説明する前に、マルチプロセッサシステム上でスレッドとプロセッサの状態を追跡するためにWindowsが保持する追加的な情報と、Windowsでサポートされる3つの種類のマルチプロセッサシステム（SMT、マルチコア、NUMA）について確認しておきましょう。

■| パッケージセットとSMTセット

Windowsは、カーネルプロセッサ制御ブロック（KPRCB）内の5つのフィールドを使用して、論理プロセッサのトポロジを扱う際に、適切なスケジュールの決定を判断します。最初のフィールドCoresPerPhysicalProcessorは、この論理プロセッサがマルチコアパッケージの一部であるかどうかを決めます。これはプロセッサが返すCPUIDから計算され、2のべき乗に丸められます。2番目のフィールドLogicalProcessorsPerCoreは、例えば、ハイパースレッディングが有効なIntelプロセッサなど、論理プロセッサがSMTセットの一部であるかどうかを決めます。これもCPUIDの照会に基づいて、2のべき乗に丸められます。これらの2つの数値を掛けることで、パッケージあたりの論理プロセッサ数またはソケットに収まる実際の物理プロセッサの数が得られます。これらの数値により、各プロセッ

サ制御ブロック（PRCB）は、PackageProcessorSet値を生成します。この値は、同じ物理プロセッサに属するこのグループ（パッケージはグループに制約されるため）内の他の論理プロセッサを説明するアフィニティマスク（関係マスク）になります。同様に、CoreProcessorSet値は、他の論理プロセッサを、SMTセットとも呼ばれる同じコアに接続します。最後に、GroupSetMember値は、現在のプロセッサグループの中で、まさにこの論理プロセッサを識別するビットマスクを定義します。例えば、論理プロセッサ3は、通常、GroupSetMember値の8（2の3乗、2進数で1000、0b1000とも表現されます）を持ちます。

実習 論理プロセッサの情報を参照する

カーネルデバッガーで!smtエクステンションコマンドを使用すると、同時マルチスレッディング（SMT）プロセッサのためにWindowsが保持している情報を調べることができます。以下の出力は、SMTが有効なクアッドコアIntel Core i7システム（8つの論理プロセッサ）の例です。

```
lkd> !smt
SMT Summary:
------------


KeActiveProcessors:

********---------------------------------------------------
(00000000000000ff)
IdleSummary:
-****--*---------------------------------------------------
(000000000000009e)
 No PRCB            SMT Set
APIC Id
  0 fffff803d7546180 **------------------------------
(0000000000000003) 0x00000000
  1 ffffba01cb31a180 **------------------------------
(0000000000000003) 0x00000001
  2 ffffba01cb3dd180 --**----------------------------
(000000000000000c) 0x00000002
  3 ffffba01cb122180 --**----------------------------
(000000000000000c) 0x00000003
  4 ffffba01cb266180 ----**--------------------------
(0000000000000030) 0x00000004
  5 ffffba01cabd6180 ----**--------------------------
(0000000000000030) 0x00000005
  6 ffffba01cb491180 ------**------------------------
(00000000000000c0) 0x00000006
  7 ffffba01cb5d4180 ------**------------------------
(00000000000000c0) 0x00000007


Maximum cores per physical processor:   8
Maximum logical processors per core:    2
```

■| NUMAシステム

　Windowsでサポートされる別のマルチプロセッサシステムの種類の1つは、Non-Uniform Memory Access (NUMA) です。NUMAシステムにおいては、複数のプロセッサがグループ化され、**ノード**と呼ばれる小さい単位にまとめられます。各ノードは、専用のプロセッサ（複数）とメモリを持ち、キャッシュコーヒレント（キャッシュ一貫性）インターコネクトバスを介してより大きなシステムに接続されます。これらのシステムが「Non-Uniform（非均一）」と呼ばれるのは、各ノードが専用の高速なローカルメモリを持つからです。どのノードはのどのプロセッサもすべてのメモリにアクセスできますが、ノードのローカルメモリには、はるかに高速にアクセスできます。

　カーネルは、KNODEと呼ばれるデータ構造体に、NUMAシステムの各ノードに関する情報を保持しています。カーネル変数KeNodeBlockは、各ノードのKNODE構造体へのポインターの配列です。次に示すように、カーネルデバッガーで**dt**コマンドを使用すると、KNODE構造体のフォーマットを表示することができます。

```
lkd> dt nt!_KNODE
   +0x000 IdleNonParkedCpuSet : Uint8B
   +0x008 IdleSmtSet        : Uint8B
   +0x010 IdleCpuSet        : Uint8B
   +0x040 DeepIdleSet       : Uint8B
   +0x048 IdleConstrainedSet : Uint8B
   +0x050 NonParkedSet      : Uint8B
   +0x058 ParkLock          : Int4B
   +0x05c Seed              : Uint4B
   +0x080 SiblingMask       : Uint4B
   +0x088 Affinity          : _GROUP_AFFINITY
   +0x088 AffinityFill      : [10] UChar
   +0x092 NodeNumber        : Uint2B
   +0x094 PrimaryNodeNumber : Uint2B
   +0x096 Stride            : UChar
   +0x097 Spare0            : UChar
   +0x098 SharedReadyQueueLeaders : Uint8B
   +0x0a0 ProximityId       : Uint4B
   +0x0a4 Lowest            : Uint4B
   +0x0a8 Highest           : Uint4B
   +0x0ac MaximumProcessors : UChar
   +0x0ad Flags             : _flags
   +0x0ae Spare10           : UChar
   +0x0b0 HeteroSets        : [5] _KHETERO_PROCESSOR_SET
```

実習 NUMA情報を参照する

カーネルデバッガーで!numaエクステンションコマンドを使用すると、NUMAシステムの各ノードのためにWindowsが保持している情報を調べることができます。NUMAシステムを用いた実習を、このようなハードウェアを利用できない場合でも試すために、Hyper-Vの仮想マシンを構成して、仮想マシンのゲストが使用する1つ以上のNUMAノードを含めることができます。Hyper-V仮想マシンをNUMAを使用するように構成するには、次の手順で操作します（ただし、4つ以上の論理プロセッサを持つホストコンピューターが必要です）。

1. ［スタート］メニューを開き、**hyper**と入力して、［Hyper-Vマネージャー（デスクトップアプリ）］をクリックします。

2. 仮想マシンの状態がオフになっていることを確認します。仮想マシンがオフになっていない場合、この後の変更はできません。

3. ［Hyper-Vマネージャー］内で仮想マシンを右クリックし、［設定］を選択して、仮想マシンの設定ダイアログボックスを開きます。

4. ［メモリ］ノードをクリックし、［動的メモリを有効にする］チェックボックスがオンにされていないことを確認します。

5. ［プロセッサ］ノードをクリックし、［仮想プロセッサの数］ボックスに4と入力します。

6. ［プロセッサ］ノードを展開し、［NUMA］サブノードを選択します。

7. ［プロセッサの最大数］と［ソケットで使用できるNUMAノードの最大数］のボックスの両方に2と入力します。

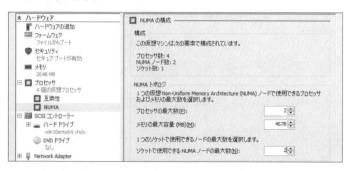

8. ［OK］ボタンをクリックして、設定を保存します。

9. 仮想マシンを右クリックし、［起動］を選択して、仮想マシンを起動します。

10. 仮想マシン内でカーネルデバッガーを使用して（またはホスト側からデバッガーを接続して）、!numaコマンドを実行します。次の出力は、NUMAトポロジを構成した仮想マシンの例です。

```
2: kd> !numa
NUMA Summary:
------------
    Number of NUMA nodes : 2
    Number of Processors : 4
unable to get nt!MmAvailablePages
    MmAvailablePages    : 0x00000000
    KeActiveProcessors  :
    ****---------------------------- (0000000f)

    NODE 0 (FFFFFFFF820510C0):
        Group : 0 (Assigned, Committed, Assignment Adjustable)
        ProcessorMask    : **---------------------------- (00000003)
        ProximityId      : 0
        Capacity         : 2
        Seed             : 0x00000001
        IdleCpuSet       : 00000003
        IdleSmtSet       : 00000003
    NonParkedSet         : 00000003
Unable to get MiNodeInformation

    NODE 1 (FFFFFFFF8719E0C0):
Group : 0 (Assigned, Committed, Assignment Adjustable)
        ProcessorMask    : --**---------------------------- (0000000c)
        ProximityId      : 1
        Capacity         : 2
        Seed             : 0x00000003
        IdleCpuSet       : 00000008
        IdleSmtSet       : 00000008
        NonParkedSet     : 0000000c
Unable to get MiNodeInformation
```

　Windowsはそもそも、NUMA対応スケジューリングアルゴリズムにより、単一のNUMAノードにほとんどすべてのスレッドを制限します。しかしながら、アプリケーションがNUMAシステムからより多くのパフォーマンスを引き出したい場合は、プロセスを特定のノード内のプロセッサ（複数）に制限するアフィニティマスク（関係マスク）を設定できます。

　スケジューリングアルゴリズムがNUMAシステムをどのように考慮するかについては、この章の「4.4.15　プロセッサの選定」の項で説明します（ノードローカルメモリを利用するメモリマネージャーの最適化については、第5章で説明します）。

■ プロセッサグループの割り当て

　Windowsは、論理プロセッサ、SMTセット、マルチコアパッケージ、および物理ソケットのさまざまな関係性を構築するめにシステムのトポロジを照会しながら、プロセッサをそのプロセッサのアフィニティが表す適切なグループに割り当てます（前述の拡張されたアフィニティマスクを介して）。この処理は、フェーズ1の他の処理が完了する前の、初期化中に呼び出されるKePerformGroupConfigurationルーチンによって完了します。この手続きのステップは次のとおりです。

1. この関数は検出されたすべてのノード（KeNumberNodes）を照会し、各ノードのキャパシティを計算します。キャパシティとは、ノードに含めることができる論理プロセッサの数のことです。この値は、システム上のすべてのノードを示すKeNodeBlock配列の、MaximumProcessors内に格納されます。システムがNUMA近接ID（NUMA Proximity Identifier）をサポートしている場合、各ノードの近接IDが照会され、nodeブロックに保存されます。

2. NUMA距離配列が割り当てられ（KeNodeDistance）、NUMAノード間の距離が計算されます。以降の一連のステップでは、既定のNUMA割り当てを上書きする、特定のユーザー構成オプションを扱います。例えば、Hyper-Vが有効になっており、ハイパーバイザーが自動開始するように構成されているシステムを考えてみましょう。CPUが拡張されたハイパーバイザーインターフェイスをサポートしていない場合、1つのプロセッサグループだけが有効化され、すべてのNUMAノード（収まる場合）はグループ0に関連付けられます。そのため、この場合、Hyper-V[*8]は64を超えるプロセッサのコンピューターの利点を得られません（1プロセッサグループは最大64論理プロセッサであるため）。

3. この関数は、ローダーによって（つまり、ユーザーによって構成された）静的なグループ割り当てデータが渡されたかどうかをチェックします。このデータは、各NUMAノードのための近接情報とグループの割り当てを指定するものです。

メモ
　テストや検証の目的で近接情報やグループの割り当てをカスタムコントロールを必要とする、巨大なNUMAサーバーを扱うユーザーは、Group AssignmentおよびNode Distanceレジストリ値を使用してこのデータを入力できます。これらのレジストリ値は、レジストリキー HKLM¥SYSTEM¥CurrentControlSet¥Control¥NUMAにあります。Group Assignment値のデータの正確な形式（バイナリ値）は、カウント値に続く、近接ID、グループの割り当ての配列からなり、これらはすべて各32ビット値で表されます。[*9]

4. このデータを有効と見なす前に、カーネルは近接IDとノード番号の一致を照会して、グループ番号を要求どおりに関連付けます。次に、NUMAノード0がグループ0に関連付けられ、すべてのNUMAノードのキャパシティがグループサイズと一貫性があることを確認します。最後に、関数はキャパシティがまだ残っているグループの数をチェックします。

メモ
　NUMAノード0は、何があっても常にグループ0に割り当てられます。

[*8] 訳注：Windows Server 2016のHyper-Vは、最大で仮想マシンあたり240の仮想プロセッサを割り当て可能です。

[*9] 訳注：詳しくは、サポート技術情報2506384「How to manually configure K-Group assignment on multiprocessor machines」(https://support.microsoft.com/ja-jp/help/2506384/) に説明されています。

第**4**章　スレッド　**297**

5. カーネルは、先ほど説明しように渡された静的なノードの構成を尊重しながら、動的にNUMAノードをグループに割り当てようとします。通常、カーネルは、グループごとにできるだけ多くのNUMAノードを結合して、作成されるグループの数を最小化しようと試みます。ただし、この挙動が望ましくない場合は、ブート構成データ（BCD）のmaxgroup要素を使用して構成される、**/MAXGROUP**ローダーパラメーターを使用して、異なる構成にすることができます。このmaxgroupをonにすると、既定の挙動は上書きされ、現在の実装上のグループの上限である20を尊重しつつ、可能な限り多くのグループに多数のNUMAノードをできるだけ広げます。1つのノードしか存在しない場合、またはすべてのノードが1つのグループに収まる場合（およびmaxgroupがoffの場合）、システムは割り当ての既定の設定を行い、すべてのノードがグループ0に関連付けられます。

6. 複数のノードが存在する場合、Windowsは静的なNUMAノードの距離をチェックします（存在する場合）。次に、すべてのノードをそのキャパシティでソートし、最大のノードが最初に来るようにします。グループ数を最小化するモードでは、カーネルはすべてのキャパシティを合計することで、最大のプロセッサ数を計算します。その数を1グループあたりのプロセッサ数で除算することにより、カーネルはコンピューター上のこのようなグループの合計数を想定します（最大20に制限されます）。グループ数を最大化するモードでは、初期の評価はノードと同じ数のグループが存在するものと想定します（この場合も最大20に制限されます）。

7. カーネルは最終的な割り当て処理を開始します。ここまでのすべての固定的な割り当ては確定され、これらの割り当て用にグループが作成されます。

8. グループ内の異なるノード間の距離を最小化するために、すべてのNUMAノードが再シャッフルされます。別の言い方をすると、より近いノードが同じグループ内に置かれ、距離でソートされます。

9. 動的に構成されたノードについて同じ手続きが行われ、それらのノードのグループへの割り当てが行われます。

10. 残った空のノードが、すべてグループ0に割り当てられます。

■│グループごとの論理プロセッサ

通常、Windowsはグループごとに64のプロセッサを割り当てます。しかし、ブート構成データ（BCD）のgroupsize要素を使用して構成される**/GROUPSIZE**といった別のローダーオプションを使用して、この構成をカスタマイズすることもできます。このオプションに2のべき乗の数を指定すると、システム内でのグループ認識のテストなどの目的のために、通常よりも少ない数のプロセッサをグループに強制することができます。例えば、8つの論理プロセッサを持つシステムを、1つ、2つ、または4つのグループに見えるようにすることができます。グループの払い出しを強制するには、**/FORCEGROUPAWARE**オプション（BCDのgroupware要素）を使用します。これは、カーネルがグループ0を使用するのをできる限り回避し、スレッドや遅延プロシージャコール（DPC）アフィニティの選定やプロセスのグループ割り当てなどのアクションで利用可能な最も大きなグループ番号を割り当てを可能にします。グループサイズに1を設定するのは避ける必要があります。1に設定した場合、システム上のほとんどすべてのアプリケーションが、ユニプロセッサシステムで実行されているかのように振る舞うように強制されてしまうからです。その理由は、アプリケーションが別に要求するまで（ほとんどのアプリケーションはそれをしません）、カーネルは与えられたプロセスのアフィニ

ティマスク（関係マスク）を1つのグループだけにセットするからです。

　まれなケースで、1つのパッケージ内の論理プロセッサの数が、1つのグループに収まらない場合、Windowsは1つのパッケージが1つのグループに収まるようにこれらの数を調整します。この調整は、CoresPerPhysicalProcessorの数を小さくすることによって、SMTセットが収まらない場合はさらにLogicalProcessorsPerCoreの数を小さくすることによって、行われます。この規則の例外は、システムが実際に複数のNUMAノードを1つのパッケージ内に持つ場合です（一般的ではありませんが、可能です）。マルチチップモジュール（MCM）では、2つのコアのセットと2つのメモリコントローラーが、同じダイ/パッケージ上に存在します。ACPIの静的リソースアフィニティテーブル（Static Resource Affinity Table：SRAT）がMCMを2つのNUMAノードを持つものとして定義する場合、Windowsはその2つのノードを2つの異なるグループに関連付けます（グループ構成アルゴリズムに基づいて関連付けます）。このシナリオでは、MCMパッケージは複数のグループに分けられます。

　重大なドライバーとアプリケーションの互換性問題を引き起こす以外に（開発者が使用するときに、問題を特定し、それを根絶するために設計されています）、これらのオプションはコンピューターに大きな影響を与えます。これらのオプションは、非NUMAシステムにさえ、NUMAの挙動を強制するのです。その理由は、これまで見てきた割り当てアルゴリズムが示すように、Windowsが1つのNUMAノードが複数のグループにまたがることを決して許可しないからです。つまり、カーネルが人為的に小さなグループを作成した場合、その2つのグループは、それぞれ専用のNUMAノードを持つ必要があります。例えば、グループサイズが2の、1つのクアッドコアプロセッサでは、2つのグループが作成され、メインノードのサブノードである2つのNUMAノードが作成されます。これにより、実際のNUMAシステムと同じ方法で、スケジューリングとメモリ管理ポリシーに影響します。これは、テストのために役に立ちます。

■ 論理プロセッサの状態

　共有およびローカルの準備完了キュー（Ready Queue）と準備完了サマリー（Ready Summary）に加えて、Windowsはシステム上のプロセスの状態を追跡する2つのビットマスクを保持しています（これらのビットマスクがどのように使用されるかについては、「4.4.15　プロセッサの選定」の項で説明します）。以下に、Windowsが保持するビットマスクを示します。

- **KeActiveProcessors** ── これは、アクティブなプロセッサのマスクであり、システム上で使用可能なプロセッサごとのビット設定を持ちます。実行中のWindowsバージョンがサポートするライセンス上の上限が、利用可能なプロセッサの数よりも小さい場合、このビット数は実際のプロセッサの数よりも小さくなります。そのコンピューターに実際にライセンスされているプロセッサ数を確認するには、KeRegisteredProcessors変数を使用します。この説明における「プロセッサ」とは、物理パッケージのことを指します。

- **KeMaximumProcessors** ── これは、ライセンス上の上限内に制限された論理プロセッサの最大数です（プロセッサの動的な追加で今後利用可能になるすべてを含みます）。これはまた、ハードウェア抽象化レイヤー（HAL）の呼び出し、および存在する場合はACPI静的リソースアフィニティテーブル（SRAT）のチェックによって照会された、何かしらのプラットフォームの制限も明らかにします。

　ノードのデータ（KNODE）の一部は、このノード内のアイドルプロセッサのセットであり、保留状態ではないアイドルプロセッサ（IdleNonParkedCpuSet）であり、アイドルSMTセット（IdleSmtSet）です。

■ スケジューラのスケーラビリティ

マルチプロセッサシステムでは、1つのプロセッサが別のプロセッサのプロセッサごとのスケジュールデータ構造体を変更する必要があります。例えば、特定のプロセッサで実行したいスレッドを挿入します。このため、ディスパッチレベル（DISPATCH_LEVEL、2）で保持されている、プロセッサ制御ブロック（PRCB）単位のキューに入れられたスピンロックを使用して、これらの構造体が同期されます。このように、個別のプロセッサのPRCBだけをロックしている間に、スレッドの選定が発生する可能性があります。必要に応じて、スレッドの横取り（スレッドスチール、後述します）のシナリオのように、複数のプロセッサのPRCBがロックされる可能性もあります。スレッドのコンテキストスイッチもまた、粒度の細かい、スレッド単位のスピンロックを使用して同期されます。

遅延準備完了状態にあるスレッドのプロセッサごとのリスト（DeferredReadyListHead）も存在します。これらのリストは、実行の準備はできているものの、まだ実行のための準備が完了していないスレッドを表しています。実際の準備完了操作は、より適切なときに延期されています。各プロセッサは自身のプロセッサごとの遅延準備完了リストだけを操作するため、このリストはPRCBスピンロックによって同期されることはありません。遅延準備完了リストは、KiProcessDeferredReadyListが既にプロセスまたはスレッドのアフィニティ、優先度（優先度ブーストを含む）、クォンタム値の変更を完了したあとに、この関数によって処理されます。

この関数は、リスト上のスレッドごとにKiDeferredReadyThreadを呼び出し、この章の「4.4.15　プロセッサの選定」の項で示すアルゴリズムを実行します。これにより、スレッドがすぐに実行される場合があります。そのスレッドはプロセッサの準備完了リスト上に置かれる場合もありますし、そのプロセッサが利用可能でない場合は異なるプロセッサの遅延準備完了リストに置かれるか、スタンバイ状態になるか、すぐに実行される場合もあります。この特性は、コアが保留状態のとき、コア保留（コアパーキング）エンジンによって使用されます。すべてのスレッドは、遅延準備完了リストに置かれ、その後、処理されます。KiDeferredReadyThreadは保留状態のコアをスキップするため（後で示すように）、このプロセッサのスレッドはすべて、最終的に他のプロセッサで処理されます。

■ アフィニティ

各スレッドは1つのアフィニティマスクを持ち、そのスレッドが実行を許可されているプロセッサが指定されています。このスレッドアフィニティマスクは、プロセスアフィニティマスクから継承されます。既定では、すべてのプロセス（および、そのためすべてのスレッド）は割り当てられたプロセッサグループのすべてのアクティブプロセッサのセットと同じアフィニティマスクで開始します。別の言い方をすると、システムはプロセスが関連付けられたグループ内で利用可能な任意のプロセッサに、すべてのスレッドを自由にスケジューリングします。しかし、スループットを最適化するため、プロセッサの特定のセットにワークロードを分割するか、アプリケーションがスレッドのアフィニティマスクを変更することを選択できるようにするか、あるいは両方を行います。これは、次に示す複数のレベルで実施されます。

- SetThreadAffinityMask関数を呼び出すことによって、個別のスレッドのためのアフィニティをセットします。
- SetProcessAffinityMask関数を呼び出すことによって、あるプロセス内のすべてのスレッドのためのアフィニティをセットします。
- タスクマネージャーやProcess Explorerは、この機能のためのGUIを提供します。タスクマネージャーでこれを行うには、［詳細］タブでプロセスを右クリックし、［関係の設定］を選択します。Process Explorerの場合は、プロセスツリーでプロセスを右クリックし、［Set Affinity］を選択し

ます。また、Psexec ツール（Windows Sysinternals）は、この機能のためのコマンドラインインターフェイスを提供します（**psexec -?** で出力されるヘルプの **-a** スイッチの説明を参照）。

- SetInformationJobObject関数（第3章で説明しました）を使用して、プロセスを、ジョブ全体のアフィニティマスク設定を持つジョブのメンバーにします。
- アプリケーションをコンパイルする際に、イメージヘッダー内にアフィニティマスクを指定します。

ヒント

WindowsのポータブルJ実行可能（PE）イメージ形式の仕様の詳細については、MSDNサイト（https://msdn.microsoft.com/）で「Portable Executable and Common Object File Format Specification」を検索するか、「PE Format」（https://docs.microsoft.com/en-us/windows/win32/debug/pe-format）を参照してください。

イメージには、リンク時にユニプロセッサフラグを設定することもできます。このフラグが設定されている場合、システムはプロセス作成時に単一のプロセッサ（MmRotatingProcessorNumber）を選択し、それをプロセスのアフィニティマスクとして割り当てます。プロセッサの選択は、最初のプロセッサからスタートし、グループ内のすべてのプロセッサをラウンドロビンして行われます。例えば、1つのデュアルプロセッサのシステムでは、ユニプロセッサフラグでマークされたイメージが最初に起動したとき、CPU 0が割り当てられます。2回目はCPU 1、3回目はCPU 0、4回目はCPU 1のように選択されます。このフラグは、競合状態に起因するものの、ユニプロセッサシステムでは発生しない、マルチプロセッサシステム上で顕在化するマルチスレッドの同期のバグを持つプログラムのために、一時的な回避策として便利です。このような現象を示すイメージが署名されていない場合は、PEイメージ編集ツールを使用して、イメージヘッダーを手動で編集して、フラグを追加することができます。署名された実行可能イメージにも適用できる、より良い解決策は、Microsoft Application Compatibility Toolkit（ACT）[*10]を使用して、そのイメージの起動時にユニプロセッサとしてマークするように、互換性データベースにShimを追加して強制することです（SingleProcAffinity互換性フィックスを使用）。

> **[実習] プロセスのアフィニティの参照と変更**
>
> この実習では、プロセスのアフィニティ設定を変更し、そのプロセスアフィニティが新しいプロセスに継承されることを確認します。
>
> 1. コマンドプロンプト（Cmd.exe）を実行します。
> 2. タスクマネージャーまたはProcess Explorerを実行し、プロセスの一覧からCmd.exeプロセスを見つけます。
> 3. プロセスを右クリックし、タスクマネージャーの場合は［関係の設定］を、Process Explorerの場合は［Set Affinity］を選択します。例えば、8つの論理プロセッサを持つシステムの場合、タスクマネージャーでは次の画面が表示されます。

[*10] 訳注：Windows 10用のACTは「アプリケーション互換ツール」として、Windowsアセスメント＆デプロイメントキット（Windows ADK）for Windows 10に含まれます。

4. システム上の利用可能なプロセッサから一部（1つまたは複数）を選択し、[OK] ボタンをクリックします。このプロセスのスレッドは、この時点から、いま選択したプロセッサ上での実行に制限されます。

5. コマンドプロンプトに戻り、**notepad** と入力して、メモ帳（Notepad.exe）を実行します。

6. タスクマネージャーまたは Process Explorer に戻り、新しい Notepad.exe プロセスを見つけます。

7. そのプロセスを右クリックして、[関係の設定] または [Set Affinity] を選択します。Cmd.exe プロセスで選択したのと、同じプロセッサが選択されているのを確認できるはずです。これは、プロセスが自身のアフィニティ設定を親プロセスから継承するからです。

　Windows は別のプロセッサ上で実行可能な実行中のスレッドを2番目のプロセッサに移動することはせず、1番目のプロセッサ用のアフィニティを持つスレッドを1番目のプロセッサ上で実行することを許可します。例えば、次のようなシナリオを考えてみてください。CPU 0 は、任意のプロセッサ上で実行可能な優先度8のスレッドを実行中であり、CPU 1 は、任意のプロセッサ上で実行可能な優先度4のスレッドを実行中であるとします。ここで、CPU 0 のみで実行可能な優先度6のスレッドの準備が完了したとしましょう。何が起こるでしょうか。Windows は、優先度6のスレッドを実行できるように、優先度8のスレッドを CPU 0 から CPU 1 に移動する（優先度4のスレッドを先取りして）ことはありません。優先度6のスレッドは、準備完了状態のまま留まる必要があります。したがって、プロセスまたはスレッドのアフィニティマスクを変更すると、Windows はそのスレッドを特定のプロセッサ上で実行することが制限されているため、結果として通常よりも CPU 時間が少なくなる可能性があります。そのため、アフィニティの設定は、細心の注意を払って行われる必要があります。ほとんどの場合、どのスレッドがどこで実行されるのかは、Windows の決定に任せるのが最適です。

■ 拡張アフィニティマスク

　もともとのアフィニティマスクの構造体（64ビットシステムでは64ビットで構成されます）によって、最大64プロセッサの制限が強制されます。Windows は、64プロセッサより多くのプロセッサをサポートするために、KAFFINITY_EX と呼ばれる拡張アフィニティマスクを使用します。これは、アフィニティマスクの配列であり、配列の各要素はサポートされるプロセッサグループ（現状では20ま

で定義されています）ごとのアフィニティマスクになります。スケジューラが拡張アフィニティマスク内のプロセッサを参照する必要があるとき、最初にプロセッサのグループ番号を使用することで正しいビットマスクを逆参照し、次にその結果からアフィニティに直接アクセスします。カーネルAPIでは、拡張アフィニティマスクは公開されていません。代わりに、APIの呼び出し元がグループ番号をパラメーターとして入力し、そのグループ用の従来のアフィニティマスクを受け取ります。一方、Windows APIでは、通常、単一のグループに関する情報だけを照会する必要があります。つまり、現在、スレッドを実行中のグループ（固定されています）に関する情報です。

拡張アフィニティマスクおよびその基本的な機能は、プロセスが、もともと割り当てられたプロセッサグループの境界から逃れることを可能にする方法でもあります。拡張アフィニティAPIを使用することにより、あるプロセス内のスレッドは、他のプロセッサグループのアフィニティマスクを選択することができます。例えば、あるプロセスが4つのスレッドを持ち、コンピューターが256の論理プロセッサを持つ場合、各スレッドがグループ0、1、2、3上でアフィニティマスク0x10（0b10000）が設定されている場合、スレッド1はプロセッサ4上で実行することができ、スレッド2はプロセッサ68で、スレッド3はプロセッサ132で、スレッド4はプロセッサ196で実行することができます。あるいは、これらの各スレッドに与えられたグループでオール1のビット（0xFFFF...）アフィニティが設定されると、プロセスはこれらのスレッドをシステム上の利用可能などのプロセッサでも実行できます（ただし、各スレッドはスレッド自身のグループ内のプロセッサだけに制限されます）。

拡張アフィニティマスクは、新しいスレッドを作成するとき、スレッド属性リストにグループ番号（PROC_THREAD_ATTRIBUTE_GROUP_AFFINITY）を指定することによって、作成時に利用することができます。または、既存のスレッドに対してSetThreadGroupAffinityを呼び出すことによって利用することができます。

■│システムアフィニティマスク

Windowsのドライバーは通常、呼び出したスレッドまたは任意のスレッドのコンテキストで実行されます（つまり、システムプロセスの安全な範囲内にはありません）。そのため、現在、実行中のドライバーコードは、アプリケーション開発者によって設定されたアフィニティ規則の影響を受ける可能性があります。これらは、現在のドライバーコードには関係なく、割り込みやその他のキューに入れられた作業の適切な処理を妨げる可能性があります。そのためドライバー開発者には、KeSetSystemAffinityThread（Ex）/KeSetSystemGroupAffinityThreadおよびKeRevertToUserAffinityThread（Ex）/KeRevertToUserGroupAffinityThread APIを使用してユーザースレッドのアフィニティ設定を一時的にバイパスためのメカニズムが提供されています。

■│理想のプロセッサと最後のプロセッサ

各スレッドは、カーネルスレッド制御ブロック内に3つのCPU番号を持ちます。

- 理想のプロセッサ（Ideal Processor）—— このスレッドが実行されるべき優先されるプロセッサを示します。
- 最後のプロセッサ（Last Processor）—— そのスレッドが最後に実行されたプロセッサを示します。
- 次回のプロセッサ（Next Processor）—— そのスレッドが実行される予定の、または既にそのスレッドを実行中のプロセッサを示します。

スレッドのための理想のプロセッサは、プロセス制御ブロック（PCB）のシード値を使用してスレッドが作成されたときに選択されます。このシード値は、スレッドが作成されるたびにインクリメント

されるため、プロセス内の新しいスレッドごとに理想のプロセッサは、システム上で利用可能なプロセッサを順番に巡ります。例えば、システム上の最初のプロセスの最初のスレッドには、理想のプロセッサ0が割り当てられ、2番目のスレッドには理想のプロセッサ1が割り当てられます。しかし、システム上の次のプロセスは、最初のスレッドの理想のプロセッサは1に設定され、2番目には理想のプロセッサ2のように設定されます。このようにして、各プロセス内のスレッドは、複数のプロセッサに分散されます。同時マルチスレッディング（SMT）システム（ハイパースレッディング）では、次の理想のプロセッサは次のSMTセットから選択されます。例えば、1つのクアッドコアシステムでハイパースレッディングが有効な場合、あるプロセス内のスレッドの理想のプロセッサは「0、2、4、6、…」「3、5、7、1、3、…」のようになります。このようにして、複数のスレッドが、複数の物理プロセッサをまたいで均等に分散されます。

　これは、あるプロセス内のスレッドが、同じ量の作業を行っていることを前提としていることに注意してください。これは一般的に、1つ以上のハウスキープ処理スレッドと多数のワーカースレッドを持つマルチスレッドプロセスには当てはまりません。そのため、プラットフォームを最大限に活用したいマルチスレッドアプリケーションでは、SetThreadIdealProcessor関数を使用して、そのスレッドのための理想のプロセッサ番号を指定することが有利な場合があります。プロセッサグループを活用するには、開発者が代わりにSetThreadIdealProcessorExを呼び出す必要があります。これにより、アフィニティのためのグループ番号の選択が可能になります。

　64ビットWindowsにおいては、KNODE内のStrideフィールドがプロセス内に新たに作成されたスレッドの割り当てをバランスするために使用されます。ストライド（Stride）は、新しい独立した論理プロセッサのスライスを達成するためにスキップする必要がある、特定のNUMAノード内のアフィニティビットの数を表すスカラー数です。"独立した"とは、別のコア（SMTシステムを扱う場合）または別のパッケージ（非SMTのマルチコアシステムを扱う場合）にあることを意味しています。32ビットWindowsは、規模の大きいプロセッサ構成システムをサポートしていないため、ストライド（Stride）を使用しません。可能な場合、同じSMTセットの共有を避けようとして、次のプロセッサ番号を単純に選択します。

■ 理想のノード

　NUMAシステムでは、プロセスが作成されたとき、そのプロセスのための理想のノードが選択されます。最初のプロセスには、ノード0が割り当てられ、2番目のプロセスにはノード1が割り当てられます。その後も同様です。次に、プロセス内のスレッドのための理想のプロセッサが、プロセスの理想ノードから選択されます。あるプロセス内の最初のスレッドのための理想のプロセッサには、そのノードの最初のプロセッサが割り当てられます。同じ理想ノードを持つプロセス内に追加のスレッドが作成されると、次のスレッドの理想のプロセッサのために、次のプロセッサが使用されます。その後も同様です。

■ CPUセット

　これまでアフィニティ（ハードアフィニティと呼ばれることもあります）がスレッドを特定のプロセッサに制限する方法を見てきましたが、これは常にスケジューラによって尊重されます。理想のプロセッサのメカニズムは、スレッドをその理想のプロセッサ（ソフトアフィニティとして参照される場合もあります）上で実行しようとし、一般にプロセッサのキャッシュの一部にそのスレッドの状態があるものと想定しています。理想のプロセッサが使用されるかもしれませんし、使用されないかもしれません。そして、理想のプロセッサはスレッドが他のプロセッサ上にスケジュールされるのを妨げることはありません。これらの両方のメカニズムは、システムスレッドのアクティビティなど、システ

ム関連のアクティビティでは機能しません。また、システム上のすべてのプロセスに、一度にハードアフィニティを設定する簡単な方法は存在しません。そのプロセスを1つずつでも機能しません。システムプロセスは、通常、外部のアフィニティの変更から保護されています。なぜなら、そのような変更は、保護されたプロセス（Protected Process）には許可されていないPROCESS_SET_INFORMATIONアクセス権を必要とするからです。

Windows 10およびWindows Server 2016では、**CPUセット**と呼ばれるメカニズムが導入されました。CPUセットは、システム全体、プロセス、そして個別のスレッドでさえも使用できる、設定可能なアフィニティの形式です。例えば、遅延の少ない（低レイテンシ）オーディオアプリケーションは、プロセッサを排他的に使用し、システムの残りの部分は他のプロセッサを使用するように流用したい場合があります。CPUセットは、それを実現する手段を提供します。

本書の執筆時点では、ドキュメント化されているユーザーモードAPIは一部制限されています。GetSystemCpuSetInformationは、CPUセットごとのデータを含むSYSTEM_CPU_SET_INFORMATIONの配列を返します。現在の実装において、1つのCPUセットは、単一のCPUに相当します。これは、返される配列の長さが、システム上の論理プロセッサの数であることを意味します。各CPUセットは、256（0x100）にCPUインデックス番号（0、1、…）を加算したものから任意に選択される、CPUセットのIDで識別されます。これらのIDは、SetProcessDefaultCpuSetsおよびSetThreadSelectedCpuSets関数に渡される必要があるもので、プロセス用の既定のCPUセットと、特定のスレッド用の1つのCPUセットをそれぞれ設定します。

スレッドのCPUセットを設定する例は、可能な限り中断されるべきではない、"重要"なスレッドのためのものです。このスレッドは1つのCPUを含む1つのCPUセットを持つことができ、一方のプロセス用の既定のCPUセットの設定は他のすべてのCPUを含みます。

Windows APIに欠けている関数の1つは、システムCPUセットを削減する機能です。これは、NtSetSystemInformationシステムコールの呼び出しによって実現することができます。これが成功するためには、呼び出し元が「スケジューリング優先順位の繰り上げ」特権（SeIncreaseBasePriorityPrivilege）を持っている必要があります。

実習 CPUセットの参照と変更

この実習では、CPUセットを参照および変更し、その結果どのような影響があるか見てみます。

1. 本書のダウンロード可能なリソースのサイトから、CpuSet.exeツール（およびCPU Stressツール）を含むZipファイルをダウンロードします。[11]

2. コマンドプロンプトのウィンドウを管理者として開き、CpuSet.exeが存在するディレクトリに移動します。

---

[11] 訳注：CPUSTRES.exeは、本書の制作時点ではhttps://aka.ms/winint7ed/downloadsからダウンロード可能なWindowsInternals7Ed.zipには含まれず、ソースコードとともにhttps://github.com/zodiacon/windowsinternalsで公開されているTools.zipに含まれます。

3. コマンドプロンプトのウィンドウでCpuSet.exeを引数なしで実行し、現在のシステムCPU
   セットを確認します。出力結果は、次のようになるはずです（8つの論理プロセッサのシステ
   ムの場合）。

```
System CPU Sets
---------------
Total CPU Sets: 8

CPU Set 0
  Id: 256 (0x100)
  Group: 0
  Logical Processor: 0
  Core: 0
  Last Level Cache: 0
  NUMA Node: 0
  Flags: 0 (0x0)  Parked: False  Allocated: False  Realtime: False  Tag:
0

CPU Set 1
  Id: 257 (0x101)
  Group: 0
  Logical Processor: 1
  Core: 0
  Last Level Cache: 0
  NUMA Node: 0
  Flags: 0 (0x0)  Parked: False  Allocated: False  Realtime: False  Tag:
0
...
```

4. CPU Stressツール（CPUSTRES.exe）を実行し、1つまたは2つのスレッドをアクティブ化
   し、そのアクティビティレベル（Activity）を［Maximum（100%）］に変更します（システ
   ム全体の約25%のCPU使用率を目標にしてください）。

5. タスクマネージャーを開き、［パフォーマンス］タブをクリックして、［CPU］のラベルを選
   択します。

6. CPUのグラフを［論理プロセッサ］に変更し、個別のプロセッサのビューに切り替えます
   （ビューが既定の［全体的な使用率］になっている場合）。

7. コマンドプロンプトのウィンドウで、次のコマンドを実行します。-pの後ろの数字は、シス
   テム上のCPUSTRES.exeプロセスのプロセスIDに置き換えてください。

```
CpuSet.exe -p 18276 -s 3
```

引数-sはプロセスの既定として設定するプロセッサマスクの指定です。ここで指定している
3は、CPU 0およびCPU 1を意味します。タスクマネージャーでこれらの2つのCPUが激し
く動作していることを確認してください。

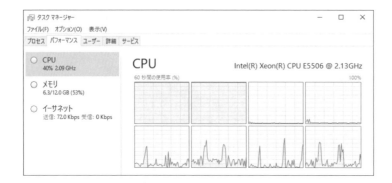

8. CPU 0上でどんなスレッドが実行中であるかを、より詳しく調べてみましょう。それには、Windowsソフトウェア開発キット（SDK）に含まれるWindows Performance Recorder（WPR）とWindows Performance Analyzer（WPA）を使用します。［スタート］メニューを開き、**wpr**と入力して、検索された［Windows Performance Recorder（デスクトップアプリ）］をクリックします。ユーザーアカウント制御（UAC）の昇格プロンプトが表示されるので、［はい］ボタンをクリックして受け入れます。すると、次のようなダイアログボックスが表示されます。

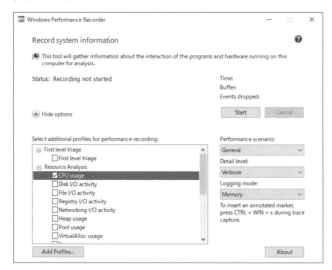

9. ［More options］をクリックして開き、［Resource Analysis］の［CPU usage］だけが選択されていることを確認します。他の項目が選択されている場合は、変更してください。このツールは、Windowsイベントトレーシング（ETW）のイベントを記録します（ETWについては、本書下巻で詳しく説明します）。ダイアログボックス内の［Start］ボタンをクリックし、1〜2秒後に［Save］というラベルに変更された同じ場所にあるボタンをクリックします。

10. WPRが、記録されたデータを保存する場所を提案します。それを受け入れるか、他のファイル／ディレクトリに変更します。

11. [Save] ボタンをクリックしてファイルに保存すると、[Click Open in WPA] ボタンが有効になり、WPRはWPAでそのファイルを開くかどうかを提案します。[Click Open in WPA] ボタンをクリックして、これを受け入れます。

12. WPAツールは、保存されたファイルを開き、読み込みます（WPAは本書の範囲をはるかに超える、機能豊富なツールです）。次のスクリーンショットのように、左側に、キャプチャされた情報のさまざまな分類を確認できるでしょう。

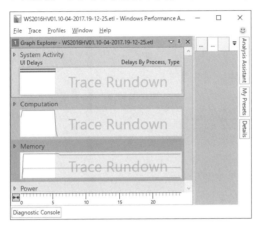

13. [Computation] ノードを展開し、[CPU Usage (Precise)] ノードをさらに展開します。

14. [Utilization by CPU] グラフをダブルクリックします。すると、このグラフがメインの表示領域内に表示されます。

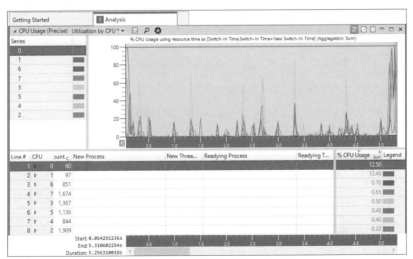

15. ここで調べたいのはCPU 0です。次のステップでは、CPU 0をCPUSTRESだけに使用するようにします。まず、[CPU 0]ノードを展開します。CPUSTRESを含むさまざまなプロセスが表示されますが、排他的ではありません。

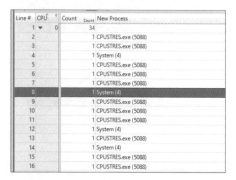

16. コマンドプロンプトのウィンドウで以下のコマンドを実行し、システムが最初のプロセッサを除く、すべてのプロセッサを使用するように制限します。この例のシステムはプロセッサの数が8であるため、完全なマスクは255（0xFF）になります。このマスクからCPU 0を除外して、254（0xFE）を導き出します。このマスクは、使用中のシステムに合わせて正しいものを導き出し、置き換えてください。

```
CpuSet.exe -s 0xfe
```

17. タスクマネージャーのビューには、変化がないように見えるはずです。CPU 0を詳しく見てみましょう。WPRをもう一度実行し、以前と同じ設定で1～2秒間、イベントを記録します。

18. WPAでトレースを開き、[Utilization by CPU]を参照します。

19. [CPU 0]を展開します。今度は、CPUSTRESがほぼ排他的であり、システムプロセスは時々表示されるだけになります。

20. [CPU Usage（in View）（ms）] 列を表示するようにして、システムプロセスが費やした時間が非常に小さい（マイクロ秒）ことに注目してください。明らかに、CPU 0 は CPUSTRES プロセス専用になっています。

21. CpuSet.exe を引数なしでもう一度実行します。最初のセット（CPU 0）だけが Allocated: True とマスクされます。これは、現在、特定のプロセスのために割り当てられていて、一般的なシステムの使用のためには割り当てられていないからです。

22. CPU Stress ツールを終了します。

23. コマンドプロンプトのウィンドウで次のコマンドを実行し、システム CPU セットを既定の設定に復元します。

```
CpuSet.exe -s 0
```

4.4.14 マルチプロセッサシステム上でのスレッドの選定

　マルチプロセッサシステムについてさらに詳しく説明する前に、「4.4.12　スレッドの選定」の項で説明した2つのアルゴリズムを要約しておきましょう。アルゴリズムは、現在のスレッドの実行を継続する（新しい候補が見つからなかった場合）、またはアイドル状態のスレッドの実行を開始します（現在のスレッドをブロックする必要があった場合）。ただし、KiSearchForNewThread と呼ばれるスレッド選定のための3つ目のアルゴリズムが存在します。これについては、そのヒントを既に示していました。このアルゴリズムは、1つの特定のインスタンス内で呼び出されます。現在のスレッドがオブジェクトの待機のためにブロックされようとしているときです。これには、Windows のスリープ API としても知られている、NtDelayExecutionThread の呼び出しのときも含まれます。

メモ　これは、一般的に使用される Seep(1) 呼び出しと、SwitchToThread 呼び出しとの間の微妙な違いを示します。Seep(1) 呼び出しは、現在のスレッドを次のタイマーティックまでブロックします。SwitchToThread は、現在のプロセッサで実行の準備が完了している別のスレッドの実行を一時停止します。また、Sleep(1) 呼び出しと SwitchToThread 呼び出しは、異なるロジックを使用します。

　KiSearchForNewThread は、スレッドが既にこのプロセッサ用に選択されているかどうかを最初にチェックします（NextThread フィールドを読み取ることで）。スレッドが選択されている場合、このスレッドをすぐにディスパッチして、実行状態にします。そうでない場合、KiSelectReadyThreadEx ルーチンを呼び出し、スレッドが見つかった場合は、同じステップを行います。

　スレッドが見つからなかった場合は、そのプロセッサはアイドル状態としてマークされ（ただし、アイドルスレッドはまだ実行されていません）、他の論理プロセッサ（共有プロセッサ）のキューのスキャンが開始されます（他の標準的なアルゴリズムとは異なり、ここであきらめることもあります）。しかし、プロセッサコアが保留されている場合、このアルゴリズムは他の論理プロセッサをチェックしようとしません。新しい作業でビジー状態を保つよりも、コアが保留状態に入ることを許可することが好ましいからです。

　これらの2つのシナリオを除いて、ここからは作業の横取り（work-stealing）ループが実行されます。このコードは、現在の NUMA ノードを参照し、すべてのアイドルプロセッサを除外します（その理由

は、アイドルプロセッサは横取りが必要なスレッドを持たないからです）。次に、このコードは現在の CPU の共有準備完了キューを参照し、ループ内で KiSearchForNewThreadOnProcessor を呼び出します。スレッドが見つからなかった場合、次のグループに優先度が変更され、その関数が再び呼び出されます。しかし、今回は対象の CPU が現在のグループではなく、次のグループの共有キューをポイントしているため、このプロセッサは他のプロセッサグループの準備完了キューから最良の準備完了スレッドを見つけることができます。これで実行スレッドを見つけるのに失敗した場合は、そのグループ内の各プロセッサのローカルキューが同じステップで検索されます。これが失敗し、かつダイナミックフェアシェアスケジューリング（Dynamic Fair-Share Scheduling：DFSS）が有効になっている場合、可能であれば、リモートの論理プロセッサのアイドル専用キューからのスレッドが、現在のプロセッサ上に代わりにリリースされます。

　準備完了スレッドの候補が見つからない場合、次の小さい番号の論理プロセッサが試され、それは現在の NUMA ノードにあるすべての論理プロセッサが尽きるまで続きます。このケースでは、アルゴリズムは次の近接ノードに対して検索を続け、現在のグループのすべてのノードが尽きるまでそれが続きます（Windows では、特定のスレッドが単一のグループに対してのみアフィニティを持つことが許されることを思い出してください）。候補を見つけるこの過程が失敗した場合、関数は NULL を返し、プロセッサは、アイドルスレッドが待機状態の場合にアイドルスレッドに入ります（アイドルスケジューリングはスキップします）。この作業が既にアイドルスケジューラによって完了している場合、プロセッサはスリープ状態に入ります。

4.4.15 | プロセッサの選定

　ここまで、論理プロセッサがスレッドの選定を必要とするときに（または指定された論理プロセッサのために選定しなければならないとき）、Windows がどのようにスレッドを選ぶのかについて説明してきました。その際、さまざまなスケジューリングルーチンが、選択可能な準備完了スレッドの既存のデータベースを持つことを想定しました。ここでは、このデータベースが最初の場所でどのように作成されるのかを見ていきます。別の言い方をすると、Windows が特定の準備完了スレッドに、どの論理プロセッサ（LP）の準備完了キューを関連付けるのかを選択する方法です。Windows でサポートされているマルチプロセッサシステムの種類、スレッドアフィニティ、および理想のプロセッサ設定については既に説明しました。ここでは、これらの情報がこの目的のためにどのように使用されるのかを見ていくことにしましょう。

■| アイドルプロセッサが存在するときのスレッド用のプロセッサの選択

　スレッドは実行の準備が完了したとき、KiDeferredReadyThread 関数が呼び出されます。これにより、Windows は次の 2 つのタスクを実行するように求められます。

- 必要に応じて優先度を調整し、クォンタムをリフレッシュします（「4.4.6　優先度ブースト（優先度の引き上げ）」の項で説明しました）。
- スレッドのための最良の論理プロセッサを選びます。

　Windows は最初にスレッドの理想のプロセッサを検索し、次にスレッドのハードアフィニティマスクの範囲内でアイドルプロセッサのセットを計算します。このセットは、次に示すステップでさらに切り詰められます。

1. コア保留（コアパーキング）メカニズムにより保留状態になっているアイドル論理プロセッサは、すべて除外されます。これにより、アイドルプロセッサが残らなかった場合、アイドルプロセッサの選定は中止され、スケジューラは利用可能なアイドルプロセッサが存在しない場合の動作を行います（次の項で説明します）。

2. 理想のノード（理想のプロセッサを含むノードとして設定されたノード）上にないアイドル論理プロセッサは、除外されます（これがすべてのアイドルプロセッサを排除することにならない限り）。

3. 同時マルチスレッディング（SMT）システムでは、それによって理想のプロセッサ自身を排除する可能性があるとしても、非アイドルSMTセットがすべて除外さます。別の言い方をすると、Windowsは理想のプロセッサよりも、非アイドル、アイドルSMTセットの区別を優先します。

4. Windowsは、アイドルプロセッサの残っているセットの中に理想のプロセッサが存在するかどうかをチェックします。存在しない場合、最も適切なアイドルプロセッサを見つける必要があります。これを行うため、まず、残っているアイドルプロセッサのセットから、そのスレッドを最後に実行したプロセッサをチェックします。最後のプロセッサである場合、そのプロセッサを一時的な理想のプロセッサと見なし、そのプロセッサを選択します（理想のプロセッサは、プロセッサのキャッシュのヒットを最大化しようとすることを思い出してください。そのスレッドを実行した最後のプロセッサを選ぶことは、理にかなった良い方法です）。最後のプロセッサが残りのアイドルプロセッサのセットに含まれない場合、Windowsは現在のプロセッサ（つまり、このスケジューリングのコードを現在実行しているプロセッサ）がこのセットに含まれるかどうかをチェックします。現在のプロセッサである場合、最後のプロセッサの選択と同様のロジックを適用します。

5. 最後のプロセッサと現在のプロセッサのどちらもアイドルプロセッサでない場合、Windowsはさらにもう1つの切り詰め操作を行い、理想のプロセッサと同じSMTセットにないアイドル論理プロセッサを除外します。これで何も残らなければ、Windowsは代わりに、現在のプロセッサのSMTセットにない、すべてのプロセッサを除外します（これも、すべてのアイドルプロセッサを排除することにならない限り除外します）。別の言い方をすると、Windowsは、利用可能でない理想のプロセッサや最初に選ぼうとした最後のプロセッサよりも、同じSMTセットを共有するアイドルプロセッサを優先します。SMTの実装はコア上でキャッシュを共有するため、この動作は、キャッシュの観点から、理想または最後のプロセッサを選ぶのとほぼ同じ効果があります。

6. ここまでのステップの後に、アイドルプロセッサのセットの中に1つ以上のプロセッサが残っていれば、Windowsは最も番号の小さいプロセッサをスレッドの現在のプロセッサとして選びます。

　スレッドを実行するための1つのプロセッサが選択されたあと、そのスレッドはスタンバイ状態に置かれ、理想のプロセッサのプロセッサ制御ブロック（PRCB）がこのスレッドをポイントするように更新されます。プロセッサはアイドル状態にあり、停止していない場合は、プロセッサがスケジューリング操作を直ちに処理するように遅延プロシージャコール（DPC）割り込みが送信されます。そのようなスケジューリング操作が開始されるたびに、KiCheckForThreadDispatchが呼び出されます。この関数は、新しいスレッドがプロセッサ上にスケジュールされたことを検出し、可能な場合は直ちにコンテキストスイッチを行います（また、スイッチの自動ブーストを通知し、保留中の非同期プロシージャコード（APC）を配信します）。あるいは、保留中のスレッドがない場合、遅延プロシージャコール（DPC）割り込みが送信されます。

■ アイドルプロセッサが存在しないときのスレッド用のプロセッサの選択

スレッドが実行を望んでいるときにアイドルプロセッサが存在しない場合、または唯一のアイドルプロセッサが最初の切り詰め操作で排除（保留状態のアイドルプロセッサの除外）された場合、Windowsはまず後者の状況が発生しているかどうかを確認します。このシナリオにおいて、スケジューラはKiSelectCandidateProcessorを呼び出し、コア保留（コアパーキング）エンジンに最良の候補となるプロセッサを問い合わせます。コア保留エンジンは、理想のノード内で保留状態にではない最も大きな番号のプロセッサを選択します。そのようなプロセッサが存在しない場合、コア保留エンジンは理想のプロセッサの保留状態を強制的に上書きし、保留を解除します。スケジューラに戻ると、Windowsは受け取った候補のプロセッサがアイドル状態であるかどうかをチェックします。アイドル状態である場合、Windowsはこのプロセッサをスレッドのために選び、前のシナリオと同じ最終ステップを行います。

これが失敗した場合、Windowsは現在、実行状態にあるスレッドから先取り（プリエンプト）するかどうか決定する必要があります。まず、1つの対象のプロセッサが選択される必要があります。優先順位は、スレッドの理想のプロセッサ、スレッドを実行した最後のプロセッサ、現在のNUMAノードの利用可能な最初のプロセッサ、別のNUMAノードの最も近接したプロセッサの順番になります。これらすべてについて存在すれば、アフィニティ制限は省かれます。

1つのプロセッサが選択された後、次の問題は新しいスレッドがそのプロセッサ上の現在のスレッドを先取りするべきかどうかです。これは、2つのスレッドのランク付けの比較によって行われます。このランク付けは、内部的なスケジューリング番号であり、スレッドのスケジューリンググループとその他の要素に基づいたスレッドの相対的な力関係を示します（グループスケジューリングとランク付けについて詳しくは、この章の「4.5　グループベースのスケジューリング」の節で説明します）。新しいスレッドのランクがゼロ（最も高い）または現在のスレッドのランクよりも小さい（ランクが上）の場合、または両者のランクが等しく、新しいスレッドの優先度が現在実行中のスレッドよりも高い場合、先取りが発生します。現在、実行状態にあるスレッドは「先取りされた（Preempted）」とマークされ、Windowsは遅延プロシージャコール（DPC）割り込みを対象のプロセッサのキューに入れます。そして、この新しいスレッドを優先して、現在、実行状態にあるスレッドを先取りします。

準備完了スレッドがすぐに実行できない場合、そのスレッドは共有またはローカルキュー（アフィニティ制限に基づいて適切な方に）の準備完了状態に移動され、そのスレッドは実行の順番を待つことになります。前述のスケジューリングのシナリオで見たように、そのスレッドは先取りにより準備完了状態に入ったかどうかに基づいて、キューの先頭または最後尾に挿入されます。

メモ
　基になるシナリオやあらゆる可能性に関係なく、ほとんどのスレッドは理想のプロセッサのプロセッサごとの準備完了キューに置かれ、論理プロセッサが実行するスレッドを選ぶ方法を決めるアルゴリズムの一貫性が保証されます。

4.4.16　ヘテロジニアスのスケジューリング (big.LITTLE)

前述したように、カーネルは対称型マルチプロセッシング（SMP）システムを想定しています。しかし、一部のARMベースのプロセッサには、種類の異なる複数のコアを含むものがあります。典型的なARM CPU（例えば、Qualcomm）は、一度に（そしてより多くの消費電力で）短期間の動作をする強力ないくつかのコアと、長期間（および少ない消費電力で）実行可能な能力の劣るコアのセットで構成

されます。これは、**big.LITTLE**と呼ばれることがあります。

　Windows 10には、これらのコアを区別し、スレッドのフォアグラウンドの状態、スレッドの優先度、予想実行時間などを含む、コアのサイズとポリシーに基づいてスレッドをスケジューリングする機能が導入されました。PopInitializeHeteroProcessorsの呼び出しで電源マネージャーが初期化されたときに（およびプロセッサがシステムにホットアドされた場合に）、プロセッサのセットを初期化します。この関数は、レジストリキーHKLM¥SYSTEM¥CurrentControlSet¥Control¥Session Manager¥kernel¥KGroupsに以下のキーを追加することで、big.LETTLEのようなヘテロジニアスシステム（ヘテロシステム）のシミュレーションを可能にします（例えば、テスト目的のために）。

- 1つのキー名には、プロセッサグループ番号を示す2桁の10進数を使用する必要があります（各グループは最大64プロセッサを保持できることを思い出してください）。例えば、00は最初のグループ、01は2番目のグループなどです（ほんどのシステムでは、1つのグループで十分です）。
- 各キーは、SmallProcessorMaskという名前のDWORD値を含む必要があります。この値は、小さいと見なすプロセッサをマスクします。例えば、値3（最初の2ビットがオン、0b11）でグループが合計6つのプロセッサを持つ場合、プロセッサ0とプロセッサ1（3：0b11は、1：0b01と2：0b10の論理和）が小さいプロセッサであり、他の4つが大きいプロセッサとなります。これは実質的に、アフィニティマスクと同じです。

　カーネルは、ヘテロシステムを扱うときに、グローバル変数に格納されるいくつかのポリシーオプションを持ちます。表4-5は、これらの変数とその意味の一部を示しています。

表4-5　ヘテロシステム向けのカーネル変数

変数	意味	既定値
KiHeteroSystem	システムがヘテロジニアスかどうか	偽（False）
PopHeteroSystem	ヘテロシステムの種類：なし（0）/シミュレート（1）/エネルギー効率クラス（2）/Favored Core（3）	なし（0）
PpmHeteroPolicy	スケジューリングポリシー：なし（0）/マニュアル（1）/小のみ（2）/大のみ（3）/動的（4）	動的（4）
KiDynamicHeteroCpuPolicyMask	スレッドが重要かどうかを評価する際に考慮されるものを決定するマスク	7（フォアグラウンド状態 = 1、優先度 = 2、予想実行時間 = 4）
KiDefaultDynamicHeteroCpuPolicy	動的ヘテロポリシー（上記）の動作：すべて（0）（利用可能なすべて）/大（1）/大またはアイドル（2）/小（3）/小またはアイドル（4）/動的（5）（優先度と他の指標を使用して決定）/小偏重（6）（優先度とその他の指標を使用するが、小を優先）/大偏重（7）	小（3）
KiDynamicHeteroCpuPolicyImportant	重要とみなされる動的スレッドのポリシー（有効な値は上記を参照）	大またはアイドル（2）
KiDynamicHeteroCpuPolicyImportantShort	重要とみなされるが、短時間で実行される動的スレッドのポリシー	小（3）
KiDynamicCpuPolicyExpectedRuntime	高負荷と見なされる実行時間の値	5,200ミリ秒
KiDynamicHeteroCpuPolicyImportantPriority	優先度ベースの動的ポリシーが選択された場合に、重要と見なされるスレッドの優先度（以上）	8

動的なポリシー（表4-5を参照）はすべて、KiDynamicHeteroPolicyMaskおよびスレッドの状態に基づいて重要度（Importance）値に変換される必要があります。これは、KiConvertDynamicHeteroPolicy関数によって行われます。この関数は、スレッドのフォアグラウンド状態、KiDynamicHeteroCpuPolicyImportantPriorityに対する相対的な優先度、および予想実行時間を順番にチェックします。スレッドが重要と見なされる場合（実行時間が決定要素である場合、短い方がよい）、重要度に関連するポリシーが、スケジュールの決定のために使用されます（表4-5において、関連するポリシーはKiDynamicHeteroCpuPolicyImportantShortまたはKiDynamicHeteroCpuPolicyImportantです）。

4.5　グループベースのスケジューリング

前の節では、Windowsの実装における、標準的なスレッドベースのスケジューリングについて説明しました。これは、Windows NTの最初のリリースで登場して以来（スケーラビリティの向上は、その後に続く各リリースで行われました）、一般的なユーザーおよびサーバーシナリオに信頼性を提供してきました。しかし、スレッドベースのスケジューリングは、競合する同じ優先度のスレッドの間でのみ、プロセッサまたは複数のプロセッサを公平に共有（フェアシェア）しようとするため、スレッドを複数のユーザーに分散するような高いレベルの要件と、特定のユーザーが他のユーザーを犠牲にしてCPU時間のすべての恩恵を受ける可能性については、考慮していません。これは、数十人のユーザーがCPU時間を争うリモートデスクトップサービス（旧称、ターミナルサービス）環境で問題になります。スレッドベースのスケジューリングの使用だけの場合、特定のユーザーからの単一の高い優先度のスレッドが、コンピューター上のすべてのユーザーからのスレッドのCPU時間を不足させる可能性があります。

Windows 8およびWindows Server2012では、スケジューリンググループ（KSCHEDULING_GROUP）の概念を基に構築された、グループベースのスケジューリングメカニズムが導入されました。1つのスケジューリンググループは、そのスケジューリンググループの1つとして、1つのポリシー、スケジューリングパラメーター（後述します）、カーネルスケジューリング制御ブロック（Kernel Scheduling Control Block：KSCB）のリストを、プロセッサごとに1つ保持しています。スケジューリンググループの対向には、そのスレッドが属しているスケジューリンググループをポイントしているスレッドがあります。スレッドのポインターがNULLの場合、そのスレッドはスケジューリンググループの制御の外側にあることを意味しています。図4-19は、スケジューリンググループの構造を示しています。この図において、スレッドT1、T2、T3はスケジューリンググループに属していますが、T4は属していません。

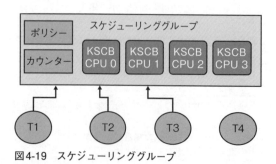

図4-19　スケジューリンググループ

グループスケジューリングに関連するいくつかの用語を以下に示します。

- **生成（Generation）**── CPU使用量を追跡するために費やした時間の長さを示します。
- **クォータ（Quota）**── グループに許可される生成ごとのCPU使用率の量を示します。クォータを超えることは、そのグループがすべての割り当てを使い切ったことを意味します。クォータ未満は、そのグループがまだ割り当てのすべてを使っていないことを意味します。
- **ウェイト（Weight）**── 1～9の間で、グループの相対的な重要度を示します。既定は5です。
- **フェアシェアスケジューリング（Fair-Share Scheduling）**── この種類のスケジューリングにより、アイドルサイクルは、クォータ内で実行を要求しているスレッドが存在しない場合に、クォータを超えたスレッドに与えることができます。

カーネルスケジューリング制御ブロック（KSCB）構造体は、次に示すCPU関連の情報を含みます。

- この生成のサイクル使用量。
- 長期の平均サイクル使用量。これにより、スレッドのアクティビティのバーストを、本当の高負荷状態と区別することができます。
- ハードキャップのような制御フラグ。ハードキャップは、割り当てられたクォータ以上の利用可能なCPU時間がある場合にでも、スレッドに追加的なCPU時間を与えないために使用します。
- 標準の優先度に基づいた準備完了キュー（優先度0～15のみ。リアルタイムスレッドは、スケジューリンググループの一部になることは決してありません）。

スケジューリンググループによって保持される重要なパラメーターに、**ランク**と呼ばれるものがあります。ランクは、スレッドのグループ全体のスケジューリング優先度と見なすことができます。値0のランクが最も高くなります。より大きなランクの番号は、そのグループがより多くのCPU時間を使用したことを意味しているため、さらに多くのCPU時間を得る可能性は低くなります。ランクは常に優先度に勝ります。与えられた2つのスレッドが異なるランクを持つ場合、優先度に関わらず、低い値のランクが優先されます。ランクが等しいスレッドの場合、優先度に基づいて比較されます。サイクル使用量が増えるにつれて、定期的に調整されます。

　より大きな番号のランクに対して、ランク0は最も高いランク（そのため、常に最優先されます）であり、いくつかのスレッドは暗黙的にランク0になります。これは、次のいずれかの1つであることを示している可能性があります。

- そのスレッドがどのスケジューリンググループ内にも存在しない（通常のスレッド）。
- クォータ内のスレッド。
- リアルタイム優先度のスレッド（16～31）。
- カーネルの重要で保護された領域内で、割り込み要求レベル（IRQL）が非同期プロシージャコール（APC）のレベル（APC_LEVEL、1）で実行中のスレッド（APCと保護された領域については、本書下巻で詳しく説明します）。

さまざまなスケジューリング選択（例えば、KiQuantumEnd）において、次にスケジュールするスレッドの決定は、現在のスレッドおよび準備完了スレッドのスケジューリンググループを考慮して行われます（存在する場合）。スケジューリンググループが存在する場合、最も小さい値のランクが勝ち、次に優先度による評価（ランクが等しい場合）、次に先に到着したスレッドが続きます（優先度が等しい場合、クォンタムの終端でラウンドロビンされます）。

4.5.1 ダイナミックフェアシェアスケジューリング

ダイナミックフェアシェアスケジューリング（Dynamic Fair-Share Scheduling：DFSS）は、コンピューター上で実行中の複数のリモートデスクトップ（旧称、ターミナルサービス）セッション間で、CPU時間を公平に配分するために使用されるメカニズムです。DFSSは、そのセッション内で実行中のいくつかのスレッドが、相対的に高い優先度を持ち、たくさん実行される場合に、1つのセッションがCPUを独占する可能性を排除します。リモートデスクトップ（RD）セッションホスト（旧称、ターミナルサーバー）の役割を持つWindows Serverシステムでは、DFSSが既定で有効化されます。しかし、任意のクライアントとサーバーのシステムでも構成することは可能です。

システムの初期化の最終段階で、レジストリのSOFTWAREハイブがSmss.exeによって初期化されるときに、プロセスマネージャーはPsBootPhaseCompleteの中で最終的なブート後（ポストブート）の初期化を開始します。このとき、PsBootPhaseCompleteはPspIsDfssEnabledを呼び出します。ここで、システムは2つのCPUクォータメカニズム（DFSSまたはレガシ）のどちらを使用するかを決定します。DFSSが有効化されている場合、2つのクォータキーの場所の両方で、EnableCpuQuotaレジストリ値（DWORD）にゼロではない値（例えば、1）が設定されている必要があります。1つ目の場所は、ポリシーベースの設定用のHKLM¥SOFTWARE¥Policies¥Microsoft¥Windows¥Session Manager¥Quota Systemに存在します。2つ目の場所は、SYSTEMキーの下であるHKLM¥SYSTEM¥CurrentControlSet¥Control¥Session Manager¥Quota Systemに存在します。このキーは、そのシステムがDFSSの機能をサポートしているかどうかを決めます（RDセッションホストの役割を持つWindows Serverでは、既定でEnableCpuQuota値に1が設定されます）。

DFSSが有効化されている場合、PsCpuFairShareEnabledグローバル変数がTRUEに設定され、すべてのスレッドがスケジューリンググループに属するようになります（セッション0のプロセスは除きます）。DFSSの構成パラメーターは、PspReadDfssConfigurationValuesを呼び出すことで、前述のキーから読み取られ、グローバル変数に格納されます。これらのキーは、システムによって監視されます。これらのキーが変更された場合、通知コールバックがPspReadDfssConfigurationValuesを再び呼び出し、構成値を更新します。表4-6に、クォータキーとして有効なレジストリ値とその意味を示します。

表4-6　DFSSのレジストリ構成パラメーター

レジストリ値の名前	カーネル変数の名前	意味	既定値
DfssShortTerm SharingMS	PsDfssShortTerm SharingMS	生成サイクル内でグループのランクを増加するために要する時間	30ミリ秒
DfssLongTerm SharingMS	PsDfssLongTerm SharingMS	スレッドが生成サイクル内でクォータを超えたときに、ランク0から非0にジャンプするために要する時間	15ミリ秒
DfssGeneration LengthMS	PsDfssGeneration LengthMS	CPU使用量を追跡するために費やされた生成時間	600ミリ秒
DfssLongTerm Fraction1024	PsDfssLongTerm Fraction1024	長期サイクル計算のために使用された指数移動平均の式で使用された値	512

DFSSが有効化された後、新しいセッション（セッション0以外）が作成されるたびに、MiSessionObjectCreateがそのセッションに既定のウェイト5でスケジューリンググループを割り当てます。ウェイト5は、最小1、最大9の中間の重み付けです。スケジューリンググループは、スケジューリンググループの一部であるポリシー構造体（KSCHEDULING_GROUP_POLICY）に基づいて、DFSSと

CPUレート制御（次の項で説明します）の情報の両方を管理します。ポリシー構造体のTypeメンバーは、DFSS（WeightBased = 0）またはレート制御（RateControl = 1）のどちらで構成されているのかを示します。MiSessionObjectCreateは、KeInsertSchedulingGroupを呼び出して、スケジューリンググループをグローバルシステムリスト（KiSchedulingGroupListグローバル変数に保持されており、プロセッサがホットアドされた場合のウェイトの再計算に必要です）に挿入します。その結果得られたスケジューリンググループは、特定のセッションのためのSESSION_OBJECT構造体によってもポイントされます。

実習 実際のDFSS

　この実習では、システムをダイナミックフェアシェアスケジューリング（DFSS）を使用するように構成し、それによりどうなるかを見てみます。

1. システムでDFSSを有効化するために、この項で説明したレジストリキーと値を追加します（この実習は仮想マシン環境で試した方がよいでしょう）。その後、システムを再起動して、変更を有効にします。[12]

2. DFSSがアクティブになっていることを確認するために、ライブカーネルデバッグセッション（ローカルデバッガー）を開き、以下のコマンドを入力してPsCpuFairShareEnabledの値を調べます。値が1である場合、DFSSがアクティブであることを示しています。

```
lkd> db nt!PsCpuFairShareEnabled L1
fffff800`5183722a  01
```

3. デバッガーで、現在のスレッドを確認します（現在のスレッドは、WinDbgを実行しているスレッドの1つのはずです）。そのスレッドがスケジューリンググループの一部であり、そのカーネルスケジューリング制御ブロック（KSCB）がNULLでないことに注目してください。KSCBがNULLでないのは、そのスレッドが出力を表示しているときに実行中だったからです。

```
lkd> !thread
THREAD ffffd28c07231640  Cid 196c.1a60  Teb: 000000f897f4b000
Win32Thread: ffffd28c0b9b0b40 RUNNING on processor 1
IRP List:
    ffffd28c06dfac10: (0006,0118) Flags: 00060000  Mdl: 00000000
Not impersonating
```

---

[12] 訳注：RDセッションホストではないコンピューターでDFSSを有効化するには、コマンドプロンプトを管理者として開き、以下の2つのコマンドを実行して、コンピューターを再起動します。または、これらのレジストリを手動で作成します。

```
REG ADD "HKLM\SOFTWARE\Policies\Microsoft\Windows\Session Manager\Quota System" /v EnableCpuQuota ↩
/t REG_DWORD /d 1 /f
REG ADD "HKLM\SYSTEM\CurrentControlSet\Control\Session Manager\Quota System" /v EnableCpuQuota ↩
/t REG_DWORD /d 1 /f
```

```
DeviceMap                   ffffac0d33668340
Owning Process              ffffd28c071fd080        Image:          windbg.
exe
Attached Process            N/A             Image: N/A
Wait Start TickCount        6146            Ticks: 33 (0:00:00:00.515)
Context Switch Count        877             IdealProcessor: 0
UserTime                    00:00:00.468
KernelTime                  00:00:00.156
Win32 Start Address 0x00007ff6ac53bc60
Stack Init ffffbf81ae85fc90 Current ffffbf81ae85f980
Base ffffbf81ae860000 Limit ffffbf81ae85a000 Call 0000000000000000
Priority 8 BasePriority 8 PriorityDecrement 0 IoPriority 2 PagePriority
5
Scheduling Group: ffffd28c089e7a40 KSCB: ffffd28c089e7c68 rank 0
```

4. スケジューリンググループを参照するために、dtコマンドを入力します。

```
lkd> dt nt!_kscheduling_group ffffd28c089e7a40
   +0x000 Policy              : _KSCHEDULING_GROUP_POLICY
   +0x008 RelativeWeight      : 0x80
   +0x00c ChildMinRate        : 0x2710
   +0x010 ChildMinWeight      : 0
   +0x014 ChildTotalWeight    : 0
   +0x018 QueryHistoryTimeStamp : 0xfed6177
   +0x020 NotificationCycles  : 0n0
   +0x028 MaxQuotaLimitCycles : 0n0
   +0x030 MaxQuotaCyclesRemaining : 0n-73125382369
   +0x038 SchedulingGroupList : _LIST_ENTRY [ 0xfffff800`5179b110 -
0xffffd28c`081b7078 ]
   +0x038 Sibling             : _LIST_ENTRY [ 0xfffff800`5179b110 -
0xffffd28c`081b7078 ]
   +0x048 NotificationDpc     : 0x0002eaa8`0000008e _KDPC
   +0x050 ChildList           : _LIST_ENTRY [ 0xffffd28c`062a7ab8 -
0xffffd28c`05c0bab8 ]
   +0x060 Parent              : (null)
   +0x080 PerProcessor        : [1] _KSCB
```

5. [コンピューターの管理]を使用して、コンピューター上に別のローカルユーザーを作成します。

6. 現在のセッションでCPU Stressツール（CPUSTRES.exe）を実行します。

7. 2～3のスレッドをアクティブ化し、アクティビティレベルをMaximumに変更します。ただし、コンピューターに負荷をかけ過ぎないようにしてください。例えば、次のスクリーンショットは、3プロセッサ構成の仮想マシンで、2つのスレッドをMaximumアクティビティで実行しています。

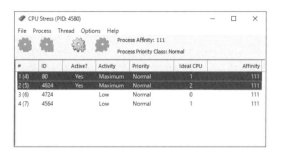

8. CPU Stressツールを実行した状態のまま、**Ctrl** + **Alt** + **Delete**キーを押して、[ユーザーの切り替え]を選択します。ステップ5で作成したユーザーのアカウントでログオンします。

9. ログオンしたら、そのユーザーのセッションでCPU Stressツール（CPUSTRES.exe）を実行し、先ほどと同じ数のスレッドをMaximumアクティビティで実行します。

10. 現在のセッションのCPU Stressツールで［Process］メニューを開き、［Priority Class］を選択して［High］を選択し、このプロセスの優先度クラスを既定の「通常」（Normal）から「高」（High）に変更します。DFSSなしでは、より高い優先度のプロセスが、CPU時間の大部分を消費するはずです。その理由は、3プロセッサを争う、4つのスレッドが存在するからです。4つのスレッドのうち1つがCPU時間を失うことになりますが、それはより低い優先度のプロセスからになります。

11. Process Explorerを開き、2つのCPUSTRES.exeプロセスをダブルクリックしてそれぞれのプロパティダイアログボックスを開き、［Performance Graph］タブを選択します。

12. 2つのダイアログボックスを横に並べて配置します。消費されるCPU時間が、プロセスの優先度が同じではない（一方は通常、もう一方は高）にも関わらず、2つのプロセス間でほぼ均等になっていることを確認できるはずです。

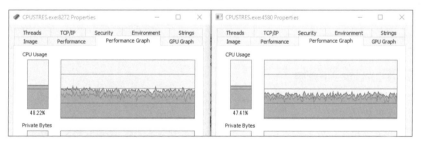

13. ステップ1で追加したレジストリキーを削除して、DFSSを無効化します。その後、システムを再起動します。

14. 同じ実習をDFSSを無効の状態でも実行します。DFSSが無効の場合、スレッドがスケジューリンググループの一部にならないこと（ステップ2、ステップ3）、およびより高い優先度のプロセスがより多くのCPU時間を受け取るという（ステップ12）、明らかな違いを確認できるはずです。

4.5.2 | CPUレート制限

ダイナミックフェアシェアスケジューリング（DFSS）は、新しいスレッドをそのセッションのスケジューリンググループに自動的に置くことによって機能します。これは、リモートデスクトップサービス（旧称、ターミナルサービス）のシナリオには優れていますが、スレッドやプロセスのCPU時間を制限する汎用的なメカニズムとしては十分ではありません。

スケジューリンググループのインフラストラクチャは、ジョブオブジェクトを使用することで、より細かい方法で使用できます。第3章で説明したように、ジョブは1つまたは複数のオブジェクトを管理することができることを思い出してください。ジョブに置くことができる制限の1つは、CPUレート制御です。CPUレート制御は、SetInformationJobObjectの呼び出しによって行われます。SetInformationJobObjectには、ジョブ情報クラスとしてのJobObjectCpuRateControlInformationと、実際の制御データを含むJOBOBJECT_CPU_RATE_CONTROL_INFORMATION型の構造体を渡します。この構造体は、CPU時間を制限するための3つの設定のうち1つの適用を可能にする、一連のフラグを含みます。

- **CPUレート** —— この設定では、CPUレートの値を1～10000の間で指定することができ、値はパーセントの100倍で表します（例えば、40%にする場合、値は4000になります）。
- **ウェイトベース** —— この設定では、ウェイトの値を1～9の間で指定することができ、他のジョブのウェイトとの相対的な重み付けを示します（DFSSはこの設定を使用して構成されます）。
- **最小および最大CPUレート** —— この設定では、最小CPUレートと最大CPUレートの値を、最初のオプションと同じように指定します。ジョブ内のスレッドが、計測間隔（既定では600ミリ秒）に指定された最大のパーセンテージに達すると、そのスレッドは次の計測間隔が始まるまで、これ以上のCPU時間を取得できなくなります。利用可能な予備のCPU時間が存在する場合でも、制限を強制するハードキャップを使用するかどうかを指定する、制御フラグを指定することが可能です。

これらの制限の設定の最終的な結果は、新しいスケジューリンググループ内のジョブに含まれる、すべてのプロセスからのすべてのスレッドに適用され、指定されたとおりにそのグループが構成されます。

実習 CPUレート制限

この実習では、ジョブオブジェクトを使用してCPUレート制限の様子を確認します。この実習は、仮想マシンで行い、仮想マシン内のローカルカーネルデバッガーではなく、外部のデバッガーからカーネルにアタッチして行うことをお勧めします。[13]本書の執筆時点では、ローカルカーネルデバッガーではバグがありました。

1. 本書のダウンロード可能なリソースのサイトから、この実習で使用するCPU Stressツールおよび CPULIMIT ツールを含む Zip ファイルをダウンロードします。[14]

---

[13] 訳注：仮想マシンにカーネルデバッガーをアタッチする方法については、https://docs.microsoft.com/en-us/windows-hardware/drivers/debugger/attaching-to-a-virtual-machine--kernel-mode-を参照してください。

[14] 訳注：CPUSTRES.exeは、本書の制作時点ではhttps://aka.ms/winint7ed/downloadsからダウンロード可能なWindowsInternals7Ed.zipには含まれず、ソースコードとともにhttps://github.com/zodiacon/windowsinternalsで公開されている Tools.zip に含まれます。

2. テスト用の仮想マシンでCPU Stressツール（CPUSTRES.exe）を実行し、いくつかのスレッドを実行し、CPU時間の約50%を消費するようにします。例えば、8つのプロセッサのシステムでは、4つのスレッドをMaximumアクティビティレベルで実行することで、その状況を再現できます。

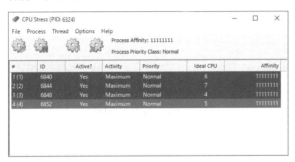

3. Process Explorerを開き、cpustres.exeプロセスのインスタンスを見つけ、ダブルクリックしてそのプロパティダイアログボックスを開き、[Performacne]を選択します。CPU使用率がだいたい50%になっていることを確認します。

4. CPULIMITツール（CpuLimit.exe）を次のコマンドで実行します。このツールは、ハードキャップを使用して単一のプロセスのCPU使用率を制限するシンプルなツールです。次のコマンドは、cpustres.exeプロセスのCPU使用率を20%に制限します（数字の6324はcpustres.exeの実際のプロセスIDに置き換えてください）。

```
CpuLimit.exe 6324 20
```

5. Process ExplorerでCPU使用率を確認します。約20%に落ちているのを確認できるはずです。

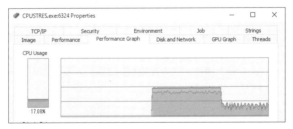

6. ホストシステム上でWinDbgを開きます。

7. テスト用仮想マシンのカーネルにアタッチし、**Ctrl + Break**キーを押して中断して入ります。

8. 次のコマンドを入力し、cpustres.exeのプロセスを特定します。

```
0: kd> !process 0 0 cpustres.exe
PROCESS ffff9e0629528080
    SessionId: 1  Cid: 18b4    Peb: 009e4000  ParentCid: 1c4c
    DirBase: 230803000  ObjectTable: ffffd78d1af6c540  HandleCount:
<Data Not Accessible>
    Image: CPUSTRES.exe
```

9. 次のコマンドを入力し、そのプロセスの基本情報をリストします。

```
0: kd> !process ffff9e0629528080 1
PROCESS ffff9e0629528080
    SessionId: 1  Cid: 18b4    Peb: 009e4000    ParentCid: 1c4c
    DirBase: 230803000 ObjectTable: ffffd78d1af6c540  HandleCount:
<Data Not Accessible>
    Image: CPUSTRES.exe
    VadRoot ffff9e0626582010 Vads 88  Clone 0 Private 450. Modified 4.
Locked 0.
    DeviceMap ffffd78cd8941640
    Token                           ffffd78cfe3db050
    ElapsedTime                     00:08:38.438
    UserTime                        00:00:00.000
    KernelTime                      00:00:00.000
    QuotaPoolUsage[PagedPool]       209912
    QuotaPoolUsage[NonPagedPool]    11880
    Working Set Sizes (now,min,max)  (3296, 50, 345) (13184KB, 200KB,
1380KB)
    PeakWorkingSetSize              3325
    VirtualSize                     108 Mb
    PeakVirtualSize                 128 Mb
    PageFaultCount                  3670
    MemoryPriority                  BACKGROUND
    BasePriority                    8
    CommitCharge                    568
    Job                             ffff9e06286539a0
```

10. ジョブオブジェクト（Job）がNULLでないことに注目してください。次に、!jobエクステンションコマンドを使用して、このジョブのプロパティを表示します。CPULIMITツールはジョブを作成し（CreateJobObject）、cpustres.exeプロセスをジョブに追加して（AssignProcesstToJobObject）、レート情報クラスと2000（20%）の最大CPUレートとともにSetInformationJobObjectを呼び出します。

```
0: kd> !job ffff9e06286539a0
Job at ffff9e06286539a0
  Basic Accounting Information
    TotalUserTime:              0x0
    TotalKernelTime:            0x0
    TotalCycleTime:             0x0
    ThisPeriodTotalUserTime:    0x0
    ThisPeriodTotalKernelTime:  0x0
    TotalPageFaultCount:        0x0
    TotalProcesses:             0x1
    ActiveProcesses:            0x1
    FreezeCount:                0
    BackgroundCount:            0
```

```
    TotalTerminatedProcesses:    0x0
    PeakJobMemoryUsed:           0x248
    PeakProcessMemoryUsed:       0x248
  Job Flags
    [close done]
    [cpu rate control]
    Limit Information (LimitFlags: 0x0)
    Limit Information (EffectiveLimitFlags: 0x800)
  CPU Rate Control
    Rate = 20.00%
    Hard Resource Cap
    Scheduling Group: ffff9e0628d7c1c0
```

11. CPULIMITツールに戻り、同じプロセスに対して再び20%のCPUレートを設定します。cpustres.exeプロセスのCPU消費量が約4%に落ちることを確認できるはずです。これは、ジョブが入れ子状態になるからです。新しいジョブが作成され、そのジョブに割り当てられたプロセスが最初のジョブの下に入ります。最終的に結果は、20%の20%である4%になります。

4.5.3 | プロセッサの動的な追加と交換

これまで見てきたように、開発者は、どのスレッドをどのプロセッサで実行できるのか(理想のプロセッサの場合は、実行するべきなのか)、細かく調整することができます。これは、スレッドの実行時に一定数のプロセッサがあるシステムシステムでうまく機能します。例えば、デスクトップコンピューターの場合、プロセッサに対してハードウェアの種類の変更や、数の変更を行う場合、コンピューターをシャットダウンする必要があります。しかしながら、最近のサーバーシステムでは、プロセッサの交換や追加の際に、通常は必要となるダウンタイムを設ける余裕がありません。実際、プロセッサの追加が必要となるのは、コンピューターが現在のパフォーマンスレベルでサポートできる負荷を超えたときでしょう。使用のピーク時にサーバーをシャットダウンすることは、その目的を台無しにしてしまいます。

この要件に応えるため、最新世代のサーバー向けマザーボードおよびシステムは、実行中のシステムへのプロセッサの追加(および交換)をサポートしています。コンピューターのACPI BIOSおよび関連するハードウェアは、この要求を認識し、可能にするように特別に構築されていますが、完全にサポートするにはOSの関与が必要になります。

動的プロセッサのサポートは、ハードウェア抽象化レイヤー(HAL)を通じて提供されます。HALは、KeStartDynamicProcessorを使用して、システム上の新しいプロセッサをカーネルに通知します。このルーチンは、システムがスタートアップ時に1つ以上のプロセッサを検出し、それらに関連する構造体を初期化する必要がある場合と同様の作業を行います。例えば、メモリマネージャーが新しいページを割り当て、そのプロセッサのためのメモリ構造体を最適化します。またこのルーチンは、新しい遅延プロシージャコール(DPC)カーネルスタックを初期化します。一方、カーネルは、グローバル記述子テーブル(GDT)、割り込みディスパッチテーブル(IDT)、プロセッサ制御領域(PCR)、プロセッサ制御ブロック(PRCB)、およびそのプロセッサに関連するその他の構造体を初期化します。

カーネルのその他のエグゼクティブの部分も呼び出され、主に、追加されたプロセッサのためのプ

ロセッサごとのルックアサイドリストを初期化します。例えば、I/Oマネージャー、エグゼクティブの
ルックアサイドリストのコード、キャッシュマネージャー、オブジェクトマネージャーはすべて、そ
れらが頻繁に割り当て構造体のために、プロセッサごとのルックアサイドリストを使用します。

最後に、カーネルは、そのプロセッサ用のスレッド化されたDPCサポートを初期化し、新しいプロ
セッサを報告するように、エクスポートされたカーネル変数を調整します。プロセッサの数に基づい
て違ってくるメモリマネージャーのマスクとプロセスのシード値も更新され、新しいプロセッサがシ
ステムの他のプロセッサと一致するように、プロセッサ機能を更新する必要があります。例えば、新
たに追加されたプロセッサで仮想化のサポートを有効化します。初期化の手続きが完了し、Windows
Windowsハードウェアエラーアーキテクチャ（Windows Hardware Error Architecture：WHEA）コ
ンポーネントに通知されると、新しいプロセッサはオンラインになります。

HALはこの過程にも関与しています。HALは、カーネルが認識した後に動的プロセッサの処理を開
始するために一度呼び出され、カーネルがそのプロセッサの初期化を終えた後に再び呼び出されます。
しかし、これらの通知とコールバックは、カーネルがプロセッサの変更を認識し、応答するだけです。
追加的なプロセッサでカーネルのスループットは向上しますが、ドライバーを手助けするものは何も
ありません。

ドライバーを処理するために、システムは既定のエグゼクティブコールバックオブジェクトである
ProcessorAddを持ち、ドライバーはこのオブジェクトに通知用に登録することができます。ドライ
バーに電源状態やシステム時刻の変更を通知するコールバックと同様に、このコールバックにより、ド
ライバーコードは、例えば、新しいワーカースレッドを作成することが可能になります。新しいワー
カースレッドは、必要があれば、同時に多くの仕事を処理できます。

ドライバーが通知を受けると、最後のカーネルコンポーネントとしてプラグアンドプレイ（PnP）マ
ネージャーが呼び出されます。PnPマネージャーは、新しいプロセッサをシステムのデバイスノード
に追加し、割り込みを再調整して、新しいプロセッサが他のプロセッサ用に既に登録された割り込み
を処理できるようにします。また、CPU時間に飢えているアプリケーションが、新しいプロセッサを
活用できるようになります。

しかし、アフィニティの突然の変更は、実行中のアプリケーションを潜在的に破壊的な変化をもた
らす可能性があります。単一のプロセッサからマルチプロセッサ環境への変更の場合は特にそうです。
破壊的な変化とは、潜在的な競争条件の突然の出現や単に仕事の誤配分によって発生します（プロセス
は、スタートアップ時にその時点で認識されたプロセッサの数に基づいて計算された、完璧な比率を
持つからです）。結果として、アプリケーションは既定では、動的に追加されたプロセッサを活用する
ことができません。アプリケーションがそれを要求しなければなりません。

Windows APIのSetProcessAffinityUpdateModeおよびQueryProcessAffinityUpdateMode（これ
らは公開されていないNtSetInformationProcess/NtQueryInformationProcessシステムコールを使用
します）は、アプリケーションがアフィニティの更新を必要としていることをプロセスマネージャーに
伝えます。これは、エグゼクティブプロセス（EPROCESS）構造体のAffinityUpdateEnableフラグの
設定によって行われます。または、アプリケーションがアフィニティの更新を望まないことを伝える
場合もあります。これは、EPROCESS構造体のAffinityPermanentフラグの設定によって行われます。
これは、1回限りの変更です。アプリケーションがシステムに対して永続的なアフィニティを伝えた後
は、その後に考えを変えてアフィニティの更新を要求するということはできません。

KeStartDynamicProcessorの一部として、割り込みが再調整された後に新しいステップが1つ追加
されました。それは、プロセスマネージャーを呼び出して、PsUpdateActiveProcessAffinityを使用し
てアフィニティの更新を処理することです。いくつかのWindowsのコアプロセスとサービスは、既に
アフィニティの更新が有効化されています。一方、サードパーティソフトウェアは、新しいAPIの呼

び出しを利用して、再コンパイルする必要があります。システムプロセス、サービスホストプロセス（Svchost.exe）、およびWindowsセッションマネージャー（Smss.exe）プロセスはすべて、動的プロセッサの追加と互換性があります。

4.6 ワーカーファクトリ（スレッドプール）

ワーカーファクトリ（Worker Factory）は、ユーザーモードのスレッドプール（Thread Pool）を実装するのに使用される内部のメカニズムです。従来のスレッドプールルーチンは、Ntdll.dll ライブラリのユーザーモード部分に完全に実装されています。さらに、Windows APIは、開発者が呼び出し可能ないくつかの関数を提供します。それらの関数は、書き込み可能なタイマー（CreateTimerQueue、CreateTimerQueueTimer、およびその仲間）、待機コールバック（RegisterWaitForSingleObject）、および作業量に基づいて自動的なスレッドの作成と削除を処理するワークアイテム（QueueUserWorkItem）を提供します。

古い実装における1つの問題は、1つのプロセス内に作成できるスレッドプールが1つだけだということです。この制限は、いくつかのシナリオの実現を困難にしました。例えば、異なる一連の要求のために2つのスレッドプールを作成してワークアイテムに優先順位を付けようとしても、これを直接的に実現することは不可能でした。別の問題は、ユーザーモード（Ntdll.dll内の）であるというその実装自身にありました。カーネルは、スレッドのスケジューリング、作成、終了を直接的に制御でき、しかもユーザーモードからこれらの操作を行うのに関連する一般的なコストなしで制御できます。そのため、Windowsにおけるユーザーモードのスレッドプールの実装をサポートするのに必要なほとんどの機能は、現在はカーネル内に配置されています。これにより、開発者が書く必要があるコードも簡素化されます。例えば、リモートプロセス内にワーカープールを作成する処理は、これに通常必要になる複雑な一連の仮想メモリの呼び出しの代わりに、単一のAPIの呼び出しで書くことができます。このモデルの下では、Ntdll.dll は、ワーカーファクトリのカーネルコードと対話するのに必要なインターフェイスと上位レベルのAPIを単に提供するだけです。

Windowsにおけるカーネルのこのスレッドプールの機能は、TpWorkerFactoryオブジェクトマネージャー型と、ファクトリとそのワーカーを管理する4つのネイティブなシステムコール（NtCreateWorkerFactory、NtWorkerFactoryWorkerReady、NtReleaseWorkerFactoryWorker、およびNtShutdownWorkerFactory）、2つのクエリ/セットのネイティブコール（NtQueryInformationWorkerFactoryおよびNtSetInformationWorkerFactory）、および待機コール（NtWaitForWorkViaWorkerFactory）によって管理されます。他のネイティブなシステムコールとちょうど同じように、これらの呼び出しはTpWorkerFactoryオブジェクトのハンドルを持つユーザーモードを提供し、このオブジェクトは名前やオブジェクト属性、要求されたアクセスマスク、セキュリティ記述子などの情報を含みます。しかし、Windows APIによってラップされる他のシステムコールとは異なり、スレッドプールの管理はNtdll.dllのネイティブコードによって処理されます。これは、開発者があいまいな記述子で作業することを意味します。スレッドプール用のTP_POOLポインター、およびプールから作成されたオブジェクト用のその他のあいまいなポインターです。これには、TP_WORK（ワークコールバック）、TP_TIMER（タイマーコールバック）、TP_WAIT（待機コールバック）などが含まれます。これらの構造体は、TpWorkerFactoryオブジェクトに対するハンドルなど、さまざまな情報を保持します。

その名前が示すように、ワーカーファクトリの実装は、ワーカースレッドの割り当て（および指定されたユーザーオードのワーカースレッドのエントリポイントの呼び出し）を担当し、最小および最大の

スレッドカウント（永続的なワーカープールまたは合計の動的プールの両方を許可します）とその他の
アカウンティング情報を保持しています。

カーネルは必要に応じて（提供された最小および最大の数に基づいて）新しいスレッドを動的に作成
するため、新しいスレッドプールの実装を使用するアプリケーションのスケーラビリティが向上します。
1つのワーカーファクトリは、次に示す条件がすべて整ったときに新しいスレッドを作成します。

- 動的スレッド作成が有効化されている。
- 利用可能なワーカー数がそのファクトリ用に構成された最大のワーカー数（既定は500）を下回る。
- ワーカーファクトリがバインドされたオブジェクト（例えば、このワーカースレッドが待機している Advanced Local Procedure Call（ALPC）ポート）を持つか、1つのスレッドがプール内でアクティブ化された。
- ワーカースレッドに関連付けられた保留中のI/O要求パケット（IRP、第6章で詳しく説明します）が存在する。

さらに、カーネルはスレッドが10秒（既定）を超えてアイドル状態（つまり、何もワークアイテムを
処理していない状態）になると、そのスレッドを終了します。その上さらに、開発者は古い実装を使用
して、可能な限り多くのスレッド（システム上のプロセッサ数に基づいて）を常に利用できましたが、
新しい実装ではアプリケーションが使用するスレッドプールは実行時に追加された新しいプロセッサ
を自動的に利用できるようになりました。これは、Windows Serverにおける前述の動的プロセッサの
サポートを通じて実現されています。

4.6.1 | ワーカーファクトリの作成

ワーカーファクトリのサポートは、そうでなければユーザーモードで処理される必要がある（そして
パフォーマンスを低下させる）、ありふれたタスクを管理するための単なるラッパーです。新しいス
レッドプールのコードの多くのロジックは、このアーキテクチャのNtdll.dll側の部分に残っています
（理論的には、公開されていない関数を使用することにより、ワーカーファクトリとは異なるスレッド
プールの実装で構築することができます）。また、スケーラビリティ、待機の内部、処理の効率的な実
行は、ワーカーファクトリのコードではありません。その部分は、Windowsのかなり古いコンポーネ
ントが受け持ちます。それは、I/O完了ポート、より正確にはカーネルキュー（KQUEUE）です。実
際、ワーカーファクトリを作成するときは、ユーザーモードでI/O完了ポートが既に作成されている
必要があり、そのハンドルを渡す必要があります。

ユーザーモードの実装がワークアイテムをキューに入れ、待機するのは、このI/O完了ポートを通
して行われますが、I/O完了ポートAPIの代わりに、ワーカーファクトリシステムコールの呼び出しが
使用されます。しかし、内部的には、「リリース」ワーカーファクトリコール（ワークアイテムをキュー
に入れる呼び出し）はIoSetIoCompletionExのラッパーであり、IoRemoveIoCompletionのラッパーで
ある「待機」コールまで、保留中のワークアイテムが増加します。これらのルーチンは、カーネルキュー
の実装部分を呼び出して入ります。そのため、ワーカーファクトリのコードの仕事は、永続的、静的、
または動的なスレッドプールを管理すること、I/O完了ポートモデルをラップして、動的なスレッドを
自動的に作成することでワーカーキューの回避を試みるインターフェイスを提供すること、そして、
ファクトリのシャットダウン要求に対して全体のクリーンアップと終了操作を簡素化することです
（そのようなシナリオにおいて、ファクトリに対する新しい要求のブロックも簡素化されます）。

NtCreateWorkerFactoryは、ワーカーファクトリを作成するエグゼクティブ関数であり、スレッド

プールのカスタマイズを可能にする、いくつかの引数を受け取ります。例えば、作成するスレッドの最大数、初期にコミットおよび予約するスタックサイズなどです。一方、Windows APIのCreateThreadpool関数は、実行可能イメージ内に埋め込まれた既定のスタックサイズを使用します（既定のCreateThreadがちょうどそうするように）。しかし、Windows APIは、これらの既定値を上書きする方法を提供しません。多くの場合、スレッドプールのスレッドは、深いコールスタックを必要としませんが、これはやや残念なことです。より小さいスタックを割り当てることは、役に立つことがあるからです。

ワーカーファクトリの実装で使用されるデータ構造体は、パブリックシンボルに含まれませんが、次の実習に示すように、ワーカープールの一部は参照することができます。また、NtQueryInformationWorkerFactory APIは、ワーカーファクトリ構造体のほとんどすべてのフィールドをダンプすることが可能です。

実習 スレッドプールを参照する

スレッドプールメカニズムには利点があるため、多くの主要なシステムコンポーネントとアプリケーションは、特に、Advanced Local Procedure Call（ALPC）ポートのようなリソースを扱うときにこれを使用しています（入力要求を適切かつスケーラブルなレベルで動的に処理するために）。どのプロセスがワーカーファクトリを使用しているのか識別する1つの方法は、Process Explorerでハンドルリストを参照することです。以下のステップに従って操作すると、それを裏付ける詳細の一部を参照することができます。

1. Process Explorerを開始します。

2. [View]メニューを開き、[Show Unnamed Handles and Mappings]を選択します（残念なことに、ワーカーファクトリはNtdll.dllによって名前が付けられません。そのため、ワーカーファクトリのハンドルを参照するためにこのステップが必要になります）。

3. プロセスのリストからSvchost.exeのインスタンスの1つを選択します。

4. [View]メニューを開き、[Show Lower Pane]を選択して、下部ペインを表示します。

5. [View]メニューを開き、[Lower Paine View]を選択して、さらに[Handles]を選択し、下部ペインの表示をハンドルの一覧に切り替えます。

6. 下部ペインの列ヘッダーを右クリックし、[Select Columns]を選択します。

7. [Type]および[Handle Value]にチェックが入っていることを確認します。

8. [Type]列のヘッダーをクリックして、ハンドルの種類でソートします。

9. [Type]列にTpWorkerFactoryというハンドルの種類が見つかるまで、ハンドルの一覧をスクロールダウンします。

10. [Handle]列のヘッダーをクリックし、ハンドル値でソートします。次のスクリーンショットに似た状況を目にするはずです。TpWorkerFactoryハンドルの直前にIoCompletionハンドルがあり、それがどのような状態なのか注目してください。既に説明したように、ワーカーファクトリが作成される前に、ワークアイテムが送信されるI/O完了ポートのハンドルが作成されている必要があるため、このような状況になっています。

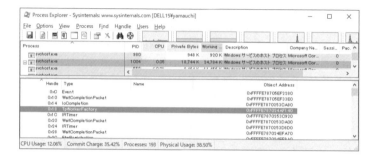

11. プロセスのリスト内で選択中のプロセスをダブルクリックし、[Thread] タブをクリックして、[Start Address] 列のヘッダーをクリックします。次のスクリーンショットに似た状況を目にするはずです。ワーカーファクトリのスレッドは、Ntdll.dll のエントリポイントである Tpp WorkerThread によって簡単に識別されます（Tpp は、Thread pool private に由来します）。

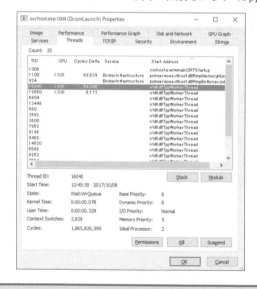

　他のワーカースレッドを参照する場合、イベントのようなオブジェクトを待機しているのを見ることがあるでしょう。1つのプロセスは、複数のスレッドプールを持つことができ、各スレッドプールはまったく関連のないタスクを行う多様なスレッドを持つことができます。ワークアイテムを割り当て、スレッドプール API を呼び出してそのワークアイテムを Ntdll.dll に登録することを決めるのは、開発者の仕事です。

4.7 まとめ

　この章では、スレッドの構造体とその作成と管理の方法、および Windows がスレッドを、どれだけの期間、どのプロセッサ（1つまたは複数）で実行するべきかを決定する方法について説明しました。次の章では、どの OS においても最も重要な側面の1つである、メモリ管理について見ていきます。

第5章
メモリ管理

5

　この章では、Windowsがどのように仮想メモリを実装し、物理メモリ内で仮想メモリのサブセットがどのように保持されるのかを学びます。この章ではまた、メモリマネージャーを形作っている内部構造とコンポーネントについて説明します。これには、主要なデータ構造体とアルゴリズムが含まれます。これらのメカニズムについて調べていく前に、メモリマネージャーによって提供される基本的なサービスと、予約済みメモリ、コミット済みメモリ、共有メモリなど、主要な概念についておさらいしておきましょう。

5.1 | メモリマネージャーの概論

　既定では、32ビットバージョンのWindowsにおける1つのプロセスの仮想メモリサイズは2GBです。実行可能イメージがLARGEADDRESSAWARE（大きいアドレスの処理）として特別にマークされており、システムが特別なオプション（この章の「5.5.1　x86アドレス空間レイアウト」の項を参照）でブートされた場合、32ビットプロセスは32ビット版Windows上で最大3GB、64ビット版Windows上で最大4GBまで拡張することが可能です。64ビットバージョンのWindows 8およびWindows Server 2012のプロセスの仮想アドレス領域のサイズは8,192GB（8TB）であり、64ビット版Windows 8.1以降およびWindows Server 2012 R2以降は128TBです。

　「第2章　システムアーキテクチャ」（特に表2-2）で見てきたように、Windowsで現在サポートされる最大の物理メモリ容量は2GB（Windows 7 Starter）から24TBであり、そのサイズはWindowsのバージョンとエディションに依存します。仮想アドレス領域はコンピューター上の物理メモリよりも大きくまたは小さくなることがあるため、メモリマネージャーは次の2つの主要な役割を持ちます。

- プロセスの仮想アドレス領域を物理メモリに変換またはマッピングし、そのプロセスのコンテキストで実行中のスレッドが仮想アドレス領域を読み書きするときに、正しい物理アドレスが参照されるようにします（物理メモリに常駐するプロセスの仮想アドレス領域のサブセットは**ワーキングセット**と呼ばれます。ワーキングセットについては、この章の「5.12　ワーキングセット」の節で詳しく説明します）。
- オーバーコミットされたとき、つまり、実行中のスレッドが現在利用可能な物理メモリよりも多くを使用しようとしたとき、メモリの内容の一部をディスクにページングします。その内容が必要になったとき、再び物理メモリに読み戻します。

　メモリマネージャーは、仮想メモリ管理を提供することに加えて、さまざまなWindows環境サブシステムを構築するサービスの主要なセットを提供します。これらのサービスは、メモリマップファイ

ル（内部的には**セクションオブジェクト**と呼ばれます）、コピーオンライトメモリ、および大きなスパース（Sparse）アドレス領域を使用するアプリケーション向けのサポートを提供します。メモリマネージャーはまた、プロセスが仮想アドレス領域に一度にマップできるよりも大きなサイズの物理メモリを割り当て、使用する方法を提供します。例えば、32ビットシステムで3GBの物理メモリよりも多くの物理メモリを割り当てることができます。これについては、この章の「5.2.9　アドレスウィンドウ化拡張（AWE）」の項で説明します。

メモ
コントロールパネルの［システムのプロパティ］アプレット（Sysdm.cpl）を使用すると、ページファイルのサイズ、数、および場所を制御することができます。［システムのプロパティ］アプレット上の「仮想メモリ」という分類は、「ページファイル」と同じ意味で使用されています。しかし、ここで言っている「仮想メモリ」と「ページファイル」は同じ意味ではありません。ページファイルは、仮想メモリの1つの側面でしかありません。実際、［システムのプロパティ］アプレットでページファイルなしに設定して実行した場合でも、Windowsは依然として仮想メモリを使用します。この違いについては、この章で後ほど詳しく説明します。

5.1.1　メモリマネージャーのコンポーネント

メモリマネージャーはWindowsエグゼクティブの一部であり、そのためNtoskrnl.exeファイル内に存在します。メモリマネージャーは、エグゼクティブの中で最も大きなコンポーネントであり、そのことがその重要性と複雑性を示しています。ハードウェア抽象化レイヤー（HAL）の中に、メモリマネージャーの部分は一切存在しません。メモリマネージャーは、次に示すコンポーネントで構成されます。

- 仮想メモリの割り当て、割り当て解除、および管理のための一連のエグゼクティブサービス。大部分はWindows APIを介して、またはカーネルモードデバイスドライバーのインターフェイスを介して公開されています。
- ハードウェアで検出されたメモリ管理例外の解決、およびプロセスに代わって仮想ページを常駐させるための、変換無効（TRANSLATION_NOT_VALID）およびアクセス違反（ACCESS_FAULT）トラップハンドラー。
- 6つの主要な最上位のルーチン。各ルーチンは、システムプロセスの6つの異なるカーネルモードスレッド内で実行されます。
  - バランスセットマネージャー（KeBalanceSetManager、優先度17）── このスレッドは、内部ルーチンであるワーキングセットマネージャー（MmWorkingSetManager）を1秒間に1回、および空きメモリが一定のしきい値を下回ったときに呼び出します。ワーキングセットマネージャーは、ワーキングセットのトリミング（ページの切り詰め）、エージング（ページの古さの評価）、および変更ページの書き込みといった、メモリ管理ポリシーの全体を受け持ちます。
  - プロセス/スタックのスワッパー（KeSwapProcessOrStack、優先度23）── このスレッドは、プロセスおよびカーネルのスレッドスタックのスワップインとスワップアウトの両方を行います。バランスセットマネージャーとカーネル内のスレッドスケジューリングコードは、スワップインまたはスワップアウト操作を行う必要があるときに、このスレッドをウェイクアップします。
  - 変更ページライター（MiModifiedPageWriter、優先度18）── このスレッドは、変更ページリストのダーティページを適切なページファイルに書き戻します。このスレッドは、変更ページリストのサイズの削減が必要なときにウェイクアップされます。

- マップページライター（MiMappedPageWriter、優先度18）―― このスレッドは、マップファイル内のダーティページをディスクまたはリモートの記憶域に書き込みます。これは、変更ページリストのサイズの削減が必要なとき、または変更ページリスト上のマップファイルのページが5分を経過した場合にウェイクアップされます。空きページの要求の結果、ページフォールトが発生する場合があるため、2つ目の更新されたページのライタースレッドが必要になります。空きページが存在せず、変更ページリストのライタースレッドが1つしかない場合、空きページを待機するデッドロックとなる可能性があります。
- セグメント逆参照スレッド（MiDereferenceSegmentThread、優先度19）―― このスレッドは、キャッシュの削減とページファイルの拡張および縮小の役割を持ちます。例えば、ページプールを拡張するための仮想メモリ領域がない場合、このスレッドはページキャッシュの一部をトリミングし、そのキャッシュの固定に使用されていたページプールを再利用のために解放します。
- ゼロページスレッド（MiZeroPageThread、優先度0）―― このスレッドは、空きページリスト上のページをゼロアウトします（データを空にします）。これにより、ゼロページリストのキャッシュが利用可能になり、将来のデマンドゼロページフォールトに対応します。場合によっては、メモリのゼロ処理は、MiZeroInParallelと呼ばれる高速な関数によって行われます。この関数については、この章の「5.13.1　ページリストの動き」の項の「メモ」を参照してください。

これらのコンポーネントについては、セグメント逆参照スレッドを除き、この章の後でさらに詳しく説明します。セグメント逆参照スレッドについては、本書下巻で説明します。

5.1.2　ラージページとスモールページ

メモリ管理は、ページ（Page）と呼ばれる個別のチャンク（塊）で行われます。これは、ハードウェアのメモリ管理ユニットが、1つのページの細かさで仮想アドレスを物理アドレスに変換するからです。したがって、1つのページは、ハードウェアレベルで保護される最小の単位になります（この章の「5.2.6　メモリの保護」の項では、さまざまなページ保護オプションについて説明します）。Windowsを実行するプロセッサは、スモール（Small）とラージ（Large）の2つのページサイズをサポートします。実際のサイズは、表5-1に示すように、プロセッサアーキテクチャによって異なります。

表5-1　ページサイズ

アーキテクチャ	スモールページサイズ	ラージページサイズ	スモールページ数/ラージページ
x86（PAE）	4KB	2MB	512
x64	4KB	2MB	512
ARM	4KB	4MB	1024

メモ
　一部のプロセッサは、構成可能なページサイズをサポートしていますが、Windowsはその機能を使用しません。

ラージページの主な優位性は、ラージページ内のデータを参照する際のアドレス変換の速さにあります。この優位性は、ラージページ内の任意のバイトの初回参照によって、ハードウェアの変換ルックアサイドバッファー（Translation Lookaside Buffer：TLB、この章の「5.6　アドレス変換」の節で説明します）は、ラージページ内の任意の他のバイトへの参照を変換するのに必要な情報をそのキャッシュ内に保持することになるからです。スモールページが使用された場合、仮想アドレスの同じ範囲のためにさらに多くのTLBエントリが必要になります。そのため、新しい仮想アドレスの変換が必要になったとき、エントリのリサイクルの回数が増加します。これはつまり、変換がキャッシュされたスモールページの範囲の外にある仮想アドレスの参照が行われた時、ページテーブル構造体に戻る必要があることを意味します。TLBは、非常に小さなキャッシュであるため、ラージページはこの限られたリソースをより有効に活用できるのです。

2GBよりも多くの物理メモリを持つシステムでラージページを利用するために、Windowsはオペレーティングシステムのコアのイメージ（Ntoskrnl.exeおよびHal.dll）とコアのデータ（非アドレスプールの開始部分と物理メモリページごとの状態を表すデータ構造体など）をラージページを使用してマップします。Windowsはまた、I/O領域要求（デバイスドライバーによるMmMapIoSpaceの呼び出し）を、その要求がラージページの長さとアライメントに十分である場合、自動的にラージページを使用してマップします。さらに、Windowsはアプリケーションに対して、アプリケーションのイメージ、プライベートメモリ、およびページファイルに格納されるセクションを、ラージページを使用してマップすることを許可します（詳しくは、開発者向け公式ドキュメントでVirtualAlloc、VirtualAllocEx、およびVirtualAllocExNuma関数のMEM_LARGE_PAGESフラグを確認してください）。その他のデバイスドライバーを、ラージページを使用してマップするように指定することもできます。それには、レジストリキーのHKLM¥SYSTEM¥CurrentControlSet¥Control¥Session Manager¥Memory Managementに複数行文字列（REG_MULTI_SZ）型のレジストリ値LargePage Driversを追加し、ドライバーの名前をドライバーごとに行を分けて（つまり、複数のドライバー名をNULL終端文字列で区切って）指定します。

オペレーティングシステムが長時間稼働した後になると、ラージページを割り当てようとしても失敗することがあります。なぜなら、各ラージページのために、物理的に連続したスモールページのかなりの数（表5-1を参照）を占有する必要があるからです。さらに、物理ページのこの範囲は、ラージページの境界で始まる必要があります。例えば、x64システム上で物理ページ0〜511はラージページとして使用でき、同じように物理ページ512〜1023もラージページとして使用できますが、物理ページ10〜521は使用できません。物理メモリの空きは、システムの実行中に断片化します。これは、スモールページを使用する割り当てでは問題になりませんが、ラージページの割り当てに失敗する原因になります。

また、ページファイルシステムはラージページをサポートしないため、ラージページは常にページング不可能になります。メモリがページング不可能であるため、呼び出し元はラージページを使用する割り当てを可能にするために、「メモリ内のページのロック」特権（SeLockMemoryPrivilege）を持つことが要求されます。さらに、割り当てられたラージページは、プロセスのワーキングセット（この章の「5.12　ワーキングセット」の節で説明します）の一部とは見なされず、仮想メモリの使用におけるジョブ全体の制約の対象にもなりません。

Windows 10 x64バージョン1607およびWindows Server 2016では、ラージページは1GBのサイズの特大（Huge）ページでマップされます。これは、要求された割り当てサイズが1GBよりも大きい場合に自動的に行われますが、1GBの倍数である必要はありません。例えば、1040MBの1つの割り当ては、1つの特大ページ（1024MB）と8つの通常のラージページ（残りの16MB÷2MB）を使用して行われます。

残念なことに、ラージページには負の影響があります。各ページ(特大、ラージ、スモールに関係なく)は、ページ全体に適用される単一の保護を用いてマップされる必要があります。これは、ハードウェアのメモリ保護がページごとの保護に基づいているからです。例えば、読み取り専用コードと読み取り/書き込みデータの両方を含むラージページの場合、そのページは読み取り/書き込みとしてマークされる必要があります。つまり、コードもまた書き込み可能になります。その結果、デバイスドライバーやその他のカーネルモードコードは、悪意を持って、またはバグのために、メモリアクセス違反を発生させることなく、読み取り専用のオペレーティングシステムやドライバーのコードと思われる部分を変更する可能性があります。オペレーティングシステムのカーネルモードコードをマップするのにスモールページが使用された場合、Ntoskrnl.exeおよびHall.dllの読み取り専用の部分は、読み取り専用のページとしてマップすることができます。スモールページを使用するとアドレス変換の効率が下がりますが、デバイスドライバー(またはその他のカーネルモードコード)がオペレーティングシステムの読み取り専用部分を変更しようとした場合、システムは直ちにクラッシュし、ドライバー内の問題の命令を指し示す例外情報を提供します。一方、書き込みが許可されている場合、後になって何か他のコンポーネントがその破損したデータを使用しようとしたときに、クラッシュすることになります。そのため、問題の診断は困難になります。

カーネルコードの破損の疑いがある場合は、ドライバーの検証ツール(Driver Verifier、「第6章 I/Oシステム」で説明します)を有効化します。これにより、ラージページの使用が無効になります。

メモ
　この章および以降の章で使用する「ページ」という用語は、明示しているか、文脈から明らかな場合を除いて、スモールページのことを指します。

5.1.3　メモリ使用量を調べる

パフォーマンスカウンターのMemoryおよびProcessの分類は、システムおよびプロセスのメモリの使用状況に関するほとんどの詳細へのアクセスを提供します。この章を通して、説明中のコンポーネントに関連する情報を含む特定のパフォーマンスカウンターについて言及します。また、この章を通して、関連する例と実習を提供します。しかし、一言だけ注意させてください。メモリ情報を表示する際に、ユーティリティによっては、さまざまな、時には一貫性がなく、混乱を与えるような名前を使用している場合があります。次の実習は、その一例を示しています(この例で使用される用語については、その後に続く項で説明します)。

実習　システムメモリ情報を参照する

　Windows標準のタスクマネージャーの［パフォーマンス］タブにある［メモリ］は、システムの基本的なメモリ情報を表示します（［パフォーマンス］タブの左側の［メモリ］をクリックして開きます）。次のスクリーンショットは、Windows 10 バージョン 1607 のシステムの例です。この情報は、パフォーマンスカウンターを通して利用可能な詳細なメモリ情報のサブセットです。

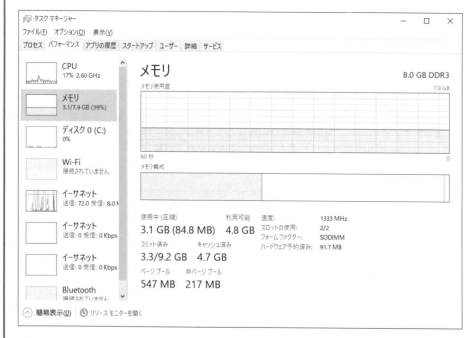

次の表に、メモリ関連の値の意味を示します。

タスクマネージャー	値の定義
メモリ使用量のグラフ	グラフの線の高さは、Windowsが使用中の物理メモリを反映しています（パフォーマンスカウンターとしては利用可能ではありません）。グラフの線より上の領域は、下部にある「利用可能」の値と等しくなります。グラフの全体の高さは、グラフの右上に表示されている合計値と等しくなります（この例では7.9GB）。オペレーティングシステムによって利用可能な物理メモリ（RAM）の合計を示しており、BIOSのシャドウページ（シャドウメモリ、BIOSのROMデータをRAM上にコピーしたもの）やデバイスのメモリは含まれません。
メモリ構成	これは、アクティブに使用されているメモリ、スタンバイメモリ、変更されたメモリ、空き＋ゼロ（すべてこの章で説明します）の関係を詳細に示します。
物理メモリの合計（グラフの右上に表示される値）	Windowsによって利用可能な物理メモリを示します。
使用中（圧縮）	現在使用中の物理メモリを示します。圧縮された物理メモリの量は、かっこ内に表示されます。[メモリ構成]の横棒グラフ上で使用中のメモリの領域をマウスオーバーすると、圧縮メモリによって節約されたメモリの量が表示されます（圧縮メモリについては、この章の「5.15　メモリの圧縮」の節で説明します）。
キャッシュ済み	この値は、Memoryに分類されるパフォーマンスカウンターのCache Bytes、Modified Page List Bytes、Standby Cache Core Bytes、Standby Cache Normal Priority Bytes、Standby Cache Reserve Bytesの合計値です。
利用可能	この値は、オペレーティングシステム、プロセス、およびドライバーの使用のために、すぐに利用可能なメモリの量を示します。この値は、スタンバイ、フリー、およびゼロページリストのサイズの合計と等しくなります。
空き	この値は、空きページリストおよびゼロページリストのバイト数を示します。この情報を参照するには、[メモリ構成]の横棒グラフの最も右にある領域をマウスオーバーします（マウスオーバーできるだけの空きメモリがあるものと仮定します）。
コミット済み	2つの値は、それぞれCommitted BytesおよびCommit Limitのパフォーマンスカウンターの値と等しくなります。
ページプール	この値は、ページプールの合計サイズを示します。これには、空き領域と割り当て済み領域の両方が含まれます。
非ページプール	この値は、非ページプールの合計サイズを示します。これには、空き領域と割り当て済み領域の両方が含まれます。

　ページプールおよび非ページプールの特定の使用状況を確認するには、この章の「5.3.2　プール使用状況の監視」の項で説明するPoolmonユーティリティを使用します。

　Windows SysinternalsのProcess Explorerを使用すると、物理メモリおよび仮想メモリに関するかなり多くのデータを表示できます。それには、Process Explorerのメインの画面で[View]メニューを開き、[System Information]を選択して、[Memory]タブをクリックします。次ページのスクリーンショットは、64ビット版Windows 10システムの出力例です（これらのカウンターの大部分については、この章の関連する項で説明します）。

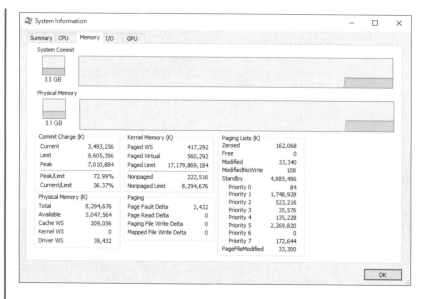

　Windows Sysinternalsには、メモリ情報の詳細を表示するユーティリティが他にも2つあります。

- **VMMap** ── 特定のプロセス内の仮想メモリの使用情報を、詳細なレベルで表示します。
- **RAMMap** ── 物理メモリの使用状況の詳細を表示します。

　これらのツールについては、この章の中の別の実習で取り上げます。

　最後に、カーネルデバッガーの**!vm**エクステンションコマンドは、メモリ関連のパフォーマンスカウンターを通して利用可能な基本的なメモリ管理情報を表示します。このコマンドは、クラッシュダンプを調査したり、ハングしたシステムを調査したりする場合に役立ちます。以下は、32GBの物理メモリを搭載した64ビット版Windows 10システムからの出力例です。

```
lkd> !vm
Page File: ¥??¥C:¥pagefile.sys
   Current:    1048576 Kb  Free Space:    1034696 Kb
   Minimum:    1048576 Kb  Maximum:       4194304 Kb
Page File: ¥??¥C:¥swapfile.sys
   Current:      16384 Kb  Free Space:      16376 Kb
   Minimum:      16384 Kb  Maximum:      24908388 Kb
No Name for Paging File
   Current:   58622948 Kb  Free Space:   57828340 Kb
   Minimum:   58622948 Kb  Maximum:      58622948 Kb

Physical Memory:          8364281 (    33457124 Kb)
Available Pages:          4627325 (    18509300 Kb)
ResAvail Pages:           7215930 (    28863720 Kb)
Locked IO Pages:                0 (           0 Kb)
Free System PTEs:      4295013448 (17180053792 Kb)
Modified Pages:             68167 (      272668 Kb)
```

第5章 メモリ管理 337

```
Modified PF Pages:            68158 (       272632 Kb)
Modified No Write Pages:          0 (            0 Kb)
NonPagedPool Usage:             495 (         1980 Kb)
NonPagedPoolNx Usage:        269858 (      1079432 Kb)
NonPagedPool Max:        4294967296 (  17179869184 Kb)
PagedPool 0 Usage:           371703 (      1486812 Kb)
PagedPool 1 Usage:            99970 (       399880 Kb)
PagedPool 2 Usage:           100021 (       400084 Kb)
PagedPool 3 Usage:            99916 (       399664 Kb)
PagedPool 4 Usage:            99983 (       399932 Kb)
PagedPool Usage:             771593 (      3086372 Kb)
PagedPool Maximum:       4160749568 (  16642998272 Kb)
Session Commit:               12210 (        48840 Kb)
Shared Commit:               344197 (      1376788 Kb)
Special Pool:                     0 (            0 Kb)
Shared Process:               19244 (        76976 Kb)
Pages For MDLs:              419675 (      1678700 Kb)
Pages For AWE:                    0 (            0 Kb)
NonPagedPool Commit:         270387 (      1081548 Kb)
PagedPool Commit:            771593 (      3086372 Kb)
Driver Commit:                24984 (        99936 Kb)
Boot Commit:                 100044 (       400176 Kb)
System PageTables:             5948 (        23792 Kb)
VAD/PageTable Bitmaps:        18202 (        72808 Kb)
ProcessLockedFilePages:         299 (         1196 Kb)
Pagefile Hash Pages:             33 (          132 Kb)
Sum System Commit:          1986816 (      7947264 Kb)
Total Private:              2126069 (      8504276 Kb)
Misc/Transient Commit:        18422 (        73688 Kb)
Committed pages:            4131307 (     16525228 Kb)
Commit limit:              9675001 (     38700004 Kb)
...
```

かっこで囲まれていない値は、スモールページ（4KB単位）の数を示します。このコマンドの
出力に含まれる多くの値については、この章を通して詳しく説明します。

5.1.4 | 内部の同期

メモリマネージャーは、Windowsエグゼクティブの他のすべてのコンポーネントと同じように、完
全に再入可能（リエントラント）であり、マルチプロセッサシステム上での同時実行を完全にサポート
しています。つまり、2つのスレッドは、お互いに他のスレッドのデータを破損しない方法で、リソー
スを取得することが可能です。完全に再入可能であるという目標を達成するため、メモリマネージャー
はいくつかの異なる内部的な同期メカニズムを使用します。例えば、自身の内部データ構造体へのア
クセスを制御するための、スピンロックやインターロック命令などです（同期オブジェクトについて
は、本書下巻で説明します）。

メモリマネージャーが同期アクセスをする必要があるシステム全体のリソースとしては、次のものがあります。

- システム仮想アドレス領域の動的に割り当てられた部分
- システムワーキングセット
- カーネルメモリプール
- 読み込まれたドライバーのリスト
- ページファイルのリスト
- 物理メモリのリスト
- アドレス空間レイアウトのランダム化（Address Space Layout Randomization：ASLR）でランダム化されたイメージのベースアドレス構造体
- ページフレーム番号（Page Frame Number：PFN）データベース内の個別のエントリ

同期を必要とするプロセスごとのメモリ管理のためのデータ構造体には、次のものがあります。

- ワーキングセットロック —— ワーキングセットリストに変更が加えられる間、ロックが保持されます。
- アドレス領域ロック —— アドレス領域が変更中の間、ロックが保持されます。

これらのロックは両方とも、プッシュロックを使用して実装されています。これらについては、本書下巻で説明します。

5.2 メモリマネージャーが提供するサービス

メモリマネージャーは一連のシステムサービスを提供し、仮想メモリの割り当てと解放、プロセス間の共有メモリ、ファイルのメモリへのマップ、仮想ページのディスクへのフラッシュ、仮想ページの範囲に関する情報の取得、仮想ページの保護の変更、および仮想ページのメモリへのロックを行います。

メモリ管理サービスは、他のWindowsエグゼクティブサービスと同様に、呼び出し元に対して、特定のプロセスを示すプロセスのハンドルを提供でき、呼び出し元はそのプロセスの仮想メモリを操作することができます。このように、呼び出し元は、自身のメモリと（適切なアクセス権を持つ）別のプロセスのメモリを操作できます。例えば、あるプロセスが子プロセスを作成した場合、既定では親プロセスは子プロセスの仮想メモリを操作するアクセス権を持ちます。その後、親プロセスは子プロセスに代わって仮想メモリサービスを呼び出し、子プロセスのハンドルを引数として渡して、子プロセスのメモリの割り当て、割り当て解除、読み取り、書き込みを行うことができます。この機能は、サブシステムが自身の子プロセスのメモリを管理するために、サブシステムによって使用されています。これは、デバッガーの実装にも不可欠なものです。デバッガーは、デバッグ中のプロセスのメモリの読み取りと書き込みができる必要があるからです。

これらのサービスのほとんどは、Windows APIを通して公開されています。図5-1に示すように、Windows APIはアプリケーション内でメモリを管理するために、次の4つのグループに分けられる関数を持ちます。

- 仮想メモリAPI —— このAPIは、一般的なメモリの割り当てと割り当て解除のための、最も下位レベルのAPIです。このAPIは、常にページの粒度で機能します。また、メモリマネージャーの

最も強力な、フル機能のサポートを提供します。このAPIの関数としては、VirtualAlloc、VirtualFree、VirtualProtect、VirtualLockなどがあります。
- **ヒープAPI** ―― このAPIは、小さな割り当て（通常は1ページより小さい割り当て）のための関数を提供します。内部的には仮想メモリAPIが使用されていますが、その上に管理機能を追加します。ヒープマネージャーの関数としては、HeapAlloc、HeapFree、HeapCreate、HeapReAllocなどがあります。ヒープマネージャーについては、この章の「5.4 ヒープマネージャー」の節で説明します。
- **ローカル/グローバルAPI** ―― これらのAPIは、16ビット版Windowsから残されているものであり、現在はヒープAPIを使用して実装されています。
- **ファイルマッピングAPI** ―― このAPIは、ファイルをメモリとして、または相互に協力し合うプロセス間の共有メモリとしてマップすることを可能にします。ファイルマッピングAPIの関数には、CreateFileMapping、OpenFileMapping、MapViewOfFileなどがあります。

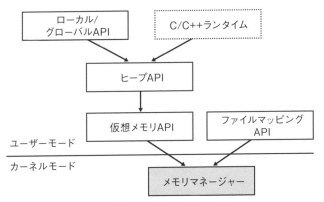

図5-1 ユーザーモード内のメモリAPIグループ

点線で囲まれたボックスは、ヒープAPIを使用する、メモリ管理の標準的なC/C++ランタイム実装（malloc、free、realloc、C++言語のnewやdelete演算子などの関数）を示しています。このボックスが点線で表現されている理由は、この実装がコンパイラ依存であり、（かなり一般的ではありますが）確かに必須ではないからです。Ntdll.dll内に実装されているCランタイムの同等のものは、ヒープAPIを使用しています。

メモリマネージャーはまた、エグゼクティブ内のその他のカーネルモードコンポーネントやデバイスドライバーに対しても、いくつかのサービスを提供します。これには、直接メモリアクセス（Direct Memory Access：DMA）転送のための、物理メモリの割り当てと割り当て解除、物理メモリ内のページのロックが含まれます。これらの関数の名前は、Mmプレフィックスで始まります。さらに、これは厳密にはメモリマネージャーの一部ではありませんが、Exプレフィックスで始まるいくつかのエグゼクティブサポートルーチンが、システムヒープ（ページプールおよび非ページプール）からの割り当てと割り当て解除のために使用され、ルックアサイドリストを操作します。これらのトピックについては、この章の「5.3 カーネルモードヒープ（システムメモリプール）」の節で触れます。

5.2.1 ページの状態とメモリの割り当て

プロセスの仮想アドレス領域内のページは、空き（Free）、予約済み（Reserved）、コミット済み

（Committed）、または共有可能（Shareable）のいずれかです。コミット済みおよび共有可能ページは、アクセスされたときに、最終的に有効なページに変換されるページです。コミット済みページはまた、プライベート（Private）ページとも呼ばれます。これは、コミット済みページは他のプロセスと共有することができないからです。一方、共有可能ページは、他のプロセスと共有可能です（ただし、1つのプロセスだけで使用されていることもあります）。

コミット済み（プライベート）ページは、Windows APIのVirtualAlloc、VirtualAllocEx、およびVirtualAllocExNuma関数を介して割り当てられ、最終的にメモリマネージャー内部のNtAllocateVirtualMemory関数の中でエグゼクティブに到達します。これらの関数は、メモリのコミットと予約が可能です。メモリの予約とは、システムリソースをほとんど使用することなく、今後の使用の可能性のために連続した仮想アドレスの範囲を取り分けておく設定のことを意味します。そして、アプリケーションの実行時に必要に応じて予約済みの領域の一部をコミットします。もしくは、サイズの要件が事前にわかっている場合、プロセスは同じ関数の呼び出しで予約とコミットを行うことができます。いずれのケースにおいても、結果としてのコミット済みページは、プロセス内の任意のスレッドによってアクセスされることができます。空きメモリや予約済みメモリへのアクセスを試みた場合、そのページは参照を解決できるいかなる記憶域にもマップされていないため、アクセス違反例外が発生します。

コミット済み（プライベート）ページがこれまで一切アクセスされていなかった場合、最初のアクセス時にゼロで初期化されたページ（つまり**デマンドゼロ**）として作成されます。コミット済み（プライベート）ページは、物理メモリの要求によって必要になった場合、オペレーティングシステムによってページファイルに自動的に書き込まれることがあります。「プライベート」とは、これらのページが通常、他のどのプロセスからもアクセス不能である事実を示しています。

メモ
　ReadProcessMemoryやWriteProcessMemoryなど、いくつかの関数は、プロセス間のメモリアクセスを許可しているように見えますが、これらの関数は対象のプロセスのコンテキスト内で実行されるカーネルモードコードに実装されています（**プロセスのアタッチ**と呼ばれます）。これには、対象のプロセスのセキュリティ記述子が、アクセス元にPROCESS_VM_READまたはPROCESS_VM_WRITEの権利を明示的に許可している、またはアクセス元が既定でAdministratorsグループのメンバーだけに許可される「プログラムのデバッグ」特権（SeDebugPrivilege）を持つ必要があります。

共有ページは、通常、セクション（Section）のビュー（View）にマップされます。これはつまり、1つのファイルの一部またはすべてですが、代わりにページファイル領域の一部を表す場合もあります。すべての共有ページは、潜在的に他のプロセスと共有される可能性があります。セクションは、Windows APIでファイルマッピングオブジェクトとして公開されています。

共有ページが任意のプロセスによって最初にアクセスされたとき、ページファイルに関連付けられたセクションでない限り、関連するマップファイル（Mapped File）から読み取られます。この場合、作成時にゼロで初期化されたページとして作成されます。その後、まだ物理メモリ内に常駐している場合、2つ目以降のプロセスは既にメモリ内に存在する同じページの内容を単純に使用できます。共有ページは、システムによってプリフェッチされることもあります。

この章の「5.2.5　共有メモリとマップファイル」の項と「5.11　セクションオブジェクト」の節では、共有ページについてさらに詳細に説明します。ページは、**変更ページライター**（Modified Page Writer）と呼ばれるメカニズムを介してディスクに書き込まれます。これは、ページがプロセスのワーキングセットから変更ページリストと呼ばれるシステム全体のリストに移動するときに発生します。ページはこのリストから、ディスクまたはリモートの記憶域に書き込まれます（ワーキングセットおよび変更

ページリストについては、この章で後述します）。マップファイルのページもまた、FlushViewOfFile
の明示的な呼び出し、またはメモリの要求に応じてマップページライター（Mapped Page Writer）に
よって、マップファイルのページディスク上のオリジナルのファイルに書き戻されることが可能です。

VirtualFree または VirtualFreeEx 関数を使用すると、コミット済み（プライベート）ページをデコ
ミット、またはアドレス領域を解放することが可能です。デコミットと解放の違いは、メモリの予約
とコミットの違いと似ています。デコミットされたメモリはまだ予約されていますが、解放されたメ
モリは、そのメモリが予約済みでコミットされていても、空きメモリになります。

仮想メモリを予約してコミットするという2ステップの手続きを使用すると、必要になるまでペー
ジのコミットが遅延します。遅延により、次の項で説明するシステムコミットチャージが加算されま
す。しかし、アドレス領域の連続性という利便性は保たれます。メモリの予約は、実際のメモリのご
くわずかしか消費しないため、比較的コストの低い操作です。更新や作成が必要なのは、プロセスの
アドレス領域の状態を表す、複数の比較的小さな内部データ構造体がすべてです。これらのデータ構
造体は、**ページテーブル**（Page Table）および**仮想アドレス記述子**（Virtual Address Descriptor：
VAD）と呼ばれます。詳しくは、この章で後ほど説明します。

各スレッドのユーザーモードスタックは、大きな領域を予約し、必要時にその一部をコミットする、
最も一般的な使用例の1つです。スレッドが作成されるとき、プロセスアドレス領域の連続した一部を
予約することで、1つのスタックが作成されます（既定のサイズは1MBですが、CreateThread や
CreateRemoteThread（Ex）関数を呼び出す、または **/STACK** リンカーフラグを使用して実行可能イ
メージのレベルで変更することで、このサイズを上書きすることが可能です）。既定では、スタック内
の最初のページはコミットされ、次のページはガード（Guard）ページとしてマークされます。ガード
ページは、スタックのコミット済みの終端を超えた参照をトラップし、スタックを拡張します。

実習 予約済みページ vs. コミット済みページ

Windows Sysinternals の TestLimit ユーティリティ[1]を使用すると、大きなサイズの仮想メモ
リの予約済みまたはコミット済み（プライベート）割り当てを行えます。その後、Process
Explorer を使用して、これらの違いを明らかにできます。実習を行うには、次のステップに従っ
て操作してください。

1. コマンドプロンプト（Cmd.exe）のウィンドウを2つ開きます。

2. コマンドプロンプトウィンドウの1つで TestLimit を実行し、大きな予約済みメモリを作成し
   ます。この例では1MB（**-r 1**）のメモリを800回（**-c 800**）、合計800MBのメモリを予約しま
   す。

```
C:\temp>testlimit -r 1 -c 800

Testlimit v5.24 - test Windows limits
```

---

[1] 訳注：TestLimit ユーティリティ（TestLimit.exe、TestLimit64.exe）は、Windows Sysinternals のダウンロードサイ
トに個別ツールとしての説明およびダウンロードリンクは存在しませんが、Sysinternals Suite（SysinternalsSuite.zip）
に含まれます。また、Live Sysinternals サイト（https://live.sysinternals.com/testlimit.exe または testlimit64.exe）か
ら個別にダウンロードすることも可能です。なお、TestLimit ユーティリティによる仮想メモリの割り当ては、**Ctrl** +
C キーが入力されるまで、またはコマンドプロンプトの終了まで続きます。

```
Copyright (C) 2012-2015 Mark Russinovich
Sysinternals - www.sysinternals.com

Process ID: 13336

Reserving private bytes 1 MB at a time...
Leaked 800 MB of reserved memory (800 MB total leaked). Lasterror: 0
この操作を正しく終了しました。
```

3. もう1つのコマンドプロンプトウィンドウでTestLimitを実行し、同じサイズのコミット済み
   メモリを作成します。この例では1MB（**-m 1**）のメモリを800回（**-c 800**）、合計800MBの
   メモリをコミットします。

```
C:¥temp>testlimit -m 1 -c 800

Testlimit v5.24 - test Windows limits
Copyright (C) 2012-2015 Mark Russinovich
Sysinternals - www.sysinternals.com

Process ID: 3036

Leaking private bytes 1 MB at a time...
Leaked 800 MB of private memory (800 MB total leaked). Lasterror: 0
この操作を正しく終了しました。
```

4. タスクマネージャーを開き、［詳細］タブをクリックして、列ヘッダーを右クリックし、［列
   の選択］を選択します。［列の選択］ダイアログボックスで［コミットサイズ］列を表示する
   ようにチェックを入れ、［OK］ボタンをクリックします。

5. プロセスの一覧に、TestLimit.exeの2つのインスタンスを見つけます。次のように表示され
   るはずです。

6. タスクマネージャーはコミット済みサイズを表示しますが、もう1つのTestLimitプロセスで予約されたメモリを明らかにするカウンター用の列は用意されていません。

7. 次に、Process Explorerを開きます。

8. 列ヘッダーを右クリックし、［Select Columns］を選択します。［Select Columns］ダイアログボックスの［Process Memory］タブをクリックし、［Private Bytes］と［Virtual Size］列を表示するようにチェックを入れ、［OK］ボタンをクリックします。

9. メインウィンドウでTestLimit.exeの2つのプロセスを見つけます。

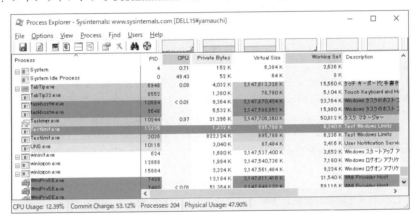

10. 2つのプロセスのVirtual Sizeの値が同一であり、Virtual Sizeに匹敵するPrivate Bytesの値を持つのが1つだけ（プロセスID：3036）であることに注目してください。もう一方のTestLimitプロセス（プロセスID：13336）の大きな違いは、こちらが予約済みメモリだという点です。同様の比較は、パフォーマンスモニターでProcessの分類のVirtual BytesおよびPrivate Bytesカウンターを比較することによって行えます。

5.2.2 コミットチャージとコミットリミット

タスクマネージャーの［パフォーマンス］タブの［メモリ］では、［コミット済み］というラベルの下に2つの数字が存在します。メモリマネージャーは、コミット済み（プライベート）メモリの使用量をシステム全体を基準に追跡し続けており、これを**コミットメント**（Commitment）または**コミットチャージ**（Commit Charge）と呼びます。2つの数字の最初の数字は、システムにおける、すべてのコミット済み仮想メモリの合計を表しています。

また、**システムコミットリミット**（System Commit Limit）または単に**コミットリミット**（Commit Limit）と呼ばれる、システム全体の制限が存在します。これは、任意の時点で存在することが可能な、コミット済み仮想メモリの量の上限です。この上限は、現在のすべてのページファイルの合計サイズに、オペレーティングシステムで利用可能な物理メモリ（RAM）の量を加えたものになります。メモリマネージャーは、まだ最大サイズまで構成されていない場合、1つまたは複数のページファイルに拡張することで、コミットリミットを自動的に増やすことができます。コミットチャージおよびコミットリミットについては、この章の「5.7.7　コミットチャージとシステムコミットリミット」の項でさら

に詳しく説明します。

5.2.3 メモリのロック

　一般的に、物理メモリ内に保持するページを決めることは、メモリマネージャーに任せた方が良いとされています。しかし、そうではない特別な状況が発生する場合があります。それは、アプリケーションやデバイスドライバーが物理メモリ内にページをロックする必要があるときです。メモリ内のページは、次の2つの方法でロックすることができます。

- Windowsアプリケーションは、VirtualLock関数を呼び出して、アプリケーションのプロセスワーキングセット内のページをロックすることができます。このメカニズムを使用してロックされたページは、明示的にアンロックするまで、またはページをロックしたプロセスが終了するまで、メモリ内に保持されます。プロセスがロックできるページ数は、最小ワーキングセットサイズから8ページを除いた数を超えることはできません。プロセスがより多くのページをロックする必要がある場合、SetProcessWorkingSetSizeEx関数を使用して最小ワーキングセットを増やすことができます。これについては、この章の「5.12.4 ワーキングセットの管理」の項で説明します。
- デバイスドライバーは、カーネルモード関数であるMmProbeAndLockPages、MmLockPagableCodeSection、MmLockPagableDataSection、またはMmLockPagableSectionByHandleを呼び出すことが可能です。このメカニズムを使用してロックされたページは、明示的にアンロックされるまで、メモリ内に保持されます。これらのAPIの最後の3つは、メモリ内にロックできるページ数にクォータ制限を強制しません。ドライバーが初めて読み込まれた時、利用可能な常駐ページのコミットチャージが得られるからです。最初のAPIの場合、クォータ制限を取得しなければならないか、APIが失敗の状態を返します。

5.2.4 割り当ての細かさ（粒度）

　Windowsは、予約済みのプロセスアドレス領域の各部分を、システム割り当ての細かさ（粒度）の値によって定義された、整数型の境界から始まるように揃えます。この粒度は、GetSystemInfoまたはGetNativeSystemInfo関数から取得できます。この値は64KBです。これは、さまざまなプロセス操作をサポートするために、効率的にメタデータ（例えば、仮想アドレス記述子（VAD）、ビットマップなど）を割り当てるのにメモリマネージャーによって使用される粒度です。さらに、より大きなページサイズ（例えば、最大64KB）を持つ将来のプロセッサ、あるいはシステム全体で物理－仮想ページのアライメントを必要とする仮想インデックスキャッシュのサポートが追加された場合、割り当てアライメントを想定したアプリケーションを変更する必要性のリスクが軽減されます。

メモ
　Windowsのカーネルモードコードは、同じ制限の対象にはなりません。カーネルモードコードは、単一ページの粒度（4KB）でメモリを予約できます（ただし、後述する理由があるため、デバイスドライバーにこの方法は公開されていません）。このレベルの粒度は、主に、スレッド環境ブロック（TEB）をさらに密に圧縮するために使用されます。このメカニズムは内部のみで使用されるため、将来のプラットフォームが異なる値を要求する場合に、このコードは容易に変更することができます。また、x86 Windowsだけの16ビットおよびMS-DOSアプリケーションのサポートを目的として、メモリマネージャーはMapViewOfFileEx APIにMEM_DOS_LIMフラグを提供します。これは、単一ページの粒度の使用を強制するのに使用されます。

最後に、アドレス領域の一部分が予約されたとき、Windowsはそのサイズとその領域のベースアドレスを、システムのページサイズが何であれその倍数になるようにします。例えば、x86システムは4KBのページを使用するため、18KBのサイズのメモリ領域を予約しようとする場合、x86システムで実際に予約されるサイズは20KBになります。18KBの領域のために3KBのベースアドレスを指定した場合、実際に予約されるサイズは24KBになります。なお、割り当てのための仮想アドレス記述子（VAD）もまた、64KBのアライメントと長さに丸められます。つまり、その残りはアクセス不能な領域になります。

5.2.5　共有メモリとマップファイル

さまざまな最新のオペレーティングシステムがそうであるように、Windowsはプロセス間およびオペレーティングシステムでメモリを共有するメカニズムを提供しています。**共有メモリ**（Shared Memory）は、1つ以上のプロセスから参照可能であるか、1つ以上のプロセス仮想アドレス領域に存在するメモリとして定義することができます。例えば、2つのプロセスが同じダイナミックリンクライブラリ（DLL）を使用する場合は、図5-2に示すように、そのDLLを一度だけ物理メモリにマップし、DLLをマップしたページをすべてのプロセス間で共有して、そのDLLの参照コードページを読み込むことは実に理にかなっています。

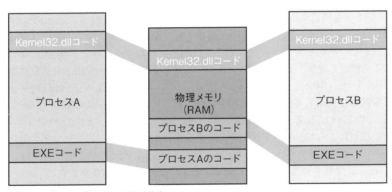

図5-2　プロセス間のメモリの共有

各プロセスは専用のプライベートメモリの領域を保持し、プライベートデータを格納するために使用していますが、DLLコードおよび変更されないデータページは破損することなく共有することができます。後で説明するように、実行可能イメージのコードページ（EXEおよびDLLファイル、スクリーンセーバーなどその他の種類の実行可能イメージなど、実質的に他の名前を持つDLL）が実行専用（Execute Only）としてマップされ、書き込み可能なページがコピーオンライト（Copy On Write）としてマップされると、この種の共有が自動的に発生します（コピーオンライトについては、この章の「5.2.8　コピーオンライト」の項で説明します）。

図5-2は、異なるイメージに基づいた2つのプロセスを示しています。これらのプロセスは、物理メモリに1つだけマップされたDLLを共有しています。2つのプロセスが異なるイメージを実行しているため、イメージ（EXE）のコードは、このケースでは共有されていません。EXEコードは、複数のプロセスが同じイメージを実行している場合に共有することが可能です。例えば、メモ帳（Notepad.exe）を実行する2つ以上のプロセスです。

共有メモリの実装のためにメモリマネージャーで使用される基本的なプリミティブは**セクション**

（Section）**オブジェクト**と呼ばれ、Windows APIのファイルマッピングオブジェクトとして公開されています。セクションオブジェクトの内部構造体と実装については、この章の「5.11　セクションオブジェクト」の節で説明します。

このメモリマネージャーの基礎となるプリミティブは、仮想アドレスをメインメモリ、ページファイル、またはメモリ内に存在する場合にアプリケーションがアクセスしたいその他のファイル内にマップするのに使用されます。1つのセクションは、1つのプロセスまたは多数のプロセスによって開かれることができます。言い方を換えると、セクションオブジェクトは必ずしも共有メモリと同じではありません。

セクションオブジェクトはディスク上で開かれているファイル（マップファイル、メモリマップファイル、マップ済みファイル、マップトファイルなどと呼ばれます）、またはコミット済みメモリ（共有メモリを提供するための）に接続することが可能です。コミット済みメモリにマップされたセクションは、物理メモリの要求に応じてそのページがページファイルに書き込まれるため、「ページファイルを使用するセクション（Page File Backed Section）」[2]と呼ばれます（Windowsはページファイルなしの構成で実行できるため、その場合、ページファイルを使用するセクションは、実際には物理メモリのみをバッキングファイルとして使用することになります）。ユーザーモードから参照可能な他の空のページ（プライベートコミット済みページなど）と同様に、共有されたコミット済みページは、以前に格納されていたセンシティブなデータが漏れることがないように、最初にアクセスされるときに必ずゼロでクリアされます。

セクションオブジェクトを作成するには、Windows APIのCreateFileMapping、CreateFileMappingFromApp、またはCreateFileMappingNuma（Ex）関数を呼び出し、セクションをマップする、以前に開かれていたファイルのハンドル（ページファイルに格納されたセクションの場合はINVALID_HANDLE_VALUE）を指定します。また、オプションで名前とセキュリティ記述子を指定します。そのセクションが名前を持つ場合、他のプロセスはマップファイルをOpenFileMappingまたはCreateFileMapping*関数を使用して開くことができます。あるいは、ハンドルの継承（ハンドルを開くか、作成する際に継承元になるハンドルを指定することによって）またはハンドルの複製（DuplicateHandleの使用によって）のいずれかで、セクションオブジェクトに対してアクセスを許可することもできます。デバイスドライバーもまた、ZwOpenSection、ZwMapViewOfSection、およびZwUnmapViewOfSection関数を使用して、セクションオブジェクトを操作できます。

セクションオブジェクトは、プロセスのアドレス領域に収まるよりもずっと大きなファイルを参照することができます（ページファイルを使用するセクションオブジェクトの場合、そのファイルを含むのに十分なサイズのページファイルおよび/または物理メモリが存在していなければなりません）。プロセスが非常に大きなセクションオブジェクトにアクセスするために、そのプロセスが必要とするセクションオブジェクトの一部だけを部分的にマップすることができます。これをセクションの**ビュー**（View）と呼びます。セクションのビューは、MapViewOfFile（Ex）、MapViewOfFileFromApp、またはMapViewOfFileExNuma関数を呼び出して、マップする範囲を指定することでマップすることができます。マップしたビューは、その時点で必要とされるセクションオブジェクトのビューのみがメモリにマップされている必要があるため、プロセスはアドレス領域を節約できます。

Windowsアプリケーションはマップファイルを使用することで、自身のプロセスのアドレス領域内で単純にメモリ上でデータとして見える形で、ファイルへのI/Oを便利に実行できます。ユーザーアプリケーションだけが、セクションオブジェクトを使用するわけではありません。イメージローダー

---

[2]　訳注：「Page File Backed Section」の「ページファイルを（バッキングファイルとして）使用するセクション」は、本書独自の日本語訳です。

は、実行可能イメージ、DLL、デバイスドライバーをメモリ上にマップするために、セクションオブジェクトを使用します。また、キャッシュマネージャーは、キャッシュされたファイルのデータにアクセスするために、セクションオブジェクトを使用します（キャッシュマネージャーがメモリマネージャーにどのように統合されるのかについては、本書下巻で詳しく説明します）。共有メモリのセクションの実装におけるアドレス変換と内部データ構造体については、この章の「5.11 セクションオブジェクト」の節で説明します。

> #### 実習 メモリマップファイルを参照する
>
> Process Explorerを使用すると、プロセス内のメモリマップファイルの一覧を取得できます。それには、Process Explorerの下部ペインにDLLビューを表示するように構成します（[View]メニューを開き、[Lower Pane View]から[DLL]を選択します）。これによりDLLの一覧だけでなく、プロセスアドレス領域内に存在する、すべてのメモリマップファイルが表示されます。一覧の中には複数のDLL、1つの実行中のイメージファイル（EXE）、およびメモリマップファイルのデータを表す追加的なエントリが存在します。
>
> 以下のスクリーンショットは、Process ExplorerでWinDbgプロセスのDLLビューを表示したものです。調査中のメモリダンプファイル（MEMORY.DMP）にアクセスするためにいくつかの異なるメモリマップファイルを使用しています。ほとんどのWindowsプログラムと同様に、メモリマップファイル（または使用中のWindowsのDLLの1つ）は、Locale.nlsと呼ばれるWindowsのデータファイルにアクセスするためのメモリマップファイルも使用しています。Locale.nlsは、Windowsの国際化サポートの一部です。
>
> Process Explorerの検索機能を使用すると、メモリマップファイルやDLLを検索することができます。[Find]メニューを開き[Find Handle or DLL]を選択するか、**Ctrl** + **F**キーを押して、[Process Explorer Search]ダイアログボックスを開き、検索するファイル名（またはその一部）を入力します。このテクニックは、あなたがDLLやメモリマップファイルを置き換えようとしているとき（しかし使用中のためそれができないとき）、どのプロセスがそれらを使用しているか（ロックしているか）、調査したいときに役に立ちます。
>
>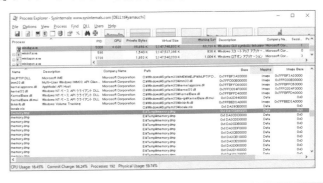

5.2.6 メモリの保護

「第1章　概念とツール」で説明したように、Windowsはメモリ保護機能を提供するため、ユーザーモードプロセスが、別のプロセスやオペレーティングシステムのアドレス領域を、不注意で、あるいは故意に破損させることはありません。Windowsは、次示す4つの主要な方法でこの保護を提供します。

- システム全体のすべてのデータ構造体とカーネルモードシステムコンポーネントで使用されるメ

モリプールは、カーネルモードの中でのみアクセス可能です。ユーザーモードスレッドは、これらのページにアクセスできません。ユーザーモードスレッドがそれを試行した場合、ハードウェアがフォールト（エラー）を生成し、メモリマネージャーはスレッドに対してアクセス違反として報告します。

- 各プロセスは、別々のプライベートアドレス領域を持ち、別のプロセスに属するすべてのスレッドによるアクセスから保護されます。共有メモリでさえ、本当の意味でこの制限の例外にはなりません。なぜなら、各プロセスは共有された領域に、自身の仮想アドレス領域の一部であるアドレスを使用してアクセスするからです。唯一の例外は、別のプロセスがそのプロセスオブジェクトに対する仮想メモリの読み取りまたは書き込みアクセス権を持ち（または「プログラムのデバッグ」特権（SeDebugPrivilege）を持ち）、ReadProcessMemoryまたはWriteProcessMemory関数を使用できる場合です。スレッドがアドレスを参照するたびに、仮想メモリのハードウェアがメモリマネージャーと協力して介入し、仮想アドレスを物理アドレスに変換します。仮想アドレスをどのように変換するのか制御することで、Windowsは1つのプロセス内で実行中のスレッドが、別のプロセスに属するページに不正にアクセスしないようにします。

- 仮想－物理アドレス変換によって提供される暗黙的な保護に加えて、Windowsでサポートされるすべてのプロセッサは、読み取り/書き込み（Read/Write）、読み取り専用（Read-only）など、ハードウェア制御のメモリ保護のいくつかの形式を提供します（このような保護の正確な詳細は、プロセッサによって異なります）。例えば、プロセスのアドレス領域内のコードページが読み取り専用としてマークされた場合、そのコードページはユーザーモードスレッドによる変更から保護されます。表5-2は、Windows APIで定義されているメモリ保護オプションの一覧です（詳しくは、開発者向け公式ドキュメントのVirtualProtect、VirtualProtectEx、VirtualQuery、およびVirtualQueryEx関数の説明を参照してください）。

表5-2　Windows APIで定義されているメモリ保護オプション

属性	説明
PAGE_NOACCESS	この領域からの読み取り、この領域への書き込み、またはこの領域内のコード実行の試行は、アクセス違反を発生させます。
PAGE_READONLY	メモリへの書き込み（No-Execute保護をサポートしないプロセッサでは、コード実行を含む）の試行は、アクセス違反を発生させますが、読み取りは許可されます。
PAGE_READWRITE	ページは読み取り可能かつ書き込み可能ですが、実行は許可されません。
PAGE_EXECUTE	この領域内のメモリ上のコードへの書き込み試行はアクセス違反を発生させますが、コードの実行（および存在するすべてのプロセッサ上での読み取り操作）は許可されます。
PAGE_EXECUTE_READ*	この領域内のメモリ上のコードへの書き込み試行は、アクセス違反を発生させますが、コードの実行と読み取りは許可されます。
PAGE_EXECUTE_READWRITE*	ページは読み取り可能、書き込み可能、およびコード実行が可能です。任意のアクセス試行が成功します。
PAGE_WRITECOPY	この領域内のメモリへの書き込みの試行により、システムはページのプライベートコピーをプロセスに与えます。No-Execute保護をサポートするプロセッサ上では、この領域内のメモリ上のコード実行の試行は、アクセス違反を発生させます。
PAGE_EXECUTE_WRITECOPY	この領域内のメモリへの書き込み試行により、システムはページのプライベートなコピーをプロセスに与えます。この領域内での読み取りとコード実行は許可されます（その場合、コピーは作成されません）。

属性	説明
PAGE_GUARD	ガードページからの読み取り試行、またはガードページへの書き込み試行は、EXCEPTION_GUARD_PAGE例外を発生させ、ガードページの状態はオフになります。つまり、ガードページは、1回限りのアラームとして振る舞います。このフラグは、この表の中のPAGE_NOACCESSを除く、他のページ保護と組み合わせて指定できます。
PAGE_NOCACHE	キャッシュではなく、物理メモリを使用します。これは、一般的な使用では推奨されません。デバイスドライバーでは役に立ちます。例えば、ビデオフレームバッファーをキャッシュなしでマップする場合です。
PAGE_WRITECOMBINE	複合書き込み（Write-Combined）メモリアクセスを有効化します。有効化した場合、プロセッサはメモリ書き込みをキャッシュしませんが（メモリ書き込みがキャッシュされた場合よりもかなり多くのメモリトラフィックが発生する可能性があります）、パフォーマンスを最適化するために書き込み要求の集約を試みます。例えば、同じアドレスに対して複数の書き込みが行われた場合、直近に発生した書き込みのみを実行します。隣接するアドレスへの別々の書き込みは、同様に単一の大きな書き込みにまとめられます。これは、通常、一般的なアプリケーションには使用されませんが、デバイスドライバーでは役に立ちます。例えば、ビデオフレームバッファーを複合書き込みとしてマップする場合です。
PAGE_TARGETS_INVALIDおよびPAGE_TARGETS_NO_UPDATE（Windows 10およびWindows Server 2016）	これらの値は、ページ内の実行可能コード向けの制御フローガード（CFG）の挙動を制御します。どちらの定数も同じ値を持ちますが、値は異なる呼び出しに使用され、実質的にトグルスイッチとして振る舞います。PAGE_TARGETS_INVALIDは、間接呼び出しがCFGに失敗して、プロセスをクラッシュさせることを示します。PAGE_TARGETS_NO_UPDATEは、VirtualProtect呼び出しを許可します。VirtualProtectは、実行がCFGの状態を更新しないように、ページの範囲を変更します。CFGについて詳しくは、「第7章　セキュリティ」を参照してください。

＊No-Execute保護は、必要なハードウェアサポートを備えるプロセッサ上でサポートされます（例えば、すべてのx64プロセッサ）。古いx86プロセッサではサポートされません。サポートされていない場合、ExecuteはReadに変換されます。

■ 共有メモリセクションオブジェクトは、Windows標準のアクセス制御リスト（Access Control List：ACL）を持ち、プロセスがオブジェクトを開こうとしたときにチェックされます。これにより、適切なアクセス権を持つプロセスに対してだけ、共有メモリへのアクセスが制限されます。アクセス制御は、スレッドがマップファイルを含むセクションを作成するときにも適用されます。スレッドがセクションを作成するためには、そのスレッドがファイルオブジェクトに対して、少なくとも読み取りアクセス権を持つ必要があり、そうでない場合、操作は失敗します。

　スレッドがセクションに対するハンドルを開くのに成功すると、スレッドのセクションに対する操作は、前述したメモリマネージャーおよびハードウェアに基づいたページ保護の対象になります。スレッドは、保護の変更がそのセクションオブジェクトのACLの許可に違反しない場合、セクション内の仮想ページ上のページレベルの保護を変更することができます。例えば、メモリマネージャーは、スレッドに対して、読み取り専用セクションのページをコピーオンライトアクセス権を持つページに変更することを許可できますが、読み取り／書き込みアクセス権を持つ変更は許可しません。コピーオンライトアクセスが許可されるのは、データを共有している他のプロセスに影響しない場合です。

5.2.7 | データ実行防止（DEP）

　「データ実行防止（Data Execution Prevention：DEP）」または「No-Execute（NX）ページ保護」は、

「No Execute」とマークされたページ内の命令の転送制御の試みに対して、アクセスフォールトを生成します。この保護は、スタックなどのデータページ内に配置されたコードを実行することで、システムのエクスプロイト（悪用）バグを利用する、特定の種類のマルウェアをブロックすることができます。コードを実行しようとしているページのアクセス許可を正しく設定していない、脆弱に書かれたプログラムを捉えることもできます。No Executeとマークされたページ内のコードをカーネルモード内で実行しようとすると、システムはクラッシュし、バグチェックコードATTEMPTED_EXECUTE_OF_NOEXECUTE_MEMORY (0xFC)を報告します（バグチェックコードについては、第6版下巻で説明しています）。これがユーザーモードで起きた場合、不正な参照を行おうとしているスレッドに対して、STATUS_ACCESS_VIOLATION (0xC0000005)例外が報告されます。プロセスが実行する必要があるメモリを割り当てる場合は、ページ粒度メモリ割り当て関数でPAGE_EXECUTE、PAGE_EXECUTE_READ、PAGE_EXECUTE_READWRITE、またはPAGE_EXECUTE_WRITECOPYフラグを明示的に指定することにより、そのようなページにマークする必要があります。

　DEPをサポートする32ビットx86システムでは、ページテーブルエントリ (PTE) 内の第63ビットがNo Executeとしてページをマークするために使用されます。そのため、DEPの機能は、プロセッサが物理アドレス拡張（PAE）モードで実行中のときにのみ利用可能です。PAEモードでない場合、PTEは32ビット幅しかないからです（この章の「5.6.1　x86仮想アドレス変換」の項を参照してください）。つまり、32ビットシステムにおけるハードウェア強制DEPのサポートは、PAEカーネル（%SystemRoot%¥System32¥Ntkrnlpa.exe[3]）の読み込みを必要とします。PAEカーネルは、現在、x86システムのカーネルのみでサポートされています。

　ARMシステムでは、DEPの実行防止はAlwaysOn（常時オン）に設定されています。

　64ビットバージョンのWindowsでは、DEPの実行防止はすべての64ビットプロセスおよびデバイスドライバーに対して常に適用されます。これを無効にするには、ブート構成データ（BCD）のnxオプションをAlwaysOff（常時オフ）に設定する以外にありません。32ビットプログラムに対するDEPの実行保護は、このすぐ後に説明するように、システムの構成設定に依存します。64ビットWindowsでは、DEPの実行防止はスレッドスタック（ユーザーモードとカーネルモードの両方）、実行可能と明示的にマークされていないユーザーモードページ、カーネルページプール、およびカーネルセッションプールに対して適用されます。カーネルメモリプールの説明については、この章の「5.3　カーネルモードヒープ（システムメモリプール）」の節を参照してください。一方、32ビットWindowsでは、DEPの実行防止はスレッドスタックとユーザーモードページにのみ適用され、ページプールとセッションプールには適用されません。

　32ビットプロセスのアプリケーションのDEPの実行防止は、BCDのnxオプションの値に依存します。この設定を変更するには、［パフォーマンスオプション］ダイアログボックスの［データ実行防止］タブを開きます（図5-3、このダイアログボックスを開くには、コントロールパネルの［システム］を開き、［システムの詳細設定］をクリックして、［パフォーマンス］エリアにある［設定］ボタンをクリックします）。［パフォーマンスオプション］ダイアログボックス内での［データ実行防止］タブの設定を構成すると、BCDのnxオプションが対応する値に設定されます。表5-3は、nxオプションの値が、［データ実行防止］タブの設定にどのように対応するのか、そのバリエーションを一覧で示しています。DEPの実行防止から除外する32ビットアプリケーションの一覧は、レジストリキー HKLM¥SOFTWARE¥Microsoft¥Windows NT¥CurrentVersion¥AppCompatFlags¥Layersの下に格納されます。

---

*3　訳注：物理アドレス拡張（PAE）対応のカーネルイメージは、32ビットWindows 7以前および32ビットWindows Server 2008以前に存在します。Windows 8以降はPAEは必須要件であり、Ntoskrnl.exeにPAEのサポートが含まれます。

値の名前は実行可能ファイルのフルパスで、値のデータとしてDisableNXShowUIがセットされます。

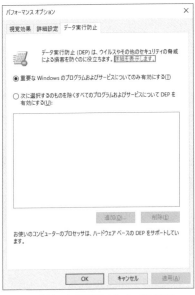

図5-3　［データ実行防止］タブの設定

表5-3　ブート構成データ（BCD）のnxオプションの値

nxオプションの値	［データ実行防止］タブのオプション	説明
OptIn	重要なWindowsのプログラムおよびサービスについてのみ有効にする	Windowsの主要なシステムイメージでDEPが有効になります。（Windowsのシステムイメージに含まれる）動作中の32ビットプロセスについては、プログラムごとのDEP構成が有効になります。
OptOut	次に選択するものを除くすべてのプログラムおよびサービスについてDEPを有効にする	指定されたものを除き、すべての実行可能イメージでDEPが有効になります。（除外指定されたものを除く）動作中の32ビットプロセスについては、プログラムごとのDEP構成が有効になります。また、DEP用のシステム互換性フィックス（Shim）が有効になります。
AlwaysOn	（この設定用のオプションは存在しません）	すべてのコンポーネントでDEPを有効にし、特定のアプリケーションを除外する機会を提供しません。32ビットプロセスのプログラムごとのDEP構成は無効になり、DEP用のシステム互換性フィックスも無効になります。
AlwaysOff	（この設定用のオプションは存在しません）	DEPを無効にします（非推奨）。32ビットプロセスのプログラムごとのDEP構成も無効になります。

　クライアントバージョンのWindows（64ビットと32ビットの両方）では、32ビットプロセス向けのDEPの実行防止が既定で構成され、これはWindowsオペレーティングシステムの主要な実行可能イメージに対してのみ適用されます。つまり、クライアントバージョンのWindowsの既定では、BCDのnxオプションがOptInに設定されます。これは、実行可能（Executable）として明示的にマークされていないページ内のコードの実行が可能であることに依存する32ビットアプリケーションが中断してしまうことを回避します。Windows Serverシステムでは、32ビットアプリケーション向けの実行防

止が既定で構成され、すべての32ビットプログラムに適用されます。つまり、Windows Serverシステムの既定では、BCDのnxオプションがOptOutに設定されます。

強制DEPが有効になっている場合でも、アプリケーション自身のイメージでDEPを無効化するという、別の手段が残されています。例えば、どの実行防止オプションが有効になっているかに関係なく、イメージローダーはコピー防止メカニズム（SafeDiscやSecuROMなど）として知られる対象に対して、実行可能イメージの署名を検証します。そして、コンピューターゲームのような古いコピー防止ソフトウェアとの互換性を提供するために、DEPの実行防止を無効にします（イメージローダーについて詳しくは、第3章を参照してください）。

実習 プロセスに対するDEP保護を参照する

Process Explorerを使用すると、システム上のすべてのプロセスについて、現在のDEPの状態を参照することができます。その状態では、そのプロセスが保護対象としてオプトインされたものなのか、恒久的な保護（システム全体の保護）の恩恵を受けているのかを知ることもできます。プロセスのDEPの状態を参照するには、Process Explorerの列ヘッダーを右クリックして［Select Columns］を選択し、［Select Columns］ダイアログボックスの［Process Image］タブで［DEP Status］にチェックを入れます。これでプロセスの一覧に、次のいずれかの値を示す［DEP］列が表示されるようになります。[4]

- **Enabled（permanent）** —— 重要なWindowsのプログラムまたはサービスであるため、このプロセスでDEPが恒久的に有効になっています。
- **Disabled（permanent）** —— 重要なWindowsのプログラムまたはサービスですが、DEPが恒久的に無効にされている32ビットプロセスであることを示します。または、このプロセスがDEPの対象として恒久的にオプトアウト（除外）されていることを示します。これは、システム全体のポリシーがOptOutの設定になっており、［データ実行防止］タブまたはレジストリで32ビットプロセスがオプトアウトされているためです。
- **EnabledまたはDisabled** —— Enabledの場合、このプロセスがDEPの対象として動的にオプトイン（選択）されていることを示します。Disabledの場合、動的にオプトアウト（除外）されていることを示します。これは、システム全体のポリシーに対して、SetProcessDEPPolicyといったAPIの呼び出しや、イメージのビルド時の**/NXCOMPAT**リンカーフラグによって、32ビットプロセスがオプトインまたはオプトアウトされているためです。
- **n/a** —— このプロセスについて列が何も表示しない場合、システム全体のポリシーでDEPが無効になっているか、明示的なAPI呼び出しやDEP用システム互換性フィックス（Shim）により、このプロセスでDEPが無効になっています。

また、バージョン7.1以前の古いバージョンのアクティブテンプレートライブラリ（ATL）フレームワークとの互換性を提供するために、WindowsカーネルはATLサンクエミュレーション環境を提供します。この環境は、DEPの例外を発生させるATLサンクコードシーケンスを検出し、期待されている操作をエミュレートします。アプリケーション開発者は、最新のMicrosoft C++コンパイラの使用

---

[4] 訳注：Process Explorerのバージョンが古い場合、「DEP（permanent）」「DEP」「/na」と表示されます。「Disabled（permanent）」「Enabled」「Disabled」はすべて「DEP」と表示されます。

と**/NXCOMPAT**リンカーフラグ（これはポータブル実行可能（PE）ヘッダー内のIMAGE_DLLCHARACTERISTICS_NX_COMPATフラグをセットします）の指定を行うことなく、ATLサンクエミュレーションを要求することができ、システムにその実行可能イメージがDEPを完全にサポートしていると伝えることができます。なお、ATLサンクエミュレーションは、DEPの値がAlwaysOnに設定されている場合、恒久的に無効になります。

　最後に、そのシステムがOptInまたはOptOutモードであり、32ビットプロセスを実行している場合、SetProcessDEPPolicy関数を使用すると、プロセスのDEPを動的に無効にしたり、恒久的に有効にしたりできます。このAPIを介してDEPが有効にされた場合、DEPはそのプロセスの有効期間の間は、DEPをプログラム的に無効化することはできません。この関数は、そのイメージが**/NXCOMPAT**リンカーフラグ付きでコンパイルされていない場合に、ATLサンクエミュレーションを動的に無効にするためにも使用されます。64ビットプロセス、またはAlwaysOnまたはAlwaysOffでブートしたシステムの場合、この関数は常に失敗（Failure）を返します。GetProcessDEPPolicy関数は、32ビットのプロセスごとのDEPポリシーを返します（64ビットシステムで失敗する場合、それはポリシーが常に有効になっていることと同じです）。一方、GetSystemDEPPolicyを使用すると、表5-3のポリシーに対応する値を返します。

5.2.8 ｜ コピーオンライト

　「コピーオンライト（Copy-On-Write）ページ保護」は、メモリマネージャーが物理メモリを節約するのに使用する最適化機能です。あるプロセスが読み取り/書き込み（Read/Write）ページを含むセクションのビューをコピーオンライトでマップすると、メモリマネージャーは、ビューがマップされる時点のプロセスのプライベートコピーを作成する代わりに、そのページの書き込みが完了するまでページのコピーを遅延します。例えば、図5-4では、3つのページを共有している2つのプロセスがあり、各共有ページはコピーオンライトとしてマークされています。しかし、2つのプロセスのどちらも、まだページ上のデータを変更しようとはしていません。

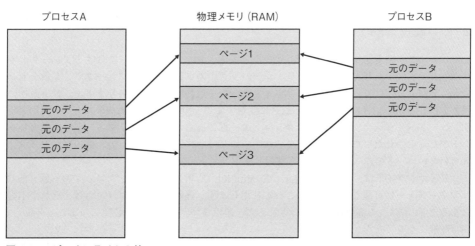

図5-4　コピーオンライトの前

　どちらかのプロセスの1つのスレッドが共有ページの1つに対して書き込んだ場合、メモリ管理フォールトが生成されます。メモリマネージャーは、コピーオンライトページへの書き込みであるこ

とを確認すると、フォールト（失敗）を報告する代わりに、アクセス違反を報告します。これは、次のように行われます。

1. 物理メモリ内に新しい読み取り/書き込み（Read/Write）ページを割り当てます。
2. もともとのページの内容を新しいページにコピーします。
3. このプロセスが新しい場所をポイントするように、対応するページマップ情報を更新します。
4. 例外を無視し、再実行のためにフォールトを生成する命令を出します。

　この時点で、書き込み操作は成功します。しかし、図5-5に示すように、新たにコピーされたページは、今度はプロセスのプライベートページになり、まだコピーオンライトページを共有している他のプロセスからは、書き込むことも、参照することもできません。同じ共有ページに対して新たに書き込むプロセスごとに、そのプロセスも専用のプライベートコピーを得ることになります。

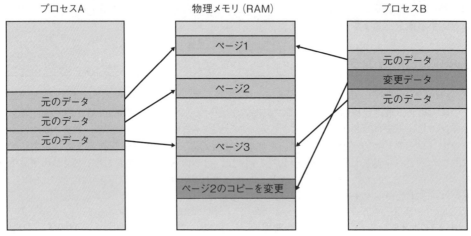

図5-5 コピーオンライトの後

　コピーオンライトを使用するアプリケーションの1つに、デバッガーにおけるブレークポイントのサポートの実装があります。プログラマがデバッグ中のプログラムにブレークポイントをセットした場合、デバッガーはコードにブレークポイント命令を追加する必要があります。これは最初にページ保護をPAGE_EXECUTE_READWRITEに変更することで行われ、次に命令ストリームが変更されます。コードページはマップされたセクションの一部であるため、メモリマネージャーはブレークポイントがセットされたプロセス用のプライベートコピーを作成します。一方、他のプロセスは、変更されていないコードのページを引き続き使用します。

　コピーオンライトは、**遅延評価**（Lazy Evaluation）と呼ばれる評価テクニックの一例であり、メモリマネージャーは可能な限り頻繁にこれを使用します。遅延評価アルゴリズムは、それが本当に必要になるまで、コストの高い操作が実行されるのを避けます。その操作が必要になることがなくても、時間は無駄になりません。

　コピーオンライトのフォールトの発生数を調べるには、パフォーマンスモニターを使用して、カウンターMemoryに分類されるWrite Copies/secパフォーマンスカウンターを使用します。

5.2.9 アドレスウィンドウ化拡張（AWE）

32ビットバージョンのWindowsは最大64GBの物理メモリ[*5]までサポートできますが、各32ビットユーザープロセスは既定で2GBの仮想アドレス領域しか持ちません（ブート構成データ（BCD）のIncreaseUserVaオプションを使用することで、これを最大3GBに構成することが可能です。詳しくは、この章の「5.5 仮想アドレス空間レイアウト」の節で説明します）。アプリケーションが単一のプロセスのファイルマッピングを使用して、2GB（または3GB）よりも大きなデータを簡単に利用できるようにするには、大きなファイルを複数に分割して、その一部をプロセスのアドレス領域に再マップする必要があります。しかし、再マップのたびに、大きなページングが発生することになります。

より高いパフォーマンス（およびより詳細な制御）のために、Windowsは「アドレスウィンドウ化拡張（Address Windowing Extensions：AWE）」と呼ばれる一連の関数を提供しています。これらの関数は、プロセスの仮想アドレス領域で表されるよりも多くの物理メモリを、プロセスが割り当てることを可能にします。そして、その仮想アドレス領域の部分を、物理メモリの選択した部分に何度もマップすることで、物理メモリへのアクセスが可能になります。

AWE関数を使用してメモリを割り当て、使用するには、次のステップに従います。

1. 使用するための物理メモリを割り当てます。これは、アプリケーションがWindows APIのAllocateUserPhysicalPagesまたはAllocateUserPhysicalPagesNuma関数を使用することで行われます（これらの関数の使用には、「メモリ内のページのロック」特権（SeLockMemoryPrivilege）が必要です）。

2. 物理メモリのビューをマップするためのウィンドウ（文字どおり"窓"の意）として振る舞う、仮想アドレス領域の1つ以上の領域を作成します。これは、アプリケーションがWindows APIのVirtualAlloc、VirtualAllocEx、またはVirtualAllocExNuma関数を、MEM_PHYSICALフラグ付きで使用することで行われます。

3. ステップ1とステップ2は、一般的な言い方をすれば、初期化ステップです。そのメモリを実際に使用するために、アプリケーションはMapUserPhysicalPagesまたはMapUserPhysicalPagesScatter関数を使用して、ステップ1で割り当てた物理領域の部分を、仮想領域の1つ、またはステップ2で割り当てたウィンドウにマップします。

図5-6は、AWEを使用したメモリ割り当ての例を示しています。アプリケーションは自身のアドレス領域内に256MBのウィンドウを作成し、物理メモリの4GBを割り当てます。次に、MapUserPhysicalPagesまたはMapUserPhysicalPagesScatter関数を使用して、メモリの必要な部分を256MBウィンドウにマップすることで、物理メモリの任意の部分にアクセスすることができます。アプリケーションの仮想アドレス領域内のウィンドウサイズは、アプリケーションが他のマップ指定なしでアクセス可能な物理メモリの量を決定します。割り当てられた物理メモリの別の部分にアクセスするには、アプリケーションがその領域をウィンドウに再マップするだけで済みます。

[*5] 訳注：第2章の「2.3.4 クライアントバージョンとサーバーバージョンの違い」の「表2-2 主要なWindowsエディションのプロセッサとメモリの制限」には示していませんが、以前のバージョンの32ビット版Windows Serverは、最大64GBまでサポートします。32ビット版Windows 2000 Serverは最大32GB、32ビット版Windows Server 2003 〜 2008は最大64GB（EnterpriseまたはDatacenter）です。Windows Server 2008 R2以降、32ビット版は提供されなくなりました。

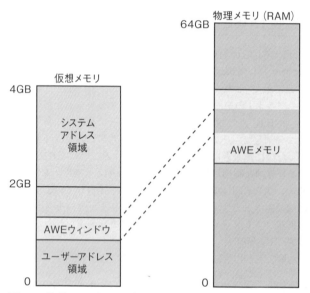

図5-6 物理メモリをマップするためのアドレスウィンドウ化拡張 (AWE) の使用

　AWE関数は、Windowsのすべてのエディションに存在し、システムが持つ物理メモリの量に関係なく利用可能です。しかし、AWEはほとんどの場合、2GBより多くの物理メモリを備えた32ビットシステムで役立ちます。なぜなら、AWEは、通常は可能ではない、仮想アドレス領域を超える物理メモリへのアクセス手段を32ビットプロセスに提供するからです。別の使用目的として、セキュリティがあります。AWEメモリは、決してページアウトされることがないため、AWEメモリ内のデータは、ページファイル内にコピーされることが決してありません。ページファイルは、別のオペレーティングシステムで再起動することで、何者かに調査される可能性があります（一般的には、ページのための同様の保証は、VirtualLock関数が提供します）。

　最後に、AWE関数によって割り当てられ、マップされたメモリには、次のような制限が課せられます。

- ページは、プロセス間で共有することができません。
- 同じ物理ページを1つの仮想アドレスに多重にマップすることはできません。
- ページ保護が、読み取り/書き込み (Read/Write)、読み取り専用 (Read-Only)、およびアクセスなし (No Access) に制限されます。

　AWEは、64ビットWindowsシステムではそれほど有効ではありません。なぜなら、これらのシステムは、最大24TBの物理メモリ (Windows Server 2016の場合) が許可される中で、プロセスごとに128TBの仮想アドレス領域をサポートするからです。したがって、仮想アドレス領域が持つよりも大きな物理メモリの使用をアプリケーションに許可するために、AWEの必要はありません。システムの物理メモリの量は、常に、プロセスの仮想アドレス領域よりも小さくなります。しかしながら、AWEは、プロセスアドレス領域のページング不可能な領域をセットアップする目的の有効性は残ります。AWEは、ファイルマッピングAPIよりも細かい粒度を提供します（システムページサイズは4KBであり、マップサイズの64KBよりも細かい制御が可能です）。

　4GBを超える物理メモリを搭載したシステムにおける、メモリのマップに使用されるページテーブルデータ構造体については、この章の「5.6.1　x86仮想アドレス変換」の項で説明します。

第5章 メモリ管理 **357**

5.3 | カーネルモードヒープ（システムメモリプール）

メモリマネージャーはシステムの初期化時に、動的なサイズのメモリプールまたはヒープを2つ作成します。これらは、カーネルコンポーネントのほとんどが、システムメモリを割り当てるために使用します。

- **非ページプール（Non-paged Pool）**—— 非ページプールは、常に物理メモリ内に存在することが保証された、システム仮想アドレスの範囲で構成されます。つまり、非ページプールは、ページフォールトを発生させることなく、いつでもアクセスすることができます。それは、すべての割り込み要求レベル（IRQL）からアクセス可能であるということを意味しています。非ページプールが必要とされる理由の1つは、遅延プロシージャコール（DPC）/ディスパッチレベルおよびそれより上では、ページフォールトが満たされることができないからです。そのため、実行する可能性のあるすべてのコードとデータ、またはDPC/ディスパッチレベルまたはそれより上のIRQLでアクセスされるコードとデータは、ページング不可能なメモリ内に存在しなければなりません。
- **ページプール（Paged Pool）**—— ページプールは、システムのページインおよびページアウトできる、システム領域の仮想メモリ領域です。DPC/ディスパッチレベルまたはそれより上のIRQLからアクセスする必要のないデバイスドライバーは、ページプールを使用できます。ページプールは、任意のプロセスのコンテキストからアクセス可能です。

両方のメモリプールは、システムのアドレス領域の部分に存在し、すべてのプロセスの仮想アドレス領域にマップされます。エグゼクティブは、これらのプールからの割り当てと割り当て解除のためのルーチンを提供します。これらのルーチンについては、Windows Driver Kit（WDK）のExAllocatePool、ExAllocatePoolWithTag、およびExFreePoolで始まる名前の関数のドキュメントを参照してください。

システムは4つのページプールで開始し、これらはシステム全体のページプールと2つの非ページプールを作成するためにまとめられます。システムのNUMAノードの数に応じて、さらに多くのページプールが作成されます（最大64）。複数のページプールを使用すると、プールルーチンの同時呼び出しでシステムコードがブロックされる頻度が減少します。また、作成された個別のプールは、システムの異なるNUMAノードにそれぞれ対応する、異なる仮想アドレス範囲にマップされます。ラージページルックアサイドリストのような、プール割り当てを表す個別のデータ構造体もまた、異なるNUMAノードをまたいでマップされます。

ページプールおよび非ページプールに加えて、他にも特別な属性または用途を持つ、少数のプールが存在します。例えば、セッション領域内の1つのプール領域があり、これはそのセッション内のすべてのプロセスに共通するデータのために使用されます。「特別なプール（Special Pool）」と呼ばれる別のプールからの割り当ては「No Access」とマークされたページで囲まれるため、プールに割り当てられた領域の前後のメモリにアクセスするコードの問題を切り分けるのに役立ちます。

5.3.1 | プールサイズ

非ページプールは、システムに搭載されている物理メモリの量に基づいた初期サイズで始まり、必要に応じて拡張されます。非ページプールの場合、その初期サイズはシステムの物理メモリの3%です。これが40MBより小さい場合、物理メモリの10%が40MBより大きい場合に限り、初期サイズとして

40MBを使用します。そうでない場合、物理メモリの10%が最小の初期サイズとして選択されます。Windowsは、プールの最大サイズを動的に選択し、指定したプールが初期サイズから表5-4に示す最大サイズまで拡張することを許可します。

表5-4　最大のプールサイズ

プールの種類	32ビットシステムの最大	64ビットシステムの最大（Windows 8 および Windows Server 2012）	64ビットシステムの最大（Windows 8.1 以降および Windows Server 2012 R2 以降）
非ページプール	物理メモリの75%または2GBの、より小さいほう	物理メモリの75%または128GBの、より小さいほう	16TB
ページプール	2GB	384GB	15.5TB

　Windows 8/8.1およびWindows Server 2012/2012 R2では、これらの4つの計算されたサイズがカーネル変数に格納されます。これらのサイズのうち3つは、パフォーマンスカウンターとして公開され、1つはパフォーマンスカウンターの値としてのみ計算されます。Windows 10およびWindows Server 2016では、グローバル変数がMiStateという名前のグローバルメモリ構造体（MI_SYSTEM_INFORMATION）に移行されました。構造体の中には、この情報が存在するVs（_MI_VISIBLE_STATE型）という名前の変数があります。グローバル変数であるMiVisibleStateは、Vsメンバーにもポイントしています。これらのグローバル変数と、対応するパフォーマンスカウンターを、表5-5の一覧にまとめます。

表5-5　システムプールサイズ変数とパフォーマンスカウンター

カーネル変数	パフォーマンスカウンター	説明
MmSizeOfNonPagedPoolInBytes	Memory：Pool Nonpaged Bytes	非ページプールの初期サイズを示します。メモリ要求の指示がある場合、システムによって自動的に作成または拡張される可能性があります。カーネル変数は、この変化を示しませんが、パフォーマンスカウンターは示すことができます。
MmMaximumNonPagedPoolInBytes（Windows 8/8.1 および Windows Server 2012/2012 R2）	（対応するカウンターはありません）	非ページプールの最大サイズを示します。
MiVisibleState->MaximumNonPagedPoolInPages（Windows 10 および Windows Server 2016）	（対応するカウンターはありません）	非ページプールの最大サイズを示します。（->はポインター構造体からメンバーの参照を表すアロー演算子）
（対応する変数はありません）	Memory：Pool Paged Bytes	ページプールの仮想サイズの現在の合計を示します。
MmPagedPoolWs構造体（MMSUPPORT型）のWorkingSetSize（ページ数）（Windows 8/8.1 および Windows Server 2012/R2）	Memory：Pool Paged Resident Bytes	ページプールの現在の物理（常駐）サイズを示します。

カーネル変数	パフォーマンスカウンター	説明
MmSizeOfPagedPoolInBytes （Windows ServerおよびWindows Server 2012/R2）	（対応するカウンターはありません）	ページプールの最大（仮想）サイズを示します。
MiState.Vs.SizeOfPagedPoolInPages （Windows 10およびWindows Server 2016）	（対応するカウンターはありません）	ページプールの最大（仮想）サイズを示します。

> **実習 最大プールサイズを調べる**
>
> 　Process Explorerまたはライブカーネルデバッグ（第1章で説明しました）を使用すると、非ページプールの最大サイズを取得できます。Process Explorerでプールの最大サイズを参照するには、［View］メニューを開き、［System Information］を選択して、［System Information］ダイアログボックスの［Memory］タブをクリックします。次のように、Kernel Memoryセクションに表示されるNonpaged Limitが、非ページプールの最大サイズを示しています。
>
>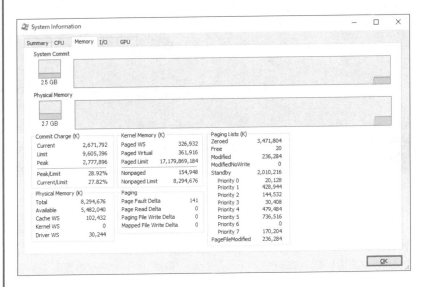
>
>
> **メモ**
> 　Process Explorerがこの情報を取得するためには、実行中のシステムのカーネル用のシンボルにProcess Explorerがアクセスできる必要があります。Process Explorerをシンボルを使用するように構成する方法については、第1章の「1.2.3　プロセス」の「実習：Process Explorerを使用したプロセスの詳細情報の参照」を参照してください。
>
> 　カーネルデバッガーを使用して同じ情報を参照するには、この章の「5.1.3　メモリ使用量を調べる」の「実習：システムメモリ情報を参照する」で示した!vmエクステンションコマンドを使用できます。

5.3.2 | プール使用状況の監視

　Memoryパフォーマンスカウンターオブジェクトは、非ページプールとページプールのために別々のカウンターを提供します（ページプールについては、仮想と物理（Resident）の両方）。また、Poolmonユーティリティ（Windows Driver Kit（WDK）のインストール先のToolsディレクトリ内にあります）を使用すると、非ページプールとページプールの詳細な使用状況を監視することができます。Poolmonを実行すると、図5-7のような表示を目にするでしょう。

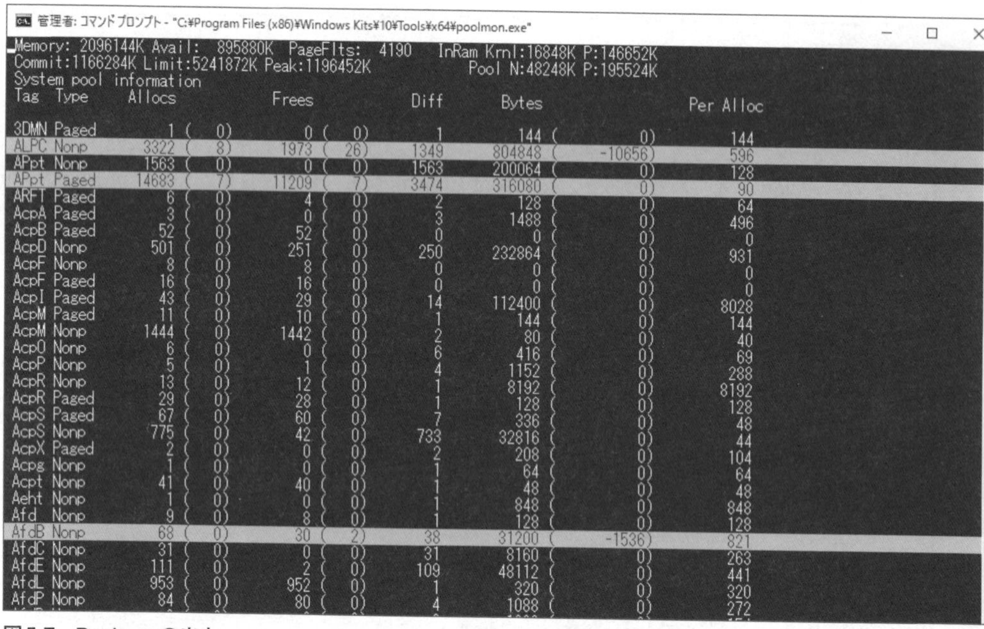

図5-7　Poolmonの出力

　強調表示（表示色が反転）された行は、表示が変化したことを示しています（Poolmonの実行中にLキーを押すと、この強調表示機能を無効化できます。もう一度Lキーを押すと、強調表示が再び有効になります）。Poolmonの実行中に?と入力すると、ヘルプ画面（Poolmon Help）がコンソールの全面に表示されます（ヘルプを閉じるにはEscキーを押します）。監視したいページの種類（ページプール、非ページプール、または両方）、およびソート順を構成することもできます。例えば、非ページプールの割り当てだけが表示されるまでPキーを押し（Pキーを押すごとに、ページプール（Paged）、非ページプール（Nonp）、両方（初期状態）が切り替わります）、次にDキーを押してDiff列でソートすることで、どの種類の構造体が非ページプール内に最も多く存在するかを調べることができます。また、コマンドラインオプションを使用すると、特定のタグ（またはタグごとではなく1つのタグ）を監視することが可能です。例えば、**poolmon -iCM**コマンド（タグ名は大文字と小文字を区別します）を使用すると、CMタグ、つまりレジストリを管理する構成マネージャー（Configuration Manager）からの割り当てを監視するようになります。各列の意味については、表5-6の一覧に示します。

表5-6 Poolmonの列

列	説明
Tag	プールの割り当てに指定された4バイトのタグを示します。
Type	プールの種類を示します。Pagedはページプール、Nonpは非ページプールです。
Allocs	すべての割り当ての数を示します。かっこ内の数字は、前回のAllocs列の表示の更新からの差分を示します。
Frees	すべての割り当て解除の数を示します。かっこ内の数字は、前回のFrees列の表示更新からの差分を示します。
Diff	割り当てから割り当て解除を差し引いた数を示します（Allocs - Frees）。
Bytes	このタグで消費された総バイト数を示します。かっこ内の数字は、前回の列の表示更新からの差分を示します。
Per Alloc	タグの1つのインスタンスあたりのサイズをバイト数で示します（Bytes / Diff）。

　Windowsが使用するプールタグの意味の説明については、Debugging Tools for Windowsのインストール先のTriageサブディレクトリにあるPooltag.txtファイルを参照してください。サードパーティのデバイスドライバーのプールタグはこのファイルにリストされていません。WDKに含まれる32ビットバージョンのPoolmonを-cスイッチを指定して開始すると、現在のディレクトリ内にプールタグファイル（Localtag.txt）を生成します。[6]生成されたファイルには、サードパーティドライバーを含め、システム上に見つかったドライバーで使用されるプールタグが含まれます（なお、デバイスドライバーが読み込まれた後に、そのバイナリがディスクから削除された場合、そのプールタグは認識されません）。

　別の方法として、プールタグを確認するために、Windows SysinternalsのStrings.exeユーティリティを使用してシステム上のデバイスドライバーを検索する方法があります。例えば、次のコマンドは、「abcd」という文字列（大文字と小文字を区別しません）を含むドライバーをリストします。[7]

```
C:\>strings %SystemRoot%\system32\drivers\*.sys | findstr /i "abcd"
```

　デバイスドライバーは、必ずしも%SystemRoot%\System32\Driversディレクトリ内に配置されている必要はありません。デバイスドライバーは任意のディレクトリに置くことが可能です。すべての読み込み済みドライバーのフルパスを一覧表示するには、次のステップで操作します。

1. ［スタート］メニューを開き、msinfo32と入力します。すると、検索結果に［システム情報（デスクトップアプリ）］が出てくるはずです。

2. ［システム情報（デスクトップアプリ）］をクリックして開きます。

3. ［システム情報］ウィンドウで［ソフトウェア環境］のノードを選択します。

4. ［ソフトウェア環境］の下にある［システムドライバー］を選択すると、読み込み済みのデバイスドライバーがリストされます。ドライバーのフルパスは［ファイル］列で確認できます。なお、デバイスドライバーが読み込まれた後に、既にシステムから削除された場合は、このリストには表示されません。

---

*6 訳注1：Poolmon -cによるローカルプールタグファイル（Localtag.txt）を生成する機能は、32ビットバージョンのWindowsで実行した場合にのみサポートされます。

*7 訳注2：Stringsユーティリティを初めて実行する場合は、Stringsのコマンドラインに-accepteulaオプションを追加して実行してください。

デバイスドライバーによるプールの使用を参照する別の方法として、第6章で説明するドライバーの検証ツール（Driver Verifier）で、プールトラッキング機能を有効にすることがあります。これは、プールタグをデバイスドライバーにマップする必要はありませんが、再起動が要求されます（Driver Verifierで対象のドライバーを有効にするため）。プールトラッキング機能を有効にして再起動した後、「ドライバーの検証ツールマネージャー」（%SystemRoot%¥System32¥Verifier.exe）のGUIツールを実行するか、プール使用の統計情報をファイルに出力するためにverifier.exe /logコマンドを使用します。

最後に、カーネルデバッガーの!poolusedエクステンションコマンドを使用すると、プールの使用状況を参照することができます。!poolused 2コマンドは、非ページプールの使用状況を、最もプールを消費しているプールタグの順でソートして表示します。!poolused 4コマンドは、ページプールの使用状況をリストし、最もプールを消費しているプールタグの順でソートします。次の例は、!poolused 2コマンドの出力の一部を示しています。

```
lkd> !poolused 2
........
Sorting by NonPaged Pool Consumed

                  NonPaged                  Paged
      Tag    Allocs       Used     Allocs       Used
      File   626381   260524032        0          0    File objects
      Ntfx   733204   227105872        0          0    General allocations
, Binary: ntfs.sys
      MmCa   513713   148086336        0          0    Mm control areas for
mapped files , Binary: nt!mm
      FMsl   732490   140638080        0          0    STREAM_LIST_CTRL
structure , Binary: fltmgr.sys
      CcSc   104420    56804480        0          0    Cache Manager Shared
Cache Map, Binary: nt!cc
      SQSF   283749    45409984        0          0    UNKNOWN pooltag
'SQSF', please update pooltag.txt
      FMfz   382318    42819616        0          0    FILE_LIST_CTRL
structure , Binary: fltmgr.sys
      FMsc    36130    32950560        0          0    SECTION_CONTEXT
structure , Binary: fltmgr.sys
      EtwB      517    31297568      107   105119744    Etw Buffer , Binary:
nt!etw
      DFmF   382318    30585440   382318    91756320    UNKNOWN pooltag
'DFmF', please update pooltag.txt
      DFmE   382318    18351264        0          0    UNKNOWN pooltag
'DFmE', please update pooltag.txt
      FSfc   382318    18351264        0          0    Unrecoginzed File
System Run Time allocations (update pooltag.w) , Binary: nt!fsrtl
      smNp     4295    17592320        0          0    ReadyBoost store node
pool allocations , Binary: nt!store or rdyboost.sys
      Thre     5780    12837376        0          0    Thread objects ,
Binary: nt!ps
      Pool        8    12834368        0          0    Pool tables, etc.
```

第5章 メモリ管理   363

実習 プールリークのトラブルシューティング

この実習では、あなたのシステムで起こるかもしれない実際のページプールのメモリリークを修復できるように、この項でここまで説明した方法を用いてそのリークを見つけるテクニックを紹介します。非ページプールまたはページプールのリークは、Windows SysinternalsのNotMyFaultユーティリティを使用して、意図的に生成することが可能です。それには、次のステップで操作します。

1. あなたのOSのビット数に対応したNotMyFaultユーティリティを実行します。64ビットシステムでは64ビット版のNotMyFault64.exe、32ビットシステムでは32ビット版のNotMyFault.exeを実行します。

2. NotMyFaultユーティリティは、MyFault.sysデバイスドライバーを読み込み、[Not My Fault] ダイアログボックスを [Crash] タブが選択された状態で表示します。[Leak] タブをクリックすると、次のような画面が表示されます。

3. [Leak/second] の設定が1000KBにセットされていることを確認してください。

4. [Leak Paged] ボタンをクリックします。これにより、NotMyFaultユーティリティは、MyFault.sysデバイスドライバーに対して、ページプールの割り当て要求の送信を開始します。NotMyFaultユーティリティは、[Stop Paged] ボタンをクリックするまで要求の送信を継続します。ページプールは、通常、リークの原因となっているプログラムを閉じても解放されません（バグのあるデバイスドライバーを使用しているため）。ただし、テストを容易にするために、MyFault.sysデバイスドライバーはプロセス（NotMyFault.exeまたはNotMyFault64.exe）が閉じたことを検出し、意図的に発生させたリークの割り当てを解放するようになっています。

5. プールのリークを継続中に、タスクマネージャーを開き、[パフォーマンス]タブをクリックして、[メモリ]ラベルを選択します。ここで[ページプール]の値が上昇し続けていることに注目してください。この確認は、Process Explorerの[System Information]の表示でも確認することができます([View]メニューを開き、[System Information]を選択して、[Memory]タブをクリックします)。

6. どのプールタグがリークを引き起こしているのか調べるため、Windows Driver Kit (WDK)のPoolmonを実行し、Bキーを押して、Bytes列で大きい順にソートします。

7. Pキーを2回押し、Poolmonがページプール (Paged) の使用状況だけを表示するようにします。Leakプールタグが、リストの上位に表示され、バイト数が上昇していることに注目してください(Poolmonは、プールの割り当ての変化を行の強調表示 (反転表示) で示します)。

8. システムのページプールを使い果たしてしまう前に、NotMyFaultユーティリティで[Stop Paged]ボタンをクリックしてリークを停止します(リークを停止しても割り当ては維持されます。前述したように、NotMyFaultユーティリティを閉じると、リークによる割り当てが解放されます)。

9. この項で説明したWindows SysinternalsのStringsユーティリティを使用するテクニックを用いて、次のコマンドを実行し、Leakプールタグを含むドライバーのバイナリを検索します。MyFault.sysファイルに一致するはずです。これで、Leakプールタグを使用するドライバーを特定できました。

```
C:¥>strings %SystemRoot%¥system32¥drivers¥*.sys | findstr /i "Leak"
```

5.3.3 | ルックアサイドリスト

Windowsは、「ルックアサイドリスト (Look Aside List)」と呼ばれる高速なメモリ割り当てメカニズムを提供しています。プールとルックアサイドリストの基本的な違いは、一般的なプールの割り当てがさまざまなサイズで割り当てられるのに対して、ルックアサイドリストは固定サイズのブロックだけで構成される点です。また、一般的なプールは提供可能なことという面ではより柔軟性がありますが、スピンロックを使用しないルックアサイドリストのほうが高速です。

エグゼクティブコンポーネントとデバイスドライバーは、ExInitializeNPagedLookasideList (非ページ割り当て用) およびExInitializePagedLookasideList (ページ割り当て用) 関数を使用して、頻繁に割り当てられるデータ構造体に一致するサイズのルックアサイドリストを作成することができます。これらの関数については、Windows Driver Kit (WDK) のドキュメントで説明されています。マルチプロセッサにおける同期のオーバーヘッドを最小化するために、I/Oマネージャー、キャッシュマネージャー、およびオブジェクトマネージャーなどのいくつかのエグゼクティブサブシステムは、頻繁にアクセスされるデータ構造体のために、プロセッサごとに個別のルックアサイドリストを作成します。エグゼクティブはまた、プロセッサごとの汎用的な小さな割り当て (256バイトまたはそれ以下) のページおよび非ページルックアサイドリストを作成します。

ルックアサイドリストが空の場合 (それが最初に作成されたとき)、システムはページまたは非ページプールから割り当てる必要があります。しかし、プールが解放されたブロックを含む場合、その割り当てはかなり素早く行われます (ブロックが返されるとリストが拡張します)。プール割り当てルー

チンは、どれくらいの頻度でデバイスドライバーまたはエグゼクティブサブシステムがリストから割り当てるのかに応じて、ルックアサイドリストが格納にする、解放されたバッファーの数を自動調整します。より頻繁な割り当ては、リストにより多くのブロックを格納します。ルックアサイドリストは、リストからの割り当てがなくなると、自動的にサイズを縮小します（このチェックは、バランスセットマネージャーのシステムスレッドがウェイクアップし、ExAdjustLookasideDepth関数を呼び出したとき、1秒ごとに1回発生します）。

実習 システムのルックアサイドリストを参照する

カーネルデバッガーの!lookasideエクステンションコマンドを使用すると、システムのさまざまなルックアサイドリストの内容とサイズを表示することができます。次の例は、このコマンドの出力からの抜粋です。

```
lkd> !lookaside

Lookaside "nt!CcTwilightLookasideList" @ 0xfffff800c6f54300  Tag(hex):
0x6b576343 "CcWk"
    Type          =     0200 NonPagedPoolNx
    Current Depth =            0  Max Depth  =            4
    Size          =          128  Max Alloc  =          512
    AllocateMisses =       728323  FreeMisses =       728271
    TotalAllocates =      1030842  TotalFrees =      1030766
    Hit Rate      =          29%  Hit Rate   =          29%

Lookaside "nt!IopSmallIrpLookasideList" @ 0xfffff800c6f54500  Tag(hex):
0x73707249 "Irps"
    Type          =     0200  NonPagedPoolNx
    Current Depth =            0  Max Depth  =            4
    Size          =          280  Max Alloc  =         1120
    AllocateMisses =        44683  FreeMisses =        43576
    TotalAllocates =       232027  TotalFrees =       230903
    Hit Rate      =          80%  Hit Rate   =          81%

Lookaside "nt!IopLargeIrpLookasideList" @ 0xfffff800c6f54600  Tag(hex):
0x6c707249 "Irpl"
    Type          =     0200  NonPagedPoolNx
    Current Depth =            0  Max Depth  =            4
    Size          =         1216  Max Alloc  =         4864
    AllocateMisses =       143708  FreeMisses =       142551
    TotalAllocates =       317297  TotalFrees =       316131
    Hit Rate      =          54%  Hit Rate   =          54%


...


Total NonPaged currently allocated for above lists =         0
Total NonPaged potential for above lists          =     13232
Total Paged currently allocated for above lists    =         0
Total Paged potential for above lists             =      4176
```

5.4 | ヒープマネージャー

　ほとんどのアプリケーションは、割り当て可能な最小粒度である64KB（「5.2.4　割り当ての細かさ（粒度）」の項を参照）よりも小さなブロックを割り当てる際にも、VirtualAllocのようなページ粒度関数を使用します。相対的に小さな割り当てのためにこのような大きな領域を割り当てることは、メモリの使用とパフォーマンスの観点からは最適ではありません。これに対処するために、Windowsは**ヒープマネージャー**というコンポーネントを提供し、ページ粒度のメモリ割り当て関数を使用して予約された、より大きなメモリ領域の中で、細かな割り当てを管理します。ヒープマネージャーにおける割り当て粒度は、相対的に小さく、32ビットシステム上で8バイト、64ビットシステム上で16バイトになります。ヒープマネージャーは、より小さな割り当てにおけるメモリの使用とパフォーマンスを最適化するために設計されました。

　ヒープマネージャーは、Ntdll.dllとNtoskrnl.exeの2つの場所に存在します。サブシステムのAPI（WindowsのヒープAPIなど）はNtdll.dll内の関数を呼び出し、さまざまなエグゼクティブコンポーネントとデバイスドライバーはNtoskrnl.exe内の関数を呼び出します。そのネイティブなインターフェイス（Rtlというプレフィックスが付きます）は、Windowsの内部コンポーネントまたはカーネルモードデバイスドライバーでの使用のためだけに利用可能です。ヒープに対する、ドキュメント化（公開）されているWindows APIインターフェイス（Heapというプレフィックスが付きます）は、Ntdll.dll内のネイティブ関数に転送されます。また、レガシAPI（LocalまたはGlobalのプレフィックスが付きます）は、古いWindowsアプリケーションをサポートするために提供されています。これらもまた、内部的にヒープマネージャーを呼び出し、いくつかの特別なインターフェイスを使用して、レガシな挙動をサポートします。最も一般的なWindows APIのヒープ関数を以下に示します。

- **HeapCreate**または**HeapDestroy** ―― それぞれヒープの作成と削除を行います。初期の予約済みおよびコミット済みサイズは、作成時に指定することができます。
- **HeapAlloc** ―― ヒープブロックを割り当てます。この関数は、Ntdll.dll内のRtlAllocateHeapに転送されます。
- **HeapFree** ―― HeapAllocを使用して以前に割り当てられたブロックを解放します。
- **HeapReAlloc** ―― 既存の割り当てのサイズを変更し、既存のブロックを拡張または縮小します。この関数は、Ntdll.dll内のRtlReAllocateHeapに転送されます。
- **HeapLock**および**HeapUnlock** ―― これらの関数は、ヒープ操作に対する相互排他を制御します。
- **HeapWalk** ―― ヒープ内のエントリと領域を列挙します。

5.4.1 | プロセスヒープ

　各プロセスは、少なくとも1つのヒープを持ちます。これは、既定のプロセスヒープです。既定のプロセスヒープは、プロセスの開始時に作成され、プロセスの有効期間の間、決して削除されることはありません。このヒープの既定のサイズは1MBですが、**/HEAP**リンカーフラグを使用してイメージに開始サイズを指定することで、より大きなサイズで作成させることもできます。しかしながら、このサイズは、単に最初に予約されるサイズにすぎません。このサイズは、必要に応じて自動的に拡張されます。同様に、イメージファイルに初期コミット済みサイズを指定することも可能です。

　既定のプロセスヒープは、プログラムによって明示的に使用されることもありますし、Windowsの内部の関数で暗黙的に使用されることもあります。アプリケーションは、Windows APIのGetProcessHeap関数を呼び出すことにより、既定のプロセスヒープを照会することができます。各プ

ロセスはHeapCreate関数を使用して、追加のプライベートヒープを作成することもできます。あるプロセスがプライベートヒープをもう必要としなくなった場合、HeapDestroy関数を呼び出して仮想アドレス領域に戻すことができます。すべてのヒープに関連付けられる配列はプロセスごとに保持され、スレッドはWindowsのGetProcessHeap関数を使用してプロセスのヒープを照会できます。

ユニバーサルWindowsプラットフォーム（UWP）アプリのプロセスは、少なくとも次の3つのヒープを持ちます。

- **既定のプロセスヒープ** —— これは今、説明したものです。
- **共有ヒープ** —— これは、大きな引数をプロセスのセッションのCsrss.exe（クライアントサーバーランタイムプロセス）インスタンスに渡すために使用されます。共有ヒープはNtdll.dllのCsrClientConnectToServer関数によって作成され、この関数はNtdll.dllによって行われるプロセス初期化の早期に実行されます。ヒープのハンドルは、グローバル変数であるCsrPortHeap（Ntdll.dll内）で利用可能になります。
- **Microsoft Cランタイムライブラリによって作成される1つのヒープ** —— このヒープのハンドルは、グローバル変数である_crtheap（Msvcrtモジュール内）に格納されます。このヒープは、malloc、free、new/delete演算子などのような、C/C++メモリ割り当て関数によって内部的に利用されるヒープです。

ヒープは、VirtualAllocを介してメモリマネージャーから予約された大きなメモリ領域の割り当てと、プロセスアドレス領域にマップされたメモリマップファイルオブジェクトからの割り当ての両方を管理できます。後者のアプローチが実際に使われることはめったにありません（Windows APIで公開されてもいません）。しかし、2つのプロセス間、またはカーネルモードとユーザーモードのコンポーネント間で、ブロックの内容を共有する必要があるシナリオに適しています。Win32 GUIサブシステムドライバー（Win32k.sys）は、ユーザーモードでグラフィックスデバイスインターフェイス（GDI）およびUSERオブジェクトを共有するために、そのようなヒープを使用します。ヒープがメモリマップファイル領域の上に作成される場合、ヒープ関数を呼び出すことができるコンポーネントに関して、特定の制約が適用されます。

- 内部のヒープ構造体はポインターを使用します。そのため、他のプロセスの異なるアドレスに再マップすることは許可されません。
- 複数のプロセスをまたぐ同期、またはカーネルコンポーネントとユーザープロセス間の同期は、ヒープ関数でサポートされません。
- ユーザーモードとカーネルモード間の共有ヒープに関しては、ユーザーモードコードがヒープの内部構造体を破壊して、システムがクラッシュするのを防止するために、ユーザーモードのマッピングを読み取り専用にする必要があります。カーネルモードドライバーにも、データがユーザーモードに漏洩するのを防止するために、共有ヒープ内に重要なデータを配置しないという責任があります。

5.4.2 | ヒープの種類

Windows 10およびWindows Server 2016が登場するまで、ヒープの種類はたった1つでした。それは、**NTヒープ**（NT Heap）と呼ばれるものです。NTヒープは、オプションのフロントエンドレイヤーで拡張されています。その拡張が使用された場合、**低断片化ヒープ**（Low Fragmentation Heap：LFH）を構成します。

Windows 10からは、**セグメントヒープ**（Segment Heap）と呼ばれる、新しいヒープの種類が導入されました。これら2つのヒープの種類は共通の要素を含みますが、その構造と実装は異なります。既定では、セグメントヒープはすべてのユニバーサルWindowsプラットフォーム（UWP）アプリと、一部のシステムプロセスで使用されます。一方、NTヒープはその他のすべてのプロセスで使用されます。この仕様は、この章の「5.4.6　セグメントヒープ」の項で説明するレジストリの編集によって変更可能です。

5.4.3　NTヒープ

図5-8に示すように、ユーザーモード内のNTヒープは、ヒープフロントエンドレイヤーとヒープバックエンドの2つのレイヤーに構造化されています（このレイヤー構造は、ヒープコアと呼ばれることがあります）。ヒープバックエンドは、基本的な機能を受け持ち、セグメント内のブロックの管理、セグメントの管理、ヒープの拡張ポリシー、メモリのコミットおよびデコミット、および大きなブロックの管理を行います。

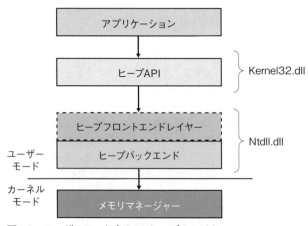

図5-8　ユーザーモード内のNTヒープのレイヤー

ユーザーモードヒープだけのために、コア機能の上にヒープフロントエンドレイヤーが存在します。Windowsは、1つのオプションのフロントエンドレイヤーをサポートします。それが低断片化ヒープ（LFH）であり、詳しくはこの後の「5.4.5　低断片化ヒープ（LFH）」の項で説明します。

5.4.4　ヒープの同期

ヒープマネージャーは、既定で、複数のスレッドからの同時アクセスをサポートします。しかし、単一スレッドのプロセスの場合、または同期のために外部のメカニズムを使用する場合、ヒープ作成時または割り当てごとにHEAP_NO_SERIALIZEフラグを指定することで、ヒープマネージャーに対して同期のオーバーヘッドを避けるように指示することができます。ヒープの同期が有効になっている場合、ヒープごとに1つのロックが存在し、これがすべての内部ヒープ構造体を保護します。

プロセスがヒープ全体をロックすることもでき、複数のヒープ呼び出しをまたいで一貫性のある状態が要求される操作のために、他のスレッドによるヒープ操作の実行を防止できます。例えば、Windows APIのHeapWalk関数を使用して、あるヒープ内のヒープブロックを列挙する際に、複数の

スレッドがヒープ操作を同時に実行できる場合、そのヒープのロックが必要になります。ヒープのロックとアンロックは、それぞれHeapLockおよびHeapUnlock関数で行えます。

5.4.5　低断片化ヒープ（LFH）

Windows内で実行される多くのアプリケーションは、ヒープメモリの使用が比較的小さく、通常、1MBより小さいくらいです。このクラスのアプリケーションのための、ヒープマネージャーの最適なポリシーは、各プロセスが少ないメモリフットプリントを維持するのに役立ちます。しかし、この方策は、大きなプロセスやマルチプロセッサシステムにスケールできません。これらのケースでは、ヒープの使用に利用可能なメモリは、ヒープ断片化のために減少する可能性があります。異なるプロセッサ上で実行するようにスケジュールされた異なるスレッドから、特定のサイズだけが頻繁に同時に使用されるようなシナリオでは、パフォーマンスは低下する可能性があります。これは、同時に同じメモリの場所（例えば、特定サイズのルックアサイドリストの先頭）を変更する必要があるいくつかのプロセッサが、対応するキャッシュラインで激しく競合することが原因で発生します。

低断片化ヒープ（Low Fragmentation Heap：LFH）は、バケット（Buckets、文字どおり「バケツ」の意）と呼ばれる異なるブロックサイズの範囲を事前に定義し、割り当てられたブロックを管理することで、断片化を回避します。あるプロセスがヒープからメモリを割り当てるとき、LFHは要求されたサイズを保持するのに十分な大きさの最小ブロックをマップしたバケットを選択します（最小のブロックは8バイト）。最初のバケットが1〜8バイトの間の割り当てのために使用されると、2番目のバケットが9〜16バイトの間の割り当てに使用されるという具合に続き、32番目のバケットが249〜256バイトの間の割り当てのために、そして33番目のバケットが257〜272バイトの間の割り当てのために使用されます。最終的に、128番目のバケットが15,873〜16,384バイトの間の割り当てのために使用され、これが最後になります（この方式は、**バイナリバディシステム**として知られます）。16,384バイトより大きな割り当ての場合、LFHは、下位レイヤーのヒープバックエンドに単純に転送します。表5-7は、バケットごとの粒度とマップされるサイズの範囲をまとめたものです。

表5-7　LFHバケット

バケット	粒度	範囲
1〜32	8	1〜256
33〜48	16	257〜512
49〜64	32	513〜1,024
65〜80	64	1,025〜2,048
81〜96	128	2,049〜4,096
97〜112	256	4,097〜8,192
113〜128	512	8,193〜16,384

LFHは、ヒープマネージャーのコア機能とルックアサイドリストを使用して、これらのバケットに対処します。Windowsヒープマネージャーは、自動調整アルゴリズムを実装しており、特定の状況において既定でLFHを有効にできます。特定の状況とは、ロックの競合やよく使用される割り当てサイズの存在など、LFHが有効であればより良いパフォーマンスを期待できる状況です。ラージヒープでは、割り当てのかなりの割合が、比較的少数の特定サイズのバケットにグループ分けされることがよくあります。LFHで使用される割り当ての方策は、同じサイズのブロックを効率的に扱うことで、こ

れらの使用パターンを最適化することです。

スケーラビリティに対処するため、LFHは頻繁にアクセスされる内部構造体をいくつかのスロットに拡張します。このスロットの数は、コンピューター上のプロセッサの現在の数よりも2倍大きい数になります。これらのスロットへのスレッドの割り当ては、**アフィニティマネージャー**と呼ばれるLFHコンポーネントによって行われます。初めに、LFHはヒープ割り当てのために1番目のスロットの使用から開始します。しかし、何らかの内部データへのアクセス時に競合を検出した場合、LFHは現在のスレッドを別のスロットを使用するように切り替えます。さらなる競合は、より多くのスロット上にスレッドを広げます。これらのスロットは、パケットのサイズごとに制御され、ローカリティ（局所性）を向上し、全体のメモリ消費を最小化します。

ヒープフロントエンドレイヤーとしてLFHが有効になっている場合でも、最もよく使用される割り当てクラスがLFHから実行される一方で、割り当て頻度の少ないサイズはメモリ割り当てのためにヒープコア関数を使用し続けます。特定のヒープのためにLFHが一度有効になると、それを無効にすることはできません。HeapCompatibilityInformationクラスが指定されたHeapSetInformation APIは、Windows 7およびそれ以前のバージョンのWindowsにおいて、LFHを削除することができました。しかし、現在のWindowsでは、これは無視されます。

5.4.6　セグメントヒープ

図5-9は、Windows 10に導入された、セグメントヒープのアーキテクチャを示しています。

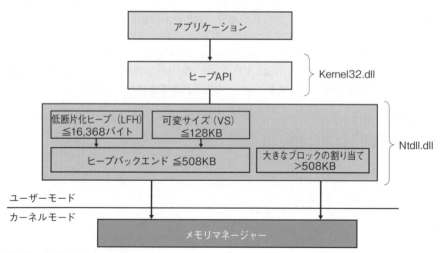

図5-9　セグメントヒープ

割り当てを管理する実際のレイヤーは、次に示す割り当てサイズに依存します。

- 小さなサイズ（16,368バイト以下）には、低断片化ヒープ（LFH）アロケーターが使用されますが、そのサイズが一般的なサイズであると判断された場合に限られます。これは、NTヒープのLFHフロントエンドレイヤーと同様のロジックです。LFHがまだ起動していない場合は、可変サイズ（Variable Size：VS）アロケーターが代わりに使用されます。
- 128KB以下のサイズ（およびLFHで処理されなかった割り当て）には、VSアロケーターが使用されます。VSアロケーターとLFHアロケーターの両方は、要求されたヒープサブセグメントを必

要に応じて作成するために、ヒープバックエンドを使用します。

- 128KBより大きく、かつ508KB以下の割り当ては、ヒープバックエンドによって直接的に処理されます。
- 508KBより大きな割り当ては、メモリマネージャーを直接的に呼び出す（VirtualAlloc）ことによって処理されます。この大きさの割り当ては、既定の64KB割り当て粒度（および最も近いページサイズへの丸め）の使用で十分だと見なされるほど大きいからです。

以下に、2つのヒープ（NTヒープとセグメントヒープ）の実装を簡単に比較します。

- 一部のシナリオにおいては、セグメントヒープがNTヒープよりも若干遅くなる場合があります。しかし、将来のバージョンのWindowsでは、これがNTヒープと同程度になる予定です。
- セグメントヒープは、そのメタデータ用に、より少ないメモリフットプリントを持ちます。そのため、スマートフォンのような少ないメモリのデバイスにより適しています。
- セグメントヒープのメタデータは、実際のデータから分離されています。一方、NTヒープのメタデータは、そのデータそのものに散在しています。メタデータとデータが分離されることで、ブロックアドレスの指定だけで割り当てられたメタデータを取得するのがより困難になるため、セグメントヒープのほうがよりセキュアになります。
- セグメントヒープは、拡張可能なヒープのためだけに使用できます。ユーザー提供のメモリマップファイルには使用できません。そのようなセグメントヒープの作成が試みられた場合、代わりにNTヒープが作成されます。
- どちらのヒープもLFH方式の割り当てをサポートしますが、両者の内部の実装は完全に異なります。セグメントヒープは、メモリの消費量とパフォーマンスの観点で、より効率的な実装を持ちます。

前述したように、ユニバーサルWindowsプラットフォーム（UWP）アプリは、既定でセグメントヒープを使用します。これは主に、少ないメモリのデバイスに適している、少ないメモリフットプリントであることが理由です。また、セグメントヒープは、次の実行ファイル名を持つ特定のシステムプロセスでも使用されます。それは、Csrss.exe、Lsass.exe、RuntimeBroker.exe、Services.exe、Smss.exeです。

セグメントヒープは、デスクトップアプリケーションのための既定のヒープではありません。その理由は、既存のアプリケーションに影響する可能性のある、いくつかの互換性問題が存在するからです。しかし、将来のバージョンのWindowsでは、セグメントヒープが既定になる可能性があります。指定した可能イメージにおいて、セグメントヒープを有効または無効にするために、Image File Execution Options（IFEO）レジストリキー（第3章を参照）にFrontEndHeapDebugOptionsという名前の値（DWORD型）を設定することが可能です。

- 第2ビットを立てる（0b0100、0x04）── セグメントヒープ無効
- 第3ビットを立てる（0b1000、0x08）── セグメントヒープ有効

グローバルに（システム全体で）セグメントヒープを有効または無効にすることもできます。それには、HKLM¥SYSTEM¥CurrentControlSet¥Control¥Session Manager¥Segment HeapレジストリキーにEnabledという名前の値（DWORD型）を追加します。値に0を設定するとセグメントヒープが無効になり、値に0以外の数値を設定するとセグメントヒープが有効になります。

実習 基本的なヒープ情報を参照する

　この実習では、ユニバーサルWindowsプラットフォーム（UWP）プロセスのヒープの一部を調べます。

1. Windows 10で電卓アプリを開始します（［スタート］メニューを開き、**calc**と入力すると、検索結果に［電卓（信頼されたWindowsストアアプリ）］[8]が見つかります）。

2. Windows 10の電卓は、従来のデスクトップアプリケーション（calc.exe）ではなく、UWPアプリ（Calculator.exe）に変わりました（calc.exeは、単にcalculator.exeのランチャーとして機能）。ユーザーモードのWinDbgを開始し、calculator.exeプロセスにアタッチします。

3. プロセスにアタッチすると、WinDbgはそのプロセスを中断して入ります。**!heap**エクステンションコマンドを実行すると、プロセス内のヒープの一覧を表示します。

```
0:033> !heap
        Heap Address          NT/Segment Heap

        2531eb90000           Segment Heap
        2531e980000                NT Heap
        2531eb10000           Segment Heap
        25320a40000           Segment Heap
        253215a0000           Segment Heap
        253214f0000           Segment Heap
        2531eb70000           Segment Heap
        25326920000           Segment Heap
        253215d0000                NT Heap
```

4. さまざまなヒープが、そのハンドルのアドレスと種類（Segment HeapまたはNT Heap）で示されます。一番目のヒープは、既定のプロセスヒープです。これは拡張可能であり、既存のメモリブロックを使用していないため、セグメントヒープとして作成されています。2番目のヒープは、ユーザー定義メモリブロック（「5.4.1　プロセスヒープ」の項で説明しました）のために使用されます。この機能は、現在、セグメントヒープではサポートされていないため、NTヒープとして作成されています。

5. NTヒープは、NTDLL!_HEAP構造体によって管理されます。2番目のヒープについて、この構造体を参照してみましょう。

```
0:033> dt ntdll!_heap 2531e980000
   +0x000 Segment          : _HEAP_SEGMENT
   +0x000 Entry            : _HEAP_ENTRY
   +0x010 SegmentSignature : 0xffeeffee
```

---

[8] 訳注：2017年10月にストアの名称が「Windowsストア」から「Microsoft Store」に変更されたため、それ以降に更新されたアプリは「信頼済みのMicrosoft Storeアプリ」と表示されます（Windows 10バージョン1709以前でCortanaを無効化している場合は除く）。Windows 10バージョン1803以降は単に「アプリ」と表示されます。

```
   +0x014 SegmentFlags        : 1
   +0x018 SegmentListEntry : _LIST_ENTRY [ 0x00000253`1e980120 -
0x00000253`1e980120 ]_heap
   +0x028 Heap                : 0x00000253`1e980000 _HEAP
   +0x030 BaseAddress         : 0x00000253`1e980000 Void
   +0x038 NumberOfPages       : 0x10
   +0x040 FirstEntry          : 0x00000253`1e980720 _HEAP_ENTRY
   +0x048 LastValidEntry      : 0x00000253`1e990000 _HEAP_ENTRY
   +0x050 NumberOfUnCommittedPages : 0xf
   +0x054 NumberOfUnCommittedRanges : 1
   +0x058 SegmentAllocatorBackTraceIndex : 0
   +0x05a Reserved            : 0
   +0x060 UCRSegmentList : _LIST_ENTRY [ 0x00000253`1e980fe0 -
0x00000253`1e980fe0 ]
   +0x070 Flags               : 0x8000
   +0x074 ForceFlags          : 0
   +0x078 CompatibilityFlags : 0
   +0x07c EncodeFlagMask      : 0x100000
   +0x080 Encoding            : _HEAP_ENTRY
   +0x090 Interceptor         : 0
   +0x094 VirtualMemoryThreshold : 0xff00
   +0x098 Signature           : 0xeeffeeff
   +0x0a0 SegmentReserve      : 0x100000
   +0x0a8 SegmentCommit       : 0x2000
   +0x0b0 DeCommitFreeBlockThreshold : 0x100
   +0x0b8 DeCommitTotalFreeThreshold : 0x1000
   +0x0c0 TotalFreeSize       : 0x8a
   +0x0c8 MaximumAllocationSize : 0x00007fff`fffdefff
   +0x0d0 ProcessHeapsListIndex : 2
   ...
   +0x178 FrontEndHeap        : (null)
   +0x180 FrontHeapLockCount : 0
   +0x182 FrontEndHeapType : 0 ''
   +0x183 RequestedFrontEndHeapType : 0 ''
   +0x188 FrontEndHeapUsageData : (null)
   +0x190 FrontEndHeapMaximumIndex : 0
   +0x192 FrontEndHeapStatusBitmap : [129] ""
   +0x218 Counters            : _HEAP_COUNTERS
   +0x290 TuningParameters : _HEAP_TUNING_PARAMETERS
```

6. FrontEndHeapフィールドに注目してください。このフィールドは、ヒープフロントエンド
   レイヤーが存在するかどうかを示しています。上のNTヒープの出力結果では、このフィー
   ルドはNULLになっており、ヒープフロントエンドレイヤーが存在しないことを示していま
   す。NULL以外の値は、低断片化ヒープ（LFH）フロントエンドレイヤーであることを示し
   ています（定義されているのは1つだけなので）。

7. セグメントヒープは、NTDLL!_SEGMENT_HEAP構造体に定義されています。次の出力は、
   既定のプロセスヒープのものです。

```
0:033> dt ntdll!_segment_heap 2531eb90000
   +0x000 TotalReservedPages : 0x815
   +0x008 TotalCommittedPages : 0x6ac
   +0x010 Signature         : 0xddeeddee
   +0x014 GlobalFlags       : 0
   +0x018 FreeCommittedPages : 0
   +0x020 Interceptor       : 0
   +0x024 ProcessHeapListIndex : 1
   +0x026 GlobalLockCount   : 0
   +0x028 GlobalLockOwner   : 0
   +0x030 LargeMetadataLock : _RTL_SRWLOCK
   +0x038 LargeAllocMetadata : _RTL_RB_TREE
   +0x048 LargeReservedPages : 0
   +0x050 LargeCommittedPages : 0
   +0x058 SegmentAllocatorLock : _RTL_SRWLOCK
   +0x060 SegmentListHead   : _LIST_ENTRY [ 0x00000253`1ec00000 -
0x00000253`28a00000 ]
   +0x070 SegmentCount      : 8
   +0x078 FreePageRanges    : _RTL_RB_TREE
   +0x088 StackTraceInitVar : _RTL_RUN_ONCE
   +0x090 ContextExtendLock : _RTL_SRWLOCK
   +0x098 AllocatedBase     : 0x00000253`1eb93200 ""
   +0x0a0 UncommittedBase   : 0x00000253`1eb94000 "--- memory read error
at address 0x00000253`1eb94000 ---"
   +0x0a8 ReservedLimit     : 0x00000253`1eba5000 "--- memory read error
at address 0x00000253`1eba5000 ---"
   +0x0b0 VsContext         : _HEAP_VS_CONTEXT
   +0x120 LfhContext        : _HEAP_LFH_CONTEXT
```

8. Signatureフィールドに注目してください。このフィールドは、2つの種類のヒープを区別するために使用されます。

9. NTDLL!_HEAP構造体のSegmentSignatureフィールドに注目してください。このフィールドは、同じオフセット（0x010）に存在します。これが、RtlAllocateHeapのような関数が、ヒープハンドル（アドレス）のみに基づいて、どちらの実装が使用されているのかを見分ける方法です。

10. NTDLL!_SEGMENT_HEAP構造体の最後の2つのフィールドに注目してください。これらは、可変サイズ（VS）アロケーターおよびLFHアロケーターの情報を含みます。

11. ヒープごとの詳細情報を取得するには、!heap -sコマンドを実行します。

```
0:033> !heap -s

                                         Process    Total      Total
                              Global   Heap  Reserved  Committed
     Heap Address  Signature  Flags     List    Bytes      Bytes
                                        Index     (K)        (K)
```

```
          2531eb90000    ddeeddee         0         1       8276      6832
          2531eb10000    ddeeddee         0         3       1108       868
          25320a40000    ddeeddee         0         4       1108        16
          253215a0000    ddeeddee         0         5       1108        20
          253214f0000    ddeeddee         0         6       3156       816
          2531eb70000    ddeeddee         0         7       1108        24
          25326920000    ddeeddee         0         8       1108        32


********************************************************************
******************
NT HEAP STATS BELOW


********************************************************************
******************
LFH Key                    : 0xd7b666e8f56a4b98
Termination on corruption : ENABLED
Affinity manager status:
   - Virtual affinity limit 8
   - Current entries in use 0
   - Statistics:  Swaps=0, Resets=0, Allocs=0

           Heap     Flags   Reserv  Commit   Virt   Free  List   UCR  Virt
Lock  Fast
                             (k)      (k)     (k)    (k) length
blocks cont. heap
-------------------------------------------------------------------
---------------
000002531e980000 00008000     64        4     64      2     1     1     0
0
00000253215d0000 00000001     16       16     16     10     1     1     0
N/A
-------------------------------------------------------------------
---------------
```

12. 出力の前半部分に注目してください。ここには、プロセス内のセグメントヒープに関する拡
張情報が表示されます（存在する場合）。後半の部分には、プロセス内のNTヒープに関する
拡張情報が表示されます。

　デバッガーの **!heap** コマンドは、ヒープの参照、調査、検索のための複数のオプションを提供
します。詳しくは、Debugger Tools for Windowsのヘルプ（debugger.chm）を参照してくださ
い。

5.4.7 ヒープのセキュリティ機能

　ヒープマネージャーは進化するにつれて、ヒープ使用エラーの早期検出と潜在的なヒープベースのエクスプロイト（悪用）の影響の軽減策として、大きな役割を果たすようになってきました。これらの対策は、アプリケーション内の潜在的な脆弱性のセキュリティへの影響を軽減するために存在します。NTヒープとセグメントヒープの両方の実装は、メモリのエクスプロイト（悪用）の可能性を低減させる複数のメカニズムを持ちます。

　内部の管理のためにヒープによって使用されるメタデータは、高度なランダム化によってパックされ、クラッシュを防ぎ、攻撃の試みを隠すために内部構造体に変更を加えて悪用するという試みを困難にします。これらのブロックは、ヘッダー上の整合性チェックメカニズムの対象にもなり、バッファーオーバーランのような単純な破壊を検出します。最後に、ヒープは、ベースアドレスまたはハンドルについて、小さな度合いのランダム化を使用します。HeapEnableTerminationOnCorruptionクラスを指定してHeapSetInformation APIを使用することにより、プロセスは不一致を検出した場合に自動終了するように、オプトインすることができます。これにより、未知のコードが実行されるのを回避できます。

　メタデータブロックのランダム化の影響として、デバッガー使用時の影響があります。メモリの領域としてブロックヘッダーを出力するだけでは、有益な情報は提供されません。例えば、ブロックのサイズおよびブロックがビジー状態であるかどうかは、通常のダンプから見つけるのは簡単ではありません。同じことは、低断片化ヒープ（LFH）ブロックにも適用されます。LFHブロックは、ヘッダー内に格納される、異なる種類のメタデータを持ちますが、それもまた部分的にランダム化されます。これらの詳細をダンプするには、デバッガー内で!heap -iコマンドを使用します。このコマンドは、ブロックからメタデータのフィールドを取得するためのすべての作業を行い、チェックサムまたは空きリストの不一致が見つかれば、それにフラグを立てます。このコマンドは、LFHと通常のヒープブロックの両方のために機能します。ブロックの合計サイズ、ユーザーが要求したサイズ、セグメントが所有するブロック、およびヘッダーの部分チェックサムは、次の例に示すように、出力結果内で利用可能です。ランダム化アルゴリズムはヒープの粒度を使用するため、!heap -iコマンドはブロックを含むヒープの適切なコンテキスト内でのみ使用する必要があります。現在のヒープのコンテキストが異なる場合、ヘッダーを正しく解析できません。適切なコンテキストに切り替えるために、同じ!heap -iコマンドを、引数としてヒープハンドルを指定して、最初に実行する必要があります。

```
0:004> !heap -i 000001f72a5eb180
Heap context set to the heap 000001f72a5eb180
0:004> !heap -i
Detailed information for block entry 000001f72a5eb180
Assumed heap        : 0x000001f72a5e0000 (Use !heap -i NewHeapHandle to
change)
Header content      : 0x2FB544DC 0x1000021F (decoded : 0x7F01007E 0x10000048)
Owning segment      : 0x000001f72a5e0000 (offset 0)
Block flags         : 0x1 (busy )
Total block size    : 0x7e units (0x7e0 bytes)
Requested size      : 0x7d0 bytes (unused 0x10 bytes)
Previous block size: 0x48 units (0x480 bytes)
Block CRC           : OK - 0x7f
Previous block      : 0x000001f72a5ead00
Next block          : 0x000001f72a5eb960
```

```
Next block        : 0x0000000000000080
```

■| セグメントヒープ固有のセキュリティ機能

セグメントヒープの実装は、攻撃者によるメモリの破壊やコード挿入を困難にする、多くのセキュリティメカニズムを使用します。そのいくつかを以下に示します。

- **リンクリスト破損のフェールファスト（Fail Fast）例外** —— セグメントヒープはリンクリストを使用して、セグメントおよびサブセグメントを追跡します。NTヒープと同様に、リストへのノード挿入および削除にチェックが追加され、破損したリストノードに由来する、任意のメモリ書き込みを防止します。破損したノードが検出された場合、そのプロセスはRtlFailFastの呼び出しを介して強制終了されます。
- **赤黒木ノード破損のフェールファスト（Fail Fast）例外** —— セグメントヒープは、赤黒木（Red-Black Tree、RB Tree）を使用して、バックエンドおよび可変サイズ（VS）割り当ての解放を追跡します。ノードの挿入と削除を行う関数は、関係するノードを検証します。ノードが破損している場合、フェールファストメカニズムを呼び出します。
- **関数ポインターの解読（デコード）** —— セグメントヒープのいくつかの側面では（VsContextおよびLfhContext構造体、_SEGMENT_HEAP構造体の一部）、コールバックが許可されています。攻撃者はこれらのコールバックを、攻撃者のコードをポイントするように上書きする可能性があります。しかし、関数ポインターはXOR関数を使用して、内部的なランダムなヒープキーとコンテキストアドレスを用いてエンコードされています。ヒープキーとコンテキストアドレスはどちらも、事前に推測することはできません。
- **ガードページ** —— 低断片化ヒープ（LFH）およびVSのサブセグメントや大きなブロックが割り当てられたとき、ガード（Guard）ページがその最後に追加されます。これは、オーバーフローと隣接するデータの破損の検出に役立ちます。ガードページについては、この章の「5.8　スタック」の節で詳しく説明します。

5.4.8 | ヒープのデバッグ機能

ヒープマネージャーには、バグの検出に役立ついくつかの機能が含まれています。それらの機能は、以下のヒープ設定を使用することによって利用可能です。

- **末尾（Tail）チェックの有効化** —— 各ブロックの末尾には署名が格納されており、そのブロックがリリースされたときにチェックされます。もし、バッファーオーバーランがその署名の全体または一部を破壊すると、ヒープはこのエラーを報告します。
- **空き（Free）チェックの有効化** —— 空きブロックは、ヒープマネージャーがそのブロックにアクセスする必要があるとき、例えば、割り当て要求を満たすために空きリストから削除するときなど、さまざまな時点でチェックされるパターンで満たされます。プロセスが、解放された後のブロックに引き続き書き込んだ場合、ヒープマネージャーはパターンの変化を検出し、エラーを報告します。
- **パラメーターチェック** —— この機能は、ヒープ関数に渡されるパラメーターの広範囲のチェックで構成されます。
- **ヒープの検証** —— ヒープ全体は、ヒープの呼び出しごとに検証されます。
- **ヒープのタグ付けおよびスタックトレースのサポート** —— この機能は、割り当てへのタグの指定

のサポートと、ヒープ呼び出しのユーザーモードスタックトレースのキャプチャをサポートします。これらは、ヒープエラーの原因を絞り込むのに役立ちます。

　最初の3つのオプションは、プロセスがデバッガーの制御下で開始したとローダーが検出した場合、既定で有効化されます（デバッガーは、この動作を上書きし、これらの機能を無効化できます）。Gflagsツール（Debugging Tools for Windowsの一部）を使用してイメージヘッダー内のさまざまなデバッグフラグを設定することで、特定の実行可能イメージについてヒープデバッグ機能を指定することができます（次の項の実習、および本書下巻を参照してください）。あるいは、標準的なWindowsデバッガー内で!heapエクステンションコマンドを使用することで、ヒープデバッグオプションを有効化できます（詳しくは、デバッガーのヘルプを参照してください）。

　ヒープデバッグオプションを有効にすると、プロセス内のすべてのヒープに影響します。また、いずれかのヒープデバッグオプションが有効化された場合、低断片化ヒープ（LFH）が自動的に無効化され、ヒープコアが使用されます（要求されたデバッグオプションが有効化された状態で）。LFHは、拡張可能ではないヒープのためにも使用されなくなります（既存のヒープ構造体に余計なオーバーヘッドが追加されるため）。また、シリアル化が許可されていないヒープのためにも使用されなくなります。

5.4.9　ページヒープ

　前述した末尾チェックおよび空きチェックオプションは、問題が検出される前に発生した破損を発見する可能性があります。そこで、**ページヒープ**（PageHeap）と呼ばれる、追加のヒープデバッグ機能が提供されます。ページヒープは、すべてまたは一部のヒープ呼び出しを異なるヒープマネージャーに指示します。ページヒープは、Gflagsツール（Debugging Tools for Windowsの一部）を使用して有効化できます。ページヒープが有効化されると、ヒープマネージャーはページの末尾に割り当てを配置し、その直後のページを予約します。予約されたページはアクセス不能になるため、発生するすべてのバッファーオーバーランはアクセス違反を引き起こすようになり、問題のコードの検出が容易になります。オプションで、ページヒープはページの始まりにブロックを配置することもできます。その場合、直前のページが予約され、バッファーアンダーラン問題（まれに発生する）の検出に役立ちます。ページヒープは、任意のアクセスに対する、解放されたページの保護も可能です。ページヒープは、既に解放された後の、そのヒープブロックに対する参照を検出します。

　ページヒープを使用すると、（32ビットプロセスの）アドレス領域を使い果たしてしまう可能性があることに注意してください。なぜなら、小さな割り当てのために、かなりのオーバーヘッドが追加されるからです。また、デマンドゼロのページ参照の増加、ローカリティ（局所性）の欠如、およびヒープ構造体の検証のための頻繁な呼び出しによって生じる追加的なオーバーヘッドのために、パフォーマンスが低下する可能性もあります。特定サイズのブロック、アドレス範囲のブロック、もともとのDLLのブロックに対してのみ、ページヒープを指定することで、プロセスに対する影響を減らすことができます。

実習 ページヒープの使用

この実習では、メモ帳（Notepad.exe）のためにページヒープをオンにし、その効果を見ます。

1. メモ帳（Notepad.exe）を開始します。

2. タスクマネージャーを開き、［詳細］タブをクリックします。列ヘッダーを右クリックして［列の選択］をクリックし、［列の選択］ダイアログボックスで［コミットサイズ］にチェックを入れて［OK］ボタンをクリックします。これにより、［詳細］タブの一覧に［コミットサイズ］列が表示されるようになります。

3. ステップ1で開始したnotepad.exeのインスタンスのコミットサイズを確認します。

4. Debugging Tools for Windowsのインストール先のディレクトリ（WinDbg.exeやKd.exeと同じディレクトリ）にあるGflags.exeを実行します（ユーザーアカウント制御による特権の昇格が要求されます）。

5. ［Global Flags］ダイアログボックスが表示されるので、［Image File］タブをクリックします。[*9]

6. ［Image］フィールド内に**notepad.exe**と入力し、**Tab**キーを押します。これにより、さまざまなオプションを有効化できるようになります。

7. ［Enable page heap］チェックボックスをオンにします。ダイアログボックスは次のスクリーンショットのような表示になります。

8. ［適用］ボタンをクリックします。

9. メモ帳（Notepad.exe）のもう1つのインスタンスを開始します（最初のインスタンスは閉じないでおいてください）。

10. タスクマネージャーで、2つのnotepad.exeインスタンスのコミットサイズを比較します。どちらのnotepad.exeプロセスも空の状態（テキスト入力やファイル操作などを何もしていない状態）であるにも関わらず、2番目に開始したインスタンスのコミットサイズがずっと大きいところに注目してください。次ページのスクリーンショットは64ビットWindows 10の例です。

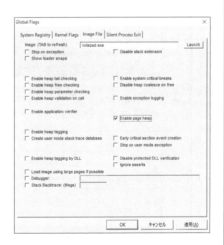

[*9] 訳注：Gflags.exeをオプションなしで実行すると、GUIのダイアログボックスが表示されます。ただし、このGUIはGflags.exeと同じディレクトリにGflagsUI.dllが存在しない場合、表示されません。Debugging Tools for Windowsのインストールに使用したパッケージやバージョンによっては、GflagsUI.dllが同梱されていない場合があります。例えば、Windows 10バージョン1607用のWindows Driver Kit（WDK）やWindowsソフトウェア開発キット（SDK）には含まれませんが、Windows 10バージョン1703用やバージョン1709用のものには含まれます。GflagsUI.dllが見つからない場合は、新しいバージョンのWDKやWindows SDKに入れ替えてください。あるいは、WDKやWindows SDKを新しいバージョンに入れ替えなくても、別のコンピューターにインストールされているDLLをコピーして使用することで代替できます。

11. 余計に割り当てられたメモリを、より詳しく知るために、Windows SysinternalsのVMMapユーティリティを使用します。メモ帳のプロセスがまだ実行されている状態で、VMMap.exeを開き、ページヒープを使用しているほうのnotepad.exeインスタンスを選択します。

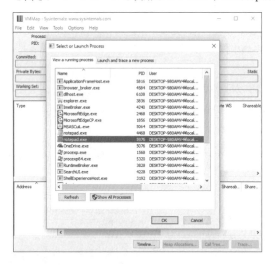

12. VMMapユーティリティの別のインスタンスを開き、もう1つのnotepad.exeインスタンスを選択します。VMMapユーティリティの2つのウィンドウを横に並べて配置します。

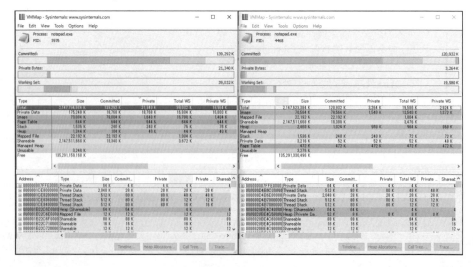

13. コミットサイズの違いが、明らかにプライベートデータ（Private Data）を示す黄色の部分に見えることに注目してください。

14. 2つのVMMapウィンドウの両方で、ウィンドウの中央に表示されている一覧のPrivate Dataの行をクリックし、一覧の下に表示される部分を参照します（以下の例では、[Size]列でソートしています）。

15. 左の画面（ページヒープありのnotepad.exe）は、明らかに多くのメモリを消費しています。16,384KB（32ビットシステムの場合は1,024KB）のチャンクの1つを展開してみてください。次のように見えるはずです。

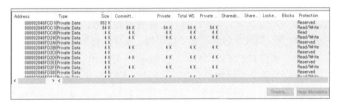

16. 明らかに、コミット済みページの間に予約済みページを確認することができます。これは、バッファーオーバーランおよびバッファーアンダーランを捕捉するのに役立つものであり、ページヒープが提供しています。最後に、[Global Flags]ダイアログボックスで[Enable page heap]チェックボックスをオフにし、[適用]または[OK]ボタンをクリックして、以後のメモ帳の実行がページヒープなしで実行されるように戻してください。

ページヒープについてさらに詳しくは、Debugging Tools for Windowsのヘルプを参照してください。

5.4.10 フォールトトレラントヒープ

マイクロソフトは、アプリケーションエラーの最も一般的な原因の1つとして、ヒープメタデータの破損を特定しました。Windowsが提供する「フォールトトレラントヒープ（Fault Tolerant Heap：FTH）」と呼ばれる機能は、これらの問題を軽減するとともに、アプリケーション開発者に対して問題解決に役立つリソースを提供します。FTHは、2つの主要なコンポーネントに実装されています。

- 検出コンポーネント（FTHサーバー）
- 軽減コンポーネント（FTHクライアント）

検出コンポーネントはFthsvc.dllという名前のDLLであり、Windowsセキュリティセンターサービス（Wscsvc.dll、サービス名はSecurity Center）[10]によって読み込まれます。Windowsセキュリティセンターサービスは、LOCAL SERVICEアカウントの権限で実行される、Svchost.exeプロセスによってホストされるプロセスであり、Windowsエラー報告（WER）サービスによってアプリケーションのクラッシュを通知します。

例えば、アプリケーションがNtdll.dllでクラッシュし、アクセス違反またはヒープ破損例外を示すエラー状態が報告されたとしましょう。それがFTHが監視するアプリケーションのリストにまだ存在しない場合、サービスはアプリケーションのFTHデータを保持するための「チケット」を作成します。アプリケーションが、その後、1時間あたり4回以上クラッシュした場合、FTHサーバーは、将来、FTHクライアントを使用するようにアプリケーションを構成します。

FTHクライアントは、1つのアプリケーション互換性Shim（FaultTolerantHeap Shim）です。このメカニズムはWindows XPから使用されているもので、古いバージョンのWindowsの特定の振る舞いに依存するアプリケーションを、新しいバージョンのWindowsシステムで実行できるようにします。このケースの場合、Shimメカニズムがヒープルーチンに対する呼び出しをインターセプトし、それを独自のコードにリダイレクトします。FTHコードは、さまざまなヒープ関連エラーがあっても、アプリケーションの実行継続を可能にする、さまざまな軽減策を実装しています。

例えば、小さなバッファーオーバーランエラーに対して保護するために、FTHは8バイトのパディング（埋め込み）と、FTH予約済み領域を各割り当てに追加します。解放後にアクセスされるヒープのブロックという一般的なシナリオに対処するために、HeapFree呼び出しは、一定の遅延の後に実行されます。解放されたブロックがリストに置かれると、リスト上のブロックの合計サイズが4MBを超えた時にのみ解放されます。実際にヒープの一部ではない領域を解放しようする試み、またはヒープの一部ではない領域のHeapFreeのヒープハンドル引数への指定は、単に無視されます。さらに、exitまたはRtlExitUserProcessが呼び出されたとしても、ブロックは実際に解放されません。

FTHサーバーは、軽減策がインストールされた後、そのアプリケーションのエラーの数を監視し続けます。エラー数が改善しない場合、その軽減策は削除されます。

フォールトトレラントヒープのアクティビティは、イベントビューアーで確認できます。具体的には、次のステップで操作します。

1. イベントビューアーを開きます。例えば、［ファイル名を指定して実行］を開き、**eventvwr.msc** と入力します。

2. 左側のペインで、［イベントビューアー（ローカル）］の下の［アプリケーションとサービスログ］をクリックして展開し、［Microsoft］－［Windows］－［Fault-Tolerant-Heap］を展開します。

3. ［Operational］ログをクリックして開き、記録されているイベントを確認します。

4. FTHを完全に無効化することもできます。それには、レジストリキー HKLM¥SOFTWARE¥Microsoft¥FTHにあるEnabled値に0を設定します。

レジストリキー HKLM¥SOFTWARE¥Microsoft¥FTHには、他にもさまざまなFTHの設定が含まれます。例えば、前述した解放の遅延（MaximumDelayFreeOverheadInMBs値）、実行可能イメー

---

[10] 訳注：Windows 10バージョン1703以降に組み込まれた「Windows Defenderセキュリティセンター」アプリ、およびWindows 10バージョン1709に追加された「Windows Defenderセキュリティセンターサービス」（SecurityHealthService.exe）サービスとは違うものです（その後、「Windows Defenderセキュリティセンター」のアプリとサービスは「Windowsセキュリティ」に改称されています）。Security Centerサービスとこれらを混同しないようにしてください。

ジの例外リスト（ExclusionList値、既定でsmss.exe、csrss.exe、wininit exe、services.exe、winlogon.exe、taskhost.exeなどのシステムプロセスが設定されています）です。FTHが順番に監視を開始するモジュールと例外の種類（およびいくつかのフラグ）を含む、ルールリスト（RuleList値）もあります。既定では、Ntdll.dll内のヒープ問題を示す例外の種類STATUS_ACCESS_VIOLATION（0xC0000005）を監視する規則と、任意のバイナリのヒープ破損例外（0xC0000374）を監視する規則がリストに設定されています。

　FTHは、通常、サービスを対象としていません。また、パフォーマンスの理由から、Windows ServerシステムではFTHが無効になっています。[11]システム管理者は、Microsoft Application Compatibility Toolkit（ACT）[12]を使用して、アプリケーションやサービスの実行可能イメージに対して、マニュアルでFaultTolerantHeap Shimを適用することができます。

5.5 仮想アドレス空間レイアウト

　この節では、ユーザーおよびシステムアドレス領域内のコンポーネントについて説明し、その後、32ビット（x86およびARM）および64ビット（x64）システムに固有のレイアウトについて説明します。ここでの情報は、これらのプラットフォームにおける、プロセスとシステムの仮想メモリの制限を理解する上で役に立つでしょう。

　Windowsでは、仮想アドレス領域に主要な3種類のデータがマップされます。

- **プロセスごとのプライベートコードおよびデータ** —— 第1章で説明したように、各プロセスは他のプロセスからはアクセスできないプライベートアドレス領域（Private Address Space）を持ちます。つまり、仮想アドレスは常に現在のプロセスのコンテキストで評価され、他のプロセスによって定義されたアドレスを参照することはできません。そのため、プロセス内のスレッドは、このプライベートアドレス領域の外部の仮想アドレスに決してアクセスすることはできません。共有メモリでさえ、この規則の例外にはなりません。なぜなら、共有メモリの領域は、関係するすべてのプロセスにマップされ、各プロセスはプロセスごとのアドレスを使用してアクセスするからです。同様に、プロセス間メモリ関数（ReadProcessMemoryおよびWriteProcessMemory）は、対象のプロセスのコンテキスト内でカーネルモードコードを実行することにより操作します。**ページテーブル**と呼ばれる、プロセスの仮想アドレス領域については、この章の「5.6 アドレス変換」の節で説明します。各プロセスは独自のページテーブルのセットを持ちます。プロセスのページテーブルは、カーネルモードだけがアクセス可能なページに格納されるため、プロセス内のユーザーモードスレッドはプロセスのアドレス空間レイアウトを変更することはできません。

- **セッション全体のコードおよびデータ** —— セッション領域（Session Space）は、各セッション共通の情報を含みます（セッションについては第2章で説明しました）。1つのセッションは複数のプロセスとその他のシステムオブジェクトで構成されます。システムオブジェクトには、1つのユーザーログオンセッションを表すウィンドウステーション（Window Station）、デスクトップ

---

[11] 訳注：FTHはWindows 7およびWindows Server 2008 R2で初めて導入されましたが、フル機能はクライアントバージョンでのみサポートされます。例えば、Windows Server 2012 R2以前はfthsvc.dllを搭載していません。Windows Server 2016では、FTHのフル機能がサーバーでもサポートされ、既定で有効になっています（HKLM¥SOFTWARE¥Microsoft¥FTHのEnabled値が既定で1）。

[12] 訳注：Windows 10用ACTは「アプリケーション互換ツール」として、Windowsアセスメント＆デプロイメントキット（Windows ADK）for Windows 10に含まれます。

（Desktop）、およびウィンドウ（Window）などがあります。各セッションはセッション固有のページプール領域を持ち、その領域はセッションプライベートなグラフィックスデバイスインターフェイス（GDI）データ構造体を割り当てるためにWindowsサブシステム（Win32k.sys）のカーネルモードの部分によって使用されます。また、各プロセスはWindowsサブシステムプロセス（Csrss.exe）とログオンプロセス（Winlogon.exe）のセッション専用のコピーを持ちます。Windowsセッションマネージャーのプロセス（Smss.exe）は、新しいセッションの作成を担当します。この役割には、Win32k.sysのセッション専用のコピーの読み込み、セッション専用のオブジェクトマネージャー名前空間（オブジェクトマネージャーについては、本書下巻で説明します）、Csrss.exeおよびWinlogon.exeプロセスのセッション固有のインスタンスの作成が含まれます。セッションを仮想化するために、すべてのセッション全体のデータ構造体は、セッション領域と呼ばれるシステム領域の部分にマップされます。プロセスが作成されると、プロセスが属するセッションに関連付けられたページにこのアドレス範囲がマップされます。

- **システム全体のコードおよびデータ** —— システム領域（System Space）は、現在実行中のプロセスに関係なく、カーネルモードコードから参照可能なグローバルなオペレーティングシステムコードおよびデータ構造体を含みます。システム領域は、以下のコンポーネントで構成されます。
  - **システムコード** —— システムをブートするのに使用される、OSイメージ、ハードウェア抽象化レイヤー（HAL）、およびデバイスドライバーを含みます。
  - **非ページプール** —— ページングできないシステムメモリヒープです。
  - **ページプール** —— ページング可能なシステムメモリヒープです。
  - **システムキャッシュ** —— システムキャッシュ内で開くファイルをマップするのに使用される仮想アドレス領域です（詳しくは、本書下巻で説明します）。
  - **システムページテーブルエントリ（システムPTE）** —— I/O領域、カーネルスタック、メモリ記述子リスト（MDL）など、システムページをマップするのに使用されるシステムPTEのプールです。利用可能なシステムPTEの数は、パフォーマンスモニターを使用して、Memory: Free System Page Table Entriesカウンターの値を調べます。
  - **システムワーキングセットリスト** —— システムキャッシュ、ページプール、システムPTEの3つのシステムワーキングセットを表すワーキングセットリストのデータ構造体です。
  - **システムマップビュー** —— 読み込み可能なWindowsサブシステムのカーネルモード部分であるWin32k.sysをマップするために使用されます。カーネルモードのグラフィックスドライバーがこれを使用します（Win32k.sysについては、第2章で詳しく説明しました）。
  - **ハイパースペース（Hyperspace）** —— 任意のプロセスのコンテキストからアクセス可能である必要がない、プロセスワーキングセットリストとその他のプロセスごとのデータをマップするために使用される特別な領域です。また、ハイパースペースは、システム領域に物理ページを一時的にマップするためにも使用されます。その一例は、ページがスタンバイページリストから削除されたときに、現在のプロセス以外のプロセスのページテーブル内のPTEを無効化することです。
  - **クラッシュダンプ情報** —— システムクラッシュの状態に関する情報を記録するために予約されたものです。
  - **HAL用** —— HAL固有の構造体のために予約されたシステムメモリです。

Windowsにおける仮想アドレス領域の基本的なコンポーネントについて説明しました。それでは、x86、ARM、およびx64プラットフォームに固有のレイアウトについて見ていきましょう。

5.5.1 x86アドレス空間レイアウト

既定では、32ビットバージョンのWindows上の各ユーザープロセスは、2GBのプライベートアドレス空間を持ちます（オペレーティングシステムが残りの2GBを使用します）。ただし、x86プラットフォームでは、ブート構成データ（BCD）のIncreaseUserVaオプションを使用して構成されたシステムは、最大3GBのユーザーアドレス空間を使用できます。これらの2つのアドレス空間レイアウトを、図5-10に示します。

32ビットプロセスに2GBを超える拡張を提供する機能は、32ビットアプリケーションが2GBアドレス領域でできるよりも多くのデータをメモリ内に保持したいというニーズを満たすために追加されました。当然のことながら、64ビットシステムは、ずっと大きなアドレス空間を提供します。

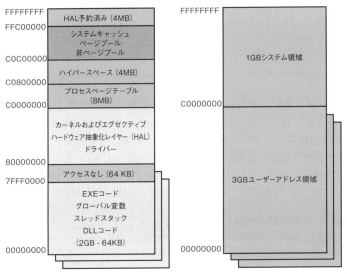

図5-10 x86仮想アドレス空間レイアウト（左は2GBの場合、右は3GBの場合）

プロセスが2GBのアドレス空間を超えて拡張できるようにするには、イメージのイメージヘッダー内にIMAGE_FILE_LARGE_ADDRESS_AWAREフラグがセットされている必要があります（グローバルなIncreaseUserVaブートオプションの設定に加えて）。それ以外の場合、アプリケーションが0x7FFFFFFFより大きい仮想アドレスを参照しないように、Windowsはそのプロセス用の追加のアドレス領域を予約します。追加の仮想メモリへのアクセスはオプトイン（明示的な指定が必要）です。なぜなら、一部のアプリケーションは、最大2GBのアドレス領域が与えられていると想定するからです。2GBより下にあるアドレスを参照するポインターの最上位ビットは常に0なので（2GBアドレス領域を参照するのに必要なのは31ビット）、そのようなアプリケーションは、ポインターの最上位ビットを自身のデータのためのフラグとして使用している場合があります（もちろん、データを参照する前にそのフラグをクリアします）。そのようなアプリケーションが3GBのアドレス領域で実行される場合、2GBより大きな値を持つポインターを不注意で削除してしまう可能性があります。その場合、プログラムはエラーを引き起こし、データが破損する可能性があります。IMAGE_FILE_LARGE_ADDRESS_AWAREフラグをセットするには、実行可能イメージをビルドする際に、**/LARGEADDRESSAWARE**リンカーフラグを指定します。あるいは、Visual Studioのプロパティページを使用します（［リンカー］の［システム］を開き、［大きいサイズのアドレス］を［はい

（/LARGEADDRESSAWARE）]に設定します）。Editbin.exe（Visual Studioのツールセット、および古いバージョンのWindowsソフトウェア開発キット（SDK）に含まれます）を使用すると、ビルドし直すことなく実行可能イメージにこのフラグを追加することもできます（ソースコードは必要ありません）。ただし、その場合、実行可能イメージが署名されていないことが前提です。なお、このフラグは、2GBのユーザーアドレス空間のシステム上で実行されるアプリケーションには効果がありません。

いくつかのシステムイメージは、大きなアドレス領域を認識するようにマークされており、プロセスが最大3GBのアドレス領域で実行されるシステムで利用されます。これには、以下のイメージがあります。

- **Lsass.exe** —— ローカルセキュリティ機関（LSA）サブシステム
- **Inetinfo.exe** —— インターネットインフォメーションサービス（IIS）
- **Chkdsk.exe** —— チェックディスクユーティリティ
- **Smss.exe** —— Windowsセッションマネージャー
- **Dllhst3g.exe** —— COM+アプリケーションのためのDllhost.exeの特別なバージョン（COMサロゲート）

実習 アプリケーションが大きいアドレスに対応しているかどうかをチェックする

Visual Studioのツールセットおよび古いバージョンのWindowsソフトウェア開発キット（SDK）に含まれるDumpbin.exeユーティリティを使用すると、任意の実行可能イメージが大きなアドレス領域の認識をサポートするかどうかを確認することができます。それには、/headersスイッチを指定して実行します。以下は、32ビット版Windows 10のWindowsセッションマネージャー（Smss.exe）について、Dumpbin.exeユーティリティを実行した場合の出力例です。

```
C:¥>dumpbin /headers c:¥windows¥system32¥smss.exe
Microsoft (R) COFF/PE Dumper Version 14.00.24213.1
Copyright (C) Microsoft Corporation. All rights reserved.


Dump of file c:¥windows¥system32¥smss.exe

PE signature found

File Type: EXECUTABLE IMAGE

FILE HEADER VALUES
             14C machine (x86)
               5 number of sections
        57898F8A time date stamp Sat Jul 16 04:36:10 2016
               0 file pointer to symbol table
               0 number of symbols
              E0 size of optional header
             122 characteristics
                   Executable
                   Application can handle large (>2GB) addresses
                   32 bit word machine
```

第5章 メモリ管理 | 387

　最後に、VirtualAlloc、VirtualAllocEx、およびVirtualAllocExNumaを使用したメモリ割り当てについて説明します。これらの関数は、既定で下位の仮想アドレスから開始し、上位のアドレスに向かってメモリを割り当てていきます。プロセスが多くのメモリを割り当てていない限り、またはプロセスがかなり断片化されている仮想アドレス領域を持たない限り、それほど上位の仮想アドレスを返すことは決してありません。そのため、テスト目的のために、上位のアドレスから（下位アドレスに向かって）開始するようにメモリ割り当てを強制する方法が用意されています。具体的には、VirtualAlloc*関数にMEM_TOP_DOWNフラグを使用する、またはレジストリキーのHKLM¥SYSTEM¥CurrentControlSet¥Control¥Session Manager¥Memory ManagementにAllocationPreferenceという名前のDWORD型のレジストリ値を追加して値に0x100000を設定します。

　次の出力結果は、IncreaseUserVaオプションを使用していない32ビットWindowsコンピューター上で、Windows SysinternalsのTestLimitユーティリティ（この章の最初のほうの実習でも使用しました）を実行してメモリリークを発生させたものです。

```
C:¥Windows¥System32>Testlimit.exe -r

Testlimit v5.24 - test Windows limits
Copyright (C) 2012-2015 Mark Russinovich
Sysinternals - www.sysinternals.com

Process ID: 5500

Reserving private bytes (MB)...
Leaked 1978 MB of reserved memory (1940 MB total leaked). Lasterror: 8
このコマンドを実行するための十分な記憶域がありません。
```

　プロセスによるメモリの予約の管理は、2GB制限で終わっています（ただし、プロセスはまだ終了していません）。プロセスのアドレス領域は、EXEコードを持ち、さまざまなDLLがマップされます。そのため、通常のプロセスが、アドレス領域全体を予約することが不可能なのは当然のことです。

　同じシステムにおいて、3GBのアドレス領域に切り替えるには、コマンドプロンプトを管理者として開き、次のコマンドを実行します。

```
C:¥Windows¥System32>bcdedit /set IncreaseUserVa 3072
この操作を正しく終了しました。
```

　このコマンドの引数には、2,048（既定の2GB）から3,072（最大の3GB）の間の任意の数字（MB単位で）を指定することができます。設定の変更を反映させるためシステムを再起動したら、TestLimitユーティリティをもう一度実行します。

```
C:¥Tools¥Sysinternals>Testlimit.exe -r

Testlimit v5.24 - test Windows limits
Copyright (C) 2012-2015 Mark Russinovich
Sysinternals - www.sysinternals.com

Process ID: 2308
```

```
Reserving private bytes (MB)...
Leaked 2999 MB of reserved memory (2999 MB total leaked). Lasterror: 8
このコマンドを実行するための十分な記憶域がありません。
```

今度は、TestLimitユーティリティは期待どおりに3GBまでメモリリークを引き起こすことができます。これが可能な理由は、TestLimit.exeが**/LARGEADDRESSAWARE**リンカーフラグ付きでリンクされているからです。そうでない場合、実行結果はIncreaseUserVaオプションなしでブートしたシステムと基本的に同じになります。

メモ
システムのプロセスごとのアドレス領域を通常の2GBに戻すには、**bcdedit /deletevalue IncreaseUserVa**コマンドを管理者権限で実行します。

5.5.2 x86システムアドレス空間レイアウト

32ビットバージョンのWindowsは、仮想アドレスアロケーターを使用した、動的なシステムアドレス空間レイアウトを実装しています（この機能については、この項で後ほど説明します）。前の項の図5-10に示したように、まだ、特別に予約された領域がいくつか存在します。しかしながら、多くのカーネルモード構造体は、動的なアドレス領域割り当てを使用します。そのため、これらの構造体は、事実上、それぞれが連続している必要はありません。各構造体は、システムアドレス領域のさまざまな領域に、ばらばらな部分に分かれて存在することが簡単にできます。このような方法で割り当てられるシステムアドレス領域の使用としては、次のものがあります。

- 非ページプール
- ページプール
- 特別なプール
- システムページテーブルエントリ（システムPTE）
- システムマップビュー
- ファイルシステムキャッシュ
- ページフレーム番号（PFN）データベース
- セッション領域

5.5.3 x86セッション領域

複数のセッションを持つシステムでは（セッション0はシステムプロセスとサービスで使用され、セッション1は最初のログオンユーザーのために使用されるため、ほとんどのシステムは常に複数のセッションを持ちます）、各セッションの一意のコードとデータは、システムアドレス領域にマップされ、セッション内のプロセスで共有されます。図5-11は、セッション領域の一般的なレイアウトを示しています。セッション領域のコンポーネントのサイズは、カーネルシステムアドレス領域の残りとちょうど同じように、メモリマネージャーによってオンデマンドで動的に構成され、サイズが変更されます。

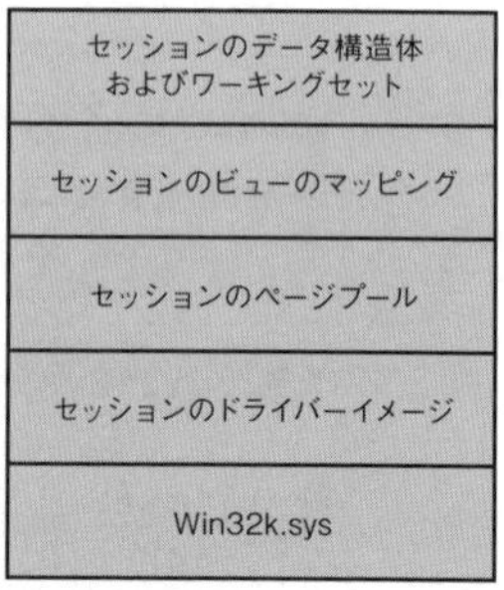

セッションのデータ構造体およびワーキングセット
セッションのビューのマッピング
セッションのページプール
セッションのドライバーイメージ
Win32k.sys

図5-11 x86セッション領域のレイアウト（各ボックスのサイズはアドレス領域のサイズに比例していません）

第5章 メモリ管理 389

実習 セッションを参照する

セッションIDを調べることで、どのプロセスがどのセッションのメンバーなのか、知ることができます。それには、タスクマネージャー、Process Explorer、またはカーネルデバッガーを使用します。カーネルデバッガーを使用する場合は、次のように!sessionエクステンションコマンドを使用して、アクティブなセッションの一覧を取得します。

```
lkd> !session
Sessions on machine: 3
Valid Sessions: 0 1 2
Current Session 2
```

次に、!session -sコマンドを使用して、アクティブなセッションを指定し、そのセッションのデータ構造体のアドレスを表示します、また、!sprocessエクステンションコマンドを使用して、セッション内のプロセスの一覧を取得します。

```
lkd> !session -s 1
Sessions on machine: 3
Implicit process is now d4921040
Using session 1

lkd> !sprocess
Dumping Session 1
_MM_SESSION_SPACE d9306000
_MMSESSION d9306c80
PROCESS d4921040
    SessionId: 1  Cid: 01d8    Peb: 00668000    ParentCid: 0138
    DirBase: 179c5080  ObjectTable: 00000000  HandleCount:   0.
    Image: smss.exe
PROCESS d186c180
    SessionId: 1  Cid: 01ec    Peb: 00401000    ParentCid: 01d8
    DirBase: 179c5040  ObjectTable: d58d48c0  HandleCount: <Data Not
Accessible>
    Image: csrss.exe
PROCESS d49acc40
    SessionId: 1  Cid: 022c    Peb: 03119000    ParentCid: 01d8
    DirBase: 179c50c0  ObjectTable: d232e5c0  HandleCount: <Data Not
Accessible>
    Image: winlogon.exe
PROCESS dc0918c0
    SessionId: 1  Cid: 0374    Peb: 003c4000    ParentCid: 022c
    DirBase: 179c5160  ObjectTable: dc28f6c0  HandleCount: <Data Not
Accessible>
    Image: LogonUI.exe
PROCESS dc08e900
    SessionId: 1  Cid: 037c    Peb: 00d8b000    ParentCid: 022c
```

```
    DirBase: 179c5180  ObjectTable: dc249640  HandleCount: <Data Not
Accessible>
    Image: dwm.exe
```

セッションの詳細情報を参照するには、次のようにdtコマンドを使用してMM_SESSION_
SPACE構造体をダンプします。

```
lkd> dt nt!_mm_session_space d9306000
    +0x000 ReferenceCount     : 0n4
    +0x004 u                  : <unnamed-tag>
    +0x008 SessionId          : 1
    +0x00c ProcessReferenceToSession : 0n6
    +0x010 ProcessList        : _LIST_ENTRY [ 0xd4921128 - 0xdc08e9e8 ]
    +0x018 SessionPageDirectoryIndex : 0x1617f
    +0x01c NonPagablePages    : 0x28
    +0x020 CommittedPages     : 0x290
    +0x024 PagedPoolStart     : 0xc0000000 Void
    +0x028 PagedPoolEnd       : 0xffbfffff Void
    +0x02c SessionObject      : 0xd49222b0 Void
    +0x030 SessionObjectHandle : 0x800003ac Void
    +0x034 SessionPoolAllocationFailures : [4] 0
    +0x044 ImageTree          : _RTL_AVL_TREE
    +0x048 LocaleId           : 0x409
    +0x04c AttachCount        : 0
    +0x050 AttachGate         : _KGATE
    +0x060 WsListEntry        : _LIST_ENTRY [ 0xcdcde060 - 0xd6307060 ]
    +0x080 Lookaside          : [24] _GENERAL_LOOKASIDE
    +0xc80 Session            : _MMSESSION
```

実習 セッション領域の使用状況を参照する

カーネルデバッガーで!vm 4コマンドを使用すると、セッション領域のメモリ使用状況を参照
することができます。例えば、以下の出力結果は、現在、リモートデスクトップ接続を持つ32
ビットバージョンのWindowsクライアントシステムで取得したものです。出力結果には、既定
の2つのセッションにリモートセッションを加えた、合計3つのセッションがあります（各セッ
ションのアドレスは、前の実習で見たMM_SESSION_SPACEオブジェクトのアドレスです）。

```
lkd> !vm 4
...
Terminal Server Memory Usage By Session:
Session ID 0 @ d6307000:
Paged Pool Usage:      2012 Kb
NonPaged Usage:         108 Kb
Commit Usage:          2292 Kb
```

```
Session ID 1 @ d9306000:
Paged Pool Usage:      2288 Kb
NonPaged Usage:         160 Kb
Commit Usage:          2624 Kb


Session ID 2 @ cdcde000:
Paged Pool Usage:      7740 Kb
NonPaged Usage:         208 Kb
Commit Usage:          8144 Kb


Session Summary
Paged Pool Usage:     12040 Kb
NonPaged Usage:         476 Kb
Commit Usage:         13060 Kb
```

5.5.4 | システムページテーブルエントリ（システムPTE）

システムページテーブルエントリ（システムPTE）は、I/O領域、カーネルスタック、メモリ記述子リスト（MDL、第6章でも説明します）を動的にマップするために使用されます。システムPTEは、無限のリソースではありません。32ビットWindowsにおける、利用可能なシステムPTEの数は、理論上、2GBの連続したシステム仮想アドレス領域を表現できる程度です。64ビットWindows 10およびWindows Server 2016では、システムPTEは最大16TBの連続した仮想アドレス領域を表現できます。

実習 システムPTEの情報を参照する

利用可能なシステムページテーブルエントリ（システムPTE）数は、パフォーマンスモニターでMemory: Free System Page Table Entriesカウンターを調べることで、あるいはデバッガーで!sysptesまたは!vmエクステンションコマンドを使用することで、確認することができます。また、メモリ状態変数（MiState、Windows 8/8.1およびWindows Server 2012/2012 R2の場合はMiSystemPteInfoグローバル変数）の一部である_MI_SYSTEM_PTE_TYPE構造体をダンプすることもできます。_MI_SYSTEM_PTE_TYPE構造体のダンプからは、システム上でシステムPTEの割り当てが失敗した数を知ることもできます。

```
kd> !sysptes
System PTE Information
  Total System Ptes 216560

    starting PTE: c0400000

  free blocks: 969   total free: 16334   largest free block: 264

kd> ? MiState
Evaluate expression: -2128443008 = 81228980
```

```
kd> dt nt!_MI_SYSTEM_INFORMATION SystemPtes
   +0x3040 SystemPtes : _MI_SYSTEM_PTE_STATE

kd> dt nt!_mi_system_pte_state SystemViewPteInfo 81228980+3040
   +0x10c SystemViewPteInfo : _MI_SYSTEM_PTE_TYPE

kd> dt nt!_mi_system_pte_type 81228980+3040+10c
   +0x000 Bitmap              : _RTL_BITMAP
   +0x008 BasePte             : 0xc0400000 _MMPTE
   +0x00c Flags               : 0xe
   +0x010 VaType              : c ( MiVaDriverImages )
   +0x014 FailureCount        : 0x8122bae4 -> 0
   +0x018 PteFailures         : 0
   +0x01c SpinLock            : 0
   +0x01c GlobalPushLock      : (null)
   +0x020 Vm                  : 0x8122c008 _MMSUPPORT_INSTANCE
   +0x024 TotalSystemPtes     : 0x120
   +0x028 Hint                : 0x2576
   +0x02c LowestBitEverAllocated : 0xc80
   +0x030 CachedPtes          : (null)
   +0x034 TotalFreeSystemPtes : 0x73
```

　システムPTEの失敗数が大きい場合、システムPTEのリークの問題や可能性を示しています。たくさんのシステムPTEの失敗を確認した場合は、システムPTE追跡機能を有効化できます。それには、レジストリキー HKLM¥SYSTEM¥CurrentControlSet¥Control¥Session Manager¥Memory Management にDWORD型の新しい値を作成し、TrackPtesという名前に設定して、値に1をセットします。次に、!sysptes 4 コマンドを使用して、割り当てに失敗したシステムPTEに関する情報を取得します。

5.5.5 | ARMアドレス空間レイアウト

　図5-12に示すように、ARMアドレス空間レイアウトは、x86アドレス空間レイアウトとほとんど同じです。メモリマネージャーは、純粋にメモリ管理の観点から、ARMベースのシステムをx86システムと同じように扱います。両者の違いはアドレス変換レイヤーの部分にあります。これについては、この章の「5.6　アドレス変換」の節で説明します。

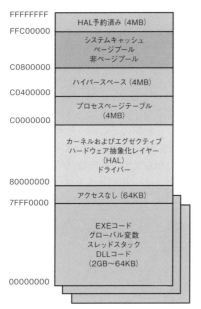

図5-12　ARM仮想アドレス空間レイアウト

5.5.6　64ビットアドレス空間レイアウト

　64ビット仮想アドレス空間は理論上、16エクサバイト（EB）、つまり18,446,744,073,709,551,616バイトです。現在のプロセッサは、48ビットのアドレス行だけに制限されており、利用可能なアドレス領域の上限は256TB（2の48乗）になります。このアドレス領域は2分割され、128TBより下位はユーザープロセスのプライベートアドレス領域として利用可能であり、128TBより上位はシステム領域として利用可能です。システム領域は、図5-13に示すように、いくつかの異なるサイズの領域に分けられます（Windows 10およびWindows Server 2016の場合）。明らかに64ビットは、32ビットとは対照的に、アドレス空間のサイズの観点で、驚異的な飛躍をもたらします。最新バージョンのWindowsでは、カーネル領域がアドレス空間レイアウトのランダム化（ASLR）の影響を受けるため、さまざまなカーネルセクションの実際の開始アドレスは必ずしもこの図のとおりにはなりません。

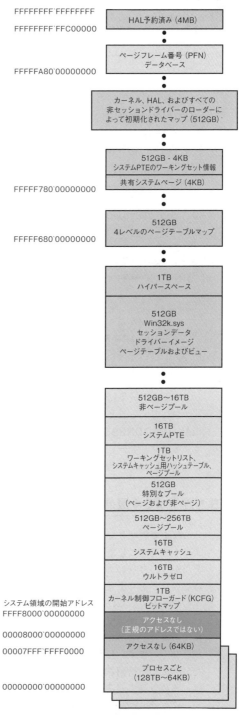

図5-13　x64アドレス空間レイアウト

> **メモ**
> Windows 8 x64 および Windows Server 2012 のアドレス領域は、16TB までに制限されます。これは、Windows の実装上の制約であり、本書の第6版下巻の第10章で説明しました。16TB のうち、8TB はプロセスごと、残り 8TB はシステム領域に使用されます。

　大きなアドレス領域に対応した32ビットイメージは、64ビットWindows（WOW64の下で）上で実行した場合に、追加の利益を受け取ることができます。そのようなイメージは、ユーザーアドレス領域で利用可能な4GBのすべてを実際に受け取ることができます。結局のところ、そのイメージが3GBポインターをサポートしているか、4GBポインターをサポートしているかに違いはありません。2GBから3GBへの切り替えとは異なり、追加のビットは発生しないからです。次の出力結果は、32ビット版のTestLimitユーティリティ（TestLimit.exe、64ビット版のTestLimit64.exeではなく）が、64ビットWindowsシステム上で予約したアドレス領域を示しています。

```
C:\Tools\Sysinternals>Testlimit.exe -r

Testlimit v5.24 - test Windows limits
Copyright (C) 2012-2015 Mark Russinovich
Sysinternals - www.sysinternals.com

Process ID: 264

Reserving private bytes (MB)...
Leaked 4008 MB of reserved memory (4008 MB total leaked). Lasterror: 8
このコマンドを実行するための十分な記憶域がありません。
```

　このような結果になるのは、TestLimit.exe が **/LARGEADDRESSAWARE** リンカーフラグ付きでリンクされていることに由来します。このフラグがない場合、予約できるのは約2GBになったでしょう。**/LARGEADDRESSAWARE** リンカーフラグなしでリンクされた64ビットアプリケーションは、32ビットアプリケーションと同じように、2GBのプロセス仮想アドレス空間の制約を受けます（このフラグは、Visual Studioの64ビットビルドでは既定でセットされます）。

5.5.7 x64仮想アドレス指定の制限

　これまで説明してきたように、64ビットの仮想アドレス空間は、最大16エクサバイト（EB）の仮想メモリを可能にします。これは、32ビットアドレス指定の4GBを超える顕著な改善点です。当然のことながら、今日のコンピューターも、将来のコンピューターも、それほど巨大なメモリをサポートする必要などありません。

　したがって、特にアドレス変換（後述）において、チップアーキテクチャを簡素化し、不必要なオーバーヘッドを回避するために、AMDとIntelの現在のx64プロセッサは、256TBの仮想アドレス領域までの実装となっています。つまり、64ビット仮想アドレスの実装のうち、下位の48ビットのみが実装されています。しかし、仮想アドレスは依然として64ビット幅であり、レジスタ内にあるとき、またはメモリに格納されたとき、8バイトを占有します。上位16ビット（第48ビット〜第63ビット）には、実装されているビットの最上位ビット（第47ビット）と同じ値がセットされている必要があります。これは、2の補数演算での符号拡張と同様の方式です。この規則に従うアドレスは、**正規のアドレス**（Canonical Address）であると言われています。

第5章 メモリ管理　　395

この規則の下で、アドレス領域の下位半分は期待どおりに0x0000000000000000から始まり、0x000 07FFFFFFFFFFFで終わります。上位半分のアドレス領域は0xFFFF800000000000で始まり、0xFF FFFFFFFFFFFFFFで終わります。アドレス領域の正規の部分は、それぞれ128TBです。将来のプロセッサが、さらに多くのアドレスビットを実装すると、下位半分のメモリは0x7FFFFFFFFFFFF FFFまで拡張され、上位半分のメモリは0x8000000000000000から上に拡張されるでしょう。

5.5.8 | 動的なシステム仮想アドレス領域の管理

32ビットバージョンのWindowsは、この項で説明する、カーネル内部の仮想アロケーターメカニズムを介してシステムアドレス領域を管理します。現在、64ビットバージョンのWindowsは、各領域が静的に定義されているため（前の項の図5-13を参照）、仮想アドレス領域の管理のためにアロケーターを使用する必要がありません（このためのコストも必要なくなります）。

システムが初期化されるとき、MiInitializeDynamicVa関数が基本となる動的範囲をセットアップし、利用可能な仮想アドレスを利用可能なすべてのカーネル領域にセットします。次に、ブートローダーイメージ、プロセス領域（ハイパースペース）、およびハードウェア抽象化レイヤー（HAL）のために、そのアドレス領域の範囲を初期化します。これにはMiInitializeSystemVaRange関数が使用され、ハードコードされたアドレス領域がセットされます（32ビットシステムのみ）。後で、非ページプールが初期化されるとき、この関数が再び使用され、非ページプール用の仮想アドレス領域を予約します。最後に、ドライバーが読み込まれるたびに、そのアドレス領域はドライバーイメージ範囲としてラベル付けされ、ブート時に読み込まれた範囲の代わりに使用されます。

この時点から以降、残りのシステム仮想アドレス領域は、MiObtainSystemVa（および同類のMiObtainSessionVa）およびMiReturnSystemVaを通して動的に要求され、リリースできるようになります。システムキャッシュ、システムページテーブルエントリ（システムPTE）、非ページプール、ページプール、特別なプールの拡張、ラージページを使用したメモリのマップ、ページフレーム番号（PFN）データベースの作成、新しいセッションの作成といった操作は、すべて特定の範囲からの動的な仮想アドレス割り当てによって行われます。

カーネルの仮想アドレス領域のアロケーターが特定の種類の仮想アドレスで使用する仮想メモリ範囲を取得するたびに、新しい割り当て範囲のための仮想アドレスの種類を含むMiSystemVaType配列が更新されます。MiSystemVaTypeに現れる可能性がある値を表5-8に示します。

表5-8　システム仮想アドレスの種類

領域	説明	制限
MiVaUnused（0）	未使用	―
MiVaSessionSpace（1）	セッション領域用のアドレス	可能
MiVaProcessSpace（2）	プロセスアドレス領域用のアドレス	不可
MiVaBootLoaded（3）	ブートローダーによって読み込まれたイメージ用のアドレス	不可
MiVaPfnDatabase（4）	ページフレーム番号（PFN）データベース用のアドレス	不可
MiVaNonPagedPool（5）	非ページプール用のアドレス	可能
MiVaPagedPool（6）	ページプール用のアドレス	可能
MiVaSpecialPoolPaged（7）	特別なプール（ページ）用のアドレス	不可
MiVaSystemCache（8）	システムキャッシュ用のアドレス	不可
MiVaSystemPtes（9）	システムページテーブルエントリ（システムPTE）用のアドレス	可能

領域	説明	制限
MiVaHal (10)	ハードウェア抽象化レイヤー（HAL）用のアドレス	不可
MiVaSessionGlobalSpace (11)	セッショングローバル領域用のアドレス	不可
MiVaDriverImages (12)	読み込まれたドライバーイメージ用のアドレス	不可
MiVaSpecialPoolNonPaged (13)	特別なプール（非ページ）用のアドレス	可能
MiVaSystemPtesLarge (14)	ラージページPTE用のアドレス	可能

　仮想アドレス領域をオンデマンドで動的に予約する機能により、仮想メモリのより良い管理が可能になりますが、このメモリを解放する機能なしでは役に立たないでしょう。そのため、ページプールまたはシステムキャッシュが縮小可能になったとき、あるいは特別なプールとラージページのマップが解放されたとき、関連する仮想アドレスは解放されます。別のケースとしては、ブートレジストリ（ブート時開始ドライバー）が処理されるときがあります。これは、各コンポーネントの使用に応じてメモリの動的な管理を可能にします。さらにコンポーネントは、MiReclaimSystemVaを介してメモリの回収を要求することができます。MiReclaimSystemVaは、システムキャッシュに関連付けられた仮想アドレスを要求し、仮想アドレス領域が128MBを下回った場合にシステムキャッシュを（セグメントスレッドの逆参照を介して）フラッシュアウトします。メモリの回収は、初期の非ページプールが解放されることで満たされることもあります。

　動的仮想アドレスアロケーターは、カーネルメモリのさまざまな消費者に対する仮想メモリの優れた配分と管理に加えて、メモリのフットプリントの削減にも利用されています。事前にマニュアルで割り当てられた静的なページテーブルエントリとページテーブルを持つ代わりに、ページング関連の構造体がオンデマンドで割り当てられます。32ビットと64ビットシステムの両方において、割り当てられたページテーブルには未使用のアドレスが存在しないため、ブート時のメモリ使用量が削減されます。これは、64ビットシステムにおいて、予約済みの大きなアドレス領域の部分が、メモリ上にマップされたページテーブルを持つ必要がないということを意味しています。特に、少ない物理メモリしか持たないシステムにおいて、ページファイルの支援を受けながら、任意の大きな上限を持つことを可能にします。

実習 システム仮想アドレスの使用状況を照会する（Windows 10およびWindows Server 2016）

　カーネルデバッガーを使用すると、システム仮想アドレスの種類ごとに、現在およびピーク時の使用状況を参照することができます。グローバル変数であるMiVisibleState（MI_VISIBLE_STATE型）は、パブリックシンボルで利用可能な情報を提供します（以下の出力例は、32ビット版のWindows 10のものです）。

1. MiVisibleStateが提供するデータを理解するには、まず、その構造体を値とともにダンプします。

```
lkd> dt nt!_mi_visible_state poi(nt!MiVisibleState)
   +000 SpecialPool       : _MI_SPECIAL_POOL
   +048 SessionWsList     : _LIST_ENTRY [ 0x91364060 - 0x9a172060 ]
   +050 SessionIdBitmap   : 0x8220c3a0 _RTL_BITMAP
   +054 PagedPoolInfo     : _MM_PAGED_POOL_INFO
```

第5章 メモリ管理 397

```
+070 MaximumNonPagedPoolInPages : 0x80000
+074 SizeOfPagedPoolInPages : 0x7fc00
+078 SystemPteInfo     : _MI_SYSTEM_PTE_TYPE
+0b0 NonPagedPoolCommit : 0x3272
+0b4 BootCommit        : 0x186d
+0b8 MdlPagesAllocated : 0x105
+0bc SystemPageTableCommit : 0x1e1
+0c0 SpecialPagesInUse : 0
+0c4 WsOverheadPages   : 0x775
+0c8 VadBitmapPages    : 0x30
+0cc ProcessCommit     : 0xb40
+0d0 SharedCommit      : 0x712a
+0d4 DriverCommit      : 0n7276
+100 SystemWs          : [3] _MMSUPPORT_FULL
+2c0 SystemCacheShared : _MMSUPPORT_SHARED
+2e4 MapCacheFailures  : 0
+2e8 PagefileHashPages : 0x30
+2ec PteHeader         : _SYSPTES_HEADER
+378 SessionSpecialPool : 0x95201f48 _MI_SPECIAL_POOL
+37c SystemVaTypeCount : [15] 0
+3b8 SystemVaType      : [1024] ""
+7b8 SystemVaTypeCountFailures : [15] 0
+7f4 SystemVaTypeCountLimit : [15] 0
+830 SystemVaTypeCountPeak : [15] 0
+86c SystemAvailableVa : 0x38800000
```

2. 15の要素を持つ最後のいくつかの配列に注目してください。15の要素は、表5-8に示したシ
ステム仮想アドレスの種類に対応しています。次の出力結果は、SystemVaTypeCountと
SystemVaTypeCountPeakの配列のそれぞれの詳細情報を示しています。

```
lkd> dt nt!_mi_visible_state poi(nt!mivisiblestate) -a ↵
SystemVaTypeCount
   +37c SystemVaTypeCount :
   [00] 0
   [01] 0x1c
   [02] 0xb
   [03] 0x15
   [04] 0xf
   [05] 0x1b
   [06] 0x46
   [07] 0
   [08] 0x125
   [09] 0x38
   [10] 2
   [11] 0xb
   [12] 0x19
   [13] 0
   [14] 0xd
```

```
lkd> dt nt!_mi_visible_state poi(nt!mivisiblestate) -a ⊙
SystemVaTypeCountPeak
   +830 SystemVaTypeCountPeak :
   [00] 0
   [01] 0x1f
   [02] 0
   [03] 0x1f
   [04] 0xf
   [05] 0x1d
   [06] 0x51
   [07] 0
   [08] 0x1e6
   [09] 0x55
   [10] 0
   [11] 0xb
   [12] 0x5d
   [13] 0
   [14] 0xe
```

実習 システム仮想アドレスの使用状況を照会する
（Windows 8/8.1 および Windows Server 2012/2012 R2）

　カーネルデバッガーを使用すると、システム仮想アドレスの種類ごとに、現在およびピーク時の使用状況を参照することができます。先ほどの実習は Windows 10 および Windows Server 2016 の場合でしたが、この実習は Windows 8/8.1 および Windows Server 2012/2012 R2 の場合で説明します。表5-8に示したシステム仮想アドレスの種類それぞれについて、カーネルのグローバル配列のMiSystemVaTypeCount、MiSystemVaTypeCountFailures、およびMiSystemVaTypeCountPeakに、各種類の現在、失敗数、ピーク時の数が含まれています。サイズは、この数にページディレクトリエントリ（PDE）マッピング（この章の「5.6　アドレス変換」の節を参照）を掛けたものになります。PDEマッピングのサイズは、実質的にラージページのサイズ（x86/x64では2MB）です。以下に、システムの現在の使用量をダンプする方法を示します。次に、ピーク時の使用量をダンプする方法を示します。同じ方法で、失敗数をダンプすることができます（以下の例は、32ビット Windows 8.1 システムのものです）。

```
lkd> dd /c 1 MiSystemVaTypeCount L f
81c16640   00000000
81c16644   0000001e
81c16648   0000000b
81c1664c   00000018
81c16650   0000000f
81c16654   00000017
81c16658   0000005f
81c1665c   00000000
81c16660   000000c7
81c16664   00000021
```

```
81c16668  00000002
81c1666c  00000008
81c16670  0000001c
81c16674  00000000
81c16678  0000000b
lkd> dd /c 1 MiSystemVaTypeCountPeak L f
81c16b60  00000000
81c16b64  00000021
81c16b68  00000000
81c16b6c  00000022
81c16b70  0000000f
81c16b74  0000001e
81c16b78  0000007e
81c16b7c  00000000
81c16b80  000000e3
81c16b84  00000027
81c16b88  00000000
81c16b8c  00000008
81c16b90  00000059
81c16b94  00000000
81c16b98  0000000b
```

　理論上、各コンポーネントに割り当てられた別々の仮想アドレス範囲は、システム仮想アドレス領域が十分に利用可能であれば、任意のサイズに増やすことができます。実際には、32ビットシステムでは、信頼性と安定性のために、カーネルアロケーターに仮想アドレスの種類ごとに上限を設定する機能が実装されています（64ビットシステムでは、カーネルアドレス領域が枯渇することは、現状では問題になりません）。既定では、何の制限も課せられませんが、システム管理者はレジストリを使用して、表5-8で制限が可能となっている仮想アドレスの種類に対する制限を変更することができます。

　MiObtainSystemVaの呼び出しを行う現在の要求が、利用可能な制限を超える場合、失敗が記録され（前回の実習を参照）、利用可能なメモリに関係なく、回収操作が要求されます。これにより、メモリの負荷が軽減され、仮想アドレスの割り当てが次の試行時に行われるようになります。ただし、メモリの回収は、システムキャッシュと非ページプールにのみ影響することを思い出してください。

実習 システム仮想アドレス制限の設定

　MiSystemVaTypeCountLimit配列には、システム仮想アドレスの使用量の制限が含まれており、種類ごとの制限の設定が可能です。現状では、メモリマネージャーは特定の仮想アドレスの種類に対してのみ、制限の設定が可能になっています。また、ドキュメント化されていない（非公開の）システムコールを使用して、実行時に動的にシステムの制限を設定する機能が提供されています（これらの制限は、開発者向け公式ドキュメントの「Memory Management Registry Keys」[13]で説明されているレジストリを使用して設定することもできます）。制限の設定が可能な種類については、表5-8に示しています。

---

*13　訳注：https://docs.microsoft.com/ja-jp/windows/win32/memory/memory-management-registry-keys

32ビットシステム上でMemLimitユーティリティ（本書のダウンロード可能なリソースのサイトから入手できます[14]）を使用すると、これらの種類ごとの制限を照会および設定し、現在およびピーク時の仮想アドレスの使用量を参照することができます。現在の制限を照会するには、-qスイッチを指定して実行します。

```
C:\Tools>memlimit.exe -q

MemLimit v1.01 - Query and set hard limits on system VA space
consumption
Copyright (C) 2008-2016 by Alex Ionescu
www.alex-ionescu.com


System Va Consumption:


Type                  Current             Peak                Limit
Non Paged Pool          45056 KB            55296 KB             0 KB
Paged Pool             151552 KB           165888 KB            0 KB
System Cache           446464 KB           479232 KB            0 KB
System PTEs             90112 KB           135168 KB            0 KB
Session Space           63488 KB            73728 KB            0 KB
```

実験として、次のコマンドを実行して、ページプールの制限を100MBに設定してみます。

```
C:\Tools>memlimit.exe -p 100M
```

ここで、Windows SysinternalsのTestLimitユーティリティを使用して、可能な限り多くのハンドルを作成します。通常、十分なページプールがある場合、約1600万もの数のハンドルを作成できます。しかし、100MBに制限すると、作成できるハンドルは少なくなります。

```
C:\Tools\Sysinternals>Testlimit.exe -h

Testlimit v5.24 - test Windows limits
Copyright (C) 2012-2015 Mark Russinovich
Sysinternals - www.sysinternals.com

Process ID: 4780

Creating handles...
Created 10727844 handles. Lasterror: 1450
```

オブジェクト、ハンドル、およびページプールの消費量については、本書下巻で詳しく説明します。

---

[14] 訳注：本書（日本語訳）の制作時点では、MemLimitユーティリティは本書のために公開されているダウンロード可能なユーティリティやソースコードに含まれていません。第6版当時の古いバージョンのMemLimit（v1.00）は、http://www.winsiderss.com/tools/memlimit.htmlからダウンロード可能です。

5.5.9 システム仮想アドレス領域のクォータ制限

前の項で説明したシステム仮想アドレス領域の制限は、特定のカーネルコンポーネントの、システム全体の仮想アドレス領域の使用量の制限を可能にします。しかし、システム全体に適用されるのは、32ビットシステムの場合に限られます。システム管理者に対してより詳細なクォータ要件の指定を可能にするため、メモリマネージャーはプロセスマネージャーと協力して、各プロセスに対するシステム全体またはユーザー指定のクォータの強制を可能にします。

レジストリキー HKLM¥SYSTEM¥CurrentControlSet¥Control¥Session Manager¥Memory Management内のPagedPoolQuota、NonPagedPoolQuota、PagingFileQuota、およびWorkingSet PagesQuotaの値を構成すると、各プロセスが使用できる各種のメモリ量を指定できます。この情報は、システムの初期化時に読み取られ、システムクォータブロックが生成されて、すべてのシステムプロセスに割り当てられます（ユーザープロセスは、次に説明するユーザーごとのクォータが構成されていない限り、システムクォータブロックの既定値のコピーを取得します）。

ユーザーごとのクォータを有効にするには、レジストリキー HKLM¥SYSTEM¥CurrentControlSet ¥Control¥Session Manager¥Quota Systemの下にユーザーごとのセキュリティ識別子（SID）に対応したサブキーを作成します。特定のSIDサブキーの中に、先ほど説明したのと同じレジストリ値を作成することで、そのユーザーによって作成されたプロセスに対してのみ制限を強制することができます。表5-9に、これらの値の構成方法（および実行中に動的に構成できるかどうか）、および制限のために必要な特権を示します。

表5-9　プロセスのクォータの種類

値の名前	説明	値の形式	動的	必要な特権
PagedPoolQuota	このプロセスによって割り当てられることが可能なページプールの最大サイズ	MB	システムトークンで実行中のプロセスのみ	プロセスのメモリクォータの増加 (SeIncreaseQuotaPrivilege)
NonPagedPoolQuota	このプロセスによって割り当てられることが可能な非ページプールの最大サイズ	MB	システムトークンで実行中のプロセスのみ	プロセスのメモリクォータの増加 (SeIncreaseQuotaPrivilege)
PagingFileQuota	1つのプロセスがページファイルに格納可能な最大のページ数	ページ	システムトークンで実行中のプロセスのみ	プロセスのメモリクォータの増加 (SeIncreaseQuotaPrivilege)
WorkingSetPagesQuota	1つのプロセスがワーキングセットに格納可能な最大のページ数	ページ	はい	消去要求の操作でない限り、スケジューリング優先順位の繰り上げ (SeIncreaseBasePriorityPrivilege)

5.5.10 ユーザーアドレス空間レイアウト

カーネルのアドレス空間が動的であるのと同様に、ユーザーアドレス空間もまた動的に構築されます。スレッドスタックのアドレス、および読み込まれたイメージ（DLLやアプリケーションの実行可能イメージ）のアドレスは、アドレス空間レイアウトのランダム化（ASLR）のメカニズムを介して動的に計算されます（アプリケーションとそのイメージがASLRをサポートしている場合）。

オペレーティングシステムのレベルでは、図5-14に示すように、ユーザーアドレス空間は明確に定義された少数のメモリ領域に分割されます。実行可能イメージとDLLは、これら自身がメモリマップ

イメージファイルとして存在し、プロセスのヒープとスレッドのスタックが続きます。これらの領域（およびスレッド環境ブロック（TEB）やプロセス環境ブロック（PEB）といった予約済みのシステム構造体）とは別に、その他のメモリ割り当てのすべてが、実行時に依存して生成されます。ASLRはこれらの実行時依存の領域のすべての配置に関わり、データ実行防止（DEP）との組み合わせで、メモリ操作を使用したシステムのリモートエクスプロイト（悪用）を困難にするメカニズムを提供します。Windowsのコードとデータは、動的な場所に配置されるため、攻撃者は通常、プログラムやシステム提供のDLLに入り込むための意味のあるオフセットをハードコードすることはできません。

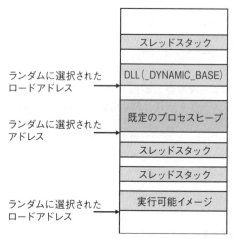

図5-14　ユーザーアドレス空間レイアウト（ASLR有効時）

実習　ユーザー仮想アドレス領域の解析

Windows SysinternalsのVMMapユーティリティを使用すると、コンピューター上の任意のプロセスが使用中の仮想メモリの詳細なビューを参照することができます。VMMapユーティリティはこの情報を、次のように、割り当ての種類ごとに分類して要約します。

- **Image** —— 実行可能イメージやその依存関係にあるイメージ（DLLなど）とその他のメモリマップイメージ（ポータブル実行可能（PE）形式）ファイルをマップするために使用されるメモリ割り当てを表示します。
- **Mapped File** —— メモリにマップされたデータファイル用のメモリ割り当て（マップファイル）を表示します。
- **Shareable** —— 共有可能とマークされたメモリ割り当てを表示します。通常、これには共有メモリが含まれます（ただし、ImageまたはMapped Fileにリストされたメモリマップファイルは含まれません）。
- **Heap** —— このプロセスが所有するヒープ用のメモリ割り当てを表示します。
- **Managed Heap** —— .NET共通言語ランタイム（CLR）によって割り当てられたメモリ（マネージオブジェクト）を表示します。.NETを使用しないプロセスの場合、この分類には何も表示されません。
- **Stack** —— このプロセス内の各スレッドのスタック用に割り当てられたメモリを表示します。

- **Private Data** —— プライベートとしてマークされた、スタックおよびヒープ以外のメモリ割り当てを表示します。これには、内部データ構造体などがあります。

次のスクリーンショットは、VMMapユーティリティで参照したExplorer.exe（64ビット）の典型的なビューです。

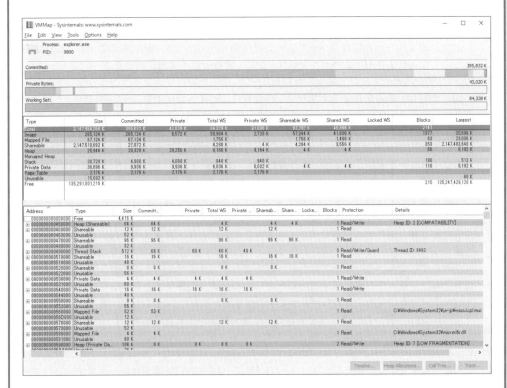

メモリ割り当ての種類に応じて、VMMapはファイル名（メモリマップファイルの場合）、ヒープのIDと種類（ヒープ割り当ての場合）、スレッドID（スタックの割り当ての場合）といった、追加的な情報を提供します。さらに、各割り当てのコストが、コミット済みメモリ（Committed）とワーキングセットメモリ（WS）の両方で示されます。各割り当てについて、そのサイズ（Size）とメモリ保護（Protection）の情報も表示されます。

ASLRは、プロセスの実行可能イメージおよびその依存関係にあるDLLについて、イメージレベルで始まります。ポータブル実行可能（PE）ヘッダー内にASLRのサポート（IMAGE_DLL_CHARACTERISTICS_DYNAMIC_BASE）が指定されたすべてのイメージファイルは、通常、Visual Studioで/DYNAMICBASEリンカーフラグを使用して指定され、ASLRによって処理されることになるrelocationセクションを含みます。そのようなイメージが見つかると、システムは現在のブート環境でグローバルに有効なイメージのオフセットを選択します。このオフセットは、すべてが64KBのサイズに揃えられた256の値を持つバケットから選択されます。

■| イメージのランダム化

実行可能イメージの場合、1つの実行可能イメージが読み込まれるたびに、デルタ値の計算によって読み込み先のオフセットが算出されます。この値は、0x10000から0xFE0000の疑似ランダム8ビットの数値であり、現在のプロセッサのタイムスタンプカウンター(TSC)を取得して算出されます。TSCは、4か所シフトされたあと、256による剰余演算の結果に、1を加えられます。この数値は次に、前述した割り当て粒度の64KBで乗算されます。その結果にさらに1を加えることで、メモリマネージャーは値が決して0にならないようにします。これにより、アドレス空間レイアウトのランダム化(ASLR)が使用される場合、ポータブル実行可能(PE)ヘッダー内にあるアドレスに読み込まれることは決してありません。このデルタ値は、次に、実行可能イメージの優先ロードアドレスに追加され、PEヘッダー内のイメージアドレスの16MB内に、256の使用可能な場所のうちの1つを作成します。

DLLの場合、読み込み先のオフセットの計算は、**イメージバイアス**(ImageBias)と呼ばれるブートごとのシステム全体の値から始まります。これはMiInitializeRelocationsによって計算され、MiState.Sections.ImageBiasフィールド(Windows 8/8.1およびWindows Server 2012/2012 R2の場合はMiImageBiasグローバル変数)内のグローバルメモリ状態構造体(MI_SYSTEM_INFORMATION)の中に格納されます。この値は、この関数がブートサイクル中に呼び出された時の現在のCPUのTSCに基づいて、シフトされ、8ビット値にマスクされたものです。この値は、32ビットシステム上で256の使用可能な値を提供します。64ビットシステムでも同様の計算が行われ、膨大なアドレス領域のためにより多くの使用可能な値が得られます。実行可能イメージとは異なり、この値はブートごとに1回だけ計算され、システム全体で共有されます。これにより、物理メモリ内に残って共有されることが可能になり、再配置は一度だけ行われます。もし仮に、DLLが別のプロセス内で異なる場所に再マップされるとしたら、そのコードは共有されることができません。その場合、ローダーはプロセスごとに異なるアドレス参照を修正する必要があるため、共有可能な読み取り専用コードをプロセスのプライベートデータに変換する必要があります。つまり、特定のDLLを使用するプロセスごとに、物理メモリ内にDLLの独自のプライベートコピーを持つ必要が生じるのです。

一度、オフセットが算出されると、メモリマネージャーはImageBitMap(Windows 8/8.1およびWindows Server 2012/2012 R2の場合はMiImageBitMapグローバル変数)と呼ばれるビットマップを初期化します。このビットマップは、MI_SECTION_STATE構造体の一部です。このビットマップは、32ビットシステムにおいて、0x50000000から0x78000000の範囲のアドレスを表現するために使用されます(64ビットシステムの範囲については後述します)。また、各ビットは割り当ての1つの単位を表します(前述したように64KB)。メモリマネージャーがDLLを読み込むと、システム内でのその場所を記録するために、適切なビットがセットされます。同じDLLが再び読み込まれるとき、メモリマネージャーはそのセクションオブジェクトを既に再配置された情報と共有します。

各DLLが読み込まれると、システムは上位から下位へ、ビットマップの空きビットをスキャンします。先に算出されたImageBias値が上位からの開始インデックスとして使用されます。これにより、"バイアス"という言葉が示唆するように、異なるブートをまたぐ読み込みがランダム化されます。ビットマップは最初のDLL(常にNtdll.dll)が読み込まれるときまで完全に空であるため、そのロードアドレスは容易に計算できます(64ビットシステムは、64ビット専用のバイアス値を持ちます)。

- **32ビット** —— 0x78000000 - (ImageBias + NtDllSizein64KBChunks) * 0x10000
- **64ビット** —— 0x7FFFFFFF0000 - (ImageBias64High + NtDllSizein64KBChunks) * 0x10000

後続の各DLLは、64KBチャンク下に読み込まれます。このため、Ntdll.dllのアドレスが知られた場合、他のDLLのアドレスも簡単に計算できてしまいます。この可能性を軽減するために、Windowsセッションマネージャー(Smss.exe)によって初期化中にマップされるKnownDLLsのDLL(第3章を

参照）の読み込み順もまた、Smss.exeが読み込む際にランダム化されます。

　最後に、ビットマップ内に利用可能な空き領域がない場合（ASLRのために定義された領域の大部分が使用中であることを意味します）、DLLの再配置コードは既定で実行可能イメージのケースに回され、優先ベースアドレスの16MB内にある64KBチャンクにDLLを読み込みます。

実習 Ntdll.dll のロードアドレスを計算する

　前の項で学んだことを使って、Ntdll.dllのカーネル変数情報からNtdll.dllのロードアドレスを計算してみましょう。以下の計算は、32ビットWindows 10で行ったものです。

1. ローカルカーネルデバッグを開始します。

2. ImageBias値を取得します。

```
lkd> ? nt!mistate
Evaluate expression: -2113373760 = 820879c0

lkd> dt nt!_mi_system_information sections.imagebias 820879c0
  +0x500 Sections                 :
     +0x0dc ImageBias            : 0x6e
```

3. エクスプローラーを開き、%Windir%¥System32ディレクトリにあるNtdll.dllのファイルサイズを確認します。この例のシステムの場合、サイズは1547KB（0x182c00）でした。そのため、64KBチャンクのサイズは0x19になります（常に切り上げで丸めます）。これを先ほどの計算式に当てはめると、0x78000000 - (0x6E + 0x19) * 0x10000となり、計算結果は0x77790000となります。

4. Process Explorerを開き、Ntdll.dllを読み込んでいる任意のプロセスを見つけ、Ntdll.dllのロードアドレス（Load Address）を確認します。同じ値が表示されるはずです。

5. 同じことを64ビットシステムでも試してみてください。

■ スタックのランダム化

　アドレス空間レイアウトのランダム化（ASLR）の次のステップは、初期スレッドと、それに続くスレッドのスタックの場所のランダム化です。このランダム化は、プロセスでStackRandomization Disabledフラグが設定されていない限り、有効であり、64KBまたは256KBに分割された32の使用可能なスタックの場所のうち1つが最初に選択されます。このベースアドレスは、最初の適切な空きメモリ領域を見つけ、X番目の利用可能な領域を選択することで選ばれます。Xの場所は、現在のプロセッサのタイムスタンプカウンター（TSC）のシフトと5ビット値へのマスクによって、再度生成されます（生成された5ビット値は、32の使用可能な場所を可能にします）。

　このベースアドレスが選択されると、TSCから新たな値が計算されます。これは、9ビット長の値です。次に、この値に4を掛けて2,048バイト（1ページの半分）の大きさを表すことができる長さに揃えられます。最終的なスタックベースを取得するために、ベースアドレスに追加されます。

■ ヒープのランダム化

アドレス空間レイアウトのランダム化（ASLR）は、それがユーザーモードで作成されたとき、初期プロセスヒープおよびそれに続くヒープの場所をランダム化します。RtlCreateHeap関数は、TSCから算出した別の疑似ランダム値を使用して、ヒープのベースアドレスを決定します。この値は、この場合は5ビットであり、64KBで乗算され、最終的なベースアドレスが生成されます。ベースアドレスは、0から始まり、使用可能な範囲は0x00000000から0x001F0000になります。また、ヒープベースアドレスより前の範囲は、使用可能なヒープアドレス範囲全体に対するブルートフォース攻撃が行われた場合にアクセス違反を強制するために、マニュアルで割り当て解除されます。

■ カーネルアドレス領域内のASLR

アドレス空間レイアウトのランダム化（ASLR）はまた、カーネルアドレス領域内でもアクティブになります。32ビットドライバー向けには64の、64ビットドライバー向けには256の使用可能なロードアドレスが用意されています。ユーザー領域イメージの再配置には、カーネル領域内に十分な量の作業領域が必要になりますが、カーネル領域が狭い場合、ASLRはこの作業領域のためにシステムプロセスのユーザーモードアドレス領域を使用できます。Windows 10（バージョン1607）およびWindows Server 2016では、ASLRはほとんどのシステムメモリ領域に実装されています。これには、ページプール、非ページプール、システムキャッシュ、ページテーブル、ページフレーム番号（PFN）データベースが含まれます（MiAssignTopLevelRangesによって初期化されます）。

■ セキュリティ脅威に対する軽減策の制御

ここまで見てきたように、Windowsにおけるアドレス空間レイアウトのランダム化（ASLR）およびその他の多くのセキュリティ脅威の軽減策は、互換性に潜在的な影響があるため、オプションになっています。ASLRはイメージヘッダーにIMAGE_DLL_CHARACTERISTICS_DYNAMIC_BASEビットを持つイメージに対してのみ適用されますが、ハードウェア強制データ実行防止（ハードウェア強制DEP）はブートオプションとリンカーオプションの組み合わせで制御可能です。その他の軽減策も同様です。企業ユーザーと個人ユーザーの両方が、これらの機能をより視覚的に制御できるように、マイクロソフトはEnhanced Mitigation Experience Toolkit（EMET）を提供しています。EMETは、Windowsに組み込まれている軽減策の集中的な制御を可能にするとともに、Windows製品の一部としてまだ搭載されていないいくつかの新しい軽減策を追加します。また、EMETが提供するイベントログによる通知機能により、管理者は適用された軽減策が原因でアクセスエラーになったときにそれを知ることができます。最後に、EMETは、開発者によって軽減策がオプトインされている場合でも、特定のアプリケーションをマニュアルでオプトアウトして、特定の環境で発生する互換性の問題を回避することができます。

メモ
本書の制作時点におけるEMETの最新バージョンは5.52です。EMETのサポート終了は、2018年7月末まで延長されています（当初は2017年1月27日まで）。しかし、EMETのいくつかの機能は、現在のWindowsバージョンに統合されています。[15]

---

[15] 訳注：EMETは、Windows 7、Windows 8.1、およびWindows 10バージョン1607でサポートされます。Windows 10バージョン1703以降はサポートされません。Windows 10バージョン1709は、EMETと同等のGUI設定機能（［Windows Defenderセキュリティセンター］の［アプリとブラウザーコントロール］にある［Exploit protection］）を標準で備えています。EMETのサポートは2018年7月31日に終了しました。詳しくは、https://support.microsoft.com/ja-jp/help/2458544/を参照してください。

第**5**章　メモリ管理　**407**

実習 プロセスのASLR保護を確認する

Windows SysinternalsのProcess Explorerを使用すると、プロセス（プロセスが読み込むDLLも重要です）がアドレス空間レイアウトのランダム化（ASLR）をサポートしているかどうかを、任意のプロセスについて確認できます。プロセスに読み込まれたDLLが1つでもASLRをサポートしていない場合、そのプロセスは攻撃に対してかなり脆弱である可能性があります。

プロセスのASLRの状態を確認するには、次のステップで操作します。

1. Process Explorerでプロセス一覧の列ヘッダーを右クリックし、[Select Columns] を選択します。

2. [Select Columns] の [Process Image] タブで [ASLR Enabled] にチェックを入れ、[DLL] タブで [ASLR Enabled] および [Image Base Address] にチェックを入れます。

3. Windowsに同梱されているすべてのプログラムとサービスが、ASLRが有効な状態で実行されていることに注目してください。サードパーティ製のアプリケーションについては、ASLRで実行されている場合も、されていない場合もあります。

以下の例では、メモ帳のnotepad.exeプロセスを選択しています。この例では、プロセスの実行可能イメージ（notepad.exe）のロードアドレスは0x7FF774AF0000です。メモ帳のすべてのインスタンスを終了し、別のインスタンスを開始すると、異なるロードアドレスを見ることになるでしょう。システムをシャットダウンして再起動してから、もう一度、試してみてください。ASLRが有効なDLLが、ブートごとに、別のロードアドレスになることを確認できるはずです。

5.6 | アドレス変換

　ここまで、Windowsの仮想アドレス領域の構造がどのようになっているか見てきました。ここからは、これらのアドレス領域を実際の物理ページにどのようにマップするのかについて見ていきます。ユーザーアプリケーションとシステムコードは、仮想アドレスを参照します。この節では、初めに物理アドレス拡張（PAE）モード（最近のバージョンの32ビットWindowsがサポートする唯一のモード）における32ビットx86アドレス変換の詳細について説明し、ARMおよびx64プラットフォームとの違いを説明します。次の項では、アドレス変換のときに物理メモリアドレスに解決できないとき（ページフォールトのとき）に何が起こるのかについて説明し、Windowsがワーキングセットとページフレーム番号（PFN）データベースを使用して物理メモリを管理する方法について説明します。

5.6.1 | x86仮想アドレス変換

　4GBを超える物理メモリをサポートしないもともとのx86カーネルは、その当時に利用可能であったCPUハードウェアに基づいています。Intel Pentium Pro Processorからは、**物理アドレス拡張**（Physical Address Extension：PAE）が提供されました。PAEモードは、適切なチップセットとともに、現在のIntel x86プロセッサ上で32ビットオペレーティングシステムが（PAEなしの場合の4GBを超える）最大64GBまでの物理メモリにアクセスすることを可能にします。また、レガシモードのx64プロセッサで実行される場合、最大1,024GBの物理メモリへのアクセスを可能にします（ただし、ページフレーム番号（PFN）データベースがさらに多くのメモリを表現するのに必要とされるサイズの関係で、現在サポートされている32ビットWindows[16]では64GBまでに制限されます）。それ以降、Windowsはx86カーネルを2つに分けて維持してきました。1つは、PAEをサポートしないカーネル、もう1つはPAEをサポートするカーネルです。Windows Vistaからは、x86 Windowsのインストールは、システムの物理メモリが4GBを超えない場合でも、常にPAEカーネルをインストールします。これにより、パフォーマンスとメモリのフットプリントの観点から非PAEカーネルの利点はほとんどなくなり（また、ハードウェアのNo Executeサポートの必要性のため）、マイクロソフトは単一のx86カーネルを維持することが可能になりました。そのため、本書ではx86 PAEアドレス変換についてのみ説明します。非PAEのケースについて興味のある読者は、本書第6版の非PAEのケースに関連する項をご覧ください。

　メモリマネージャーが作成し、維持するデータ構造体は、**ページテーブル**（Page Table）と呼ばれ、CPUが仮想アドレスを物理アドレスに変換します。仮想アドレス領域の各ページは、**ページテーブルエントリ**（Page Table Entry：PTE）と呼ばれるシステム領域構造体に関連付けられます。PTEは、仮想アドレスがどこにマップされたのか、その物理アドレスを含みます。例として、図5-15に、x86システムにおいて、3つの連続した仮想ページが、3つの不連続の物理ページにどのようにマップされるのかを示します。予約済みまたはコミット済みとしてマークされていて、決してアクセスされることのない領域は、PTEがないことさえあります。なぜなら、ページテーブルはそれ自身、最初にページフォールトが発生したときにのみ割り当てられるからです（図5-15の破線による仮想ページとPTEは、仮想ページと物理メモリ間の間接的な関係を表しています）。

---

[16] 訳注：本書（原書および邦訳）の執筆時点では、Windows Server 2008 x86 Enterpriseおよびx86 Datacenterエディションのサーバー SKUが最大64GBの物理メモリをサポートしています。32ビット版のクライアントSKUの上限は4GBです。

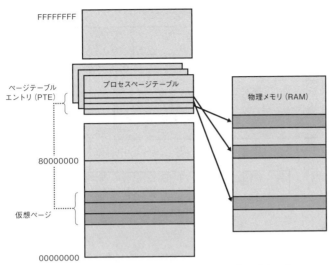

図5-15　仮想アドレスから物理アドレスへのマッピング（x86）

メモ
　カーネルモードコード（デバイスドライバーなど）でさえ、物理メモリのアドレスを直接的に参照することはできません。ただし、最初に仮想アドレスが作成されたときにマップされたアドレスに間接的にアクセスする可能性はあります。さらに詳しくは、Windows Driver Kit（WDK）ドキュメントのメモリ記述子リスト（MDL）サポートルーチンの説明を参照してください。

　実際の変換処理、およびページテーブルとページディレクトリ（後述）の配置は、CPUによって決定されます。オペレーティングシステムは、CPUに合わせて、全体の概念が機能するようにメモリ内の構造を正しく構築する必要があります。図5-16は、x86アドレス変換の一般的なダイアグラムを示しています。しかし、その一般的な概念は、他のアーキテクチャでも同じです。
　図5-16に示したように、変換システムへの入力は32ビットの仮想アドレス（32ビットのアドレス指定が可能な範囲）と一連のメモリ関連構造体（ページテーブル、ページディレクトリ、1つのページディレクトリポインターテーブル（PDPT）、変換ルックアサイドバッファー（TLB）、すべて後述）で構成されます。出力は、物理メモリ（RAM）内の36ビットの物理アドレスになり、ここに実際のバイトが配置されます。36ビットという数字は、ページテーブルが構築されている方法に由来しており、前述のようにプロセッサによって決まります。スモールページをマッピングするとき（図5-16に示す一般的なケース）、仮想アドレスの下位12ビットが、変換後の物理アドレスの対応する部分に直接コピーされます。12ビットはちょうど4KBを表現することができます。4KBは、スモールページのサイズです。

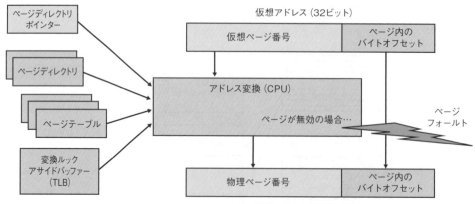

図5-16 仮想アドレス変換の概要

　アドレスの変換が成功しなかった場合（例えば、ページが物理ページに存在せず、ページファイル内に存在する場合）、CPUは**ページフォールト**として知られる例外をスローし、そのページが配置できないことをOSに知らせます。CPUは、そのページ（ページファイル、メモリマップファイル、またはその他の何か）を見つける方法を知らないため、それが配置されている場所からページを取得することをOSに任せ（可能な場合）、ページテーブルがそれをポイントするように修正します。その後、CPUに変換を再び試みるように要求します（ページフォールトについては、この章の「5.7.6　ページファイル」の項で説明します）。

　図5-17は、x86仮想アドレスから物理アドレスへの変換の全体の過程を示したものです。

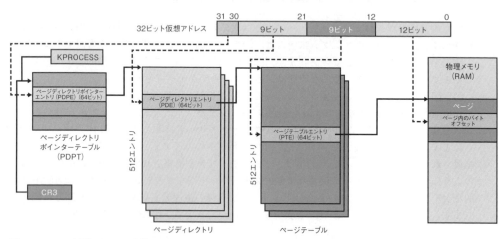

図5-17　x86仮想アドレス変換

　変換対象の32ビット仮想アドレスは、論理的に4つの部分に分割されます。前述のように、下位12ビットはページ内の特定のバイトを選択するために、そのまま使用されます。変換処理は、プロセスごとに1つのページディレクトリポインターテーブル（Page Directory Pointer Table：PDPT）から始まります。PDPTは、常に物理メモリ内に存在します（そうでなければ、どうやってシステムがそれを配置するのでしょうか）。この物理アドレスは、各プロセスのカーネルプロセス（KPROCESS）構造体

内に格納されています。x86の特別なレジスタであるCR3が、現在実行中のプロセス用のこの値を格納しています（つまり、プロセスの1つのスレッドがその仮想アドレスにアクセスしたということです）。これは、CPU上でコンテキストスイッチが発生したときに、新しいスレッドが古いスレッドとは異なるプロセスで実行中の場合、新しいプロセスのページディレクトリポインター（Page Directory Pointer）のアドレスが、そのプロセスのKPROCESS構造体からCR3レジスタに読み込まれていなければならないことを意味しています。PDPTは、32バイトの境界で揃っている必要があり、さらに物理メモリ（RAM）の最初の4GB以内に存在しなければなりません（なぜなら、x86のCR3レジスタは32ビットレジスタだからです）。

図5-17に示したレイアウトでは、仮想アドレスから物理アドレスへの変換の手順は次のようになります。

1. 仮想アドレスの最上位の2ビット（第30ビットおよび第31ビット）は、ページディレクトリポインターテーブル（PDPT）に対するインデックス番号を提供します。選択されたページディレクトリポインターエントリ（Page Directory Pointer Entry：PDPE）は、ページディレクトリの物理アドレスをポイントします。

2. ページディレクトリは512のエントリを含み、そのうち1つが仮想アドレスからの第21ビットから第29ビット（512を表現可能な9ビット）によって選択されます。選択されたページディレクトリエントリ（PDE）は、ページテーブルの物理アドレスをポイントします。

3. ページテーブルもまた512のエントリを含み、そのうち1つが仮想アドレスからの第13ビットから第28ビット（9ビット）によって選択されます。選択されたページテーブルエントリ（PTE）は、そのページが始まる物理アドレスをポイントします。

4. 仮想アドレスのオフセット（下位12ビット）は、PTEがポイントするアドレスに追加され、呼び出し元によって要求された最終的な物理アドレスになります。

さまざまなテーブル内のすべてのエントリの値は、1ページに揃えられたアドレスをポイントすることから、ページフレーム番号（Page Frame Number：PFN）とも呼ばれます。各エントリは64ビット幅であり、ページディレクトリまたはページテーブルのサイズは4KBページより大きくなることはありません。ただし、64GBの物理範囲を表現するために、厳密には24ビットしか必要ありません（12ビットのオフセットと合わせてもアドレス幅は合計36ビットです）。これは、実際のPFN番号に対して、必要以上のビットがあることを意味しています。

特に追加ビットの1つである「有効（Valid）」ビットは、このメカニズム全体で最も重要です。このビットは、PFNデータが確かに有効であるかどうか、そしてCPUが先ほど概要を説明した手順を実行するべきかどうかを示します。一方、そのビットがクリアされている場合は、ページフォールトを示しています。CPUは例外を発生させ、OSが何らかの意味のある方法でページフォールトを処理することを期待します。例えば、問題のページが以前にディスクに書き込まれていた場合、メモリマネージャーは物理メモリ（RAM）内の空きページにそれを読み戻し、PTEを修正し、CPUに再試行を指示します。

Windowsは各プロセスのためにプライベートアドレス領域を提供するため、各プロセスは自身のPDPT、ページディレクトリ、およびページテーブルをプロセスのプライベートアドレス領域にマップします。しかし、システム領域を表すページディレクトリとページテーブルについては、すべてのプロセスで共有します（セッション内の複数のプロセスでのみ共有されるセッション領域も同様です）。同じ仮想メモリを表す複数のページテーブルを持つことを避けるために、システム領域を表すPDEが初期化され、プロセスが作成されたときに既存のシステムページテーブルをポイントするようにします。そのプロセスが特定のセッションの一部である場合、セッション領域のページテーブルもまた、

セッション領域のPTEが既存のセッションページテーブルをポイントすることによって共有されます。

■ ページテーブルとページテーブルエントリ（PTE）

各ページディレクトリエントリ（PDE）は、ページテーブルをポイントします。1つのページテーブルは、ページテーブルエントリ（PTE）のシンプルな配列です。それは、ページディレクトリポインターテーブル（PDPT）にも言えることです。すべてのページテーブルは、512のエントリを持ち、各PTEは1つのページ（4KB）をマップします。これは、1つのページテーブルが2MBのアドレス領域（512×4KB）をマップできることを意味します。同様に、ページディレクトリは512のエントリを持ち、各エントリはページテーブルをポイントします。これは、1つのページディレクトリが512×2MB、つまり1GBのアドレス領域をマップできることを意味しています。PDPTには4つのページディレクトリポインターエントリ（PDPE）があるため、全体で32ビットの4GBのアドレス領域をマップできます。

ラージページについては、PDEは物理メモリ内にラージページの開始アドレスを11ビットを使ってポイントし、もともとの仮想アドレスの下位21ビットをオフセットバイトとして配置します。このようにラージページをマップするPDEは、ページテーブルをポイントしないことを意味します。

ページディレクトリとページテーブルのレイアウトは実質的に同じです。カーネルデバッガーの!pteエクステンションコマンドを使用すると、PTEを調べることができます（後述の「実習：アドレスを変換する」を参照してください）。有効なPTEについてはここで説明し、無効なPTEについては「5.7　ページフォールトの処理」の節で説明します。PTEは、2つの主要なフィールドを持ちます。1つは、データまたはメモリ上のページの物理アドレスを含む、物理ページのページフレーム番号（PFN）です。もう1つは、ページの状態と保護設定を表すいくつかのフラグです（図5-18を参照）。

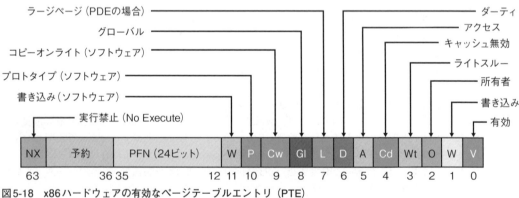

図5-18　x86ハードウェアの有効なページテーブルエントリ（PTE）

図5-18で"ソフトウェア"および"予約"とラベル付けされているビットは、そのPTEが有効かどうかに関係なく、CPU内の（ハードウェアである）メモリ管理ユニット（MMU）では無視されます。表5-10は、有効なPTEに含まれるハードウェア定義のビットの簡単な説明です。

表5-10　ページテーブルエントリ（PTE）の状態と保護設定を示すビット

ビットの名称	意味
アクセス（Accessed）	アクセスされたことのあるページ。

ビットの名称	意味
キャッシュ無効 (Cache disabled)	CPU キャッシュが無効にされたページ。
コピーオンライト (Copy-On-Write)	コピーオンライトで保護されたページ（この章の「5.2.8　コピーオンライト」の項を参照）。
ダーティ（Dirty）	書き込まれたページ。
グローバル（Global）	すべてのプロセスに適用されるグローバル変換。例えば、バッファーのフラッシュの変換は、このPTEに影響しません。
ラージページ (Large page)	ページディレクトリエントリ（PDE）が2MBのページにマップされていることを示しています（この章の「5.1.2　ラージページとスモールページ」の項を参照）。
実行禁止 (No Execute、NX)	このページ内でのコードの実行が許可されていないことを示しています（データのみのページに使用できます）。
所有者（Owner）	ユーザーモードコードがこのページにアクセス可能であるか、カーネルモードアクセスに制限されるのかを示します。
プロトタイプ (Prototype)	このPTEがプロトタイプPTEであることを示します。これは、セッションオブジェクトに関連付けられる共有メモリを記述するためのテンプレートとして使用されます。
有効（Valid）	この変換が物理メモリのページにマップするかどうかを示します。
ライトスルー (Write through)	ライトスルーとしてマークされたページを示します。または、プロセッサがページ属性テーブルをサポートしている場合、複合書き込み（Write-Combined）のページであることを示します。これは、通常、ビデオフレームバッファーメモリをマップするために使用されます。
書き込み（Write）	メモリ管理ユニット（MMU）に対して、ページが書き込み可能であるかどうかを示します。

　x86システムでは、ハードウェアPTEは、MMUによって変更可能な2つのビットを含んでいます。その2つのビットとは、「ダーティ」ビットと「アクセス」ビットです。MMUは、ページが読み取りまたは書き込みされたときに、「アクセス」ビットをセットします（まだセットされていない場合）。MMUは、そのページに対する書き込み操作があったときに「ダーティ」ビットをセットします。オペレーティングシステムは、適切な時間にこれらのビットをクリアする役割を持ちます。これらのビットが、MMUによってクリアされることは決してありません。

　x86のMMUは、ページに対する保護を提供するために「書き込み」ビットを使用します。このビットがクリアされているとき、そのページは読み取り専用（Read-only）です。このビットがセットされると、そのページは読み取り／書き込み（Read/Write）可能になります。もし、「書き込み」ビットがクリアになっているときに、スレッドが書き込もうとすると、メモリマネージャーが例外を発生させます。また、メモリマネージャーのアクセスフォールトハンドラー（この章の「5.7　ページフォールトの処理」の節で説明します）は、そのスレッドにそのページへの書き込みを許可することができるかどうか（例えば、そのページが実際にはコピーオンライトとマークされている場合）、それともアクセス違反例外を生成するかどうかを決める必要があります。

■ PTE内の「書き込み」ビット ― ハードウェア vs. ソフトウェア

　ソフトウェアとして実装されているもう1つの「書き込み」ビット（先ほどの表5-10）は、「ダーティ」ビットの更新をWindowsメモリ管理データの更新と強制的に同期するために使用されます。簡単な実装では、メモリマネージャーはハードウェアの「書き込み」ビット（第1ビット）を書き込み可能ページにセットします。そのようなページへの書き込みにより、メモリ管理ユニット（MMU）はページテー

ブルエントリ（PTE）内の「ダーティ」ビットをセットします。その後、「ダーティ」ビットは、物理ページが何か他のものに使用される前に、物理ページの内容をバッキングストアに書き込まれるべきであることをメモリマネージャーに伝えます。

　実際には、マルチプロセッサシステムでは、これは解決するのにコストがかかる競合状態につながる可能性があります。多様なプロセッサのMMUはいつでも、ハードウェア「書き込み」ビットがセットされたPTEの「ダーティ」ビットをセットできます。メモリマネージャーは、さまざまなタイミングで、PTEの「ダーティ」ビットの状態を反映するために、プロセスワーキングセットリストを更新しなければなりません。メモリマネージャーは、ワーキングセットリストへのアクセスを同期するのにプッシュロックを使用します。しかし、マルチプロセッサシステムでは、1つのプロセッサがロックを保持している場合でも、他のCPUのMMUによって「ダーティ」ビットが変更される可能性があります。これは、「ダーティ」ビットの更新が失われる可能性を高くします。

　この問題を回避するため、Windowsメモリマネージャーは読み取り専用および書き込み可能ページの両方を初期化し、これらのページのPTEのハードウェア「書き込み」ビット（第1ビット）を0に変更します。そして、ページの本当の書き込み可能状態をソフトウェア「書き込み」ビット（第11ビット）に記録します。そのようなページの最初の書き込みアクセスでは、プロセッサはメモリ管理例外を発生させます。その理由は、本当に読み取り専用ページである場合と同じように、ハードウェア「書き込み」ビットがクリアになっているからです。しかしこの場合、メモリマネージャーはそのページが実際には書き込み可能ページであることを知り（ソフトウェア「書き込み」ビットを通して）、ワーキングセットのプッシュロックを取得して、PTEの「ダーティ」ビットとハードウェア「書き込み」ビットをセットします。そして、ページが変更されたことを示すためにワーキングセットリストを更新し、ワーキングセットのプッシュロックを行い、例外を破棄します。これで、ハードウェア書き込み操作は通常のように行われますが、「ダーティ」ビットの設定はワーキングセットリストのプッシュロックを保持した状態で行われます。

　そのページに対する後続の書き込みでは、ハードウェア「書き込み」ビットがセットされているため、例外は発生しません。MMUは、重複して「ダーティ」ビットをセットしますが、ページに書き込まれたことがあるという状態は既にワーキングセット内に記録されているため、これは無害です。ページへの最初の書き込みを強制的にこの例外処理を経由させることは、オーバーヘッドになるように見えます。しかし、それは、そのページが有効であり続ける限り、書き込み可能ページごとに1回しか発生しません。さらに、ほとんどのページへの最初のアクセスは、通常、そのページが無効な状態（PTEの第0ビットがクリアの状態）から初期化されるため、メモリ管理例外の処理を既に経由しています。もし、ページへの最初のアクセスが、ページへの最初の書き込みアクセスでもある場合、最初のアクセスのページフォールトの処理内で、いま説明した「ダーティ」ビットの処理が発生します。そのため、追加的なオーバーヘッドは小さいものです。最後に、ユニプロセッサシステムとマルチプロセッサシステムのどちらも、この実装は、フラッシュ対象のページごとにロックを保持することなしに、変換ルックアサイドバッファー（TLB、次の項で説明）のフラッシュを許可します。

5.6.2　変換ルックアサイドバッファー（TLB）

ここまで学んできたように、ハードウェアアドレス変換ごとに、3つのルックアップが必要です。

- ページディレクトリポインターテーブル（PDPT）から正しいエントリを見つけるためのルックアップ。
- ページディレクトリから正しいエントリ（PDE、ページテーブルの場所を提供）を見つけるための

ルックアップ。
- ページテーブルから正しいエントリ（PTE）を見つけるためのルックアップ。

　仮想アドレスへのすべての参照について、3つの追加的なメモリのルックアップを行うことは、メモリに対する4倍の帯域幅を必要とするため、結果としてパフォーマンスが低下します。すべてのCPUはアドレス変換をキャッシュするため、同じアドレスに繰り返されるアクセスが、繰り返し変換される必要はありません。このキャッシュは、**変換ルックアサイドバッファー**（Translation Lookaside Buffer：TLB）と呼ばれる連想メモリ配列です。連想メモリはベクター（仲介者）であり、そのセルは同時読み取りと対象の値との比較が可能です。TLBの場合には、図5-19に示すように、そのベクターは最近使用されたページの仮想ページから物理ページへのマッピングと、各ページに適用される保護の種類、サイズ、属性などを含みます。TLB内の各エントリは、キャッシュエントリのようなもので、エントリのタグは仮想アドレスの部分を保持し、エントリのデータ部分は物理ページ番号、保護フィールド、「有効」ビット、および通常はキャッシュされたページテーブルエントリ（PTE）が対応する、ページの状態を示す「ダーティ」ビットを保持しています。PTEの「グローバル」ビットがセットされている場合（すべてのプロセスから参照可能なシステム領域ページのためにWindowsによってセットされます）、そのTLBのエントリは、プロセスのコンテキストスイッチ上で無効化されません。

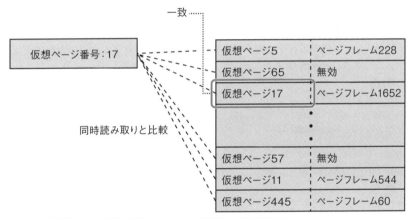

図5-19　変換ルックアサイドバッファー（TLB）へのアクセス

　よく使用される仮想アドレスは、TLBにエントリを持つ可能性が高くなります。エントリを持つ場合、高速なメモリアクセスのために、仮想アドレスから物理アドレスへの変換が劇的に速くなります。仮想アドレスがTLBにエントリがない場合、それはメモリ内に存在する可能性はありますが、それを見つけるために複数のメモリアクセスが必要になり、アクセス時間はわずかに遅くなります。仮想アドレスが、メモリの外にページアウトされていた場合、またはメモリマネージャーがPTEを変更した場合、メモリマネージャーは明示的にTLBのエントリを無効化する必要があります。プロセスがその仮想アドレスに再びアクセスすると、ページフォールトが発生し、メモリマネージャーはそのページをメモリ内に読み戻し（必要な場合）、そのPTEを再作成します（その後、TLBにそのエントリが入ります）。

実習 アドレスを変換する

アドレス変換の仕組みを明確にするために、この実習ではx86 PAEシステム上の仮想アドレスを変換する例を示します。実習では、カーネルデバッガーで利用可能なツールを使用して、ページディレクトリポインターテーブル（PDPT）、ページディレクトリ、ページテーブル、およびページテーブルエントリ（PTE）を調べます。この例では、現在、有効な物理アドレスにマップされている仮想アドレス**0x3166004**を持つプロセスがあるものとして作業します。後の例では、無効なアドレスのアドレス変換をカーネルデバッガーで追跡する方法を説明します。

まず、0x3166004を2進数に変換します。0x3166004は、0b11000101100110000000000100です。これを、次の図のように、アドレス変換のために使用される3つのフィールドに分割します。

31 30 29	21 20	12 11	0
00	00.0011.000	1.0110.0110	0000.0000.0100

ページディレクトリポインターのインデックス (0) / ページディレクトリのインデックス (0x18、10進数で24) / ページテーブルのインデックス (0x166、10進数で358) / バイトオフセット (0x4、10進数で4)

変換処理を開始するためには、CPUはプロセスのPDPTの物理アドレスを必要とします。これは、スレッドがプロセス内で実行中の間、CR3レジスタで見つかります。この物理アドレスを取得するには、次のように**!process**エクステンションコマンドを実行して、DirBaseフィールドの値を参照します。

```
lkd> !process -1 0
PROCESS 99aa3040  SessionId: 2   Cid: 1690   Peb: 03159000
ParentCid:
0920
    DirBase: 01024800  ObjectTable: b3b386c0  HandleCount: <Data Not
Accessible>
    Image: windbg.exe
```

このDirBaseフィールドは、PDPTが物理アドレス0x1024800に存在することを示しています。先ほどの図に示したように、例示した仮想アドレスのPDPTのインデックス番号は0です。そのため、ページディレクトリに対応する物理アドレスを含むPDPTエントリは、PDPTの最初のエントリである物理アドレス0x1024800にあります。

カーネルデバッガーの**!pte**エクステンションコマンドを使用すると、仮想アドレスを表すページディレクトリエントリ（PDE）およびPTEを表示します。

```
lkd> !pte 3166004
                  VA 03166004
PDE at C06000C0          PTE at C0018B30
contains 0000000056238867  contains 800000005DE61867
pfn 56238    ---DA--UWEV  pfn 5de61    ---DA--UW-V
```

デバッガーはPDPTを表示しませんが、それに与えられた物理アドレスを表示することは簡単にできます。

```
lkd> !dq 01024800 L 4
# 1024800 00000000`53c88801 00000000`53c89801
# 1024810 00000000`53c8a801 00000000`53c8d801
```

ここで、デバッガーの!dqエクステンションコマンドを使用しました。これは、dqコマンド（クアッドワードの64ビット値を表示します）と似ていますが、仮想アドレスではなく物理アドレスでメモリを調べるのに使用します。PDPTは4つのエントリの長さしかないことがわかっているので、L 4という長さの引数を追加して、出力をまとめることができます。

図が示すように、例示した仮想アドレスのPDPTのインデックス（最上位の2ビット）は0と等しいため、求めるPDPTエントリは最初に表示されたクアッドワードになります。このエントリは、PDEやPTEと似た形式を持ち、ページフレーム番号（PFN）として0x53c88（常にページに揃えられます）を含む、物理アドレス0x53c88000を確認できます。これが、ページディレクトリの物理アドレスです。

!pteコマンドの出力は、PDEアドレス0xC06000C0を、物理アドレスではなく、仮想アドレスとして示しています。x86システムでは、最初のプロセスのページディレクトリは、仮想アドレス0xC0600000から始まります。この場合、PDEのアドレスは0xC0、つまり8バイト（1つのエントリのサイズ）に24を掛けたものを、ページディレクトリの開始アドレスに加えたアドレスになります。したがって、例示した仮想アドレスのページディレクトリのインデックスは、24になっています。これは、ページディレクトリの25番目にあるPDEを見ればよいことを意味しています。

PDEは、必要とされるページテーブルのPFNを提供します。この例では、PFNは0x56238なので、ページテーブルは物理アドレス0x56238000から始まります。メモリ管理ユニット（MMU）は仮想アドレスのページテーブルのインデックス（0x166）に8（PTEのサイズ8バイト）を掛けてこれに追加します。その結果、PTEの物理アドレスが0x56238B30であることを導き出せます。

デバッガーは、このPTEが仮想アドレス0xC0018B30にあることを示しています。この仮想アドレスのバイトオフセットの部分（0xB30）は、物理アドレスのバイトオフセットと同じであることに注目してください。アドレス変換では常にこのようになります。メモリマネージャーは0xC0000000からページテーブルのマップを開始し、0xC0018000（前述したように0x18はエントリ24を示します）に0xB30を追加して、カーネルデバッガーの出力が示した仮想アドレス0xC0018B30を導き出します。デバッガーは、そのPTEのPFNが0x5DE61であることを示しています。

最後に、例示した仮想アドレスのバイトオフセットについて考えてみましょう。説明したように、MMUは、PTEからPFNにバイトオフセットを連結して、物理アドレス0x5DE61004を導き出します。これが、元の仮想アドレス0x3166004に対応する物理アドレスです。ただし、まだ先があります。

PTEからのフラグビットは、PFNの右側に変換されます。例えば、参照されたことのあるページを表すPTEは、---DA--UW-Vのフラグを持ちます。Aはアクセス済みを表しています（そのページは読み取られたことがあります）。Uはユーザーモードでアクセス可能であることを示しています（その逆は、カーネルモードでしかアクセスできません）。Wは書き込みページを示しています（読み取りだけでなく）。Vは有効を示しています（物理ページで有効なページを表しています）。

この物理アドレスの計算を確かめるために、その仮想アドレスおよび物理アドレスの両方について、例題のメモリを見てみましょう。最初に、仮想アドレスに対してデバッガーのdd（display dwordに由来）コマンドを使用します。次のように表示されました。

418　インサイド Windows　第7版　上

```
lkd> dd 3166004 L 10
03166004 00000034 00000006 00003020 0000004e
03166014 00000000 00020020 0000a000 00000014
```

　次に、先ほど計算した物理アドレスを、!ddエクステンションコマンドを使用して確認します。上の dd コマンドと同じ内容が表示されました。

```
lkd> !dd 5DE61004 L 10
# 5DE61004 00000034 00000006 00003020 0000004e
# 5DE61014 00000000 00020020 0000a000 00000014
```

　同様に、PTEやPDEの仮想アドレスと物理アドレスを表示して、比較することができます。

5.6.3 　x64 仮想アドレス変換

　x64システムでのアドレス変換は、x86システムに似ていますが、第4のレベルが追加されます。各プロセスは、**ページマップレベル4テーブル** (Page Map Level 4 Table) と呼ばれるトップレベルの拡張ページディレクトリを持ち、**ページディレクトリポインター** (Page Directory Pointer) と呼ばれる第3レベルの構造体にある512の物理的な場所を含みます。このページディレクトリの親にあたるページディレクトリポインターは、x86 PAEのページディレクトリポインターテーブル (PDPT) に似ていますが、1つだけではなく512存在します。各ページディレクトリポインターは、1つのページ全体で、4つだけでなく、512のエントリを含みます。PDPTと同様に、ページディレクトリポインターのエントリは、第2レベルのページディレクトリの物理的な場所を含み、各ページディレクトリのエントリは個別のページテーブルの場所を提供する512のエントリを含みます。最後に、ページテーブルは、それぞれ512のページテーブルエントリ (PTE) を持ち、メモリ上のページの物理的な場所を含みます。ここまでの説明の中での、すべての"物理的な場所"は、ページフレーム番号 (PFN) としてこれらの構造体に格納されます。

　x64アーキテクチャの現在の実装は、仮想アドレスが48ビットに制限されています。この48ビットの仮想アドレスを構成するコンポーネントと、アドレス変換を目的したコンポーネント間の接続を、図5-20に示します。また、x64のハードウェアPTEの形式を図5-21に示します。

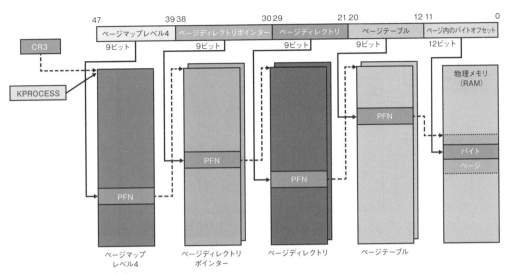

図5-20　x64アドレス変換

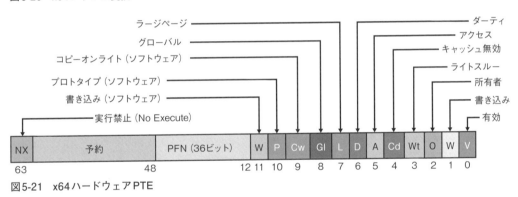

図5-21　x64ハードウェアPTE

5.6.4 ARM仮想アドレス変換

　ARM 32ビットプロセッサ上での仮想アドレス変換は、1,024のエントリを持つ単一のページディレクトリを使用します。各エントリのサイズは32ビットです。アドレス変換のための構造体を、図5-22に示します。

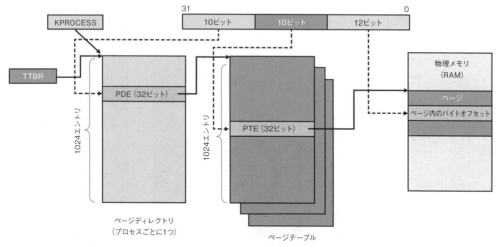

図5-22 ARM仮想アドレス変換

　すべてのプロセスは、それぞれ単一のページディレクトリを持ち、TTBRレジスタ（x86/x64のCR3レジスタに相当するレジスタ）内にその物理アドレスを格納しています。仮想アドレスの最上位10ビットは、1,024のページテーブルの1つをポイントするページディレクトリエントリ（PDE）を選択します。特定のページテーブルエントリ（PTE）は、仮想アドレスの次の10ビットによって選択されます。有効なPTEはそれぞれ、物理メモリ上のページの開始位置をポイントし、仮想アドレスの下位12ビットによってバイトオフセットが与えられます（これは、x86やx64の場合と同様です）。図5-22に示すレイアウトは、4GBでアドレス指定が可能な物理メモリを示唆しています。なぜなら、各PTEのサイズはx86/x64の場合よりも小さく（x86/x64の64ビットに対して、ARMは32ビット）、実際、ページフレーム番号（PFN）のために使用されるのは20ビットしかありません。ARMプロセッサは、x86に類似した物理アドレス拡張（PAE）モードをサポートしますが、Windowsはこの機能を使用しません。将来のバージョンのWindowsは、ARM 64ビットアーキテクチャをサポートする可能性はあります。そうなれば、物理アドレスの制約は緩和され、プロセスおよびシステムのための仮想アドレス領域は劇的に増加することになるでしょう。

　興味深いことに、有効なPTE、PDE、およびラージページのPDEのレイアウトは同じではありません。図5-23は、現在、Windowsで使用される、ARMv7のための有効なPTEのレイアウトを示します。さらに詳しくは、ARMの公式ドキュメントを参照してください。

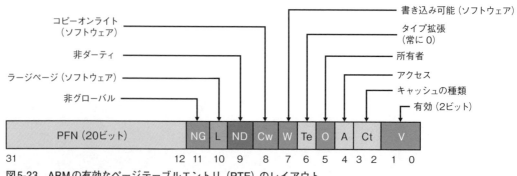

図5-23 ARMの有効なページテーブルエントリ（PTE）のレイアウト

5.7 ページフォールトの処理

これまで、ページテーブルエントリ（PTE）が有効なとき、アドレス変換がどのように解決されるのかを見てきました。PTEの「有効」ビットがクリアになっているとき、これは要求されたページが、何らかの理由で変換処理のためにアクセス可能ではないことを示しています。この節では、無効な種類のPTE、そのエントリに対する参照が解決される方法について説明します。

メモ
この節では、32ビットx86のPTE形式の詳細だけを説明します。x64およびARMシステムのPTEは、同様の情報を含みますが、その詳細なレイアウトについては説明しません。

無効なページに対する参照は、**ページフォールト**（Page Fault）と呼ばれます。カーネルのトラップハンドラー（本書下巻を参照）は、この種類のフォールトをメモリマネージャーのフォールトハンドラー関数であるMmAccessFaultにディスパッチして解決します。このルーチンは、フォールトが発生したスレッドのコンテキスト内で実行され、フォールトの解決を試みるか（可能な場合）、適切な例外を発生させます。これらのフォールトは、表5-11に示すように、さまざまな状況下で発生する可能性があります。

表5-11 アクセスフォールトの理由

失敗の理由	結果
ページテーブルエントリ（PTE）/ページディレクトリエントリ（PDE）の破損	エラーコード0x1A（MEMORY_MANAGEMENT）によるバグチェック（システムクラッシュ）。
メモリ上に常駐していないが、ディスク上のページファイルまたはマップファイルに存在するページへのアクセス	物理ページの割り当てと、ディスクから関連するワーキングセットに目的のページの読み取り。
スタンバイまたは変更ページリスト上にあるページへのアクセス	そのページを関連するプロセス、セッション、またはシステムワーキングセットに移行（トランジション）。
コミットされていないページ（例えば、予約済みアドレス領域または割り当てられていないアドレス領域）へのアクセス	アクセス違反例外。
カーネルモードでのみアクセス可能なページへのユーザーモードからのアクセス	アクセス違反例外。
読み取り専用ページへの書き込み	アクセス違反例外。
デマンドゼロページへのアクセス	関連するワーキングセットに対してゼロで埋められたページを追加。
ガードページへの書き込み	ガードページ違反（ユーザーモードスタックへの参照が存在する場合、自動的にスタックの拡張が行われる）。
コピーオンライトページへの書き込み	そのページのプロセスプライベート（またはセッションプライベート）コピーを作成し、プロセス、セッション、またはワーキングセット内のオリジナルを置き換えるために使用する。
有効なページへの書き込みであるが、現在のバッキングストアのコピーへの書き込みが完了していない	ページテーブルエントリ（PTE）内の「ダーティ」ビットのセット。

失敗の理由	結果
No Execute（実行禁止）としてマークされたページ内のコードの実行	アクセス違反例外。
ページテーブルエントリ（PTE）のアクセス許可がエンクレーブ許可と一致しない（この章の「5.18 メモリエンクレーブ」の節およびWindowsソフトウェア開発キット（SDK）ドキュメントのCreateEnclave関数の説明を参照）	ユーザーモードの場合、アクセス違反例外。カーネルモードの場合、エラーコード0x50（PAGE_FAULT_IN_NONPAGED_AREA）によるバグチェック（システムクラッシュ）。

この後の項では、アクセスフォールトハンドラーによって処理される、4つの基本的な種類の無効なPTEについて説明します。その後に、**プロトタイプPTE**と呼ばれる、無効なPTEの特殊なケースについて説明します。これは、共有可能なページを実装するのに使用されるものです。

5.7.1 無効なPTE

アドレス変換中に見つかったページテーブルエントリ（PTE）の「有効」ビットが0である場合、そのPTEは無効ページであることを表しています。無効なページは参照によって、メモリ管理例外が発生するか、ページフォールトが発生します。メモリ管理ユニット（MMU）は、PTEの残りのビットを無視するため、オペレーティングシステムはそのページに関する情報を格納するためにこれらのビットを使用することができ、ページフォールトの解決を補助します。

次に示す一覧は、4種類の無効なPTEエントリおよびその構造の詳細を説明しています。MMUではなく、メモリマネージャーによって解釈されるため、これらは「ソフトウェアPTE」と呼ばれることがあります。いくつかのフラグは、表5-10で説明したハードウェアPTEと共通しています。また、いくつかのビットフィールドは、ハードウェアPTEの対応するフィールドと同じまたは類似した意味を持ちます。

- **ページファイル** —— 目的のページがページファイル内に存在します。図5-24に表すように、PTE内の4ビットはそのページが存在する可能性のある16のページファイルのうちの1つを示し、32ビットがファイル内のページ番号を提供します。ページャーはインページ操作を開始し、そのページをメモリ上に引き上げ、それを有効にします。ページファイルのオフセットは、（次に説明するような）その他の形式を可能にするために、常に非ゼロで、決してオール1になることはありません（つまり、ページファイル内の最初のページと最後のページは、ページングのために使用されることはありません）。

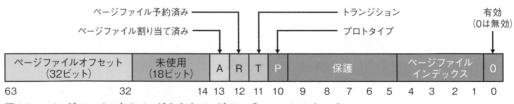

図5-24 ページファイル内のページを表すページテーブルエントリ（PTE）

- **デマンドゼロ** —— このPTE形式は先述のページファイルPTEと同じですが、ページファイルオフセットはゼロです。目的のページは、ゼロのページで満たされる必要があります。ページャーは、ゼロページリストを検索します。もしリストが空であれば、ページャーは空きページリスト

第5章 メモリ管理 **423**

から1ページを取得し、ゼロにします。空きページリストもまた空の場合は、スタンバイページリストの1つから1ページを取得し、ゼロにします。

- **仮想アドレス記述子（VAD）** —— このPTE形式もまた、ページファイルPTEと同じですが、このケースの場合、ページファイルオフセットはオール1になります。これは、定義とバッキングストアを持つページを示しており、存在する場合、プロセスのVADツリー内に見つかります。この形式は、マップファイル内のセクションによって格納されるページのために使用されます。ページャーは、仮想ページを包含する仮想アドレス範囲を定義しているVADを見つけ、VADによって参照されるマップファイルからインページ操作を開始します（VADについて詳しくは、この章の「5.9 仮想アドレス記述子（VAD）」の節で説明します）。
- **トランジション** —— このPTEの「トランジション」ビットは1です。目的のページはメモリ上のスタンバイ、変更、または変更書き出し不要（Modified no write）ページリストのいずれかに存在します。ページャーは、ページが存在するリストからそのページを削除し、そのページをプロセスワーキングセットに追加します。これは、I/Oが発生しないことから、**ソフトページフォールト**として知られています。
- **不明（Unknown）** —— このPTEはゼロまたはページテーブルがまだ存在しません（ページテーブルの物理アドレスを提供するページディレクトリエントリ（PDE）がゼロを含む）。どちらの場合でも、メモリマネージャーは、仮想アドレスがコミット済みであるかどうかを判断するためにVADを調べる必要があります。コミット済みである場合、新たなコミット済みアドレス領域を表すページテーブルが作成されます。そうでない場合、つまり、そのページが予約済みであるか、まだ何も定義されていない場合、ページフォールトはアクセス違反例外として報告されます。

5.7.2 | プロトタイプPTE

ページが2つのプロセスで共有されることが可能な場合、メモリマネージャーは**プロトタイプページテーブルエントリ**（Prototype PTE）と呼ばれるソフトウェア構造体を使用して、これらの共有される可能性があるページをマップします。ページファイルを使用するセクションの場合は、セクションオブジェクトが最初に作成されたときに、プロトタイプPTEの配列が作成されます。マップファイルの場合は、ビューがマップされるときにオンデマンドで配列の一部が作成されます。これらのプロトタイプPTEは、セグメント構造体の一部です（この章の「5.11 セクションオブジェクト」の節で説明します。

プロセスが最初にセクションオブジェクトのビューにマップされたページを参照するとき（ビューがマップされるときに仮想アドレス記述子（VAD）が作成されることを思い出してください）、メモリマネージャーは、プロセスのページテーブル内のアドレス変換のために使用される実際のPTEを埋めるために、プロトタイプPTE内の情報を使用します。共有ページが有効になると、プロセスのPTEとプロトタイプPTEの両方が、データを含む物理ページをポイントします。有効な共有ページを参照するプロセスのPTEの数を追跡するために、ページフレーム番号（PFN）データベースエントリのカウンターがインクリメントされます。つまり、メモリマネージャーは、どのページテーブルからも参照されなくなった共有ページを、無効にして、トランジションリストに移動するか、ディスクに書き出すことが可能なときを判断することができます。

共有ページが無効にされたとき、プロセスのページプール内のそのPTEは、図5-25に示すように、そのページを表すプロトタイプPTEをポイントする特別なPTEで満たされます。つまり、メモリマネージャーは、そのページがアクセスされたとき、参照されるページを表すことになる、このPTE内にエンコードされた情報を使用して、プロトタイプPTEを配置できます。

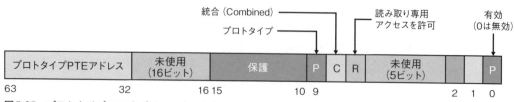

図5-25 プロトタイプPTEをポイントする無効なPTEの構造体

共有ページは、次の6つの異なる状態のいずれか1つになり、それはプロトタイプPTEによって表されます。

- **アクティブ/有効** —— 別のプロセスがページにアクセスしているため、そのページは物理メモリ上に存在します。
- **トランジション** —— 目的のページはメモリ上のスタンバイまたは変更ページリストに存在します（またはどのリストにも存在しません）。
- **変更書き出し不要** —— 目的のページはメモリ上に存在し、変更書き出し不要（Modified no write）ページリスト上にあります（表5-11を参照）。
- **デマンドゼロ** —— 目的のページは、ゼロのページで満たされる必要があります。
- **ページファイル** —— 目的のページはページファイル内に存在します。
- **マップファイル** —— 目的のページはマップファイル内に存在します。

これらのプロトタイプPTEの形式は、前述した本物のPTEの形式と共通ですが、プロトタイプPTEはアドレス変換のためには使用されません。プロトタイプPTEはページテーブルとPFNデータベース間のレイヤーに存在し、ページテーブル内に直接現れることは決してありません。

共有ページにアクセスする可能性のあるものすべてがフォールトを解決するためのプロトタイプPTEをポイントすることによって、メモリマネージャーは、そのページを共有する各プロセスのページテーブルを更新する必要なく、共有ページを管理することができます。例えば、共有コードまたは共有データのページは、どこかの時点でディスクにページアウトされる可能性があります。メモリマネージャーがそのページをディスクから取得したとき、メモリマネージャーはそのページの新しい物理的な場所をポイントするように、プロトタイプPTEを更新する必要しかありません。そのページを共有する各プロセス内のPTEは同じままです。つまり、「有効」ビットはクリアされたままで、プロトタイプPTEを引き続きポイントしています。後で、プロセスがそのページを参照したとき、本物のPTEが更新されます。

図5-26は、マップビュー内の2つの仮想ページを示しています。1つは有効なページであり、もう1つは無効なページです。図が示すように、最初のページは有効で、プロセスPTEとプロトタイプPTEにポイントされています。2番目のページはページファイル内に存在し、そのページのプロトタイプPTEはページファイル内の正確な場所を含んでいます。そのページのプロセスPTE（およびマップされたページを持つ任意の他のプロセス）は、このプロトタイプPTEをポイントしています。

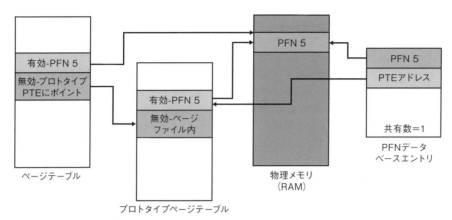

図5-26　プロトタイプPTE

5.7.3　インページI/O

　インページI/O（In-paging I/O）は、ページフォールトを満たすために、ファイル（ページファイルまたはマップファイル）に対して読み取り操作を発行しなければならないときに発生します。また、ページテーブルは、それ自身がページング可能であるため、ページフォールトの処理は追加的なI/Oを発生させる可能性があります。そのようなI/Oは、システムがページテーブルのページを読み込むとき、必要に応じて発生します。ページテーブルのページは、ページテーブルエントリ（PTE）または以前に参照されていた元のページを表すプロトタイプPTEを含みます。

　インページI/O操作は、同期で行われます。つまり、スレッドはI/O完了までイベントを待機します。また、非同期プロシージャコール（APC）の配信によって中断されることはありません。ページャーはI/O要求関数で特別な修飾子を使用してページI/Oを指示します。ページI/Oが完了すると、I/Oシステムは1つのイベントをトリガーし、ページャーをウェイクアップして、インページ処理の継続を許可します。

　ページI/O操作が進行中の間、フォールトしたスレッドは重要なメモリ管理同期オブジェクトを何も持ちません。プロセス内の他のスレッドは、仮想メモリ関数を発行することができ、ページI/Oタスクが行われている間にページフォールトを処理できます。しかし、I/Oの完了が明らかになったときをページャーが認識しなければならない、次のような興味深い状況が存在します。

- 同じプロセスの別のスレッド、または別のプロセスのスレッドが、同じページをフォールトした（「衝突したページフォールト」と呼ばれるもので、次の項で説明）。
- そのページが仮想アドレス領域から削除され、再マップされた。
- ページの保護が変更された。
- プロトタイプPTEのためのフォールトであった可能性があり、プロトタイプPTEをマップするページがワーキングセットの外にある可能性がある。

　ページャーは、ページI/O要求の前にスレッドのカーネルスタックに十分な状態を保存することによって、これらの状況を処理します。要求が完了したときに、これらの状況を検出することができ、必要に応じて、ページを有効にすることなく、ページフォールトを破棄できます。フォールトした命令が再度発行された場合、そのときに、ページャーは再び呼び出され、PTEはその新しい状態を再評価されます。

5.7.4 衝突したページフォールト

同じプロセスの別のスレッド、または別プロセスのスレッドが、現在インページ中のページをフォールトしたときの状況は、**衝突したページフォールト**（Collided Page Fault）と呼ばれます。衝突したページフォールトは、マルチスレッドシステムではよく発生することなので、ページャーはそれを検出し、適切に処理します。別のスレッドまたはプロセスが同じページをフォールトした場合、ページャーは衝突したページフォールトを検出し、そのページが移行中（トランジション）であり、読み取りが進行中であることを知ります（この情報は、ページフレーム番号（PFN）データベースエントリの中にあります）。その場合、ページャーは待機操作を発行し、PFNエータベースエントリ内で指定されたイベントを待機できます。あるいは、並列I/Oを発行することを選択し、ファイルシステムをデッドロックから保護することができます（最初のI/Oが"勝ち"で完了し、他のものは破棄されます）。この待機するイベントは、フォールトを解決するために必要であったI/Oを最初に発行したスレッドによって、初期化された状態です。

I/O操作が完了すると、イベントを待機していたすべてのスレッドは、待機を終了します。PFNデータベースロックを獲得するための最初のスレッドは、インページ完了操作の実行を担当します。これらの操作には、I/O操作が正常に完了するためのI/O状態のチェック、PFNデータベース内の「進行中の読み取り」ビットのクリア、およびPTEの更新が含まれます。

後続のスレッドが衝突したページフォールトを完了するためにPFNデータベースのロックを獲得した場合、ページャーは、「進行中の読み取り」ビットがクリアされているため、更新の開始が既に実行されていることを認識します。そこで、PFNデータベースエントリの「インページエラー」フラグをチェックして、そのインページI/Oが確実に成功で完了するようにします。「インページエラー」フラグがセットされている場合、PTEは更新されず、フォールトしたスレッド内でインページエラー例外が発生します。

5.7.5 クラスター化されたページフォールト

メモリマネージャーは、ページフォールトを満たすために、ページの大きなクラスターをプリフェッチし、システムキャッシュに事前に設定します。プリフェッチ操作は、仮想メモリ内のワーキングセットの代わりに、システムのページキャッシュに直接データを読み込みます。そのため、プリフェッチデータが仮想アドレス領域を消費することはなく、フェッチ操作のサイズは利用可能な仮想アドレス領域の容量に制限されることはありません。また、ページが再利用される場合、コストの高い、変換ルックアサイドバッファー（TLB）のフラッシュのためのプロセッサ間割り込み（Inter Processor Interrupt：IPI）の必要もありません。プリフェッチされたページはスタンバイページリスト上に置かれ、ページテーブルエントリ（PTE）内に移行中（トランジション）としてマークされます。プリフェッチされたページがその後に参照された場合、メモリマネージャーはそのページをワーキングセットに追加します。しかし、そのページが決して参照されなければ、そのページを解放するために必要とされるシステムリソースはありません。プリフェッチされたクラスター内の任意のページが既にメモリ内にある場合、メモリマネージャーはそれを再読み込みすることはありません。その代わりに、図5-27に示すように、ダミーページを使用してそれらを表現することで、効果的な単一の大きなI/Oを発行することができます。

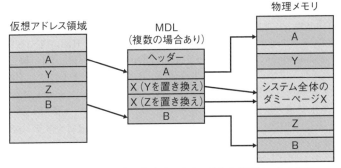

ページYとZは既にメモリ内に存在するため、対応するMDLエントリは
システム全体のダミーページをポイントする

図5-27 メモリ記述子リスト（MDL）内での仮想アドレスから物理アドレスへのマッピング中のダミーページの使われ方

　図5-27で、ページA、Y、Z、およびBに対応するファイルのオフセットおよび仮想アドレスは論理的に連続しています。しかし、物理ページ自身は連続している必要はありません。ページAおよびBは物理メモリに常駐していないため、メモリマネージャーはそれらを読み込む必要があります。ページYおよびZは既に物理メモリ上に常駐しているため、それらは読み込む必要がありません（実際には、これらは最後にバッキングストアから読み取られて以降、既に変更されている可能性があります。その場合、これらの内容を上書きすると重大なエラーになる可能性があります）。しかし、ページAおよびBを一度の操作で読み込むほうが、ページAを読み取り、その後ページBを読み取るという2回の操作よりもずっと効率的です。そのため、メモリマネージャーは、バッキングストアから4つのページすべて（A、Y、Z、およびB）を含む1回の読み取り要求を発行します。そのような読み取り要求は、利用可能なメモリの量や現在のシステムの使用量などに基づいて、読み取る意味のあるものよりも多くのページを含むことになります。

　メモリマネージャーは要求を表すメモリ記述子リスト（MDL）を構築する際に、ページAおよびBに対する有効なポインターを提供します。しかし、ページYおよびZのエントリは、システム全体のダミーページXをポイントします。ダミーページXは参照されることはないため、メモリマネージャーはダミーページXをバッキングストアからの古い可能性のあるデータで埋めることができます。しかし、もしコンポーネントがMDL内のXおよびZオフセットにアクセスする場合、ページYおよびZではなく、ダミーページを見ることになります。

　メモリマネージャーは任意の数の破棄されたページを単一のダミーページとして表すことができ、そのページは同じMDL内に複数回埋め込むことができます。あるいは、同時に存在する複数のMDLに埋め込み、異なるドライバーのために使用することができます。したがって、破棄されたページを表す場所の内容は、いつでも変更することができます（MDLについて詳しくは、第6章で説明します）。

5.7.6　ページファイル

　ページファイル（Page File、Paging Fileと呼ばれることもあります）は、あるプロセスでまだ使用中でありながら、ディスクに書き込まれていない、変更されたページを格納しています。ディスクに書き込まれていない理由は、それがマップされていなかったか、メモリの負荷によりトリミングされてしまったからです。ページファイル領域は、そのページがコミットを開始したときに予約されますが、実際に最適化にクラスター化されたページファイルの場所は、ページがディスクに書き出される

まで選択されません。

　システムがブートする際、Windowsセッションマネージャーのプロセス (Smss.exe) は、ページファイルのリストを読み取り、ページファイルを開きます。これは、レジストリキー HKLM¥SYSTEM¥CurrentControlSet¥Control¥Session Manager¥Memory Managementにある PagingFiles値を調べることによって行われます。この複数行文字列型のレジストリ値は、各ページファイルのファイル名、最小サイズ（初期サイズ）、最大サイズを含みます。Windowsは、x86およびx64システム上で最大16のページファイル、ARMシステム上で最大2つのページファイルをサポートします。x86およびx64システムでは各ページファイルは最大16TBのサイズまで指定できます。一方、ARMシステムでは最大4GBのサイズまで指定できます。ページファイルが開かれると、システムが実行中の間、削除することができません。なぜなら、システムプロセスが各ページファイルのハンドルを開いているからです。

　ページファイルはプロセスとカーネルメモリの一部を含むため、セキュリティ上の理由から、システムはシステムのシャットダウン時にページファイルをクリアするように構成することができます。この機能を有効にするには、レジストリキー HKLM¥SYSTEM¥CurrentControlSet¥Control¥Session Manager¥Memory Managementにある ClearPageFileAtShutdown値を1に設定します。この値が0の場合、シャットダウン後、そのページファイルはシステムが稼働している間にページアウトを引き起こしたデータをそれが何であれ含んでいます。このデータは、そのコンピューターに物理的にアクセスが可能な何者かによって、アクセスされる可能性があります。

　最小および最大のページファイルのサイズが両方とも0の場合（または指定されていない場合）、これはシステム管理サイズを示しています。Windows 7およびWindows Server 2008 R2は、物理メモリ（RAM）サイズだけに基づいた簡単なスキームを使用します。

- **最小サイズ** —— 物理メモリ（RAM）容量または1GBの、いずれか大きいほうのサイズ。
- **最大サイズ** —— 物理メモリ（RAM）容量の3倍または4GBの、いずれか大きいほうのサイズ。

　これらの設定は、理想的なものではありません。例えば、最新のラップトップおよびデスクトップコンピューターは32GBや64GBの物理メモリ（RAM）を容易に持つことができ、サーバー機は数百GBの物理メモリ（RAM）を持つことができます。ページファイルの初期サイズが物理メモリ（RAM）のサイズに設定されると、ディスク領域がかなり失われる可能性があります。特に、ディスクサイズが相対的に小さかったり、ソリッドステートドライブ（SSD）であったりする場合はそうです。さらに、システムの物理メモリ（RAM）の容量は、必ずしもそのシステム上の典型的なメモリ負荷を示すものではありません。

　現在の実装はより詳細なスキームを使用しており、物理メモリ（RAM）のサイズだけでなく、ページファイルの使用履歴やその他の要素に基づいて、ページファイルの最適な最小サイズを導き出します。Smss.exeは、ページファイルの作成と初期化を行う部分で、次の4つの要素に基づいてページファイルの最小サイズを計算し、それをグローバル変数に格納します（かっこ内はグローバル変数の名前）。

- **物理メモリ（SmpDesiredPfSizeBasedOnRAM）** —— 物理メモリ（RAM）に基づいたページファイルの推奨サイズ。
- **クラッシュダンプ（SmpDesiredPfSizeForCrashDump）** —— クラッシュダンプを格納するために必要とされるページファイルの推奨サイズ。
- **履歴（SmpDesiredPfSizeBasedOnHistory）** —— 使用履歴に基づいたページファイルの推奨サイズ。Smss.exeは、1時間に1回、タイマーをトリガーし、ページファイルの使用状況を記録します。
- **アプリ（SmpDesiredPfSizeForApps）** —— Windowsアプリのためのページファイルの推奨サイズ。

これらの値は、表5-12に示すように計算されます。

表5-12　ページファイルの推奨サイズの計算の基準

推奨のベース	ページファイルの推奨サイズ
物理メモリ (RAM)	物理メモリ (RAM) が1GB以下の場合、推奨サイズは1GBになります。 物理メモリ (RAM) が1GBより大きい場合、追加の1GBごとに1/8GBを加えたものが推奨サイズになります (最大32GB)。
クラッシュダンプ	専用のダンプファイル (%SystemRoot%¥MEMORY.DMPなど) が構成されている場合、ダンプファイルを格納するためにページファイルは必要されず、推奨サイズは0になります (専用のダンプファイルは、レジストリキーのHKLM¥SYSTEM¥CurrentControlSet¥Control¥CrashControlにあるDedicatedDumpFile値を追加することで構成できます)。 ダンプの種類が「自動メモリダンプ」(既定) の設定に構成されている場合、物理メモリ (RAM) が4GBより小さい場合は物理メモリ (RAM) の1/6が推奨サイズになります。物理メモリ (RAM) が4GB以上の場合、2/3GBに、追加の1GB (4GBよりも上) ごとに1/8GBを加えたものが推奨サイズ (32GBが上限) になります。 直近のクラッシュのためのページファイルが十分な大きさでなかった場合、推奨サイズは物理メモリ (RAM) のサイズまたは32GBの、いずれか小さいサイズまで増やされます。 「完全メモリダンプ」が構成されている場合、物理メモリ (RAM) のサイズに、ダンプファイル内に公開される追加的な情報を加えたものが、推奨サイズになります。 「カーネルメモリダンプ」が構成されている場合、物理メモリ (RAM) のサイズが推奨サイズになります。
履歴	十分な量のサンプルが記録されている場合、90番目のパーセンタイルを推奨サイズとして返します。十分なサンプルがない場合、上記の物理メモリ (RAM) に基づいたサイズを返します。
アプリ	サーバーの場合、ゼロを返します。推奨サイズは、プロセスライフサイクルマネージャー (PLM) がアプリの終了を判断するのに使用する係数に基づきます。現在の係数が2.3であれば、それに物理メモリ (RAM) のサイズを掛けたものが推奨サイズになります。これは、物理メモリ (RAM) が1GB (モバイルデバイス向けの大まかな最小) であると仮定したものです。(係数に基づいた) 推奨サイズは2.5GBまでです。これが物理メモリ (RAM) より大きい場合、物理メモリ (RAM) が減算されます。それ以外の場合、ゼロが返されます。

　システム管理サイズにおけるページファイルの最大サイズは、物理メモリ (RAM) のサイズの3倍または4GBの、いずれか大きいほうのサイズになります。ページファイルの最小 (初期) サイズは、次のように決定されます。

- これが初めてのシステム管理サイズの場合、基本となるサイズは、ページファイルの履歴 (表5-12を参照) に基づいて基本サイズが設定されます。それ以外の場合、物理メモリ (RAM) に基づいて基本サイズが設定されます。
- これが初めてのシステム管理サイズの場合、さらに次のように処理されます。
  - 基本サイズがアプリ用に計算されたページファイルのサイズ (SmpDesiredPfSizeForApps) よりも小さい場合、新しい基本サイズをアプリ用に計算されたサイズとして設定します (表5-12を参照)。
  - (新しい) 基本サイズが、クラッシュダンプ用に計算されたサイズ (SmpDesiredPfSizeForCrashDump) より小さい場合、新しい基本サイズをクラッシュダンプ用に計算されたサイズになるように設定します。

430　インサイド Windows　第7版　上

実習 ページファイルを確認する

　ページファイルの一覧を参照するには、レジストリキー HKLM¥SYSTEM¥CurrentControlS
et¥Control¥Session Manager¥Memory Management の PagingFiles 値を確認します。このエ
ントリは、［システムのプロパティ］ダイアログボックスの［詳細設定］タブで変更したページ
ファイルの構成設定を含んでいます。この設定にアクセスするには、次の手順で操作します。

1. コントロールパネルを開きます。

2. ［システムとセキュリティ］をクリックし、次に［システム］をクリックします。この場所は、
   エクスプローラーで［PC］を右クリックして［プロパティ］を選択することで、すばやくア
   クセスできます。さらに、［システムの詳細設定］をクリックして、［システムのプロパティ］
   ダイアログボックスを開きます。

3. ［システムのプロパティ］ダイアログボックスの［詳細設定］タブをクリックします。

4. ［パフォーマンス］のところにある［設定］ボタンをクリックします。これで、［パフォーマン
   スオプション］ダイアログボックスが開きます。

5. ［パフォーマンスオプション］ダイアログボックスの［詳細設定］タブをクリックします。

6. ［仮想メモリ］のところにある［変更］ボタンをクリックします。

実習 ページファイルの推奨サイズを表示する

　表5-12に示した、計算された実際の変数を参照するには、次のステップに従って操作します
（この実習の例では、32ビット Windows 10 システムを使用しています）。

1. ローカルカーネルデバッグを開始します。

2. Smss.exe プロセスの情報を参照します。

```
lkd> !process 0 0 smss.exe
PROCESS 8e54bc40  SessionId: none  Cid: 0130    Peb: 02bab000
ParentCid: 0004
    DirBase: bffe0020  ObjectTable: 8a767640  HandleCount: <Data Not
Accessible>
    Image: smss.exe

PROCESS 9985bc40  SessionId: 1     Cid: 01d4    Peb: 02f9c000
ParentCid: 0130
    DirBase: bffe0080  ObjectTable: 00000000  HandleCount: 0.
    Image: smss.exe

PROCESS a122dc40  SessionId: 2     Cid: 02a8    Peb: 02fcd000
ParentCid: 0130
    DirBase: bffe032 0 ObjectTable: 00000000  HandleCount: 0.
    Image: smss.exe
```

第5章 メモリ管理 **431**

3. 1番目のプロセス（Session Id が none のプロセス）は、Smss.exe のマスタープロセスです（詳しくは、第2章を参照）。

4. デバッガーのコンテキストをそのプロセスに切り替えます。

```
lkd> .process /r /p 8e54bc40
Implicit process is now 8e54bc40
Loading User Symbols
..
```

5. 前の項で説明した4つの変数を表示します（各変数のサイズは64ビットです）。

```
lkd> dq smss!SmpDesiredPfSizeBasedOnRAM L1
00974cd0 00000000`4fff1a00
lkd> dq smss!SmpDesiredPfSizeBasedOnHistory L1
00974cd8 00000000`05a24700
lkd> dq smss!SmpDesiredPfSizeForCrashDump L1
00974cc8 00000000`1ffecd55
lkd> dq smss!SmpDesiredPfSizeForApps L1
00974ce0 00000000`00000000
```

6. このコンピューターには1つのボリューム（C:¥）が存在するため、1つのページファイルが作成されています。ページファイルが具体的に構成されていない（既定のまま）と仮定すると、構成はシステム管理サイズです。エクスプローラーなどを使用してディスク上のC:¥Pagefile.sys の実際のファイルサイズを確認できます。または、次のように !vm エクステンションコマンドを使用します。

```
lkd> !vm 1
Page File: ¥??¥C:¥pagefile.sys
  Current:     524288 Kb  Free Space:     524280 Kb
  Minimum:     524288 Kb  Maximum:       8324476 Kb
Page File: ¥??¥C:¥swapfile.sys
  Current: 262144 Kb       Free Space:     262136 Kb
  Minimum: 262144 Kb       Maximum:       4717900 Kb
No Name for Paging File
  Current: 11469744 Kb     Free Space:   11443108 Kb
  Minimum: 11469744 Kb     Maximum:      11469744 Kb
...
```

C:¥Pagefile.sys の最小サイズ（524288KB）に注目してください（他のページファイルのエントリについては、次の項で説明します）。変数によると、SmpDesiredPfSizeForCrashDump が最大であるため、これが決定要素でなければなりません。SmpDesiredPfSizeForCrashDump の0x1FFECD55 は524211KB であり、表示されている値に最も近い値です（ページファイルサイズは、64MB の倍数に切り上げられます）。

新しいページファイルを追加するために、コントロールパネルはNtdll.dllに定義されている内部の NtCreatePagingFileシステムサービスを使用します（「ページファイルの作成」特権（SeCreatePage filePrivilege）が必要です）。ページファイルは、作成先のディレクトリが圧縮されていたとしても、常に非圧縮ファイルとして作成されます。ページファイルの名前はPagefile.sysです（次の項で説明するいくつかの特別なページファイルは除きます）。ページファイルは、パーティションのルートディレクトリ内に、隠しファイル属性付きで作成されます。新しいページファイルが削除されないようにするために、ハンドルがシステムプロセス内に複製されます。そのため、ページファイルを作成したプロセスが新しいページファイルへのハンドルを閉じた後でさえ、引き続きハンドルは常に開かれたままです。

■ スワップファイル

ユニバーサルWindowsプラットフォーム（UWP）アプリの世界では、アプリがバックグラウンドに移行したとき（例えば、アプリが最小化されたとき）、プロセス内のスレッドは中断され、プロセスはCPUをまったく消費しなくなります。そのプロセスによって使用されたプライベート物理メモリは、他のプロセスのために再利用される可能性があります。メモリ負荷が高い場合、プライベートワーキングセット（そのプロセスによって使用されていた物理メモリ）はディスクにスワップアウトされることがあり、これによりその物理メモリを他のプロセスのために使用できるようになります。

Windows 8では、**スワップファイル**（Swap File）と呼ばれる、もう1つのページファイルが追加されました。これは、通常のページファイルと実質的に同じものですが、UWPアプリのためだけに使用されます。スワップファイルは、少なくとも1つの通常のページファイルが作成された場合（通常のケース）、クライアントSKU上でのみ作成されます。スワップファイルのファイル名はSwapfile.sysであり、システムのルートパーティション（例えばC:¥Swapfile.sys）に存在します。

通常のページファイルが作成された後に、レジストリキー HKLM¥SYSTEM¥CurrentControlSet¥Control¥Session Manager¥Memory Management が参照されます。ここにSwapFileControlという名前のDWORD値が存在し、値が0に設定されている場合、スワップファイルの作成は中止されます。ここにSwapFileという名前の値が存在する場合は、ファイル名、初期サイズ、および最大サイズを持つ通常のページファイルと同じ形式の文字列として読み取ります。通常のPagingFiles値との違いは、サイズに0が設定された値は、スワップファイルを作成しないものとして解釈される点です。これら2つのレジストリ値は、既定では存在しません。既定では、Swapfile.sysファイルはシステムのルートパーティションに作成され、高速な（かつ小さい）ディスク（例えば、SSD）での最小サイズは16MB、低速な（または大きなSSD）ディスクでの最小サイズは256MBになります。スワップファイルの最大サイズは、物理メモリ（RAM）のサイズの1.5倍、またはシステムのルートパーティションサイズの10%の、いずれか小さいほうのサイズになります。UWPアプリについては、本書の第7章、および本書下巻で詳しく説明します。

メモ　スワップファイルは、サポートされる最大のページファイル数としてはカウントされません。

■ 仮想ページファイル

デバッガーの!vmエクステンションコマンドは、"No Name for Paging File"と呼ばれる、もう1つのページファイルの存在を示唆します（先ほどの実習と次の実習を参照）。これは、仮想ページファイル（Virtual Page File）と呼ばれるものです。その名前が示唆するように、これは実際のファイルを持ちませんが、メモリの圧縮（この章の「5.15　メモリの圧縮」の節で説明します）のためのバッキングストアとして間接的に使用されます。仮想ページファイルは巨大ですが、そのサイズは空き領域を使

い切らないように任意に設定されます。圧縮されたページのための無効なページテーブルエントリ
（PTE）は、この仮想ページファイルをポイントします。そして、正しい格納域、領域、およびイン
デックスにつながる無効なPTE内のビットを解釈する必要があるとき、メモリ圧縮ストアが圧縮され
たデータを取得することを可能にします。

実習 スワップファイルと仮想ページファイルの情報を参照する

カーネルデバッガーで!vmエクステンションコマンドを使用すると、スワップファイルと仮想
ページファイルを含む、すべてのページファイルの情報を表示させることができます。

```
lkd> !vm 1
Page File: ¥??¥C:¥pagefile.sys
   Current:     524288 Kb   Free Space:      524280 Kb
   Minimum:     524288 Kb   Maximum:        8324476 Kb
Page File: ¥??¥C:¥swapfile.sys
   Current:     262144 Kb   Free Space:      262136 Kb
   Minimum:     262144 Kb   Maximum:        4717900 Kb
No Name for Paging File
   Current:   11469744 Kb   Free Space:    11443108 Kb
   Minimum:   11469744 Kb   Maximum:       11469744 Kb
```

Windows 10の仮想マシンであるこのシステムでは、スワップファイルは最小の256MBを示
しています（仮想マシンにディスクを提供するVHDは、遅いディスクとみなされます）。このシ
ステムは3GBの物理メモリとディスクパーティション64GBの構成であり、スワップサイズの最
大サイズは約4.5GBとなっています（つまり、物理メモリの1.5倍である4.5GBとパーティション
の10%である6.4GBの小さいほう）。

5.7.7 | コミットチャージとシステムコミットリミット

ここまで学んできたことで、コミットチャージ（Commit Charge、コミットメントと呼ぶこともあ
ります）とシステムコミットリミット（System Commit Limit、単にコミットリミットと呼ぶこともあ
ります）の概念について、さらに徹底的に議論できる段階になりました。

仮想アドレス領域が作成されたとき、例えば、VirtualAlloc（コミット済みメモリ用）や
MapViewOfFileの呼び出しによって作成されたとき、システムはそれを格納する部屋が物理メモリ
（RAM）またはバッキングストアに確実に存在するようにする必要があります。そして、それは作成要
求を正常に完了する前までに行われる必要があります。マップされたメモリ（ページファイルにマップ
されたセクションではなく）の場合、MapViewOfFile呼び出しによって参照されるマッピングオブ
ジェクトに関連付けられたファイルは、必要なバッキングストアを提供します。他のすべての仮想割
り当ては、物理メモリ（RAM）およびページファイルという、システムに管理された記憶域用の共有
リソースに依存します。システムコミットリミットとコミットチャージの目的は、これらのリソース
がオーバーコミットしないように、これらのリソースのすべての使用を追跡することにあります。つ
まり、物理メモリ（RAM）とバッキングストア（ディスク上）のいずれの場合でも、その内容を格納す
る領域よりも、多くの仮想アドレス領域が定義されることがあってはならないのです。

メモ この項では、ページファイルについてたびたび言及します。Windowsはページファイルを一切使用することなく、実行することが可能です(通常は推奨されません)。しかしその場合、物理メモリ(RAM)が使い果たされたときに、メモリを増やす余地がなくメモリ割り当てが失敗し、ブルースクリーンを発生させます。この項におけるページファイルについてのすべての説明は、"もし1つ以上のページファイルが存在するならば"と修飾が付くものと考えてください。

概念的には、システムコミットリミットは、自身のバッキングストアに関連付けられた仮想割り当てに加えて、つまり、ファイルにマップされたセクションに加えて、作成可能なコミット済みの仮想アドレス領域の合計を示しています。システムコミットリミットは数値であり、Windowsで利用可能な物理メモリ(RAM)の容量に現在のすべてのページファイルのサイズを単純に加えたものです。1つのページファイルのサイズが拡張されるか、新しいページファイルが作成されると、システムコミットリミットはそれに対応して増加します。ページファイルが存在しない場合、システムコミットリミットは単純にWindowsで利用可能な物理メモリ(RAM)の合計量になります。

コミットチャージは、物理メモリ(RAM)またはページファイルのいずれかに存在し続ける必要がある、すべてのコミット済みメモリ割り当てのシステム全体の合計です。その名称から明らかのように、コミットチャージにチャージ(充当)されるものの1つは、プロセスプライベートなコミット済み仮想アドレス領域です。しかし、コミットチャージにチャージされものは他にも多くありますが、そのうちのいくつかはそれほど明らかではありません。

Windowsは、**プロセスページファイルクォータ**(Process page file quota)と呼ばれる、プロセスごとのカウンターも維持しています。コミットチャージにチャージされる多くの割り当ては、プロセスページファイルクォータにもチャージされます。これは、システムのコミットチャージに対する、各プロセスのプライベートチャージ量を表しています。しかし、これは現在のページファイルの使用量を表しているわけではありません。これは、潜在的または最大のページファイルの使用量を表しており、これらの割り当てのすべてはページファイルに格納される必要があります。

以下の種類のメモリ割り当ては、システムコミットチャージにチャージされます。また、多くのケースにおいて、プロセスページファイルクォータにもチャージされます(これらのいくつかは、この章で後ほど説明します)。

- **プライベートコミット済みメモリ** —— これは、MEM_COMMITオプション付きのVirtualAlloc呼び出しで割り当てられたメモリです。コミットチャージにチャージされる最も一般的なものです。これらの割り当ては、プロセスページファイルクォータにもチャージされます。

- **ページファイルを使用するマップ済みメモリ** —— これは、MapViewOfFile呼び出しで割り当てられたメモリです。その後、ファイルに関連付けられることはありません。システムは、ページファイルの一部を代わりのバッキングストアとして使用します。これらの割り当ては、プロセスページファイルクォータにはチャージされません。

- **マップ済みメモリのコピーオンライト領域(通常のマップファイルに関連付けられている場合であっても)** —— マップファイルは、自身の変更されない内容のためのバッキングストアを提供します。しかし、コピーオンライト領域のページを変更する必要がある場合、もともとのバッキングストア用マップファイルは使用できなくなります。それは、物理メモリ(RAM)またはページファイルに維持される必要があります。これらの割り当ては、プロセスページファイルクォータにはチャージされません。

- **明示的に関連付けられたファイルをバッキングストアとして使用することがない、非ページプール、ページプール、およびシステム領域のその他の割り当て** —— システムメモリプールの現在の

第**5**章　メモリ管理　**435**

空き領域でさえ、コミットチャージにチャージされます。ページングできない領域は、それがペー
ジファイルに決して書き込まれることがないとしても、コミットチャージにカウントされます。な
ぜなら、そのような割り当ては、ページング可能なプライベートデータのために利用可能な物理
メモリ（RAM）の量を永続的に減らすことになるからです。これらの割り当ては、プロセスペー
ジファイルクォータにはチャージされません。

- **カーネルスタック** —— カーネルモードで実行中のときのスレッドのスタック。
- **ページテーブル** —— ほとんどのページテーブルは、それ自身、ページング可能であり、マップ
  ファイルをバッキングストアとして使用しません。しかし、ページング可能でない場合でさえ、
  ページテーブルは物理メモリ（RAM）を占有します。そのため、ページテーブルに必要な領域は、
  コミットチャージにチャージされます。
- **まだ実際には割り当てられていないページテーブルのための領域** —— 後で説明するように、仮想
  アドレス領域に大きな領域が定義されているものの、まだ参照されていない場合（例えば、プラ
  イベートコミット済み仮想アドレス領域）、システムはそれを表すためのページテーブルを実際に
  作成する必要がありません。しかし、まだ存在しないページテーブルのための領域は、そのペー
  ジテーブルが必要になったときに確実に作成できるように、コミットチャージにチャージされま
  す。
- **アドレスウィンドウ化拡張（AWE）API を通して行われた物理メモリの割り当て** —— 前に説明し
  たように、物理メモリを直接的に消費します。

　これらの項目の多くでは、コミットチャージは、記憶域の実際の使用ではなく、使用の可能性を表
している場合があります。例えば、プライベートコミット済みメモリのページは、少なくとも1回参照
されるまでは、物理メモリ（RAM）の物理ページまたは同等のページファイル領域のどちらも実際に
は占有しません。それまでは、そこはデマンドゼロページです（後述）。しかし、仮想領域が最初に作
成されたとき、そのようなページはコミットチャージになります。これにより、そのページが後で参
照されたときに、実際のそのための物理的な記憶域が確実に利用可能になります。

　コピーオンライトとしてマップされたファイルの領域は、同様の要件を持ちます。プロセスがその
領域に書き込むまで、その領域内のすべてのページはマップファイルをバッキングファイルとして使
用します。しかし、そのプロセスは、領域内の任意のページにいつでも書き込む可能性があります。書
き込みが発生したとき、そのページはその時点からプロセスに対してプライベートとして扱われます。
その時点からページのバッキングストアは、ページファイルに切り替わります。その領域が最初に作
成されたとき、その領域はシステムコミットにチャージされ、その後に書き込みアクセスが発生した
ときに、そのページのためのプライベート記憶域が確実に存在するようにします。

　プライベートメモリを予約するとき、およびそれがその後コミットされるとき、特に興味深いケー
スが発生します。予約済み領域がVirtualAllocを用いて作成されたとき、システムのコミットチャージ
は実際の仮想領域のためにチャージされません。Windows 8 および Windows Server 2012 およびそれ
以前のバージョンでは、それは新しいページテーブルのためにチャージされます。ページテーブルは、
たとえそれがまだ存在しなくても、あるいは突然必要になった場合でも、領域を表すために必要にな
ります。Windows 8.1 および Windows Server 2012 R2 からは、予約済みページのためのページテーブ
ルの階層はすぐにはチャージされなくなりました。これは、予約済みメモリの巨大な領域が、ページ
テーブルを使い果たすことなく、割り当てられることが可能であることを意味しています。これは、制
御フローガード（CFG、第7章で詳しく説明します）といった、いくつかのセキュリティ機能にとって
重要になります。その領域またはその領域の一部があとでコミットされる場合、その領域（およびペー
ジテーブル）のサイズを計算するために、システムコミットがチャージされます。同様に、プロセス
ページファイルクォータにもチャージされます。

別の言い方をすれば、システムが、例えば、VirtualAllocによるコミットまたはMapViewOfFile呼び出しを正常に完了したとき、たとえそれがその時点で必要なかったとしても、必要なときに必要な記憶域が利用可能になることが約束（コミットメント）されるということです。このように、割り当てられた領域に対する将来のメモリ参照は、記憶域の不足のために失敗するということは決してありません（もちろん、ページ保護、割り当て解除中の領域など、まだ他の理由で失敗する可能性はあります）。コミットチャージのメカニズムは、システムがこの約束を順守することを可能にします。

コミットチャージは、パフォーマンスモニターでMemory: Committed Bytesカウンターとして確認できます。コミットチャージは、タスクマネージャーの［パフォーマンス］タブで［メモリ］の［コミット済み］に表示される2つの数値の1つ目（2つ目の数字はコミットリミット）から確認することもできます。また、Process Explorerの［System Information］ダイアログボックスの［Memory］タブに表示されるCommit ChargeのCurrent値で確認することもできます。

プロセスページファイルクォータは、パフォーマンスモニターでProcess: Page File Bytesカウンターとして確認できます。同じデータを、Process: Private Bytesカウンターで取得することもできます（どちらのカウンター名も、カウンターの本当の意味を正確には説明していません）。

コミットチャージがコミットリミットに達した場合、メモリマネージャーは1つまたは複数のページファイルを拡張してコミットリミットを増やそうと試みます。それが不可能な場合、続いて行われる、コミットチャージを使用する仮想メモリの割り当ての試みは、既存のコミット済みメモリの一部が解放されるまで失敗します。表5-13に示すパフォーマンスカウンターを使用すると、システム全体、プロセスごと、またはページファイルごとに、プライベートコミット済みメモリの使用量を調査することができます。

表5-13　コミット済みメモリとページファイルのパフォーマンスカウンター

パフォーマンスカウンター	説明
Memory: Committed Bytes	このカウンターは、コミットされた仮想メモリ（非予約済み）のバイト数を示します。この数字が、必ずしもページファイルの使用量を表すとは限りません。なぜなら、これにはページアウトされることが決してない、物理メモリ内のプライベートコミット済みページが含まれるからです。むしろ、ページファイル領域や物理メモリ（RAM）をバッキングストアとして使用する必要がある、チャージ済みの量を表しています。
Memory: Commit Limit	このカウンターは、ページファイルを拡張する必要なしに、コミットできる仮想メモリのバイト数を示します。ページファイルが拡張できる場合、このリミットはソフト制限です。
Process: Page File Bytes	このカウンターは、コミットチャージ（Memory: Committed Bytes）に対するプロセスのチャージ量を示します。
Process: Private Bytes	このカウンターは、Process: Page File Bytesと同じです。
Process: Working Set - Private	このカウンターは、Process: Page File Bytesのサブセットであり、現在、物理メモリ（RAM）上に存在し、ページフォールトなしで参照できます。これは、Process: Working Setのサブセットでもあります。
Process: Working Set	このカウンターは、Process: Virtual Bytesのサブセットであり、現在、物理メモリ（RAM）上に存在し、ページフォールトなしで参照できます。
Process: Virtual Bytes	このカウンターは、プロセスの仮想メモリ割り当ての合計バイト数を示します。これには、マップされた領域、プライベートコミット済み領域、およびプライベート予約済み領域が含まれます。
Paging File: % Usage	このカウンターは、現在、使用中のページファイル領域をパーセントで示します。
Paging File: % Usage Peak	このカウンターは、Paging File: % Usageで計測された値の最も高い値を示します。

5.7.8 | コミットチャージとページファイルのサイズ

表5-13のパフォーマンスカウンターは、ページファイルのサイズを調整する際に役に立ちます。物理メモリ（RAM）の容量に基づいた既定のポリシーは、ほとんどのコンピューターで許容できますが、ワークロードによっては、ページファイルが不必要に大きくなったり、あるいは十分な大きさでなかったりすることがあります。

システムがブートしてから実行される複数のアプリケーション組み合わせに基づいて、システムが本当に必要とするページファイル領域がどのくらいかを判断するには、Process Explorerの［System Information］ダイアログボックスの［Memory］タブに表示されるCommit ChargeのPeak値を調べます。この数値は、システムがブートしてからの、ページファイル領域の最大の容量を表しており、（まれに発生する）プライベートコミット済み仮想メモリの大部分をシステムがページアウトしなければならない場合に必要とされたものです。

システム上のページファイルが大きすぎる場合、そのシステムはページファイルをそれ以上使用しません。別の言い方をすると、ページファイルのサイズを増やしても、システムのパフォーマンスは変化しないということです。それは単に、システムがさらに多くのコミット済み仮想メモリを持つことができるということを意味しています。実行するアプリケーションの組み合わせに対してページファイルが小さすぎる場合、「コンピューターのメモリが不足しています」や「システムのメモリが不足しています」といったエラーメッセージを見ることになるでしょう。この場合、Process: Private Bytesカウンターを調査して、メモリリークを引き起こしているプロセスがないかどうかを確認します。メモリリークを引き起こしているプロセスが見当たらない場合、システムのページプールのサイズを確認します。デバイスドライバーがページプールをリークさせている場合、このエラーの説明になります。プールリークのトラブルシューティングについては、この章の「5.3.2 プール使用状況の監視」の「実習：プールリークのトラブルシューティング」を参照してください。

実習 タスクマネージャーを使用してページファイルの使用量を参照する

コミット済みメモリの使用量は、タスクマネージャーを使用して確認できます。それには、［パフォーマンス］タブを開き、［メモリ］をクリックします。次のスクリーンショットのように、ページファイルに関連するいくつかのカウンター値を確認できます。

システムコミットの合計は、［コミット済み］の下にある2つの数値として表示されます。最初の数値はコミットチャージであり、実際のページファイルの使用ではなく、潜在的なページファイルの使用を表しています。これは、システム内のすべてのコミット済み仮想メモリが一度にページアウトされた場合に、使用される可能性があるページファイル領域の使用量を示しています。2番目の数値はコミットリミットであ

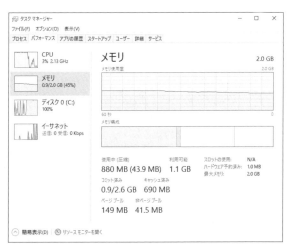

り、システムが仮想メモリを使い果たすまでに使用可能な最大の仮想メモリの使用量を表しています（これには、物理メモリやページファイルをバッキングストアとして使用する仮想メモリが含まれます）。コミットリミットは基本的に、物理メモリ（RAM）のサイズに現在のページファイルのサイズを加えたものになります。そのため、ページファイルを拡張する可能性があるものとしては計算されません。

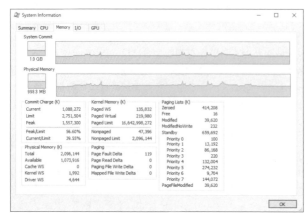

Process Explorerの［System Information］ダイアログボックスの［Memory］タブには、左のスクリーンショットのように、システムコミット使用量に関する追加的な情報が表示されます。つまり、リミットと比較したピーク時の使用量の割合（Peak/Limit）と、リミットと比較した現在の使用量の割合（Current/Limit）です。

5.8 スタック

スレッドは、実行するたびに一時的な記憶域の場所を持つ必要があり、そこに関数のパラメーター、ローカル変数、および関数の呼び出しの後に返されるアドレス（リターンアドレス）を格納します。メモリのこの部分は、**スタック**（Stack）と呼ばれます。Windowsでは、メモリマネージャーが各スレッド用に2つのスタックを提供します。それは、ユーザースタックとカーネルスタックです。また、メモリマネージャーは、遅延プロシージャコール（DPC）スタックと呼ばれるプロセッサごとのスタックも提供します。第2章では、システムコールにより、スレッドがユーザースタックからカーネルスタックに切り替わる方法について、その概要を説明しました。ここでは、スタック領域を効率的に使用するために、メモリマネージャーが提供するいくつかの追加的なサービスについて見ていきます。

5.8.1 ユーザースタック

スレッドが作成されたとき、メモリマネージャーは事前に定義されたサイズの仮想メモリを予約します。その既定のサイズは1MBです。このサイズは、CreateThreadまたはCreateRemoteThread（Ex）関数を呼び出すときに構成できます。または、そのアプリケーションを、Microsoft C/C++ コンパイラで**/STACK:**<予約サイズ>オプションを使用してコンパイルしたときに、イメージのポータブル実行可能（PE）ヘッダー内にその情報が格納されます。1MBが予約されますが、スタックの最初のページ（イメージのPEヘッダーに他の指定がある場合は除く）とガードページだけがコミットされます。スレッドのスタックがガードページに到達する大きさまで増えると、例外が発生し、別のガードページの割り当てが試行されます。このメカニズムにより、ユーザースタックは、コミット済みメモリの1MBすべてをすぐに消費することはありませんが、その代わりに必要に応じて増加します（しかし、そのサイズが縮小されて戻ることは決してありません）。

第**5**章　メモリ管理　**439**

実習 最大数のスレッドを作成する

　各32ビットプロセスで利用可能なユーザーアドレス領域は2GBしかありません。その中において、各スレッドのスタックのために予約された比較的大きなメモリにより、プロセスがサポートできるスレッドの最大数を簡単に計算できます。それは、合計で2GBに近いメモリ、2,048より若干少ない数になります（ブート構成データ（BCD）のIncreaseUserVaオプションが使用され、そのイメージが大きなアドレス領域を認識する場合は除きます）。新しいスレッドがすべて、最小の有効なスタック予約サイズである64KBを使用するように強制することで、その上限を約30,000まで増やすことができます。Windows SysinternalsのTestLimitユーティリティを使用すると、これをテストすることができます。以下は、その出力例です。

```
C:¥Tools¥Sysinternals>Testlimit.exe -t -n 64

Testlimit v5.24 - test Windows limits
Copyright (C) 2012-2015 Mark Russinovich
Sysinternals - www.sysinternals.com

Process ID: 17260

Creating threads with 64 KB stacks...
Created 29900 threads. Lasterror: 8
```

　この実習を64ビットWindowsのインストール環境（128TBのユーザーアドレス領域が利用可能）で試した場合、数十万のスレッドが作成される可能性があると期待するでしょう（かなりの物理メモリが利用可能であると仮定して）。しかし興味深いことに、TestLimit（TestLimit.exe）は32ビットシステム上で実行したときよりも少ないスレッドしか実際には作成しません。これは、TestLimit.exeが32ビットアプリケーションであり、WOW64環境で実行されるという事実と関係しています（WOW64について詳しくは、本書下巻で説明します）。そのため、各スレッドは32ビットのWOW64スタックを持つだけでなく、64ビットスタックも持ち、2GBだけのアドレス領域を維持しながら、2倍以上のメモリを消費します。64ビットWindows上でスレッド作成の上限を適切にテストするには、代わりに64ビット版のTestLimit64.exeバイナリを使用します。

　TestLimitユーティリティを終了するには、Process Explorerまたはタスクマネージャーを使用して強制終了する必要があります。アプリケーションを中止するために**Ctrl**＋**C**キーを使用することはできません。なぜなら、この操作自身が新しいスレッドを作成することになり、一度、メモリが使い果たされてしまうとそれは不可能だからです。

5.8.2 ┃ カーネルスタック

　ユーザースタックのサイズは通常1MBですが、カーネルスタックに専用で割り当てられるメモリのサイズはかなり小さく、32ビットシステムで12KB、62ビットシステムで16KBです。また、その後にガードページが続き、合計で16KBまたは20KBの仮想アドレス領域になります。カーネル内で実行中のコードは、ユーザーコードよりも再帰が少ないことが期待されています。また、より効率的な変

数の使用と、スタックバッファーサイズを小さく抑えることが期待されています。カーネルスタックはシステムアドレス領域（すべてのプロセスによって共有される）に存在するため、そのメモリの使用量はシステムに大きな影響を与えます。

　カーネルコードは通常、再帰的ではありませんが、Win32k.sysで処理されるグラフィックスシステムコールとそれに続くユーザーモードへのコールバックとの相互作用により、カーネルの同じカーネルスタック上に再帰的な再エントリが発生する可能性があります。そのため、Windowsはカーネルスタックを初期サイズから動的に拡張および縮小するためのメカニズムを提供しています。同じスレッドからの追加的なグラフィックス呼び出しが処理されるたびに、別の16KBまたは20KBカーネルスタックが割り当てられます（これは、システムアドレス領域のどの場所でも発生します。メモリマネージャーは、ガードページに近づいたときにスタックをジャンプする機能を提供します）。呼び出しが呼び出し元に戻ると（アンワインドされると）、図5-28に示すように、メモリマネージャーは追加的に割り当てられたカーネルスタックを解放します。このメカニズムにより、再帰的なシステムコールの信頼性のあるサポートと、システムアドレス領域の効率的な使用が可能になります。これは、ドライバー開発者が使用するために提供されるものであり、開発者は必要に応じてKeExpandKernelStackAndCallout（Ex）を介して再帰コールアウトを行うことができます。

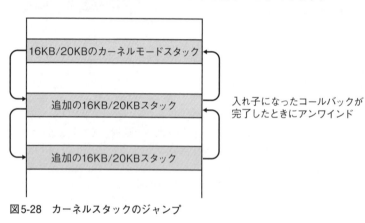

図5-28　カーネルスタックのジャンプ

実習 カーネルスタックの使用量を参照する

Windows SysinternalsのRAMMapユーティリティを使用すると、現在、カーネルスタックによって占有されている物理メモリを表示することができます。RAMMapユーティリティの［Use Counts］タブを表示している次のスクリーンショットを見てください。

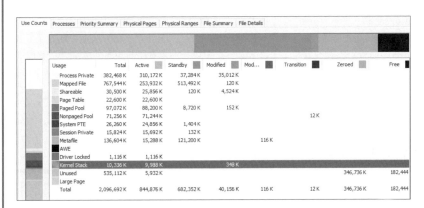

カーネルスタックの使用状況を確認するために、次の手順を試します（この実習は32ビットWindows 10で実施します）。

1. 前の項のTestLimitユーティリティを使った実習をもう一度行います。ただし、まだTestLimitユーティリティを終了しないでおきます。

2. RAMMapユーティリティに切り替えます。

3. ［File］メニューを開いて［Refresh］を選択します（またはF5キーを押します）。次のスクリーンショットのように、カーネルスタックサイズがかなり大きくなったことを確認できるはずです。

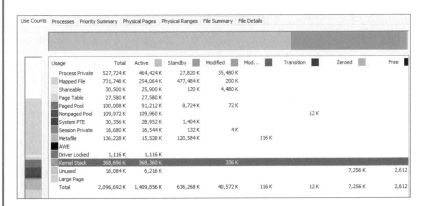

別のTestLimitユーティリティのインスタンスを何度か実行すると（前のインスタンスは終了せずにそのままで）、32ビットシステムの物理メモリを簡単に使い果たしてしまうことがわかるでしょう。この制限は、システム全体の32ビットスレッド数の主な制限の1つによるものです。

5.8.3 DPCスタック

Windowsは、遅延プロシージャコール（DPC）が実行されるときにシステムが使用可能な、プロセッサごとのDPCスタックを維持しています。このアプローチは、DPCコードを現在のスレッドのカーネルスタックから分離します（DPCは任意のスレッドコンテキストで実行するため、これはDPCの実際の操作には無関係です。DPCについては第6章で詳しく説明します）。DPCスタックは、システムコール中のsysenter（x86）、svc（arm）、syscall（x64）命令を処理するための初期スタックとしても構成されます。CPUは、モデル固有レジスタ（Model-Specific Register、x86/x64のMSRレジスタ）に基づいて、これらの命令が実行されたときにスタックを切り替える役割があります。しかし、WindowsはコンテキストスイッチのたびにMSRレジスタを再プログラムしたくはありません。なぜなら、それはコストの高い操作だからです。そのため、WindowsはMSRレジスタ内に、プロセッサごとのDPCスタックのポインターを構成します。

5.9 仮想アドレス記述子（VAD）

メモリマネージャーは、デマンドページングアルゴリズムを使用してページをメモリに読み込むタイミングを知り、スレッドが特定のアドレスを参照するまで待機して、ディスクからページを取得する前にページフォールトを発生させます。コピーオンライトと同じように、デマンドページングは**遅延評価**（Lazy Evaluation）の1つの形式であり、それが必要になるまでタスクを実行するために待機します。

メモリマネージャーは遅延評価を、ページをメモリに持ってくるだけでなく、新しいページを表すのに必要なページテーブルを作成するためにも使用します。例えば、スレッドがVirtualAllocを使用して仮想メモリの大きな領域をコミットしたとき、メモリマネージャーは割り当てられたメモリの範囲全体にアクセスするのに必要なページテーブルをすぐに作成することが可能です。しかし、その範囲の一部が決してアクセスされることがないとしたらどうでしょう。範囲全体のページテーブルの作成は、無駄な努力になります。そこでメモリマネージャーは代わりに、スレッドがページフォールトを発生させるまでページテーブルの作成を待ちます。ページフォールトが発生すると、そのページのページテーブルを作成します。この方法により、大量のメモリで、アクセスがまばらなメモリの予約とコミットの処理のパフォーマンスが、大幅に向上します。

そのようなまだ存在しないページテーブルによって占有される仮想アドレスの領域は、プロセスページファイルクォータとシステムコミットチャージにチャージされます。これにより、実際に作成されたときに、確実にその領域が利用可能になります。遅延評価アルゴリズムにより、大きなブロックのメモリ割り当ても、高速に処理されます。スレッドがメモリを割り当てたとき、メモリマネージャーはスレッドが使用するためのアドレス範囲を応答する必要があります。これを行うために、メモリマネージャーはプロセスのアドレス領域内でどの仮想アドレスが予約され、どの仮想アドレスがされていないかを追跡するためのデータ構造体の別のセットを維持します。これらのデータ構造体は、**仮想アドレス記述子**（Virtual Address Descriptor：VAD）と呼ばれます。VADは、非ページプール内に割り当てられます。

5.9.1 プロセスVAD

メモリマネージャーは、プロセスごとに、プロセスのアドレス領域の状態を表す一連の仮想アドレス記述子（VAD）を維持しています。VADは、1つの自己平衡型のAVL木に編成されます（AVLの名前はその発明者であるAdelson-VelskiiおよびLandisに由来。任意のノードの2つの子サブツリーの高さの差が最大で1である場合に、挿入、参照、および削除が非常に高速）。平均して、これは仮想アドレスに対応するVADを検索するときに、比較回数は最小になります。すべてが同じ特性を持つ（「予約済み」対「コミット済み」対「マップ済み」、メモリアクセス保護、など）、空きではない仮想アドレスの事実上連続した範囲ごとに、1つのVADが存在します。図5-29に、VADのツリー構造を示します。

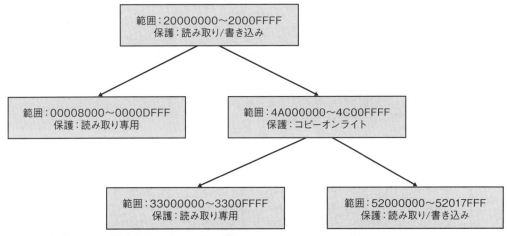

図5-29　仮想アドレス記述子（VAD）のツリー構造

プロセスがアドレス領域を予約するかセクションのビューをマップしたとき、メモリマネージャーはVADを作成し、割り当て要求で提供されたすべての情報を格納します。その情報には、予約するアドレスの範囲、その範囲は共有されるかプライベートか、子プロセスはその範囲の内容を継承できるかどうか、およびその範囲のページに適用されるページ保護などがあります。

スレッドがあるアドレスに初めてアクセスしたとき、メモリマネージャーはそのアドレスを含むページのためのページテーブルエントリ（PTE）を作成する必要があります。それを行うために、メモリマネージャーはアクセスされたアドレスのアドレス範囲を含むVADを見つけ、その見つかった情報を使用してPTEを満たします。そのアドレスがVADでカバーされる範囲の外にある場合、または予約されているがコミットされていないアドレスの範囲の中にある場合、メモリマネージャーは、スレッドがメモリの使用を試みる前に、そのスレッドがメモリを割り当てられないことを知っているため、アクセス違反例外を生成します。

実習 仮想アドレス記述子(VAD)を参照する

カーネルデバッガーの!vadエクステンションコマンドを使用すると、指定したプロセスの仮想アドレス記述子(VAD)を参照することができます。最初に、!processエクステンションコマンドを使用してVADツリーのルートのアドレスを見つけます。次に、!vadコマンドの引数としてそのアドレスを指定します。次の例は、Explorer.exeを実行するプロセスのためのVADの1つを参照しています。

```
lkd> !process 0 1 explorer.exe
PROCESS ffffc8069382e080
    SessionId: 1  Cid: 43e0     Peb: 00bc5000  ParentCid: 0338
    DirBase: 554ab7000  ObjectTable: ffffda8f62811d80  HandleCount:
823.
    Image: explorer.exe
    VadRoot ffffc806912337f0 Vads 505  Clone 0 Private 5088.  Modified
2146.   Locked 0.
...
    Image: explorer.exe
    VadRoot ffffc8068ae1e470
...


lkd> !vad ffffc8068ae1e470
VAD            Level     Start        End Commit
ffffc80689bc52b0  9       640        64f     0 Mapped      READWRITE
Pagefile section, shared commit 0x10
ffffc80689be6900  8       650        651     0 Mapped      READONLY
Pagefile section, shared commit 0x2
ffffc80689bc4290  9       660        675     0 Mapped      READONLY
Pagefile section, shared commit 0x16
ffffc8068ae1f320  7       680        6ff    32 Private     READWRITE
ffffc80689b290b0  9       700        701     2 Private     READWRITE
ffffc80688da04f0  8       710        711     2 Private     READWRITE
ffffc80682795760  6       720        723     0 Mapped      READONLY
Pagefile section, shared commit 0x4
ffffc80688d85670 10       730        731     0 Mapped      READONLY
Pagefile section, shared commit 0x2
ffffc80689bdd9e0  9       740        741     2 Private     READWRITE
ffffc80688da57b0  8       750        755     0 Mapped      READONLY
\Windows\en-US\explorer.exe.mui
...
Total VADs: 574, average level: 8, maximum depth: 10
Total private commit: 0x3420 pages (53376 KB)
Total shared commit: 0x478 pages (4576 KB)
```

5.9.2 ローテートVAD

ビデオカードドライバーは、通常、ユーザーモードグラフィックスアプリケーションからさまざまな他のシステムメモリに対してデータをコピーする必要があります。これには、ビデオカードに搭載されたビデオメモリ（ビデオRAM、VRAMとも呼ばれます）、Accelerated Graphics Port（AGP）のメモリが含まれており、両方とも異なるキャッシュ属性とアドレスを持ちます。これらのメモリの異なるビューをプロセスにすばやくマップできるようにするため、および異なるキャッシュ属性をサポートするため、メモリマネージャーは**ローテートVAD**（Rotate VAD）を実装しています。ローテートVADは、ビデオドライバーがGPU（グラフィックスプロセッシングユニット）を使用してデータを直接的に転送することを可能にし、オンデマンドでプロセスのビューページの内外に不必要なメモリをローテーションできるようにします。図5-30は、同じ仮想アドレスがビデオRAMと仮想メモリの間でどのようにローテーションされるかを示す例です。

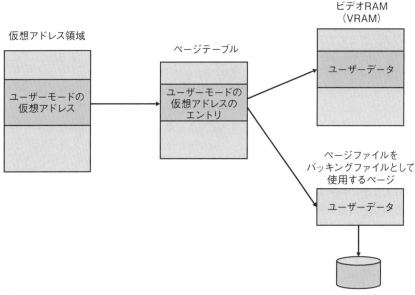

図5-30　ローテートVAD

5.10　NUMA

Windowsの新しいバージョンがリリースされるごとに、Intel Core i7を搭載した大きなサーバーやAMD Opteron SMPを搭載したワークステーションといった、NUMA（Non-Uniform Memory Access）システムをより活用するための新しい拡張を、Windowsは提供してきました。メモリマネージャーにおけるNUMAのサポートは、場所、トポロジ、アクセスコストといったノード情報のインテリジェントなナレッジ情報を追加し、ハードウェア依存の詳細を抽象化しながら、アプリケーションやドライバーがNUMA機能を最大限活用できるようにします。

メモリマネージャーが初期化されるとき、メモリマネージャーはMiComputeNumaCosts関数を呼び出し、異なるノード上でさまざまなページとキャッシュ操作を行います。次に、それらの操作が完了

するのに要する時間を計算します。メモリマネージャーはこの情報に基づいて、アクセスコスト（特定のノードとシステム上の他のノードとの間の距離）のノードグラフを作成します。システムが指定された操作のためのページを必要とするとき、そのグラフを調べ、最も最適なノードを選択します（つまり、最も近いノードを選択します）。そのノード上に利用可能なメモリがない場合、次に近いノードを選択します。そこにもメモリがなければ、さらに次のノードへと続きます。

　メモリマネージャーは可能な限り、割り当てを行ったスレッドの理想のプロセッサのノード（理想のノード）のメモリを割り当てるようにしますが、アプリケーションに独自のノードの選択を可能にする関数も提供します。そのようなAPIとしては、VirtualAllocExNuma、CreateFileMappingNuma、MapViewOfFileExNuma、およびAllocateUserPhysicalPagesNumaがあります。

　理想のノードは、アプリケーションがメモリを割り当てるときだけに使用されるものではなく、カーネルの操作やページフォールトでも使用されます。例えば、スレッドが理想のプロセッサ以外で実行中の場合、メモリマネージャーは現在のノードを使用しません。その代わりに、スレッドの理想のノードからメモリを割り当てます。スレッドが現在のプロセッサで実行中の間はアクセス時間が遅くなる可能性がありますが、理想のノードに戻されたときに全体のメモリアクセスは最適化されます。いずれの場合でも、理想のノードがリソース不足になった場合、ランダムに別のノードが選択されるのではなく、理想のノードに最も近いノードが選択されます。ただし、ユーザーモードアプリケーションとドライバーは、MmAllocatePagesForMdlEx、MmAllocateContiguousMemorySpecifyCacheNodeといったAPIを使用することで、独自にノードを指定できます。

　さまざまなメモリマネージャープールおよびデータ構造体もまた、NUMAノードを活用して最適化されます。メモリマネージャーは、非ページプールを保持するために、システム上のすべてのノードから物理メモリを均等に使おうとします。非ページプールが割り当てられたとき、メモリマネージャーは理想のノードをインデックスとして使用して、そのノードに属する物理メモリに対応する、非ページプール内の仮想メモリアドレスの範囲を選択します。さらに、NUMAノードごとのプールの空きリストが作成され、これらの種類のメモリ構成が効率的に活用されます。非ページプールの他に、システムキャッシュおよびシステムページテーブルエントリ（PTE）もまた、同様にすべてのノードをまたいで割り当てられます。メモリマネージャーのルックアサイドリストも同様です。

　最後に、システムがページをゼロページにする必要がある場合、それは、物理メモリが配置されているノードに対応するNUMAアフィニティ付きのスレッドを作成することで、異なるNUMAノードをまたいで並列的に行われます。論理プリフェッチャーおよびスーパーフェッチ（この章の「5.19　プロアクティブメモリ管理（スーパーフェッチ）」の節で説明します）もまた、フォールトさせたスレッドの理想のノードに対してソフトページフォールトがページを移行する間、プリフェッチ時に対象プロセスの理想のノードを使用します。

5.11 | セクションオブジェクト

　この章の「5.2.5　共有メモリとマップファイル」の項で指摘したように、**セクション**（Section）**オブジェクト**は、Windowsサブシステムのファイルマッピングオブジェクトの呼び出しであり、2つ以上のプロセスで共有可能なメモリのブロックを表しています。セクションオブジェクトは、ページファイルまたはその他のディスク上のファイルにマップされることができます。

　エグゼクティブは実行可能イメージをメモリに読み込むためにセクションを使用し、キャッシュマネージャーはキャッシュファイル内のデータにアクセスするためにセクションを使用します（キャッシュマネージャーがセクションオブジェクトを使用する方法について詳しくは、本書下巻で説明しま

す）。セクションオブジェクトを、プロセスアドレス領域にファイルをマップするために使用すること
もできます。そのファイルは、セクションオブジェクトの異なるビューのマッピング、ファイルでは
なくメモリに対する読み取りや書き込みによって、大きな配列としてアクセスされます。このアクティ
ビティは、**マップファイルI/O**（Mapped File I/O）と呼ばれます。プログラムが無効なページ（物理
メモリ上にないページ）にアクセスしたとき、ページフォールトが発生し、メモリマネージャーは自動
的にマップファイルまたはページファイルからそのページをメモリ上に持ってきます。アプリケー
ションがそのページを変更した場合、メモリマネージャーは通常のページ操作の間にその変更をファ
イルに書き戻します（あるいは、アプリケーションがWindowsのFlushViewOfFile関数を使用して、
明示的にビューをフラッシュすることができます）。

　他のオブジェクトと同様に、セクションオブジェクトはオブジェクトマネージャーによって割り当
て、および割り当て解除が行われます。オブジェクトマネージャーは、オブジェクトの管理のために
使用するオブジェクトヘッダーを作成し、初期化して、メモリマネージャーがセクションオブジェク
トの本体を定義します（オブジェクトマネージャーについて詳しくは、本書下巻で説明します）。メモ
リマネージャーは、ユーザーモードスレッドで呼び出すことができるサービスも実装しており、セク
ションオブジェクトの本体に格納された属性の取得と変更を可能にします。セクションオブジェクト
の構造を、図5-31に示します。表5-14に、セクションオブジェクトに格納される一意の属性をまとめ
ます。

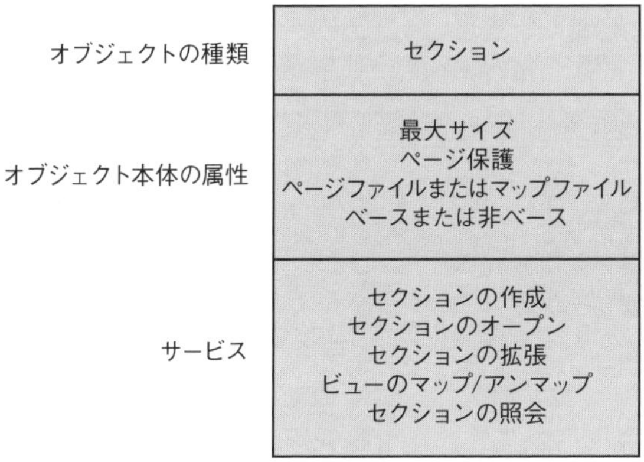

オブジェクトの種類	セクション
オブジェクト本体の属性	最大サイズ ページ保護 ページファイルまたはマップファイル ベースまたは非ベース
サービス	セクションの作成 セクションのオープン セクションの拡張 ビューのマップ/アンマップ セクションの照会

図5-31　セクションオブジェクト

表5-14　セクションオブジェクトの本体の属性

属性	用途
最大サイズ （Maximum size）	セクションを拡張できる最大サイズをバイト数で示します。マップファイルの場合、これはファイルの最大サイズになります。
ページ保護 （Page Protection）	セクションが作成されたときに、セクションのすべてのページに割り当てられるページに対するメモリ保護を示します。
ページファイル （Page file）または マップファイル （Mapped File）	セクションが空の状態で作成されるのか（ページファイルをバッキングファイルとして使用。前述したように、ページファイルをバッキングファイルとして使用するセクションは、ページをディスクに書き出す必要があるときにページファイルリソースを使用します）、ファイルを読み込む（マップファイルをバッキングファイルとして使用）のかを示します。
ベース（Based） または非ベース （Not based）	セクションがベースセクションか、非ベースセクションかを示します。ベースセクションは、すべてのプロセスが共有するために同じ仮想アドレスに存在する必要があります。非ベースセクションは、異なるプロセスのために異なる仮想アドレスに存在できます。

実習 セクションオブジェクトを参照する

Windows SysinternalsのProcess Explorerを使用すると、あるプロセスによってマップされたファイルを参照することができます。それには、次の手順で操作します。

1. Process Explorerの［View］メニューを開き、［Lower Pane View］をクリックして［DLLs］を選択します。

2. Process Explorerの［View］メニューを開き、［Select Columns］を選択します。［Select Columns］ダイアログボックスの［DLL］タブをクリックし、［Mapping Type］にチェックを入れて［OK］ボタンをクリックします。

3. DLLビューで［Mapping］列にDataと表示されているファイルに注目します。それらは、DLLをマップしたファイルではなく、イメージローダーがモジュールとして読み込んだその他のファイルをマップしたものです。ページファイルをバッキングファイルとして使用するセクションオブジェクトは、［Name］列の<Pagefile Backed>で示されます。それ以外の場合、ファイル名が表示されます。

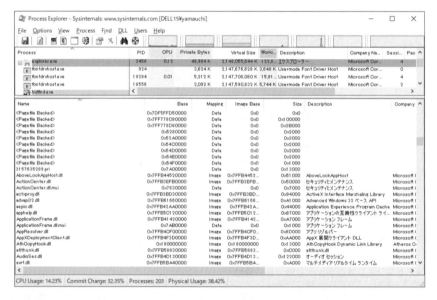

セクションオブジェクトを参照する別の方法は、ハンドルビューに切り替えて（［View］メニューを開き、［Lower Pane View］をクリックして［Handles］を選択）、オブジェクトの種類がSectionのオブジェクトを確認します。次のスクリーンショットのように、オブジェクト名（名前が存在する場合）が表示されます。このオブジェクト名は、セクションのバッキングファイル（バッキングファイルを使用する場合）の名前ではなく、オブジェクトマネージャーの名前空間でそのセクションに与えられた名前を示しています（オブジェクトマネージャーについて詳しくは、本書下巻で説明します）。エントリをダブルクリックすると、オープン中のハンドル数やセキュリティ記述子など、そのオブジェクトの詳細情報を確認できます。

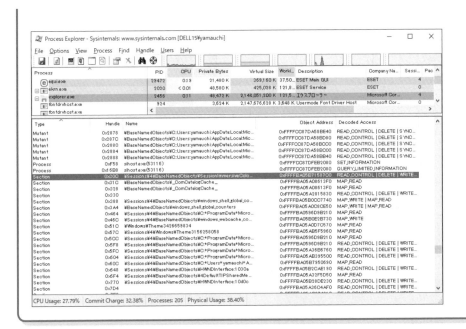

　メモリマネージャーによって維持されるデータ構造体は、図5-32に示すように、マップされたセクションを表すものです。これらの構造体により、マップされたファイルから読み取られるデータは、アクセスの種類（開かれたファイル、マップファイルなど）に関係なく一貫しています。開かれた各ファイル（ファイルオブジェクトによって表されます）用に、1つのセクションオブジェクトポインター構造体が存在します。この構造体は、ファイルに対するすべてのアクセスの種類に対してデータの整合性を維持するため、そしてファイルにキャッシュを提供するために重要です。セクションオブジェクトポインター構造体は、1つまたは2つのコントロールエリア（Control Area）をポイントしています。一方のコントロールエリアは、データファイルとしてアクセスされるときにファイルをマップするために使用されます。もう一方のコントロールエリアは、実行可能イメージとして実行されるときにファイルをマップするために使用されます。コントロールエリアは、ファイルの各セクション（読み取り専用、読み取り/書き込み、コピーオンライトなど）ごとのマッピング情報を表すサブセクション構造体を次にポイントします。コントロールエリアはまた、ページプール内に割り当てられたセグメント構造体もポイントします。これは次に、セクションオブジェクトによってマップされた実際のページをマップするために使用されるプロトタイプページテーブルエントリ（PTE）をポイントします。この章で前述したように、プロセスページテーブルはこれらのプロトタイプPTEをポイントし、これらは次に、参照されるページをマップします。

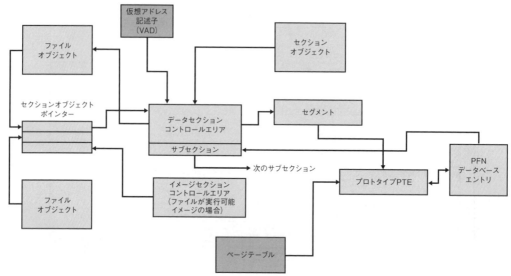

図5-32 セクションの内部構造

Windowsは、ファイルにアクセス（読み取りまたは書き込み）するプロセスに対して、整合性のある同じデータが常に見えるようにしますが、物理メモリ上にページの2つのコピーが存在するケースがあります（このケースにおいても、すべてのプロセスが最新のコピーを取得し、データの整合性は維持されます）。この複製はイメージファイルがデータファイルとしてアクセスされ（読み取りや書き込みのために）、さらに実行可能イメージとして実行されたときに発生します（その一例としては、イメージがリンクされてから実行される場合です。リンカーはデータアクセスのためにそのファイルをオープンし、次にそのイメージが実行されたとき、イメージローダーはその実行可能イメージをマップします）。内部的には、次の動作が発生します。

1. ファイルマッピングAPIやキャッシュマネージャーによって実行可能ファイルが作成された場合、イメージ内の読み取りと書き込みが行われるデータページを表すデータコントロールエリアが作成されます。

2. そのイメージが実行され、実行可能イメージとしてそのイメージをマップするためのセクションオブジェクトが作成されると、メモリマネージャーはイメージファイルがポイントするデータコントロールエリアのセクションオブジェクトポインターを見つけ、そのセクションをフラッシュします。このステップは、イメージコントロールエリアを介してイメージにアクセスする前に、変更されたページがディスクに書き込まれていることを確認するために必要です。

3. メモリマネージャーはイメージファイル用のコントロールエリアを作成します。

4. そのイメージの実行が開始されると、そのページ（読み取り専用）がイメージファイルからフォールトインされます。または、対応するデータページが常駐している場合は、データファイルから直接的にコピーされます。

データコントロールエリアによってマップされたページはまだ常駐しているため（スタンバイページリスト上に）、これは、同じデータの2つのコピーが、メモリ上の2つの異なるページに存在するケースの1つです。前述したように、この理由は、データコントロールエリアが既にディスクにフラッシュ

第**5**章 メモリ管理 **451**

されていて、最新のイメージからページを読み取るからです（読み込まれたページはディスクに書き戻
されることは決してありません）。

実習 **コントロールエリアを参照する**

ファイルのコントロールエリア構造体のアドレスを見つけるには、初めに調査対象のファイ
ルオブジェクトのアドレスを取得する必要があります。カーネルデバッガーで!handleエクステ
ンションコマンドを使用してプロセスハンドルテーブルをダンプし、ファイルオブジェクトの
オブジェクトアドレスに注目することで、このアドレスを取得することができます。カーネルデ
バッガーの!fileエクステンションコマンドはファイルオブジェクトの基本情報を表示しますが、
セクションオブジェクトポインター構造体のポインターは表示しません。そこで、dtコマンドを
使用して、ファイルオブジェクトのフォーマットを出力し、セクションオブジェクトポインター
構造体のアドレスを取得します。この構造体は、次の3つのポインターで構成されます。データ
コントロールエリアに対するポインター、共有キャッシュマップに対するポインター（本書下巻
で説明します）、およびイメージコントロールエリアのポインターです。セクションオブジェク
トポインター構造体から、ファイル用のコントロールエリアのアドレスを取得することができ
（ファイルが存在する場合）、そのアドレスを!caエクステンションコマンドに渡します。

例えば、PowerPointのファイルを開いている場合、!handleコマンドを使用してそのプロセス
のハンドルテーブルを表示させ、PowerPointファイルを開いているハンドルを見つけます（デ
バッガーのテキスト検索機能を利用できます。!handleコマンドの使用法についてさらに詳しく
は、本書下巻で説明します。または、デバッガーのヘルプを参照してください）。

```
lkd> !process 0 0 powerpnt.exe
PROCESS ffffc8068913e080
    SessionId: 1  Cid: 2b64    Peb: 01249000  ParentCid: 1d38
    DirBase: 252e25000 ObjectTable: ffffda8f49269c40  HandleCount:
1915.
    Image: POWERPNT.EXE
lkd> .process /p ffffc8068913e080
Implicit process is now ffffc806' 8913e080
lkd> !handle
...
0c08: Object: ffffc8068f56a630 GrantedAccess: 00120089 Entry:
ffffda8f491d0020
Object: ffffc8068f56a630  Type: (ffffc8068256cb00) File
    ObjectHeader: ffffc8068f56a600 (new version)
        HandleCount: 1    PointerCount: 30839
        Directory Object: 00000000  Name: \WindowsInternals\7thEdition\
Chapter05\diagrams.pptx {HarddiskVolume2}
...
```

ファイルオブジェクトのアドレス（FFFFC8068F56A630）を取得し、dtコマンドでその
フォーマットをダンプすると、次のようになります。

```
lkd> dt nt!_file_object ffffc8068f56a630
   +0x000 Type             : 0n5
   +0x002 Size             : 0n216
   +0x008 DeviceObject     : 0xffffc806`8408cb40 _DEVICE_OBJECT
   +0x010 Vpb              : 0xffffc806`82feba00 _VPB
   +0x018 FsContext        : 0xffffda8f`5137cbd0 Void
   +0x020 FsContext2       : 0xffffda8f`4366d590 Void
   +0x028 SectionObjectPointer : 0xffffc806`8ec0c558 _SECTION_OBJECT_
POINTERS
...
```

セクションオブジェクトポインター構造体（SectionObjectPointer）のアドレスを取得し、dt
コマンドでそのフォーマットをダンプすると、次のようになります。

```
lkd> dt nt!_section_object_pointers 0xffffc806`8ec0c558
   +0x000 DataSectionObject  : 0xffffc806`8e838c10 Void
   +0x008 SharedCacheMap     : 0xffffc806`8d967bd0 Void
   +0x010 ImageSectionObject : (null)
```

最後にコントロールエリア（DataSectionObject）のアドレスを使用して、!caコマンドでコン
トロールエリアを表示します。

```
lkd> !ca 0xffffc806`8e838c10

ControlArea  @ ffffc8068e838c10
   Segment       ffffda8f4d97fdc0  Flink       ffffc8068ecf97b8  Blink
ffffc8068ecf97b8
   Section Ref              1  Pfn Ref             58  Mapped
Views              2
   User Ref                 0  WaitForDel           0  Flush
Count            0
   File Object  ffffc8068e5d3d50  ModWriteCount        0  System
Views              2
   WritableRefs             0
   Flags (8080) File WasPurged

       \WindowsInternalsBook\7thEdition\Chapter05\diagrams.pptx

Segment @ ffffda8f4d97fdc0
   ControlArea     ffffc8068e838c10  ExtendInfo   0000000000000000
   Total Ptes                   80
   Segment Size              80000  Committed                    0
   Flags (c0000)   ProtectionMask

Subsection 1 @ ffffc8068e838c90
   ControlArea  ffffc8068e838c10  Starting Sector       0  Number Of
Sectors   58
```

```
    Base Pte       ffffda8f48eb6d40   Ptes In Subsect      58   Unused Ptes
0
    Flags                        d   Sector Offset         0   Protection
6
    Accessed
    Flink          ffffc8068bb7fcf0   Blink    ffffc8068bb7fcf0   MappedViews
2

Subsection 2 @ ffffc8068c2e05b0
    ControlArea    ffffc8068e838c10   Starting Sector      58   Number Of
Sectors   28
    Base Pte       ffffda8f3cc45000   Ptes In Subsect      28   Unused Ptes
1d8
    Flags                        d   Sector Offset         0   Protection
6
    Accessed
    Flink          ffffc8068c2e0600   Blink    ffffc8068c2e0600   MappedViews
1
```

　もう1つのテクニックとして、!memusageエクステンションコマンドを使用してすべてのコントロールエリアを一覧表示する方法があります。以下は、このコマンドの出力からの抜粋です（多くのメモリを搭載したシステムでは、このコマンドが完了するのに長い時間がかかります）。

```
lkd> !memusage
 loading PFN database
loading (100% complete)
Compiling memory usage data (99% Complete).
             Zeroed:    98533 (   394132 kb)
               Free:     1405 (     5620 kb)
            Standby:   331221 (  1324884 kb)
           Modified:    83806 (   335224 kb)
    ModifiedNoWrite:      116 (      464 kb)
       Active/Valid:  1556154 (  6224616 kb)
         Transition:        5 (       20 kb)
          SLIST/Bad:     1614 (     6456 kb)
            Unknown:        0 (        0 kb)
              TOTAL:  2072854 (  8291416 kb)

Dangling Yes Commit: 130 ( 520 kb)
 Dangling No Commit: 514812 ( 2059248 kb)
  Building kernel map
  Finished building kernel map

  (Master1 0 for 1c0)

  (Master1 0 for e80)

  (Master1 0 for ec0)
```

```
 (Master1 0 for f00)
Scanning PFN database - (02% complete)
...
 (Master1 0 for de80)
Scanning PFN database - (100% complete)

 Usage Summary (in Kb):
Control        Valid Standby Dirty Shared Locked PageTables  name
fffffffffd 1684540      0     0      0 1684540      0    AWE
ffff8c0b7e4797d0    64     0     0      0      0      0    mapped_file(
Microsoft-Windows-Kernel-PnP%4Configuration.evtx )
ffff8c0b7e481650     0     4     0      0      0      0    mapped_file( No
name for file )
ffff8c0b7e493c00     0     4     0      0      0      0    mapped_file(
FSD-{ED5680AF-0543-4367-A331-850F30190B44}.FSD )
ffff8c0b7e4a1b30     8    12     0      0      0      0    mapped_file(
msidle.dll )
ffff8c0b7e4a7c40   128     0     0      0      0      0    mapped_file(
Microsoft-Windows-Diagnosis-PCW%4Operational.evtx )
ffff8c0b7e4a9010    16     8     0     16      0      0    mapped_file(
netjoin.dll )
...
ffff8c0b7f8cc360  8212     0     0      0      0      0    mapped_file(
OUTLOOK.EXE )
ffff8c0b7f8cd1a0    52    28     0      0      0      0    mapped_file(
verdanab.ttf )
ffff8c0b7f8ce910     0     4     0      0      0      0    mapped_file( No
name for file )
ffff8c0b7f8d3590     0     4     0      0      0      0    mapped_file( No
name for file )
...
```

　Control列は、マップファイルを表すコントロールエリア構造体をポイントしています。コントロールエリア、セグメント、およびサブセクションを表示するには、カーネルデバッガーの!ca コマンドを使用します。例えば、以下の例ではマップファイルOutlook.exeのコントロールエリアをダンプするために、!caコマンドに続けてControl列の数字を入力します。

```
lkd> !ca ffff8c0b7f8cc360

ControlArea @ ffff8c0b7f8cc360
  Segment       ffffdf08d8a55670  Flink       ffff8c0b834f1fd0  Blink
ffff8c0b834f1fd0
  Section Ref              1  Pfn Ref               806  Mapped
Views              1
  User Ref                 2  WaitForDel              0  Flush
Count         c5a0
```

```
   File Object   ffff8c0b7f0e94e0  ModWriteCount           0  System
Views           ffff
  WritableRefs       80000161
  Flags (a0) Image File

     ¥Program Files (x86)¥Microsoft Office¥root¥Office16¥OUTLOOK.EXE

Segment @ ffffdf08d8a55670
  ControlArea     ffff8c0b7f8cc360  BasedAddress  0000000000be0000
  Total Ptes             1609
  Segment Size        1609000  Committed                  0
  Image Commit            f4  Image Info    ffffdf08d8a556b8
  ProtoPtes       ffffdf08dab6b000
  Flags (c20000)  ProtectionMask

Subsection 1 @ ffff8c0b7f8cc3e0
  ControlArea  ffff8c0b7f8cc360  Starting Sector         0  Number Of
Sectors   2
  Base Pte     ffffdf08dab6b000  Ptes In Subsect         1  Unused Ptes
0
  Flags                     2  Sector Offset           0  Protection
1

Subsection 2 @ ffff8c0b7f8cc418
  ControlArea  ffff8c0b7f8cc360  Starting Sector         2  Number Of
Sectors 7b17
  Base Pte     ffffdf08dab6b008  Ptes In Subsect       f63  Unused Ptes
0
  Flags                     6  Sector Offset           0  Protection
 3

Subsection 3 @ ffff8c0b7f8cc450
  ControlArea  ffff8c0b7f8cc360  Starting Sector      7b19  Number Of
Sectors 19a4
  Base Pte     ffffdf08dab72b20  Ptes In Subsect       335  Unused Ptes
0
  Flags                     2  Sector Offset           0  Protection
1

Subsection 4 @ ffff8c0b7f8cc488
  ControlArea  ffff8c0b7f8cc360  Starting Sector      94bd  Number Of
Sectors  764
  Base Pte     ffffdf08dab744c8  Ptes In Subsect        f2  Unused Ptes
0
  Flags                     a  Sector Offset           0  Protection
5

Subsection 5 @ ffff8c0b7f8cc4c0
```

```
      ControlArea  ffff8c0b7f8cc360   Starting Sector    9c21  Number Of
Sectors    1
    Base Pte     ffffdf08dab74c58   Ptes In Subsect        1  Unused Ptes
0
    Flags                       a   Sector Offset          0  Protection
5

Subsection 6 @ ffff8c0b7f8cc4f8
    ControlArea  ffff8c0b7f8cc360   Starting Sector    9c22  Number Of
Sectors    1
    Base Pte     ffffdf08dab74c60   Ptes In Subsect        1  Unused Ptes
0
    Flags                       a   Sector Offset          0  Protection
5

Subsection 7 @ ffff8c0b7f8cc530
    ControlArea  ffff8c0b7f8cc360   Starting Sector    9c23  Number Of
Sectors  c62
    Base Pte     ffffdf08dab74c68   Ptes In Subsect      18d  Unused Ptes
0
    Flags                       2   Sector Offset          0  Protection
1

Subsection 8 @ ffff8c0b7f8cc568
    ControlArea  ffff8c0b7f8cc360   Starting Sector    a885  Number Of
Sectors  771
    Base Pte     ffffdf08dab758d0   Ptes In Subsect       ef  Unused Ptes
0
    Flags                       2   Sector Offset          0  Protection
1
```

5.12 ワーキングセット

　ここまで、Windowsが物理メモリを追跡し続ける方法およびWindowsがサポートできるメモリ容量について見てきました。次に、Windowsが物理メモリ内の仮想アドレスのサブセットを維持する方法について説明します。

　物理メモリ内に存在する仮想ページのサブセットのことを**ワーキングセット**（Working Set）と呼ぶことを思い出してください。ワーキングセットには、次の3つの種類があります。

- **プロセスワーキングセット** —— 単一のプロセス内のスレッドによって参照されるページを含みます。
- **システムワーキングセット** —— ページング可能なシステムコード（例えば、Ntoskrnl.exeおよびドライバー）、ページプール、およびシステムキャッシュの、常駐するサブセットを含みます。
- **セッションのワーキングセット** —— 各セッションが持つワーキングセットであり、Windowsサ

第**5**章　メモリ管理　**457**

ブシステム（Win32k.sys）のカーネルモード部分によって割り当てられたカーネルモードセッション固有のデータ構造体、セッションページプール、セッションマップビュー、およびその他のセッション領域デバイスドライバーの、常駐するサブセットを含みます。

ワーキングセットのこれらの種類の詳細について見ていく前に、どのページを物理メモリにもってくるのかを決定し、どれくらいの時間、物理メモリ上に常駐するのか、全体のポリシーを見ておきましょう。

5.12.1 デマンドページング

Windowsメモリマネージャーは、クラスタリング（ページではなくクラスター単位）を用いるデマンドページング（Demand Paging）アルゴリズムを使用して、ページをメモリに読み込みます。スレッドがページフォールトを受け取ると、メモリマネージャーはフォールトになったページに、その前後の少数のページを加えて、メモリに読み込みます。この戦略により、スレッドで発生するページI/Oの回数を最小化しようとします。プログラム、特に大きなプログラムは、どんなときでもアドレス領域の小さな領域内で実行される傾向があるため、仮想ページの複数クラスターの読み込みは、ディスク読み取りの回数を減らします。イメージ内のデータページを参照するページフォールトでは、クラスターサイズは3ページです。それ以外のページフォールトでは、クラスターサイズは7ページです。

しかしながら、デマンドページングポリシーでは、そのスレッドが最初実行を開始したとき、または後で実行が再開されたときに、プロセス内で多くのページフォールトが発生する可能性があります。プロセス（およびシステム）のスタートアップを最適化するために、Windowsは**論理プリフェッチャー**（Logical Prefetcher）と呼ばれるインテリジェントなプリフェッチエンジンを搭載しています。論理プリフェッチャーについては、次の項で説明します。さらなる最適化とプリフェッチは、**スーパーフェッチ**（SuperFetch）と呼ばれるもう1つのコンポーネントで実行されます。スーパーフェッチについては、この章の後の方で説明します。

5.12.2 論理プリフェッチャーとReadyBoot

標準的なシステムブートまたはアプリケーションのスタートアップの間、フォールトの順序は次のようになります。最初にファイルの一部からいくつかのページを持ってきて、次におそらく同じファイルの遠い部分から、次に別ファイルから、次におそらくディレクトリから、そして次にもう一度、最初のファイルから持ってくるという順序です。このジャンプの前後はアクセスが少なからず遅くなります。確かに、分析してみると、ディスクのシーク時間がブートやアプリケーションのスタートアップ時間を遅くする主要な要因であることを示します。多くののページをすべて一度にプリフェッチすることにより、システムとアプリケーションのスタートアップの全体の時間が改善されます。必要なページは、ブートやアプリケーションの開始時のアクセスと相関が高いため、事前に知ることができます。

プリフェッチャーは、ブートの過程とアプリケーションのスタートアップを高速化しようとします。そのために、ブートやアプリケーションのスタートアップ時のデータとコードを監視し、次回のブートやアプリケーションのスタートアップの始めにコードやデータを読み取る時点でその情報を使用します。プリフェッチャーがアクティブなとき、メモリマネージャーはカーネルのページフォールトの部分にあるプリフェッチャーコードに通知します。ページフォールトは、ディスクからのデータの読み取りを必要とする場合（ハードフォールト）と、単純に既にメモリ上にあるデータをプロセスのワーキングセットに追加することが必要な場合（ソフトフォールト）があります。プリフェッチャーは、ア

プリケーションのスタートアップの最初の10秒間監視します。ブートの場合、プリフェッチャーは既定でシステムの開始からユーザーのシェル（通常、Explorer.exe）の開始後30秒までをトレースします。それに失敗した場合は、120秒間またはWindowsサービスの初期化後60秒間のうち、先に到達した秒数までトレースします。

カーネルで解析されたトレースには、フォールトを引き起こしたNTFSマスターファイルテーブル（MFT）メタデータファイル（アプリケーションがアクセスするファイルやディレクトリがNTFSボリューム上にある場合）、参照されたファイル、および参照されたディレクトリが記録されます。カーネルのプリフェッチャーコードは、解析されたトレースを使用して、Svchostインスタンスで実行されるSuperfetchサービス（%SystemRoot%¥System32¥Sysmain.dll）のプリフェッチャーコンポーネントからの要求を待機します。Superfetchサービスは、カーネル内の論理プリフェッチャーのコンポーネントと、後述するスーパーフェッチのコンポーネントの両方を担当します。プリフェッチャーが¥KernelObjects¥PrefetchTracesReadyイベントをシグナルしてSuperfetchサービスに通知すると、Superfetchサービスはトレースデータを照会できるようになります。

メモ

レジストリキー HKLM¥SYSTEM¥CurrentControlSet¥Control¥Session Manager¥Memory Management¥PrefetchParametersにあるDWORD型のEnablePrefetcher値を編集することで、ブートまたはアプリケーションのスタートアップ時のプリフェッチを有効または無効にすることができます。このレジストリ値を0にセットすると両方のプリフェッチが無効になります。1にセットするとアプリケーションのプリフェッチのみが有効になります。2にセットするとブートのプリフェッチのみが有効になります。3にセットするとブートとアプリケーションの両方のプリフェッチが有効になります。[17]

Superfetchサービス（実際のスーパーフェッチ機能から完全に分離されたコンポーネントである論理プリフェッチャーをホストします）は、内部のNtQuerySystemInformationシステムコールの呼び出しを実行し、トレースデータを要求します。論理プリフェッチャーは、トレースデータの後処理を行い、以前に収集したデータと組み合わせて、それを%SystemRoot%¥Prefetchディレクトリ内のファイルに書き込みます（図5-33）。そのファイルのファイル名は、トレースが適用されるアプリケーションの名前に、ダッシュ

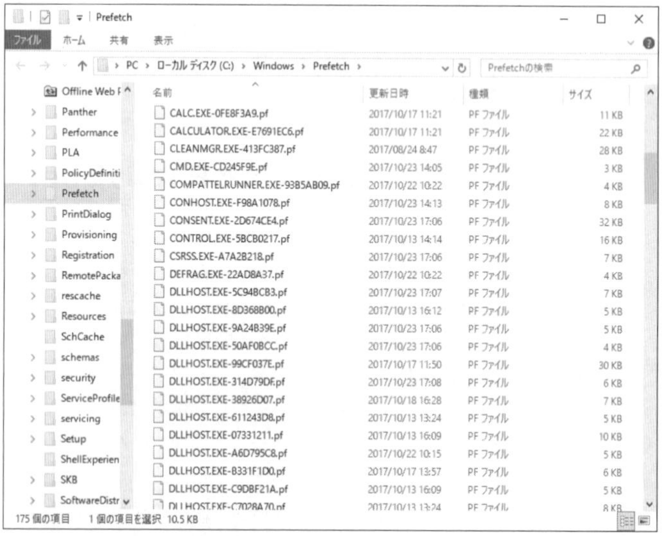

図5-33　%SystemRoot%¥Prefetchディレクトリ

(-)が続き、その後にファイルパスのハッシュを表す16進数が続きます。このファイルは.pfという拡張子を持ちます。例えば、NOTEPAD.EXE-9FB27C0E.PFのようになります。

---

[17] 訳注：クライアントSKUのWindowsのEnablePrefecherの既定は3です。

第5章 メモリ管理　459

他のコンポーネントをホストするイメージについては、ファイル名の命名規則に例外があります。例えば、Microsoft管理コンソール（%SystemRoot%¥System32¥Mmc.exe）、サービスホストプロセス（%SystemRoot%¥System32¥Svchost.exe）、RunDLLコンポーネント（%SystemRoot%¥System32¥Rundll32.exe）、およびDllhost（%SystemRoot%¥System32¥Dllhost.exe）です。これらのアプリケーションでは、コマンドラインに追加のコンポーネントが指定されているため、プリフェッチャーは生成するハッシュにコマンドラインを含めます。これにより、コマンドラインに異なるコンポーネントが指定されたこれらのアプリケーションの呼び出しは、別のトレースとして取得されます。

システムブートの場合、**ReadyBoot**[18]と呼ばれる別のメカニズムが使用されます。ReadyBootは、大規模で効率的なI/O読み取りを作成し、物理メモリ（RAM）にそのデータを格納することによって、I/O操作の最適化を試みます。システムコンポーネントがそのデータを要求すると、物理メモリ（RAM）に格納されたものを使ってサービスされます。これは、特に機械型のディスクに有効ですが、ソリッドステートドライブ（SSD）でも有効である可能性があります。プリフェッチのためのファイルの情報は、ブート後に図5-33で示したPrefetchディレクトリ内のReadyBootサブディレクトリに格納されます。一度、ブートが完了すると、物理メモリ（RAM）内にキャッシュされたデータは削除されます。非常に高速なSSDの場合、ReadyBootは既定でオフになっています。有効にしたとしても、その効果はごくわずかだからです。

システムがブートするか、アプリケーションが開始すると、プリフェッチのための機会を与えるためにプリフェッチャーが呼び出されます。プリフェッチャーは、Prefetchディレクトリを参照し、対象のシナリオをプリフェッチするためのトレースファイルが存在するかどうかを確認します。トレースファイルが存在する場合、プリフェッチャーは、MFTメタデータファイルの参照をプリフェッチするためにNTFSを呼び出し、参照されるディレクトリごとにその中身を読み取って、最後に、参照される各ファイルを開きます。その後、メモリマネージャーのMmPrefetchPages関数を呼び出して、まだメモリ上に存在しないトレース内に指定されたデータとコードを読み取ります。メモリマネージャーは、すべての読み取りを非同期に開始し、その後、アプリケーションにスタートアップを継続させる前にその完了を待ちます。

実習 **プリフェッチのファイルの読み書きを追跡する**

Windows SysinternalsのProcess Monitorを使用すると、Windowsのクライアントエディション上で行われるアプリケーションのスタートアップのトレースをキャプチャできます（Windows Serverエディションは、既定でプリフェッチが無効です）。これにより、プリフェッチャーがアプリケーションのプリフェッチファイル（存在する場合）の読み取りをチェックする様子を参照できます。また、アプリケーションが開始してから概ね10秒後にファイルの新しいコピーを書き込む様子を確認できるでしょう。次ページのスクリーンショットは、%SystemRoot%¥Prefetchディレクトリへのアクセスだけを表示するようにProcess Monitorのインクルードフィルター（例えば、[Path]［begines with］[C:¥Windows¥Prefetch] then [Include] など）を設定し、メモ帳（Notepad.exe）のスタートアップをキャプチャしたものです。

---

[18] 訳注：ReadyBootとReadyBoostを混同しないようにしてください。両者は関連の深い機能ですが、別の用語です。ReadyBoostについては、この章の最後の方で説明します。

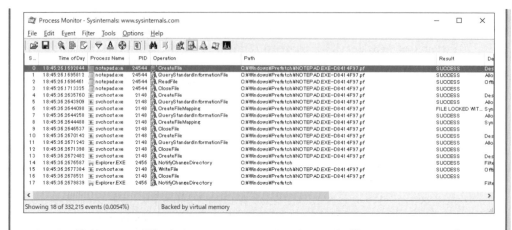

　0～3の行（Sequence列）は、Notepad.exeのスタートアップの間に、Notepad.exeプロセスのコンテキストで読み取られようとしているファイルのプリフェッチを示しています。4～13と15～16の行は（タイムスタンプは最初の4行のより10秒後から）、Svchostプロセスのコンテキストで実行されるSuperfetchサービスを示しており、更新されたプリフェッチファイルを書き出しています。

　シーク時間をさらに最小化するために、3日ごと（など）のシステムがアイドルなときに、Superfetchサービスは、ブートやアプリケーション開始時に参照される順番で、ファイルとディレクトリを再編成し、%SystemRoot%¥Prefetch¥Layout.iniという名前のファイルに格納します（図5-34）。このリストには、Superfetchサービスによって追跡される、頻繁にアクセスされるファイルも含まれます。

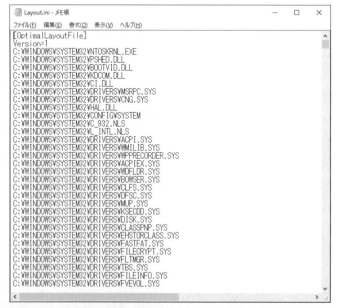

図5-34　Prefetchを最適化するレイアウトファイル

第**5**章　メモリ管理　**461**

次に、システムのドライブ最適化ツール（Defrag.exe、ディスクデフラグモジュール）がコマンドラインオプション付きで起動されます。コマンドラインオプションでは、完全な最適化を実行するのではなく、ファイルのコンテンツに基づいて最適化するように指定されます。ドライブ最適化ツールが、ボリュームごとに、そのボリューム上に存在するリストのファイルとディレクトリを保持するのに十分な大きさの連続した空き領域を見つけると、リストのファイルとディレクトリをすべてその領域に移動します。このように、リストのファイルとディレクトリが連続した領域に次々に格納されます。これにより、読み取られるすべてのデータが、読み取られる順番にディスク上に物理的に格納されるため、データ将来のプリフェッチ操作がさらに効率的になります。プリフェッチのためのファイルの最適化は、通常、数百に限られます。この最適化は、ボリュームの完全な最適化よりも高速です。

5.12.3 配置ポリシー

スレッドがページフォールトを受け取ると、メモリマネージャーは物理メモリのどの場所に仮想ページを配置するのかを決定する必要があります。最良の位置の決定に使用される一連の規則は、**配置ポリシー**（Placement Policy）と呼ばれます。Windowsは、ページフレームを選択するときにCPUのメモリキャッシュのサイズを考慮し、キャッシュの不要なスラッシングを最小限に抑えます。

ページフォールトが発生したときに物理メモリがフルの状態の場合、Windowsは**再配置ポリシー**（Replacement Policy）を使用して、新しいページのための部屋を作るためにどの仮想ページをメモリから削除しなければならないかを決定します。一般的な再配置ポリシーには、最も最近使用されたもの（Least Recently Used：LRU）、および先入れ先出し法（First In, First Out：FIFO）が含まれます。LRUアルゴリズム（ほとんどのUNIXバージョンにも実装されている、クロックアルゴリズムとしても知られています）は、メモリ内のページがいつ使用されるかを仮想メモリシステムが追跡することを必要とします。新しいページフレームが必要になると、最も長い時間使用されていないページがワーキングセットから削除されます。FIFOアルゴリズムは、もう少し単純です。そのページが使用される頻度に関係なく、最も長い時間、物理メモリ内に存在していたページが削除されます。

再配置ポリシーは、グローバルかローカルのいずれかで、さらに特徴付けることができます。グローバルの再配置ポリシーでは、別のプロセスに所有されているフレームかどうかに関係なく、任意のページフレームによってページフォールトが満たされます。例えば、FIFOアルゴリズムを使用するグローバルな再配置ポリシーは、メモリ上に最も長く存在するページを探し出し、ページフォールトを満たすためにそのページを解放します。ローカルの再配置ポリシーでは、最も古いページの検索範囲が、ページフォールトを引き起こしたプロセスが既に所有する一連のページに限定されます。グローバルな再配置ポリシーは、プロセスが他のプロセスの挙動に対して脆弱になることに注意してください。例えば、行儀の悪いアプリケーションが、すべてのプロセスで過度なページングアクティビティを引き起こすことによって、オペレーティングシステム全体に影響する場合があります。

Windowsには、ローカルとグローバルの再配置ポリシーを組み合わせたものが実装されています。ワーキングセットがその上限に達したときや、物理メモリの需要のためにトリミングする必要があるとき、メモリマネージャーは、空きページが十分に存在すると判断されるまで、ワーキングセットから複数ページを削除します。

5.12.4 ワーキングセットの管理

すべてのプロセスは、最小ワーキングセット50ページ（既定）と最大ワーキングセット345ページで開始します。効果はあまり期待できませんが、WindowsのSetProcessWorkingSetSize関数を使用す

ると、これらのワーキングセットの制限を変更することができます。なお、制限を変更するには、「ス
ケジューリング優先順位の繰り上げ」特権（SeIncreaseBasePriorityPrivilege）が必要です。しかし、
固定のワーキングセット制限を使用するようにプロセスを構成しない限り、これらの（変更した）制限
は無視されます。つまり、メモリマネージャーは、ページングが激しく、十分なメモリが存在する場
合、プロセスがその最大値を超えてワーキングセットを増やすことを許可します（それがページングで
はなく、システムの物理メモリの需要が高い場合、メモリマネージャーは逆に、そのプロセスをワー
キングセットの最小値以下に縮小します）。固定のワーキングセット制限を設定するには、
SetProcessWorkingSetSizeEx関数をQUOTA_LIMITS_HARDWS_MAX_ENABLEフラグとともに
使用します。しかし、ほとんどの場合、システムにワーキングセットの管理を任せたほうが良い結果
になります。

　32ビットシステムでは、最大のワーキングセットサイズは、システムの初期化時に計算され、
MiMaximumWorkingSetカーネル変数に格納された、システム全体の最大値を超えることができませ
ん。x64システムでは、仮想アドレス領域が非常に広いため、物理メモリの容量が実用的な上限になり
ます。ワーキングセットの最大値を、表5-15に示します。

表5-15　最大ワーキングセットサイズの上限

Windowsバージョン	最大ワーキングセット
x86、ARM	2GB − 64KB（= 0x7FFF0000）
x86（IncreaseUserVaオプション有効でブート）	2GB − 64KB +ユーザー仮想アドレス増分
x64（Windows 8、Windows Server 2012）	8,192GB（8TB）
x64（Windows 8.1/10、Windows Server 2012 R2/2016）	128TB

　ページフォールトが発生すると、プロセスのワーキングセット制限とシステム上の空きメモリ容量
が調べられます。状況が許す場合、メモリマネージャーはプロセスにその最大ワーキングセット（また
は、プロセスが固定のワーキングセット制限を持たず、十分な空きページが利用可能である場合はそ
れ以上）まで拡張することを許可します。一方、メモリがきつい場合、Windowsはフォールトが発生
したときにワーキングセットにページを追加するのではなく、ページを置き換えます。

　Windowsは、変更されたページをディスクに書き出すことで、利用可能なメモリを維持しようとし
ます。依然として、変更されたページが非常に高い頻度で生成される場合、メモリの需要に一致する
より多くのメモリが必要になります。そのため、物理メモリが不足すると、バランスセットマネー
ジャーのシステムスレッドのコンテキストで実行されるルーチンであるワーキングセットマネー
ジャー（次の項で説明）は、ワーキングセットのトリミングを自動開始して、システムで利用可能な空
きメモリ容量を増やします。ワーキングセットのトリミングは、例えばプロセスの初期化の後に、プ
ロセス自身から開始することもできます。それには、前述のSetProcessWorkingSetSizeEx関数を使用
します。

　ワーキングセットマネージャーは、利用可能なメモリを調べ、トリミングする必要があるワーキン
グセットがある場合はどれにするか決めます。十分なメモリが存在する場合、ワーキングセットマネー
ジャーは、必要な場合にワーキングセットからどれくらいのページを削除できるかを計算します。ト
リミングが必要な場合、最小設定を上回るワーキングセットを調べます。ワーキングセットマネー
ジャーはまた、ワーキングセットを調べる頻度を動的に調整し、最適な順番でトリミング候補のプロ
セスのリスト（ワーキングセットリスト）を整理します。例えば、多くのページを持ち、最近アクセス
されていないプロセスが最初に調べられます。より長くアイドル状態になっている大きなプロセスは、
より頻繁に実行される小さなプロセスよりも先に考慮されます。フォアグラウンドアプリケーション

第**5**章 メモリ管理　　**463**

を実行中のプロセスは、最後に考慮されます。

　ワーキングセットマネージャーは最小ワーキングセットよりも多くを使用しているプロセスを見つけると、ワーキングセットから削除するページを探し、そのページを他の用途に利用できるようにします。空きメモリ量がまだ小さ過ぎる場合、ワーキングセットマネージャーはシステム上の空きページ数が最小になるまで、プロセスのワーキングセットからページを削除します。

　ワーキングセットマネージャーは、ハードウェアページテーブルエントリ（ハードウェアPTE）の「アクセス」ビットをチェックしてページがアクセスされたかどうかを確認することにより、最近アクセスされていないページの削除を試みます。このビットがクリアになっている場合、そのページは「古い（Aged）」とされます。そこで、最後のワーキングセットのトリミングスキャン以降、そのページは参照されていないことを示す、ワーキングセットリストの世代（Age）フィールドがインクリメントされます。ページの世代は、後で、ワーキングセットから削除するための候補のページを見つけるために使用されます。

　ハードウェアPTEの「アクセス」ビットがセットされている場合、ワーキングセットマネージャーはそれをクリアし、ワーキングセット内の次のページを調べます。このようにして、ワーキングセットマネージャーが次にそのページを調べる際に「アクセス」ビットがクリアされている場合、そのページは最後に調べられて以降、アクセスされていないことがわかります。この削除のためのページのスキャンは、ワーキングセットリストに対して、必要なページ数が削除されるまで、あるいはスキャンが開始時点まで戻るまで続きます。次にワーキングセットがトリミングされるとき、そのスキャンでは最後に中断した場所がピックアップされます。

実習 プロセスのワーキングセットサイズを参照する

　パフォーマンスモニターを使用し、次に示す表のパフォーマンスカウンターを参照することで、プロセスのワーキングセットのサイズを調べることができます。他のいくつかのプロセス参照ユーティリティ（タスクマネージャーやProcess Explorerなど）でも、ワーキングセットのサイズを表示することができます。

カウンター	説明
Process: Working Set	選択されたプロセスのワーキングセットの現在のサイズをバイト数で示します。
Process: Working Set Peak	選択されたプロセスのワーキングセットの最大サイズをバイト数で示します。
Process: Page Faults/sec	プロセスで発生したページフォールトの数を毎秒で示します。

　パフォーマンスモニターの［選択したオブジェクトのインスタンス］ボックスで_Totalプロセスを選択すると、すべてのプロセスのワーキングセットの合計値を取得できます。_Totalプロセスは、本物のプロセスではありません。これは単に、システム上で現在実行中のすべてのプロセスのための、プロセス固有カウンターの合計を表すものです。しかし、この合計値が使用中の実際の物理メモリ（RAM）よりも大きくなるのは、各プロセスのワーキングセットのサイズに他のプロセスと共有されているページが含まれるからです。つまり、2つ以上のプロセスが1つのページを共有している場合、そのページは各プロセスのワーキングセットとして、それぞれカウントされます。

> **実習** ワーキングセット vs. 仮想サイズ

この章の「5.2.1　ページの状態とメモリの割り当て」の「実習：予約済みページ vs. コミット済みページ」では、TestLimitユーティリティを使用して2つのプロセスを作成しました。1つは大きなメモリを単に予約したもの、もう1つはメモリをコミット済み（プライベート）にしたものです。このときの実習では続けて、Process Explorerを使用して2つのプロセスの違いを調べました。今度の実習では、さらに3つ目のTestLimitプロセスを作成します。3つ目のプロセスはメモリをコミットするだけでなく、そのメモリにアクセスも行います。つまり、コミット済みメモリをワーキングセットに持ってくるということです。以前の実習を繰り返した上で、次の手順で操作します。

1. 新しいコマンドプロンプトウィンドウ（Cmd.exe）を開き、3つ目のTestLimitプロセスを作成します。

```
C:\Users\pavely>testlimit -d 1 -c 800

Testlimit v5.24 - test Windows limits
Copyright (C) 2012-2015 Mark Russinovich
Sysinternals - www.sysinternals.com

Process ID: 13008

Leaking private bytes with touch 1 MB at a time...
Leaked 800 MB of private memory (800 MB total leaked). Lasterror: 0
この操作を正しく終了しました。
```

2. Process Explorerを開きます。

3. ［View］メニューを開き、［Select Columns］を選択して、［Select Columns］ダイアログボックスの［Process Memory］タブをクリックします。

4. ［Private Bytes］［Virtual Size］［Working Set Size］［WS Shareable Bytes］［WS Private Bytes］の5つにチェックを入れて、［OK］ボタンをクリックします。

5. TestLimit.exeプロセスの3つのインスタンスを探します。次のように表示されるはずです。

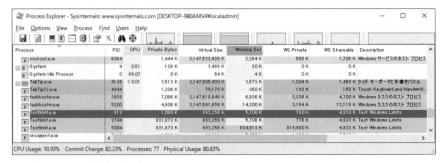

新しいTestLimitプロセスは、3つのうち3番目のプロセスID (PID) 5004です。3つのプロセスのうち、この1つだけが、実際に割り当てられたメモリを参照しています。そのため、このプロセスだけがワーキングセット（Working Set）にテストで割り当てたサイズが反映されています。

　この結果は、プロセスがそのサイズまで拡大するのに十分な物理メモリ（RAM）を持つシステムでのみ得られることに注意してください。このシステムでさえ、コミット済みプライベート割り当てのすべて（Private Bytesの821,872 K）が、ワーキングセットのプライベート部分（WS Private）にあるわけではありません。少数のプライベートページは、再配置のために追い出されたか、まだページインされていません。

実習 ワーキングセットリストをデバッガーで参照する

　カーネルデバッガーの!wsleエクステンションコマンドを使用すると、ワーキングセットの個別のエントリを参照することができます。次の例は、WinDbgのワーキングセットリストの出力からの抜粋です（32ビットシステムで実行したものです）。

```
lkd> !wsle 7

Working Set Instance @ c0802d50
Working Set Shared @ c0802e30

    FirstFree      f7d  FirstDynamic       6
    LastEntry     203d  NextSlot           6  LastInitialized    2063
    NonDirect        0  HashTable          0  HashTableSize         0

Reading the WSLE data ...........................................

Virtual Address         Age   Locked   ReferenceCount
        c0603009         0       0         1
        c0603009         0       0         1
        c0602009         0       0         1
        c0601009         0       0         1
        c0600009         0       0         1
        c0802d59         6       0         1
        c0604019         0       0         1
        c0800409         2       0         1
        c0006209         1       0         1
        77290a05         5       0         1
        7739aa05         5       0         1
        c0014209         1       0         1
        c0004209         1       0         1
        72a37805         4       0         1
          b50409         2       0         1
          b52809         4       0         1
        7731dc05         6       0         1
```

bbec09	6	0	1
bbfc09	6	0	1
6c801805	4	0	1
772a1405	2	0	1
944209	1	0	1
77316a05	5	0	1
773a4209	1	0	1
77317405	2	0	1
772d6605	3	0	1
a71409	2	0	1
c1d409	2	0	1
772d4a05	5	0	1
77342c05	6	0	1
6c80f605	3	0	1
77320405	2	0	1
77323205	1	0	1
77321405	2	0	1
7ffe0215	1	0	2
a5fc09	6	0	1
7735cc05	6	0	1
...			

　ワーキングセットリスト内の一部のエントリはページテーブルのページ（0xC0000000より大きなアドレスを持つページ）、別の一部はシステムDLLのページ（0x7xxxxxxxの範囲のページ）、そして他の一部はWinDbg.exe自身のコードからのページであることに注目してください。

5.12.5 | バランスセットマネージャーとスワッパー

　ワーキングセットの拡張とトリミングはバランスセットマネージャー（KeBalanceSetManager関数）と呼ばれるシステムスレッドのコンテキスト内で行われます。バランスセットマネージャーは、システムの初期化中に作成されます。バランスセットマネージャーは技術的にはカーネルの一部ですが、メモリマネージャーのワーキングセットマネージャー（MmWorkingSetManager関数）を呼び出して、ワーキングセットの分析と調整を行います。

　バランスセットマネージャーは2つの異なるイベントオブジェクトを待機します。その1つは、1秒に1回発生するようにセットされた定期タイマーの期限がきたときに、シグナルされるイベントです。もう1つは、ワーキングセットマネージャーの内部的なイベントであり、メモリマネージャーがワーキングセットの調整が必要だと判断したとき、さまざまな時点でシグナルします。例えば、システムでページフォールトの発生率が高い場合、または空きリストが小さすぎる場合、メモリマネージャーはバランスセットマネージャーをウェイクアップします。そのバランスセットマネージャーは、ワーキングセットマネージャーを呼び出して、ワーキングセットのトリミングを開始します。メモリが豊富にある場合、ワーキングセットマネージャーは、フォールトしたプロセスに対して、フォールトしたページをメモリに戻すことでワーキングセットのサイズを徐々に増やすことを許可します。ただし、ワーキングセットは、必要とされる分だけを増やすことができます。

　毎秒タイマーの期限によりバランスセットマネージャーがウェイクアップすると、次のステップが行われます。

1. システムが仮想化ベースのセキュリティ（Virtualization-Based Security：VBS）をサポートしており、アクティブになっている場合、セキュアカーネルがこの定期的なハウスキープ処理タスク（VslSecureKernelPeriodicTick）を処理するために呼び出されます（第2章で説明したように、Windows 10およびWindows Server 2016のVBSは、Virtual Secure ModeやVSMと呼ばれることもあります）。

2. I/O要求パケット（IRP）の完了で使用されるルックアサイドリストの使用を初期化するために、IRPクレジットを調整するルーチン（IoAdjustIrpCredits）が呼び出されます。これにより、特定のプロセッサのI/O負荷が高い場合に、スケーラビリティが向上します（IRPについて詳しくは、第6章を参照してください）。

3. ルックアサイドリストがチェックされ、アクセス時間の改善、およびプールの使用と断片化を改善するために、（必要に応じて）その深さが調整されます（ExAdjustLookasideDepth）。

4. Windowsイベントトレーシング（ETW）のメモリバッファーをより効率的に使用するため、ETWバッファープールサイズの調整（EtwAdjustTraceBuffers）が呼び出されます（ETWについて詳しくは、本書下巻を参照してください）。

5. メモリマネージャーのワーキングセットマネージャーが呼び出されます。ワーキングセットマネージャーは自身の内部カウンターを持ち、ワーキングセットのトリミングを実行するタイミング、およびどれだけ積極的にトリミングするのかを調整するために使用します。

6. ジョブの実行時間を強制します（PsEnforceExecutionLimits）。

7. バランスセットマネージャーは、毎秒タイマーの期限によりウェイクアップする8回目ごとに、イベントをシグナルしてスワッパー（KeSwapProcessOrStack）と呼ばれる別のシステムスレッドをウェイクアップします。スワッパーは、長い時間実行されていないスレッドのカーネルスタックをスワップアウトしようと試みます。スワッパーのスレッド（優先度23で実行）は、ユーザーモードで15秒間待機状態にあったスレッドを探します。そのようなスレッドを見つけると、スワッパーはそのスレッドのカーネルスタックをトランジション状態に置き（ページを変更ページリストからスタンバイページリストに移動）、物理メモリを回収します。これは、スレッドが長時間待機していたのであれば、さらに長く待つことになるという原則に従って行われます。プロセス内の最後のスレッドがメモリから削除されたカーネルスタックを持っている場合、そのプロセスは完全にスワップアウトされたとマークされます。そのため、長時間アイドル状態にあるプロセス（WininitやWinlogonなど）は、ワーキングセットのサイズが0になる可能性があります。

5.12.6 | システムワーキングセット

　プロセスがワーキングセットを持ち、プロセスアドレス領域のページング可能な部分を管理するのとちょうど同じように、システムアドレス領域にあるページング可能なコードとデータは3つのグローバルなワーキングセットを使用して管理されます。それらはまとめてシステムワーキングセット（System Working Sets）と呼ばれます。これらのグローバルなワーキングセットとは、次の3つです。

- **システムキャッシュワーキングセット** —— システムキャッシュに常駐するページを含みます。
- **ページプールワーキングセット** —— ページプールに常駐するページを含みます。
- **システムページテーブルエントリ（システムPTE）ワーキングセット** —— 読み込まれたドライバー、カーネルイメージ、およびシステム領域にマップされたセクションのページからの、ペー

ジング可能なコードとデータを含みます。

表5-16に、これらのシステムワーキングセットの種類が格納される場所を示します。

表5-16　システムワーキングセット

システムワーキングセットの種類	格納場所 (Windows 8.1 およびWindows Server 2012/2012 R2)	格納場所 (Windows 10 およびWindows Server 2016)
システムキャッシュ	MmSystemCacheWs	MiState.SystemVa.SystemWs[0]
ページプール	MmPagedPoolWs	MiState.SystemVa.SystemWs[2]
システムPTE	MmSystemPtesWs	MiState.SystemVa.SystemWs[1]

表5-17に示すパフォーマンスカウンターまたはシステム変数を使用すると、これらのワーキングセットのサイズや、これらのワーキングセットにカウントされるコンポーネントのサイズを調べることができます(パフォーマンスカウンターの値はバイト数です。一方、システム変数はページ数で計測されます)。

表5-17　システムワーキングセットのパフォーマンスカウンターとシステム変数

パフォーマンスカウンター (バイト数)	システム変数 (ページ数)	説明
Memory: Cache Bytes Memory: System Cache Resident Bytes	WorkingSetSize メンバー	ファイルシステムキャッシュによって消費される物理メモリを示します。
Memory: Cache Bytes Peak	PeakWorkingSetSize メンバー (Windows 10 および Windows Server 2016) Peak メンバー (Windows 8/8.1 および Windows Server 2012/2012 R2)	ファイルシステムキャッシュにより使用されたワーキングセットの最大サイズを示します。
Memory: System Driver Resident Bytes	SystemPageCounts.SystemDriverPage (グローバル、Windows 10 および Windows Server 2016) MmSystemDriverPage (グローバル、Windows 8/8.1 および Windows Server 2012/2012 R2)	ページング可能なドライバーコードによって消費された物理メモリを示します。
Memory: Pool Paged Resident Bytes	WorkingSetSize メンバー	ページプールによって消費された物理メモリを示します。

Memory: Cache Faults/secパフォーマンスカウンターを調べることによって、システムキャッシュワーキングセットのページングアクティビティを調査することもできます。このカウンターは、システムキャッシュワーキングセット(ハードおよびソフトの両方)で毎秒発生したページフォールトの数を表しています。システムキャッシュワーキングセット構造体のPageFaultCountメンバーは、このカウンターの値を含んでいます。

5.12.7 | メモリ通知イベント

Windowsは、ユーザーモードプロセスとカーネルモードドライバーに、物理メモリ、ページプール、非ページプール、コミットチャージが不足していることや豊富にあることを通知する手段を提供しま

第5章 メモリ管理 **469**

す。この情報は、必要に応じてメモリ使用量を決定するために使用できます。例えば、利用可能なメモリが不足している場合に、アプリケーション自身にメモリ消費を削減させることができます。利用可能なページプールが豊富にあるのなら、ドライバーはより多くのメモリを割り当てることができます。最後に、メモリマネージャーもまた、破損したページを検出したときに、通知を許可するイベントを提供します。

　ユーザーモードプロセスは、メモリの使用状況が低い（Low）または高い（High）ときにのみ通知を受けることが可能です。アプリケーションは、低または高のどちらのメモリ通知を要求するのかを指定して、CreateMemoryResourceNotification関数を呼び出すことができます。この関数から返されるハンドルは、任意の待機関数に渡すことができます。メモリの使用状況が低い（または高い）状態になると、待機が完了し、スレッドにその状態が通知されます。あるいは、QueryMemoryResourceNotification関数を使用すると、いつでもシステムメモリの状態を照会することができます。その場合、スレッドの呼び出しは中断されません。

　一方、ドライバーは、メモリマネージャーがオブジェクトマネージャーの¥KernelObjectsディレクトリにセットアップする、特定のイベント名を使用します。これは、表5-18に示す、グローバルに定義された名前付きイベントオブジェクトの1つをメモリマネージャーがシグナルすることにより、メモリ通知が実装されているからです。指定されたメモリ条件が検出されると、対応するイベントがシグナルされ、これにより待機中のスレッドがウェイクアップします。

表5-18　メモリマネージャー通知イベント

イベント名	説明
HighCommitCondition	このイベントは、コミットチャージが最大のコミットリミットに近づいたときにセットされます。別の言い方をすると、メモリ使用量が非常に高く、物理メモリまたはページファイル内にわずかな領域しか利用可能ではなく、かつオペレーティングシステムがページファイルのサイズを増やすことができない状況を示しています。
HighMemoryCondition	このイベントは、物理メモリの空き領域が定義されたサイズに達するたびにセットされます。
HighNonPagedPoolCondition	このイベントは、非ページプールの容量が定義されたサイズに達するたびにセットされます。
HighPagedPoolCondition	このイベントは、ページプールの容量が定義されたサイズに達するたびにセットされます。
LowCommitCondition	このイベントは、コミットチャージが現在のコミットリミットよりも相対的に低いときにセットされます。別の言い方をすると、メモリ使用量が少なく、物理メモリまたはページファイルにたくさんの領域が利用可能であることを示しています。
LowMemoryCondition	このイベントは、物理メモリの空き容量が定義されたサイズよりも下回ったときにセットされます。
LowNonPagedPoolCondition	このイベントは、非ページプールの空き領域が定義されたサイズを下回ったときにセットされます。
LowPagedPoolCondition	このイベントは、ページプールの空き領域が定義されたサイズを下回ったときにセットされます。
MaximumCommitCondition	このイベントは、コミットチャージが最大のコミットリミットに近づいたときにセットされます。別の言い方をすると、メモリ使用量が非常に高く、物理メモリまたはページファイル内にわずかな領域しか利用可能ではなく、かつオペレーティングシステムがページファイルのサイズまたはページファイルの数を増やすことができない状況を示しています。

イベント名	説明
MemoryErrors	このイベントは、不良ページ（ゼロクリアされていないゼロページ）が検出されたことを示しています。

メモ

レジストリキー HKLM¥SYSTEM¥CurrentControlSet¥Control¥Session Manager¥Memory Managementに、DWORD型のレジストリ値LowMemoryThresholdまたはHighMemoryThresholdを追加すると、メモリの使用状況の低いまたは高いしきい値を上書きすることができます。低いまたは高いしきい値として、サイズをMB数で指定します。また、同じレジストリキーにDWORD型のレジストリ値PageValidationActionを追加し、1を設定することで、不良ページが検出されたときに、メモリエラーイベントをシグナルする代わりに、システムをクラッシュさせるように構成することも可能です。

> **実習　メモリリソース通知イベントを参照する**
>
> メモリリソースの通知イベントを参照するには、Windows SysinternalsのWinObjユーティリティを使用して、¥KernelObjectsディレクトリを開きます。メモリリソースの低い条件（Low*Condition）および高い条件（High*Condition）の両方のイベントが右側のペインに表示されます。
>
>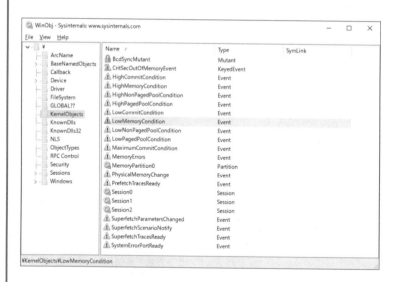
>
> いずれかのイベントをダブルクリックして開くと、そのオブジェクトに対するハンドル数や参照数を確認することができます。システムのプロセスがメモリリソースの通知を要求していないかどうかを確認するには、LowMemoryConditionまたはHighMemoryConditionを参照するハンドルテーブルを検索します。それには、Process Explorerの［Find］メニューを開き、［Find Handle or DLL］を選択してLowMemoryConditionまたはHighMemoryConditionを検索します。または、WinDbgを使用します（ハンドルテーブルについて詳しくは、本書下巻で説明します）。

第5章 メモリ管理 **471**

5.13 | ページフレーム番号（PFN）データベース

　ここまでのいくつかの項では、Windowsプロセスの仮想的なビューである、ページテーブル、ページテーブルエントリ（PTE）、および仮想アドレス記述子（VAD）について集中的に取り上げてきました。この章の残りの部分では、Windowsが物理メモリを管理する方法について説明します。まず、Windowsが物理メモリを追跡する方法から始めます。ワーキングセットがプロセスまたはシステムによって所有される常駐ページを表すのに対して、ページフレーム番号（PFN）データベースは物理メモリ内の各ページの状態を表します。ページの状態については、表5-19に示します。

表5-19　物理ページの状態

状態	説明
アクティブ（Active）（有効（Valid）と呼ばれることもあります）	そのページがワーキングセットの一部である（プロセスワーキングセット、セッションワーキングセット、システムワーキングセットのいずれか）、またはワーキングセット内に存在せず（例えば、非ページカーネルページ）、通常、そのページをポイントする有効なPTEであることを示します。
トランジション（Transition）	これはページの一時的な状態であり、ワーキングセットに属せず、いずれのページリスト上にも存在しないことを示しています。ページは、そのページに対するI/Oが処理中のときにこの状態になります。PTEは、衝突したページフォールトが認識され、正しく処理されるように、エンコードされます（ここでの「トランジション」という用語の意味は、「5.7.1　無効なPTE」の項の場合と異なります。無効なPTEのトランジションは、スタンバイまたは変更ページリスト上にあるページを指します）。
スタンバイ（Standby）	以前にワーキングセットに属していたページですが、削除されたか、プリフェッチされクラスターが直接スタンバイページリストに入れられたページを示します。そのページは、最後にディスクに書き込まれて以降、変更されていません。PTEは依然として物理ページを指していますが、それは無効（Invalid）とマークされ、（PTEの）トランジション状態にあります。
変更（Modified）	以前にワーキングセットに属していたページですが、削除されたページです。ただし、そのページは使用中に変更されており、そのページの現在内容がまだディスクまたはリモート記憶域に書き込まれていないことを示しています。PTEは依然として物理ページを指していますが、それは無効（Invalid）とマークされ、（PTEの）トランジション状態にあります。そのページは物理ページが再利用される前に、バッキングストアに書き込まれる必要があります。
変更書き出し不要（Modified no write）	変更書き出し不要（Modified no write）とマークされていることを除けば、これは変更（Modified）ページと同じです。マークされていることで、メモリマネージャーの変更ページライターは、そのページをディスクに書き出すことはしません。キャッシュマネージャーが、ファイルシステムドライバーの要求により、ページを変更書き出し不要としてマークします。例えば、NTFSはファイルシステムメタデータを含むページのこの状態を使用するため、保護されたページがディスクに書き出される前に、まずトランザクションログエントリがディスクにフラッシュされることを確認します（NTFSトランザクションログについては、本書下巻で説明します）。
空き（Free）	そのページは空きページですが、その中に不特定のダーティデータが存在します。セキュリティ上の理由から、これらのページはゼロで初期化されることなしでは、ユーザープロセスのユーザーページとして渡されることはありません。しかし、ユーザープロセスに渡される前に新しいデータ（例えば、ファイルから）で上書きされることは可能です。

状態	説明
ゼロ（Zeroed）	そのページは空きページであり、ゼロページスレッドによってゼロで初期化されているか、既にゼロを含むものとわかっているページです。
読み取り専用（Rom）	そのページが読み取り専用メモリであることを表しています。
不良（Bad）	そのページは、パリティエラーまたはその他のハードウェアエラーを生成したページであり、使用できません（またはエンクレーブの一部として使用されています）。

　PFNデータベースは、システム上のメモリの各物理ページを表す、1つの構造体配列で構成されます。PFNデータベースとページテーブルの関係を図5-35に示します。この図が示すように、有効なPTEは通常、PFNデータベースのエントリ（このエントリのPFNインデックスは物理メモリ内のページをポイントします）をポイントしており、PFNデータベースエントリはエントリを使用しているページテーブルを逆方向にポイントします（ページテーブルで使用されている場合）。プロトタイプPTEがポイントするPFNデータベースのエントリは、プロトタイプPTEを逆方向にポイントします。

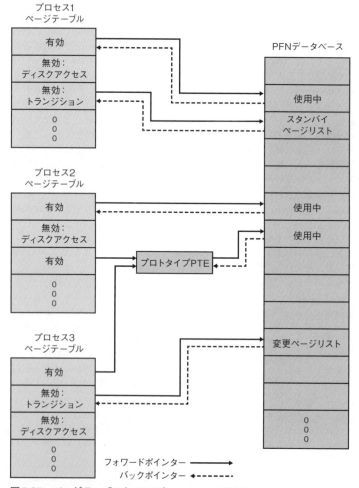

図5-35　ページテーブルとPFNデータベースの関係

表5-19のページの状態の一覧のうち、6つはリンクリストの中に編成されるため、メモリマネージャーは特定の種類のページをすばやく見つけることができます（"アクティブ/有効"、"トランジション"、およびオーバーロード（多重定義）された"不良"の3種類のページは、システム全体のページリストにはありません）。また、スタンバイ状態は、優先順の8つの異なるリストに関連付けられます（ページ優先度については、この項で後ほど説明します）。図5-36は、これらのエントリが相互にどのようにリンクされるのかを示す例です。

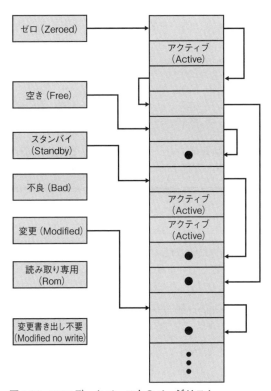

図5-36　PFNデータベース内のページリスト

次の項では、ページフォールトを満たすためにこれらのリンクリストがどのように使用されるのか、そしてさまざまなリスト間をどのようにページが移動するのかを理解できるでしょう。

実習 PFNデータベースを参照する

　本書のダウンロード可能なリソースのサイトから入手できるMemInfoツールを -s オプション付きで実行すると、さまざまなページリストのサイズをダンプすることができます。次に示すのは、 `MemInfo -s` コマンドの出力例です。なお、このツールはコマンドプロンプトを管理者として開いて実行する必要があります。

```
C:\Tools>MemInfo.exe -s
MemInfo v3.10 - Show PFN database information
Copyright (C) 2007-2017 Alex Ionescu and Pavel Yosifovich
```

```
http://www.windows-internals.com

Initializing PFN Database... Done

PFN Database List Statistics
          Zeroed:     4867 (    19468 kb)
            Free:     3076 (    12304 kb)
         Standby:  4669104 ( 18676416 kb)
        Modified:     7845 (    31380 kb)
 ModifiedNoWrite:      117 (      468 kb)
    Active/Valid:  3677990 ( 14711960 kb)
      Transition:        5 (       20 kb)
             Bad:        0 (        0 kb)
         Unknown:     1277 (     5108 kb)
           TOTAL:  8364281 ( 33457124 kb)
```

カーネルデバッガーの!memusageエクステンションコマンドを使用することでも、同様の情報を取得できます。ただし、!memusageコマンドの実行には、かなり長い時間を要します。

5.13.1 ページリストの動き

図5-37は、ページフレームの状態遷移図です。簡単にするため、変更書き出し不要、不良、および読み取り専用（ROM）ページリストは、この図には示していません。

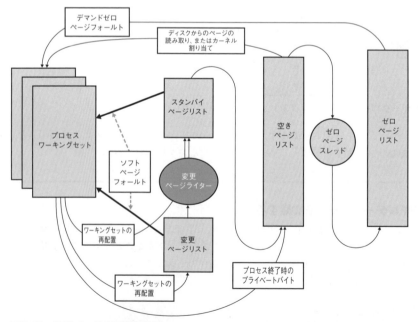

図5-37 物理ページの状態遷移図

ページフレームは、ページリスト間を次の方法で移動します。

- メモリマネージャーがデマンドゼロページフォールト（オールゼロに定義されたページの参照、または決してアクセスされることがないユーザーモードのコミット済みプライベートページの参照）をサービスするために、ゼロで初期化されたページを必要とするとき、最初にゼロページリストからページを取得しようと試みます。リストが空の場合、空きページリストからページを取得し、そのページをゼロでクリアします。空きページリストが空の場合は、スタンバイページリストからページを取得し、そのページをゼロでクリアします。ゼロで初期化されたページが必要とされる理由の1つは、Common Criteria（CC）[*19]などのセキュリティ要件に合わせることです。ほとんどのCCプロファイルでは、以前のプロセスのメモリの内容の読み取りを防止するために、初期化されたページフレームをユーザーモードプロセスに与えるように指定されています。そのため、メモリマネージャーはユーザーモードプロセスに対して、バッキングストアからプロセスに読み取られたページではなく、ゼロページフレームを渡します。この場合、メモリマネージャーは、非ゼロページフレームを使用し、ディスクまたはリモート記憶域以外のデータを初期化しようとします。ゼロページリストは、システムスレッドのゼロページスレッド（システムプロセスのスレッド0）によって空きページリストから移されます。ゼロページスレッドは、ゲートオブジェクト上で作業開始のシグナルを待機します。空きページリストが8ページ以上になったとき、このゲートがシグナルされます。しかし、ゼロページスレッドは、他のスレッドを実行していないプロセッサが少なくとも1つある場合にのみ実行されます。なぜなら、ゼロページスレッドは優先度0で実行され、ユーザースレッドに設定できる最低の優先度は1だからです。

メモ
　MmAllocatePagesForMdl（Ex）を呼び出すドライバーによる物理ページの割り当ての結果として、メモリがゼロにされる必要があるとき、メモリマネージャーはMiZeroInParallelと呼ばれるより高速な関数を使用してメモリをゼロでクリアします。MmAllocatePagesForMdl（Ex）は、AllocateUserPhysicalPagesまたはAllocateUserPhysicalPagesNuma関数を呼び出すWindowsアプリケーションによって、またはアプリケーションがラージページを割り当てたときに呼び出されます。MiZeroInParallel関数は、一度に1ページだけをゼロクリアするゼロページスレッドよりも大きな領域をマップします。また、マルチプロセッサシステムでは、メモリマネージャーは追加的なシステムスレッドを作成して、ゼロクリアの処理を並行して行います（また、NUMAプラットフォームでは、NUMAに最適化された方法を使用します）。

- メモリマネージャーがゼロで初期化されたページを要求しない場合、最初に空きページリストに向かいます。空きページリストが空の場合、次にゼロページリストに向かいます。ゼロページリストも空の場合、スタンバイページリストに向かいます。メモリマネージャーはスタンバイページジリストからのページフレームを使用する前に、まずページフレームをバックトラックして、まだそのページフレームをポイントしている無効なページテーブルエントリ（PTE）またはプロトタイプPTEからの参照を削除する必要があります。ページフレーム番号（PFN）データベースのエントリは、以前のユーザーのページテーブル（または共有ページのプロトタイプPTEプールのページ）への逆方向のポインターを含むので、メモリマネージャーはPTEをすばやく見つけ、適切な変更を行うことができます。

- プロセスが新しいページを参照していてワーキングセットがフル状態であった、またはメモリマネージャーがワーキングセットをトリミングしたことにより、プロセスがワーキングセットから

[*19] 訳注：Common Criteria（CC）は、セキュリティ評価のための国際基準です。詳しくは、本書の「第7章　セキュリティ」、および「CC（ISO/IEC 15408）概説」（https://www.ipa.go.jp/security/jisec/about_cc.html）を参照。

ページを放棄しなければならないとき、そのページがクリーン（変更されていない）な場合はスタンバイページリストに入ります。そのページが常駐していたときに変更されていた場合は、変更ページリストに入ります。

- プロセスが終了した場合、すべてのプライベートページは空きページリストに入ります。また、ページファイルをバッキングストアとして使用するセクションに対する、最後の参照が閉じられ、そのセクションはマップビューを持たなくなります。これらのページもまた、空きページリストに入ります。

実習 空きページリストおよびゼロページリスト

Process Explorerの［System Information］ダイアログボックスを使用すると、プロセスが終了したときにプライベートページがリリースされるのを確認することができます。まず、ワーキングセットに多数のプライベートページを持つプロセスを作成することから始めます。それには、これまでの実習でも利用してきた、Windows SysinternalsのTestLimitユーティリティを使用します。

```
C:¥Tools¥Sysinternals>Testlimit.exe -d 1 -c 1500

Testlimit v5.24 - test Windows limits
Copyright (C) 2012-2015 Mark Russinovich
Sysinternals - www.sysinternals.com

Process ID: 13928

Leaking private bytes with touch 1 MB at a time...
Leaked 1500 MB of private memory (1500 MB total leaked). Lasterror: 0
この操作を正しく終了しました。
```

TestLimitユーティリティの-dオプションは、プライベートコミット済みメモリとして割り当てるだけでなく、そのメモリに触れます。つまり、そのメモリに対してアクセスします。これにより、物理メモリが割り当てられ、プロセスにプライベートコミット済み仮想メモリの領域としてプロセスに認識されます。システム上に十分に利用可能な物理メモリ（RAM）がある場合は、全体の1,500MBがTestLimitプロセスのために物理メモリ（RAM）に置かれます。この時点でそのTestLimitプロセスは、プロセスを終了するか強制終了（コマンドプロンプトでCtrl + Cキーを押すなどして）するまで待機します。待機状態のまま、次のステップで操作します。

1. Process Explorerを開きます。

2. ［View］メニューを開き、［System Information］を選択します。［System Information］ダイアログボックスの［Memory］タブをクリックします。

3. ［Paging Lists（K）］に表示される［Free］および［Zeroed］のページリストのサイズを確認します。

4. TestLimitプロセスを強制終了または終了します。

このとき、空きページリストが一時的に大きくなることを見るかもしれません。"かもしれない"と言ったのは、空きページリスト上に8ページしかなければ、ゼロページスレッドが直ちにウェイクアップされ、非常に素早く処理されるからです。Process Explorerは、1秒間に1回しか表示を更新しません。そのため、この状態の発生を捉える前に、大部分のページは既にゼロクリアされ、ゼロページリストに移動したあとである可能性があります。空きページリストの一時的な増加を見ることができた場合、次にそれが0に落ち、それに対応する増加がゼロページリストで起こるのを見るでしょう。空きページリストの一時的な増加を確認できなかった場合は、単にゼロページリストが増えるのを見ることになります。

実習 変更ページリストおよびスタンバイページリスト

Windows SysinternalsのVMMapとRAMMapユーティリティ、それにライブカーネルデバッガーを使用すると、プロセスワーキングセットから変更ページリストへのページの移動、およびその次のスタンバイページリストへの移動を確認することができます。それには、次のステップで操作します。

1. RAMMapユーティリティを開き、静かな状態のシステムのメモリの状態を確認します。この実習の例では、3GBの物理メモリ（RAM）を備えたx86システムを使用しています。RAMMapユーティリティに表示されている列は、図5-37で示したさまざまなページの状態を表しています（いくつかの列は、この実習では重要でないため、見やすいように表示幅を狭くしています）。

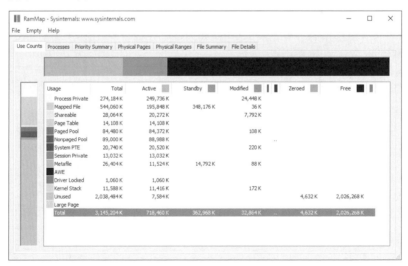

2. このシステムは物理メモリ（RAM）に約1.9GBの空きがあります（空きページリストのFreeとゼロページリストのZeroedの合計）。約350MBがスタンバイ（Standby）ページリスト上にあります（つまり、利用可能なメモリの一部ですが、最近プロセスから失われたデータやスーパーフェッチによって使用されたデータを含む可能性があります）。約700MBがアクティブ（Active）で有効なページテーブルエントリ（PTE）を介して仮想アドレスに直接的にマップされています。

3. 各行は、ページの状態を用途や出所によって、さらにブレークダウンします（プロセスプライベートを示すProcess Private、マップファイルを示すMapped Fileなど）。例えば、この時点でアクティブ（Active）の約700MBのうち、約240MBはプロセスプライベート（Process Private）割り当てに由来しています。

4. ここで、前の実習と同じように、TestLimitユーティリティを使用して、ワーキングセット内に多数のページを持つプロセスを作成します。今回も-dオプションを使用してTestLimitプロセスが各ページに書き込むようにさせますが、今回は制限を使用しません。これにより、可能な限り多くのプライベート変更ページが作成されます。

```
C:¥Tools¥Sysinternals>Testlimit.exe -d

Testlimit v5.24 - test Windows limits
Copyright (C) 2012-2015 Mark Russinovich
Sysinternals - www.sysinternals.com

Process ID: 4432

Leaking private bytes with touch (MB)...
Leaked 1983 MB of private memory (1983 MB total leaked). Lasterror: 8
このコマンドを実行するための十分な記憶域がありません。
```

5. TestLimitユーティリティは、各1MBで1983の割り当てを作成しました。RAMMapユーティリティで［File］メニューを開き、［Refresh］を選択して、表示を更新します（情報収集のためのコストの理由から、RAMMapユーティリティは継続的に表示を自動更新しません）。

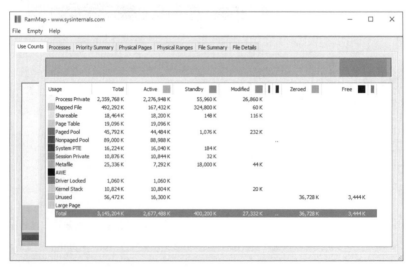

6. この時点で2.5GBを超えるページがアクティブ（Active）になりました。そのうち、2.2GBがプロセスプライベート（Process Private）の割り当てです。これは、TestLimitプロセスによってメモリが割り当てられ、そのメモリがアクセスされたからです。スタンバイ（Standby）ページリスト、ゼロ（Zeroed）ページリスト、および空き（Free）ページリストが小さくなっていることにも注目してください。割り当てられた物理メモリ（RAM）の大部分は、これらのページリストから来たものです。

7. 次に、RAMMapユーティリティで、プロセスの物理ページの割り当てを確認します。［Physical Pages］タブに切り替え、下にある［Filter］のドロップダウンリストからProcess列を選択し、値としてTestLimit.exeプロセスを指定します。これにより、プロセスワーキングセットの部分であるすべての物理ページが表示されます。

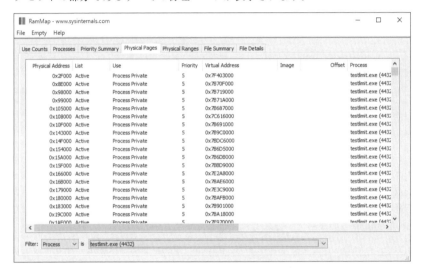

8. ここで、TestLimitユーティリティの-dオプションで行われた仮想アドレス領域の割り当ての物理ページを特定してみましょう。RAMMapユーティリティは、RAMMapのVirtualAlloc呼び出しに関係する仮想アドレスの割り当てについて示すものを提供しません。しかし、VMMapユーティリティを使用することで、良いヒントが得られます。同じTestLimitプロセスに対してVMMapユーティリティを実行すると、次ページのスクリーンショットのような結果を得られます。

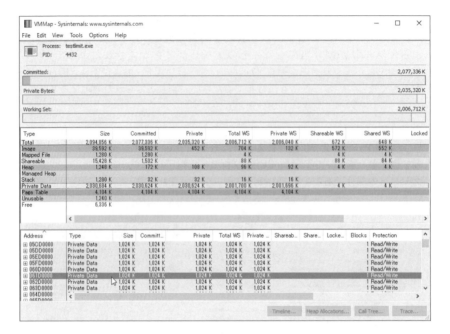

9. ウィンドウの下の部分の表示の中に、1MBのサイズで、コミット済み1MBの、数百に及ぶプロセスプライベートデータ（Private Data）の割り当てを確認できます。これらは、TestLimitユーティリティにより行われた割り当てと一致します。上のスクリーンショットで選択中の強調（反転）表示されているものが、その1つです。その仮想アドレスは0x61D0000から始まっていることに注目してください。

10. ここで、RAMMapユーティリティの［Physical Pages］タブの表示に戻ります。列の順番や表示幅を調整してVirtual Address列を見やすくし、Virtual Address列をクリックしてその値でソートします。これにより、先ほど特定した仮想アドレスを見つけることができます。

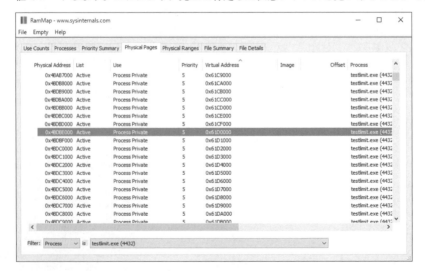

11. 表示によると、0x61D0000から始まる仮想ページは、現在、物理アドレス0x4BDBE000にマップされています。TestLimitユーティリティの-dオプションは、各割り当ての最初のバイトに自身のプログラムの名前（TestLimit）を書き込みます。ローカルのカーネルデバッガーで!dc（Display Charactersに由来。物理アドレスを使用している文字列を表示します）エクステンションコマンドを使用すると、そのことをデモで示すことができます。

```
lkd> !dc 4BDBE000
#4bdbe000 74736554 696d694c 00000074 00000000 TestLimit.......
#4bdbe010 00000000 00000000 00000000 00000000 ................
...
```

12. このデモはすばやく実施しないと、期待どおりにならないかもしれません。そのページは、ワーキングセットから既に削除されている可能性があるからです。この実習の最後のステップでは、プロセスワーキングセットが縮小され、このページが変更ページリストに移動され、続いてスタンバイページリストに移動された後も、このデータが（しばらくの間）、元のままであることをデモで示します。

13. TestLimitプロセスを選択していたVMMapユーティリティで、[Tools]メニューを開き、[Empty Working Set]を選択して、プロセスのワーキングセットを必要最小限にまで縮小します。この時点で、VMMapユーティリティの表示は、次のようになります。

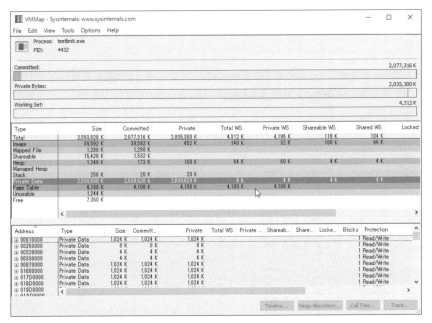

14. ワーキングセットの使用量を示すWorking Set横棒グラフが、事実上、空になっていることに注目してください。中段の表示によると、このプロセスのワーキングセットの合計（Total WS）は約4MBしかなく、その大部分はページテーブル（Page Table）の中にあります。ここでRAMMapユーティリティに戻り、[File] メニューから [Refresh] を選択して、表示を更新します。[Use Counts] タブをクリックして表示を切り替えると、アクティブ（Active）ページが極端に削減され、多数のページが変更（Modified）ページリストとスタンバイ（Standby）ページリストに加わったことを確認できるでしょう。

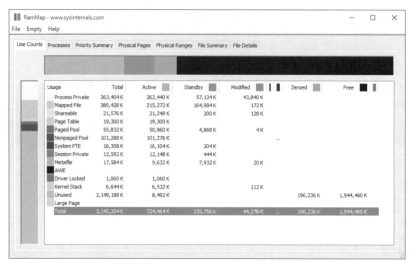

15. RAMMapユーティリティの [Processes] タブで、TestLimitプロセスのページがこれらのページリストに貢献していることを確認します。

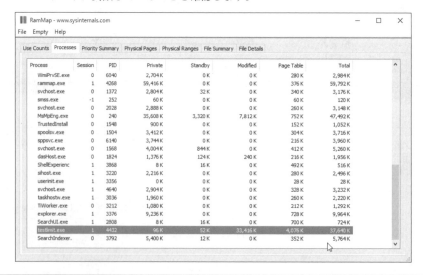

5.13.2　ページ優先度

　システム上のすべての物理ページは、メモリマネージャーによって割り当てられたページ優先度（Page Priority）の値を持ちます。ページ優先度は、0～7の範囲の数字で示されます。その主な目的は、スタンバイページリストから使用するページの順番を決定することにあります。メモリマネージャーは、スタンバイページリストを8つのサブリストに分割し、それぞれに特定の優先度のページが格納されます。メモリマネージャーがスタンバイページリストからページを取得したい場合、まず、低い優先度のリストからページを取得します。

　システム上の各スレッドと各プロセスもまた、ページ優先度が割り当てられます。このページ優先度は、通常、最初のその割り当てを発生させたスレッドのページ優先度を反映しています（ページが共有されている場合、ページを共有しているスレッドの中で最も高いページ優先度が反映されます）。スレッドは、そのページ優先度の値をスレッドが属するプロセスから継承します。メモリマネージャーは、プロセスのメモリアクセスを予測する際に、ディスクからページが読み取られると推測して、そのページに低い優先度を使用します。

　既定では、プロセスはページ優先度として5の値を持ちますが、ユーザーモード関数であるSetProcessInformationおよびSetThreadInformation関数を使用すると、アプリケーション側でプロセスやスレッドのページ優先度の値の変更することができます。これらの関数は、ネイティブ関数であるNtSetInformationProcessおよびNtSetInformationThreadを呼び出します。Process Explorerを使用すると、スレッドのメモリ優先度を確認することができます（ページごとの優先度は、ページフレーム番号（PEN）エントリを調べることで表示できます。それについては、この後の「5.13.4　PFNデータ構造体」の「実習：ページフレーム番号（PFN）エントリを参照する」で取り上げます）。図5-38は、Process ExplorerでWinlogonプロセスのプロセスプロパティダイアログボックスを開き、[Thread] タブでメインスレッドに関する情報を表示したものです。スレッドの優先度（Base Priority、Dynamic Priority）自体は高いですが、ページ優先度を示すMemory Priorityは標準の5のままです。

　ページ優先度の真の能力は、ページの相対優先度が高いレベルで理解されている場合にのみ果たされます。それは、この章の最後に説明するスーパーフェッチの役割です。

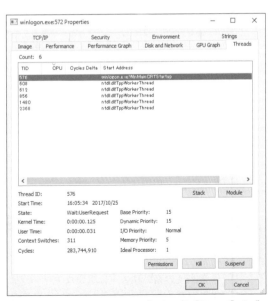

図5-38　Process Explorerのプロセスの [Thread] タブ

実習 優先度設定されたスタンバイページリストを参照する

　Windows SysinternalsのProcess Explorerを使用すると、スタンバイページリストの8つのリストの各サイズを参照することができます。それには、[System Information]ダイアログボックスを開き、[Memory]タブを選択します。

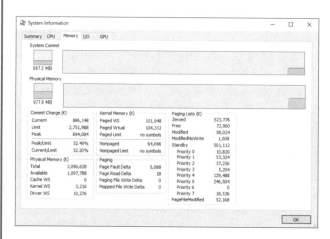

　この実習の例で使用したx86システムは、最近起動したものであり、現在のスタンバイページリストの優先度0（Priority 0）は約10MB、優先度1（Priority 1）は約52MB、優先度2（Priority 2）は約36MBなどのようになっています。次のスクリーンショットは、Windows SysinternalsのTestLimitユーティリティを使用して、可能な限りのコミット済みかつアクセス済みメモリを割り当てたとき、何が起こるのかを示したものです。

```
C:\Tools\Sysinternals>Testlimit.exe -d
```

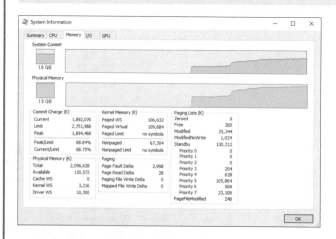

　優先度の高いリストは重要なキャッシュデータをまだ含んでいる一方で、より優先度の低いスタンバイページリストから先に使用され、サイズがかなり小さく（あるいは0に）なることに注目してください。

5.13.3 変更ページライターとマップページライター

　メモリマネージャーは2つのシステムスレッドを使って、ページをディスクに書き出し、それらのページをスタンバイページリストに戻します（ページ優先度に基づいて）。1つ目のシステムスレッドは、変更ページをページファイルに書き出す変更ページライター（MiModifiedPageWriter）です。2つ目のシステムスレッドは、変更ページをマップファイルに書き込むマップページライター（MmMappedPageWriter）です。デッドロックの発生を回避するには、2つのスレッドが必要です。これは、マップファイルページの書き込みが、空きページが利用可能でないときに、空きページを要求してページフォールトを発生させ、したがって、変更ページライターがより多くの空きページを作成する必要がある場合に起こります。変更ページライターが2番目のシステムスレッドからのマップファイルのページI/Oを実行することにより、通常のページファイルI/Oがブロックされることなく、2番目のスレッドは待機することができます。

　どちらのスレッドも、優先度18で実行され、初期化された後、スレッドの操作をトリガーする別々のイベントオブジェクトを待機します。マップページライターは、次に示す18のイベントオブジェクト上で待機します。

- 終了（Exit）イベント。スレッドに終了をシグナルします（この項の説明には関係ありません）。
- マップライターイベント。これは、グローバル変数 MiSystemPartition.Modwriter.MappedPageWriterEvent（Windows 8/8.1 および Windows Server 2012/2012 R2 では MmMappedPageWriterEvent）に格納されます。このイベントは、次のインスタンスでシグナルされます。
  - ページリスト操作中（MiInsertPageInList）。このルーチンは、入力引数に基づいてページリスト（スタンバイ、変更済み、など）の1つにページを挿入します。このルーチンは、変更ページリスト上のファイルシステム行きのページの数が16に達し、利用可能なページ数が1,024より下回った場合にこのイベントをシグナルします。
  - 空きページの取得の試行（MiObtainFreePages）。
  - メモリマネージャーのワーキングセットマネージャーによって（MmWorkingSetManager）。ワーキングセットマネージャーは、カーネルのバランスセットマネージャーの一部として実行されます（毎秒1回）。ワーキングセットマネージャーは、変更ページリスト上のファイルシステム行きのページの数が800ページを超えた場合にこのイベントをシグナルします。
  - すべての変更ページのフラッシュの要求に応じて（MmFlushAllPages）。
  - すべてのファイルシステム行き変更ページのフラッシュの要求に応じて（MmFlushAllFilesystemPages）。ほとんどのケースでは、変更ページリスト上のマップページの数が書き込みクラスターサイズの最大（16ページ）よりも少ない場合、変更済みのマップページのバッキングストアファイルへの書き込みは発生しないことに注意してください。このチェックは、MmFlushAllFilesystemPages や MmFlushAllPages では行われません。
- 16のマップページリストに関連付けられた16イベントの配列。これは、グローバル変数 MiSystemPartition.PageLists.MappedPageListHeadEvent（Windows 8/8.1 および Windows Server 2012/2012 R2 では MiMappedPageListHeadEvent）に格納されます。マップページがダーティにされると毎回、そのページはバケット番号に基づいて16のマップページリストの1つに挿入されます。バケット番号は、MiSystemPartition.WorkingSetControl->CurrentMappedPageBucket（Windows 8/8.1 および Windows Server 2012/2012 R2 では MiCurrentMappedPageBucket）に格納されています。このバケット番号は、マップページが十分に古くなったとシステムが判断したときに、ワーキングセットマネージャーによって更新されます。現状、その古さは100秒とされており、同じ構造体の WriteGapCounter 変数（Windows 8/8.1 および Windows

Server 2012/2012 R2ではMiWriteGapCounter）に格納されており、ワーキングセットマネージャーが実行されたときにインクリメントされます。これらの追加的なイベントが使用される理由は、システムがクラッシュまたは電源障害が発生したときのデータ損失を減らすことにあります。これらの追加的なイベントにより、変更ページリストが800ページのしきい値に達していない場合でも、変更済みマップページはそのうち書き出されます。

変更ページライターは、2つのイベントを待機します。1つは、終了（Exit）イベントです。もう1つは、MiSystemPartition.Modwriter.ModifiedPageWriterEvent（Windows 8.1およびWindows Server 2012/2012 R2では、MmModifiedPageWriterGate内に格納されているカーネルゲート上で待機します）に格納されています。これらのイベントは、次に示すシナリオでシグナルされます。

- 受け取ったすべてのページのフラッシュの要求。
- 利用可能なページ数が、128ページを下回ったとき。利用可能なページ数は、MiSystemPartition. Vp.AvailablePages（Windows 8.1およびWindows Server 2012/2012 R2ではMmAvailablePages）に格納されています。
- ゼロページリストおよび空きページリストの合計サイズが、20,000ページを下回り、ページファイル行きの変更ページの数が利用可能なページ数の1/16、または64MB（16,384ページ）のうち小さいほうより上回った場合。
- ワーキングセットが追加のページを収容するためにトリミングされたときに、利用可能なページ数が15,000ページを下回った場合。
- ページリスト操作中（MiInsertPageInList）。このルーチンは、変更ページリスト上のページファイル行きのページの数が16ページに達し、利用可能なページが1,024ページを下回ったとき、このイベントをシグナルします。

また、変更ページライターは、前述のイベントがシグナルされた後に、別の2つのイベントを待機します。1つ目のイベントは、ページファイルのスキャンの必要性を指示するのに使用されるもので、これはMiSystemPartition.Modwriter.RescanPageFilesEvent（Windows 8/8.1およびWindows Server 2012/2012 R2ではMiRescanPageFilesEvent）に格納されています。2つ目のイベントは、ページファイルヘッダーの内部にあり、MiSystemPartition.Modwriter.PagingFileHeader（Windows 8/8.1およびWindows Server 2012/2012 R2ではMmPagingFileHeader）に格納されています。これは、必要に応じてシステムが、マニュアルによるページファイルへのデータのフラッシュアウトを要求できるようにします。

変更ページライターは、これらのシグナルにより呼び出されると、一度のI/O要求で可能な限り多くのページをディスクに書き込もうとします。これは、変更ページリスト上のページ用の、ページフレーム番号（PFN）データベース要素の元のページテーブルエントリ（PTE）フィールドを調べることで、ディスク上の連続した場所にページを配置することにより成し遂げられます。書き込む対象のリストが作成されると、そのページは変更ページリストから削除され、I/O要求が発行されます。そして、I/O要求が成功で完了すると、そのページはページ優先度に対応するスタンバイページリストの末尾に置かれます。

プロセス内にある書き込み中のページは、別のスレッドから参照されることが可能です。参照された場合、その物理ページを表すPFNエントリ内の参照数および共有数がインクリメントされ、別のプロセスがそのページを使用していることが示されます。I/O操作が完了すると、変更ページライターは参照数がもはや0ではないことを知り、そのページをどのスタンバイページリストにも配置しません。

5.13.4 PFNデータ構造体

ページフレーム番号（PFN）データベースのエントリは固定長ですが、そのページの状態に応じて、いくつかの異なる状態を持つことができます。つまり、個々のフィールドはその状態に応じて異なる意味を持ちます。図5-39に、異なる状態に対応したPFNデータベースエントリの形式を示します。

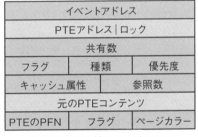

図5-39　ページフレーム番号（PFN）データベースエントリの状態（具体的な配置は概念を示すものです）

いくつかのフィールドはいくつかのPFNの種類で共通ですが、その他は特定の種類のPFNに固有です。次のフィールドは、1つ以上のPFNの種類に存在するものです。

- **PTEアドレス** —— このページにポイントするページテーブルエントリ（PTE）の仮想アドレスです。PTEアドレスは、常に4バイトの境界（64ビットシステムでは8バイト）で揃えられるため、下位2ビットはPFNエントリへのアクセスをシリアル化するためのロックメカニズムとして使用されます。
- **参照数** —— このページを参照しているカウント数を示します。参照数がインクリメントされるのは、ページが最初にワーキングセットに追加されたとき、および/または、I/Oのためにページがメモリ内にロックされたとき（例えば、デバイスドライバーによって）です。参照数がデクリメントされるのは、共有数が0になったとき、またはページがメモリからロック解除されたときです。共有数が0になると、そのページはもうワーキングセットによって所有されません。そして、参照数も0になった場合、そのページを表すPFNデータベースエントリが更新され、そのページは空き、スタンバイ、または変更ページリストのいずれかに追加されます。
- **種類** —— このPFNによって表されるページの種類を示します（種類には、アクティブ/有効、ス

タンバイ、変更、変更書き出し不要、空き、ゼロ、不良、トランジションがあります）。

- **フラグ** —— フラグフィールドに含まれる情報については、表5-20に示します。
- **優先度** —— このPFNに関連付けられたページ優先度を示します。この優先度により、どのスタンバイページリストに配置されるのかが決まります。
- **元のPTEコンテンツ** —— すべてのPFNデータベースエントリは、何かしらのページ（プロトタイプPTEの場合もあります）をポイントしていたPTEの元の内容を含んでいます。PTEの内容を保存することで、その物理ページがもう常駐しなくなったときに、元のPTEコンテンツを復元することができます。ただし、アドレスウィンドウ化拡張（AWE）割り当て用のPFNエントリは例外です。AWE割り当て用のPFNエントリは、このフィールドに代わりにAWE参照数を格納します。
- **PTEのPFN** —— このページにポイントするPTEを含む、ページテーブルのページの物理ページ番号を示します。
- **ページカラー** —— PFNデータベースエントリは、ページリスト上で互いにリンクされることに加えて、追加のフィールドを使用して、その"カラー（Color）"により物理ページをリンクします。このカラーは、ページのNUMAノード番号を示します。
- **フラグ** —— 2つ目のフラグフィールドは、PTEに関する追加的な情報を符号化するために使用されます。このフラグについては、表5-21で説明します。

表5-20　PFNデータベースエントリ内のフラグ

フラグ	意味
進行中の書き込み	ページの書き込み操作が進行中であることを示します。PFNデータベースエントリの最初のDWORD（符号なし32ビット）はイベントオブジェクトのアドレスを含んでおり（図5-39の「イベントアドレス」部分）、このイベントオブジェクトはI/Oが完了したときにシグナルされます。
変更済み状態	ページが変更されているかどうかを示します（ページが変更された場合、メモリからページを削除する前に、ページの内容がディスクに保存される必要があります）。
進行中の読み取り	インページ操作が進行中であることを示しています。PFNデータベースエントリの最初のDWORD（符号なし32ビット）はイベントオブジェクトのアドレスを含んでおり（図5-39の「イベントアドレス」部分）、このイベントオブジェクトはI/Oが完了したときにシグナルされます。
読み取り専用（Rom）	このページがコンピューターのファームウェアに由来するものであるか、デバイスレジスタなど、また別の読み取り専用メモリの部分であることを示しています。
インページエラー（In-page error）	このページ上のインページ操作中にI/Oエラーが発生したことを示しています（この場合、PFNデータベースエントリの最初のフィールドはエラーコードを含みます）。
カーネルスタック	このページがカーネルスタックを含むために使用中であることを示します。この場合、PFNデータベースエントリは、このスタックのカーネルスタックの所有者と次のスタックのPFNを含みます。
削除要求	このページが削除対象であることを示しています（ECC[20]スクラブによるエラー検出またはホットメモリリムーブのため）。
パリティエラー	物理ページがパリティエラーまたはエラー訂正制御エラーを含むことを示しています。

---

*20　訳注：エラー訂正符号（Error Correction Code：ECC）

第5章 メモリ管理　489

表5-21　PFNデータベースエントリ内の2つ目のフラグ

フラグ	意味
有効なPFNイメージ	このPFN用のコード署名（このPFNに格納されるイメージ用の暗号化署名カタログを含みます）が検証されたことを示しています。
AWE割り当て	このPFNが、AWE割り当てに戻ることを示しています。
プロトタイプPTE	PFNエントリによって参照されるPTEがプロトタイプPTEであることを示しています。例えば、このページが共有可能な場合です。

　残りのフィールドは、PFNの種類で固有なものです。例えば、図5-39の最初のPFNは、ワーキングセットの部分のアクティブなページを表しています。共有数フィールドは、このページを参照しているPTEの数を示しています（読み取り専用、コピーオンライト、または読み取り/書き込みとマークされたページは、複数のプロセスで共有できます）。ページテーブルのページの場合、このフィールドはページテーブル内の有効なPTEおよびトランジションPTEの数になります。共有数が0より大きい限り、そのページはメモリからの削除の対象にはなりません。

　ワーキングセットインデックスのフィールドは、プロセスワーキングセットリスト（またはシステムまたはセッションワーキングセットリスト）に対するインデックスであり、リストにはこの物理ページの場所をマップする仮想アドレスが存在します。そのページがプライベートページの場合、ワーキングセットインデックスのフィールドは、ワーキングセットリスト内のエントリを直接参照します。なぜなら、そのページは、1つの仮想アドレスにのみマップされるからです。共有ページの場合、ワーキングセットインデックスはヒントにすぎず、そのページを有効にした最初のプロセスのみで、正しい値であることが保証されます（他のプロセスは、可能であれば同じインデックスの使用を試みます）。このフィールドを最初にセットしたプロセスは、正しいインデックスを参照することが保証され、仮想アドレスによって参照されるワーキングセットリストのハッシュエントリを、そのワーキングセットのハッシュ木に追加する必要がありません。この保証により、ワーキングセットのハッシュ木のサイズが小さく抑えられ、これらのエントリの検索が高速化されます。

　図5-39の2つ目のPFNは、スタンバイまたは変更ページリストのいずれかにあるページのためのものです。この場合、フォワード（前方）リンクとバックワード（後方）リンクのフィールドが、ページリスト内でリストの要素を相互にリンクします。この相互リンクにより、ページを簡単に操作して、ページフォールトを満たすことができます。ページがどちらかのページリスト上にある場合、共有数は当然のことながら0であるため（そのページを使用中のワーキングセットがないため）、共有数の場所にバックワードリンクのフィールドを置くことができます。ページがいずれかのページリスト上にある場合、参照数もまた0です。これがゼロでない場合（例えば、ページがディスクに書き込まれているときなど、このページのための進行中のI/Oが理由で）、そのページは先にページリストから削除されます。

　図5-39の3つ目のPFNは、カーネルスタックに属するページのためのものです。前述したように、Windowsのカーネルスタックは、動的に割り当てられ、拡張され、そしてユーザーモードへのコールバックが実行されたときや戻るとき、あるいはドライバーがコールバックを実行したときやスタックの拡張を要求したときに解放されます。これらのPFNの場合、メモリマネージャーはカーネルスタックに実際に関連付けられたスレッドを追跡する必要があります。または、空きスタックの場合は、次の空きルックアサイドスタックへのリンクを維持する必要があります。

　図5-39の4つ目のPFNは、進行中のI/Oを持つページのためのものです（例えば、ページの読み取り）。I/Oが進行中の間、PFNデータベースエントリの最初のフィールドは、I/Oが完了したときにシグナルされるイベントオブジェクトをポイントします。インページエラーが発生した場合、この最初

のフィールドはI/Oエラーを表すWindowsのエラー状態コードを含みます。このPFNの種類は、衝突したページフォールトを解決するために使用されます。

PFNデータベースに加えて、表5-22に示すシステム変数が物理メモリの全体の状態を表します。

表5-22 物理メモリを表すシステム変数

変数（Windows 10 および Windows Server 2016）	変数（Windows 8/8.1 および Windows Server 2012/2012 R2）	説明
MiSystemPartition. Vp.NumberOfPhysicalPages	MmNumberOfPhysicalPages	システム上で利用可能な物理ページの合計数を示します。
MiSystemPartition. Vp.AvailablePages	MmAvailablePages	システム上で利用可能なページの合計数を示します。これは、ゼロ、空き、およびスタンバイの各ページリストのページ数を合計です。
MiSystemPartition. Vp.ResidentAvailablePages	MmResidentAvailablePages	すべてのプロセスがその最小ワーキングセットサイズまでトリミングされ、すべての変更ページがディスクにフラッシュされた場合に利用可能になる、物理ページの合計数を示します。

実習 ページフレーム番号（PFN）エントリを参照する

カーネルデバッガーの!pfnエクステンションコマンドを使用すると、個別のページフレーム番号（PFN）データベースエントリを調べることができます。!pfnコマンドには、PFNを引数として渡す必要があります（例えば、!pfn 0は1番目のエントリ、!pfn 1は2番目のエントリなど）以下の例は、最初に仮想アドレス0xD20000（仮想アドレスは!pfn 0などの出力のpteaddressから取得できます）のPTEを表示させ、続いてページテーブルのPFN（PTEがポイントするPFN）、実際のページのPFN（PTEがポイントするPFN）を表示させています。

```
lkd> !pte d20000
                    VA 00d20000
PDE at C0600030           PTE at C0006900
contains 000000003E989867  contains 8000000093257847
pfn 3e989     ---DA--UWEV  pfn 93257     ---D---UW-V

lkd> !pfn 3e989
    PFN 0003E989 at address 868D8AFC
    flink       00000071 blink / share count 00000144 pteaddress
C0600030
    reference count 0001  Cached    color 0  Priority 5
    restore pte 00000080  containing page 0696B3 Active    M
    Modified
lkd> !pfn 93257
    PFN 00093257 at address 87218184
    flink       000003F9 blink / share count 00000001 pteaddress
C0006900
```

```
reference count 0001    Cached        color 0    Priority 5
restore pte 00000080   containing page 03E989   Active     M
Modified
```

　本書のダウンロード可能なリソースのサイトから入手できるMemInfoツールを使用して、
PFNに関する情報を取得することもできます。MemInfoツールは、デバッガーの出力よりも多
くの情報を提供できる場合があります。また、MemInfoツールの実行には、デバッグモードで
ブートする必要がありません。以下の例は、デバッガーで表示したのと同じPFNについての出
力結果です。

```
C:¥Tools>MemInfo.exe -p 3e989
MemInfo v3.10 - Show PFN database information
Copyright (C) 2007-2017 Alex Ionescu and Pavel Yosifovich
http://www.windows-internals.com

Initializing PFN database... Done.
0x3E989000 Active      Page Table     5    N/A          0xC0006000
0x8E499480

C:¥Tools>MemInfo.exe -p 93257
MemInfo v3.10 - Show PFN database information
Copyright (C) 2007-2017 Alex Ionescu and Pavel Yosifovich
http://www.windows-internals.com

Initializing PFN database... Done.
0x93257000 Active      Process Private  5  windbg.exe    0x00D20000
N/A
```

　MemInfoツールの出力は、左から右の順番で、物理アドレス、種類、ページ優先度、プロセ
ス名、仮想アドレス、存在する場合は追加の情報を表示します。この出力結果から、1つ目の
PFNはページテーブル（Page Table）であり、2つ目のPFNはWinDbg.exeプロセスに属する
ページであることを正しく認識しました。WinDbg.exeプロセスはもちろん、デバッガーで!pte
d20000コマンドを使用したときにアクティブだったプロセス（デバッガー自身）です。

5.13.5 ┃ ページファイル予約

　これまで、物理メモリの消費量とページファイルへのアクセスを削減を試行するためにメモリマ
ネージャーによって使用されるいくつかのメカニズムについて見てきました。スタンバイおよび変更
ページリストの利用は、そのようなメカニズムの1つです。また、メモリの圧縮も同様です（この章の
「15.5　メモリの圧縮」の節で説明します）。メモリが使用するまた別の最適化として、ページファイル
のアクセス、それ自身に直接関係するものがあります。

　回転式のハードディスクは、動くヘッドを持ち、ディスクに実際に読み書きする前に対象のセクター
まで移動します。このシーク時間は比較的コストがかかる（ミリ秒単位）ため、ディスクのアクティビ
ティの全体は、そのシーク時間に実際の読み書きにかかった時間を加えたものになります。シーク位

置から連続的にアクセスされるデータ量が大きい場合、シーク時間は無視できるかもしれません。しかし、ヘッドがディスク上に散在するデータに何度もシークしなければならない場合、累積されるシーク時間が主立った問題になります。

Windowsセッションマネージャー（Smss.exe）はページファイルを作成する際、そのディスクのファイルのパーティションが照会され、回転式ハードディスクであるか、ソリッドステートドライブ（SSD）であるかを調べます。回転式ハードディスクである場合、**ページファイル予約**（Page File Reservation）と呼ばれるメカニズムがアクティブ化され、物理メモリ内の連続したページをページファイル内でも同様に連続して保持します。ディスクがSSD（またはページファイル予約のためにSSDとして扱われるハイブリッド）の場合、ページファイル予約は実際の値を追加せず（動くヘッドを持たないため）、この特定のページファイルのための機能は利用されません。

ページファイル予約は、メモリマネージャー内の3つの場所で使用されます。それは、ワーキングセットマネージャー、変更ページライター、およびページフォールトハンドラーです。ワーキングセットマネージャーは、MiFreeWsleListルーチンの呼び出しにより、ワーキングセットのトリミングを実行します。このルーチンは、ワーキングセットからページのリストを取得し、各ページごとにその共有数をデクリメントします。共有数が0に達すると、そのページは変更ページリストに置くことが可能になり、関係するPTEがトランジションPTEに変更されます。そして、以前の有効なPTEは、ページフレーム番号（PFN）データベースエントリの中に保存されます。

無効なPTEは、ページファイル予約に関係する2つのビットを持ちます。それは、「ページファイル予約済み」ビットと「ページファイル割り当て済み」ビットの2つです（「5.7.1　無効なPTE」の項の図5-24を参照）。1ページの物理ページが必要になり、空き、ゼロ、またはスタンバイのいずれかのページリストから1ページ取得され、アクティブ（有効）なページになると、無効なPTEはPFNの「元のPTEコンテンツ」フィールドに保存されます。このフィールドは、ページファイル予約を追跡するためのキーになります。

MiCheckReservePageFileSpaceルーチンは、指定したページから始まるページファイル予約クラスター（Page File Reservation Cluster）を作成しようとします。このルーチンは、対象のページファイルでページファイル予約が無効になっていないかどうか、このページのためのページファイル予約が既に存在しないかどうか（「元のPTEコンテンツ」フィールドに基づいて）をチェックし、これらの条件のいずれかが真である場合、このページのためのこれ以上の処理を中止します。このルーチンはまた、ページの種類がユーザーページであるかをチェックし、そうでない場合は終了します。ページファイル予約は、他のページの種類（ページプールなど）に対しては試行されません。なぜなら、特に有益なことが見当たらず（例えば、予測不可能な使用パターンのため）、小さなクラスターにつながるからです。最後に、MiCheckReservePageFileSpaceは、実際の作業を行うためにMiReservePageFileSpaceを呼び出します。

ページファイル予約の検索は、PTEの先頭（開始PTE）から後方に向けて始まります。目標は、予約が可能な、適格な連続ページを見つけることです。隣接するページをマップするPTEがデコミット済みページ、非ページプールのページ、または既に予約済みのページである場合、そのページは使用できません。現在のページが、予約クラスターの下限になります。そうでない場合、検索は後方に向けて継続されます。次に、先頭ページから前方に向けて検索が始まり、可能な限り多くの適格な連続ページを集めようと試みます。予約を行うためには、クラスターサイズは少なくとも16ページなければなりません（最大のクラスターサイズは512ページ）。図5-40は、一方が無効なページ、他方が既存のクラスターに挟まれた場合の、クラスターのバインド例を示します。

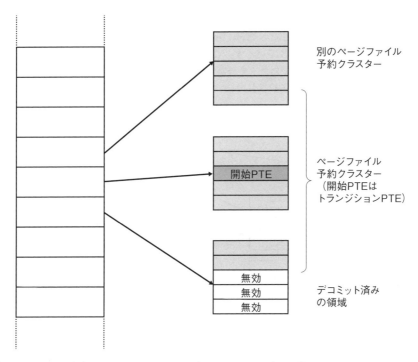

プロセスAのページディレクトリ　　　　プロセスAのページテーブル

図5-40 ページファイル予約クラスター

　ページのクラスターが計算されると、次に、このクラスターのページの予約のためにページファイルの空き領域を見つける必要があります。ページファイルの割り当ては、ビットマップにより管理されます（セットされたビットは、ファイルの中の使用済みページを示します）。ページファイル予約の場合、予約済みのページを示す、2つ目のビットマップが使用されます（しかし、まだ書き込む必要はありません。それは、ページファイル割り当てのビットマップの仕事です）。予約済みでなく、割り当て済みでもないページファイルの領域（これらのビットマップに基づいて）が見つかると、予約ビットマップのほうだけに関連するビットがセットされます。割り当てビットマップ内のこれらのビットのセットは、ページの内容をディスクに書き込むときに、変更ページライターがする仕事になります。必要なクラスターサイズのための十分な領域をページファイルに見つけられなかった場合、ページファイルの拡張が試行されます。また、既に拡張が行われている場合（または拡張されたサイズが最大ページファイルサイズの場合）は、見つかった予約サイズに収まるようにクラスターサイズが縮小されます。

 メモ
　クラスター化されたページ（元の開始PTEは除く）は、どの物理ページリストにもリンクされません。予約情報は、PFNの「元のPTEコンテンツ」フィールドに置かれます。

　特殊なケースとして、変更ページライターは、予約を持つページの書き込みを処理する必要があります。変更ページライターは、これまで説明してきた収集された情報のすべてを使用して、メモリ記述子リスト（MDL）を作成します。このMDLは、ページファイルへの書き込みの一部として使用されるクラスターの正確なPFNを含みます。クラスターの構築には、予約クラスターにまたがる連続した

ページを見つけることが含まれます。クラスター間に"穴"が存在する場合、ダミーページがその間に追加されます（そのページのすべてのバイトは0xFFの値で埋められます）。ダミーページの数が32を上回る場合、そのクラスターは壊れています。この処理は前方に対して行われ、その後、後方に対して行われ、書き込むための最終的なクラスターが作成されます。図5-41の例は、そのような、変更ページライターによってクラスターが作成された後の、ページの状態を示しています。

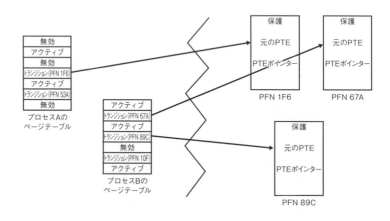

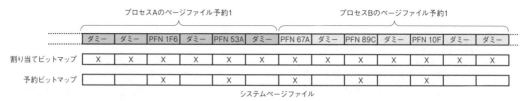

図5-41 書き込みの前に作成されるクラスター

最後に、ページフォールトハンドラーが、予約ビットマップおよびPTEからの作成情報を使用して、クラスターの開始ポイントと終了ポイントを判断します。これにより、機械式のディスクヘッドのシークを最小にしながら、必要なページを効率的に読み戻すことができます。

5.14 物理メモリの制限

ここまで、Windowsが物理メモリを追跡する方法について学んできました。ここでは、Windowsが実際にサポートできる物理メモリの容量について説明します。ほとんどのシステムは、稼働中のシステムの物理メモリに収まるよりも多くのコードとデータにアクセスすることができるため、物理メモリは実質的に、時間とともに使用されるコードやデータへのウィンドウ（窓）と言えます。したがって、メモリの容量はパフォーマンスに影響します。なぜなら、プロセスやオペレーティングシステムが必要とするデータやコードが存在しないとき、メモリマネージャーはディスクやリモート記憶域からそれをメモリ上に引き上げる必要があるからです。

物理メモリの容量は、パフォーマンスに影響する他に、その他のリソース制限にも影響します。例えば、非ページプールの容量は物理メモリによってバックアップされるため、明らかに物理メモリの

容量で制限されます。物理メモリは、システム仮想メモリの制限にも関係します。システム仮想メモリは、おおよそ物理メモリのサイズに現在構成されているすべてのページファイルのサイズを加えたものになります。物理メモリはまた、プロセスの最大数も間接的に制限します。

　Windowsがサポートする物理メモリの容量は、ハードウェアの制限、ライセンス、オペレーティングシステムのデータ構造、およびドライバーの互換性によって決まります。以下のURLは、さまざまなWindowsエディションにおけるメモリ制限について説明しています。表5-23は、Windows 8以降のバージョンについて要約したものです。

Memory Limits for Windows and Windows Server Releases
⊖https://docs.microsoft.com/ja-jp/windows/win32/memory/memory-limits-for-windows-releases

表5-23　Windowsでサポートされる物理メモリの制限

オペレーティングシステムのバージョン、エディション	32ビット、最大	64ビット、最大
Windows 8/8.1 Pro、Enterprise	4GB	512GB
Windows 8/8.1（その他のすべてのエディション）	4GB	128GB
Windows Server 2012/2012 R2 Standard、Datacenter	–	4TB
Windows Server 2012/2012 R2 Essentials	–	64GB
Windows Server 2012/2012 R2 Foundation	–	32GB
Windows Storage Server 2012 Workgroup	–	32GB
Windows Storage Server 2012 Standard、Microsoft Hyper-V Server 2012	–	4TB
Windows 10 Home	4GB	128GB
Windows 10 Pro、Education、Enterprise	4GB	2TB[*21]
Windows Server 2016 Standard、Datacenter	–	24TB

　本書の執筆時点では、サポートされる最大の物理メモリはWindows Server 2012/2012 R2の一部のエディションで4TB、Windows Server 2016で24TBです。Windows Serverにおけるこの制限は、何らかの実装やハードウェアの制限に由来するものではありません。ただし、マイクロソフトはテスト可能な構成のみをサポートしています。本書の執筆時点で、これらの上限が、テストされ、サポートされている最大の構成であったということです。

5.14.1 | Windowsクライアントのメモリ制限

　クライアントエディションのWindowsは、機能の差別化として、異なるメモリ容量をサポートしています。ローエンドの4GBから始まり、64ビットのEnterpriseおよびProエディションでは2TBまで増やされています。[*21] ただし、すべての32ビットのWindowsクライアントエディションは、最大4GBまでの物理メモリをサポートしています。これは、標準的なx86メモリ管理モードでアクセス可能な最大の物理アドレスです。

　クライアントSKUはx86システム上で物理アドレス拡張（PAE）のアドレス指定モードをサポートしていますが、これはハードウェア強制データ実行防止（DEP）のNo Execute（実行禁止）保護を提

[*21]　訳注：Windows 10 Fall Creators Update（バージョン1709）では、64ビットEnterpriseおよびEducationエディションで最大6TBまで拡張されています。また、同じスケーラビリティをサポートするPro for Workstationsエディションが追加されました。

供するためのサポートです（PAEは本来、4GBを超える物理メモリへのアクセスを可能にする機能も提供します）。通常、クライアントでは利用され、サーバーでは利用されない、ビデオおよびオーディオデバイスなど、4GBを超える物理アドレスを想定してプログラムされていない一部のデバイスドライバーが原因で、システムがクラッシュしたり、ハングしたり、ブート不能になったりすることが、テストで明らかになっています。その結果、ドライバーはそのようなアドレス（4GBを超えるアドレス指定）を切り捨て、メモリ破損や破損の副作用を引き起こしていました。サーバーシステムは通常、よりシンプルでより安定したドライバーを持つ、より汎用的なデバイスを持ちます。そのため、サーバーシステムではそのような問題は通常、発生しません。問題のあるクライアントドライバーを抱えるエコシステムのために、たとえ理論上アドレス指定できたとしても、（32ビット）クライアントエディションでは4GBを超える部分にある物理メモリを無視するという決定がなされました。ドライバーの開発者は、ブート構成データ（BCD）のnolowmemオプション指定でシステムをテストすることをお勧めします。このオプションは、システムにそれをするのに十分なメモリが存在する場合にのみ、4GBより上の物理アドレスを使用するようにカーネルに強制します。これにより、欠陥のあるドライバーでそのような問題をすぐに検出できるようになります。

4GBは32ビットクライアントエディションのライセンス上の制限ですが、実効限度はシステムのチップセットや接続されたデバイスによって、実際にはさらに少なくなります。これは、物理アドレスのマップには、物理メモリ（RAM）だけではなく、デバイスメモリも含まれるからです。x86およびx64システムは、通常、すべてのデバイスメモリを4GBアドレス境界の下にマップし、4GBを超えるアドレスを処理する方法を知らない、32ビットオペレーティングシステムとの互換性を維持します。より新しいチップセットは、PAEベースのデバイスの再マップをサポートしますが、前述したドライバーの互換性問題のために、Windowsのクライアントエディションはこの機能をサポートしません（もしサポートしている場合、ドライバーはデバイスメモリへの64ビットポインターを受け取ることになります）。

4GBの物理メモリ（RAM）を持つシステムで、ビデオ、オーディオ、ネットワークアダプターなどのデバイスをWindowsが合計500MBのデバイスメモリに実装されている場合、図5-42に示すように、4GBの物理メモリ（RAM）のうち500MBは4GBのアドレス境界の上部（4GBの境界より下）に置かれることになります。

結果として、3GB以上の物理メモリを持つシステムであっても、32ビットWindowsクライアントを実行している場合、物理メモリ（RAM）のすべてを利用できない可能性があります。コントロールパネルの［システムとセキュリティ］の［システム］では、インストールされているものとしてWindowsが検出した量を「実装メモリ（RAM）」で確認することができます。しかし、Windowsで本当に利用可能なメモリの量を確認するには、タスクマネージャーの［パフォーマンス］タブの［メモリ］や、Msinfo32（システム情報）ユーティリティを参照する必要があります。例えば、4GBのメモリを静的に割り当てたHyper-V仮想マシンに、32ビットWindows 10をインストールした場合、次に示すように、Msinfo32ユーティリティが示した利用可能な物理メモリの量は3.87GBでした。

図5-42　4GBシステムにおける物理メモリのレイアウト

| インストール済みの物理メモリ（RAM） | 4.00 GB |
| 合計物理メモリ | 3.87 GB |

本書のダウンロード可能なリソースのサイトから入手できるMemInfoツールを使用して、物理メモリのレイアウトを確認することもできます。以下の例は、32ビットシステム上でMemInfoツールを実行したものです。-rオプションは、物理メモリの範囲をダンプします。

```
C:\Tools>MemInfo.exe -r
MemInfo v3.10 - Show PFN database information
Copyright (C) 2007-2017 Alex Ionescu and Pavel Yosifovich
http://www.windows-internals.com

Physical Memory Range: 00001000 to 0009F000 (158 pages, 632 KB)
Physical Memory Range: 00100000 to 00102000 (2 pages, 8 KB)
Physical Memory Range: 00103000 to F7FF0000 (1015533 pages, 4062132 KB)
MmHighestPhysicalPage: 1015792
```

メモリアドレス範囲のA0000から100000（384KB）のギャップとF8000000からFFFFFFFF（128MB）のもう1つのギャップに注目してください。

デバイスマネージャーを使用すると、Windowsが使用できない予約済みメモリ領域を占有しているものが何か確認することができます（また、MemInfoユーティリティの出力に見られたギャップについても調べることができます）。それには、次のステップで操作します。

1. デバイスマネージャー（Devmgmt.msc）を開始します。

2. ［表示］メニューを開き、［リソース（接続別）］を選択します。

3. ［メモリ］ノードを展開します。先ほどのHyper-V仮想マシンの場合の出力は、図5-43のようになります。マップされたデバイスメモリを主に消費しているのは、驚くことではありませんが、ビデオカード（Microsoft Hyper-V S3キャップ）であり、F8000000からFBFFFFFFの範囲の128MBを消費していました。

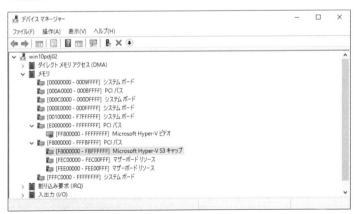

図5-43　32ビットWindowsシステム上でハードウェアにより予約されたメモリ範囲

他のいろいろなデバイスが残りのほとんどを占め、ファームウェアがブート時に使用する控えめな見積もりの一部として、PCIバスがデバイスのために追加的な範囲を予約しています。

5.15 メモリの圧縮

　Windows 10のメモリマネージャーは、変更ページリスト上にあるプライベートページ、およびページファイルをバッキングファイルとして使用するセクションページを圧縮するメカニズムを実装しています。主な圧縮候補は、ユニバーサルWindowsプラットフォーム（UWP）アプリに属するプライベートページです。その理由は、圧縮が非常にうまく機能するからです。そのようなアプリケーションでは、メモリがきつい場合にワーキングセットのスワップアウトと空にする作業が既に行われています。アプリケーションが中断し、ワーキングセットがスワップアウトされたあと、そのワーキングセットはいつでも空にすることができ、ダーティページを圧縮することが可能です。これにより、最初のアプリケーションのページをメモリから追い出すことなく、別のアプリケーションを保持するのに十分な追加的な利用可能メモリがメモリ内に作り出されます。

メモ
　実験では、マイクロソフトのXpress圧縮アルゴリズムを使用して、ページが元のサイズの約30～50%まで圧縮されることが示されています。これは、スピードとサイズのバランスをとりながら行われ、最終的にメモリが大幅に節約されます。

　メモリ圧縮のアーキテクチャは、次に示す要件に従う必要があります。

- メモリ内のページは、圧縮された形式と圧縮されていない形式の両方で存在することはできません。なぜなら、重複のため物理メモリを無駄に使うからです。つまり、ページが圧縮されると、圧縮が成功した後は、空きページにならなければならないということです。
- 圧縮ストアはデータ構造体を維持し、圧縮データを格納しなければなりません。これにより、システム全体のメモリが常に節約されます。つまり、ページが十分に圧縮されない場合、そのページは圧縮ストアに格納されません。
- メモリを圧縮するとメモリの消費が増加するという見かけ上の問題が生じるのを避けるため、圧縮されたページは利用可能なメモリとして見える必要があります（必要に応じて、実際に再利用できるため）。

　メモリの圧縮は、Windows 10のクライアントSKU（Windows 10 MobileやXboxなども含む）で既定で有効になっています。サーバーSKUは、現状、メモリの圧縮を使用しませんが、将来のサーバーバージョンでは変更される可能性があります。

メモ
　Windows Server 2016では、タスクマネージャーの［パフォーマンス］タブの［メモリ］に［使用中（圧縮）］のかっこ内に圧縮されたメモリのサイズが表示されますが、そのサイズは常に0MBを示します。また、Windows Server 2016にメモリの圧縮プロセス（プロセス名Memory Compression）は存在しません。

　システムのスタートアップ中、Superfetchサービス（Svchost.exeインスタンスによりホストされるSysmain.dll、詳しくは「5.19　プロアクティブメモリ管理（スーパーフェッチ）」の節で説明します）はエグゼクティブ内のストアマネージャーにNtSetSystemInformationを呼び出して、非UWPアプリケーションによって使用されることになる単一のシステムストア（これは常に、作成される最初のストアです）の作成を指示します。UWPアプリが開始すると、各UWPアプリはSuperfetchサービスとや

り取りして、そのUWPアプリ用の圧縮ストアの作成を要求します。

5.15.1　イラストで見るメモリの圧縮

メモリの圧縮の仕組みを理解するために、その動きの例をイラストで見てみましょう。ある時点で、次のように物理ページが存在するものと仮定します。

ゼロ/空き

アクティブ

変更

　ゼロおよび空きページリストは、それぞれガベージ（ゴミのこと）およびゼロのページを含み、メモリのコミットを満たすために使用できます。この説明を簡単にするために、ここでは、これらのページリストを1つのページリスト（ゼロ/空きページリスト）として扱います。変更ページがページファイルにまだ書き込まれていないダーティデータを持っている間、さまざまなプロセスに属するアクティブなページは、それらのプロセスが変更ページを参照している場合、I/O操作なしでプロセスのワーキングセットに対してソフトフォールトされることが可能です。
　ここで、メモリマネージャーが変更ページリストをトリミングすることを決めたと仮定しましょう。例えば、変更ページリストが大きくなり過ぎた、あるいはゼロ/空きページが小さくなり過ぎたという状況です。変更ページリストから3ページが削除されると仮定します。メモリマネージャーは、それらのページの内容を（ゼロ/空きページリストから取得した）1つのページに圧縮します。

ゼロ/空き

アクティブ

変更

　ページ11、12、13が圧縮され、ページ1に入れられます。それが完了したあと、ページ1はもはや空きページではなくなり、メモリの圧縮プロセス（プロセス名Memory Compression、次の項で説明します）のワーキングセットの部分で実際にアクティブになります。ページ11、12、13はもう必要なくなり、ゼロ/空きページリストに移動します。これで、メモリの圧縮により、2ページが節約されました。

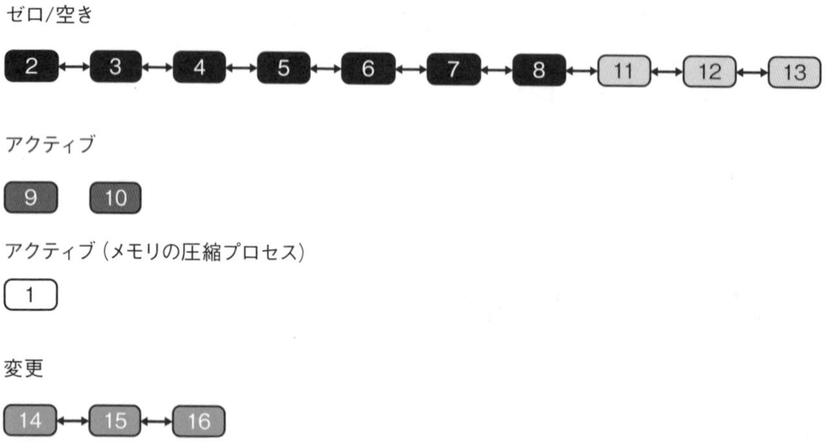

ゼロ/空き

2 ← 3 ← 4 ← 5 ← 6 ← 7 ← 8 ← 11 ← 12 ← 13

アクティブ

9   10

アクティブ（メモリの圧縮プロセス）

1

変更

14 ← 15 ← 16

　これと同じ過程が繰り返されるとします。今度は、ページ14、15、16が圧縮され、2ページ（ページ2、3）に入れられるとしましょう。

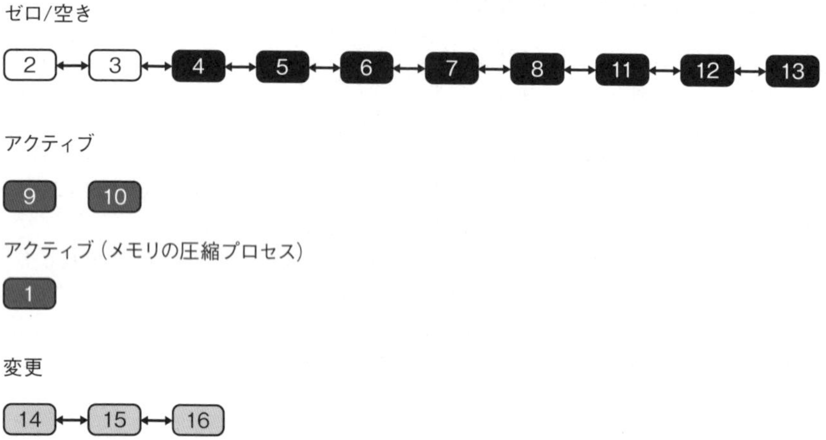

ゼロ/空き

2 ← → 3 ← 4 ← 5 ← 6 ← 7 ← 8 ← 11 ← 12 ← 13

アクティブ

9   10

アクティブ（メモリの圧縮プロセス）

1

変更

14 ← 15 ← 16

　その結果、ページ2と3がメモリの圧縮プロセスのワーキングセットに加わり、ページ14、15、16はゼロ/空きページリストに移動します。

第5章 メモリ管理　501

ゼロ/空き

4 ↔ 5 ↔ 6 ↔ 7 ↔ 8 ↔ 11 ↔ 12 ↔ 13 ↔ 14 ↔ 15 ↔ 16

アクティブ

9　10

アクティブ（メモリの圧縮プロセス）

1　2　3

変更

　その後、メモリマネージャーがメモリの圧縮プロセスのワーキングセットをトリミングしようと決めたと仮定します。この場合、そのようなページはページファイルにまだ書き込まれていないデータを含むため、変更ページリストに移動されます。当然のことながら、それらのページはいつでもソフトフォールトによって元のプロセスに戻されることができます（ゼロ/空きページを利用して元のプロセス内に圧縮解除されます）。次のイラストは、ページ1と2がメモリの圧縮プロセスのアクティブなページから削除され、変更ページリストに移動されることを示しています。

ゼロ/空き

4 ↔ 5 ↔ 6 ↔ 7 ↔ 8 ↔ 11 ↔ 12 ↔ 13 ↔ 14 ↔ 15 ↔ 16

アクティブ

9　10

アクティブ（メモリの圧縮プロセス）

3

変更

1 ↔ 2

　メモリがきつくなってきた場合、メモリマネージャーは圧縮された変更ページをページファイルに書き込むことを決めることがあります。

ゼロ/空き

アクティブ

9 10

アクティブ (メモリの圧縮プロセス)

3

変更

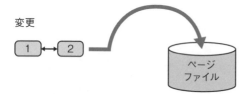

　最後に、そのようなページがページファイルに書き込まれた後、それらのページは内容は保存されたので、スタンバイページリストに移動します。したがって、必要があれば、再利用できます (スタンバイページリスト上の) それらのページは、ソフトフォールトされることも可能です (変更ページリスト上にあったときと同じように)。それらのページは圧縮解除され、圧縮解除されたページを関連するプロセスワーキングセットの配下に移動してアクティブ状態になります。スタンバイページリスト内にあるとき、それらのページはページ優先度に応じて適切なサブリストにアタッチされます (この章の「5.19.4　ページ優先度とリバランス」の項で説明します)。

ゼロ/空き

アクティブ

9 10

アクティブ (メモリの圧縮プロセス)

3

変更

スタンバイ

5.15.2 メモリの圧縮のアーキテクチャ

　圧縮エンジンは、圧縮されたページと圧縮エンジンが管理するデータ構造体を格納するために"作業領域"となるメモリを必要とします。バージョン1607より前のWindows 10は、システム（System）プロセスのユーザーアドレス領域が使用されていました。Windows 10バージョン1607からは、代わりにMemory Compressionと呼ばれる新しい専用のプロセスが使用されます。この新しいプロセスが作成された理由の1つは、事情を知らない人にとって、システムプロセスのメモリ消費量が多く見える、つまり、システムが大量のメモリを消費しているように見えることにありました。しかし、圧縮されたメモリはコミットリミットとしてカウントされないため、実際にはそうではありません。それでも、時には見た目がすべてという場合があります。

　Memory Compressionプロセスは、最小（Minimal）プロセスであり、それはいかなるDLLも読み込まないことを意味します。むしろ、それは作業用のアドレス領域を提供するだけです。それは、何かしらの実行可能イメージを実行することもありません。カーネルが、そのユーザーモードアドレス領域を単に使用しているのです（最小プロセスについて詳しくは、「第3章　プロセスとジョブ」を参照してください）。

> **メモ**
> （Windows 10バージョン1607以降の）仕様により、タスクマネージャーは [詳細] タブのプロセス一覧にMemory Compressionプロセスを表示しません。Process Explorerは、このプロセスを表示します。カーネルデバッガーを使用する場合、メモリの圧縮プロセスのイメージ名はMemCompressionです。

　ストアマネージャーは、圧縮ストアごとに、構成可能な領域サイズを持つ領域内にメモリを割り当てます。現状、そのサイズには128KBが使用されます。その割り当ては、必要に応じて通常のVirtualAllocの呼び出しで行われます。実際の圧縮されたページは、領域内の16バイトのチャンクに格納されます。もちろん、圧縮されたページ（4KB）は、多くのチャンクにまたがることができます。図5-44は、そのような圧縮ストアの管理に関係する1つの領域配列と、いくつかのデータ構造体を示しています。

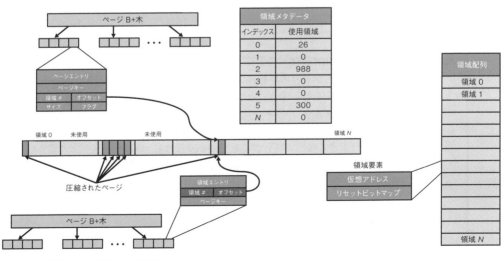

図5-44　圧縮ストアのデータ構造体

図5-44に示すように、ページはB+木（B+Tree、実質的にノードが任意の数の子を持つことができる探索木）によって管理され、各ページエントリは領域の1つに格納された圧縮された内容をポイントします。圧縮ストアは領域0から始まり、必要に応じて領域の割り当てと解除が行われます。領域は、優先度にも関連付けられます。それについては、「5.19.4　ページ優先度とリバランス」の項で説明します。

ページを追加するには、主に次のステップが必要です。

1. そのページの優先度を持つ現在の領域が存在しない場合、新しい領域を割り当て、物理メモリでその領域をロックします。そして、追加されるページの優先度をその領域に割り当てます。その優先度用の現在の領域を、割り当てられた領域にセットします。

2. ページを圧縮し、それをその領域内に粒度単位（16バイト）に切り上げて格納します。例えば、ページが687バイトに圧縮された場合、43の16バイト単位を消費します（常に切り上げます）。干渉を最小限に抑えるため、圧縮は現在のスレッド上で、低いCPU優先度（7）で行われます。圧縮解除が必要とされる場合、すべての利用可能なプロセッサを使用して並行処理で行われます。

3. ページB+木および領域B+木内で、ページおよび領域の情報を更新します。

4. 現在の領域の残りの領域に、圧縮されたページを格納するのに十分な大きさがない場合、新しい領域が割り当てられ（同じページ優先度で）、その優先度用の現在の領域としてセットされます。

圧縮ストアからページを削除するには、次のステップが必要です。

1. ページB+木にあるページエントリ、および領域B+木にある領域エントリを見つけます。

2. エントリを削除し、領域内で使用していた部分を更新します。

3. その領域が空になったら、領域の割り当て解除します。

圧縮されたページの追加や削除により、時間とともに領域の断片化が進みます。領域のためのメモリは、その領域が完全に空になるまで解放されることはありません。つまり、メモリの無駄を削減するために、何かしらの最適化が必要になります。最適化操作は、断片化の程度に応じて、積極的に遅延スケジューリングされます。領域の優先度は、領域を統合する際に考慮されます。

実習 Memory Compression プロセス

システムで行われているメモリの圧縮には、可視性がほとんどありません。Process Explorerまたはカーネルデバッガーを使用することで、Memory Compression プロセスを参照することができます。次ページのスクリーンショットは、Process Explorerを使用して、Memory Compressionプロセスのプロパティを開き、［Performance］タブを表示したところです（Process Explorerは管理者権限で実行する必要があります）。

　Memory Compressionプロセスがユーザーモード時間（User Time）をまったく使用していないこと（このプロセスではカーネルスレッドだけが作業するため）、そしてそのワーキングセットがプライベート（WS Private）のみである（共有されない）ことに注目してください。これは、圧縮されたメモリがどのような意味であっても共有可能ではないからです。Process Explorerの表示を、タスクマネージャーの［パフォーマンス］タブの［メモリ］の表示と比較してみましょう。

　かっこ内の圧縮されたメモリは、Memory Compressionプロセスのワーキングセットと相関しなければなりません。なぜなら、これが圧縮されたメモリが消費している領域の量そのものだからです。この2つのスクリーンショット間でサイズにずれがあるのは、一方のスクリーンショットを取得してから数分後にもう一方を取得したからです。

5.16 | メモリパーティション

　旧来、仮想マシンはアプリケーションを分離するために使用されてきました。つまり、少なくともセキュリティの観点からは、個別の仮想マシンは完全に分離されたアプリケーション（またはアプリケーションのグループ）を実行できます。仮想マシンどうしはお互いにやり取りできず、強固なセキュリティとリソースの境界を提供します。この分離はうまく機能しますが、仮想マシンをホストするハードウェアと管理コストのために、高いリソースコストを伴います。これが、Dockerといったコンテナーベースの技術を生む引き金になりました。コンテナーベースの技術は、同じ物理または仮想マシン上にアプリケーションをホストするサンドボックスのコンテナーを複数作成することにより、分離とリソース管理の障壁を低くしようとします。

　そのようなコンテナーを作成することは難しいことです。通常のWindowsの上に、何らかの形で仮想化を実現するカーネルドライバーが必要になるからです。そのようなドライバーとしては、次のようなものがあります（1つのドライバーで、これらの機能のすべてを包含することが可能です）。

- **ファイルシステム（ミニ）フィルター** —— 分離されたファイルシステムの錯覚を作り出します。
- **レジストリ仮想化ドライバー** —— 個別のレジストリ（CmRegisterCallbacksEx）の錯覚を作り出します。
- **プライベートオブジェクトマネージャー名前空間** —— サイロを利用して実現されます（サイロについては、第3章を参照してください）。
- **プロセス管理** —— プロセスの作成と通知（PsSetCreateNotifyRoutineEx）は、そのプロセスが正しいコンテナーに関連付けられる必要があります。

　これらの機能を備えていたとしても、仮想化が困難なものがいくつかあります。特にメモリ管理です。各コンテナーは、そのコンテナーに専用のページフレーム番号（PFN）データベースやページファイルなどを使用したいと望むでしょう。Windows 10（64ビットバージョンのみ）およびWindows Server 2016では、メモリパーティション（Memory Partition）を使用して、そのようなメモリ制御が可能になっています。

　メモリパーティションは、独自のメモリ関連の管理構造で構成されます。それには、ページリスト（スタンバイ、変更済み、ゼロ、空き、など）、コミットチャージ、ワーキングセット、ページトリマー、変更ページライター、ゼロページスレッドなどがありますが、他のパーティションから分離されています。メモリパーティションは、パーティション（Partition）オブジェクトによってシステム内で表される、セキュリティ保護が可能な、名前付きオブジェクトです（その他のエグゼクティブオブジェクトと同じように）。**システムパーティション**（System Partition）と呼ばれる1つのパーティションは必ず存在します。それは、システム全体を表すもので、明示的に作成されたすべてのパーティションの最終的な親になります。システムパーティションのアドレスは、グローバル変数（MiSystemPatrition）に格納されており、その名前は¥KernelObjects¥MemoryPartition0です。これは、図5-45に示すように、Windows SysinternalsのWinObjユーティリティのようなツールで参照することができます。

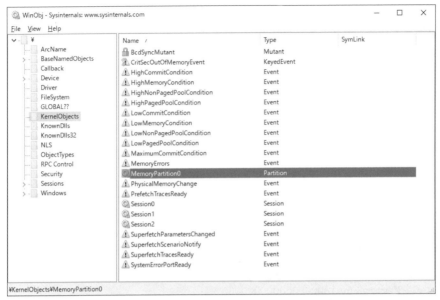

図5-45　WinObjに見えるシステムパーティション（MemoryPattition0）

　すべてのパーティションオブジェクトは、グローバルリストに格納されます。現状、最大のパーティション数は1,024（10ビット）です。これは、状況に適切なパーティション情報にすばやくアクセスできるように、パーティションのインデックスがページテーブルエントリ（PTE）内に符号化される必要があるためです。これらのインデックスの1つはシステムパーティションであり、2つの他の値は特別な見張り役として使用されます。残りの1,021パーティションが利用可能です。

　メモリパーティションは、ユーザーモードまたはカーネルモードから、NtCreatePartition内部関数（ドキュメント化されていない非公開の関数）を使用して作成できます。ユーザーモードの呼び出し元は、呼び出しが成功するために「メモリ内のページのロック」特権（SeLockMemoryPrivilege）を持つ必要があります。この関数は、引数として親パーティションを受け入れることができ、パーティションの初期ページは親パーティションからやって来て、そのパーティションが破棄されたとき、最終的に親パーティションに戻されます。親パーティションが指定されない場合、システムパーティションが既定の親になります。NtCreatePartitionは、実際の作業を内部のメモリマネージャーであるMiCreatePartition関数に委任します。

　既存のパーティションは、NtOpenPartition関数（オブジェクトは通常どおりアクセス制御リスト（ACL）で保護されているため、これには特別な特権は必要ありません）を使用して、名前の指定で開くことができます。パーティションの実際の操作は、NtManagePartition関数に備えられています。この関数は、パーティションへのメモリの追加、ページファイルの追加、パーティション間のメモリのコピー、およびパーティションに関する一般的な情報の取得のために使用されます。

508 インサイド Windows 第7版 上

実習 メモリパーティションの参照

この実習では、カーネルデバッガーを使用して、パーティションオブジェクトを調べます。

1. ローカルカーネルデバッグを開始し、!partitionエクステンションコマンドを実行します。このコマンドは、システム上のすべてのパーティションオブジェクトをリストします。

```
lkd> !partition
Partition0 fffff803eb5b2480 MemoryPartition0
```

2. 既定では、必ず既存のシステムパーティションが表示されます。!partitionコマンドは、パーティションオブジェクトのアドレスを引数として受け入れることができます。アドレスを指定することで、さらに詳細な情報が表示されます。

```
lkd> !partition fffff803eb5b2480
PartitionObject @ ffffc808f5355920 (MemoryPartition0)
_MI_PARTITION 0 @ fffff803eb5b2480
        MemoryRuns: 0000000000000000
        MemoryNodeRuns: ffffc808f521ade0
        AvailablePages:          0n4198472 ( 16 Gb 16 Mb 288 Kb)
        ResidentAvailablePages: 0n6677702 ( 25 Gb 484 Mb 792 Kb)
          0 _MI_NODE_INFORMATION @ fffff10000003800
                TotalPagesEntireNode: 0x7f8885
                                    Zeroed                     Free
                1GB              0 ( 0)                      0 (
0)
                2MB             41 ( 82 Mb)
0 ( 0)
                64KB          3933 ( 245 Mb 832 Kb)
0 ( 0)
                4KB          82745 ( 323 Mb 228 Kb)
0 ( 0)
                Node Free Memory:    ( 651 Mb 36 Kb )
                InUse Memory:        ( 31 Gb 253 Mb 496 Kb )
                TotalNodeMemory:     ( 31 Gb 904 Mb 532 Kb )
```

　出力には、MI_PARTITION構造体に依存するいくつかの情報が表示されます（指定されたアドレスも同様に）。このコマンドが、NUMAノードに基づいたメモリ情報を表示することにも注目してください（この実習の例の場合はNUMAノードは1つだけです）。これはシステムパーティションであるため、使用中（InUse）、空き（Free）、および合計（Total）のメモリに関する数値は、タスクマネージャーやProcess Explorerのようなツールで報告される値と対応しているはずです。使い慣れたdtコマンドを使用して、MI_PARTITION構造体を調べることもできます（例えば、dt nt!_MI_PARTITION）。

将来のシナリオでは、特定のプロセスを（ジョブオブジェクトを使用して）パーティションに関連付けるという、メモリパーティション機能を活用できるようになるでしょう。例えば、物理メモリに対する排他的な制御のときに、有効かもしれません。そのようなシナリオの1つに、Windows 10 Creators Update（バージョン1703）から搭載されている「ゲームモード」があります（ゲームモードについて詳しくは、本書下巻で扱います）。

5.17 メモリ統合

メモリマネージャーは、物理メモリ（RAM）をできるだけ節約するための試みにおいて、いくつかのメカニズムを使用します。例えば、実行可能イメージのためのページの共有、データページのためのコピーオンライト保護、そしてメモリの圧縮などです。この節では、そのようなメカニズムのもう1つのものである、**メモリ統合**（Memory Combining）について説明します。メモリ統合は、**ページ統合**（Page Combining）と呼ばれることもあります。

全体の考え方は簡単です。物理メモリ（RAM）にある重複したページを見つけ、それらを統合して1つにして、重複していた残りを削除します。そのためには、明らかに解決するべきいくつかの課題があります。

- 統合の候補として使用する最適なページとは何か
- いつメモリ統合を開始するのが適切なのか
- 統合の対象とするべきなのは、特定のプロセスか、メモリパーティションか、あるいはシステム全体か
- 通常のコードの実行に悪い影響を与えないためには、どのようにして統合処理をすばやく行えばよいのか
- 書き込み可能な統合ページが後でそのクライアントの1つによって変更された場合、どのようにしてプライベートコピーを取得すればよいのか

この節を通じて、これらの問いに答えていきます。最後の1つから始めましょう。この場合、コピーオンライトメカニズムが使用されます。統合ページが書き込まれない限り、何もする必要はありません。もし、あるプロセスがそのページに書き込もうとした場合、書き込みを行うプロセスのためにプライベートコピーを作成し、新たに割り当てられたプライベートページの「コピーオンライト」フラグを削除します。

メモ
メモリ統合（ページ統合）は、レジストリを編集することで、無効にすることができます。それには、レジストリキー HKLM¥SYSTEM¥CurrentControlSet¥Control¥Session Manager¥Memory Management に DisablePageCombining という名前の DWORD 値を作成し、値のデータに 1 を設定します。[*22]

メモ
この節では、「CRC（Cyclic Redundancy Check、巡回冗長検査）」と「ハッシュ」という用語を同じ意味で使用しています。これらは、ページの内容を識別する、統計的に一意である（高い確率で）64ビットの数値を示します。

[*22] 訳注：メモリの圧縮やメモリ統合（ページ統合）など、メモリ管理関連の設定の確認/有効化/無効化のために、Windows PowerShell の **Get**/**Enable**/**Disable-MMAgent** コマンドレットを使用することもできます。

メモリマネージャーの初期化ルーチンであるMmInitSystemは、システムパーティション（前の「5.16　メモリパーティション」の節を参照）を作成します。パーティションを表すMI_PARTITION構造体には、16のAVL木（自己平衡型の探索木）からなる1つの配列があり、重複したページを識別します。この配列は、統合ページのCRC値の最後の4ビットでソートされます。これが、アルゴリズムにどのようにフィットするのかは、すぐにわかります。

2つの特別なページの種類は、**共通ページ**（Common Page）と呼ばれます。その1つはオールゼロのバイトで埋められ、もう1つはオール1のビット（0xFFのバイト）で埋められます。これらのページのCRCは一度だけ計算され、格納されます。これらのページは、ページの内容をスキャンするときに、簡単に識別することができます。

メモリ統合を開始するため、NtSetSystemInformationというネイティブAPIが、SystemCombinePhysicalMemoryInformationシステム情報クラスを指定して呼ばれます。呼び出し元は、そのトークン内に「単一プロセスのプロファイル」特権（SeProfileSingleProcessPrivilege）を持つ必要があります。通常、Administratorsローカルグループにはこの特権が許可されています。APIに渡す引数としては、フラグの組み合わせによって、次のオプションが提供されます。

- （システム）パーティション全体または現在のプロセスだけに対してメモリ統合を実行する。
- 統合のための共通ページ（オールゼロまたはオール1）の検索のみ、または内容に関係なくすべての重複ページを検索する。

入力する構造体には、オプションでイベントハンドルを渡すこともできます。そのイベントハンドルがシグナルされた場合（別のスレッドによって）、ページ統合は中止されます。現状、Superfetchサービス（詳しくは、この章の「5.19　プロアクティブメモリ管理（スーパーフェッチ）」の節を参照してください）は、低い優先度（4）で実行される特別なスレッドを1つ持ちます。このスレッドは、ユーザーが離れているときに（アイドルのときに）、システムパーティション全体に対してメモリ統合を開始します。または、ユーザーがビジー状態の場合は、15分ごとに実行します。

Windows 10 Creators Update（バージョン1703）では、物理メモリの容量が3.5GB（3,584MB）より多い場合、Svchost.exeでホストされるほとんどのビルトインサービスは、1つのサービスごとに1つのSvchost.exeプロセスでホストされます。[23] これにより、Windows 10の標準のビルトインサービスだけで多数のプロセスが作成されることになりますが、あるサービスが別のサービスに影響を及ぼす可能性は排除されます（また、安定性やセキュリティ上の問題に対しても有益です）。このシナリオのために、サービスコントロールマネージャー（SCM）はページ統合APIの新しいオプションを使用します。新しいオプション（ScPerformPageCombineOnServiceImagesルーチン）により、基本優先度6で実行されるスレッドプールタイマーを利用して、Svchost.exeプロセスごとに3分間隔でページ統合が開始されます。その理由は、少ないSvchost.exeインスタンスのときよりも高くなる可能性のある、物理メモリ（RAM）の消費の削減を試みるためです。なお、Svchost.exeでホストされないサービスについては、ページ統合されません。ユーザーごとに実行されるサービスや個人ユーザーアカウントで実行されるサービスも同様に対象外です。[24]

---

[23] 訳注：Svchost.exeプロセスを分割するWindows 10の新機能に関しては、「Changes to Service Host grouping in Windows 10」（https://docs.microsoft.com/en-us/windows/application-management/svchost-service-refactoring）で説明されています。

[24] 訳注：Windows 10およびWindows Server 2016には、CDPUserSvc（Connected Devices Platformユーザーサービス）など、ユーザーごとのサービスが存在します。詳しくは、「Per-user services in Windows 10 and Windows Server」（https://docs.microsoft.com/en-us/windows/application-management/per-user-services-in-windows）で説明されています。また、ユーザーサービスについては、本書下巻で詳しく説明しています。

MiCombineIdenticalPage ルーチンは、ページ統合プロセスへの実際のエントリポイントになります。それは、メモリパーティションのNUMAノードごとに、ページ統合サポート（Page Combining Support：PCS）構造体ページの中にあるCRCを使用して、リストの割り当てと格納を行います。PCS構造体は、ページ統合操作のために必要とされるすべての情報を管理するものの1つです（これは、前述のAVL木配列を保持する構造体です）。要求するスレッドは、作業を実行するスレッドになります。そのスレッドは、現在のNUMAノードに属するCPU上で実行され、そのアフィニティは必要に応じて変更されます。以降では、説明を簡単にするために、メモリ統合アルゴリズムを、「検索」、「分類」、「ページ統合」の3つのフェーズに分けます。また、完全なページ統合（現在のプロセスだけでなく）が要求されていること、およびすべてのページ（共通ページだけでなく）を対象としていることを前提に説明します。他のケースは原理的には似通っており、場合によっては、ややシンプルです。

5.17.1 検索フェーズ

この初期フェーズのゴールは、すべての物理ページのCRCを計算することです。そのアルゴリズムは、アクティブ、変更、またはスタンバイページリストに属する各物理ページを解析し、ゼロおよび空きページリストをスキップします（それらは実際に未使用であるため）。

メモリ統合の候補に適したページは、ワーキングセットに属するアクティブな、非共有ページであり、ページファイル構造体にマップされていないものです。スタンバイまたは変更済みの状態にあっても候補になることができますが、それには参照数が0である必要があります。基本的に、システムは次の3種類のページを統合のために識別します。それは、ユーザープロセス、ページプール、およびセッション領域の3つです。他のページの種類はスキップされます。

そのページのCRCを正しく計算するためには、システムは新しいシステムページテーブルエントリ（PTE）を使用して、その物理ページをシステムアドレスにマップする必要があります（プロセスのコンテキストは、ほとんどの場合、呼び出すスレッドとは異なり、低いユーザーモードアドレスではそのページにアクセスすることができないからです）。続いて、カスタマイズされたアルゴリズム（MiComputeHash64ルーチン）を使用して、そのページのCRCが計算され、システムPTEが解放されます（この時点でそのページは、システムアドレス領域からマップ解除されています）。

> ### ページハッシュアルゴリズム
>
> 8バイトページハッシュ（CRC）を計算するためにシステムが使用するアルゴリズムは、次のようになっています。2つの64ビットの大きな素数を掛け合わせ、その結果を開始ハッシュとして使用します。対象のページは終端から先頭に向かってスキャンされ、アルゴリズムは1サイクルあたり64バイトをハッシュします。対象のページから8バイトを読み取るごとに、開始ハッシュを追加し、次にハッシュが素数のビット数（2から始まり、3、5、7、11、13、17、19）だけ右にローテーションします。ページを完全にハッシュするためには、512回のメモリアクセス操作（4096/8）が必要になります。

5.17.2 分類フェーズ

1つのNUMAノードに属するページのハッシュがすべて計算に成功した場合、アルゴリズムの2つ目の部分が始まります。このフェーズのゴールは、リスト内の各CRC/ページフレーム番号（PFN）エ

ントリを処理し、方策に従う方法で編成することです。ページ統合アルゴリズムは、コンテキストスイッチの処理を最小化し、可能な限り高速でなければなりません。

MiProcessCrcListルーチンは、CRC/PFNリストをハッシュでソートすることにより開始します（クイックソートアルゴリズムを使用して）。もう1つの主要なデータ構造体である「統合ブロック（Combine Block）」は、同じハッシュを共有しているすべてのページを追跡するために使用されます。さらに重要なこととして、統合ブロック構造体は、新しい統合ページをマップする新しいプロトタイプページテーブルエントリ（PTE）を格納するために使用されます。新たにソートされたリストの各CRC/PFNは、ソートされた順番に処理されます。システムは、現在のハッシュが共通ページ（オールゼロまたはオール1のページ）であるかどうか、および前後のハッシュと等しいかどうかを検証する必要があります（そのリストがソートされていることを思い出してください）。どちらにも該当しない場合、システムはページ統合サポート（PCS）構造体にある既存の統合ブロックかどうかをチェックします。そうである場合、統合ページは、以前のアルゴリズムの実行で既に特定されていたか、システムの別のノードにあることになります。それ以外の場合、CRCは一意であり、そのページは統合できません。アルゴリズムはページ内の次のページの処理に進みます。

以前には見つからなかった共通のハッシュが見つかった場合、アルゴリズムは新しい空の統合ブロック（マスターPFN用に使用されます）を追加し、実際のページ共有コード（次のステージ）を使ってリスト内にそれを挿入します。そうではなく、既に存在するハッシュが見つかった場合（そのページはマスターではない）、統合ブロックへの参照が現在のCRC/PFNエントリに追加されます。

この時点で、ページ統合アルゴリズムが必要とするすべてのデータを準備できました。すべてのデータとは、マスターの物理ページを格納するのに使用する統合ブロックのリスト、ページのプロトタイプPTE、所有するワーキングセットによって編成されたCRC/PFNエントリのリスト、新しい統合ページの内容を格納するのに必要なある程度の物理メモリです。

次に、アルゴリズムは物理ページのアドレスを取得し（MiCombineIdenticalPagesルーチンによって以前に初期チェックが実行されたため、物理ページは存在するはずです）、特定のワーキングセットに属するすべてのページを格納するのに使用されるデータ構造体を検索します（以降では、この構造体のことを「WS CRCノード」と呼ぶことにします）。これが存在しない場合、新たに割り当て、別のAVL木に挿入します。そのページのCRC/PFNおよび仮想アドレスは、WS CRCノード内で相互にリンクされます。

識別されたすべてのページが処理されたあと、システムは新しいマスターとして共有されるページのために物理ページを割り当て（メモリ記述子リスト（MDL）を使用して）、各WS CRCノードを処理します。パフォーマンス上の理由から、そのノードに置かれた候補のページは、元の仮想アドレスでソートされます。ここまでの時点で、システムは実際のページ統合を実行する準備が整いました。

5.17.3 | ページ統合フェーズ

ページ統合フェーズは、WS CRCノード構造体と空き統合ブロックのリストを使って始まります。WS CRCノード構造体には、特定のワーキングセットに属し、統合の候補となるすべてのページが含まれます。空き統合ブロックのリストは、プロトタイプPTEと実際の統合ページを格納するために使用されます。アルゴリズムは対象のプロセスにアタッチし、そのワーキングセットをロックします（割り込み要求レベル（IRQL）をディスパッチレベルに引き上げます）。この方法により、ページを再マップする必要なく、各ページに直接的に読み書きできるようになります。

アルゴリズムはリスト内のすべてのCRC/プロセスフレーム番号（PFN）エントリを処理します。しかし、それはディスパッチレベルのIRQL（DISPATCH_LEVEL、2）で実行され、実行にはある程度

の時間がかかるため、次のエントリの分析の前に、プロセッサがそのキュー内に、何か遅延プロシージャコール（DPC）やスケジュールされたアイテムを持っているかどうかをチェックします（KeShouldYieldProcessor を呼び出すことによって）。持っている場合、アルゴリズムは適切なことを行い、状態を維持するために適切な予防策を講じます。

実際のページ統合の方策では、次の3つのシナリオが想定されています。

- そのページはアクティブかつ有効ですが、オールゼロを含んでいるため、統合ではなく、そのページテーブルエントリ（PTE）はデマンドゼロPTEで置き換えられます。これは、通常のVirtualAllocのようなメモリ割り当ての初期状態であることを思い出してください。
- そのページはアクティブかつ有効ですが、ゼロクリアされたものではありません。つまり、統合するために共有される必要があります。アルゴリズムは、そのページがマスターとして取り上げられたものであるかをチェックします。CRC/PFNエントリが有効な統合ブロックへのポインターを持つ場合、それはマスターページではないということを示しています。そうでない場合、そのページはマスターページです。マスターページのハッシュが再チェックされ、共有のために新しい物理ページが割り当てられます。CRC/PFNエントリが有効な統合ブロックへのポインターを持たない場合、既存の統合ブロックが使用されます（また、その参照数がインクリメントされます）。システムはこの時点で、プライベートページを共有ページに変換する準備ができました。そこで、MiConvertPrivateToProto ルーチンを呼び出し、実際の処理を実行させます。
- そのページは変更またはスタンバイページリスト内にあります。この場合、有効なページとしてシステムアドレスにマップされ、そのハッシュが再計算されます。アルゴリズムは上の2番目のシナリオと同じステップを実行しますが、MiConvertStandbyToProto ルーチンを使用して、そのPTEが共有からプロトタイプに変換される点だけが異なります。

現在のページの共有が終わると、システムはマスターページの統合ブロックをページ統合サポート（PCS）構造体に挿入します。これは重要なことです。なぜなら、その統合ブロックが、各プライベートPTEと統合ページの間をリンクするようになるからです。

5.17.4 | プライベートから共有PTEへの変換

MiConvertPrivateToProto ルーチンのゴールは、アクティブかつ有効なページのページテーブルエントリ（PTE）を変換することです。このルーチンが統合ブロックの中のプロトタイプPTEがゼロであることを検出した場合、それはマスターページが作成されなければならないことを示しています（そのマスターの共有プロトタイプPTEとともに一緒に作成される必要があります）。その場合、次に空き物理ページをシステムアドレスにマップし、プライベートページの内容を新しい共有ページ内にコピーします。共有ページのPTEを実際に作成する前に、システムはページファイル予約（この章の「5.13.5 ページファイル予約」の項を参照）を解放し、共有ページのページフレーム番号（PFN）の記述子を埋めます。共有PFNは、「プロトタイプ」ビットがセットされ、PFNフレームポインターがプロトタイプPTEを含む物理ページのPFNにセットされます。最も重要なことは、そのPTEポインターが統合ブロックの中に置かれたPTEにセットされますが、その第63ビットにゼロがセットされることです。これは、統合されたページに属するPFNであることをシステムに対して示します。

続いて、システムはプライベートページのPTEを変更する必要があります。これにより、そのPFNの対象が共有された物理ページにセットされ、保護のビットマスクがコピーオンライトに変更され、さらにそのプライベートページのPTEが有効としてマークされます。統合ブロックの中のプロトタイプPTEは、ハードウェアPTEでも有効としてマークされます。その内容はプライベートページの新しい

PTEと同じものです。最後に、プライベートページのために割り当てられていたページファイルの領域が解放され、プライベートページの元のPFNが削除済みとしてマークされます。変換ルックアサイドバッファー（TLB）キャッシュはフラッシュされ、プライベートプロセスワーキングセットのサイズが1ページ分、デクリメントされます。

　一方、統合ブロックの中のプロトタイプPTEがゼロでない場合、それは、そのプライベートページはマスターページのコピーであることを示しています。その場合、プライベートページのアクティブなPTEだけを変換する必要があります。共有ページのPFNがシステムアドレスにマップされ、2つのページの内容が比較されます。CRCアルゴリズムは一般的なケースにおいて一意の値を生成しないため、これは重要なことです。2つのページが一致しない場合、ルーチンは処理を停止し、呼び出し元に戻します。一致する場合、共有ページのマップを解除し、共有PFNのページ優先度を2より高い値にセットします。図5-46は、1つのマスターページだけが存在する場面の状態を示しています。

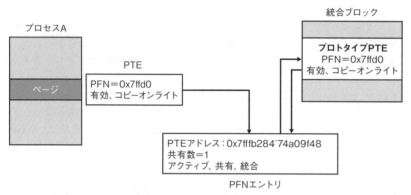

図5-46　統合マスターページ

　アルゴリズムはここで、プロセスプライベートページテーブルに挿入する必要がある、新しい無効なソフトウェアプロトタイプPTEを計算します。それを行うために、共有ページをマップしているハードウェアPTE（統合ブロック内にあります）のアドレスを読み取り、それをシフトして、「プロトタイプ」ビットおよび「統合（Combined）」ビットをセットします。プライベートページのPFNの共有数が1であることがチェックされます。1でない場合、処理は中止されます。アルゴリズムは新しいソフトウェアプロトタイプPTEをプロセスのプライベートページテーブルに書き込み、プライベートページの古いPFNのページテーブルの共有数をデクリメントします（アクティブページのPFNは常にそのページテーブルに対するポインターを持つことを覚えておいてください）。対象のプロセスワーキングセットサイズが1ページ分、デクリメントされ、TLBがフラッシュされます。古いプライベートページは、トランジション状態に移動し、そのPFNは削除対象としてマークされます。図5-47に示す2つのページは、新しいほうのページがプロトタイプPTEをポイントしていますが、まだ有効になっていない場面を表しています。

　最後に、システムは共有ページに対するワーキングセットのトリミングを回避するために、ページフォールトをシミュレートするという、別のトリックを使用します。この方法により、共有ページのPFNの参照数が再びインクリメントされるため、プロセスが共有ページの読み取りを試行したときにフォールトは発生しなくなります。最終的に、プライベートページのPTEは、再び有効なハードウェアPTEになります。図5-48は、2番目のページに対するソフト（シミュレートされた）ページフォールトの効果を示しています。ソフトページフォールトにより、ページのPTEが有効になり、共有数がインクリメントされています。

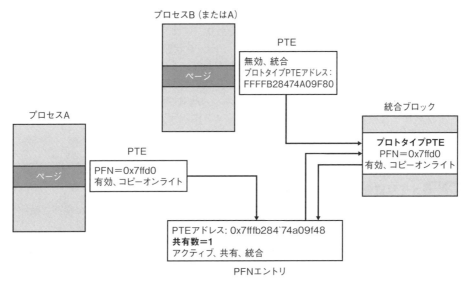

図5-47 統合ページ（シミュレートされたページフォールトの前）

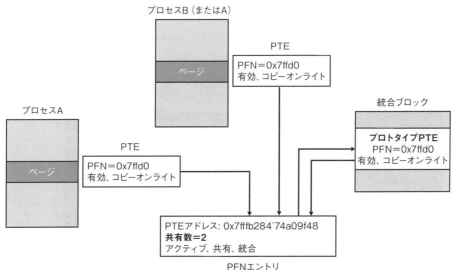

図5-48 統合ページ（シミュレートされたページフォールトの後）

5.17.5 統合ページの解放

　システムが特定の仮想アドレスを解放する必要があるとき、システムはまずページテーブルエントリ（PTE）のアドレスを見つけ、それをマップします。統合ページにポイントされたページフレーム番号（PFN）は、「プロトタイプ」ビットと「統合」ビットがセットされています。統合ページのPFNに対する解放要求は、プロトタイプページのPFNに対するものと、まったく同じように管理されます。違いは、システムがプロトタイプページのPFNを処理した後に、（「統合」ビットがセットされている

場合）MiDecrementCombinedPte を呼び出すということだけです。

　MiDecrementCombinedPte はシンプルな関数であり、プロトタイプPTEの統合ブロックの参照数をデクリメントします（この段階で、PTE はトランジション状態にあることを覚えておいてください。メモリマネージャーは、物理ページを既に逆参照しており、その物理ページはマップされているからです。物理ページの共有数は、既にゼロまで下がっており、そのためシステムはそのPTEをトランジション状態に置いています）。参照数がゼロまで下がった場合、そのプロトタイプPTEは解放され、物理ページは空きページリスト内に置かれ、統合ブロックはメモリパーティションのページ統合サポート（PCS）構造体の空きリストに戻されます。

> **実習** メモリ統合の効果を確認する
>
> 　この実習では、メモリ統合の効果を確認します。それには、次のステップに従って操作します。
>
> 1. 仮想マシンをデバッグ対象にした、カーネルデバッグセッションを開始します（その方法については、「第4章　スレッド」の「4.4.11　（ディープ）フリーズ」の「実習：ディープフリーズの発生を参照する」を参照してください）。
>
> 2. MemCombine32.exe（32ビットシステム用）または MemCombine64.exe（64ビットシステム用）と、MemCombineTest.exe の2つのツールをデバッグ対象の仮想マシンにコピーします。これらのツールは、本書のダウンロード可能なリソースのサイトから入手できます。
>
> 3. デバッグ対象の仮想マシンでコマンドプロンプトを開き、MemCombineTest.exe ツールを実行します。次のように表示されます。この時点では、何もキーを押さないでください。
>
>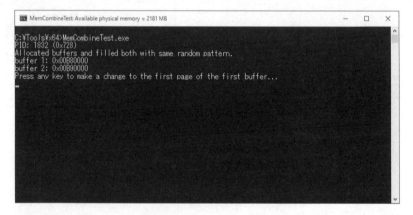
>
> 4. 表示される2つのアドレスを控えておきます（この例では、0xB80000 と 0xB90000）。これらはランダムに生成されたバイトパターンの繰り返しで埋められた2つのバッファーであり、同じ内容を持ちます。
>
> 5. デバッグ対象を中断（Break）してデバッガーの制御下に入ります。次のように !process エクステンションコマンドを実行して、MemCombineTest.exe プロセスを見つけます。

第5章 メモリ管理 517

```
0: kd> !process 0 0 memcombinetest.exe
PROCESS ffffe70a3cb29080

    SessionId: 2  Cid: 0728    Peb: 00d08000    ParentCid: 11c4

    DirBase: c7c95000  ObjectTable: ffff918ede582640  HandleCount:
<Data Not Accessible>

    Image: MemCombineTest.exe
```

6. MemCombineTest.exeプロセスのコンテキストに切り替えます。.processコマンドを実行した後、指示に従って**g**と入力します。

```
0: kd> .process /i /r ffffe70a3cb29080
You need to continue execution (press 'g' <enter>) for the context
to be switched. When the debugger breaks in again, you will be in
0: kd> g
Break instruction exception - code 80000003 (first chance)
nt!DbgBreakPointWithStatus:
fffff801`94b691c0 cc                int     3
```

7. !pteエクステンションコマンドを使用して、2つのバッファーが格納されているページのページフレーム番号（PFN）を見つけます。

```
0: kd> !pte b80000

                                            VA 0000000000b80000
PXE at FFFFA25128944000   PPE at FFFFA25128800000   PDE at
FFFFA25100000028    PTE at FFFFA20000005C00
contains 00C0000025BAC867  contains 0FF00000CAA2D867  contains
00F000003B22F867  contains B9200000DEDFB867
pfn 25bac    ---DA--UWEV pfn caa2d    ---DA--UWEV pfn 3b22f    ---
DA-- UWEV pfn  dedfb ---DA--UW-V

0: kd> !pte b90000

                                            VA 0000000000b90000
PXE at FFFFA25128944000   PPE at FFFFA25128800000   PDE at
FFFFA25100000028    PTE at FFFFA20000005C80
contains 00C0000025BAC867  contains 0FF00000CAA2D867  contains
00F000003B22F867  contains B9300000F59FD867
pfn 25bac    ---DA--UWEV pfn caa2d    ---DA--UWEV pfn 3b22f    ---
DA-- UWEV pfn f59fd    ---DA--UW-V
```

8. ページテーブルエントリ（PTE）のPFNの値が異なることに注目してください。これは、これらのページが異なる物理アドレスにマップされていることを示しています。**g**と入力して、デバッグ対象を再開します。

9. デバッグ対象の仮想マシンでコマンドプロンプトを管理者として開き、MemCombine32.exe またはMemCombine64.exeツールをコピーしたディレクトリに移動して、このツールを実行します。このツールは、完全なメモリ統合を強制的に開始します。実行には数秒かかる場合がありますが、"Success. Total pages combined: <ページ数>"と表示されれば完了です。

10. 再びデバッガーに戻り、デバッグ対象を中断してデバッガーの制御下に入ります。ステップ6とステップ7を繰り返します。2つのページのPTEのPFNが変更されたことを確認できるはずです。

```
1: kd> !pte b80000

                                     VA 0000000000b80000
PXE at FFFFA25128944000      PPE at FFFFA25128800000      PDE at
FFFFA25100000028     PTE at FFFFA20000005C00
contains 00C0000025BAC867  contains 0FF00000CAA2D867   contains
00F000003B22F867  contains B9300000EA886225
pfn 25bac      ---DA--UWEV pfn caa2d     ---DA--UWEV pfn 3b22f      ---
DA-- UWEV  pfn ea886      C---A--UR-V


1: kd> !pte b90000

                                     VA 0000000000b90000
PXE at FFFFA25128944000      PPE at FFFFA25128800000      PDE at
FFFFA25100000028     PTE at FFFFA20000005C80
contains 00C0000025BAC867  contains 0FF00000CAA2D867   contains
00F000003B22F867  contains BA600000EA886225
pfn 25bac      ---DA--UWEV pfn caa2d     ---DA--UWEV pfn 3b22f      ---
DA-- UWEV  pfn ea886      C---A--UR-V
```

11. 2つのページのPTEのPFN値が同じになったことに注目してください。つまり、これらのページは物理メモリ（RAM）内の正に同じアドレスにマップされています。PFNのCフラグは、コピーオンライト保護を示しています。

12. gと入力してデバッグ対象を再開します。仮想マシンに戻り、MemCombineTest.exeを実行中のウィンドウをアクティブにして、何かキーを押します。すると、"Made a single byte change. Prease any key to exit."と表示されます。これにより、最初のバッファーに対して1バイトの変更が行われました。

13. 再びデバッガーに戻り、デバッグ対象を中断してデバッガーの制御下に入ります。再度、ステップ6とステップ7を繰り返します。

```
1: kd> !pte b80000

                                     VA 0000000000b80000
PXE at FFFFA25128944000      PPE at FFFFA25128800000      PDE at
FFFFA25100000028     PTE at FFFFA20000005C00
contains 00C0000025BAC867  contains 0FF00000CAA2D867   contains
00F000003B22F867  contains B9300000813C4867
```

```
pfn 25bac        ---DA--UWEV pfn caa2d      ---DA--UWEV pfn 3b22f    ---
DA-- UWEV pfn 813c4       ---DA--UW-V

1: kd> !pte b90000
                                          VA 0000000000b90000
PXE at FFFFA25128944000   PPE at FFFFA25128800000    PDE at
FFFFA25100000028    PTE at FFFFA20000005C80
contains 00C0000025BAC867   contains 0FF00000CAA2D867   contains
00F000003B22F867   contains BA600000EA886225
pfn 25bac        ---DA--UWEV pfn caa2d      ---DA--UWEV pfn 3b22f    ---
DA-- UWEV pfn ea886       C---A--UR-V
```

14. 1つ目のバッファーのPTEのPFNが変更されました。また、コピーオンライト保護を示すCフラグが削除されています。このページは変更され、物理メモリ（RAM）内の異なるアドレスに再配置されたことがわかります。

5.18 メモリエンクレーブ

　プロセス内で実行されるスレッドは、プロセスのアドレス領域の全体にアクセスすることができます（変更できるかどうかは、ページ保護によって判断されます）。ほとんどの場合、これは望ましいことですが、悪意のあるコードがプロセス内に注入（インジェクション）された場合、それはまったく同じ能力を持つことになります。悪意のあるコードは、センシティブな情報が含まれるかもしれないデータを自由に読むことができ、変更さえできてしまいます。。

　Intelは、インテル・ソフトウェア・ガード・エクステンション（インテルSGX）という技術を開発し、保護されたメモリエンクレーブ（Memory Enclave）の作成を可能にしました。メモリエンクレーブは、プロセスのアドレス領域にあるセキュアゾーンで、この場所に置かれたコードとデータは、エンクレーブの外で実行されるコードからCPUによって保護されます。その反対に、エンクレーブの中で実行されるコードは、エンクレーブの外にあるプロセスアドレス領域に対してフル（通常の）アクセスを持ちます。当然のことながら、その保護は、他のプロセスからのアクセスはもちろん、カーネルモードで実行されるコードからのアクセスにまで及びます。図5-49は、メモリエンクレーブの仕組みを簡潔に示したものです

　インテルSGXは、第6世代インテルCoreプロセッサー（開発コード名：Skylake）および以降の世代でサポートされます。Intelはアプリケーション開発者のための独自のSDK（Intel SGX SDK）を用意しており、そのSDKはWindows 7以降のシステム（64ビットのみ）で使用できます。Windows 10バージョン1511およびWindows Server 2016からは、Windows API関数を使用する抽象化をWindows自体が提供しており、IntelのSDKを使用する必要を取り除きました。他のCPUベンダーは、将来的に同様のソリューションを作り出す可能性があります。それらもまた、同じAPIによってラップされ

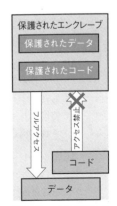

図5-49　メモリエンクレーブ

ることになるでしょう。Windows APIはアプリケーション開発者のために、エンクレーブの作成と配置に使用できる、比較的に移植性の高いレイヤーを提供します。

メモ
　第6世代インテルCoreプロセッサーのすべてが、インテルSGXをサポートしているわけではありません。また、インテルSGXが機能するためには、システムに適切なBIOSのアップデートがインストールされている必要があります。より詳しい情報については、インテルSGXのドキュメントを調べてください。インテルSGXのWebサイトは、https://software.intel.com/en-us/sgx です。

メモ
　本書の執筆時点では、Intelは2つのバージョンのインテルSGXを提供しています（バージョン1.0および2.0）。Windows APIは、本書の執筆時点でバージョン1.0のみをサポートしています。バージョンの違いは、本書の範囲外です。インテルSGXのドキュメントを調べてください。

メモ
　現在のインテルSGXバージョンは、リング0（カーネルモード）のエンクレーブをサポートしていません。リング3（ユーザーモード）のエンクレーブのみがサポートされます。

5.18.1　プログラムインターフェイス

　アプリケーション開発者の視点から見ると、エンクレーブの作成と動作は、次のステップで構成されます（内部的な詳細については、この後の項で説明します）。

1. 最初にプログラムは、IsEnclaveTypeSupported関数を呼び出して、メモリエンクレーブがサポートされているかを判断する必要があります。IsEnclaveTypeSupported関数には、エンクレーブ技術を表す値を渡します。現状、ENCLAVE_TYPE_SGXのみが使用できます。

2. CreateEnclave関数を呼び出して、新しいエンクレーブを1つ作成します。この関数の引数は、VirtualAllocExのものと類似しています。例えば、呼び出し元のプロセスとは別のプロセス内にエンクレーブを作成することが可能です。この関数の複雑なところは、ベンダー固有構成の構造体を渡す必要があることです。Intelの場合、マイクロソフトが明示的に定義したものではない、**SGXエンクレーブ制御構造体**（SGX Enclave Control Structure：SECS）と呼ばれる4KBのデータ構造体を指します。代わりに、開発者は独自の構造体を作成することが想定されています。それは、ベンダーのドキュメントで使用および定義されている特定の技術に基づいて作成されます。

3. 空のエンクレーブが作成されると、次のステップはエンクレーブの外からコードとデータをそのエンクレーブに取り込むことです。これは、LoadEnclaveData関数を呼び出すことによって成し遂げられます。ここでは、データをエンクレーブにコピーするために、エンクレーブの外部のメモリが使用されます。エンクレーブに配置するために、LoadEnclaveData関数の複数回の呼び出しが使用される場合があります。

4. エンクレーブをアクティブ化するために必要な最後のステップは、InitializeEnclave関数で成し遂げられます。この時点で、エンクレーブの中で実行するように構成されたコードは、実行を開始することができます。

5. 残念なことに、エンクレーブ内のコードの実行は、Windows APIではラップされていません。ア

第5章 メモリ管理　521

センブリ言語の直接的な使用が必要になります。アセンブリ言語のEENTER命令は、エンクレーブに実行を転送します。また、EEXIT命令は呼び出した関数へのリターンを発生させます。AEX（Asynchronous Enclave Exit）を使用すると、エラーなどを理由に、エンクレーブの実行を異常終了させることもできます。正確な詳細は、Windows固有のものではないため、本書の範囲を超えています。インテルSGXのドキュメントを調べることで、優れた詳細が得られるでしょう。

6. 最後に、エンクレーブを破棄するには、通常のVirtualFree（Ex）関数を使用できます。関数に指定するポインターとしては、CreateEnclave関数で得られたエンクレーブに対するポインターを渡します。

5.18.2 | メモリエンクレーブの初期化

ブート中、Windowsブートローダー（UEFIシステムではWinload.efi、BIOSシステムではWinload.exe）はOslEnumerateEnclavePageRegions関数を呼び出します。この関数はCPUID命令を使用して、インテルSGXがサポートされているかをまずチェックします。サポートされている場合、次に、エンクレーブページキャッシュ（Enclave Page Cache：EPC）記述子を列挙する命令を発行します。EPCは、エンクレーブの作成と使用のためにプロセッサにより提供される保護されたメモリです。OslEnumerateEnclavePageRegions関数は、列挙されたEPCごとに、BlMmAddEnclavePageRange関数を呼び出し、そのページ範囲の情報をLoaderEnclaveMemoryの値の種類とともに、メモリ記述子のソートされたリストに追加します。このリストは最終的に、LOADER_PARAMETER_BLOCK構造体のMemoryDescriptorListHeadメンバー内に格納されます。この構造体は、ブートローダーがカーネルに対して情報を渡すのに使用されます。

初期化の第一段階では、メモリマネージャーのMiCreateEnclaveRegionsルーチンが呼び出され、見つかったエンクレーブ領域用のAVL木が作成されます（AVL木は、必要なときにすばやい検索を可能にします）。そのAVL木はMiState.Hardrware.EnclaveRegionsのデータメンバー内に格納されます。カーネルは新しいエンクレーブのページリストを追加し、MiInsertPageInFreeOrZeroedList関数に特別なフラグを渡して、この新しいリストを利用する機能を有効化します。しかし、メモリマネージャーは現にリスト識別子を使い果たしているため（最大8つの値のために使用される3ビットがすべて使用済み）、カーネルはこれらのページを、現在、インページエラーに巻き込まれている"不良（Bad）"ページであると実際に認識します。メモリマネージャーは不良ページを使用しないとわかっているので、エンクレーブページを"不良（Bad）"ページとして扱うということは、通常のメモリ管理操作で使用されないということになり、そのようなページは不良ページリストに行き着きます。

5.18.3 | エンクレーブの作成

CreateEnclave APIは、最終的にカーネル内のNtCreateEnclaveを呼び出します。前述したように、これにはSGXエンクレーブ制御構造体（SECS）を渡す必要があります。SECSは、インテルSGXでは表5-24のように定義されています。

NtCreateEnclaveは最初に、AVL木のルートを参照して、メモリエンクレーブがサポートされているかどうかチェックします（遅いCPUID命令は使用しません）。次に、渡されたSECS構造体のコピーを作成し（ユーザーモードからデータを取得するカーネル関数の通常の使用で）、そのエンクレーブが呼び出し元とは異なるプロセス内で作成される場合、対象プロセスにアタッチ（KeStackAttachProcess）します。その後、制御をMiCreateEnclaveに渡し、実際の作業を開始します。

表5-24 SGXエンクレーブ制御構造体（SECS）のレイアウト

フィールド	オフセット（バイト）	サイズ（バイト）	説明
SIZE	0	8	バイト数で示されたエンクレーブのサイズ。2のべき乗である必要があります。
BASEADDR	8	8	エンクレーブのベースリニアアドレス。当然、サイズは揃えられている必要があります。
SSAFRAMESIZE	16	4	ページ内の1つのSSA（State Save Area）フレームのサイズ。XSAVE、pad、GPR、およびMISC（条件付き）の領域を含む。
MRSIGNER	128	32	エンクレーブを検証した公開キーの拡張に使用された発行者。適切な形式については、SIGSTRUCT（Enclave Signature Structure）を参照。[25]
RESERVED	160	96	
ISVPRODID	256	2	エンクレーブのプロダクトID。
ISVSVN	258	2	エンクレーブのセキュリティバージョン番号（Security Version Number：SVN）。
EID	実装に依存	8	エンクレーブの識別子。
PADDING	実装に依存	352	署名からのパディングパターン（キー派生文字列のために使用）。
RESERVED	260	3836	EID、非ゼロの予約済みフィールド、およびゼロ必須フィールドを含む。

MiCreateEnclaveが行う最初のことは、アドレスウィンドウ化拡張（AWE）APIも利用する、AWE情報構造体を割り当てることです。これは、AWEの機能と同じように、ユーザーモードアプリケーションが物理ページに直接的にアクセスすることを、エンクレーブが可能にするからです（つまり、その物理ページは、前述の検出に基づくエンクレーブページキャッシュ（EPC）ページです）。ユーザーモードアプリケーションがそのように物理ページを直接制御するときはいつでも、AWEデータ構造体とロックが使用される必要があります。このデータ構造体は、エグゼクティブプロセス（EPROCESS）構造体のAweInfoフィールドに格納されています。

次に、MiCreateEnclaveはMiAllocateEnclaveVadを呼び出して、エンクレーブの種類の仮想アドレス記述子（VAD）を割り当てます。このVADは、エンクレーブの仮想メモリ範囲を表すものです。このVADはVadAwdフラグを持ちますが（AWEのVADすべて）、追加のEnclaveフラグも持っており、こちらのフラグにより本当のAWE VADとエンクレーブVADが区別されます。最後に、VAD割り当ての部分として、エンクレーブメモリ用にユーザーモードアドレスの場所が選択されます（元のCreateEnclave呼び出しで明示的に指定されていない場合）。

MiCreateEnclaveの次のステップは、エンクレーブのサイズや初期のコミットメントに関係なく、エンクレーブページを取得することです。インテルSGXのドキュメントによると、すべてのエンクレーブは少なくとも1ページの制御構造体を必要とし、エンクレーブに関連付けられる必要があるとされています。必要な割り当てを取得するために、MiGetEnclavePageが使用されます。この関数は、前述のエンクレーブページリストを単純にスキャンし、必要に応じて1ページを引き出します。返ってきたページは、エンクレーブVADの一部として格納されるシステムページテーブルエントリ（PTE）を使用してマップされます。MiInitializeEnclavePfnが関連するページフレーム番号（PFN）データ構造体

---

[25] 訳注：インテルSGXのドキュメント（https://software.intel.com/en-us/sgx）を参照。

第**5**章　メモリ管理　**523**

をセットアップし、それを変更およびアクティブ/有効とマークします。

　このエンクレーブのPFNを他のメモリのアクティブな領域（非ページプールなど）と区別する手助けになる実際のビットは存在しません。ここで、エンクレーブ領域のAVL木の出番です。そしてMI_PFN_IS_ENCLAVEが、PFNが実際にEPC領域を表しているかどうかチェックする必要があるときにカーネルが使用する関数です

　PFNが初期化されるのと一緒に、この時点でシステムPTEが最終的なグローバルカーネルPTEに変換され、仮想アドレスが計算されて決まります。MiCreateEnclaveの最後のステップは、KeCreateEnclaveを呼び出すことです。KeCreateEnclaveは、下位レベルのカーネルのエンクレーブ作成ステップを実行します。それには、実際のSGXハードウェア実装とのやり取りが含まれます。KeCreateEnclaveが担う仕事の1つは、呼び出し元が指定しなかった場合に、SECS構造体に必要なベースアドレスを埋めることです。エンクレーブを作成するためにSGXハードウェアとやり取りする前に、SECS構造体の中にセットされている必要があります。

5.18.4 | エンクレーブに対するデータの読み込み

　エンクレーブの作成が完了すると、その中に情報を読み込むことができるようになります。その目的のために、LoadEnclaveData関数が公開されています。この関数は、依存するエグゼクティブ関数であるNtLoadEnclaveDataに単に要求を転送するだけです。NtLoadEnclaveData関数は、メモリコピー操作といくつかのVirtualAlloc属性（ページ保護など）を組み合わせたものに似ています。

　CreateEnclaveを使用して作成されたエンクレーブがまだコミット済みのエンクレーブページを一切持たない場合、最初にそれを取得する必要があります。その結果、ゼロクリアされたメモリがエンクレーブに追加され、追加されたページをエンクレーブの外部からの非ゼロメモリで埋めることができるようになります。コミット済みのエンクレーブページが既にある場合、最初のプリコミットされた初期化サイズが渡されると、続いてエンクレーブのページが直接的にエンクレーブの外部からの非ゼロメモリで埋めることができるようになります。

　エンクレーブメモリは仮想アドレス記述子（VAD）によって表されるため、従来からのメモリ管理APIの多くは、少なくとも部分的に、このメモリに対しても同様に機能します。例えば、そのようなページ上のMEM_COMMITフラグ付きのVirtualAllocの呼び出し（最終的にNtAllocateVirtualMemory）は、結果としてMiCommitEnclavePagesを呼び出すことになり、新しいページの保護マスクの互換性が検証されます（すなわち、読み取り、書き込み、および/または実行、特殊なキャッシュフラグや複合書き込みフラグなし、の組み合わせ）。続いて、MiAddPagesToEnclaveが呼び出され、MiAddPagesToEnclaveにはアドレス範囲、VirtualAllockに指定された保護マスク、およびコミットされる仮想アドレス範囲に対応するページテーブルエントリ（PTE）アドレスに関連付けられたエンクレーブVADへのポインターが渡されます。

　MiAddPagesToEnclaveはまず、そのエンクレーブVADが、関連付けられた既存のエンクレーブページキャッシュ（EPC）ページを持つかどうか、およびそれがコミットを満たすのに十分であるかをチェックします。該当しない場合、十分な量を取得するために、MiReserveEnclavePagesが呼び出されます。MiReserveEnclavePagesは、現在のエンクレーブページリストを参照し、合計をカウントします。プロセッサによって提供される物理EPCページ（ブート時に取得した情報に基づく）が十分に存在しない場合、この関数は失敗します。そうでない場合、MiGetEnclavePageをループで呼び出し、必要な量のページを取得します。

　取得されたページフレーム番号（PFN）のエントリごとに、そのPFNエントリがエンクレーブVAD内のPFN配列に対してリンクされます。実質的にこれは、エンクレーブPFNがエンクレーブページリ

ストから削除され、アクティブ状態に置かれると、そのエンクレーブVADはアクティブなエンクレーブPFNのリストとして機能することを意味します。

必要なコミット済みページの取得が完了すると、MiAddPagesToEnclaveはLoadEnclaveDataに渡されたそのページのページ保護を、SGXハードウェアの対応する保護に変換します。次に、必要になる各EPCページ用のページ情報を保持するために、システムPTEに適切な数を予約します。この情報を使用して、最終的にKeAddEnclavePageを呼び出し、KeAddEnclavePageがSGXハードウェアを呼び出して、実際のページ追加を処理します。

特殊なページ保護の属性の1つに、PAGE_ENCLAVE_THREAD_CONTROLがあります。この属性は、そのメモリがSGXにより定義されるスレッド制御構造体（Thread Control Structure：TCS）用であることを示します。各TCSは、エンクレーブ内で個別に実行可能な個々のスレッドを表します。

NtLoadEnclaveDataはパラメーターを検証し、次にMiCopyPagesIntoEnclaveを呼び出して、実際の作業をさせます。MiCopyPagesIntoEnclaveは、前述したように、コミット済みページの取得を必要とする場合があります。

5.18.5 | エンクレーブの開始

これで、エンクレーブの作成と、データのエンクレーブへの転送が完了しました。エンクレーブ内の実際のコードが実行できるようになるには、その前に行う、もう1つの最終ステップが存在します。InitializeEnclave関数を呼び出して、そのエンクレーブが実行を開始できる前の最終状態にあることをSGXに通知する必要があります。InitializeEnclave関数には、SGX固有の2つの構造体を渡す必要があります（その構造体はSIGSTRUCTおよびEINITTOKENです。詳しくは、インテルSGXのドキュメントで確認してください）。

InitializeEnclaveによって呼び出されたエグゼクティブ関数のNtInitializeEnclaveは、いくつかのパラメーターの検証を行い、取得したエンクレーブVADが正しい属性を持つことを確認します。その後、2つの構造体を一緒にSGXハードウェアに渡します。なお、1つのエンクレーブは、1回だけ初期化できます。

最後のステップは、インテルプロセッサーのアセンブリ命令であるEENTERを使用して、コードの実行を開始することです（もう一度言いますが、詳細についてはインテルSGXのドキュメントで確認してください）。

5.19 | プロアクティブメモリ管理（スーパーフェッチ）

オペレーティングシステムにおける従来のメモリ管理は、これまで説明してきたデマンドページング（Demand Paging）モデルに注力してきました。そのメモリ管理は、クラスター化とプリフェッチの進歩により、ページフォールトが必要になった時点でのディスクI/Oを最適化することができます。しかし、クライアントバージョンのWindowsは、スーパーフェッチ（SuperFetch）の実装により、物理メモリの管理において、重要な改善が行われています。スーパーフェッチは、ファイルアクセスの履歴とプロアクティブなメモリ管理を用いた、"最近アクセスされていない（Least Recently Accessed）"アプローチを拡張するメモリ管理スキームです。

以前のバージョンのWindowsにおけるスタンバイページリストの管理には、2つの制約がありました。第一に、ページの優先度設定がプロセスの最近の過去の挙動に依存しており、将来のメモリ要件を予測しないことです。第二に、優先度設定に使用されるデータが、その時点のプロセスによって所

有されているページのリストに制限されることです。これらの欠点は、コンピューターが短時間、放置されるという状況をもたらす可能性があります。その結果、メモリ集約型のシステムアプリケーションの実行（例えば、ウイルス対策スキャンやディスク最適化のような処理の実行）により、その後の対話型アプリケーションの使用（や起動）が遅くなります。同じことが、ユーザーがデータやメモリ集約型のアプリケーションを意図的に実行したときに発生する可能性があります。その後、他のプログラムの使用に戻ると、応答性が著しく悪化するように見えます。

このパフォーマンスの低下は、メモリ集約型アプリケーションがそのコードとデータを強制するために発生します。アクティブなアプリケーションは、メモリ内にキャッシュを持ち、そのキャッシュはメモリを大量に消費するアクティビティによって上書きされます。例えば、アプリケーションがそのデータとコードをディスクから要求しなければならないとき、そのアプリケーションは低速になります。クライアントバージョンのWindowsは、これらの制限をスーパーフェッチを用いて解決するという、大きな一歩を踏み出しました。

5.19.1 スーパーフェッチのコンポーネント

スーパーフェッチ（SuperFetch）は、システム内に次に示すいくつかのコンポーネントを持ちます。それらが協力し合ってプロアクティブなメモリ管理を行い、スーパーフェッチが処理を行うときのユーザーのアクティビティへの影響を限定的にします。

- **トレーサー** —— トレーサーのメカニズムはカーネルコンポーネントの部分（Pfルーチン）に存在します。トレーサーにより、スーパーフェッチはいつでも、ページ使用、セッション、およびプロセス情報の詳細情報を照会することができます。スーパーフェッチは、FileInfoミニフィルタードライバー（%SystemRoot%¥System32¥Drivers¥Fileinfo.sys）を使用して、ファイルの使用状況の追跡も行います。
- **トレースコレクターおよびトレースプロセッサ** —— トレースコレクターは、他のトレースコンポーネント群と連携して、取得されたトレースデータに基づく未加工（RAW）ログを提供します。このトレースデータはメモリ内に保持され、トレースプロセッサに渡されます。トレースプロセッサは次に、トレース内のログのエントリをエージェントに渡します。エージェントは履歴ファイル（次に説明）をメモリ内に維持しており、再起動中など、サービスが停止するときにそれらをディスクに保存します。
- **エージェント** —— スーパーフェッチは、ファイルページのアクセス情報を履歴ファイル内に維持します。これは、仮想アドレスのオフセットを追跡するものです。エージェントは、ページを属性によって次のようにグループ分けします。
  - ユーザーがアクティブだった間のページアクセス
  - フォアグラウンドプロセスによるページアクセス
  - ユーザーがアクティブだったときのハードフォールト
  - アプリケーション起動時のページアクセス
  - ユーザーが長いアイドル状態から戻ってきたときのページアクセス
- **シナリオマネージャー** —— このコンポーネントは、コンテキストエージェントとも呼ばれるもので、スーパーフェッチの3つのシナリオプラン、「ハイバネーション（休止状態）」、「スタンバイ（スリープ）」、「ユーザーの簡易切り替え」を管理します。シナリオマネージャーのカーネルモード部分はAPIを提供します。このAPIは、シナリオの開始と終了、現在のシナリオ状態の管理、およびトレース情報のこれらのシナリオへの関連付けに使用されます。
- **リバランサー** —— ユーザーモードのSuperfetchサービス（Svchost.exeインスタンスによりホス

トされるSysmain.dll）の専用エージェントです。[*26] リバランサーは、スーパーフェッチのエージェントによって提供された情報と、システムの現在の状態（優先度設定されたページリストの状態など）に基づいて、ページフレーム番号（PFN）データベースを照会し、各ページに関連付けられたスコアに基づいて優先度を再設定します。つまり、優先度設定されたスタンバイページリストを作成します。リバランサーはメモリマネージャーに対してコマンドを発行することもでき、システム上のプロセスのワーキングセットを変更できます。リバランサーは、システム上で実際にアクションを起こす唯一のエージェントです。他のエージェントは、リバランサーが決定に使用する情報を単にフィルターするだけです。優先度の再設定に加え、リバランサーはプリフェッチャーを通じてプリフェッチを開始します。プリフェッチャースレッドは、FileInfoミニフィルタードライバーとカーネルサービスを使用して、有効なページをメモリに事前に読み込みます。

これらのコンポーネントはすべて、メモリマネージャーが内部に備えている機能を使用します。これには、PFNデータベース内の各ページの状態に関する詳細情報の照会、各ページリストの現在のページ数と優先度設定されたリストの照会などが含まれます。図5-50は、スーパーフェッチの複数のコンポーネント間の関係を示すアーキテクチャ図です。スーパーフェッチコンポーネントは、優先度設定されたI/Oも使用して、ユーザーへの影響を最小化します（詳しくは、第6章の「6.4.8　I/O優先度の設定」の項を参照してください）。

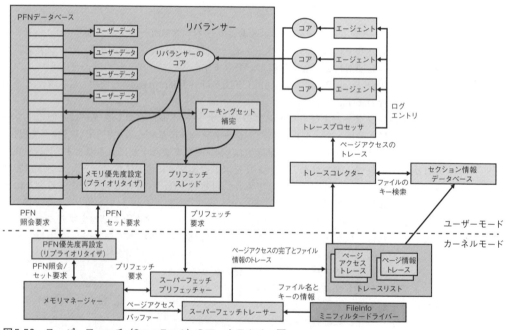

図5-50　スーパーフェッチ（SuperFetch）のアーキテクチャ図

[*26] 訳注：SuperfetchサービスはWindows Vistaから導入され、Windows 10 October 2018 Update（バージョン1809）でSysMainにサービス名および表示名が変更されました。また、Windows Server 2019およびWindows Server, version 1809からはサーバーSKUでもSysMainサービスが既定で有効（サービスのスタートアップが自動）です。ただし、サーバーSKUのSysMainサービスは、クライアントバージョンとは異なる方針で、あるいはプリフェッチやスーパーフェッチ以外の目的で利用されている可能性があります（EnablePrefecherやEnableSuperfetchといった、これらの機能を有効化するレジストリがサーバーSKUには既定で存在しません。また、訳者が確認した限りC:\Windows\Prefetchは空の状態です）。

5.19.2 | トレースの取得とログの記録

スーパーフェッチ（SuperFetch）は、未加工のトレースとログから集約され、解析され、後処理された情報に基づいて、ほとんどの決定を行います。そのため、トレースとログの2つのコンポーネントは最も重要です。トレースの取得は、いくつかの点でWindowsイベントトレーシング（ETW）に似ています。トレーサーは、システム全体のコード内で特定のトリガーを使用してイベントを生成しますが、電源マネージャーの通知、コールバックの処理、ファイルシステムのフィルタリングといった、システムが提供する既存の機能と一緒にも動きます。トレーサーはまた、従来のページエイジング（ページの古さの評価）のメカニズムも使用します。このメカニズムは、スーパーフェッチのために実装された新しいワーキングセットエイジング機能とアクセストラッキング機能とともに、メモリマネージャー内に存在します。

スーパーフェッチは常にトレースを実行し続け、システムからトレースデータを継続的に照会して、メモリマネージャーの「アクセス」ビットのトラッキングとワーキングセットのエイジングを介して、ページの使用状況とアクセスを追跡します。ファイル関連の情報を追跡することは、ページの使用状況と同じくらい重要です。なぜなら、それはキャッシュ内のファイルデータの優先度設定を可能にし、スーパーフェッチはFileInfoミニフィルタードライバーを追加して既存のフィルタリング機能を活用するからです（フィルタードライバーについて詳しくは、第6章を参照してください）。このドライバーは、ファイルシステムのデバイススタック上に置かれ、ファイルストリームのレベルでファイルへのアクセスと変更を監視します。これにより、ファイルアクセスのきめの細かい把握が可能になります（NTFSデータストリームについて詳しくは、本書下巻で説明します）。FileInfoミニフィルタードライバーの主な仕事は、ファイルストリームをファイル名に関連付けることにあります。ファイルストリームは、それぞれのファイルオブジェクトのFsContextフィールドとして現在実装されている、一意のキーによって識別されます。これにより、ユーザーモードのSuperfetchサービスは、メモリマップセクションに属するスタンバイページリスト内のページに関連する、特定のファイルストリームとオフセットを識別することができます。FileInfoミニフィルタードライバーはまた、ロックされたファイルやその他のファイルシステムの状態に干渉することなく、ファイルデータを透過的にプリフェッチするためのインターフェイスを提供します。FileInfoミニフィルタードライバーの残る仕事は、削除、リネーム操作、切り詰め、およびシーケンス番号の実装によるファイルキーの再利用のトラッキングによって、情報の一貫性を保つことがあります。

トレース中はいつでも、ページを別々に再作成するためにリバランサーが呼び出されることがあります。その決定は、ワーキングセット内のメモリの配分、ゼロページリスト、変更ページリストとスタンバイページリスト、フォールトの数、ページテーブルエントリ（PTE）の「アクセス」ビットの状態、ページごとの使用状況のトレース、現在の仮想アドレスの使用量、およびワーキングセットサイズなどの情報の分析によって行われます。

ページアクセストレースに存在する可能性のある特定のトレースは、トレーサーが「アクセス」ビットを使用して、プロセスによってアクセスされたページを追跡したものです（ファイルページおよびプライベートメモリの両方）。あるいは、それはファイル名のログトレース内にある可能性もあります。このトレースは、ディスク上の実際のファイルに対して更新されたファイル名とファイルキーのマッピングを監視したものです。これらのトレースは、スーパーフェッチがファイルオブジェクトに関連付けられたページをマップすることを可能にします。

スーパーフェッチのトレースは、ページアクセスを追跡するだけですが、Superfetchサービスはユーザーモードでこのトレースを処理し、そのページがどこから読み込まれたのか（例えば、メモリに常駐していたのか、ハードページフォールトなのか）、それがそのページに対する初期アクセスなのか、

ページアクセスの実際の頻度といった独自の豊富な情報を追加して、さらに深いところまで掘り下げます。システム状態といった追加的な情報もまた、トレースされたページが最後に参照されたときの最近のシナリオに関する情報とともに維持されます。生成されたトレース情報は、ロガーを通じてメモリ内に維持され、データ構造体に格納されます。ページアクセストレースの場合、このデータ構造体は、トレースを識別し、仮想アドレスとワーキングセットのペアを持ちます。ファイル名のログトレースの場合、ファイルとオフセットのペアを持ちます。スーパーフェッチはこのようにして、特定のプロセスのページ関連のイベントに対応する仮想アドレスの範囲や特定のファイルの同様のイベントに対応するオフセットの範囲を追跡することができます。

5.19.3 シナリオ

スーパーフェッチ（SuperFetch）の主要な機能であるページ優先度再設定とプリフェッチメカニズム（次の項でさらに詳しく説明します）とは別の側面に、スーパーフェッチのシナリオのサポートがあります。シナリオとは、スーパーフェッチがユーザーエクスペリエンスを改善しようと努力する対象の、コンピューター上での特定のアクションのことです。シナリオには、次のものがあります。

- **ハイバネーション（休止状態）** —— このシナリオの目標は、既存のワーキングセットページではなく、ハイバネーションファイルに保存されるページを、インテリジェントに決定することです。この考え方は、休止状態からシステムを再開した後、システムが応答するまでにかかる時間を最小化するためのものです。
- **スタンバイ（スリープ）** —— このシナリオの目標は、スリープ状態から再開後のハードフォールトを完全に削除することにあります。一般的なシステムは2秒以内に再開することができますが、長いスリープ状態の後にハードドライブがスピンアップ（回転を始める）までに5秒かかる可能性があります。1回のハードフォールトは、再開サイクルのそのような遅延の原因になります。スーパーフェッチは、スリープ後に必要とされるページの優先度設定をして、ハードフォールトの機会を排除します。
- **ユーザーの簡易切り替え** —— このシナリオの目標は、正確な優先度を維持し、ユーザーごとのメモリを把握することにあります。これにより、別のユーザーへの切り替えで、そのユーザーのセッションがすばやく使用可能になり、ページのフォールトインのために大きなタイムラグを必要としなくなります。

これらのシナリオはどれも異なる目標を持ちますが、最終的な目的はハードフォールトの最小化もしくは削減にあります。

これらのシナリオはハードコードされており、スーパーフェッチはシステム状態を制御するNtSetSystemInfomationおよびNtQuerySystemInformation APIを介してそれらを管理します。スーパーフェッチの目標のために、特別な情報クラスであるSystemSuperfetchInformationが用意されており、カーネルモードコンポーネントの制御、およびシナリオの開始、終了、照会、または1つ以上のトレースのシナリオへの関連付けの要求の生成に使用されます。

各シナリオは、プランファイルによって定義されます。プランファイルには、少なくとも、シナリオに関連付けられるページのリストが含まれます。ページ優先度の値もまた、特定の規則（次に説明します）に基づいて割り当てられます。あるシナリオが開始すると、シナリオマネージャーはイベントに応える役割を持ち、メモリに持ってくるべきページをどの優先度でもってくるか、ページのリストを生成します。

5.19.4 | ページ優先度とリバランス

　これまで既に、メモリマネージャーが実装するページ優先度のシステムを見てきました。そのシステムは、スタンバイページリストのどのページを、指示された操作のために再利用するのかを決定し、指定したページをどのページリストに挿入するのかを決定します。このメカニズムは、プロセスとスレッドが関連付けられた優先度を持つときに利点をもたらします。例えば、最適化処理がスタンバイページリストを汚さないように、対話型のフォアグラウンドプロセスからページを取り上げる場合などです。しかし、ページ優先度の真の能力は、スーパーフェッチ（SuperFetch）のページ優先度設定スキームとリバランスを通して解き放たれます。スーパーフェッチのこれらの機能は、アプリケーションのマニュアル入力やプロセスの重要性に関するナレッジ情報のハードコーディングを必要としません。

　スーパーフェッチは、ページごとに保持される内部的なスコアに基づいてページ優先度を割り当てます。このスコアの部分は、使用頻度に基づいています。この使用数は、時間、日、週といった指定の相対的な時間間隔内にページが使用された回数をカウントします。システムは、使用した時間も追跡し、特定のページがアクセスされてから経過した時間を記録します。最後に、このページがどこから（どのページリストから）来たものか、およびその他のアクセスパターンなどのデータを使用して、スコアが計算されます。

　このスコアは、1から6のいずれかの優先度番号に変換されます（後で説明しますが、優先度7は別の目的のために使用されます）。この章の「5.13.2　ページ優先度」の「実習：優先度設定されたスタンバイページリストを参照する」で示したように、より優先度の低いスタンバイページリストから先に再利用されます。優先度5は、一般的に通常のアプリケーションのために使用されます。一方、優先度1はバックグラウンドアプリケーションを指します。開発者はアプリケーションをバックグラウンドアプリケーションとしてマークすることができます。最後に、優先度6は、一定の数の重要性の高いページを、再利用からできるだけ遠ざけておくために使用されます。他の優先度は、各ページに関連付けられたスコアの結果になります。

　スーパーフェッチはユーザーのシステムを"学習する"ため、既存の履歴データがない状態から始まり、ユーザーに関係するさまざまなページアクセスを少しずつ理解していきます。しかし、この方法では、新しいアプリケーション、ユーザー、あるいはWindowsの更新プログラムがインストールされるたびに、学習曲線に大きく影響します。その代わりに、マイクロソフトの内部的なツールを使用して、スーパーフェッチデータをキャプチャし、それをプリビルド（事前作成）トレースに変換して、Windowsにスーパーフェッチをプレトレーニングさせることができます。これらのプリビルドトレースは、マイクロソフトのスーパーフェッチのチームにより生成されたものです。スーパーフェッチのチームは、［スタート］メニューのクリック、コントロールパネルを開く操作、あるいは［ファイルを開く］や［名前を付けて保存］ダイアログボックスの使用といった、すべてのユーザーが行う可能性がある、一般的な使用状況や使用パターンをトレースしました。このトレースデータは、履歴ファイルに保存され（Sysmain.dllのリソースとして同梱されています）、特別な優先度7のリストにあらかじめ使用されます。このリストは、最も重要なデータが置かれる場所で、めったに再利用されることはありません。優先度7にあるページは、プロセスが終了した後や再起動をまたいでも、メモリ内に維持されるファイルページです（再起動の場合は、次のブート時にあらかじめ配置されます）。最後に、優先度7のページは固定的であり、優先度が再設定されることはありません。また、スーパーフェッチは、プレトレーニングされたセット以外に、優先度7のページを動的に読み込むことはありません。

　優先度設定されたリストは、リバランサーによってメモリに読み込まれます（またはあらかじめ配置されます）。しかし、実際の再調整（リバランス）の行為は、スーパーフェッチおよびメモリマネージャーの両方で処理されます。これまで見てきたように、優先度設定されたスタンバイページリスト

のメカニズムは、メモリマネージャーの内部にあり、どのページを先に処分し、どのページを先天的に保護するかかが、優先度番号に基づいて決定されます。リバランサーはその仕事をするのに、マニュアルでメモリを再調整するのではなく、優先度の再設定によって行います。これにより、メモリマネージャーが必要なタスクを実施します。リバランサーには、必要に応じて実際のページをディスクから読み取る役割もあります。これにより、ページはメモリ内に存在することになります（プリフェッチ）。リバランサーは次に、各エージェントによって各ページのスコアにマップされた優先度を割り当て、メモリマネージャーがそのページを重要度に応じて扱えるようにします。

リバランサーは、他のエージェントに依存することなく、行動を起こすことができます。例えば、ページリストをまたいだページの分散が準最適である、または異なる優先度レベルをまたいだページの再利用の数が不適切であると認識したときに、行動を起こします。リバランサーは、ワーキングセットのトリミングをトリガーすることもできます。ワーキングセットのトリミングは、スーパーフェッチがあらかじめ配置するキャッシュデータのために使用されるページの適切な割り当てを作成するために必要になることがあります。リバランサーは、通常、あまり役に立たないページを取り出し（そのようなページは、既に低い優先度としてマークされているか、ゼロクリアされているか、あるいは有効な内容を持ちますがワーキングセット内に存在せず使用されていません）、それに割り当てられていたバジェットを考慮して、より役に立つページのセットをメモリ内に作成します。リバランサーがどのページをメモリに持ってくるのか、そしてどの優先度レベルに読み込まれる必要があるのかを（また、どのページを切り捨てるかを）決定した後、それをプリフェッチするために必要となるディスクの読み取りを実行します。リバランサーはまた、I/Oマネージャーの優先度設定スキームと連携して、I/Oを非常に低い優先度で実行して、ユーザーに干渉しないようにします。

プリフェッチによって使用されるメモリの消費は、スタンバイページリストのページによってバックアップされます。この章の「5.13.1　ページリストの動き」の項で説明したように、スタンバイ状態のメモリは、いつでも別の割り当てのための自由なメモリとして再利用できる、利用可能なメモリです。別の言い方をすると、スーパーフェッチが誤ったデータをプリフェッチした場合、ユーザーには実際の影響はありません。なぜなら、メモリは必要なときに再利用することができるもので、実際にリソースが消えてしまうわけではないからです。

最後に、リバランサーはまた、高い優先度としてマークされたページが、実際に最近使用されたことを確認するために、定期的に実行されます。優先度の高いページはめったに（時には決して）再利用されることがないため、ごくまれにしかアクセスされないのにも関わらず、特定の期間中に頻繁にアクセスされているように見えるデータに対して、ページを浪費しないために重要です。そのような状況が検出された場合、リバランサーは再実行され、それらのページを低い優先度のリストに落とします。

アプリケーション起動エージェント（Application Launch Agent）と呼ばれる特別なエージェントは、異なる種類のプリフェッチメカニズムに関係しています。これは、アプリケーションの起動の予測を試み、マルコフ連鎖（Markov Chain）モデルを作成します。このモデルは、ある時間区間（タイムセグメント）内に他のアプリケーションの起動がある場合に、特定のアプリケーションが起動する確率を表すものです。この時間区間は、平日と週末のそれぞれについて、朝、昼、夕方、夜の約6時間ごとの4つの異なる期間に分けられます。例えば、土曜日と日曜日夕方に、習慣的にWordを起動した後にOutlookを起動するユーザーの場合、アプリケーション起動エージェントは、「週末の夕方、Wordの後にOutlookを実行する」という高い確率に基づいて、おそらくOutlookをプリフェッチするでしょう。

今日のシステムは、平均で2GB以上という、十分に大きな容量のメモリを備えているため（ただし、スーパーフェッチはこれより少ないメモリのシステムでも機能します）、コンピューター上で頻繁に使用されるプロセスが、最適なパフォーマンスのために常駐する必要がある実際の実メモリ量は、結局

第5章 メモリ管理 531

のところ、プロセス全体のメモリ内のフットプリントの管理可能なサブセットになります。時には、物理メモリ（RAM）内に必要なすべてのページが収まる場合があります。それができないとき、ReadyBoostやReadyDriveといった技術が、さらなるディスク使用を回避できます。

5.19.5 堅牢なパフォーマンス

スーパーフェッチ（SuperFetch）の最後のパフォーマンス拡張機能は、**堅牢性**（Robustness、ロバストネス）、あるいは**堅牢なパフォーマンス**（Robust Performance、ロバストパフォーマンス）と呼ばれます。このコンポーネントは、ユーザーモードのSuperfetchサービス（Svchost.exeインスタンスによりホストされるSysmain.dll）によって管理されますが、最終的にはカーネル（Pfルーチン）に実装されています。このコンポーネントは、不要なデータがスタンバイページリストに取り込まれることによって、システムパフォーマンスに悪影響を与える可能性のある特定のファイルI/Oアクセスを監視します。例えば、仮にあるプロセスがファイルシステム間で1つの大きなファイルをコピーした場合、たとえそのファイルが二度とアクセスされない（または長時間アクセスされない）としても、スタンバイページリストによりそのファイルの内容が取り込まれます。これは、その優先度内にある他のデータを切り捨てることになります。また、これが対話型の、よく利用されるプログラムの場合、その優先度は少なくとも5になる可能性があります。

スーパーフェッチは、次の2種類の特定のI/Oアクセスパターンに応えます。

- **シーケンシャル（順次）ファイルアクセス** —— この種類のI/Oアクセスパターンでは、システムはファイル内のすべてのデータを処理します。
- **シーケンシャル（順次）ディレクトリアクセス** —— この種類のI/Oアクセスでは、システムはディレクトリ内のすべてのファイルを処理します。

この種のアクセスの結果として、内部的なしきい値を超える一定量のデータがスタンバイページリスト内に取り込まれたことをスーパーフェッチが検出したとき、このファイルにマップするために使用されるページに対して、アグレッシブな非優先設定（**ロバスト**と呼ばれます）が適用されます。これは、他のアプリケーションに不利益を与えないように、対象プロセスの中でのみ発生します。ロバストされたこれらのページは、実質的に優先度が再設定され、優先度2になります。

スーパーフェッチのこのコンポーネントはリアクティブであり予測ではないため、ロバストが始まるにはある程度時間がかかります。そのため、スーパーフェッチは次の実行のためにこのプロセスを追跡します。スーパーフェッチが、このプロセスがいつもこの種のシーケンシャルアクセスを実行するように見えると判断した場合、これを記憶し、リアクティブな挙動を待つ代わりに、マップされたファイルページをすぐにロバストします。この時点で、そのプロセス全体が、将来のファイルアクセスのためにロバストされたと見なされます。

しかし、スーパーフェッチが単にこのロジックを適用するだけでは、将来、シーケンシャルアクセスを実行する、多くの正当なアプリケーションやユーザーシナリオに悪い影響を与える可能性があります。例えば、Windows SysinternalsのStrings.exeユーティリティを使用すると、あるディレクトリに置かれたすべての実行可能イメージの中の文字列を検索することができます。多数のファイルが存在する場合、スーパーフェッチがロバストを実行したとします。次にStrings.exeを別の検索パラメーターを指定して実行したとき、今度はもっと高速に実行されると期待していても、初回と同じようにゆっくりと実行されることになります。この問題を回避するために、スーパーフェッチは内部的にハードコードされた例外リストと同様に、将来監視する対象のプロセスのリストを保持します。ロバストされたファイルに対して再アクセスする後続のプロセスを検出した場合、そのプロセス上でロバスト

は無効化され、期待される挙動に戻されます。

　ロバストおよびスーパーフェッチの一般的な最適化について考慮するときに覚えておくべき主なポイントは、使用されないデータのフェッチを回避するために、スーパーフェッチが使用パターンを絶えず監視して、システムの知識を更新している点です。ユーザーの日々のアクティビティやアプリケーションのスタートアップの挙動が変わると、スーパーフェッチのキャッシュが無関係なデータで汚れたり、使用されないと判断されたデータが切り捨てられたりしますが、スーパーフェッチはどんなパターンの変化にもすばやく順応します。ユーザーのアクションが不規則かつランダムな場合、最悪の場合は、スーパーフェッチがまったく存在しないかのように、システムがいつも同じような状態で動作することになります。スーパーフェッチが疑わしい状態になったり、データを確実に追跡できなかった場合、スーパーフェッチ自体が停止され、特定のプロセスやページに変更を加えることがなくなります。

5.19.6　ReadyBoost

　ここ最近、10年前と比べて、物理メモリ（RAM）は簡単に手に入り、比較的安価になりました。それでも、ハードディスクドライブなどのセカンダリ記憶域のコストパフォーマンスにはかないません。残念なことに、機械式のハードディスクは、多数の動く部品で構成され、壊れやすく、さらに重要なことに、物理メモリ（RAM）に比べて相対的に低速です。特に、シーク時間がかかります。結果として、アクティブなスーパーフェッチ（SuperFetch）のデータをドライブに格納すると、ページをページアウトし、それをメモリにハードフォールトすればするほど、パフォーマンスは悪化します。

　ソリッドステートドライブ（SSD）およびハイブリッドドライブは、これらの欠点の一部を相殺しますが、それらは物理メモリ（RAM）と比べてまだまだ高価で低速です。しかし、USBフラッシュディスク（UFD）、コンパクトフラッシュ（CompactFlash）カード、SD（Secure Digital）カードのようなポータブルなソリッドステートメディアは、有用な妥協点を提供します。それらは、物理メモリ（RAM）よりも安価であり、大きなサイズで利用可能です。また、動く部品が存在しないため、機械式のハードディスクよりも短いシーク時間で利用できます。

メモ
　実際には、コンパクトフラッシュカードとSDカードは、ほとんどの場合、USBアダプターを介してインターフェイスされるため、それらはUSBフラッシュディスクとしてシステム上に表示されます。

　ハードディスクに対するランダムなディスクI/Oは、特にコストがかかります。なぜなら、ディスクヘッドのシーク時間に回転の遅延が加わるため、一般的なデスクトップ向けハードドライブで合計約10ミリ秒かかります。今日の3GHzや4GHzのプロセッサと比べると雲泥の差です。しかし、フラッシュメモリは、一般的なハードディスクよりも最大で10倍高速なランダム読み取りを提供します。そのため、Windowsは「ReadyBoost」と呼ばれる機能を搭載し、フラッシュメモリ記憶域デバイスに中間キャッシュレイヤーを作成し、メモリとディスクの間に論理的に配置することで、フラッシュメモリを活用します。

　ReadyBoost（ReadyBootと混同しないように）は、ドライバー（%SystemRoot%¥System32¥Drivers¥Rdyboost.sys）の補助を使って実装されています。このドライバーは、キャッシュされたデータを不揮発性メモリ（NVRAM）デバイスに書き込む役割を持ちます。USBフラッシュディスクをシステムに挿入したとき、ReadyBoostはそのデバイスを調査し、パフォーマンス特性を評価して、そのテスト結果をレジストリキー HKLM¥SOFTWARE¥Microsoft¥Windows NT¥CurrentVersion¥Emdmgmt

内に格納します（Emdは、External Memory Device、つまり外部メモリデバイスの略称であり、ReadyBoostの開発中の開発コード名です）。

新しいデバイスが256MBから32GBの間のサイズであり、4GBのランダム読み取りの転送レートが2.5MB/秒以上、512KBのランダム書き込みの転送レートが1.75MB/秒の場合、RedyBoostはその領域の一部をディスクキャッシュのために使用するかどうかをユーザーに問い合わせます。[27] ユーザーが同意すると、ReadyBoostはそのデバイスのルートにReadyBoost.sfcacheという名前のファイルを作成し、そのファイルをキャッシュされたページを格納するために使用します。

キャッシュの初期化が終わると、ReadyBoostはローカルハードディスクボリューム（例えば、C:¥）に対するすべての読み取りおよび書き込みをインターセプトし、読み取りまたは書き込みデータをサービスが作成したキャッシュファイルにコピーします。これには例外があります。例えば、読み取られていないデータや、ボリュームスナップショット要求に関係するデータです。キャッシュ用のドライブに格納されるデータは圧縮され、通常、2対1の圧縮率が達成されるため、4GBのキャッシュファイルは通常、8GBのデータを含むことになります。各ブロックは、ランダムに生成されたブートごとのセッションキーとともにAES（Advanced Encryption Standard）暗号化を使用して、書き込まれるときに暗号化されます。これにより、デバイスがシステムから取り出された場合でも、キャッシュ内でのデータのプライバシーが保護されます。

ReadyBoostがキャッシュで解決できるランダム読み取りを見つけると、ReadyBoostはキャッシュからそれをサービスします。しかし、ハードディスクのシーケンシャル読み取りアクセスはフラッシュメモリよりも優れているため、ReadyBoostはシーケンシャルアクセスパターンの部分を、キャッシュ内にデータがある場合でも、ディスクから直接的に読み取らせます。同様に、キャッシュを読み取るとき、大量のI/Oを実行する必要がある場合は、ディスク上のキャッシュが代わりに読み取られます。

フラッシュメディアに依存することの欠点の1つは、ユーザーがデバイスをいつでも取り出すことができるということです。これは、システムが重要なデータをメディア上だけに保存することは決してできないということを意味しています（ここまで見てきたように、書き込みは先に、必ず補助記憶装置に対して行われます）。次の項で説明する、関連技術のReadyDriveは、追加的な利点を提供し、この問題を解決します。

5.19.7 | ReadyDrive

ReadyDriveは、**ハイブリッドハードディスクドライブ**（H-HDD）を活用するWindowsの機能です。H-HDDは、不揮発性メモリ（NVRAM）が組み込まれたディスクです。一般的なH-HDDは、キャッシュとして50MBから512MBのNVRAMを備えています。

ReadyDriveの下では、ドライブのフラッシュメモリは、ほとんどのハードドライブで一般的なRAMキャッシュのような、単に自動的な透過的キャッシュとしては振る舞いません。その代わりに、WindowsはATA-8コマンドを使用して、フラッシュメモリ内に保持されるディスクデータを定義します。例えば、Windowsはシステムがシャットダウンするとき、再スタートを高速化するために、ブートデータをキャッシュに保存します。Windowsはまた、システムをハイバネーション（休止状態）するときに、休止状態ファイルのデータの部分をキャッシュに格納します。これにより、次のシステム

---

[27] 訳注：Windows VistaおよびWindows 7の場合、自動再生オプションとして［システムの高速化（Windows ReadyBoost使用）］が提示されます。より新しいバージョンのWindowsの場合、自動再生オプションにこのオプションは表示されませんが、ドライブのプロパティの［ReadyBoost］タブで手動で構成することはできます。ただし、システムが十分なパフォーマンスを備えていると見なされる場合（システムがSSDドライブの場合など）、ReadyBoostは機能自体が無効化される場合があります。

の再開が高速化されます。キャッシュはディスクの回転が止まっているときも有効になっているため、Windowsはフラッシュメモリをディスクのライトキャッシュとして使用できます。これにより、バッテリー駆動でシステムが稼働中のときに、ディスクがスピンアップするのを回避します。ディスクの電源をオフのままにしておくことで、通常の使用状況でディスクドライブが使用する消費電力を大幅に節約できます。

ReadyDriveを使用する別のものにスーパーフェッチ（SuperFetch）があります。ReadyDriveはスーパーフェッチにReadyBoostと同じ利点を提供するとともに、いくつかの拡張機能を提供します。例えば、外部のフラッシュメモリデバイスを必要とせず、永続的に利用できます。そのキャッシュは実際の物理ハードディスク上に存在するため、コンピューターが稼働している間、ユーザーは通常、それを取り出すことができません。ハードドライブのコントローラーは、通常、データが消失することを心配する必要がなく、キャッシュだけを使用して実際のディスクへの書き込みを回避することができます。

5.19.8 | プロセスリフレクション

プロセスは問題のある挙動を示すことがたびたびありますが、そのプロセスがサービスをまだ提供しているのであれば、完全メモリダンプを生成するために中断したり、対話的にデバッグすることは望ましくはありません。ダンプを生成するためにプロセスを中断する時間の長さは、ミニダンプ（Minidump）を取得することで最小化できます。ミニダンプはスレッドのレジスタとスタックを、レジスタによって参照されているメモリのページとともにキャプチャしますが、そのダンプの種類は情報量がかなり限られています。多くの場合、クラッシュの診断には十分ですが、一般的な問題のトラブルシューティングには十分でありません。プロセスリフレクション（Proces Reflection）を用いると、対象プロセスの中断はミニダンプを生成するのに十分な時間だけで済み、ターゲットプロセスの中断されたクローンコピーを作成して、クローンからより大きなダンプを作成できます。これにより、ターゲットプロセスの実行を継続しながら、クローンからプロセスの有効なユーザーモードメモリのすべてのキャプチャしたダンプを生成できます。

Windows診断インフラストラクチャ（Windows Diagnostic Infrastructure：WDI）のいくつかのコンポーネントは、疑わしい挙動を示すものとしてヒューリスティックに識別したプロセスのメモリダンプを、最小限の介入でキャプチャするためにプロセスリフレクションを利用します。例えば、「Windowsリソース消費検出と解決」（Windows Resource Exhaustion Detection and Resolution：RADARとしても知られています）の「Windowsメモリリーク診断」コンポーネント[28]は、プライベート仮想メモリがリークしている疑いのある1つのプロセスのメモリダンプを、プロセスリフレクションを使用して生成します。取得したメモリダンプは、Windowsエラー報告（WER）を介して分析のためにマイクロソフトに送信できます。WDIによるハングアップしたプロセスのヒューリスティック検出は、一方のプロセスがもう一方のプロセスをデッドロックしているように見える複数のプロセスに対して同様のことを行います。これらのコンポーネントはヒューリスティックな方法を使用するため、長時間プロセスを中断したり、プロセスを終了してしまうと、プロセスにエラーが発生している状況を確認することができません。

Ntdll.dll内のRtlCreateProcessReflection関数は、プロセスリフレクションの実装を制御します。こ

---

[28] 訳注：「Windowsリソース消費検出と解決」と「Windowsメモリリーク診断」は、ローカルコンピューターポリシー（Gpedit.msc）の「コンピューターの構成￥管理用テンプレート￥システム￥トラブルシューティングと診断」の場所にあるポリシー設定で有効（既定）／無効にできます。

第5章 メモリ管理   535

の関数は、次のように機能します。

1. 共有メモリセクションを作成します。

2. 共有メモリセクションにパラメーターを取り込みます。

3. 共有メモリセクションを現在のプロセスと対象プロセスにマップします。

4. 2つのイベントオブジェクトを作成し、対象プロセスにこれらのイベントを複製します。これにより、現在のプロセスと対象プロセスが操作を同期できるようになります。

5. RtlpCreateUserThreadEx関数を呼び出して、対象プロセスの中に1つのスレッドを注入（インジェクション）します。このスレッドは、Ntdll.dllのRtlpProcessReflectionStartup関数の実行開始を指示します。Ntdll.dllはすべてのプロセスのアドレス領域の同じアドレス（ブート時にランダムに生成されたアドレス）にマップされているので、現在のプロセスはそのアドレスを自身のNtdll.dllのマップから取得し、簡単にそのアドレスを関数に渡すことができます。

6. RtlCreateProcessReflection関数の呼び出し元で、クローン化されたプロセスのハンドルが必要であると指定された場合、RtlCreateProcessReflection関数はリモートのスレッドの終了を待機します。そうでない場合、呼び出し元に戻します。

7. 対象プロセスに注入されたスレッドが追加のイベントオブジェクトを割り当てます。このイベントオブジェクトが一度作成されると、クローン化されたプロセスとの同期のために使用されます。

8. 注入されたスレッドがRtlCloneUserProcess関数を呼び出します。この関数には、この処理の開始時に共有したメモリのマップから取得したパラメーターを渡します。

9. RtlCreateProcessReflection関数のオプションでプロセスがローダー内で実行されていないときにクローンを作成するように指定されている場合、プロセス環境ブロック（PEB）を変更するか、存在するファイバーローカルストレージ（FLS）を変更して、次にRtlCreateProcessReflection関数は継続する前に関連するロックを取得します。これは、デバッグに便利です。なぜなら、データ構造体のメモリダンプのコピーが、一貫性のある状態で存在するからです。

10. RtlCloneUserProcess関数は、RtlpCreateUserProcess関数を呼び出して処理を終えます。RtlpCreateUserProcess関数は、一般的なプロセス作成のためのユーザーモード関数であり、新しいプロセスが現在のプロセスのクローンであることを示すフラグが渡されます。RtlpCreateUserProcess関数は次に、ZwCreateUserProcess関数を呼び出して、カーネルにプロセスの作成を要求します。

　ZwCreateUserProcess関数は、クローンプロセスを作成する際に、PspAllocateProcessを使用するという例外を除き、新しいプロセスを作成するときとほとんど同じコードパスを実行します。PspAllocateProcessはプロセスオブジェクトと初期スレッドを作成するために呼び出され、そのページを初期プロセスのアドレス領域ではなく、対象プロセスのコピーオンライトのコピーにするようにフラグを指定してMmInitializeProcessAddressSpaceを呼び出します。メモリマネージャーは、UNIXベースアプリケーション用サブシステム（SUA）[29]が提供するfork()関数と同様のサポートを使用して、

---

[29] 訳注：第2章で説明したように、POSIXサブシステムをサポートするUNIXベースアプリケーション用サブシステム（SUA）は、既に開発が終了し、Windowsのオプション機能としても提供されることはなくなりました（Windows 8.1およびWindows Server 2012 R2で削除されました）。

効率的にアドレス領域を複製します。対象プロセスが実行を継続すると、対象プロセスがそのアドレス領域に対して行う変更は、対象プロセスだけに見えるようになり、クローンには見えません。これにより、クローンのアドレス領域は、対象プロセスの特定時点のビューと一貫性のあるものを表します。

クローンプロセスの実行は、RtlpCreateUserProcess関数から戻ってきた直後の時点から始まります。クローンの作成が成功すると、注入スレッドはSTATUS_PROCESS_CLONEDコードを戻り値として受け取ります。一方、クローンのスレッドはSTATUS_SUCCESSコードを戻り値として受け取ります。次に、クローンプロセスは対象プロセスと同期され、最終的なアクションとして、RtlCreateProcessReflection関数にオプションとして渡された関数を呼び出します。その関数は、Ntdll.dllに実装されたものである必要があります。例えば、RADARはRtlDetectHeapLeaksを指定します。これは、プロセスヒープのヒューリスティックな分析を実行し、RtlCreateProcessReflection関数を呼び出したスレッドに結果のレポートを戻します。関数が指定されなかった場合、RtlCreateProcessReflection関数の渡されたフラグに応じて、スレッドは自身を中断するか、終了します。

RADARとWDIがプロセスリフレクションを使用するとき、これらはRtlCreateProcessReflection関数を呼び出し、クローンプロセスに対するハンドルを戻し、初期化された後にクローン自身を中断するように、関数に指示します。次に、これらは対象プロセスのミニダンプを生成します。ダンプを生成する遅延のために対象プロセスは中断します。続いて、クローンプロセスからより包括的なダンプを生成します。クローンのダンプの生成が完了したあと、クローンは強制終了されます。対象プロセスは、ミニダンプの完了とクローンの作成の間の時間枠の間に実行できますが、ほとんどのシナリオでは、この間に一貫性が失われても、トラブルシューティングが妨げられることはありません。Windows SysinternalsのProcdumpユーティリティもまた、-rオプションを指定したときにこれらのステップを行い、プロセスリフレクションで作成された対象プロセスのクローンからダンプを作成します。[30]

5.20 | まとめ

この章では、Windowsメモリマネージャーが仮想メモリ管理を実装している方法について調べました。ほとんどの最新のオペレーティングシステムと同様に、各プロセスにはプライベートアドレス領域へのアクセスが与えられ、あるプロセスのメモリは別のプロセスから保護されます。ただし、複数のプロセスが効果的でセキュアにメモリを共有することが可能です。例えば、マップファイルを含めたり、メモリをまばらに割り当てたりといった、詳細な機能も利用可能です。Windows環境サブシステムは、メモリマネージャーの機能の大部分を、Windows APIを通してアプリケーションで利用可能にしています。

次の章では、どのオペレーティングシステムにおいても重要な、もう1つの部分であるI/Oシステムについて取り上げます。

---

[30] 訳注：Windows 8.1およびWindows Server 2012 R2以降の場合、Procdumpの-rオプションは、プロセスリフレクションの代わりに、より新しく、より優れたプロセススナップショット（PSS）機能を利用します。PSSについて詳しくは、開発者向け公式ドキュメントの「Process Snapshoting」（https://docs.microsoft.com/en-us/previous-versions/windows/desktop/proc_snap/process-snapshotting-portal）を参照してください。

第6章
I/Oシステム

　Windowsの I/O システムは、複数のエグゼクティブコンポーネントで構成されており、それらが共に、ハードウェアデバイスを管理し、アプリケーションとシステム向けにハードウェアデバイスへのインターフェイスを提供します。この章では、まず、I/O システムの実装に影響を与えた設計目標について列挙します。次に、I/O システムを構築しているコンポーネントについて説明します。これには、I/Oマネージャー、プラグアンドプレイ (PnP) マネージャー、および電源マネージャーが含まれます。続いて、I/O システムの構造とコンポーネント、およびさまざまな種類のデバイスドライバーについて調べていきます。デバイス、デバイスドライバー、I/O 要求を説明する主なデータ構造体について議論し、その後、I/O 要求がシステムを通して移動するときに、I/O 要求を完了するために必要なステップについて説明します。最後に、デバイスの検出、ドライバーのインストール、および電源管理の機能を明らかにします。

6.1 | I/Oシステムのコンポーネント

　Windowsの I/O システムの設計目標は、ハードウェア (物理) とソフトウェア (仮想または論理) の両方について、デバイスを抽象化し、アプリケーションに対して以下の機能を提供することにあります。

- 共有可能なリソースを保護するための、デバイスをまたぐ統一されたセキュリティと名前付け (Windowsセキュリティモデルの説明については、「第7章　セキュリティ」を参照してください)。
- スケーラブルなアプリケーションの実装を可能にする、高パフォーマンスのパケットベースの非同期I/O。
- 高水準言語によるドライバー開発と異なるマシンアーキテクチャ間での容易なポーティングを可能にするサービス。
- 動作やデバイスが変更されたドライバーに変更を加える必要なく、別のドライバーの追加により他のドライバーやデバイスの動作を透過的に変更することを可能にする、階層 (レイヤー) 化と拡張性。
- デバイスドライバーの動的な読み込み (ロード) とアンロード。これにより、ドライバーはオンデマンドで読み込まれることができ、必要でないときにシステムリソースを消費しません。
- プラグアンドプレイ (PnP) のサポート。新しいハードウェアの検出に対して、システムがそれを配置し、ドライバーをインストールして、デバイスが必要とするハードウェアリソースを割り当て、アプリケーションがそのデバイスを発見し、デバイスのインターフェイスをアクティブ化で

きるようにします。
- 電源管理のサポート。これにより、システムまたは個別のデバイスは、低電力状態に入ることができます。
- 複数のインストール可能なファイルシステムのサポート。これには、FAT（およびその派生であるFAT32とexFAT）、CD-ROMファイルシステム（CDFS）、ユニバーサルディスクフォーマット（UDF）ファイルシステム、Resilient File System（ReFS）、およびNTファイルシステム（NTFS）が含まれます（ファイルシステムの種類とアーキテクチャに固有の情報については、本書下巻を参照してください）。
- Windows Management Instrumentation（WMI）のサポートおよび診断能力。これにより、WMIアプリケーションやスクリプトを介して、ドライバーを管理および監視することができます（WMIについては、本書下巻で説明します）。

これらの機能を実装するために、WindowsのI/Oシステムはデバイスドライバーとともに、図6-1に示すいくつかのエグゼクティブコンポーネントを提供します。

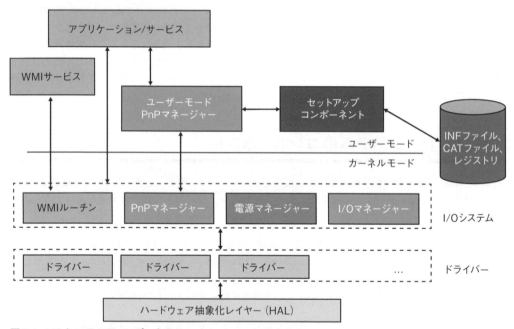

図6-1 I/Oシステムのコンポーネント

- **I/Oマネージャー** —— I/OマネージャーはI/Oシステムの中心となるものです。アプリケーションとシステムコンポーネントを仮想、論理、および物理デバイスに接続し、デバイスドライバーをサポートするインフラストラクチャを定義します。
- **デバイスドライバー** —— 通常、特定の種類のデバイス用のI/Oインターフェイスを提供します。ドライバーはソフトウェアモジュールであり、読み取り（read）、書き込み（write）コマンドなどの高水準コマンドを解釈して、制御レジスタ（コントロールレジスタ）への書き込みなどの低水準のデバイス固有コマンドを発行します。デバイスドライバーはI/Oマネージャーによってデバイスにルーティングされた、管理対象のデバイスに対するコマンドを受け取り、これらのコマンドが完了したときにI/Oマネージャーに通知します。デバイスドライバーは、デバイスのインター

フェイスや制御の実装を共有する他のデバイスドライバーにI/Oコマンドを転送するために、I/Oマネージャーを使用することもあります。

- **プラグアンドプレイ（PnP）マネージャー** —— I/Oマネージャー、およびバス（Bus）ドライバーと呼ばれる種類のデバイスドライバーと密接に連携し、ハードウェアリソースの割り当てをガイドし、ハードウェアの着脱を検出して対応します。PnPマネージャーとバスドライバーには、デバイスが検出されたときに、デバイスドライバーを読み込む役割があります。システムが適切なデバイスドライバーを持たないデバイスがそのシステムに追加されたとき、エグゼクティブのPnPコンポーネントがユーザーモードPnPマネージャーのデバイスインストールサービスを呼び出します。

- **電源マネージャー** —— 電源マネージャーもまた、I/OマネージャーおよびPnPマネージャーと密接に連携し、電源状態の遷移を介して、システムや個別のデバイスドライバーをガイドします。

- **WMIサポートルーチン** —— Windows Driver Model（WDM）WMIプロバイダーとも呼ばれます。このルーチンにより、デバイスドライバーは間接的にプロバイダーとして機能します。WDM WMIプロバイダーを仲介者として使用することで、ユーザーモードでWMIサービスとやり取りできます。

- **レジストリ** —— レジストリは、システムに追加される基本的なハードウェアデバイスの説明、およびドライバーの初期化や構成設定を格納するデータベースとして機能します（詳しくは、本書下巻を参照してください）。

- **INFファイル** —— 拡張子.infで指定されるINFファイルは、ドライバーインストールファイルです。INFファイルは、特定のハードウェアデバイスと、そのデバイスの主制御を任されるドライバーとを関連付けます。INFファイルはスクリプトに似た指示で構成され、対応するデバイス、ドライバーファイルのソースとターゲットの場所、ドライバーのインストールに必要とされるレジストリの変更、ドライバーの依存関係を説明します。Windowsがドライバーファイルの検証のために使用するデジタル署名は、マイクロソフトのWindows Hardware Quality Labs（WHQL）によるテストをパスしたもので、拡張子.catのセキュリティカタログファイルに保存されています。

- **ハードウェア抽象化レイヤー（HAL）** —— HALは、プラットフォーム間の違いを隠すAPIを提供することで、ドライバーをプロセッサと割り込みコントローラーの仕様から分離します。実質的にHALは、コンピューターのマザーボード上にはんだ付けされた、他のドライバーによって制御されないすべてのデバイスのためのバスドライバーです。

6.1.1 | I/Oマネージャー

I/Oマネージャーは、I/Oシステムのコア部分です。これは、規則正しいフレームワークまたはモデルを定義するもので、どのI/O要求がデバイスドライバーに配信されるのかをその中で定義しています。I/Oシステムは、パケット駆動型です。大部分のI/O要求は、I/O要求パケット（I/O Request Packet：IRP）によって表されます。IRPは、1つのI/Oシステムコンポーネントから別のI/Oシステムコンポーネントを移動します（この章の「6.4.1 I/Oの種類」の「ファストI/O」の項で説明するファストI/Oは例外です。ファストI/OはIRPを使用しません）。仕様では、個別のアプリケーションスレッドは複数のI/O要求を同時に管理することができます（IRPについては、この章の「6.4.2 I/O要求パケット（IRP）」の項でさらに詳しく説明します）。

I/Oマネージャーは、I/O操作を表すために、メモリ内にIRPを作成し、正しいドライバーに対してIRPへのポインターを渡します。また、I/O操作が完了したとき、そのパケットを破棄します。これとは対照的に、IRPを受信したドライバーは、IRPに指定された操作を実行し、そのIRPをI/Oマネー

ジャーに渡して戻します。戻す理由は、要求されたI/O操作が完了したため、あるいは以降の処理のためにそのIRPを別のドライバーに渡す必要があるため、のいずれかです。

IRPの作成と破棄に加えて、I/Oマネージャーは異なるドライバーに共通のコードを供給します。ドライバーは自分のI/O処理を行うためにそのコードを呼び出すことができます。I/Oマネージャーに共通のタスクを統合することにより、個別のドライバーはよりシンプルに、そしてよりコンパクトになります。例えば、I/Oマネージャーはあるドライバーが別のドライバーを呼び出すことを可能にする関数を提供します。I/Oマネージャーはまた、I/O要求のためのバッファーを管理し、ドライバー向けにタイムアウトのサポートを提供し、オペレーティングシステムにどのインストール可能なファイルシステムが読み込まれているかを記録します。I/Oマネージャーには約100の異なるルーチンが存在し、デバイスドライバーはそれらを呼び出すことが可能です。

I/Oマネージャーは柔軟なI/Oサービスも提供し、WindowsサブシステムやPOSIXサブシステム（POSIXはもはやサポートされません）といった環境サブシステムが、それぞれのI/O機能を実装することを可能にします。これらのサービスは、非同期I/Oのサポートに含まれており、開発者はスケーラブルで、高パフォーマンスのサーバーアプリケーションを構築することが可能です。

ドライバーが提供する一貫性のある、モジュール式のインターフェイスにより、I/Oマネージャーはその構造や内部の詳細の特別な知識を必要とせずに、任意のドライバーを呼び出すことができます。オペレーティングシステムは、すべてのI/O要求を、ファイルに対する要求であるかのように扱います。ドライバーは、その要求を仮想的なファイルに対する要求から、ハードウェア固有の要求に変換します。ドライバーは、お互いに呼び出し合うこともでき（I/Oマネージャーを使用して）、I/O要求の、複数層の独立した処理を成し遂げます。

WindowsのI/Oシステムは、通常の開く（open）、閉じる（close）、読み取り（read）、および書き込み（write）関数の提供に加えて、いくつかの高度な機能を提供します。これには、非同期（asynchronous）、直接（direct）、バッファー（buffered）、スキャッター／ギャザー（scatter/gather）の各種I/Oがあります。これらについては、この章の「6.4.1 I/Oの種類」の項で説明します。

6.1.2 | 標準的なI/O処理

ほとんどのI/O操作は、I/Oシステムのすべてのコンポーネントを必要とするわけではありません。標準的なI/O要求は、アプリケーションがI/O関連の関数を実行したときにスタートします（例えば、デバイスからのデータの読み取り）。そのI/O要求は、I/Oマネージャー、1つまたは複数のデバイスドライバー、そしてハードウェア抽象化レイヤー（HAL）によって処理されます。

前述したように、Windowsにおいて、スレッドは仮想的なファイルに対してI/Oを実行します。仮想的なファイルとは、あたかもファイルであるかのように扱われるI/Oのソース（送信元）と宛先（送信先）のことを指します（例えば、デバイス、ファイル、ディレクトリ、名前付きパイプ、メールスロットなど）。一般的なユーザーモードのクライアントは、CreateFileまたはCreateFile2関数を呼び出して、仮想的なファイルに対するハンドルを取得します。この関数の名前は、少し誤解を招くものです。これらの関数は単にファイルだけを対象にしているのではなく、オブジェクトマネージャーの¥GLOBAL??と呼ばれるディレクトリにあるシンボリックリンクとして知られるすべてを対象としています。CreateFile*関数の"File"というサフィックスは、実は、仮想ファイルオブジェクト（FILE_OBJECT）を指すものであり、これらの関数の結果としてエグゼクティブによって作成されるエンティティ（実体、存在）のことです。図6-2のスクリーンショットは、Windows Sysinternals のWinObjユーティリティで¥GLOBAL??ディレクトリを開いたものです。

図6-2が示すように、C:といった名前は、オブジェクトマネージャーの¥Deviceディレクトリの配下

にある内部名（C:は¥Device¥HarddiskVolume2）に対する単なるシンボリックリンクです（オブジェクトマネージャーおよびオブジェクトマネージャーの名前空間について詳しくは、本書下巻を参照してください）。¥GLOBAL??ディレクトリ内にある名前は、すべてCreateFileやCreateFile2関数の引数の候補です。デバイスドライバーといったカーネルモードクライアントは、類似のZwCreateFile関数を使用して、仮想的なファイルに対するハンドルを取得することができます。

図6-2　オブジェクトマネージャーの¥GLOBAL??ディレクトリ

メモ
　.NET FrameworkやWindowsランタイムのような、より上位の抽象化レイヤーは、ファイルとデバイスで機能する独自のAPIを持ちますが、これらは最終的にCreateFileやCreateFile2関数を使用して実際のハンドルを取得し、上位のAPIはそれを覆い隠します。

メモ
　オブジェクトマネージャーの¥GLOBAL??ディレクトリは、その古い名称であるDosDevicesと呼ばれることもあります。DosDevicesは、オブジェクトマネージャーの名前空間のルート内に¥GLOBAL??に対するシンボリックリンクとして定義されているため、まだ機能しています。ドライバーのコード内で「??」文字列は、通常、¥GLOBAL??ディレクトリを参照するために使用されます。

オペレーティングシステムは、すべてのI/O要求を仮想的なファイルに対する操作として抽象化します。その理由は、I/Oマネージャーがファイル以外の知識を持たないからです。そのため、ファイル指向のコマンド（開く、閉じる、読み取り、書き込み）をデバイス固有のコマンドに変換することはドライバーの役割になります。この抽象化によって、アプリケーションのデバイスに対するインターフェイスが一般化されます。ユーザーモードアプリケーションは、ドキュメント化（公開）されている関数を呼び出し、その結果、内部のI/Oシステム関数が呼び出されて、ファイルからの読み取り、ファイルへの書き込み、およびその他の操作が実行されます。I/Oマネージャーはこれらの仮想的なファイル

要求を、適切なデバイスドライバーに対して動的に指示します。図6-3に、標準的な読み取りI/O要求のフローの基本的な構造を示します（書き込みなど、他の種類のI/O要求はこれと同様であり、異なるAPIを使用するだけです）。

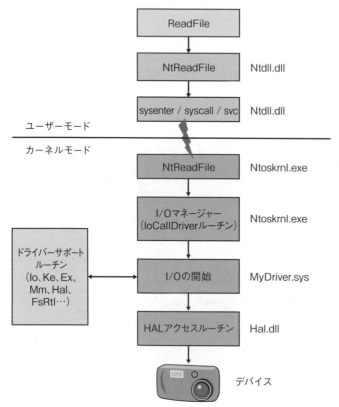

図6-3　標準的なI/O要求のフロー

以降では、これらのコンポーネントについてより詳しく見ていき、さまざまな種類のデバイスドライバーを取り上げ、それらがどのように構造化されるのか、それらがどのように読み込まれ、初期化されるのか、およびどのようにI/O要求が処理されるのかを説明します。その後、プラグアンドプレイ（PnP）マネージャーと電源マネージャーの動作と役割について取り上げます。

6.2　割り込み要求レベル（IRQL）と遅延プロシージャコール（DPC）

先に進む前に、Windowsカーネルの2つの重要な概念について紹介しておく必要があります。その2つの概念とは、I/Oシステムの中で重要な役割を務める、割り込み要求レベル（Interrupt Request Level：IRQL）と遅延プロシージャコール（Deferred Procedure Call：DPC）です。これらの概念の徹底的な議論は本書下巻で予定していますが、ここでは、この章で説明するI/O処理のメカニズムを理解するために必要十分情報を提供します。

6.2.1 割り込み要求レベル（IRQL）

割り込み要求レベル（IRQL）には2つのやや異なる意味がありますが、特定の状況で1つに収束します。

- **1つのIRQLは、ハードウェアデバイスから割り込みソースに割り当てられた優先度である**——この数値は、ハードウェア抽象化レイヤー（HAL）によってセットされます（HALは、割り込みが処理される必要があるデバイスが接続された割り込みコントローラーと連動してこれをセットします）。
- **各CPUは、それぞれ自身のIRQL値を持つ**——これは、CPUのレジスタと見なされるべきです（現在のCPUがそれをそのように実装していない場合でも）。

IRQLの基本的な規則は、より低いIRQLのコードはより高いIRQLのコードを妨げることができないということです。逆に、より高いIRQLを持つコードはより低いIRQLで実行中のコードを先取り（プリエンプト）することが可能です。WindowsでサポートされるアーキテクチャのためのIRQLのリストを図6-4に示します。なお、IRQLはスレッド優先度と同じではないことに注意してください。実際、スレッド優先度はIRQLが2より低い場合にのみ意味を持ちます。

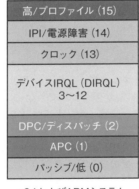

図6-4　割り込み要求レベル（IRQL）

 メモ
　割り込み要求レベル（IRQL）は、割り込み要求（Interrupt Request：IRQ）と同じものではありません。IRQは、デバイスと割り込みコントローラーを接続するハードウェアライン（結線）のことです。割り込み、IRQ、IRQLについてさらに詳しくは、本書下巻を参照してください。

　通常、プロセッサのIRQLは0です。これは、プロセッサの関連で"何も特別なことが起こっていない"ことを意味しており、カーネルのスケジューラは優先度に基づいてスレッドをスケジューリングします。つまり、「第4章　スレッド」で説明したように動作します。ユーザーモードからIRQLを引き上

げる方法は存在しません（ユーザーモードに関するドキュメントが、IRQLの概念についてまったく言及していないのはそのためです。言及しても意味がありません）。

カーネルモードのコードは、KeRaiseIrqlおよびKeLowerIrql関数（マクロ）を使用して、現在のCPUのIRQLを上げ下げできます。しかし、ほとんどの時間固有関数は、ある期待レベルまでIRQLを上げて呼び出されます。これについては、ドライバーによる標準的なI/Oプロセスについて議論するときに見ることになります。

このI/O関連の議論の中で最も重要なIRQLは、次に示すものです。

- **パッシブ (0) (PASSIVE_LEVEL)** —— このIRQLは、Windows Driver Kit（WDK）ヘッダーであるWdm.h内のPASSIVE_LEVELマクロによって定義されます。第4章で詳しく説明したようにカーネルスケジューラが通常に動作する、通常のIRQLです。

- **遅延プロシージャコール (DPC) /ディスパッチ (2) (DISPATCH_LEVEL)** —— このIRQLは、カーネルのスケジューラが動作するIRQLです。これは、スレッドが現在のIRQLを2（またはそれ以上）に上げた場合に、そのスレッドは実質的に無限のクォンタムを持つことになり、別のスレッドによって先取り（プリエンプト）されることがなくなります。事実上、IRQLが2より下に下がるまで、スケジューラは現在のCPUでウェイクアップすることができなくなります。これには、いくつかの意味があります。

  - IRQLがレベル2またはそれ以上では、カーネルディスパッチャーオブジェクト（ミューテックス、セマフォ、イベントなど）を待機すると、システムがクラッシュします。これは、待機するということが、スレッドが待機状態に入ると、別のスレッドが同じCPU上にスケジュールされるということを意味するからです。しかし、スケジューラはこのレベルにはいないので、これは起こり得ません。代わりに、システムはバグチェックでクラッシュします（待機のタイムアウトが0の場合の唯一の例外。要求された待機は存在しないことを意味し、単にオブジェクトのシグナル状態を戻します）。

  - ページフォールトは処理できません。ページフォールトのためには、変更ページライターのコンテキストに切り替える必要があるからです。しかし、コンテキストスイッチは許可されていないため、システムはクラッシュします。これは、IRQLがレベル2またはそれ以上で実行しているコードが、非ページメモリにしかアクセスできないことを意味します。通常、非ページプールから割り当てられたメモリは、物理メモリ上に常駐するように定義されることで割り当てられます。

- **デバイスIRQL (x86システム：3〜26、x64およびARMシステム：3〜12) (DIRQL)** —— これらのIRQLレベルは、ハードウェアの割り込みに割り当てられます。割り込みが到着したとき、カーネルのトラップディスパッチャーは適切な割り込みサービスルーチン（Interrupt Service Routine：ISR）を呼び出し、そのIRQLを割り込みに関連付けられたレベルまで引き上げます。この値は常にDISPATCH_LEVEL（2）よりも高くなるため、IRQLレベル2に関連するすべての規則は、デバイスIRQL（DIRQL）にも適用されます。

特定のIRQLで実行することは、そのレベルまたはそれより低いレベルのIRQLの割り込みをマスクします。例えば、IRQLレベル8で実行中の割り込みサービスルーチン（ISR）は、IRQLレベル7またはそれ以下を持つコード（そのCPU上のコード）に妨げられることはありません。特に、ユーザーモードのコードは、常にIRQL 0で実行するため、実行することができません。高いIRQLでの実行は、一般的なケースでは望ましくないことを意味します。実際には、通常のシステムの動作に必要とされる、理にかなった特定のシナリオがいくつかあります（この章内で後ほど見ていきます）。

6.2.2 遅延プロシージャコール（DPC）

　遅延プロシージャコール（DPC）は、DISPATCH_LEVEL（2）のIRQLで呼び出される関数をカプセル化したオブジェクトです。DPCは、主に割り込み後の処理のために存在します。なぜなら、サービスされるのを待機している他の割り込みを、実行中のデバイスIRQL（DIRQL）がマスクする（そして、そのために他を遅延させる）からです。標準的な割り込みサービスルーチン（ISR）は、可能な限り最小限の仕事をします。主にデバイスの状態を読み取り、割り込みシグナル（信号）の停止を指示します。その後、DPCを要求することで、より低いIRQL（2）のために処理の継続を遅延します。「遅延（Deferred）」という用語は、DPCがすぐに実行されないということを意味します。現在のIRQLのレベルが2よりも高いため、DPCは実行することができません。しかし、ISRが制御を返すとき、サービスされるのを待機している保留状態の割り込みが存在しない場合、そのCPUのIRQLのレベルは2に下げられ、溜まっていた（おそらく1つだけの）DPCが実行されます。図6-5は、あるCPUにおいてIRQLレベル0でコードを通常実行している間に、ハードウェアデバイスからの割り込みが発生した場合、起こる可能性のあるイベントのシーケンスを単純化した例です。

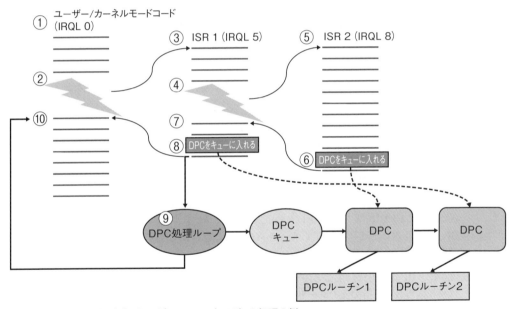

図6-5　割り込みと遅延プロシージャコール（DPC）の処理の例

　図6-5に示したイベントのシーケンスを、追いかけてみましょう。

1. CPUがIRQLレベル0である間に、あるユーザーモードまたはカーネルモードコードを実行します。CPUはほとんどの場合、IRQLレベル0にあります。

2. ハードウェアの割り込みがIRQLレベル5で到着します（デバイスIRQLの最小レベルは3であることを思い出してください）。IRQLレベル5は0（現在のIRQL）よりも大きいため、CPU状態が保存されます。次に、IRQLが5に引き上げられ、割り込みに関連付けられたISRが呼び出されます。ここで、コンテキストスイッチは発生しないことに注目してください。今回はたまたま同じスレッドがISRのコード（ISR 1と呼ぶことにします）を実行します（そのスレッドがユーザーモードにあっ

た場合は、割り込みが到着するたびにカーネルモードにコンテキストが切り替わります)。

3. CPUのIRQLレベルが5の間に、ISR 1のコードが実行を開始します。この時点で、IRQLレベル5またはそれより低いレベルの割り込みは、割り込むことができません。

4. 別の割り込みがIRQLレベル8で到着したと想定します。また、システムはその割り込みを同じCPUで処理するべきだと決めたと想定します。IRQLレベル8は5よりも大きいため、そのコードは再び割り込まれ、CPU状態が保存されます。IRQLのレベルは8に引き上げられ、CPUは新たなISRのコード(ISR 2と呼ぶことにします)にジャンプします。ここでも同じスレッドである点に注目してください。IRQLレベル2またはそれより高い場合、スレッドスケジューラはウェイクアップできないため、コンテキストスイッチが発生することはありません。

5. ISR 2のコードを実行します。それが完了する前に、ISR 2のコードはより低いIRQLでさらに何かしらの処理を行おうとします。そして、IRQLのレベルが8よりも低い割り込みも同様にサービスできるようにしようとします。

6. ISR 2のコードは最後の仕事として、KeInsertQueueDpc関数を呼び出してDPCを挿入します。このDPCは、割り込みが取り下げられた後に何かしらの後処理を実行するドライバーのルーチンをポイントするように適切に初期化されたものです(後処理に一般的に含まれるものについては、次の項で議論します)。その後、ISR 2は制御を返し、ISR 2に入る前に保存されたCPU状態が復元されます。

7. この時点で、IRQLは以前のレベル(5)に下がり、CPUは以前に割り込まれたISR 1のコードの実行を継続します。

8. ISR 1のコードが終了する直前に、必要な後処理を実行するために自身のDPCをキューに入れます。これらのDPCは、まだ実行されていないDPCキューに集められます。ISR 1が制御を返すと、ISR 1が実行を開始する前のCPU状態が復元されます。

9. この時点で、IRQLはすべての割り込みの処理を開始する前の古い値である0まで下がることが期待されます。しかし、カーネルは保留中のDPCが存在することを認識し、IRQLレベルを2(DISPATCH_LEVEL)まで引き下げ、DPC処理ループに入ります。DPC処理ループは、蓄積されたDPCを繰り返し処理し、各DPCルーチンを順番に呼び出します。DPCキューが空になると、DPC処理ループは終了します。

10. 最後に、IRQLを0に戻すことができるようになり、CPU状態が再び復元されます。そして、最初に割り込まれた場所の元のユーザーモードまたはカーネルモードの実行が再開されます。もう一度指摘しますが、説明したすべての処理は、同じスレッドによって行われました(そのスレッドはどんなものでも構いません)。この事実は、ISRとDPCルーチンが自身のコードを実行するために、特定のスレッド(したがって特定のプロセスの一部)に依存しないことを意味しています。どのスレッドでも構いませんが、その重要性については次の項で説明します。

　上記の説明は、少し簡略化されています。この説明では、DPCの重要性や、よりすばやいDPC処理のために他のCPUで複数のCPUを処理する可能性については言及していません。それらの詳細については、この章での議論ではそれほど重要ではありません。しかしながら、本書下巻で、完全に説明します。

6.3 | デバイスドライバー

I/Oマネージャーと他のI/Oシステムコンポーネントを統合するためには、デバイスドライバーが管理対象のデバイスの種類、およびそのデバイスの管理で担う役割、これらに固有の実装のガイドラインに準拠する必要があります。ここでは、Windowsがサポートするデバイスドライバーの種類、およびデバイスドライバーの内部構造について議論します。

メモ
ほとんどのカーネルモードデバイスドライバーは、C言語で書かれています。Windows Driver Kit (WDK) 8.0からは、新しいコンパイラにおけるカーネルモードC++の特定のサポートのおかげで、C++言語でドライバーを完全に書くこともできます。アセンブリ言語の使用は極力避けてください。なぜなら、アセンブリ言語がもたらす複雑さと、Windowsでサポートされるハードウェア（x86、x64、およびARM）間でのドライバーの移植性が困難になるという影響があるからです。

6.3.1 | デバイスドライバーの種類

Windowsは、デバイスドライバーの種類とプログラミング環境を幅広くサポートしています。ある特定の種類のデバイスドライバーの中でさえ、ドライバーで意図しているデバイスの細かな種類によって、プログラミング環境が異なる可能性があります。

ドライバーの最も大きな分類は、ユーザーモードドライバーであるか、カーネルモードドライバーであるかの2つです。Windowsは、2種類のユーザーモードドライバーをサポートしています。

- **Windowsサブシステムプリンタードライバー** ── デバイスに依存しないグラフィックス要求をプリンター固有のコマンドに変換します。変換されたコマンドは次に、通常、ユニバーサルシリアルバス（USB）プリンターポートドライバー（Usbprint.sys）などのカーネルモードポートドライバーに転送されます。
- **ユーザーモードドライバーフレームワーク（UMDF）ドライバー** ── ユーザーモードで実行されるハードウェアデバイスドライバーです。UMDFドライバーは、Advanced Local Procedure Call（ALPC）を介して、カーネルモードUMDFサポートライブラリと通信します。さらに詳しくは、この章の「6.8.2　ユーザーモードドライバーフレームワーク（UMDF）」の項を参照してください。

この章では、カーネルモードデバイスドライバーに焦点を当てます。カーネルモードドライバーには多くの種類が存在しますが、次の基本的なカテゴリに分けることができます。

- **ファイルシステムドライバー** ── ファイルに対するI/O要求を受け付け、大容量記憶装置またはネットワークデバイスドライバーに対する、それらに独自のより明確な要求を発行することで、その要求を満たします。
- **プラグアンドプレイ（PnP）ドライバー** ── ハードウェア、およびWindowsの電源マネージャーとPnPマネージャーとともに機能します。PnPドライバーには、大容量記憶装置、ビデオアダプター、入力デバイス、およびネットワークアダプターが含まれます。
- **非プラグアンドプレイ（非PnP）ドライバー** ── システムの機能性を拡張するドライバーまたはモジュールであるカーネル拡張です。非PnPドライバーは、大抵実際のハードウェアの部分を管理することはないため、通常、PnPマネージャーや電源マネージャーとは統合されません。非

548 | インサイド Windows 第7版 上

PnP ドライバーの例としては、ネットワーク API やプロトコルドライバーがあります。Windows Sysinternals の Process Monitor はドライバーを持ちますが、これは非 PnP ドライバーの一例です。

カーネルモードドライバーのカテゴリは、ドライバーが準拠するドライバーモデルとデバイス要求に応対する役割に基づいて、さらに細かく分類されます。

■│ WDM ドライバー

WDM ドライバーは、Windows Driver Model（WDM）に準拠するデバイスドライバーです。WDM は、Windows の電源管理、プラグアンドプレイ（PnP）、Windows Management Instrumentation（WMI）のサポートを含んでおり、ほとんどの PnP ドライバーは WDM に準拠しています。WDM ドライバーには、次の3つの種類があります。

- **バス（Bus）ドライバー** —— バスドライバーは、論理バスまたは物理バスを管理します。バスの例としては、PCMCIA、PCI、USB、および IEEE 1394 があります。バスドライバーは、デバイスがそれを制御するバスに接続されたことを検知して PnP マネージャーに通知する役割と、バスの電源設定を管理する役割を持ちます。バスドライバーは通常、マイクロソフトにより Windows に同梱される形で提供されます。
- **ファンクション（Function）ドライバー** —— ファンクションドライバーは、特定の種類のデバイスを管理します。バスドライバーは、PnP マネージャーを介して、ファンクションドライバーにデバイスを提示します。ファンクションドライバーは、オペレーティングシステムに対してデバイスを操作するインターフェイスを提供するドライバーです。一般に、ファンクションドライバーは、デバイスの操作に関する最も多くの知識を持つドライバーです。
- **フィルター（Filter）ドライバー** —— フィルタードライバーは、ファンクションドライバーまたはバスドライバーの上にある論理的なレイヤーです。ファンクションドライバーの上にあるものを**上位フィルター**（Upper Filter）または**ファンクションフィルター**（Function Filter）と呼び、バスドライバーの上にあるものを**下位フィルター**（Lower Filter）または**バスフィルター**（Bus Filter）と呼びます。フィルタードライバーは、デバイスまたは他のドライバーの動作を拡張または変更します。例えば、キーボードキャプチャユーティリティは、キーボードファンクションドライバーの上のレイヤーであるキーボードフィルタードライバーとして実装することができます。

図6-6は、バスドライバーを持つデバイスノード（devnode とも呼ばれます）を示しています。バスドライバーは、物理デバイスオブジェクト（Physical Device Object：PDO）、下位フィルター、ファンクションドライバーを作成し、ファンクションドライバーはファンクションデバイスオブジェクト（Functional Device Object：FDO）と上位フィルターを作成します。必須のレイヤーは、PDO と FDO だけです。さまざまなフィルター（およびフィルターデバイスオブジェクト、Filter Device Object：FiDO）は、存在するかもしれませんし、しないかもしれません。

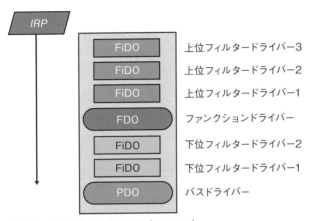

図6-6 WDMデバイスノード（devnode）

　WDMでは、1つのドライバーが、特定のデバイスのすべての側面を制御する役割を持つわけではありません。バスドライバーは、バスのメンバーシップの変更（デバイスの追加または削除）を検出する役割を持ち、PnPマネージャーがバス上のデバイスを列挙し、バス固有の構成レジスタにアクセスし、時にはバス上のデバイスの電源を制御するのを補助します。ファンクションドライバーは、一般的に、デバイスのハードウェアにアクセスする唯一のドライバーです。これらのデバイスがどこからやって来るのか、正確な方法については、この章の「6.6　プラグアンドプレイ（PnP）マネージャー」の節で説明します。

■ 複数層ドライバー

　ハードウェアの個別の部分のサポートは、多くの場合、複数のドライバーに分かれています。各ドライバーは、そのデバイスが正常に動作するのに必要な機能を部分的に提供します。Windows Driver Model（WDM）のバスドライバー、ファンクションドライバー、およびフィルタードライバーに加えて、ハードウェアのサポートは次のコンポーネントに分割されます。

- **クラス（Class）ドライバー** —— ディスク、キーボード、CD-ROMなど、特定のクラスのデバイスのI/O処理を実装しています。クラスドライバーによりハードウェアインターフェイスが標準化されるため、1つのドライバーが多種多様な製造元からのデバイスをサービスすることができます。
- **ミニクラス（Miniclass）ドライバー** —— 特定のクラスのデバイスのためのベンダー定義のI/O処理を実装したドライバーです。例えば、マイクロソフトは標準化されたバッテリークラスドライバーを開発および提供しますが、無停電電源装置（UPS）およびラップトップ用バッテリーはどちらも、製造元によって大きく異なる固有のインターフェイスを備えています。そのため、ベンダーが提供するミニクラスドライバーが必要になります。ミニクラスドライバーは、実質的にはカーネルモードDLLであり、I/O要求パケット（IRP）処理を直接的に実行することはありません。その代わりに、ミニクラスドライバーはクラスドライバーを呼び出して、クラスドライバーから関数をインポートします。
- **ポート（Port）ドライバー** —— SATAのようなI/Oポートの種類に固有のI/O要求の処理を実装したドライバーです。ポートドライバーは、実際のデバイスドライバーではなく、関数のカーネルモードライブラリとして実装されます。ポートドライバーのほとんどは、常にマイクロソフト

により開発および提供されます。その理由は、そのインターフェイスは通常、標準化されており、異なるベンダーが同じポートドライバーを共有できるからです。しかし、特定のケースでは、サードパーティが独自の特殊なハードウェアのためにドライバーを書く必要があります。またいくつかのケースでは、I/Oポートの概念が論理ポートをカバーするために拡張されます。例えば、Network Driver Interface Specification（NDIS）は、ネットワーク"ポート"ドライバーです。

- ミニポート（Miniport）ドライバー —— ミニポートドライバーは、ある種類のポートに対する一般的なI/O要求を、特定のネットワークアダプターなど、アダプターの種類のポートにマップします。ミニポートドライバーは、ポートドライバーが提供する関数をインポートする実際のデバイスドライバーです。ミニポートドライバーは、サードパーティによって書かれ、ポートドライバーのためのインターフェイスを提供します。ミニクラスドライバーと同様に、ミニポートドライバーはカーネルモードDLLであり、IRP処理を直接的に実行することはありません。

図6-7は説明のために簡略化した例で、デバイスドライバーとその複数層の機能を大まかに示したものです。この図からわかるように、ファイルシステムドライバーは、特定のファイル内の指定の場所にデータを書き込む要求を受け取ります。ファイルシステムドライバーは、その要求を、ディスクの特定の場所（つまり、論理的な場所）に対する指定されたバイト数を書き込む要求に変換します。次に、この要求はシンプルなディスクドライバーに渡されます（I/Oマネージャーを介して）。ディスクドライバーは、最終的に、要求をディスク上の物理的な場所に変換し、ディスクとやり取りしてデータを書き込みます。

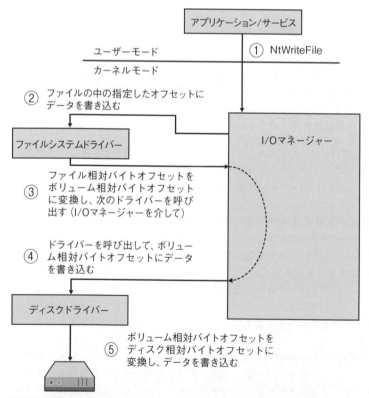

図6-7 複数層にわたるファイルシステムドライバーとディスクドライバー

この図は、2層のドライバーによる分業の様子を示しています。I/Oマネージャーは、特定のファイルの先頭からの相対的な書き込み要求を受け取ります。I/Oマネージャーは、その要求をファイルシステムドライバーに渡します。ファイルシステムドライバーは、書き込み操作をファイル相対操作から開始場所（ディスク上のセクター境界）と書き込むバイト数（オフセット）に変換します。ファイルシステムドライバーはI/Oマネージャーを呼び出し、その要求をディスクドライバーに渡します。ディスクドライバーは、その要求を物理ディスクの場所に変換し、データを転送します。

すべてのドライバー（デバイスドライバーとファイルシステムドライバーの両方）は、オペレーティングシステムに同じフレームワークを提示します。また、既存のドライバーまたはI/Oシステムを改変することなく、その階層の中に別のドライバーを容易に挿入できます。例えば、ドライバーを追加することにより、いくつかのディスクを束ねて、とても大きな単一のディスクであるかのように見せることができます。この論理ボリュームマネージャーは、図6-8のように、ファイルシステムドライバーとディスクドライバーの間に置かれます。図6-8は、概念的に簡素化したアーキテクチャを示したものです（実際の記憶域ドライバースタックの図、およびボリュームマネージャードライバーについては、本書下巻を参照してください）。

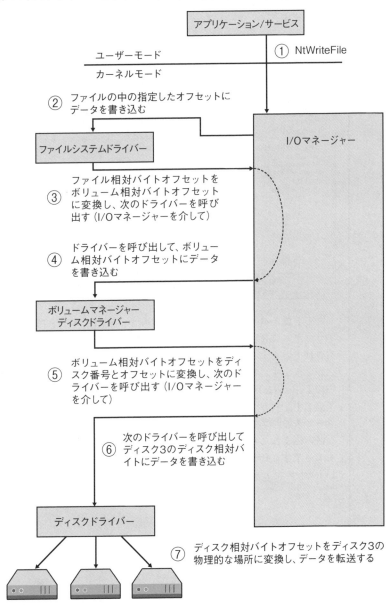

図6-8　複数層ドライバーの追加

実習　読み込まれたドライバーの一覧を参照する

　システム情報（Msinfo32.exe）ユーティリティを使用すると、登録済みのドライバーの一覧を確認することができます。それには、［スタート］メニューから［ファイル名を指定して実行］を開き（または Windows + R キーを押し）、msinfo32.exe と入力して実行します。［ソフトウェア環境］の下にある［システムドライバー］の項目を選択すると、システムで構成されているドライバーの一覧を確認できます。［開始］列に「はい」と表示されているものが、読み込まれたドライバーです。

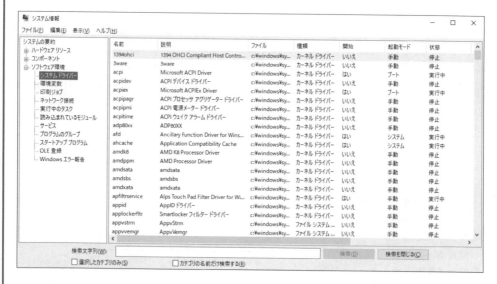

　このドライバーの一覧は、レジストリキー HKLM¥SYSTEM¥CurrentControlSet¥Services のサブキーに登録された情報に由来します。このレジストリキーは、ドライバーとサービスで共有されています。どちらも、サービスコントロールマネージャー（SCM）によって開始されることができます。各サブキーがドライバーであるかサービスであるかを区別する方法は、サブキー内の Type 値を見ることでわかります。小さな値（1、2、4、8）はドライバーであることを示しています。一方、16（0x10）および32（0x20）は Windows サービスであることを示しています。サービスのサブキーについてさらに詳しくは、本書下巻を参照してください。

　読み込まれたカーネルモードドライバーの一覧は、Process Explorer を使用して参照することもできます。Process Explorer を実行し、プロセスの一覧から System プロセスを選択して、［View］メニューの［Lower Pane View］サブメニューから［DLLs］を選択します。

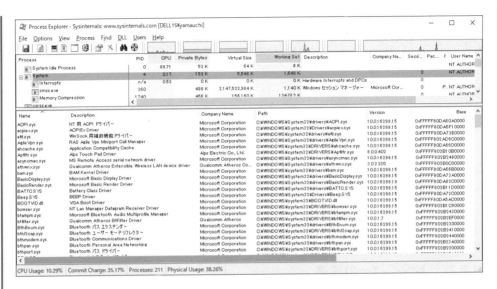

　Process Explorerは、読み込まれたドライバーを、名前（Name）、バージョン情報（Version、Company Name、Description）、ロードアドレス（Base）とともに一覧表示します（ここに示した情報は、対応する列を表示するようにProcess Explorerが構成されていることを前提しています）。

　また、カーネルデバッガーを使用してクラッシュダンプ（またはライブシステム）を調べている場合は、カーネルデバッガーの **lm kv** コマンドを使用して、同様の情報を取得することができます。

```
kd> lm kv
start    end        module name
80626000 80631000   kdcom      (deferred)
    Image path: kdcom.dll
    Image name: kdcom.dll
    Browse all global symbols  functions data
    Timestamp:         Sat Jul 16 04:27:27 2016 (57898D7F)
    CheckSum:          0000821A
    ImageSize:         0000B000
    Translations:      0000.04b0 0000.04e4 0409.04b0 0409.04e4
81009000 81632000   nt         (pdb symbols)           e:¥symbols¥ntkrpamp.pdb¥A54DF85668E54895982F873F58C984591¥ntkrpamp.pdb
    Loaded symbol image file: ntkrpamp.exe
    Image path: ntkrpamp.exe
    Image name: ntkrpamp.exe
    Browse all global symbols  functions data
    Timestamp:         Wed Sep 07 07:35:39 2016 (57CF991B)
    CheckSum:          005C6B08
    ImageSize:         00629000
    Translations:      0000.04b0 0000.04e4 0409.04b0 0409.04e4
81632000 81693000   hal        (deferred)
    Image path: halmacpi.dll
    Image name: halmacpi.dll
```

```
        Browse all global symbols   functions data
        Timestamp:         Sat Jul 16 04:27:33 2016 (57898D85)
        CheckSum:          00061469
        ImageSize:         00061000
        Translations:      0000.04b0 0000.04e4 0409.04b0 0409.04e4
8a800000 8a84b000   FLTMGR     (deferred)
        Image path: \SystemRoot\System32\drivers\FLTMGR.SYS
        Image name: FLTMGR.SYS
        Browse all global symbols   functions data
        Timestamp:         Sat Jul 16 04:27:37 2016 (57898D89)
        CheckSum:          00053B90
        ImageSize:         0004B000
        Translations:      0000.04b0 0000.04e4 0409.04b0 0409.04e4
...
```

6.3.2　ドライバーの構造

I/Oシステムは、デバイスドライバーの実行を制御します。デバイスドライバーは、一連のルーチンで構成され、I/O要求のさまざまなステージを処理するために呼び出されます。図6-9は、主なドライバーの関数ルーチンを示したものです。それぞれについて、図6-9の後に説明します。

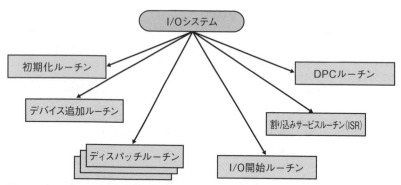

図6-9　主なデバイスドライバールーチン

- **初期化ルーチン** —— I/Oマネージャーは、ドライバーの初期化ルーチンを実行します。このルーチンは、オペレーティングシステムにドライバーが読み込まれたときに、Windows Driver Kit（WDK）によってGSDriverEntryにセットされます。GSDriverEntryは、スタックオーバーフローエラーに対するコンパイラ保護（GSクッキー保護と呼ばれます）を初期化し、その後、DriverEntryを呼び出します。DriverEntryは、ドライバーの開発者が必ず実装しなければならないものです。DriverEntryは、残りのドライバールーチンをI/Oマネージャーに登録するために、システムデータ構造体を埋め、必須のグローバルドライバーの初期化を行います。

- **デバイス追加ルーチン** —— プラグアンドプレイ（PnP）をサポートするドライバーは、デバイス追加（Add-Device）ルーチンを実装しています。PnPマネージャーは、ドライバーが担当するデバイスが検出されたときはいつも、このルーチンを介してドライバーに通知を送信します。このルーチンにおいて、ドライバーは通常、そのデバイスを表すデバイスオブジェクト（後述）を作成

します。

- **一連のディスパッチルーチン** —— デバイスドライバーが提供するメイン（Main）エントリポイントは、複数のディスパッチ（Dispatch）ルーチンです。例としては、開く（open）、閉じる（close）、読み取り（read）、書き込み（write）、およびPnPがあります。I/O操作を実行するために呼び出されたとき、I/OマネージャーはI/O要求パケット（IRP）を生成し、ドライバーのディスパッチルーチンの1つを通してドライバーを呼び出します。

- **I/O開始ルーチン** —— ドライバーは、デバイスへのデータ転送またはデバイスからのデータ転送を開始するために、I/O開始（Start I/O）ルーチンを使用することができます。このルーチンは、I/O要求の着信をキューに入れるI/Oマネージャーに依存するドライバー内にのみ定義されます。I/Oマネージャーは、ドライバーが一度に1つのIRPだけを確実に処理するようにして、ドライバーのためにIRPをシリアル化します。ドライバーは複数のIRPを同時に処理できますが、ほとんどのデバイスにとってシリアル化は通常必要です。なぜなら、ほとんどのデバイスは、複数のI/O要求を同時に処理できないからです。

- **割り込みサービスルーチン（ISR）** —— デバイスが割り込みするとき、カーネルの割り込みディスパッチャーは、このルーチンに制御を転送します。WindowsのI/Oモデルにおいて、ISRはデバイス割り込み要求レベル（デバイスIRQL、DIRQL）で実行され、より低いIRQLの割り込みをブロックするのを避けるため、できるかぎり少量の仕事しか実行しません（このことについては前の項で説明しました）。ISRは通常、DPCをキューに入れます。このDPCは、割り込み処理の残りを実行するために、低いIRQL（DPC/ディスパッチレベル）で実行されます。例えば、割り込み駆動型のデバイスのドライバーはISRを持ちますが、ファイルシステムドライバーはISRを持ちません。

- **割り込みサービス遅延プロシージャコール（DPC）ルーチン** —— DPCルーチンは、ISRの実行後にデバイス割り込みを処理する作業の大部分を実行します。DPCルーチンはIRQLレベル2で実行されます。これは、高いデバイスIRQL（x86は3～26、x64は3～12）と低いパッシブレベル（0）の間の妥協点です。一般的なDPCルーチンは、I/O完了を始め、キューに入れられた次のI/O操作をデバイス上で開始します。

次に示すルーチンは図6-9の中にはありませんが、多くの種類のデバイスドライバーに存在します。

- **I/O完了ルーチン（1つ以上）** —— 複数層ドライバーはI/O完了（I/O Completion）ルーチンを持ちます。このルーチンは、下位層のドライバーがIRPの処理を終了したときにそれを通知します。例えば、I/Oマネージャーは、デバイスドライバーがファイルへのデータ転送またはファイルからのデータ転送を終えた後、ファイルシステムドライバーのI/O完了ルーチンを呼び出します。I/O完了ルーチンは、I/O操作の成功、失敗、または中止について、ファイルシステムドライバーに通知し、これによりファイルシステムドライバーはクリーンアップ処理の実行が可能になります。

- **I/Oキャンセルルーチン** —— I/O操作のキャンセル（取り消し）を可能にする場合、ドライバーは1つ以上のI/Oキャンセル（Cancel I/O）ルーチンを定義することができます。ドライバーがキャンセルされたI/O要求のIRPを受信したとき、ドライバーはIRPにI/Oキャンセルルーチンを割り当てます。IRPが処理のさまざまなステージを進むのに従って、このルーチンは変更されるか、現在の操作がキャンセル不能な場合に完全に消滅します。I/O要求を発行したスレッドが、その要求が完了する前に終了するか、その操作がキャンセルされた場合（例えば、Windows APIのCancelIoまたはCancelIoEx関数を使用して）、I/OマネージャーはIRPにI/Oキャンセルルーチンが割り当てられている場合にそのルーチンを実行します。I/Oキャンセルルーチンは、そのIRPのために既に行われた処理の間に取得された、すべてのリソースを解放するのに必要なステップは

何であれ実行する役割があります。これには、キャンセルされた状態でのIRPの完了も含まれます。

- **ファストディスパッチルーチン** —— ファイルシステムドライバーなど、キャッシュマネージャーを利用するドライバーは、通常、ファストディスパッチ（Fast dispatch）ルーチンを提供し、ドライバーにアクセスする際に、カーネルが標準的なI/O処理をバイパスすることを可能にします（キャッシュマネージャーについて詳しくは、本書下巻を参照してください）。例えば、読み取りや書き込みのような操作は、I/Oマネージャーの通常のパスを使って、不連続なI/O操作を生成するよりも、キャッシュデータに直接アクセスするほうが高速に実行することができます。高速ディスパッチルーチンは、メモリマネージャーやキャッシュマネージャーからファイルシステムドライバーへのコールバック[1]のためのメカニズムとしても使用されます。例えば、セクションを作成したとき、メモリマネージャーはファイルシステムドライバーをコールバックし、そのファイルを排他的に取得します。

- **アンロードルーチン** —— アンロード（Unload）ルーチンは、ドライバーが使用するすべてのシステムリソースを解放します。これにより、I/Oマネージャーはそのドライバーをメモリから削除することができます。初期化ルーチン（DriverEntry）内で取得されたすべてのリソースは、通常、アンロードルーチンで解放されます。そのドライバーがサポートしている場合、システムが稼働中の間にドライバーの読み取りとアンロードが可能です。しかし、アンロードルーチンは、デバイスに対するすべてのファイルハンドルが閉じられた後にのみ呼び出されます。

- **システムシャットダウン通知ルーチン** —— システムシャットダウン通知（System shutdown notification）ルーチンは、システムシャットダウン時にドライバーのクリーンアップを可能にします。

- **エラーログルーチン** —— 予期しないエラーが発生したとき（例えば、ディスクブロックが不良になったとき）、ドライバーのエラーログ（Error logging）ルーチンがその発生に気付き、I/Oマネージャーに通知します。I/Oマネージャーは次に、この情報をエラーログファイルに書き込みます。

6.3.3 ドライバーオブジェクトとデバイスオブジェクト

あるスレッドがファイルオブジェクトへのハンドルを開いたとき（この章の「6.4 I/O処理」の節で説明します）、I/Oマネージャーはファイルオブジェクトの名前からその要求を処理するために呼び出す必要があるドライバーを判断しなければなりません。さらに、I/Oマネージャーは、次にスレッドが同じファイルハンドルを使用するときに、この情報を見つけることができる必要があります。この必要性を満たすのは、次のシステムオブジェクトです。

- **ドライバーオブジェクト** —— ドライバーオブジェクトは、システム内の個別のドライバーを表します（DRIVER_OBJECT構造体）。I/Oマネージャーは、ドライバーオブジェクトからそのドライバーの複数のディスパッチルーチン（エントリポイント）の各アドレスを取得します。

- **デバイスオブジェクト** —— デバイスオブジェクトは、システム上の物理デバイスまたは論理デバイスを表しており、バッファーに必要なアライメントや着信するI/O要求パケット（IRP）を保持するためのデバイスキューの場所など、その特性を説明します（DEVICE_OBJECT構造体）。このオブジェクトはハンドルが通信する相手であるため、すべてのI/O操作の宛先になります。

---

[1] 訳注：コールバック（Callback）、コールバック関数とは、呼び出し先関数の引数として渡す関数のことであり、呼び出し先の関数の実行中に実行されます。

I/Oマネージャーは、システムにドライバーが読み込まれたときに、ドライバーオブジェクトを作成します。次に、ドライバーの初期化ルーチン（DriverEntry）を呼び出し、オブジェクト属性をドライバーのエントリポイントで埋めます。

ドライバーが読み込まれた後の任意の時点で、ドライバーはIoCreateDeviceまたはIoCreateDeviceSecureを呼び出してデバイスオブジェクトを作成し、論理デバイスまたは物理デバイスを表します。または、論理インターフェイスやドライバーのエンドポイントを表します。しかし、ほとんどのプラグアンドプレイ（PnP）ドライバーは、PnPマネージャーが管理対象のデバイスの存在をドライバーに通知したときに、デバイス追加ルーチンの中でデバイスオブジェクトを作成します。これに対して、非プラグアンドプレイ（非PnP）ドライバーは、通常、I/Oマネージャーがドライバーの初期化ルーチンを呼び出したときに、デバイスオブジェクトを作成します。I/Oマネージャーはそのドライバーの最後のデバイスオブジェクトの削除が完了し、他にそのドライバーに対する参照が残っていないときに、ドライバーをアンロードします。

ドライバーオブジェクトとそのデバイスオブジェクトの間の関係を、図6-10に示します。

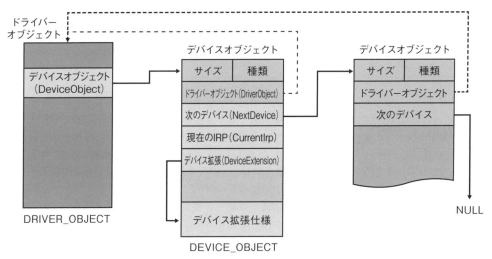

図6-10　ドライバーオブジェクトとそのデバイスオブジェクト

ドライバーオブジェクト（DRIVER_OBJECT）はDeviceObjectメンバーに、最初のデバイスオブジェクト（DEVICE_OBJECT）へのポインターを保持しています。2番目のデバイスオブジェクトは、最初のデバイスオブジェクトのNextDeviceメンバーによってポイントされます。これは、最後のデバイスオブジェクトのNextDeviceメンバーがNULLをポイントするまで続きます。各デバイスオブジェクトは、そのDriverObjectメンバーで、ドライバーオブジェクトに戻るようにポイントします。図6-10内に示されたすべての矢印の関係は、デバイス作成関数（IoCreateDeviceまたはIoCreateDeviceSecure）によって構築されます。図のDeviceExtensionポインターは、ドライバーが追加のメモリ部分を割り当てることができる方法であり、そのメモリは各オブジェクトがそれを管理するために、各オブジェクトにアタッチされます。

 メモ
ドライバーオブジェクトとデバイスオブジェクトを区別することは重要なことです。ドライバーオブジェクトはドライバーの振る舞いを表すのに対して、個々のデバイスオブジェクトはエンドポイントとの通信を表し

ます。例えば、4つのシリアルポートを備えるシステムでは、1つのドライバーオブジェクト（および1つのドライバーバイナリ）が存在しますが、デバイスオブジェクトは4つのインスタンスになり、それぞれのインスタンスが1つのシリアルポートを表します。1つのシリアルポートを他のシリアルポートに影響することなく、開くことを可能にします。ハードウェアデバイスの場合、各デバイスオブジェクトは、I/Oポート、メモリマップI/O、割り込みラインなど個別のハードウェアリソースを表しています。Windowsはドライバー指向ではなく、デバイス指向なのです。

　ドライバーがデバイスオブジェクトを作成するとき、そのドライバーはオプションでデバイスに名前を割り当てることができます。名前は、そのデバイスオブジェクトをオブジェクトマネージャーの名前空間内に配置します。ドライバーは、明示的に名前を定義することも、I/Oマネージャーに名前を自動生成させることもできます。慣例により、デバイスオブジェクトは名前空間の¥Deviceディレクトリ内に配置されます。¥Deviceディレクトリは、アプリケーションがWindows APIを使用してアクセスすることができない場所です。

メモ　一部のドライバーは、¥Device以外のディレクトリ内にデバイスオブジェクトを配置します。例えば、IDEドライバーはIDEポートとチャネルを表すデバイスオブジェクトを、¥Device¥Ideディレクトリに配置します。記憶域ドライバーがデバイスオブジェクトを使用する方法を含む、記憶域のアーキテクチャについては、本書下巻で説明します。

　ドライバーがアプリケーションのためにデバイスオブジェクトを開くことを可能にする必要がある場合、¥GLOBAL??ディレクトリ内にシンボリックリンクを作成し、¥Deviceディレクトリ内のデバイスオブジェクトの名前にリンクする必要があります（IoCreateSymbolicLink関数がこれを可能にします）。非プラグアンドプレイ（非PnP）およびファイルシステムドライバーは通常、既知の名前のシンボリックリンクを作成します（例えば、¥Device¥HarddiskVolume2）。既知の名前はハードウェアが動的に出現したり、消えたりする環境ではうまく機能しないため、プラグアンドプレイ（PnP）ドライバーはIoRegisterDeviceInterface関数を呼び出し、機能の種類を表す公開されたグローバル一意識別子（Globally Unique Identifier：GUID）を指定して、1つ以上のインターフェイスを公開します。GUIDは128ビットの値であり、Windowsソフトウェア開発キット（SDK）に含まれるuuidgen.exe（UUID Generator）や最新のVisual Studio開発ツールに含まれるguidgen.exe（［GUIの作成］ツール）のようなツールを使用して生成することができます。これらのツールに128ビットが表す値の範囲（および生成に使用される式）が与えられると、生成される各GUIDは永久かつグローバルに一意であることが統計的にほぼ確実になります。

　IoRegisterDeviceInterfaceは、デバイスインスタンスに関連付けられたシンボリックリンクを生成します。しかし、I/Oマネージャーが実際にリンクを作成する前に、ドライバーはIoSetDeviceInterfaceStateを呼び出して、デバイスに対するインターフェイスを有効にする必要があります。ドライバーは通常、PnPマネージャーがドライバーにデバイス開始IRPを送信することでデバイスを開始したときに、これを行います。デバイス開始IRPとは、この場合、IRP_MN_START_DEVICE（マイナーファンクションコード）を持つIRP_MJ_PNP（メジャーファンクションコード）になります。IRPについては、この章の「6.4.2　I/O要求パケット（IRP）」の項で説明します。

　デバイスオブジェクトのインターフェイスがGUIDで表される場合、そのデバイスオブジェクトを開きたいアプリケーションは、SetupDiEnumDeviceInterfacesのようなPnPセットアップ関数をユーザー領域で呼び出すことができます。これにより、特定のGUIDが提供するインターフェイスを列挙し、そのデバイスオブジェクトを開くのに使用できるシンボリックリンクの名前を取得することがで

きます。SetupDiEnumDeviceInterfacesによって報告されるデバイスごとに、アプリケーションはSetupDiGetDeviceInterfaceDetail関数を実行して、自動生成された名前など、そのデバイスに関する追加的な情報を取得します。SetupDiGetDeviceInterfaceDetailからデバイスの名前を取得した後、アプリケーションはWindows APIのCreateFileまたはCreateFile2関数を実行して、デバイスを開き、ハンドルを取得することができます。

実習 デバイスオブジェクトを参照する

Windows SysinternalsのWinObjユーティリティまたはカーネルデバッガーの!objectエクステンションコマンドを使用すると、オブジェクトマネージャーの名前空間の¥Deviceディレクトリにあるデバイスオブジェクトの名前を確認することができます。次のWinObjのスクリーンショットは、I/Oマネージャーにより自動生成された名前を割り当てられたシンボリックリンクであり、¥Deviceディレクトリ内のデバイスオブジェクトをポイントしています。

カーネルデバッガーの!objectコマンドに¥Deviceディレクトリを指定して実行すると、次のような出力を表示することができます。

```
1: kd> !object ¥device
Object: 8200c530  Type: (8542b188) Directory
    ObjectHeader: 8200c518 (new version)
    HandleCount: 0  PointerCount: 231
    Directory Object: 82007d20  Name: Device

    Hash Address  Type            Name
    ---- -------  ----            ----
      00 d024a448 Device          NisDrv
         959afc08 Device          SrvNet
         958beef0 Device          WUDFLpcDevice
         854c69b8 Device          FakeVid1
         8befec98 Device          RdpBus
```

```
         88f7c338 Device                   Beep
         89d64500 Device                   Ndis
         8a24e250 SymbolicLink             ScsiPort2
         89d6c580 Device                   KsecDD
         89c15810 Device                   00000025
         89c17408 Device                   00000019
   01    854c6898 Device                   FakeVid2
         89c31038 Device                   00000027
   03    9c205c40 Device                   00000041
         854c6658 Device                   FakeVid4
         854dd9d8 Device                   00000035
         88f98a70 Device                   Netbios
         8a48c6a8 Device                   NameResTrk
         89c2fe88 Device                   00000026
   02    854c6778 Device                   FakeVid3
         8548fee0 Device                   00000034
         8a214b78 SymbolicLink             Ip
         8d143488 Device                   Video0
         8a541030 Device                   KeyboardClass0
         89c323c8 Device                   00000028
         8554fb50 Device                   KMDF0
   04    958bb040 Device                   ProcessManagement
         97ad9fe0 SymbolicLink             MailslotRedirector
         854f0090 Device                   00000036
         854c6538 Device                   FakeVid5
         8bf14e98 Device                   Video1
         8bf2fe20 Device                   KeyboardClass1
         89c332a0 Device                   00000029
         89c05030 Device                   VolMgrControl
         89c3a1a8 Device                   VMBus
   ...
```

!objectコマンドを入力し、オブジェクトマネージャーのディレクトリオブジェクトを指定すると、カーネルデバッガーはオブジェクトマネージャーがそれを内部的に整理する方法に基づいて、そのディレクトリの内容をダンプします。高速検索のために、ディレクトリはオブジェクト名のハッシュに基づいてオブジェクトをハッシュテーブルに格納するため、出力結果はディレクトリのハッシュテーブルの各バケットに格納されているオブジェクトを表示します。

　図6-10に示したように、デバイスオブジェクトはそのドライバーオブジェクトに戻るようにポイントしています。これは、I/OマネージャーがI/O要求を受信したときに呼び出すドライバーのルーチンを知る方法になります。I/Oマネージャーは、デバイスをサービスするドライバーを表しているドライバーオブジェクトを見つけるために、デバイスオブジェクトを使用します。その後、元の要求で提供されたファンクションコードを使用して、ドライバーオブジェクトにインデックスを付けます。各ファンクションコードは、ドライバーのエントリポイント（ディスパッチルーチンと呼ばれます）に対応しています
　ドライバーオブジェクトは、そのドライバーオブジェクトに関連付けられた複数のデバイスオブ

第**6**章 I/Oシステム **561**

ジェクトを持つことがあります。ドライバーがシステムからアンロードされるとき、I/Oマネージャー
はデバイスオブジェクトのキューを使用して、ドライバーの削除によって影響を受けるデバイスを判
断します。

実習 ドライバーとデバイスオブジェクトを表示する

カーネルデバッガーの!drvobjおよび!devobjエクステンションコマンドを使用すると、ドライ
バーオブジェクトおよびデバイスオブジェクトをそれぞれ表示することができます。次の例は、
キーボードクラスドライバーのドライバーオブジェクトを調べ、そのデバイスオブジェクトの1
つを参照したものです。

```
1: kd> !drvobj kbdclass
Driver object (8a557520) is for:
 \Driver\kbdclass
Driver Extension List: (id , addr)

Device Object list:
9f509648  8bf2fe20  8a541030
1: kd> !devobj 9f509648
Device object (9f509648) is for:
 KeyboardClass2 \Driver\kbdclass DriverObject 8a557520
Current Irp 00000000 RefCount 0 Type 0000000b Flags 00002044
Dacl 82090960 DevExt 9f509700 DevObjExt 9f5097f0
ExtensionFlags (0x00000c00)  DOE_SESSION_DEVICE, DOE_DEFAULT_SD_PRESENT
Characteristics (0x00000100)  FILE_DEVICE_SECURE_OPEN
AttachedTo (Lower) 9f509848 \Driver\terminpt
Device queue is not busy.
```

!devobjコマンドもまた、何らかのデバイスオブジェクトのアドレスと名前を表示しているこ
とに注目してください(AttachedTo (Lower)行)。これは、参照しているデバイスオブジェクト
が複数層の下位にあることを示しています。複数層のデバイスオブジェクトの上位に指定された
オブジェクトが表示されることもあります(AttachedDevice (Upper)行)が、この例の場合は該
当しません。

!drvobjコマンドはオプションの引数を受け付け、さらに詳細な情報を表示させることができ
ます。次に示すのは、最も多くの情報を表示する例です。

```
1: kd> !drvobj kbdclass 7
Driver object (8a557520) is for:
 \Driver\kbdclass
Driver Extension List: (id , addr)

Device Object list:
9f509648  8bf2fe20  8a541030

DriverEntry:   8c30a010    kbdclass!GsDriverEntry
DriverStartIo: 00000000
```

```
DriverUnload:    00000000
AddDevice:       8c307250      kbdclass!KeyboardAddDevice

Dispatch routines:
[00] IRP_MJ_CREATE                      8d8c1da0   +0x8d8c1da0
[00] IRP_MJ_CREATE                      8c301d80
kbdclass!KeyboardClassCreate
[01] IRP_MJ_CREATE_NAMED_PIPE           81142342
nt!IopInvalidDeviceRequest
[02] IRP_MJ_CLOSE                       8c301c90
kbdclass!KeyboardClassClose
[03] IRP_MJ_READ                        8c302150
kbdclass!KeyboardClassRead
[04] IRP_MJ_WRITE                       81142342
nt!IopInvalidDeviceRequest
[05] IRP_MJ_QUERY_INFORMATION           81142342
nt!IopInvalidDeviceRequest
[06] IRP_MJ_SET_INFORMATION             81142342
nt!IopInvalidDeviceRequest
[07] IRP_MJ_QUERY_EA                     81142342
nt!IopInvalidDeviceRequest
[08] IRP_MJ_SET_EA                       81142342
nt!IopInvalidDeviceRequest
[09] IRP_MJ_FLUSH_BUFFERS                8c303678
kbdclass!KeyboardClassFlush
[0a] IRP_MJ_QUERY_VOLUME_INFORMATION     81142342
nt!IopInvalidDeviceRequest
[0b] IRP_MJ_SET_VOLUME_INFORMATION       81142342
nt!IopInvalidDeviceRequest
[0c] IRP_MJ_DIRECTORY_CONTROL            81142342
nt!IopInvalidDeviceRequest
[0d] IRP_MJ_FILE_SYSTEM_CONTROL          81142342
nt!IopInvalidDeviceRequest
[0e] IRP_MJ_DEVICE_CONTROL               8c3076d0
kbdclass!KeyboardClassDeviceControl
[0f] IRP_MJ_INTERNAL_DEVICE_CONTROL      8c307ff0
kbdclass!KeyboardClassPassThrough
[10] IRP_MJ_SHUTDOWN                     81142342
nt!IopInvalidDeviceRequest
[11] IRP_MJ_LOCK_CONTROL                 81142342
nt!IopInvalidDeviceRequest
[12] IRP_MJ_CLEANUP                      8c302260
kbdclass!KeyboardClassCleanup
[13] IRP_MJ_CREATE_MAILSLOT              81142342
nt!IopInvalidDeviceRequest
[14] IRP_MJ_QUERY_SECURITY               81142342
nt!IopInvalidDeviceRequest
[15] IRP_MJ_SET_SECURITY                 81142342
```

```
nt!IopInvalidDeviceRequest
[16] IRP_MJ_POWER                           8c301440
kbdclass!KeyboardClassPower
[17] IRP_MJ_SYSTEM_CONTROL                  8c307f40
kbdclass!KeyboardClassSystemControl
[18] IRP_MJ_DEVICE_CHANGE                   81142342
nt!IopInvalidDeviceRequest
[19] IRP_MJ_QUERY_QUOTA                     81142342
nt!IopInvalidDeviceRequest
[1a] IRP_MJ_SET_QUOTA                       81142342
nt!IopInvalidDeviceRequest
[1b] IRP_MJ_PNP                             8c301870
kbdclass!KeyboardPnP
```

　この出力例から、ディスパッチルーチン配列の存在が明らかにわかります。これについては、次の項で説明します。このドライバーでサポートされない操作は、I/OマネージャーのIopInvalidDeviceRequestルーチンをポイントしていることに注目してください。

　!drvobjコマンドに渡すアドレスは、DRIVER_OBJECT構造体のアドレスになります。また、**!devobj**コマンドに渡すアドレスは、DEVICE_OBJECT構造体のアドレスになります。デバッガーの**dt**コマンドを使用すると、これらの構造体を直接参照することができます。

```
1: kd> dt nt!_driver_object 8a557520
   +0x000 Type             : 0n4
   +0x002 Size             : 0n168
   +0x004 DeviceObject     : 0x9f509648 _DEVICE_OBJECT
   +0x008 Flags            : 0x412
   +0x00c DriverStart      : 0x8c300000 Void
   +0x010 DriverSize       : 0xe000
   +0x014 DriverSection    : 0x8a556ba8 Void
   +0x018 DriverExtension  : 0x8a5575c8 _DRIVER_EXTENSION
   +0x01c DriverName       : _UNICODE_STRING "\Driver\kbdclass"
   +0x024 HardwareDatabase : 0x815c2c28 _UNICODE_STRING "\REGISTRY\
MACHINE\HARDWARE\DESCRIPTION\SYSTEM"
   +0x028 FastIoDispatch   : (null)
   +0x02c DriverInit       : 0x8c30a010 long +ffffffff8c30a010
   +0x030 DriverStartIo    : (null)
   +0x034 DriverUnload     : (null)
   +0x038 MajorFunction    : [28] 0x8c301d80 long +ffffffff8c301d80
1: kd> dt nt!_device_object 9f509648
   +0x000 Type             : 0n3
   +0x002 Size             : 0x1a8
   +0x004 ReferenceCount   : 0n0
   +0x008 DriverObject     : 0x8a557520 _DRIVER_OBJECT
   +0x00c NextDevice       : 0x8bf2fe20 _DEVICE_OBJECT
   +0x010 AttachedDevice   : (null)
   +0x014 CurrentIrp       : (null)
   +0x018 Timer            : (null)
```

```
+0x01c Flags             : 0x2044
+0x020 Characteristics   : 0x100
+0x024 Vpb               : (null)
+0x028 DeviceExtension   : 0x9f509700 Void
+0x02c DeviceType        : 0xb
+0x030 StackSize         : 7 ''
+0x034 Queue             : <unnamed-tag>
+0x05c AlignmentRequirement : 0
+0x060 DeviceQueue       : _KDEVICE_QUEUE
+0x074 Dpc               : _KDPC
+0x094 ActiveThreadCount : 0
+0x098 SecurityDescriptor : 0x82090930 Void
...
```

これらの構造体の中には、いくつか興味深いフィールドが存在します。これについては、次の項で説明します。

オブジェクトは、ドライバーに関する情報を記録するために使用します。これは、I/Oマネージャーが個別のドライバーについて、知る必要がないことを意味しています。I/Oマネージャーは、単にドライバーを見つけるためにポインターに従うだけで、それによって移植性のためのレイヤーを提供し、新しいドライバーを簡単に読み込めるようにします。

6.3.4 デバイスを開く

ファイルオブジェクトは、カーネルモードのデータ構造体であり、デバイスに対するハンドルを表します。ファイルオブジェクトは、Windowsにおけるオブジェクトの基準に明らかに適合しています。第一に、ファイルオブジェクトはシステムリソースであり、2つ以上のユーザープロセスで共有可能です。第二に、ファイルオブジェクトは名前を持つことができます。第三に、ファイルオブジェクトはオブジェクトベースのセキュリティで保護されます。そして最後に、ファイルオブジェクトは同期をサポートしています。I/Oシステムにおける共有リソースは、Windowsエグゼクティブの他のコンポーネントのおける共有リソースと同様に、オブジェクトとして操作されます（オブジェクト管理について詳しくは、本書下巻を参照してください）。

ファイルオブジェクトは、読み取りと書き込みが可能なI/O中心のインターフェイスに準拠する、メモリベースのリソース表現を提供します。表6-1の一覧は、ファイルオブジェクトの属性の一部です。特定のフィールドのための宣言とサイズについては、Windows Driver Kit（WDK）のヘッダーファイル Wdm.h内にあるFILE_OBJECT構造体の定義を確認してください。

表6-1　ファイルオブジェクトの属性

属性	目的
ファイル名	ファイルオブジェクトが参照する仮想的なファイルを識別するもので、CreateFile またはCreateFile2 APIに渡されます。
現在のバイトオフセット	ファイルの中の現在の位置を識別します（同期I/Oのためにのみ有効です）。
共有モード	現在の呼び出し元がファイルを使用中の間に、他の呼び出し元が読み取り、書き込み、または削除操作のためにそのファイルを開くことができるかどうかを示します。

属性	目的
オープンモードフラグ	I/Oが同期または非同期、キャッシュまたは非キャッシュ、シーケンシャルまたはランダムなど、そのどれであるかを示します。
デバイスオブジェクトへのポインター	ファイルが存在するデバイスの種類を示します。
ボリュームパラメーターブロック（VPB）へのポインター	ファイルが存在するボリュームまたはパーティションを示します（ファイルシステムのファイルの場合）。
セクションオブジェクトポインターへのポインター	マップファイル／キャッシュファイルを説明するルート構造体を示します。この構造体は、共有キャッシュマップも含み、キャッシュマネージャーによってファイルのどの部分がキャッシュされているのか（またはマップされているのか）、およびキャッシュ内のどこに存在するのかを示します。
プライベートキャッシュマップへのポインター	このハンドルの読み取りパターンやプロセスのページ優先度など、ハンドルごとのキャッシュ情報を格納するために使用されます。ページ優先度について詳しくは、「第5章 メモリ管理」を参照してください。
I/O要求パケット（IRP）のリスト	スレッド非依存I/Oが使用され、ファイルオブジェクトがI/O完了ポートに関連付けられている場合、これはファイルオブジェクトに関連付けられたすべてのI/O操作のリストになります（スレッド非依存I/OとI/O完了ポートについては、それぞれこの章の「6.4.5　スレッド非依存I/O」と「6.4.7　I/O完了ポート」の項を参照してください）。
I/O完了コンテキスト	現在のI/O完了ポートがアクティブな場合、そのコンテキスト情報です。
ファイルオブジェクト拡張	ファイルのためのI/O優先度（後述します）、およびファイルオブジェクトに対する共有アクセスチェックの要否を格納します。また、コンテキストに固有の情報を格納するオプションのファイルオブジェクト拡張を含みます。

　ファイルオブジェクトを使用するドライバーコードに対して、ある程度のあいまいさを維持するため、および構造体を大きくすることなくファイルオブジェクトの機能性の拡張を可能にするために、ファイルオブジェクトは拡張フィールドも備えています。このフィールドを使用して、表6-2に示す異なる種類の追加的な属性を最大6つまで持つことができます。

表6-2　ファイルオブジェクト拡張

拡張	目的
トランザクションパラメーター	これはトランザクションパラメーターブロックを含み、トランザクションファイル操作に関する情報を提供します。これらの情報は、IoGetTransactionParameterBlockルーチンの戻り値として返されます。
デバイスオブジェクトヒント	このファイルに関連付けるべきフィルタードライバーのデバイスオブジェクトを示します。これは、IoCreateFileExまたはIoCreateFileSpecifyDeviceObjectHintでセットされます。
I/O状態ブロック範囲	アプリケーションがユーザーモードバッファーをカーネルモードメモリにロックすることを可能にし、非同期I/Oを最適化します。これは、SetFileIoOverlappedRangeでセットされます。
汎用	フィルタードライバーに固有の情報、および呼び出し元によって追加される拡張作成パラメーター（Extended Create Parameter：ECP）を含みます。これは、IoCreateFileExでセットされます。

拡張	目的
スケジュール済みのファイルI/O	ファイルの帯域幅予約情報を格納します。これは、記憶域システムがマルチメディアアプリケーションのためのスループットを最適化し、保証するために使用されます。これは、SetFileBandwidthReservationでセットされます（この章の「6.4.8 I/O優先度の設定」の「帯域幅予約（スケジュール済みのファイルI/O）」の項を参照してください）。
シンボリックリンク	マウントポイントまたはディレクトリジャンクションが走査されたとき（またはフィルターが明示的にパスを再解析したとき）、それらの作成時にファイルオブジェクトに追加されます。これは、呼び出し元が提供したパスを、中間ジャンクションがあればそれも含めて格納します。これにより、関連するシンボリックリンクがヒットした場合、ジャンクションを戻っていくことができます。NTFSシンボリックリンク、マウントポイント、およびディレクトリジャンクションについて詳しくは、本書下巻を参照してください。

　呼び出し元が1つのファイル、または1つのシンプルなデバイスを開くとき、I/Oマネージャーはファイルオブジェクトへのハンドルを返します。これが起こる前に、対象のデバイスを担当するドライバーは、作成ディスパッチルーチン（IRP_MJ_CREATE）を介して、そのデバイスを開いてよいかどうか尋ねられ、オープン要求が成功するために必要な初期化をドライバーが実行できるようにします。

メモ
　ファイルオブジェクトは、ファイル自身ではなく、ファイルを開くインスタンスを表します。vnodeを使用するUNIXシステムとは異なり、Windowsはファイルの表現を定義しません。Windowsのファイルシステムドライバーが、独自の表現を定義します。

　エグゼクティブオブジェクトと同様に、ファイルはアクセス制御リスト（ACL）を含むセキュリティ記述子によって保護されます。I/Oマネージャーは、セキュリティサブシステムに問い合わせて、そのスレッドが要求する方法でのファイルへのアクセスが、ファイルのACLでプロセスに許可されているかどうかを判断します。許可されている場合、オブジェクトマネージャーはアクセスを許可し、付与されたアクセス権をI/Oマネージャーが返すファイルハンドルに関連付けます。このスレッドまたはプロセス内の別のスレッドが元の要求に指定されていない追加的な操作を実行する必要がある場合、そのスレッドは同じファイルを別の要求で開き（またはハンドルを複製して要求されたアクセスで開き）、もう1つのハンドルを取得する必要があります。これには、別のセキュリティチェックが要求されます（オブジェクト保護についてさらに詳しくは、第7章を参照してください）。

実習 デバイスのハンドルを参照する
　デバイスに対するハンドルを開いているプロセスがある場合、そのプロセスのハンドルテーブル内に、開いているインスタンスに対応するファイルオブジェクトを持つことになります。Process Explorerを使用すると、それらのハンドルを参照することができます。それには、プロセス一覧で特定のプロセスを選択し、[View]メニューの[Lower Pane View]サブメニューにある[Handles]をクリックします。[Type]列でソートし、[Type]列がFileとなっている、ファイルオブジェクトを表すハンドルまで一覧をスクロールします。

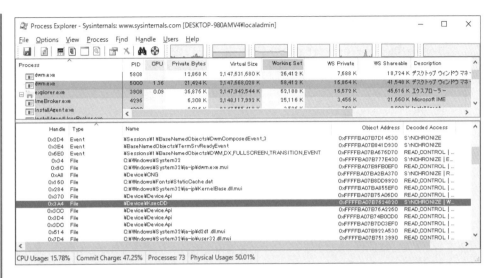

この例では、デスクトップウィンドウマネージャー (dwm.exe) プロセスの1つが、カーネルセキュリティデバイスドライバー (Ksecdd.sys) によって作成されたデバイスに対するハンドルを開いています。カーネルデバッガーを使用して特定のファイルオブジェクトを調べるには、まず、そのオブジェクトのアドレスを特定します。上のスクリーンショットで選択中（反転表示の部分）の情報を表示しています。[Handle]列のハンドル値は0x3A4であり、これはプロセスID (PID) 5000 (10進数) を持つdwm.exeプロセスの中にあります。

```
kd> !handle 3A4 f 0n5000

PROCESS ffffba07b9572100
    SessionId: 1  Cid: 1388    Peb: a6814db000  ParentCid: 0234
    DirBase: 628e9000  ObjectTable: ffffa50a5c25aec0  HandleCount:
<Data Not Accessible>
    Image: dwm.exe

Handle Error reading handle count.

03a4: Object: ffffba07b7624820  GrantedAccess: 00100003 (Protected)
(Inherit) (Audit) Entry: ffffa50a5c7ace90
Object: ffffba07b7624820  Type: (ffffba07b6e5ed50) File
    ObjectHeader: ffffba07b76247f0 (new version)
        HandleCount: 1  PointerCount: 32767
```

このオブジェクトはファイルオブジェクトなので、!fileobjエクステンションコマンドを使用してその情報を取得できます（同じオブジェクトアドレスがProcess Explorerの［Object Address］列に表示されていることにも注目してください）。

```
kd> !fileobj ffffba07b7624820

Device Object: 0xffffba07b7ba4c40    ¥Driver¥KSecDD
Vpb is NULL
Event signalled

Flags:  0x40002
        Synchronous IO
        Handle Created

CurrentByteOffset: 0
```

　ファイルオブジェクトは、共有可能リソースのメモリベースの表現であり、リソースそのものではないため、その点は他のエグゼクティブオブジェクトと異なります。ファイルオブジェクトはオブジェクトハンドルに対して一意であるデータのみを含みます。一方、ファイルそのものは、共有されるデータまたはテキストを含みます。スレッドがファイルを開くたびに、ハンドル固有の属性の新しいセットを持つ、新しいファイルオブジェクトが作成されます。例えば、ファイルが同期的に開かれた場合、現在のバイトオフセット属性はファイル内の、ハンドルを使用した次の読み取りまたは書き込み操作が発生する位置を示しています。1つのファイルに対する各ハンドルは、基になるファイルが共有されていたとしても、1つのプライベートオフセットを持ちます。1つのファイルオブジェクトは1つのプロセスに対して一意でもあります。ただし、プロセスがファイルハンドルを別のプロセスに複製した場合（Windows APIのDuplicateHandle関数を使用して）、またはクライアントプロセスがファイルハンドルを親プロセスから継承した場合は例外です。これらの状況では、2つのプロセスは、同じファイルオブジェクトを参照する別々のハンドルを持つことになります。

　ファイルハンドルはプロセスに対して一意ですが、その基になる物理リソースはそうではありません。そのため、共有リソースがある場合、複数のスレッドは、ファイル、ディレクトリ、デバイスなど、共有可能なリソースに対するアクセスを同期する必要があります。例えば、あるスレッドがファイルに対して書き込み中の場合、ファイルを開く際に、他のスレッドがそのファイルに同時に書き込むことを避けるため、排他的な書き込みアクセスを指定する必要があります。あるいは、Windows APIのLockFile関数を使用することで、排他的なアクセスが必要なとき、ファイルに書き込む間、スレッドがファイルを部分的にロックします。

　ファイルが開かれたとき、そのファイル名は、ファイルが存在するデバイスオブジェクトの名前に含まれます。例えば、¥Device¥HarddiskVolume1¥Myfile.datという名前は、C:ボリューム上のMyfile.datファイルを指します。¥Device¥HarddiskVolume1という部分文字列は、ボリュームを表すデバイスオブジェクトのWindowsの内部的な名前です。Myfile.datを開くとき、I/Oマネージャーは1つのファイルオブジェクトを作成し、そのファイルオブジェクト内にHarddiskVolume1デバイスオブジェクトに対するポインターを格納し、次にファイルハンドルを呼び出し元に返します。その後、呼び出し元がファイルハンドルを使用するとき、I/OマネージャーはHarddiskVolume1デバイスオブジェクトを直接的に見つけることができます。

　Windowsの内部的なデバイス名は、Windowsアプリケーション内で使用されることができないことを覚えておいてください。その代わりに、そのデバイス名は、オブジェクトマネージャーの名前空間の特殊なディレクトリである¥GLOBAL??に見えなければなりません。このディレクトリは、本当のWindowsの内部的なデバイス名へのシンボリックリンクを含んでいます。前述したように、デバイスドライバーは、このディレクトリ内にリンクを作成する役割があります。これにより、デバイスは

第**6**章　I/Oシステム　**569**

Windowsアプリケーションからアクセス可能になります。これらのリンクは、Windows APIのQuery DosDevice および DefineDosDevice 関数を使用して、プログラム的に調べたり変更したりもできます。

6.4 | I/O処理

ここまで、ドライバーの構造と種類、およびドライバーをサポートするデータ構造体について説明してきました。それでは、システムを通して、I/O要求がどのように流れるのか見ていきましょう。I/O要求は、あらかじめわかっているいくつかの処理のステージを通ります。そのステージは、単層ドライバーによって操作されるデバイスに向かう要求であるか、複数層ドライバーを通ってデバイスにたどり着く要求であるかによって、異なります。呼び出し元が同期I/Oまたは非同期I/Oのどちらを指定したかによっても、処理はさらに変わります。そのため、これら2つのI/Oの種類について先に説明し、その後、他の違いの説明に進みます。

6.4.1 | I/Oの種類

アプリケーションは、発行するI/O要求についていくつかのオプションを持ちます。さらに、I/OマネージャーはショートカットI/Oのインターフェイスを実装する選択肢をドライバーに与え、ドライバーはそれを使ってI/O処理のためのI/O要求パケット（IRP）の割り当てを削減することができます。この項では、I/O要求のためのこれらのオプションについて説明します。

■ 同期I/Oと非同期I/O

アプリケーションによって発行されるほとんどのI/O操作は、**同期I/O**（Synchronous I/O）です（同期I/Oが既定です）。つまり、アプリケーションのスレッドは、デバイスがデータ操作を実行し、I/Oが完了したときに状態コードが返されるまで、待機します。その後、プログラムは続行し、すぐに転送されたデータにアクセスすることができます。最も簡単な形式で使用されるとき、Windows APIのReadFile および WriteFile 関数は同期的に実行されます。これらの関数は、呼び出し元に制御を返す前に、I/O操作を完了します。

非同期I/O（Asynchronous I/O）は、アプリケーションが複数のI/O要求を発行することを可能にし、デバイスがI/O操作を実行している間もアプリケーションが実行を継続できるようにします。この種類のI/Oは、I/O操作が進行中にアプリケーションのスレッドが他の処理を継続できるため、アプリケーションのスループットを向上することができます。非同期I/Oを使用するためには、Windows APIのCreateFile または CreateFile2 関数を呼び出すときに、FILE_FLAG_OVERLAPPED フラグを指定する必要があります。もちろん、非同期I/O操作を発行した後、デバイスドライバーがそのデータ操作を終了するまでは、I/O操作からのいかなるデータにもアクセスしないように注意する必要があります。スレッドは、I/Oが完了したときにシグナルされる同期オブジェクト（これはイベントオブジェクト、I/O完了ポート、ファイルオブジェクトそのもののいずれかです）のハンドルを監視することで、スレッドの実行とI/O要求の完了を同期する必要があります。

I/O要求の種類に関係なく、アプリケーションの代わりにドライバーに対して発行されたI/O操作は、非同期に実行されます。つまり、I/O要求が開始されたら、デバイスドライバーは可能な限り早くI/Oシステムに制御を返す必要があります。I/Oシステムが呼び出し元に直ちに返すかどうかは、同期I/Oまたは非同期I/Oのために開かれたハンドルであるかどうかに依存します。前出の図6-3は、読み取り操作が開始されたときの制御フローを示したものです。待機が完了した場合、それがファイルオ

ブジェクトのFILE_FLAG_OVERLAPPEDフラグに依存するものであった場合は、NtReadFile関数
によってカーネルモードで実行されることに注意してください。

Windows APIのHasOverlappedIoCompletedマクロを使用すると、保留中の非同期I/O操作の状態
を評価することができます。または、GetOverlappedResult (Ex) 関数を使用すると、さらに詳細な情
報を取得できます。I/O完了ポート（この章の「6.4.7　I/O完了ポート」の項を参照）を使用している
場合は、GetQueuedCompletionStatus（Ex）関数を使用できます。

■ ファストI/O

ファストI/O（Fast I/O）は特殊なメカニズムであり、I/OシステムがI/O要求パケット（IRP）の生
成をバイパスして、代わりにI/O要求を完了するためにドライバースタックに直接向かうことを可能
にします。このメカニズムは、IRPを使用したときに多少遅くなる、特定のI/Oパスを最適化するため
に使用されます（ファストI/Oについては、本書下巻で詳しく説明します）。ドライバーは、ドライバー
オブジェクト内のPFAST_IO_DISPATCHポインターによってポイントされる構造体にそれを入れる
ことによって、ファストI/Oエントリポイントを登録します。

実習 ドライバーの登録済みファストI/Oルーチンを参照する

カーネルデバッガーの!drvobjエクステンションコマンドを使用すると、ドライバーがそのド
ライバーオブジェクトに登録しているファストI/Oルーチンを一覧表示できます。しかし、通
常、ファイルシステムドライバーだけが、ファストI/Oルーチンを使用しています。ただし、ネッ
トワークプロトコルドライバーやバスフィルタードライバーといった、例外はあります。次の出
力は、NTFSファイルシステムドライバーオブジェクトのファストI/Oテーブルを示していま
す。

```
lkd> !drvobj ¥filesystem¥ntfs 2
Driver object (ffffc404b2fbf810) is for:
 ¥FileSystem¥NTFS
DriverEntry:    fffff80e5663a030 NTFS!GsDriverEntry
DriverStartIo:  00000000
DriverUnload:   00000000
AddDevice:      00000000

Dispatch routines:
...

Fast I/O routines:
FastIoCheckIfPossible               fffff80e565d6750
NTFS!NtfsFastIoCheckIfPossible
FastIoRead                          fffff80e56526430
NTFS!NtfsCopyReadA
FastIoWrite                         fffff80e56523310
NTFS!NtfsCopyWriteA
FastIoQueryBasicInfo                fffff80e56523140
NTFS!NtfsFastQueryBasicInfo
FastIoQueryStandardInfo             fffff80e56534d20
NTFS!NtfsFastQueryStdInfo
```

```
FastIoLock                                    fffff80e5651e610
NTFS!NtfsFastLock
FastIoUnlockSingle                            fffff80e5651e3c0
NTFS!NtfsFastUnlockSingle
FastIoUnlockAll                               fffff80e565d59e0
NTFS!NtfsFastUnlockAll
FastIoUnlockAllByKey                          fffff80e565d5c50
NTFS!NtfsFastUnlockAllByKey
ReleaseFileForNtCreateSection                 fffff80e5644fd90
NTFS!NtfsReleaseForCreateSection
FastIoQueryNetworkOpenInfo                    fffff80e56537750
NTFS!NtfsFastQueryNetworkOpenInfo
AcquireForModWrite                            fffff80e5643e0c0
NTFS!NtfsAcquireFileForModWrite
MdlRead                                       fffff80e5651e950
NTFS!NtfsMdlReadA
MdlReadComplete                               fffff802dc6cd844
nt!FsRtlMdlReadCompleteDev
PrepareMdlWrite                               fffff80e56541a10
NTFS!NtfsPrepareMdlWriteA
MdlWriteComplete                              fffff802dcb76e48
nt!FsRtlMdlWriteCompleteDev
FastIoQueryOpen                               fffff80e5653a520
NTFS!NtfsNetworkOpenCreate
ReleaseForModWrite                            fffff80e5643e2c0
NTFS!NtfsReleaseFileForModWrite
AcquireForCcFlush                             fffff80e5644ca60
NTFS!NtfsAcquireFileForCcFlush
ReleaseForCcFlush                             fffff80e56450cf0
NTFS!NtfsReleaseFileForCcFlush
...
```

　この出力結果は、NTFSがFastIoReadエントリとしてNtfsCopyReadAルーチンを登録していることを示しています。ファストI/Oエントリの名前からわかるように、I/Oマネージャーは、ファイルがキャッシュされている場合、読み取りI/O要求を発行するときにこの関数を呼び出します。呼び出しが成功しない場合、標準的なI/O要求パケット（IRP）のパスが選択されます。

■｜マップファイルI/Oとファイルキャッシュ

　マップファイルI/O（Mapped File I/O）は、I/Oシステムの重要な機能の1つです。これは、I/Oシステムとメモリマネージャーが共同で生み出すものです（マップファイルの実装のされ方について詳しくは第5章を参照してください）。「マップファイルI/O」とは、ディスク上に存在するファイルをプロセスの仮想メモリの一部として参照する能力のことを指します。プログラムは、データをバッファーに入れたり、ディスクI/Oを実行したりすることなく、大きな配列としてファイルにアクセスすることができます。プログラムがメモリにアクセスし、メモリマネージャーがページングメカニズムを使用して、正しいページをディスク上のファイルから読み込みます。アプリケーションがその仮想アド

レス領域に書き込む場合、メモリマネージャーは通常のページング操作の一部として、ファイルに変更を書き戻します。

　マップファイルI/Oは、Windows APIのCreateFileMapping、MapViewOfFile、および関連する関数を介して、ユーザーモードで利用可能です。オペレーティングシステムの中では、マップファイルI/Oはファイルのキャッシュやイメージのアクティブ化（実行可能プログラムの読み込みと実行）といった重要な操作のために使用されます。マップファイルI/Oの他の主要な使用者に、キャッシュマネージャーがあります。ファイルシステムはキャッシュマネージャーを使用して、ファイルデータを仮想メモリにマップし、I/Oバウンドな（I/Oを大量に行う）プログラムのためにより良い応答時間を提供します。呼び出し元がファイルを使用するとき、メモリマネージャーはアクセスされたページをメモリ上に持ってきます。ほとんどのキャッシュシステムはファイルをキャッシュするためにメモリ内に固定のバイト数を割り当てますが、Windowsのキャッシュは利用可能なメモリの量に応じて拡大または縮小します。このサイズ変動が可能なのは、キャッシュマネージャーがメモリマネージャーに依存しており、第5章で説明した通常のワーキングセットメカニズムを使用して、自動的にキャッシュのサイズを拡張（または縮小）するからです。この場合、そのメカニズムはシステムワーキングセットに適用されます。メモリマネージャーのページングシステムを活用することにより、キャッシュマネージャーはメモリマネージャーが既に実行している作業と重複することを避けます（キャッシュマネージャーの動作について詳しくは、本書下巻で説明します）。

■│スキャッター/ギャザーI/O

　Windowsは、**スキャッター/ギャザー**（Scatter/Gather）と呼ばれる特別な種類の高パフォーマンスI/Oをサポートしています。スキャッター/ギャザーI/Oは、Windows APIのReadFileScatterおよびWriteFileGather関数を介して利用可能です。これらの関数により、アプリケーションは、仮想メモリ内の1つ以上のバッファーからディスク上のファイルの連続した領域に対して、バッファーごとに別々のI/O要求を発行するのではなく、1回の読み取りまたは書き込みを発行することが可能になります。スキャッター/ギャザーI/Oを使用するためには、そのファイルが非キャッシュI/Oで開かれている必要があり、使用されるユーザーバッファーはページに揃えられている必要があります。また、I/Oは非同期I/O（FILE_FLAG_OVERLAPPEDフラグ指定）である必要があります。さらに、そのI/Oは大容量記憶装置に対して行われるものであり、I/Oはデバイスのセクター境界に揃えられ、セクターサイズの倍数の長さである必要があります。

6.4.2│I/O要求パケット（IRP）

　I/O要求パケット（IRP）は、I/OシステムがI/O要求を処理するのに必要な情報を格納するところです。スレッドがI/O APIを呼び出したとき、I/OマネージャーはIRPを構築し、I/Oシステムを介して順次処理される、その操作を表現します。可能な場合、I/Oマネージャーは、次に示すプロセッサごとのIRP非ページルックアサイドリストの3つのうち1つからIRPを割り当てます。

- **スモール（小）IRPルックアサイドリスト**──1つのスタックロケーションを持つ複数のIRPを含みます（IRPスタックロケーションについては後述します）。
- **ミディアム（中）IRPルックアサイドリスト**──4つのスタックロケーションを持つ複数のIRPを含みます（2つまたは3つのスタックロケーションだけを必要とするIRPにも使用されます）。
- **ラージ（大）ルックアサイドリスト**──4つより多くのスタックロケーションを持つ複数のIRPを含みます。既定では、システムは14のスタックロケーションを持つIRPをラージIRPルックア

サイドリストに格納しますが、1分に1回、システムは最近必要とされたスタックロケーションの数に基づいて、割り当てられたスタックロケーションの数を調整し、最大20まで増やすことができます。

これらのリストは、グローバルなルックアサイドリストによっても補完され、CPUをまたいだ効率的なIRPのフローを可能にします。IRPがラージIRPルックアサイドリスト上のIRPに含まれるよりも多くのスタックロケーションを必要とする場合、I/Oマネージャーは非ページプールからIRPを割り当てます。I/OマネージャーはIoAllocateIrp関数を使用してIRPを割り当てます。この関数は、デバイスドライバーの開発者も利用可能です。ドライバーによっては、自身でIRPを作成、初期化することによって、I/O要求を直接開始したい場合があるからです。IRPの割り当てと初期化の後、I/Oマネージャーは呼び出し元のファイルオブジェクトに対するポインターをそのIRP内に格納します。

メモ
　ラージIRPルックアサイドリスト上に格納されるIRPに含めるスタックロケーションの数は、レジストリのHKLM¥SYSTEM¥CurrentControlSet¥Control¥Session Manager¥I/O Systemキー内のLargeIrpStackLocationsという名前のDWORD型レジストリ値に定義することができます。同様に、同じレジストリキーのMeduimIrpStackLocations値は、ミディアムIRPルックアサイドリスト上のIRPのスタックロケーションのサイズを変更するために使用できます。

図6-11は、IRP構造体のいくつかの重要なメンバーを示しています。IRP構造体は、常に1つ以上のI/Oスタックロケーション（IO_STACK_LOCATION）オブジェクト（次の項で説明します）を伴います。

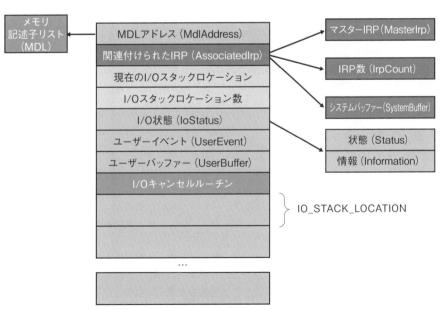

図6-11　I/O要求パケット（IRP）構造体の重要なメンバー

各メンバーの大まかな説明は、次のようになります。

- **I/O状態（IoStatus）**── IRPの状態を示します。これは状態（Status）と情報（Information）の2つのメンバーで構成されます。前者は実際の状態コードを示します。後者はポリモーフィック（多相）値であり場合に応じた意味を持ちます。例えば、読み取りまたは書き込み操作の場合、この値（ドライバーによってセットされる値）は、読み取りまたは書き込みバイト数を示します。この値は、ReadFileおよびWriteFile関数から出力される値として報告された値と同じです。
- **MDLアドレス（MdlAddress）**── メモリ記述子リスト（MDL）に対するオプションのポインターです。MDLは、物理メモリ内のバッファーの情報を表現する構造体です。MDLのデバイスドライバーにおける主な用途については次の項で説明します。MDLが要求されなかった場合、この値はNULLになります。
- **I/Oスタックロケーション数および現在のI/Oスタックロケーション**── これらは、後続のI/Oスタックロケーションオブジェクトの合計数と、この層のドライバーが参照する現在のスタックロケーションへのポインターを、それぞれ格納します。次の項では、I/Oスタックロケーションの詳細について説明します。
- **ユーザーバッファー**── I/O操作を開始したクライアントによって提供されるバッファーへのポインターです。例えば、そのバッファーは、ReadFileまたはWriteFile関数に対して提供されます。
- **ユーザーイベント**── 非同期I/O（FILE_FLAG_OVERLAPPEDフラグ指定）操作で使用されたカーネルイベントオブジェクトです（存在する場合）。イベントは、I/O操作の完了を通知する方法の1つです。
- **I/Oキャンセルルーチン**── IRPがキャンセルされた場合に、I/Oマネージャーによって呼び出される関数です。
- **関連付けられたIRP（AssociatedIrp）**── これは3つのフィールドを1つに結合したものです。システムバッファー（SystemBuffer）メンバーは、I/Oマネージャーがユーザーのバッファーをドライバーに渡すバッファーI/Oテクニックを利用した場合に使用されます。次の項では、バッファーI/Oについて説明します。また、ユーザーモードバッファーをドライバーに渡すその他のオプションについても説明します。マスターIRP（MasterIrp）メンバーは、マスターIRPを作成する方法を提供します。マスターIRPはその仕事をサブIRPに分割したもので、すべてのサブIRPが完了したときにのみ、マスターIRPが完了したと判断されます。

■ I/Oスタックロケーション

I/O要求パケット（IRP）には、常に1つ以上のI/Oスタックロケーションが続きます。I/Oスタックロケーションの数は、そのIRPの宛先となるデバイスノード（devnode）のデバイスのレイヤー数と等しくなります。I/O操作の情報は、IRP本体（Body、メインの構造体）と現在のI/Oスタックロケーションに分割されます。「現在の」とは、特定の層のデバイスのためにセットアップされたI/Oスタックロケーションであることを意味しています。図6-12に、I/Oスタックロケーションの重要なフィールドを示します。IRPが作成されると、要求された数のI/OスタックロケーションがIoAllocateIrpルーチンに渡されます。その後、I/Oマネージャーは、デバイスノード内の最上位のデバイスが宛先となっている、IRP本体と最初のI/Oスタックロケーションだけを初期化します。デバイスノードの各レイヤーは、そのIRPを下位の次のデバイスに渡すことを決めた場合、次のI/Oスタックロケーションの初期化を担当します。

図6-12は、I/Oスタックロケーション（IO_STACK_LOCATION）構造体の重要なメンバーを示しています。各メンバーの大まかな説明は次のようになります。

- **メジャーファンクション（Major Function）** —— 要求の種類（読み取り、書き込み、作成、プラグアンドプレイ（PnP）など）を示す主コードであり、ディスパッチルーチンコードとも呼ばれます。これは、IRP_MJ_で始まる、28ある定数（0 〜 27）の中の1つです。定数は、Windows Driver Kit（WDK）のヘッダーファイルWdm.h内に定義されています。このインデックス番号は、ドライバーオブジェクト内のファンクション（Function）ポインターのMajorFunction配列内に入れられ、I/Oマネージャーによって使用されます。これにより、I/Oマネージャーは、ドライバー内の適切なルーチンにジャンプします。ほとんどのドライバーは、ディスパッチルーチンを指定して、使用できるメジャーファンクションコードのサブセットのみを処理します。これには、作成（開く）、読み取り、書き込み、デバイスI/O制御、電源、PnP、システム制御（WMIコマンド用）、クリーンアップ、閉じるなどが含まれます。ファイルシステムドライバーは、ディスパッチエントリポイントのほとんどまたはすべてを機能で埋めるドライバーの種類の一例です。対照的に、シンプルなUSBデバイス用のドライバーは、開く、閉じる、読み取り、書き込み、およびI/O制御コードの送信のために必要なルーチンのみを、おそらく埋めるでしょう。I/Oマネージャーが任意のディスパッチエントリポイントをセットし、それがドライバーが独自のIopInvalidDeviceRequestルーチンに対してポイントするように埋めていないディスパッチエントリポイントであった場合、そのIRPはエラー状態で完了します。エラー状態は、IRP内で指定されたメジャーファンクションが、そのデバイスでは無効であることを示しています。

- **マイナーファンクション（Minor Function）** —— 一部の機能のために、メジャーファンクションコードを補助するために使用されます。例えば、IRP_MJ_READ（読み取り）およびIRP_MJ_WRITE（書き込み）はマイナーファンクションを持ちません。しかしPnPおよび電源のIRPは、常にマイナーファンクションコードを持ち、汎用的なメジャーファンクションコードを特殊化します。例えば、PnPのメジャーファンクションコードIRP_MJ_PNPは汎用的過ぎるため、実際の命令はIRP_MN_START_DEVICEやIRP_MN_DEVICEなど、マイナーファンクションコードによって与えられます。

- **パラメーター（Parameters）** —— これは構造体の非常に大きな集合体です。各構造体は、特定のメジャーファンクションコードまたはメジャー／マイナーファンクションコードの組み合わせに対して有効です。例えば、読み取り操作（IRP_MJ_READ）の場合、Parameters.Read構造体は、バッファーサイズなど、読み取り要求の情報を保持します。

- **ファイルオブジェクト（FileObject）とデバイスオブジェクト（DeviceObject）** —— これらは、このI/O操作のために関連付けられたFILE_OBJECTおよびDEVICE_OBJECTをポイントします。

- **I/O完了ルーチン（CompletionRoutine）** —— ドライバーがIoSetCompletionRoutine（Ex）DDI（デバイスドライバーインターフェイス）を使用して登録することができる、オプションの関数です。I/O完了ルーチンは、IRPが完了したときに下位層ドライバーによって呼び出されます。その時点で、ドライバーはIRPの完了状態を参照することができ、必要な後処理を行います。完了を元に戻す（関数からSTATUS_MORE_PROCESSING_REQUIREDという特別な値を返すことで）、デバイスノードに対してIRPを再送する（おそらくパラメーターを変更して）、あるいは異なるデバイスノードに対してIRPを再送することさえできます。

- **コンテキスト（Context）** —— これにはIoSetCompletionRoutine（Ex）の呼び出しで任意の値がセットされ、I/O完了ルーチンにそのまま渡されます。

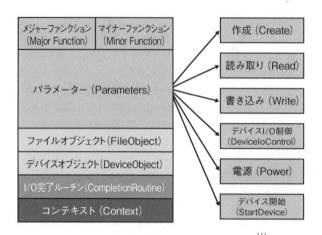

図6-12 IO_STACK_LOCATION構造体の重要なメンバー

　IRP本体とI/Oスタックロケーションの情報の分割により、もともとの要求のパラメーターを維持したまま、デバイススタックの次のデバイスのためにI/Oスタックロケーションのパラメーターの変更が可能になります。例えば、USBデバイスを対象とする読み取りIRPは、ファンクションドライバーによってデバイスI/O制御IRPに変更されることがあります。その場合、デバイス制御の入力バッファー引数は、下位層のUSBバスドライバーが理解するUSB要求ブロック（USB Request Block：URB）を指し示します。また、I/O完了ルーチンは、どのレイヤー（最下位のレイヤーは除く）でも登録される可能性があることに注意してください。各レイヤーのI/O完了ルーチンは、1つのI/Oスタックロケーションの中に自分の場所を持ちます（I/O完了ルーチンは、次の下位のI/Oスタックロケーション内に格納されます）。

実習　ドライバーのディスパッチルーチンを参照する

　カーネルデバッガーの**!drvobj**エクステンションコマンドでビット1フラグ（値2）を使用すると、ドライバーがディスパッチルーチン用に定義したファンクションの一覧を取得することができます。次の出力は、NTFSドライバーでサポートされるメジャーファンクションコードを示しています（この実習で使用するコマンドとその出力結果は、前の項の「実習：ドライバーの登録済みファストI/Oルーチンを参照する」と同じです）。

```
lkd> !drvobj ¥filesystem¥ntfs 2
Driver object (ffffc404b2fbf810) is for:
 ¥FileSystem¥NTFS
DriverEntry:   fffff80e5663a030 NTFS!GsDriverEntry
DriverStartIo: 00000000
DriverUnload:  00000000
AddDevice:     00000000

Dispatch routines:
[00] IRP_MJ_CREATE                      fffff80e565278e0
NTFS!NtfsFsdCreate
```

```
[01] IRP_MJ_CREATE_NAMED_PIPE              fffff802dc762c80
nt!IopInvalidDeviceRequest
[02] IRP_MJ_CLOSE                          fffff80e565258c0
NTFS!NtfsFsdClose
[03] IRP_MJ_READ                           fffff80e56436060
NTFS!NtfsFsdRead
[04] IRP_MJ_WRITE                          fffff80e564461d0
NTFS!NtfsFsdWrite
[05] IRP_MJ_QUERY_INFORMATION              fffff80e565275f0
NTFS!NtfsFsdDispatchWait
[06] IRP_MJ_SET_INFORMATION                fffff80e564edb80
NTFS!NtfsFsdSetInformation
[07] IRP_MJ_QUERY_EA                       fffff80e565275f0
NTFS!NtfsFsdDispatchWait
[08] IRP_MJ_SET_EA                         fffff80e565275f0
NTFS!NtfsFsdDispatchWait
[09] IRP_MJ_FLUSH_BUFFERS                  fffff80e5653c9a0
NTFS!NtfsFsdFlushBuffers
[0a] IRP_MJ_QUERY_VOLUME_INFORMATION       fffff80e56538d10
NTFS!NtfsFsdDispatch
[0b] IRP_MJ_SET_VOLUME_INFORMATION         fffff80e56538d10
NTFS!NtfsFsdDispatch
[0c] IRP_MJ_DIRECTORY_CONTROL              fffff80e564d7080
NTFS!NtfsFsdDirectoryControl
[0d] IRP_MJ_FILE_SYSTEM_CONTROL            fffff80e56524b20
NTFS!NtfsFsdFileSystemControl
[0e] IRP_MJ_DEVICE_CONTROL                 fffff80e564f9de0
NTFS!NtfsFsdDeviceControl
[0f] IRP_MJ_INTERNAL_DEVICE_CONTROL        fffff802dc762c80
nt!IopInvalidDeviceRequest
[10] IRP_MJ_SHUTDOWN                       fffff80e565efb50
NTFS!NtfsFsdShutdown
[11] IRP_MJ_LOCK_CONTROL                   fffff80e5646c870
NTFS!NtfsFsdLockControl
[12] IRP_MJ_CLEANUP                        fffff80e56525580
NTFS!NtfsFsdCleanup
[13] IRP_MJ_CREATE_MAILSLOT                fffff802dc762c80
nt!IopInvalidDeviceRequest
[14] IRP_MJ_QUERY_SECURITY                 fffff80e56538d10
NTFS!NtfsFsdDispatch
[15] IRP_MJ_SET_SECURITY                   fffff80e56538d10
NTFS!NtfsFsdDispatch
[16] IRP_MJ_POWER                          fffff802dc762c80
nt!IopInvalidDeviceRequest
[17] IRP_MJ_SYSTEM_CONTROL                 fffff802dc762c80
nt!IopInvalidDeviceRequest
[18] IRP_MJ_DEVICE_CHANGE                  fffff802dc762c80
nt!IopInvalidDeviceRequest
```

```
   [19]  IRP_MJ_QUERY_QUOTA                     fffff80e565275f0
NTFS!NtfsFsdDispatchWait
   [1a]  IRP_MJ_SET_QUOTA                       fffff80e565275f0
NTFS!NtfsFsdDispatchWait
   [1b]  IRP_MJ_PNP                             fffff80e56566230
NTFS!NtfsFsdPnp

Fast I/O routines:
...
```

　各IRPはアクティブな間、通常、I/Oを要求したスレッドに関連付けられたIRPリスト内のキューに入れられます（それ以外の場合、スレッド非依存I/Oを実行するときにファイルオブジェクト内に格納されます。これについてはこの章の「6.4.5　スレッド非依存I/O」の項で説明します）。これにより、完了していないI/O要求でスレッドが終了する場合、I/Oシステムは未処理のIRPを見つけ、キャンセルすることができます。また、ページI/OのIRPはフォールトしたスレッドに関連付けられることもあります（それがキャンセルできないにも関わらず）。非同期プロシージャコール（APC）がI/Oの完了に使用されないとき、現在のスレッドがそのスレッドを初期化したスレッドである場合、Windowsはスレッド非依存I/Oの最適化を使用できます。つまり、APCの配信を要求する代わりに、ページフォールトがインライン（スレッド内）で発生します。

実習 スレッドの未処理のIRPを参照する

　カーネルデバッガーの!threadエクステンションコマンドは、スレッドに関連付けられた任意のI/O要求パケット（IRP）を表示します。!processエクステンションコマンドもまた、要求された場合、同じように表示します。ローカルまたはライブデバッグでカーネルデバッガーを実行し、エクスプローラー（explorer.exe）プロセスのスレッドをリストしてみましょう。

```
lkd> !process 0 7 explorer.exe
PROCESS ffffc404b673c780
    SessionId: 1  Cid: 10b0    Peb: 00cbb000  ParentCid: 1038
    DirBase: 8895f000  ObjectTable: ffffe689011b71c0  HandleCount:
<Data Not Accessible>
    Image: explorer.exe
    VadRoot ffffc404b672b980 Vads 569 Clone 0 Private 7260. Modified
366527. Locked 784.
    DeviceMap ffffe688fd7a5d30
    Token                              ffffe68900024920
    ElapsedTime                        18:48:28.375
    UserTime                           00:00:17.500
    KernelTime                         00:00:13.484
    ...
    MemoryPriority                     BACKGROUND
    BasePriority                       8
    CommitCharge                       10789
    Job                                ffffc404b6075060
```

```
       THREAD ffffc404b673a080  Cid 10b0.10b4  Teb: 0000000000cbc000
Win32Thread: ffffc404b66e7090 WAIT: (WrUserRequest) UserMode Non-
Alertable
        ffffc404b6760740 SynchronizationEvent
     Not impersonating
     ...
       THREAD ffffc404b613c7c0 Cid 153c.15a8   Teb: 00000000006a3000
Win32Thread: ffffc404b6a83910 WAIT: (UserRequest) UserMode Non-
Alertable
        ffffc404b58d0d60 SynchronizationEvent
        ffffc404b566f310 SynchronizationEvent
     IRP List:
       ffffc404b69ad920: (0006,02c8) Flags: 00060800  Mdl:
00000000
     ...
```

　!processコマンドにより、多くのスレッドが見えるはずです。そのほとんどのスレッドでは、スレッド情報のIRP Listセクションに IRP が報告されます（なお、デバッガーは 17 より多い未処理のI/O要求があるスレッドでは、最初の 17 の IRP だけを表示します）。1つの IRP を選択し、!irpエクステンションコマンドで調べてみましょう。

```
lkd> !irp ffffc404b69ad920
Irp is active with 2 stacks 1 is current (= 0xffffc404b69ad9f0)
 No Mdl: No System Buffer: Thread ffffc404b613c7c0:  Irp stack trace.
    cmd  flg cl Device   File      Completion-Context
>[IRP_MJ_FILE_SYSTEM_CONTROL(d), N/A(0)]
         5 e1 ffffc404b253cc90 ffffc404b5685620 fffff80e55752ed0-
ffffc404b63c0e00 Success Error Cancel pending
                  ¥FileSystem¥Npfs FLTMGR!FltpPassThroughCompletion
                     Args: 00000000 00000000 00110008 00000000
 [IRP_MJ_FILE_SYSTEM_CONTROL(d), N/A(0)]
         5   0 ffffc404b3cdca00 ffffc404b5685620 00000000-00000000
                  ¥FileSystem¥FltMgr
                     Args: 00000000 00000000 00110008 00000000
```

　上記の IRP は、2つのI/Oスタックロケーションを持ち、名前付きパイプファイルシステム（NPFS）ドライバーに所有されるデバイスを対象にしているのがわかります（NPFS については、本書下巻で説明します）。

■ IRP のフロー

　I/O要求パケット（IRP）は一般的にI/Oマネージャーによって作成され、その後、対象のデバイスノード（devnode）上の最初のデバイスに送信されます。図6-13は、ハードウェアベースのデバイスドライバーにおける典型的な IRP のフローを示しています。

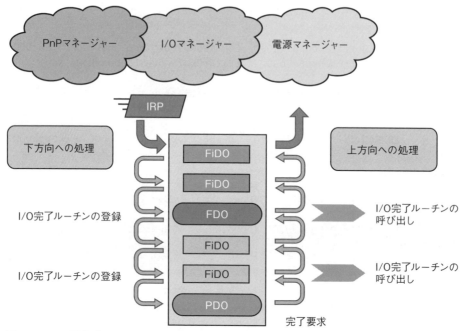

図6-13　I/O要求パケット（IRP）のフロー

　I/Oマネージャーだけが IRP を作成するエンティティ（実体、存在）ではありません。プラグアンドプレイ（PnP）マネージャーおよび電源マネージャーもまた、メジャーファンクションコードである IRP_MJ_PNP および IRP_MJ_POWER をそれぞれ使用して、IRP の作成を担当します。

　図6-13は、6つのレイヤーの複数層デバイスオブジェクトを持つ、デバイスノード（devnode）の例を示したものです。6つのレイヤーは、2つの上位フィルター、ファンクションデバイスオブジェクト（FDO）、2つの下位フィルター、および物理デバイスオブジェクト（PDO）で構成されています。つまり、このデバイスノードを対象とした IRP は、レイヤーごとに1つ、合計6つの I/O スタックロケーションとともに作成されます。IRP は、デバイススタック内の下位にある名前付きデバイスに対して開かれたハンドルの場合でも、常に複数層デバイスの最上位に配信されます。

　IRP を受信したドライバーは、次に示すもののうち1つを実行できます。

- ドライバーは、IoComptereRequest ルーチンを呼び出すことによって、ここで IRP を完了できます。これは、IRP が何か無効なパラメーターを持つため、そうすることがあります（例えば、バッファーサイズが十分でない、I/O 制御コードの不良など）。あるいは、要求された操作が、デバイスから何か状態を取得したり、レジストリから値を読み出したりなど、簡単なものであり、直ちに実行できるためという場合もあります。ドライバーは IoGetCurrentIrpStackLocation ルーチンを呼び出して、参照するべき I/O スタックロケーションへのポインターを取得します。

- ドライバーは、何かオプションの処理を行った後に、その IRP を次のレイヤーに転送できます。例えば、上位フィルター（FDO より上）は、操作に関するログを何か記録し、その IRP を通常実行のために下位に送信できます。ドライバーは、下位に要求を送信する前に、次のドライバーがインラインで参照することになる、次の I/O スタックロケーションを準備する必要があります。ドライバーは次の I/O スタックロケーションに変更を加えたくない場合、IoSkipCurrentIrpStackLocation マクロを使用できます。あるいは、IoCopyCurrentIrpStackLocationToNext ルーチンを

使用してコピーを作成し、IoGetNextIrpStackLocationルーチンでポインターを取得することでコピーされたI/Oスタックロケーションをセットアップして、適宜変更します。次のI/Oスタックロケーションが準備されると、ドライバーはIoCallDriverルーチンを呼び出して、IRPの転送を実際に行います。

- 上記の処理の延長として、ドライバーはIRPを下位に渡す前に、IoSetCompletionRoutine（Ex）ルーチンを呼び出してI/O完了ルーチンを登録することもできます。最下位を除く任意のレイヤーでは、I/O完了ルーチンを登録できます（最下位レイヤーでは、ドライバーはIRPを完了する必要があり、コールバックは必要ないため、最下位レイヤーにはI/O完了ルーチンを登録する場所が存在しません）。IoCompleteRequestルーチンが下位のレイヤーのドライバーによって呼び出されると、そのIRPの行き先は上方向に変わります（図6-13を参照）。また、任意のI/O完了ルーチンが途中で呼び出されると、登録されたのと逆の順番に上がります。実際、そのIRPを作成したコンポーネント（I/Oマネージャー、PnPマネージャー、または電源マネージャー）は、このメカニズムを使用してIRPの後処理を実行し、最終的にそのIRPを解放します。

メモ
与えられたデバイススタックのデバイスの数は事前にわかっているため、I/Oマネージャーはスタック上のデバイスドライバーごとに1つのI/Oスタックロケーションを割り当てます。ただし、IRPが新しいドライバースタックに転送される可能性のある状況があります。これは、フィルターマネージャーを含むシナリオで発生することがあります。フィルターマネージャーのフィルターは、IRPを別のフィルターにリダイレクトすることが可能です（例えば、ローカルファイルシステムからネットワークファイルシステムへのリダイレクト）。I/Oマネージャーは、IoAdjustStackSizeForRedirectionというAPIを公開しています。このAPIは、リダイレクト先のスタック上に存在するデバイスに必要なI/Oスタックロケーションを追加することで、この機能を有効にします。

実習 デバイススタックを参照する

カーネルデバッガーの!devstackエクステンションコマンドを使用すると、指定したデバイスオブジェクトに関連付けられた複数層デバイスオブジェクトのデバイススタックを表示することができます。以下の例は、デバイスオブジェクト¥device¥keyboardclass0に関連付けられたデバイススタックを表示したものです。このデバイスオブジェクトは、キーボードクラスドライバーのものです。

```
lkd> !devstack keyboardclass0
  !DevObj           !DrvObj            !DevExt           ObjectName
> ffff9c80c0424440  ¥Driver¥kbdclass   ffff9c80c0424590  KeyboardClass0
  ffff9c80c04247c0  ¥Driver¥kbdhid     ffff9c80c0424910
  ffff9c80c0414060  ¥Driver¥mshidkmdf  ffff9c80c04141b0  0000003f
!DevNode ffff9c80c0414d30 :
  DeviceInst is "HID¥MSHW0029&Col01¥5&1599b1c7&0&0000"
  ServiceName is "kbdhid"
```

この出力結果で注目するべきところは、最初の列に>文字が付いたKeyboardClass0に関連付けられたエントリです。この行より上にあるエントリは、キーボードクラスドライバーの上にあるレイヤーのドライバーです。また、この行より下にあるエントリは、その下のレイヤーのドライバーです。

実習 IRPを調べる

　この実習では、システム上で未完了のI/O要求パケット（IRP）を見つけ、そのIRPの種類、そのIRPの宛先となっているデバイス、そのデバイスを管理するドライバー、そのIRPを発行したスレッド、およびそのスレッドが属しているプロセスについて調査します。この実習は、ローカルカーネルデバッグモードではない32ビットシステムで実施するのが最適です（例えば、物理マシンや仮想マシンのシリアルポート経由のデバッグを使用します）。ローカルカーネルデバッグでも同様に機能しますが、カーネルデバッガーのコマンドが発行されたとき、その間にIRPは完了してしまっているでしょう。そのため、データの不安定さが予期されます。

　どの時点でも、システムには少なくとも未完了のIRPがいくつかあります。なぜなら、アプリケーションがIRPを発行できる多数のデバイスが存在し、ドライバーはデータが利用可能になるなど、特定のイベントが発生したときにそのIRPを完了するからです。ネットワークのエンドポイントからの読み出しがブロックされている状態は、その一例です。カーネルデバッガーの!irpfindエクステンションコマンドを使用すると、システム上で未処理のIRPを参照することができます（このコマンドが完了するにはしばらく時間がかかります。いくつかのIRPが表示された後、Ctrl + Break キーで中止できます）。

```
kd> !irpfind

Scanning large pool allocation table for tag 0x3f707249 (Irp?)
(a5000000 : a5200000)

  Irp     [ Thread ] irpStack: (Mj,Mn)  DevObj [Driver]         MDL
Process
9515ad68 [aa0c04c0] irpStack: ( e, 5)  8bcb2ca0 [ \Driver\AFD]
0xaa1a3540
8bd5c548 [91deeb80] irpStack: ( e,20)  8bcb2ca0 [ \Driver\AFD]
0x91da5c40

Searching nonpaged pool (80000000 : ffc00000) for tag 0x3f707249 (Irp?)

86264a20 [86262040] irpStack: ( e, 0)  8a7b4ef0 [ \Driver\vmbus]
86278720 [91d96b80] irpStack: ( e,20)  8bcb2ca0 [ \Driver\AFD]
0x86270040
86279e48 [91d96b80] irpStack: ( e,20)  8bcb2ca0 [ \Driver\AFD]
0x86270040
862a1868 [862978c0] irpStack: ( d, 0)  8bca4030 [ \FileSystem\Npfs]
862a24c0 [86297040] irpStack: ( d, 0)  8bca4030 [ \FileSystem\Npfs]
862c3218 [9c25f740] irpStack: ( c, 2)  8b127018 [ \FileSystem\NTFS]
862c4988 [a14bf800] irpStack: ( e, 5)  8bcb2ca0 [ \Driver\AFD]
0xaa1a3540
862c57d8 [a8ef84c0] irpStack: ( d, 0)  8b127018 [ \FileSystem\NTFS]
0xa8e6f040
862c91c0 [99ac9040] irpStack: ( 3, 0)  8a7ace48 [ \Driver\vmbus]
0x9517ac40
```

```
862d2d98 [9fd456c0] irpStack: ( e, 5)  8bcb2ca0 [ \Driver\AFD]
0x9fc11780
862d6528 [9aded800] irpStack: ( c, 2)  8b127018 [ \FileSystem\NTFS]
862e3230 [00000000] Irp is complete (CurrentLocation 2 > StackCount 1)
862ec248 [862e2040] irpStack: ( d, 0)  8bca4030 [ \FileSystem\Npfs]
862f7d70 [91dd0800] irpStack: ( d, 0)  8bca4030 [ \FileSystem\Npfs]
863011f8 [00000000] Irp is complete (CurrentLocation 2 > StackCount 1)
86327008 [00000000] Irp is complete (CurrentLocation 43 > StackCount
42)
86328008 [00000000] Irp is complete (CurrentLocation 43 > StackCount
42)
86328960 [00000000] Irp is complete (CurrentLocation 43 > StackCount
42)
86329008 [00000000] Irp is complete (CurrentLocation 43 > StackCount
42)
863296d8 [00000000] Irp is complete (CurrentLocation 2 > StackCount 1)
86329960 [00000000] Irp is complete (CurrentLocation 43 > StackCount
42)
89feeae0 [00000000] irpStack: ( e, 0)  8a765030 [ \Driver\ACPI]
8a6d85d8 [99aa1040] irpStack: ( d, 0)  8b127018 [ \FileSystem\NTFS]
0x00000000
8a6dc828 [8bc758c0] irpStack: ( 4, 0)  8b127018 [ \FileSystem\NTFS]
0x00000000
8a6f42d8 [8bc728c0] irpStack: ( 4,34)  8b0b8030 [ \Driver\disk]
0x00000000
8a6f4d28 [8632e6c0] irpStack: ( 4,34)  8b0b8030 [ \Driver\disk]
0x00000000
8a767d98 [00000000] Irp is complete (CurrentLocation 6 > StackCount 5)
8a788d98 [00000000] irpStack: ( f, 0)  00000000 [00000000: Could not
read device object or _DEVICE_OBJECT not found]
8a7911a8 [9fdb4040] irpStack: ( e, 0)  86325768 [ \Driver\DeviceApi]
8b03c3f8 [00000000] Irp is complete (CurrentLocation 2 > StackCount 1)
8b0b8bc8 [863d6040] irpStack: ( e, 0)  8a78f030 [ \Driver\vmbus]
8b0c48c0 [91da8040] irpStack: ( e, 5)  8bcb2ca0 [ \Driver\AFD]
0xaa1a3540
8b118d98 [00000000] Irp is complete (CurrentLocation 9 > StackCount 8)
8b1263b8 [00000000] Irp is complete (CurrentLocation 8 > StackCount 7)
8b174008 [aa0aab80] irpStack: ( 4, 0)  8b127018 [ \FileSystem\NTFS]
0xa15e1c40
8b194008 [aa0aab80] irpStack: ( 4, 0)  8b127018 [ \FileSystem\NTFS]
0xa15e1c40
8b196370 [8b131880] irpStack: ( e,31)  8bcb2ca0 [ \Driver\AFD]
8b1a8470 [00000000] Irp is complete (CurrentLocation 2 > StackCount 1)
8b1b3510 [9fcd1040] irpStack: ( e, 0)  86325768 [ \Driver\DeviceApi]
8b1b35b0 [a4009b80] irpStack: ( e, 0) 86325768 [ \Driver\DeviceApi]
8b1cd188 [9c3be040] irpStack: ( e, 0) 8bc73648 [ \Driver\Beep]
...
```

IRPの一部は完了しているか、すぐに割り当てが解除されることになるか、割り当ての解除が行われています。しかし、ルックアサイドリストからの割り当てであるため、IRPはまだ新しいIRPに置き換えられていません。

各IRPについて、IRPのアドレスと、要求を発行したスレッドのアドレスが続きます。次に、現在のI/Oスタックロケーションのメジャーまたはマイナーファンクションコードがかっこ内に表示されます。!irpエクステンションコマンドを使用すると、任意のIRPについて、さらに詳しく調べることができます。

```
kd> !irp 8a6f4d28
Irp is active with 15 stacks 6 is current (= 0x8a6f4e4c)
 Mdl=8b14b250: No System Buffer: Thread 8632e6c0:  Irp stack trace.
     cmd  flg cl Device   File      Completion-Context
 [N/A(0), N/A(0)]
              0  0 00000000 00000000 00000000-00000000

                         Args: 00000000 00000000 00000000 00000000
 [N/A(0), N/A(0)]
              0  0 00000000 00000000 00000000-00000000

                         Args: 00000000 00000000 00000000 00000000
 [N/A(0), N/A(0)]
              0  0 00000000 00000000 00000000-00000000

                         Args: 00000000 00000000 00000000 00000000
 [N/A(0), N/A(0)]
              0  0 00000000 00000000 00000000-00000000

                         Args: 00000000 00000000 00000000 00000000
 [N/A(0), N/A(0)]
              0  0 00000000 00000000 00000000-00000000

                         Args: 00000000 00000000 00000000 00000000
>[IRP_MJ_WRITE(4), N/A(34)]
            14 e0 8b0b8030 00000000 876c2ef0-00000000 Success Error
 Cancel
                 \Driver\disk      partmgr!PmIoCompletion
                         Args: 0004b000 00000000 4b3a0000 00000002
 [IRP_MJ_WRITE(4), N/A(3)]
            14 e0 8b0fc058 00000000 876c36a0-00000000 Success Error
 Cancel
                 \Driver\partmgr partmgr!PartitionIoCompletion
                         Args: 4b49ace4 00000000 4b3a0000 00000002
 [IRP_MJ_WRITE(4), N/A(0)]
            14 e0 8b121498 00000000 87531110-8b121a30 Success Error
 Cancel
                 \Driver\partmgr  volmgr!VmpReadWriteCompletionRoutine
                         Args: 0004b000 00000000 2bea0000 00000002
```

```
[IRP_MJ_WRITE(4), N/A(0)]
        4 e0 8b121978 00000000 82d103e0-8b1220d9 Success Error
Cancel
             ¥Driver¥volmgr   fvevol!FvePassThroughCompletionRdpLev
el2
                  Args: 0004b000 00000000 4b49acdf 00000000
[IRP_MJ_WRITE(4), N/A(0)]
        4 e0 8b122020 00000000 82801a40-00000000 Success Error
Cancel
             ¥Driver¥fvevol   rdyboost!SmdReadWriteCompletion
                  Args: 0004b000 00000000 2bea0000 00000002
[IRP_MJ_WRITE(4), N/A(0)]
        4 e1 8b118538 00000000 828637d0-00000000 Success Error
Cancel pending
             ¥Driver¥rdyboost iorate!IoRateReadWriteCompletion
                  Args: 0004b000 3fffffff 2bea0000 00000002
[IRP_MJ_WRITE(4), N/A(0)]
        4 e0 8b11ab80 00000000 82da1610-8b1240d8 Success Error
Cancel
             ¥Driver¥iorate   volsnap!VspRefCountCompletionRoutine
                  Args: 0004b000 00000000 2bea0000 00000002
[IRP_MJ_WRITE(4), N/A(0)]
        4 e1 8b124020 00000000 87886ada-89aec208 Success Error
Cancel pending
             ¥Driver¥volsnap  NTFS!NtfsMasterIrpSyncCompletionRoutine
                  Args: 0004b000 00000000 2bea0000 00000002
[IRP_MJ_WRITE(4), N/A(0)]
        4 e0 8b127018 a6de4bb8 871227b2-9ef8eba8 Success Error
Cancel
             ¥FileSystem¥NTFS FLTMGR!FltpPassThroughCompletion
                  Args: 0004b000 00000000 00034000 00000000
[IRP_MJ_WRITE(4), N/A(0)]
        4 1 8b12a3a0 a6de4bb8 00000000-00000000 pending
             ¥FileSystem¥FltMgr
                  Args: 0004b000 00000000 00034000 00000000

Irp Extension present at 0x8a6f4fb4:
```

　この例は、15のI/Oスタックロケーションを伴う非常に大きなIRPです（現在のI/Oスタック
ロケーションは6番目、下線付き太字の行で、デバッガーによって＞文字が付けられています）。
各スタックには、デバイスの情報およびI/O完了ルーチンのアドレスとともに、メジャーおよび
マイナーファンクションが示されています。

　次のステップは、IRPが対象にしているデバイスオブジェクトが何であるかを確認することで
す。それには、アクティブなI/Oスタックロケーション内のデバイスオブジェクトのアドレス
を!devobjエクステンションコマンドに指定して実行します。

```
kd> !devobj 8b0b8030
Device object (8b0b8030) is for:
 DR0 \Driver\disk DriverObject 8b0a7e30
Current Irp 00000000 RefCount 1 Type 00000007 Flags 01000050
Vpb 8b0fc420 SecurityDescriptor 87da1b58 DevExt 8b0b80e8 DevObjExt
8b0b8578 Dope 8b0fc3d0
ExtensionFlags (0x00000800)   DOE_DEFAULT_SD_PRESENT
Characteristics (0x00000100)   FILE_DEVICE_SECURE_OPEN
AttachedDevice (Upper) 8b0fc058 \Driver\partmgr
AttachedTo (Lower) 8b0a4d10 \Driver\storflt
Device queue is not busy.
```

　最後に、このIRPを発行したスレッドとプロセスに関する詳細情報を確認します。それには、!threadエクステンションコマンドを使用します。

```
kd> !thread 8632e6c0
THREAD 8632e6c0 Cid 0004.0058  Teb: 00000000 Win32Thread: 00000000
WAIT: (Executive) KernelMode Non-Alertable
    89aec20c  NotificationEvent
IRP List:
    8a6f4d28: (0006,02d4) Flags: 00060043  Mdl: 8b14b250
Not impersonating
DeviceMap               87c025b0
Owning Process          86264280        Image:        System
Attached Process        N/A             Image:        N/A
Wait Start TickCount    8083            Ticks: 1 (0:00:00:00.015)
Context Switch Count    2223            IdealProcessor: 0
UserTime                00:00:00.000
KernelTime              00:00:00.046
Win32 Start Address nt!ExpWorkerThread (0x81e68710)
Stack Init 89aecca0 Current 89aebeb4 Base 89aed000 Limit 89aea000 Call
00000000
Priority 13 BasePriority 13 PriorityDecrement 0 IoPriority 2
PagePriority 5
...
```

6.4.3 ┃ ハードウェアベースの単層ドライバーに対するI/O要求

　この項では、単層のカーネルモードデバイスドライバーに対するI/O要求を明らかにします。図6-14は、そのようなドライバーのための標準的なIRPの処理のシナリオを示しています。

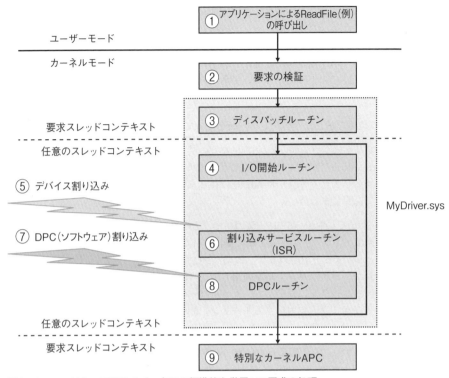

図6-14 ハードウェアドライバー向けの標準的な単層I/O要求の処理

図6-14に示したさまざまなステップを掘り下げていく前に、順番にざっと説明します。

- 横方向の分割線が2種類あります。1つ（実線）はユーザーモードとカーネルモードを分割しています。もう1つ（破線）は、実行されるコードのコンテキストを、I/Oを要求したスレッドのコンテキストと、任意のスレッドのコンテキストで分割しています。これらのコンテキストを、次のように定義します。

    - **要求スレッドコンテキスト** —— このコンテキストの領域は、実行中のスレッドが、要求されたI/O操作の発信元のスレッドであることを示しています。これが重要な理由は次のとおりです。そのスレッドが元の呼び出しを行ったスレッドである場合、そのプロセスコンテキストは元のプロセスであり、そのためI/O操作に提供されるユーザーモードアドレス領域内のユーザーのバッファーは、直接的にアクセス可能です。
    - **任意のスレッドコンテキスト** —— このコンテキストの領域は、これらの関数を実行するスレッドが、どのスレッドでも構わないことを示しています。具体的には、そのスレッドは要求スレッドではない可能性が最も高く、ユーザーモードプロセスアドレス領域は元のプロセスからは見えない可能性があります。このコンテキストにおいて、ユーザーモードアドレス付きのユーザーのバッファーへのアクセスは、悲惨なことになります。次の項では、この問題がどのように処理されるのかについて見ていきます。

メモ
図6-14に概略を示したステップの説明は、分割線がそこにある理由を説明するものです。

588 インサイドWindows 第7版 上

- 4つのブロック（ディスパッチルーチン、I/O開始ルーチン、割り込みサービスルーチン（ISR）、遅延プロシージャコール（DPC）ルーチン）を囲む大きな破線の長方形は、ドライバーが提供するコードを表しています。その他のブロックは、システムにより提供されます。
- この図は、ハードウェアデバイスが一度に1つの操作を処理できることを前提としています。多くの種類のデバイスは、そのようになっています。デバイスが複数の要求を処理できる場合でも、基本的な操作のフローは同じです。

以下に、図6-14に概略を示したイベントを、順を追って説明します。

1. クライアントアプリケーションが、ReadFileなどのWindows APIを呼び出します。ReadFileは、ネイティブのNtReadFile（Ntdll.dll内）を呼び出します。NtReadFileは、スレッドをカーネルモードに遷移させ、エグゼクティブのNtReadFileに移ります（これらのステップについては、既にこの章の最初のほうで説明しました）。

2. I/Oマネージャーは、そのNtReadFile実装の中で、その要求に対していくつかの健全性チェックを実施します。例えば、クライアントによって提供されたバッファーが、正しいページ保護でアクセス可能であるかどうかチェックされます。次に、I/Oマネージャーは関連付けられたドライバーを見つけ（提供されたファイルハンドルを使用して）、IRPを割り当て初期化します。そして、そのIRPをIoCallDriverルーチンに指定して、ドライバーの適切なディスパッチルーチン（この場合、IRP_MJ_READインデックスに対応するルーチン）を呼び出します。

3. これが、ドライバーがそのIRPを見る初めてのときです。この呼び出しは、通常、要求スレッドを使用して発行されます。これが**起こらない**唯一の方法は、上位フィルターがそのIRPを保持していて離さず、IoCallDriverルーチンが別のスレッドから後で呼び出される場合です。以降の議論のために、後者のケースについては想定しません（ハードウェアデバイスが関連するほとんどのケースでは、後者のケースは発生しません。たとえ上位フィルターが存在したとしても、上位フィルターが何か処理を行い、同じスレッドから下位ドライバーを直ちに呼び出すのがほとんどです）。ドライバー内でのディスパッチルーチンの読み取りコールバックは、2つのタスクに責任を持ちます。1つは、I/Oマネージャーが行えないさらなるチェックを実施することです。I/Oマネージャーにそれができないのは、I/Oマネージャーがその要求の本当に意味するものについて知らないからです。例えば、ドライバーは、読み取りまたは書き込み操作のために提供されたバッファーが十分に大きいかどうかチェックします。あるいは、DeviceIoControl操作の場合、ドライバーは提供されたI/O制御コードがサポートされているものであるかどうかをチェックします。そのようなチェックのいずれかが失敗した場合、ドライバーは失敗状態でIRPを完了し（IoCompleteRequest）、直ちに返します。そのチェックがOKになった場合、ドライバーはI/O開始ルーチンを呼び出して、操作を開始します。ただし、ハードウェアデバイスが現在、ビジー状態（以前のIRPを処理中）の場合、IRPはドライバーで管理されているキューに挿入され、IRPを完了することなくSTATUS_PENDINGを返します。I/Oマネージャーはそのようなシナリオを、IoStartPacket関数を使用して処理します。IoStartPacket関数は、デバイスオブジェクトの「ビジー（Busy）」ビットをチェックし、デバイスがビジー状態の場合は、そのIRPをキュー（このキューはデバイスオブジェクトの構造体の一部でもあります）に挿入します。デバイスがビジー状態でない場合、そのデバイスのビットをビジーとしてセットし、登録されたI/O開始ルーチンを呼び出します（DriverEntry内で初期化済みのドライバーオブジェクトに、そのようなメンバーが存在することを思い出してください）。ドライバーがIoStartPacket関数を使用しないことを選択した場合でも、同様のロジックに従います。

第**6**章 I/Oシステム **589**

4. デバイスがビジー状態でない場合、ディスパッチルーチンから直接的にI/O開始ルーチンが呼び出されます。つまり、呼び出しを行った要求スレッドのまだ中にいます。しかし、図6-14では、I/O開始ルーチンは任意のスレッドコンテキストの中で呼び出されています。一般的なケースでは、ステップ8のDPCルーチンを見ても、これが本当であることが当てはまります。I/O開始ルーチンの目的は、IRPに関連するパラメーターを取得し、ハードウェアデバイスをプログラムするためにそれを使用することにあります（例えば、WRITE_PORT_UCHAR、WRITE_REGISTER_ULONGなどのハードウェア抽象化レイヤー（HAL）ハードウェアアクセスルーチンを使用した、デバイスのポートやレジスタに対する書き込みよってプログラムします）。I/O開始が完了したあと、その呼び出しは返され、ドライバー内で実行される特定のコードはありません。ハードウェアが動作し、それ（プログラムされたこと）を行います。ハードウェアデバイスが動作している間、同じスレッド（非同期操作を使用する場合）によって、そのデバイスのハンドルを同様に開いている他のスレッドによって、さらなる要求がそのデバイスに到達できます。その場合、ディスパッチルーチンは、デバイスがビジー状態だと認識し、そのIRPをIRPキューに挿入します（前述したように、IoStartPacket関数の呼び出しは、これを処理する方法の1つです）。

5. デバイスが現在の操作を完了すると、デバイスは割り込みを発生させます。カーネルのトラップハンドラーは、割り込みを処理するために選択されたCPU上で実行中のスレッドが何であれ、そのスレッドのために、CPUのコンテキストを保存します。その後、CPUのIRQLをその割り込みに関連付けられたIRQL（デバイスIRQL）に上げ、デバイス用に登録されたISRにジャンプします。

6. デバイスIRQL（2より上）で実行されるISRは、できるだけ少量の仕事を行い、デバイスに割り込みシグナルを止めるように通知して、ハードウェアデバイスから状態またはその他の必要な情報を取得します。ISRは最後の仕事として、より低いIRQLでのさらなる処理のために、DPCをキューに入れます。デバイスをサービスする大部分の実行にDPCを使用する利点は、ブロックされた割り込みがある場合、その割り込みのIRQLはデバイスIRQL（2より上）とDPC/ディスパッチIRQL（2）の間になり、より低い優先度のDPC処理が発生する前にそのIRQLが許可されるからです。つまり、中間レベルの割り込みは、そうでない場合よりも速やかにサービスされ、システム全体の遅延が削減されます。

7. 割り込みが取り下げられた後、カーネルはDPCキューが空でないことを知り、そのためIRQL DISPATCH_LEVEL（2）のソフトウェア割り込みを使用して、DPC処理ループにジャンプします。

8. 最終的に、DPCはキューから取り出され、IRQLレベル2で実行され、通常、次に示す2つの主な操作を実行します。

   - DPC処理ループは、キュー内の次のIRPを取得して（存在する場合）、そのデバイス向けの新しい操作を開始します。これは、デバイスが長時間アイドル状態になることを避けるために最初に行われます。ディスパッチルーチンがIoStartPacketを使用していた場合、対になるDPCルーチンであるIoStartNextPacketを呼び出します。IRPが利用可能である場合、I/O開始ルーチンがDPCから呼び出されます。これが、一般的なケースにおいて、I/O開始ルーチンが任意のスレッドコンテキストで呼び出される理由です。キュー内にIRPが存在しない場合、そのデバイスはビジーではないとマークされます。つまり、次の要求が到着する準備ができています。

   - DPC処理ループは、操作が終了したIRPを完了します。操作の終了は、IoCompleteRequestルーチンの呼び出しにより、ドライバーによって行われます。この時点から、ドライバーはそのIRPについてもはや責任はなく、そのIRPに関わるべきではありません。呼び出しが終わると、そのIRPはいつでも解放できます。IoCompleteRequestは、登録済みのI/O完了ルーチンがあれ

ばそれを呼び出します。最後に、I/Oマネージャーがその IRP を解放します(実際には、それを行うために、独自の I/O 完了ルーチンを使用します)。

9. もともとの要求スレッドは、完了の通知を受ける必要があります。DPC を実行する現在のスレッドは任意のスレッドであるため、現在のスレッドは、元のプロセスアドレス領域を持つ元のスレッドではありません。要求スレッドのコンテキスト内でコードを実行するために、特別なカーネル非同期プロシージャコール(APC)がそのスレッドに対して発行されます。APC は、特定のスレッドのコンテキストでの実行を強制する関数です。要求スレッドが CPU 時間を取得すると、特別なカーネル APC がまず IRQL APC_LEVEL (1) で実行されます。特別なカーネル APC は、スレッドの待機を解除する、非同期操作内で登録されたイベントをシグナルするなど、必要な処理を行います(APC については、本書下巻でさらに詳しく説明します)。

I/O 完了に関して最後に、非同期 I/O 関数である ReadFileEx および WriteFileEx は、呼び出し元がコールバック関数をパラメーターとして指定することができます。呼び出し元がコールバック関数を指定した場合、I/O マネージャーは I/O 完了の最後のステップとして、ユーザーモード APC を呼び出し元のスレッドの APC キューに入れます。この機能により、呼び出し元は、I/O 要求が完了したとき、またはキャンセルされたとき、呼び出されるサブルーチンを指定できます。ユーザーモード APC の完了ルーチンは、要求スレッドのコンテキストで実行され、そのスレッドが通知可能な待機状態に入ったときにのみ、配信されます(SleepEx、WaitForSingleObjectEx、または WaitForMultipleObjectsEx といった関数を呼び出すことで配信されます)。

■| ユーザーアドレス領域のバッファーへのアクセス

図 6-14 が示すように、I/O 要求パケット(IRP)の処理には主に 4 つのドライバー関数(ルーチン)があります。これらのルーチンの一部またはすべては、クライアントアプリケーションによって提供されるユーザー領域内のバッファーにアクセスする必要がある可能性があります。アプリケーションまたはデバイスドライバーが、NtReadFile、NtWriteFile、または NtDeviceIoControlFile システムサービス(またはこれらのサービスに対応する Windows API の ReadFile、WriteFile、DeviceIoControl 関数)によって間接的に IRP を作成した場合、ユーザーのバッファーに対するポインターが、IRP 本体のUserBuffer メンバーで提供されます。しかし、このバッファーに直接的にアクセスできるのは、要求スレッドのコンテキスト(クライアントのプロセスアドレス領域を参照可能)の中、および割り込み要求レベル(IRQL)が 0 (ページングを通常に処理できる)の場合だけです。

前の項で議論したように、ディスパッチルーチンだけが、要求スレッドのコンテキスト内で、かつ IRQL レベル 0 での実行という条件に合致します。また、いつもこの条件が揃うわけではありません。上位フィルターが IRP を保持してすぐに下位に渡すことなく、別のスレッドを使用して後で下位に渡す可能性があります。そして、それは CPU の IRQL レベルが 2 またはそれ以上のときに行われる可能性さえあります。

他の 3 つの関数、I/O 開始ルーチン、割り込みサービスルーチン(ISR)、遅延プロシージャコール(DPC)は、明らかに任意のスレッドで(どのスレッドでも構いません)、IRQL レベル 2 (ISR のためのデバイス IRQL)で実行されます。ユーザーのバッファーに対するこれらのルーチンからのアクセスは、ほとんど致命的です。その理由は以下のとおりです。

- IRQL レベル 2 またはそれ以上であるため、ページングが許可されていません。ユーザーのバッファー(またはその一部)はページアウトされている可能性があるため、存在しないメモリへのアクセスは、システムをクラッシュさせるでしょう。

■ これらのルーチンを実行するスレッドは任意のスレッドであるため、参照されるプロセスアドレス領域はランダムになり、元のユーザーアドレスは意味がなくなり、アクセス違反を引き起こす可能性があります。ランダムなプロセス（その時点で実行中のスレッドが何であれ、そのスレッドの親プロセス）からのデータへのアクセスは、もっと悪いことになるかもしれません。

これらのどのルーチンにおいても、ユーザーのバッファーに安全にアクセスする方法が必要なのは明らかです。I/Oマネージャーは、この力仕事を行うための、2つのオプションを提供します。それらのオプションは、バッファーI/O（Buffered I/O）とダイレクトI/O（Direct I/O）として知られています。3つ目のオプションに、これは本当はオプションではありませんが、ニーザーI/O（Neither I/O）があります。これは、I/Oマネージャーが何か特別なことをするのではなく、ドライバー自身にその問題の処理を任せるというものです。

ドライバーは次の方法でその方式を選択します。

■ 読み取りおよび書き込み要求（IRP_MJ_READおよびIRP_MJ_WRITE）の場合 —— デバイスオブジェクト（DEVICE_OBJECT）のフラグ（Flags）メンバーをDO_BUFFERED_IO（バッファーI/Oの場合）またはDO_DIRECT_IO（ダイレクトI/Oの場合）にセットします（ORブール演算を使用して、他のフラグを妨げないようにします）。どちらのフラグも設定されない場合、暗黙的にニーザーI/Oが指定されます（なお、DOはデバイスオブジェクトの略です）。

■ デバイスI/O制御要求（IRP_MJ_DEVICE_CONTROL）の場合 —— 各制御コードがCTL_CODEマクロを使用して構築されます。その制御コードの一部のビットは、バッファー方式を示しています。つまり、バッファー方式は、制御コードごとにセットすることが可能です。これは、非常に便利です。

以降の項では、それぞれのバッファー方式について詳しく説明します。

■ バッファー I/O

バッファーI/Oの場合、I/Oマネージャーは非ページプール内にユーザーバッファーと同じサイズのミラーバッファーを割り当て、そのポインターをI/O要求パケット（IRP）本体のAssociatedIrp.SystemBufferメンバーに格納します。図6-15は、読み取り操作のためのバッファーI/Oの主なステージを示しています（書き込み操作も同様です）。

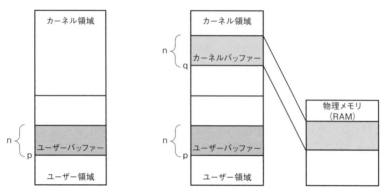
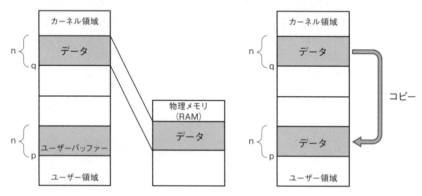

図6-15　バッファーI/O

　ドライバーは、システムバッファー（図6-15のアドレスq）に対して、任意のスレッド、任意のIRQLからアクセスすることができます。

- そのアドレスはシステム領域内にあり、任意のプロセスコンテキストで有効です。
- そのバッファーは非ページプールから割り当てられるため、ページフォールトは発生しません。

　書き込み操作の場合、I/Oマネージャーは、IRPを作成するときに、呼び出し元のバッファーデータを割り当てられたバッファーにコピーします。読み取り操作の場合、IRPが完了したときに、割り当てられたバッファーからユーザーバッファーにデータをコピーし（特別なカーネルAPCを使用してコピーします）、割り当てられたバッファーを解放します。

　バッファーI/Oは、I/Oマネージャーが事実上すべてを行うため、使用するのが非常に簡単であることは明らかです。主な欠点は、常にコピーを必要とする点です。コピーは、大きなバッファーを使用するため非効率的です。バッファーI/Oは、バッファーサイズが1ページ（4KB）より大きくなく、そのデバイスが直接メモリアクセス（DMA）をサポートしていない場合に、一般的に使用されます。DMAは、CPUの介入なしで、デバイスから物理メモリ（RAM）に対してデータを転送するために、あるいはその逆方向に使用されます。一方、バッファーI/Oでは、常にCPUを使用してコピーが行われ、

DMAの意味はなくなります。

■ ダイレクトI/O

ダイレクトI/Oは、コピーを一切必要とせずに、ドライバーがユーザーバッファーに直接的にアクセスする方法を提供します。図6-16は、読み取りまたは書き込み操作のための、ダイレクトI/Oの主なステージを示しています。

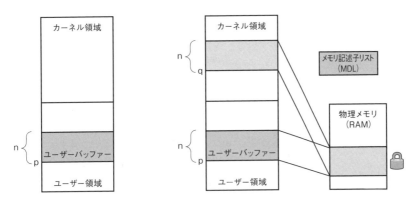

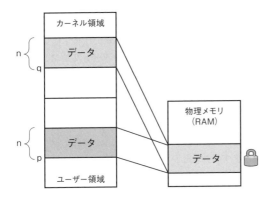

図6-16　ダイレクトI/O

I/OマネージャーがI/O要求パケット（IRP）を作成すると、I/OマネージャーはMmProbeAndLockPages関数（Windows Driver Kit（WDK）のドキュメントで説明されています）を呼び出してユーザーバッファーをメモリ内にロックします（つまり、ページング不可にします）。I/Oマネージャーは、メモリ記述子リスト（MDL）の形式でその中にメモリの説明を格納します。このMDLは、バッファーが占有する物理メモリを説明する構造体になります。このMDLのアドレスは、IRP本体のMdlAddressメンバーに格納されます。直接メモリアクセス（MDA）を実行するデバイスは、バッファーの物理的な説明だけを必要とするため、MDLはそのようなデバイスの操作のために十分です。一方、ドライバーがバッファーの内容にアクセスしなければならない場合、MmGetSystemAddressForMdlSafe関

数を使用して、提供されたMDLを渡し、システムのアドレス領域内にそのバッファーをマップすることができます。マップ先のポインター（図6-16のアドレスq）は、任意のスレッドのコンテキスト、任意の割り込み要求レベル（IRQL）で安全に使用できます（そのアドレスはシステムアドレスであり、そのバッファーはページアウトされることがないため）。ユーザーバッファーは、効果的に二重にマップされます。ユーザーの直接的なアドレス（図6-16のアドレスp）は元のプロセスのコンテキストからのみ利用可能ですが、システム領域内の2つ目のマップは任意のコンテキスト内で利用可能です。IRPが完了すると、I/OマネージャーはMmUnlockPages関数（WDKのドキュメントで説明されています）を呼び出してバッファーのロックを解除します（再びページング可にします）。

ダイレクトI/Oは、コピーが行われないため、大きなバッファー（1ページより大きいバッファー）用に便利です。特に、DMA転送に便利です（その理由は同じです）。

■ ニーザー I/O

ニーザーI/Oの場合、I/Oマネージャーはバッファー管理を何も行いません。その代わりに、バッファー管理はデバイスドライバーの裁量に委ねられます。デバイスドライバーは、I/Oマネージャーが他の種類のバッファー管理で行うステップを、マニュアルで行うことを選択できます。場合によっては、ディスパッチルーチン内でバッファーにアクセスするので十分であり、その場合、ドライバーはニーザーI/Oさえ不要なこともあります。ニーザーI/Oの主な利点は、オーバーヘッドがゼロであるということです。

ニーザーI/Oを使用してユーザー領域に配置されている可能性のあるバッファーにアクセスするドライバーは、バッファーアドレスが確かに有効であり、カーネルモードメモリを参照しないように特別な注意が必要です。ただし、スカラー値（単一の値）は渡すのに完璧に安全ですが、スカラー値を渡すドライバーはほとんどありません。注意を怠ると、アプリケーションがカーネルモードメモリにアクセスしたり、カーネルにコードを挿入できたりして、クラッシュやセキュリティ脆弱性につながります。カーネルがドライバーに提供するProbeForReadおよびProbeForWrite関数は、バッファーがアドレス領域のユーザーモード部分に完全に存在することを検証します。無効なユーザーモードアドレスの参照からクラッシュを回避するために、ドライバーは構造化例外処理（Structured Exception Handling：SEH）で保護され、C/C++言語のtry-expectステートメント（__try、__except）で表現された、ユーザーモードバッファーにアクセスできます。これにより、無効なメモリ（Invalid Memory）エラーをキャッチし、それをエラーコードに変換して、アプリケーションに制御を返すことができます（SEHについて詳しくは、本書下巻で説明します）。またドライバーは、ユーザーモードアドレスに依存する代わりに、すべての入力データをカーネルバッファーに取り込むこともできます。呼び出し元は、そのメモリアドレスが有効であったとしても、ドライバーの背後でデータを変更する可能性が常にあるからです。

■ 同期

ドライバーは、次に示す2つの理由から、グローバルなドライバーデータとハードウェアレジスタへのアクセスを同期しなければなりません。

- ドライバーの実行は、より高い優先度のスレッドとタイムスライス（またはクォンタム）によって先取り（プリエンプト）される可能性があります。または、より高い割り込み要求レベル（IRQL）の割り込みによって割り込まれる可能性があります。
- マルチプロセッサシステム（現在の標準）では、Windowsは複数のプロセッサで同時にドライバーコードを実行できます。

同期が行われない場合、破損が発生する可能性があります。例えば、呼び出し元がI/O操作を開始したときパッシブレベルのIRQL（0）で実行されるデバイスドライバーのコード（つまり、ディスパッチルーチン）は、デバイスの割り込みによって中断され、既に実行中の自身のデバイスドライバーがある間に、割り込んだデバイスドライバーの割り込みサービスルーチン（ISR）が実行されます。もともとのデバイスドライバーがデータ（デバイスのレジスタ、ヒープ記憶域、または静的データなど）を変更し、さらに割り込んだISRもデータを変更する場合、そのデータはISRが実行されたときに破損する可能性があります。

この状況を回避するために、Windows用に書かれたデバイスドライバーは、複数のIRQLでアクセスされる可能性があるすべてのデータへのアクセスを同期しなければなりません。デバイスドライバーは、共有データの更新を試みる前に、他のすべてのスレッド（マルチプロセッサシステムの場合は、他のすべてのCPU）をロックアウトして、同じデータ構造体が更新されるのを防ぐ必要があります。

単一CPUのシステムでは、異なるIRQLで実行される2つまたはそれ以上の関数（ルーチン）の同期は十分に簡単です。そのようなルーチンは、そのIRQLを複数のルーチンが実行される中で最も高いIRQLに引き上げる（KeRaiseIrql）だけで済みます。例えば、ディスパッチルーチン（IRQLレベル0）と遅延プロシージャコール（DPC）ルーチン（IRQLレベル2）の間で同期するには、共有データにアクセスする前に、ディスパッチルーチンのIRQLをレベル2まで引き上げる必要があります。DPCルーチンとISRの間で同期が必要な場合、DPCのIRQLがデバイスIRQLまで引き上げられます（この情報はプラグアンドプレイ（PnP）マネージャーによってデバイスが接続されているハードウェアリソースをドライバーに通知するときに、ドライバーに提供されます）。マルチプロセッサシステムでは、IRQLの引き上げでは十分ではありません。なぜなら、他のルーチン（例えば、ISR）が別のCPUでサービスされている可能性があるからです（IRQLはCPUの属性であり、グローバルなシステム属性ではないことを思い出してください）。

CPUをまたいだ高いIRQLの同期を可能にするため、カーネルは特別な同期オブジェクトであるスピンロック（spinlock）を提供します。ここでは、ドライバーの同期に適用されるスピンロックについて簡単に説明します（スピンロックの完全な説明については、本書下巻で予定しています）。原則として、スピンロックはミューテックス（Mutex）に似ています（ミューテックスについても本書下巻で詳しく説明します）。1つのコードで共有データにアクセスできるという意味で両者は似ていますが、スピンロックは動作し、まったく異なる使われ方をします。表6-3に、ミューテックスとスピンロックの違いを要約します。

表6-3　ミューテックスとスピンロックの違い

	ミューテックス（Mutex）	スピンロック（Spinlock）
同期の性質	許容される任意の数のスレッドのうち、1つのスレッドが重要な領域に入り、共有データにアクセスします。	許容される任意の数のCPUのうち、1つのCPUが重要な領域に入り、共有データにアクセスします。
利用可能なIRQL	DISPATCH_LEVEL（2）より下	DISPATCH_LEVEL（2）以上
待機の種類	通常。つまり、待機中にCPUサイクルを消費しません。	ビジー状態。つまり、CPUはスピンロックビットがクリアされるまで、定期的にスピンロックビットを評価します。
所有者（オーナー）	所有者スレッドが追跡され、再帰的な取得が許可されます。	CPUの所有者は追跡されず、再帰的な取得はデッドロックを引き起こします。

スピンロックはメモリ内の単なる1ビットであり、アトミック（不可分）評価および変更操作によってアクセスされます。スピンロックは、CPUによって所有されるか、フリー（所有されない）のいず

れかの場合があります。表6-3に示したように、高いIRQL（2以上）で同期が要求されるときに、スピンロックが必要になります。なぜなら、スケジューラを必要とするケースではミューテックスは使用できないからです。これまで学んできたように、IRQLレベル2またはそれ以上のCPUでは、スケジューラをウェイクアップすることができません。これが、スピンロックの待機がビジー状態の待機操作である理由です。通常の待機状態とは、スケジューラがウェイクアップし、そのCPUで別のスレッドに切り替わることを意味しているため、スピンロックのスレッドが通常の待機状態になることはできません。

　CPUによるスピンロックの取得は、常に2つのステップの操作で行われます。まず、CPUのIRQLが、同期の発生に関連付けられたIRQLにまで引き上げられます。つまり、実行の同期を必要とするルーチンの中で、最も高いIRQLにまで引き上げられます。例えば、ディスパッチルーチン（IRQLレベル0）とDPC（IRQLレベル2）の間の同期は、IRQLをレベル2まで引き上げる必要があります。DPC（IRQLレベル2）とISR（デバイスIRQL）の間の同期は、IRQLをデバイスIRQL（特定の割り込みのためのIRQL）まで引き上げる必要があります。次に、スピンロックビットのアトミックな評価と設定により、スピンロックの取得が試みられます。

> **メモ**
> 　スピンロック取得のステップの概略は、単純化したものであり、ここでの議論で重要でない部分の詳細は省略しています。本書下巻では、スピンロックについて完全に解説します。

　スピンロックを取得する関数は、この後すぐ説明するように、同期のためのIRQLを決定します。図6-17は、スピンロックを取得する2ステップの過程を単純化して示したものです。

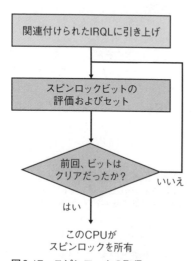

図6-17　スピンロックの取得

　IRQLレベル2で同期する場合、例えば、ディスパッチルーチンとDPC間、あるいはDPCと別のDPC（もちろん、別のCPUで実行中のDPC）間で同期する場合、カーネルはKeAcquireSpinLockおよびKeReleaseSpinLock関数を提供します（他のバリエーションもありますが、それは本書下巻で議論します）。これらの関数は、図6-17の「関連付けられたIRQL」をレベル2に引き上げるステップを実行します。この場合、ドライバーは1つのスピンロックを割り当てます（KSPIN_LOCK、32ビットシステ

ムはちょうど4バイト、64ビットシステムはちょうど8バイト)。通常、スピンロックはデバイスオブジェクトのデバイス拡張(DeviceExtension、ドライバーにより管理されるデバイス用データを保持する場所)内に割り当て、それをKeInitializeSpinLock関数で初期化します。

任意の関数(DPCまたはディスパッチルーチンなど)とISRの間の同期の場合、カーネルが提供する異なる関数が使用されなければなりません。すべての割り込みオブジェクト(KINTERRUPT)はその中に、ISRの実行の前に取得された1つのスピンロックを保持しています(これは、同じISRが他のCPU上で同時に実行できないことを示唆しています)。この場合、同期は特定のスピンロックを使用して行われます(別のスピンロックを割り当てる必要はありません)。使用されるスピンロックは、KeAcquireInterruptSpinLock関数で間接的に取得でき、KeReleaseInterruptSpinLock関数で解放されます。別のオプションとして、KeSynchronizeExecution関数を使用するオプションがあります。この関数は、ドライバーが提供するコールバック関数を受け付け、割り込みスピンロックの取得と解放の間にそのコールバック関数が呼び出されます。

ISRには特別な注意が必要ですが、デバイスドライバーが使用するどのデータも、別のプロセッサ上で実行中の同じデバイスドライバー(そのルーチンの1つ)によってアクセスされる対象になることがわかったでしょう。したがって、デバイスドライバーコードは、物理デバイス自体へのグローバル、共有データ、または任意のアクセスを同期することが重要なのです。

6.4.4　複数層ドライバーに対するI/O要求

この章の「6.4.2　I/O要求パケット(IRP)」の「IRPのフロー」の項では、I/O要求パケット(IRP)

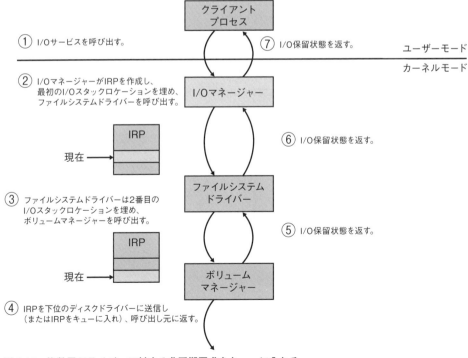

図6-18　複数層ドライバーに対する非同期要求をキューに入れる

を扱うための、ドライバーが持つ一般的なオプションを、標準的なWindows Driver Model（WDM）のデバイスノード（devnode）に焦点を当てて示しました。前の「6.4.3　ハードウェアベースの単層ドライバーに対するI/O要求」の項では、単層デバイスドライバーによって制御されるシンプルなデバイスに対するI/O要求が、どのように処理されるのかを示しました。ファイルベースのデバイスのためのI/O処理、または他のレイヤーのドライバーに対する要求のためのI/O処理は、どちらもほとんど同じ方法で行われます。しかし、ファイルシステムドライバーを対象とした要求を詳しく調べてみることは、価値のあることです。図6-18は、主な宛先が非ハードウェアベースのデバイスである複数層ドライバーを、非同期I/O要求がどのように移動するのかを、かなり単純化して説明した例になります。この図では、ファイルシステムによって制御されるディスクを例に使用しています。

　繰り返しますが、I/Oマネージャーは要求を受信すると、その要求を表すIRPを作成します。しかし、今回は、I/Oマネージャーはそのパケットをファイルシステムドライバーに配送します。ファイルシステムドライバーは、その時点でI/O操作の大部分の制御を行います。呼び出し元が行った要求の種類によって、ファイルシステムドライバーは同じIRPをディスクドライバーに送信するか、追加的なIRPを生成してそれらを別々にディスクドライバーに送信します。

　ファイルシステムドライバーは、受信した要求がデバイスに対する1つの単純な要求に変換される場合、1つのIRPを再利用する可能性が最も高くなります。例えば、アプリケーションが1つのボリュームに格納されたファイルの最初の512バイトに対する読み取り要求を発行した場合、NTFSファイル

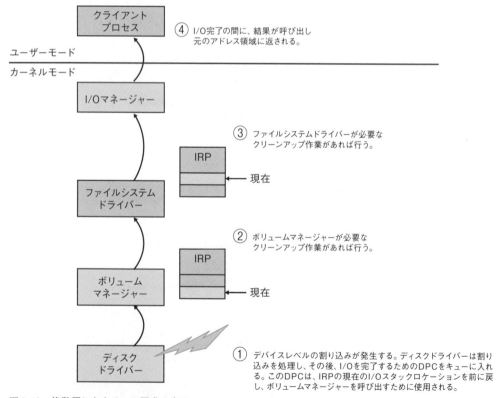

図6-19　複数層にわたるI/O要求の完了

システムドライバーはボリュームマネージャードライバーを単純に呼び出し、そのボリュームから、ファイルの開始位置から始まる1セクターを読み取るように要求します。

　ディスクコントローラーのDMA（直接メモリアクセス）アダプターがデータ転送を完了した後、ディスクコントローラーはホストに割り込み、その結果、ディスクコントローラー用の割り込みサービスルーチン（ISR）が実行されます。図6-19に示すように、ISRはIRPを完了する遅延プロシージャコール（DPC）コールバックを要求します。

　単一のIRPを再利用する代わりに、ファイルシステムドライバーは関連付けられたIRPのグループを構築して、単一のI/O要求を並列に実行させることができます。例えば、ファイルから読み取られることになるデータがディスクに分散している場合、ファイルシステムドライバーはいくつかのIRPを作成し、各IRPが別々のセクターから要求の一部を読み取ります。このキューについては、図6-20に示します。

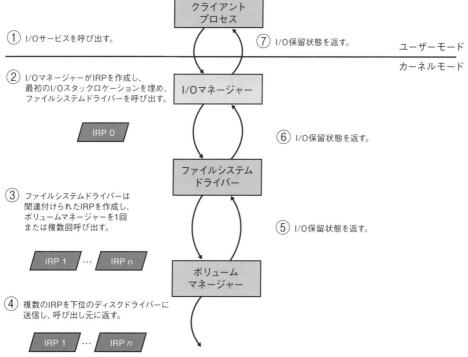

図6-20　関連付けられたIRPのキューイング

　ファイルシステムドライバーは、関連付けられたIRPをボリュームマネージャーに配送し、最終的にディスクデバイスドライバーに送信され、ディスクデバイスのキューに入れられます。関連付けられたIRPは、一度に1つずつ処理され、ファイルシステムドライバーは返されるデータを追跡します。関連付けられたすべてのIRPが完了すると、I/Oマネージャーは元のIRPを完了し、呼び出し元に返します（図6-21）。

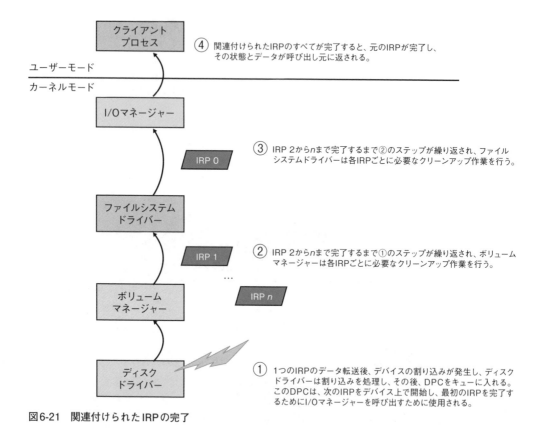

図6-21　関連付けられたIRPの完了

メモ
　ディスクベースのファイルシステムを管理する、Windowsのすべてのファイルシステムドライバーは、最低でも3層あるドライバースタックの一部です。ファイルシステムドライバーは最上位に位置し、ボリュームマネージャーは中間に、そしてディスクドライバーは最下位に位置します。さらに、これらのドライバーの上下に、任意のフィルタードライバーを散在させることが可能です。わかりやすくするため、複数層のI/O要求で示した例は、ファイルシステムドライバーとボリュームマネージャードライバーしか含めていません。本書下巻では、さらに詳しく説明します。

6.4.5 ｜ スレッド非依存I/O

　これまで説明してきたI/Oモデルでは、I/O要求パケット（IRP）はI/Oを開始したスレッドのキューに入れられ、I/Oマネージャーによって完了されます。I/Oマネージャーはスレッドに対して非同期プロシージャコール（APC）を発行することで、プロセス固有およびスレッド固有のコンテキストが完了処理でアクセス可能になります。スレッド固有のI/O処理は、通常、ほとんどのアプリケーションのパフォーマンスとスケーラビリティを満足させますが、Windowsは次に示す2つのメカニズムを通して、スレッド非依存I/O（Thread-agnostic I/O）のサポートも提供します。

- I/O完了ポート。この章の「6.4.7　I/O完了ポート」の項でさらに詳しく説明します。
- ユーザーバッファーのメモリ上でのロック、およびユーザーバッファーのシステムアドレス領域

へのマップ。

I/O完了ポートを使用する場合、アプリケーションがI/Oの完了をいつチェックしたいのかを決めます。したがって、任意の他のスレッドが要求の完了を実行できるため、I/O要求を発行したスレッドは、関連性を必要としません。つまり、特定のスレッドのコンテキスト内でIRPを完了する代わりに、I/O完了ポートにアクセスする任意のスレッドのコンテキストでそのIRPを完了させることができます。

同様に、ユーザーバッファーのロックとカーネルへのマップの方法を使用すると、カーネルは任意のコンテキストからメモリにアクセスできるため、要求を発行したスレッドと同じメモリアドレス領域にある必要性がありません。アプリケーションはSetFileIoOverlappedRange関数を使用することで、このメカニズムを有効化できます。また、そのためには、「メモリ内のページのロック」特権（SeLockMemoryPrivilege）が必要です。

I/Oマネージャーは、SetFileIoOverlappedRange関数によってセットされるI/O完了ポートのI/Oおよびファイルバッファー上のI/Oの両方を使用して、IRPをファイルオブジェクトに関連付け、要求を発行したスレッドの代わりに発行します。WinDbgの!fileobjエクステンションは、これらのメカニズムで使用されるファイルオブジェクトのIRPリストを表示します。

次の項では、Windowsにおいて、スレッド非依存I/Oがアプリケーションの信頼性とパフォーマンスをいかに向上させるのかがわかるでしょう。

6.4.6 | I/Oのキャンセル

I/O要求パケット（IRP）の処理が発生する方法は多く存在し、I/O要求を完了するためのさまざまな手段がありますが、非常に多くのI/O処理操作が、実際には完了するのではなく、キャンセルされて終了します。例えば、IRPがまだアクティブな間にデバイスの取り外しが要求されることがあります。あるいは、ユーザーがデバイスに対する長時間の操作、例えばネットワーク操作などをキャンセルすることもあります。I/Oのキャンセルのサポートが必要な別の状況としては、スレッドとプロセスの終了があります。スレッドが終了したとき、そのスレッドに関連するI/Oはキャンセルされる必要があります。これは、I/O操作がもはや関連性がなく、未処理のI/Oが完了するまで、スレッドを削除できないからです。

WindowsのI/Oマネージャーは、ドライバーとともに機能し、これらの要求を効率的かつ確実に処理して、スムーズなユーザーエクスペリエンスを阻害しないようにしなければなりません。ドライバーは、IoSetCancelRoutine関数を呼び出して、キャンセル可能なI/O操作（通常、これらの操作はキュー内にあり、まだ進行していません）のためのI/Oキャンセルルーチンを登録することで、このニーズを管理します。I/Oキャンセルルーチンは、I/O操作をキャンセルするためにI/Oマネージャーにより呼び出されます。I/Oのキャンセルのシナリオにおいて、ドライバーがその役割を果たせなかった場合、ユーザーは強制終了できないプロセスを目にするかもしれません。アプリケーションは見えなくなっても、それは居残っており、タスクマネージャーやProcess Explorerではまだ見えます。

■| ユーザーの指示によるI/Oのキャンセル

ほとんどのソフトウェアは、ユーザーインターフェイス（UI）の入力を扱うために1つのスレッド、I/Oを含む処理を実行するために1つ以上のスレッドを使用します。場合によっては、ユーザーが操作の中止を希望し、それをUIで指示したとき、アプリケーションは未処理のI/O操作をキャンセルする必要があります。すばやく完了する操作はキャンセルを必要としませんが、大きなデータ転送やネットワーク操作のように、任意の時間がかかる操作もあります。そのような操作のために、Windowsは

同期操作と非同期操作の両方について、キャンセルのサポートを提供しています。

- **同期I/Oのキャンセル** —— スレッドはCancelSynchronousIo関数を呼び出すことができます。この関数は、デバイスドライバーでサポートされる場合、作成（開く）操作をキャンセルすることも可能です。Windowsに含まれるいくつかのドライバーは、この機能性をサポートしています。これには、ネットワークファイルシステムを管理するドライバー（例えば、Multiple UNC Provider (MUP)、分散ファイルシステム（DFS）、サーバーメッセージブロック（SMB））が含まれ、ネットワークパスに対する開く操作をキャンセルできます。
- **非同期I/Oのキャンセル** —— スレッドはCancelIo関数を呼び出すことで、自身の未処理の非同期I/Oをキャンセルすることができます。CancelIoEx関数を使用すると、同じプロセス内の、特定のファイルハンドルに対して発行された非同期I/Oのすべてを、スレッドがそれを開始しているかどうかに関係なく、キャンセルすることができます。CancelIoExは、I/O完了ポートに関連付けられた操作に対しても機能します。I/O完了ポートは、前述した、Windowsにおけるスレッド非依存I/Oのサポートのためのものです。I/Oシステムは、未処理のI/OをI/O完了ポートにリンクすることで、I/O完了ポートの未処理のI/Oを追跡します。

図6-22および図6-23は、同期および非同期I/Oのキャンセルを示したものです（ドライバーには、すべてのキャンセル処理は同じように見えます）。

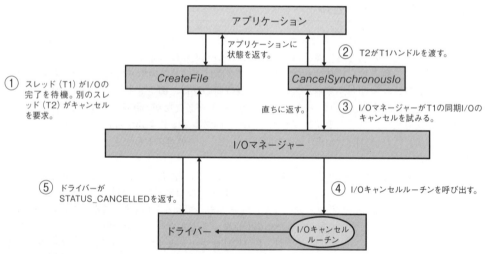

図6-22　同期I/Oのキャンセル

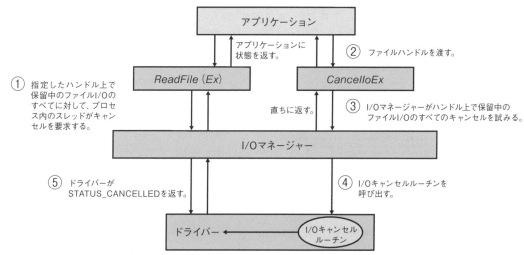

図6-23 非同期I/Oのキャンセル

■ スレッドの終了によるI/Oのキャンセル

　I/Oをキャンセルしなければならないもう1つのシナリオは、スレッドが終了したときです。スレッドの終了には、直接的な終了と、プロセスの終了の結果としての終了(プロセスに含まれるすべてのスレッドが終了します)の、どちらの場合もあります。すべてのスレッドは、スレッドに関連付けられたIRPのリストを持つため、I/Oマネージャーはこのリストをあたり、キャンセル可能なIRPを探して、それをキャンセルします。制御を返す前にIRPがキャンセルされるのを待機しないCancelIoExとは異なり、プロセスマネージャーは、すべてのI/Oがキャンセルされるまで、スレッドの終了を続行しません。その結果、ドライバーがIRPのキャンセルに失敗した場合、そのプロセスおよびスレッドオブジェクトの割り当てはシステムがシャットダウンするまで残ります。

メモ
I/Oキャンセルルーチンがセットされているドライバーでのみ、IRPのキャンセルが可能です。プロセスマネージャーは、スレッドに関連付けられたすべてのI/Oがキャンセルされるか、完了するまで待機し、その後、スレッドを削除します。

実習　強制終了できないプロセスをデバッグする

　この実習では、Windows SysinternalsのNotMyFaultユーティリティを使用して、MyFault.sysドライバーを原因とする終了不能なプロセスが残る状況を強制的に作り出します。MyFault.sysドライバーはNotmyfault.exe(64ビットシステム用はNotmyfault64.exe)が使用するもので、そのためのI/Oキャンセルルーチンを持たず、無限にI/O要求パケット(IRP)を保持します(NotMyFaultユーティリティについては、本書下巻で取り上げます)。この実習は、次のステップで実施します。

1. NotMyFaultユーティリティを開きます。それには、32ビットシステムの場合はNotmyfault.exe、64ビットシステムの場合はNotmyfault64.exeを実行します。

2. ［Not My Fault］ダイアログボックスが表示されるので、［Hang］タブをクリックし、次のスクリーンショットのように［Hang with IRP］を選択します。選択したら、［Hang］ボタンをクリックします。

3. ［Hang］ボタンをクリックしても、見た目には何も起こりませんが、この時点で［キャンセル］ボタンをクリックしてアプリケーションを終了して構いません。しかし、アプリケーションを終了しても、タスクマネージャーやProcess Explorerには、Notmyfault.exe（またはNotmyfault64.exe）のプロセスの存在をまだ確認できるはずです。このプロセスを終了しようとしても、失敗します。なぜなら、MyFault.sysドライバーにはI/Oキャンセルルーチンが登録されていないため、WindowsはMyFault.sysドライバーによってIRPが完了されるのをいつまでも待機しているからです。

4. このような問題をデバッグするために、WinDbgを使用して、そのスレッドが現在何を行っているのか調べることができます。ローカルカーネルデバッグセッションを開き、!processエクステンションコマンドを使用してNotmyfault.exe（またはNotmyfault64.exe）プロセスに関する情報を一覧することから始めます。

```
lkd> !process 0 7 notmyfault64.exe
PROCESS ffff8c0b88c823c0
    SessionId: 1    Cid: 2b04     Peb: 4e5c9f4000  ParentCid: 0d40
    DirBase: 3edfa000   ObjectTable: ffffdf08dd140900  HandleCount: <Data Not Accessible>
    Image: notmyfault64.exe
    VadRoot ffff8c0b863ed190 Vads 81 Clone 0 Private 493. Modified 8. Locked 0.
...
        THREAD ffff8c0b85377300  Cid 2b04.2714  Teb: 0000004e5c808000 Win32Thread: 0000000000000000 WAIT: (UserRequest) UserMode Non-Alertable
            fffff80a4c944018  SynchronizationEvent
```

```
        IRP List:
          ffff8c0b84f1d130: (0006,0118) Flags: 00060000  Mdl:
00000000
        Not impersonating
        DeviceMap                 ffffdf08cf4d7d20
        Owning Process            ffff8c0b88c823c0        Image:
notmyfault64.exe
...
        Child-SP          RetAddr               : Args to Child
: Call Site
        ffff8905`e5e4b440 fffff802`ae90ca40 : 00000000`00000000
ffffad06`0c474100 00000000`00000000 00000000`00000000 :
nt!KiSwapContext+0x76
        ffffb881`3ecf74a0 fffff802`cfc38a1c : 00000000`00000100
00000000`00000000 00000000`00000000 00000000`00000000 :
nt!KiSwapContext+0x76
        ffffb881`3ecf75e0 fffff802`cfc384bf : 00000000`00000000
00000000`00000000 00000000`00000000 00000000`00000000 :
nt!KiSwapThread+0x17c
        ffffb881`3ecf7690 fffff802`cfc3a287 : 00000000`00000000
00000000`00000000 00000000`00000000 00000000`00000000 :
nt!KiCommitThreadWait+0x14f
        ffffb881`3ecf7730 fffff80a`4c941fce : fffff80a`4c944018
fffff802`00000006 00000000`00000000 00000000`00000000 :
nt!KeWaitForSingleObject+0x377
        ffffb881`3ecf77e0 fffff802`d0067430 : ffff8c0b`88d2b550
00000000`00000001 00000000`00000001 00000000`00000000 : myfault+0x1fce
        ffffb881`3ecf7820 fffff802`d0066314 : ffff8c0b`00000000
ffff8c0b`88d2b504 00000000`00000000 ffffb881`3ecf7b80 : nt!IopSynchrono
usServiceTail+0x1a0
        ffffb881`3ecf78e0 fffff802`d0065c96 : 00000000`00000000
00000000`00000000 00000000`00000000 00000000`00000000 :
nt!IopXxxControlFile+0x674
        ffffb881`3ecf7a20 fffff802`cfd57f93 : ffff8c0b`85377300
fffff802`cfcb9640 00000000`00000000 fffff802`d005b32f :
nt!NtDeviceIoControlFile+0x56
        ffffb881`3ecf7a90 00007ffd`c1564f34 : 00000000`00000000
00000000`00000000 00000000`00000000 00000000`00000000 :
nt!KiSystemServiceCopyEnd+0x13 (TrapFrame @ ffffb881`3ecf7b00)
```

5. スタックトレースから、I/O を開始したスレッドが、現在、キャンセルまたは完了を待機して
   いることがわかります。次のステップは、前の実習で使用したのと同じデバッガーエクス
   テンションの !irp エクステンションコマンドを使用して、問題の解析を試みることです。IRP
   のポインターをコピーし、!irp コマンドの引数に指定して実行します。

```
lkd> !irp ffff8c0b84f1d130
Irp is active with 1 stacks 1 is current (= 0xffff8c0b84f1d200)
 No Mdl: No System Buffer: Thread ffff8c0b85377300:  Irp stack trace.
     cmd  flg cl Device   File     Completion-Context
>[IRP_MJ_DEVICE_CONTROL(e), N/A(0)]
            5  0 ffff8c0b886b5590 ffff8c0b88d2b550 00000000-00000000
               ¥Driver¥MYFAULT
                   Args: 00000000 00000000 83360020 00000000
```

6. この出力結果から、犯人であるドライバーは¥Driver¥MYFAULT、つまりMyFault.sysであることは明らかです。ドライバーの名前が、この状況を発生させている唯一の方法が、アプリケーションのバグではなく、ドライバーの問題であるという事実を明らかにしています。残念ながら、どのドライバーが問題の原因になっているのか知ることはできますが、問題を解決するためにあなたにできることはシステムの再起動の他にありません。Windowsは、キャンセルがまだ行われていないという事実を無視して、安全であると見なすことは決してできないため、再起動は必須です。そのIRPは、いつでも戻ってきて、システムメモリの破損を引き起こす可能性があります。

ヒント　実際にメモリ破損のような状況に遭遇した場合は、新しいバージョンのドライバー（NotMyFaultユーティリティの更新されたバージョン）がないかどうかを確認してください。新バージョンは、そのバグの修正を含んでいる場合があります。

6.4.7　I/O完了ポート

　高パフォーマンスのサーバーアプリケーションの開発は、効率的なスレッドモデルの実装を必要とします。クライアント要求を処理するのに少なすぎるサーバースレッド、または多すぎるサーバースレッドを持つことはどちらも、パフォーマンス問題につながります。例えば、サーバーがすべての要求を処理するために単一のスレッドを作成する場合、サーバーは一度に1つの要求に処理が制限されるため、クライアントは徐々に待たされることになるでしょう。単一のスレッドは、I/O操作が開始したときに、1つの要求から別の要求に切り替えることで、複数の要求を同時に処理することが可能です。しかし、このアーキテクチャは、かなりの複雑さをもたらし、複数の論理プロセッサを持つシステムを活用することができません。極端な場合、サーバーは大きなスレッドのプールを作成することができ、すべてのクライアント要求をそれぞれ専用のスレッドで処理することもできます。このシナリオは、通常、スレッドスラッシング（Thread Thrashing）につながります。スレッドスラッシングが起こると、たくさんのスレッドが起動して、いくつかのCPU処理を実行し、I/Oを待機している間ブロックされ、その後、要求の処理が完了すると、新しい要求のための待機で再びブロックされます。少なくとも、多すぎるスレッドを持つことは、プロセッサ時間をアクティブな複数のスレッド間で分割しなければならないスケジューラによって、過剰なコンテキストスイッチを引き起こします。そのようなスキームは、スケーラビリティがありません。

　サーバーの目標は、複数のスレッドを使用して同じ時間での並列性を最大化しながら、スレッドの不必要なブロックを回避し、可能な限りコンテキストスイッチを抑制することです。理想的には、すべてのプロセッサ上でクライアント要求をアクティブに処理するスレッドが存在し、追加の要求が次

に待機している場合でも、要求を完了したときそれらのスレッドがブロックされないことです。しかし、この最適な処理がうまく機能するためには、クライアント要求を処理するスレッドがI/Oをブロックしたときに（処理の一部としてファイルから読み取るときなど）、アプリケーションが別のスレッドをアクティブ化する方法を持つ必要があります。

IoCompletionオブジェクト

アプリケーションはIoCompletionエグゼクティブオブジェクトを使用します。IoCompletionオブジェクトは、Windows APIにI/O完了ポートとして、複数のファイルハンドルに関連付けられたI/Oの完了のための焦点（フォーカルポイント）として、エクスポートされます。1つのファイルがI/O完了ポートに関連付けられると、そのファイル上で完了する非同期I/O操作があれば、完了パケットがI/O完了ポートのキューに入れられます。スレッドは、I/O完了ポートのキューに入れられた完了パケットを単純に待機することで、複数のファイル上で完了する未処理のI/Oがあれば、それを待機することができます。Windows APIは同様の機能性をWaitForMultipleObjects関数で提供していますが、I/O完了ポートには"同時実行（Concurrency）"という重要な優位点が1つあります。**同時実行**とは、1つのアプリケーションがクライアント要求をアクティブに処理するスレッドの数のことを指し、これはシステムの補助を得て制御されます。

アプリケーションがI/O完了ポートを作成するとき、I/O完了ポートに同時実行の値を指定します。この値は、そのポートに関連付けられた、任意の時点で実行されるスレッドの最大数を示します。先に触れたように、理想は、システムのすべてのプロセッサで、任意の時点で1つのアクティブなスレッドを持つことです。Windowsはポートに関連付けられた同時実行の値を使用して、アプリケーションがアクティブに持つスレッドの数を制御します。ポートに関連付けられたアクティブスレッドの数が、同時実行の値と等しい場合、I/O完了ポート上で待機しているスレッドは実行を許可されません。代わりに、アクティブスレッドの1つが現在の要求の処理を終了した後、別の完了パケットがそのポートで待機していないかどうかをチェックします。待機中の完了パケットがある場合、そのスレッド（待機していたスレッドではなく）がその完了パケットを単純につかみ、それを処理します。これが発生するとき、コンテキストスイッチはなく、CPUの能力のほぼすべてが使用されます。

I/O完了ポートの使用

図6-24は、I/O完了ポートの操作を大まかにイラスト化したものです。I/O完了ポートは、CreateIoCompletionPortというWindows API関数の呼び出しを使用して作成されます。スレッドは、I/O完了ポート上でブロックされ、そのポートに関連付けられます。そして、そのスレッドは、後入れ先出し（Last In, First Out：LIFO）の順番に起動されます。このようにして、最近ブロックされたスレッドに、次の完了パケットが与えられることになります。長時間ブロックされるスレッドは、スレッドのスタックがディスクにスワップアウトされている可能性があります。そのため、ポートに関連付けられたスレッドが処理のために動作しているものよりも多く存在する場合、長時間ブロックされているスレッドのメモリ上のフットプリントは最小化されます。

サーバーアプリケーションは通常、ファイルハンドルによって識別されるネットワークエンドポイントを通してクライアント要求を受信します。その例としては、Windowsソケット2（Winsock2）や名前付きパイプがあります。サーバーアプリケーションは通信のエンドポイントを作成するとき、それをI/O完了ポートに関連付け、サーバースレッドはGetQueuedCompletionStatus（Ex）関数を呼び出すことで、要求の着信をそのポート上で待機します。スレッドがI/O完了ポートから完了パケットを与えられると、そのスレッドはI/O完了ポートから消え、要求の処理を開始して、アクティブなスレッドになります。スレッドは処理の間に何度もブロックされます。例えば、ディスク上のファイル

に対する読み書きが必要なときや、他のスレッドと同期するときです。Windowsはこのアクティビティを検出し、I/O完了ポートが1つのアクティブスレッドを失ったことを認識します。そのため、スレッドがブロックのために非アクティブになったとき、キュー内に完了パケットが存在する場合、I/O完了ポート上で待機していた1つのスレッドが起動されます。

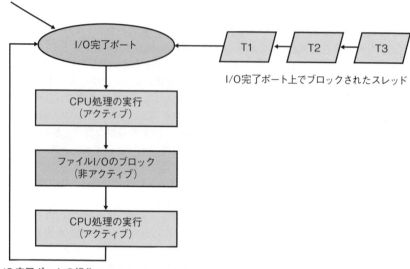

図6-24 I/O完了ポートの操作

マイクロソフトのガイドラインでは、同時実行の値はシステム内のプロセッサの数とだいたい等しく設定することになっています。I/O完了ポートのためのアクティブスレッドの数は、同時実行の制限を超える可能性があることに注意してください。同時実行の制限を1に指定した場合を考えてみましょう。

1. 1つのクライアント要求が着信し、要求を処理するために1つのスレッドがディスパッチされ、アクティブになります。

2. 2つ目の要求が到着しますが、2つ目のスレッドはI/O完了ポート上で待機します。その理由は、同時実行の値の制限に達しているため、そのスレッドの続行が許可されないからです。

3. 最初のスレッドがファイルI/Oの待機のためにブロックされ、そのため非アクティブになります。

4. 2つ目のスレッドが起動します。

5. 2番目のスレッドがまだアクティブな間に、最初のスレッドのファイルI/Oが完了し、そのスレッドが再びアクティブになります。この時点で、スレッドの1つがブロックされるまで、同時実行の値は2になります。この値は、同時実行の制限に指定した1よりも大きくなります。ほとんどの時間、アクティブスレッドの数は、同時実行の制限と同じに留まるか、1つ上の数になります。

I/O完了ポートのAPIは、サーバーアプリケーションがプライベートに定義した完了パケットをI/O完了ポートのキューに入れることも可能にします。これは、PostQueuedCompletionStatus関数を使用することで行えます。サーバーアプリケーションは通常、この関数を使用して、正常なシャットダウンの必要性など、外部のイベントをスレッドに伝えます。

第**6**章 I/Oシステム **609**

　前述したスレッド非依存I/Oを使用することができるアプリケーションは、I/O完了ポートを使用して、スレッドに自身のI/Oを関連付けることなく、代わりにI/O完了ポートオブジェクトに関連付けることができます。I/O完了ポートのその他のスケーラビリティの利点に加え、I/O完了ポートの使用はコンテキストスイッチを最小化できます。標準的なI/Oの完了は、I/Oを開始したスレッドによって実行される必要があります。しかし、I/O完了ポートに関連付けられたI/Oの場合、I/Oが完了するとき、I/Oマネージャーは任意の待機スレッドを使用して、その完了操作を実行します。

■|I/O完了ポートの操作

　Windowsアプリケーションは、CreateIoCompletionPortというWindows API関数を呼び出すことで、I/O完了ポートを作成し、I/O完了ポートのハンドルにNULLを指定します。これにより、NtCreateIoCompletionシステムサービスが実行されます。エグゼクティブのIoCompletionオブジェクトは、**カーネルキュー**（KQUEUE）と呼ばれるカーネル同期オブジェクトを含みます。つまり、NtCreateIoCompletionシステムサービスは、I/O完了ポートオブジェクトを作成し、ポートの割り当てられたメモリ内にキューオブジェクトを初期化します（キューはI/O完了ポートオブジェクトの最初のメンバーであるため、ポートに対するポインターは、キューオブジェクトもポイントすることになります）。カーネルキューオブジェクトは同時実行の値を持ち、スレッドがオブジェクトを初期化したときに指定されます。この場合、使用される値は、CreateIoCompletionPort関数に渡された値になります。KeInitializeQueueは、NtCreateIoCompletionがポートのキューオブジェクトを初期化するために呼び出す関数です。

　アプリケーションがファイルハンドルをポートに関連付けるためにCreateIoCompletionPortを呼び出すとき、NtSetInformationFileシステムサービスがファイルハンドルを第一パラメーターとして使用して実行されます。セットされる情報クラスはFileCompletionInformationであり、CreateIoCompletionPort関数からのI/O完了ポートのハンドルと完了キー（CompletionKey）パラメーターがデータ値になります。NtSetInformationFileはファイルハンドルを逆参照して、ファイルオブジェクトを取得し、完了コンテキストのデータ構造体を割り当てます。

　最後に、NtSetInformationFileはファイルオブジェクト内に完了コンテキスト（CompletionContext）フィールドを、コンテキスト構造体にポイントするようにセットします。ファイルオブジェクト上での非同期I/O操作が完了したとき、I/Oマネージャーはファイルオブジェクトの完了コンテキストフィールドが非NULLであるかどうかをチェックします。非NULLである場合、I/Oマネージャーは完了パケットを割り当て、I/O完了ポートのキューに入れます。これにはKeInsertQueueが使用され、完了パケットを挿入するためのキューとして、I/O完了ポートを指定して呼び出します（I/O完了ポートオブジェクトの最初のメンバーはキューオブジェクトであり、同じアドレスを持つため、これが機能します）。

　サーバースレッドがGetQueuedCompletionStatus関数を呼び出すと、NtRemoveIoCompletionシステムサービスが実行されます。パラメーターを検証し、I/O完了ポートのハンドルをポートに対するポインターに変換したあと、NtRemoveIoCompletionはIoRemoveIoCompletionを呼び出し、最終的にKeRemoveQueueEx関数が呼び出されます。高パフォーマンスのシナリオの場合、複数のI/Oが完了している可能性があります。また、スレッドがブロックされることはありませんが、1つの項目を取得するために、毎回カーネルが呼び出されます。Windows APIのGetQueuedCompletionStatusまたはGetQueuedCompletionStatusEx関数を使用すると、同時に複数のI/O完了状態を取得することができ、ユーザーモードとカーネルモードを往復する回数を減らし、ピーク時の効率性を維持することができます。内部的には、これはNtRemoveIoCompletionEx関数を介して実装されています。この関数は、キューに入れられたアイテムの数を指定してIoRemoveIoCompletionを呼び出し、その数は

KeRemoveQueueEx関数に渡されます。

　おわかりのように、KeRemoveQueueExとKeInsertQueue関数は、I/O完了ポートの背後にあるエンジンです。これらは、完了パケットを待機しているスレッドをアクティブ化するかどうかを決める関数です。内部的には、キューオブジェクトは現在のアクティブスレッドの数とアクティブスレッドの最大の数を維持しています。スレッドがKeRemoveQueueEx関数を呼び出したとき、現在の数が最大の数と等しいか、超えた場合、そのスレッドは待機スレッドのリスト上に置かれ（後入れ先出し（LIFO）の順番に）、完了パケットを処理する順番を待機します。待機スレッドのリストは、キューオブジェクトのカウントの対象外です。スレッドのスレッド制御ブロック（TCB）のデータ構造体（KTHREAD）は、その中にキューに関連付けられたキューオブジェクトを参照するポインターを持ちます。そのポインターがNULLの場合、そのスレッドはキューに関連付けられていません。

　Windowsは非アクティブになったスレッドを追跡します。Windowsには、スレッドのTCB内のキューのポインターによって、I/O完了ポート以外の何かでブロックされたことがわかります。スケジューラルーチンによるスレッドのキューのポインターのチェックが、結果としてスレッドをブロックしている可能性があります（KeWaitForSingleObject、KeDelayExecutionThreadなど）。そのポインターがNULLでない場合、関数はKiActivateWaiterQueueを呼び出し、キュー関連の関数はキューに関連付けられたアクティブスレッドの数をデクリメントします。その結果、アクティブスレッドの数が最大の数よりも小さく、少なくとも1つの完了パケットがキュー内に存在する場合、キューの待機スレッドリストの手前にあるスレッドが起動され、最も古い完了パケットがそのスレッドに与えられます。逆に、キューに関連付けられたスレッドがブロックのあとにウェイクアップした場合、スケジューラはKiUnwaitThread関数を実行し、キューのアクティブスレッド数をインクリメントします。

　Windows APIのPostQueuedCompletionStatus関数は、最終的にNtSetIoCompletionシステムサービスを実行します。この関数は、KeInsertQueue関数を使用して、単純に指定したパケットをI/O完了ポートのキューに挿入します。

　図6-25は、操作中のI/O完了ポートオブジェクトの例を示したものです。2つのスレッドが完了パケットの処理の準備ができていますが、同時実行の値は1でありI/O完了ポートに関連付けられたアクティブスレッドは1つだけ許可されます。そのため、2つのスレッドは、I/O完了ポート上でブロックされています。

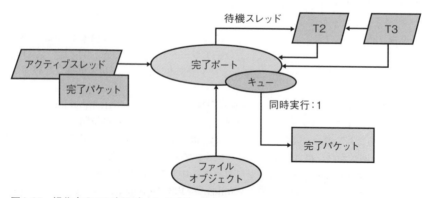

図6-25　操作中のI/O完了ポートオブジェクト

　Windows APIのSetFileCompletionNotificationModes関数を使用すると、I/O完了ポートの正確な通知モデルを微調整することができます。追加的な、特別な改善のために通常はコードの変更が必要ですが、アプリケーション開発者はAPIを利用して、さらにスループットを向上させることができま

す。表6-4に示す、3の通知モードの最適化がサポートされています。なお、これらのモードはファイルハンドルごとの設定であり、設定した後は変更できないことに注意してください。

表6-4　I/O完了ポートの通知モード

通知モード	説明
成功時にI/O完了ポートをスキップ（FILE_SKIP_COMPLETION_PORT_ON_SUCCESS = 1）	次に示す3つの条件が真である場合、I/Oマネージャーは、通常では完了エントリをI/O完了ポートのキューに入れるときに、それをしません。 • I/O完了ポートがファイルハンドルに関連付けられている必要がある。 • そのファイルは非同期I/Oで開かれている必要がある。 • その要求は、ERROR_PENDINGを返すことなく、直ちに成功コードを返さなければならない。
ハンドル上のイベントのセットをスキップ（FILE_SKIP_SET_EVENT_ON_HANDLE = 2）	I/Oマネージャーは、要求が成功コードを返す場合、またはERROR_PENDINGでエラーが返され、かつ呼び出された関数が同期関数ではない場合、ファイルオブジェクトのためのイベントをセットしません。要求のための明示的なイベントが提供される場合、そのイベントは引き続きシグナルされます。
ファストI/O時のユーザーイベントのセットをスキップ（FILE_SKIP_SET_USER_EVENT_ON_FAST_IO = 4）	I/Oマネージャーは、要求がファストI/Oパスを取得し、成功コードを返す場合、またはERROR_PENDINGでエラーを返し、かつ呼び出された関数が同期関数でない場合、その要求のために明示的に提供されたイベントをセットしません。

6.4.8　I/O優先度の設定

　検索インデックスの作成、ウイルススキャン、ディスクの最適化（デフラグとも呼ばれます）のようなバックグラウンドのアクティビティは、I/O優先度なしではフォアグラウンドの操作の応答性にひどく影響する可能性があります。例えば、別のプロセスがディスクI/Oを実行している間に、ユーザーがアプリケーションを起動したり、ドキュメントを開いたりすると、フォアグラウンドのタスクがディスクアクセスを待機して、ユーザーエクスペリエンスが遅延するでしょう。同じような干渉が、ディスクから音楽のようなマルチメディアコンテンツをストリーミング再生する場合にも影響します。

　Windowsは2種類のI/O優先度設定を提供し、フォアグラウンドのI/O操作が優先されるようにします。2種類のI/O優先度設定とは、個別のI/O操作の優先度とI/O帯域幅予約のことです。

■ I/O優先度

　WindowsのI/Oマネージャーは、表6-5に示す5つのI/O優先度を内部的にサポートしています。[*2]

表6-5　I/O優先度

I/O優先度	用途
クリティカル（Critical）	メモリマネージャー
高（High）	システムによる使用のために予約
通常（Normal）	通常のアプリケーションのI/O

[*2] 訳注：この点に関して原書には古い内容が残っており、「5つのI/O優先度を内部的にサポートしていますが、3つの優先度だけが使用されます（将来のバージョンのWindowsでは、「高」と「低」がサポートされる可能性があります）。」と説明されています。また、表5-6において、「High（高）」と「Low（低）」優先度は「Not used（未使用）」となっています。実際には、「高」と「低」優先度は、Windows 7以降でサポートされています。

I/O優先度	用途
低（Low）	プリフェッチ
最低（Very Low）	スケジュールタスク、スーパーフェッチ、ディスクの最適化、コンテンツインデックス、バックグラウンドアクティビティ

I/Oが持つ既定の優先度は「通常」です。また、メモリマネージャーは、メモリが少ない状況下で物理メモリ（RAM）に他のデータやコードのための場所を作るために、メモリ上のダーティデータをディスクに書き出すときに、「クリティカル」を使用します。Windowsのタスクスケジューラは、タスクのI/O優先度を、既定のタスク優先度である「最低」に設定します。バックグラウンドの処理を実行するアプリケーションによって指定されるI/O優先度は、「最低」です。Windowsのすべてのバックグラウンド操作は、「最低」のI/O優先度を使用します。これには、Windows Defenderのスキャン実行、Windows Search（以前は「Windowsデスクトップサーチ」と呼ばれていました）のインデックス処理が含まれます。

■ 優先度設定ストラテジ

内部的に、5つのI/O優先度は、**ストラテジ**（Strategy）と呼ばれる2つのI/O優先度設定モードに分割されています。これらは、階層優先度設定ストラテジ（Hierarchy Prioritization Strategy）とアイドル優先度設定ストラテジ（Idle Prioritization Strategy）の2つです。階層優先度設定ストラテジは、「最低」を除くすべてのI/O優先度を扱います。このストラテジは、以下の方針に従って実装されています。

- すべての「クリティカル」優先度I/Oは、どの「高」優先度I/Oよりも前に処理されなければならない。
- すべての「高」優先度I/Oは、どの「通常」優先度I/Oよりも前に処理されなければならない。
- すべての「通常」優先度I/Oは、どの「低」優先度I/Oよりも前に処理されなければならない。
- すべての「低」優先度I/Oは、より高い優先度I/Oがあればその後に処理される。

各アプリケーションがI/Oを生成するとき、I/O要求パケット（IRP）はその優先度に基づいて異なるI/Oキューに置かれ、階層優先度設定ストラテジがその操作の順序を決定します。

一方、アイドル優先度設定ストラテジは、非アイドル優先度I/O用に別のキューを使用します。システムはアイドル優先度設定のI/Oの前にすべての階層優先度設定のI/Oを処理するため、このキューの中のI/Oは、階層優先度ストラテジのキューにシステムの非アイドルI/Oが1つでも存在する限り、待たされる可能性があります。

この状況を回避するために、またバックオフ制御（I/O転送の送信レート）のために、アイドル優先度設定ストラテジはキューを監視するタイマーを使用し、時間単位あたり（通常、0.5秒間隔）に少なくとも1つのI/Oが処理されることを保証します。非アイドルI/O優先度を使用するデータの書き込みは、キャッシュマネージャーがあとで処理する代わりに変更を直ちにディスクに書き込み、読み取り操作のための先読み（Read-ahead）ロジックをバイパスすることにつながります。先読みロジックは、アクセスされているファイルからプリエンプティブに（先取りで）読み取るために使用されるものです。優先度設定ストラテジは、最後の非アイドルI/Oが完了した後に、次のアイドルI/Oを発行するために、50ミリ秒待機することもします。そうでなければ、非アイドルI/Oの処理の流れの途中でアイドルI/Oが発生し、コスト高なシーク操作が発生することになります。

わかりやすく説明するために、これらのストラテジを組み合わせた、仮想的なグローバルI/Oキュー

を考えてみましょう。このキューのスナップショットは、図6-26のようになります。なお、各キューの順序は、後入れ先出し（Last In, First Out：LIFO）です。図6-26の順序は、1つの例にすぎません。

図6-26 グローバルなI/Oキューのエントリの例

　ユーザーモードアプリケーションは、3つの異なるオブジェクト（プロセス、スレッド、ファイルオブジェクト）に対してI/O優先度を設定することができます。SetPriorityClass関数（PROCESS_MODE_BACKGROUND_BEGIN値を使用した場合）およびSetThreadPriority関数（THREAD_MODE_BACKGROUND_BEGIN値を使用した場合）は、プロセス全体または特定のスレッドで生成されたすべてのI/OのためのI/O優先度を設定します（その優先度は各要求のIRP内に格納されます）。これらの関数は、現在のプロセスまたはスレッドに対してのみ機能し、I/O優先度を「最低」まで引き下げます。また、これらの関数はスケジュール優先度を4に、メモリ優先度を1に引き下げることもします。SetFileInformationByHandle関数は、指定したファイルオブジェクトのためのI/O優先度を設定できます（その優先度はファイルオブジェクト内に格納されます）。ドライバーは、IoSetIoPriorityHint APIを使用して、I/O優先度を直接的にIRPに設定することもできます。

メモ
　IRPおよびファイルオブジェクトのI/O優先度フィールドは、"ヒント"という扱いです。記憶域スタックの部分のそれぞれのドライバーにおいて、そのI/O優先度が尊重される、あるいはサポートされるという保証はありません。

　2つの優先度設定ストラテジは、2つの異なる種類のドライバーによって実装されます。階層優先度設定ストラテジは、記憶域ポートドライバーによって実装されます。記憶域ポートドライバーは、ATA、SCSI、USBなど、特定のポート上ですべてのI/Oを担当します。ATAポートドライバー（Ataport.sys）およびUSBポートドライバー（Usbstor.sys）だけがこのストラテジを実行しています。一方、SCSIおよび記憶域ポートドライバー（Scsiport.sysおよびStorport.sys）は実装していません。

メモ
　すべてのポートドライバーは、特に「クリティカル」優先度I/Oをチェックし、それをキューの先のほうに移動します。これは、ドライバーが階層化優先度ストラテジのメカニズムを完全にサポートしていない場合でも行われます。このメカニズムは、システムの信頼性を確保するために、重要なメモリマネージャーのページI/Oをサポートするために用意されています。

　つまり、IDEまたはSATAハードドライブ、およびUSBフラッシュディスクといった大容量記憶装置はI/O優先度を利用することになりますが、SCSI、ファイバーチャネル、iSCSIベースのデバイスでは利用されません。
　一方、システム記憶域クラスデバイスドライバー（Classpnp.sys、SCSI Class System DLL）にはアイドル優先度設定ストラテジが強制されます。つまり、SCSIデバイスを含む、すべての記憶域デバイスを宛先とするI/Oに、アイドル優先度設定ストラテジが自動的に適用されます。このように分ける

ことで、アイドルI/Oはバックオフアルゴリズムの対象となり、アイドルI/Oの使用率が高いときの操作の間、システムの信頼性が保たれ、アイドルI/Oを使用するアプリケーションは処理を進めることができます。マイクロソフトが提供するクラスドライバーの中にこのストラテジのためのサポートが配置されていることにより、ストラテジのサポートが欠如したレガシなサードパーティ製のポートドライバーによって引き起こされるであろうパフォーマンス問題が回避されます。

図6-27は、記憶域スタックを簡素化したもので、各ストラテジが実装されている場所を示しています。本書下巻では、記憶域スタックについてさらに詳細に説明します。

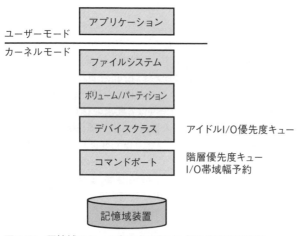

図6-27　記憶域スタックをまたいだI/O優先度設定の実装

■ I/O優先度の逆転回避

I/O優先度の逆転（Priority Inversion）とは、高いI/O優先度のスレッドが低いI/O優先度のスレッドによって待たされる現象です。I/O優先度の逆転を回避するため、エグゼクティブリソース（ERESOURCE）のロック機能がいくつかの方式を使用します。ERESOURCEは、I/O優先度の継承の実装のために特に採用されました。なぜなら、それはファイルシステムドライバーとストレージドライバーにおいて非常に多く使用されるため、I/O優先度の逆転のほとんどが、その部分で発生する可能性があるからです（エグゼクティブリソースについて詳しくは、本書下巻で説明します）。

低いI/O優先度のスレッドによってERESOURCEが取得され、通常またはそれ以上の優先度のERESOURCEが現在待機している場合、現在のスレッドはPsBoostThreadIo APIを使用して通常の優先度に一時的にブースト（優先度の引き上げ）されます。このAPIは、エグゼクティブスレッド（ETHREAD）構造体のIoBoostCountフィールドをインクリメントします。また、そのスレッドのI/O優先度がブーストされた場合、またはブーストが削除された場合、自動ブースト（Autoboost）に通知されます（自動ブースト（Autoboost）について詳しくは、第4章を参照してください）。

続いて、IoBoostThreadIoPriority APIが呼び出されます。このAPIは、対象のスレッドのキューに入れられたすべてのI/O要求パケット（IRP）を列挙し（各スレッドは保留中のIRPのリストを持つことを思い出してください）、対象スレッドの優先度（この場合、「通常」）よりも低い優先度を持つIRPをチェックし、保留中のアイドルI/Oの優先度のIRPを特定します。次に、これらのIRPのそれぞれを担当するデバイスオブジェクトが特定され、I/Oマネージャーは優先度コールバック関数が登録されていないかどうかをチェックします。優先度コールバック関数は、ドライバーの開発者がIoRegisterPriorityCallback APIを使用して登録するもので、DO_PRIORITY_CALLBACK_

ENABLEDフラグをデバイスオブジェクトに設定することで登録されます。

　そのIRPがページI/Oであるかどうかによって、このメカニズムは**スレッドブースト**（Threaded Boost）または**ページブースト**（Paging Boost）と呼ばれます。最後に、適合するIRPが見つからなかったものの、そのスレッドが少なくともいくつかの保留中のIRPを持つ場合、デバイスオブジェクトであるか優先度であるかに関係なく、すべてがブーストされます。これは、**ブランケットブースト**（Blanket Boost）と呼ばれます。

■ I/O優先度のブーストとバンプ

　Windowsは、優先度の不足、逆転、またはI/O優先度が使用されるときに望ましくないその他のシナリオを回避するために、通常のI/Oパスに対して、いくつかのちょっとした変更を加えます。通常、これらの変更は、必要時にI/O優先度のブーストによって行われます。次のシナリオでは、この動作が行われます。

- 特定のファイルオブジェクトを対象としたI/O要求パケット（IRP）でドライバーが呼び出されたとき、Windowsはその要求がカーネルモードからのものであるかを確認し、そうである場合、そのファイルオブジェクトがより低いI/O優先度ヒントを持つ場合であったとしても、そのIRPは「通常」優先度を使用します。これは、**カーネルバンプ**（Kernel Bump）と呼ばれます。
- ページファイルに対する読み取りまたは書き込みが発生したとき（IoPageReadおよびIoPageWriteを使用して）、Windowsはその要求がカーネルモードからのものであるか、およびSuperfetchサービス（常にアイドルI/Oを使用します）に代わって実行されているものではないことをチェックします。この場合、現在のスレッドがより低いI/O優先度を持つ場合であっても、そのIRPは「通常」の優先度を使用します。これは、**ページバンプ**（Paging Bump）と呼ばれます。

　次の実習では、「最低」のI/O優先度の例を示します。また、Process Monitorを使用して、異なる要求のI/O優先度を調べる方法を紹介します。

> **実習** I/Oスループットの「最低」vs.「通常」
>
> 　Io Priorityサンプルアプリケーション（本書のダウンロード可能なリソース）を使用すると、異なるI/O優先度の2つのスレッド間でそのスループットの違いを調べることができます。それには、次のステップに従って操作します。
>
> 1. Io Priorityサンプルアプリケーション（IoPriority.exe）を起動します。
>
> 2. ［Io Priority］ダイアログボックスが開くので、［Thread 1］の下にある［Low Priority］チェックボックスをオンにします。
>
> 3. ［Start I/O］ボタンをクリックします。次のスクリーンショットが示すように、2つのスレッド（Thread 1とThread 2）のI/Oスピードに大きな違いがあることに注目してください。
>
>

> **メモ**
> 両方のスレッドで［Low Priority］チェックボックスをオンにして実行し、システムが比較的アイドル状態の場合、両方のスループットが、この例の「通常」のI/O優先度のスループットと同程度になります。これは、より高い優先度のI/Oとの競合がない場合、低い優先度のI/Oは意図的に抑制されないか、妨げられないからです。

4. Process ExplorerでIoPriority.exeプロセスのプロパティを開き、［Threads］タブで［I/O Priority］を見て、通常より低いI/O優先度のスレッドを見つけます。

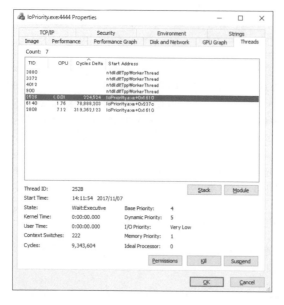

5. Process Monitorを使用すると、IoPriority.exeプロセスのI/Oをトレースして、そのI/O優先度ヒントを参照することができます。それには、Process Monitorを起動し、IoPriority.exeのIncludeフィルターを構成して、実習を繰り返します。このアプリケーションでは、各スレッドはファイル名「_File_<スレッドID>」のファイルから読み取りを行います。

6. ファイル名「_File_<低いスレッドのスレッドID>」が見えるまで、トレースをスクロールします。次のような出力が見つかるはずです。

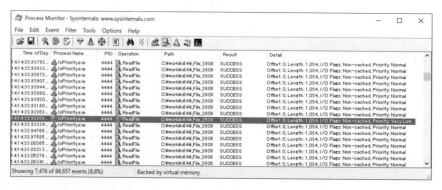

7. スクリーンショット内の「_File_2528」が宛先となっているI/Oが、「最低（Very Low）」のI/O優先度を持っていることに注目してください。また、Time of DayおよびRelative Time列を見ると、そのI/Oが0.5秒間隔で発生していることに気が付くでしょう。これは、実際のアイドル優先度設定ストラテジのもう1つの証拠です。

> **実習** I/O優先度ブースト/バンプのパフォーマンス解析
>
> カーネルはいくつかの内部的な変数を公開しており、NtQuerySystemInformation関数で利用可能な、ドキュメント化されていない（非公開の）SystemLowPriorityIoInformationシステムクラスを介して照会することができます。しかし、そのようなアプリケーションを作成したり、依存したりしなくても、ローカルカーネルデバッガーを使用してシステム上のこれらの数を参照することができます。次に示す変数が利用可能です。
>
> - IoLowPriorityReadOperationCount および IoLowPriorityWriteOperationCount
> - IoKernelIssuedIoBoostedCount
> - IoPagingReadLowPriorityCount および IoPagingWriteLowPriorityCount
> - IoPagingReadLowPriorityBumpedCount および IoPagingWriteLowPriorityBumpedCount
> - IoBoostedThreadedIrpCount および IoBoostedPagingIrpCount
> - IoBlanketBoostCount
>
> これらの変数（すべて32ビット値）を参照するには、カーネルデバッガーで dd メモリダンプコマンドを使用します。

帯域幅予約（スケジュール済みのファイルI/O）

WindowsのI/O帯域幅予約（I/O Bandwidth Reservation）のサポートは、一定のI/Oスループットが求められるアプリケーションに役に立ちます。帯域幅予約は、スケジュール済みのファイルI/O（Scheduled file I/O）とも呼ばれます。例えば、メディアプレーヤーアプリケーションは、SetFileBandwidthReservation関数を使用して、指定したレートでデバイスからデータを読み取る機能を保証するように、I/Oシステムに要求することができます。デバイスが要求されたレートでデータを配送でき、既存の予約状況がそれを許す場合、I/Oシステムはそのアプリケーションに対してどれくらいの速さ、どれくらいの大きさでI/Oを発行すればよいのかというガイダンスを与えます。

I/Oシステムは、対象の記憶域デバイス上に予約をとったアプリケーションの要件を満たすことができない限り、他のI/Oをサービスしません。図6-28は、同じファイルに対して発行されたI/Oの概念的なタイムラインを示しています。I/O帯域幅が既に取得されている場合、新しいI/Oは次のサイクルまで待たなければなりません。

図6-28 帯域幅予約時のI/O要求の効果

階層優先度設定ストラテジと同様に、帯域幅予約はポートドライバーのレベルで実装されます。つまり、IDE、SATA、またはUSBベースの大容量記憶装置でのみ利用可能ということです。

6.4.9 コンテナー通知

コンテナー通知（Container Notification）は、ドライバーが登録可能な特定のクラスのイベントです。これは、IoRegisterContainerNotification APIを使用し、関心のある通知クラスを選択することにより、非同期コールバックメカニズムを通して登録できます。これまでのところ、Windowsに実装されているそのようなクラスは、IoSessionStateNotificationクラス1つです。このクラスを使用すると、ドライバーは、指定されたセッションの状態の変更が登録されるたびに、自身に登録済みのコールバックを呼び出すことができます。次に示す状態の変更がサポートされます。

- セッションが作成された、またはセッションが終了した。
- ユーザーがセッションに接続した、またはセッションから切断した。
- ユーザーがセッションにログオンした、またはセッションからログオフした。

特定のセッションに属するデバイスオブジェクトを指定することで、ドライバーのコールバックはそのセッションのためだけにアクティブになります。対照的に、グローバルデバイスオブジェクトを指定することで（またはデバイスオブジェクトを一切指定しないことで）、ドライバーはシステム上のすべてのイベントの通知を受信することができます。この機能は、リモートデスクトップサービス（旧称、ターミナルサービス）を通して提供されるプラグアンドプレイ（PnP）デバイスのリダイレクト機能に参加するデバイスのために特に役に立ちます。PnPデバイスのリダイレクト機能は、リモートの（接続元コンピューターの）デバイスを、接続先のホストのPnPマネージャーのバスでも見えるようにします（オーディオデバイスやプリンターのリダイレクトなど）。例えば、オーディオを再生しているセッションからユーザーが切断した場合、ドライバーは音声ストリームソースのリダイレクトを停止するために、通知を必要とします。

6.5 ドライバーの検証ツール（Driver Verifier）

ドライバーの検証ツール（Driver Verifier）は、デバイスドライバーや他のカーネルモードシステムコードに一般的なバグの発見および分離を支援するために使用可能なメカニズムです。マイクロソフトは、マイクロソフトが提供するデバイスドライバー、およびベンダーがWindows Hardware Quality Labs（WHQL）のテストのために提出したすべてのデバイスドライバーをチェックするために、ドライバーの検証ツールを使用しています（本書では説明していませんが、これに類似したApplication Verifierツールがあり、Windowsのユーザーモードコードの品質を改善に役立っています）。[*3]

メモ
ドライバーの検証ツールは、主にドライバー開発者が自身のコードに存在するバグを発見するのを支援するツールとして提供されていますが、クラッシュに遭遇したシステム管理者のための強力なツールにもなります。本書下巻では、クラッシュ解析のトラブルシューティングにおいて、その用途について説明しています。

[*3] 訳注：Application Verifierは、Windowsソフトウェア開発キット（SDK）に含まれます。

ドライバーの検証ツールは、いくつかのシステムコンポーネントのサポートで構成されます。それにはメモリマネージャー、I/Oマネージャー、ハードウェア抽象化レイヤー（HAL）が含まれ、すべてドライバーの検証オプションを持ち、有効化することができます。これらのオプションは、［ドライバーの検証ツールマネージャー］（%SystemRoot%￥System32￥Verifier.exe）を使用して構成されます。Verifier.exeをコマンドライン引数なしで実行すると、図6-29に示す、ウィザード形式のインターフェイスが表示されます（コマンドラインインターフェイスを使用することでも、ドライバーの検証ツールの有効化や無効化、現在の設定の表示が可能です。コマンドプロンプトを開き、**verifier /?** と入力すると、利用可能なスイッチを確認できます）。

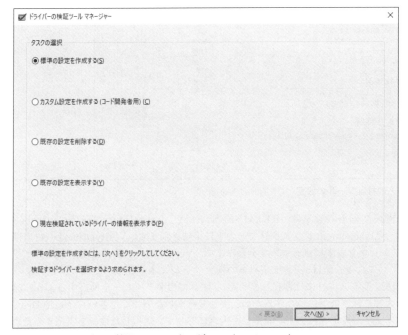

図6-29　ドライバーの検証ツールマネージャー（Verifier.exe）

　［ドライバーの検証ツールマネージャー］は、「標準」と「その他」の2つの設定のセットを区別します。これはある程度任意ですが、標準設定はテストされるすべてのドライバーで選択されるべき、より一般的なオプションを示しています。一方、その他の設定は、それらの設定がドライバーの種類にとって、あまり一般的でないか、固有の設定であることを示しています。ウィザードのメインのページから［カスタム設定を作成する（コード開発者用）］を選択すると、すべての検証オプション（テストの種類）が表示され、図6-30に示すように、［フラグの種類］列に「標準」の設定であるか「その他」の設定であるかが示されます。

　どちらのオプションが選択されているかに関係なく、ドライバーの検証ツールは検証のために選択されたドライバーを常に監視し、不適切な操作やバウンダリ操作の数を探し、無効な割り込み要求レベル（IRQL）でカーネルメモリプール関数を呼び出し、多数の不適切な境界操作を探します。これには、無効なIRQLでのカーネルメモリプール関数の呼び出し、メモリの二重の解放、スピンロックの不適切な解放、解放されていないタイマー、解放済みオブジェクトの参照、20分よりも長いシャットダウンの遅延、およびゼロサイズのメモリ割り当て要求が含まれます。

図6-30　ドライバーの検証ツールの設定

　ドライバーの検証ツールの設定は、HKLM¥SYSTEM¥CurrentControlSet¥Control¥Session Manager¥Memory Managementレジストリキーの下に格納されます。VerifyDriverLevel値は、有効化された検証オプションを表すビットマスクを含みます。VerifyDrivers値は監視対象のドライバーの名前が含まれます（これらの値は、[ドライバーの検証ツールマネージャー] 内で検証対象のドライバーを選択するまで、レジストリには存在しません）。すべてのドライバーを検証するように選択した場合（システムの大幅な性能低下につながるため、決してそうしないでください）、VerifyDrivers値にはアスタリスク(*) 文字が設定されます。設定した内容に応じて、選択した検証を実施するために、システムを再起動する必要があります。

　ブート処理の早い段階で、メモリマネージャーはドライバーの検証ツールのレジストリ値を読み取り、検証対象のドライバーと有効化された検証オプションを判断します（セーフモードでブートした場合、ドライバーの検証ツールの設定があっても無視されることに注意してください）。続いて、検証のために少なくとも1つのドライバーが選択されている場合、カーネルはメモリに読み込むすべてのデバイスドライバーの名前をチェックし、検証対象として選択されたドライバーのリストと照合します。両方の場所に見つかったすべてのデバイスドライバーのために、カーネルはVfLoadDriver関数を呼び出します。この関数は、他の内部的なVf*関数を呼び出し、ドライバーの多数のカーネル関数に対する参照を、ドライバーの検証ツールが提供する、それらの関数の同等バージョンへの参照に置き換えます。例えば、ExAllocatePool関数は、VerifierAllocatePoolの呼び出しに置き換えられます。Windowsサブシステムデバイスドライバー（Win32k.sys）もまた、ドライバー検証ツールの同等バージョンの関数を使用するように、同じように変更されます。

6.5.1 | I/O関連の検証オプション

次に示すように、さまざまなI/O関連の検証オプションがあります。

- **I/Oの検証** —— この検証オプションが選択された場合、I/Oマネージャーは特別なプール（Special Pool）から検証済みドライバー用のI/O要求パケット（IRP）を割り当て、ドライバーの使用状況が追跡されます。また、ドライバーの検証ツール（Driver Verifier）は、無効な状態を含むIRPが完了したとき、または無効なデバイスオブジェクトがI/Oマネージャーに渡されたときに、システムをクラッシュさせます。このオプションはすべてのIRPの監視も行い、IRPを非同期に完了したとき、ドライバーがIRPに正しくマークし、ドライバーがデバイスのI/Oスタックロケーションが正しく管理し、およびドライバーがデバイスオブジェクトを一度だけ削除するようにします。さらに、ドライバーの検証ツールは、ランダムにストレスをドライバーに与えます。これは、電源管理およびWindows Management Instrumentation（WMI）の偽のIRPを送信し、デバイスが列挙される順番を変更することで行われます。テストを完了したとき、ディスパッチルーチンから誤った状態を返されるドライバーのために、プラグアンドプレイ（PnP）および電源のIRPの状態を調整することも行います。最後に、ドライバーの検証ツールは、保留中のデバイスの削除のためにロックがまだ保持されている間に行われる、ロック削除の誤った再初期化の検出もします。
- **DMA検査** —— 直接メモリアクセス（DMA）は、ハードウェアでサポートされるメカニズムであり、デバイスがCPUを呼び出すことなく、物理メモリへのデータ転送、およびその逆を可能にします。I/Oマネージャーは、ドライバーがDMA操作を開始し制御するのに使用するいくつかの関数を提供します。この検証オプションが有効な場合、I/OマネージャーがDMA操作のために提供する関数とバッファーが正しく使用されているかチェックされます。
- **保留中のI/O要求を強制する** —— 多くのデバイスでは、非同期I/Oは直ちに完了します。そのため、ドライバーはしばしば、非同期I/Oを適切に処理するようにコーディングされないことがあります。この検証オプションが有効な場合、I/Oマネージャーは、非同期のI/Oの完了をシミュレートするIoCallDriverルーチンのドライバーからの呼び出しに応じて、STATUS_PENDINGの戻り値をランダムに返します。
- **IRPログ** —— この検証オプションは、ドライバーのIRPの使用を監視し、IRPの使用状況を記録して、WMI情報として格納します。Windows Driver Kit（WDK）のDc2wmiparser.exeユーティリティを使用すると、格納されたWMIレコードをテキストファイルに変換できます。なお、各デバイスにつき、20のIRPだけが記録されることに注意してください。後に続くIRPは、最も最近追加されたエントリを上書きします。再起動後、この情報は破棄されます。そのため、後でトレースの内容を分析する場合は、再起動前にDc2wmiparser.exeを実行してテキストファイルに変換しておく必要があります。

6.5.2 | メモリ関連の検証オプション

ドライバーの検証ツール（Driver Verifier）では、次に示すメモリ関連の検証オプションがサポートされます（一部は、I/O操作にも関連します）。

■ 特別なプール

「特別なプール」検証オプションを選択すると、プール割り当てルーチンはプールの割り当てを無効

なページで挟むようになります。これにより、割り当ての前後への参照はカーネルモードアクセス違反を引き起こすようになり、その結果、システムはバグのあるドライバーを指し示してクラッシュします。特別なプールは、ドライバーのメモリ割り当てまたは解放時に実行されるチェックの追加的な検証にもなります。特別なプールが有効な場合、プール割り当てルーチンは、カーネルメモリの領域をドライバーの検証ツール(Driver Verifier)の使用のために割り当てます。ドライバーの検証ツールは、検証中のドライバーが作成したメモリ割り当て要求を、標準的なカーネルモードメモリプールではなく、特別なプールの領域にリダイレクトします。デバイスドライバーが特別なプールからメモリを割り当てた場合、ドライバーの検証ツールは、その割り当てを偶数ページの境界に切り上げます。ドライバーの検証ツールは、その割り当てられたページを無効なページで囲むため、デバイスドライバーがバッファーの終端を超えて読み書きしようとした場合、そのドライバーは無効なページにアクセスすることになり、メモリマネージャーはカーネルモードアクセス違反を発生させます。

図6-31は、ドライバーの検証ツールがバッファーオーバーランをチェックする際に、ドライバーの検証ツールがデバイスドライバーに割り当てた特別なプールのバッファーの例です。

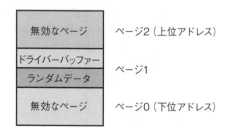

図6-31　特別なプールの割り当てのレイアウト

既定では、ドライバーの検証ツールは、オーバーラン検出を実施します。これは、ドライバーが使用するバッファーを割り当てページの終端に配置し、そのページの先頭をランダムなパターンで埋めることによって行われます。ドライバーの検出マネージャーでは検証オプションとしてアンダーランの検出を指定することはできませんが、レジストリのHKLM¥SYSTEM¥CurrentControlSet¥Control¥Session Manager¥Memory ManagementキーにPoolTagOverrunsという名前のDWORD型の値を追加し、0(0はアンダーラン検出、1はオーバーラン検出)に設定することで、マニュアルでこの種類の検出を設定することができます(または、Debugging for Windowsに付属するGflags.exeユーティリティを実行して、[Kernel Special Pool Tag]のセクションで、既定の[Verify End]オプションではなく、[Verify Start]オプションを選択し、[適用]ボタンをクリックします)。Windowsがアンダーラン検出を強制する場合、ドライバーの検証ツールはドライバーのバッファーをページの終端ではなく先頭に割り当てます。

オーバーラン検出の構成は、アンダーラン検出の計測の一部も含みます。メモリをドライバーの検証ツールに戻すためにドライバーが自身のバッファーを解放すると、ドライバーの検証ツールはバッファーの先頭のパターンが変更されていないことを確認します。もしパターンが変更されていたら、そのデバイスドライバーはバッファーアンダーランを起こしており、バッファーの外部のメモリに書き込みを行っています。

特別なプールの割り当ては、割り当て時点と割り当て解除時点のプロセッサの割り込み要求レベル(IRQL)が正しいことをチェックすることもします。このチェックは、一部のデバイスドライバーが生成するエラーをキャッチします。そのエラーとは、遅延プロシージャコール(DPC)ディスパッチまたはそれ以上のレベルのIRQLからページング可能なメモリの割り当てです。

特別なプールをマニュアルで構成することもできます。それには、レジストリのHKLM¥SYSTEM¥CurrentControlSet¥Control¥Session Manager¥Memory ManagementキーにPoolTagという名前のDWORD型の値を追加します。この値は、特別なプール用にシステムが使用する割り当てタグを示します。これにより、ドライバーの検証ツールが特定のデバイスドライバーを検証するように構成されていない場合でも、ドライバーが割り当てたメモリに関連付けられたドライバーのプールタグが、

PoolTagレジストリ値に指定されたものと一致する場合、プール割り当てルーチンはそのメモリを特別なプールから割り当てます。PoolTag値にワイルドカード（*）または0x2a（*のASCII文字コード）を設定した場合、十分な仮想メモリと物理メモリがあれば、ドライバーが割り当てるすべてのメモリが特別なプールから割り当てられます（十分な空きメモリが存在しない場合、ドライバーは通常のプールからの割り当てに戻されます）。

■ プールのトラック

「プールのトラック」が有効にされた場合、メモリマネージャーはドライバーがアンロードされた時点で、そのドライバーがすべてのメモリ割り当てを解放したかどうかをチェックします。もし解放されなかった場合、バグのあるドライバーを指し示してシステムはクラッシュします。ドライバーの検証ツール（Driver Verifier）は一般的なプールの統計情報も示します（統計情報を表示するには、ウィザードのメインページから［現在検証されているドライバーの情報を表示する］を選択し、［次へ］ボタンを2回クリックします。すると、［グローバルなカウンター］ページにグローバルな統計情報が表示されます。もう一度［次へ］ボタンをクリックすると［現在検証されている各ドライバーに固有のカウンター］ページが表示されます）。カーネルデバッガーの!verifierエクステンションコマンドを使用することもできます。このコマンドは、ドライバーの検証ツールのさらに詳細な、ドライバー開発者にとって役立つ情報を表示します。

プールのトラックおよび特別なプールは、ExAllocatePoolWithTagといった明示的な割り当て呼び出しだけでなく、暗黙的にプールからメモリを割り当てるその他のカーネルAPIの呼び出しもカバーします。これには、IoAllocateMdl、IoAllocateIrp、その他のI/O要求パケット（IRP）割り当て呼び出し、さまざまなRtl文字列API、およびIoSetCompletionRoutineExが含まれます。

プールのトラック検証オプションによって、プールクォータチャージに関係するもう1つのドライバー検証関数が有効にされます。ExAllocatePoolWithQuotaTagルーチンの呼び出しは、現在のプロセスのプールクォータを割り当てられたバイト数にチャージします。遅延プロシージャコール（DPC）ルーチンからそのような呼び出しが行われた場合、DPCルーチンは任意のプロセスのコンテキストで実行されるため、チャージされるプロセスは予測不可能です。プールのトラック検証オプションは、DPCルーチンのコンテキストからExAllocatePoolWithQuotaTagルーチンに対する呼び出しをチェックします。

ドライバーの検証ツールは、ロックされたメモリページのトラックも実施します。これは、I/O操作が完了したあともロックされたままのページに対する追加的なチェックであり、クラッシュ時に停止コードPROCESS_HAS_LOCKED_PAGESの代わりに、DRIVER_LEFT_LOCKED_PAGES_IN_PROCESSを生成します。停止コードDRIVER_LEFT_LOCKED_PAGES_IN_PROCESSは、エラーの責任があるドライバーと、ページのロックを担当した関数を示します。

■ 強制IRQL検査

最も一般的なデバイスドライバーのバグの1つは、デバイスドライバーを実行しているプロセッサの割り当て要求レベル（IRQL）が引き上げられているときに、ドライバーがページング可能なデータまたはコードにアクセスしたとき発生します。メモリマネージャーは、IRQLが遅延プロシージャコール（DPC）／ディスパッチレベル以上にあるときに、ページフォールトをサービスすることができません。ページング可能なデータは物理メモリに存在するときにアクセスされることがあるため、高いIRQLのレベルでプロセッサが実行中のときに、デバイスドライバーのインスタンスがページング可能なデータにアクセスするのをシステムが検出できない場合があります。しかし、アクセスされたデータがページアウト済みであるとき、システムは停止コードIRQL_NOT_LESS_OR_EQUALでクラッ

シュします（つまり、IRQLが、試行された操作、この場合、ページング可能なメモリにアクセスの要求するレベル以下ではないということを示しています）。

この種のバグのためにデバイスドライバーをテストすることは、通常、難しいことですが、ドライバーの検証ツール（Driver Verifier）では容易に行えます。「強制IRQL検査」検証オプションを選択した場合、デバイスの検証ツールは、検証対象のデバイスドライバーがIRQLを引き上げたときに、すべてのカーネルモードのページング可能なコードおよびデータを、システムワーキングセットの外に強制的に出します。これを行う内部的な関数は、MiTrimAllSystemPagableMemoryです。この検証オプションが有効な場合、IRQLが引き上げられているときに、検証対象のデバイスドライバーがページング可能なメモリにアクセスすると、システムはすぐに違反を検出し、エラーを引き起こしたドライバーを特定してシステムがクラッシュします。

もう1つの一般的なドライバーのクラッシュは、データ構造体の一部である同期オブジェクトがページアウトされ、待機しているときに、誤ったIRQLの使用が原因で発生します。ディスパッチャーは同期オブジェクトに引き上げられたIRQLでアクセスする必要があるため、同期オブジェクトは決してページアウトされるべきではありません。ページアウトは、クラッシュの原因になります。ドライバーの検証ツールは、次のいずれかの構造体がページング可能なメモリ内に存在するかどうかをチェックします。対象となる構造体は、KTIMER、KMUTEX、KSPIN_LOCK、KEVENT、KSEMAPHORE、ERESOURCE、およびFAST_MUTEXです。

■| ランダム化された低リソースシミュレーション

「ランダム化された低リソースシミュレーション」検証オプションを有効にすると、ドライバーの検証ツール（Driver Verifier）は検証済みのデバイスドライバーが実行するメモリ割り当てをランダムにエラーで失敗させます。かつて開発者は、カーネルメモリが常に利用可能であると仮定して、多くのデバイスドライバーを書いてきました。そして、メモリが不足した場合、デバイスドライバーはそれを心配する必要がありませんでした。なぜなら、いずれにせよシステムはクラッシュすることになるからです。しかし、少ないメモリの状態は一時的に発生する可能性があり、今日のモバイルデバイスはより大きなコンピューターのようにパワフルではないため、カーネルメモリが使い果たされている兆候である割り当ての失敗を、デバイスドライバーが適切に処理することが重要です。

ランダムなエラーが挿入されるドライバーの呼び出しには、次の関数が含まれます。それは、ExAllocatePool*、MmProbeAndLockPages、MmMapLockedPagesSpecifyCache、MmMapIoSpace、MmAllocateContiguousMemory、MmAllocatePagesForMdl、IoAllocateIrp、IoAllocateMdl、IoAllocateWorkItem、IoAllocateErrorLogEntry、IOSetCompletionRoutineEx、およびプールから割り当てを行うさまざまなRtl文字列APIです。ドライバーの検証ツールは、複数のカーネルGDI関数（関数の完全なリストについては、Windows Driver Kit（WDK）ドキュメントを参照してください）によって行われる割り当ての一部も失敗させます。また、［ドライバーの検証ツールマネージャー］でこの検証オプションを設定する際に、次のパラメーターを指定することができます。

- **確率** —— 割り当てを失敗させる確率を指定します。既定は6%です（システムの既定値）。
- **アプリケーション** —— シミュレーションの対象になるアプリケーションを指定します。既定はすべてのアプリケーションが対象です（すべてのアプリケーションでのAPIをエラーにする）。
- **プールタグ** —— 対象にするプールタグを指定します。既定はすべてのプールタグです（任意のタグを使っているプール割り当てをエラーにする）。
- **システムの開始遅延時間** —— エラーの挿入を開始する前に適用される遅延時間を指定します。既定はシステムブートから7分後です（システムの既定値）。低メモリ状態は、デバイスドライバー

第**6**章 I/Oシステム **625**

が読み込まれるのを妨げる可能性があります。既定値は、その重要な初期化の期間が経過するのに十分な時間です。

これらのパラメーターのカスタマイズは、［ドライバーの検証ツールマネージャー］のウィザードの他、Verifier.exeのコマンドラインオプションを使用して変更することができます。

遅延時間の後、ドライバーの検証ツールは、検証対象のデバイスドライバーの割り当て呼び出しのランダムなエラーを開始します。もしドライバーが割り当てエラーを正しく処理しない場合、それはシステムクラッシュとして示される可能性があります。

■ 体系的な低リソースシミュレーション

「ランダム化された低リソースシミュレーション」検証オプションと同様に、「体系的な低リソースシミュレーション」検証オプションは、カーネルおよびNdis.sys（ネットワークドライバー用）に対する特定の呼び出しをエラーで失敗させます。ただし、エラーを挿入する時点のコールスタックを調査することによって、体系的な方法でそれを行います。ドライバーがエラーを正しく処理する場合、そのコールスタックに再びエラーが挿入されることはありません。これにより、ドライバーの開発者は体系的な方法で問題を調査することができ、レポートされた問題を修正して、次に進むことができます。コールスタックの調査は、相対的にコストの高い操作です。そのため、この検証オプションで一度に複数のドライバーを検証することは、推奨されません。

■ その他の検査

ドライバーの検証ツール（Driver Verifier）が「その他」と呼ぶチェックのいくつかは、プール内のまだアクティブな特定のシステム構造体の解放の検出を可能にします。例えば、ドライバーの検証ツールは、次のものをチェックします。

- **解放済みメモリ内のアクティブな作業アイテム** —— ドライバーはプールメモリのブロックを割り当て解除するためにExFreePoolルーチンを呼び出しますが、その中にIoQueueWorkItemルーチンでキューに入れられた1つ以上の作業アイテムが存在します。
- **解放済みメモリ内のアクティブなリソース** —— ドライバーはExFreePoolルーチンを呼び出しますが、その前にExDeleteResourceルーチンを呼び出してエグゼクティブリソース（ERESOURCE）オブジェクトを破棄していません。
- **解放済みメモリ内のアクティブなルックアサイドリスト** —— ドライバーはExFreePoolルーチンを呼び出しますが、その前にExDeleteNPagedLookasideListまたはExDeletePagedLookasideListルーチンを呼び出して、ルックアサイドリストを削除していません。

最後に、検証が有効にされると、ドライバーの検証ツールは、個別に有効化または無効化できない特定の自動的なチェックを実施します。これらのチェックには、次のものが含まれます。

- 誤ったフラグを持つメモリ記述子リスト（MDL）に対するMmProbeAndLockPagesまたはMmProbeAndLockProcessPagesルーチンの呼び出し。例えば、MmBuildMdlForNonPagedPoolルーチンの呼び出しによってセットアップされたMDLのためにMmProbeAndLockPagesルーチンを呼び出すことは、誤っています。
- 誤ったフラグを持つMDLに対するMmMapLockedPagesルーチンの呼び出し。例えば、システムアドレス領域に既にマップ済みのMDLのためにMmMapLockedPagesを呼び出すことは、誤っています。誤ったドライバーの動作の別の例として、ロックされていないMDLのために

MmMapLockedPagesルーチンを呼び出すことがあります。

■ パーシャルMDLに対するMmUnlockPagesまたはMmUnmapLockedPagesルーチンの呼び出し（パーシャルMDLはIoBuildPartialMdlルーチンによって作成されもので、既存のMDLによって説明されるバッファーの一部を表します）。

■ システムアドレスにマップされていないMDLに対するMmUnmapLockedPagesルーチンの呼び出し。

■ 非ページプールセッション（NonPagedPoolSession型）メモリからの、イベントやミューテックスといった同期オブジェクトの割り当て。

　ドライバーの検証ツールは、デバイスドライバーの開発者が利用できる検証ツールとデバッグツールの宝庫です。バグを含む多くのデバイスドライバーが、デバイスの検証ツールとともに最初に実行され、デバイスの検証ツールがそれらのバグを明らかにしました。こうして、ドライバーの検証ツールにより、Windowsで実行されるすべてのカーネルモードコードの品質が全体的に向上したのです。

6.6 | プラグアンドプレイ（PnP）マネージャー

　プラグアンドプレイ（PnP）マネージャーは、ハードウェアの構成の変更を認識し、それに対応するWindowsの機能をサポートすることに関わる、主要なコンポーネントです。ユーザーは、デバイスの装着や削除のために、ハードウェアの複雑さを理解したり手動で構成したりする必要がありません。例えば、Windowsを実行中のラップトップコンピューターがドッキングステーションの上に置かれると、ドッキングステーションが備える追加のデバイスを自動的に検出し、ユーザーに利用可能にしているのは、PnPマネージャーです。

　PnPのサポートには、ハードウェア、デバイスドライバー、およびオペレーティングシステムのレベルでの協力が不可欠です。バスに接続されたデバイスの列挙と特定のための業界標準規格は、WindowsのPnPサポートの基盤になっています。例えば、USB規格は、USBバス上のデバイスを個別に識別する方法を定義しています。この基盤をとともに、WindowsのPnPサポートは次に示す機能を提供します。

■ PnPマネージャーは、装着されたデバイスを自動認識します。これは、ブート中のシステムに接続されたデバイスの列挙、およびシステムの実行中のデバイスの追加と削除の検出の過程です。

■ ハードウェアリソースの割り当ては、PnPマネージャーの役割です。これは、システムに接続されたデバイスのハードウェアリソースの要件（割り込み、I/Oメモリ、I/Oレジスタ、バス固有のリソース）の収集と、各デバイスがその操作のために必要な要件に適合するように最適なリソースの割り当てによって達成されます。なお、リソース要件の収集の過程は、**リソース調停**（Resource Arbitration）と呼ばれます。ハードウェアデバイスは、ブート時のリソース割り当ての後にシステムに追加することができるため、PnPマネージャーは動的に追加されるデバイスのニーズに対応するために、リソースの再割り当てができなければなりません。

■ 適切なドライバーを読み込むことは、PnPマネージャーのもう1つの役割です。PnPマネージャーは、デバイスの識別に基づいて、そのデバイスを管理することができるドライバーがシステムにインストールされているかどうかを判断し、存在する場合は、I/Oマネージャーにそのドライバーを読み込むように指示します。適合するドライバーがインストールされていない場合、カーネルモードのPnPマネージャーがユーザーモードのPnPマネージャーとやり取りして、デバイスドライバーをインストールします。場合によっては、適合するドライバーを指定するように、ユーザー

の補助を要求することがあります。

- PnPマネージャーは、ハードウェア構成の変更を検出するためのアプリケーションとドライバーのメカニズムも実装しています。アプリケーションまたはドライバーは、機能するために特定のハードウェアデバイスを必要とする場合があります。そのため、Windowsは、デバイスの存在、追加、または削除の通知をアプリケーションやドライバーが要求するための手段を提供します。
- PnPマネージャーは、デバイスの状態を格納するための場所を提供します。PnPマネージャーはシステムのセットアップ、アップグレード、移行、およびオフラインイメージの管理にも関与します。
- PnPマネージャーは、ネットワークプロジェクターやプリンターなど、ネットワークに接続されたデバイスをサポートします。これは、特殊なバスドライバーがネットワークをバスとして検出し、その上で動作するデバイスのデバイスノードを作成することによって実現されます。

6.6.1 プラグアンドプレイ（PnP）のサポートレベル

Windowsはプラグアンドプレイ（PnP）の完全なサポートの提供を目指していますが、そのサポートレベルは接続されたデバイスとインストールされたドライバーによって異なります。1つのデバイスまたはドライバーがPnPをサポートしない場合、そのシステムにおけるPnPサポートの範囲は損なわれることがあります。また、PnPをサポートしないドライバーは、他のデバイスをそのシステムで使用できないようにする可能性があります。表6-6に、PnPをサポートできる、およびサポートできないデバイスとドライバーのさまざまな組み合わせの結果を示します。

表6-6　デバイスとドライバーのプラグアンドプレイ（PnP）機能

デバイスの種類	PnPドライバー	非PnPドライバー
プラグアンドプレイ（PnP）	フル機能のPnP	PnPではない
非プラグアンドプレイ（非PnP）	PnPを部分的に利用可能	PnPではない

PnP互換ではないデバイスは、自動検出をサポートしないデバイスの1つです。例えば、レガシなISAサウンドカードがそうです。オペレーティングシステムは、そのハードウェアが物理的にどこにあるのかを知らないため、特定の操作、例えばラップトップコンピューターのドッキング解除やスリープ、休止状態は許可されません。しかし、そのようなデバイス用のPnPドライバーが手動でインストールされた場合、そのドライバーは少なくとも、PnPマネージャーの指示によるデバイスのためのリソース割り当てを実行することができます。

PnP互換ではないドライバーには、レガシドライバーも含まれます。例えば、Windows NT 4.0で実行されていたドライバーです。これらのドライバーは、後続のバージョンのWindowsでも引き続き機能する可能性はありますが、PnPマネージャーは、動的に追加されたデバイスのニーズに対応してリソースの再割り当てを行う必要があるときに、そのようなデバイスに割り当てられたリソースを再構成することができません。例えば、あるデバイスがAとBのI/Oメモリの範囲を使用することができ、ブート中にPnPマネージャーによってAの範囲が割り当てられたとします。Aの範囲だけを使用可能なデバイスがあとでシステムに追加された場合、PnPマネージャーは最初のデバイスのドライバーにBの範囲を使用するように自身を再構成するように指示することができません。これは、2番目のデバイスが必要なリソースを取得することを妨げ、その結果、そのデバイスはシステムで利用不可のままになります（この章の「6.9　電源マネージャー」の節でさらに詳しく説明します）。

6.6.2 デバイスの列挙

デバイスの列挙（Device Enumeration）は、システムのブート、休止状態からの再開、またはデバイスの列挙が明示的に指示されたとき（例えば、[デバイスマネージャー]のUIで[ハードウェア変更のスキャン]をクリックしたとき）に起こります。PnPマネージャーはデバイスツリー（この後、すぐに説明します）を構築し、以前の列挙の保存された既知のデバイスツリーが存在する場合はそれと比較します。ブートまたは休止状態からの再開の場合、保存されたデバイスツリーは空です。新たに見つかったデバイスおよび削除されたデバイスは、特別な扱いを必要とします。例えば、適切なドライバーの読み込み（新たに見つかったデバイス用）や削除されたデバイスのドライバーへの通知などです。

PnPマネージャーは、**ルート**（Root）と呼ばれる仮想的なバスドライバーを使ってデバイスの列挙を開始します。ルートデバイスは、コンピューターシステム全体を表しており、非PnPドライバーとハードウェア抽象化レイヤー（HAL）のためのバスドライバーとして振る舞います。HALは、マザーボードに直接接続されたデバイスとバッテリーなどのシステムコンポーネントを列挙するバスドライバーとして振る舞います。しかし、HALは、実際に列挙する代わりに、レジストリに記録されたセットアッププロセスのハードウェアの説明に基づいて、プライマリバス（ほとんどの場合、PCIバス）とバッテリーやファンといったデバイスを検出します。

プライマリバスドライバーは、そのバス上のデバイスを列挙し、場合によっては他のバスを見つけ、PnPマネージャーがドライバーを初期化します。見つかったドライバーは、続いて他のデバイスを検出します。これには、そのバス（親）が従えるバス（子）も含まれます。この再帰的な列挙処理、ドライバーの読み込み（そのドライバーがまだ読み込まれていない場合）、およびさらなる列挙は、システム上のすべてのデバイスが検出され、構成されるまで続きます。

バスドライバーが検出されたデバイスをPnPマネージャーに報告すると、PnPマネージャーは、デバイス間の関係を表す**デバイスツリー**と呼ばれる内部的なツリーを作成します。ツリー内のノードは、**デバイスノード**あるいは**devnode**と呼ばれます。デバイスノードは、そのデバイスを表すデバイスオブジェクトに関する情報を含んでおり、PnPマネージャーによってその他のPnP関連情報とともにデバイスノード内に格納されます。図6-32は、簡略化したデバイスツリーの例です。PCIバスがシステムのプライマリバスとしてサービスし、USB、ISA、SCSIバスがこれに接続されています。

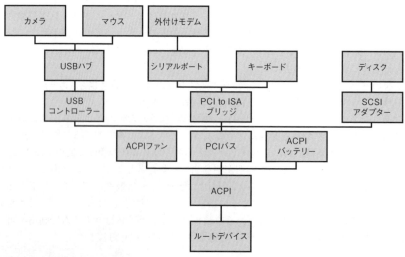

図6-32　デバイスツリーの例

［デバイスマネージャー］ユーティリティは、［スタート］メニューの［Windows管理ツール］にある［コンピューターの管理］スナップインからアクセス可能なユーティリティであり（コントロールパネルの［システムとセキュリティ］の［システム］にあるリンクや、**Windows + X**キーのクイックアクセスメニューから単体で開くこともできます）、既定の構成でシステム上に存在するデバイスのシンプルな一覧を表示します。デバイスマネージャーの［表示］メニューから［デバイス（接続別）］を選択すると、デバイスをデバイスツリーに関係付けて参照することもできます。図6-33は、デバイスマネージャーを［デバイス（接続別）］で表示した例です。

図6-33　デバイスマネージャーが表示するデバイスツリー

実習　デバイスツリーをダンプする

　デバイスマネージャーよりも詳細なデバイスツリーを表示する方法は、カーネルデバッガーの**!devnode**エクステンションコマンドを使用する方法です。このコマンドのオプションとして0 1を指定すると、内部的なデバイスツリーのdevnode構造体がダンプされます。次に示すようにダンプのエントリはインデント表示され、階層的な関係が示されます。

```
lkd> !devnode 0 1
Dumping IopRootDeviceNode (= 0x85161a98)
DevNode 0x85161a98 for PDO 0x84d10390
  InstancePath is "HTREE\ROOT\0"
  State = DeviceNodeStarted (0x308)
```

```
  Previous State = DeviceNodeEnumerateCompletion (0x30d)
DevNode 0x8515bea8 for PDO 0x8515b030
DevNode 0x8515c698 for PDO 0x8515c820
  InstancePath is "Root¥ACPI_HAL¥0000"
  State = DeviceNodeStarted (0x308)
  Previous State = DeviceNodeEnumerateCompletion (0x30d)
  DevNode 0x84d1c5b0 for PDO 0x84d1c738
    InstancePath is "ACPI_HAL¥PNP0C08¥0"
    ServiceName is "ACPI"
    State = DeviceNodeStarted (0x308)
    Previous State = DeviceNodeEnumerateCompletion (0x30d)
    DevNode 0x85ebf1b0 for PDO 0x85ec0210
      InstancePath is "ACPI¥GenuineIntel_-_x86_Family_6_Model_15¥_0"
      ServiceName is "intelppm"
      State = DeviceNodeStarted (0x308)
      Previous State = DeviceNodeEnumerateCompletion (0x30d)
    DevNode 0x85ed6970 for PDO 0x8515e618
      InstancePath is "ACPI¥GenuineIntel_-_x86_Family_6_Model_15¥_1"
      ServiceName is "intelppm"
      State = DeviceNodeStarted (0x308)
      Previous State = DeviceNodeEnumerateCompletion (0x30d)
    DevNode 0x85ed75c8 for PDO 0x85ed79e8
      InstancePath is "ACPI¥ThermalZone¥THM_"
      State = DeviceNodeStarted (0x308)
      Previous State = DeviceNodeEnumerateCompletion (0x30d)
    DevNode 0x85ed6cd8 for PDO 0x85ed6858
      InstancePath is "ACPI¥pnp0c14¥0"
      ServiceName is "WmiAcpi"
      State = DeviceNodeStarted (0x308)
      Previous State = DeviceNodeEnumerateCompletion (0x30d)
    DevNode 0x85ed7008 for PDO 0x85ed6730
      InstancePath is "ACPI¥ACPI0003¥2&daba3ff&2"
      ServiceName is "CmBatt"
      State = DeviceNodeStarted (0x308)
      Previous State = DeviceNodeEnumerateCompletion (0x30d)
    DevNode 0x85ed7e60 for PDO 0x84d2e030
      InstancePath is "ACPI¥PNP0C0A¥1"
      ServiceName is "CmBatt"
...
```

　各devnodeに示される情報には、InstancePath と ServiceName が含まれます。InstancePath
は、レジストリのHKLM¥SYSTEM¥CurrentControlSet¥Enum キーに格納されている、その
デバイスの列挙するサブキーの名前です。ServiceName は、レジストリのHKLM¥SYSTEM¥C
urrentControlSet¥Services キーに格納されている、デバイスのドライバーのサブキーに対応し
ます。割り込み、ポート、メモリといった、各devnodeに対して割り当てられたリソースを確認
するには、**!devnode** コマンドにコマンドラインオプションとして0 3を指定します。

6.6.3 デバイススタック

デバイスノード（devnode）がプラグアンドプレイ（PnP）マネージャーによって作成されると、管理のためにドライバーオブジェクトとデバイスオブジェクトが作成され、デバイスノードを形成するデバイス間の論理的なリンケージを表します。このリンケージはデバイススタック（Device Stack）と呼ばれます（この章の「6.4.2 I/O要求パケット（IRP）」の「IRPのフロー」の項でその概略を説明しました）。デバイススタックは、オブジェクト/ドライバーのペアの順序指定されたリストと考えることができます。各デバイススタックは、下から上に向かって構築されます。図6-34（既出の図6-6と同じものです）は、7つのデバイスオブジェクトを持つデバイスノードの例を示しています（すべてが同じ物理デバイスを管理します）。各デバイスノードは、少なくとも2つのデバイス（PDOとFDO）を持ちますが、さらに多くのデバイスオブジェクトを含めることが可能です。1つのデバイススタックは、次のもので構成されます。

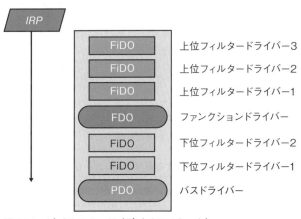

図6-34　デバイスノード（デバイススタック）

- **物理デバイスオブジェクト（Physical Device Object：PDO）** —— デバイスを列挙する間にバスドライバーがそのバス上のデバイスの存在を報告したとき、PnPマネージャーがバスドライバーにPDOの作成を指示します。PDOは、デバイスへの物理的なインターフェイスを表しており、常にデバイススタックの最下層にあります。

- **PDOとFDOの間にある1つ以上のオプションのフィルターデバイスオブジェクト（Filter Device Object：FiDO）** —— PDOとFDO（次の項目）の間に位置するこのレイヤーは、**下位フィルター（Lower Filter）** とも呼ばれます。"下位（Lower）" とは、FDOに対しての位置関係に由来します。FiDOは、FDOから出てバスドライバーに向かうI/O要求パケット（IRP）をインターセプトするために使用されます（そのため、バスフィルターとも呼ばれます）。

- **1つ（のみ）のファンクションデバイスオブジェクト（Functional Device Object：FDO）** —— FDOは、PnPマネージャーが検出されたデバイスを管理するために読み込むドライバーによって作成されます。このドライバーのことを、**ファンクションドライバー**（Function Driver）と呼びます。FDOは、デバイスへの論理的なインターフェイスを表しており、そのデバイスによって提供される機能性についても最も詳しい知識を持ちます。ファンクションドライバーは、デバイスがFDOによって表されたデバイスに接続される場合、バスドライバーとして振る舞うこともできます。ファンクションドライバーは、FDOの対応するPDOへのインターフェイス（実質的に名

前）を作成する場合もあります。これにより、アプリケーションや他のドライバーは、デバイスを開いて、デバイスとやり取りすることができます。ファンクションドライバーは、FDOのためのI/Oを管理するために一緒に機能する、個別のクラス/ポートドライバーやミニポートドライバーに分けられることもあります。

- **PDOより上にある1つ以上のオプションのFiDO** —— FDOの上にあるこのレイヤーは、上位フィルター（Upper Filter）と呼ばれます。上位フィルターは、FDO向けのIRPヘッダーに対する一次対応の機会を先に得ます。

メモ
図6-34では、説明を簡単にするために、さまざまなデバイスオブジェクトが異なる名前を持っています。しかしながら、これらはすべて、DEVICE_OBJECT構造体のインスタンスです。

デバイススタックは、ボトムアップで作成され、I/Oマネージャーのレイヤー機能に依存します。そのため、IRPのフローは、デバイススタックの最上部から下に向かって流れます。ただし、デバイススタックのどのレベルでも、IRPの完了を選択することができます。これについては、この章の「6.4.2 I/O要求パケット（IRP）」の「IRPのフロー」の項で説明しました。

■ デバイススタックドライバーの読み込み

プラグアンドプレイ（PnP）マネージャーは、デバイススタックを構築する際に、どのようにして正しいドライバーを見つけるのでしょうか。その情報は、表6-7に示すように、レジストリの3つの重要なキー（およびデバイスやドライバーのサブキー）に分散しています。

表6-7 プラグアンドプレイ（PnP）ドライバーの読み込みに関連する重要なレジストリキー

レジストリキー	略称	説明
HKLM¥SYSTEM¥CurrentControlSet¥Enum	ハードウェアキー	既知のハードウェアデバイス用の設定
HKLM¥SYSTEM¥CurrentControlSet¥Control¥Class	Classキー	デバイスの種類の設定
HKLM¥SYSTEM¥CurrentControlSet¥Services	ソフトウェアキー	ドライバー用の設定

バスドライバーはデバイスの列挙を実行し、新しいデバイスを見つけたとき、まず、検出された物理デバイスの存在を表す物理デバイスオブジェクト（PDO）を作成します。次に、IoInvalidateDeviceRelationsルーチン（Windows Driver Kit（WDK）のドキュメントで説明されています）を呼び出し、BusRelations列挙値とPDOを指定して、PnPマネージャーに通知し、バス上に変更が検出されたことを示します。それに応答して、PnPマネージャーはI/O要求パケット（IRP）を介して、バスドライバーにデバイスの識別子を問い合わせます。

デバイスの識別子は、バス固有です。例えば、USBデバイスの識別子は、そのデバイスを作成したハードウェアベンダー用のベンダーID（Vender ID：VID）とベンダーがデバイスに対して割り当てたプロダクトID（Product ID：PID）で構成されます。PCIデバイスの場合、ベンダーの中でデバイスを一意に識別するために、デバイスIDとともに同様のベンダーIDが必要とされます（さらにオプションのコンポーネントがいくつか加わります。詳しくは、WDKドキュメントの「Device Identifier Formats」を参照してください）。これらのIDはともに、PnPが**デバイスID**と呼ぶものを形成します。PnPマネージャーはまた、バスドライバーにインスタンスIDを照会し、同じハードウェアの異なるインスタンスを区別するのに利用します。インスタンスIDは、バスに関係する場所（例えば、USBポー

ト）またはグローバルに一意な記述子（例えば、シリアル番号）のいずれかで表されます。

デバイスIDとインスタンスIDは、デバイスインスタンスID（Device Instance ID：DIID）の形式に結合されます。DIIDは、PnPマネージャーが表6-7に示したハードウェアキーの配下にあるそのデバイスのサブキーを見つけるために使用します。そのサブキーは、＜列挙子＞¥＜デバイスID＞¥＜インスタンスID＞の形式を持ちます。列挙子（Enumerator）はバスドライバーであり、デバイスIDはデバイスの種類の一意の識別子であり、インスタンスIDは同じハードウェアの異なるインスタンスを一意に識別します。

図6-35は、インテルのディスプレイカードを列挙するサブキーの例を示しています。このデバイスのキーは、デバイスを説明するデータを含んでおり、それにはServiceおよびClassGUIDという名前の値が含まれます（これらはインストール時にドライバーのINFファイルから取得されたものです）。このサブキーは、PnPマネージャーがデバイスのドライバーを見つけるのを次のように手助けします。

- Service値はソフトウェアキーの検索に使用され、そこにあるImagePath値にドライバーファイルのパス（SYSファイル）が格納されています。図6-36は、ソフトウェアキーにあるigfx（図6-35のService値より）という名前のサブキーを示しており、ここにはIntelのディスプレイドライバーが登録されています。PnPマネージャーは、そのドライバーを読み込み（まだ読み込まれていない場合）、ドライバーのデバイス追加ルーチンを呼び出します。そして、そこでドライバーがファンクションデバイスオブジェクト（FDO）を作成します。

図6-35　ハードウェアサブキーの例

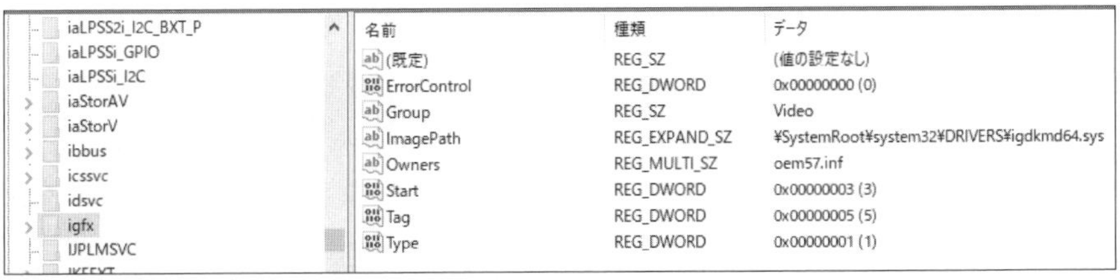

図6-36　ソフトウェアサブキーの例

- LowerFiltersという名前の値が存在する場合、その複数行文字列型の値には下位フィルターとして読み込まれるドライバーのリストが含まれます。PnPマネージャーは、先述のService値に関連付けられたドライバーを読み込む前に、リストのドライバーを読み込みます。
- UpperFiltersという名前の値が存在する場合、この値はPnPマネージャーがService値で示されたドライバーを読み込んだ後に、同様の方法で読み込むドライバー名のリストを示しています（ソフトウェアキーの下のLowerFiltersに似ています）。
- ハードウェアキーのサブキーにあるClassGUID値は、汎用的な種類のデバイス（ディスプレイ、キーボード、ディスクなど）を表しており、Classキー（前出の表6-7を参照）の下のサブキーをポイントしています。そのサブキーは、その種類のデバイス用のすべてのドライバーに適用可能な設定を表しています。特に、ClassキーのサブキーにLowerFilters値やUpperFilters値が存在する場合、それらは特定のデバイスのハードウェアサブキーの同じ値のように扱われます。これにより、例えば、特定のキーボードやベンダーに関係なく、キーボードデバイス用の上位フィルターが読み込まれます。図6-37は、キーボードデバイス用のClassキーを示しています。フレンドリ名（keyboard）に注目がいきますが、GUIDが重要です（特定のクラスに関する決定は、インストール用のINFファイルの一部として提供されます）。UpperFilters値が存在する場合、それはキーボードのdevnodeの一部として常に読み込まれるシステム提供のキーボードクラスドライバーのリストを示します（ClassキーのサブキーにIconPath値も確認できるでしょう。これは、デバイスマネージャーのUIでキーボードの種類を示すためのアイコンとして使用されます）。

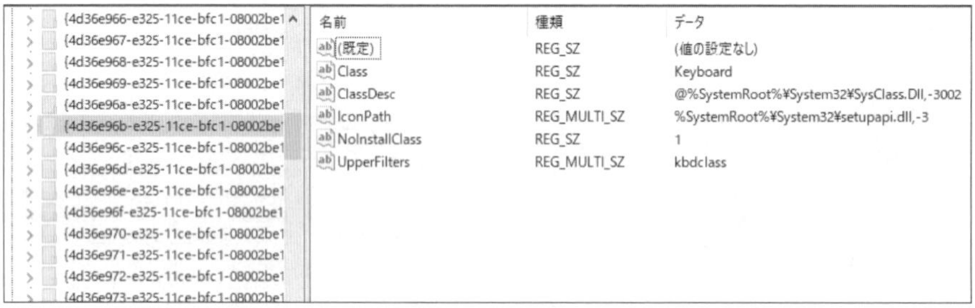

図6-37　キーボード（Keyboard）のClassキー

1つのデバイスノードのためにドライバーが読み込まれる順序を要約すると、次のようになります。

1. バスドライバーが読み込まれ、PDOが作成されます。

2. ハードウェアキーのインスタンス用サブキーに下位フィルターのリストを含むLowerFilters値がある場合、リストの順番（複数行文字列値）に下位フィルターを読み込み、各フィルターに対応するフィルターデバイスオブジェクト（FiDO、図6-34を参照）を作成します。

3. 対応するClassキーに下位フィルターのリストを含むLowerFilters値がある場合、リストの順番で下位フィルターを読み込み、各フィルターに対応するFiDOを作成します。

4. Service値に設定されているドライバーを読み込み、FDOを作成します。

5. ハードウェアキーのインスタンス用サブキーに上位フィルターのリストを含むUpperFilters値がある場合、リストの順番に上位フィルターを読み込み、各フィルターに対応するFiDOを作成します。

6. 対応するClassキーに下位フィルターのリストを含むUpperFilters値がある場合、リスト順番に上

位フィルターを読み込み、各フィルターに対応するFiDOを作成します。

多機能デバイスを扱うため、Windowsはデバイスノードに関連付けることができるコンテナーID（Container ID）プロパティもサポートします。コンテナーIDは、物理デバイスの単一のインスタンスに一意のGUIDであり、図6-38に示すように、これに属するデバイスノードですべての機能が共有されます。

図6-38　一意のIDを持つオールインワンプリンターは、PnPマネージャーにこのように見える

コンテナーIDはインスタンスIDと同様のプロパティであり、対応するハードウェアのバスドライバーによってハードウェアに報告されます。その後、デバイスが列挙されるとき、同じPDOに関連付けられたすべてのデバイスノードがコンテナーIDを共有します。Windowsは、PnP-X（Plug and Play Extensions）、Bluetooth、USBなど、既に多数のバスをサポートしているため、ほとんどのデバイスドライバーはバス固有のIDを単純に返すことができ、WindowsはそのIDから対応するコンテナーIDを生成します。その他の種類のデバイスやバスの場合、ドライバーが自身でソフトウェア的に一意のIDを生成することができます。

最後に、デバイスドライバーがコンテナーIDをサポートしていない場合、ACPI（Advanced Configuration and Power Interface）などのメカニズムでデバイスが利用可能になったときに、Windowsはバスのトポロジを照会することで推測することができます。Windowsは、特定のデバイスが別のデバイスの子であるかどうか、削除可能であるかどうか、ホットプラグ対応かどうか、ユーザーによる脱着が可能か（内部のマザーボードコンポーネントとは対照的に）を理解し、多機能デバイスを正しく反映するように、コンテナーIDをデバイスノードに割り当てます。

コンテナーIDによるデバイスのグループ化のエンドユーザーにとってのもう1つの利点は、デバイスマネージャーやプリンターのUIでの見え方です。この機能は、スキャナー、プリンター、ファクシミリのコンポーネントを持つオールインワンプリンターを、3つの個別のデバイスではなく、単一のグラフィカルな要素として表示できます。例えば、図6-39は、HP Officejet Pro 6830というプリンター/ファクシミリ/スキャナーのオールインワンプリンターを、単一のデバイスとして認識しています。

図6-39　［デバイスとプリンター］コントロールパネルアプレット

実習　デバイスマネージャーでデバイスノードの詳細情報を参照する

デバイスマネージャーは、デバイスのプロパティの［詳細］タブに、デバイスノード（devnode）に関する詳細情報を表示します。このタブでは、デバイスノードのデバイスインスタンスID、ハードウェアID、サービス名、フィルター、電源管理機能など、さまざまなフィールドを表示することができます。

右のスクリーンショットは、［詳細］タブのコンボボックスを選択し、参照可能な情報の種類のリストを展開したところです。

6.6.4　プラグアンドプレイ（PnP）のドライバーサポート

プラグアンドプレイ（PnP）をサポートするために、ドライバーはPnPディスパッチルーチン（IRP_MJ_PNP）、電源管理ディスパッチルーチン（IRP_MJ_POWER、この章の「6.9　電源マネージャー」の節で説明します）、およびデバイス追加ルーチンを実装する必要があります。しかし、バスドライ

バーは、ファンクションドライバーまたはフィルタードライバーがサポートするのとは異なるPnP要求をサポートする必要があります。例えば、PnPマネージャーがシステムのブート中にデバイスの列挙をガイドするとき、PnPマネージャーは、PnPのI/O要求パケット（IRP）を通してそれぞれのバス上で見つかったデバイスの説明を、バスドライバーに問い合わせます。

ファンクションドライバーとフィルタードライバーは、それぞれのデバイス追加ルーチンの中で、デバイスを管理するための準備をします。しかし、これらのドライバーはデバイスのハードウェアと実際には通信しません。その代わりに、これらのドライバーは、PnPマネージャーがデバイス用のデバイス開始コマンド（IRP_MN_START_DEVICE、PnP IRPのマイナーファンクションコード）をPnPディスパッチルーチンに送信するのを待機します。デバイス開始コマンドを送信する前に、PnPマネージャーはリソース調停（Resource Arbitration）を実行して、デバイスに割り当てるリソースを決定します。デバイス開始コマンドには、PnPマネージャーがリソース調停で決定したリソースの割り当てが含まれます。ドライバーがデバイス開始コマンドを受信すると、指定されたリソースを使用するようにそのデバイスを構成できます。アプリケーションがまだ開始コマンドが完了していないデバイスを開こうとした場合、アプリケーションはデバイスが存在しないことを示すエラーを受信します。

デバイスの開始が完了した後、PnPマネージャーは追加のPnPコマンドをドライバーに送信できます。これには、システムからのデバイスの削除や、リソースの再割り当てに関連するコマンドが含まれます。例えば、図6-40（タスクバーの通知領域にあるUSBコネクタのアイコンをクリックすることでアクセス可能）に示すように、ユーザーがデバイスの削除/取り出しユーティリティを実行して、WindowsにUSBフラッシュドライブの取り出しを指示すると、PnPマネージャーは削除照会通知をそのデバイスのPnP通知のために登録

図6-40　デバイスの削除/取り出し機能

されたアプリケーションがあれば、そのアプリケーションに送信します。アプリケーションは通常、アプリケーションが削除照会通知中に閉じる、自身のハンドル上に通知用の登録をします。削除照会要求を拒否するアプリケーションがない場合、PnPマネージャーは削除照会コマンドを取り外し対象のデバイスを担当するドライバーに送信します（IRP_MN_QUERY_REMOVE_DEVICE）。この時点で、ドライバーは削除を拒否または保留中のI/O操作をデバイスが確実に完了させる機会を得て、そのデバイスを対象としたその後のI/O要求を拒否し始めます。そのデバイスが削除要求に同意し、デバイスに対して開かれたハンドルが残っていない場合、PnPマネージャーは次にドライバーに対して削除コマンド（IRP_MN_REMOVE_DEVICE）を送信し、デバイスへのドライバーのアクセスを停止し、そのドライバーが持つ割り当て済みのリソースがあれば、そのデバイスに代わってリソースを解放するように要求します。

PnPマネージャーがデバイスのリソースを再割り当てする必要がある場合、まずドライバーに対して停止照会コマンド（IRP_MN_QUERY_STOP_DEVICE）を送信して、デバイス上でのそれ以上のアクティビティを一時的に中断できるかどうかを問い合わせます。ドライバーは、その要求に同意する（停止してもデータの損失や破損が発生しない場合）、または要求を拒否します。削除照会コマンドと同様に、ドライバーがその要求に同意する場合、ドライバーは保留中のI/O操作を完了し、続いてドライバーがリスタートされます。ドライバーは通常、新しいI/O要求をキューに入れるため、リソースの入れ替えはアプリケーションが現在アクセスしているデバイスに対して透過的です。PnPマネージャーは次に、ドライバーに対して停止コマンド（IRP_MN_STOP_DEVICE）を送信します。この時点で、PnPマネージャーは別のリソースをデバイスに割り当てるようにドライバーに指示することができ、もう一度、そのデバイスのためのデバイス開始コマンドをドライバーに送信します。

さまざまなPnPコマンドが、図6-41に示す、明確に定義された状態遷移表の形の操作ステートマシ

ンを通じて、実質的にデバイスをガイドします（この状態遷移図は、ファンクションドライバーによって実装されるステートマシンを反映しています。バスドライバーは、より複雑なステートマシンを実装しています）。図6-41のそれぞれの遷移に示されるコマンドは、IRP_MN_のプレフィックスを省略した、IRPのマイナーファンクションの定数名です。PnPマネージャーのコマンド（IRP_MN_SURPRISE_REMOVAL）の結果である状態の1つ（突然の削除）については、まだ説明していません。このコマンドは、ユーザーが警告なしでデバイスを削除したとき、例えば、ユーザーがPCMCIAカードを削除/取り出しユーティリティを使用せずに取り出したとき、またはデバイスの障害のときに発生します。このコマンドは、デバイスがもうシステムに接続されていないためドライバーにデバイスとのやり取りを直ちに止めるよう指示し、保留中のI/O要求があればそれをキャンセルさせます。

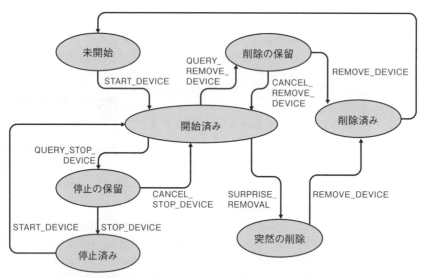

図6-41　デバイスのプラグアンドプレイ（PnP）状態の遷移

6.6.5　プラグアンドプレイ（PnP）ドライバーのインストール

　プラグアンドプレイ（PnP）マネージャーは、ドライバーがインストールされていないデバイスに遭遇した場合、インストールの過程をガイドするためにユーザーモードPnPマネージャーに依存します。システムのブート中に検出されたデバイスの場合、そのデバイス用のデバイスノード（devnode）が定義されますが、ドライバーの読み込み処理はユーザーモードPnPマネージャーの開始まで見合わせます（ユーザーモードPnPマネージャーのサービスは、Umpnpmgr.dllに実装されており、サービス名はPlugPlay、表示名はPlug and Playとして標準的なSvchost.exeインスタンスでホストされます）。

　ドライバーのインストールで呼び出されるコンポーネントを、図6-42に示します。図の中の濃い色のオブジェクト（長方形）は、システムで標準提供されるコンポーネントに対応しています。一方、明るい色のオブジェクトは、ドライバーのインストールファイルに含まれるものです。まず、バスドライバーはデバイスIDを使用して、自身が列挙したデバイスをPnPマネージャーに伝えます（①）。PnPマネージャーは対応するファンクションドライバーをレジストリでチェックします。ファンクションドライバーが見つかった場合、PnPマネージャーはユーザーモードPnPマネージャーに新しいデバイスをそのデバイスIDで伝えます（②）。ユーザーモードPnPマネージャーは、最初に、ユーザーの介入

なしで自動インストールの実行を試みます。ユーザーの介入が必要で、ログオン中のユーザーが管理者権限を持つ場合、インストールの過程でダイアログボックスを提示し、ユーザーモードPnPマネージャーはRundll32.exeアプリケーションを起動してハードウェアインストールウィザード（%SystemRoot%¥System32¥Newdev.dll、デバイスマネージャーが使用するのと同じハードウェアデバイスの追加ライブラリDLL）を実行します（③）。現在のログオンユーザーが管理者権限を持たず（またはユーザーがログオンしておらず）、デバイスのインストールがユーザーの介入を必要する場合、ユーザーモードPnPマネージャーは権限を持つユーザーがログオンするまでインストールを延期します。ハードウェアインストールウィザードは、Setupapi.dllおよびCfgmgr32.dll（構成マネージャー）のAPI関数を使用して、検出されたデバイスと互換性のあるドライバーに対応するINFファイルを見つけます。この処理では、ベンダーのINFファイルを含むインストールメディアをユーザーが挿入する操作を伴う場合があります。あるいは、ウィザードがWindowsに同梱されているドライバーを含むドライバーストア（%SystemRoot%¥System32¥DriverStore）から適合するINFファイルを見つけるか、Windows Updateを介してダウンロードされたドライバーの場合もあります。インストールは、2つのステップで実行されます。まず、サードパーティのドライバー開発者が指定するドライバーパッケージをドライバーストアにインポートします。次に、システムが実際のインストールを実行します。そのインストールは、常に%SystemRoot%¥System32¥Drvinst.exeプロセスを使用して行われます。

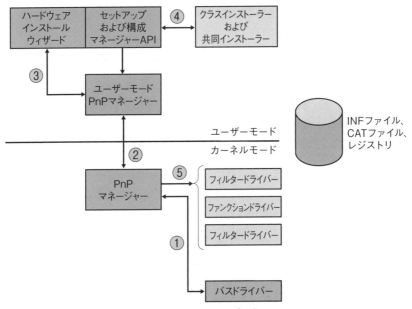

図6-42　ドライバーのインストールに関わるコンポーネント

　新しいデバイス用のドライバーを見つけるために、インストールの過程でバスドライバーからハードウェアID（前述）および互換性IDのリストを取得します。互換性IDは、より汎用的なものです。例えば、ある特定のベンダーのUSBマウスは、何か専用の機能を持つ特殊なボタンを備えている可能性がありますが、専用のドライバーが利用可能でなく、少なくともマウスの基本的な、共通の機能性を提供する場合、汎用マウス用の互換性IDは、Windowsに同梱されている、より汎用的なドライバーを利用することができます。

　これらのIDは、ハードウェアがドライバーインストールファイル（INFファイル）で識別される可

能性のある、さまざまな方法のすべてを示します。このリストは、ハードウェアに関する最も具体的な説明がリストの最初になるように順序付けられます。複数のINFファイルに一致するものが見つかった場合、次のポイントが適用されます。

- より正確な一致が、あまり正確でない一致よりも優先されます。
- デジタル署名されたINFファイルは、未署名のINFファイルよりも優先されます。
- より新しい署名のINFファイルは、古い署名のINFファイルよりも優先されます。

メモ
互換性IDに基づいて見つかった一致の場合、ハードウェアインストールウィザードはより最新のドライバーがハードウェアに付属している場合に備えて、インストールメディアの有無をユーザーに問い合わせます。

INFファイルは、ファンクションドライバーのファイルの場所を示し、ドライバーの列挙を満たす指示とレジストリのClassキー、ファイルのコピーの必要性を含みます。また、INFファイルはハードウェアインストールウィザードに指示して、クラスまたはデバイスの共同インストーラーDLLを起動します（④）。共同インストーラー（Co-installer）は、ユーザーにデバイスの設定を指定させる構成ダイアログボックスの表示など、クラス固有またはデバイス固有のインストールステップを実行します。最後に、デバイスノード（devnode）を構築するドライバーが読み込まれ、デバイススタック／ドライバースタックが構築されます（⑤）。

実習 ドライバーのINFファイルを参照する

ドライバーまたはINFファイルを持つその他のソフトウェアがインストールされると、システムはそのINFファイルを%SystemRoot%¥Infディレクトリにコピーします。このディレクトリには、keyboard.infファイルが必ず存在します。なぜなら、このINFファイルは、キーボードクラスドライバー用のものだからです。このINFファイルの内容をメモ帳（Notepad.exe）などで開いて参照してみましょう。次のような内容になっているはずです（セミコロン（;）の後ろはコメントです）。

```
;
; KEYBOARD.INF  -- This file contains descriptions of Keyboard class
devices
;
;
; Copyright (c) Microsoft Corporation.  All rights reserved.

[Version]
Signature    ="$Windows NT$"
Class        =Keyboard
ClassGUID    ={4D36E96B-E325-11CE-BFC1-08002BE10318}
Provider     =%MSFT%
DriverVer=06/21/2006,10.0.14393.0

[SourceDisksNames]
```

```
3426=windows cd

[SourceDisksFiles]
i8042prt.sys     = 3426
kbdclass.sys     = 3426
kbdhid.sys       = 3426
...
```

　INFファイルは、角かっこ（[ ]）のセクションと、その下に等号（＝）で区切られたキー／値のペアがある、古いINIファイルの形式を持ちます。INFファイルの内容は始まりから終わりまで順番に"実行"されるものではありません。代わりに、それはツリーのように作成されており、特定の値は、続いて実行する名前を持つセクションを指しています（詳細については、Windows Driver Kit（WDK）のドキュメントを参照してください）。

　INFファイルの中で.sysを検索すると、ユーザーモードプラグアンドプレイ（PnP）マネージャーにi8024prt.sysおよびkbdclass.sysドライバーのインストールを指示するセクションが見つかるでしょう。

```
...
[i8042prt_CopyFiles]
i8042prt.sys,,,0x100
...
[KbdClass.CopyFiles]
kbdclass.sys,,,0x100
...
```

　ユーザーモードPnPマネージャーは、ドライバーをインストールする前に、システムのドライバー署名ポリシーをチェックします。その設定でシステムが未署名のドライバーのインストールをブロックまたは警告するように指定されている場合、ユーザーモードPnPマネージャーはドライバーのINFファイルが、ドライバーのデジタル署名を含むカタログファイル（拡張子.catを持つファイル）のエントリに存在するかどうかをチェックします。

　マイクロソフトのWindows Hardware Quality Labs（WHQL）は、Windowsに含まれるドライバーとハードウェアベンダーにより提出されたドライバーをテストします。ドライバーがWHQLテストをパスすると、そのドライバーはマイクロソフトにより署名されます。つまり、WHQLはドライバーのファイルのハッシュ値またはドライバーのファイルを表す一意の値を取得します。これには、ドライバーのイメージファイルも含まれます。次に、マイクロソフトのプライベートドライバー署名キーを用いて、ハッシュに暗号化署名をします。署名済みのハッシュは、カタログファイルに格納され、Windowsのインストールメディアに収録されるか、ドライバーへの同梱用にドライバーを提出したベンダーに返されます。

> **実習** カタログファイルを参照する

カタログファイルを含むドライバーのようなコンポーネントをインストールする場合、Windowsはそのカタログファイルを%SystemRoot%¥System32¥CatRootの配下のディレクトリにコピーします。エクスプローラーでこのディレクトリを開くと、.catファイルを含むサブディレクトリが見つかるでしょう。例えば、Nt5.catとntph.catは、Windowsシステムファイルの署名とページハッシュを格納しています。

カタログファイルの1つを開くと、2つのタブを持つ[セキュリティカタログ]ダイアログボックスが表示されます。[全般]タブは、カタログファイルの署名に関する情報を表示します。[セキュリティカタログ]タブは、カタログファイルを用いて署名されたコンポーネントのハッシュ値を表示します。右のスクリーンショットは、Intel Display Audio Driver用のカ

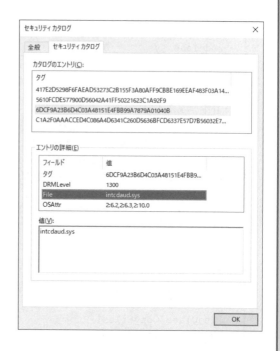

タログファイル（Intcdaud.cat）のものであり、ドライバーのSYSファイル（Intcdaud.sys）のハッシュを示しています。カタログ内の他のハッシュは、ドライバーに同梱されるさまざまなサポートDLLやINFファイルに関連付けられています。

PnPマネージャーは、ドライバーをインストールする際に、ドライバーの署名をカタログファイルから抽出し、マイクロソフトのドライバー署名キーのプライベート/パブリックのペアのパブリックキーを使用して、その署名を復号し、得られたハッシュとインストールしようとしているドライバーファイルのハッシュを比較します。これらのハッシュが一致する場合、ドライバーはWHQLテストにパスしていることが検証されます。ドライバーの署名検証が失敗した場合、ユーザーモードPnPマネージャーはシステムのドライバー署名ポリシーの設定に従って動作し、インストールをエラーで失敗させるか、ドライバーが未署名であるとユーザーに警告するか、または警告なしでそのドライバーをインストールします。

 メモ
セットアッププログラムを使用してインストールされたドライバーは、セットアッププログラムがマニュアルでレジストリを構成し、システムにファイルをコピーして、アプリケーションが動的にドライバーファイルを読み込みます。そのようなドライバーは、PnPマネージャーによる署名ポリシーで署名がチェックされません。代わりに、そのようなドライバーは、本書下巻で説明する、カーネルモードのコード署名ポリシーによってチェックされます。INFファイルを使用してインストールされたドライバーだけが、PnPマネージャーのドライバー署名ポリシーに対して検証されます。

> **メモ**
> ユーザーモードPnPマネージャーは、インストールしようとしているドライバーが、Windows Updateによって管理されている「ドライバー保護リスト(Driver Protection List)」に存在するかどうかもチェックします。もし存在する場合、ユーザーに警告してインストールをブロックします。互換性がない、またはバグがあることが知られているドライバーは、そのリストに追加され、インストールがブロックされます。

6.7 一般的なドライバーの読み込みとインストール

　前の節では、発見されたハードウェアデバイス用のドライバーが、プラグアンドプレイ(PnP)マネージャーによってどのように読み込まれるのかを見てきました。これのドライバーはほとんどがオンデマンドで読み込まれます。つまり、必要がない限り、そのようなドライバーは読み込まれません。ドライバーが担当するデバイスは、システムの一員となります。逆に、1つのドライバーによって管理されるすべてのデバイスが削除されると、そのドライバーはアンロードされます。

　一般に、レジストリ内のソフトウェアキー(前出の表6-7を参照)は、ドライバー(およびWindowsサービス)用の設定を保持しています。サービスはレジストリの同じキー内で管理されますが、サービスはユーザーモードプログラムであり、サービスはカーネルドライバーとの接続を持ちません(ただし、サービスコントロールマネージャーはサービスとデバイスドライバーの両方の読み込みに使用されます)。この項では、ドライバーにフォーカスします。サービスの扱いについては、本書下巻でさらに詳しく説明します。

6.7.1　ドライバーの読み込み

　ソフトウェアキー(HKLM¥SYSTEM¥CurrentControlSet¥Services)の下にある各サブキーは、ドライバー(またはサービス)のいくつかの静的な側面を制御する、一連の値を保持しています。そのような値の1つであるImagePath値は、プラグアンドプレイ(PnP)ドライバーの読み込み過程の議論で既に出てきました。図6-36では、ドライバーのキーの例を示しました。表6-8に、ドライバーのソフトウェアキーの中で特に重要な値を要約します(完全な一覧については、本書下巻を参照してください)。

　Start値は、ドライバー(または)サービスが読み込まれるフェーズを示しています。この点に関して、デバイスドライバーとサービスでは、主に2つの違いがあります。

- デバイスドライバーだけが、Start値にブート(0)とシステム(1)を指定できます。これらのフェーズの時点では、ユーザーモードはまだ存在しないため、サービスは読み込まれることができません。
- デバイスドライバーは、Group値とTag値(表6-8には示していません)を使用できます。これらの値は、ブートのフェーズ内で読み込まれる順番を制御するためのものです。しかし、サービスとは異なり、デバイスドライバーではDependOnGroup値とDependOnService値を指定することはできません(本書下巻で詳しく説明します)。

表6-8 ドライバーのレジストリキーの中で重要な値

値の名前	説明
ImagePath	この値は、ドライバーのイメージファイル（SYSファイル）のパスを示しています。
Type	この値は、このキーがサービスとドライバーのどちらを表しているのかを示しています。値「1」はドライバー、値「2」はファイルシステム（またはフィルター）ドライバーを意味します。値「16 (0x10)」および「32 (0x20)」はサービスを意味します。さらに詳しくは、本書下巻を参照してください。
Start	この値は、ドライバーをいつ読み込むのかを示しています。次のオプションがあります。 0 (SERVICE_BOOT_START)：ブート。このドライバーは、ブートローダーによって読み込まれます。 1 (SERVICE_SYSTEM_START)：システム。このドライバーは、エグゼクティブが初期化された後に読み込まれます。 2 (SERVICE_AUTO_START)：自動。このドライバーはサービスコントロールマネージャーによって読み込まれます。 3 (SERVICE_DEMAND_START)：手動。このドライバーはオンデマンドで読み込まれます。 4 (SERVICE_DISABLED)：無効。このドライバーは読み込まれません。

　本書下巻では、ブート処理のフェーズについて解説し、ドライバーのStart値「0」が意味するオペレーティングシステムのローダーによるドライバーの読み込みについて説明します。Start値「1」は、I/Oマネージャーがエグゼクティブサブシステムの初期化完了後にドライバーを読み込むことを意味します。I/Oマネージャーはブートフェーズ内で読み見込まれるドライバーの順番にドライバーの初期化ルーチンを呼び出します。Windowsサービスのように、ドライバーは自身のレジストリキー内のGroup値を使用して、自分が属するグループを指定することができます。レジストリのHKLM¥SYSTEM¥CurrentControlSet¥Control¥ServiceGroupOrderキーにあるList値は、ブートフェーズ内で読み込まれるグループの順序を決定します。

　ドライバーは、グループの中での順序を制御するTag値を含めることで、読み込み順序をさらに磨きをかけることができます。I/Oマネージャーは、ドライバーのレジストリキーに定義されたTag値に従って、各グループ内でドライバーをソートします。Tag値を持たないドライバーは、グループ内のリストの最後にいきます。I/Oマネージャーは、より大きな数のTag値を持つドライバーを初期化する前に、より小さな数のTag値を持つドライバーが初期化されると思うかもしれませんが、必ずしもそうではありません。レジストリのHKLM¥SYSTEM¥CurrentControlSet¥Control¥GroupOrderListキーには、グループ内でのTag値の優先順位が定義されています。このキーにより、マイクロソフトとデバイスドライバーの開発者は、整数体系を再定義する自由を得ています。

 メモ

　Group値およびTag値の使用は、Windows NTの初期の時代を思い起こさせます。これらの値は、実際にはめったに使用されませんでした。なぜなら、当時、ほとんどのドライバーは、他のドライバーとの依存関係を持たなかったからです（Ndis.sysなど、カーネルライブラリだけがドライバーにリンクしていました）。

　ドライバーのStart値を設定する際のガイドラインを次に示します。

- 非PnPドライバーには、そのドライバーを読み込みたいブートフェーズを反映するようにStart値を設定します。
- PnPおよび非PnPドライバーのどちらも、システムのブート中にブートローダーによって読み込まれなければならない場合は、Start値にブート(0)を指定します。この例としては、システムバ

スドライバーやブートファイルシステムドライバーがあります。

■ システムのブートを必要としないドライバーで、システムバスドライバーが列挙できないデバイスを検出するドライバーでは、Start値にシステム (1) を指定します。この例としては、シリアルポートドライバーがあります。シリアルポートドライバーは、セットアップによって検出され、レジストリに登録されたPC標準のシリアルポートの存在を、PnPマネージャーに通知します。

■ システムのブート時に存在する必要がない非PnPドライバーまたはファイルシステムドライバーでは、Start値に自動 (2) を指定します。この例としては、Multiple UNC Provider (MUP) ドライバーがあります。MUPドライバーは、リモートリソースに対するUNCベースのパス名（例えば、¥¥<リモートコンピューター名>¥<共有名>）のためのサポートを提供します。

■ システムのブートを必要としないPnPドライバーでは、Start値に手動 (3) を指定します。この例としては、ネットワークアダプタードライバーがあります。

PnPドライバーとドライバーのためのStart値の唯一の目的は、システムが正常起動するために必要なドライバーである場合に、列挙可能なデバイスに対して、オペレーティングシステムのローダーがそのドライバーを読み込むことの保証を与えることです。それ以降は、PnPマネージャーのデバイス列挙の過程において、PnPドライバーの読み込み順序が決定されます。

6.7.2 | ドライバーのインストール

ここまで見てきたように、プラグアンドプレイ (PnP) ドライバーは、インストール用のINFファイルを必要とします。INFファイルは、このドライバーが扱えるハードウェアのデバイスIDと、ファイルのコピーの指示、およびレジストリ値の設定を含みます。他の種類のドライバー（ファイルシステムドライバー、ファイルシステムフィルター、ネットワークフィルターなど）も同様にINFファイルを必要とします。そのINFファイルは、ドライバーの特定の種類に固有の値のセットを含みます。

ソフトウェア専用ドライバー（Process Explorerが使用するドライバーなど）は、インストール用のINFファイルを使用することができますが、必須ではありません。そのようなドライバーは、CreateService APIを呼び出すことによって（またはこのAPIをラップしたsc.exeのようなツールを使用して）、インストールされることが可能です。Process Explorerは、実行可能イメージ内のリソースからドライバーを抽出した後に、この方法でドライバーをインストールします（管理者権限に昇格して実行した場合）。このAPIの名前が示唆しているように、このAPIはサービスをインストールするために使用されますが、ドライバーのインストールにも使用されます。CreateService APIに渡す引数は、ドライバーとサービスのどちらのインストールなのか、Start値、およびその他のパラメーターを示しています（詳細については、Windowsソフトウェア開発キット (SDK) のドキュメントを参照してください）。ドライバー（またはサービス）がインストールされると、StartService関数が呼び出され、ドライバー（またはサービス）が読み込まれます。その後、ドライバーの場合は、通常のようにDriverEntryルーチンが呼び出されます。

ソフトウェア専用ドライバーは、通常、ドライバーのクライアント（アプリケーション）が知っている名前を持つデバイスオブジェクトを作成します。例えば、Process Explorerは、PROCEXP152という名前のデバイスオブジェクトを作成し、次に、そのデバイスオブジェクトはProcess Explorerによって CreateFile関数の呼び出しで使用され、DeviceIoControl関数などの呼び出しを使用したドライバーに対する要求の送信へと続きます（送信された要求は、I/OマネージャーによってI/O要求パケット (IRP) に変換されます）。図6-43は（Windows SysinternalsのWinObjユーティリティを使用して）、¥GROBAL??ディレクトリ内のProcess Explorerのデバイスオブジェクトのシンボリックリンクを示

しています（このディレクトリ内の名前は、ユーザーモードクライアントに対してアクセス可能であることを思い出してください）。このシンボリックリンクは、Process Explorerが最初に昇格された特権で実行されたときに、Process Explorerによって作成されます。このシンボリックリンクが、¥Deviceディレクトリの下にある本物のデバイスオブジェクトをポイントしており、同じ名前を持っていることに注目してください（同じ名前であることは必須ではありません）。

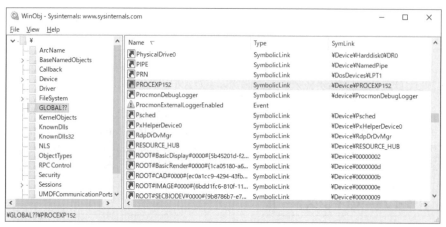

図6-43 Process Explorer用のシンボリックリンクとデバイス名

6.8 Windows Driver Foundation (WDF)

　Windows Driver Foundation（WDF）は、プラグアンドプレイ（PnP）や電源管理のI/O要求パケット（IRP）を正しく処理するなど、一般的なタスクを単純化する、ドライバー開発用のフレームワークです。WDFには、カーネルモードドライバーフレームワーク（Kernel-Mode Driver Framework：KMDF）とユーザーモードドライバーフレームワーク（User-Mode Driver Framework：UMDF）があります。WDFは今やオープンソースであり、そのソースコードはGitHub（https://github.com/Microsoft/Windows-Driver-Frameworks）で公開されています。表6-9は、本書の執筆時点におけるWindowsバージョンのKMDFのサポート状況を示しています（Windows 7以降のみ掲載）。表6-10は、同様にUMDFのサポート状況を示しています。

表6-9 カーネルモードドライバーフレームワーク（KMDF）のバージョン[*4]

KMDFバージョン	リリース方法	このKMDFバージョンが含まれるWindows	このKMDFバージョンのドライバーを実行可能なWindows
1.9	Windows 7 WDK	Windows 7	Windows XP以降
1.11	Windows 8 WDK	Windows 8	Windows Vista以降
1.13	Windows 8.1 WDK	Windows 8.1	Windows 8.1以降

[*4] 訳注：最新情報は「KMDF Version History」（https://docs.microsoft.com/en-us/windows-hardware/drivers/wdf/kmdf-version-history）で確認できます。本書（日本語版）の制作時点（2018年初頭）で、バージョン1.21（Windows 10バージョン1703 WDK）、バージョン1.23（Windows 10バージョン1709 WDK）がリリースされています。

KMDFバージョン	リリース方法	このKMDFバージョンが含まれるWindows	このKMDFバージョンのドライバーを実行可能なWindows
1.15	Windows 10 WDK	Windows 10初期リリース	Windows 10初期リリースおよびWindows Server 2016以降
1.17	Windows 10バージョン1511 WDK	Windows 10バージョン1511	Windows 10バージョン1511以降およびWindows Server 2016以降
1.19	Windows 10バージョン1607 WDK	Windows 10バージョン1607	Windows 10バージョン1607以降およびWindows Server 2016以降

表6-10　ユーザーモードドライバーフレームワーク（KMDF）のバージョン[5]

UMDFバージョン	リリース方法	このUMDFバージョンが含まれるWindows	このUMDFバージョンのドライバーを実行可能なWindows
1.9	Windows 7 WDK	Windows 7	Windows XP以降
1.11	Windows 8 WDK	Windows 8	Windows Vista以降
2.0	Windows 8.1 WDK	Windows 8.1	Windows 8.1以降
2.15	Windows 10 WDK	Windows 10初期リリース	Windows 10初期リリースおよびWindows Server 2016以降
2.17	Windows 10バージョン1511 WDK	Windows 10バージョン1511	Windows 10バージョン1511以降およびWindows Server 2016以降
2.19	Windows 10バージョン1607 WDK	Windows 10バージョン1607	Windows 10バージョン1607以降およびWindows Server 2016以降

　Windows 10には、ユニバーサルWindowsドライバー（単にユニバーサルドライバーとも呼びます）という概念が導入されました。ユニバーサルドライバーについては、「第2章　システムアーキテクチャ」でその概要を説明しました。これらのドライバーは、IoT Coreからモバイル、デスクトップまで、Windows 10の複数のエディションに実装されているデバイスドライバーインターフェイス（DDI）の共通セットを使用します。ユニバーサルドライバーは、KMDF、UMDFバージョン2.x、またはWindows Driver Model（WDM）を使用して開発することができます。Visual Studio[6]の支援により、そのようなドライバーを開発することは比較的容易です。Visual Studioでは、［Target Platform］の設定に［Universal］を指定します。ユニバーサルの範疇に含まれないDDIがあれば、それはコンパイラによってフラグが付けられます。

　UMDFバージョン1.xは、ドライバーのプログラミング用のコンポーネントオブジェクトモデル（COM）ベースのモデルを使用していました。これは、オブジェクトベースのC言語を使用するKMDFとは、かなり異なるプログラミングモデルです。UMDF 2.0からはKMDFに揃えられ、ほぼ同一のAPIを提供し、WDFドライバーの開発に関連する全体のコストを削減します。実際、必要が生じれば、少しの作業でUMDF 2.xドライバーをKMDFに変換することができます。UMDF 1.xについては、本書

---

[5]　訳注：最新情報は「UMDF Version History」（https://docs.microsoft.com/en-us/windows-hardware/drivers/wdf/umdf-version-history）で確認できます。本書（日本語版）の制作時点（2018年初頭）で、バージョン2.21（Windows 10バージョン1703 WDK）、バージョン2.23（Windows 10バージョン 1709 WDK）がリリースされています。

[6]　訳注：使用するWDKのバージョンによって、サポートされるVisual Studioのバージョンが異なります。例えば、Windows 10バージョン1703以前のWDKは、Visual Studio 2017でサポートされません。Visual Studio 2015を使用する必要があります。詳しくは、WDKのダウンロードサイト（https://docs.microsoft.com/ja-jp/windows-hardware/drivers/download-the-wdk）で確認してください。

では議論しません。詳しくはWindows Driver Kit（WDK）のドキュメントを調べてください。

次の項では、KMDFおよびUMDF（以降では、特に明記していない場合、UMDF 2.xのことを指します）について議論します。これらは、どのOSで実行された場合でも、実質的に一貫した方法で振る舞います。

6.8.1　カーネルモードドライバーフレームワーク（KMDF）

Windows Driver Foundation（WDF）については、第2章で既に一部の詳細を議論しました。この項では、フレームワークのカーネルモード部分である、カーネルモードドライバーフレームワーク（KMDF）によって提供される、コンポーネントと機能性についてさらに深く見ていきます。なお、この項では、KMDFのコアアーキテクチャの一部については、概要に軽く触れるだけに留めます。このテーマに関するより完全な概要については、Windows Driver Kit（WDK）ドキュメントを参照してください。

メモ
この項で説明する詳細のほとんどは、ユーザーモードドライバーフレームワーク（UMDF）2.xでも同じです。例外については、次の項で議論します。

■ KMDFドライバーの構造と操作

まず初めに、カーネルモードドライバーフレームワーク（KMDF）でサポートされるドライバーまたはデバイスの種類について見ていきましょう。一般に、Windows Driver Model（WDM）準拠のドライバーは、標準的なI/O処理とI/O要求パケット（IRP）操作を行う限り、KMDFでサポートされるべきです。KMDFは、WindowsカーネルAPIを直接的に使用せず、その代わりに既存のポートドライバーやクラスドライバーに対してライブラリ呼び出しを行うドライバーには適していません。このタイプのドライバーは、実際にI/O処理を行うWDMドライバーのためのコールバックを提供するだけなので、KMDFを使用できません。また、ドライバーがポートドライバーやクラスドライバーに依存する代わりに、独自のディスパッチ関数を提供する場合、IEEE 1394、ISA、PCI、PCMCIA、およびSD（Secure Digital）クライアント（SDカードデバイス用）のドライバーもまた、KMDFを使用できます。

KMDFはWDMを抽象化するものですが、前述した基本的なドライバー構造は、通常、KMDFドライバーにも適用されます。KMDFドライバーはコア部分において、次の関数を持つ必要があります。

- **1つの初期化ルーチン** —— 他のどのドライバーとも同じように、KMDFドライバーはドライバーを初期化するDriverEntry関数を持ちます。KMDFドライバーはこの時点でフレームワークを開始し、ドライバーの一部である構成および初期化ステップを実行するか、ドライバーをフレームワークに説明する部分を実行します。非プラグアンドプレイ（非PnP）ドライバーの場合、ここで最初のデバイスオブジェクトが作成されるべきです。

- **1つのデバイス追加ルーチン** —— KMDFドライバーの操作は、イベントおよびコールバック（すぐに後述します）に基づいており、EvtDriverDeviceAddはプラグアンドプレイ（PnP）デバイスのための最も重要なコールバック関数の1つです。なぜなら、このコールバック関数は、カーネル内のPnPマネージャーがドライバーのデバイスの1つを列挙したときに、通知を受信するからです。

- **1つ以上のEvtIo*ルーチン** —— WDMドライバーのディスパッチルーチンと同様に、これらのコールバックルーチンは、特定のデバイスキューからの、特定の種類のI/O要求を処理します。ド

ライバーは、通常、1つ以上のキューを作成し、KMDFはそのキューの中にドライバーのデバイスのためのI/O要求を置きます。これらのキューは、要求の種類およびディスパッチの種類によって構成されます。

　最もシンプルなKMDFドライバーは、初期化ルーチンとデバイス追加ルーチンを持つだけで十分な場合があります。なぜなら、I/O処理のほとんどの種類に必要とされる、汎用的な機能性をフレームワークが既定で提供するからです。これには、電源イベントやPnPイベントが含まれます。KMDFモデルでは、イベントは、ドライバーが応答できるランタイム状態、またはドライバーが参加できるランタイム状態を参照します。これらのイベントは、同期プリミティブ（同期については本書下巻で議論します）を参照するものではなく、フレームワークの内部にあります。

　ドライバーの操作にとって重大なイベントや特別な処理を必要とするイベントの場合、ドライバーはこのイベントを処理するために、与えられたコールバックルーチンを登録します。その他の場合には、ドライバーはKMDFに対して、既定の汎用的なアクションを代わりに実行するように任せることができます。例えば、デバイスの取り出しイベント（EvtDeviceEject）の間、ドライバーは取り出しをサポートすることを選択し、コールバックを提供することができます。あるいは、KMDFの既定のコードにフォールバックすることを選択し、取り出しをサポートしていないデバイスであることをユーザーに通知させることができます。すべてのイベントが既定の動作を持つわけではありません。また、コールバックはドライバーによって提供される必要があります。1つの顕著な例は、PnPドライバーのコア部分にある、前述したEvtDriverDeviceAddコールバック関数です。

実習 KMDFおよびUMDF 2.xドライバーを表示する

　Debugging Tools for Windowsパッケージに同梱されているWdfkd.dllエクステンションは、カーネルモードドライバーフレームワーク（KMDF）ドライバーとデバイスをデバッグおよび解析するのに使用できる多数のコマンドを提供します（組み込みのWindows Driver Model（WDM）形式のデバッグエクステンションもありますが、こちらは同じ種類のWindows Driver Framework（WDF）固有の情報を提供しません）。カーネルデバッガーで!wdfkd.wdfldrコマンドを使用すると、インストールされているKMDFドライバーを表示することができます。次の例は、Hyper-V仮想マシンで稼働する32ビット版のWindows 10からの出力です。インストールされているビルトインドライバーが表示されています。

```
lkd> !wdfkd.wdfldr
-------------------------------------------------------------
KMDF Drivers
-------------------------------------------------------------
  LoadedModuleList     0x870991ec
-------------------------------------------------------------
LIBRARY_MODULE 0x8626aad8
  Version          v1.19
  Service          ¥Registry¥Machine¥System¥CurrentControlSet¥Services¥
Wdf01000
  ImageName        Wdf01000.sys
  ImageAddress     0x87000000
  ImageSize        0x8f000
```

```
    Associated Clients: 25

    ImageName                       Ver    WdfGlobals FxGlobals
ImageAddress ImageSize
    umpass.sys                      v1.15  0xa1ae53f8 0xa1ae52f8 0x9e5f0000
0x00008000
    peauth.sys                      v1.7   0x95e798d8 0x95e797d8 0x9e400000
0x000ba000
    mslldp.sys                      v1.15  0x9aed1b50 0x9aed1a50 0x8e300000
0x00014000
    vmgid.sys                       v1.15  0x97d0fd08 0x97d0fc08 0x8e260000
0x00008000
    monitor.sys                     v1.15  0x97cf7e18 0x97cf7d18 0x8e250000
0x0000c000
    tsusbhub.sys                    v1.15  0x97cb3108 0x97cb3008 0x8e4b0000
0x0001b000
    NdisVirtualBus.sys              v1.15  0x8d0fc2b0 0x8d0fc1b0 0x87a90000
0x00009000
    vmgencounter.sys                v1.15  0x8d0fefd0 0x8d0feed0 0x87a80000
0x00008000
    intelppm.sys                    v1.15  0x8d0f4cf0 0x8d0f4bf0 0x87a50000
0x00021000
    vms3cap.sys                     v1.15  0x8d0f5218 0x8d0f5118 0x87a40000
0x00008000
    netvsc.sys                      v1.15  0x8d11ded0 0x8d11ddd0 0x87a20000
0x00019000
    hyperkbd.sys                    v1.15  0x8d114488 0x8d114388 0x87a00000
0x00008000
    dmvsc.sys                       v1.15  0x8d0ddb28 0x8d0dda28 0x879a0000
0x0000c000
    umbus.sys                       v1.15  0x8b86ffd0 0x8b86fed0 0x874f0000
0x00011000
    CompositeBus.sys                v1.15  0x8b869910 0x8b869810 0x87df0000
0x0000d000
    cdrom.sys                       v1.15  0x8b863320 0x8b863220 0x87f40000
0x00024000
    vmstorfl.sys                    v1.15  0x8b2b9108 0x8b2b9008 0x87c70000
0x0000c000
    EhStorClass.sys                 v1.15  0x8a9dacf8 0x8a9dabf8 0x878d0000
0x00015000
    vmbus.sys                       v1.15  0x8a9887c0 0x8a9886c0 0x82870000
0x00018000
    vdrvroot.sys                    v1.15  0x8a970728 0x8a970628 0x82800000
0x0000f000
    msisadrv.sys                    v1.15  0x8a964998 0x8a964898 0x873c0000
 0x00008000
    WindowsTrustedRTProxy.sys       v1.15  0x8a1f4c10 0x8a1f4b10 0x87240000
0x00008000
```

第**6**章 I/Oシステム **651**

```
   WindowsTrustedRT.sys              v1.15 0x8a1f1fd0 0x8a1f1ed0 0x87220000
0x00017000
   intelpep.sys                      v1.15 0x8a1ef690 0x8a1ef590 0x87210000
0x0000d000
   acpiex.sys                        v1.15 0x86287fd0 0x86287ed0 0x870a0000
0x00019000
---------------------------------
Total: 1 library loaded
```

　ユーザーモードドライバーフレームワーク（UMDF）2.xのドライバーが読み込まれている場合、KMDFの一覧に続いて同じように表示されます。これは、UMDF 2.xライブラリの利点の1つです（この点に関して詳しくは、この後の「6.8.2　ユーザーモードドライバーフレームワーク（UMDF）」の項を参照してください）。

　KMDFライブラリがWdf01000.sysに実装されていることに注目してください。現在のKMDFのバージョンは1.xです。将来のバージョンのKMDFは、メジャーバージョン2になり、別のカーネルモジュールWdf02000.sysに実装される可能性があります。この将来のモジュールは、バージョン1.xモジュールとサイドバイサイドで同居することができ、これらのバージョンに対してコンパイルされたドライバーとともに読み込まれます。これにより、メジャーバージョンの異なるKMDFライブラリに対してビルドされたドライバー間の分離性と独立性が保証されます。

■ KMDFオブジェクトモデル

　カーネルモードドライバーフレームワーク（KMDF）のオブジェクトモデルは、カーネルのモデルと同じように、C言語に実装されたプロパティ、メソッド、イベントを持つオブジェクトベースのモデルですが、オブジェクトマネージャーは使用しません。その代わりに、KMDFは独自のオブジェクトを内部で管理し、そのオブジェクトをドライバーのオブジェクトとして公開し、実際のデータ構造体を非透過的に維持します。各オブジェクトに対して、フレームワークはオブジェクトに対する操作を実行するルーチン（メソッドと呼ばれます）を提供します。例えば、WdfDeviceCreateメソッドは、デバイスオブジェクトを作成します。また、オブジェクトは特定のデータフィールドまたはメンバーを持つことができます。それらは**プロパティ**と呼ばれ、Get/Set（決して失敗しない変更に使用されます）またはAssign/Retrieve（失敗する可能性がある変更に使用されます）APIを使用してアクセスすることができます。例えば、WdfInterruptGetInfoメソッドは、指定された割り込みオブジェクト（WDFINTERRUPT）の情報を戻り値として返します。

　また、すべてが個別の分離されたオブジェクトの種類を参照するカーネルオブジェクトの実装とは異なり、KMDFオブジェクトはすべて階層の一部であり、ほとんどのオブジェクトの種類は、親に紐付きます。ルートオブジェクトはWDFDRIVER構造体であり、これは実際のドライバーを表します。その構造と意味は、I/Oマネージャーによって提供されるDRIVER_OBJECT構造体に類似しています。また、他のすべてのKMDF構造体は、WDFDRIVER構造体の子オブジェクトです。次に重要なオブジェクトはWDFDEVICEです。これは、システムで検出されたデバイスの特定のインスタンスを示すもので、WdfDeviceCreateメソッドを使用して作成される必要があります。繰り返しますが、これは、Windows Driver Model（WDM）のモデルにおける、I/Oマネージャーによって使用されるDEVICE_OBJECT構造体に類似しています。表6-11に、KMDFでサポートされるオブジェクトの種類を示します。

652 インサイド Windows 第7版 上

表6-11 KMDFオブジェクトの種類

オブジェクト	種類	説明
子リスト	WDFCHILDLIST	デバイスに関連付けられた子デバイス(WDFDEVICE) オブジェクトのリストです。バスドライバーによってのみ使用されます。
コレクション	WDFCOLLECTION	フィルターされたデバイス(WDFDEVICE) オブジェクトのグループのような、類似の種類のオブジェクトのリストです。
遅延プロシージャコール(DPC)	WDFDPC	DPCオブジェクトの1つのインスタンスです
デバイス	WDFDEVICE	デバイスの1つのインスタンスです。
DMA共通バッファー	WDFCOMMONBUFFER	デバイスおよびドライバーが直接メモリアクセス(DMA)でアクセス可能な、1つのメモリ領域です。
DMAイネーブラー	WDFDMAENABLER	ドライバー用の指定されたチャネル上でDMAを有効化します。
DMAトランザクション	WDFDMATRANSACTION	DMAトランザクションの1つのインスタンスです。
ドライバー	WDFDRIVER	ドライバー用の1つのオブジェクトです。これは、他の項目の中で、ドライバー、そのパラメーター、およびそのコールバックを表します。
ファイル	WDFFILEOBJECT	アプリケーションとドライバー間の通信用チャネルとして使用可能な、ファイルオブジェクトの1つのインスタンスです。
汎用オブジェクト	WDFOBJECT	ドライバー定義のカスタムデータを、フレームワークのオブジェクトモデルの中でオブジェクトとしてラップすることを可能にします。
割り込み	WDFINTERRUPT	ドライバーが処理しなければならない1つの割り込みのインスタンスです。
I/Oキュー	WDFQUEUE	特定のI/Oキューを表します。
I/O要求	WDFREQUEST	I/Oキュー(WDFQUEUE)上の特定の要求を表します。
I/Oターゲット	WDFIOTARGET	特定のI/O要求(WDFREQUEST) のターゲットになっているデバイススタックを表します。
ルックアサイドリスト	WDFLOOKASIDE	エグゼクティブルックアサイドリストを表します(第5章を参照)。
メモリ	WDFMEMORY	ページプールまたは非ページプールの領域を表します。
レジストリキー	WDFKEY	レジストリキーを表します。
リソースリスト	WDFCMRESLIST	デバイス(WDFDEVICE)に割り当てられたハードウェアリソースを識別します。
リソース範囲リスト	WDFIORESLIST	デバイス(WDFDEVICE) 用の特定の利用可能なハードウェアリソースの範囲を識別します。
リソース要件リスト	WDFIORESREQLIST	デバイス(WDFDEVICE) 用のすべての利用可能なリソース範囲を表すリソース範囲リスト(WDFIORESLIST) オブジェクトの1つの配列を含みます。
スピンロック	WDFSPINLOCK	スピンロックを表します。
文字列	WDFSTRING	Unicode文字列構造体を表します。
タイマー	WDFTIMER	エグゼクティブタイマーを表します(詳しくは、本書下巻を参照)。
USBデバイス	WDFUSBDEVICE	USBデバイスの1つのインスタンスを識別します。

オブジェクト	種類	説明
USB インターフェイス	WDFUSBINTERFACE	特定のUSBデバイス（WDFUSBDEVICE）上の1つのインターフェイスを識別します。
USBパイプ	WDFUSBPIPE	特定のUSBインターフェイス（WDFUSBINTERFACE）上のエンドポイントに対するパイプを識別します。
待機ロック	WDFWAITLOCK	カーネルディスパッチャーイベントオブジェクトを表します。
WMIインスタンス	WDFWMIINSTANCE	特定のWMIプロバイダー（WDFWMIPROVIDER）用のWMIデータブロックを表します。
WMIプロバイダー	WDFWMIPROVIDER	ドライバーでサポートされるすべてのWMIインスタンス（WDFWMIINSTANCE）オブジェクト用のWMIスキーマを表します。
作業アイテム（項目）	WDFWORKITEM	エグゼクティブ作業アイテムを表します。

これらのオブジェクトのそれぞれについて、他のKMDFオブジェクトを子オブジェクトとしてアタッチすることができます。あるオブジェクトは1つまたは2つの有効な親だけを持ち、他のオブジェクトは任意の親にアタッチすることができます。例えば、割り込み（WDFINTERRUPT）オブジェクトは、特定のデバイス（WDFDEVICE）オブジェクトに関連付けられる必要がありますが、スピンロック（WDFSPINLOCK）や文字列（WDFSTRING）は任意のオブジェクトを親として持つことができます。これにより、これらのオブジェクトの有効性と使用法を細かく制御することができ、グローバル状態変数を削減することができます。図6-44に、KMDFオブジェクトの階層の全体像を示します。

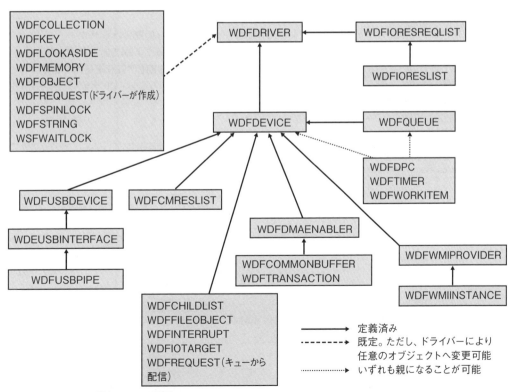

図6-44　KMDFオブジェクトの階層

ここまでの説明と図6-44に示したものの関連性は、必ずしもすぐに必要なものではありません。親オブジェクトは単に**階層チェーン**に存在しなければならず、先祖ノードの1つがこの種類でなければならないことを意味します。この関係は、実装に役に立ちます。なぜなら、オブジェクトの階層は、1つのオブジェクトの場所に影響するだけでなく、その有効期間にも影響するからです。子オブジェクトが作成されるごとに、その親へのリンクによってオブジェクトに参照数が追加されます。したがって、親オブジェクトが破棄されると、すべての子オブジェクトもまた破棄されます。既定のドライバー（WDFDRIVER）オブジェクトではなく、文字列（WDFSTRING）やメモリ（WDFMEMORY）といったオブジェクトが特定のオブジェクトに関連付けられる理由は、親オブジェクトが破棄されたときに自動的にメモリと状態情報を解放できるからです。

KMDFのオブジェクトコンテキストの考え方は、この階層の概念に密接に関連しています。KMDFオブジェクトは非透過的（前述したように）であり、位置関係として親オブジェクトに関連付けられるため、ドライバーが独自のデータをオブジェクトにアタッチして、フレームワークの機能やサポートの外にある、ある特定の情報を追跡できることが重要になります。オブジェクトコンテキストは、すべてのKMDFオブジェクトがそのような情報を持つことを可能にします。オブジェクトコンテキストは複数のオブジェクトコンテキスト領域を持つこともでき、それにより、同じドライバー内部の複数のレイヤーのコードで、同じオブジェクトに対して異なる方法でやり取りすることが可能です。WDMモデルでは、デバイス拡張カスタムデータ構造体がそのような情報を特定のデバイスに関連付けることを可能にしていますが、KMDFではスピンロックや文字列といったものでも、コンテキストエリアに含めることが可能です。この拡張性により、各ライブラリまたはレイヤーのコードが、それぞれ1つのI/O要求の処理を担当し、他のコードとは独立して、そのコードを含むコンテキスト領域に基づいて、やり取りすることができます。

最後に、KMDFオブジェクトは、表6-12に示す一連の属性にも関連付けられます。これらの属性は、通常、それぞれの既定値に構成されますが、その値はドライバーによって上書きすることが可能です。値の上書きは、オブジェクトの作成時に、WDF_OBJECT_ATTRIBUTES構造体を指定することで行えます（これは、カーネルオブジェクトの作成時に使用されるオブジェクトマネージャーのOBJECT_ATTRIBUTES構造体に似ています）。

表6-12　KMDFオブジェクトの属性

属性	説明
ContextSizeOverride	オブジェクトコンテキスト領域のサイズです。
ContextTypeInfo	オブジェクトコンテキスト領域の種類です。
EvtCleanupCallback	削除する前にオブジェクトのクリーンアップをドライバーに通知するコールバックです（参照はまだ存在します）。
EvtDestroyCallback	オブジェクトの差し迫った削除をドライバーに通知するコールバックです（参照数は0になります）。
ExecutionLevel	KMDFによって呼び出される可能性のあるコールバックのときの、最大の割り込み要求レベル（IRQL）を示します。
ParentObject	オブジェクトの親オブジェクトを識別します。
SynchronizationScope	コールバックを同期する対象として、親オブジェクト、1つのキュー、1つのデバイス、なしのいずれかに指定します。

KMDF I/Oモデル

カーネルモードドライバーフレームワーク（KMDF）のI/Oモデルは、この章の初めの方で説明した

Windows Driver Model (WDM) のメカニズムに従います。実際、KMDFは、カーネルAPIとWDMの動作を使用してKMDFを抽象化し、機能させているため、このフレームワークそのものをWDMドライバーとして考えることさえできます。KMDFのもとでは、フレームワークドライバーは独自にWDM形式のI/O要求パケット (IRP) ディスパッチルーチンを設定し、ドライバーに対して送信するすべてのIRPを制御します。IRPが3つあるKMDFのI/Oハンドラー（すぐに後述します）の1つによって処理されると、KMDFのI/Oハンドラーはそれらの要求を適切なKMDFオブジェクト内にパッケージ化して、適切なキューに挿入します（必要な場合）。また、ドライバーは、それらのイベントを挿入された場合、コールバック関数を実行します。図6-45は、このフレームワークにおけるI/Oのフローを表しています。

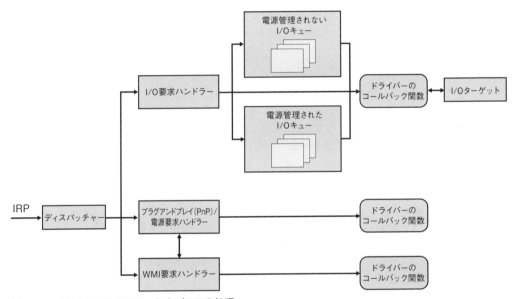

図6-45　KMDFのI/OのフローおよびIRPの処理

この章で既に説明したWDMドライバーのIRP処理に基づいて、KMDFは次の3つのアクションのうち1つを実行します。

- IRPをI/Oハンドラーに送信します。このI/Oハンドラーは、標準的なデバイスの操作を行います。
- IRPをプラグアンドプレイ (PnP) および電源ハンドラーに送信します。このハンドラーは、これらの種類のイベントを処理し、状態に変化があった場合に他のドライバーに通知します。
- IRPをWindows Management Instrumentation (WMI) ハンドラーに送信します。このハンドラーは、トレースとログを処理します。

これらのコンポーネントは、次に、ドライバーに登録済みのイベントを通知します。その要求を別のハンドラーにさらに処理するために転送する可能性もあります。そして、内部的なハンドラーの動作に基づいて、またはドライバーの呼び出しの結果として、要求を完了します。KMDFがIRPの処理を終了しても、その要求自身がまだ完全に処理されていない場合、次のいずれかのアクションを取ります。

- バスドライバーおよびファンクションドライバーの場合、STATUS_INVALID_DEVICE_REQUESTでそのIRPを完了します。
- フィルタードライバーの場合、次の下位ドライバーに対して要求を転送します。

KMDFによるI/O処理は、I/Oキュー（WDFQUEUE、この章の前半で説明したKQUEUEオブジェクトではありません）のメカニズムに基づいています。KMDFのI/Oキューは、I/O要求（WDFREQUESTオブジェクトとしてパッケージ化されます）の高度にスケーラブルなコンテナーであり、特定のデバイスの保留中のI/Oを単にソートするだけでなく、豊富な機能セットを提供します。例えば、I/Oキューは、現在のアクティブな要求を追跡し、I/Oのキャンセル、I/Oの同時実行（同時に複数のI/O要求を実行し、完了する機能）、I/Oの同期（表6-12のオブジェクト属性の一覧を参照）をサポートします。一般的なKMDFドライバーは、少なくとも1つのI/Oキューを作成し（それ以上なくても）、1つ以上のイベントを各キューに関連付けます。さらに、次に示すいくつかのオプションを関連付けます。

- このI/Oキューに関連付けられたイベントに登録済みのコールバック。
- このI/Oキューのための電源管理状態。KMDFは、電源管理されたI/Oキューと電源管理されないI/Oキューの両方をサポートします。前者の場合、I/Oハンドラーは必要になったとき（かつ可能であれば）にデバイスの電源をオンにし、デバイスのI/Oキューが空になるとアイドルタイマーを作動させ、システムが稼働状態から離れるときドライバーのI/Oキャンセルルーチンを呼び出します。
- このI/Oキュー用のディスパッチメソッド。KMDFは、I/Oキューからシーケンシャル（順次）、パラレル（並列）、またはマニュアルモードでI/Oを配送できます。シーケンシャルI/Oは、一度に1つ配送します（KMDFはドライバーが前の要求を完了するのを待機します）。一方、パラレルI/Oはできるだけ速やかにドライバーに配送します。マニュアルモードでは、ドライバーはマニュアルでI/OキューからI/Oを取得しなければなりません。
- I/Oキューが長さゼロのバッファーを受け入れることが可能かどうか。長さゼロのバッファーとは、実際にはデータを一切含まない着信要求などです。

メモ
ディスパッチメソッドは、ドライバーのI/Oキューの中で同時にアクティブにできる要求の数にだけ影響します。イベントのコールバック自体が同時に呼び出されるのか、シリアルに呼び出されるのかを決めるものではありません。その振る舞いは、前出の表6-12に示したSynchronizationScopeオブジェクト属性を通して決まります。したがって、パラレルI/Oキューの同時実行が無効であっても、依然として複数の着信要求を持つ可能性があります。

KMDFのI/Oハンドラーは、I/Oキューのメカニズムに基づいて、受信した作成（Create）、閉じる（Close）、クリーンアップ（Cleanup）、書き込み（Write）、読み取り（Read）、デバイス制御（IOCTL）要求に応じて、さまざまなタスクを実行できます。

- 作成（Create）要求の場合、ドライバーは直ちに通知されるように、DeviceFileCreateコールバックイベントを介して要求することができます。または、作成要求を受信するための非マニュアルI/Oキューを作成できます。ドライバーは次に、通知を受信するためにEvtIoDefaultコールバックを登録します。最後に、これらのメソッドが使用されない場合、KMDFは単純に成功コードで要求を完了します。つまり、既定でアプリケーションは、独自のコードを提供しないKMDFドライバーに対するハンドルを開くことができます。

- クリーンアップ（Cleanup）および閉じる（Close）要求の場合、ドライバーは、EvtFileCleanupおよびEvtFileCloseコールバックが登録されている場合、それらを介して直ちに通知されます。登録されていない場合、フレームワークが単純に成功コードで要求を完了します。
- 書き込み（Write）、読み取り（Read）、およびデバイス制御（IOCTL）要求の場合、図6-46に示すフローが適用されます。

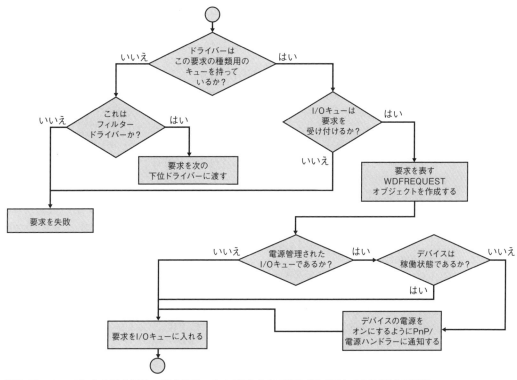

図6-46　KMDFによる読み取り、書き込み、およびデバイス制御（IOCTL）のI/O要求の処理

6.8.2　ユーザーモードドライバーフレームワーク（UMDF）

　Windowsに含まれる、ユーザーモードで実行されるドライバーの数は増えています。ユーザーモードで実行するドライバーは、Windows Driver Foundation（WDF）の一部であるユーザーモードドライバーフレームワーク（UMDF）を使用します。UMDFバージョン2.xは、オブジェクトモデル、プログラミングモデル、およびI/Oモデルの面で、カーネルモードドライバーモデル（KMDF）と揃えられています。しかし、そのフレームワークは同一ではありません。なぜなら、ユーザーモードとカーネルモードの間には、本質的に違う部分があるからです。例えば、前の項の表6-11にあるKMDFオブジェクトのいくつかは、UMDFには存在しません。具体的には、子リスト（WDFCHILDLIST）、直接メモリアクセス（DMA）関連オブジェクト、ルックアサイドリスト（WDFLOOKASIDE、ルックアサイドリストはカーネルモード内でのみ割り当て可能です）、リソース範囲リスト（WDFIORESLIST）、リソース要件リスト（WDFIORESREQLIST）、遅延プロシージャコール（WDFDPC）、およびWindows Management Instrumentation（WMI）オブジェクトはUMDFに存在しません。それで

658 インサイドWindows 第7版 上

も、ほとんどのKMDFオブジェクトと概念は、UMDF 2.xにも等しく適用されます。

次のように、UMDFは、KMDFにはない優位性をいくつか提供します。

- UMDFドライバーは、ユーザーモード内で実行されます。そのため、ハンドルされていない例外（未処理の例外）がUMDFホストプロセスをクラッシュさせても、システム全体をクラッシュさせることはありません。

- UMDFホストプロセスは、ローカルサービス（LOCAL SERVICE）アカウントの権限で実行されます。このアカウントは、ローカルコンピューター上でかなり制限された特権しか持たず、ネットワーク接続では匿名アクセスのみを使用します。これにより、セキュリティ上の攻撃面が削減されます。

- ユーザーモード内で実行されるということは、割り込み要求レベル（IRQL）が常に0（PASSIVE_REVEL）であることを意味します。つまり、ドライバーは常にページフォールトを利用でき、同期のためにカーネルディスパッチャーオブジェクト（イベント、ミューテックスなど）を使用します。

- UMDFドライバーのデバッグは、KMDFドライバーのデバッグよりも簡単です。なぜなら、デバッグ環境を2つのコンピューター（仮想または物理）に分けてセットアップする必要がないからです。

UMDFの主な欠点は、カーネルモードとユーザーモードの遷移と通信の必要性（すぐに後述します）による、遅延の増加です。また、High-Speed PCIデバイス用のドライバーなど、ドライバーの種類によっては、単純にユーザーモード内で実行されることが意図されていないため、UMDFでコードを書くことができません。

UMDFは、プロトコルデバイスクラスをサポートするために特別に設計されています。プロトコルデバイスクラスは、すべて同じ標準化された汎用プロトコルを使用し、その上に特化した機能性を提供するドライバーのことを指します。そのようなプロトコルとしては、現在、IEEE 1394（FireWire）、USB、Bluetooth、ヒューマンインターフェイスデバイス（HID）、およびTCP/IPがあります。これらのバス（または接続されたネットワーク）上で稼働するすべてのデバイスは、UMDFの候補になる可能性があります。そのようなデバイスの例として、ポータブルミュージックプレーヤー、入力デバイス、携帯電話、カメラ、およびWebカメラなどがあります。その他にもUMDFを使用するものとして、Windows SideShow互換デバイス（補助ディスプレイ）、およびUSBリムーバブル記憶域（USBバルク転送デバイス）をサポートするWindowsポータブルディスプレイ（WPD）フレームワークの2つがあります。最後に、KMDFと同様に、仮想デバイス向けなど、UMDFでソフトウェア専用ドライバーを実装することも可能です。

KMDFドライバーは、SYSイメージファイルを表すドライバーオブジェクトとして実行されますが、それとは異なり、UMDFドライバーはサービスホストプロセス（SvcHost.exe）に似たドライバーホストプロセス（実行されるイメージは%SystemRoot%¥System32¥WUDFHost.exe）内で実行されます。このホストプロセスは、ドライバー自体、UMDFのフレームワーク（DLLとして実装されます）、ランタイム環境（I/Oディスパッチ、ドライバーの読み込み、デバイススタックの管理、カーネルとの通信、およびスレッドプールを担当します）で構成されます。

KMDFの場合と同様に、各UMDFドライバーはスタックの一部として実行されます。これは、1つのデバイスの管理を担当する、複数のドライバーを含むことが可能です。当然のことながら、ユーザーモードコードはカーネルアドレス領域にアクセスできないため、UMDFはカーネルに対して特化したインターフェイスを介したアクセスを可能にするコンポーネントも含んでいます。これは、Advanced Local Procedure Call（ALPC）を使用するカーネルモード側のUMDFによって実装されます。ALPC

は、実質的に、ユーザーモードのドライバーホストプロセス内でランタイム環境と通信するための効率的なプロセス間通信メカニズムです（ALPCについてさらに詳しくは、本書下巻で説明します）。図6-47に、UMDFドライバーモデルのアーキテクチャを示します。

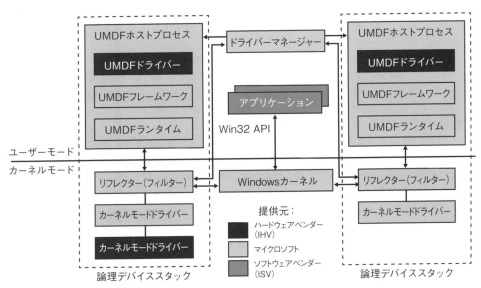

図6-47　UMDFのアーキテクチャ

図6-47は、2つの異なるハードウェアデバイスをそれぞれ管理する、2つの異なるデバイススタックを示しています。どちらも専用のドライバーホストプロセス内で実行されるUMDFドライバーを持ちます。この図から、次に示すコンポーネントがアーキテクチャを構成していることがわかります。

- **アプリケーション**───アプリケーションは、ドライバーのクライアントです。標準的なWindowsアプリケーションは、KMDFで管理されるデバイスやWindows Driver Model（WDM）で管理されるデバイスと同じAPIを使用して、I/Oを実行します。アプリケーションは、UMDFベースのデバイスと通信しているとは知りませんし（気にもしません）、その呼び出しはやはりカーネルのI/Oマネージャーに送信されます。

- **Windowsカーネル（I/Oマネージャー）**───I/Oマネージャーは、アプリケーションのI/O APIに基づいて、他の標準的なデバイスの場合とまったく同じように、操作のためのI/O要求パケット（IRP）を作成します。

- **リフレクター**───リフレクターは、UMDFを"動かす"ものです。これは、標準的なWDMフィルタードライバー（%SystemRoot%\System32\Drivers\WUDFRd.sys）であり、各デバイスの、UMDFドライバーによって管理されることになるデバイススタックの最上位に位置します。リフレクターは、カーネルとユーザーモードのドライバーホストプロセスとの間の通信の管理を担当します。電源管理に関係するIRP、プラグアンドプレイ（PnP）、および標準のI/Oは、ALPCを介してホストプロセスにリダイレクトされます。これにより、UMDFドライバーは、そのデバイスの列挙、インストール、および管理を提供することでPnPモデルに関与するだけでなく、I/Oに応答して作業を実行することができます。また、リフレクターはドライバーのホストプロセスを監視する役割があります。リフレクターは、ドライバーとアプリケーションがハングアップするのを防ぐため、適切な時間内に要求に応答し続けていることを確認します。

■ **ドライバーマネージャー** —— ドライバーマネージャーは、どのUMDF管理デバイスが存在するかに応じて、ドライバーホストプロセスの開始と終了を担当し、ドライバーホストプロセスの情報の管理もします。また、リフレクターからやって来るメッセージに応答し、それを適切なホストプロセスに割り当てる役割もあります（デバイスのインストールに反応するなど）。ドライバーマネージャーは、%SystemRoot%¥System32¥WUDFsvc.dllに実装された標準のWindowsサービス（標準のSvchost.exeでホストされるサービス）として実行されます。また、デバイス用のUMDFドライバーが初めてインストールされたとき、可能な限り速やかにサービスが自動開始するように構成されます（サービスのスタートアップは「手動」）。すべてのドライバーホストプロセスに対して、ドライバーマネージャーのインスタンスは1つだけ実行され（通常のサービスがそうであるように）、UMDFドライバーが機能できるように常に実行されている必要があります。[7]

■ **ホストプロセス** —— ホストプロセス（WUDFHost.exe）は、実際のドライバーのためのアドレス領域とランタイム環境を提供します。ホストプロセスはローカルサービス（LOCAL SERVICE）アカウントで実行されますが、実際にはWindowsサービスではなく、サービスコントロールマネージャー（SCM）によって管理されません。ホストプロセスは、ドライバーマネージャーによってのみ管理されます。ホストプロセスには、実際のハードウェアのためのユーザーモードのデバイススタックを提供する役割もあります。ユーザーモードのデバイススタックは、システム上のすべてのアプリケーション参照できます。現在の実装では、各デバイスインスタンスは専用のデバイススタックを持ち、個別のホストプロセス内で実行されます。ホストプロセスは、ドライバーマネージャーの子プロセスになります。[7]

■ **カーネルモードドライバー** —— UMDFによって管理されるデバイスのための特定のカーネルサポートが必要な場合、その役割を担うコンパニオンカーネルモードドライバーを作成することもできます。この方法により、デバイスをUMDFおよびKMDF（またはWDM）ドライバーの両方で管理することができます。

　UMDFのアーキテクチャを実際に見ることは簡単です。コンピューターに何かコンテンツが入っているUSBフラッシュドライブを挿入してみてください。Process Explorerを実行すると、ドライバーマネージャーのサービス（WUDFsvc）の子プロセスとして、ドライバーホストプロセスに対応するWUDFHost.exeを確認できるはずです。下部ペインの表示をDLLビューに切り替え、図6-48に示したようなDLLが見えるまでスクロールしてみましょう。[8]

---

[7] 訳注：Windows 10バージョン1703以前の場合、ドライバーマネージャーのサービス（WUDFsvc.dll）は、サービス名：wudfsvc、表示名：Windows Driver Foundation - User-mode Driver Frameworkです。Windows 10バージョン1709は実装が異なり、このサービスおよびWUDFsvc.dllが存在しないことに注意してください。Windows 10バージョン1709およびWindows Serverバージョン1709では、ホストプロセス（WUDFHost.exe）は、サービスコントロールマネージャー（SCM、Services.exe）の子プロセスとして実行されます。

[8] 訳注：Windows 10バージョン1709の場合、実装が異なるため、Process Explorerではこのように表示されません。[Find]メニューから[Find Handle or DLL]をクリックして、WUDFHost.exeを検索してみてください。

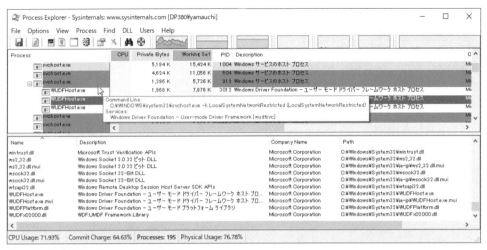

図6-48　UMDFホストプロセス内のDLL

次の3つの主なコンポーネントを確認できます。これは、この項で説明したアーキテクチャの概要に一致します。

- **WUDFHost.exe** —— UMDFホストプロセスの実行可能イメージ
- **WUDFx02000.dll** —— UMDF 2.xフレームワークのDLL
- **WUDFPlatform.dll** —— ランタイム環境

6.9　電源マネージャー

　Windowsのプラグアンドプレイ（PnP）機能がシステムのハードウェアからのサポートを必要とするのと同様に、電源管理機能はAdvanced Configuration and Power Interface（ACPI）規格に準拠したハードウェアを必要とします。ACPI仕様は、現在、Unified Extensible Firmware Interface（UEFI）の一部になっています（ACPI規格は、https://uefi.org/specificationsから入手できます）。

　ACPI標準は、システムとデバイスのためのさまざまな電源レベルを定義しています。表6-13に、6つのシステム電源状態（ステート）を説明しています。これらの電源状態は、S0（完全にオンまたは稼働状態）からS5（完全にオフ）と呼ばれます。各電源状態は、次のような特性を持ちます。

- **消費電力** —— システムが消費する電力の量です。
- **ソフトウェア再開** —— "さらにオン"の状態に移行するとき、どの時点からシステムを再開するかを示すソフトウェアの状態です。
- **ハードウェアレイテンシ（遅延）** —— システムが完全にオンの状態に戻るためにかかる時間の長さです。

表6-13 システム電源状態の定義

状態（ステート）	消費電力	ソフトウェア再開	ハードウェア遅延
S0（完全にオン）	最大	—	なし
S1（スリープ）	S0より低、S2より大	停止したところからシステムを再開（S0に戻る）	2秒未満
S2（スリープ）	S1より低、S3より大	停止したところからシステムを再開（S0に戻る）	2秒以上
S3（スリープ）	S2より低、プロセッサはオフ	停止したところからシステムを再開（S0に戻る）	S2と同じ
S4（休止状態）	微弱な電流を電源ボタンとウェイク回路に流す	保存された休止状態ファイルから再スタートし、休止状態前に停止したところから再開（S0に戻る）	長い（未定義）
S5（完全にオフ）	微弱な電流を電源ボタンに流す	システムのブート	長い（未定義）

表6-13に示したように、S1からS4の電源状態はスリープ状態です。電源消費の減少ため、システムの電源はオフのように見えます。しかし、これらのスリープ状態では、システムはS0に移行するのに十分な情報をメモリとディスク上の両方に保持しています。S1からS3の電源状態では、コンピューターのメモリの内容を保持しておくために十分な電力が必要とされ、S0への移行が行われた時、電源マネージャー（Power Manager）はスリープ（サスペンドとも呼ばれます）する前に停止したところから実行を継続します。

システムがS4に移行した場合、電源マネージャーはメモリ上の圧縮された内容をHiberfil.sysという名前の休止状態（ハイバネーションとも呼ばれます）ファイルに保存します。休止状態ファイルは、メモリの圧縮されていない内容を保持するのに十分な大きさがあり、システムボリュームのルートディレクトリに（隠しファイルとして）あります（圧縮は、ディスクI/Oの最小化と、休止状態への移行と休止状態からの再開のパフォーマンスの向上のために使用されます）。メモリの保存が終了した後、電源マネージャーはコンピューターの電源をオフにします。ユーザーが次にコンピューターの電源をオンにしたとき、通常のブートプロセスが始まります。ただし、ブートマネージャーは、有効なメモリのイメージが休止状態ファイルに格納されていることをチェックし、検出するところが異なります。休止状態ファイルが保存済みのシステム状態を含む場合、ブートマネージャーは%SystemRoot%¥System32¥Winresume.exe（UEFIシステムの場合はWinresume.efi）を起動し、Winresume.exe（またはWinresume.efi）がファイルの内容をメモリ上に読み取って、休止状態ファイルに記録されたメモリ上の場所から実行を再開します。

ハイブリットスリープが有効になっているシステム上では、ユーザーがコンピューターをスリープするように要求すると、実際にはS3状態とS4状態の両方の組み合わせになります。コンピューターがスリープ状態に置かれる間、緊急用の休止状態ファイルもディスクに書き込まれます。ほぼすべてのアクティブメモリを含む通常の休止状態ファイルとは異なり、緊急用の休止状態ファイルは後でページインすることができないデータのみを含みます。これにより、通常の休止状態よりもスリープ処理がすばやくなります（少ないデータがディスクに書き込まれるため）。次に、S4への移行の発生がドライバーに通知され、実際の休止状態要求が開始された場合のときと同じように、ドライバー自身が構成と状態の保存を行えるようにします。この時点の後、システムは標準のスリープへの移行中と同じように、通常のスリープ状態に置かれます。ただし、電源が失われた場合（例えば、バッテリー残量の低下によって）、システムは実質的にS4状態になります。ユーザーはコンピューターの電源をオンにすることができ、Windowsは緊急用の休止状態ファイルから再開します。

メモ 休止状態を完全に無効化すると、いくぶんかのディスク領域を得ることができます。休止状態を完全に無効化するには、管理者権限で開いたコマンドプロンプトから、**powercfg /h off**を実行します。

　コンピューターは、S1からS4の状態の間を直接的に移行することは決してありません（なぜなら、それにはコードの実行が必要ですが、これらの状態ではCPUはオフだからです）。その代わりに、まずS0状態に移行しなければなりません。図6-49に示すように、システムがS1からS5のいずれかの状態からS0の状態に移行するとき、それは"ウェイク（Waking）"と呼ばれます。S0の状態から、S1からS5のいずれかの状態に移行するとき、それは"スリープ（Sleeping）"と呼ばれます。

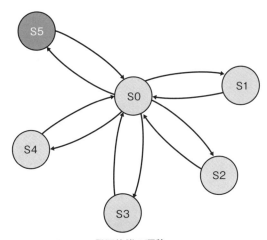

図6-49　システム電源状態の遷移

実習　システムの電源状態

　サポートされている電源状態を参照するために、コマンドプロンプトを管理者権限で開き、**powercfg /a**コマンドを実行します。次のような出力結果を確認できるでしょう。

```
C:\Windows\System32>powercfg /a
以下のスリープ状態がこのシステムで利用可能です:
    スタンバイ (S3)
    休止状態
    高速スタートアップ

以下のスリープ状態はこのシステムでは利用できません:
    スタンバイ (S1)
        システム ファームウェアはこのスタンバイ状態をサポートしていません。

    スタンバイ (S2)
        システム ファームウェアはこのスタンバイ状態をサポートしていません。

    スタンバイ (S0 低電力アイドル)
```

> 　　　システム ファームウェアはこのスタンバイ状態をサポートしていません。
>
> 　ハイブリッド スリープ
> 　　　ハイパーバイザーはこのスタンバイ状態をサポートしていません。

　スタンバイ状態がS3であり、休止状態が利用可能であることに注目してください。ここで powercfg /h off コマンドを実行して休止状態を無効化し、もう一度、powercfg /aを実行して確認してみましょう。

```
C:¥Windows¥System32>powercfg /h off

C:¥Windows¥System32>powercfg /a
以下のスリープ状態がこのシステムで利用可能です:
    スタンバイ (S3)

以下のスリープ状態はこのシステムでは利用できません:
    スタンバイ (S1)
        システム ファームウェアはこのスタンバイ状態をサポートしていません。

    スタンバイ (S2)
        システム ファームウェアはこのスタンバイ状態をサポートしていません。

    休止状態
        休止状態は有効にされていません。

    スタンバイ (S0 低電力アイドル)
        システム ファームウェアはこのスタンバイ状態をサポートしていません。

    ハイブリッド スリープ
        休止状態は使用できません。
        ハイパーバイザーはこのスタンバイ状態をサポートしていません。

    ハイブリッド スリープ
        休止状態は使用できません。

    高速スタートアップ
        休止状態は使用できません。
```

　デバイスの場合、D0からD3までのACPIは4つの状態を定義します。D0の状態は完全にオンであり、D3の状態は完全にオフです。ACPI標準では、D1とD2の状態の意味の定義を、個別のドライバーとデバイスに任せています。ただし、D1の状態の消費電力は、D0の状態の消費電力以下である必要があります。また、デバイスがD2の状態にあるとき、その消費電力はD1の状態以下である必要があります。

　Windows 8（およびそれ以降）は、D3の状態を2つのサブ状態、D3hotとD3coldに分割します。D3hotの状態は、デバイスの電源はほぼオフですが、主電源から切断されておらず、その親のバスコントローラーはバス上のそのデバイスの存在を検出することができます。D3coldの状態では、主電源

はそのデバイスから削除され、バスコントローラーはそのデバイスを検出できません。この状態は、節電のためのもう1つの機会を提供します。

図6-50は、デバイスの状態と可能な状態の遷移を示しています。

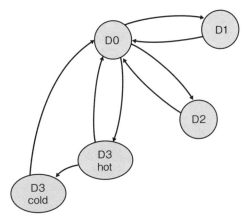

図6-50　デバイス電源状態の遷移

　Windows 8より前のバージョンでは、デバイスはシステムが完全にオン（S0）の間、D3hotの状態までしか到達できませんでした。D3coldの状態への移行は、システムがスリープ状態に入ったときに暗黙的に行われました。Windows 8からは、システムが完全にオンの間、デバイスの電源状態をD3coldまで設定できるようになりました。デバイスを制御するドライバーは、そのデバイスの状態をD3coldに直接置くことはできません。代わりに、ドライバーはデバイスの状態をD3hotに置き、その後、同じバス上の他のデバイスがD3hotの状態に入るのに応じて、バスドライバーとファームウェアがバス上のすべてのデバイスをD3coldに移行することを決定します。D3coldの状態にデバイスを移行するかどうかの決定は、2つの要素に依存します。1つは、バスドライバーとファームウェアの実際の能力です。もう1つは、そのドライバーにおいて、インストール用INFファイルでの指定またはSetD3ColdSupport関数の動的な呼び出しのいずれかで、D3coldの状態への移行が有効化されていることです。

　マイクロソフトは、主要なハードウェアOEMベンダーと共同で、電源管理の一連のリファレンス仕様を定義しました。この仕様は、特定のクラスに含まれる（ディスプレイ、ネットワーク、SCSIなど、主要なデバイスクラス用の）、すべてのデバイスに要求されるデバイスの電源状態を指定しています。一部のデバイスについては、完全なオンと完全なオフの間に、中間の電源状態を持たないものもあります。そのため、それらの状態は定義されていません。

6.9.1　コネクテッドスタンバイとモダンスタンバイ

　先ほどの「実習：システムの電源状態」で、「スタンバイ（S0 低電力アイドル）」と呼ばれるもう1つのシステム電源状態があることに気が付いたかもしれません。これは正式なACPIの状態ではありませんが、S0の状態のバリエーションであり、Windows 8.1では**コネクテッドスタンバイ**（Connected Standby、InstantGoと呼ばれることもあります）として知られています。その後、Windows 10（デスクトップおよびモバイル向けエディション）で拡張され、**モダンスタンバイ**（Modern Standby）と呼ばれるようになりました。これに対して、通常のスタンバイ状態（S1 ～ S3）は、**レガシスタンバイ**

（Legacy Standby）と呼ばれることがあります。

レガシスタンバイの主な問題は、そのシステムが稼働していないことです。そのため、例えば、ユーザーが電子メールを受信しても、システムはS0の状態になることなしで、それを拾い上げることができません。S0の状態への移行が発生するにしても、しないにしても、それはシステム構成とデバイスの機能に依存します。電子メールを受信するためにシステムがウェイクアップしたとしても、直ちに再びスリープすることはないでしょう。モダンスタンバイは、両方の問題を解決します。

モダンスタンバイをサポートするシステムは、システムをスリープするように指示されたとき、通常、この状態に入ります。そのシステムは技術的にはまだS0の状態にあります。つまり、CPUはアクティブであり、コードは実行可能です。しかし、ユニバーサルWindowsプラットフォーム（UWP）アプリはもちろん、デスクトッププロセス（非UWPアプリ）も中断されますが、UWPアプリによって作成されたバックグラウンドタスクは実行が許されています。例えば、メールクライアントが持つバックグラウンドタスクは、定期的に新しいメッセージをポーリングします。

現在、モダンスタンバイ中であるということは、そのシステムは完全にオンのS0の状態に一瞬でウェイクアップできることも意味しています。この機能はInstant Onと呼ばれたこともありました。なお、すべてのシステムがモダンスタンバイをサポートしているわけではなく、サポートされるかどうかはチップセットおよびその他のプラットフォームコンポーネントに依存します（先ほどの実習で利用したシステムは、モダンスタンバイをサポートしておらず、そのためレガシスタンバイをサポートします）。

モダンスタンバイに関する詳細情報については、次のURLにあるWindowsハードウェアデベロッパーのドキュメントを調べてください。

⊜https://docs.microsoft.com/ja-jp/windows-hardware/design/device-experiences/modern-standby

6.9.2 電源マネージャーの動作

Windowsの電源管理ポリシーは、電源マネージャーと個別のデバイスドライバーに分かれています。電源マネージャーは、システム電源ポリシーの所有者です。この所有権が意味することは、電源マネージャーが任意の時点、およびスリープ、休止状態、またはシャットダウンが要求されたとき、適切なシステム電源状態を決定するということです。また、電源マネージャーがシステム内の電源制御デバイスに指示を出し、適切なシステム電源状態の移行を行うということです。

電源マネージャーは、次のいくつかの要素を考慮することで、システム電源状態の移行が必要なときを決定します。

- システムのアクティビティのレベル
- システムのバッテリーのレベル
- アプリケーションからのシャットダウン、休止状態、またはスリープの指示
- 電源ボタンを押すなど、ユーザーのアクション
- コントロールパネルの電源オプションの設定

プラグアンドプレイ（PnP）マネージャーがデバイスの列挙を行うとき、PnPマネージャーが受け取るデバイスに関する情報の一部に、デバイスの電源管理機能があります。ドライバーは、担当するデバイスがD1およびD2のデバイス状態をサポートしているかどうか、およびオプションでレイテンシ（遅延）、またはD1からD3の状態からD0の状態に移行するのに必要な時間を報告します。システム電源状態の遷移を行うとき、電源マネージャーの決定を支援するため、バスドライバーは1つのテーブル

第**6**章 I/Oシステム　**667**

も返します。このテーブルには、システム電源状態（S0からS5）とデバイスがサポートするデバイス電源状態との間のマッピングが実装されています。

　このテーブルは、システム状態ごとに使用可能な最も低いデバイス電源状態を一覧にし、コンピューターがスリープまたは休止状態になるときのさまざまな電源プランの状態を直接的に反映しています。例えば、4つのデバイス電源状態をサポートするバスは、表6-14に示すマッピングを返す場合があります。ほとんどのデバイスドライバーは、システム電源状態がS0を離れるとき、デバイスの電源を完全にオフ（D3）にして、コンピューターが使用中でないときの消費電力を最小化します。しかし、ネットワークアダプターカードなど、デバイスによっては、スリープ状態からシステムをウェイクアップする機能をサポートしています。この機能は、この機能が存在する最低のデバイス電源状態とともに、デバイスの列挙中に報告もされます。

表6-14　システム電源状態とデバイス電源状態のマッピングの例

システム電源状態	デバイス電源状態
S0（完全にオン）	D0（完全にオン）
S1（スリープ）	D1
S2（スリープ）	D2
S3（スリープ）	D2
S4（休止状態）	D3（完全にオフ）
S5（完全にオフ）	D3（完全にオフ）

6.9.3　ドライバーの電源操作

　電源マネージャーは、システム電源状態の移行を行うことを決定するとき、ドライバーの電源ディスパッチルーチン（IRP_MJ_POWER）に対して電源コマンドを送信します。1つのデバイスの管理を複数のドライバーが担当することが可能ですが、そのうち1つのドライバーだけがデバイスの電源ポリシーの所有者として指名されます。通常、これは、ファンクションデバイスオブジェクト（FDO）を管理するドライバーになります。このドライバーは、システム電源状態に基づいて、デバイスの電源状態を決定します。例えば、システム電源状態がS0からS3に遷移する場合、ドライバーはデバイス電源状態をD0からD1への移行を決定します。

　その決定は、デバイスの管理を共有する他のドライバーに直接的に通知されません。その代わりに、デバイスの電源ポリシーの所有者が、電源マネージャーに対してPoRequestPowerIrp関数を介して要求することで、他のドライバーに自身の電源ディスパッチルーチンにデバイス電源コマンドが発行されたことが伝わります。この動作により、電源マネージャーは、任意の時点でシステム上でアクティブな電源コマンドの数を制御することができます。例えば、システム内の一部のデバイスは、電源をオンにするためにかなりの電流を必要とする可能性があります。電源マネージャーは、そのようなデバイスが同時に電源オンにならないようにします。

実習　デバイスの電源状態マッピングを参照する

デバイスマネージャーを使用すると、特定のドライバーのシステム電源状態とデバイス電源状態とのマッピングを確認することができます。それには、デバイスのプロパティダイアログボックスを開き、［詳細］タブをクリックして［プロパティ］ドロップダウンリストをクリックし、一覧から［電源データ］を選択します。すると、プロパティダイアログボックスには、電源状態マッピングに加えて、デバイスの現在の電源状態、デバイスが提供するデバイス固有の電源機能、どの電源状態からシステムをウェイクアップできるかが表示されます。

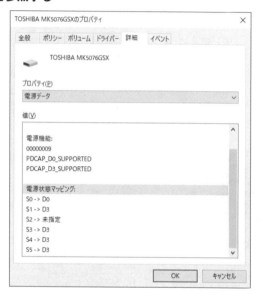

多くの電源コマンドは、対応する照会（クエリ）コマンドを持ちます。例えば、システムがスリープ状態に移行するとき、電源マネージャーは最初にシステム上のデバイスに、その遷移が許容されるかどうかを問い合わせます。タイムクリティカルな操作のためにビジー状態のデバイス、またはデバイスハードウェアとやり取りしている最中のデバイスでは、コマンドは拒否される場合があります。結果として、システムは現在のシステム電源状態の設定を継続します。

実習　システムの電源機能とポリシーを参照する

カーネルデバッガーの!pocapsエクステンションコマンドを使用すると、コンピューターのシステム電源機能を参照することができます。次に示すのは、x64バージョンのWindows 10が稼働中のラップトップコンピューターで、このコマンドを実行したときの出力結果です。

```
lkd> !pocaps
PopCapabilities @ 0xffffff8019c17a900
   Misc Supported Features:   PwrButton SlpButton Lid S1 S3 S4 S5
HiberFile FullWake VideoDim
   Processor Features:        Thermal
   Disk Features:
   Battery Features:          BatteriesPresent
     Battery 0 - Capacity:       0 Granularity:        0
     Battery 1 - Capacity:       0 Granularity:        0
     Battery 2 - Capacity:       0 Granularity:        0
```

```
    Wake Caps
        Ac OnLine Wake:           Sx
        Soft Lid Wake:            Sx
        RTC Wake:                 S4
        Min Device Wake:          Sx
        Default Wake:             Sx
```

　S0（完全にオン）に加えて、Misc Supported Features行は次のように報告しています。このシステムはS1、S3、S4、およびS5をサポートしており（S2は未実装）、休止状態（S4の状態）のときシステムメモリを保存可能な有効な休止状態ファイルを持ち（HiberFile）、ウェイク機能（FullWake）と電源に接続からバッテリー駆動に切り替わったときディスプレイの明るさ調整（VideoDim）をサポートしています。

　コントロールパネルの［電源オプション］ページを使用すると、システムの電源ポリシーをさまざまな側面から構成することができます。構成可能な実際のプロパティは、システムの電源機能に依存します。

　OEMベンダーが電源スキーマを追加できることに注目してください。そのスキーマは、**powercfg /list**コマンドを実行することで確認することができます。

```
C:¥WINDOWS¥system32>powercfg /list

既存の電源設定（* アクティブ）
-----------------------------------
電源設定の GUID: 04e2f1b4-703f-4f5b-b52f-803c07b8260a   (高パフォーマンス) *
電源設定の GUID: 381b4222-f694-41f0-9685-ff5bb260df2e   (バランス)
電源設定の GUID: 49ef8fc0-bb7f-488e-b6a0-f1fc77ec649b   (Dell)
```

定義済みの電源プランの設定に変更することで、アイドル状態を検出するタイムアウトを設定して、システムがディスプレイの電源を切る、ハードディスクの電源を切る、スリープ状態のモードに移行する（システム電源状態をS3に移行、この節の初めの方の「実習：システムの電源状態」を参照）、休止状態に移行する（システム電源状態をS4に移行）などの動作を制御することができます。さらに、コントロールパネルの［電源オプション］ページから［プラン設定の変更］リンクを選択し、［詳細な電源設定の変更］リンクを選択すると、電源ボタン、スリープボタン、またはラップトップコンピューターのカバー（液晶画面）を閉じたときの電源関連のシステムの動作を指定することができます。

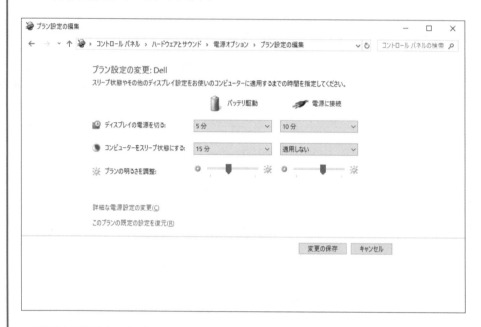

　［詳細な電源設定の変更］リンクから開いた［電源オプション］ダイアログボックスの設定は、システムの現在の電源ポリシーの値に直接反映されます。その値は、デバッガーの!popolicyエクステンションコマンドを使用して参照することができます（電源に接続されている場合は［電源に接続］の電源ポリシー、バッテリー駆動中の場合は［バッテリー駆動］の電源ポリシーが表示されます）。次の出力結果は、同じシステムでこのコマンドを実行したときのものです。

```
lkd> !popolicy
SYSTEM_POWER_POLICY (R.1) @ 0xffffff8019c17a6a4
    PowerButton:        Sleep   Flags: 00000000   Event: 00000000
    SleepButton:        Sleep   Flags: 00000000   Event: 00000000
    LidClose:            None   Flags: 00000000   Event: 00000000
    Idle:               Sleep   Flags: 00000000   Event: 00000000
    OverThrottled:       None   Flags: 00000000   Event: 00000000
    IdleTimeout:            0   IdleSensitivity:            90%
    MinSleep:              S1   MaxSleep:                    S3
    LidOpenWake:           S0   FastSleep:                   S1
    WinLogonFlags:          0   S4Timeout:                    0
```

```
VideoTimeout:          600  VideoDim:         0
SpinTimeout:           4b0  OptForPower:      0
FanTolerance:           0%  ForcedThrottle:   0%
MinThrottle:            0%  DyanmicThrottle:  None (0)
```

　表示される最初の3行（PowerButton、SleepButton、LidClose）は、［詳細な電源設定の変更］リンクから開いた［電源オプション］ダイアログボックスの［電源ボタンとカバー］の設定に対応しています。このシステムでは、電源ボタンとスリープボタンの両方がコンピューターをスリープ状態（Sleep）にするようになっています。しかし、カバーを閉じたときは、何もしません（None）。出力結果の最後の方にある2つのタイムアウト値は、秒を表し、16進数で表示されています。これらの値は、［電源オプション］ダイアログボックスの設定に直接対応しています。例えば、VideoTimeout値は600になっていますが、これは600秒後、つまり10分後にディスプレイの電源を切ることを意味しています（Debugging Tools for Windowsはこの部分にバグがあり、10進数で表示されています）。同様に、ハードディスクの電源を切るタイムアウトであるSpinTimeout値は0x4b0になっていますが、これは1200秒、つまり20分を表しています。

6.9.4 ドライバーとアプリケーションによるデバイスの電源制御

　ドライバーは、システム電源状態の遷移に関わる電源マネージャーのコマンドに応答することに加えて、担当するデバイスのデバイス電源状態を一方的に制御することができます。場合によっては、ドライバーは、制御を担当するデバイスが一定期間アクティブでない場合、そのデバイスの消費電力の削減を望むことがあります。そのようなデバイスの例として、暗転モードをサポートするディスプレイ、電源オフをサポートするディスクがあります。ドライバーは、アイドルなデバイスをドライバー自身で検出することもできますし、電源マネージャーが提供する機能を使用して検出することもできます。電源マネージャーを使用するデバイスの場合、ドライバーはPoRegisterDeviceForIdleDetection関数を呼び出すことで、電源マネージャーにそのデバイスを登録します。

　この関数は電源マネージャーにタイムアウト値とデバイス電源状態を伝えます。電源マネージャーはそのタイムアウト値をデバイスがアイドルかどうかを検出するのに使用し、アイドルの場合、そのデバイス電源状態を適用します。ドライバーは、2つのタイムアウトを指定します。タイムアウトの1つは、ユーザーがコンピューターを省電力構成にしたときに使用され、もう一方は、ユーザーがコンピューターを最適なパフォーマンス用に構成したときに使用されます。ドライバーは、PoRegisterDeviceForIdleDetection関数を呼び出した後、PoSetDeviceBusyまたはPoSetDeviceBusyEx関数を呼び出して電源マネージャーに通知する必要があります。これらの関数は、デバイスがアクティブなときはいつでも、アイドル検出のために再登録して、必要に応じて無効化および再有効化を行います。PoStartDeviceBusyおよびPoEndDeviceBusy APIも同様に利用可能です。これらのAPIは、いま説明した動作を実装するために必要なプログラミングロジックを単純化します。

　デバイスは自身の電源状態を制御できますが、システム電源状態を操作したり、システム電源状態の遷移の発生を防いだりすることはできません。例えば、不適切な設計のドライバーが低電力状態を一切サポートしていない場合、低電力に入るシステム全体の能力を妨げることなく、デバイスの電源をオンのまま維持するか、完全にオフにするかを選択できます。これは、電源マネージャーがドライバーに電源状態の遷移を**通知**するだけで、**同意**を求めないからです。ドライバーは、システムが低電力状態に移行しようとしているときに、電源照会I/O要求パケット（IRP）（IRP_MN_QUERY_

POWER）を受け取ります。ドライバーはその要求を拒否することができますが、電源マネージャーはドライバーの拒否に従う必要はありません。電源マネージャーは、可能な場合（例えば、デバイスがバッテリーで動作中でも、残量が十分な場合）、移行を延期します。ただし、休止状態への移行は、決して失敗することはありません。

ドライバーとカーネルが主に電源管理を担当しますが、アプリケーションもまたそれに関わることができます。ユーザーモードプロセスは、さまざまな電源通知を登録できます。例えば、バッテリー残量が低いまたは重大に低いとき、コンピューターがDC電源（バッテリー駆動）からAC電源（ACアダプター／チャージャー）に切り替わったとき、またはシステムが電源状態の移行を開始したときの通知です。アプリケーションは、これらの動作を拒否することは決してできません。また、スリープ状態に移行する前に、クリーンアップする必要がある状態がある場合、そのクリーンアップを2秒以内に行う必要があります。

6.9.5 | 電源管理フレームワーク

Windows 8以降のカーネルは、デバイス内の個別のコンポーネントの電源状態を管理するためのフレームワーク（**関数**と呼ばれる場合もあります）を提供しています。例えば、再生および録音のコンポーネントを持つオーディオデバイスを想定してみましょう。再生コンポーネントがアクティブで録音コンポーネントが非アクティブの場合、録音コンポーネントを低電力状態に置くことは利点があります。電源管理フレームワーク（Power Management Framework：PoFx）は、ドライバーがデバイスのコンポーネントの電源状態と要件を示すために使用できるAPIを提供します。すべてのコンポーネントは、F0として識別される完全にオンの状態をサポートする必要があります。より大きい数のF状態（Fステート）[9]は、ある1つのコンポーネントが入る可能性がある、より低い電源状態を示しています。大きいF状態はそれぞれ、より低い消費電力とより長いF0への移行時間を表しています。なお、F状態の管理は、デバイスがD0の電源状態にあるときにのみ意味を持ちます。D0より大きいD状態すべてにおいて、F状態の管理は機能しないからです。

デバイスの電源ポリシーの所有者（通常、ファンクションデバイスオブジェクト（FDO））は、PoFxRegisterDevice関数を呼び出すことで、PoFxに登録される必要があります。ドライバーは、この関数を呼び出す際に、以下の情報を渡します。

- デバイス内のコンポーネントの数。
- さまざまなイベントが発生したときに、PoFxによる通知をドライバーに実装する一連のコールバック関数。コールバック関数では、アクティブ状態からアイドル状態への切り替え、デバイスのD0状態への切り替えと電源制御コードの送信などを行います（詳細については、Windows Driver Kit（WDK）ドキュメントを参照）。
- 各コンポーネントについて、そのコンポーネントがサポートするF状態の数値。
- 各コンポーネントについて、そのコンポーネントをウェイクすることができる最も深いF状態。
- 各コンポーネントの各F状態について、この状態からF0に戻るために必要な時間、その遷移を価値あるものにするためにコンポーネントがこのF状態にいることができる最小の時間、およびこのF状態におけるコンポーネントの公称消費電力。または、PoFxが複数のコンポーネントを同時にウェイクするとき、その消費電力がわずかであり、考慮する必要がないことを示すように設定することができます。

---

[9] 訳注：F状態（Fステート）のFは、Functionalの略です。

PoFxはこの情報を、他のデバイスからの情報と現在の電源プロファイルといったシステム全体の電源状態の情報と組み合わせて使用し、特定のコンポーネントが入るべき電源のF状態についてインテリジェントな決定を行います。課題は2つの相反する目的を調整することです。1つは、アイドル状態のコンポーネントが最小限の電力だけを消費するようにすること、もう1つは、あるコンポーネントがF0状態にすばやく移行して、そのコンポーネントが常にオンの状態で、常に接続されていると認識されるようにすることです。

ドライバーは、あるコンポーネントがアクティブ（F0状態）にされる必要があるとき、PoFxActivateComponentルーチンを呼び出してPoFxに通知する必要があります。この呼び出しの後のある時点で、対応するコールバック関数がPoFxによって呼び出され、そのコンポーネントがF0にいることがドライバーに示されます。逆に、そのコンポーネントが現在必要でないとドライバーが判断したとき、PoFxIdleComponentルーチンを呼び出してPoFxに伝えます。PoFxはそれに応じ、そのコンポーネントをより低い電源のF状態に移行し、それが完了するとドライバーに通知します。

■ パフォーマンス状態管理

先ほど説明したメカニズムは、アイドル状態（非F0状態）のコンポーネントを、F0より低い消費電力にします。しかし、一部のコンポーネントは、デバイスが実際に行っている作業に関連して、F0状態にあっても消費電力が少なくて済む場合があります。例えば、グラフィックスカードは、大部分が静止しているディスプレイを表示するとき、少ない電力で動作することができます。これに対して、毎秒60フレームの3Dコンテンツを描画するとき、グラフィックスカードは、より大きな電力を必要とします。

Windows 8/8.1では、そのようなドライバーは適切なパフォーマンス状態選定アルゴリズムを実装し、またプラットフォーム拡張プラグイン（Platform Extension Plug-in：PEP）と呼ばれるOSサービスに通知する必要があります。PEPは、プロセッサの特定のラインまたはSoC（System on a Chip）に固有のものです。これにより、ドライバーコードはPEPに密接に関連付けられます。

Windows 10では、パフォーマンス状態管理のためにPoFx APIが拡張され、ドライバーコードに標準のAPIを使用するように促し、プラットフォーム上の特定のPEPについて心配する必要がなくなりました。各コンポーネントについて、PoFxは次に示す種類のパフォーマンス状態を提供します。

- 周波数（Hz）、帯域幅（ビット/秒）、またはドライバーにとって意味のある非透過的な数における、個別の状態の数。
- 最小と最大の間にある状態の連続的な分布（周波数、帯域幅、カスタム）

この例の1つはグラフィックスカード用のもので、グラフィックスカードが動作可能な周波数の個別のセットを定義します。これにより、消費電力に間接的に影響を及ぼします。必要に応じて、同様のパフォーマンス設定を帯域幅の使用量のために定義することができます。

パフォーマンス状態管理のためにPoFxに登録するためには、ドライバーは最初に、前の項で説明したように、デバイスをPoFxに登録する必要があります（PoFxRegisterDevice）。その後、ドライバーはPoFxRegisterComponentPerfStatesルーチンを呼び出して、パフォーマンスの詳細（個別ベースまたは範囲ベース、周波数、帯域幅、またはカスタム）と状態の変更が実際に発生したときのコールバック関数を渡します。

ドライバーは、あるコンポーネントのパフォーマンス状態の変更を決めたとき、PoFxIssueComponentPerfStateChangeまたはPoFxIssueComponentPerfStateChangeMultipleルーチンを呼び出します。これらの呼び出しは、そのコンポーネントと指定した状態（設定が個別の状態または範囲ベースのものかに応じて、インデックスまたは値に基づいて）に置くようにPEPに要求します。ドライバーは、そ

の呼び出しが同期、非同期、または"気にしない（どちらでもよい）"のいずれかで行うように指定することもできます。どちらでもよい場合、それはPEPが決定します。いずれの方法でも、PoFxは最終的にドライバーに登録されたコールバック関数を、パフォーマンス状態を指定して呼び出します。このコールバック関数は、要求されたものかもしれませんし、PEPによって拒否されるかもしれません。要求が受け入れられた場合、ドライバーは担当するハードウェアに対して適切な呼び出しを行い、実際の変更を行います。PEPが要求を拒否した場合、ドライバーは前述した関数の1つに対する新しい呼び出しを使用して、再試行できます。ドライバーのコールスタックが呼び出される前に、1回の呼び出しだけを実行できます。

6.9.6 | 電源可用性（パワーアベイラビリティ）要求

アプリケーションとドライバーは、既に開始されたスリープへの移行を拒否することができません。しかし、特定のシナリオでは、ユーザーが特定の方法でシステムと対話しているときに、スリープへの移行を開始する機能を無効にするためのメカニズムが求められます。例えば、ユーザーが現在、コンピューターで動画を鑑賞していて、そのコンピューターが通常のアイドル状態になったとき（マウスやキーボード入力が15分間なかったことに基づいて）、メディアプレーヤーアプリケーションは動画を再生中である限り、アイドル状態への移行を一時的に無効にする機能を持っているべきです。おそらく、システムが通常行うであろう、他の省電力対策機能についても想定するはずです。例えば、ディスプレイの電源オフや暗転です。これらの機能は、ビジュアルなメディアの楽しみの邪魔にもなります。レガシバージョンのWindowsでは、ユーザーモードAPIであるSetThreadExecutionState関数を使用して、ユーザーがまだコンピューターを使用中であることを電源マネージャーに伝えることで、システムとディスプレイのアイドル状態への移行を制御できました。しかし、このAPIは、ある種の診断機能を一切提供せず、可用性（アベイラビリティ）要求を定義するのに十分な精度を与えることもしませんでした。また、ドライバーは独自に要求を発行することができず、ユーザーアプリケーションでさえ、自身のスレッドモデルを正しく管理する必要がありました。なぜなら、そのような要求は、プロセスやシステムのレベルではなく、スレッドのレベルにあったからです。

現在のWindowsは、電源要求オブジェクトをサポートしています。このオブジェクトは、カーネルによって実装される、オブジェクトマネージャーに定義された本物のオブジェクトです。Windows SysinternalsのWinObjユーティリティ（このユーティリティの詳細については本書下巻で説明します）を使用すると、¥ObjectTypesディレクトリの中にPowerRequestという名前のオブジェクトの種類を確認することができます。または、カーネルデバッガーの!objectエクステンションコマンドにオブジェクトの種類として¥ObjectTypes¥PowerRequestを指定することで、これを確認することができます。

電源可用性（パワーアベイラビリティ）要求は、ユーザーモードアプリケーションによりPowerCreateRequest APIを使用して生成され、有効化または無効化にはそれぞれPowerSetRequestまたはPowerClearRequest APIで行います。カーネルモードのドライバーは、PoCreatePowerRequest、PoSetPowerRequest、PoClearPowerRequestルーチンを使用します。ハンドルは使用されないため、オブジェクトの参照を削除するためにはPoDeletePowerRequestルーチンが必要になります（これに対して、ユーザーモードは単純にCloseHandle関数を使用できます）。

電源要求（Power Request）APIで使用できる要求には、次の4種類があります。

- **システム要求（SystemRequired）**—— この種類の要求は、システムに対して、アイドルタイマーを理由に自動的にスリープに入らないように指示します（ただし、例えば、ユーザーは依然とし

第**6**章 I/Oシステム　**675**

てスリープに入るために液晶ディスプレイを閉じることが可能です）。

- **ディスプレイ要求（DisplayRequired）** —— この種類の要求は、システム要求と同じことを行いますが、ディスプレイだけが対象です。

- **離席モード要求（AwayModeRequired）** —— この種類の要求は、Windowsの通常のスリープ（S3状態）の動作を変更します。この種類の要求により、コンピューターは完全に電源オンのモードが維持されますが、ディスプレイとサウンドカードの電源はオフにし、あたかもコンピューターが本当にスリープ状態であるかのように見せます。この動作は、通常、専用のセットトップボックスまたはメディアセンターデバイスでのみ使用されます。例えば、ユーザーが物理的なスリープボタンを押したときでも、メディアの配信を継続する必要があるときに使用されます。

- **実行必須要求（ExecutionRequired）** —— この種類の要求（Windows 8およびWindows Server 2012から利用可能）は、プロセスライフサイクルマネージャー（PLM）が通常はユニバーサルWindowsプラットフォーム（UWP）アプリを終了する場合でも（理由は何であれ）、電源ポリシーの設定といった要素に応じて引き延ばされた長さの時間、UWPアプリのプロセスの実行を継続するように指示します。この種類の要求は、モダンスタンバイをサポートするシステムでのみサポートされます。それ以外のシステムの場合、この要求はシステム要求と解釈されます。

実習 電源可用性（パワーアベイラビリティ）要求を表示する

　残念ながら、PowerCreateRequestといった呼び出しで作成された電源要求カーネルオブジェクトは、パブリックシンボルが利用可能になっていません。しかし、Powercfgユーティリティは、電源要求を一覧表示する方法を提供します。これには、カーネルデバッガーは必要ありません。次の例は、Windows 10のラップトップコンピューターの［映画 & テレビ］アプリを使用して、Webからビデオとオーディオストリームを再生中に、Powercfgユーティリティを実行したときの出力結果です。

```
C:¥Windows¥System32>powercfg /requests
DISPLAY:
[PROCESS] ¥Device¥HarddiskVolume3¥Program Files¥WindowsApps¥Microsoft.
ZuneVideo_10.17092.13511.0_x64__8wekyb3d8bbwe¥Video.UI.exe
Windows Runtime Package: Microsoft.ZuneVideo_8wekyb3d8bbwe

SYSTEM:
[DRIVER] High Definition Audio デバイス (HDAUDIO¥FUNC_01&VEN_8384&DEV_769
0&SUBSYS_102801A8&REV_1022¥4&312aa2b3&0&0001)
現在 1 つのオーディオ ストリームが使用中です。
[PROCESS] ¥Device¥HarddiskVolume3¥Program Files¥WindowsApps¥Microsoft.
ZuneVideo_10.17092.13511.0_x64__8wekyb3d8bbwe¥Video.UI.exe
Windows Runtime Package: Microsoft.ZuneVideo_8wekyb3d8bbwe

AWAYMODE:
なし。

実行:
なし。
```

```
PERFBOOST:
なし。

ACTIVELOCKSCREEN:
なし。
```

出力結果には、6つの要求の種類が示されています（前述の4つとは対照的に）。最後の2つ、PERFBOOSTおよびACTIVELOCKSCREENは、内部的な電源要求の種類としてカーネルヘッダー内に宣言されているものですが、いずれにしろ現在は使用されていません。

6.10 | まとめ

I/Oシステムは、WindowsにおけるI/O処理のモデルを定義し、共通の、または1つ以上のドライバーで必要とされる機能を実行します。I/Oシステムの主な責務は、I/O要求を表すI/O要求パケット（IRP）を作成すること、およびさまざまなドライバーを介してそのパケットを誘導し、I/Oが完了したときに呼び出し元に結果を返すことです。I/Oマネージャーは、ドライバーとデバイスオブジェクトを含むI/Oシステムのオブジェクトを使用して、さまざまなドライバーとデバイスを発見します。内部的には、WindowsのI/Oシステムは高パフォーマンスを実現するために非同期で動作し、ユーザーモードアプリケーションに対して同期および非同期のI/O機能の両方を提供します。

デバイスドライバーには、従来のハードウェアデバイスドライバーだけでなく、ファイルシステム、ネットワーク、複数層フィルタードライバーも含まれます。すべてのドライバーは、共通の構造を持ち、共通のメカニズムを使用して、相互に、およびI/Oマネージャーと通信します。I/Oシステムのインターフェイスにより、高水準言語でドライバーを記述することができ、開発時間が短縮され、移植性も高まります。ドライバーはオペレーティングシステムに対して共通の構造を提示するため、モジュール化を実現するためにドライバーを別のドライバーの上に重ねることができ、ドライバー間の重複を削減することができます。汎用的なデバイスドライバーインターフェイス（DDI）のベースラインを使用することで、ドライバーのコードを変更することなく、複数のデバイスとフォームファクターを対象にできます。

最後に、プラグアンドプレイ（PnP）マネージャーの役割は、デバイスドライバーとともに機能し、ハードウェアデバイスを動的に検出して、ハードウェアデバイスの列挙とドライバーのインストールをガイドする内部的なデバイスツリーを作成することにあります。電源マネージャーは、デバイスドライバーとともに機能し、省電力を適用できるとき、省エネルギーデバイスを低電力状態に移行し、バッテリー時間を引き延ばします。

次の章では、今日のコンピューターシステムで最も重要な側面の1つである"セキュリティ"について取り上げます。

第7章

セキュリティ

センシティブなデータに対する承認されていないアクセスを防止することは、複数のユーザーが同じ物理リソースまたはネットワークリソースにアクセスする、あらゆる環境において重要なことです。オペレーティングシステムはもちろん、個々のユーザーも、ファイル、メモリ、構成設定を、望ましくない参照や変更から保護できなければなりません。オペレーティングシステムのセキュリティは、アカウント、パスワード、およびファイル保護といった、明確なメカニズムを提供します。オペレーティングシステムを破損から保護する、権限の低いユーザーが操作を実行するのを禁止する（例えば、コンピューターの再起動を禁止する）、ユーザープログラムが他のユーザーやオペレーティングシステムのプログラムに悪影響を与えるのを許可しない、といったあまり目立たないメカニズムもあります。

この章では、堅牢なセキュリティを提供するという厳しい要件の下で、Windowsの設計と実装のあらゆる側面が、どのような方法でどのように影響を受けているのかを説明します。

7.1 セキュリティ評価

オペレーティングシステムを含め、明確に定義された標準に照らして評価されたソフトウェアを持つことは、政府、企業、およびホームユーザーがコンピューターシステムに格納されたプロプライエタリ（知的所有権を有する）データや個人データを保護するのに役立ちます。米国およびその他の多くの国で使用されている現在のセキュリティ評価標準は、「コモンクライテリア（Common Criteria：CC）」です。しかしながら、Windowsの設計に含まれるセキュリティ機能を理解するためには、Windowsの設計に影響を与えたセキュリティ評価システムである「トラステッドコンピューターシステム評価基準（Trusted Computer System Evaluation Criteria：TCSEC）」の歴史を知ることが役に立ちます。

7.1.1 トラステッドコンピューターシステム評価基準（TCSEC）

米国コンピューターセキュリティセンター（National Computer Security Center：NCSC）は、米国国防省（U.S. Department of Defense：DoD）の国家安全保障局（National Security Agency：NSA）内に1981年に設立されました。NCSCの目標の1つは、表7-1に示すセキュリティ評価の範囲を作成して、商用オペレーティングシステム、ネットワークコンポーネント、および信頼されたアプリケーションが提供する保護の程度を示すことでした。これらのセキュリティ評価は、トラステッドコンピューターシステム評価基準（TCSEC）として1983年に作成され、通称「オレンジブック（Orange Book）」と呼ばれています。TCSECは、https://csrc.nist.gov/csrc/media/publications/conference-paper/1998/10/08/proceedings-of-the-21st-nissc-1998/documents/early-cs-papers/dod85.pdfから入手できます。

表7-1　トラステッドコンピューターシステム評価基準（TCSEC）の評価レベル

評価レベル	説明
A1	検証された設計
B3	セキュリティドメイン
B2	構造化保護
B1	ラベル付きセキュリティ保護
C2	制御アクセス保護
C1	随意アクセス保護（廃止）
D	最小保護

　TCSEC標準は、信頼の評価レベルで構成され、より低いレベルに、より厳格な保護と検証要件を追加することで、より高いレベルが構築されています。A1評価（検証された設計）に適合するオペレーティングシステムは存在しません。少数のオペレーティングシステムはB1評価レベルの1つを獲得していますが、C2評価は汎用オペレーティングシステムにとって十分であると考えられえる、実用的な最も高い評価です。

　C2セキュリティ評価のための主な要件を以下に示します。これらは、今もなお、セキュアオペレーティングシステムのためのコア要件であると考えられています。

- **セキュアなログオン機能** —— これは、ユーザーが一意が一意に識別されることができ、何らかの方法で認証された後でのみ、コンピューターへのアクセスが許可されなければならないことを要求します。
- **随意アクセス制御** —— これは、リソース（ファイルなど）の所有者が、誰がそのリソースにアクセスすることができ、そのリソースに対して何ができるのかを決定することを可能にします。所有者は、ユーザーまたはユーザーグループに対して、さまざまな種類のアクセスを許可する権利を与えます。
- **セキュリティ監査** —— これは、セキュリティ関連のイベント、またはシステムリソースの作成、アクセス、削除の試みを検出し、記録する機能を提供します。ログオン識別子はすべてのユーザーの識別子を記録するため、承認されていない操作を行ったユーザーを簡単に追跡することができます。
- **オブジェクトの再使用の防止** —— これは、ユーザーが、別のユーザーにより削除されたデータを参照することを防止します。または、ユーザーが、別のユーザーにより以前に使用され、解放されたメモリにアクセスすることを防止します。例えば、一部のオペレーティングシステムでは、一定の長さの新しいファイルを作成し、そのファイルの内容を調べることで、ファイルに割り当てられたディスク上の場所をかつて占有していたデータを確認することができます。このデータは、別のユーザーのファイルに格納されていたもので、既に削除されたセンシティブな情報である可能性があります。オブジェクトの再利用の防止は、この潜在的なセキュリティホールの可能性を、ファイル、メモリを含むすべてのオブジェクトをユーザーに割り当てる前に初期化することで回避します。

Windowsはさらに、B評価レベルのセキュリティの2つの要件を満たしています。

- **信頼できるパス（トラステッドパス）機能** —— これは、ユーザーがログオンしようとするときに、トロイの木馬プログラムにユーザー名やパスワードをインターセプトされるのを回避します。Windowsにおける信頼できるパス（トラステッドパス）機能は、**Ctrl** + **Alt** + **Delete** キーのログオ

ンシーケンスの形式で提供されます。これは、権限のないアプリケーションがインターセプトすることはできません。このキー操作のシーケンスは、Secure Attention Sequence (SAS) としても知られており、常にシステムに制御されたWindowsセキュリティの画面（ユーザーが既にログオンしている場合）またはログオンスクリーンを表示します。そのため、トロイの木馬がいたとしても容易に認識できるはずです（グループポリシーとその他の制限がそれを許可している場合、SendSAS APIを使用してSASをプログラム的に送信することもできます）。SASが入力されたとき、トロイの木馬が表示する偽のログオンダイアログボックスはバイパスされるでしょう。

- **信頼できるファシリティ管理** ―― これは、管理機能用にアカウントの役割の分割サポートを必要とします。例えば、管理用のアカウントが提供され（Administratorsグループのメンバー）、コンピューターのバックアップを行うためのユーザーアカウントや標準ユーザーと分割します。

Windowsは、セキュリティサブシステムと関連するコンポーネントを通して、これらの要件のすべてに準拠しています。

7.1.2 | コモンクライテリア (CC)

1996年1月、米国、英国、ドイツ、フランス、カナダ、およびオランダが共同で開発した、「情報技術セキュリティ評価に関する共通基準（Common Criteria for Information Technology Security Evaluation : CCITSE）」仕様がリリースされました。CCITSEは、通常「コモンクライテリア (CC)」と呼ばれ、製品セキュリティ評価のための国際標準として認められています。CCの公式Webサイトは、https://www.commoncriteriaportal.org/です。具体的な評価活動については、NIAP (National Information Assurance Partnership) のWebサイトhttps://www.niap-ccevs.org/を参照してください。

CCは、TCSECの信頼レベル評価よりも柔軟であり、TCSEC標準よりもITSEC標準[*1]に近い構造を持ちます。CCには「保護プロファイル（Protection Profile : PP）」と「セキュリティターゲット（Security Target : ST）」の概念が含まれます。PPは、セキュリティ要件を容易に指定および比較されるセットに集めるために使用されます。STは、PPに参照されることによって作成可能な一連のセキュリティ要件を含みます。CCはまた、「評価保証レベル（Evaluation Assurance Level : EAL）」という7つの範囲を定義します。これは、認定の信頼のレベルを示します。このようにして、CCは（ITSEC標準がそれ以前にしていたように）、TCSECおよびそれ以前の認定スキーマには存在した、機能性と保証レベルとの間の依存関係を取り除きます。

Windows 2000、Windows XP、Windows Server 2003、およびWindows Vista Enterpriseはすべて、「制御されたアクセス保護プロファイル（Controlled Access Protection Profile : CAPP）」のCC認定を達成しています。これは、TCSECのC2評価レベルとほぼ同等です。すべてが「EAL 4 +」評価を受け取りました。プラス (+) は、「修正対応のシステム化（Flow Remediation）」を意味します。EAL 4は、国境を越えて認められる最高の評価レベルです。

2011年3月には、Windows 7およびWindows Server 2008 R2が、米国政府の「ネットワーク環境における汎用オペレーティングシステムのプロテクションプロファイル、バージョン1.0（Protection Profile for General-Purpose Operating Systems in a Networked Environment, version 1.0 : GPOSPP）」(https://www.commoncriteriaportal.org/files/ppfiles/pp_gpospp_v1.0.pdf) の要件を満たしていると評価されました。この認定には、Hyper-Vハイパーバイザーも含まれます。繰り返します

[*1] 訳注：Information Technology Security Evaluation Criteria (ITSEC) は、英国、ドイツ、フランス、オランダの4か国が欧州統一評価基準として開発し、1991年6月に公開されたものです。

が、修正対応のシステム化付き評価保証レベル4（EAL 4 +）を達成しています。その検証レポートは、http://www.commoncriteriaportal.org/files/epfiles/st_vid10390-vr.pdfで入手可能です。また、満たされた要件の詳細を示すSTの説明については、http://www.commoncriteriaportal.org/files/ppfiles/pp_gpospp_v1.0.pdfで入手できます。同様の認定が、2016年7月にWindows 10およびWindows Server 2012 R2によって達成されました。そのレポートは、https://www.commoncriteriaportal.org/files/epfiles/cr_windows10.pdfで入手できます。

7.2 セキュリティシステムコンポーネント

Windowsのセキュリティを実装しているコアコンポーネントとデータベースを以下に示します（ここで示したすべてのファイルは、特に明記していない限り、%SystemRoot%¥System32ディレクトリ内に存在します）。

- **セキュリティ参照モニター（Security Reference Monitor：SRM）** ── Windowsエグゼクティブ（Ntoskrnl.exe）の中にあるこのコンポーネントは、アクセストークンデータ構造体を定義して、セキュリティコンテキストの表現、オブジェクトのセキュリティアクセスチェックの実行、特権（ユーザー権利）の操作、および結果として発生したセキュリティ監査メッセージを生成する役割を持ちます。

- **ローカルセキュリティ機関サブシステムサービス（Local Security Authority Subsystem Service：Lsass）** ── これは、Lsass.exeを実行するユーザーモードプロセスであり、ローカルシステムセキュリティポリシー（コンピューターにログオンすることが許可されているユーザー、パスワードポリシー、ユーザーやグループに付与された特権、およびシステムセキュリティ監査設定など）、ユーザーの認証、およびイベントログに対するセキュリティ監査メッセージの送信を担当します。ローカルセキュリティ機関サービス（Lsasrv.dll、LSAサーバーDLL）は、Lsassが読み込むライブラリであり、この機能のほとんどが実装されています。

- **LsaIso.exe** ── これは資格情報ガード（詳しくは「7.3.1　資格情報ガード（Credential Guard）」の項を参照）としても知られるコンポーネントであり、ユーザーのトークンハッシュをLsassのメモリ内に維持するのではなく、格納するためにLsassによって使用されます。LsaIso.exeは仮想信頼レベル（Virtual Trust Level：VTL）1で実行中のTrustlet、つまり分離ユーザーモード（Isolated User Mode：IUM）プロセスであるため、通常のプロセスは（通常のカーネルでさえ）このプロセスのアドレス領域にアクセスすることができません。Lsass自体は、LsaIsoと通信するとき（ALPCを使用して）、必要なパスワードハッシュの暗号化されたブロブを格納します。

- **Lsassポリシーデータベース** ── このデータベースは、ローカルシステムのセキュリティポリシー設定を含み、レジストリ内のHKLM¥SECURITYの下のアクセス制御リスト（ACL）で保護された領域に格納されています。このデータベースは、どのドメインがログオン試行の認証を委任されているか、どのユーザーがどのように（対話型、ネットワーク、サービスとしてログオン）システムにアクセスすることを許可されているか、どのユーザーにどの特権が割り当てられているか、およびどの種類のセキュリティ監査が実施されるようになっているかといった情報を含みます。Lsassポリシーデータベースには、"シークレット（Secrets）"も格納されています。シークレットには、キャッシュ済みのドメインログオンおよびWindowsサービスのユーザーアカウントログオンのために使用されるログオン情報が含まれています（Windowsサービスに関してさらに詳しくは、本書下巻を参照してください）。

第**7**章　セキュリティ　**681**

- **セキュリティアカウントマネージャー（Security Accounts Manager：SAM）** —— このサービスは、ローカルコンピューターに定義されているユーザー名とグループを含むデータベースの管理を担当します。SAMサービスは、Samsrv.dllに実装され、Lsassプロセスに読み込まれます。
- **SAMデータベース** —— このデータベースは、定義済みのローカルユーザーとグループを、そのパスワードや他の属性とともに含みます。ドメインコントローラーでは、SAMはドメイン定義のユーザーを格納しませんが、システムのディレクトリサービス復元モード（DSRM）で使用するAdministratorの定義とパスワードを格納しています。このデータベースは、レジストリ内のHKLM¥SAMの下に格納されています。
- **Active Directory** —— これは、ドメイン内のオブジェクトに関する情報を格納するデータベースを含むディレクトリサービスです。1つのドメインは、コンピューターのコレクションであり、ドメインに関連付けられたセキュリティグループは単一のエンティティとして管理されます。Active Directoryは、ユーザー、グループ、コンピューターを含む、そのドメイン内のオブジェクトに関する情報を格納します。ドメインのユーザーおよびグループのためのパスワード情報と特権は、Active Directory内に格納され、ドメインのドメインコントローラーとして指定されたコンピューター間で複製されます。Active Directoryのサーバー機能は、Ntdsa.dllとして実装され、Lsassプロセス内で実行されます。Active Directoryについてさらに詳しくは、第6版上巻で説明しています。
- **（複数の）認証パッケージ（Authentication Package）** —— これらは、Lsassプロセスとクライアントプロセスの両方のコンテキストで実行されるダイナミックライブラリ（DLL）を含み、Windows認証ポリシーを実装しています。1つの認証DLLは、特定のユーザー名とパスワードが一致するかどうか（または資格情報を提供するのに使用されたメカニズム）をチェックすることで、ユーザーの認証を担当します。一致する場合、ユーザーのセキュリティIDを詳細に示す情報をLsassに返し、Lsassはそれを使用してトークンを生成します。
- **対話型ログオンマネージャー（Winlogon）** —— これは、Winlogon.exeを実行するユーザーモードプロセスです。Winlogonは、Secure Attention Sequence（SAS）に応答し、対話型ログオンセッションを管理する役割を持ちます。例えば、Winlogonは、ユーザーがログオンしたときユーザーの最初のプロセスを作成します。
- **ログオンユーザーインターフェイス（LogonUI）** —— これは、LogonUI.exeを実行するユーザーモードプロセスです。LogonUIは、ユーザーに対して、システム上でユーザー自身を認証するために使用できるユーザーインターフェイスを表示します。LogonUIは、資格情報プロバイダーを使用して、ユーザーの資格情報をさまざまな方法で照会します。
- **（複数の）資格情報プロバイダー（Credential Provider）** —— これらは、インプロセスのコンポーネントオブジェクトモデル（COM）オブジェクトです。資格情報プロバイダーは、LogonUIプロセス内で実行され（SASが入力されたときWinlogonによってオンデマンドで開始されます）、ユーザーのユーザー名とパスワード、スマートカードのPIN、生体認証データ（指紋など）、または他の識別メカニズムを取得するために使用されます。標準の資格情報プロバイダーとしては、Authui.dll、SmartcardCredentialProvider.dll、BioCredProv.dll、およびFaceCredentialProvider.dllがあります。FaceCredentialProvider.dllは顔認証プロバイダーで、Windows 10で追加されました。
- **ネットワークログオンサービス（Netlogon）** —— これは、ドメインコントローラーに対してセキュリティで保護されたチャネルをセットアップするWindowsサービス（Netlogon.dll、標準のSvchost.exeプロセスでホストされるサービス）です。セキュリティで保護されたチャネルでは、対話型ログオン（ドメインコントローラーがWindows NT 4.0を実行している場合）、またはLAN

Manager（LANMAN）およびNT LAN Manager（NTLM v1およびv2）認証の検証が送信されます。Netlogonは、Active Directoryログオンのためにも使用されます。

- **カーネルセキュリティデバイスドライバー（Kernel Security Device Driver：KSecDD）** —— これは、Advanced Local Procedure Call（ALPC）インターフェイスを実装する関数のカーネルモードライブラリ（%SystemRoot%¥System32¥Drivers¥Ksecdd.sys）です。暗号化ファイルシステム（Encrypting File System：EFS）を含む、他のカーネルモードセキュリティコンポーネントがユーザーモードでLsassと通信するために使用します。

- **AppLocker** —— このメカニズムは、指定したユーザーおよびグループが使用可能な、実行可能ファイル、Windowsインストーラー、DLL、スクリプト、パッケージアプリを管理者が指定できるようにします。AppLockerは、ドライバー（%SystemRoot%¥System32¥Drivers¥AppId.sys、AppID Driver）と標準のSvchostプロセス内で実行されるサービス（AppIdSvc.dll、サービス名：AppIDSvc、表示名：Application Identity）で構成されます。

図7-1は、これらのコンポーネントの一部と、コンポーネントが管理するデータベースの関係を示しています。

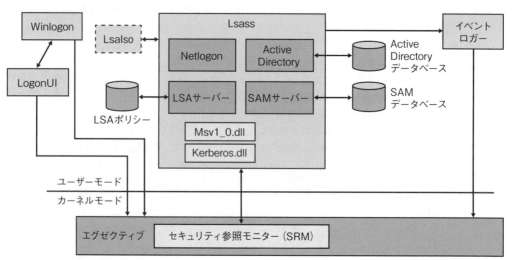

図7-1　Windowsセキュリティコンポーネント

> **実習　HKLM¥SAMとHKLM¥SECURITYの中を参照する**
>
> レジストリ内のSAMおよびSECURITYキーに関連付けられているセキュリティ識別子は、ローカルシステムアカウント以外のすべてのアカウントからのアクセスをブロックします。調査のためにこれらのキーへのアクセスを得る1つの方法は、セキュリティ設定をリセットすることですが、それはシステムのセキュリティを弱めてしまうことになります。もう1つの方法は、ローカルシステムアカウントとして実行している間に、レジストリエディター（Regedit.exe）を実行することです。Windows SysinternalsのPsExecユーティリティを、**-s**オプションを指定して次のように実行すると、目的のことを行うことができます。

```
C:¥>psexec -s -i -d c:¥windows¥regedit.exe
```

-iオプションは、対話型のウィンドウステーションの下で対象の実行可能イメージを実行するようにPsExecユーティリティに指示します。このオプションを指定しないと、プロセスは非対話型ウィンドウステーション内で実行されることになり、デスクトップ上に見えません。-dオプションは、PsExecユーティリティに、対象プロセスが終了するまで待機しないように指示します。

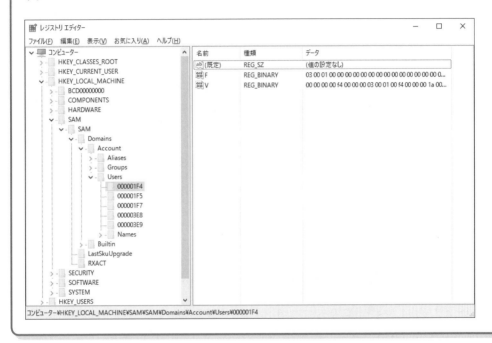

カーネルモードで実行されるSRMとユーザーモードで実行されるローカルセキュリティ機関（LSA）のプロセス（Lsass）は、本書下巻で説明するAdvanced Local Procedure Call（ALPC）の機能を用いて通信します。システムの初期化の間に、SRMはSeRmCommandPortという名前のポートを作成し、Lsassはこのポートに接続することになります。Lsassプロセスが開始すると、LsassはSeLsaCommandPortという名前のALPCポートを作成します。SRMはこのポートに接続し、結果としてプライベートな通信ポートが作成されます。SRMは256バイトより大きいメッセージのために共有メモリセクションを作成し、接続（Connect）呼び出しでハンドルを渡します。システムの初期化中にSRMとLsassが相互に接続されると、SRMとLsassはそれぞれの接続ポートでリッスンすることはもうありません。そのため、後続のユーザープロセスは、悪意のある目的で、これらのポートのいずれかに接続を成功する方法がありません。その接続要求は、決して完了することはありません。

7.3 | 仮想化ベースのセキュリティ（VBS）

本質的に高いレベルの特権、およびユーザーモードアプリケーションからの分離があってこそ、そのカーネルは信頼できると呼ぶのが一般的です。しかし、毎月、数えきれないほどのサードパーティ製ドライバーが書かれています。マイクロソフトでは、毎月、100万もの一意のドライバーのハッシュ値が、製品利用統計情報で確認されています。これらのドライバーはそれぞれ、いくつもの脆弱性を含んでいる可能性があります。言うまでもなく、意図的に悪意のあるカーネルモードコードが含まれている可能性もあります。そんな現実において、カーネルが小さく、保護されたコンポーネントであり、ユーザーモードアプリケーションは攻撃から“安全”であるという考えは、明らかに実現されていない理想でしかありません。この状況は、カーネルを完全に信頼することをできなくさせ、重要なユーザーモードアプリケーションが持っている可能性のある、極めてプライベートなユーザーデータを、他の悪意のあるユーザーモードアプリケーション（バグのあるカーネルモードコンポーネントを悪用することで）や悪意のあるカーネルモードプログラムが開いて、漏洩させてしまうかもしれません。

「第2章　システムアーキテクチャ」で議論したように、Windows 10およびWindows Server 2016には、追加的な独立した信頼レベルである「仮想信頼レベル（Virtual Trust Level：VTL）」を有効にする、「仮想化ベースのセキュリティ（Virtualization-Based Security：VBS）」アーキテクチャが組み込まれています。ここでは、資格情報ガードとデバイスガードが、ユーザーデータを保護し、デジタルコード署名用途向けのハードウェア信頼ベースの追加のセキュリティレイヤーを提供するために、どのようにVTLを利用するのかを見ていきます。この章の最後には、カーネルパッチ保護（KPP）が、どのようにしてPatchGuardコンポーネントによって提供され、VBSで強化されたHyperGuardテクノロジによって拡張されるのかもお見せします。

覚書として、通常のユーザーモードおよびカーネルコードはVTL 0内で実行され、VTL 1の存在に気付くことはありません。これは、VTL 1に置かれたものは何であれ、VTL 0から隠され、アクセス不能になるということです。通常のカーネルに侵入できるマルウェアであっても、VTL 1内に格納されているものには依然としてアクセスできません。これには、VTL 1内で実行中のユーザーモードコードまで含まれます（このユーザーモードコードは分離ユーザーモード（IUM）と呼ばれます）。図7-2は、この節で見ていく主なVBSコンポーネントを示しています。

- **ハイパーバイザーのコードの整合性（Hypervisor Code Integrity：HVCI）**[2]**およびカーネルモードのコードの整合性（Kernel Mode Code Integrity：KMCI）** —— これらはデバイスガード（Device Guard）を可能にします。
- **LSA（Lsass.exe）および分離LSA（Isolated LSA、LsaIso.exe）** —— これらは資格情報ガード（Credential Guard）を可能にします。

また、分離ユーザーモード（Isolated User Mode：IUM）を実行する、Trustletの実装についても思い出してください。これらについては、「第3章　プロセスとジョブ」の「3.5　Trustlet（セキュアプロセス）」の節でそれぞれ説明しました。

---

[2] 訳注：Windowsのユーザーインターフェイスやポリシー設定などでは、「コードの整合性に対する仮想化ベースの保護」（Virtualization Based Protection of Code Integrity）と表現される場合があります。

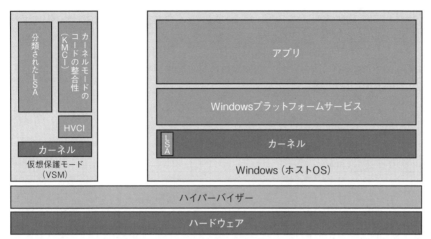

図7-2 仮想化ベースのセキュリティ（VBS）のコンポーネント

　当然のことながら、他のあらゆる信頼できるコンポーネントと同様に、VTL 1はそれが依存するコンポーネントも信頼できることを前提としています。したがって、VTL 1はセキュアブート（つまり、そのためのファームウェア）が正常に機能し、ハイパーバイザーが侵害されていないこと、およびIOMMU（I/Oメモリ管理ユニット）やIntel Management Engineといったハードウェア要素にVTL 0からアクセス可能な脆弱性が存在しないことが要求されます。ハードウェアの信頼のチェーンおよびブート関連のセキュリティ技術については、本書下巻で詳しく説明します。

7.3.1　資格情報ガード（Credential Guard）

　「資格情報ガード（Credential Guard）」が提供するセキュリティの境界と保護を理解するためには、ユーザーのリソースとデータにアクセスを提供する、あるいはネットワーク環境でログオン機能を提供する、さまざまなコンポーネントについて理解することが重要です。

- パスワード ── これは、対話型ユーザーによってコンピューター上でユーザー自身を識別するために使用されるプライマリ資格情報です。この資格情報は、認証のために使用され、資格情報モデルの他のコンポーネントを引き出すためにも使用されます。パスワードは、ユーザーのIDの中で最も標的にされるものです。
- NT単方向関数（NT One-Way Function：NT OWF） ── NT LAN Manager（NTLM）プロトコルを使用するユーザーを識別する（パスワードログオンの成功の後に）、レガシコンポーネントで使用されるハッシュ値です。現在のネットワークシステムはユーザーの認証にNTLMをもはや使用しませんが、多くのローカルコンポーネントは依然としてNTLMを使用します。また、レガシネットワークコンポーネントの一部の種類もNTLMを使用します（NTLMベースの認証を行うプロキシなど）。NT OWFはMD4ハッシュであり、今日のハードウェアにとってそのアルゴリズムの複雑さの程度、およびアンチリプレイ保護（リプレイ攻撃に対する保護）の欠如のため、ハッシュの傍受で簡単に侵入されてしまいますし、パスワードを解読することさえ可能です。
- チケット保証チケット（Ticket-Granting Ticket：TGT） ── これは、より現代的なリモート認証メカニズムであるKerberosが使用される場合の、NT OWFに相当するものです。これは、

WindowsのActive Directoryベースのドメインの既定であり、Windows Server 2016では強制されています。ログオンに成功すると、ローカルコンピューターに対してTGTおよび対応するキー（セッションキー）が提供されます（NTLMにおけるNT OWFと同じように）。これらの両方のコンポーネントが傍受されると、ユーザーの資格情報を簡単に取得できますが、資格情報の再利用やパスワードの解読は不可能です。

資格情報ガードが有効になっていない場合、ユーザー認証の資格情報のこれらのコンポーネントの一部またはすべては、ローカルセキュリティ機関（LSA）のプロセス（Lsass）のメモリ上に存在します。

メモ
Windows 10 EnterpriseおよびWindows Server 2016で資格情報ガードを有効化するには、［ローカルグループポリシーエディター］（Gpedit.msc）を開き、［コンピューターの構成￥管理用テンプレート￥システム￥Device Guard］を展開し、［仮想化ベースのセキュリティを有効にする］ポリシーをダブルクリックして開きます。［仮想化ベースのセキュリティを有効にする］ダイアログボックスで、［有効］を選択します。また、［Credential Guardの構成］ドロップダウンリストから［UEFIロックで有効化］または［ロックなしで有効化］のいずれかを選択します。

■ パスワードの保護

パスワードは、ローカルの対称キーで暗号化されて格納され、ダイジェスト認証（WDigest、Windows XP以降のHTTPベースの認証で使用されます）やリモートデスクトップサービス（旧称ターミナルサービス）用のリモートデスクトッププロトコル（Remote Desktop Protocol：RDP）といった、さまざまなプロトコルにシングルサインオン（SSO）機能を提供します。プレーンテキスト（クリアテキスト、平文）認証を使用するプロトコルの場合、パスワードはメモリ内に維持されている必要があります。その場合、コードインジェクション（コード注入）、デバッガー、またはその他のエクスプロイト（悪用）テクニックを使用してアクセスされ、解読されてしまいます。資格情報ガードは、本質的に安全でないこれらのプロトコルの振る舞いを変更することはできません。そのため、資格情報ガードを使用する場合に利用可能な唯一の解決策は、そのようなプロトコルのSSO機能を無効化することです。これは、互換性を損ない、ユーザーの再認証を強制することになります。

明らかに望ましい解決策は、パスワードの使用を完全に排除することです。この章の「7.10.5 Windows Hello」の項で説明するWindows Helloは、それが可能です。顔認証や指紋といった、生体認証の資格情報を使用した認証は、パスワードを入力する必要性を撤廃し、ハードウェアキーロガー、カーネル盗聴（Sniffing）／フッキング（Hooking）ツール、およびユーザーモードベースの傍受（Spoofing）アプリケーションに対して対話型の資格情報を保護します。ユーザーがパスワードを決して入力することがなければ、盗むパスワードはありません。同様の別のセキュアな資格情報は、スマートカードとそれに関連付けられたPIN（Personal Identification Number、個人識別番号）の組み合わせです。PINは入力するときに盗まれる可能性がありますが、スマートカードは物理的な要素であり、スマートキーに格納されたキーは、複雑なハードウェアベースの攻撃なしでは盗み出すことはできません。これは2要素認証（Two Factor Authentication：TFA）の種類の1つであり、その他の実装形態も数多く存在します。

■ NT OWF/TGTキーの保護

保護された対話型の資格情報であっても、ログオンが成功すると、その結果、ドメインコントローラーのキー配布センター（Key Distribution Center：KDC）がチケット保証チケット（TGT）とそれ

に対応するキーを返します。それだけでなく、レガシアプリケーション用のNT単方向関数（NT OWF）も返します。その後、ユーザーはレガシリソースにアクセスするために単純にNT OWFを使用し、サービスチケットを生成するためにTGTとそれに対応するキーを使用します。そのサービスチケットはその後、リモートリソース（共有フォルダー上のファイルなど）にアクセスするために使用されます。この一連の動作を、図7-3に示します。

つまり、NT OWFまたはTGTとそれに対応するキー（Lsassに格納済み）のいずれかが攻撃者の手に入った場合、スマートカード、PIN、またはユーザーの顔

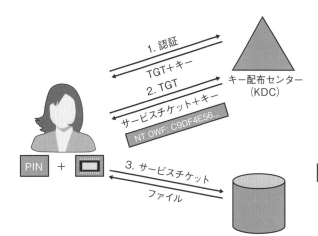

図7-3　リモートリソースへのアクセス

や指紋なしでも、リソースへのアクセスは可能になります。Lsassを攻撃者によるアクセスから保護することは、使用可能な1つの選択肢です。これは、第3章で説明した「保護されたプロセスの簡易版（Protected Process Light：PPL）」のアーキテクチャを使用することで可能です。

Lsassは、HKLM¥SYSTEM¥CurrentControlSet¥Control¥Lsaレジストリキー内にRunAsPPLという名前のDWORD値を作成し、この値に1を設定することで、保護されたプロセスとして実行されるように構成することができます（これは、Lsassが保護されたプロセスとして実行されたとしても、そのLsassのコンテキスト内に読み込まれ、実行される正当なサードパーティ製の認証プロバイダーDLLの既定のオプションにはなりません）。[*3] 残念ながら、この保護は、NT OWFおよびTGTキーをユーザーモードの攻撃者から護ってくれるものではありませんし、毎月生まれる膨大なドライバーにある脆弱性を利用する、カーネルの攻撃者またはユーザーモードの攻撃者に対する保護にもなりません。資格情報ガードは、もう1つのプロセスであるLsaIso.exeを使用することで、この問題を解決します。LsaIso.exeは、仮想信頼レベル（VTL）1のTrustletとして実行されます。そのため、このプロセスは、ユーザーのシークレットをLsassのメモリ内にではなく、（VTL 1内の）自分のメモリ内に格納します。

■ セキュアな通信

第2章で説明したように、仮想信頼レベル（VTL）1は、通常のフル機能のNTカーネルを持たず、いかなる種類のハードウェアのI/Oのためのドライバーやアクセスも持たないため、攻撃にさらされる面が最小限になっています。したがって、VTL 1のTrustletである分離LSA（LsaIso）は、キー配布センター（KDC）と直接的に通信することができません。この役割は、引き続きローカルセキュリティ機関（LSA）であるLsassプロセスが担当します。Lsassプロセスは、プロキシおよびプロトコルの実装者として機能し、ユーザーを認証するためにKDCと通信し、TGTとそれに対応するキー、およびNT単方向関数（NT OWF）を受け取ります。また、サービスチケットによりファイルサーバーとも通

[*3] 訳注：HKLM¥SYSTEM¥CurrentControlSet¥Control¥LsaレジストリキーによるLsassの保護設定は、Windows 8.1およびWindows Server 2012 R2以降でサポートされています。ただし、Windows 10初期リリース（ビルド10240）については不具合があり、保護を構成するとOSを正常に起動できずに自動修復モードが開始するという既知の問題があります。この問題は、Windows 10バージョン1511（ビルド10586）以降で修正されています。

信します。これは一見、問題があるように見えます。TGTとそれに対応するキー、およびNT OWF は、認証中に一時的にLsassに渡されます。また、TGTとそれに対応するキーは、サービスチケット の生成のために、何らかの方法でLsassから利用可能です。ここで2つの疑問が生まれます。Lsassは どのようにして、そのシークレットを分離LSAとの間で送受信するのでしょうか。そして攻撃者がそ れと同じ方法をすることを、どのようにして防ぐことができるのでしょうか。

　最初の疑問に答えるために、「第3章　プロセスとジョブ」で説明した、Trustletから利用可能なサー ビスを思い出してください。Advanced Local Procedure Call（ALPC）はその1つであり、セキュア カーネルは、通常のカーネルに対するNtAlpc*呼び出しをプロキシすることによって、これをサポー トします。次に、分離ユーザーモード（IUM）環境は、ALPCプロトコルにリモートプロシージャコー ル（RPC）ランタイムライブラリ（Rpcrt4.dll）のサポートを実装します。これにより、VTL 0とVTL 1のアプリケーションは、他のアプリケーションやサービスがするのと同じように、ローカルRPCを 使用して通信することができます。図7-4は、Process Explorerで確認することができる、LsaIso.exe プロセスが持つLSA_ISO_RPC_SERVERという名前のALPCポートを示しています。このALPCポー トは、Lsass.exeプロセスとの通信に使用されます（ALPCについては、本書下巻で詳しく説明します）。

　2つ目の質問に答えるためには、暗号化プロトコルとチャレンジ/レスポンスモデルの部分的な理解 が必要です。SSL（Secure Sockets Layer）/TLS（Transport Layer Security）技術の基本的な概念の 一部と、中間者（Man-in-the-Middle：MitM）攻撃を回避するためにインターネット通信でそれが使用 されていることを既に理解している場合は、KDCと分離LSAのプロトコルを同じように考えること ができます。Lsassはプロキシとして中間に位置しますが、LsassはKDCと分離LSA間の暗号化され たトラフィックだけが見え、その内容を理解する能力を持ち合わせていません。分離LSAは、VTL 1 の中でのみ有効なローカルの"セッションキー"を構築し、このセッションキーをKDCだけが持つ別 のキーを使用して暗号化して送信します。その後、KDCはTGTとそれに対応するキーを、分離LSA のセッションキーで暗号化した後に返します。そのため、Lsassには、KDCへの暗号化されたメッセー ジ（Lsassには解読できません）と、KDCからの暗号化されたメッセージ（Lsassには解読できません） が見えます。

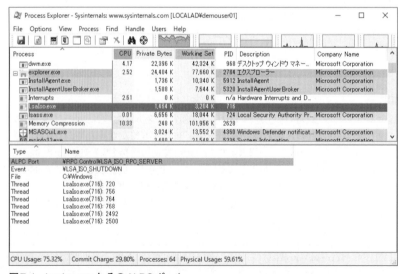

図7-4　LsaIso.exeとそのALPCポート

第**7**章 セキュリティ　　**689**

このモデルは、チャレンジ/レスポンスモデルをベースとするレガシなNTLM認証を保護するのに使用することさえできます。例えば、ユーザーがプレーンテキストの資格情報（パスワード）でログオンしたとき、LSA（Lsass）はそれを分離LSA（LsaIso）に送信します。次に、分離LSAは自身のセッションキーでそれを暗号化し、暗号化された資格情報をLSAに戻します。その後、NTLMチャレンジ/レスポンスが要求されたとき、LSAはNTLMチャレンジと既に暗号化済みの資格情報を分離LSAに送信します。この時点で、分離LSAだけが、暗号化キー（つまりセッションキー）を持つため、その資格情報を復号し、それとNTLMチャレンジを使用してNTLMレスポンスを生成します。

しかし、このモデルには次の4通りの攻撃の可能性があることに注意してください。

- そのコンピューターが既に物理的に侵入されている場合、プレーンテキストのパスワードはキーボードから入力される際に、または分離LSAに送信される際に（Lsassが既に侵入されている場合）、奪われる可能性があります。Windows Helloの使用は、この問題を軽減します。
- 前述したように、NTLMはアンチリプレイ機能を持ちません。そのため、NTLMレスポンスがキャプチャされた場合、それは同じチャレンジのために再生される可能性があります。あるいは、攻撃者がログオン後にLsassに侵入できる場合、暗号化された資格情報をキャプチャして、任意のNTLMチャレンジのための新しいNTLMレスポンスを生成するように、分離LSAに強制する可能性があります。しかし、この攻撃は、再起動されるまでしか機能しません。なぜなら、分離LSAはブート時に新しいセッションキーを生成するからです。
- Kerberosによるログオンの場合、レガシアプリケーション用のNT OWF（これは暗号化されません）が奪われ、標準的なPass-the-Hash（HtH）攻撃の場合と同じように、再利用される可能性があります。しかし、繰り返しますが、攻撃が成功するには、コンピューターが既に侵入されている（または物理ネットワークからの傍受されている）ことが条件です。
- ユーザーは、物理的なアクセスによって、資格情報ガードを無効化できる場合があります。その状況では、レガシ認証モデルが使用され（いわゆる"ダウングレード攻撃"）、古い攻撃手法が利用される可能性があります。

■| UEFIロック

資格情報ガード（Credential Guard）の無効化（これは最終的にレジストリ設定以外のものはありません）は、攻撃者にとって些細なこと（簡単なこと）です。そのため、非物理的な存在の管理者（管理者権限を持ったマルウェアなど）が資格情報ガードを無効にできないように、セキュアブートとUEFIを活用することができます。これは、資格情報ガードを有効化する際に、[UEFIロックで有効化]で構成することによって行えます。このモードにすると、EFI（Extensible Firmware Interface）ランタイム変数がファームウェアのメモリに書き込まれ、再起動が要求されます。再起動時、Windowsブートローダーは、引き続きEFIブートサービスモードで動作し、EFIブート変数（この変数は、EFIブートサービスモードが終了したあとに読み書きできなくなる属性を持ちます）を書き込み、資格情報ガードが有効化されたという事実を記録します。また、ブート構成データ（BCD）オプションが記録されます。

カーネルがブートすると、BCDオプションやUEFIランタイム変数の存在により、資格情報ガードに必要とされるレジストリキーを自動的に再書き込みします。BCDオプションが攻撃者によって削除された場合、BitLocker（有効な場合）およびトラステットプラットフォームモジュール（TPM）ベースのリモート構成証明（有効な場合）がその変更を検出し、ブートの前に管理者による回復キーの物理的な入力を要求します。これにより、BCDオプションはUEFIランタイム変数に基づいて復元されます。UEFIランタイム変数が削除された場合、WindowsブートローダーはEFIブート変数に基づいて

それを復元します。したがって、EFIブート変数を削除するための特別なコード（そのコードはEFIブートサービスモードだけで使用できます）なしで、UEFIロックモードの資格情報ガードを無効化する方法は存在しません。

そのようなコードは、SecConfig.efiという名前のマイクロソフト提供の特別なバイナリの中にのみ存在します。これは、管理者によってダウンロードされる必要があり、管理者は代替のEFIベースデバイスからコンピューターをブートして手動で実行するか（BitLocker回復キーだけでなく、物理的なアクセス手段も必要です）、またはBCDの変更（BitLocker回復キーが必要です）のいずれかの方法を実行する必要があります。再起動の際、UEFIモードの間にSecConfig.efiがユーザーの確認を要求します（これは物理的なユーザーアクセスによってのみ行えます）。

■│認証ポリシーとKerberos防御

"ログオン前または物理的な管理者によって既に侵入されていない限り安全"というセキュリティモデルの使用は、従来の、資格情報ガード（Credential Guard）を使用しないセキュリティモデルよりもはるかに改善されています。しかし、一部の企業や組織は、より強固なセキュリティの保証を求めているかもしれません。例えば、侵害されたコンピューターは、ユーザーの資格情報の偽装や再生に使用できない、ユーザーの資格情報が漏洩した場合でも、特定のシステムの外部では使用できないなどです。Windows Server 2016の「認証ポリシー（Authentication Policy）」および「Kerberos防御（Kerberos Armoring）」と呼ばれる機能を活用することで、資格情報ガードは最高レベルのセキュリティモードで動作します。

このモードでは、仮想信頼レベル（VTL）1のセキュアカーネルは、トラステッドプラットフォームモジュール（TPM）を使用して、特別なマシンIDキーを収集します（TPMが利用できない場合、このキーをディスク上のファイルに格納することもできますが、セキュリティの意味がなくなります）。このキーは次に、コンピューターのプロビジョニングのとき、最初のドメイン参加操作の間に、マシンTGT（チケット保証チケット）キーの生成のために使用され（明らかに、プロビジョニング中にそのコンピューターが信頼できる状態になっていることを確認することが重要です）。そして、このTGTキーは、キー配布センター（KDC）に送信されます。一度、構成されると、ユーザーが自分の資格情報を使ってログオンするとき、その資格情報はマシンの資格情報と結合され（これには分離LSAだけがアクセスできます）、発行元の証明（Proof of origin）キーを形成します。このモードでは、次の2つのセキュリティ保証が提供されます。

- そのユーザーが、既知のコンピューターから認証されている —— ユーザーまたは攻撃者がオリジナルの資格情報を持っていて、別のコンピューター上でその使用を試みた場合、TPMベースのマシン資格情報が異なることになります。
- NTLMレスポンス/ユーザーチケットは、分離LSA（LsaIso）から来たもので、Lsassからマニュアルで生成されたものではない —— これは、そのコンピューターで資格情報ガードが有効になっていることを保証します。物理ユーザーが何らかの方法で資格情報ガードを無効化できる場合であっても、この保証は有効です。

繰り返しますが、残念ながら、ユーザーTGTとそれに対応するキーを含む発行元の証明キーで暗号化されたKDCレスポンスを傍受するようにコンピューターが侵害された場合、そのKDCレスポンスを保存して、分離LSAからセッションキーで暗号化されたサービスチケットを要求するために使用されてしまいます。そのサービスチケットは次に、例えばファイルサーバーにアクセスするためにファイルサーバーに送信されます。この状況は、再起動が発生し、セッションキーがクリアされるまで続きます。したがって、資格情報ガードを使用するシステムでは、ユーザーがログオフするごとに、再

起動することが推奨されます。そうでない場合、攻撃者は、ユーザーがいなくなったあとでさえ、有効なチケットを発行することができる可能性があります。

■| 今後の改善

　第2章と第3章で議論したように、仮想信頼レベル（VTL）1内のセキュアカーネルは、現在、PCIおよびUSBハードウェアの特別なクラスのサポートを追加するための改良が行われています。これらのハードウェアは、セキュアデバイスフレームワーク（Secure Device Framework：SDF）を使用して、ハイパーバイザーとVTL 1のコードを介してのみ排他的に通信することができます。BioLso.exeとFsIso.exeは組み合わされ、新しいTrustletとして、生体認証データやビデオフレーム（Webカメラからの）を安全に取得し、VTL 0のカーネルモードベースのコンポーネントがWindows Hello認証の試行を傍受することを不可能にします（Windows Hello認証の資格情報はユーザーのプレーンテキストパスワードと比較して安全であると分類されていますが、依然としてカスタムドライバーベースの傍受は技術的に可能です）。これらのサポートがリリースされたら、Windows Helloの資格情報は、ハードウェアレベルで保証され、VTL 0では利用可能ではなくなります。このモードでは、LsassはWindows認証に関わる必要はなくなるでしょう。分離LSA（LsaIso）が、分離生体認証または分離フレームサービスから直接、資格情報を取得するようになります。

メモ
　セキュアデバイスフレームワーク（SDF）は、VTL 1のドライバー向けのWindows Driver Framework（WDF）に相当するものです。このフレームワークは、現在、パブリックに公開されていませんが、VTL 1ドライバーの作成のためだけに、マイクロソフトパートナーとの間で共有されています。

7.3.2 | デバイスガード（Device Guard）

　資格情報ガード（Credential Guard）がユーザーの資格情報の保護に関するものであることに対し、デバイスガード（Device Guard）[*4]は完全に別の目的を持ちます。その目的とは、ユーザーのコンピューター自体をさまざまな種類のソフトウェアおよびハードウェアベースの攻撃から保護することです。デバイスガードは、「カーネルモードのコード署名（Kernel Mode Code Signing：KMCS）」および「ユーザーモードのコードの整合性（User Mode Code Integrity：UMCI）」といった、Windowsのコードの整合性サービスを利用し、それらを「ハイパーバイザーのコードの整合性（Hypervisor Code Integrity：HVCI）」で強化します（コードの整合性については、本書下巻で詳しく説明します）。

　また、デバイスガードは、セキュアブートによって保護され、企業の管理者によって定義される、「カスタムコードの整合性（Custom Code Integrity：CCI）」と署名ポリシーを使用して完全に構成可能です。これらのポリシーについては、本書下巻で説明しますが、AppLockerのポリシーのようにファイルのパスやファイル名を使用するのではなく、暗号化の健全性情報（証明書の署名者またはSHA-2ハッシュ値など）に基づいた、追加リスト/除外リストによる強制を可能にします（AppLockerについては、この章の「7.13.1　AppLocker」の項で詳しく説明します）。

[*4] 訳注：Device Guardは、Windows 10 Fall Creators Update（バージョン1709、ビルド16299）で「Windows Defender Application Control（WDAC、Windows Defenderアプリケーション制御）」と表現されます。

Windows Defender Application Controlの紹介
https://msrc-blog.microsoft.com/2018/02/05/introducing-windows-defender-application-control/

したがって、コードの整合性ポリシーを定義してカスタマイズ可能な、さまざまな方法については
ここでは説明しませんが、デバイスガードが、次について保証することを通して、これらのポリシー
をどのように強制するのかについて見ていきます。

- カーネルモードのコード署名が実施される場合、カーネル自体が侵害されているかどうかに関係
なく、署名済みコードだけが込みこまれることが可能 —— その理由は、カーネルがドライバーを
読み込むたびに、カーネルの読み込み処理は仮想信頼レベル（VTL）1のセキュアカーネルに通知
され、ドライバーの署名がハイパーバイザーのコードの整合性（HVCI）で検証された後にのみ、
そのドライバーは正常に読み込まれるからです。

- カーネルモードのコード署名が実施される場合、署名済みコードは読み込まれた後、カーネル自
身でさえ、そのコードの変更は不可能 —— その理由は、ハイパーバイザーの「第2レベルアドレ
ス変換拡張（Second Level Address Translation：SLAT）」メカニズムを介して、実行可能コー
ドのページが読み取り専用とマークされるからです。これについては、本書下巻でさらに詳しく
説明します。

- カーネルモードのコード署名が実施される場合、動的に割り当てられたコードは禁止（つまり、最
初の2つ項目のトートロジー）—— その理由は、カーネルはSLATページテーブルエントリ内に
実行可能イメージのエントリを割り当てる能力を持たないからです。カーネルのページテーブル
自体がそのようなコードを実行可能イメージとしてマークした場合でも、できません。

- カーネルモードのコード署名が実施される場合、他のUEFIランタイムコードやカーネル自身でさ
えも、UEFIランタイムコードの変更は不可能 —— さらに、セキュアブートが、このコードが読
み込まれた時点でコードが署名済みであることを既に検証しているはずです（デバイスガードは、
この前提に基づいています）。またさらに、UEFIランタイムコードデータは、実行可能にするこ
とはできません。これは、すべてのUEFIランタイムコードとデータが読み取られることによって
行われ、正しいアクセス許可が強制され、それらはVTL 1内で保護されたSLATページテーブル
エントリ内に複製されます。

- カーネルモードのコード署名が実施される場合、カーネルモード（リング0）の署名済みコードの
み実行可能 —— これはまた、最初の3つの項目のトートロジー（同じことの反復）のように聞こ
えますが、これはユーザーモード（リング3）の署名済みコードを考慮しています。そのような
コードは、ユーザーモードのコードの整合性（UMCI）の観点からは有効であり、SLATページ
テーブルエントリ内の実行可能コードとして承認されます。セキュアカーネルは、ハードウェア
内に存在する場合、「Mode Based Execution Control（MBEC）」機能に依存します。MBEC機能
は、SLATをユーザー／カーネル実行可能ビットを用いて拡張するものです。MBEC機能が利用
できない場合、「Restricted User Mode（RUM）」と呼ばれる、ハイパーバイザーが提供するこの
機能のソフトウェアエミュレーションを使用します。

- ユーザーモードのコード署名が実施される場合、単一のユーザーモードイメージのみを読み込み
可能 —— つまり、すべての実行可能イメージのプロセスは、ファイル（.exe）だけでなく、プロ
セスに読み込まれるライブラリ（.dll）についても署名されている必要があります。

- ユーザーモードのコード署名が実施される場合、カーネルはユーザーモードアプリケーションが
既存の実行可能イメージのコードページを書き込み可能にすること許可しない —— ユーザー
モードコードが実行可能メモリを割り当てることや、カーネルに許可を得ずに既存のメモリを変
更することは、明らかに不可能です。そのため、カーネルはその通常の強制の規則を適用するこ
とができます。しかし、カーネルが既に侵入されているケースでも、SLATは、セキュアカーネ
ルに知らせて同意を得ることなく、ユーザーモードページを実行可能イメージにできないように

します。また、そのような実行可能ページを書き込み可能にできないようにします。

- **ユーザーモードのコード署名が実施される場合、ハードコードされた保証が署名ポリシーによって要求され、動的に割り当てられたコードを禁止** ── これは、カーネルのシナリオとは重要な違いです。既定では、署名済みのユーザーモードコードは、追加の実行可能イメージの割り当てが許可されています。これは、アプリケーションの証明書の中に動的なコード生成の権利として機能する特別な拡張キー使用法（EKU）が存在しない限り、ジャストインタイム（Just-In-Time：JIT）のシナリオをサポートするためのものです。現時点では、Ngen.exe（ネイティブイメージジェネレーター）がこのEKUを持ち、IL Only（中間言語のみ）の.NET実行可能イメージがこのモードでも機能することを可能にします。

- **ユーザーモードのPowerShellに制限付きの言語（ConstrainedLanguage）モードが適用されている場合、動的な型、リフレクション、または他の言語の実行を許可する機能を使用する、またはWindows API/.NET API関数に対する任意のコードやマーシャリングを使用する、すべてのPowerShellスクリプトは署名済みであることも必要** ── 悪意のあるPowerShellスクリプトが制限付きの言語モードを免れる可能性を回避します。

SLATページテーブルエントリはVTL 1の中で保護され、メモリの特定のページが持つアクセス許可の"グラウンドトゥルース（検証データ）"を含みます。必要に応じて既存の実行可能イメージのページからの「実行可能（executable）」ビットおよびまたは「書き込み可能（writable）」ビットを一緒に持つことにより（W^Xとして知られているセキュリティモデル、W^Xは"Writable XOR Execute"の略）、デバイスガードはすべてのコードの署名の実施をVTL 1に移動します（Skci.dll、Secure Kernel Code Integrity Moduleと呼ばれるライブラリ内に移動します）。

また、コンピューター上で明示的に構成されていない場合でも、すべてのTrustletが「Isolated User Mode（IUM）」の種類のEKUを含む証明書を持つ特定のマイクロソフトの署名を持つことを強制するように資格情報ガードが有効化されている場合、デバイスガードは第三のモードで動作します。それ以外の場合、リング0の特権を持つ攻撃者は、通常のカーネルモードのコード署名（KMCS）メカニズムを攻撃して、悪意のあるTrustletを読み込ませ、分離LSA（LsaIso）コンポーネントを攻撃できます。さらに、すべてのユーザーモードのコード署名の実施は、ハードコード保証モード内で実行されるTrustletに対してアクティブです。

最後に、パフォーマンスの最適化として、システムが休止状態（S4のスリープ状態）から再開したとき、ハイパーバイザーのコードの整合性（HVCI）メカニズムが単一のページごとに再承認しないことの理解が重要です。場合によっては、証明書データが利用可能でないことさえあります。仮にその場合でも、SLATデータは再構築されなければなりません。これは、SLATページテーブルエントリが休止状態ファイルの中に格納されているということを意味します。したがって、ハイパーバイザーは何らかの方法で、その休止状態ファイルが変更されていないことを信頼する必要があります。これは、トラステッドプラットフォームモジュール（TPM）内に格納されているローカルのマシンキーを使用して、休止状態ファイルを暗号化することによってなされます。残念ながら、TPMが存在しない場合、このキーはUEFIランタイム変数に格納する必要があります。この場所だと、ローカルの攻撃者が休止状態ファイルを復号して、変更を加え、再暗号化できる可能性があります。

7.4 オブジェクトの保護

オブジェクトの保護とアクセスログの記録は、随意アクセス制御と監査の基本です。Windowsで保

護可能なオブジェクトとしては、ファイル、デバイス、メールスロット、パイプ（名前付きおよび匿名）、ジョブ、プロセス、スレッド、イベント、キー付きイベント、イベントペア、ミューテックス、セマフォ、共有メモリセクション、I/O完了ポート、LPC（ローカルプロシージャコール）ポート、書き込み可能タイマー、アクセストークン、ボリューム、ウィンドウステーション、デスクトップ、ネットワーク共有、サービス、レジストリキー、プリンター、Active Directoryオブジェクトなどがあります。理論上、エグゼクティブのオブジェクトマネージャーによって管理されるものは、すべて保護可能なオブジェクトです。実際には、ユーザーモードに公開されていないオブジェクト（ドライバーオブジェクトなど）は、通常、保護されません。カーネルモードコードは信頼されており、通常、アクセスチェックを実施しないオブジェクトマネージャーへのインターフェイスを使用します。ユーザーモードに公開される（そのためセキュリティ検証を必要とする）システムリソースは、カーネルモード内にオブジェクトとして実装され、Windowsオブジェクトマネージャーはオブジェクトのセキュリティを実施する際に重要な役割を果たします。

図7-5に示すWindows SysinternalsのWinObjユーティリティを使用すると、オブジェクトの保護（名前付きオブジェクトについて）を参照することができます。図7-6は、ユーザーのセッション内にあるセクションオブジェクトのプロパティの［セキュリティ］タブを表示したところです。ファイルはオブジェクトの保護に最も一般的に関連付けられるリソースですが、Windowsは同じセキュリティモデルとメカニズムを、ファイルシステム上のファイルにするのと同じように、エグゼクティブオブジェクトにも使用します。アクセス制御に関する限り、エグゼクティブオブジェクトとファイルとの違いは、オブジェクトのそれぞれの手段でサポートされるアクセス方法だけです。

図7-5　WinObjを使用してセクションオブジェクトを選択したところ

図7-6に表示されているものは、オブジェクトの実際の随意アクセス制御リスト（Discretionary Access Control List：DACL）です。DACLについては、この章の「7.4.4　セキュリティ記述子とアクセス制御」の項で詳しく説明します。

Process Explorerを使用すると、下位ペインのビュー（ハンドルを表示するように構成している場合）で1つのハンドルをダブルクリックすることで、オブジェクトのプロパティの［セキュリティ］タ

ブで同様にDACLを参照することができます。
Process Explorerは、名前の付いていないオブジェ
クトを表示できるという、追加の利点があります。プ
ロパティダイアログボックスの［セキュリティ］タブ
は両方とも共通であり、これはWindowsが提供する
プロパティページです。

　誰がオブジェクトを制御できるのかを制御するた
めに、システムはまず、各ユーザーのIDを確認する
必要があります。ユーザーのIDを保証するこの必要
性は、何らかのシステムリソースにアクセスする前
にWindowsがログオン認証を要求する理由です。プ
ロセスがオブジェクトに対するハンドルを要求した
とき、オブジェクトマネージャーとセキュリティシ
ステムは、呼び出し元のセキュリティ識別子とオブ
ジェクトのセキュリティ記述子を使用して、呼び出
し元に、目的のオブジェクトにプロセスがアクセス
することを許可するハンドルを割り当てるべきかど
うかを判断します。

図7-6　WinObjを使用してエグゼクティブオブ
ジェクトとそのセキュリティ記述子を参
照したところ

　この章の後で議論することになりますが、1つの
スレッドは、スレッドが含まれるプロセスとは異な
るセキュリティコンテキストを想定することができます。このメカニズムは「偽装（Impersonation）」
と呼ばれます。スレッドが偽装する場合、セキュリティ検証メカニズムはスレッドのプロセスのセキュ
リティコンテキストではなく、スレッドのセキュリティコンテキストを使用します。スレッドが偽装
しない場合、セキュリティ検証はスレッドのプロセスのセキュリティコンテキストを使用するように
フォールバックします。1つのプロセス内のすべてのスレッドは、同じハンドルテーブルを共有すると
いうことを気に留めておくことは重要です。スレッドが1つのオブジェクトを開いたとき、たとえそれ
が偽装されていたとしても、そのプロセスのすべてのスレッドはそのオブジェクトに対するアクセス
を持つことになります。

　時には、ユーザーがアクセス可能であるべきリソースに対するアクセスをシステムが許可するため
に、ユーザーのIDの検証では十分ではないことがあります。論理的に1つ思いつくことは、Aliceとい
うアカウントが実行中のサービスと、AliceがWebブラウジング中にダウンロードした未知のアプリ
ケーションを明確に区別することです。Windowsは、この種のユーザー内の分離を、整合性レベル
（Integrity Level：IL）を実装するWindows整合性メカニズムを使用して成し遂げます。Windows整
合性メカニズムは、「ユーザーアカウント制御（UAC）」の特権昇格、「ユーザーインターフェイス特権
の分離（User Interface Privilege Isolation：UIPI）」、および「アプリコンテナー（AppContainer）」で
使用されます。これらについてはすべて、この章で説明します。

7.4.1 アクセスチェック

　Windowsのセキュリティモデルでは、スレッドがオブジェクトを開く時点で、オブジェクトに対し
て実行したい操作の種類を、スレッドが前もって指定する必要があります。オブジェクトマネージャー
はセキュリティ参照モニター（SRM）を呼び出して、スレッドの希望するアクセスに基づいてアクセ
スチェックを実施します。アクセスが許可されている場合、スレッドのプロセスにハンドルが割り当

てられ、スレッド（またはプロセス内の他のスレッド）はそのオブジェクトに対するさらなる操作を実行できます。

オブジェクトマネージャーがセキュリティアクセス検証を実施するイベントの1つは、スレッドが名前を使用して既存のオブジェクトを開くときです。オブジェクトが名前によって開かれたとき、オブジェクトマネージャーはオブジェクトマネージャーの名前空間内で指定されたオブジェクトの検索を行います。構成マネージャーのレジストリ名前空間またはファイルシステムドライバーのファイルシステム名前空間といった、第二の名前空間にオブジェクトが見つからなかった場合、オブジェクトマネージャーは内部の関数であるObpCreateHandleを1回呼び出して、そのオブジェクトを配置します。その関数名が示すように、ObpCreateHandle関数はプロセスハンドルテーブル内に、そのオブジェクトに関連付けられることになるエントリを作成します。ObpCreateHandle関数はまず、ObpGrantAccess関数を呼び出して、そのスレッドがそのオブジェクトに対するアクセス許可を持っているかどうかを確認します。アクセス許可を持っている場合、ObpCreateHandle関数はエグゼクティブ関数であるExCreateHandleを呼び出して、プロセスハンドルテーブル内にエントリを作成します。ObpGrantAccess関数は、ObCheckObjectAccess関数を呼び出して、セキュリティアクセスチェックを開始します。

ObpGrantAccess関数は、ObCheckObjectAccess関数に対して、オブジェクトを開くスレッドのセキュリティ資格情報、スレッドが要求しているオブジェクトに対するアクセスの種類（読み取り、書き込み、削除など、オブジェクト固有の操作）、およびオブジェクトへのポインターを渡します。ObCheckObjectAccess関数は最初に、オブジェクトのセキュリティ記述子とスレッドのセキュリティコンテキストをロックします。オブジェクトのセキュリティのロックは、アクセスチェックの進行中に、システムの別のスレッドがオブジェクトのセキュリティを変更できないようにします。スレッドのセキュリティコンテキストのロックは、セキュリティ検証が進行中の間に、別のスレッド（同じプロセスまたは別のプロセスのスレッド）がそのスレッドのセキュリティIDを変更しないようにします。ObCheckObjectAccess関数は次に、オブジェクトのセキュリティメソッドを呼び出し、そのオブジェクトのセキュリティ設定を取得します（オブジェクトメソッドの説明については、本書下巻を参照してください）。セキュリティメソッドの呼び出しが、別のエグゼクティブコンポーネント内の関数を呼び出す場合もあります。しかしながら、多くのエグゼクティブオブジェクトは、システムの既定のセキュリティ管理のサポートに依存しています。

オブジェクトを定義するエグゼクティブコンポーネントがSRMの既定のセキュリティポリシーの上書きを望まない場合、エグゼクティブコンポーネントはオブジェクトの種類を既定のセキュリティを持つものとしてマークします。SRMがオブジェクトのセキュリティメソッドを呼び出すときはいつも、そのオブジェクトが既定のセキュリティを持つかどうかを最初にチェックします。既定のセキュリティを持つオブジェクトは、そのセキュリティ情報をオブジェクトのヘッダー内に格納します。また、そのセキュリティメソッドはSeDefaultObjectMethodになります。既定のセキュリティに非依存のオブジェクトは、自身のセキュリティ情報を管理し、特定のセキュリティメソッドを提供する必要があります。既定のセキュリティに依存するオブジェクトには、ミューテックス（Mutex、別名Mutant）、イベント（Event）、およびセマフォ（Semaphore）があります。ファイル（File）オブジェクトは、既定のセキュリティを上書きするオブジェクトの一例です。ファイルオブジェクトの種類を定義するI/Oマネージャーは、ファイルが存在し、そのファイルのセキュリティを管理する（または管理は未実装の場合もあります）ファイルシステムドライバーを持ちます。つまり、NTFSボリューム上のファイルを表すファイルオブジェクトのセキュリティをシステムが照会したとき、I/Oマネージャーのファイルオブジェクトセキュリティメソッドは、NTFSファイルシステムドライバーを使用してそのファイルのセキュリティを取得します。ただし、ファイルが既に開かれている場合、そのファ

イルオブジェクトは第二の名前空間に存在するため、ObCheckObjectAccess関数は実行されません。システムは、スレッドが明示的に照会するとき、またはファイルにセキュリティを設定するとき（例えば、Windows APIのSetFileSecurity関数またはGetFileSecurity関数を使用したとき）に限り、ファイルオブジェクトのセキュリティメソッドを呼び出します。

ObCheckObjectAccess関数はオブジェクトのセキュリティ情報を取得した後、SRMの関数であるSeAccessCheckルーチンを呼び出します。SeAccessCheckルーチンは、Windowsセキュリティモデルの中心部にある関数の1つです。SeAccessCheckルーチンが受け入れる入力パラメーターには、オブジェクトのセキュリティ情報、ObCheckObjectAccess関数によって取得されたスレッドのセキュリティID、およびスレッドが要求しているアクセスの種類があります。SeAccessCheckは、スレッドがオブジェクトに対して要求したアクセスが許可されているかどうかによって、TRUEまたはFALSEを返します。

ここで一例を挙げましょう。あるスレッドが、特定のプロセスが終了（または何らかの方法で強制終了）するときを知りたいとします。それには、Windows APIのOpenProcess関数を呼び出して対象プロセスに対するハンドルを取得し、2つの重要な引数を渡す必要があります。その2つとは、一意のプロセスID（そのプロセスIDを知っているか、何らかの方法で取得済みであると仮定します）、およびスレッドが返されたハンドルを使用して実行したい操作を示すアクセスマスクです。怠惰な開発者なら、アクセスマスクとして単にPROCESS_ALL_ACCESSを渡し、そのプロセスに対して可能なすべてのアクセス権を指定するかもしれません。その結果、次の2つのうち、いずれかが起こります。

- 呼び出し側のスレッドにすべてのアクセス許可が付与されている場合、そのスレッドには有効なハンドルが返されます。スレッドは次に、WaitForSingleObject関数を呼び出して、そのプロセスが終了するのを待機します。しかし、おそらく少ない特権しか持たないプロセス内の別のスレッドも、プロセスで他の操作をするために同じハンドルを使用することができます。例えば、TerminateProcess関数を使用して、通常に終了する前にプロセスを強制終了したりできます。なぜなら、そのハンドルがプロセスに対するすべての可能な操作を許可しているからです。
- 呼び出し側のスレッドが、すべての可能なアクセスが付与されるのに十分や特権を持たず、結果が無効なハンドルである場合、その呼び出しは失敗する可能性があります。つまり、プロセスへのアクセスがないことを意味します。これは残念なことです。なぜなら、そのスレッドはSYNCHRONIZEアクセスマスクを要求するだけで済むからです。その場合、PROCESS_ALL_ACCESSアクセスマスクを要求するよりも、成功する機会がかなり増えます。

ここでの簡単な結論は、スレッドが正確なアクセスを要求する必要があるということです。それ以上でもそれ以下でもありません。

オブジェクトマネージャーがセキュリティアクセス検証を実施する別のイベントは、プロセスが既存のハンドルを使用してオブジェクトを参照するときです。そのような参照はプロセスがオブジェクトを操作するためにWindows APIを呼び出して、オブジェクトのハンドルを渡すとき、間接的に起こることがよくあります。例えば、ファイルを開くスレッドは、ファイルに対して読み取りアクセス許可を要求できます。そのスレッドのセキュリティコンテキストとファイルのセキュリティ設定で指定されているとおり、スレッドがこの方法でオブジェクトにアクセスするためのアクセス許可を持つ場合、オブジェクトマネージャーはスレッドのプロセスが持つハンドルテーブル内に、そのファイルを表すハンドルを作成します。プロセス内のスレッドがハンドルを介して付与されるアクセスの種類は、オブジェクトマネージャーによってハンドルと一緒に格納されます。

続いて、スレッドはWindows APIのWriteFile関数を使用してファイルへの書き込みを行おうとし、パラメーターとしてそのファイルのハンドルを渡します。システムサービスであるNtWriteFileは、

WriteFile関数がNtdll.dllを介して呼び出すもので、オブジェクトマネージャーの関数であるObReferenceObjectByHandleルーチン（Windows Driver Kit（WDK）ドキュメントに説明されています）を使用して、ハンドルからファイルオブジェクトに対するポインターを取得します。ObReferenceObjectByHandleルーチンは、呼び出し元が希望するアクセスを、オブジェクトからパラメーターとして受け入れます。プロセスハンドルテーブルの中にそのハンドルのエントリを見つけた後、ObReferenceObjectByHandleルーチンは要求されているアクセスと、ファイルが開かれた時点で付与されたアクセスを比較します。この例では、ObReferenceObjectByHandleルーチンは書き込み操作が失敗することを示すことがあります。その理由は、ファイルが開かれたとき、呼び出し元は書き込みアクセスを取得していないからです。

Windowsのセキュリティ関数は、Windowsアプリケーションが独自のプライベートオブジェクトを定義し、SRMのサービスを呼び出して（後述するAuthZユーザーモードAPIを介して）、そのオブジェクトにWindowsセキュリティモデルを適用することも可能にします。オブジェクトマネージャーと他のエグゼクティブコンポーネントがアプリケーション独自のオブジェクトを保護するために使用する多くのカーネルモード関数は、WindowsのユーザーモードAPIとして公開されています。SeAccessCheckのユーザーモードに相当するものは、AuthZ APIのAccessCheck（AuthZAccessCheck関数）です。そのため、Windowsアプリケーションは、柔軟性のあるセキュリティモデルを活用して、Windowsに存在する認証と管理のインターフェイスと透過的に統合することが可能です。

SRMのセキュリティモデルの本質は、スレッドのセキュリティID、オブジェクトに対してスレッドが希望するアクセス、およびオブジェクトのセキュリティ設定の、3つの入力を取る1つの方程式です。出力はYESまたはNOのいずれかで、セキュリティモデルがスレッドの希望するアクセスを許可するかどうかを示します。次の項では、入力についてさらに詳細に説明し、続いてセキュリティモデルのアクセス検証アルゴリズムについて説明します。

実習　ハンドルのアクセスマスクを参照する

Process Explorerを使用すると、開かれたハンドルに関連付けられているアクセスマスクを参照することができます。それには、次のステップで操作します。

1. Process Explorerを開きます。

2. ［View］メニューを開き、［Lower Pane View］を選択して、［Handles］を選択し、下部ペインにハンドルを表示するように構成します。

3. 下部ペインの列ヘッダーを右クリックし、［Select Columns］を選択して、右に示す［Select Columns］ダイアログボックスを開きます。

4. ［Access Mask］と［Decoded Access Mask］のチェックボックス（後者のオプションはProcess Explorerバージョン16.10以降で利用可能）をオンにし、［OK］ボタンをクリックします。

5. プロセスの一覧からexplorer.exeプロセスを選択し、下部ペインに表示されるハンドルを

参照します。各ハンドルは1つのアクセスマスクを持ち、このハンドルの使用が付与されたアクセスを示しています。アクセスマスク（Access列）のビットの解釈を手助けするために、Decoded Access列は多くの種類のオブジェクト用のアクセスマスクをテキスト表現で表示します。

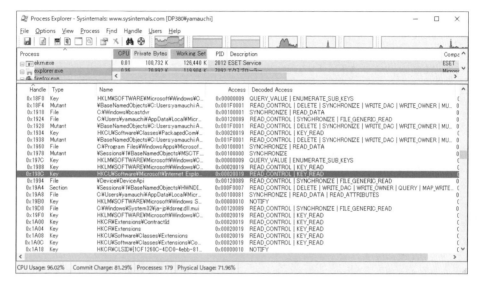

汎用的なアクセス権（例えば、READ_CONTROLやSYNCHRONIZE）と固有のアクセス権（例えば、KEY_READやMODIFY_STATE）があることに注目してください。固有のアクセス権のほとんどは、Windowsのヘッダーファイルに実際に定義されているものの短縮版です（例えば、実際のEVENT_MODIFY_STATEの代わりにMODIFY_STATE、実際のPROCESS_TERMINATEの代わりにTERMINATEと表示します）。

7.4.2 セキュリティ識別子（SID）

　Windowsは、システム内で操作を実行するエンティティを識別するために、名前を使用するのではなく、セキュリティ識別子（Security Identifier：SID）を使用します。ユーザーはSIDを持ちます。同様に、ローカルグループ、ドメイングループ、ローカルコンピューター、ドメイン、ドメインメンバー、およびサービスもSIDを持ちます。1つのSIDは可変長の数値であり、SID構造体のリビジョン番号、1つの識別子機関（Identifier Authority）の48ビット（6バイト）値、可変数の副機関（Subauthority）または相対識別子（Relative Identifier：RID）の32ビット（4バイト）値で構成されます。識別子機関の値はSIDを発行したエージェントを識別し、通常、このエージェントはWindowsのローカルシステムまたはドメインになります。副機関の値は発行機関に対する受託者を識別します。また、相対識別子（RID）は共通のベースSIDに基づいて一意のSIDをWindowsが簡単に作成する方法です。SIDは長く、Windowsは各SID内に本当にランダムな値を生成するように注意するため、世界中のどこにあるコンピューターやドメインにおいても、Windowsが同じSIDを重複して発行することは、事実上不可能です。

　SIDをテキストで表示した場合、各SIDはSプレフィックスを持ち、そのさまざまなコンポーネント

が次のようにハイフン（-）で区切られます。

```
S-1-5-21-1463437245-1224812800-863842198-1128
```

このSIDでは、リビジョン番号は1、識別子機関の値は5（Windowsセキュリティ機関）であり、SIDの残りの部分は4つの副機関の値と1つのRID（1128）で構築されています。このSIDはドメインSIDの1つですが、ドメインのローカルコンピューターはこれと同じリビジョン番号、識別子機関の値、および複数の副機関の値を持つことになります。

Windowsをインストールすると、WindowsセットアッププログラムがそのコンピューターのマシンSIDを発行します。Windowsは、SIDをそのコンピューター上のローカルアカウントに割り当てます。各ローカルアカウントのSIDは、ソースのコンピューターのマシンSIDに基づいており、最後にRIDが付きます。ユーザーアカウントとグループ用のRIDは、1000から始まり、新しいユーザーやグループごとに1ずつインクリメントされて増えます。同様に、Windowsの新しいドメインを作成するために使用されるユーティリティ［Active Directory ドメインサービスインストーラー］（Dcpromo.exe）[*5]は、ドメインコントローラーに昇格されるコンピューターのマシンSIDを、ドメインSIDとして再利用します。そのコンピューターがドメインコントローラーから降格される場合、新しいマシンSIDが再作成されます。Windowsは、ドメインSIDをベースに、RID（この場合も1000から始まり、新しいユーザーまたはグループごとに1つずつインクリメントされ増加します）を追加して、新しいドメインアカウントSIDを発行します。1028というRIDは、そのドメインで発行された29番目のSIDであることを示しています。

Windowsは、多くの定義済みアカウントおよびグループに対して、定義済みのRIDを持つコンピューターまたはドメインSIDで構成されるSIDを発行します。例えば、AdministratorアカウントのRIDは500であり、GuestアカウントのRIDは501です。コンピューターのローカルAdministratorアカウントは、マシンSIDをベースとして、500のRIDを追加した次のようなSIDになります。

```
S-1-5-21-13124455-12541255-61235125-500
```

Windowsには、既知のグループを表すために、数多くのビルトインのローカルおよびドメインSIDも定義されています。例えば、任意のすべてのアカウント（匿名ユーザーは除く[*6]）を識別するEveryoneグループのSIDはS-1-1-0です。1つのSIDで表すことができるグループの別の例は、Networkグループです。Networkグループはネットワークからコンピューターにログオンしたユーザーを表すもので、そのSIDはS-1-5-2です。表7-2はWindowsソフトウェア開発キット（SDK）ドキュメントから抜粋したもので、いくつかの既知のSID（Well-known SID）とその数値および用途を示しています。ユーザーのSIDとは異なり、これらのSIDは定義済みの定数であり、世界中のすべてのWindowsシステムおよびドメインで同じ値を持ちます。つまり、ファイルが作成されたシステム上のEveryoneグループのメンバーにアクセス可能なそのファイルは、そのファイルが存在するハードドライブがそこに移動した場合、任意の他のシステムやドメイン上のEveryoneグループにもアクセス可能

[*5] 訳注：Dcpromo.exeの［Active Directory ドメインサービスインストーラー］ウィザードによるインストールの機能は、Windows Server 2012において［サーバーマネージャー］に統合されました。Windows Server 2012以降のDcpromo.exeは、応答ファイル（/unattendオプション）を使用したインストールなど、限定的な用途で引き続き使用できます。

[*6] 訳注：匿名ユーザーを表すAnonymous Logonグループ（SID：S-1-5-7）は、古いバージョンのWindows（Windows 2000以前）ではEveryoneグループの既定のメンバーでした。現在のWindowsでは、Everyoneグループの既定のメンバーにこのグループは含まれません。

です。もちろん、それらのシステムのユーザーがEveryoneグループのメンバーになるには、その前にそれらのシステム上のアカウントとして認証される必要があります。

表7-2　既知のSID（Well-known SID）の一部

名前		用途
S-1-0-0	NULL SID	SIDが不明の場合に使用されます。
S-1-1-0	Everyone	匿名ユーザーを除く、すべてのユーザーを含むグループです。
S-1-2-0	LOCAL	システムに接続されたコンソールにローカル（物理的に）にログオンしたユーザーです。
S-1-3-0	CREATOR OWNER	新しいオブジェクトを作成したユーザーのセキュリティ識別子に置き換えられるセキュリティ識別子です（継承可能なアクセス制御エントリ（ACE）に使用されます）。
S-1-3-1	CREATOR GROUP	新しいオブジェクトを作成したユーザーのプライマリグループのSIDに置き換えられるセキュリティ識別子です（継承可能なACEに使用されます）。
S-1-5-18	SYSTEM	サービスで使用されます。
S-1-5-19	LOCAL SERVICE	サービスで使用されます。
S-1-5-20	NETWORK SERVICE	サービスで使用されます。

メモ
　マイクロソフトサポート技術情報の文書番号243330、「Windowsオペレーティングシステムの既知のセキュリティ識別子」（https://support.microsoft.com/ja-jp/help/243330）に、定義済みSIDの一覧があります。

　最後に、Winlogonは、対話型のログオンセッションごとに、一意のログオンSIDを作成します。ログオンSIDの典型的な用途は、クライアントのログオンセッションの期間にアクセスを許可するアクセス制御エントリ（ACE）内での使用があります。例えば、WindowsサービスはLogonUser関数を使用して、新しいログオンセッションを開始することができます。LogonUser関数は、サービスがログオンSIDを抽出することができるアクセストークンを返します。そのサービスは次に、クライアントのログオンセッションに対話型のウィンドウステーションとデスクトップへのアクセスを許可するACE内に、そのSIDを使用できます（ACEについては、この章の「7.4.4　セキュリティ記述子とアクセス制御」の項で説明します）。ログオンセッション用のSIDはS-1-5-5-X-Yであり、XとYはランダムに生成されます。

実習　PsGetSidとProcess Explorerを使用してSIDを参照する

　Windows SysinternalsのPsGetSidユーティリティを実行することで、あなたが使用している任意のアカウントを表すSIDを簡単に参照することができます。PsGetSidのオプションにより、コンピューターやユーザーアカウントの名前を対応するSIDに変換できます。また、その逆も可能です。

　PsGetSidをオプションなしで実行した場合、ローカルコンピューターに割り当てられたマシンIDを表示します。Administratorアカウントは常に500の相対識別子（RID）を持つため、PsGetSidのコマンドライン引数としてマシンIDに-500を追加したものを単に渡すことで、そのアカウントに割り当てられた名前を調べることができます（セキュリティ上の理由からシステ

ムのAdministratorの名前が変更されている場合でも変更後の名前を確認できます）。
　ドメインアカウントのSIDを取得するには、次のようにプレフィックスとしてドメイン名（この例ではRedmondドメイン）を付けたユーザー名を指定します。

```
C:\>psgetsid Redmond\johndoe
```

　ドメインSIDを調べるには、PsGetSidのコマンドライン引数としてドメイン名を指定します。

```
c:\>psgetsid Redmond
```

　最後に、あなた自身のアカウントのRIDを調べることで、あなたのドメインまたはあなたのローカルコンピューター上（ドメインまたはローカルアカウントのどちらを使用しているかに依存します）に作成されたセキュリティアカウントの最小限の数を知ることができます（あなたのRIDから999を引いた数は少なくとも作成されています）。PsGetSidのコマンドライン引数として、あなたが調べたいRIDを持つSIDの渡すことで、どのアカウントにRIDが割り当てられているのかを調べることができます。PsGetSidがSIDとアカウント名のマッピングができないことを報告し、そのRIDがあなたのアカウントのRIDよりも小さい場合、そのRIDを割り当てられたアカウントは既に削除されていることがわかります。
　例えば、28番目のRIDが割り当てられたドメインアカウントの名前を調べるには、PsGetSidのコマンドライン引数として、ドメインSIDに-1027を追加したものを渡します。

```
C:\>psgetsid S-1-5-21-1787744166-3910675280-2727264193-1027
Account for S-1-5-21-1787744166-3910675280-2727264193-1027:
User: redmond\johndoe
```

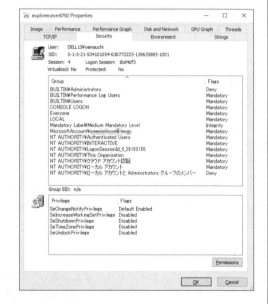

　Process Explorerもまた、プロセスのプロパティの [Security] タブで、システム上のアカウントとグループのSIDの情報を表示することができます。このタブは、このプロセスを所有しているのは誰か、そしてそのアカウントはどのグループのメンバーであるかといった情報を表示します。この情報を参照するには、プロセスの一覧から任意のプロセス（例えば、explorer.exe）を単純にダブルクリックしてプロパティを開き、次に [Security] タブをクリックします。右のような表示を確認できるはずです。
　User:フィールドに表示されている情報は、このプロセスを所有しているアカウントのフレンドリ名です。一方、SID:フィールドは、実際のSIDの値を表示します。Groupの一覧は、このアカウントがメンバーになっているすべてのグループの情報を表示します（グループについては、この章で後述します）。

整合性レベル（IL）

既に述べたように、整合性レベル（Integrity Level：IL）は、同じユーザーによって実行され、所有されるプロセスとオブジェクトを区別するために随意アクセスを上書きすることができ、1つのユーザーアカウントの中でコードとデータを分離する機能を提供します。必須整合性コントロール（Mandatory Integrity Control：MIC）は、呼び出し元に整合性レベルを関連付けることによって、セキュリティ参照モニター（SRM）が呼び出し元の振る舞いに関する詳細情報を持つことを可能にします。MICはまた、オブジェクトの整合性レベルを定義することにより、オブジェクトにアクセスするために必要な信頼に関する情報も提供します。

トークンの整合性レベルは、GetTokenInformation APIでTokenIntegrityLevel列挙値を使用して取得できます。これらの整合性レベルは、SIDで示されます。整合性レベルは任意の値にできますが、システムは主に表7-3に示す6つのレベルを使用して、特権レベルを区別します。

表7-3　整合性レベル（IL）SID

SID	名前（レベル）	用途
S-1-16-0（0x0）	Untrusted Mandatory Level（信頼できない：0）	匿名グループ（Anonymous Logon）によって開始されたプロセスで使用されます。このレベルでは、ほとんどの書き込みアクセスはブロックされます。
S-1-16-4096（0x1000）	Low Mandatory Level（低：1）	アプリコンテナーのプロセス（UWPアプリ）と、Internet Explorerの保護モードで使用されます。このレベルでは、システム上のほとんどのオブジェクト（ファイルやレジストリキーなど）に対する書き込みアクセスはブロックされます。
S-1-16-8192（0x2000）	Medium Mandatory Level（中：2）	ユーザーアカウント制御（UAC）が有効化されている状況で開始された通常のアプリケーションで使用されます。
S-1-16-12288（0x3000）	High Mandatory Level（高：3）	ユーザーアカウント制御（UAC）が有効化されている状況で、権限を昇格して開始された管理アプリケーションで使用されます。または、UACが無効化されていて、ユーザーが管理者（Administrator）である場合に、通常のアプリケーションで使用されます。
S-1-16-16384（0x4000）	System Mandatory Level（システム：4）	サービスおよびその他のシステムレベルのプロセス（Wininit、Winlogon、Smssなど）で使用されます。
S-1-16-20480（0x5000）	Protected Process Mandatory Level（保護されたプロセス：5）	現状、既定では使用されません。カーネルモードの呼び出し元だけが設定できます。

別の、一見追加的に見える整合性レベルとして、**アプリコンテナー**（AppContainer）と呼ばれるものがあり、ユニバーサルWindowsプラットフォーム（UWP）アプリで使用されます。これは別のレベルのように見えますが、実際には整合性レベル低（Low）と同じです。UWPのプロセストークンは、アプリコンテナーの中で実行中であることを示す、もう1つの属性を持ちます（アプリコンテナーについては、「7.9　アプリコンテナー（AppContainer）」の節で説明します）。この情報は、GetTokenInformation APIでTokenIsAppContainer列挙値を使用して利用可能です。

実習 プロセスの整合性レベル（IL）を調べる

Process Explorerを使用すると、システム上のプロセスの整合性レベル（IL）をすばやく表示することができます。この機能を試すには、次のステップに従って操作します。

1. Windows 10コンピューターでMicrosoft Edgeブラウザーと電卓（Calc.exe）を起動します。

2. コマンドプロンプトを管理者として開きます。

3. メモ帳（notepad.exe）を通常の方法で開きます（管理者権限に昇格せずに）。

4. Process Explorerを管理者として開きます。プロセスの一覧の列ヘッダーを右クリックして［Select Columns］をクリックします。

5. ［Select Columns］ダイアログボックスの［Process Image］タブが開くので、右のスクリーンショットのように［Integrity Level］チェックボックスをオンにし、［OK］ボタンをクリックします。

6. Process Explorerは、Integrity列にシステム上のプロセスの整合性レベルを表示します。メモ帳（notepad.exe）プロセスはMedium、Microsoft Edge（MicrosoftEdge.exe）と電卓（Calculator.exeはCalc.exeにより開始されます）のプロセスはAppContainer、管理者として開いたコマンドプロンプト（cmd.exe）のプロセスはHighと表示されるはずです。サービスとシステムのプロセスは、より高い整合性レベルであるSystemで実行されることにも注目してください。

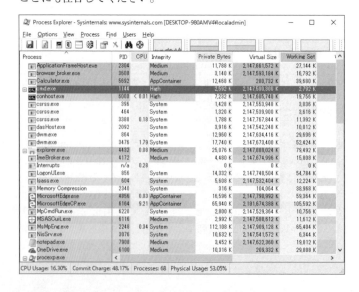

すべてのプロセスは整合性レベルを持ち、その整合性レベルはトークンの中に示され、次の規則に従って伝達されます。

- プロセスは、通常、親プロセスの整合性レベルを継承します（つまり、管理者権限に昇格したコマンドプロンプトは、他の昇格されたプロセスを生み出します）。
- 実行可能イメージ用のファイルオブジェクトの場合、子プロセスが属する実行可能イメージのファイルオブジェクトが整合性レベルを持ち、親プロセスの整合性レベルが「中（Medium）」以上の場合、子プロセスは2つの整合性レベルのうちより低い方を継承します。
- 親プロセスは、自分よりも低い整合性レベルを明示的に指定して、子プロセスを作成できます。プロセスがこれを行うには、DuplicateTokenEx関数を使用して、自分のアクセストークンを複製し、SetTokenInformation関数を使用して新しいトークン内の整合性レベルを希望のレベルに変更します。その後、新しいトークンを指定してCreateProcessAsUser関数を呼び出します。

表7-3の一覧は、プロセスに関連付けられた整合性レベルですが、オブジェクトについてはどうなっているのでしょうか。オブジェクトもまた、オブジェクトのセキュリティ記述子の一部として格納された整合性レベルを持ちます。セキュリティ記述子の構造体の中で、それは「必須ラベル（Mandatory Label）」と呼ばれています。

以前のバージョンのWindows（レジストリキーとファイルが整合性レベルの情報を含まないバージョンのWindows）からの移行をサポートするために、またアプリケーション開発者のためにより簡素化するために、すべてのオブジェクトは暗黙の整合性レベルを持ち、マニュアルで整合性レベルを指定する必要性を回避しています。この暗黙の整合性レベルは「中（Medium）」であり、オブジェクトの必須ポリシー（後述します）は、「中」より低い整合性レベルでこのオブジェクトにアクセスするトークンに対して実施されることを意味しています。

プロセスが整合性レベルの指定なしでオブジェクトを作成した場合、システムはトークン内の整合性レベルをチェックします。「中」以上の整合性レベルを持つトークンの場合、そのオブジェクトの暗黙の整合性レベルは「中」のまま維持されます。一方、「中」より低い整合性レベルを含むトークンの場合、トークン内の整合性レベルに一致する明示的な整合性レベルでそのオブジェクトが作成されます。

整合性レベル「高（High）」または「システム（System）」のプロセスによって作成されたオブジェクトは、オブジェクト自体は整合性レベル「中」を持ちます。これにより、ユーザーはユーザーアカウント制御（UAC）の無効化や有効化が可能です。オブジェクトの整合性レベルが常に作成者の整合性レベルを常に継承する場合、アプリケーションの管理者がUACを無効化し、その後、再び有効化しようとしても、それは失敗する可能性があります。なぜなら、整合性レベル「高」で実行中に作成されたレジストリ設定やファイルがあっても、管理者はそれを変更することができなくなるからです。オブジェクトは、明示的な整合性レベルを持つこともでき、それはシステムまたはオブジェクトの作成者によって設定されます。例えば、プロセス、スレッド、トークン、およびジョブには、明示的な整合性レベルが作成時にカーネルによって与えられます。これらのオブジェクトに整合性レベルを割り当てる理由は、同じユーザーのプロセスで、しかしより低い整合性レベルで実行されるプロセスが、これらのオブジェクトにアクセスして、その内容や動作を変更するのを防止するためです（例えば、DLLインジェクションやコードの改変など）。

整合性レベルとは別に、オブジェクトは「必須ポリシー（Mandatory Policy）」も持ちます。このポリシーは、整合性レベルのチェックに基づいて適用される実際の保護のレベルを定義します。表7-4に示す、3つの種類が指定可能です。整合性レベルと必須ポリシーは、同じアクセス制御エントリ（ACE）に一緒に格納されます。

706　インサイド Windows　第7版　上

表7-4　オブジェクト必須ポリシー（Mandatory Policy）

ポリシー	既定で存在する場所	説明
No-Write-Up （書き込み禁止）	暗黙的にすべてのオブジェクト	より低い整合性レベルのプロセスから来る、オブジェクトに対する書き込みアクセスを制限するために使用されます。
No-Read-Up （読み取り禁止）	プロセスオブジェクトのみ	より低い整合性レベルのプロセスから来る、オブジェクトに対する読み取りアクセスを制限するために使用されます。プロセスオブジェクトに対する特定用途は、外部プロセスからのアドレス領域読み取りをブロックすることで、情報漏洩を防止することです。
No-Execute-Up （実行禁止）	COMクラスを実行するバイナリのみ	より低い整合性レベルのプロセスから来る、オブジェクトに対する実行アクセスを制限するために使用されます。コンポーネントオブジェクトモデル（COM）クラスに対する特定用途は、COMクラスに対する［起動とアクティブ化］のアクセス許可を制限することです。

実習　オブジェクトの整合性レベル（IL）を調べる

　Windows Sysinternals の AccessChk ユーティリティを使用すると、ファイル、プロセス、レジストリキーといった、システム上のオブジェクトの整合性レベル（IL）を表示することができます。この実習では、Windows 10 コンピューターのユーザープロファイルに含まれる AppData¥LocalLow ディレクトリの目的を明らかにします。

1. コマンドプロンプトを開き、現在のディレクトリが C:¥Users¥<ユーザー名>ディレクトリであることを確認します。<ユーザー名>の部分は、ログオン中のユーザーの名前です。

2. 次のように AccessChk ユーティリティを -v フラグ付きで実行し、AppData ディレクトリを調べます。

```
C:¥Users¥〈ユーザー名〉> accesschk -v appdata
```

3. 出力結果は次のようになるはずです。Local と LocalLow サブディレクトリの結果の違いに注意してください。

```
C:¥Users¥<ユーザー名>¥AppData¥Local
  Medium Mandatory Level (Default) [No-Write-Up]
  ...
C:¥Users¥<ユーザー名>¥AppData¥LocalLow
  Low Mandatory Level [No-Write-Up]
  ...
C:¥Users¥<ユーザー名>¥AppData¥Roaming
  Medium Mandatory Level (Default) [No-Write-Up]
  ...
```

4. LocalLow ディレクトリは整合性レベルが「低（Low）」に設定され、一方、Local および Roaming ディレクトリは整合性レベルが「中（Medium）」で既定（Default）となっている点に注目してください。既定（Default）は、このシステムが暗黙の整合性レベルを使用していることを意味しています。

5. AccessChkに -e フラグを渡すと、明示的に設定された整合性レベルだけが表示されます。先ほどのコマンドラインに -e フラグを追加して AppData ディレクトリをもう一度調べると、先ほどの3つのうち LocalLow ディレクトリの情報だけが表示されるはずです。

ファイルやディレクトリ以外のオブジェクトの整合性レベルを調べるには、AccessChkの -o（オブジェクト）、-k（レジストリキー）、および -p（プロセス）フラグを使用します。

■│ トークン

セキュリティ参照モニター（SRM）は**トークン**（Token）または**アクセストークン**（Access Token）と呼ばれるオブジェクトを使用して、プロセスまたはスレッドのセキュリティコンテキストを識別します。セキュリティコンテキストは、プロセスまたはスレッドに関連付けられたアカウント、グループ、および特権を説明する情報で構成されます。トークンにはまた、セッションID、整合性レベル（IL）、およびユーザーアカウント制御（UAC）の仮想化状態といった情報も含まれます（特権およびUACの仮想化の両方のメカニズムについては、この章内の後で説明します）。

ログオン処理の間（この章で後ほど説明します）、ローカルセキュリティ機関（LSA）のプロセス（Lsass）は、ユーザーのログオンを表す初期トークンを作成します。次に、ログオンするユーザーが強力なグループのメンバーであるか、または強力な特権を持っているかどうかを調べます。このステップでチェックされるグループを、次に示します。

- BUILTIN¥Administrators
- ＜ドメイン名＞¥Cert Publishers
- ＜ドメイン名＞¥Domain Admins
- ＜ドメイン名＞¥Enterprise Admins
- ＜ドメイン名＞¥Group Policy Creator Owners
- ＜ドメイン名＞¥Schema Admins
- ＜ドメイン名＞¥Domain Controllers
- ＜ドメイン名＞¥Enterprise Read-only Domain Controllers
- ＜ドメイン名＞¥Read-only Domain Controllers
- BUILTIN¥Account Operators
- BUILTIN¥Backup Operators
- BUILTIN¥Cryptographic Operators
- BUILTIN¥Network Configuration Operators
- BUILTIN¥Print Operators
- BUILTIN¥Server Operators
- ＜ドメイン名＞¥RAS and IAS Servers
- BUILTIN¥Power Users
- BUILTIN¥Pre-Windows 2000 Compatible Access

この一覧のグループの多くは、ドメインに参加するシステムでのみ使用され、ユーザーに対してローカルの管理権限を直接的に付与することはありません。代わりに、ユーザーに対して、ドメイン全体の設定の変更を可能にします。

チェックされる特権を、次に示します。

- ファイルとディレクトリのバックアップ（SeBackupPrivilege）
- トークンオブジェクトの作成（SeCreateTokenPrivilege）
- プログラムのデバッグ（SeDebugPrivilege）
- 認証後にクライアントを偽証（SeImpersonatePrivilege）
- オブジェクトラベルの変更（SeRelabelPrivilege）
- デバイスドライバーのロードとアンロード（SeLoadDriverPrivilege）
- ファイルとディレクトリの復元（SeRestorePrivilege）
- ファイルとその他のオブジェクトの所有権の取得（SeTakeOwnershipPrivilege）
- オペレーティングシステムの一部として機能（SeTcbPrivilege）

これらの特権については、この章の「7.6.2　特権」の項で詳しく説明します。

これらのグループまたは特権が1つ以上存在する場合、Lsassはユーザー用の制限されたトークン（「フィルター済み管理者トークン」とも呼ばれます）を作成し、両方のトークンのための1つのログオンセッションを作成します。標準ユーザートークンは、Winlogonが開始する1つまたは複数の初期プロセス（既定ではUserinit.exe）にアタッチされます。

メモ
　ユーザーアカウント制御（UAC）が無効化されている場合、管理者アカウントは、管理者用グループメンバーシップと特権を含むトークンで実行します。

　既定では、子プロセスは作成者のトークンのコピーを継承するため、ユーザーのセッション内のすべてのプロセスは、同じトークンの下で実行されます。Windows APIのLogonUser関数を使用することで、トークンを生成することも可能です。次に、生成したトークンをWindows APIのCreateProcessAsUser関数に渡すことで、LogonUser関数を介してログオンしたユーザーのセキュリティコンテキストで実行されるプロセスを作成することができます。CreateProcessWithLogonW関数はこれらのステップを1つの呼び出しに統合するもので、これが、Runasコマンドが別のトークンの下でプロセスを開始する仕組みになっています。

　異なるユーザーアカウントは、異なる特権のセットと関連付けられたグループアカウントを持つため、トークンのサイズはさまざまです。しかし、すべてのトークンは、同じ種類の情報を含んでいます。トークンの最も重要な内容を、図7-7に示します。

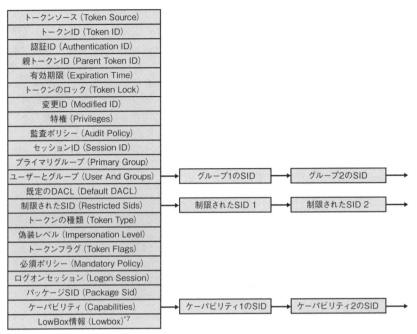

図7-7 アクセストークン

　Windowsにおけるセキュリティのメカニズムは、2つのコンポーネントを使用して、どのオブジェクトがアクセスされることが可能で、どのセキュリティ操作が実行できるのかを判断します。トークンのユーザーアカウントのSIDとグループのSIDのフィールドは、1つのコンポーネントで構成されます。SRMはこれらのSIDを使用して、プロセスやスレッドが、NTFSのファイルといった、セキュリティ設定が可能なオブジェクトに対する要求したアクセスを取得できるかどうかを判断します。

　そのユーザーとグループフィールド（User And Groups）内のグループのSIDは、ユーザーのアカウントがメンバーになっているグループを示します。例えば、サーバーアプリケーションは、クライアントによって要求されたアクションを実行するとき、トークンの資格情報を制限するために、特定のグループを無効化できます。グループの無効化は、トークン内にグループが存在しなかった場合とほとんど同じ効果があります（グループの無効化は、後述する「制限されたトークン」の項で説明する拒否専用グループになります。無効化されたSIDは、セキュリティアクセスチェックの部分で使用されます。これについては、この章の「7.4.4　セキュリティ記述子とアクセス制御」の「アクセスの決定」の項で説明します）。グループSIDには、プロセスまたはスレッドの整合性レベル（IL）を含む、特別なSIDを含むこともできます。SRMはトークン内にある、必須整合性ポリシーを説明する別のフィールドを使用して、この章内の後で説明する必須整合性チェックを実施します。

　トークン内の2つ目のコンポーネントは、スレッドまたはプロセスが実行できることを決める、特権の配列（Privileges）です。トークンの特権配列は、トークンに関連付けられた権利のリストです。特権の一例は、トークンに関連付けられたプロセスまたはスレッドがコンピューターをシャットダウンする権利です。特権については、この章で後ほどさらに詳しく説明します。

　トークンのプライマリグループのフィールド（Primary Group）および既定の随意アクセス制御リス

---

*7　訳注：「LowBox」という用語については、「7.9　アプリコンテナー（AppContainer）」の節を参照してください。

ト（DACL）のフィールド（Default DACL）は、プロセスまたはスレッドがトークンを使用するときに作成するオブジェクトに対して、Windowsが適用するセキュリティ属性です。Windowsがトークンの中にセキュリティ情報を含めることにより、プロセスまたはスレッドが標準的なセキュリティ属性を持つオブジェクトを作成することが容易になります。なぜなら、プロセスまたはスレッドは、作成するオブジェクトすべてについて、個別のセキュリティ情報を要求する必要性がないからです。

それぞれのトークンの種類（Token Type）は、プライマリトークン（プロセスのセキュリティコンテキストを識別するトークン）を偽装トークン（スレッドが異なるセキュリティコンテキスト、通常は別のユーザーのコンテキストを一時的に採用するために使用する種類のトークン）から区別します。偽装トークンは、そのトークン内で有効な偽装の種類を示す偽装レベル（Impersonation Level）を保持しています（偽装については、後述します）。

トークンは、プロセスまたはスレッドの必須ポリシー（Mandatory Policy）も含んでいます。必須ポリシーは、このトークンが処理されるとき、必須整合性コントロール（MIC）がどのように振る舞うのかを定義しています。これには、次の2つのポリシーが存在します。

- **TOKEN_MANDATORY_NO_WRITE_UP** —— このポリシーは既定で有効化されます。このポリシーは、このトークンにNo-Write-Up（書き込み禁止）ポリシーをセットし、プロセスまたはスレッドはより高い整合性レベルのオブジェクトに対する書き込みアクセスができないように指定します。

- **TOKEN_MANDATORY_NEW_PROCESS_MIN** —— このポリシーも既定で有効化されます。このポリシーは、子プロセスを開始したとき、SRMに実行可能イメージの整合性レベルを調べるべきであると指示します。また、親プロセスの最小の整合性レベルとファイルオブジェクトの整合性レベルを子プロセスの整合性レベルとして計算するように指定します。

トークンフラグ（Token Flags）は、UACの仮想化やユーザーインターフェイスのアクセスなど、特定のUACおよびユーザーインターフェイス特権の分離（UIPI）メカニズムの振る舞いを決定するパラメーターを含みます。これらのメカニズムは、この章内の後で説明します。

それぞれのトークンは、AppLockerの規則が定義されている場合、Application Identityサービス（AppLockerのコンポーネント）によって割り当てられた属性を含むこともできます。AppLockerおよびアクセストークン内のその属性の用途については、この章で後ほど説明します。

ユニバーサルWindowsプラットフォーム（UWP）プロセス用のトークンは、アプリコンテナー（AppContainer）のホスティングプロセスに関する情報を含みます。第一に、UWPプロセスのトークンは、パッケージSIDをパッケージSIDフィールド（Package Sid）に格納しています。パッケージSIDは、そのプロセスの出所であるUWPパッケージを識別するものです。このSIDの重要性については、この章の「7.9　アプリコンテナー（AppContainer）」の節で後ほど説明します。第二に、UWPプロセスは、ユーザーの同意を必要とする操作のための、ケーパビリティを要求する必要があります。ケーパビリティの例としては、ネットワークアクス、デバイスの電話機能の使用（存在する場合）、デバイス上のカメラへのアクセスなどがあります。そのようなケーパビリティはそれぞれ、1つのSIDで表され、トークンの一部としてケーパビリティフィールド（Capabilities）に格納されます（ケーパビリティについては、「7.9　アプリコンテナー（AppContainer）」の節でさらに詳しく説明します）。

トークン内の残りのフィールドは、情報提供の目的で使用されます。トークンソースフィールド（Token Source）は、そのトークンを作成したエンティティの簡単な説明をテキスト形式で含みます。特定のトークンの出所を知りたいプログラムは、トークンソースを使用して、Windowsセッションマネージャー、ネットワークファイルサーバー、またはリモートプロシージャコール（RPC）サーバーといった、さまざまなソースを区別することができます。トークンIDフィールド（Token ID）は、SRM

がトークンを作成する際に割り当てたローカル一意識別子（Local Unique Identifier：LUID）です。Windowsエグゼクティブは、単調に増加するカウンターであるエグゼクティブLUIDを維持しており、各トークンに番号の識別子を一意に割り当てるために使用します。1つのLUIDは、そのシステムがシャットダウンするまで一意であることが保証されます。

トークンの認証IDフィールド（Authentication ID）は、また別の種類のLUIDです。トークンの作成者は、LsaLogonUser関数を呼び出すときにトークンの認証IDを割り当てます。トークンの作成者がLUIDを指定しない場合、Lsassがエグゼクティブ LUIDからそのLUIDを取得します。Lsassは認証IDを、初期ログオントークンからの子孫であるすべてのトークンにコピーします。プログラムはトークンの認証IDを取得して、そのプログラムが調べた他のトークンと同じログオンセッションに属するトークンであるかどうかを確認することができます。

エグゼクティブLUIDは、トークンの特性が変更されるたびに、変更IDフィールド（Modified ID）をリフレッシュします。アプリケーションは、変更IDを検証することで、コンテキストの最後の使用以降のセキュリティコンテキスト内での変更を発見することができます。

トークンは有効期限フィールド（Expiration Time）を含みます。アプリケーションはこのフィールドを使用して、アプリケーション自身のセキュリティを実施し、指定した時間が過ぎた後にトークンを拒否できます。ただし、Windows自体は、トークンの有効期限を実施することはありません。

メモ　システムのセキュリティを保証するため、トークン内のフィールドは不変です（なぜなら、それらはカーネルメモリ内に置かれるからです）。特定のトークン属性を変更するために作られた固有のシステムコールを通して変更されるフィールドは例外であり（呼び出し元がそのトークンオブジェクトに対する適切なアクセス権を持つことが前提です）、トークン内の特権（Privileges）やSIDといったデータのユーザーモードからの変更は決してできません。

実習　アクセストークンを参照する

カーネルデバッガーのdt _TOKEN（またはdt nt!_token）コマンドを使用すると、内部的なトークンオブジェクトのフォーマットを表示することができます。この構造体は、Windows APIのセキュリティ関数によって返されるユーザーモードのトークン構造体とは異なりますが、そのフィールドは似ています。トークンに関するさらに詳しい情報については、Windowsソフトウェア開発キット（SDK）のドキュメントの説明を参照してください。

次の出力は、Windows 10のトークン構造体を示しています。

```
lkd> dt nt!_token
   +0x000 TokenSource      : _TOKEN_SOURCE
   +0x010 TokenId          : _LUID
   +0x018 AuthenticationId : _LUID
   +0x020 ParentTokenId    : _LUID
   +0x028 ExpirationTime   : _LARGE_INTEGER
   +0x030 TokenLock        : Ptr64 _ERESOURCE
   +0x038 ModifiedId       : _LUID
   +0x040 Privileges       : _SEP_TOKEN_PRIVILEGES
```

```
   +0x058 AuditPolicy        : _SEP_AUDIT_POLICY
   +0x078 SessionId          : Uint4B
   +0x07c UserAndGroupCount  : Uint4B
   +0x080 RestrictedSidCount : Uint4B
   +0x084 VariableLength     : Uint4B
   +0x088 DynamicCharged     : Uint4B
   +0x08c DynamicAvailable   : Uint4B
   +0x090 DefaultOwnerIndex  : Uint4B
   +0x098 UserAndGroups      : Ptr64 _SID_AND_ATTRIBUTES
   +0x0a0 RestrictedSids     : Ptr64 _SID_AND_ATTRIBUTES
   +0x0a8 PrimaryGroup       : Ptr64 Void
   +0x0b0 DynamicPart        : Ptr64 Uint4B
   +0x0b8 DefaultDacl        : Ptr64 _ACL
   +0x0c0 TokenType          : _TOKEN_TYPE
   +0x0c4 ImpersonationLevel : _SECURITY_IMPERSONATION_LEVEL
   +0x0c8 TokenFlags         : Uint4B
   +0x0cc TokenInUse         : UChar
   +0x0d0 IntegrityLevelIndex : Uint4B
   +0x0d4 MandatoryPolicy    : Uint4B
   +0x0d8 LogonSession       : Ptr64 _SEP_LOGON_SESSION_REFERENCES
   +0x0e0 OriginatingLogonSession : _LUID
   +0x0e8 SidHash            : _SID_AND_ATTRIBUTES_HASH
   +0x1f8 RestrictedSidHash  : _SID_AND_ATTRIBUTES_HASH
   +0x308 pSecurityAttributes : Ptr64 _AUTHZBASEP_SECURITY_ATTRIBUTES_
INFORMATION
   +0x310 Package            : Ptr64 Void
   +0x318 Capabilities       : Ptr64 _SID_AND_ATTRIBUTES
   +0x320 CapabilityCount    : Uint4B
   +0x328 CapabilitiesHash   : _SID_AND_ATTRIBUTES_HASH
   +0x438 LowboxNumberEntry  : Ptr64 _SEP_LOWBOX_NUMBER_ENTRY
   +0x440 LowboxHandlesEntry : Ptr64 _SEP_LOWBOX_HANDLES_ENTRY
   +0x448 pClaimAttributes   : Ptr64 _AUTHZBASEP_CLAIM_ATTRIBUTES_
COLLECTION
   +0x450 TrustLevelSid      : Ptr64 Void
   +0x458 TrustLinkedToken   : Ptr64 _TOKEN
   +0x460 IntegrityLevelSidValue : Ptr64 Void
   +0x468 TokenSidValues     : Ptr64 _SEP_SID_VALUES_BLOCK
   +0x470 IndexEntry         : Ptr64 _SEP_LUID_TO_INDEX_MAP_ENTRY
   +0x478 DiagnosticInfo     : Ptr64 _SEP_TOKEN_DIAG_TRACK_ENTRY
   +0x480 SessionObject      : Ptr64 Void
   +0x488 VariablePart       : Uint8B
```

　!tokenエクステンションコマンドを使用すると、特定のプロセスのトークンを調べることができます。それには、まず!processエクステンションコマンドの出力からトークンのアドレスを見つけます。その後、!tokenコマンドにそのアドレスを渡します。次の例は、explorer.exeプロセスに対して調べた結果です。

```
lkd> !process 0 1 explorer.exe
PROCESS ffffe18304dfd780
    SessionId: 1  Cid: 23e4    Peb: 00c2a000  ParentCid: 2264
    DirBase: 2aa0f6000 ObjectTable: ffffcd82c72fcd80  HandleCount:
<Data Not Accessible>
    Image: explorer.exe
    VadRoot ffffe18303655840 Vads 705 Clone 0 Private 12264. Modified
376410. Locked 18.
    DeviceMap ffffcd82c39bc0d0
    Token                              ffffcd82c72fc060
    ...

PROCESS ffffe1830670a080
    SessionId: 1  Cid: 27b8    Peb: 00950000  ParentCid: 035c
    DirBase: 2cba97000 ObjectTable: ffffcd82c7ccc500  HandleCount:
<Data Not Accessible>
    Image: explorer.exe
    VadRoot ffffe183064e9f60 Vads 1991 Clone 0 Private 19576. Modified
87095. Locked 0.
    DeviceMap ffffcd82c39bc0d0
    Token                              ffffcd82c7cd9060
    ...

lkd> !token ffffcd82c72fc060
_TOKEN 0xffffcd82c72fc060
TS Session ID: 0x1
User: S-1-5-21-3537846094-3055369412-2967912182-1001
User Groups:
 00 S-1-16-8192
    Attributes - GroupIntegrity GroupIntegrityEnabled
 01 S-1-1-0
    Attributes - Mandatory Default Enabled
 02 S-1-5-114
    Attributes - DenyOnly
 03 S-1-5-21-3537846094-3055369412-2967912182-1004
    Attributes - Mandatory Default Enabled
 04 S-1-5-32-544
    Attributes - DenyOnly
 05 S-1-5-32-578
    Attributes - Mandatory Default Enabled
 06 S-1-5-32-559
    Attributes - Mandatory Default Enabled
 07 S-1-5-32-545
    Attributes - Mandatory Default Enabled
 08 S-1-5-4
    Attributes - Mandatory Default Enabled
 09 S-1-2-1
    Attributes - Mandatory Default Enabled
```

```
 10 S-1-5-11
    Attributes - Mandatory Default Enabled
 11 S-1-5-15
    Attributes - Mandatory Default Enabled
 12 S-1-11-96-3623454863-58364-18864-2661722203-1597581903-1225312835-
2511459453-1556397606-2735945305-1404291241
    Attributes - Mandatory Default Enabled
 13 S-1-5-113
    Attributes - Mandatory Default Enabled
 14 S-1-5-5-0-1745560
    Attributes - Mandatory Default Enabled LogonId
 15 S-1-2-0
    Attributes - Mandatory Default Enabled
 16 S-1-5-64-36
    Attributes - Mandatory Default Enabled
Primary Group: S-1-5-21-3537846094-3055369412-2967912182-1001
Privs:
 19 0x000000013 SeShutdownPrivilege              Attributes -
 23 0x000000017 SeChangeNotifyPrivilege          Attributes - Enabled
Default
 25 0x000000019 SeUndockPrivilege                Attributes -
 33 0x000000021 SeIncreaseWorkingSetPrivilege    Attributes -
 34 0x000000022 SeTimeZonePrivilege              Attributes -
Authentication ID:         (0,1aa448)
Impersonation Level:       Anonymous
TokenType:                 Primary
Source: User32             TokenFlags: 0x2a00 ( Token in use )
Token ID: 1be803           ParentToken ID: 1aa44b
Modified ID:               (0, 43d9289)
RestrictedSidCount: 0      RestrictedSids: 0x0000000000000000
OriginatingLogonSession: 3e7
PackageSid: (null)
CapabilityCount: 0    Capabilities: 0x0000000000000000
LowboxNumberEntry: 0x0000000000000000
Security Attributes:
Unable to get the offset of nt!_AUTHZBASEP_SECURITY_ATTRIBUTE.ListLink
Process Token TrustLevelSid: (null)
```

　explorer.exe プロセスにはパッケージ SID（PackageSid）の値がないことに注目してください。これは、アプリコンテナー（AppContainer）の中で実行されていないプロセスだからです。

　Windows 10 の calc.exe を実行し、calculator.exe プロセスを生成します（Windows 10 の電卓はユニバーサル Windows プラットフォーム（UWP）アプリになりました）。先ほどと同じように、!process コマンドで calculator.exe のトークンのアドレスを見つけ、!token コマンドに渡します。

```
lkd> !process 0 1 calculator.exe
PROCESS ffffe18309e874c0
```

```
    SessionId: 1  Cid: 3c18    Peb: cd0182c00 0 ParentCid: 035c
    DirBase: 7a15e4000 ObjectTable: ffffcd82ec9a37c0  HandleCount:
<Data Not Accessible>
    Image: Calculator.exe
    VadRoot ffffe1831cf197c0 Vads 181 Clone 0 Private 3800. Modified
3746. Locked 503.
    DeviceMap ffffcd82c39bc0d0
    Token                              ffffcd82e26168f0
    ...


lkd> !token ffffcd82e26168f0
_TOKEN 0xffffcd82e26168f0
TS Session ID: 0x1
User: S-1-5-21-3537846094-3055369412-2967912182-1001
User Groups:
 00 S-1-16-4096
    Attributes - GroupIntegrity GroupIntegrityEnabled
 01 S-1-1-0
    Attributes - Mandatory Default Enabled
 02 S-1-5-114
    Attributes - DenyOnly
 03 S-1-5-21-3537846094-3055369412-2967912182-1004
    Attributes - Mandatory Default Enabled
 04 S-1-5-32-544
    Attributes - DenyOnly
 05 S-1-5-32-578
    Attributes - Mandatory Default Enabled
 06 S-1-5-32-559
    Attributes - Mandatory Default Enabled
 07 S-1-5-32-545
    Attributes - Mandatory Default Enabled
 08 S-1-5-4
    Attributes - Mandatory Default Enabled
 09 S-1-2-1
    Attributes - Mandatory Default Enabled
 10 S-1-5-11
    Attributes - Mandatory Default Enabled
 11 S-1-5-15
    Attributes - Mandatory Default Enabled
 12 S-1-11-96-3623454863-58364-18864-2661722203-1597581903-1225312835-
2511459453-1556397606-2735945305-1404291241
    Attributes - Mandatory Default Enabled
 13 S-1-5-113
    Attributes - Mandatory Default Enabled
 14 S-1-5-5-0-1745560
    Attributes - Mandatory Default Enabled LogonId
 15 S-1-2-0
    Attributes - Mandatory Default Enabled
```

```
 16 S-1-5-64-36
    Attributes - Mandatory Default Enabled
Primary Group: S-1-5-21-3537846094-3055369412-2967912182-1001
Privs:
 19 0x000000013 SeShutdownPrivilege              Attributes -
 23 0x000000017 SeChangeNotifyPrivilege          Attributes - Enabled
Default
 25 0x000000019 SeUndockPrivilege                Attributes -
 33 0x000000021 SeIncreaseWorkingSetPrivilege    Attributes -
 34 0x000000022 SeTimeZonePrivilege              Attributes -
Authentication ID:         (0,1aa448)
Impersonation Level:       Anonymous
TokenType:                 Primary
Source: User32             TokenFlags: 0x4a00 ( Token in use )
Token ID: 4ddb8c0          ParentToken ID: 1aa44b
Modified ID:               (0, 4ddb8b2)
RestrictedSidCount: 0      RestrictedSids: 0x0000000000000000
OriginatingLogonSession: 3e7
PackageSid: S-1-15-2-466767348-3739614953-2700836392-1801644223-
4227750657-1087833535-2488631167
CapabilityCount: 1    Capabilities: 0xffffcd82e1bfccd0
Capabilities:
 00 S-1-15-3-466767348-3739614953-2700836392-1801644223-4227750657-
1087833535-2488631167
    Attributes - Enabled
LowboxNumberEntry: 0xffffcd82fa2c1670
LowboxNumber: 5
Security Attributes:
Unable to get the offset of nt!_AUTHZBASEP_SECURITY_ATTRIBUTE.ListLink
Process Token TrustLevelSid: (null)
```

　calculator.exeによって必要とされる1つのケーパビリティが存在することを確認できるでしょう（この章の「7.9　アプリコンテナー（AppContainer）」の節で後ほど説明するように、実際にアプリコンテナーSIDの相対識別子（RID）と等しくなります）。次に、Cortanaのプロセス（searchui.exe）についても同様に調べ、ケーパビリティを確認してみます。

```
lkd> !process 0 1 searchui.exe
PROCESS ffffe1831307d080
    SessionId: 1  Cid: 29d8    Peb: fb407ec000  ParentCid: 035c
DeepFreeze
    DirBase: 38b635000 ObjectTable: ffffcd830059e580  HandleCount:
<Data Not Accessible>
    Image: SearchUI.exe
    VadRoot ffffe1831fe89130 Vads 420 Clone 0 Private 11029. Modified
2031. Locked 0.
    DeviceMap ffffcd82c39bc0d0
    Token                                        ffffcd82d97d18f0
    ...
```

```
lkd> !token ffffcd82d97d18f0
_TOKEN 0xffffcd82d97d18f0
TS Session ID: 0x1
User: S-1-5-21-3537846094-3055369412-2967912182-1001
User Groups:
...
Primary Group: S-1-5-21-3537846094-3055369412-2967912182-1001
Privs:
 19 0x000000013 SeShutdownPrivilege              Attributes -
 23 0x000000017 SeChangeNotifyPrivilege          Attributes - Enabled
Default
 25 0x000000019 SeUndockPrivilege                Attributes -
 33 0x000000021 SeIncreaseWorkingSetPrivilege    Attributes -
 34 0x000000022 SeTimeZonePrivilege              Attributes -
Authentication ID:         (0,1aa448)
Impersonation Level:       Anonymous
TokenType:                 Primary
Source: User32             TokenFlags: 0x4a00 ( Token in use )
Token ID: 4483430          ParentToken ID: 1aa44b
Modified ID:               (0, 4481b11)
RestrictedSidCount: 0      RestrictedSids: 0x0000000000000000
OriginatingLogonSession: 3e7
PackageSid: S-1-15-2-1861897761-1695161497-2927542615-642690995-
327840285-2659745135-2630312742
CapabilityCount: 32     Capabilities: 0xffffcd82f78149b0
Capabilities:
 00 S-1-15-3-1024-1216833578-114521899-3977640588-1343180512-
2505059295-473916851-3379430393-3088591068
    Attributes - Enabled
 01 S-1-15-3-1024-3299255270-1847605585-2201808924-710406709-
3613095291-873286183-3101090833-2655911836
    Attributes - Enabled
 02 S-1-15-3-1024-34359262-2669769421-2130994847-3068338639-3284271446-
2009814230-2411358368-814686995
    Attributes - Enabled
 03 S-1-15-3-1
    Attributes - Enabled
 ...
 29 S-1-15-3-3633849274-1266774400-1199443125-2736873758
    Attributes - Enabled
 30 S-1-15-3-2569730672-1095266119-53537203-1209375796
    Attributes - Enabled
 31 S-1-15-3-2452736844-1257488215-2818397580-3305426111
    Attributes - Enabled
LowboxNumberEntry: 0xffffcd82c7539110
LowboxNumber: 2
Security Attributes:
```

```
Unable to get the offset of nt!_AUTHZBASEP_SECURITY_ATTRIBUTE.ListLink
Process Token TrustLevelSid: (null)
```

　Cortanaによって必要とされるケーパビリティは32を数えます。これは、エンドユーザーによる同意が必要で、システムによって検証される必要がある機能が、このプロセスに豊富に存在することを単に示しています。

　Process Explorerのプロセスのプロパティダイアログボックスにある［Security］タブを使用すると、トークンの内容を間接的に参照することができます。［Security］タブは、調べているプロセスのトークンに含まれるグループと特権を表示します。

実習　整合性レベル (IL)「低」でプログラムを開始する

　プログラムを昇格する場合、［管理者として実行］オプションを使用することもできますし、プログラム自身の昇格要求のために、そのプログラムが明示的に整合性レベル「高」で開始する場合もあります。しかしながら、Windows SysinternalsのPsExecユーティリティを使用すると、整合性レベル「低」でプログラムを開始することも可能です。

1. コマンドプロンプトで次のコマンドを実行して、整合性レベル「低」でメモ帳 (Notepad.exe) を開始します。

```
C:¥>psexec -l notepad.exe
```

2. メモ帳の［ファイル］メニューから［開く］を選択し、%SystemRoot%¥System32ディレクトリ内にあるファイル（例えば、既存のXMLファイルの1つ）を開こうとしてみてください。このディレクトリを参照することも、このディレクトリのなかにある任意のファイルを開くこともできるはずです。

3. メモ帳の［ファイル］メニューを開き、［新規］を選択します。

4. ウィンドウ内に何かしらのテキストを入力し、それを%SystemRoot%¥System32ディレクトリ内に保存しようとしてみてください。メモ帳はアクセス許可がないことを示すダイアログボックスを表示し、ドキュメントフォルダーへのファイルの保存を提案してきます。

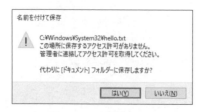

5. ［はい］ボタンをクリックしてメモ帳の提案を受け入れます。すると同じメッセージのダイアログボックスが表示され、何度実行しても同じ繰り返しになります。

6. 次に、そのファイルをユーザープロファイルのLocalLowディレクトリ (%USERPROFILE%¥AppData¥LocalLow) に保存してみてください。LocalLowディレクトリは、この項で

既に行った「実習：オブジェクトの整合性レベル（IL）を調べる」で取り上げたものです。

この実習で見たように、メモ帳（Notepad.exe）は整合性レベル「低」で実行中であり、試した保存場所の中でLocalLowディレクトリだけが整合性レベル「低」を持つため、LocalLowディレクトリへのファイルの保存は機能します。ファイルの保存を試した他のディレクトリは、暗黙の整合性レベル「中」を持ちます（前の実習では、そのことをWindows SysinternalsのAccessChkユーティリティで検証しました）。一方、%SystemRoot%¥System32ディレクトリの参照、およびそのディレクトリ内のファイルを開く操作は、ディレクトリとファイルのどちらも暗黙の整合性レベル「中」ですが、機能します。

■|偽装（Impersonation）

「偽装（Impersonation）」は、Windowsがそのセキュリティモデルの中でよく使用する強力な機能です。Windowsは、クライアント／サーバープログラミングモデルでも偽装を使用します。例えば、サーバーアプリケーションが、ファイル、プリンター、データベースといったリソースに対するアクセスを提供できます。リソースにアクセスしたいクライアントは、サーバーに対して要求を送信します。サーバーがその要求を受け取ると、そのクライアントがリソースに対して希望する操作を実行するアクセス許可を持っているかどうかを確認する必要があります。例えば、リモートコンピューター上のユーザーが、NTFSボリューム上の共有フォルダーにあるファイルを削除しようとする場合、共有フォルダーを公開しているサーバーは、ユーザーがそのファイルの削除を許可されているかどうかを調べる必要があります。ユーザーがアクセス許可を持つかどうかを調べる明確な方法は、サーバーがユーザーのアカウントのセキュリティ識別子（SID）とグループのSIDを照会し、ファイルのセキュリティ属性をスキャンすることです。このアプローチはプログラムにとって冗長的であり、エラーを起こしやすく、将来、新しいセキュリティ機能を透過的にサポートすることができません。そこで、Windowsが偽装のサービスを提供し、サーバーの仕事を簡単にします。

偽装により、サーバーはセキュリティ参照モニター（SRM）に対して、リソースを要求するクライアントのセキュリティプロファイルをサーバーが一時的に採用していることを通知できます。サーバーは次に、クライアントに代わってリソースにアクセスすることでき、SRMがアクセス検証を実施します。しかし、その検証は、偽装されたクライアントのセキュリティコンテキストに基づいて行われます。通常、サーバーはクライアントよりも多くのリソースへのアクセスを行い、偽装の間、そのセキュリティ資格情報の一部を失います。しかし、その逆も成立します。サーバーは、偽装の間、セキュリティ資格情報を得ることができます。

サーバーがクライアントを偽装するのは、偽装要求を行うスレッドの中だけです。スレッドを制御するデータ構造体（ETHREAD）は、偽装トークンのためのオプションのエントリを含んでいます。しかし、スレッドの本当のセキュリティ資格情報を表す、スレッドのプライマリトークンは、プロセスを制御する構造体の中で常に利用可能です。

Windowsは複数のメカニズムを通して、偽装を利用可能にしています。例えば、サーバーが名前付きパイプを介してクライアントと通信する場合、そのサーバーはWindows APIのImpersonateNamedPipeClient関数を使用して、パイプの他端でユーザーを偽装したいとSRMに通知することができます。サーバーが動的データ交換（Dynamic Data Exchange：DDE）またはリモートプロシージャコール（RPC）を介してクライアントと通信する場合、DdeImpersonateClientまたはRpcImpersonateClient関数を使用して同様の偽装の要求を行うことができます。スレッドは、ImpersonateSelf関数を使用して、プロセストークンの単純なコピーである偽装トークンを作成できます。スレッドは次に、その偽

装トークンを変更して、おそらくSIDや特権を無効にすることができます。セキュリティサポートプロバイダーインターフェイス（Security Support Provider Interface：SSPI）パッケージは、ImpersonateSecurityContext関数を使用して、SSPIクライアントの偽装が可能です。SSPIは、NT LAN Manager version 2（NTLMv2）やKerberosといったネットワーク認証プロトコルを実装しています。コンポーネントオブジェクトモデル（COM）などの他のインターフェイスは、CoImpersonateClient関数など、そのインターフェイス独自のAPIを介して偽装機能を公開しています。

サーバースレッドはタスクを終了した後、自身のプライマリセキュリティコンテキストに戻ります。これらの形式の偽装は、クライアントの要求で特定のアクションを実行するのに便利であり、また、オブジェクトのアクセスが正しく監査されるようにするのに便利です（例えば、生成される監査は、サーバープロセスのIDではなく、偽装されたクライアントのIDを示します）。これらの形式の偽装の欠点は、クライアントのコンテキストでプログラム全体を実行できないことです。また、偽装トークンは、それが代理レベルの偽装（後述）であり、かつリモートコンピューターに認証されるのに十分な資格情報を持っている、またはファイルやプリンターがNULLセッション（NULLセッションは、匿名ログオンからの結果の1つです）をサポートしている、のいずれかでない限り、ネットワーク共有上のファイルやプリンターにアクセスすることはできません。

アプリケーション全体をクライアントのセキュリティコンテキストで実行する必要がある場合、または偽装を使用せずにネットワークリソースにアクセスする必要がある場合、クライアントはそのシステムにログオン済みである必要があります。Windows APIのLogonUser関数は、この動作が可能です。LogonUser関数は、アカウント名、パスワード、ドメインまたはコンピューター名、ログオンの種類（対話型、バッチ、またはサービス）、およびログオンプロバイダーを入力として受け取り、プライマリトークンを返します。サーバースレッドはそのトークンを偽装トークンとして採用するか、サーバーがクライアントの資格情報をプライマリトークンとしてプログラムを開始できます。セキュリティの観点からは、LogonUser関数による対話型ログオンから返されたトークンを使用して作成されたプロセス（CreateProcessAsUser APIなどを使用して作成）は、ユーザーがコンピューターに対話型でログオンすることで開始したプログラムのように見えます。このアプローチの欠点は、サーバーがユーザーのアカウント名とパスワードを取得する必要があることです。サーバーがこの情報をネットワーク上で送信するなら、サーバーはそれを安全に暗号化する必要があります。これにより、ネットワークトラフィックを盗聴する悪意のあるユーザーは、それを盗むことができなくなります。

Windowsは偽装の悪用を防止するため、サーバーがクライアントの同意なしで偽装を行うことをさせません。クライアントのプロセスは、サーバーに接続するときにセキュリティのサービス品質（Security Quality of Service：SQoS）を指定することで、サーバーのプロセスが実行可能な偽装のレベルを制限することができます。例えば、名前付きパイプを開くときに、プロセスはWindows APIのCreateFile関数のフラグとして、SECURITY_ANONYMOUS、SECURITY_IDENTIFICATION、SECURITY_IMPERSONATION、またはSECURITY_DELEGATIONを指定できます。これらのオプションは、前述した偽装関連の一連の関数で共通に使用されます。各レベルは、サーバーがクライアントのセキュリティコンテキストに関して、次のように異なる種類の操作の実行を可能にします。

- **SECURITY_ANONYMOUS** —— 匿名（Anonymous）レベル。これは、最も制限された偽装のレベルです。サーバーは偽装できないか、クライアントを識別できません。

- **SECURITY_IDENTIFICATION** —— 識別（Identification）レベル。サーバーはクライアントのセキュリティ識別子（SID）と特権を取得できますが、クライアントを偽装できません。

- **SECURITY_IMPERSONATION** —— 偽装（Impersonation）レベル。サーバーはローカルシステム上のクライアントの識別と偽装が可能です。

■ **SECURITY_DELEGATION** —— 代理（Delegation）レベル。これは、最も制限の少ない偽装のレベルです。サーバーはローカルおよびリモートシステム上のクライアントを偽装できます。

RPCといった他のインターフェイスは、同様の意味を持つ異なる定数を使用します（例えば、RPC_C_IMP_LEVEL_IMPERSONATEなど）。

クライアントが偽装レベルを指定しない場合、WindowsはSECURITY_IMPERSONATIONの偽装レベルを既定で選択します。CreateFile関数は、偽装の設定の修飾子として、次に示すSECURITY_EFFECTIVE_ONLYおよびSECURITY_CONTEXT_TRACKINGも受け付けます。

■ **SECURITY_EFFECTIVE_ONLY** —— サーバーが偽装している間に、クライアントの特権またはグループを有効化または無効化することを防止します。

■ **SECURITY_CONTEXT_TRACKING** —— クライアントがセキュリティコンテキストに対して行った変更があれば、その変更はクライアントを偽装しているサーバーに反映されることを指定します。このオプションが指定されない場合、サーバーは偽装のときにクライアントのセキュリティコンテキストを採用し、いかなる変更も受け取りません。このオプションは、クライアントとサーバーの両方のプロセスが同じシステム上にある場合にのみ有効です。

整合性レベル「低」のプロセスがユーザーインターフェイスを作成できる場合、それを悪用してユーザーの資格情報をキャプチャし、LogonUser関数を使用してユーザーのトークンが取得されるかもしれません。このような盗聴のシナリオを回避するため、特別な整合性ポリシーが偽装シナリオに適用されます。それは、スレッドは自分より高い整合性レベルのトークンを偽装できないというものです。例えば、整合性レベル「低」のアプリケーションは、ダイアログボックスをなりすまして管理者の資格情報を要求し、それを使ってより高い特権レベルでプロセスを開始を試みることはできません。偽装アクセストークン用の整合性レベルのメカニズムのポリシーでは、LsaLogonUser関数で返されるアクセストークンの整合性レベルは、呼び出すプロセスの整合性レベルよりも高くない必要があります。

■ 制限されたトークン

「制限されたトークン（Restricted Token）」は、プライマリトークンまたは偽装トークンから、CreateRestrictedToken関数を使用して作成されます。制限されたトークンは、それが由来するトークンのコピーであり、次のような変更が可能です。

■ 特権をトークンの特権配列（Privileges）から削除できます。
■ トークン内のSIDは、拒否専用（Deny-only）としてマークできます。これらのSIDは、SIDのアクセスがアクセス制御エントリ（ACE）のアクセス拒否との一致で拒否される、すべてのリソースへのアクセスを削除します。マークされていない場合、そのACEは、セキュリティ記述子の前方にある、そのSIDを含むグループに対するアクセス付与のACEによって上書きされる可能性があります。
■ トークン内のSIDは、制限付き（Restricted）としてマークできます。これらのSIDは、アクセスチェックアルゴリズムの第二のパスの対象になります。そのアクセスチェックは、トークン内の制限付きSIDだけを調べます。第一のパスと第二のパスの両方の結果、リソースに対するアクセスを付与する必要があるか、そのオブジェクトにアクセスが付与されません。

制限されたトークンは、信頼できないコードを実行するとき主に安全上の理由から、アプリケーションがセキュリティレベルを下げてクライアントを偽装したいときに便利です。例えば、制限されたトークンから「システムのシャットダウン」特権（SeShutdownPrivilege）を削除することで、制限された

トークンのセキュリティコンテキスト内で実行されるコードが、システムを再起動するのを防止できます。

■| フィルターされた管理者トークン

これまで見てきたように、制限されたトークンはユーザーアカウント制御（UAC）でも使用され、ユーザーアプリケーションが継承することになる「フィルターされた管理者トークン（Filtered Admin Token）」を作成します。フィルターされた管理者トークンは、次のような特徴を持ちます。

- 整合性レベル（IL）が「中」にセットされます。
- 前述したAdministratorおよび管理者相当のセキュリティ識別子（SID）は拒否専用（Deny-only）としてマークされ、万が一そのグループが完全に削除されたとしてもセキュリティホールを防ぎます。例えば、あるファイルのアクセス制御リスト（ACL）が、Administratorsグループのすべてのアクセスを拒否し、ユーザーが属する他のグループにいくつかのアクセスを付与する場合、そのトークンからAdministratorsグループが消えた場合に、（管理者でもある）ユーザーにアクセスが許可されることになります。つまり、ユーザーの管理者としてのIDよりも、ユーザーの標準ユーザーとしてのIDのほうが多くのアクセスを持つことになります。
- 「走査チェックのバイパス」特権（SeChangeNotifyPrivilege）、「システムのシャットダウン」特権（SeShutdownPrivilege）、「ドッキングステーションからコンピューターを削除」特権（SeUndockPrivilege）、「プロセスワーキングセットの増加」特権（SeIncreaseWorkingSetPrivilege）、「タイムゾーンの変更」特権（SeTimeZonePrivilege）を除く、すべての特権が削除されます。

実習 フィルターされた管理者トークンを確認する

ユーザーアカウント制御（UAC）が有効になっているコンピューターで、次のステップに従って操作すると、標準ユーザートークンと管理者トークンの両方でプロセスを開始して、それぞれのトークンを調べてみることができます。

1. Administratorsグループのメンバーであるユーザーアカウントでログオンします。

2. ［スタート］メニューを開き、**コマンド**（または**cmd**）と入力します。検索結果に［コマンドプロンプト（デスクトップアプリ）］が表示されるので、これを右クリックして［管理者として実行］を選択し、昇格されたコマンドプロンプト（cmd.exe）を開始します。

3. 同様に、もう1つのコマンドプロンプト（cmd.exe）のインスタンスを実行します。こちらは通常の方法（昇格せずに）で開始します。

4. Process Explorerを管理者に昇格して実行します。昇格せずに開始した場合は、［File］メニューから［Show Details for All Processes］を選択して、権限を昇格してください。2つのコマンドプロンプトのプロセス（cmd.exe）のプロパティを開き、それぞれの［Security］タブをクリックします。

標準ユーザーのトークンは、拒否専用（Deny）SIDを含み、必須レベル「中」（Medium Mandatory Level）の必須ラベルを持ち、最小限の特権しか持ちません。次のスクリーンショットの右側のプロパティは管理者のトークンで実行中のコマンドプロンプトのプロセスのものです。左側のプロパティはフィルターされた管理者トークンで実行中のプロセスのものです。

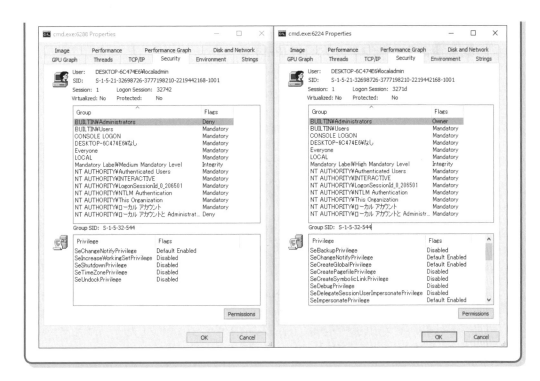

7.4.3 仮想サービスアカウント

　Windowsは「仮想サービスアカウント（Virtual Service Account）」（または単に「仮想アカウント」）と呼ばれる特別な種類のアカウントを提供し、最小限の管理作業で、Windowsサービスのセキュリティの分離とアクセス制御を向上します（Windowsサービスについては、本書下巻を参照してください）。このメカニズムなしでは、Windowsサービスは、Windowsが組み込みのサービスのために定義済みのアカウントの1つ（Local ServiceやNetwork Service）、または通常のドメインアカウントの下で実行する必要があります。Local Serviceといったアカウントは、既存の多くのサービスで共用されるため、特権とアクセス制御の詳細設定が制限されます。さらに、これらのアカウントは、ドメインをまたいで管理することができません。ドメインアカウントは、セキュリティのために定期的なパスワードの変更が必要であり、パスワードの変更サイクルがサービスの可用性に影響する可能性があります。さらに、最良の分離のために、各サービスはそれぞれ専用のアカウントで実行するべきですが、通常のアカウントでは、管理作業が倍増します。

　仮想サービスアカウントを使用すると、各サービスは、それぞれ個別のセキュリティ識別子（SID）を持つ専用のアカウントの下で実行します。このアカウントの名前は、必ずNT SERVICE¥の後にサービスの内部名が続きます。仮想サービスアカウントは、他のアカウント名と同じようにアクセス制御リスト（ACL）内に見えますし、グループポリシーを使用して特権を関連付けることが可能です。しかし、仮想サービスアカウントは、通常のアカウント管理ツールを使用して作成や削除ができません。また、グループに割り当てることもできません。

　Windowsは、仮想サービスアカウントのパスワードを自動設定し、定期的に変更します。Local Systemや他のサービスアカウントも同様にパスワードを持ちますが、そのパスワードをシステム管理者が知ることはできません。

実習 仮想サービスアカウントを使用する

サービスコントロールマネージャー構成ツール（Sc.exe）を使用すると、仮想サービスアカウントの下で実行するサービスを作成することができます。それには、次のステップに従って操作します。

1. コマンドプロンプトを管理者として開き、次のようにSc.exeコマンドラインツールを使用して、仮想サービスアカウントの下で実行するサービスを作成します。この例では、Windows Server 2003 Resource Kit Toolsに含まれるSrvany.exeをサービスのバイナリとして利用しています（https://www.microsoft.com/en-us/download/details.aspx?id=17657 からダウンロード可能）。なお、「=」の後には半角スペースが必須です。

```
C:\Windows\System32>sc create srvany obj= "NT SERVICE\srvany" ↩
binPath= "c:\temp\srvany.exe"
[SC] CreateService SUCCESS
```

2. ステップ1のコマンドは、サービスを作成し（レジストリ内およびサービスコントロールマネージャーの内部のリストに作成）、仮想サービスアカウントを作成します。ここで管理ツールの［サービス］スナップイン（Services.msc）を実行し、作成したサービスをダブルクリックしてプロパティダイアログボックスを開きます。

3. サービスのプロパティダイアログボックスの［ログオン］タブをクリックし、仮想サービスアカウントが設定されていることを確認します。

4. サービスのプロパティダイアログボックスを使用して、既存のサービスの仮想サービスアカウントを作成することもできます。それには、［アカウント］フィールドのアカウント名をNT SERVICE¥<サービス名>に変更し、［パスワード］および［パスワードの確認入力］の2つのフィールドを空にして［OK］または［適用］ボタンをクリックします。ただし、この方法で変更した場合、既存のサービスは仮想サービスアカウントの下で正しく実行しない可能性があることに注意してください。なぜなら、こうして作成した仮想サービスアカウントは、そのサービスで必要とされるファイルやその他のリソースへのアクセスを持っていない可能性があるからです。

5. Process Explorerを実行している場合は、仮想サービスアカウントを使用する、このサービスのプロパティダイアログボックスを開いて、［Security］タブを確認してみましょう。仮想サービスアカウントの名前とセキュリティ識別子（SID）が明らかになります。これを試すには、［サービス］スナップインで開いたsrvanyサービスのプロパティダイアログボックスの［全般］タブをクリックし、［開始パラメーター］フィールドに**notepad.exe**と入力します（srvanyは、通常の実行可能イメージをサービスに変更するために使用できます。そのため、srvanyのコマンドラインは何か実行可能イメージを指定する必要があります）。［開始パラメーター］フィールドを指定したら、［開始］ボタンをクリックしてサービスを開始します。

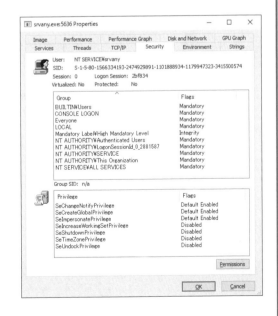

6. 仮想サービスアカウントは、そのサービスがアクセスする必要がある任意のオブジェクト（ファイルなど）のアクセス制御エントリ（ACE）に加えることが可能です。ファイルのプロパティダイアログボックスの［セキュリティ］タブをクリックし、仮想サービスアカウントを参照するアクセス制御リスト（ACL）を作成します。アカウント名（例えば、NT SERVICE¥srvany）を入力して［名前の確認］ボタンをクリックすると、シンプルなサービス名（srvany）に代わり、ACLにはこの短い形式で表示されます。

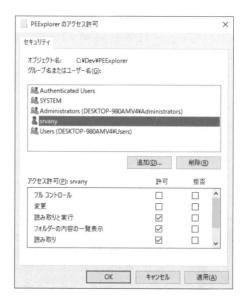

7. 仮想サービスアカウントには、グループポリシーを使用して特権（またはユーザーの権利）を付与することもできます。次の例は、srvanyサービスの仮想サービスアカウントに「ページファイルの作成」特権を付与しているところです（この例では、［ローカルセキュリティポリシー］スナップイン、Secpol.mscを使用しています）。

8. 仮想サービスはセキュリティアカウントマネージャー（SAM）データベースには格納されないため、［ローカルユーザーとグループ］スナップイン（Lusrmgr.msc）といったユーザー管理ツールにそのアカウントは表示されません。しかしながら、ビルトインのシステムアカウントのコンテキスト内でレジストリを調べれば（前に説明したように）、HKLM¥SECURITY¥Policy¥Secretsレジストリキーの下にそのアカウントの証拠を確認することができるでしょう。

7.4.4 セキュリティ記述子とアクセス制御

　トークンは、ユーザーの資格情報を識別するものですが、これはオブジェクトセキュリティの方程式の一部に過ぎません。この方程式のもう1つの部分は、オブジェクトに関連付けられたセキュリティ情報であり、そのオブジェクトに対して誰が何の操作を実行できるのかを指定します。この情報のためのデータ構造体は、「セキュリティ記述子（Security Descriptor）」と呼ばれます。セキュリティ記述子は、次に示す複数の属性で構成されます。

- **リビジョン番号（Revision）** —— そのセキュリティ記述子を作成するために使用された、セキュリティ参照モニター（SRM）セキュリティモデルのリビジョン番号です。
- **制御フラグ（Control）** —— そのセキュリティ記述子の振る舞いや特性を定義するオプションの修飾子です。フラグの一覧を表7-5に示します（ほとんどはWindowsソフトウェア開発キット（SDK）のドキュメントに記載されています）。
- **所有者SID（Owner SID）** —— 所有者のセキュリティ識別子（SID）です。
- **グループSID（Group SID）** —— そのオブジェクトのプライマリグループのSIDです（POSIXサブシステムでのみ使用されます。POSIXサブシステムは既にサポートが終了しているため、現在は使用されません）。

- **随意アクセス制御リスト（Discretionary Access Control List：DACL）** —— オブジェクトに対して、誰がどのアクセスを持つのかを指定します。
- **システムアクセス制御リスト（System Access Control List：SACL）** —— セキュリティ監査ログに記録するユーザーの操作とオブジェクトの明示的な整合性レベルを指定します。

表7-5　セキュリティ記述子のフラグ

フラグ	意味
SE_OWNER_DEFAULTED	既定の所有者セキュリティ識別子（SID）を持つセキュリティ記述子であることを示します。このフラグのビットは、既定の所有者のアクセス許可設定を持つすべてのオブジェクトに見つかります。
SE_GROUP_DEFAULTED	既定のグループSIDを持つセキュリティ記述子であることを示します。このフラグのビットは、既定のグループのアクセス許可設定を持つすべてのオブジェクトに見つかります。
SE_DACL_PRESENT	随意アクセス制御リスト（DACL）を持つセキュリティ記述子であることを示します。このフラグがセットされていない場合、またはこのフラグがセットされ、DACLがNULLの場合、セキュリティ記述子はEveryoneに対してフルコントロールを許可します。
SE_DACL_DEFAULTED	既定のDACLを持つセキュリティ記述子であることを示します。例えば、オブジェクトの作成者がDACLを指定しない場合、そのオブジェクトは既定のDACLを作成者のアクセストークンから受け取ります。このフラグは、アクセス制御エントリ（ACE）の継承に関して、システムがDACLを扱う方法に影響します。SE_DACL_PRESENTフラグがセットされていない場合、システムはこのフラグを無視します。
SE_SACL_PRESENT	システムアクセス制御リスト（SACL）を持つセキュリティ記述子であることを示します。
SE_SACL_DEFAULTED	既定のSACLを持つセキュリティ記述子であることを示します。例えば、オブジェクトの作成者がSACLを指定しない場合、そのオブジェクトは既定のSACLを作成者のアクセストークンから受け取ります。このフラグは、ACEの継承に関して、システムがSACLを扱う方法に影響します。SE_SACL_PRESENTフラグがセットされていない場合、システムはこのフラグを無視します。
SE_DACL_UNTRUSTED	セキュリティ記述子のDACLが指すアクセス制御リスト（ACL）が、信頼できないソースによって提供されたものであることを示しています。このフラグがセットされ、複合ACEが検出された場合、システムはACE内のサーバー SIDを既知の有効なSIDに置き換えます。
SE_SERVER_SECURITY	セキュリティ記述子によって保護されたオブジェクトのプロバイダーは、そのソース（明示的または既定）に関係なく、入力ACLに基づいてサーバー ACLになることが要求されます。これは、すべての許可ACEを、現在のサーバーアクセスを許可する複合ACEに置き換えることによって行われます。このフラグは、対象が偽装されている場合にのみ意味を持ちます。
SE_DACL_AUTO_INHERIT_REQ	セキュリティ記述子によって保護されたオブジェクトのプロバイダーに、そのDACLを既存の子オブジェクトに対して自動的に伝達することを要求します。そのプロバイダーが自動的な継承をサポートしている場合、DACLは既存の子オブジェクトがあればそれに伝達され、親オブジェクトと子オブジェクトのセキュリティ記述子内のSE_DACL_AUTO_INHERITEDフラグのビットがセットされます。

フラグ	意味
SE_SACL_AUTO_INHERIT_REQ	セキュリティ記述子によって保護されたオブジェクトのプロバイダーに、そのSACLを既存の子オブジェクトに対して自動的に伝達することを要求します。そのプロバイダーが自動的な継承をサポートしている場合、SACLは既存の子オブジェクトがあればそれに伝達され、親オブジェクトと子オブジェクトのセキュリティ記述子内のSE_SACL_AUTO_INHERITEDフラグのビットがセットされます。
SE_DACL_AUTO_INHERITED	セキュリティ記述子内のDACLが、継承可能なACEの既存の子オブジェクトへの自動伝達をサポートするようにセットアップされていることを示しています。システムは自動継承アルゴリズムを実行するとき、そのオブジェクトと既存の子オブジェクトに対してこのビットをセットします。
SE_SACL_AUTO_INHERITED	セキュリティ記述子内のSACLが、継承可能なACEの既存の子オブジェクトへの自動伝達をサポートするようにセットアップされていることを示しています。システムは自動継承アルゴリズムを実行するとき、そのオブジェクトと既存の子オブジェクトに対してこのビットをセットします。
SE_DACL_PROTECTED	セキュリティ記述子のDACLが、継承可能なACEによって変更されるのを防止します。
SE_SACL_PROTECTED	セキュリティ記述子のSACLが、継承可能なACEによって変更されるのを防止します。
SE_RM_CONTROL_VALID	セキュリティ記述子内のリソースマネージャーの「制御 (Control)」ビットが有効であることを示しています。リソースマネージャーの制御ビットはセキュリティ記述子構造体の中の8ビット（前述の属性の一覧に含めていないSbz1フィールド）であり、リソースマネージャーがアクセスする構造体に固有の情報を含みます。
SE_SELF_RELATIVE	自己相対形式のセキュリティ記述子であり、すべてのセキュリティ情報は連続したメモリブロック内にあることを示しています。このフラグがセットされていない場合、セキュリティ識別子は絶対形式になります。

　セキュリティ記述子は、さまざまな関数を使用して取得できます。例えば、GetSecurityInfo、GetKernelObjectSecurity、GetFileSecurity、GetNamedSecurityInfo、および他のより難解な関数を使用できます。セキュリティ記述子を取得した後、それを操作したり、関連するSet関数（SetSecurityInfoなど）を呼び出して変更を加えたりできます。さらにセキュリティ記述子は、「セキュリティ記述子定義言語（Security Descriptor Definition Language：SDDL）」と呼ばれる言語で、文字列を使用して構築することができます。SDDLを使用すると、コンパクトな文字列を使用してセキュリティ記述子を表現することができます。この文字列は、ConvertStringSecurityDescriptorToSecurityDescriptor関数を呼び出すことで、真のセキュリティ記述子に変換することができます。ご想像のとおり、その逆の関数も存在します（ConvertSecurityDescriptorToStringSecurityDescriptor）。SDDLの詳細な説明については、Windowsソフトウェア開発キット（SDK）を参照してください。

　「アクセス制御リスト（Access Control List：ACL）」は、ヘッダーと0個以上のアクセス制御エントリ（ACE）構造体で構成されます。ACLには、DACLとSACLの2つの種類があります。DACLでは、各ACEは1つのSIDと1つのアクセスマスク（および後述するフラグのセット）を含み、これらは通常、SIDの保有者に許可または拒否されるアクセス権（読み取り、削除など）を指定しています。DACLには、次の9種類のACEが存在可能です。アクセス許可（Access Allowed）、アクセス拒否（Access Denied）、オブジェクトのアクセス許可（Access Allowed Object）、オブジェクトのアクセス拒否（Access Denied Object）、コールバック許可（Allowed Callback）、コールバック拒否（Denied Callback）、オブジェクトのコールバック許可（Allowed Callback Object）、オブジェクトのコールバッ

ク拒否（Denied Callback Object）および条件付きクレーム（Conditional Claim）。ご想像のとおり、アクセス許可ACEは、ユーザーに対してアクセスを付与し、アクセス拒否ACEはアクセスマスク内に指定されたアクセス権を拒否します。コールバックACEは、アプリケーションによって使用されます。アプリケーションはAuthZ API（後述）を使用してAuthZを呼び出すコールバックを登録し、このACEを含むアクセスチェックを実施するときに呼び出されます。

オブジェクトのアクセス許可（Access Allowed Object）とアクセス許可（Access Allowed）の違い、およびオブジェクトのアクセス拒否（Access Denied Object）とアクセス拒否（Access Denied）の違いは、オブジェクトの種類のほうがActive Directory内でのみ使用されることです。オブジェクトの種類のACEにはグローバル一意識別子（Globally Unique Identifier：GUID）フィールドがあり、そのACEが特定のオブジェクトまたはサブオブジェクト（GUIDの識別子を持つオブジェクト）に対してのみ適用されることを示します（GUIDは128ビットの識別子であり、世界中で一意であることが保証されます）。また、オプションのGUIDが別にあり、ACEが適用されているActive Directoryコンテナーの中に子オブジェクトが作成されるとき、ACEを継承する子オブジェクトの種類を示します。条件付きクレームのACEは、コールバックの種類（CALLBACKという文字列を含むACEの種類）のACE構造体に格納されます。これについては、「7.5　AuthZ API」の節で説明します。

個別のACEによって付与されたアクセス権が累積され、ACLによって付与されるアクセス権のセットが形成されます。セキュリティ記述子にDACLが存在しない（NULL DACL）場合、誰もがそのオブジェクトに対するフルアクセスを持ちます。空のDACL（つまり0個のACE）の場合、そのオブジェクトに対するアクセスを持つユーザーはいません。

DACL内で使用されるACEはフラグのセットも持っており、これらのフラグにより継承に関係するACEの制御と特性の指定を行います。いくつかのオブジェクトの名前空間は、コンテナーとオブジェクトを持ちます。1つのコンテナーは、他のコンテナーオブジェクトとそれにぶら下がるオブジェクトを、自分の子オブジェクトとして保持することができます。コンテナーの例としては、ファイルシステム名前空間のディレクトリ、レジストリ名前空間のレジストリキーがあります。ACE内の特定のフラグは、そのACEが関連付けられているコンテナーの子オブジェクトに対して、そのACEがどのように伝達されるのかを制御します。表7-6は、Windows SDKから抜粋した、ACEフラグの継承規則の一覧です。

表7-6　ACEフラグの継承規則

フラグ	継承規則
CONTAINER_INHERIT_ACE	ディレクトリなどのコンテナーである子オブジェクトは、このACEを有効なACEとして継承します。継承されたACEは、NO_PROPAGATE_INHERIT_ACEフラグのビットも同時に設定されていない限り、継承可能です。
INHERIT_ONLY_ACE	このフラグは、継承専用ACEであることを示します。このACEは、このACEが設定されたオブジェクトのアクセスを制御しません。このフラグが設定されない場合、ACEは、そのACEが設定されたオブジェクトに対するアクセスを制御します。
INHERITED_ACE	このフラグは、このACEが継承されたものであることを示します。システムは、継承可能なACEを子オブジェクトに伝達したときに、このフラグのビットをセットします。
NO_PROPAGATE_INHERIT_ACE	ACEが子オブジェクトに継承された場合、継承されたACE内のOBJECT_INHERIT_ACEとCONTAINER_INHERIT_ACEフラグはシステムによってクリアされます。この動作は、そのACEが後で生成されるオブジェクトによって継承されることを防ぎます。

フラグ	継承規則
OBJECT_INHERIT_ACE	コンテナーではない子オブジェクトは、このACEを有効なACEとして継承します。子オブジェクトがコンテナーの場合、NO_PROPAGATE_INHERIT_ACEフラグのビットも同時に設定されていない限り、このACEは継承専用ACEとして継承されます。

　SACLは、次の2種類のACEを含みます。システム監査（System Audit）のACEと、オブジェクトのシステム監査（System Audit Object）のACEです。これらのACEは、特定のユーザーやグループによってオブジェクトに対して行われたその操作を監査するのかを指定します。監査情報は、システム監査ログに格納されます。成功および試行の失敗の両方を監査可能です。DACLにおけるオブジェクトの種類のACEと同様に、オブジェクトのシステム監査（System Audit Object）ACEは、ACEが提供されるオブジェクトまたはサブオブジェクトの種類を示すGUIDを指定して、特定の子オブジェクトの種類に対するACEの伝達を制御します。SACLが存在しない場合（NULLの場合）、そのオブジェクトに対して監査は行われません（セキュリティ監査については、この章内の後で説明します）。DACLのACEに適用される継承可能なフラグは、システム監査とオブジェクトのシステム監査のACEにも適用されます。

　図7-8は、ファイルオブジェクトとそのDACLの関係を単純化した図です。図に示すように、最初のACEはUser1に対してファイルの読み取りを許可しています。2番目のACEは、Team1グループに対してファイルへの書き込みアクセスを拒否しています。3番目のACEは、すべてのユーザー（Everyone）に対して実行アクセスを許可しています。

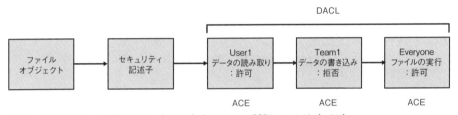

図7-8　随意アクセス制御リスト（DACL）とアクセス制御エントリ（ACE）

実習　セキュリティ識別子を参照する

　ほとんどのエグゼクティブサブシステムは、オブジェクトのセキュリティ記述子を管理するために、オブジェクトマネージャーの既定のセキュリティ機能に依存しています。オブジェクトマネージャーの既定のセキュリティ関数は、セキュリティ記述子のポインターを使用して、そのようなオブジェクトのセキュリティ記述子を格納します。例えば、プロセスマネージャーは既定のセキュリティを使用します。そのため、オブジェクトマネージャーはプロセスとスレッドのセキュリティ記述子を、プロセスとスレッドオブジェクトのオブジェクトヘッダー内にそれぞれ格納します。イベント、ミューテックス、セマフォのセキュリティ記述子ポインターもまた、自身のセキュリティ記述子を格納しています。ライブカーネルデバッグを使用すると、これらのオブジェクトのオブジェクトヘッダーを見つけて、そのセキュリティ記述子を参照することができきます。それには、次のステップに従って操作します（なお、Process ExplorerやAccessChkもまた、プロセスのセキュリティ記述子を表示することが可能です）。

1. ローカルのカーネルデバッグを開始します。

2. !process 0 0 explorer.exe と入力して、エクスプローラー（explorer.exe）に関するプロセスの情報を取得します。

```
lkd> !process 0 0 explorer.exe
PROCESS ffffe18304dfd780
    SessionId: 1  Cid: 23e4    Peb: 00c2a000  ParentCid: 2264
    DirBase: 2aa0f6000  ObjectTable: ffffcd82c72fcd80  HandleCount:
<Data Not Accessible>
    Image: explorer.exe

PROCESS ffffe1830670a080
    SessionId: 1  Cid: 27b8    Peb: 00950000  ParentCid: 035c
    DirBase: 2cba97000  ObjectTable: ffffcd82c7ccc500  HandleCount:
<Data Not Accessible>
    Image: explorer.exe
```

3. エクスプローラーのインスタンスが複数ある場合は、1つを選択します（どのインスタンスでも構いません）。!objectエクステンションコマンドに、ステップ2のコマンドの出力結果にあるエグゼクティブプロセス構造体（EPROCESS）のアドレスを引数として渡し、オブジェクトのデータ構造体を表示します。

```
lkd> !object ffffe18304dfd780
Object: ffffe18304dfd780  Type: (ffffe182f7496690) Process
    ObjectHeader: ffffe18304dfd750 (new version)
    HandleCount: 15  PointerCount: 504639
```

4. dt _OBJECT_HEADER（またはdt nt!_object_header）コマンドに、ステップ3のコマンドの出力結果にあるオブジェクトヘッダー（ObjectHeader）のアドレスを引数として渡し、オブジェクトヘッダーのデータ構造体の内容を表示します。その中に、セキュリティ識別子ポインター（SecurityDescriptor）の値が含まれます。

```
lkd> dt nt!_object_header ffffe18304dfd750
    +0x000 PointerCount      : 0n504448
    +0x008 HandleCount       : 0n15
    +0x008 NextToFree        : 0x00000000`0000000f Void
    +0x010 Lock              : _EX_PUSH_LOCK
    +0x018 TypeIndex         : 0xe5 ''
    +0x019 TraceFlags        : 0 ''
    +0x019 DbgRefTrace       : 0y0
    +0x019 DbgTracePermanent : 0y0
    +0x01a InfoMask          : 0x88 ''
    +0x01b Flags             : 0 ''
    +0x01b NewObject         : 0y0
    +0x01b KernelObject      : 0y0
```

```
   +0x01b KernelOnlyAccess : 0y0
   +0x01b ExclusiveObject  : 0y0
   +0x01b PermanentObject   : 0y0
   +0x01b DefaultSecurityQuota : 0y0
   +0x01b SingleHandleEntry : 0y0
   +0x01b DeletedInline    : 0y0
   +0x01c Reserved          : 0x30003100
   +0x020 ObjectCreateInfo : 0xffffe183`09e84ac0 _OBJECT_CREATE_
INFORMATION
   +0x020 QuotaBlockCharged : 0xffffe183`09e84ac0 Void
   +0x028 SecurityDescriptor : 0xffffcd82`cd0e97ed Void
   +0x030 Body             : _QUAD
```

5. 最後に、デバッガーの!sdエクステンションコマンドを使用してセキュリティ識別子をダンプします。オブジェクトヘッダー内のセキュリティ識別子のポインターは、複数の下位ビットをフラグとして使用します。これらのビットは、ポインターをたどる前にゼロにする必要があります。それには、32ビットシステムの場合は、3つのフラグビットが存在するので、オブジェクトヘッダー構造体の中に表示されているセキュリティ記述子のアドレスに**& -8**を続けて使用します。64ビットシステムの場合は、4つのフラグビットが存在するため、代わりに**& -10**を使用します。

```
lkd> !sd 0xffffcd82`cd0e97ed & -10
->Revision: 0x1
->Sbz1    : 0x0
->Control : 0x8814
          SE_DACL_PRESENT
          SE_SACL_PRESENT
          SE_SACL_AUTO_INHERITED
          SE_SELF_RELATIVE
->Owner   : S-1-5-21-3537846094-3055369412-2967912182-1001
->Group   : S-1-5-21-3537846094-3055369412-2967912182-1001
->Dacl    :
->Dacl    : ->AclRevision: 0x2
->Dacl    : ->Sbz1       : 0x0
->Dacl    : ->AclSize    : 0x5c
->Dacl    : ->AceCount   : 0x3
->Dacl    : ->Sbz2       : 0x0
->Dacl    : ->Ace[0]: ->AceType: ACCESS_ALLOWED_ACE_TYPE
->Dacl    : ->Ace[0]: ->AceFlags: 0x0
->Dacl    : ->Ace[0]: ->AceSize: 0x24
->Dacl    : ->Ace[0]: ->Mask : 0x001fffff
->Dacl    : ->Ace[0]: ->SID: S-1-5-21-3537846094-3055369412-2967912182-
1001
->Dacl    : ->Ace[1]: ->AceType: ACCESS_ALLOWED_ACE_TYPE
->Dacl    : ->Ace[1]: ->AceFlags: 0x0
->Dacl    : ->Ace[1]: ->AceSize: 0x14
->Dacl    : ->Ace[1]: ->Mask : 0x001fffff
```

```
->Dacl    : ->Ace[1]: ->SID: S-1-5-18
->Dacl    : ->Ace[2]: ->AceType: ACCESS_ALLOWED_ACE_TYPE
->Dacl    : ->Ace[2]: ->AceFlags: 0x0
->Dacl    : ->Ace[2]: ->AceSize: 0x1c
->Dacl    : ->Ace[2]: ->Mask : 0x00121411
->Dacl    : ->Ace[2]: ->SID: S-1-5-5-0-1745560
->Sacl    :
->Sacl    : ->AclRevision: 0x2
->Sacl    : ->Sbz1       : 0x0
->Sacl    : ->AclSize    : 0x1c
->Sacl    : ->AceCount   : 0x1
->Sacl    : ->Sbz2       : 0x0
->Sacl    : ->Ace[0]: ->AceType: SYSTEM_MANDATORY_LABEL_ACE_TYPE
->Sacl    : ->Ace[0]: ->AceFlags: 0x0
->Sacl    : ->Ace[0]: ->AceSize: 0x14
->Sacl    : ->Ace[0]: ->Mask : 0x00000003
->Sacl    : ->Ace[0]: ->SID: S-1-16-8192
```

　この例では、セキュリティ記述子は3つのアクセス許可ACEを含んでいます。1つは現在の
ユーザー（S-1-5-21-3537846094-3055369412-2967912182-1001）、2つ目はシステムアカウント
（S-1-5-18）、3つ目はログオンSID（S-1-5-5-0-1745560）のACEです。システムアクセス制御リス
ト（SACL）は、1つのエントリ（S-1-16-8192）を持ち、このプロセスを整合性レベル「中」とし
てラベル付けしています（この章の「7.4.2　セキュリティ識別子（SID）」の「整合性レベル（IL）」
の項の表7-3を参照）。

■| ACLの割り当て

　セキュリティシステムは、新しいオブジェクトに割り当てる随意アクセス制御リスト（DACL）を決
めるために、次の4つの割り当て規則のうち最初に適用可能な規則を使用します。

1. 呼び出し元がオブジェクトを作成するときにセキュリティ記述子を明示的に提供する場合、セキュ
   リティシステムはオブジェクトに対してそれを適用します。そのオブジェクトが名前を持ち、コン
   テナーオブジェクト（例えば、オブジェクトマネージャー名前空間の¥BaseNamedObjectsディレ
   クトリ内の名前付きイベントオブジェクト）の中に存在する場合、システムは継承可能なアクセス
   制御エントリ（ACE）があれば（オブジェクトのコンテナーから伝達される可能性があるACE）、継
   承をブロックするSE_DACL_PROTECTEDフラグがセキュリティ記述子にセットされていない限
   り、継承可能なACEをDACLにマージします。

2. 呼び出し元がセキュリティ記述子を提供せず、そのオブジェクトが名前を持つ場合、セキュリティ
   システムは新しいオブジェクトの名前に含まれるコンテナーのセキュリティ記述子を調べます。オ
   ブジェクトディレクトリのACEは継承可能としてマークされていることがあります。これは、そ
   のオブジェクトディレクトリ内に作成された新しいオブジェクトに適用されるべきものです。その
   ような継承可能なACEが存在する場合、セキュリティシステムはそれらをアクセス制御リスト
   （ACL）の形式にして、新しいオブジェクトにアタッチします（別々のフラグが、コンテナーではな
   いオブジェクトによってではなく、コンテナーオブジェクトによってのみ継承されるべきACEで
   あることを示します）。

第**7**章 セキュリティ　　**735**

3. セキュリティ記述子が指定されず、オブジェクトがACEを一切継承していない場合、セキュリティシステムは呼び出し元のアクセストークンから既定のDACL（Default DACL）を取り出し、新しいオブジェクトにそれを適用します。Windowsのサブシステムのいくつかは、オブジェクト（サービス、ローカルセキュリティ機関（LSA）、セキュリティアカウントマネージャー（SAM）オブジェクトなど）の作成時に割り当てられる、ハードコードされたDACLを持ちます。

4. セキュリティ記述子が指定されず、継承されたACEがなく、既定のDACLもない場合、システムはDACLを持たないオブジェクトを作成します。つまり、Everyone（すべてのユーザーとグループ）はそのオブジェクトに対してフルアクセスが可能です。この規則は、3番目の規則で、トークンの既定のDACLが空（NULL）の場合と同じになります。

　システムアクセス制御リスト（SACL）を新しいオブジェクトに対して割り当てるときにシステムが使用する規則は、DACLに使用されるものと似ていますが、次の例外があります。

- 継承されたシステム監査（System Audit）ACEは、SE_SACL_PROTECTEDフラグがマークされたセキュリティ記述子を持つオブジェクトには伝達されません（DACLを保護するSE_DACL_PROTECTEDフラグと似ています）。
- セキュリティ監査（Security Audit）ACEが指定されておらず、継承されたSACLもない場合、そのオブジェクトにはSACLは適用されません。この動作は、DACLで既定のDACLの適用が使用されるのと異なります。なぜなら、トークンは既定のSACLというものを持たないからです。

　継承可能なACEを含む新しいセキュリティ記述子がコンテナーに適用されるとき、システムは継承可能なACEを子オブジェクトのセキュリティ記述子に自動的に伝達します（ただし、SE_DACL_PROTECTEDフラグが有効になっている場合、セキュリティ記述子のDACLは継承されたDACL ACEを受け付けません。また、セキュリティ記述子にSE_SACL_PROTECTEDフラグがセットされている場合、そのSACLはSACL ACEを継承しません）。継承可能なACEが既存の子オブジェクトのセキュリティ記述子とマージされる順序は、明示的にACLに適用されたACEがあれば、オブジェクトが継承するACEよりも優先的に維持されるように行われます。システムは、継承可能なACEの伝達のために、次の規則を用います。

- DACLを持たない（NULL DACL）子オブジェクトがACEを継承する場合、結果として子オブジェクトは継承されたACEだけを含むDACLを持ちます。
- 空のDACL（0個のACE）を持つ子オブジェクトがACEを継承する場合、結果として子オブジェクトは継承されたACEだけを含むDACLを持ちます。
- Active Directory内のオブジェクトに限り、継承可能なACEが親オブジェクトから削除された場合、子オブジェクトによって継承されたACEのコピーがあれば、自動的にその継承が削除されます。
- Active Directory内のオブジェクトに限り、自動的な継承により子オブジェクトのDACLからすべてのACEが削除された場合、子オブジェクトはDACLを持たない（NULL DACL）のではなく、空のDACL（0個のACE）を持つことになります。

　この後すぐ明らかになるように、ACL内のACEの順序は、Windowsのセキュリティモデルの重要な部分です。

> **メモ**
> 継承は通常、ファイルシステム、レジストリ、Active Directoryといったオブジェクトストアによって、直接的にサポートされません。SetEntriesInAcl関数といった継承をサポートするWindows APIは、それらのオブジェクトストアをスキャンする方法を知っているセキュリティ継承サポートDLL（%SystemRoot%\System32\Ntmarta.dll、Windows NT MARTAプロバイダー）内の適切な関数を呼び出すことで継承をサポートします。

■ トラスト SID

保護されたプロセス（Protected Process）と保護されたプロセスの簡易版（Protected Process Light：PPL）の出現により（いずれも第3章で説明）、保護されたプロセスだけがオブジェクトにアクセスできるようにする必要性が生じました。これは、KnownDllsレジストリキー[8]といった特定のリソースを、たとえ管理レベルのコードからであっても、保護するために重要なことです。そのようなACEは、アクセスを取得するのに必要な保護のレベルと署名者を提供する、既知のセキュリティ識別子（SID）を用いて指定されます。表7-7は、トラストSID（Trust SID）と呼ばれるそのSIDと、保護のレベル、および署名者の一覧です。

表7-7 トラストSID（Trust SID）

SID	保護レベル	保護の署名者
S-1-19-512-0	PPL	なし
S-1-19-512-4096	PPL	Windows
S-1-19-512-8192	PPL	WinTcb
S-1-19-1024-0	保護されたプロセス	なし
S-1-19-1024-4096	保護されたプロセス	Windows
S-1-19-1024-8192	保護されたプロセス	WinTcb

トラストSIDは、保護されたプロセスまたはPPLプロセスにアタッチされたトークン用に存在する、トークンオブジェクトの一部です。SID番号がより高いほど、そのトークンがより強力であることを意味します（保護されたプロセスは、PPLよりも強力であることを思い出してください）。

> **実習 トラストSIDを参照する**
>
> この実習では、保護されたプロセスのトークンにあるトラストSIDを調べます。ローカルカーネルデバッグを開始してください。
> デバッガーの!processエクステンションコマンドを使用して、Csrss.exeプロセスの基本情報を取得します。
>
> ```
> lkd> !process 0 1 csrss.exe
> PROCESS ffff8188e50b5780
>     SessionId: 0  Cid: 0228    Peb: e0ede9c000  ParentCid: 0220
>     DirBase: 1273a3000  ObjectTable: ffffbe0d829e2040  HandleCount:
> <Data Not Accessible>
> ```

---

[8] 訳注：HKLM\SYSTEM\CurrentControlSet\Control\Session Manager\KnownDlls、詳しくは第2章を参照。

```
    Image: csrss.exe
    VadRoot ffff8188e6ccc8e0 Vads 159 Clone 0 Private 324. Modified
4470. Locked 0.
    DeviceMap ffffbe0d70c15620
    Token                                ffffbe0d829e7060
...
PROCESS ffff8188e7a92080
    SessionId: 1  Cid: 03d4      Peb: d5b0de4000  ParentCid: 03bc
    DirBase: 162d93000 ObjectTable: ffffbe0d8362d7c0  HandleCount:
<Data Not Accessible>
    Image: csrss.exe
    VadRoot ffff8188ec3901b0 Vads 125 Clone 0 Private 385. Modified
462372. Locked 0.
    DeviceMap ffffbe0d70c15620
    Token ffffbe0d8362d060
...
```

　Csrss.exe プロセスの複数のインスタンスが見つかるはずなので、その1つを選択し、!token エクステンションコマンドにトークンのアドレスを渡して、詳細情報を表示します。

```
lkd> !token ffffbe0d829e7060
_TOKEN 0xffffbe0d829e7060
TS Session ID: 0
User: S-1-5-18
...
Process Token TrustLevelSid: S-1-19-512-8192
```

　これは、WinTcb が署名者の保護されたプロセスの簡易版（PPL）です。

■ アクセスの決定

　オブジェクトに対するアクセスを決定するために、次の2つの方法が使用されます。

- **必須整合性チェック** ── 呼び出し元の整合性レベルがリソースにアクセスするのに十分に高いかどうか、リソース自体の整合性レベル（IL）とその必須ポリシー（Mandatory Policy）に基づいて判断します。
- **随意アクセスチェック** ── 特定のユーザーアカウントがオブジェクトに対して持つアクセスを判断します。

　プロセスがオブジェクトを開こうとすると、カーネルの SeAccessCheck 関数で Windows 標準の随意アクセス制御リスト（DACL）チェックの前に、必須整合性チェックが実施されます。その理由は、DACL チェックよりも必須整合性チェックのほうが高速であり、完全な随意アクセスチェックを実施する必要性をすばやく排除できるからです。アクセストークンに含まれる既定の必須ポリシー（この章の「7.4.2　セキュリティ識別子（SID）」の「トークン」の項で説明した TOKEN_MANDATORY_NO_WRITE_UP と TOKEN_MANDATORY_NEW_PROCESS_MIN）の指定により、プロセスの整合性ポリシーがオブジェクトの整合性レベル以上であり、DACL でもプロセスが希望するアクセスが許可さ

れている場合、プロセスはオブジェクトを書き込みアクセスで開くことができます。例えば、整合性レベル「低」のプロセスは、たとえDACLが整合性レベル「低」のプロセスに書き込みアクセスを許可していたとしても、整合性レベル「中」のプロセスが書き込みアクセスで開いているオブジェクトを開くことができません。

オブジェクトのDACLが読み取りアクセスを許可している限り、プロセスは既定の必須ポリシーを使用して、任意のオブジェクト（プロセス、スレッド、およびトークンオブジェクトは除く）を読み取りアクセス用に開くことができます。つまり、整合性レベル「低」で実行中のプロセスは、プロセスを実行中のユーザーアカウントがアクセス可能な任意のファイルを開くことができます。Internet Explorerの保護モードは、整合性レベルを使用して、マルウェアの感染によりユーザーアカウントの設定が変更されるのを防止しますが、マルウェアがユーザーのドキュメントフォルダーを読み取ることを阻むことはしません。

プロセス、スレッド、およびトークンオブジェクトは例外であることを思い出してください。なぜなら、これらのオブジェクト必須ポリシーは、No-Read-Up（読み取り禁止）も含むからです。つまり、プロセスの整合性レベルは、開こうとしているプロセスまたはスレッドの整合性レベル以上であり、プロセスが希望するアクセスをDACLが許可している場合に限り、開く操作は成功します。表7-8は、希望するアクセスをDACLが許可していることを前提として、さまざまな整合性レベルで実行中のプロセスが、他のプロセスまたはオブジェクトに対して持つ、アクセスの種類を示しています。

表7-8　整合性レベルに基づいたオブジェクトとプロセスへのアクセス

アクセス元のプロセス	オブジェクトへのアクセス	他のプロセスへのアクセス
整合性レベル「高」	整合性レベル「高」以下のすべてのオブジェクトに対する読み取り/書き込みアクセス 整合性レベル「システム」のオブジェクトに対する読み取りアクセス	整合性レベル「高」以下のすべてのプロセスに対する読み取り/書き込みアクセス 整合性レベル「システム」のプロセスに対する読み取り/書き込みアクセスなし
整合性レベル「中」	整合性レベル「中」または「低」のすべてのオブジェクトに対する読み取り/書き込みアクセス 整合性レベル「高」または「システム」のオブジェクトに対する読み取りアクセス	整合性レベル「中」または「低」のすべてのプロセスに対する読み取り/書き込みアクセス 整合性レベル「高」または「システム」のプロセスに対する読み取り/書き込みアクセスなし
整合性レベル「低」	整合性レベル「低」のすべてのオブジェクトに対する読み取り/書き込みアクセス 整合性レベル「中」以上のオブジェクトに対する読み取りアクセス	整合性レベル「低」のすべてのプロセスに対する読み取り/書き込みアクセス 整合性レベル「中」以上のプロセスに対する読み取り/書き込みアクセスなし

メモ　この項で説明しているプロセスに対する読み取りアクセスとは、プロセスアドレス領域の内容を読み取るといった、完全な読み取りアクセスのことです。No-Read-Up（読み取り禁止）は、より高い整合性レベルのプロセスを、より低いプロセスによる、PROCESS_QUERY_LIMITED_INFORMATION（プロセスに関する基本情報だけを提供）といった、より限定されたアクセスからブロックするものではありません。

第7章 セキュリティ 739

ユーザーインターフェイス特権の分離（UIPI）

Windowsメッセージングサブシステムもまた、「ユーザーインターフェイス特権の分離（User Interface Privilege Isolation：UIPI）」を実装するために、整合性レベルを保持しています。このサブシステムは、より高い整合性レベルを持つプロセスが所有するウィンドウに対して、プロセスがウィンドウメッセージを送信するのをブロックすることで、UIPIを実装しています。ただし、以下に示す情報メッセージは例外です。

- WM_NULL
- WM_MOVE
- WM_SIZE
- WM_GETTEXT
- WM_GETTEXTLENGTH
- WM_GETHOTKEY
- WM_GETICON
- WM_RENDERFORMAT
- WM_DRAWCLIPBOARD
- WM_CHANGECBCHAIN
- WM_THEMECHANGED

整合性レベルのこの用途は、標準ユーザーのプロセスが、昇格したプロセスのウィンドウに入力することや、シャッター攻撃（不正なメッセージを送信することで、内部バッファーフローを引き起こし、昇格したプロセスの特権レベルでコードを実行するといった攻撃）をブロックします。UIPIはまた、ウィンドウフック（SetWindowsHookEx API）がより高い整合性レベルのプロセスに影響しないようにブロックします。これにより、例えば、標準ユーザーのプロセスは、ユーザーが管理アプリケーションに入力するキーボード操作を記録することができません。ジャーナルフックもまた同じ方法でブロックされ、より低い整合性レベルのプロセスがより高い整合性レベルのプロセスを監視することを防止します。

プロセス（整合性レベル「中」以上で実行中のプロセスのみ）は、ChangeWindowMessageFilterEx APIを呼び出すことで、追加的なメッセージがこのガードを通過できるように選択できます。この関数は、一般的に、Windowsのネイティブな共通コントロールの外部で通信する、カスタムコントロールが必要とするメッセージを追加するために使用されます。古いAPIであるChangeWindowMessageFilter関数は同様の機能を提供しますが、この関数はウィンドウごとではなく、プロセスごとです。ChangeWindowMessageFilter関数を使用した場合、同じプロセス内の2つのカスタムコントロールで、同じ内部ウィンドウメッセージが使用される可能性があります。これは、他のカスタムコントロール用の照会専用メッセージで簡単に起こってしまうことがあるため、1つのコントロールの悪意のある疑いのあるウィンドウメッセージを許可してしまう可能性があります。

ユーザー補助スクリーンキーボード（%SystemRoot%¥System32¥Osk.exe）といったユーザー補助アプリケーションはUIPI制限の対象となるため（ユーザー補助アプリケーションは、デスクトップ上で参照可能な整合性レベルのプロセスの各種類に対して実行される必要があります）、それらのプロセスではUIアクセスを有効化できます。そのためのフラグは実行可能イメージのマニフェストファイルの中に存在することができ、標準ユーザーアカウントで開始された場合、プロセスは暗黙的に「中」より高い整合性レベル（0x2000から0x3000の間）で実行され、管理者アカウントで開始された場合、整合性レベル「高」で実行されます。なお、管理者アカウントで開始された場合、実際には昇格要求は表示されません。プロセスにこのフラグをセットする場合、その実行可能イメージは署名されている必要もあり、%SystemRoot%や%ProgramFiles%といった安全な場所に配置される必要もあります。

必須整合性チェックが完了し、呼び出し元の整合性レベルに基づいて必須ポリシーがアクセスを許可していると見なされると、次の2つのアルゴリズムの1つを使用してオブジェクトに対する随意アクセスチェックが実施され、アクセスチェックの結果が決まります。

- そのオブジェクトに対して許可される最大のアクセスを決定し、その形式がAuthZ API（この章の「7.5　AuthZ API」の節で説明します）または古いGetEffectiveRightsFromAcl関数を使用してユーザーモードにエクスポートされます。これは、プログラムがMAXIMUM_ALLOWEDの希

望するアクセスを指定するときにも使用されます。MAXIMUM_ALLOWEDは、希望するアクセス（DesiredAccess）パラメーターを持たないレガシAPIで使用されるものです。

■ 特定の希望するアクセスが許可されているかどうかを決定します。これは、Windows APIのAccessCheck関数またはAccessCheckByType関数によって行われます。

1つ目のアルゴリズムは、次のようにDACLのエントリを調べます。

1. そのオブジェクトがDACLを持たない場合（NULL DACL）、そのオブジェクトは保護されず、セキュリティシステムはすべてのアクセスを許可します。ただし、アプリコンテナー（AppContainer）のプロセスからのアクセスは例外であり、アクセスは拒否されます。アプリコンテナーのプロセスについては、この章の「7.9 アプリコンテナー（AppContainer）」の節で説明します。

2. 呼び出し元が「ファイルとその他のオブジェクトの所有権の取得」特権（SeTakeOwnershipPrivilege）を持つ場合、セキュリティシステムはDACLを調べる前に、所有者の書き込み（WRITE_OWNER）アクセスを付与します（「ファイルとその他のオブジェクトの所有権の取得」特権については、この後説明します）。

3. 呼び出し元がそのオブジェクトの所有者である場合、システムはOWNER_RIGHTSのセキュリティ識別子（SID）を探し、そのSIDを次にステップのためのSIDとして使用します。所有者でない場合、読み取り制御（READ_CONTROL）およびDACLの書き込み（WRITE_DAC）アクセスが付与されます。

4. 呼び出し元のアクセストークン内のSIDと一致するSIDを含むアクセス拒否のアクセス制御エントリ（ACE）ごとに、ACEのアクセスマスクを許可アクセスマスクから削除します。

5. 呼び出し元のアクセストークン内のSIDと一致するSIDを含むアクセス許可ACEごとに、そのアクセスが既に拒否されていない限り、ACEのアクセスマスクが許可アクセスマスクの計算に加えられます。

DACL内のすべてのエントリが調べられると、計算された許可アクセスマスクが、そのオブジェクトに対する最大限の許可（MAXIMUM_ALLOWED）アクセスとして、呼び出し元に返されます。このマスクは、呼び出し元がオブジェクトを開くとき正しく要求できる、アクセスの種類の合計セットを表しています。

上記の説明は、アルゴリズムのカーネルモード方式にのみ適用されます。GetEffectiveRightsFromAcl関数により実装されたWindowsバージョンは、ステップ2を実施しない点と、アクセストークンではなく、単一のユーザーまたはグループSIDを考慮する点が異なります。

第**7**章 セキュリティ 　741

OWNER_RIGHTS SID

　オブジェクトの所有者は、必ず付与される読み取り制御（READ_CONTROL）および随意アクセス制御リスト（DACL）の書き込み（WRITE_DAC）によって、オブジェクトのセキュリティを上書きできるため、この動作を制御する専用の方法がWindowsによって公開されています。それが、OWNER_RIGHTS SIDです。
　OWNER_RIGHTS SIDは、主に次の2つの理由のために存在します。

- **オペレーティングシステムのサービスのセキュリティ強化のため** —— サービスが実行時にオブジェクトを作成するときは常に、そのオブジェクトに関連付けられる所有者SID（Owner SID）は、実際のサービスのSIDではなく、サービスを実行しているアカウント（Local SystemやLocal Serviceなど）になります。つまり、同じアカウントを使用する他のサービスは、所有者としてオブジェクトにアクセスできることになります。OWNER_RIGHTS SIDは、この望ましくない動作を防止します。
- **特定のユーザーシナリオ向けにより柔軟性を高めるため** —— 例えば、管理者がユーザーに対して、ファイルやフォルダーの作成は許可したいが、それらのオブジェクトのアクセス制御リスト（ACL）の変更はさせたくないとしましょう（ユーザーは、不注意で、あるは悪意を持って、それらのファイルやフォルダーに対する望ましくないアカウントのアクセスを許可する可能性があります）。継承可能なOWNER_RIGHTS SIDを使用することで、そのユーザーは自分が作成したオブジェクトのACLを編集したり、参照したりできなくすることができます。もう1つの利用シナリオは、グループの変更に関連します。ある従業員がある機密またはセンシティブなグループのメンバーであり、そのグループのメンバーである間にいくつかのファイルを作成したとします。その後、ビジネス上の理由でそのグループからユーザーが削除されたとします。その従業員は依然としてユーザーであるため、センシティブなファイルに引き続きアクセスできてしまいます。

　2つ目のアルゴリズムは、呼び出し元のアクセストークンに基づいて、特定のアクセス要求が許可されるかどうかを判断するために使用されます。セキュリティ保護可能なオブジェクトを扱うWindows APIのオープン（Open）関数ごとに、希望するアクセスマスクを指定するパラメーターを持ちます。これが、セキュリティの方程式の最後のコンポーネントです。呼び出し元がアクセスを持つかどうか判断するために、次のステップが実施されます。

1. オブジェクトがDACLを持たない場合（NULL DACL）、そのオブジェクトは保護されず、セキュリティシステムは希望するアクセスを許可します。

2. 呼び出し元が「ファイルとその他のオブジェクトの所有権の取得」特権（SeTakeOwnership Privilege）を持つ場合、セキュリティシステムは要求された場合に所有者の書き込み（WRITE_OWNER）アクセスを付与し、その後、DACLを調べます。ただし、所有者の書き込み（WRITE_OWNER）アクセスが特権を持つ呼び出し元によって要求された唯一のアクセスの場合、セキュリティシステムはそのアクセスを付与し、DACLを調べることはしません。

3. 呼び出し元がそのオブジェクトの所有者の場合、システムはOWNER_RIGHTS SIDを探し、そのSIDを次にステップのためのSIDとして使用します。所有者でない場合、読み取り制御（READ_CONTROL）およびDACLの書き込み（WRITE_DAC）アクセスが付与されます。これらの権利が呼び出し元によって要求された唯一のアクセス権の場合、DACLを調べることなく、アクセスが付与されます。

4. DACL内のACLごとに、最初から最後まで調べられます。次に示すいずれかの条件が満たされる

と、そのACEが処理されます。

- そのACEはアクセス拒否ACEであり、ACE内のSIDは有効化されたSIDと一致する（SIDは有効化または無効化されることが可能）、または呼び出し元のアクセストークン内の拒否専用（Deny-only）SIDと一致する。
- そのACEはアクセス許可ACEであり、ACE内のSIDが、呼び出し元のトークン内の拒否専用（Deny-only）SIDではなく、有効化されたSIDと一致する。
- これがセキュリティ記述子を通じて、制限されたSID（Restricted SID）チェックのための第二のパスであり、ACE内のSIDが呼び出し元のアクセストークン内の制限されたSIDと一致する。
- ACEが継承専用としてマークされていない。

5. そのACEがアクセス許可ACEの場合、ACE内のアクセスマスクの中の要求された権利が付与されます。要求されたアクセス権のすべてが付与された場合、アクセスチェックは成功します。そのACEがアクセス拒否ACEであり、要求されたアクセス権のいずれかが拒否されるアクセス権の中に存在する場合、そのオブジェクトに対するアクセスは拒否されます。

6. DACLの最後まで達し、要求されたアクセス権がまだ付与されていない場合、アクセスは拒否されます。

7. すべてのアクセスが付与されますが、呼び出し元のアクセストークンが少なくとも1つの制限されたSIDを持つ場合、システムはDACLのACEをもう一度スキャンして、ユーザーが要求しているアクセスに一致するアクセスマスクを持つACEを探します。また、ACEのSIDが呼び出し元の制限されたSIDと一致するACEを探します。DACLの両方のスキャンで要求されたアクセス権が付与される場合のみ、オブジェクトに対するアクセスがユーザーに付与されます。

両方のアクセス検証アルゴリズムの動作は、アクセス許可ACEとアクセス拒否ACEの相対的な順序に依存します。2つのACEだけを持つオブジェクトを考えてみてください。1つは特定のユーザーにオブジェクトに対する完全なアクセスを許可するもので、もう1つはユーザーアクセスを拒否するものだとします。アクセス許可ACEがアクセス拒否よりも先行する場合、そのユーザーはオブジェクトに対する完全なアクセスを得ることができます。しかし、順序が逆の場合、ユーザーはオブジェクトに対する一切のアクセスを取得できません。

SetSecurityInfoやSetNamedSecurityInfoといったいくつかのWindows関数は、明示的なアクセス許可ACEより先に、明示的なアクセス拒否ACE、の優先順位でACEを適用します。例えば、NTFSファイルおよびレジストリキーのアクセス許可を編集するセキュリティ編集ダイアログボックスは、これらの関数を使用します。SetSecurityInfoおよびSetNamedSecurityInfo関数は、ACEが適用されるセキュリティ識別子に対して、ACEの継承規則も適用します。

図7-9は、アクセス検証におけるACEの順序の重要性を示す例です。この例の中では、オブジェクトのDACLの1つのACEがアクセスを許可しているのにも関わらず、ファイルを開こうとしているユーザーのアクセスは拒否されます。これは、ACEがアクセスを許可する前に、ACEがユーザーアクセスを拒否する（そのユーザーがWritersグループのメンバーであるという理由で）からです。

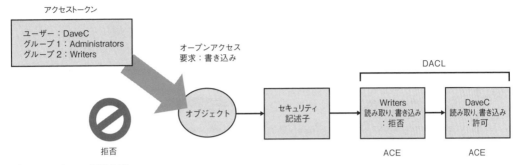

図7-9 アクセス検証の例

　初めに指摘したように、プロセスがハンドルを使用するたびにセキュリティシステムがDACLを処理するのは効率的ではないため、セキュリティ参照モニター（SRM）はこのアクセスチェックを、ハンドルが使用されるたびにではなく、ハンドルが開かれたときのみ実施します。つまり、ひとたびプロセスがハンドルを開くことに成功すると、セキュリティシステムは、たとえオブジェクトのDACLが変更された場合でも、既に付与されたアクセス許可を取り消すことができません。また、カーネルモードコードは、オブジェクトにアクセスするのにハンドルではなく、ポインターを使用するため、そのアクセスチェックは、オペレーティングシステムがオブジェクトを使用するときに実施されません。別の言い方をすると、Windowsエグゼクティブは、セキュリティ上の意味で、自分自身（およびすべての読み込み済みドライバー）を信頼しています。

　実際、オブジェクトの所有者には、オブジェクトに対するDACLの書き込み（WRITE_DAC）アクセスが必ず付与されますが、これはユーザーが自分が所有するオブジェクトのアクセスを決して阻まれることがないことを意味しています。いくつかの理由のため、オブジェクトが空のDACL（アクセスなし）を持つ場合、所有者は依然としてDACLの書き込み（WRITE_DAC）アクセスでそのオブジェクトを開くことができ、希望するアクセスのアクセス許可を用いて新しいDACLを適用できます。

セキュリティ編集画面のGUIに関する警告

　WindowsのGUIのアクセス許可の編集ダイアログボックスを使用して、ファイルやレジストリ、またはActive Directoryオブジェクト、またはその他のセキュリティ保護が可能なオブジェクトのセキュリティ設定を変更するとき、メインのセキュリティダイアログボックスの表示は、オブジェクトに適用されるセキュリティについて誤解を招く表示かもしれません。Everyoneグループにフルコントロールを許可し、Administratorsグループにフルコントロールの拒否を設定した場合、アクセス許可のリストの表示を見ると、Everyoneグループのアクセス許可のアクセス制御エントリ（ACE）がAdministratorsのアクセス拒否ACEより優先されるように思うかもしれません。なぜなら、順序がそのように見えるからです。しかし、前述したように、このアクセス許可の編集ダイアログボックスは、アクセス制御リスト（ACL）をオブジェクトに適用するとき、アクセス許可ACEの前にアクセス拒否を配置します。

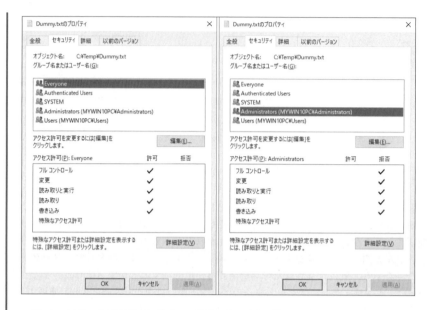

　［セキュリティの詳細設定］ダイアログボックス（上記画面の［詳細設定］ボタンをクリックすると表示されます）の［アクセス許可］タブは、随意アクセス制御リスト（DACL）内のACLの順序を表示します。しかしながら、このダイアログボックスでさえ混乱する可能性があります。なぜなら、複雑なDACLが、他のアクセスの種類用のアクセス許可ACEに続く、さまざまなアクセス用のアクセス拒否ACEを持つ場合があるからです。

特定のユーザーやグループがオブジェクトに対してどのようなアクセスを持っているか、それを知る唯一の決定的な方法は、［セキュリティの詳細設定］ダイアログボックスの［有効なアクセス］タブを使用することです。［有効なアクセス］タブで［ユーザーの選択］をクリックし、チェックしたいユーザーまたはグループを指定して［有効なアクセス許可の表示］ボタンをクリックすると、指定したユーザーまたはグループがそのオブジェクトに対して許可されているアクセス許可を参照することができます。

7.4.5　ダイナミックアクセス制御（DAC）

　前の項で議論してきた随意アクセス制御リスト（DACL）のメカニズムは、最初のWindows NTバージョンから存在するもので、多くのシナリオで役立ちます。しかしながら、このスキームがあまり柔軟でないシナリオも存在します。例えば、共有ファイルにアクセスするユーザーが、職場のコンピューターを使用している場合はアクセスを許可するべきであり、個人のコンピューターからそのファイルへのアクセスは許可するべきではないという要件を考えてみてください。そのような条件をアクセス制御エントリ（ACE）を使用して指定する方法は存在しません。

　Windows 8およびWindows Server 2012では、「ダイナミックアクセス制御（Dynamic Access Control：DAC）」と呼ばれる、柔軟なメカニズムが導入されています。DACは、一般に属性またはクレームベースのアクセス制御（Attribute/Claim-Baced Access Control：ABAC/CBAC）と呼ばれるアクセス制御方式のマイクロソフトによる実装です。DACを使用すると、Active Directoryに定義されたカスタム属性に基づいて、規則を定義することができます。DACは、既存のメカニズムを置き換えるものではなく、既存のメカニズムに追加されるものです。つまり、操作が許可される場合、それはDACと従来のDACLの両方のアクセス許可で付与されなければなりません。図7-10は、DACの主なコンポーネントを示しています。

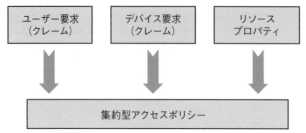

図7-10 ダイナミックアクセス制御（DAC）のコンポーネント

　クレーム（Claim）とは、ドメインコントローラーによって公開されている、ユーザー、デバイス（ドメイン内のコンピューター）、またはリソース（汎用的な属性）に関する任意の情報です。有効なクレームの例としては、ユーザーの役職（title）や部署（department）によるファイルの分類があります。規則を作成するための条件式では、任意のクレームの組み合わせが使用できます。これらの規則はまとめられて、「集約型アクセスポリシー（Central Access Policy）」になります。
　DACの構成はActive Directory[*9]で行い、グループポリシーを使用して公開されます。Kerberosチケットプロトコルは、ユーザーとデバイスのクレームの認証済み転送をサポートするために拡張されました（「Kerberos防御」として知られています）。

7.5 AuthZ API

　WindowsのAuthZ APIは、承認（AuthoriZation）関数を提供し、セキュリティ参照モニター（SRM）と同じセキュリティモデルを実装していますが、そのモデルは%SystemRoot%¥System32¥Authz.dllライブラリ（Authorization Framework）でユーザーモードにすべて実装されています。AuthZ APIは、データベーステーブルといった、自身のプライベートオブジェクトを保護したいプロセスに提供されます。これにより、SRMに依存する場合に生じるユーザーモードからカーネルモードへの移行コストの増加なしで、Windowsセキュリティモデルを活用することができます。
　AuthZ APIは、標準のセキュリティ記述子のデータ構造体、セキュリティ識別子（SID）、および特権を使用します。クライアントを表すトークンを使用する代わりに、AuthZはAUTHZ_CLIENT_CONTEXTクラスを使用します。AuthZは、すべてのアクセスチェック関数およびWindowsセキュリティ関数のユーザーモードバージョンを提供します。例えば、AuthzAccessCheck関数は、SRM関数であるSeAccessCheckを使用するWindows APIのAccessCheck関数の、AuthZバージョンです。
　アプリケーションがAuthZを使用することで利用可能になる別の優位点は、アプリケーションがAuthZで直接、セキュリティチェックの結果をキャッシュすることができ、同じクライアントコンテキストとセキュリティ記述子を使用する後続のチェックが改善されることです。AuthZは、Windowsソフトウェア開発キット（SDK）に完全にドキュメント化されています。
　静的で制御された環境におけるセキュリティ識別子（SID）とセキュリティグループのメンバーシップを使用するこの種のアクセスチェックは、「IDベースのアクセス制御（Identity Based Access

---

[*9] 訳注：DACの構成には、［Active Directory管理センター］またはWindows PowerShellのコマンドレット（New-ADClaimType、New-ADCentralAccessRule、New-ADCentralAccessPolicyなど）を使用します。［Active Directory管理センター］の日本語版のUIでは、「Claim」を「要求」と表示している部分がありますが、「Request」の「要求」と混同しないように本書では「クレーム」と表現します。

Control：IBAC）」として知られています。また、オブジェクトのセキュリティ記述子内に随意アクセス制御リスト（DACL）が配置されたとき、可能性のあるアクセス者のIDをセキュリティシステムが知っている必要があります。

Windowsには「クレームベースのアクセス制御（Claims Based Access Control：CBAC）」のサポートも含まれています（前述の「ダイナミックアクセス制御」はその1つです）。CBACでは、アクセスはアクセス者のIDやグループメンバーシップに基づいて付与されるのではなく、アクセス者に割り当てられ、アクセス者のアクセストークンに格納された任意の属性に基づいて付与されます。属性は、AppLockerといった、属性プロバイダーによって供給されます。CBACメカニズムは、多くの利点を提供します。それには、IDをまだ知らないユーザーや動的に計算されたユーザー属性のためのDACLを作成する能力も含まれます。CBACのアクセス制御エントリ（ACE）（Conditional ACE、条件付きACEとも呼ばれます）は、コールバックの種類（CALLBACKという文字列を含むACEの種類）のACE構造体に格納されます。この構造体は、実質的にAuthZ専用であり、システムのSeAccessCheck APIでは無視されます。カーネルモードのSeSrpAccessCheckルーチンは、条件付きACEを理解することができません。そのため、AuthZ APIを呼び出すアプリケーションだけが、CBACを使用することができます。AppLockerは、パスや発行者といった属性を設定するためにCBACを使用する唯一のシステムコンポーネントです。AppLockerは、パスや発行者といった属性を設定するためにCBACを使用します。サードパーティ製アプリケーションは、CBACのAuthZ APIを駆使することで、CBACを使用できます。

CBACのセキュリティチェックを使用することで、次のような強力なポリシー管理が可能になります。

- 企業のIT部門が承認したアプリケーションのみを実行する。
- 承認済みアプリケーションだけにOutlookの連絡先または予定表へのアクセスを許可する。
- フルタイムの従業員にだけイントラネットWebサイトへのアクセスを許可する（契約社員には許可しない）。

属性は、**条件付きACE**として知られるもので参照され、これで在席、不在、または1つ以上の属性の値がチェックされます。属性の名前には、任意の英数字のUnicode文字を含めることができ、コロン（：）、スラッシュ（/）、アンダースコア（_）も使用できます。属性の値は、64ビット整数、Unicode文字列、バイト文字列、または配列のうちいずれか1つを取ることができます。

7.5.1 条件付きACE

セキュリティ記述子定義言語（SDDL）の書式は、条件式を持つアクセス制御エントリ（ACE）をサポートするように拡張されました。SDDL文字列の新しい書式は、次のようになります。

> **ACEの種類；ACEのフラグ；権利；オブジェクトGUID；継承オブジェクトGUID；アカウントSID；（条件式）**

条件付きACE（Conditional ACE）用のACEの種類は、XA（SDDL_CALLBACK_ACCESS_ALLOWED用）またはXD（SDDL_CALLBACK_ACCESS_DENIED用）のいずれかになります。なお、条件式を持つACEは、クレームの種類の承認のために使用され（特に、AuthZ APIおよびAppLocker）、オブジェクトマネージャーやファイルシステムには認識されません。

条件式には、表7-9に示す任意の要素を含めることができます。

表7-9 条件式で受け入れ可能な要素

条件式の要素	説明
<属性名>	指定された属性がゼロ以外の値を持つかどうかを評価します。
exists <属性名>	指定された属性がクライアントコンテキスト内に存在するかどうかを評価します。
<属性名> <演算子> <値>	指定された演算の結果を返します。次に示す演算子が、属性の値を評価する条件式内での使用のために定義されています。 Contains、Any_of、==、!=、<、<=、>、>= これらはすべて**TRUE**または**FALSE**を返す2項演算子であり（単項演算子とは対照的）、<属性名> <演算子> <値>の形式で使用します。
<条件式> || <条件式>	指定された2つの条件式のいずれかが**TRUE**であるかどうか評価します。
<条件式> && <条件式>	指定された2つの条件式の両方が**TRUE**であるかどうかを評価します。
!(<条件式>)	条件式の論理否定です。
Member_of {<SID配列>}	クライアントコンテキストのSID_AND_ATTRIBUTES配列に、<SID配列>に指定されたカンマ区切りのセキュリティ識別子（SID）が含まれているかどうかを評価します。

条件付きACEでは、プログラム内の特定のデータレコードへのアクセスを、例えば、次のような基準に一致するユーザーだけに付与するように指定することができます。

- 「アーキテクト」、「プログラムマネージャー」、または「開発リーダー」という値の「Role」（役職）属性を持ち、かつ「Windows」という値の「Division」（事業部）属性を持つユーザー。
- 「ManagementChain」（ワークフローの管理チェーン）属性が「Jon Smith」という値を含むユーザー。
- 「CommisionType」（階級）属性が「Officer」という値で、「PayGrade」（給与等級）属性が「6より大きい」値のユーザー（つまり、米軍のGeneral Officer/将校の階級）。

なお、Windowsは、条件付きACEを参照、編集するためのツールを提供しません。

7.6 アカウントの権利と特権

実行時にプロセスによって行われる多くの操作は、特定のオブジェクトとの対話を伴わないため、オブジェクトアクセス保護による承認を受けることはできません。例えば、バックアップ用にファイルを開くとき、セキュリティチェックをバイパスする能力は、アカウントが持つ属性であり、特定のオブジェクトが持つものではありません。Windowsは特権およびアカウントの権利の両方を使用して、システム管理者にどのアカウントがセキュリティ関連の操作をできるのかを制御できるようにしています。

「特権（Privilege）」は、コンピューターのシャットダウンやシステム時刻の変更といった、特定のシステム関連の操作を実行するためにアカウントに付与される権利です。「アカウントの権利（Account Right）」は、コンピューターへのローカルログオンや対話型ログオンといった、特定の種類のログオンを実行する能力をアカウントに許可または拒否します。

システム管理者は、ドメインアカウント用の［グループポリシー管理エディター］スナップイン（%SystemRoot%¥System32¥gpme.msc）、ローカルアカウント用の［ローカルグループポリシーエディター］スナップイン（%SystemRoot%¥System32¥Gpedit.msc）、または［ローカルセキュリティ

ポリシー］スナップイン（%SystemRoot%¥System32¥Secpol.msc）といったツールを使用して、グループとアカウントに特権を割り当てます。図7-11は、［ローカルセキュリティポリシー］スナップインで［ユーザー権利の割り当て］の構成を参照しているところです。図7-11には、Windowsで利用可能な特権とアカウントの権利の完全なリストが表示されています。なお、このツールは、特権とアカウントの権利を区別せず、一括りで「ユーザー権利（User Right）」としていることに注意してください。しかしながら、特権とアカウントの権利は簡単に区別できます。"ログオン"という単語を含まないユーザー権利は、特権です。

図7-11　［ローカルセキュリティポリシー］スナップイン（Secpol.msc）で参照、設定可能な［ユーザー権利の割り当て］

7.6.1 アカウントの権利

アカウントの権利は、セキュリティ参照モニター（SRM）によって強制されることはありませんし、トークン内に格納されることもありません。ログオンを担当する関数は、LsaLogonUserです。例えば、Winlogonはユーザーがコンピューターに対話型でログオンするときにLogonUser APIを呼び出し、LogonUserがLsaLogonUser関数を呼び出します。LogonUser APIは、実行するログオンの種類を示すパラメーターを受け取ります。ログオンの種類には、対話型、ネットワーク、バッチジョブとして、サービスとして、リモートデスクトップサービス（旧称、ターミナルサービス）クライアントがあります。

ローカルセキュリティ機関（LSA）は、ログオン要求に応答し、ユーザーがそのシステムにログオンを試みた時点で、LSAポリシーデータベースからユーザーに割り当てられた権利を取得します。LSAはログオンの種類とログオンするユーザーアカウントに対して割り当てられたアカウントの権利をチェックし、そのログオンの種類を許可する権利をアカウントが持たない場合、またはログオンの種類の拒否の権利を持つ場合、そのログオンを拒否します。表7-10は、Windowsで定義されているアカウントの権利の一覧です。

表7-10　アカウントの権利

ユーザー権利の割り当て	説明
ローカル ログオンを拒否 ローカル ログオンを許可	ローカルコンピューターで行われる対話形式のログオンのために使用されます。
ネットワーク経由のアクセスを拒否 ネットワーク経由でのアクセス	リモートコンピューターから行われるログオンのために使用されます。
リモート デスクトップ サービスを使ったログオンを拒否 リモート デスクトップ サービスを使ったログオンを許可	リモートデスクトップサービスのクライアントを使用したログオンのために使用されます。
サービスとしてのログオンを拒否 サービスとしてログオン	特定のユーザーアカウントの下でサービスを開始するときにサービスコントロールマネージャーによって使用されます。
バッチ ジョブとしてのログオンを拒否 バッチ ジョブとしてログオン	バッチという種類のログオンを実施するときに使用されます。

Windowsアプリケーションは、LsaAddAccountRightsおよびLsaRemoveAccountRights関数を使用することで、アカウントにアカウントの権利を追加したり、アカウントからアカウントの権利を削除したりできます。また、アカウントに割り当てられているアカウントの権利を調べるには、LsaEnumerateAccountRights関数を使用します。

7.6.2 特権

オペレーティングシステムによって定義された特権の数は、時間とともに増えてきました。ローカルセキュリティ機関（LSA）によって1か所で実施されるアカウントの権利とは異なり、異なる特権は異なるコンポーネントによって定義され、それらのコンポーネントにより実施されます。例えば、「プログラムのデバッグ」特権は、プロセスマネージャーによってチェックされ、この特権によりプロセスは、Windows APIのOpenProcess関数を使用して別のプロセスへのハンドルをオープンする際のセキュリティチェックをバイパスすることができます。

第**7**章　セキュリティ　**751**

　表7-11は、特権の完全な一覧を示しており、システムコンポーネントがこれらの特権をどのように、いつチェックするのかを説明しています。それぞれの特権は、SDKヘッダー内に「SE_<特権>_NAME」の形式で定義されたマクロを持ちます。<特権>は、特権定数です。例えば、「プログラムのデバッグ」特権の定数は「SE_DEBUG_NAME」になります。これらのマクロは、「SeDebugPrivilege」のように、"Se"で始まり"Privilege"で終わる文字列として定義されています。そのため、特権は文字列によって識別されることを示しているように見えるかもしれませんが、実際には特権は、現在のブートで当然一意であるローカル一意識別子（LUID）によって識別されます。特権にアクセスするたびに、LookupPrivilegeValue関数を呼び出して正しいLUIDを検索する必要があります。しかしながら、Ntdll.dllおよびカーネルコードは、LUIDを検索することなしに、整数型の定数を直接使用して、特権を識別することが可能です。

表7-11　特権

特権	ユーザー権利の割り当て	説明
SeAssignPrimary TokenPrivilege	プロセス レベル トークンの置き換え	プロセスのトークンを設定するNtSetInformationJobObject関数など、さまざまなコンポーネントによってこの特権がチェックされます。
SeAuditPrivilege	セキュリティ監査の生成	ReportEvent APIでセキュリティイベントログのイベントを生成するために必要とされます。
SeBackupPrivilege	ファイルとディレクトリのバックアップ	この特権によりNTFSは、存在するセキュリティ記述子に関係なく、任意のファイルまたはディレクトリに対して次のアクセスを許可します。 READ_CONTROL ACCESS_SYSTEM_SECURITY FILE_GENERIC_READ FILE_TRAVERSE なお、バックアップのためにファイルを開くとき、呼び出し元はFILE_FLAG_BACKUP_SEMANTICSフラグを指定する必要があります。また、RegSaveKeyを使用するとき、レジストリキーに対応するアクセスも許可します。
SeChangeNotify Privilege	走査チェックのバイパス	複数階層のディレクトリを検索するとき中間ディレクトリのアクセス許可チェックを避けるために、NTFSによって使用されます。また、アプリケーションがファイルシステム構造体に変更通知を登録するとき、ファイルシステムによって使用されます。
SeCreateGlobal Privilege	グローバル オブジェクトの作成	オブジェクトマネージャー名前空間のディレクトリ内に、呼び出し元とは異なるセッションに割り当てるセクションオブジェクトとシンボリックオブジェクトを作成するために、プロセスのために必要とされます。
SeCreatePagefile Privilege	ページ ファイルの作成	新しいページファイルを作成するために使用される関数である、NtCreatePagingFileによってこの特権がチェックされます。
SeCreatePermanent Privilege	永続的共有オブジェクトの作成	永続的なオブジェクト（そのオブジェクトの参照がなったときに割り当て解除されないオブジェクト）を作成するとき、オブジェクトマネージャーによってこの特権がチェックされます。
SeCreateSymbolic LinkPrivilege	シンボリック リンクの作成	CreateSymbolicLink APIを使用してファイルシステム上にシンボリックリンクを作成するとき、NTFSによってこの特権がチェックされます。
SeCreateToken Privilege	トークン オブジェクトの作成	トークンオブジェクトを作成する関数であるNtCreateTokenは、この特権をチェックします。

特権	ユーザー権利の割り当て	説明
SeDebugPrivilege	プログラムのデバッグ	呼び出し元でこの特権が有効化されている場合、プロセスマネージャーはプロセスまたはスレッドのセキュリティ記述子に関係なく、NtOpenProcessまたはNtOpenThreadを使用して任意のプロセスまたはスレッドへのアクセスを許可します（保護されたプロセスは除く）。
SeEnableDelegation Privilege	コンピューターとユーザー アカウントに委任時の信頼を付与	認証済みの資格情報を委任するために、Active Directoryサービスによって使用されます。
SeImpersonate Privilege	認証後にクライアントを偽証	スレッドがトークンを偽装のために使用することを希望したとき、およびスレッドのプロセストークンと異なるユーザーを表すトークンの使用を希望したとき、プロセスマネージャーがこの特権をチェックします。
SeIncreaseBase PriorityPrivilege	スケジューリング優先順位の繰り上げ	プロセスマネージャーによってチェックされます。また、プロセスの優先度を上げるために必要とされます。
SeIncreaseQuota Privilege	プロセスのメモリクォータの増加	プロセスのワーキングセットのしきい値、プロセスのページプールの非ページプールのクォータ、およびプロセスのCPUレート制御のクォータを変更するとき、この特権が適用されます。
SeIncreaseWorking SetPrivilege	プロセス ワーキングセットの増加	SetProcessWorkingSetSizeを呼び出して最小ワーキングセットを増加させるために必要とされます。これは、プロセスがVirtualLockを使用して、間接的にメモリの最小ワーキングセットをロックすることを可能にします。
SeLoadDriver Privilege	デバイス ドライバーのロードとアンロード	NtLoadDriverおよびNtUnloadDriverのドライバー関数によってこの特権がチェックされます。
SeLockMemory Privilege	メモリ内のページのロック	VirtualLockのカーネル実装であるNtLockVirtualMemoryによってこの特権がチェックされます。
SeMachineAccount Privilege	ドメインにワークステーションを追加	ドメイン内にコンピューターアカウントを作成するときに、ドメインコントローラー上のセキュリティアカウントマネージャーによってこの特権がチェックされます。
SeManageVolume Privilege	ボリュームの保守タスクを実行	ボリュームを操作する間、ファイルシステムドライバーによってこの特権が適用されます。この特権は、ディスク検査および最適化（デフラグ）の作業を実施するために必要です。
SeProfileSingle ProcessPrivilege	単一プロセスのプロファイル	NtQuerySystemInformation APIを使用して個別のプロセスの情報を要求するとき、Superfetchサービスおよびプリフェッチャーによってこの特権がチェックされます。
SeRelabelPrivilege	オブジェクト ラベルの変更	別のユーザーに所有されているオブジェクトの整合性レベルを引き上げるとき、またはオブジェクトの整合性レベルを呼び出し元のトークンより高いレベルに引き上げようとしたとき、セキュリティ参照モニター（SRM）によってこの特権がチェックされます。
SeRemoteShutdown Privilege	リモート コンピューターからの強制シャットダウン	InitiateSystemShutdown関数のリモートの呼び出し元がこの特権を持っているか、Winlogonがチェックします。

特権	ユーザー権利の割り当て	説明
SeRestorePrivilege	ファイルとディレクトリの復元	この特権によりNTFSは、存在するセキュリティ記述子に関係なく、任意のファイルまたはディレクトリに対して次のアクセスを許可します。 WRITE_DAC WRITE_OWNER ACCESS_SYSTEM_SECURITY FILE_GENERIC_WRITE FILE_ADD_FILE FILE_ADD_SUBDIRECTORY DELETE なお、復元のためにファイルを開くとき、呼び出し元はFILE_FLAG_BACKUP_SEMANTICSフラグを指定する必要があります。また、RegSaveKeyを使用するとき、レジストリキーに対応するアクセスも許可します。
SeSecurityPrivilege	監査とセキュリティ ログの管理	セキュリティ識別子のシステムアクセス制御リスト (SACL) にアクセスするため、およびセキュリティイベントログの読み取りとクリアのために、この特権が必要とされます。
SeShutdownPrivilege	システムのシャットダウン	NtShutdownSystemおよびNtRaiseHardErrorによってこの特権がチェックされます。NtRaiseHardErrorは、対話型コンソール上にシステムエラーダイアログボックスを表示します。
SeSyncAgentPrivilege	ディレクトリ サービス データの同期化	ライトウェイトディレクトリアクセスプロトコル (LDAP) 同期サービスを使用するために、この特権が必要とされます。この特権の保有者は、オブジェクトと属性の保護に関係なく、ディレクトリ内のすべてのオブジェクトと属性を読み取ることができます。
SeSystem Environment Privilege	ファームウェア環境値の修正	ハードウェア抽象化レイヤー (HAL) を使用したファームウェア環境変数の変更や読み取りを行うために、NtSetSystemEnvironmentValueおよびNtQuerySystemEnvironmentValueでこの特権が必要とされます。
SeSystemProfilePrivilege	システム パフォーマンスのプロファイル	NtCreateProfileによってこの特権がチェックされます。NtCreateProfileは、システムのプロファイリングを実施するために使用される関数です。例えば、この関数はKernprofツール (Windows NT/2000リソースキットツール) で使用されます。
SeSystemtimePrivilege	システム時刻の変更	時刻または日付を変更するためにこの特権が必要とされます。
SeTakeOwnershipPrivilege	ファイルとその他のオブジェクトの所有権の取得	随意アクセスの付与なしで、オブジェクトの所有権を取得するために、この特権が必要とされます。
SeTcbPrivilege	オペレーティングシステムの一部として機能	マネージャーセッションIDがトークン内にセットされたとき、SRMによってこの特権がチェックされます。プラグアンドプレイ (PnP) イベントの作成と管理のために、PnPマネージャーによってこの特権がチェックされます。BroadcastSystemMessageExがBSM_ALLDESKTOPSで呼び出されたとき、BroadcastSystemMessageExによってこの特権がチェックされます。NtSetInformationProcessでアプリケーションがVDM (仮想DOSマシン) として指定されたとき、LsaRegisterLogonProcessによってこの特権がチェックされます。
SeTimeZonePrivilege	タイム ゾーンの変更	タイムゾーンを変更するために、この特権が必要とされます。

特権	ユーザー権利の割り当て	説明
SeTrustedCredMan AccessPrivilege	資格情報マネージャーに信頼された呼び出し側としてアクセス	プレーンテキストで照会された可能性のある資格情報を持つ呼び出し元を信頼するべきか検証するため、資格情報マネージャーによってこの特権がチェックされます。既定では、Winlogonにのみ割り当てられる特権です。
SeUndockPrivilege	ドッキング ステーションからコンピューターを削除	コンピューターのドッキング解除が開始されたとき、またはデバイスの取り出し要求がなされたとき、ユーザーモードのPnPマネージャーによってこの特権がチェックされます。
SeUnsolicitedInput Privilege	ターミナル デバイスからの非送信請求データの読み取り	この特権は、現在のWindowsでは使用されません。

　コンポーネントは、特権が存在するかどうかを確認するためにトークンをチェックしたいとき、ユーザーモードで実行中の場合はPrivilegeCheckまたはLsaEnumerateAccountRights APIを使用し、カーネルモードで実行中の場合はSeSinglePrivilegeCheckまたはSePrivilegeCheck APIを使用します。これらの特権関連のAPIは、アカウントの権利を認識していませんが、アカウントの権利のAPIは特権を認識します。

　アカウントの権利とは異なり、特権は有効化または無効化できます。特権のチェックが成功するためには、その特権が指定されたトークン内に存在し、有効化されている必要があります。この仕組みの背後にある考え方は、特権はその使用が必要などきにのみ有効化されるべきであるということです。そうすることで、プロセスが誤って権限のあるセキュリティ操作を実行することがなくなります。特権の有効化または無効化は、AdjustTokenPrivileges関数を使用して行われます。

実習 有効になっている特権を参照する

　次のステップに従って操作すると、Windows 10の［設定］アプリを使用してコンピューターのタイムゾーンを変更する際に、それに応えて［設定］アプリのプロセスが「タイム ゾーンの変更」特権（SeTimeZonePrivilege）を有効化する様子を参照することができます。

1. Process Explorerを管理者に昇格して実行します。昇格せずに開始した場合は、［File］メニューから［Show Details for All Processes］を選択して、権限を昇格してください。

2. タスクバーのシステムトレイの時計の表示を右クリックして、［日付と時刻の調整］を選択します。または、［設定］アプリを開き、［設定の検索］に**time**（または**時刻**）と入力し、［日付と時刻の設定］を選択して［日付と時刻］ページを開きます。

3. Process ExplorerでSystemSettings.exeプロセスを右クリックし、［Properties］を選択します。プロセスのプロパティダイアログボックスが開くので、次に［Security］タブをクリックします。すると、あなたのユーザーアカウント（ログオン中のユーザー）のSeTimeZonePrivilege特権が無効（Disabled）になっていることを確認できるはずです。

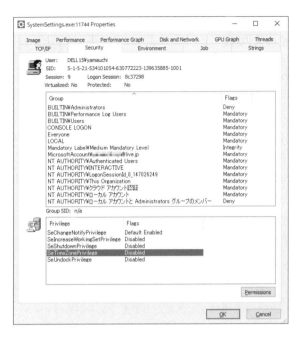

4. タイムゾーンを変更します。プロセスのプロパティダイアログボックスをいったん閉じ、再び開きます。[Security]タブを見ると、今度はSeTimeZonePrivilege特権が有効（Enabled）になっていることを確認できるはずです。

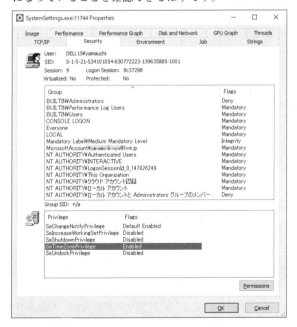

> **実習** 「走査チェックのバイパス」特権
>
> もしあなたがシステムの管理者である場合は、「走査チェックのバイパス」特権 (SeChangeNotifyPrivilege) の存在とその意味を知っていなければなりません。この実習では、この特権の動作を理解していないと、不適切なセキュリティの適用につながる可能性があることを示します。
>
> 1. 1つのディレクトリを作成し、そのディレクトリの中にテキストファイルを新規作成し、適当なテキストを入力して保存します。
>
> 2. エクスプローラーで新しいファイルのあるディレクトリを開き、そのファイルを右クリックして［プロパティ］を選択します。次に［セキュリティ］タブをクリックします。
>
> 3. ［詳細設定］ボタンをクリックします。
>
> 4. ［継承の無効化］ボタンをクリックします。
>
> 5. ［継承のブロック］ダイアログボックスが表示されるので、［継承されたアクセス許可をこのオブジェクトの明示的なアクセス許可に変換します］をクリックします。
>
> 6. 新しいディレクトリのセキュリティを変更し、あなたのアカウントがそのフォルダーに何のアクセス権も持たないようにします。それには、新しいディレクトリのプロパティを開き、［セキュリティ］タブの［編集］ボタンをクリックして、あなたのアカウントを選択し、すべてのアクセス許可の［拒否］をチェックします。変更したら、［OK］ボタンおよび［はい］ボタンをクリックしてすべてのダイアログボックスを閉じます。
>
> 7. メモ帳（Notepad.exe）を実行します。［ファイル］メニューから［開く］を選択し、新しいディレクトリのある場所まで行きます。新しいディレクトリにアクセスしようとすると、［このフォルダーにアクセスする許可がありません］と表示され拒否されるはずです。
>
> 8. ［キャンセル］ボタンをクリックしてエラーダイアログボックスを閉じます。［開く］ダイアログボックスの［ファイル名］フィールドに新しいファイルのフルパスを入力します。今度はファイルを開くことができるはずです。
>
> あなたのアカウントが「走査チェックのバイパス」特権 (SeChangeNotifyPrivilege) を持っていない場合、あなたがファイルを開こうとすると、NTFSはそのファイルまでのパスに含まれる各ディレクトリでアクセスチェックを実施します。その結果、この実習の例とは違い、ファイルへのアクセスは拒否されます。

7.6.3 | 強力な特権

いくつかの特権は非常に強力であり、それらの特権が割り当てられたユーザーは、コンピューター全体にフルコントロールを持つ、事実上の"スーパーユーザー"になります。それらの特権は、そうでなければ禁止されるリソースに対して、承認されていないアクセスを取得し、承認されていない操作を実行するための、無限の方法で使用できます。ただしここでは、この機能を利用することで、ユーザーが希望する任意の操作をローカルコンピューター上で実行できるということを認識しながら、ユーザーに割り当てられていない特権を付与するコードを実行するために、その特権を使用すること

第7章 セキュリティ | 757

について焦点を当てます。

この項では特権の一覧を示し、その特権を悪用される可能性について説明します。「メモリ内のページのロック」特権（SeLockMemoryPrivilege）といった他の特権は、システムに対するDoS（Denial of Service：サービス不能）攻撃に悪用される可能性がありますが、それについては言及しません。ユーザーアカウント制御（UAC）が有効になっているシステムでは、そのような特権は、たとえアカウントが保有していたとしても、整合性レベル「高」以上で実行されるアプリケーションに対してのみ付与されます。

- **プログラムのデバッグ（SeDebugPrivilege）** —— この特権を持つユーザーは、システム上の任意のプロセス（保護されたプロセスを除く）を、そのプロセスに存在するセキュリティ記述子に関係なく、開くことができます。例えば、ユーザーはローカルセキュリティ機関（LSA）のプロセス（Lsass）を開くプログラムを実装し、実行可能コードをそのアドレス領域にコピーして、Windows APIのCreateRemoteThread関数を使用してスレッドにそのコードを注入し、より特権のあるセキュリティコンテキストで注入コードを実行することができます。その結果、コードはそのユーザーに対して、追加の特権やグループメンバーシップを付与する可能性があります。

- **ファイルとその他のオブジェクトの所有権の取得（SeTakeOwnershipPrivilege）** —— この特権は、特権の保有者が、自分のセキュリティ識別子（SID）をオブジェクトのセキュリティ記述子の所有者SID（Owner SID）に書き込むことで、セキュリティ保護が可能なオブジェクト（保護されたプロセスやスレッドでさえも）の所有権を取得することを許します。所有者には随意アクセス制御リスト（DACL）の読み取りと変更のアクセス許可が必ず付与されることを思い出してください。そのため、この特権を持つプロセスは、DACLを変更して、自分自身にオブジェクトに対するフルアクセスを付与し、その後、オブジェクトを閉じて、再度開くと、オブジェクトにフルアクセスできます。これにより、所有者はセンシティブなデータを参照できます。また、Lsassといった通常のシステム操作の一部として実行されるシステムファイルを、自分のプログラムに置き換え、ユーザーに昇格された特権を付与することさえできます。

- **ファイルとディレクトリの復元（SeRestorePrivilege）** —— この特権を割り当てられたユーザーは、システム上の任意のファイルを自分のファイルに置き換えることができます。この能力は、上の特権で説明したのと同じように、システムファイルを置き換えることで悪用できます。

- **デバイスドライバーのロードとアンロード（SeLoadDriverPrivilege）** —— 悪意のあるユーザーは、この特権を使用して、システムにデバイスドライバーを読み込ませる可能性があります。デバイスドライバーは、オペレーティングシステムの一部として信頼できると見なされ、システムアカウントの資格情報の下で実行されます。そのため、ドライバーは、ユーザーに他の特権やアクセス権を割り当てるような、特権のあるプログラムを開始できます。

- **トークンオブジェクトの作成（SeCreateTokenPrivilege）** —— この特権は、任意のユーザーアカウントの任意のグループメンバーシップと特権の割り当てを表すトークンを生成するために、あからさまな方法として使用される可能性があります。

- **オペレーティングシステムの一部として機能（SeTcbPrivilege）** —— LsaRegisterLogonProcessは、Lsassに対する信頼できる接続を確立するためにプロセスが呼び出す関数であり、この関数はこの特権をチェックします。この特権を持つ悪意のあるユーザーは、信頼できるLsass接続を確立して、その後、新しいログオンセッションを作成するのに使用されるLsaLogonUser関数を実行します。LsaLogonUser関数は、有効なユーザー名とパスワードを要求し、オプションでSIDのリストを受け付けます。SIDのリストは、新しいログオンセッション用に作成される初期トークンを追加します。そのため、悪意のあるユーザーは、自分のユーザー名とパスワードを使用して、新しいログオンセッションを作成し、返されるトークン内に、より特権のあるグループやユーザーの

SIDを含めることができます。

メモ　昇格された特権の使用は、コンピューターの境界を越えてネットワークまで及ぶことはありません。なぜなら、別のコンピューターと何らかのやり取りをするには、ドメインコントローラーによる認証とドメインパスワードの検証が必要だからです。ドメインパスワードは、コンピューター上にプレーンテキストの形式でも、暗号化された形式でも格納されません。そのため、ドメインパスワードは、悪意のあるコードからアクセス可能なところにはありません。

7.7　プロセスとスレッドのアクセストークン

　図7-12は、基本的なプロセスとスレッドのセキュリティ構造体を示し、さらにこの章でこれまでに説明した概念をまとめたものです。この図の中で、プロセスオブジェクトとスレッドオブジェクトがアクセス制御リスト（ACL）を持ち、アクセストークンオブジェクトも自身のACLを持っている点に注目してください。またこの図において、スレッド2とスレッド3はそれぞれ偽装トークンを持ち、これに対してスレッド1は既定のプロセスアクセストークンを使用しています。

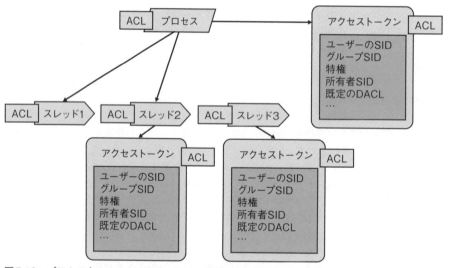

図7-12　プロセスとスレッドのセキュリティ構造体

7.8　セキュリティ監査

　オブジェクトマネージャーは、アクセスチェックの結果として、監査イベントを生成することができます。また、ユーザーアプリケーションで利用可能なWindows APIの関数は、直接的に監査イベントを生成できます。カーネルモードコードは、常に監査イベントの生成が許可されています。監査に関連する特権としては、「監査とセキュリティログの管理」特権（SeSecurityPrivilege）と「セキュリティ監査の生成」特権（SeAuditPrivilege）の2つがあります。プロセスは、セキュリティイベントロ

グの管理のため、およびオブジェクトのシステムアクセス制御リスト（SACL）の参照や設定のために、「監査とセキュリティログの管理」特権（SeSecurityPrivilege）を持つ必要があります。一方、監査システムサービスを呼び出すプロセスは、監査イベントレコードを正常に生成するために「セキュリティ監査の生成」特権（SeAuditPrivilege）を持つ必要があります。

ローカルシステムの監査ポリシーは、特定の種類のセキュリティイベントを監査するかどうかを決める制御をします。監査ポリシーはローカルシステム上のローカルセキュリティ機関（LSA）のプロセス（Lsass）が維持するセキュリティポリシー（これはローカルセキュリティポリシーとも呼ばれます）の一部です。監査ポリシーは、図7-13に示す［ローカルセキュリティポリシー］スナップイン（Secpol.msc）などを使用して構成されます。監査ポリシーの構成（［セキュリティの設定￥ローカルポリシー￥監査ポリシー］と［セキュリティの設定￥監査ポリシーの詳細な構成］の両方）は、レジストリのHKLM￥SECURITY￥Policy￥PolAdtEvキーの既定値（空の値名）にビットマップ値（REG_NONE型）として格納されます。[*10]

図7-13　［ローカルセキュリティポリシー］スナップイン（Secpol.msc）で［監査ポリシー］を開いたところ

Lsassは、セキュリティ参照モニター（SRM）にメッセージを送信し、システムの初期化時および監査ポリシーの変更時に、監査ポリシーを通知します。Lsassは、SRMからの監査イベントに基づいて生成された監査レコードの受信、レコードの編集、およびイベントロガーへの送信を担当します。Lsass（SRMではなく）がこれらのレコードを送信するのは、監査対象のプロセスをより完全に識別するための情報など、関連する詳細情報を追加するからです。

SRMは監査レコードをLsassとのAdvanced Local Procedure Call（ALPC）接続を介して送信します。その後、イベントロガーが、その監査レコードをセキュリティイベントログに書き込みます。SRMが渡す監査レコードに加えて、Lsassとセキュリティアカウントマネージャー（SAM）の両方が生成する監査レコードが、Lsassからイベントロガーに直接送信されます。また、AuthZ APIは、アプリケーションがアプリケーション定義の監査を生成することを可能にします。図7-14に、この全体のフローを示します。

---

*10　訳注：このレジストリは、ビルトインのシステムアカウントのコンテキスト内で参照できます。その方法については、この章の「7.2　セキュリティシステムコンポーネント」の「実習：HKLM￥SAMとHKLM￥SECURITYの中を参照する」を参照してください。

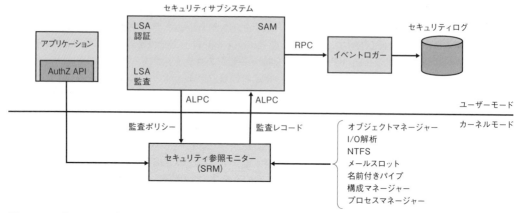

図7-14　セキュリティ監査イベントの記録のフロー

　監査レコードは受け取ったときにキューに置かれ、その後、LSAに送信されます。監査レコードは、バッチで送信されることはありません。監査レコードは、SRMからセキュリティサブシステムに対して、2つの方法の1つを用いて移動されます。監査レコードが小さい場合（最大のALPCメッセージサイズよりも小さい場合）、それはALPCメッセージとして送信されます。この方法でそのレコードは、SRMのアドレス領域からLsassプロセスのアドレス領域に対してコピーされます。監査レコードが大きい場合、SRMは共有メモリを使用して、Lsassに対してそのメッセージを利用可能にし、ALPCメッセージにはポインタだけを渡します。

7.8.1　オブジェクトアクセスの監査

　多くの環境において監査メカニズムの重要な用途は、セキュリティで保護されたオブジェクト（特にファイル）に対するアクセスのログを維持することです。そのためには、［オブジェクトアクセスの監査］ポリシーが有効化されている必要があり、システムアクセス制御リスト（SACL）内に監査（Audit）アクセス制御エントリ（ACE）が存在し、対象のオブジェクトで監査が有効化されている必要があります。

　アクセス者がオブジェクトに対するハンドルを開こうとしたとき、セキュリティ参照モニター（SRM）はまず、その試行が許可されているか、拒否されているかを調べます。［オブジェクトアクセスの監査］ポリシーが有効化されている場合、SRMは次にオブジェクトのSACLをスキャンします。監査ACEには、アクセス許可とアクセス拒否の2つの種類があります。オブジェクトアクセスの監査レコードを生成するためには、監査ACEは、アクセス者によって保持されているセキュリティ識別子（SID）のいずれかに一致し、要求されたアクセス方法のいずれかに一致し、さらにその種類（アクセス許可またはアクセス拒否）がアクセスチェックの結果と一致する必要があります。

　オブジェクトアクセスの監査レコードには、許可されたまたは拒否されたアクセスの事実だけではなく、成功または失敗の理由も含まれます。この"アクセスの理由"は、通常、セキュリティ記述子定義言語（SDDL）に指定されたACEの形式で監査レコード内に報告されます。これにより、アクセスが拒否されるはずのオブジェクトへのアクセスが許可されたことや、その逆のシナリオを、試行されたアクセスが特定のACEにより成功または失敗したことを調べることで、診断することができます。

　図7-13で見たように、［オブジェクトアクセスの監査］ポリシーは既定で無効（監査しない）になっています（他の監査ポリシーも同様）。

実習 オブジェクトアクセスの監査

オブジェクトアクセスの監査は次のステップに従って操作することで観察できます。

1. エクスプローラー（Explorer.exe）を使用して、通常のアクセス許可を持つファイル（test.txtファイルなど）の場所を開きます。そのファイルのプロパティダイアログボックスを開いて、［セキュリティ］タブをクリックし、［詳細設定］ボタンをクリックします。

2. ［セキュリティの詳細設定］ダイアログボックスが開くので、［監査］タブをクリックします。「このオブジェクトの監査プロパティを表示するためには、管理者であるか、適切な特権が与えられている必要があります。続行しますか?」と表示されるので、［続行］ボタンをクリックします。その結果、このダイアログボックスで、ファイルのシステムアクセス制御リスト（SACL）に監査のアクセス制御エントリ（ACE）を追加することが可能になります。

3. ［追加］ボタンをクリックすると［監査エントリ］ダイアログボックスが開きます。［プリンシパルの選択］をクリックします。

4. ［ユーザーまたはグループの選択］ダイアログボックスが表示されるので、あなたのアカウントのユーザー名、またはEveryoneなど、あなたのアカウントが属するグループを入力します。［名前の確認］ボタンをクリックし、その後、［OK］ボタンをクリックします。これにより、このファイルのための、このユーザーまたはグループ用の監査ACEを作成するためのダイアログボックスが表示されます。

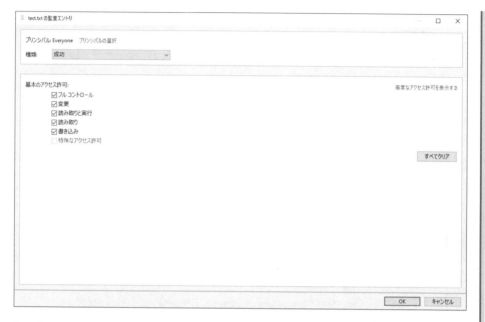

5. ［OK］ボタンを3回クリックして、［セキュリティの詳細設定］ダイアログボックスおよびファイルのプロパティダイアログボックスを閉じます。

6. エクスプローラーでファイルをダブルクリックし、そのファイルの種類に関連付けられたプログラムで開きます（例えば、テキストファイルの場合はメモ帳）。

7. ［スタート］メニューを開き、event（または**イベント**）と入力して、検索結果に表示された［イベントビューアー（デスクトップアプリ）］をクリックして開きます。

8. ［セキュリティ］ログを展開し、ファイルアクセスに関連するエントリが存在しないことを確認します。なぜなら、［オブジェクトアクセスの監査］ポリシーがまだ構成されていないからです。

9. ［ローカルセキュリティポリシー］スナップイン（Secpol.msc）を開き、［セキュリティの設定¥監査ポリシー］を展開します。

10. ［オブジェクトアクセスの監査］をダブルクリックして開き、［成功］チェックボックスをオンにしてファイルに対するアクセスの成功の監査を有効にします。

11. イベントビューアーに戻り、［操作］メニューを開いて［最新の情報に更新］をクリックします。監査ポリシーに対する変更が、監査レコード（イベントID 4719）として記録されていることを確認してください。

12. エクスプローラーに戻り、先ほどのファイルをダブルクリックしてもう一度開きます。

13. イベントビューアーに戻り、［操作］メニューを開いて［最新の情報に更新］をクリックします。今度は、ファイルアクセスの監査レコードが存在することを確認してください。

14. ファイルアクセスの監査レコードから、イベントID 4656のものを1つ見つけます。この監査レコードは、「オブジェクトに対するハンドルが要求されました」と表示します（[操作]ペインの[検索]を利用して、開いたファイルの名前で検索できます）。

15. テキストボックスをスクロールダウンし、[アクセス理由]の部分を見つけます。次の例では、READ_CONTROLとSYNCHRONIZEの2つのアクセス方法と、ReadData、ReadEA（EAはExtended Attributes、拡張属性の略）、ReadAttributesのアクセスが要求されています。READ_CONTROLは、アクセス者がこのファイルの所有者であるため、付与されたものです。他のアクセスは、ACEの指定により付与されたものです。

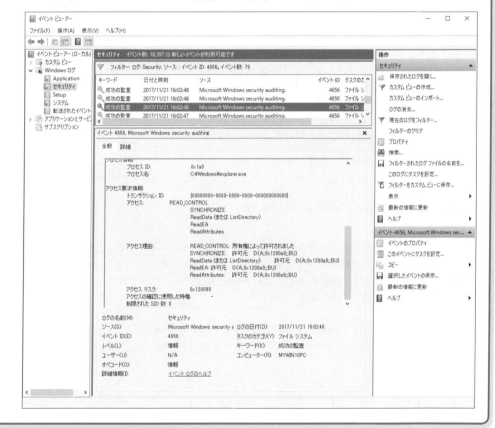

7.8.2 グローバル監査ポリシー

個別オブジェクトでのオブジェクトアクセスのアクセス制御エントリ（ACE）に加えて、システムのためにグローバル監査ポリシー（グローバルリソースSACLやグローバルSACLとも呼ばれます）を定義することができます。グローバル監査ポリシーは、すべてのファイルシステムオブジェクト、すべてのレジストリキー、またはその両方のためのオブジェクトアクセスの監査を有効化します。そのため、セキュリティ監査担当者は、関心のあるすべてのオブジェクトのシステムアクセス制御リスト（SACL）を個別に設定、調査することなく、希望する監査を確実に実施することが可能です。

764 インサイド Windows 第7版 上

　管理者は、AuditPolコマンド（%SystemRoot%¥System32¥AuditPol.exe、監査ポリシープログラム）の **/resourceSACL** オプションを使用して、グローバル監査ポリシーの設定と照会が可能です。これは、AuditSetGlobalSacl および AuditQueryGlobalSacl API を呼び出すことで、プログラム的に行うこともできます。オブジェクトの SACL の変更の場合と同様に、グローバル SACL を変更するには、「監査とセキュリティログの管理」特権（SeSecurityPrivilege）を必要とします。

実習　グローバル監査ポリシーを設定する

　AuditPolコマンドを使用すると、グローバル監査ポリシーを有効にすることができます。

1. 前の項の「実習：オブジェクトアクセスの監査」をまだ行っていない場合は、［ローカルセキュリティポリシー］スナップイン（Secpol.msc）を開き、［監査ポリシー］（図7-13を参照）を展開して、［オブジェクトアクセスの監査］をダブルクリックします。［成功］と［失敗］のチェックボックスをオンにして、両方の監査を有効化します。ほとんどのシステムでは、セキュリティアクセス制御リスト（SACL）のオブジェクトアクセスの監査の指定は、一般的ではありません。そのため、この時点ではオブジェクトアクセスの監査レコードが記録されるとしても、それはごく少数です。

2. コマンドプロンプトを管理者として開き、次のコマンドを実行します。すると、グローバル監査ポリシーの設定と照会のためのコマンドの使用法の要約が表示されます。

```
C:¥> auditpol /resourceSACL /?
```

3. 同じ昇格されたコマンドプロンプトウィンドウ内で、次のコマンドを実行します。通常のシステムでは、これらのコマンドのどちらも、「現在このリソースの種類にはグローバルSACLがありません」と表示するはずです（**File** と **Key** のキーワードは大文字と小文字を区別することに注意してください）。

```
C:¥> auditpol /resourceSACL /type:File /view
C:¥> auditpol /resourceSACL /type:Key /view
```

4. 同じ昇格されたコマンドプロンプトウィンドウ内で、次のコマンドを実行します。このコマンドは、グローバル監査ポリシーを次のように設定します。指定したユーザーによる、書き込みアクセス（FW）用のファイルオープンのすべての試行について、そのオープンの試行の成功または失敗を監査レコードに記録します。＜ユーザー名＞の部分は、システム上の特定のユーザー名、Everyone といったグループ名、＜ドメイン名＞¥＜ユーザー名＞のようなドメイン修飾ユーザー名、またはセキュリティ識別子（SID）で指定することができます。

```
C:¥> auditpol /resourceSACL /set /type:File /user:<ユーザー名> /success ↩
/failure /access:FW
```

5. 指定したユーザー名（またはグループメンバーシップ）のユーザーの下で実行している間に、エクスプローラー（Explorer.exe）やその他のツールを使用してファイルを開きます。その後、イベントビューアーで［セキュリティ］ログを参照し、ファイルアクセスの監査レコードを見つけます。

6. この実習が終わったら、AuditPolコマンドを使用して、ステップ4で作成したグローバルSACLを削除します。また、必要に応じて、［ローカルセキュリティポリシー］スナップイン（Secpol.msc）を使用して、監査ポリシーを元の状態に戻します。

```
C:¥> auditpol /resourceSACL /remove /type:File /user:<ユーザー名>
```

グローバル監査ポリシーは、レジストリのHKLM¥SECURITY¥Policy¥GlobalSaclNameFileおよびHKLM¥SECURITY¥Policy¥GlobalSaclNameKeyキーに、SACLのペアとして格納されます（それぞれバイナリ値の既定値として）。これらのキーは、レジストリエディター（Regedit.exe）をシステムアカウントのコンテキストで実行することで調べることができます。その方法については、この章の「7.2　セキュリティシステムコンポーネント」の「実習：HKLM¥SAMとHKLM¥SECURITYの中を参照する」を参照してください。これらのキーは、対応するグローバルSACLが少なくとも1回設定されるまで、存在しない場合があります。

グローバル監査ポリシーは、オブジェクト上のSACLによって上書きされることはありませんが、オブジェクト指定のSACLで追加の監査を行うことは可能です。例えば、グローバル監査ポリシーではすべてのユーザーによるすべてのファイルへの読み取りアクセスを監査するのに必要ですが、個別のファイル上のSACLは特定のユーザーまたは特定のユーザーグループによる、それらのファイルへの書き込みアクセスの監査を追加できます。

グローバル監査ポリシーは、次の項で説明するように、［ローカルセキュリティポリシー］スナップイン（Secpol.msc）の［監査ポリシーの詳細な構成］を使用して構成することも可能です。

7.8.3 　監査ポリシーの詳細な構成

［ローカルセキュリティポリシー］スナップイン（Secpol.msc）は、前の項で説明した［監査ポリシー］の設定に加えて、図7-15に示す［監査ポリシーの詳細な構成］の下で、監査制御のさらにきめの細かい設定を提供します。

図7-15 ［ローカルセキュリティポリシー］スナップイン（Secpol.msc）の［監査ポリシーの詳細な構成］の設定

　［ローカルポリシー￥監査ポリシー］の下にある9つの監査ポリシー（図7-13）はそれぞれ、［監査ポリシーの詳細な構成］の下にあるグループの設定に対応しており、より詳細な制御を提供します。例えば、［ローカルポリシー￥監査ポリシー］の下の［オブジェクトアクセスの監査］の設定は、すべてのオブジェクトに対するアクセスが監査されますが、［監査ポリシーの詳細な構成］の下にある［オブジェクトアクセス］の設定ではアクセス対象のオブジェクトのさまざまな種類の監査を個別に制御できます。［ローカルポリシー￥監査ポリシー］の下の監査ポリシー設定の1つを有効化すると、暗黙的に［監査ポリシーの詳細な構成］の対応するすべての監査イベントが有効になります。ただし、監査ログの内容をさらに細かく制御したい場合は、［監査ポリシーの詳細な構成］の方の設定を個別に設定できます。標準の基本設定を行うと、それが詳細設定になります。しかし、これは［ローカルセキュリティポリシー］スナップイン（Secpol.msc）では見えません。基本設定と詳細設定の両方で監査設定を指定しようとすると、予期しない結果になる可能性があります。

　［監査ポリシーの詳細な構成］の下にある［グローバルオブジェクトアクセスの監査］を使用すると、前の項で説明したグローバルSACLを、エクスプローラーやレジストリエディター（Regedit.exe）のファイルシステムやレジストリのセキュリティ記述子の編集と同じグラフィカルなインターフェイスを使用して、構成することができます。

7.9　アプリコンテナー（AppContainer）

　Windows 8では、「アプリコンテナー（AppContainer）」と呼ばれる新しいセキュリティサンドボックスが導入されました。アプリコンテナーは主にユニバーサルWindowsプラットフォーム（UWP）プロセスをホストするために作成されましたが、実際には"通常"のプロセスのためにも使用することができます（ただし、それを行うための組み込みのツールはありません）。この節では、パッケージ化さ

れたアプリコンテナーの属性を主に扱います。パッケージ化されたアプリコンテナーとは、UWPプロセスに関連付けられたアプリコンテナーと、作成される.Appx形式のパッケージのことを指します。UWPアプリの全体を扱うことは、この章の範囲を超えるものです。さらなる情報は本書の第3章、および本書下巻を参照してください。ここでは、アプリコンテナーのセキュリティの側面とUWPアプリをホストするときの典型的な使用方法に的を絞ります。

メモ
　「ユニバーサルWindowsプラットフォーム（Universal Windows Platform：UWP）アプリ」という用語は、Windowsランタイムをホストするプロセスを説明するために使用される最新の名称です。古い表現では、「イマーシブアプリ（Immersive App）」、「モダンアプリ（Modern App）」、「メトロアプリ（Metro App）」という名称があります。また、単に「Windowsアプリ（Windows App）」と呼ばれることもあります。「ユニバーサル（Universal）」とは、この種類のアプリを、さまざまなWindowsエディションとフォームファクター（IoTコアからモバイル、デスクトップ、Xbox、HoloLensまで）上に展開、実行できる能力を示しています。しかしながら、UWPアプリはWindows 8に最初に導入されたときのものと、本質的には同じです。したがって、この項で議論するアプリコンテナーの概念は、Windows 8以降のWindowsバージョンに関連します。なお、UWPではなく、「ユニバーサルアプリケーションプラットフォーム（Universal Application Platform：UAP）」という名称が使用されることがありますが、これらは同じものです。

メモ
　アプリコンテナー（AppContainer）のもともとの開発コード名は、「LowBox」でした。この節を通じて、多くのAPIの名前やデータ構造体でこの用語を目にするでしょう。それらはアプリコンテナーと同じ意味で使われています。

7.9.1　UWPアプリの概要

　モバイルデバイス革命は、ソフトウェアの入手と実行の新たな方法を確立しました。モバイルデバイスでは通常、アプリは中央のストアから取得され、自動的にインストールおよび更新されます。そのすべてにユーザーの介入はほとんど必要ありません。ユーザーがストアから1つのアプリを選択すると、ユーザーはそのアプリが正しく機能するのに必要なアクセス許可（パーミッション）を確認することができます。アクセス許可は**ケーパビリティ**と呼ばれ、アプリのパッケージがストアに提出されるときにパッケージの一部として宣言されるものです。このようにして、ユーザーはこれらのケーパビリティを受け入れ可能であるかどうか判断することができます。

　図7-16は、UWPゲーム（Minecraft for Windows 10）が使用するケーパビリティの例です。このゲームは、クライアントとして、およびサーバーとしてインターネットアクセス、およびローカルのホームネットワークまたは社内ネットワークへのアクセスを必要とします。ユーザーがこのゲームをダウンロードすると、そのユーザーはこのゲームがこれらのケーパビリティを行使することに暗黙的に同意することになります。逆に、ユーザーはこのゲームがこれらのケーパビリティのみを使用することを信用することができます。つまり、このゲームには、デバイス上のカメラへのアクセスといった、承認されていない他のケーパビリティを使用できる方法はありません。

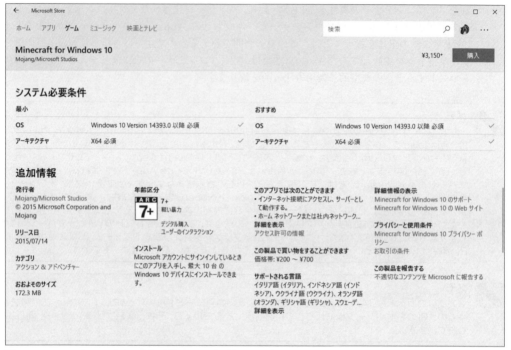

図7-16 ストア内のアプリの追加情報のページ。「このアプリでは次のことができます」の部分がこのアプリの使用するケーパビリティを示す[*11]

　UWPアプリとデスクトップ（クラシック）アプリの大まかな違いを理解するために、表7-12を参照してください。開発者の観点から見たWindowsプラットフォームの概観を、図7-17に示します。

表7-12　UWPアプリとデスクトップアプリの大まかな比較

	UWPアプリ	デスクトップ（クラシック）アプリ
デバイスのサポート	すべてのWindowsデバイスファミリで動作	PCのみで動作
API	WinRTにアクセス可能、COMのサブセットおよびWin32 APIのサブセットにアクセス可能	COMおよびWin32 APIにアクセス可能、WinRT APIのサブセットにアクセス可能
アプリの識別	明確なアプリの識別（静的および動的）	EXE自体およびプロセス
アプリの情報	Appxマニフェストで宣言	バイナリのため不透明
アプリのインストール	自己完結型のAppxパッケージ	単純なファイル群またはWindowsインストーラーパッケージ（MSI）
アプリのデータ	ユーザーごと／アプリごとに分離された記憶域（ローカルおよびローミング）	共有ユーザープロファイル

[*11] 訳注：アプリの追加情報にある「このアプリでは次のことができます」（英語では「This app can」）がケーパビリティ（パーミッション）を説明する部分ですが、本書（日本語版）制作時点でストアの表現は誤解を与えるものかもしれません。以前は「このアプリは次の操作を実行する権限を持っています」（英語では「This app has permission to do the following」）という表現でした。

	UWPアプリ	デスクトップ（クラシック）アプリ
アプリのライフサイクル	アプリ内のリソース管理とプロセスライフサイクルマネージャー（PLM）	プロセスレベルのライフサイクル
アプリのインスタンス	単一のインスタンスのみ	任意の数のインスタンス

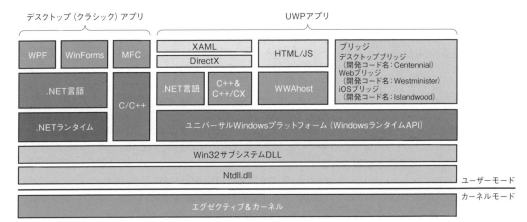

図7-17 Windowsプラットフォームの概観

図7-17のいくつかの項目について、以下に詳しく説明します。

- UWPアプリは、デスクトップアプリと同じように、通常の実行可能イメージを生成できます。実行可能イメージではなく、DLLを生成するHTML/JavaScriptベースのUWPアプリは、WWAHost.exe（%SystemRoot%¥System32¥wwahost.exe、Microsoft WWA Host）を使用してホストされます。

- UWPアプリは、コンポーネントオブジェクトモデル（COM）の拡張バージョンをベースとしたWindowsランタイム（WinRT）APIによって実装されます。このAPIは、C++（C++/CXとして知られる独自の言語拡張を介して）、.NET言語、およびJavaScript用に言語プロジェクション（Language projection：言語投影）を提供しています。

- 他の種類のアプリケーションをUWPアプリに変換することができる、いくつかのブリッジ（Bridge）テクノロジが利用可能です。これらのテクノロジの使用に関する詳細情報については、開発者向け公式ドキュメントを参照してください。[12]

- Windowsランタイムは、.NETフレームワークと同じように、WindowsサブシステムDLLの上に位置するレイヤーです。Windowsランタイムはカーネルコンポーネントを持たず、システムが提供する同じWin32 APIを利用するため、異なるサブシステムの一部でもありません。しかしながら、アプリコンテナーの一般的なサポートと同様に、いくつかのポリシーがカーネル内に実装されています。

- Windowsランタイムは、%SystemRoot%¥System32ディレクトリ内に存在する、Windows.Xxx.Yyy.….dllという形式の名前のDLLに実装されています。DLLのファイル名は、通常、実装されているWindowsランタイムAPIの名前空間を示しています。例えば、Windows.Globalization.dll

---

[12] 訳注：「既存のコードをWindowsに移植する」（https://developer.microsoft.com/ja-jp/windows/bridges）を参照してください。

はWindows.Globalization名前空間に存在するクラスを実装しています（WinRT APIの完全なリファレンスについては、開発者向け公式ドキュメントを参照してください）。

7.9.2 アプリコンテナーとは

第3章では、プロセスを作成するのに必要なステップを見てきました。その際、ユニバーサルWindowsプラットフォーム（UWP）プロセスを作成するのに必要な追加のステップについてもいくつか触れました。UWPアプリの作成の開始は、DcomLaunchサービスによって行われます。これは、UWPパッケージが一連のプロトコルをサポートしており、その1つがLaunchプロトコルだからです。作成されるプロセスは、アプリコンテナー（AppContainer）の中で実行されます。以下に、アプリコンテナーの中で実行中のパッケージプロセスの特徴をいくつか示します。

- プロセストークンの整合性レベル（IL）は「低」にセットされます。この章で既に説明したように、これにより自動的に多くのオブジェクトへのアクセスが禁止され、特定のAPIへのアクセスやプロセスの機能性が制限されます。

- UWPプロセスは常にジョブの中に作成されます（UWPアプリごとに1つのジョブ）。このジョブは、UWPプロセス、およびUWPプロセスのために実行されるバックグラウンドプロセス（入れ子になったジョブを介して）を管理します。ジョブは、プロセス状態マネージャー（Process State Manager：PSM）サービスがアプリまたはバックグラウンドの処理を一度に中断したり再開したりすることを可能にします。

- UWPプロセス用のトークンは、アプリコンテナー SID（AppContainer SID）を持ちます。これは、UWPパッケージ名のSHA-2ハッシュ値に基づいた一意の識別子を表します。後で見るように、このSIDはシステムや他のアプリケーションによって使用され、ファイルやその他のカーネルオブジェクトへの明示的なアクセス可能にします。このSIDは、この章で主に見てきたNT AUTHORITYではなく、APPLICATION PACKAGE AUTHORITYのSIDです。したがって、文字列形式は、識別子機関のSECURITY_APP_PACKAGE_AUTHORITY（15）とベースの相対識別子（RID）のSECURITY_APP_PACKAGE_BASE_RID（2）に対応するS-1-15-2で始まります。SHA-2ハッシュは32バイトであるため、SIDの残りの部分には合計（最大）8つのRIDがあります（RIDのサイズは4バイト、つまり32ビットの、符号なし整数であることを思い出してください）。

- トークンは、一連のケーパビリティ（Capability）を含むことがあり、各ケーパビリティはSID（Capability SID）で表されます。これらのケーパビリティは、アプリケーションマニフェスト内で宣言されたもので、ストアのアプリのページの追加情報に示されます（図7-16を参照）。ケーパビリティは、マニフェストのCapabilitiesセクションに名前で格納され、後で説明する規則を使用してSID形式に変換されます。このSIDは、前述のアプリコンテナー SIDと同じ識別子機関に属しますが、既知のSECURITY_CAPABILITY_BASE_RID（3）が代わりに使用されます。Windowsランタイムのさまざまなコンポーネント、ユーザーモードデバイスアクセスクラス、およびカーネルはケーパビリティを参照して、特定の操作を許可または拒否します。

- トークンは、次に挙げる特権だけを含む可能性があります。その特権とは、「走査チェックのバイパス」（SeChangeNotifyPrivilege）、「プロセスワーキングセットの増加」（SeIncreaseWorkingSetPrivilege）、「システムのシャットダウン」（SeShutdownPrivilege）、「タイムゾーンの変更」（SeTimeZonePrivilege）、「ドッキングステーションからコンピューターを削除」（SeUndockPrivilege）です。これらは、標準ユーザーアカウントに関連付けられた既定の特権のセットです。

また、ext-ms-win-ntos-ksecurity APIセットのコントラクト拡張の一部であるAppContainer PrivilegesEnabledExt関数は、特定のデバイスに対して既定で有効化される特権をさらに制限する機能を提供します。

- トークンは最大4つのセキュリティ属性を含み（この章の「7.4.5 ダイナミックアクセス制御」の項および「7.5 AuthZ API」の節を参照してください）、このトークンをUWPパッケージアプリケーションに関連付けられたものとして識別します。これらの属性は、UWPアプリケーションのアクティブ化を担当する、前述のDcomLaunchサービスによって追加されます。セキュリティ属性には、次のものがあります。
    - **WIN://PKG**—このトークンをUWPアプリケーションに属するものとして識別します。このセキュリティ属性は、アプリケーションの入手元といくつかのフラグを持つ1つの整数値を含みます。表7-13と表7-14にこれらの値を示します。
    - **WIN://SYSAPPID**—このセキュリティ属性は、アプリケーション識別子（**パッケージモニカー**または**文字列名**と呼ばれます）をUnicode文字列値の配列として含みます。
    - **WIN://PKGHOSTID**—このセキュリティ属性は、明示的なホストを整数値で持つ、パッケージ用のUWPパッケージホストIDを識別します。
    - **WIN://BGKD**—このセキュリティ属性は、コンポーネントオブジェクトモデル（COM）プロバイダーとして実行中のパッケージUWPサービスに格納されるバックグラウンドホスト（汎用的なバックグラウンドタスクホストであるBackgroundTaskHost.exeなど）のためだけに使用されます。この属性の名前は"Background"を意味しており、属性には明示的なホストIDを格納する整数値が格納されます。

トークンのフラグ（Flags）メンバーにセットされるTOKEN_LOWBOX（0x4000）フラグは、さまざまなWindows APIおよびカーネルAPI（GetTokenInformationなど）を使用して照会できます。これにより、アプリコンテナートークンの存在する下で、コンポーネントを別々に識別し操作することができます。

メモ 2つ目の種類のアプリコンテナーとして、子アプリコンテナーが存在します。これは、UWPのアプリコンテナー（親アプリコンテナー）がアプリのセキュリティをさらにロックダウンするために自分の中に入れ子になったアプリコンテナーを作成したいときに使用されます。子アプリコンテナーは、8つのRIDではなく、追加で4つのRIDを持ち（最初の4つは親アプリコンテナーと一致します）、一意に識別されます。

表7-13 パッケージの入手元

入手元	説明
Unknown (0)	このパッケージの入手元が不明。
Unsigned (1)	このパッケージは未署名。
Inbox (2)	このパッケージはビルトイン(Inbox)Windowsアプリケーションに関連付けられています。
Store (3)	このパッケージはストアからダウンロードされたUWPアプリに関連付けられています。メインのUWPアプリの実行可能イメージに関連付けられたファイルの随意アクセス制御リスト（DACL）が信頼できるACEを含む場合、それをチェックすることでこの入手元は検証されます。
Developer Unsigned (4)	このパッケージは未署名の開発者キー（開発者アカウント）に関連付けられています。
Developer Signed (5)	このパッケージは署名済み開発者キー（開発者アカウント）に関連付けられています。

入手元	説明
Line-of-Business（6）	このパッケージは、サイドローディングされた基幹業務（Line Of Business：LOB）アプリケーションに関連付けられています。

表7-14 パッケージのフラグ

フラグ	説明
PSM_ACTIVATION_TOKEN_PACKAGED_APPLICATION（0x1）	このフラグは、アプリコンテナーのUWPアプリが、Appxパッケージ形式に格納されていることを示します。これは既定です。
PSM_ACTIVATION_TOKEN_SHARED_ENTITY（0x2）	このフラグは、このトークンが複数の実行可能イメージのために使用されていて、そのすべてが同じAppxパッケージのUWPアプリに含まれることを示しています。
PSM_ACTIVATION_TOKEN_FULL_TRUST（0x4）	このフラグは、このアプリコンテナートークンが、デスクトップブリッジ（開発コード名：Centennial）で変換されたWin32アプリケーションをホストするために使用されていることを示しています。
PSM_ACTIVATION_TOKEN_NATIVE_SERVICE（0x8）	このフラグは、このアプリコンテナートークンが、サービスコントロールマネージャー（SCM）のリソースマネージャーによって作成されたパッケージサービスをホストするために使用されていることを示しています。このサービスについて詳しくは、本書下巻を参照してください。
PSM_ACTIVATION_TOKEN_DEVELOPMENT_APP（0x10）	このフラグは、内部（マイクロソフト社内）で開発中のアプリケーションであることを示しています。製品版のシステムでは使用されません。
BREAKAWAY_INHIBITED（0x20）	パッケージは、それ自体がパッケージされていないプロセスを作成することができません。このフラグは、PROC_THREAD_ATTRIBUTE_DESKTOP_APP_POLICYというプロセス作成属性（第3章の「3.6.1 ステージ1：パラメーターとフラグの変換と検証」の項の表3-7を参照）を使用することによって、セットされます。

実習 UWPプロセスの情報を参照する

ユニバーサルWindowsプラットフォーム（UWP）プロセスを調べる方法はいくつかあります。そのいくつかは、他の方法よりもずっとわかりやすいものです。Process Explorerは、Windowsランタイムを使用しているプロセスを色（既定ではシアン）で強調表示することができます。これを実際に試してみるには、Process Explorerを開き、［Options］メニューを開いて［Configure Colors］を選択します。次に、［Immersive Processes］チェックボックスがオンにされていることを確認します。

「Immersive process（イマーシブプロセス）」は、Windows 8.1のWinRTアプリ（WinRTはWindowsランタイムの略、現在のUWPアプリのこと）を説明するのに使用されていたもともとの用語です（当時のWinRTアプリは画面全体を占有していたため、"Immersive

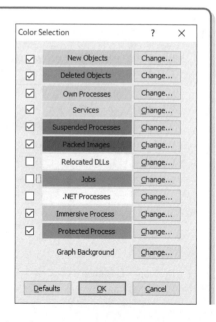

（没入型）"という用語が使用されました）。アプリのこの区別は、IsImmersiveProcess APIの呼び出しによって可能です。

　Windows 10の電卓（Calc.exe）を実行して、Process Explorerに切り替えてみてください。Calculator.exe（Calc.exeをランチャーとして開始されたプロセス）を含む、シアンの色で強調表示された、いくつかのプロセスを確認できるはずです。ここで、電卓アプリを最小化してみてください。すると、シアンの色で強調表示されていたものがグレーの色に代わるはずです。これは、電卓アプリが中断されたからです。電卓アプリのウィンドウをアクティブに戻すと、再びシアンの色に戻ります。

　例えば、Cortana（SearchUI.exeプロセス）など、他のプロセスでも同様の体験をしてみるべきです。タスクバー上のCortanaアイコンをクリックするかタップし、すぐに閉じます。Process Explorerを見ながらその操作を行うことで、SearchUI.exeプロセスの強調表示の色はグレーからシアンになり、またグレーに戻る様子を確認できるはずです。あるいは、［スタート］ボタンをクリックまたはタップしてみてください。ShellExperienceHost.exeプロセスが同様の変化を見せるはずです。

　シアンの色で強調表示されるいくつかのプロセスの存在は、あなたを驚かすかもしれません。例えば、Explorer.exe、Taskmgr.exe、RuntimeBroker.exeといったプロセスです。これらは実際にはUWPアプリではありませんが、WindowsランタイムAPIを使用します。そのため、Immersive processとして分類されるのです（RuntimeBroker.exeの役割については、この後すぐに説明します）。

　最後に、Process Explorerで［Integrity Level］列を表示させ、その列でソートしてみてください。Calculator.exeやSearchUI.exeといったプロセスが、整合性レベル「AppContainer」を持つことを確認できるでしょう。Explorer.exeやTaskmgr.exeプロセスは、そこには入っていないことに注目してください。つまり、これらはUWPアプリではなく、別のルールの下で動作しているのです。

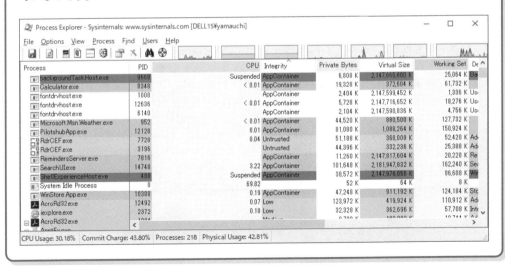

実習 アプリコンテナートークンを参照する

アプリコンテナーにホストされたプロセスの属性は、いくつかのツールを使用して調べることができます。Process Explorerでは、プロセスのプロパティダイアログボックスの［Security］タブが、そのトークンに関連付けられたケーパビリティを表示します。次のスクリーンショットは、電卓アプリのCalculator.exeプロセスの［Security］タブの表示です。

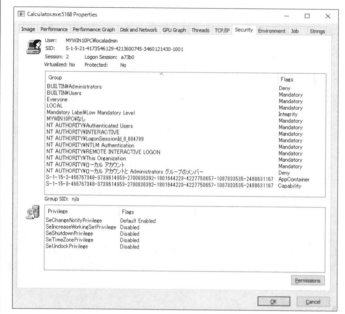

興味深い情報が2つあることに注目してください。1つはFlags列にAppContainerと表示されているもので、これはアプリコンテナーSID（AppContainer SID）です。もう1つはアプリコンテナーSIDのすぐ下にある1つのケーパビリティです。ベースの相対識別子（RID）（SECURITY_APP_PACKAGE_BASE_RID（2）とSECURITY_CAPABILITY_BASE_RID（3））を除く、残りのRIDは同一であり、説明したように、どちらもパッケージ名のSHA-2ハッシュ値を示しています。これが示すように、常に1つの暗黙的なケーパビリティが存在し、そのケーパビリティはパッケージ自体の中にあります。実際に意味しているのは、電卓アプリはケーパビリティをまったく必要としていないということです。[13] この後の「アプリコンテナーのケーパビリティ」の項では、さらに複雑な例を取り上げます。

---

[13] 訳注：Windows 10バージョン1607以前の電卓アプリはケーパビリティを使用しません。Windows 10バージョン1703以降の電卓アプリは「インターネット接続」（SIDはS-1-15-3-1）のケーパビリティを使用します（為替レートの取得に必要）。

第**7**章 セキュリティ **775**

実習 アプリコンテナートークンの属性を参照する

　Windows SysinternalsのAccessChkツールを使用すると、コマンドラインで前の実習と同様の情報を取得することができます。また、出力結果には、トークンの属性の完全なリストも追加されます。例えば、AccessChkの-p -fスイッチに続けて、CortanaをホストするSearchUI.exeのプロセスIDを渡し、実行すると、次のような結果を得られます。[14]

```
C:¥>accesschk -p -f 3728

Accesschk v6.10 - Reports effective permissions for securable objects
Copyright (C) 2006-2016 Mark Russinovich
Sysinternals - www.sysinternals.com

[7416] SearchUI.exe
  RW DESKTOP-DD6KTPM¥aione
  RW NT AUTHORITY¥SYSTEM
  RW Package¥S-1-15-2-1861897761-1695161497-2927542615-642690995-
327840285-2659745135-2630312742

  Token security:
  RW DESKTOP-DD6KTPM¥aione
  RW NT AUTHORITY¥SYSTEM
  RW DESKTOP-DD6KTPM¥aione-S-1-5-5-0-459087
  RW Package¥S-1-15-2-1861897761-1695161497-2927542615-642690995-
327840285-2659745135-2630312742
  R  BUILTIN¥Administrators

  Token contents:
    User:
      DESKTOP-DD6KTPM¥aione
    AppContainer:
      Package¥S-1-15-2-1861897761-1695161497-2927542615-642690995-
327840285-2659745135-2630312742
    Groups:
      Mandatory Label¥Low Mandatory Level              INTEGRITY
      Everyone                                         MANDATORY
      NT AUTHORITY¥Local account and member of Administrators group DENY
      ...
    Security Attributes:
      WIN://PKGHOSTID
          TOKEN_SECURITY_ATTRIBUTE_TYPE_UINT64
```

---

[14] 訳注：AccessChkツールは出力結果に日本語が含まれる場合、それを正しく表示できません。例えば、この実習の出力にある「NT AUTHORITY¥Local account and member of Administrators group」(SIDはS-1-5-114) は、日本語環境では「NT AUTHORITY¥ローカル アカウントと Administrators グループのメンバー」という名称であり、AccessChkの出力結果は「NT AUTHORITY¥???? ?????? Administrators ?????????」のように文字化けします。

```
        [0]  1794402976530433
    WIN://SYSAPPID
        TOKEN_SECURITY_ATTRIBUTE_TYPE_STRING
        [0]  Microsoft.Windows.Cortana_1.8.3.14986_neutral_neutral_
cw5n1h2txyewy
        [1]  CortanaUI
        [2]  Microsoft.Windows.Cortana_cw5n1h2txyewy
    WIN://PKG
        TOKEN_SECURITY_ATTRIBUTE_TYPE_UINT64
        [0]  131073
    TSA://ProcUnique
        [TOKEN_SECURITY_ATTRIBUTE_NON_INHERITABLE]
        [TOKEN_SECURITY_ATTRIBUTE_COMPARE_IGNORE]
        TOKEN_SECURITY_ATTRIBUTE_TYPE_UINT64
        [0]  204
        [1]  24566825
```

　セキュリティ属性（Security Attributes）の最初のパッケージホストID（WIN://
PKGHOSTID）は、16進数に変換すると「0x6600000000001」になります。すべてのパッケージ
ホストIDは0x66で始まるため、このIDはCortanaアプリがホストIDで利用可能な最初の「1」
を使用していることを意味しています。次のアプリケーション識別子（WIN://SYSAPPID）は、
厳密なパッケージモニカー（パッケージフル名）、アプリのフレンドリ名、およびパッケージの
簡易名（パッケージファミリ名）の、3つの文字列を含んでいます。3つ目（WIN://PKG）はパッ
ケージクレームであり、16進数に変換すると「0x20001」になります。表7-13と表7-14に基づい
て解析すると、入手元がInbox（2）を示しており、フラグにPSM_ACTIVATION_TOKEN_
PACKAGED_APPLICATION（0x1）がセットされていることがわかります。つまり、Cortana
はAppxパッケージの一部であることが確認できます。

■| アプリコンテナーのセキュリティ環境

　アプリコンテナーSID（AppContainer SID）と関連するフラグが存在することによる、最大の二次
的効果の1つは、この章の「7.4.1　アクセスチェック」の項で確認したアクセスチェックアルゴリズム
が、トークンが含んでいるかもしれない通常のユーザーとグループのすべてのセキュリティ識別子
（SID）を実質的に無視するように変更され、実質的に拒否専用（Deny-only）SIDとして扱われること
です。例えば、Windows 10の電卓アプリがUsersおよびEveryoneグループに属するユーザーJohn
Doeによって開始されたとしても、Jone DoeのSID、UsersグループのSID、またはEveryoneグルー
プのSIDに対して付与されたアクセスのアクセスチェックはすべて失敗します。実際、随意アクセス
制御リスト（DACL）のチェックアルゴリズムの間にチェックされる唯一のSIDは、アプリコンテナー
SIDだけであり、そのあとにケーパビリティのアクセスチェックアルゴリズムが続きます。ケーパビリ
ティのアクセスチェックは、トークンの中にケーパビリティSID（Capability SID）があればそれを調
べます。

　アプリコンテナートークンは、随意アクセスのSIDを単に拒否専用（Deny-only）として扱うことよ
りも、アクセスチェックアルゴリズムに対して、さらに重大なセキュリティ変更をもたらします。
NULL DACLは、通常、情報が何もないため、誰にでもアクセスを許可する状態として扱われますが

(これは、空のDACLとは違うことを思い出してください。空のDACLは、明示的な許可ルールのために、明示のないユーザーをすべて拒否する状態です)、アプリコンテナートークンはそれを無視し、拒否の状態として扱います。問題を簡単にするために、アプリコンテナーがアクセスするセキュリティ保護が可能な種類のオブジェクトは、そのアプリコンテナーSIDのための、またはそのケーパビリティSIDの中の1つのためのアクセス許可ACEを明示的に持ちます。セキュリティで保護されていない(NULL DACL)オブジェクトであっても、このアクセスチェックからは脱落します。

　この状況は、互換性問題を引き起こします。最も基本のファイルシステム、レジストリ、およびオブジェクトマネージャーのリソースにさえアクセスできなければ、アプリケーションはいったいどうすれば機能できるのでしょうか。Windowsは、カスタム実行環境を用意することで、このことを考慮に入れています。言い換えるなら、アプリコンテナーごとに固有の、言うなれば"牢屋(Jail)"を準備します。この牢屋(Jail)は、次のようなものです。

メモ
　ここまでの説明で、各ユニバーサルWindowsプラットフォーム(UWP)アプリは、1つのアプリコンテナートークンに対応していることを暗に示してきました。ただし、1つのアプリコンテナーに関連付けることができるのは、必ずしも1つの実行可能イメージファイルだけではありません。UWPパッケージは、すべてが同じアプリコンテナーに属する、複数の実行可能イメージファイルを含むことができます。これにより、すべての実行可能イメージは同じSIDとケーパビリティを共有することができ、他の実行可能イメージとの間でデータを交換できます。例えば、マイクロサービスのバックエンド実行可能イメージとフォアグラウンドのフロントエンド実行可能イメージといった具合です。

- アプリコンテナーSIDの文字列は、オブジェクトマネージャーの名前空間の¥Sessions¥<セッション番号>¥AppContainerNamedObjectsの下にサブディレクトリを作成するために使用されます。これは、名前付きカーネルオブジェクトのプライベートディレクトリになります。この固有のサブディレクトリオブジェクトには、アプリコンテナーに関連付けられたアプリコンテナーSIDが「すべて許可」のアクセスマスクを持つように、アクセス制御リスト(ACL)が設定されます。これは、デスクトップアプリとは対照的です。すべてのデスクトップアプリは、同じセッションの、¥Sessions¥<セッション番号>¥BaseNamedObjectsサブディレクトリを使用します。これが意味することについては、トークンがハンドルを格納するための要件とあわせて、この後すぐに説明します。

- トークンにはLowBox番号が含まれます。これは一意の識別子であり、カーネルがg_SessionLowboxArrayグローバル変数に格納する、LowBox番号エントリ構造体の配列の中にあります。各LowBox番号は、SEP_LOWBOX_NUMBER_ENTRY構造体にマップされます。最も重要なことは、この構造体が、このアプリコンテナーに一意のアトムテーブルを含んでいることです。なぜなら、Windowsサブシステムカーネルモードドライバー(Win32k.sys)は、アップコンテナーにグローバルアトムテーブルへのアクセスを許可しないからです。

- ファイルシステムは、%LOCALAPPDATA%ディレクトリ内にPackagesという名前のサブディレクトリを含んでいます。その中には、すべてのインストール済みUWPアプリのパッケージモニカー(アプリコンテナーSIDの文字列版、つまりパッケージフル名)のサブディレクトリが存在します。これらのアプリ用サブディレクトリはそれぞれ、アプリ固有のディレクトリを含みます。例えば、TempState、RoamingState、Settings、LocalCacheなどです。これらのディレクトリにはすべて、そのUWPアプリに対応する特定のアプリコンテナーSIDのACLが設定され、「すべて許可」のアクセスマスクがセットされます。

- Settingsディレクトリの中には1つのSettings.datファイルがあります。これは、レジストリハイ

ブファイルであり、アプリケーションハイブとしてレジストリに読み込まれます（アプリケーションハイブについては、本書下巻でさらに詳しく学びます）。このハイブはアプリ用のローカルレジストリとして機能し、Windowsランタイム（WinRT）APIはアプリのさまざまな永続状態をそこに格納します。繰り返しますが、レジストリキー上のACLには、関連するアプリコンテナーSIDに対してすべて許可のアクセスが明示的に付与されています。

これらの4つの牢屋（Jail）は、アプリコンテナーがセキュアにローカルでアプリのファイルシステム、レジストリ、およびアトムテーブルを格納することを可能にします。そのために、システム上のユーザーやシステムの重要な領域にアクセスする必要はありません。そうはいっても、重要なシステム（Ntdll.dllやKernel32.dllなど）、レジストリキー（ライブラリが必要とするもの）、あるいは名前付きオブジェクト（DNS検索で使用されるAdvanced Local Procedure Call（ALPC）ポートである¥RPC Control¥DNSResolverなど）であっても、少なくとも読み取り専用モードでアクセスする能力についてはどうでしょうか。各UWPアプリのインストールやアンインストールにおいて、ディレクトリ、レジストリキー、およびオブジェクト名前空間の全体に、さまざまなSIDを追加したり削除してりして、ACLを再設定することは意味をなしません。

この問題を解決するため、セキュリティサブシステムは、すべてのアプリコンテナートークンに自動的にバインドされるALL APPLICATION PACKAGESという名前の特定のグループSID（SIDはS-1-15-2-1）を理解します。%SystemRoot%¥System32ディレクトリやレジストリのHKLM¥SOFTWARE¥Microsoft¥Windows¥CurrentVersionキーといった、多くの重要なシステムの場所は、それらの場所のDACLの一部としてこのグループSIDのエントリを持ち、通常、「読み取り」または「読み取りと実行」のアクセスマスクがセットされています。オブジェクトマネージャー名前空間の特定のオブジェクトも同様のアクセス許可を持ち、例えば、アプリはオブジェクトマネージャーの¥RPC Controlディレクトリ内にあるDNSResolverというALPCポートにアクセス可能です。他の例として、特定のコンポーネントオブジェクトモデル（COM）オブジェクトがあり、このグループSIDに実行の権利が付与されます。公式にはドキュメント化されていませんが、サードパーティの開発者は、非UWPアプリを作成する際に自分のリソースに対するアクセスをこのグループSIDに適用することで、UWPアプリとやり取りできるようにすることも可能です。

残念なことに、UWPアプリは、Windowsランタイム（前述したように、WindowsランタイムはWindowsサブシステムDLLの上にあります）の部分が必要とするとき、ほとんどの任意のWin32 APIのDLLを技術的に読み込むことが可能です。また、個別のUWPアプリが何を必要とするのか予測することは困難です。そのため、多くのシステムリソースは予防措置として、システムリソースのDACLにALL APPLICATION PACKAGESのSIDのエントリを持ちます。これは現在、例えば、開発したアプリからのDNS検索をブロックするために、UWP開発者が利用できる方法が存在しないことを意味しています。この必要以上のアクセスは、悪用コードの作成者にとって便利でもあり、アプリコンテナーのサンドボックスから脱獄するために利用される可能性があります。より新しいバージョンのWindows 10、Windows 10バージョン1607（Anniversary Update）からは、このリスクに対処するセキュリティの追加要素として「制限されたアプリコンテナー（Restricted AppContainer）」が含まれています。

プロセスを作成する際に、PROC_THREAD_ATTRIBUTE_ALL_APPLICATION_PACKAGES_POLICYプロセス属性を使用して、この属性にPROCESS_CREATION_ALL_APPLICATION_PACKAGES_OPT_OUTをセットすることで（プロセス属性について詳しくは、本書の第3章を参照してください）、そのトークンはALL APPLICATION PACKAGESのSIDに指定されたいずれのACEにも関連付けられなくなり、そうでなければアクセス可能であった多くのシステムリソースへのアク

セスが無効になります。そのようなトークンは、WIN://NOALLAPPPKGという名前の、整数値に1がセットされた第四のトークン属性の存在によって識別することが可能です。

当然のことながら、これは私たちを同じ問題に引き戻します。そのようなアプリは、プロセスの初期化で重要であるNtdll.dllをいかにして読みこむことができるのかという問題です。Windows 10バージョン1607では、ALL RESTRICTED APPLICATION PACKAGESのグループSID (S-1-15-2-2)[*15]と呼ばれる新しいグループが導入され、この問題に対応します。例えば、System32ディレクトリのDACLには、今後、このグループSIDも含まれることになり、ALL APPLICATION PACKAGESのSIDと同じ「読み取り」または「読み取りと実行」のアクセス許可がセットされます。これは、このディレクトリ内のDLLの読み込みが、大部分のサンドボックスプロセスにとって重要だからです。しかし、DNSResolverのALPCポートのアクセス許可は付与されません。そのため、そのようなアプリコンテナーはDNSへのアクセスを失うことになります。

実習 アプリコンテナーのセキュリティ属性を参照する

この実習では、前の項で言及したいくつかのディレクトリについて、そのセキュリティ属性を調べます。

1. Windows 10の電卓アプリを実行しておきます。

2. Windows SysinternalsのWinObjを管理者に昇格して実行します。昇格せずに開始した場合は、[File]メニューから[Run as Administrator]を選択して、権限を昇格してください。右のスクリーンショットのように電卓アプリのアプリコンテナーSID（これまでの実習で何度か見てきました）に対応するオブジェクトディレクトリを展開します。

3. そのディレクトリを右クリックし、[Properties]を選択して、[セキュリティ]タブをクリックします。次ページのスクリーンショットのような表示を確認できるはずです。電卓アプリのアプリコンテナーSID（「不明なアカウント」と表示されますが正常です）は、List、Add Object、Add Subdirectoryのアクセス許可を持っています（この画面に表示されてない他のアクセス許可も付与されています）。簡単に言うと、電卓アプリはこのディレクトリの下にカーネルオブジェクトを作成できることを示しています。

[*15] 訳注：ALL RESTRICTED APPLICATION PACKAGES (S-1-15-2-2) の日本語版におけるグループ名は「制限されたすべてのアプリケーション パッケージ」です。

4. エクスプローラーを使用して電卓アプリのローカルディレクトリである%LOCALAPPDATA%¥Packages¥Microsoft.WindowsCalculator_8wekyb3d8bbweを開きます。次に、Settingsサブディレクトリを右クリックして［プロパティ］を選択し、［セキュリティ］タブをクリックします。電卓アプリのアプリコンテナー SIDが、このディレクトリに「フルコントロール」のアクセス許可を持つことを確認できるはずです。

5. エクスプローラーで%SystemRoot%ディレクトリ（例えば、C:¥Windows）を開きます。System32ディレクトリを右クリックして［プロパティ］を選択し、［セキュリティ］タブをクリックします。すると、ALL APPLICATION PACKAGESとRESTRICTED APPLICATION PACKAGES（制限されたすべてのアプリケーション パッケージ）の両方に、「読み取りと実行」のアクセス許可が付与されていることを確認できるはずです（後者はWindows 10バー

ジョン1607以降の場合）。

別の方法として、Windows SysinternalsのAccessChkユーティリティを使用して、コマンドラインで同じ情報を参照することもできます。[*16]

実習　アプリコンテナーのアトムテーブルを参照する

アトム（Atom）テーブルは、ウィンドウシステムによって使用される整数値と文字列のハッシュテーブルであり、ウィンドウクラスの登録（RegisterClassEx）やカスタムウィンドウメッセージといった、さまざまな識別の目的で使用されます。アプリコンテナー（AppContainer）のプライベートなアトムテーブルは、カーネルデバッガーで参照することができます。

1. Windows 10の電卓アプリを起動し、WinDbgを開いて、ローカルカーネルデバッグを開始します。

2. Calculator.exeプロセスを見つけます。

```
lkd> !process 0 1 calculator.exe
PROCESS ffff828cc9ed1080
    SessionId: 1  Cid: 4bd8    Peb: d040bbc000  ParentCid: 03a4
    DeepFreeze
    DirBase: 5fccaa000 ObjectTable: ffff950ad9fa2800  HandleCount:<Data
Not Accessible>
    Image: Calculator.exe
```

[*16] 訳注：AccessChkユーティリティは、RESTRICTED APPLICATION PACKAGESの日本語版での名称である「制限されたすべてのアプリケーション パッケージ」を正しく表示できません。

```
    VadRoot ffff828cd2c9b6a0 Vads 168 Clone 0 Private 2938. Modified
3332. Locked 0.
    DeviceMap ffff950aad2cd2f0
    Token                             ffff950adb313060
    ...
```

3. 次の式を使用して、トークン値を調べます。

```
lkd> r? @$t0 = (nt!_RTL_ATOM_TABLE*)((nt!_token*)0xffff950adb313060)->↵
LowboxNumberEntry->AtomTable
lkd> r? @$t1 = @$t0->NumberOfBuckets
lkd> .for (r @$t3 = 0; @$t3 < @$t1; r @$t3 = @$t3 + 1) { ?? (wchar_t*)↵
@$t0->Buckets[@$t3]->Name }
wchar_t * 0xffff950a`ac39b78a
 "Protocols"
wchar_t * 0xffff950a`ac17b7aa
 "Topics"
wchar_t * 0xffff950a`b2fd282a
 "TaskbarDPI_Deskband"
wchar_t * 0xffff950a`b3e2b47a
 "Static"
wchar_t * 0xffff950a`b3c9458a
 "SysTreeView32"
wchar_t * 0xffff950a`ac34143a
 "UxSubclassInfo"
wchar_t * 0xffff950a`ac5520fa
 "StdShowItem"
wchar_t * 0xffff950a`abc6762a
 "SysSetRedraw"
wchar_t * 0xffff950a`b4a5340a
 "UIA_WindowVisibilityOverridden"
wchar_t * 0xffff950a`ab2c536a
 "True"
...
wchar_t * 0xffff950a`b492c3ea
 "tooltips_class"
wchar_t * 0xffff950a`ac23f46a
 "Save"
wchar_t * 0xffff950a`ac29568a
 "MSDraw"
wchar_t * 0xffff950a`ac54f32a
 "StdNewDocument"
wchar_t * 0xffff950a`b546127a
 "{FB2E3E59-B442-4B5B-9128-2319BF8DE3B0}"
wchar_t * 0xffff950a`ac2e6f4a
 "Status"
wchar_t * 0xffff950a`ad9426da
```

```
 "ThemePropScrollBarCtl"
wchar_t * 0xffff950a`b3edf5ba
 "Edit"
wchar_t * 0xffff950a`ab02e32a
 "System"
wchar_t * 0xffff950a`b3e6c53a
 "MDIClient"
wchar_t * 0xffff950a`ac17a6ca
 "StdDocumentName"
wchar_t * 0xffff950a`ac6cbeea
 "StdExit"
wchar_t * 0xffff950a`b033c70a
 "{C56C5799-4BB3-7FAE-7FAD-4DB2F6A53EFF}"
wchar_t * 0xffff950a`ab0360fa
 "MicrosoftTabletPenServiceProperty"
wchar_t * 0xffff950a`ac2f8fea
 "OLEsystem"
```

■│アプリコンテナーのケーパビリティ

　これまで見てきたように、ユニバーサルWindowsプラットフォーム（UWP）アプリのアクセス権はかなり制限されています。そうであれば、例えば、Microsoft Edgeアプリは、どのようにローカルファイルシステムを解釈して、ユーザーの［ドキュメント］フォルダーにあるPDFファイルを開くのでしょうか。同様に、音楽プレーヤーアプリ（Grooveミュージックなど）は、どのようにして［ミュージック］フォルダーからMP3ファイルを再生できるのでしょうか。カーネルアクセスを介して直接行うか、ブローカー（次の項で説明します）によって行うか、いずれにせよその鍵はケーパビリティSID（Capability SID）にあります。ケーパビリティSIDがどこからきて、どのように作られ、いつ使用されるのかを見てみましょう。

　まず、UWPアプリの開発者は、アプリケーションマニフェストを作成することから始めます。マニフェストでは、パッケージ名、ロゴイメージ、リソース、サポートされるデバイスなどといった、そのアプリの多くの詳細情報を指定します。ケーパビリティを管理するための重要な要素の1つは、マニフェスト内のケーパビリティのリストです。例えば、Cortanaのアプリケーションマニフェストを調べてみましょう。それは、%SystemRoot%¥SystemApps¥Microsoft.Windows.Cortana_cw5n1h2txyewy¥AppxManifest.xmlに存在します。[*17]

```
<Capabilities>
    <wincap:Capability Name="packageContents"/>
    <!-- Needed for resolving MRT strings -->
    <wincap:Capability Name="cortanaSettings"/>
    <wincap:Capability Name="cloudStore"/>
    <wincap:Capability Name="visualElementsSystem"/>
    <wincap:Capability Name="perceptionSystem"/>
    <Capability Name="internetClient"/>
```

---

*17　訳注：同じアプリであっても、アプリケーションマニフェストの内容は、アプリ自身のバージョンやWindows 10のバージョン（機能更新）によって異なる可能性があります。

```
    <Capability Name="internetClientServer"/>
    <Capability Name="privateNetworkClientServer"/>
    <uap:Capability Name="enterpriseAuthentication"/>
    <uap:Capability Name="musicLibrary"/>
    <uap:Capability Name="phoneCall"/>
    <uap:Capability Name="picturesLibrary"/>
    <uap:Capability Name="sharedUserCertificates"/>
    <rescap:Capability Name="locationHistory"/>
    <rescap:Capability Name="userDataSystem"/>
    <rescap:Capability Name="contactsSystem"/>
    <rescap:Capability Name="phoneCallHistorySystem"/>
    <rescap:Capability Name="appointmentsSystem"/>
    <rescap:Capability Name="chatSystem"/>
    <rescap:Capability Name="smsSend"/>
    <rescap:Capability Name="emailSystem"/>
    <rescap:Capability Name="packageQuery"/>
    <rescap:Capability Name="slapiQueryLicenseValue"/>
    <rescap:Capability Name="secondaryAuthenticationFactor"/>
    <rescap:Capability Name="activitySystem"/>
    <DeviceCapability Name="microphone"/>
    <DeviceCapability Name="location"/>
    <DeviceCapability Name="wiFiControl"/>
 </Capabilities>
```

　このリストにはさまざまな種類のエントリが確認できます。例えば、Capabilityエントリは、Windows 8で実装されたもともとのケーパビリティのセットに関連付けられた既知のSID（Well-known SID）です。これらのケーパビリティは、識別子機関がAPPLICATION PACKAGE AUTHORITY（15）で、既知のSECURITY_CAPABILITY_BASE_RID（3）のベースのケーパビリティ相対識別子（RID）と、同じく既知のSECURITY_CAPABILITY_で始まるRIDを持ちます。例えば、SECURITY_CAPABILITY_INTERNET_CLIENT（1）のSIDはS-1-15-3-1で、ユーザーには「APPLICATION PACKAGE AUTHORITY￥インターネット接続」という文字列形式が提供されます。

　他のエントリとして、uap:、rescap:、wincap:のプレフィックスが付いたエントリがあります。これらのうちの1つ（rescap:）は、制限された（Restricted）ケーパビリティを示します。この種のケーパビリティは、ストア上に存在することが許可される前に、マイクロソフトへの特別な登録申請とカスタム承認が要求されるものです。Cortanaの場合、このようなケーパビリティとして、SMS（ショートメールメッセージ）のテキストメッセージ、電子メール、連絡先、場所、ユーザーデータへのアクセスといったものがあります。これに対して、Windowsケーパビリティ（wincap:）は、Windowsおよびシステムアプリ用に予約されたケーパビリティを指します。ストアで公開されるアプリは、これらのケーパビリティを使用できません。最後に、UAPケーパビリティ（uap:）は、開発者は誰でもストア上で要求することができる標準的なケーパビリティです（UAPは、UWPの旧称であることを思い出してください）。

　ハードコードされたRIDにマップされる最初のケーパビリティのセットとは異なり、これらのケーパビリティは別のやりかたで実装されます。これにより、既知のRIDを常に維持する必要がなくなりました。代わりに、このモードでは、ケーパビリティは完全にカスタムになり、即座に更新することができます。それを行うために、これらのケーパビリティは、単純にケーパビリティの文字列を使っ

て、それをすべて大文字に変換し、その結果の文字列のSHA-2ハッシュ値を取ります。これは、アプリコンテナーのパッケージのSID（AppContainer SID）がパッケージモニカーのSHA-2ハッシュで作成されるのと似ています。繰り返しますが、SHA-2ハッシュは32バイトであるため、各ケーパビリティは最終的に8つのRIDになり、既知のSECURITY_CAPABILITY_BASE_RID（3）の後に続きます。

最後に、いくつかのDeviceCapabilityエントリが残っていることに気付いたでしょう。これらは、UWPアプリがアクセスするのに必要なデバイスクラスを示しており、上記のような既知の文字列によって、またはデバイスクラスを識別するGUIDによって直接的に、識別されます。既に説明したSIDの2つの作成方法のうち1つを使用するのではなく、これらの種類のSIDは3つ目の方法を使用します。これらの種類のケーパビリティの場合、GUIDがバイナリ形式に変換され、次に4つのRIDに分けられます（GUIDは16バイトであるため）。一方、代わりに既知の名前が指定された場合、最初にGUIDに変換される必要があります。これは、HKLM¥SOFTWARE¥Microsoft¥Windows¥CurrentVersion¥DeviceAccess¥CapabilityMappingsレジストリキーを調べることによって行われます。このレジストリキーには、DeviceCapabilityに関連付けられたキーのリストと、それらのDeviceCapabilityにマップされるGUIDのリストが含まれています。そのGUIDは、その後、先ほど見たようにケーパビリティSIDに変換されます。

メモ サポートされるケーパビリティの最新情報については、「App capability declarations」（https://docs.microsoft.com/en-us/windows/uwp/packaging/app-capability-declarations）を参照してください。

これらのケーパビリティのすべてをトークンの中にエンコードするとき、次の2つの追加的な規則が適用されます。

- この項の「実習：アプリコンテナートークンの属性を参照する」で見たように、各アプリコンテナートークンには、自分のアプリコンテナーSIDがケーパビリティとしてエンコードされます。このケーパビリティSIDを使用することで、ケーパビリティのシステムは、アプリコンテナーSIDを個別に取得して検証する代わりに、ケーパビリティと共通のセキュリティチェックを使用して特定のアプリに対するアクセスを明示的にロックダウンすることができます。

- 各ケーパビリティは、通常の8つのケーパビリティハッシュのRIDの前に置かれる、追加の副機関としてSECURITY_CAPABILITY_APP_RID（1024）を使用することで、グループSIDとして再びエンコードされます。

ケーパビリティがトークンの中にエンコードされた後、システムのさまざまなコンポーネントはそれを読み出して、アプリコンテナーによって実行される操作を許可するべきかどうか判断します。UWPアプリとの通信や相互運用性は正式にはサポートされておらず、ブローカーサービス、ビルトインドライバー、またはカーネルコンポーネントに任せるのがベストとされています。そのため、ほとんどのAPIはドキュメント化されていないことに注意してください。例えば、カーネルとドライバーは、RtlCapabilityCheck APIを使用して、特定のハードウェアインターフェイスやAPIに対するアクセスを認証することができます。

一例として、電源マネージャーは、アプリコンテナーからのディスプレイの電源を切る要求を許可する前に、ID_CAP_SCREENOFFケーパビリティをチェックします。Bluetoothポートドライバー（bthport.sys）はbluetoothDiagnosticsケーパビリティをチェックし、アプリケーションIDドライバー（appid.sys）は、enterpriseDataPolicyケーパビリティを介してWindows Information Protection

（Windows情報保護、旧称、Enterprise Data Protection：EDP）のサポートをチェックします。ユーザーモードでは、ドキュメントとして公開されているCheckTokenCapability APIを使用できます。このAPIを使用するには、ケーパビリティの名前（文字列）ではなく、ケーパビリティSIDを知っている必要があります（ただし、非公開のRtlDeriveCapabilitySidFromNameで文字列からケーパビリティSIDに変換することができます）。他のオプションとして、非公開のCapabilityCheck APIがあり、これは文字列を受け付けます。

最後に、Remote Procedure Call（RPC）サービスは、RpcClientCapabilityCheck APIを利用します。このAPIは、トークンの取得を担当するヘルパー関数であり、ケーパビリティ文字列のみを必要とします。この関数は、RPCを利用してUWPクライアントアプリと通信する、Windowsランタイムベースのサービスとブローカーの多くで広く使用されています。

実習 アプリコンテナーのケーパビリティを参照する

これらのさまざまなケーパビリティの組み合わせのすべてと、トークン内の数を示すために、Cortanaといった複雑なアプリのケーパビリティを調べてみましょう。Cortanaアプリのマニフェストは既に確認しました。これを、Process Explorerの表示と比較してみましょう。まず、SearchUI.exeプロセスのプロパティを開き、［Security］タブをクリックします。すると、右のように表示されます（この例では、［Flags］列をクリックしてソートしています）。

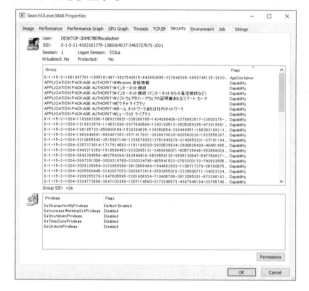

明らかに、Cortanaアプリは多くのケーパビリティを得ており、そのすべてはマニフェストの中にあります。そのいくつかは、Windows 8の当時からあるもので、IsWellKnownSidのような関数を使用して知ることができます。Process Explorerはそれらをフレンドリ名で表示します。その他のケーパビリティはそのSIDだけで表示されます。それらのRIDは、前述したようにハッシュ値またはGUIDのいずれかを示しています。

このUWPプロセスを作成したパッケージの詳細を得るには、本書のダウンロード可能なリソースのサイトから入手できるUwpList.exeツールを使用できます。このツールを使用すると、すべてのイマーシブ（Immersive）プロセス（つまり、UWPプロセス）、またはプロセスIDの指定により特定のプロセスの情報を表示できます。

```
C:\WindowsInternals>UwpList.exe 3848
List UWP Processes - version 1.1 (C)2016 by Pavel Yosifovich

Building capablities map... done.
```

```
Process ID:    3848
------------------
Image name: C:¥Windows¥SystemApps¥Microsoft.Windows.Cortana_
cw5n1h2txyewy¥SearchUI.exe
Package name: Microsoft.Windows.Cortana
Publisher: CN=Microsoft Windows, O=Microsoft Corporation, L=Redmond,
S=Washington, C=US
Published ID: cw5n1h2txyewy
Architecture: Neutral
Version: 1.8.12.15063
AppContainer SID: S-1-15-2-1861897761-1695161497-2927542615-642690995-
327840285-2659745135-2630312742
Number: 3
Capabilities: 36
packageContents (S-1-15-3-1024-3635283841-2530182609-996808640-
1887759898-3848208603-3313616867-983405619-2501854204) (ENABLED)
cortanaSettings (S-1-15-3-1024-1216833578-114521899-3977640588-
1343180512-2505059295-473916851-3379430393-3088591068) (ENABLED)
cloudStore (S-1-15-3-1024-3035980445-2343077072-2039973919-2593655016-
2336600711-3402322490-2613491542-1611519126) (ENABLED)
visualElementsSystem (S-1-15-3-1024-3299255270-1847605585-2201808924-
710406709-3613095291-873286183-3101090833-2655911836) (ENABLED)
perceptionSystem (S-1-15-3-1024-34359262-2669769421-2130994847-
3068338639-3284271446-2009814230-2411358368-814686995) (ENABLED)
internetClient (S-1-15-3-1) (ENABLED)
internetClientServer (S-1-15-3-2) (ENABLED)
privateNetworkClientServer (S-1-15-3-3) (ENABLED)
enterpriseAuthentication (S-1-15-3-8) (ENABLED)
musicLibrary (S-1-15-3-6) (ENABLED)
phoneCall (S-1-15-3-1024-383293015-3350740429-1839969850-1819881064-
1569454686-4198502490-78857879-1413643331) (ENABLED)
picturesLibrary (S-1-15-3-4) (ENABLED)
sharedUserCertificates (S-1-15-3-9) (ENABLED)
locationHistory (S-1-15-3-1024-3029335854-3332959268-2610968494-
1944663922-1108717379-267808753-1292335239-2860040626) (ENABLED)
userDataSystem (S-1-15-3-1024-3324773698-3647103388-1207114580-
2173246572-4287945184-2279574858-157813651-603457015) (ENABLED)
contactsSystem (S-1-15-3-1024-2897291008-3029319760-3330334796-
465641623-3782203132-742823505-3649274736-3650177846) (ENABLED)
phoneCallHistorySystem (S-1-15-3-1024-2442212369-1516598453-2330995131-
3469896071-605735848-2536580394-3691267241-2105387825) (ENABLED)
appointmentsSystem (S-1-15-3-1024-2643354558-482754284-283940418-
2629559125-2595130947-547758827-818480453-1102480765) (ENABLED)
chatSystem (S-1-15-3-1024-2210865643-3515987149-1329579022-3761842879-
3142652231-371911945-4180581417-4284864962) (ENABLED)
smsSend (S-1-15-3-1024-128185722-850430189-1529384825-139260854-
329499951-1660931883-3499805589-3019957964) (ENABLED)
```

```
emailSystem (S-1-15-3-1024-2357373614-1717914693-1151184220-2820539834-
3900626439-4045196508-2174624583-3459390060) (ENABLED)
packageQuery (S-1-15-3-1024-1962849891-688487262-3571417821-3628679630-
802580238-1922556387-206211640-3335523193) (ENABLED)
slapiQueryLicenseValue (S-1-15-3-1024-3578703928-3742718786-7859573-
1930844942-2949799617-2910175080-1780299064-4145191454) (ENABLED)
secondaryAuthenticationFactor (S-1-15-3-1024-759497869-3426324426-
2080302537-280970568-1023192118-597262764-3695343976-1004345243)
(ENABLED)
activitySystem (S-1-15-3-1024-1162883296-1069378821-326368785-
1434266408-2276863517-33602275-954297818-703384370) (ENABLED)
S-1-15-3-1861897761-1695161497-2927542615-642690995-327840285-
2659745135-2630312742 (ENABLED)
S-1-15-3-787448254-1207972858-3558633622-1059886964 (ENABLED)
S-1-15-3-3215430884-1339816292-89257616-1145831019 (ENABLED)
S-1-15-3-3071617654-1314403908-1117750160-3581451107 (ENABLED)
S-1-15-3-593192589-1214558892-284007604-3553228420 (ENABLED)
S-1-15-3-3870101518-1154309966-1696731070-4111764952 (ENABLED)
S-1-15-3-2105443330-1210154068-4021178019-2481794518 (ENABLED)
S-1-15-3-2345035983-1170044712-735049875-2883010875 (ENABLED)
S-1-15-3-3633849274-1266774400-1199443125-2736873758 (ENABLED)
S-1-15-3-2569730672-1095266119-53537203-1209375796 (ENABLED)
S-1-15-3-2452736844-1257488215-2818397580-3305426111 (ENABLED)
```

出力結果は、パッケージ名（Package name）、実行可能イメージのパス（Image name）、アプリコンテナー SID（AppContainer SID）、発行者の情報（Publisher）、バージョン（Version）、ケーパビリティのリスト（Capabilities）を示します。

また、これらのプロパティは、カーネルデバッガーの!tokenエクステンションコマンドを使用して調べることができます。

いくつかのUWPアプリは「信頼できる、信頼済み、信頼された（Trusted）」と呼ばれています。それらは、他のUWPアプリと同じようにWindowsランタイムプラットフォームを使用していますが、アプリコンテナーの中では実行されず、「低」よりも高い整合性レベルを持ちます。正規の例として、［設定］アプリ（%SystemRoot%¥ImmersiveControlPanel¥SystemSettings.exe）があります。これはもっともなことです。［設定］アプリはシステムに変更を行うことができる必要がありますが、アプリコンテナーでホストされるプロセスからそれを行うのは不可能です。［設定］アプリのトークンを見てみれば、通常のUWPアプリと同じWIN://PKGHOSTID、WIN://PKG、およびWIN://SYSAPPIDの3つのセキュリティ属性を確認できるでしょう。これは、アプリコンテナートークンが存在しなくても、［設定］アプリは依然としてパッケージアプリであることを示しています。

■ アプリコンテナーとオブジェクト名前空間

デスクトップアプリは、名前を使用してカーネルオブジェクトを簡単に共有できます。例えば、プロセスAがCreateEvent（Ex）関数を使用して、MyEventという名前のイベントオブジェクトを作成したとしましょう。プロセスAは、そのイベントを後で操作するときに使用できるハンドルを受け取ります。同じセッション内で実行中のプロセスBは、MyEventという同じ名前を使用して

CreateEvent (Ex) 関数またはOpenEvent関数を呼び出すことができ、同じ基になるイベントオブジェクトに対する別のハンドルを受け取ることができます（プロセスBは適切なアクセス許可を持っていると仮定します。同じセッションで実行中の場合、通常そうです）。ここで、プロセスBがそのイベントハンドルに対してWaitForSingleObject関数を呼び出して中断している間に、プロセスAがそのイベントオブジェクトに対してSetEvent関数を呼び出した場合、プロセスBの待機中のスレッドは同じイベントオブジェクトであるため待機状態から解放されます。この共有が機能するのは、名前付きオブジェクトがオブジェクトマネージャーの¥Sessions¥<セッション番号>¥BaseNamedObjectsディレクトリ内に作成されるからです。図7-18は、SysinternalsのWinObjユーティリティを使用して、このディレクトリを参照したところです。

さらに、デスクトップアプリは、Global¥のプレフィックスが付いた名前を使用することで、セッション間でオブジェクトを共有できます。これはオブジェクトをセッション0のオブジェクトディレクトリ内に作成し、¥BaseNamedObjectsディレクトリに配置します（図7-18を参照）。

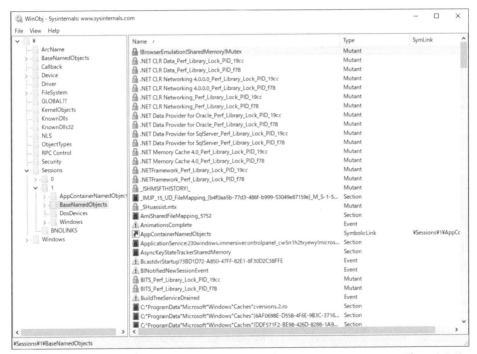

図7-18　名前付きオブジェクト用のオブジェクトマネージャーのBaseNamedObjectsディレクトリ

アプリコンテナーベースのプロセスは、¥Sessions¥<セッション番号>¥AppContainerNamedObjects¥<アプリコンテナー SID>の下にそのアプリ用のオブジェクト名前空間のルートを持ちます。アプリコンテナーごとに異なるアプリコンテナー SIDを持つため、2つのUWPプロセスがカーネルオブジェクトを共有する方法はありません。名前付きカーネルオブジェクトをセッション0のオブジェクト名前空間に作成する機能は、アプリコンテナーのプロセスには許可されていません。図7-19は、Windows 10標準の電卓アプリ用のオブジェクトマネージャーのディレクトリを示しています。

図7-19 電卓アプリ用のオブジェクトマネージャーのディレクトリ

　データを共有したいと希望するUWPアプリは、Windowsランタイムによって管理される、明確に定義されたコントラクトを使用してそれを行うことができます（詳細情報については、開発者向け公式ドキュメントを参照してください）。

　デスクトップアプリとUWPアプリ間でカーネルオブジェクトを共有することは可能であり、ブローカーサービスによってたびたび行われています。例えば、UWPアプリがファイルピッカーブローカーから［ドキュメント］フォルダー内のファイルに対するアクセスを共有する際（適切なケーパビリティの検証を得て）、UWPアプリは、前後のマーシャリング（データ交換のためのデータの操作）要求のコストなしで、直接的に読み書きするために使用できるファイルハンドルを受け取ります。これは、ブローカーに対して、取得したファイルハンドルをUWPアプリのハンドルテーブルに直接複製することによって実現されます（ハンドルの複製については、本書下巻でさらに詳しく説明します）。物事をさらに単純化するために、Advanced Local Procedure Call（ALPC）サブシステム（これも本書下巻で説明します）は、ALPCハンドル属性を介して、この方法でのハンドルの自動転送を許可します。また、下層プロトコルとしてALPCを使用するRemote Procedure Call（RPC）サービスは、自身のインターフェイスの部分としてこの機能を使用できます。インターフェイス記述言語（IDL）ファイル内のマーシャリング可能なハンドルは、ALPCサブシステムを介して、自動的にこの方法で転送されます。

　正式なブローカーであるRemote Procedure Call（RPC）サービスの外部では、デスクトップアプリは名前付きオブジェクト（または名前なしでも）を正常に作成でき、DuplicateHandle関数を使用して同じオブジェクトに対するハンドルをUWPプロセスにマニュアルで挿入することができます。これが機能するのはデスクトップアプリが通常、整合性レベル「中」で実行されるからであり、それ以外の方法でUWPプロセスにハンドルを複製することを阻むものは何もありません。

メモ デスクトップアプリとUWPアプリ間の通信は、通常、必要になることはありません。なぜなら、ストアアプリはデスクトップアプリのコンパニオンを持つことができず、デバイス上に存在するそのようなアプリに依存することができないからです。UWPアプリに対してハンドルを挿入するためのケーパビリティは、特殊なケースで必要になるかもしれません。例えば、デスクトップブリッジ（開発コード名：Centennial）を使用してデスクトップアプリをUWPアプリに変換し、存在することがわかっている別のデスクトップアプリと通信するようなケースです。

■|アプリコンテナーのハンドル

　一般的なWin32アプリケーションでは、セッションのローカルおよびグローバルのBaseNamedObjectsディレクトリの存在は、ブート時およびセッション作成時に作成されるため、Windowsサブシステムによって保証されます。残念ながら、AppContainerNamedObjectsディレクトリは、アプリケーション自身が開始されることによって作成されます。UWPアプリのアクティブ化の場合では、これは信頼できるDcomLaunchサービスになりますが、すべてのアプリコンテナーが必ずしもUWPアプリに結び付けられるとは限らないことを思い出してください。オブジェクトディレクトリは、適切なプロセス作成属性（プロセス作成属性を使用するものについては、第3章を参照してください）を介してマニュアルで作成することもできます。この場合、信頼されていないアプリケーションがオブジェクトディレクトリを作成（および必要なシンボリックリンクをそのディレクトリ内に作成）する可能性があり、信頼されていないアプリケーションがアプリコンテナーのアプリの下からハンドルを閉じることができてしまいます。悪意のある意図がなかったとしても、もともと開始されたアプリケーションが終了し、そのハンドルがクリーンアップされ、アプリコンテナー固有のオブジェクトディレクトリが破棄される可能性があります。この状況を回避するため、アプリコンテナートークンはハンドルの配列を格納する機能を持ちます。これにより、トークンを使用しているアプリケーションの有効期間を通して、オブジェクトディレクトリが存在することが保証されます。これらのハンドルは、アプリコンテナートークンが作成されるときに最初に渡され（NtCreateLowBoxTokenを介して）、カーネルハンドルとして複製されます。

　アプリコンテナーごとのアトムテーブルと同様に、ただし今回はハッシュテーブルをベースとした、特別なSEP_CACHED_HANDLES_ENTRY構造体が使用されます。このハッシュテーブルには、このユーザー用のログオンセッション構造体が格納されます（ログオンセッションについて詳しくは、この章の「7.10　ログオン」の節を参照してください）。この構造体は、カーネルハンドルの配列を含み、アプリコンテナートークンの作成中に複製されます。これらのハンドルは、このトークンが破棄されるとき（アプリの終了のため）、またはユーザーがログオフするとき（ログオフはログオンセッションを取り壊します）に閉じられます。

実習　トークンに保存されたハンドルを参照する

　トークンに保存されたハンドルは、次のステップで参照することができます。

1. Windows 10の電卓アプリを起動し、WinDbgを開いて、ローカルカーネルデバッグを開始します。

2. Calculator.exeプロセスを見つけます。

```
lkd> !process 0 1 calculator.exe
PROCESS ffff828cc9ed1080
```

```
    SessionId: 1    Cid: 4bd8      Peb: d040bbc000   ParentCid: 03a4
    DeepFreeze
    DirBase: 5fccaa000 ObjectTable: ffff950ad9fa2800   HandleCount:
<Data Not Accessible>
    Image: Calculator.exe
    VadRoot ffff828cd2c9b6a0 Vads 168 Clone 0 Private 2938. Modified
3332. Locked 0.
    DeviceMap ffff950aad2cd2f0
    Token                         ffff950adb313060
    ElapsedTime                   1 Day 08:01:47.018
    UserTime                      00:00:00.015
    KernelTime                    00:00:00.031
    QuotaPoolUsage[PagedPool]     465880
    QuotaPoolUsage[NonPagedPool]  23288
    Working Set Sizes (now,min,max)  (7434, 50, 345) (29736KB, 200KB,
1380KB)
    PeakWorkingSetSize            11097
    VirtualSize                   303 Mb
    PeakVirtualSize               314 Mb
    PageFaultCount                21281
    MemoryPriority                BACKGROUND
    BasePriority                  8
    CommitCharge                  4925
    Job                           ffff828cd4914060
```

3. dtコマンドを使用してトークンをダンプします（下位3ビットまたは4ビットが0でない場合
   はマスクするする必要があります。詳しくは、この章の「7.4.4 セキュリティ記述子とアク
   セス制御」の「実習：セキュリティ識別子を参照する」を参照してください）。

```
lkd> dt nt!_token ffff950adb313060
    +0x000 TokenSource       : _TOKEN_SOURCE
    +0x010 TokenId           : _LUID
    +0x018 AuthenticationId  : _LUID
    +0x020 ParentTokenId     : _LUID
    ...
    +0x0c8 TokenFlags        : 0x4a00
    +0x0cc TokenInUse        : 0x1 ''
    +0x0d0 IntegrityLevelIndex : 1
    +0x0d4 MandatoryPolicy   : 1
    +0x0d8 LogonSession      : 0xffff950a`b4bb35c0 _SEP_LOGON_SESSION_
REFERENCES
    +0x0e0 OriginatingLogonSession : _LUID
    +0x0e8 SidHash           : _SID_AND_ATTRIBUTES_HASH
    +0x1f8 RestrictedSidHash : _SID_AND_ATTRIBUTES_HASH
    +0x308 pSecurityAttributes : 0xffff950a`e4ff57f0 _AUTHZBASEP_
SECURITY_ATTRIBUTES_INFORMATION
    +0x310 Package           : 0xffff950a`e00ed6d0 Void
```

```
    +0x318 Capabilities      : 0xffff950a`e8e8fbc0 _SID_AND_ATTRIBUTES
    +0x320 CapabilityCount   : 1
    +0x328 CapabilitiesHash  : _SID_AND_ATTRIBUTES_HASH
    +0x438 LowboxNumberEntry : 0xffff950a`b3fd55d0 _SEP_LOWBOX_NUMBER_
ENTRY
    +0x440 LowboxHandlesEntry : 0xffff950a`e6ff91d0 _SEP_LOWBOX_HANDLES_
ENTRY
    +0x448 pClaimAttributes  : (null)
    ...
```

4. LowboxHandlesEntry フィールドのメンバーをダンプします（_SEP_LOWBOX_HANDLES_
ENTRY ではなく、_SEP_CACHED_HANDLES_ENTRY の場合は、代わりに dt nt!_sep_
cached_handles_entry を使用してください）。

```
lkd> dt nt!_sep_lowbox_handles_entry 0xffff950a`e6ff91d0
    +0x000 HashEntry         : _RTL_DYNAMIC_HASH_TABLE_ENTRY
    +0x000 HashEntry         : _RTL_DYNAMIC_HASH_TABLE_ENTRY
    +0x018 ReferenceCount    : 0n10
    +0x020 PackageSid        : 0xffff950a`e6ff9208 Void
    +0x028 HandleCount       : 6
    +0x030 Handles           : 0xffff950a`e91d8490  ->
0xffffffff`800023cc Void
```

5. 6つのハンドル（HandleCount）が存在します。これらの値をダンプしてみましょう。

```
lkd> dq 0xffff950ae91d8490 L6
ffff950a`e91d8490  ffffffff`800023cc ffffffff`80001e80
ffff950a`e91d84a0  ffffffff`80004214 ffffffff`8000425c
ffff950a`e91d84b0  ffffffff`800028c8 ffffffff`80001834
```

6. ハンドル値が 0xffffffff（64ビット）から始まることから、これらのハンドルがカーネルハン
ドルであることが確認できます。!handle エクステンションコマンドを使用して、個別のハン
ドルを調べてみましょう。次の例は、上の6つのハンドルのうち2つです。

```
lkd> !handle ffffffff`80001e80

PROCESS ffff828cd71b3600
    SessionId: 1    Cid: 27c4  Peb: 3fdfb2f000  ParentCid: 2324
    DirBase: 80bb85000 ObjectTable: ffff950addabf7c0  HandleCount:
<Data Not Accessible>
    Image: windbg.exe

Kernel handle Error reading handle count.

80001e80: Object: ffff950ada206ea0  GrantedAccess: 0000000f (Protected)
(Inherit) (Audit) Entry: ffff950ab5406a00
```

```
Object: ffff950ada206ea0  Type: (ffff828cb66b33b0) Directory
    ObjectHeader: ffff950ada206e70 (new version)
        HandleCount: 1  PointerCount: 32770
        Directory Object: ffff950ad9a62950  Name: RPC Control

    Hash Address          Type                        Name
    ---- -------          ----                        ----
     23   ffff828cb6ce6950 ALPC Port
OLE376512B99BCCA5DE4208534E7732


lkd> !handle ffffffff`800028c8
PROCESS ffff828cd71b3600
    SessionId: 1      Cid: 27c4  Peb: 3fdfb2f000  ParentCid: 2324
    DirBase: 80bb85000 ObjectTable: ffff950addabf7c0  HandleCount:
<Data Not Accessible>
    Image: windbg.exe

Kernel handle Error reading handle count.

800028c8: Object: ffff950ae7a8fa70 GrantedAccess: 000f0001 (Audit)
Entry: ffff950acc426320
Object: ffff950ae7a8fa70  Type: (ffff828cb66296f0) SymbolicLink
    ObjectHeader: ffff950ae7a8fa40 (new version)
        HandleCount: 1  PointerCount: 32769
        Directory Object: ffff950ad9a62950  Name: Session
        Flags: 00000000 ( Local )
        Target String is '¥Sessions¥1¥AppContainerNamedObjects¥S-1-15-
2-466767348-3739614953-2700836392-1801644223-4227750657-1087833535-
2488631167'
```

　最後に、名前付きオブジェクトを特定のオブジェクトディレクトリ名前空間に制限する機能は、名前付きオブジェクトアクセスをサンドボックス化するための価値あるセキュリティツールでもあります。次にリリースされる（本書の執筆時点において）Windows 10 Creators Update（バージョン1703）は、「BNO分離（BNO Isolation）」（BNOはBaseNameObjectsの略）と呼ばれるトークン機能が追加されます。トークン（TOKEN）構造体に追加される新しいフィールドであるBnoIsolationHandlesEntryは、SEP_CACHED_HANDLES_ENTRY構造体と同じものを使用し、SepCachedHandlesEntryLowboxではなく、SepCachedHandlesEntryBnoIsolationの型が設定されます。この機能を使用するためには、isolationプレフィックスとハンドルのリストを含む、特別なプロセス属性（第3章を参照）が使用される必要がありますこの時点では、同じLowBoxメカニズムが使用されますが、アプリコンテナーSIDのオブジェクトディレクトリではなく、その属性が使用されていることを示すプレフィックスを持つディレクトリが使用されます。

■| ブローカー（Broker）

　アプリコンテナーのプロセスは、ケーパビリティで暗黙的に付与されたもの以外、ほとんど何もア

第**7**章 セキュリティ　**795**

クセス許可を持たないため、アプリコンテナーによって直接的に実行できない、いくつかの共通の操作は、何かしらの支援が必要です（そのような操作はストアでユーザーに提示するには下位のレベル過ぎますし、管理も難しいため、そのためのケーパビリティは存在しません）。いくつか例を挙げると、共通の［ファイルを開く］ダイアログボックスを使用したファイルの選択や、［印刷］ダイアログボックスを使用した印刷などがあります。これらの操作およびその他の同様の操作のために、Windowsは「ブローカー（Broker）」と呼ばれるヘルパープロセスを提供します。ブローカーは、システムブローカープロセスであるRuntime Broker（RuntimeBroker.exe）によって管理されます。

　これらの機能のいずれかを必要とするアプリコンテナープロセスは、セキュアなAdvanced Local Procedure Call（ALPC）チャネルを通してRuntime Brokerと通信し、Runtime Brokerが要求されたブローカープロセスの作成を開始します。その例が、%SystemRoot%¥PrintDialog¥PrintDialog.exeと%SystemRoot%¥System32¥PickerHost.exeです。

実習 ブローカー

　ブローカープロセスがどのように開始され、終了されるのかを確認するには、次のステップに従って操作します。

1. ［スタート］メニューを開き、**photo**（または**フォト**）と入力し、検索結果から［フォト（信頼されたWindowsストアアプリ）］[18]を選択して、Windows 10にビルトインされている［フォト］アプリを開始します。

2. Process Explorerを開き、プロセスの一覧をツリー表示に切り替え、Microsoft.Photos.exeプロセスを見つけます。また、デスクトップ上に［フォト］アプリとProcess Explorerのウィンドウの両方を左右に並べます。

3. ［フォト］アプリで、写真のファイルを1つ選択し、写真を右クリックして表示されるメニューから［印刷］を選択します。［印刷］ダイアログボックスが開くと、Process Explorerには新たに作成されたブローカー（PrintDialog.exe）が表示されます。アプリとブローカーのすべてのプロセスが（RuntimeBroker.exeも）、同じSvchostプロセスの子プロセスであることに注目してください（すべてのUWPプロセスは、DcomLaunchサービスによって開始され、このプロセス内でホストされます）。

---

[18] 訳注：2017年10月にストアの名称が「Windowsストア」から「Microsoft Store」に変更されたため、それ以降に更新されたアプリは「信頼済みのMicrosoft Storeアプリ」と表示されます（Windows 10バージョン1709以前でCortanaを無効化している場合は除く）。Windows 10バージョン1803以降は単に「アプリ」と表示されます。

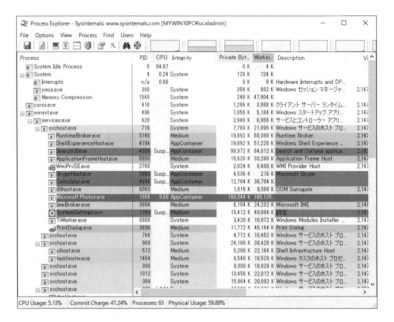

4. ［印刷］ダイアログボックスを閉じます。すると、Process ExplorerのPrintDialog.exeプロセスも終了して表示から消えます。

7.10 ログオン

対話型ログオンでは（ネットワークログオンとは対照的に）、次のコンポーネントとのやり取りが発生します。

- ログオンプロセス（Winlogon.exe）
- ログオンユーザーインターフェイスプロセス（LogonUI.exe）およびその資格情報プロバイダー（Credential Provider）
- ローカルセキュリティ機関（LSA）プロセス（Lsass.exe）
- 1つ以上の認証パッケージ（Authentication Package）
- セキュリティアカウントマネージャー（SAM）またはActive Directory

認証パッケージは認証チェックを実施するDLLです。Kerberos（Kerberos.dll）は、ドメインへの対話型ログオンのための認証パッケージです。MSV1_0（Msv1_0.dll）は、ローカルコンピューターへの対話型ログオンのためのWindows認証パッケージであり、Windows 2000より前（Pre-Windows 2000）の信頼されたドメインへのドメインログオン、およびアクセス可能なドメインコントローラーが存在しないときのためにも使用されます。

Winlogonは、ユーザーとのセキュリティ関連の対話の管理を担当する、信頼できるプロセスです。Winlogonはログオンを調整し、ログオン時にユーザーの最初のプロセスを開始し、ログオフを処理します。Winlogonは、セキュリティに関連するさまざまな他の操作も管理します。これには、ログオン

時にパスワードを入力するためのLogonUIの開始、パスワードの変更、ワークステーションのロックとロック解除が含まれます。Winlogonプロセスは、セキュリティに関連する操作が、他のどのアクティブなプロセスにも見えないようにする必要があります。例えば、Winlogonは、パスワードセキュリティ関連の操作の1つを行っている間に、信頼されていないプロセスがデスクトップの制御を取得できず、そのためパスワードへのアクセスを得ることができないことを保証します。

Winlogonは、ユーザーのアカウント名やパスワードを取得するために、システムにインストールされている資格情報プロバイダーに依存しています。資格情報プロバイダーは、DLLの内部にあるコンポーネントオブジェクトモデル（COM）オブジェクトです。既定の資格情報プロバイダーは、Authui. dll、SmartcardCredentialProvider.dll、およびFaceCredentialProvider.dll（最後の1つはWindows 10以降）です。これらはそれぞれ、パスワード、スマートカードPIN、および顔認識による認証をサポートします。Windowsに他の資格情報プロバイダーをインストールして有効化し、異なるユーザー識別メカニズムを使用することが可能です。例えば、サードパーティは、指紋認識デバイスを使用して、ユーザーを識別し、暗号化されたデータベースからパスワードを取り出すような資格情報プロバイダーを提供できます。資格情報プロバイダーは、HKLM¥SOFTWARE¥Microsoft¥Windows¥CurrentVersion¥Authentication¥Credential Providersレジストリキー内にリストされており、各サブキーが資格情報プロバイダークラスをそのCOM CLSID（COMクラスID）によって識別します（CLSID自体は、任意の他のCOMクラスと同じように、HKCR¥CLSIDに登録されている必要があります）。本書のダウンロード可能なリソースのサイトから入手できるCPlist.exeツールを使用すると、資格情報プロバイダーのリストを、そのCLSID、フレンドリ名、および実装されているDLLの一覧として表示することができます。

資格情報プロバイダーにバグがあると、Winlogonプロセスをクラッシュさせる可能性があります（Winlogonは重要なシステムプロセスと見なされるため、Winlogonプロセスのクラッシュはシステムをクラッシュさせます）。そのようなバグからWinlogonのアドレス領域を保護するために、別のプロセスであるLogonUI.exeが資格情報プロバイダーを実際に読み込むために使用され、LogonUI.exeがWindowsログオンインターフェイスをユーザーに表示します。このプロセスは、Winlogonがユーザーに対してユーザーインターフェイスを表示する必要があるたびに、オンデマンドで開始され、アクションが完了した後に終了します。Winlogonは、LogonUIプロセスが何らかの理由のためにクラッシュした場合でも、単純に新しいLogonUIプロセスをリスタートすることができます。

Winlogonは、キーボードからのログオン要求をインターセプトできる唯一のプロセスです。キーボードからのログオン要求は、Win32k.sysからのリモートプロシージャコール（RPC）メッセージを介して送信されます。Winlogonは直ちにLogonUIアプリケーションを開始して、ログオン用のユーザーインターフェイスを表示します。資格情報プロバイダーからのユーザー名とパスワードを取得したあと、WinlogonはLsassを呼び出して、ユーザーのログオン試行を認証します。そのユーザーが認証された場合、ログオンプロセスはユーザーの代わりにログオンシェルをアクティブ化します。ログオンに関連するコンポーネント間のやり取りを、図7-20に示します。

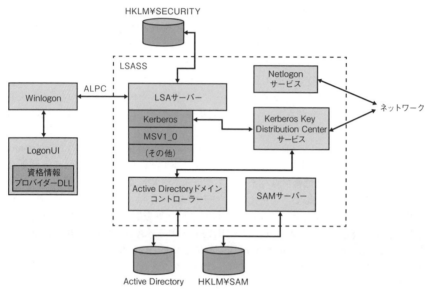

図7-20 ログオンに関係するコンポーネント

　代替の資格情報プロバイダーのサポートに加えて、LogonUIはセカンダリ認証を実施するのに必要な追加のネットワークプロバイダーDLLを読み込むことができます。この機能により、複数のネットワークプロバイダーは、通常のログオンの間に、一度にすべてのIDと認証情報を収集することができます。Windowsシステムにログオンするユーザーは、Linuxサーバーで同時に認証されるかもしれません。そのユーザーは、Windowsコンピューターから、追加の認証を受けることなく、Linuxサーバーのリソースにアクセスすることができるでしょう。そのような機能は、シングルサインオン（Single Sign-On：SSO）の1つの形態として知られています。

7.10.1　Winlogonの初期化

　システムの初期化の間、一切のユーザーアプリケーションがアクティブになる前、Winlogonは次のステップに従って、システムがユーザーと対話する準備が整ったときに、ワークステーションを確実に制御します。

1. キーボード、マウス、およびディスプレイを表す対話型のウィンドウステーションオブジェクトを作成し、開きます（例えば、オブジェクトマネージャー名前空間の¥Sessions¥1¥Windows¥WindowStations¥WinSta0）。Winlogonは、そのステーションのためのセキュリティ記述子を作成します。このセキュリティ記述子は、システムSIDのみを含むアクセス制御エントリ（ACE）を1つだけ持ちます。この一意のセキュリティ記述子により、Winlogonによって明示的に許可されない限り、他のプロセスがそのワークステーションにアクセスできないようにします。

2. 2つのデスクトップオブジェクトを作成し、開きます。1つはアプリケーションデスクトップ（¥Sessions¥1¥Windows¥WindowStations¥WinSta0¥Default、これは対話型デスクトップとも呼ばれます）、もう1つはWinlogonデスクトップ（¥Sessions¥1¥Windows¥WindowStations¥WinSta0¥Winlogon、これはSecure Desktop、セキュリティで保護されたデスクトップとも呼ばれます）です。Winlogonデスクトップのセキュリティは、Winlogonプロセスだけがそのデスクトップにアク

セスできるように作成されます。他のデスクトップは、Winlogonとユーザーの両方によるアクセスが許可されます。この編成により、Winlogonデスクトップがアクティブになっているときは常に、他のプロセスはそのデスクトップに関連付けられた何かしらのアクティブなコードまたはデータに対するアクセスする手段を持ちません。Windowsはこの機能を使用して、パスワードが関係する、あるいはデスクトップのロック、ロック解除といったセキュアな操作を保護しています。

3. 誰かがコンピューターにログオンする前に、表示されるデスクトップはWinlogonデスクトップです。ユーザーがログオンした後は、Secure Attention Sequence (SAS) と呼ばれるキー操作（既定で**Ctrl** + **Alt** + **Delete**）により、DefaultデスクトップからWinlogonデスクトップに切り替わり、LogonUIが起動されます（これは、**Ctrl** + **Alt** + **Delete**キーを押したときに対話型デスクトップ上のすべてのウィンドウが消えたように見え、Windowsセキュリティの画面をキャンセルしたときに戻る理由を説明するものです）。つまり、SASシーケンスは、Winlogonによって制御されるセキュリティで保護されたデスクトップを常に最前面にします。

4. Winlogonプロセスは、ローカルセキュリティ機関（LSA）のプロセス（Lsass）とAdvanced Local Procedure Call (ALPC) 接続を確立します。この接続は、ログオン、ログオフ、パスワード操作の間に情報を交換するために使用され、LsaRegisterLogonProcessを呼び出すことで作成されます。

5. Winlogonプロセスは、Winlogon RPCメッセージサーバーを登録し、Win32k.sysからのSASシーケンス、ログオフ、およびワークステーションのロックの通知をリッスンします。この方法により、SASシーケンスが入力されたときに、トロイの木馬プログラムが画面の制御を取得することを防止します。

メモ　Wininitプロセスは、ステップ1と2と同様のステップを実行して、セッション0で動作するレガシな対話型サービスがWindowsを表示できるようにします。ただし、セッション0はユーザーログオンのために利用されないため、残りのステップは一切実行されません。

SASはどのように実装されているのか

　Secure Attention Sequence (SAS) がセキュアである理由は、**Ctrl** + **Alt** + **Delete**キー操作の組み合わせをインターセプトできる、またはWinlogonプロセスがそれを受け取ることを阻むアプリケーションが存在しないからです。Win32k.sysが**Ctrl** + **Alt** + **Delete**キー操作の組み合わせを予約しているため、Windowsの入力システム（Win32k内の未加工入力スレッド内に実装されています）はそのキー操作の組み合わせを確認すると、リモートプロシージャコール（RPC）メッセージを、そのような通知をリッスンしているWinlogonのメッセージサーバーに送信します。このキー操作の組み合わせは、登録済みのホットキーにマップされており、登録済みのもの以外のいかなるプロセスにも送信されません。また、ホットキーが登録されたスレッドだけが、その登録を解除できます。そのため、トロイの木馬アプリケーションは、WinlogonのSASの所有権を登録解除することができません。
　Windows APIのSetWindowsHookEx関数は、アプリケーションが、キー操作が押されるたびに呼び出されるフックプロシージャをインストールすることを可能にします。これは、ホットキーが処理される前であっても可能であるため、フックによりキー操作を握りつぶすことが可能です。しかし、Windowsのホットキーの処理コードは、**Ctrl** + **Alt** + **Delete**のための特別な条件を含んでおり、フックを無効化します。そのため、SASシーケンスがインターセプトされることは不可能です。さらに、対話型デスクトップがロックされている場合、Winlogonによって所有されるホットキーのみが処理されます。

初期化中にWinlogonデスクトップ（セキュリティで保護されたデスクトップ）が作成された後は、それがアクティブなデスクトップになります。Winlogonデスクトップがアクティブなとき、それは常にロックされています。WinlogonプロセスがWinlogonデスクトップのロックを解除するのは、アプリケーションデスクトップまたはスクリーンセーバーデスクトップに切り替わるときだけです（Winlogonプロセスのみが、デスクトップのロックとロック解除を行えます）。

7.10.2 | ユーザーログオンのステップ

ログオンは、ユーザーがSecure Attention Sequence（SAS）のキー操作（**Ctrl** + **Alt** + **Delete**）を押したときに始まります。SASが押された後、WinlogonはLogonUIを開始し、LogonUIがユーザー名とパスワードを取得するための資格情報プロバイダーを呼び出します。Winlogonは、このユーザー用の一意のローカルログオンSIDも作成します。このSIDは、このデスクトップのインスタンス（キーボード、マウス、ディスプレイを持つ）に対して割り当てられます。Winlogonは、このSIDをローカルセキュリティ機関（LSA）のプロセス（Lsass）に対して、LsaLogonUser関数呼び出しの一部として渡します。ユーザーがログオンに成功した場合、このSIDはログオンプロセストークン内に含まれることになります。これは、そのデスクトップへのアクセスを保護するためのステップです。例えば、同じアカウントの異なるシステムに対するもう1つのログオンは、最初のコンピューターのデスクトップに書き込むことはできません。なぜなら、2番目のログオンは、最初のログオンのデスクトップのトークン内に存在しないからです。

ユーザー名とパスワードが入力されたとき、WinlogonはLsassのLsaLookupAuthenticationPackage関数を呼び出して、認証パッケージに対するハンドルを取得します。認証パッケージは、レジストリのHKLM¥SYSTEM¥CurrentControlSet¥Control¥Lsaキーの下のAuthentication Packages値にリストされています。Winlogonは、LsaLogonUser関数を介して、ログオン情報をその認証パッケージに渡します。認証パッケージがユーザーを認証すると、Winlogonはそのユーザーのためのログオン処理を継続します。正常なログオンを示す認証パッケージがない場合、そのログオン処理は中止されます。

Windowsは、対話型のユーザー名/パスワードベースのログオン用に、次の2つの標準の認証パッケージを使用します。

- **MSV1_0** ── スタンドアロンWindowsシステムにおける既定の認証パッケージは、MSV1_0（Msv1_0.dll、Microsoft Authentication Package v1.0）です。これは、NT LAN Manager version 2（NTLMv2）プロトコルが実装されている認証パッケージです。Lsassは、MSV1_0をドメインメンバーのコンピューターでも使用します。それは、Windows 2000より前（Pre-Windows2000）のドメインのコンピューター、および認証のためのドメインコントローラーを見つけることができないコンピューターを認証する場合です（ネットワークから切断されたコンピューターは、後者に分類されます）。
- **Kerberos** ── Kerberos認証パッケージ（Kerberos.dll、Kerberos Security Package）は、Active Directoryドメインのメンバーであるコンピューター上で使用されます。Kerberos認証パッケージは、ドメインコントローラー上で実行されるKerberosサービスと協力して、Kerberosプロトコルをサポートします。このプロトコルは、インターネット標準のRFC 1510に基づいています（Kerberos標準に関する詳細情報については、Internet Engineering Task Force：IETFのWebサイトであるhttps://www.ietf.org/で確認してください）。

■ MSV1_0

　MSV1_0認証パッケージは、ユーザー名とハッシュされたパスワードを取得して、ローカルのセキュリティアカウントマネージャー（SAM）に要求を送信し、アカウント情報を取り出します。アカウント情報には、ハッシュされたパスワード、ユーザーが属しているグループ、およびアカウント制限があればそれを含みます。MSV1_0は、まず、許可されたログオン時間やアクセスの種類といった、アカウント制限をチェックします。SAMデータベースにある制限により、ユーザーがログオンできない場合、ログオンの呼び出しは失敗し、MSV1_0はエラー状態をローカルセキュリティ機関（LSA）に返します。

　MSV1_0は次に、ハッシュされたパスワードとユーザー名をSAMデータベースから取り出したものと比較します。キャッシュされたドメインログオンの場合には、MSV1_0はLsassの関数を使用してそのキャッシュされた情報にアクセスします。Lsassの関数は、LSAデータベース（レジストリのSECURITYハイブ）への"シークレット（Secrets）"の格納と取り出しを行います。情報が一致する場合、MSV1_0は、そのログオンセッション用のローカル一意識別子（LUID）を生成し、Lsassを呼び出してログオンセッションを作成して、このLUIDをそのセッションに関連付けます。また、ユーザー用のアクセストークンを完全に作成するのに必要な情報を渡します（アクセストークンには、ユーザーのSID、グループSID、および割り当てられた特権が含まれることを思い出してください）。

メモ　MSV1_0は、ユーザーのパスワードハッシュの全体をレジストリ内にキャッシュしません。なぜなら、システムに物理アクセスできる何者かによって、ユーザーのドメインアカウントが簡単に侵害され、そのユーザーがアクセスを承認されている暗号化されたファイルやネットワークリソースに対してアクセスされてしまう可能性があるからです。代わりに、MSV1_0はパスワードハッシュの半分をキャッシュします。キャッシュされた半分のハッシュは、ユーザーのパスワードが正しいことを検証するのに十分ですが、暗号化ファイルシステム（EFS）キーへのアクセスを取得したり、ドメインのユーザーとして認証を受けるには十分ではありません。そういった操作には、完全なハッシュが必要になるからです。

　ユーザーが信頼されたWindows 2000より前（Pre-Windows 2000）のドメインにログオンするときなど、リモートシステムの使用を認証するためにMSV1_0が必要な場合、MSV1_0はNetlogonサービスを使用してリモートシステム上のNetlogonサービスのインスタンスと通信します。リモートシステム上のNetlogonサービスは、そのシステムのMSV1_0認証パッケージとやり取りして、認証結果をログオンが実施された側のシステムに対して返します。

■ Kerberos

　Kerberos認証のための基本的な制御フローは、MSV1_0のためのフローと同じです。しかしながら、ほとんどの場合、ドメインログオンはドメインコントローラー側ではなく、ドメインのメンバーワークステーションまたはサーバーから実施されます。そのため、認証パッケージは認証処理の一部として、ネットワークを介して通信する必要があります。Kerberos認証パッケージは、KerberosのTCP/IPポート（TCPまたはUDPポート88）を使用してドメインコントローラー上のKerberosサービスと通信することによって、これを行います。Kerberosのキー配布センター（KDC）であるKerberos Key Distribution Centerサービス（Kdcsvc.dll、内部サービス名はKDC）は、Kerberos認証プロトコルを実装しており、ドメインコントローラー上のLsassプロセス内で実行されます。

　Active Directoryのユーザーアカウントオブジェクトを使用してハッシュされたユーザー名とパスワード情報が検証されると（Active DirectoryサーバーであるNtdsa.dllを使用して）、KDCサービスはドメイン資格情報をLsassに返し、Lsassはその認証結果とユーザーのドメインログオン資格情報（ロ

グオンが成功した場合）をネットワーク経由でログオンが実施された側のシステムに返します。

メモ
　このKerberos認証の説明はかなり単純化されたものですが、関与するさまざまなコンポーネントの役割を強調しています。Kerberos認証プロトコルは、Windowsにおける分散ドメインセキュリティの中で重要な役割を演じますが、その詳細は本書の範囲を超えるものです。

　ログオンが認証された後、Lsassはローカルのポリシーデータベースを見て、対話型、ネットワーク、バッチ、サービスのプロセスといった、ユーザーに許可されたアクセスを参照します。要求されたログオンが、許可されたアクセスと一致しない場合、そのログオンの試みは中止されます。Lsassは新たに作成されたログオンセッションを、そのデータ構造体があればそれをクリーンアップすることで削除します。その後、Winlogonにエラーを返し、Winlogonは適切なメッセージをユーザーに表示します。要求されたアクセスが許可される場合、Lsassは適切な他のセキュリティID（Everyone、Interactiveなど）を追加します。そして、ローカルのポリシーデータベースをチェックし、このユーザーのすべてのセキュリティ識別子（SID）に付与された特権があれば、それらの特権をユーザーのアクセストークンに追加します。

　Lsassは必要な情報のすべてを累積すると、アクセストークンを作成するためにエグゼクティブを呼び出します。エグゼクティブは、対話型ログオンまたはサービスとしてログオン用のプライマリアクセストークン、およびネットワークログオン用の偽装トークンを作成します。アクセストークンが正常に作成されたあと、Lsassはそのトークンを複製し、Winlogonに渡すことができるハンドルを作成し、その自身のハンドルを閉じます。必要であれば、ログオン操作は監査されます。この時点でLsassは、アクセストークンへのハンドル、ログオンセッション用のローカル一意識別子（LUID）、および認証パッケージが返したプロファイル情報があればそれとともに、Winlogonに成功を返します。

実習 アクティブログオンセッションを一覧表示する

　特定のログオンセッションのローカル一意識別子（LUID）を持つ、少なくとも1つのトークンが存在する限り、Windowsはそのログオンセッションはアクティブであると見なします。Windows SysinternalsのLogonSessionsユーティリティを使用すると、アクティブなログオンセッションを一覧表示することができます。LogonSessionsユーティリティは、LsaEnumerateLogonSessions関数（Windowsソフトウェア開発キット（SDK）にドキュメント化されています）を使用して、これを行っています。

```
C:\Windows\System32>logonsessions

LogonSessions v1.4 - Lists logon session information
Copyright (C) 2004-2016 Mark Russinovich
Sysinternals - www.sysinternals.com


[0] Logon session 00000000:000003e7:
    User name:    WORKGROUP\ZODIAC$
    Auth package: NTLM
    Logon type:   (none)
```

```
        Session:      0
        Sid:          S-1-5-18
        Logon time:   09-Dec-16 15:22:31
        Logon server:
        DNS Domain:
        UPN:

[1] Logon session 00000000:0000cdce:
        User name:
        Auth package: NTLM
        Logon type:   (none)
        Session:      0
        Sid:          (none)
        Logon time:   09-Dec-16 15:22:31
        Logon server:
        DNS Domain:
        UPN:

[2] Logon session 00000000:000003e4:
        User name:    WORKGROUP\ZODIAC$
        Auth package: Negotiate
        Logon type:   Service
        Session:      0
        Sid:          S-1-5-20
        Logon time:   09-Dec-16 15:22:31
        Logon server:
        DNS Domain:
        UPN:

[3] Logon session 00000000:00016239:
        User name:    Window Manager\DWM-1
        Auth package: Negotiate
        Logon type:   Interactive
        Session:      1
        Sid:          S-1-5-90-0-1
        Logon time:   09-Dec-16 15:22:32
        Logon server:
        DNS Domain:
        UPN:
[4] Logon session 00000000:00016265:
        User name:    Window Manager\DWM-1
        Auth package: Negotiate
        Logon type:   Interactive
        Session:      1
        Sid:          S-1-5-90-0-1
        Logon time:   09-Dec-16 15:22:32
        Logon server:
        DNS Domain:
```

```
        UPN:
    [5] Logon session 00000000:000003e5:
        User name:     NT AUTHORITY\LOCAL SERVICE
        Auth package: Negotiate
        Logon type:   Service
        Session:      0
        Sid:          S-1-5-19
        Logon time:   09-Dec-16 15:22:32
        Logon server:
        DNS Domain:
        UPN:
...

    [8] Logon session 00000000:0005c203:
        User name:     NT VIRTUAL MACHINE\AC9081B6-1E96-4BC8-8B3B-
C609D4F85F7D
        Auth package: Negotiate
        Logon type:   Service
        Session:      0
        Sid:          S-1-5-83-1-2895151542-1271406230-163986315-2103441620
        Logon time:   09-Dec-16 15:22:35
        Logon server:
        DNS Domain:
        UPN:

    [9] Logon session 00000000:0005d524:
        User name:     NT VIRTUAL MACHINE\B37F4A3A-21EF-422D-8B37-
AB6B0A016ED8
        Auth package: Negotiate
        Logon type:   Service
        Session:      0
        Sid:          S-1-5-83-1-3011463738-1110254063-1806382987-
3631087882
        Logon time:   09-Dec-16 15:22:35
        Logon server:
        DNS Domain:
        UPN:
...

    [12] Logon session 00000000:0429ab2c:
        User name:     IIS APPPOOL\DefaultAppPool
        Auth package: Negotiate
        Logon type:   Service
        Session:      0
        Sid:          S-1-5-82-3006700770-424185619-1745488364-794895919-
4004696415
        Logon time:   09-Dec-16 22:33:03
        Logon server:
```

```
                DNS Domain:
                UPN:
```

　1つのセッションに対してレポートされる情報には、そのセッションに関連付けられたユーザーのセキュリティ識別子（SID）とユーザー名（User name）、そのセッションの認証パッケージ（Auth package）とログオン時間（Logon time）が含まれます。なお、上記の出力結果のログオンセッション2から9に確認できるNegotiateという認証パッケージは、認証要求にどちらが最も適切であるかに応じて、KerberosまたはNTLMを使用して認証を試みます。

　1つのセッションに対するLUIDは、各セッションの情報ブロックのLogon Session行に表示されます。Handle.exeユーティリティ（これもWindows Sysinternalsのユーティリティです）を使用すると、特定のログオンセッションを表すトークンを調べることができます。例えば、上記の出力結果のログオンセッション8について、そのトークンを調べるには、次のようにコマンドを実行します。

```
C:¥Windows¥System32>handle -a 5c203

Nthandle v4.1 - Handle viewer
Copyright (C) 1997-2016 Mark Russinovich
Sysinternals - www.sysinternals.com

System pid: 4 type: Directory 1274: ¥Sessions¥0¥
DosDevices¥00000000-0005c203
lsass.exe          pid: 496    type: Token      D7C: NT VIRTUAL
MACHINE¥AC9081B6-1E96-4BC8-8B3B-C609D4F85F7D:5c203
lsass.exe          pid: 496    type: Token      2350: NT VIRTUAL
MACHINE¥AC9081B6-1E96-4BC8-8B3B-C609D4F85F7D:5c203
lsass.exe          pid: 496    type: Token      2390: NT VIRTUAL
MACHINE¥AC9081B6-1E96-4BC8-8B3B-C609D4F85F7D:5c203
svchost.exe        pid: 900    type: Token      804: NT VIRTUAL
MACHINE¥AC9081B6-1E96-4BC8-8B3B-C609D4F85F7D:5c203
svchost.exe        pid: 1468   type: Token      10EC: NT VIRTUAL
MACHINE¥AC9081B6-1E96-4BC8-8B3B-C609D4F85F7D:5c203
vmms.exe           pid: 4380   type: Token      A34: NT VIRTUAL
MACHINE¥AC9081B6-1E96-4BC8-8B3B-C609D4F85F7D:5c203
vmcompute.exe      pid: 6592   type: Token      200: NT VIRTUAL
MACHINE¥AC9081B6-1E96-4BC8-8B3B-C609D4F85F7D:5c203
vmwp.exe           pid: 7136   type: WindowStation 168: ¥Windows¥
WindowStations¥Service-0x0-5c203$
vmwp.exe           pid: 7136   type: WindowStation 170: ¥Windows¥
WindowStations¥Service-0x0-5c203$
```

　Winlogonは次に、レジストリのHKLM¥SOFTWARE¥Microsoft¥Windows NT¥CurrentVersion¥Winlogonキーにある Userinit 値を参照し、その文字列の値が何であれ、それ実行するためにプロセスを作成します（この値は、コンマで区切ることで、複数のEXEを持つことができます）。既定の値はUserinit.exeです。Userinit.exeはユーザープロファイルを読み込み、次に、HKCU¥Software¥

Microsoft¥Windows NT¥CurrentVersion¥Winlogonキーの Shell 値が存在する場合、それが何であれ、実行するためにプロセスを作成します。ただし、この値は既定では存在しません。値が存在しない場合、Userinit.exe は HKLM¥SOFTWARE¥Microsoft¥Windows NT¥CurrentVersion¥Winlogonキーの Shell 値について同じことを行います。この値の既定値は Explorer.exe です。その後、Userinit は終了します（これが、Process Explorer で調べたとき、親プロセスを持たないプロセスとして Explorer.exe が表示される理由です）。ユーザーログオンの過程のその後のステップについて詳しくは、本書下巻で説明します。

7.10.3 | アシュアランス認証（Assured Authentication）

パスワードベースの認証の基本的な問題は、パスワードは漏洩したり盗まれたりして、悪意のある第三者によって使用される可能性があることです。Windows には、ユーザーがシステムによって認証された方法の、認証強度を追跡するメカニズムが組み込まれています。これにより、ユーザーが安全に認証されていない場合に、オブジェクトをアクセスから保護することができます（スマートカード認証は、パスワード認証よりも強度の高い認証形式であると見なされます）。

ドメインに参加しているシステムでは、ドメイン管理者は、ユーザーの認証のために使用された証明書（スマートカードやハードウェアセキュリティトークンの証明書など）のオブジェクト識別子（Object Identifier：OID）（特定のオブジェクトの種類を表す一意の数値）と、ユーザーがそのシステムで認証が成功したときにユーザーのアクセストークンに置かれるセキュリティ識別子（SID）とのマッピングを指定できます。オブジェクト上の随意アクセス制御リスト（DACL）内のアクセス制御エントリ（ACE）では、ユーザーがそのオブジェクトへのアクセスを得るために、ユーザーのトークンに含まれるそのような SID を指定できます。一般的に、これはグループクレーム（Group Claim）として知られています。別の言い方をすると、そのユーザーは特定のグループのメンバーシップであると主張しています。そのグループには、認証メカニズムに基づいたクレームにより、特定のオブジェクトに対する特定のアクセス権が許可されています。この機能は既定では有効化されていません。ドメイン管理者によって、ドメインで証明書ベースの認証が構成される必要があります。

「アシュアランス認証（Assured Authentication）」（Assurance 認証メカニズムと呼ばれることもあります）[19]は、Windows の既存のセキュリティ機能がベースになっており、ある意味では、IT 管理者や企業の IT セキュリティに関心のあるすべての人に、高い柔軟性を提供します。企業は、ユーザーの認証のために使用する証明書にどの OID を埋め込むかを決め、特定の OID を Active Directory のユニバーサルグループ（の SID）にマッピングします。ユーザーのグループメンバーシップは、ログオン処理の間に証明書が使用されたかどうかを識別するために使用されます。異なる証明書は、異なる発行ポリシー、つまり異なるレベルのセキュリティを持つことができ、高度にセンシティブなオブジェクト（セキュリティ記述子を持つことができるファイルやその他の何か）を保護するために使用できます。

認証プロトコルは、証明書ベースの認証の間に証明書から OID を取り出します。これらの OID は、グループメンバーシップの展開中に処理される SID にマップされる必要があり、アクセストークン内に置かれます。OID とユニバーサルグループとのマッピングは、Active Directory 内で指定されています。

---

[19] 訳注：アシュアランス認証の具体的なセットアップ手順については、「Authentication Mechanism Assurance for AD DS in Windows Server 2008 R2 Step-by-Step Guide」（https://docs.microsoft.com/en-us/previous-versions/windows/it-pro/windows-server-2008-R2-and-2008/dd378897(v=ws.10)）で説明されています。

第**7**章 セキュリティ **807**

一例として、ある組織には、Contractor（契約社員）、Full Time Employee（正社員）、およびSenior Management（管理職）という名前の複数の証明書発行ポリシーがあるものとします。これらの発行ポリシーは、それぞれContractor-Users、FTE-Users、およびSM-Usersという名前のユニバーサルグループにマップされています。Abbyという名前のユーザーは、Senior Management発行ポリシーを使用して発行された証明書の入ったスマートカードを持っています。彼女が自分のスマートカードを使用してログオンしたとき、彼女は追加のグループメンバーシップ（これは、彼女のアクセストークン内のSIDによって表されます）を受け取り、SM-Usersグループのメンバーであることが示されます。FTE-UsersまたはSM-Usersグループのメンバー（ACE内のグループSIDによって識別されます）のみがアクセスを許可される、というようなアクセス許可をオブジェクトに設定（ACLを使用して）することができます。Abbyが自分のスマートカードを使用してログオンする場合、彼女はこれらのオブジェクトにアクセスできます。しかし、彼女が自分のユーザー名とパスワードだけでログオンした場合（スマートカードを使用せずに）、彼女のアクセストークンにはFTE-UsersまたはSM-Usersグループのどちらも存在しないため、それらのオブジェクトへのアクセスはできません。Tobyという名前のユーザーは、Contractor発行ポリシーを使用して発行された証明書の入ったスマートカードを使用してログオンします。彼は、FTE-UsersまたはSM-Usersグループメンバーシップを要求するACEを持つオブジェクトには、アクセスすることができません。

7.10.4 Windows生体認証フレームワーク

Windowsは、標準化されたメカニズムとして「Windows生体認証フレームワーク（Windows Biometric Framework：WBF）」を提供しており、指紋の読み取りによるユーザーの識別を可能にするために使用される指紋スキャナーなど、特定の種類の生体認証デバイスをサポートします。多くの他のフレームワークと同様に、WBFはそのようなデバイスをサポートするのに関与するさまざまな関数を分けるために開発されました。これにより、最小限のコードで新しいデバイスを実装できるようになります。

WBFの主要なコンポーネントを、次のリストと図7-21に示します。次のリストに明記している場合を除き、これらのコンポーネントはすべてWindowsが提供します。

- **Windows生体認証サービス（%SystemRoot%¥System32¥Wbiosrvc.dll）** —— このサービスは、1つ以上の生体認証サービスプロバイダーを実行できる、プロセス実行環境を提供します。

- **Windows生体認証ドライバーインターフェイス（Windows Biometric Driver Interface：WBDI）** —— これは、Windows生体認証サービスと互換性がある場合に生体認証スキャナーデバイス用のドライバーが準拠しなければならない一連のインターフェイス定義です（I/O要求パケット（IRP）のメジャーファンクションコードであるDeviceIoControlコードなど）。WBDIドライバーは、標準のドライバーフレームワークである、ユーザーモードドライバーフレームワーク（UMDF）、カーネルモードドライバーフレームワーク（KMDF）、およびWindows Driver Model（WDM）のいずれかを使用して開発することができます。しかしながら、コードのサイズを削減し、信頼性を向上させるためには、UMDFの使用が推奨されます。WBDIは、Windows Driver Kit（WDK）ドキュメントで説明されています。

- **Windows生体認証クライアントAPI** —— このAPIにより、WinlogonやLogonUIといった既存のWindowsコンポーネントは、Windows生体認証サービスにアクセスすることができます。サードパーティアプリケーションはWindows生体認証クライアントAPIにアクセスすることで、Windowsへのログオン以外の機能のために生体認証スキャナーを利用できます。

WinBioEnumServiceProviders関数は、このAPIの関数の一例です。このAPIは、%SystemRoot%\System32\Winbio.dllによって公開されています。

- **生体認証サービスプロバイダー** —— このプロバイダーは、生体認証の種類固有のアダプターの関数をラップして、生体認証の種類に依存しない共通のインターフェイスをWindows生体認証サービスに対して提示します。将来、追加の生体認証サービスプロバイダーによって、網膜スキャンや声紋分析といった、追加の種類の生体認証がサポートされる可能性があります。生体認証サービスプロバイダーは、ユーザーモードDLLである3つのアダプターを順番に使用します。
  - **センサーアダプター** —— このアダプターは、スキャナーのデータキャプチャ機能を公開します。センサーアダプターは通常、スキャナーハードウェアにアクセスするのに、WindowsのI/O呼び出しを使用します。Windowsは、WBDIドライバーが存在するシンプルなセンサーに使用できる、1つのセンサーアダプターを提供します。より複雑センサーの場合、そのセンサーアダプターは、センサーのベンダーによって作成されます。
  - **エンジンアダプター** —— このアダプターは、スキャナーの未加工 (Raw) データのフォーマットやその他の機能に特有の処理と照合機能を公開します。実際の処理と照合は、エンジンアダプターDLLの内部で、またはそのDLLが何か他のモジュールとやり取りして実施されます。エンジンアダプターは、常にセンサーのベンダーによって提供されます。
  - **ストレージアダプター** —— このアダプターは、セキュアストレージ関数のセットを公開します。これらは、エンジンアダプターがスキャンされた生体認証データに対して照合するテンプレートの格納と取り出しに使用されます。Windowsは、Cryptographic Services (WindowsサービスおよびAPI) および標準ディスクファイル記憶域を使用するストレージアダプターを提供します。センサーのベンダーは、別のストレージアダプターを提供する可能性があります。
- **実際の生体認証スキャナーデバイス用のデバイスファンクションドライバー** —— このドライバーは、すぐ上にあるWBDIとの端に位置します。このドライバーは、通常、USBバスドライバーといった、下位レベルのバスドライバーのサービスを使用し、スキャナーデバイスにアクセスします。このドライバーは、常にセンサーのベンダーによって提供されます。

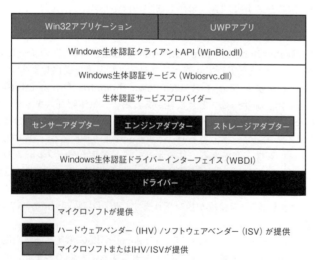

図7-21 Windows生体認証フレームワークのコンポーネントとアーキテクチャ

指紋スキャンを使用したログオンをサポートする、典型的な動作のシーケンスは、次のようなステッ

プになります。

1. センサーアダプターは初期化された後、生体認証サービスプロバイダーからキャプチャデータの要求を受け取ります。センサーアダプターは次に、指紋スキャナーデバイス用のWBDIドライバーに対して、DeviceIoControl要求をIOCTL_BIOMETRIC_CAPTURE_DATA制御コードを指定して送信します。

2. WBDIドライバーは、スキャナーをキャプチャモードにし、IOCTL_BIOMETRIC_CAPTURE_DATA要求をキューに入れ、指紋スキャンが行われるまで待ちます。

3. 認証を受けるユーザーが、スキャナーに対して指をスワイプします。WBDIドライバーはこの通知を受け取り、未加工のスキャンデータをセンサーから取得し、このデータをセンサードライバーのIOCTL_BIOMETRIC_CAPTURE_DATA要求に関連付けられたバッファーに返します。

4. センサーアダプターは、そのデータを指紋の生体認証サービスプロバイダーに提供し、生体認証サービスプロバイダーは次にそのデータをエンジンアダプターに渡します。

5. エンジンアダプターは、未加工データをそのテンプレートストレージと互換性のある形式に加工します。

6. 指紋の生体認証サービスプロバイダーは、ストレージアダプターを使用して、セキュアストレージからテンプレートと対応するセキュリティ識別子（SID）を取得します。そして、エンジンアダプターを呼び出して、各テンプレートと加工済みのスキャンデータを照合します。エンジンアダプターは、一致または不一致のいずれかを示す状態を返します。

7. 一致が見つかった場合、Windows生体認証サービスは、資格情報プロバイダー DLL を介してログオンの成功をWinlogonに通知し、認証されたユーザーのSIDを渡します。この通知は、なりすまし不可能なパスを提供する、Advanced Local Procedure Call（ALPC）メッセージを介して送信されます。

7.10.5 | Windows Hello

　Windows 10に導入された「Windows Hello」は、生体測定情報に基づいてユーザーを認証する新しい方法を提供します。このテクノロジにより、ユーザーは自分自身をデバイスのカメラに見せるだけ、または指をスワイプするだけで、簡単にログオンすることができます。

　本書の執筆時点では、Windows Helloは次の3種類の生体認証をサポートしています。

- 指紋
- 顔認証
- 眼球の虹彩

　生体認証のセキュリティの側面を、まず第一に考える必要があります。他の誰かがあなたであると識別される可能性はあるでしょうか。あなたがあなたとして認識されない可能性はどうでしょうか。これらの疑問は、次の2つの要素によってパラメーター化されます。

- **他人受入率（False Accept Rate：FAR）（一意性）** ── これは、別のユーザーがあなたと同じ生体測定データを持っている可能性です。マイクロソフトのアルゴリズムは、この可能性を10万分の1になるようにしています。

■**本人拒否率**（False Reject Rate：FRR）（信頼性）―― これは、あなたがあなたとして正しく認識されない可能性です（例えば、顔や虹彩の識別が困難な異常な照明条件など）。マイクロソフトの実装では、この事態の発生機会が1%未満になるようにします。この事態が発生したとき、ユーザーはもう一度試すか、代わりにPINコードを使用します。

PINコードを使用することは、万全なパスワードを使用するよりもセキュリティが劣るように見えるかもしれません（PINは4桁の数字のように単純なものにできます）。しかしながら、次の2つの主な理由により、PINコードはパスワードよりも安全です。

■PINコードはそのデバイス上でのみ有効であり、ネットワークを介して転送されることは決してありません。つまり、何者かがPINコードを入手したとしても、他のどのデバイスからもユーザーとしてログオンするのに使用することはできません。一方、パスワードは、ドメインコントローラーに送られます。何者かがパスワードを入手した場合、別のコンピューターからドメインにログオンできてしまいます。
■PINコードは、トラステッドプラットフォームモジュール（TPM）内に格納されるため、アクセスするのは困難です。TPMはハードウェアの一部であり、セキュアブートの部分でも使用されます（本書下巻で詳しく説明します）。いずれの場合でも、デバイスに対する物理的なアクセスが必要であり、潜在的なセキュリティ侵害に対して高いハードルになります。

Windows Helloは、前の項で説明したWindows生体認証フレームワーク（WBF）に基づいています。現在のラップトップデバイスは指紋認証と顔認証をサポートしています。一方、虹彩認証はMicrosoft Lumia 950および950 XLスマートフォンのみでサポートされます（将来のデバイスでは、変更および拡張される可能性があります）。なお、顔の認識のためには、通常（RBG）カメラだけでなく、近赤外線（IR）カメラが必要です。顔認証は、Microsoft Surface Pro 4やSurface Bookといったデバイスでサポートされます。

7.11 | ユーザーアカウント制御（UAC）とUACの仮想化

「ユーザーアカウント制御（User Account Control：UAC）」は、ユーザーに対して、管理者権限ではなく、標準ユーザー権限で実行できるようにするためのものです。管理者権限なしでは、ユーザーは誤って（または意図的に）システム設定を変更できませんし、マルウェアは通常、システムのセキュリティ設定を変更したり、ウイルス対策ソフトウェアを無効にすることはできません。また、ユーザーは共有コンピューター上の他のユーザーのセンシティブな情報を侵害することもできません。標準ユーザー権限で実行することで、マルウェアの影響を軽減し、共有コンピューター上のセンシティブなデータを保護することができます。

UACは、ユーザーが標準ユーザーアカウントで実行することを実用的にするために、いくつかの問題に対処する必要がありました。第一に、Windowsの使用モデルはかつて管理者権限を前提としてきたため、ソフトウェア開発者は管理者権限でプログラムが実行されることを想定していました。その結果、プログラムが任意のファイル、レジストリキー、オペレーティングシステム設定にアクセスし、変更を加える可能性がありました。第二に、ユーザーには、ソフトウェアのインストールやシステム時刻の変更、ファイアウォールのポートを開くといったに操作を実行するために、管理者権限が必要になることが時々あります。

これらの問題に対するUACのソリューションは、管理者権限を持つアカウントでログオンしたユー

ザーであっても、ほとんどのアプリケーションを標準ユーザー権限で実行することです。同時に、UAC
は、標準ユーザーが、必要なときに管理者権限にアクセスできるようにします。必要なときとは、レ
ガシアプリケーションが管理者権限を必要とするため、あるいは特定のシステム設定を変更するため
にです。前述したように、UACは、ユーザーが管理者アカウントでログオンしたとき、通常の管理者
トークンだけでなく、フィルターされた管理者トークン（Filtered Admin Token）を作成することに
よって、これを成し遂げます。ユーザーのセッションで作成されたすべてのプロセスには、通常、フィ
ルターされた管理者トークンが適用されるため、アプリケーションを標準ユーザー権限で実行するこ
とができます。ただし、管理者ユーザーは完全な管理者権限を必要とするプログラムの実行やその他
の機能の操作を、UACの特権昇格により、行うことができます。

　Windowsは、以前は管理者用に予約された特定のタスクを標準ユーザーが実行できるようにし、標
準ユーザー環境のユーザビリティを向上させています。例えば、標準ユーザーにプリンターのインス
トールを許可する、IT管理者によって承認されたその他のデバイスドライバーのインストールを許可
する、管理者が承認したサイトからのActiveXコントロールのインストールを許可する、といったグ
ループポリシー設定が存在します。[20]

　最後に、ソフトウェア開発者がUAC環境でテストする場合は、管理者権限なしで実行できるアプリ
ケーションを開発することをお勧めします。根本的に、非管理用プログラムは、管理者特権で実行す
る必要はありません。管理者特権を必要とするプログラムが時々ありますが、それらは通常、古いAPI
やテクニックを使用するレガシプログラムであり、新しいものに更新されるべきです。

　これらの変更により、ユーザーが常に管理者権限で実行する必要性は排除されます。

7.11.1 | ファイルシステムとレジストリの仮想化

　ソフトウェアの中には正当に管理者権限を必要とするものもありますが、多くのプログラムがシス
テムのグローバルな場所に不必要にユーザーデータを格納しています。アプリケーションが実行され
るとき、それは別のユーザーアカウントでも実行される可能性があるため、ユーザー固有のデータを
ユーザーごとの%AppData%ディレクトリに格納し、ユーザーごとの設定をユーザーのレジストリプ
ロファイルであるHKCU￥Softwareの下に保存します。標準ユーザーアカウントは%ProgramFiles%
ディレクトリやHKLM￥SOFTWAREには書き込みアクセスを持ちませんが、ほとんどのWindowsシ
ステムはシングルユーザーで使用され、ユーザーアカウント制御（UAC）が実装されるまで、ほとん
どのユーザーは管理者でもありました。そのため、これらの場所に誤ってユーザーデータと設定を保
存したアプリケーションは、ともかく動作はしました。

　Windowsは、そのようなレガシアプリケーションを標準ユーザーアカウントで実行できるように、
ファイルシステムとレジストリの名前空間の仮想化によって補助します。アプリケーションがファイ
ルシステムやレジストリ内の、システムのグローバルな場所を変更し、その操作がアクセス拒否のた
めに失敗すると、Windowsはその操作をユーザーごとの領域にリダイレクトします。そのアプリケー
ションがシステムのグローバルな場所から読み取るとき、Windowsはまず、ユーザーごとの領域内に
あるデータをチェックし、何も見つからない場合は、グローバルな場所からの読み取りの試行を許可
します。

---

[20] 訳注：これらのポリシー設定は、「コンピューターの構成￥管理用テンプレート￥プリンター￥ポイント アンド プリ
ントの制限」、「コンピューターの構成￥管理用テンプレート￥システム￥ドライバーのインストール￥非管理者によ
るこれらのデバイス セットアップ クラスのドライバーのインストールを許可する」、「コンピューターの構成￥管理
用テンプレート￥Windows コンポーネント￥ActiveX Installer Service￥ActiveX コントロールの承認されたインス
トール サイト」にあります。

Windowsは、次の場合を除き、この種の仮想化を常に有効化します。

- **64ビットアプリケーション** —— 仮想化は純粋にレガシアプリケーションの補助を意図したアプリケーション互換性テクノロジであるため、この機能は32ビットアプリケーションのみで有効化されます。64ビットアプリケーションの世界は比較的新しく、開発者は標準ユーザーと互換性のあるアプリケーションを作成するという、開発ガイドラインに従うべきです。
- **既に管理者権限で実行中のアプリケーション** —— この場合、一切の仮想化が不要です。
- **カーネルモードの呼び出し元からの操作**
- **呼び出し元が偽装している間に行われる操作** —— その操作が、ネットワーク越しのファイル共有アクセスといった、この定義に従ってレガシとして分類されたプロセスに由来するものでない場合、仮想化されません。
- **プロセス用の実行可能イメージがUAC互換性マニフェストを持っている** —— つまり、requestedExecutionLevel設定が指定されている場合、仮想化されません。これについては次の項で説明します。
- **管理者がファイルやレジストリキーに対して書き込みアクセスを持たない** —— UACが実装される以前、アプリケーションが管理者権限で実行された場合でさえ、エラーになるようなレガシアプリケーションがありました。この例外は、そういった下位互換性を強制するために存在します。
- **Windowsサービスである** —— サービスは決して仮想化されません。

図7-22に示すように、タスクマネージャーの［詳細］タブの表示列に［UACの仮想化］列を追加することで、プロセスの仮想化の状態（プロセスの仮想化の状態は、そのプロセスのトークン内のフラグとして格納されます）を確認することができます。デスクトップウィンドウマネージャー（Dwm.exe）、クライアントサーバーランタイムサブシステム（Csrss.exe）、およびエクスプローラー（Explorer.exe）を含む、ほとんどのWindowsコンポーネントでは、仮想化が無効化されています。なぜなら、それらはUAC互換性マニフェストを持つか、管理者権限で実行中であるため仮想化が許可されていないからです。しかし、32ビットInternet Explorer（iexplore.exe、64ビットシステムの場合は%ProgramFiles (x86)%¥Internet Explorerディレクトリにある32ビットiexplore.exe）では仮想化が有効化されます。なぜなら、複数のActiveXコントロールとスクリプトをホストすることができ、それらが標準ユーザー権限で正しく動作するように作られていないことを想定する必要があるからです。なお、必要に応じて、ローカルセキュリティポリシーの設定を使用して、システムでUACの仮想化を完全に無効化することができます。[21]

ファイルシステムとレジストリの仮想化に加えて、一部のアプリケーションは、標準ユーザー権限で正しく実行するために追加の補助を必要とします。例えば、実行中のアカウントをテストするアプリケーションは、Administratorsグループのメンバーシップに入っている場合は動作する可能性がありますが、入っていない場合は動作しないかもしれません。Windowsは多くのアプリケーション互換性Shimを定義して、そのようなアプリケーションが何とか機能するようにできます。表7-15に示したものは、レガシアプリケーションが標準ユーザー権限で動作するために適用される最も一般的なShimです。

---

[21] 訳注：このポリシー設定は、「セキュリティの設定¥ローカル ポリシー¥セキュリティ オプション¥ユーザー アカウント制御: 各ユーザーの場所へのファイルまたはレジストリの書き込みエラーを仮想化する」にあります。

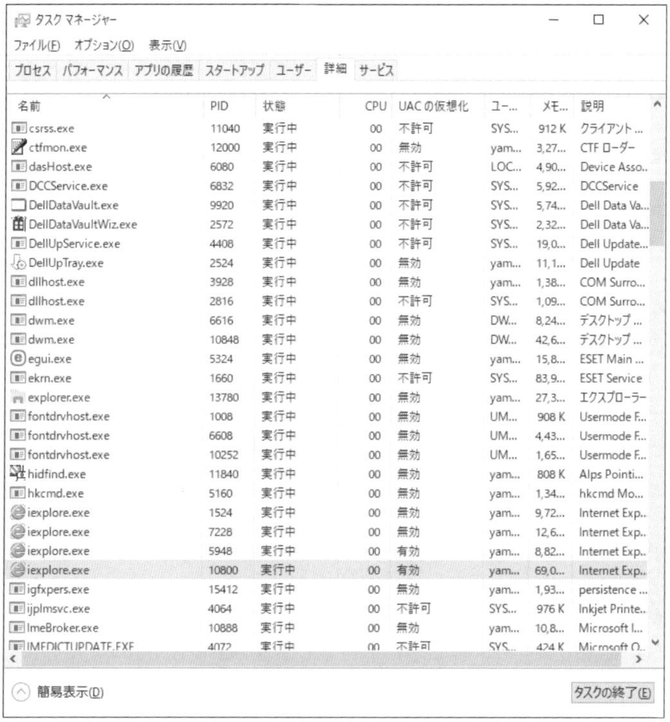

第**7**章 セキュリティ **813**

図7-22 タスクマネージャーを使用してUACの仮想化の状態を確認する

表7-15 UACの仮想化Shim

フラグ	説明
ElevateCreate Process	Application Information（AppInfo）サービスを呼び出して昇格要求を表示することにより、ERROR_ELEVATION_REQUIREDエラーを処理するCreateProcess関数を変更します。
ForceAdminAccess	Administratorsグループのメンバーシップの照会をスプーフ（期待する結果に変更）します。
VirtualizeDeleteFile	グローバルなファイルとディレクトリの削除が正常に実行されたかのようにスプーフします。
LocalMappedObject	グローバルセクションオブジェクトをユーザーの名前空間に強制します。
VirtualizeHKCRLite	コンポーネントオブジェクトモデル（COM）オブジェクトのグローバル登録をユーザーごとの場所にリダイレクトします。
VirtualizeRegister TypeLib	COMコンポーネントのタイプライブラリのコンピューターごとの登録を、ユーザーごとの登録に変換します。

■ ファイルの仮想化

　レガシプロセスのために仮想化されるファイルシステムの場所は、%ProgramFiles%、%ProgramData%、および%SystemRoot%であり、一部の特定のサブディレクトリは除きます。ただし、実行可能イメージの拡張子（.exe、.bat、.scr、.vbsなど）を持つファイルは、仮想化から除外されます。つまり、標準ユーザーアカウントから自らを更新するプログラムは、グローバルの場所の更新

を実行中の管理者には見えない実行可能イメージのプライベートバージョンを作成するのではなく、エラーになります。

メモ　例外リストに拡張子を追加するには、レジストリのHKLM¥SYSTEM¥CurrentControlSet¥Services¥Luafv¥ParametersキーにExcludedExtensionsAdd値を作成し、この値に拡張子を指定して、コンピューターを再起動します。ExcludedExtensionsAdd値は複数行文字列（REG_SZ_MULTI）型で作成し、複数の拡張子を行で区切って入力します。なお、拡張子にドット（.）は含めないでください。

　仮想化されたディレクトリに対するレガシプロセスによる変更は、ユーザーの仮想ルートディレクトリである%LocalAppData%¥VirtualStoreにリダイレクトされます。パスの"Local"の部分が示すように、仮想化されたファイルはそのアカウントがローミングプロファイルを持つ場合でも、プロファイルの他の部分とともにローミングされることはありません。

　ファイルシステム仮想化を実装しているのは、LUAファイル仮想化フィルタードライバー（%SystemRoot%¥System32¥Drivers¥Luafv.sys、UACはかつてLimited User Account（LUA）と呼ばれていました）です。これはファイルシステムフィルタードライバーであるため、すべてのローカルファイルシステム操作が見えますが、このフィルタードライバーにはレガシプロセスからの操作に対する機能のみが実装されています。図7-23に示すように、このフィルタードライバーは、システムのグローバルな場所にファイルを作成するレガシプロセスのために、対象のファイルパスを変更しますが、標準ユーザー権限で実行される非仮想化プロセスのためには何もしません。¥Windowsディレクトリの既定のアクセス許可では、ユーザーアカウント制御（UAC）をサポートするアプリケーションのアクセスは拒否されますが、レガシプロセスユーザーに対しては完全にアクセス可能な場所にファイルが本当に作成されたときの正常な操作のように振る舞います。

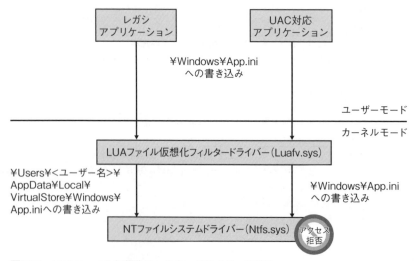

図7-23　LUAファイル仮想化フィルタードライバーの動作

第**7**章 セキュリティ **815**

実習 ファイルの仮想化の振る舞い

この実習では、コマンドプロンプトで仮想化を有効化および無効化してユーザーアカウント制御（UAC）のファイル仮想化のいくつかの振る舞いをデモンストレーションします。

1. 昇格していないコマンドプロンプト（cmd.exe）を開き（そのためにはシステムでUACが有効化されている必要があります）、コマンドプロンプトのプロセスで仮想化を有効化します。プロセスの仮想化の状態を変更するには、タスクマネージャーの［詳細］タブでcmd.exeプロセスを右クリックし、表示されるショートカットメニューから［UACの仮想化］を選択します。

2. コマンドプロンプトでC:¥Windowsディレクトリに移動し、次のコマンドを実行して現在のディレクトリ内にファイルを書き込みます。

```
C:¥Windows>echo hello-1 > test.txt
```

3. ディレクトリ内で今作成したファイルを一覧表示します。ファイルが存在することを確認できるでしょう。

```
C:¥Windows>dir test.txt
```

4. タスクマネージャーの［詳細］タブでcmd.exeプロセスを右クリックし、［UACの仮想化］の選択を解除して仮想化を無効化します。ステップ3と同じようにディレクトリ内でファイルをリストします。ファイルが消えてしまうことに注目してください。しかしながら、VirtualStoreディレクトリを一覧表示すると、ファイルが現れます。

```
C:¥Windows>dir %LOCALAPPDATA%¥VirtualStore¥Windows¥test.txt
```

5. cmd.exeプロセスの仮想化を再び有効化します。

6. もう少し複雑なシナリオで見てみましょう。新しいコマンドプロンプトを、今度は管理者権限に昇格して開きます。次に、文字列を「hello-2」に変えて、ステップ2とステップ3を繰り返します。

7. 両方のコマンドプロンプトで、次のコマンドを使用してファイルの内容を確認してみてください。次の2つのスクリーンショットは、期待される結果です（1つ目が昇格していないコマンドプロンプトで仮想化を有効、無効、再び有効にしたもの、2つ目が昇格したコマンドプロンプト）。

```
C:¥Windows>type test.txt
```

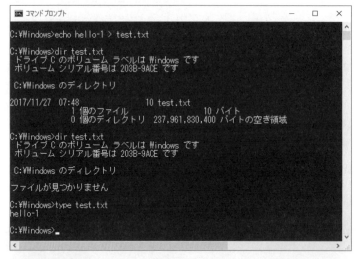

8. 昇格したコマンドプロンプトで、test.txtファイルを削除します。

```
C:\Windows>del test.txt
```

9. 両方のコマンドプロンプトでステップ3を繰り返します。昇格したコマンドプロンプトのほうはもうファイルが見つかりませんが、標準ユーザーのコマンドプロンプトは古い内容を含むファイルが再び表示されます。これは、前述したフェールオーバーのメカニズムを説明するものです。読み取り操作は、ユーザーごとのVirtualStoreの場所をまず確認します。しかし、そこにファイルが存在しない場合、システムのグローバルの場所に対する読み取りアクセスが許可されます。

■ レジストリの仮想化

　レジストリの仮想化の実装は、ファイルシステムの仮想化とは少し異なります。仮想化されたレジストリキーは、HKLM\SOFTWAREの分岐の大部分を含みますが、次のように多数の例外（仮想化されないサブキー）があります。

- HKLM\SOFTWARE\Microsoft\Windows

- HKLM¥SOFTWARE¥Microsoft¥Windows NT
- HKLM¥SOFTWARE¥Classes

レガシアプリケーションによって一般的に変更されるものの、互換性や相互運用性の問題を引き起こさないキーだけが仮想化されます。Windowsは、レガシアプリケーションによる仮想化されたキーの変更を、ユーザーのレジストリの仮想ルートであるHKCU¥Software¥Classes¥VirtualStoreにリダイレクトします。キーは、ユーザーのClassesハイブである%LocalAppData%¥Microsoft¥Windows¥UsrClass.datに配置され、他の仮想化されたファイルデータと同様に、ローミングユーザープロファイルとともにローミングされることはありません。Windowsがファイルシステムにする場合のように仮想化された場所の固定リストを維持するのではなく、キーの仮想化の状態は表7-16に示すフラグの組み合わせとして格納されます。

Windowsに含まれるREG.exeコマンドの**FLAGS**オプションを使用すると、特定のキーの現在の仮想化の状態を参照したり、設定したりできます。図7-24では、HKLM¥SOFTWAREキーが完全に仮想化されていますが、その下のMicrosoft¥Windowsサブキー（およびそのすべての子）のみREG_KEY_DONT_SILENT_FAILが有効になっていることを示しています。

表7-16　レジストリの仮想化フラグ

フラグ	説明
REG_KEY_DONT_VIRTUALIZE	このフラグは、このキーのために仮想化を有効にするかどうかを指定します。このフラグがセットされている場合、仮想化は無効になります。
REG_KEY_DONT_SILENT_FAIL	このフラグは、REG_KEY_DONT_VIRTUALIZEフラグがセットされている場合（仮想化が無効の場合）、このキーに対して操作を実行するアクセスが拒否されるレガシアプリケーションに対して、アプリケーションが要求した権利ではなく、代わりにこのキーに対するMAXIMUM_ALLOWEDの権利（任意のアクセスをアカウントに許可）を付与するように指定します。
REG_KEY_RECURSE_FLAG	このフラグは、仮想化フラグをこのキーの子キーに伝達するかどうかを決めます。

図7-24　HKLM¥SOFTWAREキーとMicrosoft¥WindowsサブキーのUACのレジストリ仮想化フラグ

フィルタードライバーを使用するファイルシステムの仮想化とは異なり、レジストリの仮想化は構

成マネージャー内に実装されています（レジストリと構成マネージャーについて詳しくは、本書下巻で説明します）。ファイルシステムの仮想化と同様に、レガシプロセスが仮想化されたキーのサブキーを作成すると、それはユーザーのレジストリの仮想ルートにリダイレクトされます。ただし、UACと互換性のあるプロセスは既定のアクセス許可によってアクセスが拒否されます。図7-25に、このレジストリ仮想化の動作を示します。

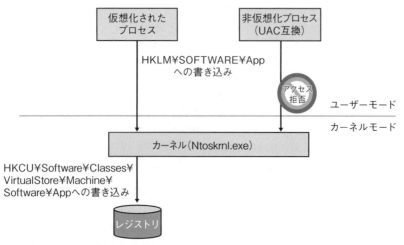

図7-25　UACのレジストリ仮想化の動作

7.11.2 権限の昇格

　ユーザーが標準ユーザー権限と互換性のあるプログラムのみを実行する場合であっても、いくつかの操作は依然として管理者権限を必要とします。例えば、大多数のソフトウェアのインストールは、システムのグローバルな場所にディレクトリとレジストリキーを作成するために、あるいはサービスやドライバーをインストールするために、管理者権限を必要とします。システムのグローバルな場所にあるWindowsとアプリケーションの設定の変更もまた、管理者権限を必要とします。保護者による制限（ペアレンタルコントロール）機能も同様です。これらの操作のほとんどは、専用の管理者アカウントに切り替えることで可能です。しかし、その方法は不便であり、結果として、ほとんどのユーザーが管理者アカウントのまま使用され、大部分が管理者権限を必要としない日常のタスクを実行する可能性があります。

　UACの昇格は、セキュリティの境界ではなく、利便性にあることに気付くことが重要です。セキュリティの境界は、その境界を通り抜けることができるものを指示するセキュリティポリシーを必要とします。ユーザーアカウントは、Windowsにおけるセキュリティの境界の一例です。なぜなら、あるユーザーは、別のユーザーに属するデータに、そのユーザーの許可なしではアクセスすることができないからです。

　権限の昇格はセキュリティの境界ではないため、標準ユーザー権限でシステム上で実行中のマルウェアが、昇格したプロセスを侵害して管理者権限を取得することはできないという保証はありません。例えば、UACの昇格ダイアログボックスは、昇格する対象の実行可能イメージを識別するだけです。それが実行されたときに何が行われるのかについては、何も語りません。

第7章 セキュリティ 819

■ 管理者権限で実行

Windowsは、Runas（別のユーザーの資格情報を指定して実行）の機能性を拡張し、標準ユーザーが管理者権限で簡単にプロセスを開始できるようにしています。この機能のためには、システムが必要に応じてアプリケーションに代わって管理者権限を取得できる操作を識別する方法を、アプリケーションに与える必要があります（このことについては、後でさらに詳しく説明します）。

システム管理者としての役割を持つユーザーが標準ユーザー権限で実行できるようにし、ユーザーが管理者権限へのアクセスを希望するたびに、ユーザー名とパスワードを毎回入力する必要がないように、Windowsは「管理者承認モード（Admin Approval Mode：AAM）」と呼ばれるメカニズムを使用します。この機能は、ログオン時にユーザー用に2つのIDを作成します。1つは標準ユーザー権限を持ち、もう1つは管理者権限を持ちます。Windowsシステム上のすべてのユーザーは、標準ユーザーであるか、管理者承認モード（AAM）における標準ユーザーとして大部分の間振る舞うため、開発者はすべてのWindowsユーザーが標準ユーザーであるものと想定する必要があります。その結果、より多くのプログラムが、仮想化や互換性Shimを用いることなく、標準ユーザー権限で動作するようになります。

管理者権限をプロセスに許可することは、「昇格（Elevation）」と呼ばれます。標準ユーザーアカウント（またはAdministratorsグループ以外の管理グループに含まれるユーザー）によって昇格が実施された場合、それは「肩越し（Over the Shoulder：OTS）昇格」と呼ばれます。なぜなら、それはAdministratorsグループのメンバーであるアカウントの資格情報の入力が必要であり、その様子が、何かを完了するために、標準ユーザーの肩越しに特権を持つユーザーが入力するようなものだからです。管理者承認モードのユーザーによる昇格の実施は、「同意（Consent）昇格」と呼ばれます。なぜなら、ユーザーは自分の管理者権限を割り当てることに、単に同意する必要があるだけだからです。

ホームコンピューターでは一般的なスタンドアロンシステムとドメイン参加システムにおけるリモートユーザーに対する管理者承認モードの扱いは異なります。なぜなら、ドメインに接続されたシステムは、リソースへのアクセス許可においてドメイン管理者グループを使用できるからです。ユーザーがスタンドアロンコンピューターのファイル共有にアクセスする場合、Windowsはリモートユーザーの標準ユーザーの方のIDを使用します。しかし、ドメイン参加システムでは、Windowsはユーザーの管理者の方のIDを要求することで、ユーザーのドメイングループのすべてのメンバーシップを優先します。管理者権限を要求する実行可能イメージを実行すると、標準的なサービスホストプロセス（SvcHost.exe）内で実行されるApplication Informationサービス（%SystemRoot%¥System32¥AppInfo.dll、内部名AppInfo）が、%SystemRoot%¥System32¥Consent.exe（管理アプリケーションの承認UI）を起動します。Consent.exeは、デスクトップの背景のビットマップをキャプチャし、それにフェード（暗転）効果を適用して、ローカルシステムアカウントのみがアクセス可能なデスクトップ（セキュリティで保護されたデスクトップ）に切り替え、そのビットマップを背景に描画し、実行可能イメージに関する情報を含む昇格ダイアログボックスを表示します。このダイアログボックスを別のデスクトップに表示することにより、ユーザーのアカウントに存在する任意のアプリケーションが、このダイアログボックスの外観を変更することを防ぎます。

実行可能イメージがデジタル署名（マイクロソフトまたはその他のエンティティによって）されたWindowsコンポーネントである場合、図7-26の左側に示すように、ダイアログボックスの上部の帯が薄い青色で表示されます（マイクロソフトの署名済みイメージとその他の署名者の区別は、Windows 10では削除されました）。実行可能イメージが署名されていない場合、この部分は黄色になり、発行元が不明なイメージとして強調表示されます（図7-26の右側）。昇格ダイアログボックスは、実行可能イメージのアイコン、説明、デジタル署名されたイメージの発行元を表示しますが、未署名のイメージの場合はファイル名と「発行元：不明」のみを表示します。この違いにより、マルウェアが正当なソフ

トウェアの外観を模倣することが難しくなります。ダイアログボックスの下部にある［詳細を表示］リンクをクリックして展開すると、開始時に実行可能ファイルに渡されるコマンドラインが表示されます。

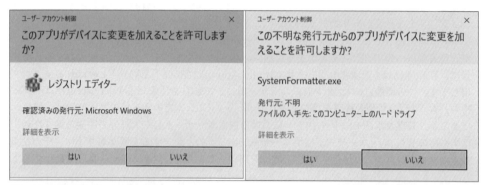

図7-26　実行可能イメージの署名の有無による管理者承認モード（AAM）のUAC昇格の
　　　　ダイアログボックスの違い

　肩越し（OTS）昇格のダイアログボックスは、図7-27に示すようによく似たものですが、管理者の資格情報の入力が要求されます。このダイアログボックスは、管理者権限を持つすべてのアカウントをリストします。

図7-27　肩越し（OTS）昇格のダイアログボックス

　ユーザーが昇格に同意しない場合、Windowsは起動を開始したプロセスに対してアクセス拒否エラーを返します。管理者の資格情報を入力するか、［はい］ボタンをクリックすることで、ユーザーが昇格に同意した場合、Application Information（AppInfo）サービスはCreateProcessAsUser APIを呼び出して、適切な管理者のIDを使用してそのプロセスを開始します。Application Informationサービスは技術的には昇格されたプロセスの親プロセスになりますが、Application InformationサービスはCreateProcessAsUser APIの新しいサポートを使用して、プロセスの親プロセスIDにそのプロセス

を初めに起動したプロセスのIDを設定します。ツリー表示をするProcess Explorerなどのツールにおいて、昇格されたプロセスがApplication Information（AppInfo）サービスをホストするプロセスの子プロセスとして見えないのはそのためです。図7-28は、標準ユーザーアカウントから昇格したプロセスを開始する際に関連する動作を示しています。

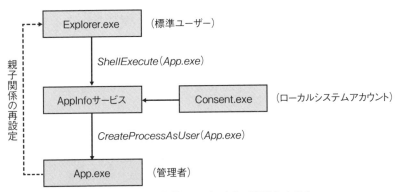

図7-28　管理アプリケーションを標準ユーザーとして起動した場合

■ 管理者権限の要求

　システムやアプリケーションが管理者権限の必要性を識別する方法は多数存在します。その中でエクスプローラー（Explorer.exe）のユーザーインターフェイスが提供するのは、［管理者として実行］コマンド、および［管理者として実行］ショートカットオプション（ショートカットのプロパティの［ショートカット］タブの［詳細設定］にあります）です。これらの項目は、ボタンやメニュー項目に置かれた青と黄色の盾のアイコンにも含まれており、それを選択すると権限の昇格が行われます。［管理者として実行］コマンドを使用すると、エクスプローラー（Explorer.exe）はShellExecute APIにrunas動詞を指定して呼び出します。

　大多数のプログラムのインストールは、管理者権限を必要とします。そのため、実行可能イメージの起動を開始するイメージローダーには、レガシインストーラーの可能性を識別するインストーラー検出コードが含まれています。インストーラー検出コードで使用されるヒューリスティックのいくつかは、内部のバージョン情報を単純に検出するか、そのファイル名にSetup、Install、またはUpdateといった単語を持つかどうか検出します。より洗練された手段の検出では、実行可能イメージの中をスキャンし、サードパーティのインストール用ラッパーユーティリティで一般的なバイトシーケンスを探します。イメージローダーは、アプリケーション互換性ライブラリも呼び出し、対象の実行可能イメージが管理者権限を必要とするかどうかを確認します。このライブラリはアプリケーション互換性データベースを参照して、実行可能イメージにRequireAdministratorまたはRunAsInvoker互換性フラグが関連付けられているかどうかを確認します。

　実行可能イメージが管理者権限を要求するのに最も一般的な方法は、実行可能イメージ用のアプリケーションマニフェストファイル内にrequestedExecutionLevelタグを含めることです。この要素のlevel属性は、表7-17に示す3つの値の中の1つを持つことができます。

表7-17　要求された昇格のレベル（requestedExecutionLevel）

昇格レベル	説明	用途
AsInvoker	管理者権限を必要としません。ユーザーが昇格を問われることはありません。	管理者権限を必要としない一般的なユーザーアプリケーション。例えば、メモ帳（Notepad.exe）など。
HighestAvailable	可能な限り高い権限の承認を要求します。ユーザーが標準ユーザーとしてログオンしている場合、そのプロセスはAsInvokerとして起動されます。それ以外の場合、管理者承認モード（AAM）の昇格プロンプトが表示され、プロセスは完全な管理者権限で実行されます。	完全な管理者権限なしでも機能することができるアプリケーションですが、容易にアクセス可能である場合は、完全なアクセスを望むユーザーを想定しているアプリケーション。例えば、レジストリエディター（Regedit.exe）、Microsoft管理コンソール（Mmc.exe）、イベントビューアー（Eventvwr.exe）は、このレベルを使用します。
RequireAdministrator	常に管理者権限を要求します。標準ユーザーには肩越し（OTS）の昇格プロンプトが表示されます。それ以外の場合は管理者承認モード（AAM）の昇格プロンプトになります。	機能するために管理者権限を必須とするアプリケーション。例えば、システム全体のセキュリティに影響するWindowsファイアウォールの設定など。

　マニフェスト内のtrustInfo要素の存在は、実行可能イメージがユーザーアカウント制御（UAC）をサポートするように作られており、この要素の中にrequestedExecutionLevel要素が入れ子になっていることを示しています（以下に、Windows SysinternalsのSigcheckユーティリティを使用してEventvwr.exeのマニフェストをダンプしたものの抜粋を示します）。uiAccess属性は、この章の「7.4.4 セキュリティ記述子とアクセス制御」の「アクセスの決定」の項のコラム「ユーザーインターフェイス特権の分離（UIPI）」で説明したように、ユーザー補助アプリケーションがUIPIのバイパス機能を使用できる場所のことです。

```
C:¥>sigcheck -m C:¥Windows¥System32¥Eventvwr.exe
...
<trustInfo xmlns="urn:schemas-microsoft-com:asm.v3">
    <security>
        <requestedPrivileges>
            <requestedExecutionLevel
                level="highestAvailable"
                uiAccess="false"
            />
        </requestedPrivileges>
    </security>
</trustInfo>
<asmv3:application>
    <asmv3:windowsSettings xmlns="http://schemas.microsoft.com/SMI/2005/
WindowsSettings">
        <autoElevate>true</autoElevate>
    </asmv3:windowsSettings>
</asmv3:application>
...
```

第**7**章　セキュリティ　**823**

■|自動昇格

　既定の構成では（これを変更する方法については、次の項を参照）、Windowsのほとんどの実行可能イメージとコントロールパネルアプレットは、実行するのに管理者権限が必要な場合であっても、管理者ユーザーに昇格プロンプトを表示しません。これは、「自動昇格（Auto Elevation）」と呼ばれるメカニズムによるものです。自動昇格は、管理者であるユーザーに対して、彼らの作業の多くで昇格プロンプトが表示されるのを排除することを目的としています。そのプログラムは、自動的にユーザーの完全な管理者トークンの下で実行されます。

　自動昇格には、いくつかの要件があります。1つは、対象の実行可能イメージが、Windowsの実行可能イメージとしてみなされなければならないことです。つまり、「Windows」という発行者によって署名されている必要があります（「Microsoft」ではありません。奇妙なことですが、Microsoft署名とWindows署名は同じものではありません。Windows署名は、Microsoft署名よりも権限が高いとみなされます）。また、その実行可能イメージは、セキュアであると考えられるいくつかのディレクトリの1つに存在する必要もあります。具体的には、%SystemRoot%¥System32とそのサブディレクトリの大部分、%SystemRoot%¥Ehome（Windows 7/8のMedia Center）、%ProgramFiles%の下の少数のディレクトリです（例えば、Windows DefenderやWindows Journal[22]を含むサブディレクトリ）。

　実行可能イメージの種類によっては、さらに要件が追加されます。Mmc.exe以外のEXEファイルは、マニフェストの中のautoElevate要素で要求された場合、自動昇格します。前の項で示したイベントビューアー（Eventvwr.exe）のマニフェストには、この要素があります。

　Mmc.exeの場合は、自動昇格するかしないかは、どのMMCスナップイン（.msc）が読み込まれるかに依存するため、特殊なケースとして扱われます。Mmc.exeは通常、読み込まれるスナップインを示すMSCファイルが指定されたコマンドラインで呼び出されます。Mmc.exeが保護された管理者アカウントから起動された場合（フィルターされた管理者トークンで実行中に）、Windowsに対して管理者権限を問い合わせます。WindowsがMmc.exeをWindowsの実行可能イメージであると検証すると、次にMSCファイルをチェックします。MSCファイルもまた、Windows実行可能イメージ用のテストをパスする必要があります。またさらに、自動昇格するMSCの内部リストに存在する必要があります。このリストには、WindowsのほとんどすべてのMSCファイルが含まれています。

　最後に、COM（アウトオブプロセスサーバー）クラスは、レジストリキーの中で管理者権限を要求することができます。それには、Elevationという名前のサブキーを作成し（HKLM¥SOFTWARE¥Classes¥CLSID¥{<CLSID>}¥Elevation）、その中にEnabledという名前のDWORD値を作成して、値に1をセットする必要があります。COMクラスとそのインスタンス生成の実行可能イメージの両方とも、実行可能イメージが自動昇格を要求する必要がなくても、Windows実行可能イメージの要件に適合する必要があります。

■|UACの動作を制御する

　ユーザーアカウント制御（UAC）は、図7-29のダイアログボックスを使用して変更することができます。このダイアログボックスは、コントロールパネルの［システムとセキュリティ］にある［ユーザーアカウント制御設定の変更］から、またはUAC昇格ダイアログボックスの［詳細の表示］リンクを展開して表示される［これらの通知を表示するタイミングを変更する］リンクから使用できます。図7-29は、UACの既定の位置を示しています。

---

*22　訳注：Windows JournalはWindows 10バージョン1511までサポートされていましたが、それ以降のバージョンからは削除されています。また、セキュリティ上の理由から、更新プログラムの提供により、Windows 8.1およびWindows 7からも削除されました。詳しくは、「Windows Journalコンポーネントの削除に関する更新プログラム」（https://support.microsoft.com/ja-jp/help/3161102/）を参照してください。

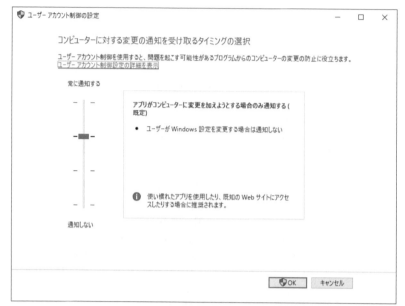

図7-29 ［ユーザーアカウント制御の設定］ダイアログボックス

4つの有効な設定とその影響を表7-18に示します。

表7-18 ユーザーアカウント制御（UAC）のオプション

スライダーの位置	管理者ユーザーが管理者権限で実行していないとき…		備考
	Windowsの設定を変更しようとした場合（例えば、特定のコントロールパネルアプレットの使用など）	ソフトウェアをインストールしようとする場合、または昇格を要求するマニフェストを持つプログラムを実行しようとした場合、または［管理者として実行］を使用する場合	
最上位の位置（常に通知する）	UAC昇格プロンプトがセキュリティで保護されたデスクトップ上に表示されます。	UAC昇格プロンプトがセキュリティで保護されたデスクトップ上に表示されます。	これは、Windows Vistaの既定の動作です。
2番目の位置	UAC昇格プロンプトや通知なしで、自動昇格されます。	UAC昇格プロンプトがセキュリティで保護されたデスクトップ上に表示されます。	Windows 7以降の既定の設定です。
3番目の位置	UAC昇格プロンプトや通知なしで、自動昇格されます。	UAC昇格プロンプトがユーザーの通常のデスクトップ上に表示されます。	推奨されません。
最下位の位置（通知しない）	管理者ユーザーのUACがオフになります。	管理者ユーザーのUACがオフになります。	推奨されません。

3番目の位置は、UAC昇格プロンプトがセキュリティで保護されたデスクトップではなく、ユーザーの通常のデスクトップに表示されるため、推奨されません。Windows 8より前のバージョンのWindowsでは、この位置は、同じセッション内で実行される悪意のあるプログラムに、昇格プロンプトの外観の変更を許してしまう可能性があります。Windows 8以降では、アプリコンテナー（AppContainer）モデルのために、UACは完全にオフにすることはできなくなりました。管理者ユーザーにはUAC昇格プロンプトは表示されませんが、マニフェストで指定されているか、管理者として

実行するように開始されない限り、プロセスが昇格されることはありません。

　最下位の位置は、管理者アカウントに関する限り、UACを完全にオフにすることになるため、決して推奨しません。管理者アカウントで実行されるすべてのプロセスは、ユーザーの完全な管理者権限で実行されます。実際、フィルターされた管理者トークンは存在しません。レジストリとファイルシステムの仮想化は、これらのアカウントでは同様に無効にされます。また、Internet Explorerの保護モードも無効になります。ただし、非管理者アカウントのための仮想化は引き続き有効になり、非管理者アカウントは引き続き、Windowsの設定を変更しようとしたとき、昇格が必要なプログラムを実行したとき、またはエクスプローラーの［管理者として実行］オプションを使用したときに、肩越し（OTS）の昇格プロンプトを見ることになります。

　このUACの設定は、レジストリのHKLM¥SOFTWARE¥Microsoft¥Windows¥CurrentVersion¥Policies¥Systemキーの中に、表7-19に示す4つの値で格納されます。ConsentPromptBehaviorAdmin値は、フィルターされた管理者トークンで実行中の管理者用のUAC昇格プロンプトを制御します。ConsentPromptBehaviorUser値は、管理者以外のユーザー用のUAC昇格プロンプトを制御します。

表7-19　UACのレジストリ値

スライダーの位置	ConsentPrompt BehaviorAdmin	ConsentPrompt BehaviorUser	EnableLUA	PromptOnSecure Desktop
最上位の位置（常に通知する）	2（管理者承認モード（AAM）のUAC昇格プロンプトを表示します）	3（肩越し（OTS）のUAC昇格プロンプトを表示します）	1（有効）	1（有効）
2番目の位置	5（Windowsの設定変更以外は、管理者承認モード（AAM）のUAC昇格プロンプトを表示します）	3	1	1
3番目の位置	5	3	1	0（無効、ユーザーの通常のデスクトップにUAC昇格プロンプトを表示します）
最下位の位置（通知しない）	0	3	0（無効、管理者アカウントによるログオンには、フィルターされた管理者トークンを作成しません）	0

7.12 エクスプロイト（悪用）の軽減策

　この章を通して、これまでユーザー保護の支援、実行可能イメージのコード署名プロパティの保証、サンドボックス化によるリソースへのアクセスのロックダウンといった、多くのテクノロジを見てきました。しかし、結局のところ、すべてのセキュアなシステムは障害ポイントを持ち、すべてのコードはバグを持ち、そして攻撃者はますます複雑な攻撃を利用してそれらを悪用しています。すべてのコードにはバグが存在しないことを前提としたセキュリティモデル、あるいはソフトウェア開発者がすべてのバグを最終的に発見し、修正することを前提としたセキュリティモデルは、失敗する運命に

あります。また、コード実行の保証を提供する多くのセキュリティ機能は、そのようなシナリオでは
容認できない、パフォーマンスまたは互換性の犠牲を強います。

それよりもはるかに成功するアプローチは、攻撃者によって使用される、最も共通のテクニックを
識別することであり、社内に"Redチーム"（つまり、攻撃者の視点で自社ソフトウェアを攻撃する社
内チーム）を採用して、攻撃者が利用する前に新しいテクニックを発見し、そのようなテクニックに対
抗する軽減策を実装することです（これらの軽減策は一部のデータを移動するだけの簡単なものかも
しれませんし、制御フローの整合性（Control Flow Integrity：CFI）テクノロジを採用した複雑なも
のかもしれません）。Windowsのような複雑なコードベースでは、脆弱性は数千になる可能性がありま
すが、エクスプロイト（悪用）テクニックは限定されるため、この考え方は大きなクラスのバグの悪用
を非常に困難に（または場合によっては不可能に）することにあります。すべてのバグを発見すること
に苦心する必要はないのです。

7.12.1 | プロセス軽減策ポリシー

個別のアプリケーションにはさまざまな独自のエクスプロイト軽減策を実装できますが（例えば、
Microsoft EdgeはMemGCという軽減策を利用して、多くのメモリ破損攻撃のクラスを防ぎます）、こ
の項ではオペレーティングシステムによって提供される軽減策について取り上げます。すべてのアプ
リケーションまたはシステム自体に対して提供されるこれらの軽減策により、悪用可能なバグのクラ
スが削減されます。表7-20は、この章の執筆時点で最新のWindows 10 Creators Update（バージョン
1703）に含まれるすべての軽減策について、軽減するバグクラスの種類、およびそれを有効化するメ
カニズムについて説明しています。

表7-20　プロセス軽減策オプション

軽減策の名前	使用するケース	有効化のメカニズム
ASLR Bottom Up Randomization （ASLRボトムアップのランダム化、ボトムアップASLR）	これは、スタックベースのランダム化を含め、8ビットエントロピによるアドレス空間レイアウトのランダム化（ASLR）の対象となるVirtualAllocを呼び出します。	これは、プロセス作成属性のPROCESS_CREATION_MITIGATION_POLICY_BOTTOM_UP_ASLR_ALWAYS_ONフラグを使用してセットされます。
ASLR Force Relocate Images （ASLRイメージ再配置の強制、強制ASLR）	これは、/DYNAMICBASEリンカーフラグを持たないバイナリであってもASLRを強制します。	これは、SetProcessMitigationPolicy関数またはプロセス作成属性のPROCESS_CREATION_MITIGATION_POLICY_FORCE_RELOCATE_IMAGES_ALWAYS_ONフラグを使用してセットされます。
High Entropy ASLR （高エントロピASLR、HEASLR）	これは、64ビットイメージに対してASLRのエントロピを大幅に増やし、ボトムアップのランダム化を最大1TBのランダム化まで対応します（つまり、24ビットのエントロピにより、ボトムアップの割り当てがアドレス領域の64KBと1TBの間の任意の場所からスタートします）。	これは、リンク時に/HIGHENTROPYVAを使用して、またはプロセス作成属性のPROCESS_CREATION_MITIGATION_POLICY_HIGH_ENTROPY_ASLR_ALWAYS_ONフラグを使用してセットされます。

軽減策の名前	使用するケース	有効化のメカニズム
ASLR Disallow Stripped Images（ストリップイメージを許可しない）	これは、強制ASLRとの組み合わせで、再配置なしでの（/FIXEDフラグでリンクされた）ライブラリの読み込みをブロックします。	これは、SetProcessMitigationPolicy関数またはプロセス作成属性のPROCESS_CREATION_MITIGATION_POLICY_FORCE_RELOCATE_IMAGES_ALWAYS_ON_REQ_RELOCSフラグを使用してセットされます。
DEP: Permanent（DEP：恒久的）	これは、プロセスが自身のデータ実行防止（DEP）を無効にすることを防止します。x86システムのみに関係します。また、32ビットアプリケーションのみに関係します（64ビットシステムの場合はWow64で実行されるもの）。	これは、SetProcessMitigationPolicy関数、またはプロセス作成属性、またはSetProcessDEPPolicy関数を使用してセットされます。
DEP: Disable ATL Thunk Emulation（DEP：ATLサンクエミュレーション無効）	レガシなアクティブテンプレートライブラリ（ATL）コードがヒープ内のATLサンクエミュレーションで実行されるのを防止します。	これは、SetProcessMitigationPolicy関数、またはプロセス作成属性、またはSetProcessDEPPolicy関数を使用してセットされます。
SEH Overwrite Protection（例外チェーンを検証する（SEHOP））	これは、イメージが/SAFESEH（安全な例外ハンドラー）を使用してリンクされていない場合であっても、構造化例外ハンドラー（Structured Exception Handler：SEH）が誤ったもので上書きされることを防止します。32ビットアプリケーションのみに関係します（64ビットシステムの場合はWow64で実行されるものに関係します）。	これは、SetProcessDEPPolicy関数またはプロセス作成属性のPROCESS_CREATION_MITIGATION_POLICY_SEHOP_ENABLEフラグを使用してセットされます。
Raise Exception on Invalid Handle（無効なハンドルの参照に対して例外を生成する）	これは、プロセスが無視する可能性のあるエラーを返すのではなく、プロセスをクラッシュさせることにより、もはや予期していないハンドルをプロセスが使用することによる（例えば、ミューテックスに対するSetEvent）、ハンドルリユース（handle-reuse、useafter-handle-close）攻撃を捉えるのに役立ちます。	これは、SetProcessMitigationPolicy関数またはプロセス作成属性のPROCESS_CREATION_MITIGATION_POLICY_STRICT_HANDLE_CHECKS_ALWAYS_ONフラグを使用してセットされます。
Raise Exception on Invalid Handle Close（無効なハンドルのクローズに対して例外を生成する）	これは、プロセスが既に閉じられているハンドルを閉じようとすることによる、ハンドルリユース（double-handle-close）攻撃を捉えるのに役立ちます。この攻撃は、別のハンドルが潜在的に他のシナリオで使用される可能性がありますが、この軽減策は、その普遍的な効果を完全に制限します。	非公開。ドキュメント化されていないAPIを使用してのみセットできます。
Disallow Win32k System Calls（Win32kシステムコールを無効にする）	これは、ウィンドウマネージャー（GUI）およびグラフィックスデバイスインターフェイス（GDI）およびDirectXに実装されている、Win32kカーネルモードサブシステムドライバーに対するすべてのアクセスを無効化します。一切のシステムコールが、これらのコンポーネントに対して利用できなくなります。	これは、SetProcessMitigationPolicy関数またはプロセス作成属性のPROCESS_CREATION_MITIGATION_POLICY_WIN32K_SYSTEM_CALL_DISABLE_ALWAYS_ONフラグを使用してセットされます。

軽減策の名前	使用するケース	有効化のメカニズム
Filter Win32k System Calls (Win32k システムコールをフィルターする)	これは、Win32k カーネルモードサブシステムドライバーへのアクセスをフィルターし、シンプルな GUI および DirectX へのアクセスを許可する特定の API に対するアクセスのみを許可します。利用可能な GUI/GDI サービスを完全に無効化せずに、可能性のある攻撃の多くを軽減します。	これは、有効化される Win32k フィルターの3つのセットのうち1つを定義できる内部的なプロセス作成属性フラグを使用してセットされます。ただし、そのフィルターセットはハードコードされているため、この軽減策はマイクロソフトの社内での使用のために予約されています。
Disable Extension Points (拡張ポイントを無効にする)	これは、プロセスが入力方式エディター (IME)、Windows フック DLL (SetWindowsHookEx)、アプリケーション初期化 DLL (レジストリの AppInit_DLLs 値)、または Winsock 複数層サービスプロバイダー (Layered Service Provider：LSP) を読み込むことを防止します。	これは、SetProcessMitigationPolicy 関数またはプロセス作成属性の PROCESS_CREATION_MITIGATION_POLICY_EXTENSION_POINT_DISABLE_ALWAYS_ON フラグを使用してセットされます。
Arbitrary Code Guard (任意のコードガード、ACG)	これは、プロセスが実行可能コードを割り当てること、または既存の実行可能コードのアクセス許可を書き込み可能に変更することを防止します。プロセス内の特定のスレッドがこの機能を要求することを許可するように構成できます。または、セキュリティの観点からサポートされていないこの軽減策をリモートプロセスが無効化することを許可するように構成できます。	これは、SetProcessMitigationPolicy 関数またはプロセス作成属性の PROCESS_CREATION_MITIGATION_POLICY_PROHIBIT_DYNAMIC_CODE_ALWAYS_ON と PROCESS_CREATION_MITIGATION_POLICY_PROHIBIT_DYNAMIC_CODE_ALWAYS_ON_ALLOW_OPT_OUT フラグを使用してセットされます。
Control Flow Guard (制御フローガード、CFG)	これは、メモリ破損の脆弱性が制御フローのハイジャックのために使用されることを防止するのに役立ちます。制御フローガード (CFG) は、有効な期待されるターゲット関数のリストに対する任意の間接的な CALL または JMP 命令のターゲットを検証することによって行われます。これは、次の項で説明する制御フローの整合性 (Control Flow Integrity：CFI) メカニズムの一部です。	イメージは /guard:cf オプションでコンパイルされ、/guard:cf オプションでリンクされている必要があります。イメージがそれをサポートしていない場合、プロセス作成属性の PROCESS_CREATION_MITIGATION_POLICY_CONTROL_FLOW_GUARD_ALWAYS_ON フラグを使用してセットすることができますが、CFG の強制はそのプロセス内に読み込まれている他のイメージについても行われることが望ましいものです。
CFG Export Suppression (CFG エクスポート抑制)	これは、イメージのエクスポートされた API テーブルに対する間接的な呼び出しを抑制することによって、CFG を強化します。	イメージは、/guard:exportsuppress オプションでコンパイルされる必要があります。また、SetProcessMitigationPolicy 関数またはプロセス作成属性の PROCESS_CREATION_MITIGATION_POLICY_CONTROL_FLOW_GUARD_EXPORT_SUPPRESSION フラグを使用して構成することも可能です。
CFG Strict Mode (厳密な CFG を使用する)	これは、/guard:cf オプションでリンクされていない、現在のプロセス内での一切のイメージライブラリの読み込みを防止します。	これは、SetProcessMitigationPolicy 関数またはプロセス作成属性の PROCESS_CREATION_MITIGATION_POLICY2_STRICT_CONTROL_FLOW_GUARD_ALWAYS_ON フラグを使用してセットされます。

軽減策の名前	使用するケース	有効化のメカニズム
Disable Non System Fonts（信頼されていないフォントをブロックする）	これは、%SystemRoot%¥Fontsディレクトリにインストールされた後に、ユーザーのログオン時にWinlogonによって未登録の任意のフォントファイルが読み込まれるのを防止します。	これは、SetProcessMitigationPolicy関数またはプロセス作成属性のPROCESS_CREATION_MITIGATION_POLICY_FONT_DISABLE_ALWAYS_ONフラグを使用してセットされます。
Microsoft-Signed Binaries Only（Microsoftによって署名されているイメージのみ、読み込みを許可）	これは、Microsoft証明機関（CA）によって発行された証明書で署名されていない任意のイメージライブラリが、現在のプロセス内に読み込まれるのを防止します。	これは、スタートアップ時にプロセス作成属性のPROCESS_CREATION_MITIGATION_POLICY_BLOCK_NON_MICROSOFT_BINARIES_ALWAYS_ONフラグを使用してセットされます。
Store-Signed Binaries Only（Windowsストアによって署名されているイメージのみ、読み込みを許可）	これは、Microsoft Store証明機関（CA）によって発行された証明書で署名されていない任意のイメージライブラリが、現在のプロセス内に読み込まれるのを防止します。	これは、スタートアップ時にプロセス作成属性のPROCESS_CREATION_MITIGATION_POLICY_BLOCK_NON_MICROSOFT_BINARIES_ALLOW_STOREフラグを使用してセットされます。
No Remote Images（リモートイメージをブロックする）	これは、ローカルではないパス（UNCまたはWebDAV）にある任意のイメージライブラリが、現在のプロセス内に読み込まれるのを防止します。	これは、SetProcessMitigationPolicy関数またはプロセス作成属性のPROCESS_CREATION_MITIGATION_POLICY_IMAGE_LOAD_NO_REMOTE_ALWAYS_ONフラグを使用してセットされます。
No Low IL Images（低整合性イメージをブロックする）	これは、「中（0x2000）」より下位の必須ラベルを持つ、低い整合性レベル（IL）の任意のイメージライブラリが、現在のプロセス内に読み込まれるのを防止します。	これは、SetProcessMitigationPolicy関数またはプロセス作成属性のPROCESS_CREATION_MITIGATION_POLICY_IMAGE_LOAD_NO_LOW_LABEL_ALWAYS_ONフラグを使用してセットされます。また、プロセスが読み込もうとしているファイル上のIMAGELOADと呼ばれるリソース要求（クレーム）アクセス制御エントリ（ACE）を使用してセットすることもできます。
Prefer System32 Images（System32イメージを優先する）	これは、ローダーの検索パスを変更し、特定のイメージライブラリの読み込み（相対パスで指定）を、現在の検索パスに関係なく、常に%SystemRoot%¥System32ディレクトリ内で検索します。	これは、SetProcessMitigationPolicy関数またはプロセス作成属性のPROCESS_CREATION_MITIGATION_POLICY_IMAGE_LOAD_PREFER_SYSTEM32_ALWAYS_ONフラグを使用してセットされます。
Return Flow Guard（リターンフローガード、RFG）	これは、制御フローに影響を与えるメモリ破損の脆弱性の追加のクラスを防止するのに役立ちます。これは、正しく実行を開始しない、または無効なスタックを実行することによる、Return Oriented Programing（ROP）として知られるエクスプロイトを使用して関数が呼び出されていないことを、RET命令を実行する前に検証します。これは、制御フローの整合性（CFI）メカニズムの一部です。	現在、RFGは無効化されています。より堅牢な軽減策にするべく、RFGが利用可能になるのは延期されています。この軽減策は、将来のWindowsバージョンで利用可能になる予定です。本書では、リストを完全にするためにこの軽減策を含めています。

軽減策の名前	使用するケース	有効化のメカニズム
Restrict Set Thread Context (SetThread Contextの制限)	これは、現在のスレッドのコンテキストの変更を禁止します。	現在、既にこの軽減策は堅牢かつ実績のある方法で実装されていますが、まだ利用可能にはなっていません。本書では、リストを完全にするためにこの軽減策を含めています。
Loader Continuity (ローダーの継続性)	これは、互換性の関係で既出の署名ポリシー関連の軽減策がスタートアップ時に有効化されていない場合に、プロセスがプロセスと同じ整合性レベル (IL) を持つ任意のDLLを動的に読み込むことを禁止します。これは、特にDLLプランティング攻撃のケースを対象としています。	これは、SetProcessMitigationPolicy関数またはプロセス作成属性のPROCESS_CREATION_MITIGATION_POLICY2_LOADER_INTEGRITY_CONTINUITY_ALWAYS_ONフラグを使用してセットされます。
Heap Terminate On Corruption (ヒープの整合性を検証する)	これは、フォールトトレラントヒープ (FTH) を無効にし、ヒープが破損した場合に、代わりにプロセスを強制終了することによって、連続的に例外を生成します。これは、攻撃者が例外ハンドラーの実行を強制する方法として、ヒープの破損を使用することを防止します。また、プログラムがヒープの例外を無視した場合、またはヒープの破損を時々引き起こすことがあるだけのエクスプロイトの場合(普遍的な効果や信頼性を制限)に、それを防止します。	これは、HeapSetInformation関数またはプロセス作成属性のPROCESS_CREATION_MITIGATION_POLICY_HEAP_TERMINATE_ALWAYS_ONフラグを使用してセットされます。
Disable Child Process Creation (子プロセスを許可しない)	これは、トークンに特別な制限でマークすることにより、子プロセスの作成を禁止します。特別な制限とは、このプロセスのトークンが偽装されている場合に、任意の他のコンポーネントがプロセスを作成することを中止するべきというものです(例えば、WMIプロセスの作成、またはカーネルコンポーネントが作成するプロセスなど)。	これは、プロセス作成属性のPROCESS_CREATION_CHILD_PROCESS_RESTRICTEDフラグを使用してセットされます。また、PROCESS_CREATION_DESKTOP_APPX_OVERRIDEフラグが指定されたパッケージアプリ (UWP) を許可するように、設定を上書きできます。
All Application Packages Policy (ALL APPLICATION PACKAGES ポリシー)	これは、アプリコンテナーの下で実行中のアプリがALL APPLICATION PACKAGESのSID (S-1-15-2-1) を持つリソースにアクセスできないようにします。アプリコンテナーについては、「7.9 アプリコンテナー (AppContainer)」の節を参照。代わりに、ALL RESTRICTED APPLICATION PACKAGES (日本語版では「制限されたすべてのアプリケーション パッケージ」) のSID (S-1-15-2-2) が存在する必要があります。これは、権限の少ないアプリコンテナー (Less Privileged AppContainer:LPAC) と呼ばれることもあります。	これは、プロセス作成属性のPROC_THREAD_ATTRIBUTE_ALL_APPLICATION_PACKAGES_POLICYフラグを使用してセットされます。

　これらの軽減策のいくつかは、アプリケーション開発者の協力を必要とせず、アプリケーションごと、またはシステムごとに適用することも可能です。それには、[ローカルグループポリシーエディター] スナップイン (Gpedit.msc) を開いて、[コンピューターの構成¥管理用テンプレート¥システ

ム¥軽減オプション]を展開します（図7-30を参照）。［プロセス軽減策オプション］ポリシーで、対象のイメージ名と有効化する軽減策に対応したビット番号を［値］に適切に入力します。「1」を使用すると軽減策が有効に、「0」を使用すると無効に、「?」を使用するとその軽減策の既定値またはプロセスが要求した値になります。ビット番号は、Winnt.hヘッダーファイル[*23]内のPROCESS_MITIGATION_POLICY列挙値（enum）から取得できます。このポリシー設定は、最終的に適切なレジストリ値として、指定したイメージ用Image File Execution Options（IFEO）キーに書き込まれます。残念ながら、Windows 10 Creators Updateおよびそれ以前のWindows 10バージョンのポリシー設定では、新しい軽減策の多くが省かれています。この制約を回避するには、REG_DWORD型のMitigationOptionsレジストリ値にマニュアルで設定します。[*24]

図7-30　［プロセス軽減策オプション］ポリシーのカスタマイズ

[*23] 訳注：Winnt.hヘッダーファイルは、Windowsソフトウェア開発キット（SDK）をインストールしたコンピューターのC:¥Program Files (x86)¥Windows Kits¥10¥Includeディレクトリに見つかります。または、開発者向け公式ドキュメント「PROCESS_MITIGATION_POLICY Enumeration」(https://docs.microsoft.com/ja-jp/windows/win32/api/winnt/ne-winnt-process_mitigation_policy) を参照してください。

[*24] 訳注：Windows 10 Fall Creators Update（バージョン1709）以降では、［Windows Defenderセキュリティセンター/Windowsセキュリティ］の［アプリとブラウザーコントロール］にある［Exploit protection］、および**Set-ProcessMitigation**コマンドレットを使用して、多くの軽減策をGUIで構成できるようになりました。詳しくは、「Exploit Protectionのカスタマイズ」(https://docs.microsoft.com/ja-jp/windows/security/threat-protection/microsoft-defender-atp/customize-exploit-protection) を参照してください。

7.12.2 | 制御フローの整合性（CFI）

「データ実行防止（Data Execution Prevention：DEP）」および「任意のコードガード（Arbitrary Code Guard：ACG）」は、エクスプロイトが実行可能コードをヒープやスタック上に配置したり、新しい実行可能コードを割り当てたり、既存の実行可能コードを変更したりすることを困難にします。その結果、メモリ／データのみの攻撃に、より関心が向かいます。そのような攻撃は、メモリの一部を変更して、制御フローをリダイレクトすることを可能にします。例えば、スタック上のリターンアドレスを変更したり、メモリ内に格納されている間接参照関数ポインターを変更したりといった手法です。「Return Oriented Programming（ROP）」や「Jump Oriented Programing（JOP）」といった手法は、プログラムの通常のコードフローを侵し、関心のあるコードスニペット（"ガジェット"）の既知の場所へリダイレクトするのにたびたび使用されます。

そのようなスニペットは、さまざまな関数の中ほどまたは最後の方に存在することが多いため、この方法で制御フローがリダイレクトされた場合、それは正当な関数の中ほどあるいは最後の方にリダイレクトされるはずです。「制御フローの整合性（Control Flow Integrity：CFI）」テクノロジは、例えば、間接的なJMPまたはCALL命令のターゲットが本物の関数の始まりであること、そのRET命令が期待される場所をポイントしていること、またはそのRET命令が関数に入った後にその始まりにおいて発行されたものであることを検証することができます。CFIを利用することにより、オペレーティングシステムおよびコンパイラは、そのようなエクスプロイトの大部分のクラスを検出および回避することができます。

■ 制御フローガード（CFG）

「制御フローガード（Control Flow Guard：CFG）」は、Windows 8.1の2014年11月の更新ロールアップ「KB3000850」（Windows 8.1 Update 3と呼ばれることもあります）で初めて導入されたエクスプロイト軽減策メカニズムであり、Windows 10およびWindows Server 2016には拡張されたバージョンが含まれています。また、Windows 10およびWindows Server 2016では、さまざまな更新でさらなる機能の向上がリリースされます（本書の執筆時点ではWindows 10 Creators Updateのものが最新です）。もともとはユーザーモードコードのためだけの実装でしたが、Windows 10 Creators Updateには「カーネルCFG（Kernel CFG：KCFG）」としても存在します。CFGは、CFIの間接CALL/JMP部分に対応します。これは、間接呼び出しのターゲットが既知の関数の開始点であることを検証することによって行われます（これについてはさらに詳しく説明します）。ターゲットが既知の関数の開始点でない場合、そのプロセスは単純に強制終了されます。図7-31に、CFGの動作の概念を示します。

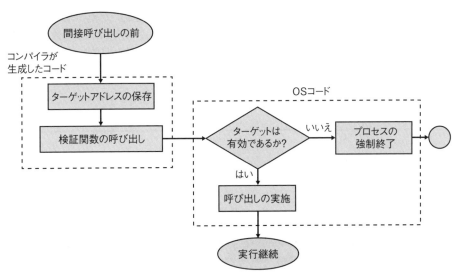

図7-31　制御フローガード（CFG）の概念図

　CFGは、CFGをサポートするコンパイラとの協力を必要とします。コンパイラは、制御フローが間接的に変更される前に検証コードを呼び出します。Visual C++コンパイラが提供する/guard:cfオプションは、CFGをサポートするイメージをビルドするためにセットする（またはC/C++ソースファイルレベルで実装する）必要があるオプションです（このオプションは、Visual StudioのGUIで設定することもできます。それにはプロジェクトのプロパティで［構成プロパティ］－［C/C++］－［コード生成］を展開し、［制御フローガード（またはControl Flow Guard）］ドロップダウンリストから選択します）。この設定は、Visual Studioとリンカーの両方のコンポーネントがCFGをサポートするために協力する必要があるため、リンカーのオプション設定でもセットする必要があります。[*25]

　これらの設定が存在する場合、CFGの有効化を指定してコンパイルされたイメージ（EXEおよびDLL）は、PEヘッダー内にこれを示します。また、PEヘッダーの.gfidsセクション内に、有効な間接的な制御フローのターゲットとなっている関数のリストが含まれます（既定ではリンカーによって.rdataセクションとマージされます）。このリストは、リンカーによって構築され、イメージ内のすべての関数の相対仮想アドレス（Relative Virtual Address：RVA）を含みます。これには、イメージ内のコードに存在することにより、間接的な呼び出しで呼び出されない可能性のあるものも含まれます。なぜなら、外部のコードが何とかして関数のアドレスを正当に知ることはないかどうか、外部のコードがそれを呼び出そうとしているかどうか、それを知る方法が存在しないからです。これは、GetProcAddressを介してポインターを取得した後に呼び出されるエクスポートされた関数に、特に当てはまります。

　そうは言っても、プログラマはDECLSPEC_GUARD_SUPPRESS注釈を介してサポートされる「CFG抑制（CFG Suppression）」と呼ばれるテクニックを使用できます。CFG抑制を使用すると、プログラマは、有効な関数のテーブル内で関数に特別なフラグをマークして、そのような関数を、一切の間接的な呼び出しやジャンプのターゲットに決して想定しないことを示すことができます。

　有効な関数のターゲットのテーブルができると、あと検証関数が必要とするのは、テーブル内の関

[*25] 訳注：CFGのためのリンカーのオプション設定については、開発者向け公式ドキュメントの「Control Flow Guard」（https://docs.microsoft.com/ja-jp/windows/win32/secbp/control-flow-guard）で説明されています。

数の1つをターゲットとしたCALLまたはJMP命令を単純に比較するだけです。アルゴリズム的には、これは最終的にO（n）アルゴリズムです。つまり、チェックする必要がある関数の数は、最悪のケースでも、テーブル内の関数の数と等しくなります。制御フローで間接的な変更が1回起こるたびに、配列全体を直線的にスキャン（リニアスキャン）することは、明らかにプログラムを崩壊させることになるため、CFGチェックを効率的に実施するためにオペレーティングシステムのサポートが必要になります。次の項では、Windowsがこれをどのように扱うのかを見ていきます。

実習 CFGの情報をダンプする

Visual Studio Toolsの1つであるDumpbin.exeを使用すると、いくつかの基本的な制御フローガード（CFG）の情報を参照することができます。次の例は、Windowsセッションマネージャー（Smss.exe）のPEヘッダーおよびローダーの構成情報をダンプしたものです。

```
C:\> dumpbin /headers /loadconfig c:\windows\system32\smss.exe
Microsoft (R) COFF/PE Dumper Version 14.00.24215.1
Copyright (C) Microsoft Corporation. All rights reserved.


Dump of file c:\windows\system32\smss.exe

PE signature found

File Type: EXECUTABLE IMAGE

FILE HEADER VALUES
            8664 machine (x64)
               6 number of sections
        57899A7D time date stamp Sat Jul 16 05:22:53 2016
               0 file pointer to symbol table
               0 number of symbols
              F0 size of optional header
              22 characteristics
                   Executable
                   Application can handle large (>2GB) addresses


OPTIONAL HEADER VALUES
             20B magic # (PE32+)
           14.00 linker version
           12800 size of code
            EC00 size of initialized data
               0 size of uninitialized data
            1080 entry point (0000000140001080) NtProcessStartupW
            1000 base of code
       140000000 image base (0000000140000000 to 0000000140024FFF)
            1000 section alignment
             200 file alignment
```

```
           10.00 operating system version
           10.00 image version
           10.00 subsystem version
               0 Win32 version
           25000 size of image
             400 size of headers
           270FD checksum
               1 subsystem (Native)
            4160 DLL characteristics
                 High Entropy Virtual Addresses
                 Dynamic base
                 NX compatible
                 Control Flow Guard
...
  Section contains the following load config:

        000000D0 size
               0 time date stamp
            0.00 Version
               0 GlobalFlags Clear
               0 GlobalFlags Set
               0 Critical Section Default Timeout
               0 Decommit Free Block Threshold
               0 Decommit Total Free Threshold
0000000000000000 Lock Prefix Table
               0 Maximum Allocation Size
               0 Virtual Memory Threshold
               0 Process Heap Flags
               0 Process Affinity Mask
               0 CSD Version
            0800 Dependent Load Flag
0000000000000000 Edit List
0000000140020660 Security Cookie
00000001400151C0 Guard CF address of check-function pointer
00000001400151C8 Guard CF address of dispatch-function pointer
00000001400151D0 Guard CF function table
              2A Guard CF function count
        00010500 Guard Flags
                 CF Instrumented
                 FID table present
                 Long jump target table present
            0000 Code Integrity Flags
            0000 Code Integrity Catalog
        00000000 Code Integrity Catalog Offset
        00000000 Code Integrity Reserved
0000000000000000 Guard CF address taken IAT entry table
               0 Guard CF address taken IAT entry count
0000000000000000 Guard CF long jump target table
```

```
            O Guard CF long jump target count
0000000000000000 Dynamic value relocation table

Guard CF Function Table
Address
---------
0000000140001010    _TlgEnableCallback
0000000140001070    SmpSessionComplete
0000000140001080    NtProcessStartupW
0000000140001B30    SmscpLoadSubSystemsForMuSession
0000000140001D10    SmscpExecuteInitialCommand
0000000140002FB0    SmpExecPgm
0000000140003620    SmpStartCsr
00000001400039F0    SmpApiCallback
0000000140004E90    SmpStopCsr
...
```

　CFG関連の情報の部分を、上記の出力結果では下線付きの太字で表示しています。これらについては、この後すぐに議論します。ここでは、Process Explorerを開き、プロセス一覧の列ヘッダーを右クリックして、[Select Columns]を選択します。次に、[Process Image]タブをクリックし、[Control Flow Guard]チェックボックスをオンにします。また、[Process Memory]タブにある[Virtual Size]チェックボックスもオンにしてください。すると、次のように表示されるのを確認できるはずです。

マイクロソフトが提供するイメージのプロセスのほとんどが、CFG付きで作成されていることを確認できるはずです（Smss.exe、Csrss.exe、Audiodg.exe、Notepad.exeなど多数）。CFG対応のプロセスのVirtual Size列は、驚くほど高い値を示しています。Virtual Sizeが示す仮想アドレス領域の大きさは、プロセスで使用されるアドレス領域の合計を示すもので、そのメモリはコミット済みであるか予約済みであることを思い出してください（第5章を参照）。対照的に、プライベートコミット済みメモリを表示するPrivate Bytes列は、Virtual Sizeの値とは遠く離れています（ただし、Virtual Sizeには非プライベートメモリも含まれます）。64ビットプロセスの場合、仮想サイズは少なくとも2TBです。この点については、この後すぐに考察します。

CFGビットマップ

これまで見てきたように、少数の命令が呼び出されるたびに関数のリストを反復するようにプログラムを強要することは現実的ではありません。そのため、パフォーマンスの要件により、線形時間$O(n)$を必要とするアルゴリズムの代わりに、$O(1)$アルゴリズムの使用が指示されます。$O(1)$アルゴリズムでは、テーブル内に存在する関数の数に関係なく、一定の探索時間が使用されます。この一定の探索時間は、可能な限り小さくなるべきです。そのような要件の明らかな勝者は、このアドレスは有効か否かを示す（単純なBOOL値などで）、ターゲットの関数のアドレスでインデックス可能な配列です。しかし、可能性のあるアドレスが128TBでは、そのような配列はそれ自体のサイズが128TB × sizeof（BOOL）になってしまいます。そのような、そのアドレス領域そのものよりも大きな記憶域サイズは受け入れられません。もっと良い方法はないでしょうか。

まず、コンパイラが16バイトの境界でx64関数コードを生成するべきであるという事実を利用することができます。これにより、必要な配列のサイズは8TB × sizeof（BOOL）まで削減されます。しかし、BOOL全体（最悪で4バイトまたは最善で1バイト）を使用するのは、実に無駄なことです。必要なのは、有効であるか、無効であるかの状態だけです。つまり、必要なのは1ビットだけです。これにより、計算式は8TB ÷ 8（＝1TB）になります。しかし、残念なことに、1つ問題があります。それは、コンパイラが16バイトの境界ですべての関数を生成するという保証がないことです。手作りのアセンブリコードと特定の最適化が、このルールに違反する可能性があります。そのため、解決策を見つけなければなりません。可能性のあるオプションの1つは、関数が16バイトの境界ではなく、次の15バイトの「どこか途中」から始まる場合、単純に別のビットを使用してそれを示すことです。つまり、可能性があるのは次のいずれかです。

- {0, 0} —— この16バイトの境界の中で始まる有効な関数は存在しない。
- {1, 0} —— 有効な関数の始まりが、正確にこの16バイトアドレスに揃っている。
- {1, 1} —— 有効な関数の始まりが、この16バイトアドレスのどこか途中にある。

このステップのおかげで、リンカーによって16バイトに揃えられているとマークされた関数の中を攻撃者が呼び出そうとした場合、その2ビットの状態は{1, 0}となります（これらのビットは、アドレスの8ビットオフセットの第3および第4ビットにあります）。一方、アドレスが16バイトに揃えられていないとき、必要なビットは{1, 1}になります。これにより、リンカーが生成した関数が最初の場所に揃えられていない場合（上記のようにビットは{1, 1}になります）、攻撃者が呼び出すことができるのは、その関数の最初の16バイトにある任意の命令だけになります。それでも、この命令は、攻撃者にとって関数をクラッシュさせることなく、何かしらに役立つ必要があります（典型的なものは、いくつかの種類のスタックピボットやRET命令で終わるガジェットなど）。

これを理解した上で、CFGビットマップのサイズを計算するために次の式を適用できます。

- x86またはx64システム上の32ビットアプリケーション：2GB÷16÷8×2＝32MB
- 3GBモード（IncreaseUserVa）で起動されたx86システム上の/LARGEADDRESSAWARE対応32ビットアプリケーション：3GB÷16÷8×2＝48MB
- 64ビットアプリケーション：128TB÷16÷8×2＝2TB
- 64ビットシステム上の/LARGEADDRESSAWARE対応の32ビットアプリケーション：4GB÷16÷8×2＝64GBに2TBを加えたもの、つまり64GB＋2TB（2TBは64ビットのビットマップサイズであり、64ビットのNtdll.dllとWow64コンポーネントを保護するために必要になります）

1つのプロセスごとに2TBのビット数を割り当て、そのビットを埋めることは、納得して受け入れることはまだ厳しいパフォーマンス上のオーバーヘッドです。間接呼び出し自体の実行コストを固定したとしても、プロセスのスタートアップにはそれほど長く時間をかけることは許されず、2TBのコミット済みメモリはコミットリミットを即座に使い果たしてしまいます。そのため、2つのメモリ節約およびパフォーマンス補助トリックが使用されています。

まず、メモリマネージャーは、CFG検証関数がCFGビットマップのアクセス中の例外を、ビット状態が |0, 0| であることを示すものとして扱うという前提に基づいて、ビットマップの予約だけを行います。これにより、4KBの領域のビット状態がすべて |0, 0| である限り、それは予約したまま残すことができ、コミットする必要があるのは、少なくとも1つのビットセット |1, X| を持つページだけになります。

次に、「第5章　メモリ管理」の第5章の「5.5　仮想アドレス空間レイアウト」の節でアドレス空間レイアウトのランダム化（ASLR）に関して説明したように、システムはライブラリのランダム化と再配置を通常、ブート時に1回だけ実施します。これは、再配置の繰り返しを避け、パフォーマンスを補助する手段として使用されます。このようにして、ASLRをサポートするライブラリが特定のアドレスに一度読み込まれた後、それは必ず同じアドレスに読み込まれるようになります。そのため、つまり、関連するビットマップの状態が、そのライブラリ内の関数のために一度計算されると、同じバイナリを読み込むすべての他のプロセスの関連するビットマップの状態も同一になります。このようにして、メモリマネージャーはCFGビットマップを、ページファイルを使用する共有メモリの領域として扱い、共有されたビットマップに対応した物理ページは物理メモリ（RAM）に1つだけ存在します。

これにより、物理メモリ（RAM）上のコミット済みページのコストが削減され、計算が必要なのはプライベートメモリに対応するビットマップだけになります。通常のアプリケーションの場合、プライベートメモリは誰かがライブラリを変更したケースであるコピーオンライト（Copy-on-Write）の状態でない限り（ただし、これはイメージの読み込みでは発生しません）、実行可能ではありません。そのため、以前に起動した他のアプリケーションと同じライブラリを共有する場合、アプリケーションを読み込むコストはほとんどゼロです。次の実習では、これをデモンストレーションします。

実習 CFGビットマップを確認する

Windows SysinternalsのVMMap.exeユーティリティを開き、Notepad.exeプロセスを選択します。次に示すように、Shareableの種類に大きな予約済みブロックを確認できるはずです。

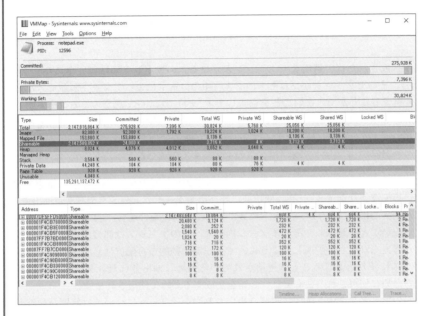

上の例のように下位ペインをSize列でソートすると、CFGビットマップのために使用されている大きなチャンクをすばやく見つけることができます。また、WinDbgを使用してこのプロセスにアタッチし、!addressエクステンションコマンドを使用すると、CFGビットマップであることを識別することができます。[*26]

```
+       7df5`ff530000     7df6`0118a000        0`01c5a000 MEM_MAPPED
MEM_RESERVE                                    Other      [CFG Bitmap]
        7df6`0118a000     7df6`011fb000        0`00071000 MEM_MAPPED
MEM_COMMIT  PAGE_NOACCESS                      Other      [CFG Bitmap]
        7df6`011fb000     7ff5`df530000      1ff`de335000 MEM_MAPPED
MEM_RESERVE                                    Other      [CFG Bitmap]
        7ff5`df530000     7ff5`df532000        0`00002000 MEM_MAPPED
MEM_COMMIT  PAGE_READONLY                      Other      [CFG Bitmap]
```

なお、MEM_RESERVEとマークされた大きな2つの領域の間に、MEM_COMMITとマークされた領域がありますが、これが少なくとも1つの有効なビット状態 {1, X} がセットされていることを示しています。また、すべての（またはほとんどすべての）領域がMEM_MAPPEDとマークされているのは、これらが共有されたビットマップに属しているからです。

[*26] 訳注：!addressエクステンションコマンドの出力結果のCFGビットマップのアドレス範囲のUsage列（一番右の列）は、「Other   [CFG Bitmap]」ではなく、「MappedFile "PageFile"」と表示される場合があります。

CFGビットマップの構築

システムの初期化時に、MiInitializeCfg関数が呼び出され、制御フローガード（CFG）のサポートが初期化されます。この関数は、1つまたは2つのセクションオブジェクト（MmCreateSection）を予約済みメモリとして、前述したプラットフォームに適切なサイズで作成します。32ビットシステムの場合、1つのビットマップで十分です。64ビットシステムの場合、2つのビットマップが必要になります。1つは、64ビットプロセス用、もう1つはWow64プロセス（32ビットアプリケーション）用のものです。このセクションオブジェクトのポインターは、MiStateグローバル変数のサブ構造体の中に格納されます。

プロセスが作成された後、適切なセクションがプロセスのアドレス領域に安全にマップされます。「安全に」とは、そのセクションがプロセス内で実行中のコードによってマップ解除できない、またはその保護を変更することができないことを意味します（そうでないと、悪意のあるコードがそのメモリのマップを解除して、再配置し、すべてのビットを1で埋めてCFGを無効にしたり、その領域を読み書きして任意のビットを単純に変更したりする可能性があるでしょう）。

ユーザーモードのCFGビットマップは、次のシナリオで生成されます。

- イメージのマッピング中、アドレス空間レイアウトのランダム化（ASLR、第5章を参照）のために動的に再配置されたイメージは、間接的に呼び出すターゲットのメタデータが抽出されます。イメージが間接的に呼び出すターゲットのメタデータを持たない場合、CFG対応としてコンパイルされていないことを意味し、そのイメージ内のすべてのアドレスは間接的に呼び出される可能性があると考えられます。説明したように、イメージの動的な再配置は、すべてのプロセス内の同じアドレスに読み込まれることが予期されているため、抽出されたメタデータは、CFGビットマップのために使用される共有セクションを生成するために使用されます。

- イメージのマッピング中、動的に再割り当てされないイメージについては特別な配慮が必要とされ、そのイメージはイメージの優先ベースアドレスにはマップされません。これらのイメージのマッピングのために、CFGビットマップの関連ページがプライベートに作成され、そのイメージからのCFGメタデータを使用して生成されます。CFGビットが共有されたCFGビットマップに存在するイメージの場合、関連するすべてのCFGビットマップページが依然として共有されていることを確認するために、チェックが実施されます。このケースに該当しない場合、プライベートCFGビットマップページのビットが、そのイメージからのCFGメタデータを使用して生成されます。

- 仮想メモリが割り当てられるか、実行可能として再び保護された場合、関連するCFGビットマップのページがプライベートにされ、既定でオール1に初期化されます。これは、ジャストインタイム（JIT）コンパイルなどのケースのために必要になります。JITコンパイルでは、コードがその場で生成され、その後、実行されます（例えば、.NETやJavaなど）。

CFG保護の強化

制御フローガード（CFG）は、間接的な呼び出しやジャンプを利用するタイプの悪用を防ぐために、十分な仕事をしますが、次の方法を使用してバイパスされる可能性があります。

- プロセスがだまされる可能性がある場合、または既存のジャストインタイム（JIT）エンジンが実行可能メモリの割り当てに悪用された場合、対応するすべてのビットが {1,1} にセットされる可能性があります。つまり、すべてのメモリが有効な呼び出しターゲットであるとみなされます。

- 32ビットアプリケーションでは、予期される呼び出しターゲットが__stdcall（Win32 API関数の標準の呼び出し規約）であり、攻撃者が間接的な呼び出しターゲットを__cdecl（C言語の呼び出

し規約）に変更できた場合、標準呼び出し関数とは異なり、Cの呼び出し関数は呼び出し元の引数のクリーンアップを実施しないため、そのスタックは破損します。CFGは異なる呼び出し規約間の区別できないため、その結果、スタックが破損し、CFG軽減策をバイパスして、リターンアドレスが攻撃者に制御される可能性があります。

■ 同様に、コンパイラが生成したsetjmp/longjmp関数のターゲットは、本来の間接的な呼び出しとは異なる振る舞いをします。CFGはこの2つの振る舞いを区別することができません。

■ インポートアドレステーブル（IAT）や遅延読み込みアドレステーブルといった、特定の間接的な呼び出しは、保護するのが困難です。これらは一般的に、実行可能イメージの読み取り専用セクションにあります。

■ エクスポートされた関数は、望ましい間接的な関数の呼び出しではない可能性があります。

　Windows 10では、CFGに対してこれらの問題のすべてに対処する強化が行われました。最初の強化は、PAGE_TARGETS_INVALIDと呼ばれるVirtualAlloc関数の新しいフラグと、PAGE_TARGETS_NO_UPDATEと呼ばれるVirtualProtect関数の新しいフラグの導入です。これらのフラグがセットされると、実行可能イメージを割り当てるJITエンジンは、割り当てのビットに |1,1| 状態がセットされたすべてを参照しなくなります。代わりに、SetProcessValidCallTargets関数（この関数は最終的にネイティブのNtSetInformationVirtualMemory関数を呼び出します）をマニュアルで呼び出す必要があります。SetProcessValidCallTargets関数は、JITコードの実際の関数の開始アドレスを指定を可能にするものです。また、この関数はDECLSPEC_GUARD_SUPPRESSを使用することで、抑制された呼び出しとしてマークされ、攻撃者が間接的なCALLまたはJMPでJITコードの関数にリダイレクトすることを、たとえそれが関数の開始点であったとしても、使用できないようにします（これは本質的に危険な関数であるため、制御されたスタックやレジスタを使用したこの関数の呼び出しにより、CFGがバイパスされる可能性があります）。

　2つ目のCFGの強化点は、冒頭で見たCFGの既定のフロー（図7-31を参照）を、より洗練されたフローに変更したことです。この新しいフローでは、ローダーは「ターゲットを検証」して「リターン」するシンプルな検証関数ではなく、「ターゲットを検証」、「ターゲットの呼び出し」、「スタックのチェック」、「リターン」を行う検証関数を実装しています。これは、32ビットアプリケーション（Wow64下で実行されるものを含む）の場所の一部で使用されます。この強化された実行フローを、図7-32に示します。

　3つ目のCFGの強化点は、アドレストークンIAT（AddressTakenIat）やロングジャンプターゲットテーブル（JongJumpTargetTable）といった、実行可能イメージの中のテーブルをさらに追加したことです。コンパイラでアドレストークンIATおよびロングジャンプターゲットテーブルによるCFG保護が有効になっている場合、これらの特定の種類の間接的な呼び出しのために、これらのテーブルが宛先アドレスを格納するのに使用され、関連する関数は通常の関数テーブル内に置かれないため、ビットマップで見つかることはありません。つまり、コードがこれらの関数の1つに対する間接的な呼び出しやジャンプをしようとした場合、それは無効な遷移として扱われます。代わりに、Cランタイムとリンカーは、このテーブルをマニュアルでチェックすることで、longjmp関数のターゲットを検証します。それはビットマップよりも非効率であり、コストがかかるため、これらのテーブルに関数がほとんどないことが必要になります。

　最後のCFGの強化点は、「エクスポート抑制（Export Suppression）」と呼ばれる機能の実装です。この機能は、コンパイラによりサポートされ、プロセス軽減策ポリシーによって有効化される必要があります（プロセス軽減策のレベルについて詳しくは、前述の「7.12.1　プロセス軽減策ポリシー」の項を参照してください）。この機能が有効化されていると、新しいビット状態が実装されます（前述の「CFGビットマップ」の箇条書きでは未定義の |0, 1| が追加されます）。このビット状態は、その関数

が有効であるが、エクスポートが抑制されていることを示し、ローダーによって別の扱われ方をします。

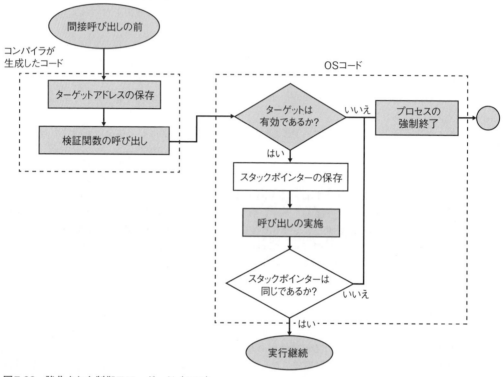

図7-32 強化された制御フローガード（CFG）

イメージのロード構成ディレクトリのガードフラグ（GuardFlags）を参照することにより、特定のバイナリにどの機能が存在するかを調べることができます。これは、前の実習でも使用したDumpbin.exeで解読することができます。参考として、表7-21にリストを示します。

表7-21 制御フローガード（CFG）のフラグ

フラグシンボル	値	説明
IMAGE_GUARD_CF_INSTRUMENTED	0x100	このモジュール用のCFGサポートが存在することを示します。
IMAGE_GUARD_CFW_INSTRUMENTED	0x200	このモジュールはCFGと書き込み整合性チェックを実施します。
IMAGE_GUARD_CF_FUNCTION_TABLE_PRESENT	0x400	このモジュールはCFG対応関数リストを含みます。
IMAGE_GUARD_SECURITY_COOKIE_UNUSED	0x800	このモジュールは、コンパイラの/GSフラグで生成されたセキュリティクッキーを使用しません。
IMAGE_GUARD_PROTECT_DELAYLOAD_IAT	0x1000	このモジュールは、読み取り専用の遅延読み込みインポートアドレステーブル（IAT）をサポートします。
IMAGE_GUARD_DELAYLOAD_IAT_IN_ITS_OWN_SECTION	0x2000	遅延読み込みIATは自身の専用のセクションであるため、必要に応じて再保護することができます。

フラグシンボル	値	説明
IMAGE_GUARD_CF_EXPORT_SUPPRESSION_INFO_PRESENT	0x4000	このモジュールは抑制されたエクスポート情報を含みます。
IMAGE_GUARD_CF_ENABLE_EXPORT_SUPPRESSION	0x8000	このモジュールはエクスポート抑制が有効です。
IMAGE_GUARD_CF_LONGJUMP_TABLE_PRESENT	0x10000	このモジュールはlongjmpターゲット情報（テーブル）を含みます。

■ ローダーとCFGのやり取り

制御フローガード（CFG）ビットマップを構築するのはメモリマネージャーですが、ユーザーモードのローダー（詳しくは第3章を参照）は2つの目的を担当します。その1つは、その機能が有効になっている場合、動的にCFGサポートを有効化することです（例えば、呼び出し元が子プロセスのためにCFGを要求しなかったり、またはそのプロセス自体がCFGサポートを持たなかったりする可能性があります）。動的な有効化は、ローダー関数のLdrpCfgProcessLoadConfigによって行われ、この関数は読み込まれたモジュールごとにCFGを初期化します。そのモジュールのPEヘッダーのオプションにあるDllCharacteristicsフラグにCFGフラグの設定（IMAGE_DLLCHARACTERISTICS_GUARD_CF）がない場合、IMAGE_LOAD_CONFIG_DIRECTORY構造体のGuardFlagsメンバーにIMAGE_GUARD_CF_INSTRUMENTEDフラグがセットされていない場合、またはカーネルがこのモジュールのCFGを強制的にオフにしている場合、何も行われません。

もう1つの目的は、そのモジュールが確かにCFGを使用している場合、LdrpCfgProcessLoadConfig関数はそのイメージから取り出したチェックする関数の間接ポインター（IMAGE_LOAD_CONFIG_DIRECTORY構造体のGuardCFCheckFunctionPointerメンバー）を取得し、エクスポート抑制が有効になっているかどうかに応じて、それをNtdll.dll内のLdrpValidateUserCallTargetまたはLdrpValidateUserCallTargetES関数のいずれかにセットします。また、この関数はまず、その間接ポインターが何らかの方法でモジュールの外部をポイントするものに変更されていないことを確認します。

さらに、このバイナリをコンパイルするために強化されたCFGが使用されていた場合、**ディスパッチCFGルーチン**と呼ばれる、第二の間接ルーチンが利用可能になります。このルーチンは、前述した強化された実行フロー（図7-32を参照）を実装するために使用されます。そのイメージがそのような関数ポインター（上記と同じ構造体のGuardCFDispatchFunctionPointerメンバー）を含む場合、LdrpDispatchUserCallTarget関数に対して初期化されます。または、エクスポート抑制が有効になっている場合、LdrpDispatchUserCallTargetES関数が使用されます。

メモ 一部のケースでは、カーネル自体がユーザーモードに代わって間接的な呼び出しやジャンプをエミュレートまたは実行する場合があります。その可能性がある状況では、カーネルが自身のMmValidateUserCallTargetルーチンを使用して、LdrpValidateUserCallTargetと同じ作業を実施します。

CFGが有効になっている場合にコンパイラによって生成されたコードが発行する間接的な呼び出しは、Ntdll.dll内のLdrpValidateUserCallTarget（ES）またはLdrpDispatchUserCallTarget（ES）関数に到達します。この関数は、ターゲットの分岐アドレスを使用し、その関数用のビット状態をチェックします。

- ビット状態が {0, 0} の場合、そのディスパッチは無効である可能性があります。
- ビット状態が {1, 0} であり、そのアドレスが16バイトに揃っている場合、そのディスパッチは有

844 インサイドWindows 第7版 上

効です。そうでない場合、無効である可能性があります。

- ビット状態が {1,1} であり、そのアドレスが16バイトに揃っていない場合、そのディスパッチは有効です。そうでない場合、無効である可能性があります。
- ビット状態が {0,1} の場合、そのディスパッチは無効である可能性があります。

そのディスパッチが無効である可能性がある場合、RtlpHandleInvalidUserCallTarget関数が適切なアクションを決定するために実行されます。まず、そのプロセスで抑制された呼び出しが許可されているかどうかチェックします。これは、通常とは異なるアプリケーション互換性オプションであり、Application Verifierツールが有効になっている場合にセットされるか、レジストリを介してセットされる場合があります。該当する場合、そのアドレスが抑制されているかどうかチェックします。これが、抑制された関数がビットマップに挿入されない理由です（Guard CF関数テーブルエントリの特別なフラグがこれを示すことを思い出してください）。これがそのケースに該当する場合、その呼び出しはスルーすることが許可されます。関数が完全に有効でない場合（つまり、テーブル内に存在しない場合）、そのディスパッチは中止され、そのプロセスは強制終了します。

続いて、エクスポート抑制が有効になっているかどうかを確認するために、チェックが実施されます。有効になっている場合、そのターゲットアドレスはエクスポート抑制アドレスのリストに対してチェックされます。これもまた、Guard CF関数テーブルエントリ内に追加された別のフラグで示されます。これがそのケースに該当する場合、ローダーはターゲットアドレスが別のDLLのエクスポートテーブルの前方参照であることを検証します。これは、抑制されたエクスポートを持つイメージに向かう間接的な呼び出しのケースでのみ許可されます。これは複雑なチェックによって行われます。ターゲットアドレスが別のイメージ内にあることが確認され、そのイメージ呼び出しディレクトリでエクスポート抑制が有効化されており、このアドレスが対象のイメージのインポートディレクトリ内にあることがチェックされます。これらのチェックをパスした場合、カーネルが前述のNtSetInformationVirtualMemory呼び出しを介して呼び出され、ビット状態が {1,0} に変更されます。これらのチェックのいずれかがエラーとなった場合、またはエクスポート抑制が有効になっていない場合、そのプロセスは強制終了されます。

32ビットアプリケーションでは、そのプロセスのためにデータ実行防止（DEP）が有効になっているかどうかの追加のチェックが実施されます（DEPについて詳しくは第5章を参照してください）。そうでない場合、実行の保証は存在せず、正当な理由でヒープまたはスタックを呼び出す古いアプリケーションかもしれないので、不正な呼び出しも許可されます。

最後に、ビット状態 {0,0} の大きなセットは領域を節約するためにコミットされないため、CFGビットマップのチェックが予約済みページに達した場合、アクセス違反例外が発生します。例外処理のセットアップにコストがかかるx86システムでは、検証コードの部分で処理される代わりに、通常の方法で伝達されます（例外ディスパッチについて詳しくは、本書下巻を参照してください）。ユーザーモードの例外ディスパッチャーハンドラーであるKiUserExceptionDispatcherは、検証関数内でのCFGビットマップのアクセス違反例外を認識する特定のチェックを持ち、例外コードがSTATUS_IN_PAGE_ERRORである場合に自動的に実行を再開します。これにより、LdrpValidateUserCallTarget（ES）およびLdrpDispatchUserCallTarget（ES）関数のコードは、例外処理コードを含む必要がなく、シンプルになります。例外ハンドラーがシンプルにテーブル内に登録されるx64システムでは、代わりにLdrpICallHandlerハンドラーが実行され、x86システムと同様のロジックが実施されます。

■│カーネルCFG（KCFG）

Visual Studioで/guard:cfオプション指定でコンパイルされたドライバーは、最終的にユーザーモー

ドイメージと同じバイナリ属性を持ちますが、Windows 10の最初のバージョンは、このデータに対して何も行いません。ユーザーモードCFGビットマップとは異なり、そのようなドライバーはより上位の、より信頼できるエンティティ（カーネル）によって保護されますが、そのようなドライバーが作成された場合、カーネルCFGビットマップを本当に保護できるものは何もありません。悪意のあるエクスプロイトは、変更したいビットを含むページに対応するページテーブルエントリ（PTE）を単に書き換えることができ、それを読み取り/書き込み（read/write）としてマークし、間接的な呼び出しやジャンプを続行します。したがって、そのようなバイパス可能な軽減策を設定するオーバーヘッドは、単にそれに値するものではありませんでした。

仮想化ベースのセキュリティ（VBS）機能を有効にするユーザーの数が増えると、ここでも、仮想信頼レベル（VTL）1が提供する強固なセキュリティ境界を活用することができるようになります。第2レベルアドレス変換拡張（SLAT）テーブルエントリは、PTEページ保護の変更に対する第二のセキュリティ境界によって、手助けしてくれます。SLATエントリは読み取り専用としてマークされているため、ビットマップはVTL 0から読み取り可能です。一方、カーネル攻撃者がPTEを読み取り/書き込みのマークに変更しようとしても、SLATエントリに対して同じことは行えません。このようにして、これは無効なカーネルCFG（KCFG）ビットマップアクセスとして検出され、HyperGuardが行動を開始します（ビットはどのような方法でも変更することができないため、理由の統計情報の取得だけの場合もあります）。

カーネルCFGは通常のCFGとほぼ同じように実装されていますが、エクスポート抑制が有効になっていない、longjmpサポートがない、ジャストインタイム（JIT）目的のための追加のビットを動的に要求する機能がない、という例外があります。カーネルドライバーはこれらのことを何も実行するべきではありません。代わりに、ビットマップ内にセットされるビットは、アドレストークンインポートアドレステーブル（IAT）のエントリに基づき、ドライバーイメージが読み込まれるごとにGuard CF関数テーブル内の通常の関数エントリによって設定される場合、MiInitializeKernelCfgによってブート中にハードウェア抽象化レイヤー（HAL）とカーネルのために設定される場合にセットされます。ハイパーバイザーが有効になっていない場合、およびSLATサポートが存在しない場合、これらは何も初期化されず、カーネルCFGは無効のままになります。

ユーザーモードの場合と同じように、IMAGE_LOAD_CONFIG_DIRECTORY構造体の動的ポインターは次のように更新されます。有効な場合、チェック関数用に__guard_check_icallをポイントするように更新されます。強化されたCFGモードでは、ディスパッチ関数用の__guard_dispatch_icallをポイントするように更新されます。また、guard_icall_bitmapという名前の変数が、このビットマップの仮想アドレスを保持します。

カーネルCFGの最後の詳細は、残念なことに、ドライバーの検証ツール（Driver Verifier）の動的な設定が構成できないことです（ドライバー検証ツールについて詳しくは、「第6章　I/Oシステム」を参照してください）。これには、動的なカーネルフックを追加する必要があり、ビットマップに存在しない可能性のある関数に対して実行がリダイレクトされるからです。この場合、STATUS_VRF_CFG_ENABLED（0xC000049F）が返され、再起動が必要になります（その時点で、その場でドライバー検証フックを含むビットマップを構築することができます）。

7.12.3 | セキュリティアサーション

ここまで、制御フローガード（CFG）がどのようにプロセスを強制終了するのか説明してきました。他の特定の軽減策やセキュリティ機能が、例外を発生させプロセスを強制終了する方法についても説明しました。これらのセキュリティ違反の間に何が**実際**に起こっているのかが、正確であることが重

要です。なぜなら、これらの説明はどちらも、メカニズムに関する重要な詳細を隠しているからです。

実際に、CFGが不正な間接的な呼び出しやジャンプを検出したときなど、セキュリティ関連の侵害が発生したとき、標準的なTerminateProcessのメカニズムを使用したプロセスの強制終了は適切な道筋にはなりません。それでは、クラッシュは発生せず、マイクロソフトに製品利用統計情報が送信されることもありません。これらはどちらも管理者にとって重要なツールです。これらは、マイクロソフトが侵攻中のゼロデイ攻撃を追跡するためだけでなく、エクスプロイトが実行された可能性やアプリケーションの互換性問題の存在を管理者が知ることを可能にします。反対に、例外の発生で望ましい結果が得られる一方で、例外はコールバックであり、次のいずれかである可能性があります。

- /SAFESEHとSEHOPの軽減策が有効になっていない場合、攻撃者によってフックされた可能性があり、セキュリティチェックの1つが最初の場所で攻撃者に制御を与えてしまう可能性があります。または、攻撃者は単にその例外を"飲み込む（Swallow）"ことができます。
- ハンドルされていない例外フィルターまたはベクター例外ハンドラーを介して、ソフトウェアの正規の部分によってフックされた可能性があります。どちらの場合でも、例外をうっかり飲み込んでしまう可能性があります。
- 上記と同じですが、独自のライブラリをプロセスに挿入したサードパーティの製品によってインターセプトされている可能性があります。これは、多くのセキュリティツールで一般的なもので、その例外がWindowsエラー報告（WER）に正しく送信されないことにつながる可能性があります。
- プロセスは、Windowsエラー報告（WER）で登録されたアプリケーションリカバリ（回復）コールバックを持つ可能性があります。その場合、次に、ユーザーに対してあまり明確ではないユーザーインターフェイス（UI）が表示され、現在のエクスプロイトされた状態でプロセスをリスタートする可能性があります。その結果、再帰的なクラッシュ／スタートループから例外を丸ごと飲み込むまでのどこかに誘導される可能性があります。
- おそらくC++ベースの製品では、プログラム自身によって"スロー"されたかのように、外部の例外ハンドラーによってキャッチされます。繰り返しになりますが、この場合、例外を飲み込むか、安全でない方法で実行が継続される可能性があります。

これらの問題を解決するには、Windowsエラー報告（WER）サービスの外部にある任意のプロセスのコンポーネントによってインターセプトすることができない例外を生成することができるメカニズムが必要です。そのメカニズムは、それ自身が例外を受け取ることを保証する必要があります。ここが、「セキュリティアサーション（Security Assertion）」の出番になります。

■ コンパイラとOSのサポート

マイクロソフトのライブラリ、プログラム、またはカーネルコンポーネントは、通常とは異なるセキュリティの状況を検出したとき、または軽減策が危険なセキュリティ状態の違反を認識したとき、今では、Visual Studioによってサポートされる特別なコンパイラ組み込み関数を使用するようになりました。これは、__fastfailと呼ばれるもので、入力として1つのパラメーターを受け取ります。別の方法として、これらのコンポーネントは、Ntdll.dll内のランタイムライブラリ（Rtl）関数を呼び出すことができます。これはRtlFailFast2と呼ばれるもので、それ自体に__fastfail組み込み関数を含んでいます。一部のケースでは、Windows Driver Kit（WDK）またはWindows ソフトウェア開発キット（SDK）が提供するインライン関数が、この組み込み関数を呼び出します。例えば、LIST_ENTRY関数であるInsertTailListやRemoveEntryListを使用した場合です。他の状況では、ユニバーサルCRT（uCRT）自体がこの組み込み関数をその関数内に持ちます。また別の状況では、アプリケーションによって呼

び出されたとき実施される特定のチェックが、この組み込み関数を同様に使用する場合があります。

　その状況とは関係なく、コンパイラがこの組み込み関数を確認したとき、コンパイラは入力パラメーターを受け取るアセンブリコードを生成し、それをRCX（x64）またはECX（x86）レジスタに移動して、割り込み番号0x29を指定してソフトウェア割り込みを発行します（割り込みについて詳しくは、本書下巻で説明します）。

　Windows 8以降では、このソフトウェア割り込みが割り込みディスパッチテーブル（IDT）にKiRaiseSecurityCheckFailureと一緒に登録されます。この登録は、カーネルデバッガーで!idt 29コマンドを使用して確認することができます。これは最終的に（互換性の理由のため）、STATUS_STACK_BUFFER_OVERRUN状態コード（0xC0000409）で呼び出されるKiFastFailDispatchになります。これは次に、KiDispatchExceptionを使用して通常の例外ディスパッチを実施しますが、これはセカンドチャンス例外として扱われます。つまり、デバッガーとプロセスには通知されません。

　この状態は特別に認識され、エラーメッセージが通常どおりWindowsエラー報告（WER）のエラーAdvanced Local Procedure Call（ALPC）ポートに送信されます。Windowsエラー報告（WER）は、その例外を継続不可能と主張し、カーネルに通常のZwTerminateProcessシステムコールを使用してそのプロセスを強制終了させます。したがって、一度、割り込みが使用されることが保証され、ユーザーモードへのリターンはなく、プロセス内で再び実行されることは決してありません。これはWindowsエラー報告（WER）に通知され、問題のプロセスは強制終了されます（また、そのエラーコードは例外コードになります）。例外のレコードが生成されると、最初の例外の引数が__fastfail組み込み関数への入力パラメーターになります。

　カーネルモードコードもまた例外を生成することができますが、その場合、KiBugCheckDispatchが代わりに呼び出されます。これは、最終的にコード0x139（KERNEL_SECURITY_CHECK_FAILURE）を伴う特別なカーネルモードクラッシュ（bugcheck）となり、最初の例外の引数が__fastfail組み込み関数への入力パラメーターになります。

■| ファストフェール/セキュリティアサーションのエラーコード

　__fastfail組み込み関数は例外レコードまたはクラッシュ画面を引き起こした原因を示す入力引数を含むため、そのエラーをチェックすることで、システムまたはプロセスのどの部分が正しく動作していないのか、あるいはセキュリティ違反を検出したのかを識別することができます。表7-22に、さまざまなエラー状態とその意味や重要性を示します。

表7-22　__fastfailのエラーコード

コード	説明
Legacy OS Violation（0x0）	レガシバイナリに存在する古いバッファーセキュリティチェックが失敗し、代わりにセキュリティアサーションに変更されました。
V-Table Guard Failure（0x1）	Internet Explorer 10以降のVirtual Table Guard軽減策が仮想関数テーブルポインターの破損を検出しました。
Stack Cookie Check Failure（0x2）	/GSコンパイラオプションの指定で生成されたスタッククッキー（スタックカナリアとも呼ばれます）が破損しました。
Corrupt List Entry（0x3）	LIST_ENTRY構造体を操作するためのマクロの1つが、リンクリストの不整合を検出しました。親の親（grandparent）と孫（grandchild）エントリが、操作対象のアイテムの親（parent）または子（child）エントリをポイントしていません。

コード	説明
Incorrect Stack (0x4)	Return Oriented Programming (ROP) ベースのエクスプロイトから呼び出される可能性がたびたびあるユーザーモードまたはカーネルモード API が、攻撃者に制御されたスタック上の操作中に呼び出されました。そのため、そのスタックは、期待されていたスタックではありません。
Invalid Argument (0x5)	ユーザーモードの CRT API（一般的に）または他のセンシティブな関数が、無効な引数を使用して呼び出されました。ROP ベースのエクスプロイトによる使用の可能性、またはそれ以外のスタックの破損を示唆しています。
Stack Cookie Init Failure (0x6)	スタッククッキーの初期化に失敗しました。イメージのパッチ（改変）または破損を示唆しています。
Fatal App Exit (0x7)	アプリケーションがユーザーモード API である FatalAppExit を使用しました。この API は、セキュリティアサーションに変換され、セキュリティアサーションが持つ利点を与えます。
Range Check Failure (0x8)	特定の固定配列バッファーにおいて、その配列要素のインデックスが予期された範囲内にあるかどうかをチェックするために、追加の検証が行われました。
Unsafe Registry Access (0x9)	カーネルモードドライバーが、ユーザーが制御可能なハイブからのレジストリデータ（アプリケーションハイブやユーザープロファイルファイルなど）にアクセスしようとしましたが、そのレジストリデータ自体が RTL_QUERY_REGISTRY_TYPECHECK フラグを使用して保護されていません。
CFG Indirect Call Failure (0xA)	制御フローガード（CFG）が、CFG ビットアップごとの有効なディスパッチではないターゲットアドレスに対する間接的な CALL または JMP 命令を検出しました。
CFG Write Check Failure (0xB)	書き込み保護付きの CFG が、保護されたデータに対する不正な書き込みを検出しました。この機能（/guard:cfw）は、マイクロソフトのテスト以外ではサポートされません。
Invalid Fiber Switch (0xC)	無効なファイバー上で、またはファイバーに変換されていないスレッドから SwitchToFiber API が使用されました。
Invalid Set of Context (0xD)	復元しようとしているときに（例外または SetThreadContext API のために）、無効なコンテキストレコード構造体が検出されました。そのスタックポインターは有効ではありません。これはそのプロセスで CFG がアクティブなときにのみチェックされます。
Invalid Reference Count (0xE)	参照数オブジェクト（カーネルモードでの OBJECT_HEADER、または Win32k.sys GDI オブジェクトなど）が参照数 0 を下回りアンダーフローになりました。またはオーバーフローで最大のキャパシティを超え、0 に戻りました。
Invalid Jump Buffer (0x12)	Longjmp が無効なスタックアドレスまたは無効な命令ポインターを含むバッファーのジャンプで試行されました。これはそのプロセスで CFG がアクティブなときにのみチェックされます。
MRDATA Modified (0x13)	ローダーの変更可能な読み取り専用データのヒープ／セクションが変更されました。これはそのプロセスで CFG がアクティブなときにのみチェックされます。
Certification Failure (0x14)	1 つ以上の Cryptographic Services API が証明書または無効な ASN.1 ストリームの解析問題を検出しました。
Invalid Exception Chain (0x15)	/SAFESEH を指定してリンクされたイメージ、または SEHOP 軽減策を使用するイメージが、無効な例外ハンドラーディスパッチを検出しました。
Crypto Library (0x16)	Cng.sys、Ksecdd.sys、またはユーザーモードのこれらに相当する API が、いくつかの重大なエラーを検出しました。
Invalid Call in DLL Callout (0x17)	ユーザーモードのローダーの通知コールバック中に、危険な関数の呼び出しが試行されました。

コード	説明
Invalid Image Base（0x18）	ユーザーモードイメージローダーによって__ImageBase（IMAGE_DOS_HEADER構造体）用の無効な値が検出されました。
Delay Load Protection Failure（0x19）	インポートされた関数を遅延読み込みしている間に、遅延読み込みインポートアドレステーブル（IAT）に破損が見つかりました。これは、そのプロセス上でCFGがアクティブで、遅延読み込みIATの保護が有効になっているときにのみチェックされます。
Unsafe Extension Call（0x1A）	特定のカーネルモード拡張APIが呼び出され、呼び出し元の状態が正しくないときにチェックされます。
Deprecated Service Called（0x1B）	特定のもはやサポートされていない、非公開のシステムコールが呼び出されたときにチェックされます。
Invalid Buffer Access（0x1C）	汎用のバッファー構造体が何らかの方法で破損したときに、Ntdll.dll内のランタイムライブラリ関数とカーネルによってチェックされます。
Invalid Balanced Tree（0x1D）	RTL_RB_TREEまたはRTL_AVL_TABLE構造体が無効なノードを持つときに（LIST_ENTRY構造体チェックと同じように、そのノードの兄弟ノードや親ノードが親の親と一致しない場合）、Ntdll.dll内のランタイムライブラリ関数とカーネルによってチェックされます。
Invalid Next Thread（0x1E）	カーネルプロセッサ制御ブロック（KPRCB）で次にスケジュールされるスレッドが何らかの方法で無効な場合、カーネルスケジューラによってチェックされます。
CFG Call Suppressed（0x1F）	CFGが、互換性の関係で抑制された呼び出しを許可しているときにチェックされます。この状況では、Windowsエラー報告（WER）はそのエラーをハンドルされている（処理済み）としてマークし、カーネルはそのプロセスを強制終了しませんが、製品利用統計情報は引き続きマイクロソフトに送信されます。
APCs Disabled（0x20）	ユーザーモードに戻ったとき、カーネルの非同期プロシージャコール（APC）がまだ無効な場合に、カーネルによってチェックされます。
Invalid Idle State（0x21）	CPUが無効な電源状態（Cステート）に入ろうとしたときに、カーネルの電源マネージャーによってチェックされます。
MRDATA Protection Failure（0x22）	変更可能な読み取り専用ヒープセクションが予期されたコードパスの外部に対して保護されていないとき、ユーザーモードローダーによってチェックされます。
Unexpected Heap Exception（0x23）	潜在的な攻撃の試行を示す方法でヒープが破損するたびに、ヒープマネージャーによってチェックされます。
Invalid Lock State（0x24）	特定のロックが予期した状態にない場合、カーネルによってチェックされます。例えば、取得したロックが既に解放されている場合などです。
Invalid Longjmp（0x25）	CFGがそのプロセスでアクティブであり、longjmp保護が有効になっているものの、何らかの方法でlongjmpテーブルが破損または見つからない場合に、呼び出されたときlongjmpによってチェックされます。
Invalid Longjmp Target（0x26）	上記と同じ状況ですが、longjmpテーブルがそれが有効なlongjmpターゲット関数でないことを示している場合にチェックされます。
Invalid Dispatch Context（0x27）	例外が不正なCONTEXTレコードを使用してディスパッチされたときに、カーネルモードの例外ハンドラーによってチェックされます。
Invalid Thread（0x28）	特定のスケジュール操作中、カーネルスレッド（KTHREAD）構造体が破損しているときに、カーネルモードのスケジューラによってチェックされます。
Invalid System Call Number（0x29）	Deprecated Service Called（0x1B）と似ていますが、Windowsエラー報告（WER）はその例外をハンドルされている（処理済み）としてマークし、プロセスは継続されます。したがって、製品利用統計情報のためだけに使用されます。

コード	説明
Invalid File Operation (0x2A)	I/Oマネージャーと特定のファイルシステムによって使用されます。前述とは別の種類のエラーの製品利用統計情報のためのものです。
LPAC Access Denied (0x2B)	低い特権のアプリコンテナー（AppContainer）がALL RESTRICTED APPLICATION PACKAGES（日本語版では「制限されたすべてのアプリケーション パッケージ」）のSIDを持たないオブジェクトに対してアクセスしようとしたとき、そのようなエラーの追跡が有効になっている場合に、セキュリティ参照モニター（SRM）のアクセスチェック関数によって使用されます。これもまた、製品利用統計情報データのためのものであり、プロセスをクラッシュさせることはありません。
RFG Stack Failure (0x2C)	リターンフローガード（RFG）によって使用されます。ただし、この機能は現状、無効になっています。
Loader Continuity Failure (0x2D)	表7-20の同名のプロセス軽減策ポリシー（Loader Continuity）によって使用されます。異なる署名を持つまたは署名のない予期しないイメージであることを示しています。
CFG Export Suppression Failure (0x2D)	エクスポート抑制が有効になっているとき、制御フローガード（CFG）によって使用されます。抑制されたエクスポート関数が間接的な分岐のターゲットであることを示しています。
Invalid Control Stack (0x2E)	リターンフローガード（RFG）によって使用されます。ただし、この機能は現状、無効になっています。
Set Context Denied (0x2F)	表7-20の同名のプロセス軽減策ポリシー（Restrict Set Thread Context）によって使用されます。ただし、この機能は現状、無効になっています。

7.13 アプリケーションID（AppID）

　元来、WindowsのセキュリティのI判断は、ユーザーのID（ユーザーのセキュリティ識別子（SID）およびグループメンバーシップの形式）に基づいて行われてきましたが、実行するコードが何かに基づいてセキュリティの判断を行うことができるように、必要なセキュリティコンポーネントの数が増えました（AppLocker、Windowsファイアウォール、ウイルス対策、マルウェア対策、Right Managementサービス、その他）。過去には、これらのセキュリティコンポーネントのそれぞれが、アプリケーションを識別するために独自の方法を用いていました。これは、一貫性のない、とても複雑なポリシーの作成へとつながりました。「アプリケーションID（Application Identification、AppID）」の目的は、1セットのAPIとデータ構造体を提供することにより、セキュリティコンポーネントがアプリケーションを認識する方法に一貫性を提供することにあります。

メモ　これは、分散コンポーネントオブジェクトモデル（DCOM）/COM+アプリケーションで使用されるAppIDと同じものではありません。DCOM/COM+のAppIDは、複数のCLSID（クラスID）によって共有されるプロセスを表すグローバル一意識別子（GUID）です。同様に、ユニバーサルWindowsプラットフォーム（UWP）アプリのID（AppContainer SIDやパッケージSIDなど）にも関係しません。

　ユーザーがログオンしたときに識別されるのと同じように、アプリケーションは開始される直前に、メインプログラムのAppIDが生成されることによって、識別されます。1つのAppIDは、アプリケーションの次に示す複数の属性のいずれかを使用して生成されます。

- **複数のフィールド** —— ファイルの中に埋め込まれたコード署名証明書内のフィールドは、発行者名、製品名、ファイル名、バージョンの異なる組み合わせが可能です。**APPID://FQBN**は、完全修飾バイナリ名(Fully Qualified Binary Name：FQBN)であり、これは |<発行者>¥<製品>¥<ファイル名>,<バージョン>| の形式に従う文字列です。発行者は、そのコードの署名に使用されたX.509証明書のサブジェクト(Subject)フィールドの、次の値が使用されます。
  - O (組織名)
  - L (市町村名)
  - S (州または都道府県)
  - C (国)
- **ファイルハッシュ値** —— ファイルハッシュは、ハッシュ処理のための使用できる複数の方法があります。既定は**APPID://SHA256HASH**です。しかし、SRP(Secure Remote Password)プロトコルおよびほとんどのX.509証明書との後方互換性のために、SHA-1(**APPID://SHA1HASH**)が引き続きサポートされています。**APPID://SHA256HASH**には、ファイルのSHA-256ハッシュを指定します。
- **ファイルの部分的または完全なパス** —— **APPID://PATH**はファイルのパスを指定します。オプションでワイルドカード(*)を使用できます。

メモ
　AppIDは、アプリケーションの品質やセキュリティを証明する手段としては機能しません。AppIDは単にアプリケーションを識別する方法であり、管理者はAppIDを使用してセキュリティポリシーを決定するアプリケーションを参照できます。

　AppIDは、プロセスアクセストークンの中に格納されます。任意のセキュリティコンポーネントは、単一の一貫性のあるこのIDに基づいて、承認の決定を行うことができます。AppLockerは、特定のプログラムの実行がそのユーザーに許可されているかどうかを指定するために、条件付きアクセス制御エントリ(ACE、この章の「7.5.1　条件付きACE」の項を参照)を使用します。
　単一のファイル用のAppIDが作成されたとき、そのファイルから証明書がキャッシュされ、信頼されたルート証明機関の証明書に対して検証されます。この証明書パスは毎日再検証され、証明書パスがまだ有効であることが確認されます。証明書のキャッシュと検証は、システムのイベントログの[アプリケーションとサービス ログ¥Microsoft¥Windows¥AppID¥Operational]に記録されます。

7.13.1 AppLocker

　Windows 8.1(Enterpriseエディション)およびWindows 10(EnterpriseおよびEducationエディション)およびWindows Server 2012/2012 R2/2016は、**AppLocker**として知られる機能をサポートしています。管理者はAppLockerを使用すると、システムをロックダウンし、承認されていないプログラムが実行されるのを防止できます。Windows XPではAppLockerの前身である「ソフトウェアの制限のポリシー」(Software Restriction Policyの略であるSRPと呼ばれることもあります)が導入されましたが、ソフトウェアの制限のポリシーは管理が難しく、特定のユーザーまたはグループにだけ適用するということもできませんでした(制限の規則はすべてのユーザーに影響します)。AppLockerは、ソフトウェアの制限のポリシーを置き換えるものですが、まだソフトウェアの制限のポリシーも存在しており、AppLockerの規則はソフトウェアの制限の規則とは別に格納されます。同じグループポリシーオブジェクト(GPO)の中にAppLockerの規則([アプリケーション制御ポリシー]の下に構

成します）とソフトウェアの制限のポリシーの規則の両方が存在する場合、AppLockerの規則だけが適用されます。

AppLockerをソフトウェアの制限のポリシーよりも優れたものにしているもう1つの機能は、AppLockerの監査モードです。監査モードにより管理者は、AppLockerのポリシーを作成し、制限を実際に実施することなく、その結果（システムのイベントログの［アプリケーションとサービス ログ¥Microsoft¥Windows¥AppLocker］に格納されます）を調査して、そのポリシーが期待したように実施されるかどうかを調べることができます。AppLockerの監査モードは、システム上の1人または複数のユーザーによって使用されたアプリケーションを監視するために使用することができます。AppLockerを使用すると、管理者は次の種類のファイルが実行されるのを防止できます。

- 実行可能ファイル（.exeおよび.com）
- ダイナミックリンクライブラリ（.dllおよび.ocx）
- Windowsインストーラー（MSIおよびMSP）によるソフトウェアのインストールおよびアンインストール
- スクリプト
  - Windows PowerShell（.ps1）
  - バッチファイル（.batおよび.cmd）
  - VBScript（.vbs）
  - Java Script（.js）
- ユニバーサルWindowsプラットフォーム（UWP）アプリ（パッケージアプリ）—— Windows 8以降

AppLockerは、シンプルなGUIで構成可能な規則ベースのメカニズムを提供します。これは、ネットワークファイアウォールの規則によく似ており、そのアプリケーションまたはスクリプトの実行を特定のユーザーまたはグループに許可（または拒否）するかを、条件付きアクセス制御エントリ（ACE）とアプリケーションID（AppID）の属性を使用して決定します。AppLockerの規則セットの構成方法には、次の2種類のアプローチがあります。

- 特定のファイルが実行されるのを許可し、他のすべてを拒否します。
- 特定のファイルが実行されるのを拒否し、他のすべてを許可します。拒否の規則は許可の規則よりも優先されます。

各規則は、その規則からファイルを除外するための例外リストを持つこともできます。例えば、例外を使用すると、C:¥WindowsまたはC:¥Program Filesディレクトリ内のすべてを許可し、RegEdit.exe（レジストリエディター、C:¥Windowsディレクトリに存在します）の実行は除外するというような規則を作成できます。

AppLockerの規則は、特定のユーザーまたはグループに関連付けることができます。これは、管理者が特定のアプリケーションを実行できるユーザーを検証し強制することによって、コンプライアンス要件をサポートするために使用できます。例えば、Finance（財務）というセキュリティグループのユーザーに対して、会計基幹業務アプリケーションの実行を許可する規則を作成できます。この規則は、Financeセキュリティグループではないすべてのユーザーが会計基幹業務アプリケーションを実行するのをブロックしますが（Administratorsグループを含む）、その業務を担当するユーザーにはそのアプリケーションへのアクセスが提供されます。別の役に立つ規則では、Receptionists（受付）セキュリティグループのユーザーが、承認されていないソフトウェアをインストールしたり、実行したりするのを禁止することができます。

AppLockerの規則は、条件付きACEとAppIDによって定義された属性に依存します。規則は、次の基準を使用して作成されます。

- **ファイルの中に埋め込まれたコード署名証明書内のフィールドは、発行者名、製品名、ファイル名、バージョンの異なる組み合わせが可能** —— 例えば、Contoso Readerのバージョン9.0より新しいすべてのバージョンの実行を許可する、またはGraphicsセキュリティグループ内のユーザーにContoso for GraphicsShopのバージョン14.*のアプリケーションのインストールまたは実行を許可するといった規則を作成することができます。例えば、次のセキュリティ記述子定義言語（SDDL）文字列は、RestrictedUserというユーザーアカウント（ユーザーのSIDによって識別）に、Contosoによって発行された証明書で署名されたすべてのプログラムに対する実行アクセスを拒否します。

```
D:(XD;;FX;;;S-1-5-21-3392373855-1129761602-2459801163-1028;((Exists APPID://
FQBN) && ((APPID://FQBN) >= ({"O=CONTOSO, INCORPORATED, L=REDMOND,
S=CWASHINGTON, C=US¥*¥*",0)))))
```

- **ディレクトリパスは、特定のディレクトリツリー内にあるファイルのみの実行を許可** —— これもまた、特定のファイルを識別するために使用できます。例えば、次のSDDL文字列は、C:¥Toolsディレクトリ内のプログラムに対する実行アクセスを、RestrictedUserというユーザーアカウント（ユーザーのSIDによって識別）に対して拒否します。

```
D:(XD;;FX;;;S-1-5-21-3392373855-1129761602-2459801163-1028;(APPID://PATH
Contains "%OSDRIVE%¥TOOLS¥*"))
```

- **ファイルハッシュ** —— ハッシュを使用すると、ファイルの更新が検出された場合に実行を禁止することもできます。ファイルが頻繁に変更される場合、この方法には難点があります。なぜなら、ハッシュの規則を頻繁に更新する必要があるからです。ファイルハッシュはスクリプトのために使用されることが多いです。それは、スクリプトが署名されることがほとんどないからです。例えば、次のSDDL文字列は、指定したハッシュ値でプログラムに対する実行アクセスを、RestrictedUserというユーザーアカウント（ユーザーのSIDによって識別）に対して拒否します。

```
D:(XD;;FX;;;S-1-5-21-3392373855-1129761602-2459801163-1028;(APPID://
SHA256HASH Any_of {#7a334d2b99d48448eedd308dfca63b8a3b7b44044496ee2f8e236f59
97f1b647, #2a782f76cb94ece307dc52c338f02edbbfdca83906674e35c682724a8a92a76b}
))
```

ローカルコンピューター上のAppLockerの規則は、［ローカルグループポリシーエディター］スナップイン（Gpedit.msc）、［ローカルセキュリティポリシー］スナップイン（Secpol.msc、図7-33を参照）、またはWindows PowerShellスクリプトを使用して定義することができます。あるいは、ドメインのグループポリシーを使用して、ドメインメンバーのコンピューターにAppLockerの規則を配布することもできます。AppLockerの規則は、レジストリ内の複数の場所に格納されます。

- HKLM¥SOFTWARE¥Policies¥Microsoft¥Windows¥SrpV2 —— このキーはHKLM¥SOFTWARE¥Wow6432Node¥Policies¥Microsoft¥Windows¥SrpV2にもミラーされています。このキーには、AppLockerの規則がXML形式で格納されます。

- HKLM¥SYSTEM¥CurrentControlSet¥Control¥Srp¥Gp¥Exe、Dll、Msi、およびScript —— これらのキーには、AppLockerの規則がSDDLおよびバイナリ形式のACEとして格納されます。[27]
- HKCU¥Software¥Microsoft¥Windows¥CurrentVersion¥Group Policy Objects¥{GUID}Machine¥Software¥Policies¥Microsoft¥Windows¥SrpV2 —— グループポリシーオブジェクト（GPO）の一部としてドメインから配布されたAppLockerポリシーは、ここにXML形式で格納されます。

図7-33　［ローカルセキュリティポリシー］スナップインのAppLocker構成ページ

　実行されたファイル用の証明書は、レジストリのHKLM¥SYSTEM¥CurrentControlSet¥Control¥AppID¥CertStoreキーの下にキャッシュされます。AppLockerは、証明書内に見つかった信頼されたルート証明機関の証明書へと続く、証明書チェーンも作成します（HKLM¥SYSTEM¥CurrentControlSet¥Control¥AppID¥CertChainStoreに格納されます）。

　AppLocker固有のWindows PowerShellコマンドレットも存在し、スクリプトを使用した展開やテストに利用できます。**Import-Module AppLocker**を実行してWindows PowerShell内にAppLockerのコマンドレットをインポートすると、いくつかのコマンドレットが利用可能になります。[28] これには、**Get-AppLockerFileInformation**、**Get-AppLockerPolicy**、**New-AppLockerPolicy**、**Set-AppLockerPolicy**、および**Test-AppLockerPolicy**があります。

　AppLockerとソフトウェアの制限のポリシーのためのサービスは、同じバイナリ（AppIdSvc.dll）に共存しています。このサービスは、Svchost.exeプロセスでホストされて実行されるApplication Identityサービス（内部名AppIDSvc）です。このサービスはレジストリ変更通知を要求し、グループポリシーオブジェクト（GPO）や［ローカルセキュリティポリシー］スナップインのAppLockerの構成ページによって書き込まれるレジストリキーの変更を監視します。変更を検知すると、AppIDSvc

---

*27　訳注：このキーはWindows 7では使用されますが、Windows 8以降では使用されなくなりました。Windows 8以降では、代わりに%SystemRoot%¥System32¥AppLockerディレクトリ内のExe.AppLocker、Dll.AppLocker、Msi.AppLocker、Script.AppLocker、Appx.Applockerというバイナリ形式のファイルに格納されます。

*28　訳注：Windows PowerShell 3.0（Windows 8インストール直後のバージョン）で導入されたモジュールの自動読み込み機能により、現在のWindowsバージョンでは**Import-Module AppLocker**の実行は必須ではありません。

サービスは、ユーザーモードタスク（AppIdPolicyConverter.exe）をトリガーします。このタスクは、新しい規則（XML形式で記述された規則）を読み取り、ユーザーモードのAppIDサービス、カーネルモードのAppIDドライバー（%SystemRoot%\System32\drivers\Appid.sys）、およびAppLockerコンポーネントが理解できるバイナリ形式のACEとSDDL文字列に変換します。このタスクは、変換された規則をHKLM\SYSTEM\CurrentControlSet\Control\Srp\Gpキーの下に格納します。このキーはシステムおよびAdministratorsグループによってのみ書き込み可能であり、Authenticated Usersグループに対しては読み取り専用としてマークされています。ユーザーモードのAppIDSvcサービスおよびカーネルモードのAppIDドライバーの両方のコンポーネントは、このレジストリから直接変換済みの規則を読み取ります。[*29] AppIDSvcサービスは、ローカルコンピューターの［信頼されたルート証明機関］ストアも監視し、ユーザーモードタスク（AppIdCertStoreCheck.exe）を呼び出して、少なくとも1日に1回、証明書を再検証し、証明書のストアに変更がないかどうかを確認します。カーネルモードのAppIDドライバーは、APPID_POLICY_CHANGED DeviceIoControl要求を介して、AppIDSvcサービスによって規則の変更の通知を受けます。

　管理者は、どのアプリケーションが許可または拒否されたかを、イベントビューアーを使用してシステムのイベントログを参照することで追跡することができます（AppLockerが構成され、AppIDSvcが開始された後に）。その例を図7-34に示します。

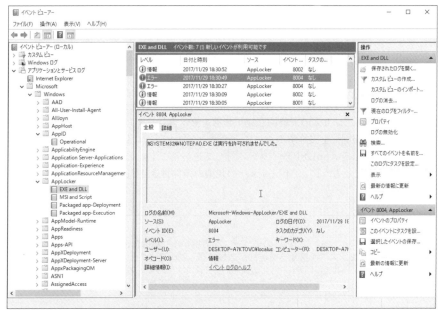

図7-34 イベントビューアーを使用して、さまざまなアプリケーションへのアクセスがAppLockerにより許可および拒否されたイベントを確認。イベントID 8004は拒否、イベントID 8002は許可のイベント

　アプリケーションID（AppID）、AppLocker（アプリケーション制御ポリシー）、およびソフトウェ

---

*29 訳注：このキーはWindows 7では使用されますが、実機で確認した限り、Windows 8以降では使用されていない可能性があります。Windows 8以降では、代わりに%SystemRoot%\System32\AppLockerディレクトリ内のExe.AppLocker、Dll.AppLocker、Msi.AppLocker、Script.AppLocker、Appx.Applockerというバイナリ形式のファイルに格納されます。

アの制限のポリシーの実装は、やや不明瞭であり、さまざまな論理コンポーネントが同じ名前の実行可能イメージに共存していたり、名前付けに一貫性がないなど、厳密なレイヤー化に従っていません。

AppIDSvcサービスは、Local Serviceとして実行されるため、システム上の［信頼されたルート証明機関］ストアにアクセスすることができます。これにより、証明書の検証を実施することも可能になっています。AppIDSvcサービスは、次のことを担当します。

- 発行者の証明書の検証
- 新しい証明書のキャッシュへの追加
- AppLockerの規則の更新の検出とAppIDドライバーへの通知

AppIDドライバーは、AppLockerの機能の大部分を実施し、AppIDSvcサービスからの通信（DeviceIoControl要求を介した）に依存します。そのため、そのデバイスオブジェクトは、アクセス制御リスト（ACL）で保護されており、NT SERVICE¥AppIDSvc、LOCAL SERVICE、およびBUILDIN¥Administratorsグループに対してのみアクセスが許可されています。つまり、このドライバーはマルウェアの成りすましの影響を受けません。

AppIDドライバーが最初に読み込まれたとき、PsSetCreateProcessNotifyRoutineExを呼び出すことによってプロセス作成コールバックを要求します。通知ルーチンが呼び出されるとき、それはPPS_CREATE_NOTIFY_INFO構造体に渡されます（作成されるプロセスを説明する構造体）。ドライバーは次に、実行可能イメージを識別するアプリケーションID（AppID）属性を収集し、それをプロセスのアクセストークンに書き込みます。その後、ドライバーは非公開のルーチンであるSeSrpAccessCheckを呼び出します。このルーチンは、プロセストークンとAppLocker規則の条件付きACEを調べ、そのプロセスの実行を許可するべきかどうかを判断します。そのプロセスの実行を許可するべきでない場合、ドライバーはPPS_CREATE_NOTIFY_INFO構造体の状態（Status）フィールドにSTATUS_ACCESS_DISABLED_BY_POLICY_OTHERを書き込み、その結果、プロセス作成は中止されます（また、プロセスの最終的な完了状態をセットします）。

DLLの制限（DLLの規則）を実施するために、イメージローダーはDLLをプロセスに読み込むたびに、DeviceIoControl要求をAppIDドライバーに対して送信します。ドライバーは次に、実行可能ファイルに対して行うのと同じように、AppLockerの規則の条件付きACEに対してそのDLLを識別します。

メモ
すべてのDLLの読み込みについてこれらのチェックを実施することは、時間のかかるタスクであり、エンドユーザーのエクスペリエンスに影響する可能性があります。この理由のため、DLLの規則は、通常、無効化されています。有効化するには、［ローカルセキュリティポリシー］スナップイン（Secpol.msc）の［AppLockerのプロパティ］ダイアログボックスの［詳細設定］タブで明示的に有効化する必要があります。

スクリプトエンジンおよびWindowsインストーラー（MSI）は、これらがファイルを開くたびにユーザーモードのSRP APIを呼び出すように変更され、ファイルを開くことが許可されているかどうかチェックされます。ユーザーモードのSRP APIは、AuthZ APIを呼び出して、条件付きACEのアクセスチェックを実施します。

7.13.2　ソフトウェアの制限のポリシー

Windowsは「ソフトウェアの制限のポリシー（Software Restriction Policy：SRP）」と呼ばれるユー

ザーモードのメカニズムを提供します。管理者はこのポリシーを使用して、システム上で実行する実行可能イメージとスクリプトを制御することができます。図7-35に、［ローカルセキュリティポリシー］スナップイン（Secpol.msc）の［ソフトウェアの制限のポリシー］ノードを示します。このノードは、コンピューターのコード実行ポリシーのための管理インターフェイスとして機能します。ドメインのグループポリシーを利用すれば、ユーザーごとにポリシーを配布することも可能です。

図7-35 ［ソフトウェアの制限のポリシー］の構成

［ソフトウェアの制限のポリシー］ノードには、いくつかのグローバルなポリシー設定があります。

- **強制** ── このポリシーは、制限のポリシーをDLLといったライブラリに適用するかどうか、制限ポリシーをユーザーにのみ適用するか、管理者にも適用するかを構成します。
- **指定されたファイルの種類** ── このポリシーには、実行可能コードとみなすファイルの拡張子を登録します。
- **信頼された発行元** ── このポリシーは、誰がどの証明書の発行者を信頼されているものとして選択できるかを制御します。

特定のスクリプトやイメージのためのポリシーを構成するとき、管理者はそのパス、ハッシュ、ネットワークゾーン（Internet Explorerで定義されたゾーン）、または証明書を使用してシステムがそれを認識するように指示できます。また、その規則を［許可しない］、［制限しない］、または［基本ユーザー］（管理者のアクセス権がないユーザーとしての実行を許可）のいずれかのセキュリティレベルに関連付けるように指定できます。

ソフトウェアの制限のポリシーの強制は、ファイルが実行可能コードを含むとして扱われるさまざまなコンポーネント内で実施されます。これらのコンポーネントの一部を以下に示します。

- Kernel32.dll内のユーザーモードのCreateProcess関数は、実行可能イメージのためにポリシーを実施します。
- Ntdll.dll内のDLL読み込みコードは、DLLのためにポリシーを実施します。
- Windowsのコマンドプロンプト（Cmd.exe）は、バッチファイルの実行のためにポリシーを実施します。
- スクリプトを開始するWindows Script Host（WSH）コンポーネントであるCscript.exe（コマンドライン用）、Wscript.exe（GUIサポート用）、およびScrobj.dll（スクリプトオブジェクト用）は、スクリプトの実行のためにポリシーを実施します。
- Windows PowerShellホスト（PowerShell.exe）は、PowerShellスクリプトの実行のためにポリシーを実施します。

これらのコンポーネントはそれぞれ、制限のポリシーが有効になっているかどうかをレジストリの HKLM¥SOFTWARE¥Policies¥Microsoft¥Windows¥Safer¥CodeIdentifiers キー 内 に ある TransparentEnabled 値を読み取ることで判断します。この値が1にセットされている場合、ポリシーが有効であることを示しています。次に、実行されようとしているコードが CodeIdentifiers キーのサブキー内に指定されている規則の1つと一致するかどうか調べ、一致する場合は、実行が許可されているかどうかを確認します。一致するものがない場合、CodeIdentifiers キーにある DefaultLevel 値に指定されている既定のポリシーによって、実行が許可されているかどうかを判断します。

ソフトウェアの制限のポリシーは、コードやスクリプトの承認されていないアクセスを禁止するための強力なツールです。しかしそれは、適切に適用された場合に限ります。既定のポリシーが実行を許可しないに設定されていない限り、許可しないとマークされているイメージに軽微な変更を加え、規則をバイパスして実行することができます。例えば、ユーザーはプロセスのイメージの差し障りのないバイトを変更して、それを認識するハッシュの規則を失敗させたり、パスに基づいた規則を回避するために別の場所にファイルをコピーしたりする可能性があります。

実習 ソフトウェアの制限のポリシーの実施状況を参照する

許可されていないイメージを実行しようしたときのレジストリに対するアクセスを参照することで、ソフトウェアの制限のポリシーが実施される様子を間接的に確認することができます。

1. ［ローカルセキュリティポリシー］スナップイン（Secpol.msc）を開き、［ソフトウェアの制限のポリシー］を展開します。

2. ポリシーが1つも定義されていない場合は、［ソフトウェアの制限のポリシー］を右クリックしてコンテキストメニューから［新しいソフトウェアの制限のポリシー］を選択します。

3. ［追加の規則］ノードを右クリックし、コンテキストメニューから［新しいパスの規則］（または［新しいハッシュの規則］）を選択してメモ帳の実行可能ファイル（%SystemRoot%¥System32¥Notepad.exe）を選択し、セキュリティレベルを［許可しない］に設定します。

4. Windows Sysinternals の Process Monitor（Procmon.exe）を実行し、［Path］［contains］［Safer］then［Include］という条件のフィルターを追加します。

5. コマンドプロンプトを開き、notepad.exe と入力してメモ帳の実行を試みます。

メモ帳を実行しようとすると、「このプログラムはグループポリシーによりブロックされています。…」と表示され、実行できないはずです。Process Monitor で確認すると、コマンドプロンプトのプロセス（cmd.exe）がローカルコンピューターに適用される制限のポリシーのレジストリキー（HKLM¥SOFTWARE¥Policies¥Microsoft¥Windows¥Safer¥CodeIdentifiers¥0¥Paths など）を照会している様子を確認できるでしょう。[30]

---

[30] 訳注：AppLocker の規則を実施するためには、AppLocker をサポートする SKU（Enterprise、Education、Server）が必要です。Windows XP から利用可能なソフトウェアの制限ポリシーは、Windows 10/Windows Server 2016 までは SKU（Home エディションは除く）に関係なく利用できます。ただし、Windows 10 バージョン 1703 および 1709 では SRP は期待どおりに機能しない場合があります。SRP は Windows 10 バージョン 1803 で開発終了扱いとなり、Windows 10 のバージョンを問わずサポートされない機能になりました。詳しくは「Features removed or planned for replacement starting with Windows 10, version 1803」（https://docs.microsoft.com/en-us/windows/deployment/planning/windows-10-1803-removed-features）を参照してください。

7.14 | カーネルパッチ保護 (KPP)

　一部のデバイスドライバーには、サポートされない方法を使用してWindowsの振る舞いを変更するものがあります。例えば、そのようなドライバーはシステムコールテーブルにパッチ (改変) を適用してシステムコールをインターセプトしたり、メモリ上のカーネルイメージにパッチを適用して特定の内部関数に機能を追加したりします。そのような変更は、本質的に危険なことであり、システムの安定性やセキュリティを損なう可能性があります。また、不正なドライバー、またはWindowsのドライバーにある脆弱性をエクスプロイト (悪用) することによって、悪意のある意図でそのような変更がなされる可能性もあります。

　カーネル自身よりも高い権限を持つエンティティの存在なしでは、カーネル自身の内部でのカーネルベースのエクスプロイトや不正なドライバーを検出し、それから保護することは、トリッキーなゲームです。検出／防止のメカニズムと望ましくない動作はどちらもリング0の中であるため、その単語の本来の意味であるセキュリティ境界を定義することは不可能です。望ましくない動作は、それ自体が検出／防止メカニズムを無効にしたり、パッチしたり、だましたりすることができるからです。つまり、そのような状況下にあっても、そのような望ましくない動作に対応するメカニズムとしては、まだ次のように役に立つものがあります。

- 明確に調査することができるカーネルモードクラッシュダンプを伴うコンピューターのクラッシュにより、ユーザーと管理者の両方は、カーネルの内部で望ましくない動作が実施されたことを容易に確認することができ、次の行動に進むことができます。また、正規のソフトウェアベンダーは顧客のシステムをクラッシュさせるリスクを取りたいと思わないはずであり、カーネルの機能を拡張するサポートされた方法 (例えば、ファイルシステムフィルターのためのフィルターマネージャーの使用や、コールバックに基づいたその他のメカニズム) を見つけることを期待できるということでもあります。

- 望ましくない動作が検出メカニズムを無効にすることへの対抗措置として、難読化(これはセキュリティ境界ではありません)はそのコストを高くできます。攻撃に時間もかかるようになり、複雑さも増します。この追加されるコストとは、望ましくない動作が潜在的に悪意のあるものとしてより明確に識別されるということであり、その複雑さは潜在的な攻撃者にとって追加コストになります。難読化の手法に切り替えることにより、正規のベンダーは、まるでマルウェアであるかのように見えるリスクを冒す必要がなくなります。つまり、レガシな拡張メカニズムから離れ、サポートされた技術を代わりに実装することに時間をかけた方が良いということです。

- ランダム化、および検出／防止メカニズムの非公開の固有のチェックは、カーネルの整合性を監視し、チェックの実施タイミングを不明確にするため、攻撃者がエクスプロイトを確実に実行する能力を奪います。このメカニズムが持つ、可能性のある不明確な変数と遷移状態のすべてを、静的コード解析を通して考慮することを、攻撃者に強います。それは、別の難読化への切り替えやそのメカニズムに実装される機能の変更が行われるまでのタイムフレームの中では、ほぼ不可能なことです。

- カーネルモードクラッシュダンプは自動的にマイクロソフトに提出されるため、企業は世に出回っている望ましくないコードの利用統計を受け取ることができ、どのソフトウェアベンダーのコードがサポートされなくて、システムをクラッシュさせるのかを識別することができます。あるいは、世に出回っている悪意のあるドライバーや、ゼロデイのカーネルモードエクスプロイト、まだ報告されていない可能性のあり、アクティブなエクスプロイトのバグの修正を追跡することができます。

7.14.1 | PatchGuard

x64対応の64ビットWindowsがリリースされて間もなく、リッチなサードパーティのエコシステムが開発される以前、マイクロソフトは64ビットWindowsの安定性を保つ機会を見出しました。そして、製品利用統計情報と致命的なエクスプロイトパッチ検出の機能をシステムに追加しました。これは、「カーネルパッチ保護（Kernel Patch Protection：KPP）」と呼ばれるテクノロジであり、「PatchGuard」とも呼ばれています。32ビットARMプロセッサコアで動作するWindows Mobileがリリースされたとき、この機能がシステムに組み込まれました。また、この機能は64ビットARM（AArch64）システムにも同様に提供されました。しかし、サポートされていない、危険なフック手法をいまだに使用するレガシ32ビットドライバーが非常に多く存在するため、このメカニズムはそのようなシステムでは有効になっていません。Windows 10オペレーティングシステムでさえ、有効になっていません。幸いなことに、32ビットシステムの使用は、ほとんど終焉に向かっています。サーバーバージョンのWindowsは、32ビットアーキテクチャをもう完全にサポートしていません。

"Guard（ガード、警護）"と"Protect（保護）"という名称の両方が、このメカニズムがシステムを保護するものであると示唆していますが、このGuard/Protectionが提供するのはコンピューターをクラッシュさせることであり、望んでいないコードがこれ以上実行されるのを防止することであるということを認識することが重要です。このメカニズムは、攻撃を受けた最初の場所でその攻撃を防ぐものではなく、攻撃を軽減するものでも、元に戻すためのものでもありません。カーネルパッチ保護（KPP）の考えは、インターネットに接続されたビデオセキュリティシステムやCCTV（Closed Circuit Television）監視カメラのように、監視室（カーネル）に大音量の警告（クラッシュ）を行うものであり、部屋に厳重に鍵をかけて入り込めなくするようなものではありません。

カーネルパッチ保護（KPP）は、保護されたシステム上でさまざまなチェックを行います。それらをすべて文書化することは、実用的ではありませんし（静的コード解析が困難なため）、潜在的な攻撃者にとって有利になってしまいます（攻撃者のリサーチ時間を短縮してしまうため）。しかし、マイクロソフトは特定のチェックについてはドキュメント化しています。表7-23はそれらを一般化したものです。カーネルパッチ保護（KPP）が、いつ、どこで、どのようにチェックを実施するのか、およびどの特定の関数やデータ構造体に影響するのかについては、本書の範囲を超えるものです。

表7-23　カーネルパッチ保護（KPP）によって保護される要素の一般的な説明

コンポーネント	正規の使用法	潜在的な望ましくない使用法
カーネル内の実行可能コード、その依存関係、コアドライバー、およびこれらのコンポーネントのインポートアドレステーブル（IAT）	主にカーネルモードの操作で使用される標準的なWindowsコンポーネント。	これらのコンポーネントに対するパッチ（改変）コードは、コンポーネントの動作の変更、システムへの望ましくないバックドアの作成、システムからのデータまたは望ましくない通信の隠蔽の可能性があります。それだけでなく、システムの安定性を損ねたり、バグのあるサードパーティコードを通してさらに脆弱性を追加することさえ可能です。
グローバル記述子テーブル（GDT）	リング特権レベルの実装のためのCPUハードウェア保護（リング0対リング3）。	期待されるアクセス許可およびコードとリンクレベルのマッピングの変更は、リング3コードがリング0にアクセスすることを許します。

コンポーネント	正規の使用法	潜在的な望ましくない使用法
割り込み記述子テーブル (IDT) または割り込みベクターテーブル	テーブルは、割り込みベクターを正しい処理ルーチンに配送するためにCPUによって読み取られます。	キーボード操作、ネットワークパケット、ページングメカニズム、システムコール、ハイパーバイザーの通信、その他をフックし、バッグドア、悪意のあるデータや通信の隠蔽に使用されたり、バグのあるサードパーティコードを介して脆弱性を意図せず追加したりする可能性があります。
システムサービス記述子テーブル(SSDT)	システムコールハンドラーごとのポインターの配列を含むテーブル。	ユーザーモードのすべての通信をカーネルでフックし、上記と同じ問題を引き起こす可能性があります。
制御レジスタ (CR)、ベクターベースアドレスレジスタ (VBAR)、モデル固有レジスタ (MSR) など、重要なCPUレジスタ	システムコール、仮想化、SMEP (Supervisor Mode Executive Prevention) といったCPUセキュリティ機能の有効化、その他のために使用されます。	上記と同じ問題を引き起こす可能性があります。さらに、重要なCPUセキュリティ機能やハイパーバイザーの保護を無効化する可能性があります。
カーネル内のさまざまな関数ポインター	さまざまな内部機能の間接的な呼び出しとして使用されます。	特定のカーネルの内部操作をフックするのに使用される可能性があり、バックドアの作成やシステムの不安定化につながります。
カーネル内のさまざまなグローバル変数	カーネルのさまざまな部分を構成するのに使用されます。これには、特定のセキュリティ機能が含まれます。	ユーザーモードからのエクスプロイトにより任意のメモリを上書きを許可するといった方法で、悪意のあるコードがそれらのセキュリティ機能を無効にする可能性があります。
プロセスリストとモジュールリスト	タスクマネージャー、Process Explorer、およびWinDbgデバッガーといったツールで、ユーザーにアクティブなプロセスやプロセスに読み込まれたドライバーを表示するのに使用されます。	悪意のあるコードは、特定のプロセスやシステム上のドライバーの存在を隠す可能性があり、それらをユーザーやセキュリティソフトウェアといった大部分のアプリケーションから見えなくします。
カーネルスタック	関数の引数、コールスタック（戻るべき関数の場所）、および変数を格納します。	非標準のカーネルスタック上の操作は、攻撃の一部としてピボットスタック上で動作するReturn Oriented Programing (ROP) エクスプロイトの兆候であることがよくあります。
ウィンドウマネージャー、グラフィックス関連のシステムコール、コールバック、その他	GUI、GDI、およびDirectXのサービスを提供します。	前述したのと同様のフック能力がありますが、グラフィックスとウィンドウ管理スタックを特に対象としています。他の種類のフックと同様の問題を引き起こす可能性があります。
オブジェクトの種類	システムがオブジェクトマネージャーを通してサポートする、さまざまなオブジェクト（プロセスやファイルなど）の定義です。	バイナリのデータセクションの中の間接的な関数ポインターをターゲットとしていない、直接的なパッチコードではない、別のフック手法として使用される可能性があります。他の種類のフックと同様の問題を引き起こす可能性があります。
ローカルAPIC	プロセッサ上でのハードウェア割り込みの受信、タイマー割り込みの受信、およびプロセッサ間割り込み (IPI) の受信のために使用されます。	タイマー実行、IPI、または割り込みフックするのに使用される可能性があります。あるいは、永続的なコードをシステム上でこっそり生き残る手段として、定期的に実行される可能性があります。

コンポーネント	正規の使用法	潜在的な望ましくない使用法
フィルターおよびサードパーティの通知コールバック	正規のサードパーティセキュリティソフトウェア（およびWindows Defender）によって、システムのアクションについての通知を受信するために使用されます。場合によっては、特定のアクションに対するブロック/防御するために使用されます。カーネルパッチ保護（KPP）が防止することの多くを達成する、サポートされた方法として存在します。	悪意のあるコードによって、フィルター可能なすべての操作をフックするのに使用される可能性があります。また、システム上で生き続けるため、定期的に実行される可能性もあります。
特殊な構成とフラグ	セキュリティや軽減策が保証を提供する、さまざまなデータ構造体、フラグ、および正規のコンポーネントの要素です。	悪意のあるコードによって、特定の軽減策をバイパスするために使用される可能性があります。保護されたプロセスの保護の解除といった、ユーザーモードプロセスが持つ特定の保証や期待に違反する可能性があります。
カーネルパッチ保護（KPP）エンジン自身	カーネルパッチ保護（KPP）違反の間のシステムのバグチェックに関連するコード、カーネルパッチ保護（KPP）に関連付けられたコールバックの実行、その他。	カーネルパッチ保護（KPP）で使用されるシステムの特定の部分を変更することで、望ましくないコンポーネントがカーネルパッチ保護（KPP）を沈黙させたり、無視させたり、あるいは無効にしたりしようとします。

　既に述べたように、カーネルパッチ保護（KPP）が望ましくないコードをシステム上で検知したとき、容易に識別可能なコードを伴ってシステムをクラッシュさせます。これは、バグチェックコード0x109に対応しており、CRITICAL_STRUCTURE_CORRUPTIONを表します。また、Debugging for Windowsのデバッガーはこのクラッシュダンプを解析するために利用できます（詳しくは、第6版下巻で説明しています）。クラッシュダンプの情報は、カーネルの破損した部分、または巧妙に変更された部分に関する情報が含まれますが、追加的な情報についてはMicrosoft Online Crash Analysis（OCA）やWindowsエラー報告（WER）チームによって解析されなければならず、ユーザーには公開されていません。

　カーネルパッチ保護（KPP）が阻止するテクニックを利用したいサードパーティの開発者は、次のサポートされた手法を使用できます。

- **ファイルシステム（ミニ）フィルター**—— イメージファイルやDLLの読み込みを含む、すべてのファイル操作をフックするために使用します。フィルターを使用することで、悪意のコードをその場で削除するためにインターセプトしたり、既知の不正な実行可能イメージやDLLが読み込まれるのをブロックしたりできます（これらについて詳しくは、本書下巻で説明します）。
- **レジストリフィルター通知**—— すべてのレジストリ操作をフックするために使用します（この通知に関して詳しくは、本書下巻で説明します）。セキュリティソフトウェアは、レジストリの重要な部分の変更をブロックすることができます。また、レジストリへのアクセスパターンや既知の不正なレジストリキーを監視することで、悪意のあるソフトウェアをヒューリスティックに判断することができます。
- **プロセス通知**—— セキュリティソフトウェアは、システム上のすべてのプロセスとスレッドの実行と終了を監視することができます。DLLの読み込みとアンロードについても同様です。ウイル

ス対策やその他のセキュリティベンダーのために追加された通知機能の強化を使用することで、プロセスの開始をブロックすることもできます（これらの通知について詳しくは第3章を参照してください）。

- **オブジェクトマネージャーのフィルタリング** —— セキュリティソフトウェアは、自身のユーティリティを特定の操作から防御するために、プロセスやスレッドに付与されようとしている特定のアクセス権を削除することができます（これについては、本書下巻で議論します）。

- **NDISライトウェイトフィルター（LWF）およびWindowsフィルタリングプラットフォーム（WFP）フィルター** —— セキュリティソフトウェアは、すべてのソケット操作（ACCEPT、LISTEN、CONNECT、CLOSEなど）をインターセプトできます。パケットそのものでさえ、インターセプトすることができます。セキュリティベンダーは、NDISライトウェイトフィルター（LWF）を使用して、ネットワークカード（NIC）から回線に向かおうとしている生のイーサネットフレームデータにアクセスすることができます。

- **Windowsイベントトレーシング（ETW）** —— ユーザーモードコンポーネントによって実行された、関心のあるセキュリティ属性を持つ多くの種類の操作に対しては、Windowsイベントトレーシング（ETW）を介して、ほぼリアルタイムに対応することができます。特定のケースでは、マイクロソフトとのNDA契約と各種セキュリティプログラムへの参加の下で、特別にセキュアなETW通知がマルウェア対策で保護されたプロセスで利用可能になります。これにより、より多くのトレースデータのセットへのアクセスが許可されます（ETWについては、本書下巻で議論します）。

7.14.2 | HyperGuard

仮想化ベースのセキュリティ（VBS、この章の「7.3　仮想化ベースのセキュリティ（VBS）」の節で説明しました）とともに実行されるシステム上では、カーネルモード特権を取得した攻撃者が、実質的に検出/防御メカニズムと同じセキュリティ境界で実行されるということは、もはや真実ではありません。実際、そのような攻撃者は、仮想信頼レベル（VTL）0で操作することになりますが、一方の検出/防御メカニズムはVTL 1に実装されています。Windows 10 Anniversary Update（バージョン1607）では、そのようなメカニズムが確かに存在し、「HyperGuard」という相応しい名前があります。HyperGuardには、カーネルパッチ保護（KPP）であるPatchGuardとは別の、興味深い特性がいくつかあります。

- HyperGuardは、難読化に依存する必要がありません。HyperGuardを実装するシンボルファイルおよび関数の名前は誰もが参照できるように公開されていますし、そのコードは難読化されていません。完全な静的コード解析が可能です。これは、HyperGuardそのものが真のセキュリティ境界だからです。

- HyperGuardは、不確定的な操作を必要としません。なぜなら、上記の特性のため、それが何の利点もないからです。実際、確定的な操作によって、HyperGuardは望ましくない動作が検出されると、正確にその時点でシステムをクラッシュさせることができます。これはつまり、クラッシュデータが管理者（およびマイクロソフトの解析チーム）にとって明確であり、次のアクションが可能なデータを含むことを意味します。例えば、カーネルスタックは、望ましくない動作が実行されたときのコードを正確に示すでしょう。

- ここまでの特性のため、HyperGuardは広範囲の種類の攻撃を検出することができます。なぜなら、悪意のあるコードは変更した値を正確な時間幅の間に元の正しい値に復元する機会を持たな

いからです。PatchGuardの不確定方式の残念な副作用は、攻撃者に復元のための時間も与えてしまうことでした。

HyperGuardは、特定の方法でPatchGuardの機能を拡張するためにも使用され、PatchGuardの能力を強化します。これにより、攻撃者はPatchGuardに検知されずに、PatchGuardを無効にすることができなくなります。HyperGuardが不整合を検知すると同時にシステムをクラッシュさせますが、別のコード0x18C（HYPERGUARD_VIOLATION）でクラッシュさせます。PatchGuardと同様に、HyperGuardがどのような種類のものを検出するのか、一般的なレベルで知ることは有益なことでしょう。表7-24にそれを示します。

表7-24　HyperGuardによって保護される要素の一般的な説明

コンポーネント	正規の使用法	潜在的な望ましくない使用法
カーネル内の実行可能コード、その依存関係、コアドライバー、およびこれらのコンポーネントのインポートアドレステーブル（IAT）	表7-23を参照	表7-23を参照
グローバル記述子テーブル（GDT）	表7-23を参照	表7-23を参照
割り込み記述子テーブル（IDT）または割り込みベクターテーブル	表7-23を参照	表7-23を参照
制御レジスタ（CR）、グローバル記述子テーブルレジスタ（GDTR）、割り込み記述子テーブルレジスタ（IDTR）、ベクターベースアドレスレジスタ（VBAR）、モデル固有レジスタ（MSR）など、重要なCPUレジスタ	表7-23を参照	表7-23を参照
セキュアカーネル内の実行可能コード、コールバック、データ領域、およびその依存関係、HyperGuard自体を含む	主にVTL 1の操作およびセキュアカーネルモードの用途で使用される標準的なWindowsコンポーネント	これらのコンポーネントに対するパッチコードは、攻撃者がVTL 1でハードウェアまたはハイパーバイザーを介して、ある種類の脆弱性に対してアクセスしたことを示唆しています。デバイスガード、HyperGuard、および資格情報ガードを破壊するのに使用される可能性があります。
Trustletによって使用される構造体および機能	あるTrustletが別のTrustletとの間、またはTrustletとカーネルとの間、またはTrustletとVTL 0との間でデータを共有します。	1つ以上のTrustletにいくつかの脆弱性がある可能性を示唆しています。資格情報ガードやシールドされたファブリック/仮想TPMといった機能を妨害するために使用される可能性があります。
ハイパーバイザー構造体と領域	ハイパーバイザーによってVTL 1と通信するために使用されます。	VTL 1のコンポーネントまたはハイパーバイザー自体の潜在的な脆弱性の可能性を示唆しています。VTL 0のリング0からアクセス可能になる可能性があります。

コンポーネント	正規の使用法	潜在的な望ましくない使用法
カーネル制御フローガード（CFG）ビットマップ	間接的な関数呼び出しまたはジャンプの対象となる、有効なカーネル関数を識別するために使用されます。CFGについては、この章の「7.12.2　制御フローの整合性（CFI）」の項を参照してください。	攻撃者が、ハードウェアまたはハイパーバイザーの種類のエクスプロイトを介して、VTL 1で保護されたカーネルCFGビットマップに変更を実施できることを示唆しています。
ページ検証	デバイスガードのためのHVCI（ハイパーバイザーのコードの整合性）に関連するタスクを実装するために使用されます。	攻撃者が何らかの方法でSKCI（セキュアカーネルのコードの整合性）を攻撃したことを示唆しています。その結果、デバイスガード侵害、またはIUM（分離ユーザーモード）の承認されていないTrulstletを許してしまう可能性があります。
NULLページ	なし。	攻撃者が何らかの方法でカーネルやセキュアカーネルに仮想ページ0の割り当てを強要したことを示唆しています。VTL 0またはVTL 1のNULLページ脆弱性のエクスプロイトが使用される可能性があります。

　VBSが有効になっているシステムでは、説明する価値のある別のセキュリティ関連機能が存在します。それは、ハイパーバイザー自体に実装されている、「Non-Privileged Instruction Execution Prevention（NPIEP）」という機能です。これは、グローバル記述子テーブル（GDT）、割り込み記述子テーブル（IDT）、ローカル記述子テーブル（LDT）のカーネルモードアドレスを漏洩するのに使用される可能性がある、特定のx64命令を対象とした軽減策です。GDT、IDT、LDTは、それぞれSGDT（Store GDT）レジスタ、SIDT（Store IDT）レジスタ、SLDT（Store LDT）レジスタに格納されています。NPIEPを使用すると、これらの命令は引き続き実行が許可されますが（互換性上の理由で）、これらの構造体の実際のカーネルアドレスではない、プロセッサごとの一意の数字を返します。これは、ローカルの攻撃者からの、カーネルアドレス空間レイアウトのランダム化（KASLR）情報の漏洩に対する軽減策として機能します。

　最後に、PatchGuardまたはHyperGuardは一度有効化されると、無効にする方法が存在しないことに注意してください。しかしながら、デバイスドライバーの開発者は実行中のシステムに対して、デバッグ作業の一部として変更を行う必要があることがあります。そのため、アクティブなリモートのカーネルデバッグ接続を持つ、デバッグモードでブートしたシステムでは、PatchGuardは有効になりません。同様に、リモートのデバッガーがアタッチされたデバッグモードでハイパーバイザーがブートした場合、HyperGuardは無効になります。

7.15 | まとめ

　Windowsは、政府機関と商用インストールの両方の主要な要件を満たす、広範囲のセキュリティ機能を提供しています。この章では、これらのセキュリティ機能のベースになっている内部コンポーネントの概要について説明してきました。本書下巻では、Windowsシステム全体に広がる、さまざまなメカニズムについて詳しく見ていきます。

索　引

■記号・数字

!（感嘆符）	43
!address	839
!ca	452
!cpuinfo	253
!dbgprint	64
!dd	418
!devnode	629
!devobj	561, 585
!devstack	581
!dq	417
!drvobj	561, 570, 576
!file	451
!fileobj	567, 601
!handle	119, 451, 567, 793
!heap	372, 376
!idt	847
!irp	579, 584, 605
!irpfind	582
!job	195, 289, 322
!list	182
!lookaside	365
!memusage	453
!numa	294
!object	559, 674, 732
!partition	508
!pcr	85, 282
!peb	120, 121, 181
!pfn	490
!poolused	362
!prcb	85
!process	118, 119, 196, 213, 221, 229, 283, 288, 321, 416, 430, 444, 516, 578, 604, 712, 732, 736, 781, 791
!pte	416, 517
!ready	249
!session	389
!silo	203
!smt	292
!sprocess	389
!sysptes	391
!teb	218, 222
!thread	213, 218, 283, 317, 578, 586
!token	712
!vad	444
!verifier	623
!vm	336, 359, 390, 391, 431, 432, 433
!wdfkd.wdfldr	649
!wmiprint	65
!wsle	465
.cat	641, 642
.inf	539
.NET Framework	7
.pf	458
.sys ファイル	54
.thread	222, 230
.tPolicy	135
/DYNAMICBASE	403
/FORCEGROUPAWARE	297
/GROUPSIZE	297
/HEAP	366
/LARGEADDRESSAWARE	385, 394
/MAXGROUP	297
/NXCOMPAT	353
/SUBSYSTEM	68
__fastfail	846, 847
_NT_SYMBOL_PATH	18
_PEB構造体	120
~（チルダ）	227
16ビット仮想DOSマシン（VDM）	71
2要素認証（TFA）	686
64ビットアドレス空間レイアウト	393
64ビット拡張システム	54

■A

AccessChk ユーティリティ	38, 706, 775
ACE フラグ	730
ActivateApplication	114
Active Directory	681, 796
AdjustBoost	260, 270
AdjustTokenPrivileges	754
AdjustUnwait	259, 270
Advanced Configuration and Power Interface（ACPI）	87, 661
Advanced Local Procedure Call（ALPC）	70, 82, 93, 658, 688
Advanced Programmable Interrupt Controller（APIC）	87
Advapi32.dll	54, 69, 72, 95, 111
AES（Advanced Encryption Standard）暗号化	533
AEX（Asynchronous Enclave Exit）	521
AllocateUserPhysicalPages	355
AllocateUserPhysicalPagesNuma	355, 446
AllocConsole	74
AMD SVM	52
ANSI	36
API セット	189
Application Identity サービス（AppIDSvc）	854
Application Information（AppInfo）サービス	160
AppLocker	682, 851
AppUserModelId	114
APPX_PROCESS_CONTEXT	146
ARM	54
ARM アドレス空間レイアウト	392
ARM 仮想アドレス変換	419
ASSERT マクロ	64
AssignProcessToJobObject	194
ATL サンクエミュレーション	352
Audiodg.exe	124
AuditPol コマンド	764
AuthZ API	746

索引 867

Autochk ································· 80, 114	CreateRemoteThread ····················· 209, 341
Autoruns.exe ·································· 38	CreateRemoteThreadEx ················· 210, 224
AVL木 ································ 510, 521	CreateRestrictedToken ······················ 721
AvSetMmThreadCharacteristics ·········· 272	CreateService ····························· 645
	CreateThread ····················· 209, 226, 341
B	CreateThreadpool ·························· 327
B+木 (B+Tree) ····························· 504	CreateWindow ····························· 115
BasepAppXExtension ······················ 146	Cryptographic Services ····················· 139
BasepCreateLowBox ······················· 146	CSR_PROCESS構造体 ·········· 115, 121, 122, 160
Basesrv.dll ·································· 71	CSR_THREAD構造体 ············ 211, 222, 223
Bash.exe (Microsoft Bash ランチャー) ······· 76	CsrCreateProcess ·························· 160
Bcdedit.exe ·································· 43	CsrCreateThread ··························· 160
big.LITTLE ································· 313	Csrsrv.dll ·································· 71
BlMmAddEnclavePageRange ················ 521	Csrss ···················· 71, 80, 97, 100, 114, 121
BNO分離 ·································· 794	Csrss スレッド (CSR_THREAD) 構造体 ········· 160
Bootvid (VGA Boot Driver) ·················· 89	Csrss プロセス (CSR_PROCESS) 構造体 ········· 160
BSTR ····································· 38	C言語 ····································· 55
C	**D**
C++/CX ···································· 6	db ·· 317
CancelIoEx ································ 602	DBG ······································· 63
CancelSynchronousIo ······················· 602	Dbghelp.dll ······························ 16, 17
Canonical Display Driver (Cdd.dll) ······· 72, 73, 100	DbgUiConnectToDbg ························ 143
cdb ···································· 41, 227	DbgView.exe ······························· 64
CExecSvc.exe (Container Execution Agent) ······· 206	dd ····························· 398, 417, 617
CFGビットマップ ················ 837, 839, 840	DEBUG_PROCESS ··························· 113
CFG保護の強化 ···························· 840	DebugActiveProcess ························ 42
CFG抑制 ·································· 833	DebugBreak ······························· 209
Ci.dll ····································· 89	Debugger.chm ····························· 44
Class キー ································· 632	Debugging Tools for Windows ····· 13, 16, 17, 38, 41, 47, 107, 216
Clfs コントラクト ·························· 90	Dependency Walker (Depends.exe) ········ 37, 38, 69, 80, 88, 189
Clockres ツール ······················ 251, 253	Desktop Activity Moderator (DAM) ········· 192
CloseHandle ······························· 674	DeviceIoControl ··························· 590
CLSID_ApplicationActivationManager ········· 114	devnode ·································· 628
Common Criteria (CC) ····················· 475	Differentiated Services Code Point (DSCP) ····· 193
COMPUTERNAME環境変数 ·················· 106	DirectX グラフィックスカーネル (Dxgkrnl.sys) ···· 115
COM サーバー ······························· 5	Dllhost.exe ································ 18
CONTEXT ブロック ·························· 20	DLLの安全な検索モード (SafeDLLSearchMode) ···· 175
ConvertThreadToFiber ······················ 20	DLL名のリダイレクト ······················· 176
CPUセット ································· 304	Docker ····················· 30, 199, 200, 506
CPUレート制限 ···························· 320	DPCスタック ······························ 442
CRC (巡回冗長検査) ························· 509	dq ······································· 431
CREATE_SUSPENDED ························ 113	dt ················· 44, 117, 198, 212, 223, 284, 293,
CreateEnclave ····························· 521	318, 390, 396, 451, 563, 711, 792
CreateFiber ································· 20	Dumpbin.exe ユーティリティ ········ 386, 834, 842
CreateFile ······················ 8, 178, 540, 569	DuplicateHandle ··························· 346
CreateFile2 ························ 540, 569	Dxgkrnl.sys ······························ 72
CreateFileA ································ 37	DXGPROCESS構造体 ························ 115
CreateFileMapping ····················· 346, 572	
CreateFileMappingFromApp ················· 346	**E**
CreateFileMappingNuma ················ 346, 446	Enhanced Mitigation Experience Toolkit (EMET) ········· 406
CreateFileW ································ 37	EPROCESS構造体 ················ 75, 115, 116, 117
CreateIoCompletionPort ················ 607, 609	ESERVERSILO_GLOBALS構造体 ·············· 205
CreateJobObject ····················· 194, 205	ETHREAD構造体 ··························· 75
CreateMemoryResourceNotification ·········· 469	EvtIo* ルーチン ··························· 648
CreateProcess ············· 8, 70, 111, 112, 141, 164	ExAdjustLookasideDepth ···················· 365
CreateProcessAsUser ············ 111, 112, 152, 708	ExAllocatePoolWithQuotaTag ················ 623
CreateProcessInternal ···················· 112, 114	ExAllocatePoolWithTag ··················· 8, 623
CreateProcessInternalW ··········· 143, 147, 159, 163	ExCreateHandle ··························· 696
CreateProcessWithLogonW ············ 111, 112, 708	ExInitializeNPagedLookasideList ············· 364
CreateProcessWithTokenW ·············· 111, 112	ExInitializePagedLookasideList ·············· 364

索引

ExitProcess ···································· 168
ExitThread ···································· 282
ExitWindowsEx ····························· 70, 71
EXTENDED_STARTUPINFO_PRESENT ··········· 113

F

FlushViewOfFile ······························ 341
Fthsvc.dll ···································· 382
FTH クライアント ······························ 381
FTH サーバー ·································· 381
F 状態（F ステート）····························· 672

G

Gdi32.dll ································ 54, 69, 72
GetCurrentProcess ···························· 70
GetCurrentProcessId ·························· 70
GetMessage ······························· 8, 115
GetNativeSystemInfo ························ 344
GetOverlappedResult ························· 570
GetPackageApplicationIds ···················· 114
GetProcessDEPPolicy ························· 353
GetProcessHeap ····························· 366
GetQueuedCompletionStatus ····· 192, 570, 607, 609
GetQueuedCompletionStatusEx ················ 609
GetSystemCpuSetInformation ················· 304
GetSystemInfo ································ 344
GetSystemTimeAdjustment ··················· 251
GetThreadContext ····························· 20
GetTokenInformation ························· 703
GetVersionEx ·································· 2
Gflags.exe ·························· 38, 378, 622
Global Flags ·································· 38
GPGPU（GPU 汎用計算）······················· 115
GS クッキー保護 ····························· 554

H

Hal.dll ································· 53, 87, 88
Halacpi.dll ···································· 87
Halmacpi.dll ·································· 87
HAL 拡張 ···································· 88
Handle.exe ······························· 38, 805
HasOverlappedIoCompleted ··················· 570
HeapAlloc ··································· 366
HeapCreate ······························ 366, 367
HeapDestroy ·································· 366
HeapFree ···································· 366
HeapLock ································· 366, 369
HeapReAlloc ·································· 366
HeapSetInformation ·························· 376
HeapUnlock ······························ 366, 369
HeapWalk ································· 366, 368
Hiberfil.sys ·································· 662
HKEY_LOCAL_MACHINE（HKLM）··············· 36
Host Guardian サービス（HGS）················ 31
HSTRING ···································· 38
Hvax64.exe ··································· 54
Hvix64.exe ··································· 54
HyperGuard ······························ 30, 863
Hyper-V ····································· 30
Hyper-V コンテナー ·························· 199

I

I/O Memory Management Unit（IOMMU）········· 66
I/O キャンセルルーチン ···················· 555, 574
I/O システム ································· 537
I/O スタックロケーション ······················ 574
I/O マネージャー ··············· 80, 81, 538, 539, 659
I/O 開始ルーチン ····························· 555
I/O 完了ポート ····························· 606, 611
I/O 完了ルーチン ·························· 555, 575
I/O 状態 ···································· 574
I/O 帯域幅予約 ······························· 617
I/O 優先度 ·································· 611
I/O 優先度の逆転 ····························· 614
I/O 要求 ···································· 541
I/O 要求パケット（IRP）········· 539, 572, 578, 579, 582
IApplicationActivationManager ················ 114
ID キー ···································· 139
ID ベースのアクセス制御（IBAC）················ 746
Image File Execution Options（IFEO）······· 146, 151, 152, 371
Imubase.dll（IUM Layer Secure Win32 DLL）········ 66
IncreaseUserVa オプション ······ 23, 385, 387, 388, 439, 462, 838
INF ファイル ····················· 539, 639, 640, 645
InitializeEnclave ························ 520, 524
InstantGo ··································· 665
Intel VT-x ··································· 52
Invasive ····································· 42
IoAdjustStackSizeForRedirection ·············· 581
IoAllocateIrp ································· 573
IoBoostThreadIoPriority ······················ 614
IoCallDriver ·································· 588
IoCompleteRequest ················· 262, 581, 589
IoCompletion オブジェクト ···················· 607
IoCompteteRequest ··························· 580
IoCopyCurrentIrpStackLocationToNext ·········· 580
IoCreateDevice ······························ 557
IoCreateDeviceSource ························ 557
IoCreateSymbolicLink ························ 558
IoGetCurrentIrpStackLocation ················ 580
IoGetNextIrpStackLocation ··················· 581
IoInvalidateDeviceRelations ·················· 632
IopUnmapSecureIo ··························· 138
IoRegisterDeviceInterface ···················· 558
IoRegisterPriorityCallback ··················· 614
IoRemoveIoCompletion ······················ 609
IoSessionStateNotification ··················· 618
IoSetCancelRoutine ·························· 601
IoSetCompletionRoutine ·················· 575, 581
IoSetDeviceInterfaceState ···················· 558
IoSetIoPriorityHint ·························· 613
IoSkipCurrentIrpStackLocation ················ 580
IoStartNextPacket ···························· 589
IoStartPacket ································ 588
IsEnclaveTypeSupported ····················· 520
Isolated User Mode（IUM）···················· 693
IsWindows10OrGreater ························· 2
IsWindows8OrGreater ·························· 2
IsWindows8Point1OrGreater ···················· 2
IsWindowsServer ······························ 2
IumBase ···································· 135

IumCreateSecureDevice ……………………… 138
IumCreateSecureSection ……………………… 139
IumCrypto …………………………………… 139
Iumdll.dll（IUM Layer DLL）………… 66, 135
IumDmaMapMemory ………………………… 138
IumFlushSecureSectionBuffers ……………… 139
IumGetDmaEnabler …………………………… 138
IumGetExposedSecureSection ………………… 139
IumGetIdk …………………………………… 139
IumMapSecureIo ……………………………… 138
IumOpenSecureSection ……………………… 139
IumPostMailbox ……………………………… 139
IumProtectedSecureIo ………………………… 138
IumQuerySecureDeviceInformation ………… 138
IumSecureStorageGet ………………………… 139
IumSecureStoragePut ………………………… 139
IumUpdateSecureDeviceState ………………… 138
Ium コントラクト …………………………… 90

■ J

Jump Oriented Programing（JOP）…………… 832

■ K

k ……………………………………………… 227
Kcminitcfg コントラクト ……………………… 89
kd ……………………………………… 39, 41, 42
Kdcom.dll …………………………………… 89
KeAcquireInterruptSpinLock ………………… 597
KeAcquireSpinLock …………………………… 596
KeAddEnclavePage …………………………… 524
KeBalanceSetManager ………………………… 466
KeCreateEnclave ……………………………… 523
KeInitializeProcess …………………………… 154
KeInitializeQueue …………………………… 609
KeInitializeSpinLock ………………………… 597
KeInsertQueue ………………………… 609, 610
Kerberos 認証パッケージ ……………… 800, 801
Kerberos 防御 ……………………………… 690
KeReleaseInterruptSpinLock ………………… 597
KeReleaseSpinLock …………………………… 596
KeRemoveQueueEx …………………… 609, 610
Kernel32.dll ……… 8, 20, 54, 69, 72, 95, 224
KeSetEvent …………………………………… 266
KeStartDynamicProcessor …………… 323, 324
KeStartThread ………………………………… 157
KeSwapProcessOrStack ……………………… 467
KeSynchronizeExecution ……………………… 597
KiActivateWaiterQueue ……………………… 610
KiCheckForThreadDispatch …………………… 311
KiConvertDynamicHeteroPolicy ……………… 314
KiDeferredReadyThread ……………………… 310
KiProcessDeferredReadyList …………………… 299
KiSearchForNewThread ……………… 291, 309
KiSearchForNewThreadOnProcessor ………… 310
KiSelectCandidateProcessor …………………… 312
KiSelectNextThread …………………… 290, 291
KiSelectNextThreadEx ………………………… 290
KiSelectReadyThreadEx ……………… 291, 309
KiStartUseThread …………………………… 161
KiUnwaitThread ……………………………… 610
KLDR_DATA_TABLE_ENTRY ……………… 182

KNODE 構造体 ……………………………… 293
KPROCESS …………………………………… 116
Ksecdd.sys（Kernel Security Support Provider Interface）
ドライバー …………………………………… 125
Ksecurity コントラクト ……………………… 89
KSHARED_READY_QUEUE …………………… 248
Ksigningpolicy コントラクト ………………… 90
Ksr コントラクト …………………………… 89

■ L

LARGEADDRESSAWARE ………… 23, 329, 385, 388, 838
LDR_DATA_TABLE_ENTRY …………… 179, 183
LiveKd ……………………………………… 46
lm kv ………………………………………… 553
LoadEnclaveData ………………… 520, 523, 524
LogonSessions ユーティリティ ……………… 802
LogonUI.exe …………………………… 109, 796
LogonUser …………………………………… 708
LowBox ………………………………… 146, 767
LsaIso.exe …………… 97, 106, 109, 680, 684, 687
Lsass ポリシーデータベース ………………… 680
LUA ファイル仮想化フィルタードライバー ………… 814
LxCore.sys（LX Core）………………… 76, 132
Lxrun.exe（Microsoft Lxss サブシステムツール）……… 76
Lxss.sys（LXSS）……………………… 76, 132
LXSS 管理サービス …………………………… 76

■ M

MapUserPhysicalPages ……………………… 355
MapUserPhysicalPagesScatter ……………… 355
MapViewOfFile …………………………… 346, 572
MapViewOfFileExNuma ………………… 346, 446
MapViewOfFileFromApp ……………………… 346
MDL アドレス ………………………………… 574
Memory Compression プロセス ……… 503, 504
Memory Pool Monitor ………………………… 39
MiAddPagesToEnclave ……………………… 523
MiAllocateEnclaveVad ……………………… 522
MiCombineIdenticalPage …………………… 511
MiComputeNumaCosts ……………………… 445
MiCopyPagesIntoEnclave …………………… 524
MiCreateEnclave ……………………………… 522
MiCreateEnclaveRegions ……………………… 521
MiCreatePartition …………………………… 507
MiCreatePebOrTeb …………………………… 155
Microsoft Edge ……………………………… 35
MiDecrementCombinedPte …………………… 516
MiGetEnclavePage …………………………… 523
MiInitializeDynamicVa ……………………… 395
MiInitializeSystemVaRange …………………… 395
MiInsertPageInFreeOrZeroedList …………… 521
MiModifiedPageWriter ……………………… 485
MinWin ………………………………… 72, 189
MiObtainSessionVa …………………………… 395
MiObtainSystemVa …………………………… 395
MiReclaimSystemVa ………………………… 396
MiReserveEnclavePages ……………………… 523
MiReturnSystemVa …………………………… 395
MiSessionCreate ……………………………… 104
MiTrimAllSystemPagableMemory …………… 624
MmAccessFault ……………………………… 421

MmAllocateContiguousMemorySpecifyCacheNode ·········· 446
MmAllocatePagesForMdlEx ·········· 446
MmCreatePeb ·········· 155
MMCSS.sys ·········· 272
MmGetSystemAddressForMdlSafe ·········· 593
MmInitializeProcessAddressSpace ·········· 154, 535
MmLockPagableCodeSection ·········· 344
MmLockPagableDataSection ·········· 344
MmLockPagableSectionByHandle ·········· 344
MmMappedPageWriter ·········· 485
MmProbeAndLockPages ·········· 344, 593
MmUnlockPages ·········· 594
MmWorkingSetManager ·········· 466
Mode Based Execution Control (MBEC) ·········· 692
Msconfig.exe ·········· 43
Msrpc.sys ·········· 89
MSV1_0認証パッケージ ·········· 796, 800
Msvcrt.dll ·········· 8
Multimedia Class Scheduler Service (MMCSS) ドライバー
·········· 272, 274

N

NDISライトウェイトフィルター (LWF) ·········· 863
No-Execute (NX) ·········· 25, 349
Noninvasive ·········· 42
Non-Privileged Instruction Execution Prevention (NPIEP)
·········· 865
NotMyFaultユーティリティ ·········· 363, 603
ntl_ejob ·········· 195
NT_ASSERTマクロ ·········· 64
NtAllocateVirtualMemory ·········· 340
NtContinue ·········· 163, 169
NtCreateEnclave ·········· 521
NtCreateIoCompletion ·········· 609
NtCreatePartition ·········· 507
NtCreateProcessEx ·········· 114, 131
NtCreateThread ·········· 156
NtCreateThreadEx ·········· 210, 224
NtCreateToken ·········· 109
NtCreateUserProcess ·········· 8, 104, 112, 114, 147, 155, 158, 165
NtCreateWorkerFactory ·········· 325, 326
Ntddk.h ·········· 47
NtDelayExecutionThread ·········· 309
NtDeviceIoControlFile ·········· 590
Ntdll.dll ·········· 54, 77, 79, 80, 95, 114, 200, 224, 325, 406
Ntifs.h ·········· 47
NtInitializeEnclave ·········· 524
NtLoadEnclaveData ·········· 523, 524
NtManagePartition ·········· 507
NtOpenPartition ·········· 507
Ntoskrnl.exe ·········· 27, 41, 53, 72, 77, 80, 83, 84, 88, 95
NtQueryInformationProcess ·········· 224, 483
NtQueryInformationWorkerFactory ·········· 325, 327
NtQuerySystemInformation ·········· 458, 617
NtReadFile ·········· 570, 588, 590
NtReleaseWorkerFactoryWorker ·········· 325
NtRemoveIoCompletion ·········· 609
NtRemoveIoCompletionEx ·········· 610
ntsd ·········· 41, 227
NtSetInformationFile ·········· 609
NtSetInformationJobObject ·········· 287

NtSetInformationProcess ·········· 324, 483
NtSetInformationThread ·········· 237, 483
NtSetInformationWorkerFactory ·········· 325
NtSetIoCompletion ·········· 610
NtSetSystemInformation ·········· 304, 510
NtShutdownWorkerFactory ·········· 325
NtWaitForWorkViaWorkerFactory ·········· 325
NtWorkerFactoryWorkerReady ·········· 325
NtWriteFile ·········· 590
NtYieldException ·········· 290
NTヒープ ·········· 367, 368, 371, 372
NT単方向関数 (NT OWF) ·········· 685, 687
NUMA (Non-Uniform Memory Access) ·········· 56, 293, 445
nxオプション ·········· 350

O

ObCheckObjectAccess ·········· 696
OBJECT_ATTRIBUTES構造体 ·········· 146
ObjectAttributes ·········· 33
ObpCreateHandle ·········· 696
ObpGrantAccess ·········· 696
ObReferenceObjectByHandle ·········· 698
OLE (Object Linking and Embedding) ·········· 5
OneCore ·········· 4
OpenFileMapping ·········· 346
OpenProcess ·········· 42
OslEnumerateEnclavePageRegions ·········· 521
OWNER_RIGHTS SID ·········· 741

P

PatchGuard ·········· 125, 860
PEB_LDR_DATA構造体 ·········· 179, 182
PendingRenameMutex ·········· 102
Perfmon.msc ·········· 39
Picoプロセス ·········· 132
Picoプロバイダー ·········· 75, 114, 132
PIN (個人識別番号) ·········· 686, 810
PoClearPowerRequest ·········· 674
PoCreatePowerRequest ·········· 674
PoDeletePowerRequest ·········· 674
PoEndDeviceBusy ·········· 671
PoFxRegisterComponentPerfStates ·········· 673
PoFxRegisterDevice ·········· 672, 673
Poolmonユーティリティ ·········· 39, 360
PopInitializeHeteroProcessors ·········· 313
PoRequestPowerIrp ·········· 667
PoSetDeviceBusy ·········· 671
PoSetDeviceBusyEx ·········· 671
PoSetPowerRequest ·········· 674
POSIXサブシステム ·········· 75
PoStartDeviceBusy ·········· 671
PostQueuedCompletionStatus ·········· 608, 610
Powercfgユーティリティ ·········· 663, 675
PowerClearRequest ·········· 674
PowerCreateRequest ·········· 674
PowerSetRequest ·········· 674
PROC_THREAD_ATTRIBUTE_PACKAGE_FULL_NAME
·········· 114, 146
PROC_THREAD_ATTRIBUTE_PARENT_PROCESS ·········· 146
PROC_THREAD_ATTRIBUTE_SECURITY_CAPABILITIES
·········· 146

索引 | 871

Procdumpユーティリティ ………………………………… 536
Process Explorer …… 16, 17, 22, 48, 80, 91, 94, 100, 108, 129, 196,
  225, 231, 238, 285, 300, 321, 327, 335, 341, 347, 352, 359, 407, 448,
  476, 483, 504, 552, 566, 660, 694, 698, 702, 704, 754, 772, 774, 836
Process Monitor ………………………… 39, 48, 80, 91, 98, 163, 178, 459
PROCESS_CREATE_NEW_SESSIONフラグ ………………… 104
PROCESS_INFORMATION構造体 ………………………… 113
PROCESS_QUERY ………………………………………… 125
PROCESS_SUSPEND_RESUME ………………………… 125
PROCESS_TERMINATE ………………………………… 125
ProductSuite …………………………………………………… 60
ProductType …………………………………………………… 60
ProgramData ………………………………………………… 106
PS_CP_SECURE_PROCESS属性 ………………………… 137
PsAllocSiloContextSlot ……………………………………… 204
PsAttachSiloToCurrentThread ……………………………… 206
PsBoostThreadIo ……………………………………………… 614
PsCreateMinimalProcess …………………………………… 131
PsCreateSystemThread ……………………………… 100, 210
PsDetachSiloFromCurrentThread ………………………… 206
PsExecユーティリティ …………………………………… 682, 718
PsGetPermanentSiloContext ……………………………… 204
PsGetSidユーティリティ …………………………………… 701
PsGetSiloContext …………………………………………… 204
PsGetSiloMonitorContextSlot ……………………………… 204
Pshed.dll ……………………………………………………… 89
PsInsertPermanentSiloContext …………………………… 204
PsInsertSiloContext ………………………………………… 204
PsMakeSiloContextPermanent …………………………… 204
PspAllocateProcess ……………… 114, 148, 150, 154, 165, 535
PspAllocateThread …………………………………………… 157
PspComputerQuantumAndPriority ……………………… 154
PspConvertSiloToServerSilo ……………………………… 205
PspCreatePicoProcess ……………………………………… 114
PspCreateThread ……………………………………… 156, 224
PspInitializeApiSetMap …………………………………… 190
PspInsertProcess …………………………………… 114, 156
PspInsertThread …………………………………… 157, 158
PspMaximumWorkingSet …………………………………… 152
PspMinimumWorkingSet …………………………………… 152
PsPrioritySeparation ………………………………………… 263
PspUserThreadStartup ……………………………………… 161
PsRegisterPicoProvider …………………………………… 75, 132
PsRegisterSiloMonitor ……………………………………… 204
PsRemoveSiloContext ……………………………………… 204
PsReplaceSiloContext ……………………………………… 204
PsSetCreateProcessNotifyRoutine ……………………… 115
PsStartSiloMonitor ………………………………………… 204
PsTerminateSystemThread ………………………………… 210
PsUnregisterSiloMonitor …………………………………… 204
PsUpdateActiveProcessAffinity …………………………… 324
Psxdll.dll ………………………………………………… 69, 75
PUBLIC ……………………………………………………… 106

■ Q

QueryInformationJobObject ……………………………… 194
QueryMemoryResourceNotification ……………………… 469
QueryProcessAffinityUpdateMode ……………………… 324

■ R

RAMMapユーティリティ …………………………… 336, 441, 477

ReadFile ……………………………………… 70, 569, 588, 590
ReadFileEx …………………………………………………… 590
ReadFileScatter ……………………………………………… 572
ReadProcessMemory ………………………………… 21, 348
ReadyBoost …………………………………………………… 532
ReadyBoot …………………………………………… 457, 459
ReadyDrive …………………………………………………… 533
Restricted User Mode（RUM）…………………………… 692
ResumeThread ……………………………………………… 286
Return Oriented Programming（ROP）………………… 832
RtlAssert ……………………………………………………… 64
RtlCloneUserProcess ……………………………………… 535
RtlCreateHeap ……………………………………………… 406
RtlCreateProcessReflection ………………… 534, 535, 536
RtlCreateUserProcess ……………………………………… 114
RtlDetectHeapLeaks ……………………………………… 536
RtlFailFast2 …………………………………………………… 846
RtlGetVersion ………………………………………………… 60
RtlpCreateUserProcess ……………………………… 535, 536
RtlpCreateUserThreadEx ………………………………… 535
RtlpProcessReflectionStartup …………………………… 535
RtlUserThreadStart ………………………………… 163, 226
RtlVerifyVersionInfo ………………………………………… 60
Runas ………………………………………………………… 111
Rundll32.exe ………………………………………………… 18

■ S

s_IumPolicyMetadata ……………………………………… 135
SAMデータベース …………………………………………… 681
Scheduling Category値 …………………………………… 273
Schtasks ……………………………………………………… 8
ScPerformPageCombineOnServiceImages …………… 510
SeAccessCheck ……………………………………………… 697
SecConfig.efi ………………………………………………… 690
Seclogon.dll ………………………………………………… 111
Secondary Logonサービス ………………………………… 111
Secure Attention Sequence（SAS）………………… 109, 799
Secure Desktop（セキュリティで保護されたデスクトップ）
  ……………………………………………………………… 798
Securekernel.exe …………………………………………… 66
Services.exe ………………………………………… 97, 106
Services.msc ………………………………………………… 107
SET_LIMITED_INFORMATION ………………………… 125
SetCurrentDirectory ……………………………………… 113
SetFileCompletionNotificationModes …………………… 610
SetFileInformationByHandle ……………………………… 613
SetFileIoOverlappedRange ……………………………… 601
SetInformationJobObject ……………… 193, 194, 205, 300, 320
SetPriorityClass …………………………………… 235, 613
SetProcessAffinityUpdateMode ………………………… 324
SetProcessDefaultCpuSets ……………………………… 304
SetProcessInformation …………………………………… 483
SetProcessWorkingSetSize ……………………………… 461
SetProcessWorkingSetSizeEx …………………………… 462
SetThreadAffinityMask …………………………………… 299
SetThreadExecutionState ………………………………… 674
SetThreadInformation ……………………………………… 483
SetThreadPriority ………………………………… 235, 237, 613
SetThreadPriorityBoost …………………………………… 270
SetThreadSelectedCpuSets ……………………………… 304
SetupDiEnumDeviceInterfaces …………………………… 558

SetupDiGetDeviceInterfaceDetail ·········· 559
SGX エンクレーブ制御構造体（SECS）·········· 520
SHA-2 Extended Validation（EV）ハードウェア証明書 ·········· 26
ShellExecute ·········· 112
ShellExecuteEx ·········· 112
SID ·········· 701
Sigcheck ユーティリティ ·········· 822
SleepEx ·········· 590
Slpolicy（Software License Policy Viewer）·········· 61
SlrCreateProcessWithLogon ·········· 111
SmKmStoreHelperWorker ·········· 101
Smss.exe ·········· 70, 80, 97, 101, 200
SmStReadThread ·········· 101
Srv2.sys（SMB 2.0 Server ドライバー ·········· 100
START ·········· 238
StartService ·········· 645
STARTUPINFOEX 構造体 ·········· 113
STARTUPINFO 構造体 ·········· 113, 146
Strings.exe ユーティリティ ·········· 190, 361
Superfetch サービス ·········· 458, 526, 615, 752
SuspendedThread ·········· 286
Svchost.exe ·········· 97, 111
SwitchBack（スイッチバック）·········· 186
SwitchToFiber ·········· 20
Sxssrv.dll ·········· 71
SysDev（System Device）ポータル ·········· 26
SystemLowPriorityIoInformation ·········· 617
SystemParameterInfo ·········· 194

■ T

Task Scheduler（Schedule）サービス ·········· 8
Tasklist.exe ·········· 101, 107
Taskmgr.exe ·········· 10, 39
TerminateJobObject ·········· 194, 195
TerminateProcess ·········· 168
TerminateThread ·········· 282
TestLimit ユーティリティ ·········· 341, 400, 439, 464, 476
Tlist.exe ·········· 13, 39, 107, 216, 285
Tm コントラクト ·········· 89
TpAllocJobNotification ·········· 192
TraceLogging ·········· 64
TraceView ·········· 65
Trustlet ·········· 67, 134, 680, 684
Trustlet ID ·········· 136, 138
Trustlet インスタンス ·········· 138
Trustlet 識別子 ·········· 138
Trustlet 属性 ·········· 137

■ U

UAC の仮想化 ·········· 812
UAP ケーパビリティ ·········· 784
Ucode コントラクト ·········· 90
UEFI ロック ·········· 689
UMS スレッド ·········· 21
Unicode ·········· 36, 49, 652, 747, 771
UNICODE 定数 ·········· 37
UNIX ベースアプリケーション用サブシステム（SUA）·········· 52, 75
UpdateProcThreadAttribute ·········· 113
USB 要求ブロック（URB）·········· 576
USER ·········· 73, 115
User32.dll ·········· 54, 69, 72, 115

UserHandleGrantAccess ·········· 194
Userinit.exe ·········· 110
USERPROFILE ·········· 106
UTF-16LE ·········· 36

■ V

vDSO（仮想動的共有オブジェクト）·········· 76
ver ·········· 2
VerifyVersionInfo ·········· 2, 60
VfLoadDriver ·········· 620
VFS（Virtual File System）·········· 77
Virtual Secure Mode（VSM）·········· 65
VirtualAlloc ·········· 340, 355, 367, 371, 387
VirtualAllocEx ·········· 340, 355, 387
VirtualAllocExNuma ·········· 340, 355, 387, 446
VirtualFree ·········· 341, 521
VirtualFreeEx ·········· 341
VirtualLock ·········· 344, 356
VMMap ·········· 336, 402, 477
VReg ·········· 200
VslCreateSecureSection ·········· 139
VslRetrieveMailbox ·········· 139

■ W

W32PROCESS 構造体 ·········· 115, 123
W32THREAD ·········· 212
WaitForMultipleObjects ·········· 278
WaitForMultipleObjectsEx ·········· 590
WaitForSingleObject ·········· 278
WaitForSingleObjectEx ·········· 590
Wcifs.sys ·········· 200
WDM WMI ルーチン ·········· 81
Wdm.h ·········· 47, 64, 544, 575
WDM ドライバー ·········· 548
Werfaultsecure.exe ·········· 124
Werkernel コントラクト ·········· 89
Win32 API ·········· 5
Win32_OperatingSystem ·········· 63
Win32k.sys ·········· 27, 53, 72, 73, 100, 104, 115, 265
Win32kbase.sys ·········· 73
Win32kfull.sys ·········· 73
Win32kmin.sys ·········· 73
Win32k スレッド（W32THREAD）構造体 ·········· 223
Win32PrioritySeparation ·········· 256
WinDbg ·········· 39, 42, 41, 78, 181, 219, 225, 227, 238, 288, 781, 791
Windows 10 ·········· 59
Windows API ·········· 4, 8
Windows Defender Application Guard（WDAG）·········· 30
Windows Driver Foundation（WDF）·········· 92, 646
Windows Driver Kit（WDK）·········· 39, 41, 47, 63, 80, 95
Windows Driver Model（WDM）·········· 91, 92, 539, 548
Windows Hardware Quality Labs（WHQL）·· 26, 50, 60, 618, 641
Windows Hello ·········· 809
Windows Management Instrumentation（WMI）·········· 18, 63
Windows Media Extender セッション ·········· 32
Windows Performance Analyzer（WPA）·········· 65, 306
Windows Performance Recorder（WPR）·········· 306
Windows Performance Toolkit（WPT）·········· 65
Windows Server 2016 ·········· 59
Windows Subsystem for Linux（WSL）·········· 52, 76
Windows Sysinternals ·········· 16, 17, 38, 46, 48

索 引 **873**

Windows アーキテクチャ ·················· 51, 68
Windows アプリ (Windows App) ········· 6, 767
Windows イベントトレーシング (ETW) ······ 64, 83, 133, 140, 863
Windows エグゼクティブプロセス (EPROCESS) ··· 150, 151, 156
Windows エラー報告 (WER) ········· 89, 124, 382
Windows オーディオデバイスグラフアイソレーション ········ 124
Windows ケーパビリティ ························ 784
Windows コンテナー ························· 198
Windows サービス ···························· 8
Windows サブシステム ········· 69, 71, 95, 97
Windows サブシステムプリンタードライバー ······· 547
Windows サブシステムプロセス ········ 114, 115
Windows システムリソースマネージャー (WSRM) ···· 241
Windows セキュリティセンターサービス ······ 382
Windows ソケット ···························· 77
Windows ソフトウェア開発キット (SDK) ········· 39, 41, 47, 306
Windows デスクトップアプリケーション ········· 6
Windows ハードウェアエラーアーキテクチャ (WHEA) ······· 83
Windows フィルタリングプラットフォーム (WFP) フィルター
·························· 863
Windows プラットフォームバイナリテーブル (WPBT) ····· 103
Windows プリプロセッサ (WPP) トレーシング ······ 64
Windows ランタイム ························· 6
Windows リソース消費検出と解決 (RADAR) ····· 534, 536
Windows ログオンプロセス ···················· 109
Windows 回復環境 (WinRE) ···················· 104
Windows 診断インフラストラクチャ (WDI) ······ 83, 534
Windows 生体認証クライアント API ············ 807
Windows 生体認証サービス ····················· 807
Windows 生体認証ドライバーインターフェイス (WBDI) ····· 807
Windows 生体認証フレームワーク (WBF) ····· 807
Wininit.exe ······················· 97, 105
WinJS ···································· 6
Winlogon ················· 97, 105, 109, 796
WinlogonLogoff ····························· 105
Winlogon デスクトップ ························ 798
WINMD ファイル ··························· 6
WinObj ユーティリティ ········ 39, 115, 470, 506, 541, 559, 694, 779
WinRT ···································· 6
Winsrv.dll ································ 71
winver ···································· 2
WM_DEVICECHANGE ······················· 71
WMI サポートルーチン ······················ 539
WOW64 (Windows 32-bit on Windows 64-bit) ···· 20
Wow64GetThreadContext ···················· 20
Wow64 補助構造体 (EWOW64PROCESS) ········· 151
WriteFile ························· 70, 569, 590
WriteFileEx ································ 590
WriteFileGather ···························· 572
WriteProcessMemory ··················· 21, 348
wsc.def ·································· 207
Wsl.exe ·································· 76
WUDFHost.exe ···························· 658

■ X

x64 ···································· 54
x64 アドレス空間レイアウト ·················· 393
x64 仮想アドレス変換 ······················· 418
x86 HAL ································· 87
x86 システムアドレス空間レイアウト ············· 388
x86 セッション領域 ························· 388
x86 仮想アドレス空間レイアウト ················ 385
x86 仮想アドレス変換 ······················ 408
XPerf ···································· 65

■ Y

YieldProcessor ··························· 290

■ Z

Zen マイクロアーキテクチャー ··················· 56
ZwCreateFile ····························· 541
ZwCreateUserProcess ······················ 535
ZwMapViewOfSection ······················· 346
ZwOpenSection ···························· 346
ZwUnmapViewOfSection ····················· 346

■ あ

アイドルスケジューラ ······················ 291
アイドルスレッド ························· 282
アイドルプロセス ··················· 97, 99, 282
アイドルプロセッサ ······················ 310, 312
アイドル優先度設定ストラテジ ················· 612
アカウントの権利 ······················ 748, 750
空きページ ······················· 339, 475, 476
アクセス制御エントリ (ACE) ·················· 729
アクセス制御リスト (ACL) ············· 34, 349, 729
アクセスチェック ························· 695
アクセストークン ············ 22, 110, 707, 711, 758
アクセスフォールト ························ 421
アクセスマスク ······················ 697, 698
アクティブプロセスの最大数 ··················· 192
アサーションエラー ························ 64
アシュアランス認証 ························ 806
アトム (Atom) テーブル ····················· 781
アドレスウィンドウ化拡張 (AWE) ········· 24, 355, 522
アドレス空間レイアウトのランダム化 (ASLR) ····· 180, 401, 404,
405, 406, 407
アドレス変換 ······················· 408, 416
アドレス領域レイアウト ······················ 24
アフィニティ ······················ 299, 300, 303
アフィニティマスク ······················ 57, 299
アフィニティマネージャー ····················· 370
アプリケーション ID (AppID) ·············· 850, 852
アプリケーション影響度遠隔測定 (AIT) ············· 189
アプリケーション起動エージェント ················ 530
アプリケーションサイロ ···················· 199, 205
アプリケーションマニフェスト ··················· 783
アプリケーションモード ······················· 25
アプリコンテナー (AppContainer) ········· 35, 695, 703, 766, 770
アプリコンテナー SID (AppContainer SID) ···· 770, 774, 789
アプリコンテナートークン ·········· 771, 774, 775, 776, 791
暗号化ファイルシステム (EFS) ·················· 682
アンダーラン検出 ························· 622
アンロードルーチン ························ 556
イベントビューアー ······················· 382
イマーシブ (Immersive) プロセス ················ 113
イマーシブアプリ ························· 767
イメージバイアス (ImageBias) ·················· 404
イメージローダー ···················· 169, 170, 178
入れ子になったジョブ (Nested Job) ··············· 194
インスタンス ID ··························· 632

インテル・ソフトウェア・ガード・エクステンション
　（インテルSGX）······················ 519
インページI/O ····························· 425
ウィンドウ処理 ···························· 53
ウィンドウステーション ············· 106, 798
ウィンドウマネージャー ··················· 72
ウェイト ···························· 315, 320
エージェント ······························ 525
エクスプロイト（悪用）の軽減策 ··········· 825
エクスポート抑制 ························· 841
エグゼクティブ ···················· 53, 80, 114
エグゼクティブサポートルーチン ············ 82
エグゼクティブスレッド（ETHREAD）構造体 ···· 115, 211, 212
エグゼクティブプロセス（EPROCESS）構造体 ···· 115, 117, 126,
　156, 324
エグゼクティブリソース（ERESOURCE） ········ 263
エディション ······························· 60
エラー（Errata）マネージャー ·············· 83
エラーログルーチン ······················ 556
エンクレーブページキャッシュ（EPC） ······ 521
エンジンアダプター ······················ 808
オーバーラン検出 ························· 622
オブジェクトアクセスの監査 ·········· 760, 761
オブジェクト識別子（OID） ················ 127
オブジェクト属性 ·························· 33
オブジェクト名前空間 ····················· 789
オブジェクトビューアー ···················· 39
オブジェクトマネージャー ···· 33, 82, 102, 105, 695, 863
オブジェクトメソッド ······················ 33
オレンジブック（Orange Book） ············ 677

■か

ガード（Guard）ページ ··················· 341
ガードフラグ（GuardFlags） ··············· 842
カーネル ······························ 53, 83
カーネルCFG（KCFG） ················ 832, 844
カーネルShimエンジン（KSE） ·············· 83
カーネルオブジェクト ·················· 33, 83
カーネルキュー（KQUEUE） ··············· 609
カーネル構造体 ·························· 44
カーネルスケジューリング制御ブロック（KSCB） ··· 315
カーネルスタック ························· 439
カーネルストリーミングフィルタードライバー ··· 91
カーネルスレッド（KTHREAD）構造体 ··· 157, 211, 212,
　236, 270, 276
カーネルセキュリティデバイスドライバー（KSecDD） ··· 682
カーネルデバッガー ··········· 39, 44, 212, 213, 221, 223, 249, 257,
　282, 292, 293, 294, 389, 390, 396, 398
カーネルデバッガーライブラリ ·············· 82
カーネルデバッグ ························· 41
カーネルトランザクションマネージャー（KTM） ··· 89
カーネルパッチ保護（KPP） ········ 125, 133, 860
カーネルバンプ ·························· 615
カーネルプロセス ························ 116
カーネルプロセス（KPROCESS）構造体 ··· 116, 118, 154
カーネルプロセッサ制御ブロック（KPRCB） ····· 84, 291
カーネルプロセッサ制御領域（KPCR） ········· 84
カーネルモード ················· 25, 27, 42, 50
カーネルモードシステムスレッド ············· 99
カーネルモードドライバー ············· 90, 547

カーネルモードドライバーフレームワーク（KMDF） ···· 92, 646,
　648, 651, 655
カーネルモードのコード署名（KMCS） ····· 26, 50, 691
カーネルモードのコードの整合性（KMCI） ····· 684
カーネルモードヒープ ···················· 357
階層チェーン ···························· 654
階層優先度設定ストラテジ ················ 612
下位フィルター ······················ 548, 631
各国語サポート（NLS） ················ 155, 172
拡張STARTUPINFOEX構造体 ·············· 113
拡張アフィニティマスク ·················· 301
拡張キー使用法（EKU） ··················· 127
拡張性（Extensibility） ·················· 49
カスタムコードの整合性（CCI） ············· 691
仮想DOSコンピューター（VDM） ··········· 150
仮想TPM（vTPM） ························ 31
仮想アカウント ·························· 723
仮想アドレス記述子（VAD） ···· 22, 153, 341, 423, 442, 522
仮想アドレス空間レイアウト ··············· 383
仮想アドレス領域 ························· 23
仮想化ベースのセキュリティ（VBS） ···· 30, 50, 65, 82, 97,
　101, 105, 134, 684
仮想サービスアカウント ··············· 723, 724
仮想信頼レベル（VTL） ······· 31, 65, 101, 680, 684
仮想デスクトップ ························ 147
仮想ファイルシステム ···················· 200
仮想ページファイル ······················ 432
仮想メモリ ··························· 22, 81
仮想メモリAPI ··························· 338
仮想レジストリ ·························· 200
肩越し（OTS）昇格 ························ 819
カタログファイル ····················· 641, 642
可変クォンタム ······················ 254, 255
可変サイズ（VS）アロケーター ············· 370
環境サブシステム ····················· 52, 68
監査 ·································· 758
監査ポリシー ························ 759, 765
関数 ···································· 8
管理者権限 ························ 819, 821
管理者承認モード（AAM） ················· 819
関連付けられたIRP ······················ 574
キー配布センター（KDC） ················· 686
記憶域ポートドライバー ··················· 613
疑似（Pseudo）ブースト ·················· 259
偽装（Impersonation） ··············· 695, 719
既知のSID（Well-known SID） ············· 700
既定のCOM+サロゲート ···················· 18
既定の最小/最大ワーキングセット ·········· 193
既定のプロセスヒープ ··············· 366, 367
基本優先度 ···························· 235
ギャザー ······························ 572
キャッシュマネージャー ···················· 82
休止状態 ······························ 662
強制IRQL検査 ·························· 624
共通言語ランタイム（CLR） ·················· 7
共通中間言語（CIL） ························ 7
共通ページ ····························· 510
共通ログファイルシステム（CLFS） ··········· 90
共同インストーラー ······················ 640
共有可能（Shareable）ページ ·············· 340
共有ヒープ ···························· 367

共有ページ	424
共有メモリ	345
クォータ	401
クォンタム（Quantum）	154, 233, 250, 254, 279
クォンタムインデックス	255
クォンタムターゲット	251
クォンタムリセット	252
クライアントID	9, 19
クラシックWindowsアプリケーション	6
クラシックアプリケーション	113, 114
クラス（Class）ドライバー	549
クラッシュダンプ	42, 384
グラフィックス	53
グラフィックスデバイスインターフェイス（GDI）	72, 73, 115
グループSID	727
グループクレーム	806
クレーム（Claim）	746
クレームベースのアクセス制御（CBAC）	747
グローバルAPI	339
グローバル一意識別子（GUID）	187, 558, 730
グローバル監査ポリシー	763
グローバル記述子テーブル（GDT）	84
グローバルシンボル	81
クロック間隔	250, 251, 253
軽減策	406
軽量スレッド	20
ケーパビリティ	767, 774, 783, 786
ケーパビリティSID（Capability SID）	770, 776, 783
言語プロジェクション（言語投影）	6
検索パス	175
堅牢性（Robustness）	49, 531
堅牢なパフォーマンス（Robust Performance）	531
子アプリコンテナー	771
コア保留（コアパーキング）エンジン	312
構成マネージャー	81
構造化例外処理（SEH）	140, 594
コード特権レベル	25
コードの整合性	89
互換性	50
固定クォンタム	255
コネクテッドスタンバイ）	665
コピーオンライト（Copy On Write）	66, 353
コミット済み（Committed）ページ	340
コミットチャージ	343, 433, 437
コミットメント	343, 433
コミットリミット	343, 433
コモンクライテリア（CC）	677, 679
コラボレーションID	138
コンソールウィンドウホスト（Conhost.exe）	74
コンソールドライバー（ConDrv.sys）	74, 80
コンソールホストプロセス（Conhost.exe）	72
コンテキスト	575
コンテキストスイッチ	87, 276
コンテナー	30, 200
コンテナーID	635
コンテナー通知	618
コンテナーテンプレートファイル	207
コントロールエリア	449
コントロールオブジェクト	84
コンパニオンカーネルモードドライバー	660
コンポーネントオブジェクトモデル（COM）	5, 6

■さ

サーバーサイロ	192, 198, 199, 205
サーバーサイロコンテナー	199
サービス	106, 107
サービスコントロールマネージャー（SCM）	8, 97, 106
サービスコントロールマネージャー構成ツール（Sc.exe）	724
サービス品質（QoS）	193
サービスプロセス	52
サービスホストプロセス	18
最後のプロセッサ（Last Processor）	302
最小CPUレート	320
最小TCBリスト	129
最小プロセス	97, 132
最小ワーキングセット	461
最大CPUレート	320
最大ワーキングセット	461
再入可能（リエントラント）	337
再配置（リロケーション）	184
再配置ポリシー（Replacement Policy）	461
サイロ	199, 200
サイロコンテキスト	202
サイロモニター	204
サイロローカルストレージ（SLS）	202
先取り（プリエンプト）	279
作業の横取り（work-stealing）	309
指示された（Directed）コンテキストスイッチ	21
サスペンド	662
サチュレーション値	235
サブシステムDLL	52, 69, 72
シールドされた（Shielded）ファブリック	31
次回のプロセッサ（Next Processor）	302
資格情報ガード	30, 66, 97, 106, 109, 134, 139, 680, 684
資格情報プロバイダー	109, 681, 796
識別子機関	699
システムアクセス制御リスト（SACL）	728
システムアフィニティマスク	302
システム環境変数	103
システム記憶域クラスデバイスドライバー	613
システムキャッシュ	384
システムコード	384
システムコール	8
システムコミットリミット（System Commit Limit）	343, 433
システムサービス	8, 80
システムサービスディスパッチャー	77
システムシャットダウン通知ルーチン	556
システム情報（Msinfo32.exe）	94, 552
システムスレッド	99
システム電源状態	661, 667
システムパーティション	506
システムプールサイズ変数	358
システムプロセス	52, 97, 99
システムページテーブルエントリ（システムPTE）	384, 391
システム変数	490
システムマップビュー	384
システムメモリプール	357
システム要求（SystemRequired）	674
システムライセンスポリシーファイル（tokens.dat）	58
システム領域	384
システムワーキングセット	384, 456, 467
実行（Running）	242

実行可能ファイル (EXE)	5
実行可能プログラム	9
実行スレッド	9
実行必須要求 (ExecutionRequired)	675
自動昇格	823
自動ブースト (Autoboost)	267, 276
シナリオID	138
シナリオマネージャー	525
自発的なスイッチ	278
ジャストインタイム (JIT) コンパイラ	7
終了 (済み) (Terminated)	242
準備完了 (Ready)	241
準備完了キュー	247, 298
準備完了サマリー	248, 298
準備完了スレッド	249
上位フィルター	548, 632
昇格	818, 822
条件付き ACE (Conditional ACE)	747, 852
衝突したページフォールト (Collided Page Fault)	426
消費電力	661
情報技術セキュリティ評価に関する共通基準 (CCITSE)	34, 679
初期化 (済み) (Initialized)	242
初期化ルーチン	554, 648
初期スレッド	161
ジョブ	22, 191
ジョブグループアフィニティ	193
ジョブ全体のユーザーモードCPU時間制限	192
ジョブプロセス優先度クラス	193
ジョブプロセッサアフィニティ	193
署名レベル	128
所有権のロック (Lock Ownership) ブースト	261
所有者SID	727
シンボル	17
シンボルサーバー	41
シンボルファイル	41
信頼性	49
随意アクセス制御	34
随意アクセス制御リスト (DACL)	694, 728, 734
随意アクセスチェック	737, 739
垂直方向のリフレッシュ (VSync)	72
スーパーバイザーモード	25
スーパーフェッチ (SuperFetch)	457, 524
スキャッター	572
スケーラビリティ	58
スケジューリング	232
スケジューリンググループ	314
スケジュール済みのファイルI/O (Scheduled file I/O)	617
スタック (Stack)	438
スタンバイ	241, 528
スタンバイページリスト	475, 477
ストアマネージャー	101
ストラテジ (Strategy)	612
ストレージアダプター	808
スピンロック	595
スモール (Small) ページ	331
スリープ	662
スレッド	19, 209
スレッドID	19
スレッド環境ブロック (TEB)	210, 217, 218, 221
スレッドコンテキスト	20

スレッド情報ブロック (TIB)	217
スレッドスケジューリング	232, 243
スレッドスラッシング	606
スレッド制御構造体 (TCS)	524
スレッド制御ブロック (TCB)	212, 270
スレッドの開始アドレス	226
スレッドの終了	282
スレッドの状態	242
スレッドの中断	286
スレッド非依存I/O	600
スレッドブースト	615
スレッドプール	325, 327
スレッドローカルストレージ (TLS)	19, 20
スワッパー	330, 467
スワップファイル	432
正規のアドレス (Canonical Address)	394
制御されたアクセス保護プロファイル (CAPP)	679
制御フラグ	727
制御フローガード (CFG)	172, 832, 834
制御フロー整合性 (CFI)	832
制限されたアプリコンテナー	778
制限されたケーパビリティ	784
制限されたトークン	721
整合性レベル (IL)	17, 152, 695, 703, 706, 718
生成 (Generation)	315
製造モード (Manufacturing Mode)	103
生体認証	686
生体認証サービスプロバイダー	808
生体認証スキャナーデバイス用の デバイスファンクションドライバー	808
静的リソースアフィニティーテーブル (SRAT)	298
製品ビルド	63
セキュアカーネル	66
セキュアシステム (Secure System) プロセス	97, 101
セキュアシステムコール	79, 135
セキュアストレージ	139
セキュアセクション	139
セキュアデバイス	138
セキュアデバイスフレームワーク (SDF)	138, 691
セキュアプロセス	140
セキュリティアカウントマネージャー (SAM)	681, 796
セキュリティアサーション	845, 846
セキュリティ記述子	102, 727, 731
セキュリティ記述子定義言語 (SDDL)	729, 747
セキュリティケーパビリティ	146
セキュリティコンテキスト	9
セキュリティサポートプロバイダーインターフェイス (SSPI)	720
セキュリティ参照モニター (SRM)	81, 109, 680, 695
セキュリティ識別子 (SID)	699
セキュリティ属性	771, 776, 779
セキュリティのサービス品質 (SQoS)	720
[セキュリティの詳細設定] ダイアログボックス	744
セキュリティバージョン (SVN)	138
セクションオブジェクト	330, 346, 446
セクションのビュー	346
セグメント逆参照スレッド	331
セグメントヒープ	368, 370, 371, 373, 377
セッション0	97, 104, 106
セッション1	104
セッションのワーキングセット	456

セッションマネージャー ················ 70, 97, 101, 114, 200
セッション領域 ······································ 383, 384
ゼロ/空きページリスト ································ 499
ゼロページスレッド ···································· 331
ゼロページリスト ································ 475, 476
センサーアダプター ···································· 808
早期起動マルウェア対策（ELAM） ················ 131
相対仮想アドレス（RVA） ···························· 833
相対識別子（RID） ···································· 699
相対優先度 ·· 235
属性ベースのアクセス制御（ABAC） ·············· 34
属性またはクレームベースのアクセス制御（ABAC/CBAC）
·· 745
属性リスト ·· 224
ソフトアフィニティ ···································· 303
ソフトウェアPTE ···································· 422
ソフトウェアキー ································ 632, 643
ソフトウェア再開 ···································· 661
ソフトウェア専用ドライバー ························ 645
ソフトウェアドライバー ····························· 91
ソフトウェアの制限のポリシー（SRP） ···· 159, 851, 856, 858
ソフトフォールト ···································· 457

■ た

ターミナルサービス（TS） ··························· 32
第2レベルアドレス変換拡張（SLAT） ········ 66, 692
待機（Waiting） ······································ 242
待機終了（Unwait）ブースト ························ 260
体系的な低リソースシミュレーション ·············· 625
対称型マルチプロセッシング（SMP） ·········· 55, 87
ダイナミックアクセス制御（DDAC） ··········· 34, 745
ダイナミックフェアシェアスケジューリング（DFSS）··· 310, 316
ダイナミックリンクライブラリ（DLL） ··········· 5, 8
タイプライブラリ ······································ 6
ダイレクトI/O ································ 591, 593
ダイレクトスイッチ（Direct Switch） ·············· 277
ダイレクトメモリアクセス（DMA） ·················· 67
対話型デスクトップ ···································· 798
対話型ログオン ······································ 796
対話型ログオンマネージャー（Winlogon） ·········· 681
タスク状態セグメント（TSS） ······················ 84
タスクホストプロセス ·································· 18
タスクマネージャー ········· 9, 39, 101, 238, 285, 300, 437
他人受入率（FAR） ···································· 809
単層I/O要求 ·· 587
チェックビルド ·· 63
遅延準備完了 ·· 241
遅延評価 ·· 354, 442
遅延プロシージャコール（DPC） ··············· 542, 545
チケット保証チケット（TGT） ················· 685, 686
中断カウント（SuspendCount） ···················· 286
直接メモリアクセス（DMA） ························ 621
ディープフリーズ ···································· 287
ディスクI/O帯域幅レート制御 ···················· 193
ディスパッチCFGルーチン ························ 843
ディスパッチャー（Dispatcher） ·················· 233
ディスパッチャーオブジェクト ····················· 84
ディスパッチャーデータベース ···················· 247
ディスパッチルーチン ································ 555
ディスパッチルーチンコード ························ 575
ディスプレイ要求（DisplayRequired） ·············· 675

低断片化ヒープ（LFH）アロケーター ·············· 370
低断片化ヒープ（LFH） ··················· 188, 367, 369
データ実行防止（DEP） ················· 25, 349, 832
デジタル著作権管理（DRM） ························ 26
デスクトップアプリケーション ···················· 113
デスクトップウィンドウマネージャー（Dwm.exe） ···· 72
デッドラインスケジューリング ···················· 276
デバイスID ·· 632
デバイスインスタンスID（DIID） ················ 633
デバイスオブジェクト ············· 556, 559, 561, 575
デバイスガード（Device Guard） ··· 26, 30, 66, 134, 684, 691
デバイス拡張（DeviceExtension） ·················· 597
デバイススタック ································ 581, 631
デバイス追加ルーチン ··························· 554, 648
デバイスツリー ·································· 628, 629
デバイス電源状態 ···································· 667
デバイスドライバー ·············· 53, 80, 90, 538, 547
デバイスドライバーインターフェイス（DDI） ······· 93, 575
デバイスノード（devnode） ·········· 548, 580, 628, 636
デバイスのハンドル ·································· 566
デバイスの列挙 ······································ 628
デバイスマネージャー ····················· 629, 636, 668
デバッガーエクステンションコマンド ·············· 43
デバッグビルド ·· 63
デバッグフラグ（DEBUG_PROCESS） ············ 146
デバッグモード ·· 43
デマンドゼロ ··································· 340, 422
デマンドページング ························ 442, 457, 524
電源可用性（パワーアベイラビリティ）要求 ·········· 674
電源管理フレームワーク（PoFx） ·············· 81, 672
電源制御 ·· 671
電源ポリシー ·· 669
電源マネージャー ···················· 81, 539, 661, 666
同意（Consent）昇格 ································ 819
同期I/O ·· 569, 602
統合ブロック ·· 512
統合ページ ·· 515
統合マスターページ ·································· 514
同時実行（Concurrency） ···························· 607
同時マルチスレッディング（SMT） ·············· 56, 290
動的仮想アドレスアロケーター ···················· 396
動的データ交換（DDE） ······························ 5
動的フェアシェアスケジューリング（DFSS） ········ 192
動的プロセッサ ·· 323
トークン ·· 707, 711
特別なプール ····································· 357, 621
特権 ·································· 748, 750, 751, 754
特権アクセス制御 ······································ 34
特権レベル（リング） ·································· 25
ドライバー ·· 538
ドライバーオブジェクト ······················· 556, 561
ドライバー署名 ·· 26
ドライバーの検証ツール（Driver Verifier） ······ 26, 83, 362, 618
ドライバーの検証ツールマネージャー（Verifier.exe）··· 362, 619
ドライバーホストプロセス ·························· 658
ドライバーマネージャー ···························· 660
ドライブ最適化ツール（Defrag.exe） ·············· 461
トラステッドコンピューターシステム評価基準（TCSEC）···· 677
トラステッドプラットフォームモジュール（TPM） ····· 31
トラストSID ·· 736
トランザクショナルレジストリ（TxR） ·············· 90

トランジション ········· 242, 423
トレーサー ··········· 525, 527
トレースコレクター ········· 525
トレースプロセッサ ········· 525

■な

名前解決 ··········· 174
名前付きパイプドライバー (Npfs.sys) ··· 77
名前なしセクションオブジェクト ···· 104
ニーザー I/O ········· 594, 591
任意のコードガード (ACG) ······ 832
任意のスレッドコンテキスト ····· 587
認証パッケージ ······· 681, 796, 800
認証ポリシー ··········· 690
ネイティブイメージ ········· 79
ネットワーク帯域幅レート制御 ···· 193
ネットワークリダイレクター ····· 91
ネットワークログオンサービス (Netlogon) · 681
ノード ············ 56, 293

■は

バージョン番号 ··········· 1
パーティション間通信 (IPC) ····· 53
ハードアフィニティ ········· 303
ハードウェア PTE ········· 422
ハードウェアインストールウィザード · 639
ハードウェアキー ········· 632
ハードウェア互換性キット (HCK) ··· 26
ハードウェア抽象化レイヤー (HAL) ·· 53, 87, 88, 90, 95,
251, 323, 539
ハードウェアデバイスドライバー ··· 91
ハードウェアレイテンシ (遅延) ···· 661
ハードフォールト ········· 457
配置ポリシー (Placement Policy) ··· 461
バイナリバディシステム ······ 369
ハイパースペース (Hyperspace) ··· 153, 384
ハイパースレッディング・テクノロジー · 56
ハイパーバイザー ········ 30, 54
ハイパーバイザーのコードの整合性 (HVCI) ·· 30, 684, 691
ハイパーバイザーライブラリ ····· 82
ハイパーバイザーレイヤー ······ 53
ハイバネーション (休止状態) ···· 528, 662
ハイブリッドジョブ ········ 199
ハイブリッドハードディスクドライブ (H-HDD) · 533
バケット ············ 369
バスドライバー ······· 92, 539, 548
バスフィルター ······· 548, 631
パスワード ········· 685, 686
パッケージモニカー ······ 146, 771, 776
発行元の証明 (Proof of origin) ···· 690
ハッシュ ············ 509
パッチ (改変) ··········· 859
バッファー I/O ········· 591
離席モード要求 (AwayModeRequired) · 675
パフォーマンス (Performance) ···· 50
[パフォーマンスオプション]ダイアログボックス · 254, 256
パフォーマンスカウンター ····· 333, 334
パフォーマンス状態管理 ······ 673
パフォーマンスモニター ······· 13, 28, 39, 100, 195, 225, 238,
243, 266, 269, 274, 391, 436, 463
パラメーター ··········· 575

バランスセットマネージャー ···· 100, 267, 330, 466
ハンドル ············ 9, 791
ハンドルビューアー ········ 38
汎用サービスホストプロセス ····· 97
ヒープ API ··········· 339
ヒープコア ··········· 368
ヒープのセキュリティ ········ 376
ヒープのデバッグ ········· 377
ヒープの同期 ··········· 368
ヒープマネージャー ······ 366, 376, 377
非対称型マルチプロセッシング (ASMP) · 55
必須整合性コントロール (MIC) ··· 35, 703
必須ポリシー ········· 705, 710
必須ラベル ··········· 705
ビットマスク ··········· 57
非同期 I/O (Asynchronous I/O) ···· 569, 602
非同期プロシージャコール (APC) ··· 75
非プラグアンドプレイ (非 PnP) ドライバー · 547
非ページプール ········· 357, 384
評価保証レベル (EAL) ······· 679
ビルド番号 ············ 3
ファームウェア ·········· 31
ファイバー (Fiber) ········· 20
ファイバーローカルストレージ (FLS) · 20
ファイル ············· 33
ファイルオブジェクト ······ 564, 567, 575
ファイルサーバーサービスドライバー · 100
ファイルシステム (ミニ) フィルター ·· 862
ファイルシステムドライバー ···· 91, 547
ファイルシステムフィルタードライバー · 91
ファイルシステムランタイムライブラリ (FSRTL) · 83
ファイルの仮想化 ········ 813, 815
ファイルマッピング API ······ 339
ファシリティ (Facility) ······· 61
ファスト I/O (Fast I/O) ······· 570
ファスト I/O ルーチン ······· 570
ファストディスパッチルーチン ···· 556
ファンクションデバイスオブジェクト (FDO) · 548, 631
ファンクションドライバー ····· 92, 548, 631
ファンクションフィルター ······ 548
フィルターされた管理者トークン ·· 722, 811
フィルターデバイスオブジェクト (FiDO) · 548, 631
フィルタードライバー ······ 92, 548
ブースト値 ········· 262, 270
ブーストの削除 ··········· 271
ブート構成データ (BCD) ···· 23, 350, 385
ブートビデオドライバー ······ 81, 89
プールサイズ ··········· 357
プールタグ ··········· 361
プールのトラック ·········· 623
フェアシェアスケジューリング (Fair-Share Scheduling) ·· 315
フォアグラウンドスレッドのための優先度ブースト · 263
フォアグラウンドプロセス内 ···· 263
フォアグラウンド優先度ブースト ··· 270
フォールトトレラントヒープ (FTH) ·· 381
副機関 (Subauthority) ······· 699
複数層 (レイヤー化) ········ 55
複数層ドライバー ········· 598
物理アドレス拡張 (PAE) ····· 408, 495
物理デバイスオブジェクト (PDO) ·· 548, 631, 632
物理メモリ (RAM) ········· 23

索引 **879**

物理メモリの制限 ······················· 494
不明 (Unknown) ························· 423
プライベート (Private) ページ ········ 340
プライベートアドレス領域 ·············· 383
プライベート仮想アドレス領域 ·········· 9
プラグアンドプレイ (PnP) ········· 91, 627
プラグアンドプレイ (PnP) ドライバー ··· 547, 632, 638
プラグアンドプレイ (PnP) マネージャー ··· 81, 539, 626
プラットフォーム拡張プラグイン (PEP) ··· 673
プラットフォーム固有のハードウェアエラードライバー
　(PSHED) ···························· 89
ブランケットブースト ·················· 615
フリーズ ······························ 286
フリービルド ··························· 63
プロアクティブメモリ管理 ·············· 524
ブローカー ···························· 795
プロキシカーネル ······················ 66
プロセス ······················ 9, 33, 142
プロセス ID ························· 9, 13
プロセスアドレス領域 ·············· 153, 154
プロセスおよびスレッドのコミット済み仮想メモリ制限 ··· 193
プロセス環境ブロック (PEB) ······· 102, 115, 120, 121, 155, 179
プロセス軽減策 ······················· 826
プロセスごとのユーザーモードCPU時間制限 ··· 193
プロセス状態マネージャー (PSM) ······ 287, 770
プロセス初期化 ······················· 161
プロセス制御ブロック (PCB) ··········· 116
プロセス制御領域 (PCR) ··············· 282
プロセス通知 ························· 862
プロセスツリー ························ 13
プロセスのアタッチ ··················· 340
プロセスの終了 ······················· 167
プロセスのスタートアップ ·············· 163
プロセスの属性 ······················· 144
プロセスヒープ ······················· 366
プロセスページファイルクォータ ········ 434
プロセスマネージャー ·················· 81
プロセスリフレクション ················ 534
プロセスワーキングセット ·············· 456
プロセッサアフィニティ ················ 232
プロセッサ間割り込み (IPI) ············ 426
プロセッサグループ ·············· 57, 296
プロセッサ制御ブロック (PRCB) ········ 248
プロセッサの電源管理 (PPM) ··········· 81
フロッピードライバー (flpydisk.sys) ··· 100
プロトコルドライバー ·················· 91
プロトタイプページテーブルエントリ ···· 423
分離されたローカルセキュリティ機関 (Isolated LSA)
　······················· 97, 106, 109, 684, 687
分離ユーザーモード (IUM) ······· 66, 90, 134, 138, 680, 684
ページ (Page) ························ 331
ページディレクトリ ·············· 153, 416
ページディレクトリエントリ (PDE) ··· 412, 416
ページディレクトリポインター ······ 411, 418
ページディレクトリポインターエントリ (PDPE) ··· 411, 412
ページディレクトリポインターテーブル (PDPT) ··· 410, 412, 416
ページテーブル ········· 341, 383, 408, 412, 416, 472
ページテーブルエントリ (PTE) ··· 408, 412, 416
ページ統合 ···························· 509
ページ統合サポート (PCS) 構造体 ······· 511
ページハッシュアルゴリズム ············ 511

ページバンプ ························· 615
ページヒープ (PageHeap) ·············· 378
ページファイル ········ 103, 422, 427, 430, 437
ページファイル予約 ··················· 492
ページファイルを使用するセクション ···· 346
ページブースト ······················· 615
ページプール ···················· 357, 384
ページフォールト ················ 410, 421
ページフレーム ······················· 474
ページフレーム番号 (PFN) ············· 411
ページフレーム番号 (PFN) データベース ··· 471, 487, 490
ページマップレベル4テーブル ·········· 418
ページ優先度 ···················· 483, 529
ページリスト ···················· 473, 474
ページング ··························· 22
ベースOSイメージ ···················· 200
ヘテロジニアス (異種) ················· 56
ヘテロジニアスシステム (ヘテロシステム) ··· 313
ヘテロジニアススケジューリングポリシー ··· 57
ヘテロジニアスマルチスレッディング ···· 57
変換ルックアサイドバッファー (TLB) ··· 332, 415
変更ページライター ················ 330, 340, 485
変更ページリスト ·············· 340, 476, 477
ポータビリティ (移植可能性) ······· 49, 54
ポータブル実行可能 (PE) ··············· 75
ポート (Port) ドライバー ·············· 549
保護された環境の認証および承認のためのドライバー
　(Peauth.sys) ······················· 125
保護されたプロセス ········ 124, 129, 210, 231
保護されたプロセスの簡易版 (PPL) ··· 101, 125, 126, 129, 130, 231, 687, 737
保護されたメディアパス (PMP) ········· 124
ホストプロセス (WUDFHost.exe) ········ 660
ポリシーメタデータ ··················· 136
本人拒否率 (FRR) ····················· 810

■ま

マイナーファンクション ················ 575
マップファイル ·················· 340, 346
マップファイルI/O ················ 447, 571
マップページライター ··········· 331, 341, 485
マルチコア (Multicore) ················ 56
マルチコアシステム ··················· 57
マルチプロセッサシステム ·············· 291
マルチメディアタイマー ················ 251
ミニクラス (Miniclass) ドライバー ······ 549
ミニダンプ (Minidump) ················ 534
ミニポート (Miniport) ドライバー ······ 550
ミューテックス (Mutex) ················ 595
メールボックス ······················· 139
メジャーファンクション ··········· 575, 576
メディアファウンデーション (MF) API ··· 124
メディアファウンデーション保護パイプラインEXE
　(Mfpmp.exe) ······················ 124
メトロアプリ (Metro App) ············· 767
メモリエンクレーブ ··················· 519
メモリ管理サービス ··················· 338
メモリ記述子リスト (MDL) ········ 133, 493
メモリ通知イベント ··················· 468
メモリ統合 ······················ 509, 516
メモリの圧縮 ·················· 97, 101, 498

メモリパーティション …………………………… 506
メモリ保護 …………………………………………… 347
メモリマップファイル …………………… 346, 347
メモリマネージャー …… 22, 81, 329, 330, 337, 338
文字列名 …………………………………………… 771
モダンアプリ ………………… 113, 114, 192, 767
モダンスタンバイ ……………………………… 665
モノリシック (Monolithic) OS ………………… 50

■や

ユーザーアカウント制御 (UAC) …… 35, 109, 695, 810, 823
[ユーザーアカウント制御の設定] ダイアログボックス ……… 824
ユーザーアドレス空間 …………………………… 401
ユーザーイベント ………………………………… 574
ユーザーインターフェイス特権の分離 (UIPI) ……… 695, 739
ユーザースタック ………………………………… 438
ユーザーの簡易切り替え ……………… 32, 528
ユーザーバッファー ……………………………… 574
ユーザープロセス ………………………………… 52
ユーザーモード ………………… 25, 27, 42, 50
ユーザーモードスケジューリング (UMS) ……… 20
ユーザーモードデバッガー ……………………… 227
ユーザーモードデバッグフレームワーク ……… 82
ユーザーモードドライバー ……………… 90, 547
ユーザーモードドライバーフレームワーク (UMDF) ……… 92, 547, 646, 657
ユーザーモードのコードの整合性 (UMCI) ……… 90, 547
優先度 ……………………………………………… 20
優先度 (Priority) クラス ………………………… 143
優先度の逆転 ……………………………………… 267
優先度ブースト (優先度の引き上げ) ………… 258
優先度分離 ………………………………………… 255
優先度レベル ……………………………………… 234
ユニバーサル Windows ドライバー …… 93, 647
ユニバーサル Windows プラットフォーム (UWP) ‥ 113, 767, 772
ユニバーサルアプリケーションプラットフォーム (UAP) …… 767
ユニバーサルドライバー ………………… 93, 647
ユニプロセッサ …………………………………… 87
要求スレッドコンテキスト ……………………… 587
予約済み (Reserved) ページ …………………… 339

■ら

ラージ (Large) ページ ………………………… 331
ラージページ ……………………………………… 412
ライセンスポリシーファイル (tokens.dat) …… 60
ライトウェイト中断 (Lightweight Suspend) …… 286
ライブカーネルデバッガー ……………………… 477
ライブカーネルデバッグ ………… 317, 359, 731
ライブ接続 ………………………………………… 42
ランク ……………………………………………… 315
乱数生成 (RNG) ………………………………… 139
ランタイムライブラリ関数 ……………………… 82
ランダム化された低リソースシミュレーション …… 624
リアルタイム優先度 ……………………………… 237
理想のノード ……………………………… 303, 446
理想のプロセッサ ………………………………… 302
リソース調停 ……………………………… 626, 637
リソースモニター ………………………………… 39
リバランサー ……………………………… 526, 529
リバランス ………………………………………… 529
リフレクター ……………………………………… 659

リモートデスクトップサービス (RDS) …………… 32
リモートデスクトップセッションホスト ………… 32
[リモートデスクトップ接続] プログラム (Mstsc.exe) ……… 32
リモートプロシージャコール (RPC) …………… 82
粒度 ………………………………………………… 344
リンカー (Link.exe) …………………………… 68
リングレベル (Ring Level) …………………… 25
ルーチン …………………………………………… 8
ルートデバイス ………………………………… 628
ルックアサイドリスト …………………… 364, 572
レガシスタンバイ ……………………………… 665
レジストリ ………………………………… 35, 539
レジストリの仮想化 …………………………… 816
レジストリフィルター通知 …………………… 862
ローカル API …………………………………… 339
ローカル一意識別子 (LUID) ………………… 711
ローカルカーネルデバッガー ………………… 229
ローカルカーネルデバッグ ……………… 43, 125
ローカルセキュリティ機関 (LSA) …… 97, 106, 109, 687, 750, 796
ローカルセキュリティ機関サブシステムサービス (Lsass)
…………………… 97, 106, 109, 680, 684, 687, 796
ローカルセキュリティポリシー ……… 97, 106, 109, 759
[ローカルセキュリティポリシー] スナップイン (Secpol.msc)
……………… 749, 759, 765, 853, 858
ローカルログオン SID ………………………… 800
ローダーデータテーブルエントリ …… 179, 183
ローテート VAD (Rotate VAD) ………………… 445
ロード構成ディレクトリ ………………… 172, 842
ログオンセッション …………………………… 802
ログオンプロセス ………………………… 97, 796
ログオンユーザーインターフェイス (LogonUI) ……… 681
ロック …………………………………………… 344
ロバスト ………………………………………… 531
論理プリフェッチャー ………………………… 457
論理プロセッサ ………………… 290, 291, 297, 298

■わ

ワーカーファクトリ ……………………… 325, 327
ワーキングセット ………………………… 456, 329
ワーキングセットマネージャー ………… 462, 466
ワーキングセットリスト ………………… 153, 462
割り込みサービス遅延プロシージャコール (DPC) ルーチン
………………………………………………… 555
割り込みサービスルーチン (ISR) ……… 544, 555
割り込みディスパッチテーブル (IDT) ………… 84
割り込み要求レベル (IRQL) …………… 249, 542

訳者あとがき

　本書『インサイドWindows　第7版　上』は、『Windows Internals, Part1, 7th Edition』(Microsoft Press、2017年5月) の日本語訳です。原書の発行から1年近くたってしまいましたが、ようやくWindowsの最新技術を、日本のIT技術者の方々に、日本語でお届けできるようになりました。最新技術と書きましたが、本書の内容はWindows 10 Anniversary Update (バージョン1607) およびWindows Server 2016が中心になっています (第7章ではCreators Update、バージョン1703までカバーしています)。ご存じのように、Windows 10はWindows as a Serviceに基づいて継続的に新しいバージョンにアップグレードされるため、既に本書の内容とは一致しない部分も出てきています(気付いた点は「訳注」として記しました)。しかし、Windows 10に追加された、そして今後追加される新機能の基礎となる重要なコア部分を理解する上で、本書が必ず役に立つはずです。

　インサイドWindows (Windows Internals) シリーズは、Windowsの内部について詳細に解説する、開発者からシステム管理者まで、IT技術者に必携の公式バイブルと認知されているのではないでしょうか。そのような歴史ある技術書の最新版の翻訳を今回担当することができて、光栄でありながら、同時に重い責任を感じています。白状すると、私はこのシリーズの第6版以前の原書や日本語訳を手に取って読んだことはありません。Webで公開されていた第4版 (日本語訳) の内容の一部を目にしたことがあるくらいです。2017年11月頃に本書の翻訳のオファーをいただいてからも、先入観を持たずに取り組めるよう、第6版以前の既出の日本語訳は敢えて目にしないようにしました。そのため本書は、インサイドWindowsシリーズの"新訳"と言えるかもしれません。新訳とは大げさかもしれませんが、見出しの構成やレベルはもちろんそのまま、本文については原書の段落や図表番号をそのまま維持し、用語の英語表記を添えることで、原書と突き合わせて読むこともできるように配慮しました。また、すべての実習は日本語環境で再現して確認し、原書のミス (関数名やコマンドライン、第6版以前から更新されずに不適切に残っていた記述など) は訂正してあります。

　本書の日本語訳について、良い点、悪い点があれば、ぜひとも本書の発行元にフィードバックしてください。この新訳の評価が良ければ、下巻のあとがきで再会することができるでしょう。原書のPart2はまだこの世に存在しませんので、下巻の発行時期は未定ですが、もし下巻も担当することになれば、Part 2の発行後、できるだけ早くお届けできればと思います。

2018年3月
山内和朗

著者紹介

Pavel Yosifovich (パーベル・ヨシフォビッチ)

Pavel Yosifovich は、マイクロソフトの技術とツールを専門とする、開発者であり、トレーナーであり、著者です。彼は Microsoft MVP であり、オンライン教育訓練サービス大手である Pluralsight の講師です。彼は、8ビットコンピューターの時代からのコモドール64でのプログラミングの日々を、今もなお懐かしく思っています。

Alex Ionescu (アレックス・イオネスク)

Alex Ionescu は、CrowdStrike 社の EDR 戦略担当のバイスプレジデントであり、下位レベルのシステムソフトウェア、オペレーティングシステムの研究とカーネル開発、セキュリティトレーニング、およびリバースエンジニアリングに関して、国際的に認知されたエキスパートです。彼は世界中で Windows Internals コースで教えるとともに、カンファレンスでの講演やバグバウンディプログラム（脆弱性報告プログラム）を通じてセキュリティ研究コミュニティで活躍しています。

Mark E. Russinovich (マーク・E・ルシノビッチ)

Mark E. Russinovich は、マイクロソフトのグローバルなエンタープライズクラスのクラウドプラットフォームである、Microsoft Azure の最高技術責任者（CTO）です。Mark は、分散システムとオペレーティングシステムのエキスパートとして広く認められています。彼は Winternals Software 社の共同設立者の一人であり、2006年にマイクロソフトに買収されたときにマイクロソフトに入りました。彼は、Windows Sysinternals ツールとその Web サイトの主な作成者であり、Windows の管理と診断に役立つ人気のユーティリティを数多く生み出しました。

David A. Solomon (デビッド・A・ソロモン)

David A. Solomon は、開発者と IT プロフェッショナルに対して、Windows カーネルの内部構造について20年にわたり世界中で教えてきました。それにはマイクロソフトの社員に向けたトレーニングも含まれます。彼の最初の書籍は、『Windows NT for OpenVMS Professionals』（Digital Press、1996年）でした。その後、彼は『Inside Windows NT, Second Edition』（Microsoft Press、1998年、邦訳は『インサイド Windows NT　第2版』日経BP、1998年）から本書の著者となり、以降は Mark Russinovich との共著で Windows Internals シリーズの第3版、第4版、第5版、および第6版を執筆しました（彼は、第7版の執筆には直接参加していません）。David は、数多くのマイクロソフトのカンファレンスで講演し、1993年と2005年に Microsoft Support Most Valuable Professional（MVP）アワードを受賞しました。

訳者紹介

山内 和朗 (やまうち かずお)

　フリーランスのテクニカルライター。大手SIerのシステムエンジニア、IT専門誌の編集者、地方の中堅企業のシステム管理者を経て、2008年にフリーランスに。IT系のWebメディアへの寄稿（筆名：山市良）、ITベンダーのWebコンテンツの制作、技術文書（ホワイトペーパー）の執筆、ユーザー事例取材などを中心に活動。2008年10月から現在までMicrosoft MVP - Cloud and Datacenter Management（旧カテゴリ：Hyper-V）を毎年受賞。岩手県花巻市在住。

- ■ 主な著書・訳書
  『Windows Sysinternals徹底解説　改訂新版』（訳書、日経BP、2017年）、
  『Windows Server 2016テクノロジ入門　完全版』（日経BP、2016年）、
  『Windows Server 2012 R2テクノロジ入門』（日経BP、2014年）、
  『Windows Sysinternals徹底解説』（訳書、日経BP、2012年）、他

- ■ ブログ
  山市良のえぬなんとかわーるど（https://yamanxworld.blogspot.jp/）

●本書についての最新情報、訂正情報、重要なお知らせについては、下記Webページを開き、書名もしくはISBNで検索してください。ISBNで検索する際はハイフン (-) を抜いて入力してください。

https://bookplus.nikkei.com/catalog/

●本書に掲載した内容についてのお問い合わせは、下記Webページのお問い合わせフォームからお送りください。電話およびファクシミリによるご質問には一切応じておりません。なお、本書の範囲を超えるご質問にはお答えできませんので、あらかじめご了承ください。ご質問の内容によっては、回答に日数を要する場合があります。

https://nkbp.jp/booksQA

●ソフトウェアの機能や操作方法に関するご質問は、製品パッケージに同梱の資料をご確認のうえ、日本マイクロソフト株式会社またはソフトウェア発売元の製品サポート窓口へお問い合わせください。

インサイド Windows　第7版　上
～システムアーキテクチャ、プロセス、スレッド、メモリ管理、他

2018年 5 月 1 日　初版第1刷発行
2025年 2 月19日　初版第6刷発行

著　　　者	Pavel Yosifovich、Alex Ionescu、Mark E. Russinovich、David A. Solomon
訳　　　者	山内 和朗
発 行 者	村上 広樹
編　　　集	生田目 千恵
発　　　行	日経BP社
	東京都港区虎ノ門4-3-12　〒105-8308
発　　　売	日経BPマーケティング
	東京都港区虎ノ門4-3-12　〒105-8308
装　　　丁	コミュニケーションアーツ株式会社
DTP制作	株式会社シンクス
印刷・製本	TOPPANクロレ株式会社

本書の無断複写・複製（コピー等）は著作権法上の例外を除き、禁じられています。購入者以外の第三者による電子データ化および電子書籍化は、私的使用を含め一切認められておりません。

ISBN978-4-8222-5357-8　　Printed in Japan